新郑双楼东周墓地

河南省文物考古研究院

中原出版传媒集团
大地传媒

大象出版社

图书在版编目（CIP）数据

新郑双楼东周墓地/河南省文物考古研究院编著．—郑州：大象出版社，2016.4
ISBN 978-7-5347-7701-1

Ⅰ.①新… Ⅱ.①河… Ⅲ.①周墓-发掘报告-新郑市 Ⅳ.①K878.85

中国版本图书馆 CIP 数据核字（2016）第 047538 号

出版发行	大象出版社（郑州市开元路 16 号　邮政编码　450044）
发 行 科	0371-63863551　　总 编 室　0371-65597936
网　　址	WWW. daxiang. cn
印　　刷	郑州新海岸电脑彩色制印有限公司
开　　本	787mm×1092mm　1/16
印　　张	52.125
字　　数	1251 千字
版　　次	2016 年 4 月第 1 版
定　　价	500.00 元
印厂地址	郑州市英才街 18 号
邮政编码	450044　　电　　话　0371-67358090

若发现印、装质量问题，影响阅读，请与承印厂联系调换。

Xinzheng Shuanglou Cemetery of the Eastern Zhou Period

Henan Provincial Institute of Cultural Relics and Archaeology

Central Plains Publication and Communication Group
The Earth Press
Elephant Press

目　　录

第一章　绪言 …………………………………………………………………………… (1)
第一节　地理位置与自然环境 ……………………………………………………… (1)
第二节　历史沿革 …………………………………………………………………… (2)
第三节　新郑市区历年发掘概况 …………………………………………………… (4)
第四节　双楼墓地发掘简况 ………………………………………………………… (6)
第二章　墓葬介绍 …………………………………………………………………… (8)
第一节　M1 ………………………………………………………………………… (8)
第二节　M2 ………………………………………………………………………… (12)
第三节　M3 ………………………………………………………………………… (13)
第四节　M4 ………………………………………………………………………… (16)
第五节　M5 ………………………………………………………………………… (18)
第六节　M6 ………………………………………………………………………… (21)
第七节　M8 ………………………………………………………………………… (22)
第八节　M9 ………………………………………………………………………… (23)
第九节　M11 ……………………………………………………………………… (25)
第一〇节　M12 …………………………………………………………………… (28)
第一一节　M13 …………………………………………………………………… (28)
第一二节　M14 …………………………………………………………………… (32)
第一三节　M15 …………………………………………………………………… (33)
第一四节　M17 …………………………………………………………………… (38)
第一五节　M18 …………………………………………………………………… (41)
第一六节　M19 …………………………………………………………………… (44)
第一七节　M21 …………………………………………………………………… (46)
第一八节　M22 …………………………………………………………………… (50)
第一九节　M23 …………………………………………………………………… (52)
第二〇节　M26 …………………………………………………………………… (54)
第二一节　M27 …………………………………………………………………… (57)
第二二节　M29 …………………………………………………………………… (61)
第二三节　M32 …………………………………………………………………… (62)
第二四节　M33 …………………………………………………………………… (64)
第二五节　M36 …………………………………………………………………… (66)

第二六节 M37 ……………………………………………………………………………… (70)
第二七节 M39 ……………………………………………………………………………… (73)
第二八节 M40 ……………………………………………………………………………… (76)
第二九节 M41 ……………………………………………………………………………… (79)
第三〇节 M42 ……………………………………………………………………………… (82)
第三一节 M43 ……………………………………………………………………………… (85)
第三二节 M44 ……………………………………………………………………………… (85)
第三三节 M45 ……………………………………………………………………………… (89)
第三四节 M46 ……………………………………………………………………………… (91)
第三五节 M47 ……………………………………………………………………………… (92)
第三六节 M49 ……………………………………………………………………………… (95)
第三七节 M53 ……………………………………………………………………………… (98)
第三八节 M54 ……………………………………………………………………………… (98)
第三九节 M55 ……………………………………………………………………………… (101)
第四〇节 M56 ……………………………………………………………………………… (101)
第四一节 M58 ……………………………………………………………………………… (104)
第四二节 M60 ……………………………………………………………………………… (107)
第四三节 M61 ……………………………………………………………………………… (109)
第四四节 M65 ……………………………………………………………………………… (113)
第四五节 M67 ……………………………………………………………………………… (114)
第四六节 M68 ……………………………………………………………………………… (116)
第四七节 M69 ……………………………………………………………………………… (121)
第四八节 M70 ……………………………………………………………………………… (122)
第四九节 M71 ……………………………………………………………………………… (124)
第五〇节 M72 ……………………………………………………………………………… (128)
第五一节 M76 ……………………………………………………………………………… (130)
第五二节 M77 ……………………………………………………………………………… (133)
第五三节 M78 ……………………………………………………………………………… (133)
第五四节 M79 ……………………………………………………………………………… (138)
第五五节 M81 ……………………………………………………………………………… (141)
第五六节 M82 ……………………………………………………………………………… (143)
第五七节 M84 ……………………………………………………………………………… (146)
第五八节 M85 ……………………………………………………………………………… (146)
第五九节 M86 ……………………………………………………………………………… (151)
第六〇节 M87 ……………………………………………………………………………… (152)
第六一节 M89 ……………………………………………………………………………… (154)
第六二节 M91 ……………………………………………………………………………… (154)

第六三节　M92 …………………………………………………………（157）
第六四节　M93 …………………………………………………………（159）
第六五节　M94 …………………………………………………………（159）
第六六节　M96 …………………………………………………………（163）
第六七节　M97 …………………………………………………………（166）
第六八节　M98 …………………………………………………………（168）
第六九节　M99 …………………………………………………………（169）
第七〇节　M101 ………………………………………………………（171）
第七一节　M105 ………………………………………………………（173）
第七二节　M110 ………………………………………………………（175）
第七三节　M112 ………………………………………………………（175）
第七四节　M115 ………………………………………………………（179）
第七五节　M116 ………………………………………………………（183）
第七六节　M118 ………………………………………………………（185）
第七七节　M121 ………………………………………………………（188）
第七八节　M123 ………………………………………………………（189）
第七九节　M127 ………………………………………………………（191）
第八〇节　M129 ………………………………………………………（193）
第八一节　M134 ………………………………………………………（196）
第八二节　M137 ………………………………………………………（198）
第八三节　M139 ………………………………………………………（200）
第八四节　M142 ………………………………………………………（201）
第八五节　M146 ………………………………………………………（203）
第八六节　M147 ………………………………………………………（205）
第八七节　M152 ………………………………………………………（209）
第八八节　M154 ………………………………………………………（212）
第八九节　M156 ………………………………………………………（213）
第九〇节　M157 ………………………………………………………（215）
第九一节　M164 ………………………………………………………（217）
第九二节　M171 ………………………………………………………（219）
第九三节　M174 ………………………………………………………（222）
第九四节　M176 ………………………………………………………（223）
第九五节　M178 ………………………………………………………（225）
第九六节　M184 ………………………………………………………（228）
第九七节　M187 ………………………………………………………（233）
第九八节　M188 ………………………………………………………（235）
第九九节　M191 ………………………………………………………（238）

第一〇〇节　M192 …………………………………………………………………………………（240）
第一〇一节　M195 …………………………………………………………………………………（242）
第一〇二节　M196 …………………………………………………………………………………（245）
第一〇三节　M198 …………………………………………………………………………………（248）
第一〇四节　M200 …………………………………………………………………………………（250）
第一〇五节　M204 …………………………………………………………………………………（253）
第一〇六节　M207 …………………………………………………………………………………（255）
第一〇七节　M208 …………………………………………………………………………………（259）
第一〇八节　M209 …………………………………………………………………………………（261）
第一〇九节　M212 …………………………………………………………………………………（265）
第一一〇节　M214 …………………………………………………………………………………（268）
第一一一节　M215 …………………………………………………………………………………（271）
第一一二节　M218 …………………………………………………………………………………（273）
第一一三节　M224 …………………………………………………………………………………（275）
第一一四节　M226 …………………………………………………………………………………（276）
第一一五节　M228 …………………………………………………………………………………（278）
第一一六节　M231 …………………………………………………………………………………（280）
第一一七节　M232 …………………………………………………………………………………（283）
第一一八节　M233 …………………………………………………………………………………（285）
第一一九节　M234 …………………………………………………………………………………（288）
第一二〇节　M235 …………………………………………………………………………………（290）
第一二一节　M236 …………………………………………………………………………………（290）
第一二二节　M237 …………………………………………………………………………………（294）
第一二三节　M238 …………………………………………………………………………………（297）
第一二四节　M239 …………………………………………………………………………………（299）
第一二五节　M240 …………………………………………………………………………………（301）
第一二六节　M242 …………………………………………………………………………………（305）
第一二七节　M243 …………………………………………………………………………………（307）
第一二八节　M244 …………………………………………………………………………………（307）
第一二九节　M246 …………………………………………………………………………………（312）
第一三〇节　M247 …………………………………………………………………………………（315）
第一三一节　M248 …………………………………………………………………………………（319）
第一三二节　M250 …………………………………………………………………………………（322）
第一三三节　M251 …………………………………………………………………………………（324）
第一三四节　M253 …………………………………………………………………………………（324）
第一三五节　M254 …………………………………………………………………………………（329）
第一三六节　M256 …………………………………………………………………………………（332）

第一三七节　M258 …………………………………………………………………………（333）
第一三八节　M260 …………………………………………………………………………（335）
第一三九节　M261 …………………………………………………………………………（337）
第一四〇节　M264 …………………………………………………………………………（340）
第一四一节　M267 …………………………………………………………………………（342）
第三章　墓葬形制 …………………………………………………………………………（344）
第一节　竖穴土坑墓 ………………………………………………………………………（344）
第二节　竖穴土坑空心砖墓 …………………………………………………………………（346）
第四章　出土遗物 …………………………………………………………………………（347）
第一节　铜器 ………………………………………………………………………………（347）
第二节　陶器 ………………………………………………………………………………（350）
第三节　铁器 ………………………………………………………………………………（377）
第四节　玉器 ………………………………………………………………………………（379）
第五节　玛瑙器 ……………………………………………………………………………（382）
第六节　骨器 ………………………………………………………………………………（383）
第七节　蚌器 ………………………………………………………………………………（384）
第五章　分期与年代 ………………………………………………………………………（385）
第一节　器物组合分析 ……………………………………………………………………（385）
第二节　分组与分段 ………………………………………………………………………（392）
第三节　分期与年代 ………………………………………………………………………（402）
第六章　文化内涵 …………………………………………………………………………（419）
第一节　埋葬特点 …………………………………………………………………………（419）
第二节　陶器器类组合分析 …………………………………………………………………（422）
第三节　文化内涵分析 ……………………………………………………………………（426）
第四节　双楼墓地出土仿铜陶礼器研究 ……………………………………………………（433）
第七章　墓地结构与布局分析 ……………………………………………………………（438）
第一节　墓地结构的形成过程 ………………………………………………………………（438）
第二节　有关墓地的布局分析 ………………………………………………………………（439）
第三节　墓葬的方向 ………………………………………………………………………（441）
第四节　双楼墓地结构布局特点 ……………………………………………………………（441）
第八章　结语 ………………………………………………………………………………（443）
附录一　新郑双楼东周墓葬人骨研究 ………………………………………… 孙　蕾（445）
附录二　新郑双楼东周墓地随葬器皿内出土动物骨骼鉴定报告 …… 曹金萍　王　娟（550）
附录三　新郑双楼东周墓地出土玉器的无损分析研究 ………… 董俊卿　王　凯等（572）
附表　新郑双楼东周墓地墓葬登记表 …………………………………………………（586）
英文摘要 ……………………………………………………………………………………（635）
后记 …………………………………………………………………………………………（639）

线图目录

图一　河南新郑双楼东周墓地发掘位置图（7）
图二　新郑双楼东周墓地分布图（7）
图三　M1 平、剖图（9）
图四　M1 出土陶器（10）
图五　M1 出土陶器（11）
图六　M2 平、剖图（12）
图七　M2 出土陶器盖（M2∶5）（13）
图八　M3 平、剖图（14）
图九　M3 出土器物（15）
图一〇　M4 平、剖图（16）
图一一　M4 出土陶器（17）
图一二　M5 平、剖图（19）
图一三　M5 出土器物（20）
图一四　M6 平、剖图（21）
图一五　M6 出土玛瑙环（M6∶1）（22）
图一六　M8 平、剖图（22）
图一七　M9 平、剖图（23）
图一八　M9 出土器物（24）
图一九　M11 平、剖图（25）
图二〇　M11 出土陶器（27）
图二一　M12 平、剖图（29）
图二二　M13 平、剖图（30）
图二三　M13 出土陶器（31）
图二四　M14 平、剖图（32）
图二五　M14 出土陶器（34）
图二六　M15 平、剖图（35）
图二七　M15 出土陶器（36）
图二八　M15 出土陶器（37）
图二九　M17 平、剖图（39）
图三〇　M17 出土陶器（40）
图三一　M18 平、剖图（42）

图三二　M18 出土陶器（43）
图三三　M19 平、剖图（45）
图三四　M19 出土陶罍（M19∶2）（46）
图三五　M21 平、剖图（47）
图三六　M21 出土器物（48）
图三七　M21 出土陶器（49）
图三八　M22 平、剖图（51）
图三九　M22 出土陶器（52）
图四〇　M23 平、剖图（53）
图四一　M23 出土器物（55）
图四二　M26 平、剖图（56）
图四三　M26 出土陶鼎（57）
图四四　M27 平、剖图（58）
图四五　M27 出土器物（60）
图四六　M29 平、剖图（61）
图四七　M29 出土陶器盖（M29∶2）（62）
图四八　M32 平、剖图（63）
图四九　M32 出土陶器（64）
图五〇　M33 平、剖图（65）
图五一　M33 出土玉圭（66）
图五二　M36 平、剖图（67）
图五三　M36 出土陶器（68）
图五四　M36 出土陶器（69）
图五五　M37 平、剖图（71）
图五六　M37 出土器物（72）
图五七　M39 平、剖图（74）
图五八　M39 出土陶器（75）
图五九　M40 平、剖图（77）
图六〇　M40 出土陶器（78）
图六一　M41 平、剖图（80）
图六二　M41 出土陶器（81）
图六三　M42 平、剖图（83）
图六四　M42 出土陶器（84）
图六五　M43 平、剖图（86）
图六六　M43 出土陶器（87）
图六七　M44 平、剖图（88）
图六八　M44 出土陶釜肩部陶文拓片（M44∶1）（89）

图六九　M45 平、剖图（89）
图七○　M45 出土器物（90）
图七一　M46 平、剖图（91）
图七二　M47 平、剖图（93）
图七三　M47 出土陶器（94）
图七四　M49 平、剖图（95）
图七五　M49 出土器物（97）
图七六　M53 平、剖图（99）
图七七　M54 平、剖图（100）
图七八　M54 出土铜带钩（M54∶1）（101）
图七九　M55 平、剖图（102）
图八○　M56 平、剖图（103）
图八一　M56 出土陶罍（M56∶1）（105）
图八二　M58 平、剖图（106）
图八三　M58 出土陶鬲（107）
图八四　M60 平、剖图（108）
图八五　M60 出土陶器（109）
图八六　M61 平、剖图（110）
图八七　M61 出土器物（112）
图八八　M65 平、剖图（113）
图八九　M65 出土陶釜（114）
图九○　M67 平、剖图（115）
图九一　M67 出土器物（116）
图九二　M68 平、剖图（117）
图九三　M68 出土陶器（119）
图九四　M68 出土器物（120）
图九五　M69 平、剖图（121）
图九六　M69 出土玉圭（122）
图九七　M70 平、剖图（123）
图九八　M70 出土玉圭（124）
图九九　M71 平、剖图（125）
图一○○　M71 出土器物（126）
图一○一　M71 出土陶器（127）
图一○二　M72 平、剖图（129）
图一○三　M72 出土陶器（131）
图一○四　M76 平、剖图（132）
图一○五　M77 平、剖图（134）

图一〇六　M77 出土陶釜（M77∶1）（135）
图一〇七　M78 平、剖图（136）
图一〇八　M78 出土陶器（137）
图一〇九　M79 平、剖图（139）
图一一〇　M79 出土器物（140）
图一一一　M81 平、剖图（142）
图一一二　M81 出土器物（143）
图一一三　M82 平、剖图（144）
图一一四　M82 出土陶器（145）
图一一五　M84 平、剖图（147）
图一一六　M84 出土玉片饰（148）
图一一七　M85 平、剖图（149）
图一一八　M85 出土器物（150）
图一一九　M86 平、剖图（151）
图一二〇　M86 出土陶器（152）
图一二一　M87 平、剖图（153）
图一二二　M89 平、剖图（155）
图一二三　M89 出土器物（156）
图一二四　M91 平、剖图（156）
图一二五　M91 出土玉料（157）
图一二六　M92 平、剖图（158）
图一二七　M93 平、剖图（160）
图一二八　M94 平、剖图（161）
图一二九　M94 出土器物（162）
图一三〇　M96 平、剖图（164）
图一三一　M96 出土陶器（165）
图一三二　M97 平、剖图（167）
图一三三　M98 平、剖图（168）
图一三四　M98 出土陶盘（M98∶1）（169）
图一三五　M99 平、剖图（170）
图一三六　M99 出土玉圭（171）
图一三七　M101 平、剖图（172）
图一三八　M101 出土器物（173）
图一三九　M105 平、剖图（174）
图一四〇　M105 出土玉珠（M105∶1）（174）
图一四一　M110 平、剖图（176）
图一四二　M110 出土器物（177）

图一四三　M112 平、剖图（178）
图一四四　M112 出土器物（179）
图一四五　M115 平、剖图（180）
图一四六　M115 出土陶器（182）
图一四七　M116 平、剖图（183）
图一四八　M116 出土陶鬲（184）
图一四九　M118 平、剖图（186）
图一五〇　M118 出土器物（187）
图一五一　M121 平、剖图（188）
图一五二　M121 出土铁带钩（M121∶1）（189）
图一五三　M123 平、剖图（190）
图一五四　M123 出土玉管（M123∶1）（191）
图一五五　M127 平、剖图（192）
图一五六　M127 出土陶器（193）
图一五七　M129 平、剖图（194）
图一五八　M129 出土陶器（195）
图一五九　M134 平、剖图（196）
图一六〇　M134 出土铜璜（197）
图一六一　M137 平、剖图（198）
图一六二　M137 出土陶壶（M137∶1）（199）
图一六三　M139 平、剖图（200）
图一六四　M142 平、剖图（202）
图一六五　M142 出土陶豆（M142∶1）（203）
图一六六　M146 平、剖图（204）
图一六七　M146 出土陶器（205）
图一六八　M147 平、剖图（206）
图一六九　M147 出土铜器（207）
图一七〇　M147 出土器物（208）
图一七一　M152 平、剖图（210）
图一七二　M152 出土陶器（211）
图一七三　M154 平、剖图（212）
图一七四　M154 出土陶器（213）
图一七五　M156 平、剖图（214）
图一七六　M156 出土陶壶（M156∶2）（215）
图一七七　M157 平、剖图（216）
图一七八　M157 出土铁削（M157∶1）（217）
图一七九　M164 平、剖图（218）

图一八〇　M164 出土玛瑙环（M164∶1）（219）
图一八一　M171 平、剖图（220）
图一八二　M171 出土器物（221）
图一八三　M174 平、剖图（223）
图一八四　M176 平、剖图（224）
图一八五　M178 平、剖图（226）
图一八六　M178 出土器物（227）
图一八七　M184 平、剖图（229）
图一八八　M184 出土器物（230）
图一八九　M184 出土陶器（232）
图一九〇　M187 平、剖图（234）
图一九一　M187 出土陶器（235）
图一九二　M188 平、剖图（236）
图一九三　M188 出土陶器（237）
图一九四　M191 平、剖图（239）
图一九五　M191 出土陶器（240）
图一九六　M192 平、剖图（241）
图一九七　M192 出土玉圭（M192∶1）（242）
图一九八　M195 平、剖图（243）
图一九九　M195 出土器物（244）
图二〇〇　M196 平、剖图（246）
图二〇一　M196 出土陶器（247）
图二〇二　M198 平、剖图（249）
图二〇三　M198 出土铜带钩（M198∶1）（250）
图二〇四　M200 平、剖图（251）
图二〇五　M200 出土器物（252）
图二〇六　M204 平、剖图（253）
图二〇七　M204 出土玉圭（M204∶1）（254）
图二〇八　M207 平、剖图（256）
图二〇九　M207 出土器物（257）
图二一〇　M207 出土陶器（258）
图二一一　M208 平、剖图（260）
图二一二　M208 出土铜镜（M208∶1）（261）
图二一三　M209 平、剖图（262）
图二一四　M209 出土器物（263）
图二一五　M209 出土陶罍（264）
图二一六　M212 平、剖图（266）

图二一七　M212 出土陶器（267）
图二一八　M214 平、剖图（269）
图二一九　M214 出土器物（270）
图二二〇　M215 平、剖图（272）
图二二一　M215 出土陶器（272）
图二二二　M218 平、剖图（273）
图二二三　M218 出土玉器（274）
图二二四　M224 平、剖图（275）
图二二五　M224 出土玉圭（M224:1）（276）
图二二六　M226 平、剖图（277）
图二二七　M226 出土器物（278）
图二二八　M228 平、剖图（279）
图二二九　M228 出土陶器（280）
图二三〇　M231 平、剖图（281）
图二三一　M231 出土玉圭（M231:1）（282）
图二三二　M232 平、剖图（283）
图二三三　M232 出土器物（284）
图二三四　M233 平、剖图（285）
图二三五　M233 出土器物（287）
图二三六　M233 出土陶罍（288）
图二三七　M234 平、剖图（289）
图二三八　M235 平、剖图（291）
图二三九　M236 平、剖图（292）
图二四〇　M236 出土陶器（293）
图二四一　M237 平、剖图（295）
图二四二　M237 出土器物（296）
图二四三　M238 平、剖图（298）
图二四四　M238 出土陶器（299）
图二四五　M239 平、剖图（300）
图二四六　M239 出土陶器（302）
图二四七　M240 平、剖图（303）
图二四八　M240 出土陶器（304）
图二四九　M242 平、剖图（305）
图二五〇　M242 出土陶器（306）
图二五一　M243 平、剖图（308）
图二五二　M244 平、剖图（309）
图二五三　M244 出土器物（311）

图二五四　M246 平、剖图（313）
图二五五　M246 出土器物（314）
图二五六　M247 平、剖图（316）
图二五七　M247 出土陶器（317）
图二五八　M247 出土器物（318）
图二五九　M248 平、剖图（320）
图二六〇　M248 出土器物（321）
图二六一　M250 平、剖图（322）
图二六二　M250 出土器物（323）
图二六三　M251 平、剖图（325）
图二六四　M253 平、剖图（326）
图二六五　M253 出土陶器（327）
图二六六　M253 出土器物（328）
图二六七　M254 平、剖图（330）
图二六八　M254 出土陶器（331）
图二六九　M256 平、剖图（332）
图二七〇　M256 出土陶釜肩部陶文拓片（M256∶1）（333）
图二七一　M258 平、剖图（334）
图二七二　M258 出土玉圭（335）
图二七三　M260 平、剖图（336）
图二七四　M260 出土玉圭（M260∶1）（337）
图二七五　M261 平、剖图（338）
图二七六　M261 出土玉圭（339）
图二七七　M264 平、剖图（340）
图二七八　M264 出土器物（341）
图二七九　M267 出土陶器（343）
图二八〇　墓地出土铜器（348）
图二八一　墓地出土铜璜（349）
图二八二　墓地出土铜器（349）
图二八三　墓地出土陶鬲（351）
图二八四　墓地出土陶盂（352）
图二八五　墓地出土陶罐（352）
图二八六　墓地出土陶豆（353）
图二八七　墓地出土甲类仿铜陶鼎（355）
图二八八　墓地出土甲类仿铜陶鼎（356）
图二八九　墓地出土甲类仿铜陶鼎（357）
图二九〇　墓地出土乙类仿铜陶鼎（358）

图二九一　墓地出土 Aa 型仿铜陶壶（359）
图二九二　墓地出土 Ab 型仿铜陶壶（360）
图二九三　墓地出土仿铜陶壶（361）
图二九四　墓地出土陶高柄小壶（362）
图二九五　墓地出土 A 型仿铜陶盖豆（362）
图二九六　墓地出土 B 型仿铜陶盖豆（363）
图二九七　墓地出土 A 型仿铜陶罍（364）
图二九八　墓地出土 B 型仿铜陶罍（365）
图二九九　墓地出土 C 型仿铜陶罍（366）
图三〇〇　墓地出土仿铜陶尊（367）
图三〇一　墓地出土甲类仿铜陶敦（368）
图三〇二　墓地出土乙类仿铜陶敦（369）
图三〇三　墓地出土乙类仿铜陶敦（370）
图三〇四　墓地出土陶盏、陶钵（370）
图三〇五　墓地出土仿铜陶舟（371）
图三〇六　墓地出土 A 型仿铜陶盘（372）
图三〇七　墓地出土 B 型仿铜陶盘（373）
图三〇八　墓地出土 Aa 型仿铜陶匜（374）
图三〇九　墓地出土 Ab 型、B 型仿铜陶匜（375）
图三一〇　墓地出土陶叶形饰（376）
图三一一　墓地出土陶鸟、陶泥饼、陶器（377）
图三一二　墓地出土铁带钩（378）
图三一三　墓地出土铁削、铁锸（378）
图三一四　墓地出土玉片饰（379）
图三一五　墓地出土玉饰（380）
图三一六　墓地出土玉器（380）
图三一七　墓地出土玉料（381）
图三一八　墓地出土玉圭（382）
图三一九　墓地出土玛瑙环（383）
图三二〇　墓地出土骨器（383）
图三二一　墓地出土蚌器（384）
图三二二　新郑双楼东周墓地陶器分期图（一）（411）
图三二三　新郑双楼东周墓地陶器分期图（二）（413）

插 表 目 录

表一　出土第一组陶器组合墓葬统计表（395）
表二　第一组陶器组合分段表（397）
表三　出土第二组陶器组合墓葬统计表（399）
表四　第二组陶器组合分段表（399）
表五　出土第三组陶器组合墓葬统计表（400）
表六　第三组陶器组合分段表（401）
表七　出土第四组陶器组合墓葬统计表（402）
表八　第四组陶器组合分段表（402）
表九　乙类陶鼎对应关系表（407）
表一〇　甲类陶鼎对应关系表（407）
表一一　陶罍对应关系表（409）
表一二　A 型陶壶对应关系表（410）

彩版目录

彩版一　新郑双楼东周墓地全景（由西向东）
彩版二　新郑双楼东周墓地鸟瞰（由西向东）
彩版三　新郑双楼东周墓地工作现场
彩版四　新郑双楼东周墓 M3
彩版五　新郑双楼东周墓 M3、M9、M49、M89、M99、M192 出土玉圭
彩版六　新郑双楼东周墓 M11
彩版七　新郑双楼东周墓 M11 出土陶器组合
彩版八　新郑双楼东周墓 M14、M188、M196 出土彩绘陶
彩版九　新郑双楼东周墓 M15 出土陶器组合
彩版一〇　新郑双楼东周墓 M18 出土陶器组合
彩版一一　新郑双楼东周墓 M21
彩版一二　新郑双楼东周墓 M22
彩版一三　新郑双楼东周墓 M36 出土陶器组合
彩版一四　新郑双楼东周墓 M39
彩版一五　新郑双楼东周墓 M40 出土陶器组合
彩版一六　新郑双楼东周墓 M41
彩版一七　新郑双楼东周墓 M41 出土陶器组合
彩版一八　新郑双楼东周墓 M45、M54 出土带钩
彩版一九　新郑双楼东周墓 M49
彩版二〇　新郑双楼东周墓 M49、M61、M79、M81、M85 出土玉器
彩版二一　新郑双楼东周墓 M55
彩版二二　新郑双楼东周墓 M60 出土陶器组合
彩版二三　新郑双楼东周墓 M61 出土陶器组合
彩版二四　新郑双楼东周墓 M67
彩版二五　新郑双楼东周墓 M67、M246 出土铜璜
彩版二六　新郑双楼东周墓 M79
彩版二七　新郑双楼东周墓 M81、M139、M147 出土铜器
彩版二八　新郑双楼东周墓 M85 出土铜璜（M85∶2）
彩版二九　新郑双楼东周墓 M91
彩版三〇　新郑双楼东周墓 M101、M134 出土铜璜
彩版三一　新郑双楼东周墓 M105、M118、M123、M195、M218 出土玉器

彩版三二　新郑双楼东周墓 M110、M112、M198 出土带钩
彩版三三　新郑双楼东周墓 M115 出土陶器组合
彩版三四　新郑双楼东周墓 M118、M208 出土铜璜、铜镜
彩版三五　新郑双楼东周墓 M121、M157、M200、M264 出土铜器、铁器
彩版三六　新郑双楼东周墓 M129
彩版三七　新郑双楼东周墓 M147
彩版三八　新郑双楼东周墓 M147 出土铜器
彩版三九　新郑双楼东周墓 M147 出土骨贝（M147∶6）
彩版四〇　新郑双楼东周墓 M164、M244 出土玛瑙环、骨环
彩版四一　新郑双楼东周墓 M178、M233、M237、M258、M260、M261 出土玉圭
彩版四二　新郑双楼东周墓 M188 出土陶器组合
彩版四三　新郑双楼东周墓 M196、M207、M212 出土彩绘陶
彩版四四　新郑双楼东周墓 M204、M209、M214、M231、M232 出土玉圭
彩版四五　新郑双楼东周墓 M207 出土陶器组合
彩版四六　新郑双楼东周墓 M209 出土陶器组合
彩版四七　新郑双楼东周墓 M209 出土陶鸟及陶叶形饰
彩版四八　新郑双楼东周墓 M214 出土陶器组合
彩版四九　新郑双楼东周墓 M233、M237、M254 出土彩绘陶
彩版五〇　新郑双楼东周墓 M240 出土陶器组合
彩版五一　新郑双楼东周墓 M3 男性颅骨
彩版五二　新郑双楼东周墓 M13 男性颅骨
彩版五三　新郑双楼东周墓 M45 男性颅骨
彩版五四　新郑双楼东周墓 M58 男性颅骨
彩版五五　新郑双楼东周墓 M70 男性颅骨
彩版五六　新郑双楼东周墓 M89 男性颅骨
彩版五七　新郑双楼东周墓 M98 男性颅骨
彩版五八　新郑双楼东周墓 M102 男性颅骨
彩版五九　新郑双楼东周墓 M116 男性颅骨
彩版六〇　新郑双楼东周墓 M146 男性颅骨
彩版六一　新郑双楼东周墓 M201 男性颅骨
彩版六二　新郑双楼东周墓 M203 男性颅骨
彩版六三　新郑双楼东周墓 M226 男性颅骨
彩版六四　新郑双楼东周墓 M231 男性颅骨
彩版六五　新郑双楼东周墓 M233 男性颅骨
彩版六六　新郑双楼东周墓 M242 男性颅骨
彩版六七　新郑双楼东周墓 M253 男性颅骨
彩版六八　新郑双楼东周墓 M255 男性颅骨

彩版六九　新郑双楼东周墓 M259 男性颅骨
彩版七〇　新郑双楼东周墓 M262 男性颅骨
彩版七一　新郑双楼东周墓 M263 男性颅骨
彩版七二　新郑双楼东周墓 M265 男性颅骨
彩版七三　新郑双楼东周墓 M11 女性颅骨
彩版七四　新郑双楼东周墓 M20 女性颅骨
彩版七五　新郑双楼东周墓 M75 女性颅骨
彩版七六　新郑双楼东周墓 M134 女性颅骨
彩版七七　新郑双楼东周墓 M156 女性颅骨
彩版七八　新郑双楼东周墓 M185 女性颅骨
彩版七九　新郑双楼东周墓 M215 女性颅骨
彩版八〇　新郑双楼东周墓 M227 女性颅骨
彩版八一　新郑双楼东周墓 M246 女性颅骨
彩版八二　新郑双楼东周墓 M261 女性颅骨
彩版八三　新郑双楼东周墓出土人骨
彩版八四　新郑双楼东周墓出土人骨
彩版八五　新郑双楼东周墓出土人骨
彩版八六　新郑双楼东周墓出土人骨
彩版八七　新郑双楼东周墓出土人骨
彩版八八　新郑双楼东周墓出土人骨
彩版八九　透闪石玉器样品中包裹体的显微图片和 Raman 图谱
彩版九〇　透闪石质玉器的 OCT 图像
彩版九一　方解石质玉器的 OCT 图像
彩版九二　石英质玉器 HNWK-ZH-02 的 OCT 图像
彩版九三　滑石质玉器的 OCT 图像
彩版九四　白云母质玉器样品 HNWK-ZH-37 的 OCT 图像
彩版九五　不同材质玉器的比例
彩版九六　不同种类的玉器与墓葬数量之间的关系图

图版目录

图版一　新郑双楼东周墓 M1 出土陶器
图版二　新郑双楼东周墓 M1、M3 出土陶器
图版三　新郑双楼东周墓 M4、M9 出土陶器
图版四　新郑双楼东周墓 M5 出土陶器
图版五　新郑双楼东周墓 M11 出土陶器
图版六　新郑双楼东周墓 M13 出土陶器
图版七　新郑双楼东周墓 M14 出土陶器
图版八　新郑双楼东周墓 M15 出土陶器
图版九　新郑双楼东周墓 M15、M17 出土陶器
图版一〇　新郑双楼东周墓 M18 出土陶器
图版一一　新郑双楼东周墓 M18、M21 出土陶器
图版一二　新郑双楼东周墓 M21、M22 出土陶器
图版一三　新郑双楼东周墓 M22、M23 出土陶器
图版一四　新郑双楼东周墓 M27 出土陶器
图版一五　新郑双楼东周墓 M29、M37、M58、M77、M86 出土陶器、铁器
图版一六　新郑双楼东周墓 M39 出土陶器
图版一七　新郑双楼东周墓 M49 出土陶器
图版一八　新郑双楼东周墓 M60、M61 出土陶器
图版一九　新郑双楼东周墓 M61 出土陶器
图版二〇　新郑双楼东周墓 M68 出土陶器
图版二一　新郑双楼东周墓 M71 出土陶器
图版二二　新郑双楼东周墓 M71、M72 出土陶器
图版二三　新郑双楼东周墓 M72 出土陶器
图版二四　新郑双楼东周墓 M78 出土陶器
图版二五　新郑双楼东周墓 M79 出土陶器
图版二六　新郑双楼东周墓 M79、M82 出土陶器
图版二七　新郑双楼东周墓 M94 出土陶器
图版二八　新郑双楼东周墓 M96、M101、M110 出土陶器
图版二九　新郑双楼东周墓 M115 出土陶器
图版三〇　新郑双楼东周墓 M115、M127 出土陶器
图版三一　新郑双楼东周墓 M129 出土陶器

图版三二　新郑双楼东周墓 M137、M142、M146 出土陶器及刻划符号
图版三三　新郑双楼东周墓 M152 出土陶器及刻划符号
图版三四　新郑双楼东周墓 M154、M156、M187 出土陶器
图版三五　新郑双楼东周墓 M171 出土陶器
图版三六　新郑双楼东周墓 M171、M178 出土陶器
图版三七　新郑双楼东周墓 M184 出土陶器
图版三八　新郑双楼东周墓 M184 出土陶壶、陶豆
图版三九　新郑双楼东周墓 M184 出土陶器
图版四〇　新郑双楼东周墓 M184、M191 出土陶器
图版四一　新郑双楼东周墓 M188 出土陶器
图版四二　新郑双楼东周墓 M188、M200 出土陶器
图版四三　新郑双楼东周墓 M195 出土陶器
图版四四　新郑双楼东周墓 M196 出土陶器
图版四五　新郑双楼东周墓 M207 出土陶器
图版四六　新郑双楼东周墓 M207 出土陶器
图版四七　新郑双楼东周墓 M209 出土陶器
图版四八　新郑双楼东周墓 M209、M212、M214 出土陶器
图版四九　新郑双楼东周墓 M214 出土陶器
图版五〇　新郑双楼东周墓 M215、M228 出土陶器
图版五一　新郑双楼东周墓 M232、M233 出土陶器
图版五二　新郑双楼东周墓 M236 出土陶器
图版五三　新郑双楼东周墓 M237 出土陶器
图版五四　新郑双楼东周墓 M238、M240 出土陶器
图版五五　新郑双楼东周墓 M239、M242 出土陶器
图版五六　新郑双楼东周墓 M240 出土陶器
图版五七　新郑双楼东周墓 M242、M244 出土陶器
图版五八　新郑双楼东周墓 M246 出土陶器
图版五九　新郑双楼东周墓 M247 出土陶器
图版六〇　新郑双楼东周墓 M248 出土陶器
图版六一　新郑双楼东周墓 M253 出土陶器
图版六二　新郑双楼东周墓 M254、M264 出土陶器
图版六三　新郑双楼东周墓地出土玉器综合分析结果
图版六四　新郑双楼东周墓地出土玉器综合分析结果
图版六五　新郑双楼东周墓地出土玉器综合分析结果
图版六六　新郑双楼东周墓地出土玉器综合分析结果
图版六七　新郑双楼东周墓地出土玉器综合分析结果
图版六八　新郑双楼东周墓地出土玉器综合分析结果

图版六九　新郑双楼东周墓地出土玉器综合分析结果
图版七〇　新郑双楼东周墓地出土玉器综合分析结果
图版七一　新郑双楼东周墓地出土玉器综合分析结果
图版七二　新郑双楼东周墓地出土玉器综合分析结果

第一章　绪言

第一节　地理位置与自然环境

一、地理位置

新郑市位于河南省中部，这里地处中原腹地，隶属河南省省会郑州，北靠郑州市，东临中牟、尉氏两县，西连新密市，南与长葛、禹州两市接壤，南北长42千米，东西宽36千米，总面积873平方千米。这里北距郑州市区38千米；东北距中牟县城45.6千米、开封市区120千米；东距尉氏县城42.6千米；南距长葛市区20.4千米、许昌市区40千米；西南距禹州市区36.5千米、平顶山市区84千米；西距新密市区34.5千米。由此看出新郑的地理位置非常优越，是处于承东启西、连接南北的“黄金十字路口”上，所以这里自古就是南北交通要塞，素有“九省通衢”之美称。顺治年间的《新郑县志》里对此早有详细的记载，“新郑史称东里，古轩辕有熊氏之国也。东马陵、南陉山、西大隗、北豹山，溱洧襟带于前，梅泰环拱于后，风藏气聚，世多君子……”。

二、自然环境

新郑处于豫西山区向豫东平原的过渡地带，介于东经113°30′至113°54′、北纬34°16′至34°39′之间。境内地势西高东低，中部高，南北低。西部为浅山丘陵区，西北部为丘岗地，中部为丘陵、岗地，东部为平原。西部和西南部由于受外应力和流水侵袭，形成了谷峰相间的侵蚀低山区，面积约占全市总面积的6.5%。这里有属于伏牛山系嵩山余脉的具茨山和陉山，具茨山的主峰风后岭海拔793米，为新郑境内最高峰。沿低山外围和西北部的泰山、梅山一线为新生代第四纪黄土覆盖的山前坡洪积岗地，这一带的海拔在180米至250米之间，地势起伏较大，面积占到全市总面积的79.1%。较大的岗地有马岭岗、走马岗、黄岗、武岗和裴李岗。京广线以东的古黄河古阶地和京广线以西的双洎河、黄水河、溟水河等带状冲积扇所形成的平原地带虽然面积较小，约占全市总面积的14.4%，但由于土地肥沃，是全市最重要的农业区，也是人口的主要聚居区。

新郑境内虽然没有特别大的河流，但是小河众多，其中较为有名的河流有双洎河（古洧水）、黄水河（古溱水）、潩水河、梅河、潮河、暖泉河、莲河、十八里河等。这些河流多发源于西部和北部山区，几条稍大的河流都是常年河，属于颍河水系；较小的河流均为季节河，属于贾鲁河水系。其中双洎河和黄水河呈东西环绕之势从郑韩故城两侧流过，这两条河流无论是对现在的新郑市，还是对春秋战国时期的郑韩两国，都有着很大的影响。

新郑属淮河流域的半湿润地区，为温带大陆性季风气候，气温适中，四季分明。年平均气温 14.2℃，年均日照时数 2368.4 小时，光照充足，平均年降水量接近 700 毫米，且降水季节和降水地区分布很不平衡。季风气候的特点决定了风向和风力随季节的交替而变化，冬多刮北风，夏多刮南风。这种适宜的气候，也为史前和史初文化的肇始和发展提供了先天的有利条件。

正是鉴于以上天时地利的优越环境，才使这一地区成为古人类开拓较早的区域，所以历史学家李学勤先生说过，“新郑位于中原核心，是中国古代文明的发祥地”。

第二节　历史沿革

虽名为新郑，但其历史悠久，文化积淀深厚。早在 8000 年前，先民们就在今天新村镇的裴李岗遗址居住生活，他们用勤劳的双手和智慧创造了灿烂的古代文化，建立了以农业为经济基础的社会，并且还兼营家畜饲养业和简单的手工制造业。在裴李岗文化时代，新郑境内的沙窝里遗址、唐户遗址、西土桥遗址、岭西遗址等地，都有先民生活的身影。2006~2007 年，配合南水北调中线工程的建设，考古工作者对唐户裴李岗文化遗址进行了大面积的发掘，揭露裴李岗文化时期大型居住基址 5000 平方米，进一步丰富了裴李岗文化内涵，对研究裴李岗文化时期的聚落形态、房屋建筑、家庭组织结构、农业文明的起源等具有重大的学术价值，所以该项目荣登 2007 年度全国十大考古新发现之列。

到了 5000 年前的仰韶文化时期，古人活动的踪迹更是比比皆是。特别是中华民族的祖先黄帝就生于新郑的轩辕丘，建都有熊（今新郑市），完成了统一中原的大业，因而新郑被誉为中华第一古都。这个时期的主要遗址有唐户遗址、高坡岩遗址、洪府遗址、古城遗址、王垌遗址、大朱庄遗址、官庄遗址等。

仰韶文化之后的龙山文化时期，新郑一带就成了先民的主要活动区域。除上述地区外，大司遗址、于寨遗址、人和寨遗址、金钟寨遗址、水泉遗址等地也都是比较重要的古人活动地。特别是人和寨遗址，面积有 20 余万平方米，遗址包含了龙山、新砦、二里头、商代等不同时期的文化遗存，文化内涵极为丰富。经调查和发掘，在遗址的北部发现了一座龙山文化晚期的城址，面积有 7 万平方米。该城址的发现对研究河南龙山文化、新砦二期文化以及二里头文化时期的承袭和演变关系具有很重要的价值。2013 年，人和寨遗址也被国务院公布为第七批全国重点文物保护单位。

夏商时期，新郑分别是夏、商王朝的畿内之地。这个时期的遗址在新郑的分布也比较丰富。其中新村镇的望京楼遗址就是商代早期的一处十分重要的遗址。早在 20 世纪 70 年代，望京楼遗址就多次出土过商代和二里头文化时期的青铜器。邹衡先生在20世纪80年代初就指出，在中原二里头文化时期，望京楼遗址和巩县稍柴遗址的重要程度仅次于二里头遗址，非常值得关注。2010年9月以来，郑州市文物考古研究院配合郑新快速通道的建设，在望京楼遗址进行了较大规模发掘，发现二里头文化时期与二里岗文化时期的城址各一座，城内发现多条大路以及多种遗迹，包括大型和中小型建筑、灰坑、墓葬等，充分显示了望京楼遗址在夏商时期的特殊性和重要性，也为夏商文化研究提供了宝贵的资料，因而该项发掘也被评为当年全国十大考古新发现。另外这一时期的遗址还有小王庄遗址、下申河遗址、马垌遗址、郭寨沟遗址、街东曹遗址等。

周宣王二十二年（公元前806年），宣王静封其庶弟友于京畿内的棫林（今陕西省华县东北，也有学者认为在今天的陕西省凤翔县南），建立郑国，史称郑桓公，是为郑国始封伯爵国君。公元前781年，周宣王死，其子宫涅继位，是为幽王。郑桓公被周幽王任命为司徒，掌握全国的土地和户籍。

周幽王九年（公元前773年），诸侯叛周，郑桓公听从太史伯的建议，将其部族、家属以及财产等由棫林陆续迁于郐（今河南省新密市东南）与东虢（今河南省荥阳市东北）之间，作为郑在东方建国的基础。

周平王元年（公元前770年），郑武公掘突随平王东迁。周平王二年（公元前769年）和四年（公元前767年），郑武公施离间计先后灭掉了郐、虢两国，在今天的双洎河和黄水河的交汇处建立了郑国新都城。为了区别陕西的旧郑，后称新郑。由于郑国的位置居于中原之腹心地带，为兵家必争之地，常年战争不断，故有“春秋战争之多莫如郑”之说（南宋学者王应麟《诗地理考》）。郑国在新郑先后传十四世二十二君，历时394年。

周烈王元年（公元前375年），韩国灭郑，韩哀侯把韩国的都城由阳翟(今河南省禹州市）迁至新郑。战国时期，韩国成了各国贸易往来的必经之地，韩都新郑雄踞中原，优越的地理位置一方面有利于经济的发展和文化的融合，但另一方面也带来了为争夺利益而发动的连年战乱，所以又有“战国战争之多莫如韩”的说法（《诗地理考》）。韩国在新郑传九世，历时145年。

秦王政十七年（公元前230年），秦灭韩，新郑从此失去了国都地位。

公元前221年，秦统一六国，置新郑县、苑陵县，属颍川郡。

西汉时，新郑、苑陵改属河南郡。新莽时改苑陵县为左亭县，治所苑陵（今新郑市龙王乡西部）。

到了东汉又改左亭县为苑陵县，与新郑县都属司隶校尉部河南尹。

三国时河南属魏，新郑县、苑陵县属司州河南尹。

晋时废新郑县，将其并入苑陵县，治所苑陵。

北齐、北周时期，苑陵县改属荥州。

隋改荥州为荥阳郡，又恢复新郑县，之后又废苑陵县入新郑县。

唐初分新郑为新郑县和清池县，不久又将清池县并入新郑县。

五代时期，新郑县属郑州。

宋时曾废郑州，新郑县属开封府，后又复归郑州。

金，新郑县属南京路钧州。

元初，新郑县归颍顺军，不久废军为州，新郑县隶属汴梁路钧州。

明初新郑县属钧州，后改属河南开封府。

清初，新郑属钧州，之后分属河南禹州、许州府、开封府。

1913 年，废州、府，新郑县属豫东道。1914 年，豫东道改名开封道，新郑属开封道。1927 年，废道，改行政区，建县置，成立县政府，新郑县属第一行政督察区。

中华人民共和国成立后，新郑县属郑州地区。1955 年，改属开封专区。1958 年，改属郑州市。1961 年又归属开封地区行政公署。1983 年，新郑县再次改属郑州市。1994 年 5 月，经国务院批准，新郑撤县设市。

第三节　新郑市区历年发掘概况

众所周知，现在的新郑市就坐落在郑韩故城之上，郑韩两国 500 余年的建都历史，在这片古老的土地上保存了丰富的春秋战国时期的遗迹和遗物。新郑市区的考古发掘工作其实就是围绕着郑韩故城进行的。

早在 1923 年，新郑县城南街李家楼李锐凿井时发现春秋大墓，出土了包括“莲鹤方壶”在内的 100 多件重要文物。此次挖掘虽然是一次非正式的科学发掘，但由于出土了极具代表性的郑国青铜礼器而意义重大，影响深远。

1961 年，郑韩故城就被国务院公布为第一批全国重点文物保护单位，1964 年，河南省文化局文物工作队（河南省文物考古研究院的前身）就在新郑设立了工作站，开始了长期不懈的考古勘探和发掘研究工作。

50 多年来，在河南省文物局和当地政府的关怀扶持下，在新郑文化文物部门的协助和大力配合下，在相关单位和基层群众的理解参与和积极支持下，通过广大工作人员的辛勤劳动和艰苦努力，以郑韩故城为核心的考古工作取得了丰硕的成果，系统而科学的研究工作也有了长足的进展。

20 世纪 60 年代，主要是对郑韩故城开展全面调查和钻探普查。通过两年多的普查工作，基本查清了城墙、宫殿以及一些重要遗迹的分布情况，为进一步的考古发掘提供了有利条件。这期间，还对位于阁老坟村东北的战国时期地下冷藏遗迹、郑韩故城东北部的春秋战国时期制骨遗址以及仓城村的战国铸铁遗址进行了小面积的发掘。上述工作为郑韩故城以后的文物保护和科学发掘奠定了坚实的基础。

20 世纪 70 年代，由于“文革”的原因，田野工作基本处于停滞阶段。这期间主要是对郑韩故城内及周边地区的墓地和遗址进行小规模的发掘。白庙范铜兵器坑、大吴楼铸铜遗址、后端湾春秋贵族墓地、烈江坡东周墓地、“梳妆台”遗址等都是这个时期发掘的。特别是白庙范铜兵器坑的发现，意义重大。出土了铜剑、戈、矛等各种兵器 180 余件，其中170余件都带有铭文，铭文内容丰富，涉及地名、人名、官职名以及纪年等，这对研究战国时期的历史、地理等具有重要的学术价值。

从20世纪80年代至90年代，配合新郑城市基本建设的大规模考古发掘工作逐渐开展。这一时期先后发掘了蔡庄东周墓地、河李墓地、李马墓地、税务局家属院战国大型宫殿建筑遗址、新郑药厂钱范遗址、玻璃厂春秋冷藏窖遗址、阁老坟宫殿遗址、郑韩故城东城墙和北城墙、新郑烟厂、苑陵中学家属院、煤炭储运公司等墓地，毛园隔城城墙、金城路、城市信用社、中国银行新郑支行等遗址。韩王陵的发现，特别是王行庄韩王陵1号墓的祔葬坑的发掘，填补了郑韩故城考古长期以来没有发现韩国大型陵墓的空白。通过对东、北两城墙的解剖发掘，了解到郑韩故城的内、外城都始建于春秋时期，到了战国时期才开始在墙体外部不断加宽加高以至形成现在的规模。金城路、城市信用社和中国银行新郑支行三处祭祀遗址的发现，其意义更为深远。特别是中国银行新郑支行郑国祭祀遗址的发现和发掘，入选了当年的“全国十大考古新发现”。

进入21世纪以来，主动性和抢救性的发掘又创新高。特别是配合“南水北调”工程对胡庄韩王陵的抢救性发掘取得了重要成果。考古发掘表明，该墓地是以两座高级贵族夫妇合葬大墓为核心的战国晚期韩国王陵。在出土的500余件珍贵文物中，有数十件铜器上保存“王后”“王后官”和“太后”刻铭。此次发掘，首次发现了韩国王侯级大墓棺椁的完整形态，是韩国王陵考古的重要突破，对东周陵墓考古学研究具有重大意义。该项目被评为2008年“全国考古十大新发现”。

同时配合新郑市区的基本建设，还陆续发掘了冯庄东周制陶遗址、能人大道战国官营制陶遗址、后端湾郑国“中”字形大墓、新郑监狱春秋战国墓地及铸币遗址、毛园郑国贵族墓地、兴弘花园春秋战国遗址和墓地、热电厂春秋战国遗址和墓地、华瑞路宫殿区遗址、新郑防疫站春秋战国墓地、月季新城春秋战国遗址和铜钱窖藏、仓城路春秋战国遗址、翠园小区春秋战国至汉代时期墓地、新郑市房管局畅馨园春秋战国遗址和墓地、郑州市宏基房地产春秋战国遗址、后端湾春秋贵族墓地等。层出不穷的新发现，为我们对郑韩故城的深层次研究提供了宝贵的实物资料。

此外，在郑韩故城之外的新郑其他地区，还相继发掘了人和寨龙山文化晚期城址、西亚斯东周墓地、林锦店两周至汉代墓地和遗址、龙湖兴田龙山文化遗址和两周墓地、龙湖国瑞城仰韶文化晚期遗址和汉代墓地、华信学院新校区两周墓地、唐户裴李岗文化遗址、望京楼夏商文化城址等。其中配合郑石（现更名为郑尧）高速的建设工程，在龙湖镇的王许村发现了面积约1000平方米的战国环壕遗迹，在环壕内清理无头人骨100余具，出土战国半两钱、铜镞、铁铠甲等物，经研究，为一处战国晚期秦灭韩国的战争遗迹。这处战争遗迹的发现，不仅填补了我国考古学上这种战争遗迹的空白，而且对于研究战国时期秦、韩两国的历史，尤其是秦、韩两国的交战史以及秦代的军功爵制，都具有十分重要的学术价值。

通过多年的考古发掘和整理研究，对郑韩故城的相关情况已经比较明了。西城应是宫殿建筑基址的所在地，特别是西城中部偏北和西北部地势较高的地带。东城是手工业作坊较为集中的区域。其中大吴楼和小高庄一带发现有铸铜遗址，仓城发现有铸铁遗址，人民路发现有制骨遗址，热电厂和能人路发现有制陶遗址。东城的东南部，即现在的仓城村附近，根据考古发现分析，应该是春秋战国时期的大型仓廪区域。在东城的中部，也就是现在的新郑市人民政府后院周围也发现有比较集中的大型建筑，推测当和郑国的宗庙有关。金城路、新郑城市信用社、中国人民银行新郑支行等处发现了多座保存完好的青铜礼器和乐器坑，这无疑对当时宗庙社稷制度以及城内布局的研究有很大帮助。

墓地分为贵族墓地和平民墓地两部分。春秋时期的高级贵族墓葬主要分布在郑韩故城西城的李家楼附近和东城的后端湾周围；一般贵族墓葬在城内的热电厂、白庙范、张龙庄、大吴楼等地均有发现。战国时期的韩国王室墓葬则主要分布在郑韩故城外围的城西和城南，每处王陵都由多座墓葬和祔葬坑组成，大致分布在今天的许岗、冢岗、王行庄、苗庄、胡庄、暴庄、宋庄、冯庄、柳庄、七里井、李家等地。

春秋战国时期的平民墓葬在郑韩故城内外都有分布，在新郑市区以外的其他地区也都时常发现，这些墓地规模大小不一，墓地内部也存在着一定等级的差别。

第四节　双楼墓地发掘简况

新郑市双楼东周墓地位于河南省新郑市梨河镇双楼村东、炎黄大道西南侧。其东邻新郑市佳利奶牛养殖有限公司，南邻双楼小学，西邻双楼村蔬菜棚，北邻炎黄大道。总面积约 2 万平方米。（图一）

2012 年 7 月，配合新郑市郑韩电力电器厂的厂房工程建设，在报请国家文物局批准后，河南省文物考古研究所新郑工作站开始对其进行抢救性发掘，至 2012 年 12 月下旬清理结束，发掘东周时期墓葬 267 座，出土各类质料的文物千余件。

通过发掘发现，这是一处隶属于郑韩故城宋庄韩王陵的祔社会葬墓区，其北距韩王陵南冢约 300 米。在墓葬区的东部有一条东北—西南向的壕沟，纵贯葬区。壕沟残深 0.8 米，横截面呈 V 形，沟内填较硬的褐色土块，土质较为纯净且无包含物，推测该壕沟应为宋庄韩王陵的内壕。（图二；彩版一～彩版三）

报告的最早命名是《新郑郑韩电器东周墓地》，初稿形成后，经多方征求意见，感觉还是以自然的村庄名称命名比较符合考古学文化的定义，再者该墓地的范围已经超出了郑韩电器厂的征地区域，所以“郑韩电器东周墓地”的叫法也不准确，最终确定本报告为《新郑双楼东周墓地》。

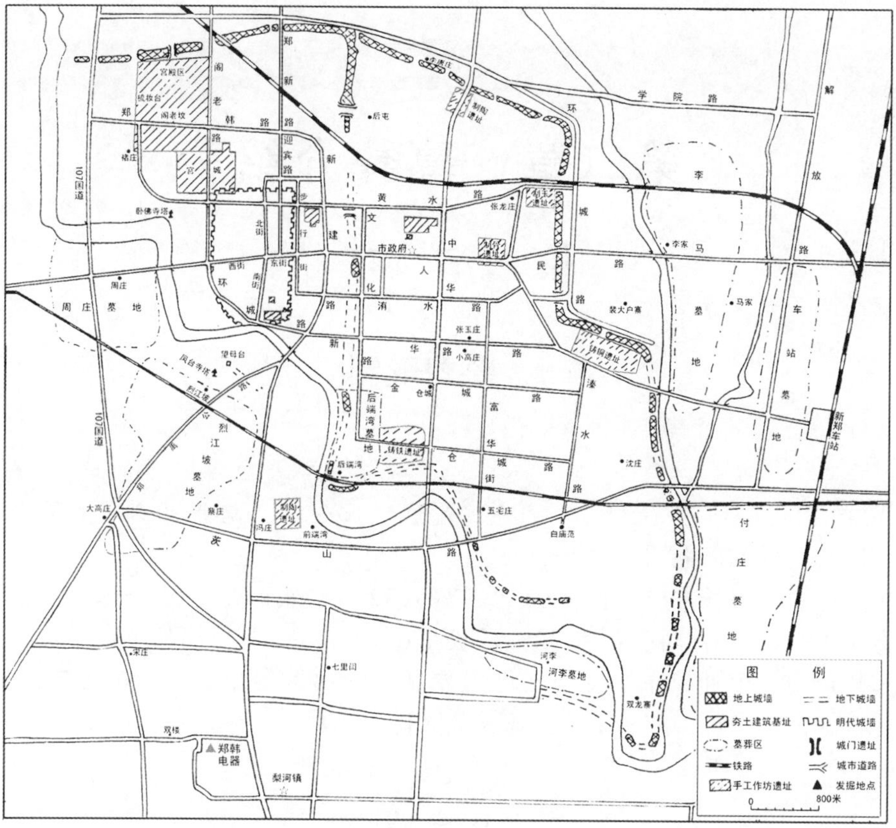

图一　河南新郑双楼东周墓地发掘位置图

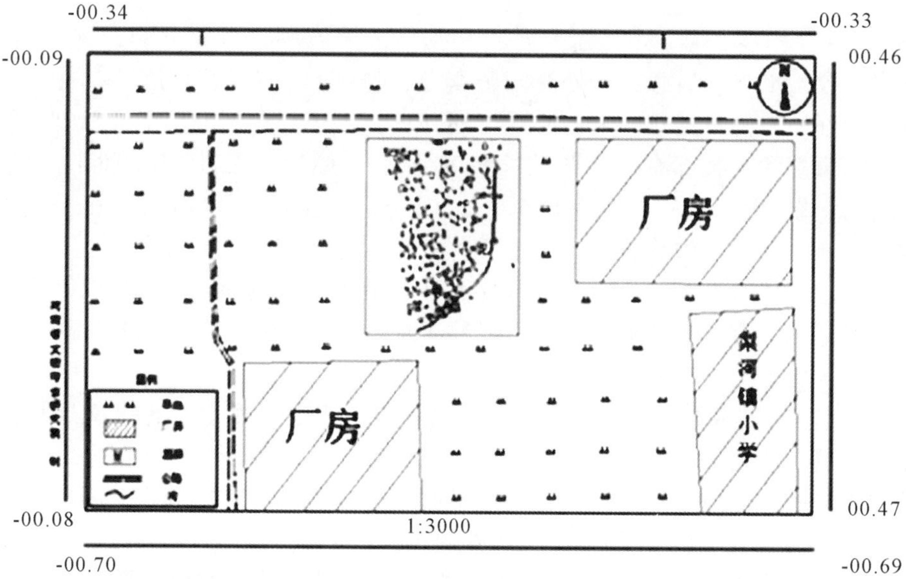

图二　新郑双楼东周墓地分布图

第二章　墓葬介绍

第一节　M1

一、墓葬形制

方向100°。长方形竖穴土坑墓，直壁，平底。长3米，宽1.90米，现存深度1.80米。墓葬中部有一椭圆形盗洞。(图三)

葬具为双椁。外椁长方形，长2.62米，宽1.72米，残存高度0.50米。内椁长方形，长2米，宽1.14米，残存高度0.20米，板灰厚0.10米。人骨已腐朽不存。

该墓盗扰严重，于外椁东端发现9件随葬品，分别是陶鼎1件，陶罍2件，陶敦1件，陶舟1件，陶盘1件，陶匜1件，陶盖豆2件。

二、出土遗物

陶罍　2件。标本M1∶1，无盖。泥质灰陶。折沿方唇，唇面下凹，颈微斜，圆肩，鼓腹，下腹斜收，平底。肩腹接合处有四个爬兽，作躬身回首状，有首有尾，面部模糊，仅能辨识嘴和耳。三兽首足较高大，兽首有嘴有耳，足正面和侧面用工具加以修削，形成明显的削痕。肩部和上腹部有四道凹弦纹。口径15.2厘米，腹径24.2厘米，高27.5厘米。(图四，1；图版一，1) 标本M1∶6，无盖。泥质灰陶。折沿方唇，斜颈，圆肩，鼓腹，下腹斜收，平底。肩腹接合处有四个爬兽，作躬身回首状，有首有尾，面部模糊，仅能辨识嘴和耳。三兽首足较高大，兽首有嘴有耳，足正面和侧面用工具加以修削，形成明显的削痕。肩部和上腹部有四道凹弦纹。口径14.1厘米，腹径24.4厘米，高28.4厘米。(图四，2)

陶鼎　1件。标本M1∶2，泥质红褐陶。盖方唇，折壁，弧顶，有一圈足状捉手。器身子母口，方唇，弧腹深圜底，方形附耳，耳尖外折，折处刀削，三足呈条状，正面和侧面用工具加以修削，形成明显的削痕，足和鼎腹通过榫卯结构连接固定。腹部有两道凸旋纹。口径20.8厘米，腹径23厘米，高24.6厘米。(图五，1；图版一，2)

陶敦　1件。标本M1∶3，盖缺失。泥质褐陶。子口内敛，方唇，弧腹圜底，腹部较深。上腹部一对对称兽首和一对半圆形实心钮，兽首有耳有口，形象生动。三蹄足，较

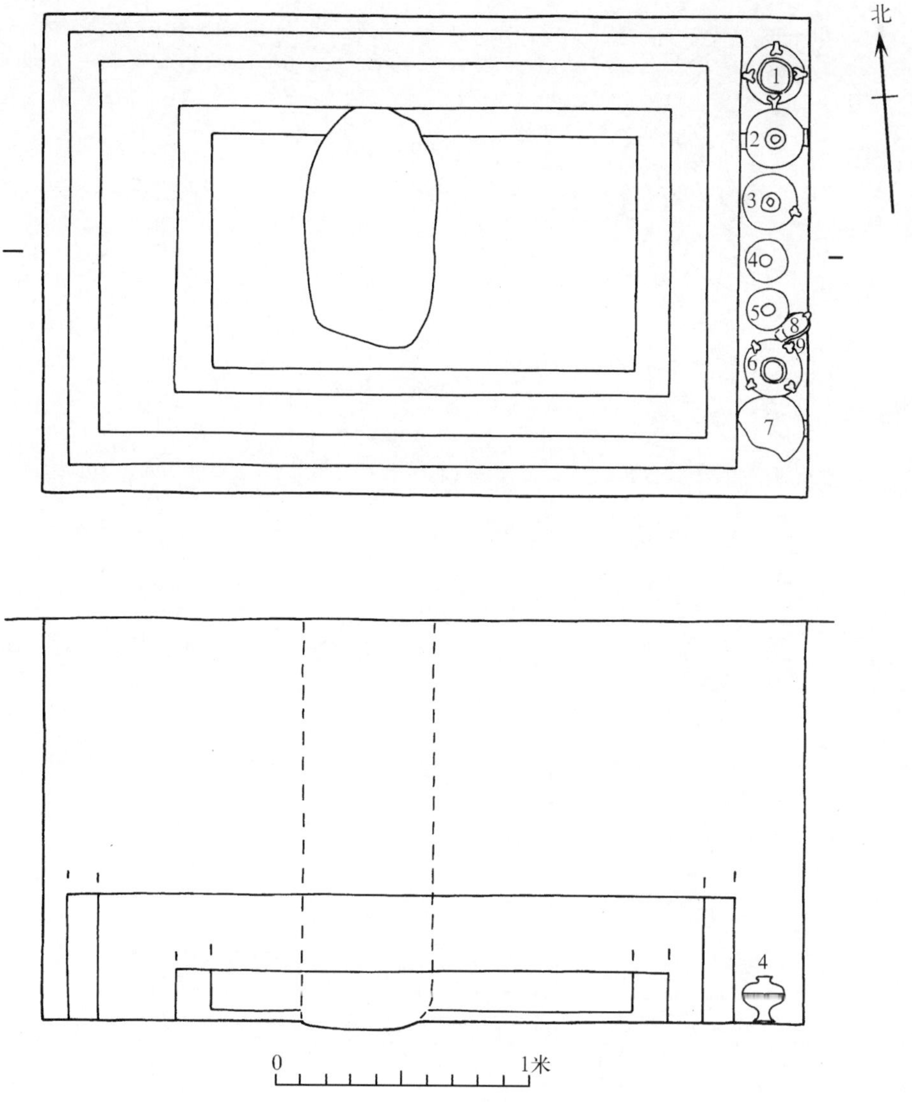

图三　M1 平、剖图

1、6. 陶罍　2. 陶鼎　3. 陶敦　4、5. 陶盖豆　7. 陶盘　8. 陶匜　9. 陶舟

长，足跟微鼓，足尖外凸。腹部饰有两道凸旋纹。口径 17. 2 厘米，腹径 20 厘米，高 12. 6 厘米。（图五，2；图版一，3）

陶盖豆　2 件。标本 M1∶4，泥质灰陶。盖折壁弧顶，较浅，中部有一圈足状捉手。器身子母口，方唇，豆盘略大，弧腹，豆柄略高，喇叭状底。豆柄处饰有多道细凹旋纹。盘径 16 厘米，足径 10. 2 厘米，高 22 厘米。（图五，5；图版二，1）标本 M1∶5，泥质灰陶。盖折壁弧顶，较浅，中部有一圈足状捉手。器身子母口，方唇，豆盘略大，弧腹，豆柄略高，喇叭状底。豆柄处饰有多道细凹旋纹。盘径 15. 4 厘米，足径 10. 1 厘米，高 21. 8

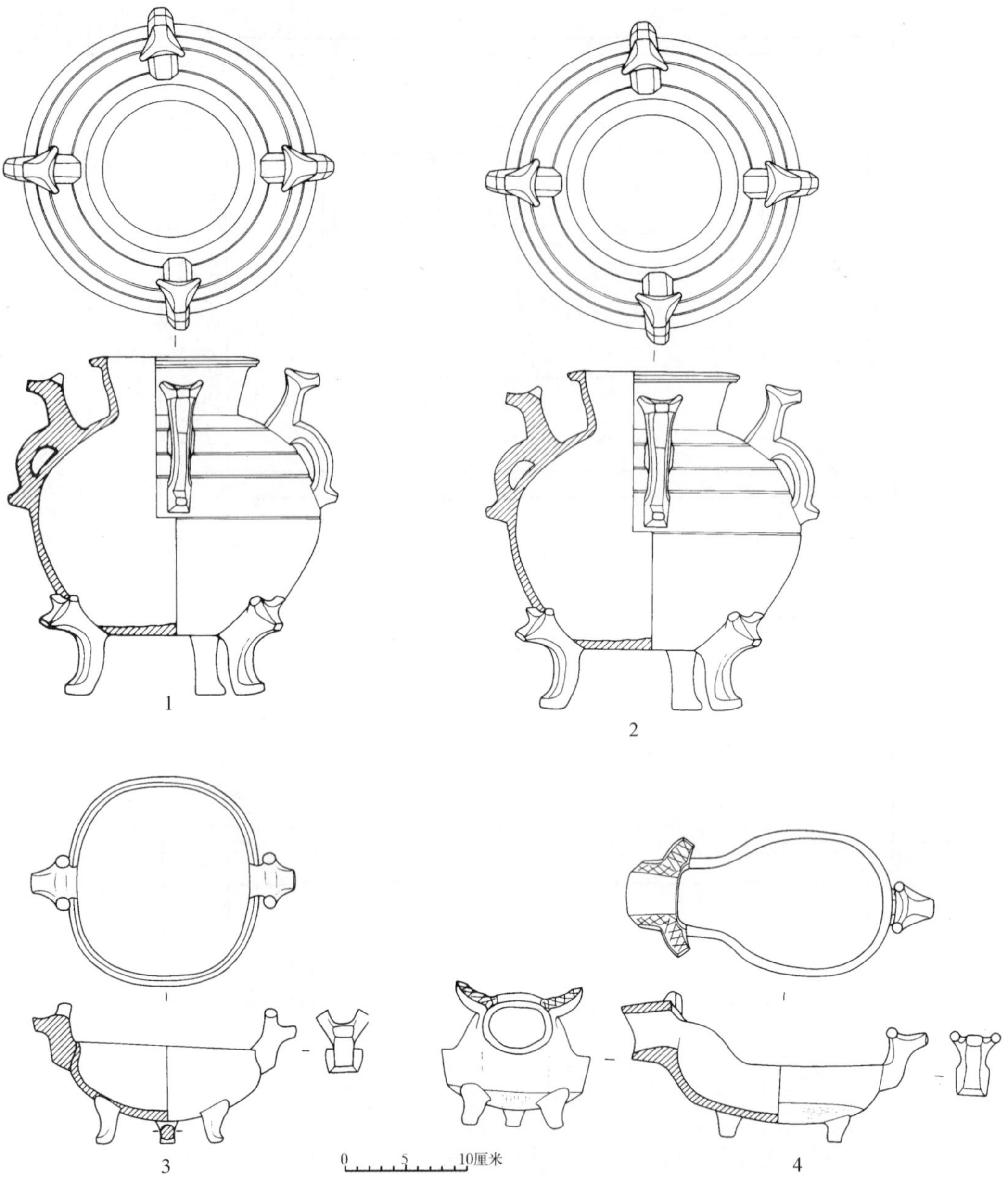

图四　M1 出土陶器

1. 罍（M1∶1）　2. 罍（M1∶6）　3. 舟（M1∶9）　4. 匜（M1∶8）

厘米。（图五，4；图版二，2）

陶盘　1 件。标本 M1∶7，泥质红褐陶。宽平折沿，方唇，折壁，盘腹较深，圜底。一对宽扁附耳，耳端外折。三矮蹄足，足跟微鼓。口径 28.8 厘米，残高 10.2 厘米。（图五，3）

陶匜　1 件。标本 M1∶8，泥质灰陶。器形较大，整体呈动物形。敞口，方唇，壁微

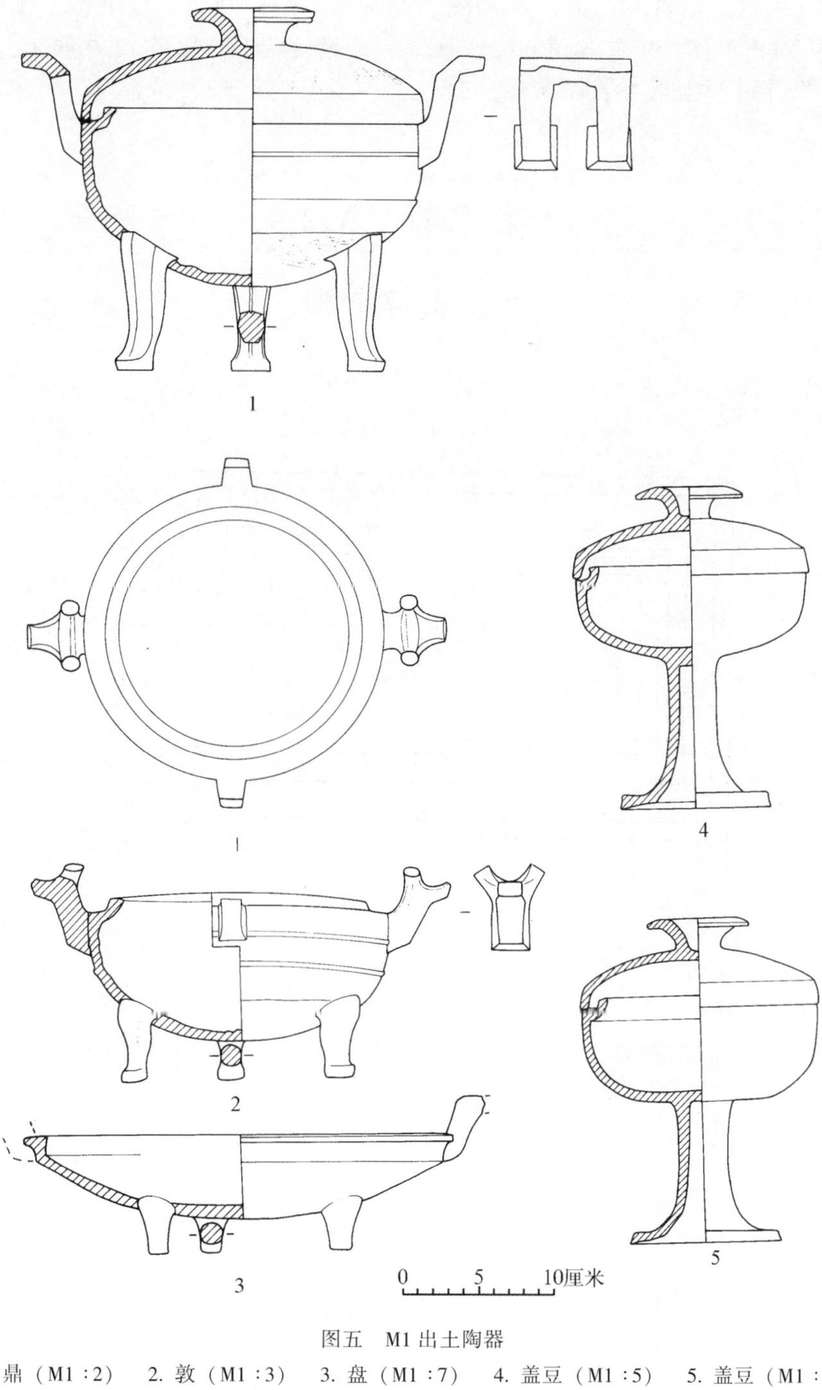

图五　M1 出土陶器

1. 鼎（M1：2）　2. 敦（M1：3）　3. 盘（M1：7）　4. 盖豆（M1：5）　5. 盖豆（M1：4）

弧，圜底。流高昂，作兽首形，双角大，兽首双角阴线刻划菱形纹，口大张；尾端亦有一兽首，嘴和双角清晰；三蹄足二前一后，较高。长 25.6 厘米，宽 12.2 厘米，高 12 厘米。（图四，4；图版一，4）

陶舟　1件。标本M1∶9，泥质红褐陶。椭圆形。敞口圆唇，短束颈，弧腹较深，圜底。颈部有一对兽首耳，兽首双角和嘴清晰，三蹄足较矮小。长径17.2厘米，短径16厘米，高17.8厘米。（图四，3；图版一，5）

第二节　M2

一、墓葬形制

方向100°。长方形竖穴土坑墓，斜壁，口大于底，平底。长3米，宽2米，现存深度3米。（图六）

图六　M2平、剖图

葬具为双椁。外椁长方形，长 2.50 米，宽 1.30 米，残高 0.90 米，板灰厚 0.10 米。内椁长方形，长 2.20 米，宽 1.10 米，残高 0.45 米，板灰厚 0.10 米。人骨腐朽严重，仅存部分下肢骨，头向东。

该墓盗扰严重，仅在盗洞中出土一袋陶片，可辨认器形有陶鼎、陶舟、陶盘、陶鬲、陶器盖。

二、出土遗物

陶器盖　1 件。标本 M2∶5，泥质褐陶。圆唇，浅盖弧顶，上有五个圆孔。直径 13.6 厘米，高 2.8 厘米。（图七）

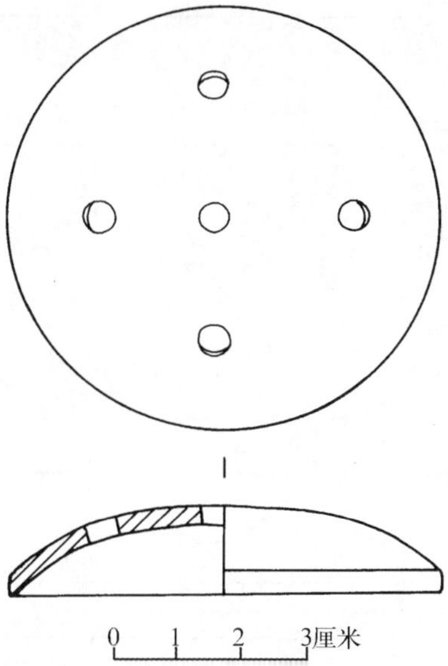

图七　M2 出土陶器盖（M2∶5）

第三节　M3

一、墓葬形制

方向 350°。，长方形竖穴土坑墓，直壁，平底。长 2.70 米，宽 1.60 米，现存深度 1.80 米。（图八；彩版四）

葬具为双椁。外椁长方形，长 2.50 米，宽 1.30 米，残高 0.80 米，板灰厚 0.10 米。内椁长方形，长 2.20 米，宽 1.04 米，残高 0.50 米，厚 0.10 米。人骨保存较好，仰身直肢，头向北，双手交叉放于腹部。

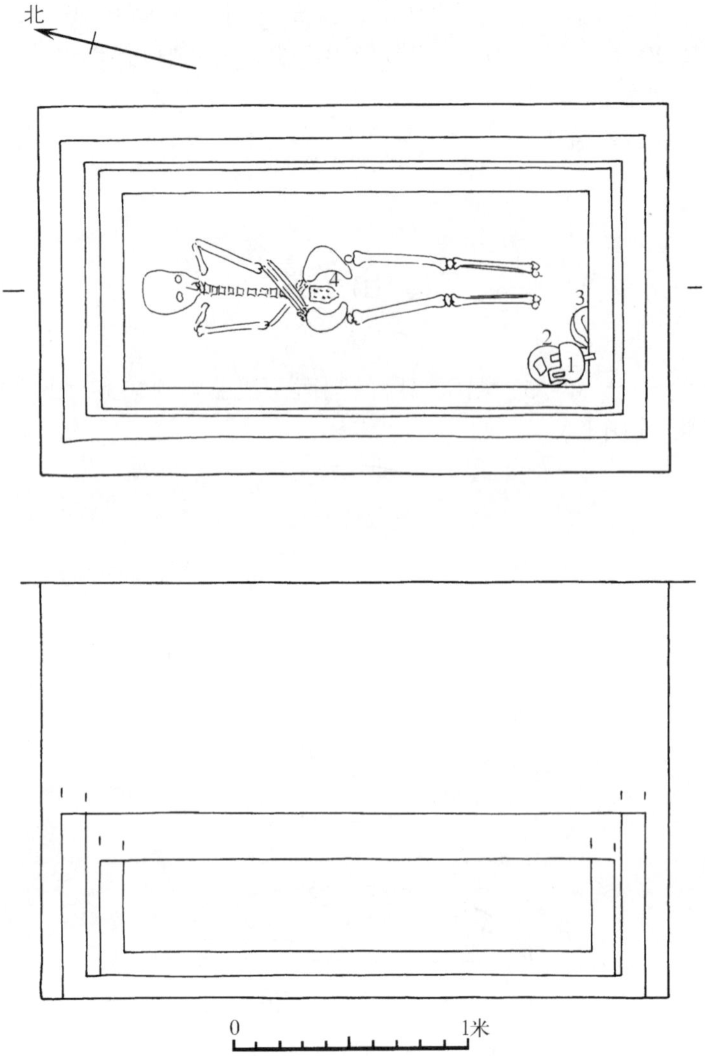

图八　M3平、剖图

1. 陶鼎　2、3. 陶尊　4. 玉圭

出土遗物4件，位于墓葬西南角。分别是陶鼎1件，陶尊2件，玉圭1件。

二、出土遗物

陶鼎　1件。标本M3∶1，泥质灰陶。盖方唇，折壁，近平顶，有一圈足状捉手。子口方唇，弧腹圜底，腹部较浅，方形附耳，耳尖外折，折处刀削，三足呈条状，正面和侧面用工具加以修削，形成明显的削痕，足底有小孔，足和鼎腹通过榫卯结构连接固定。口径14.8厘米，腹径18.4厘米，高18.4厘米。（图九，1；图版二，3）

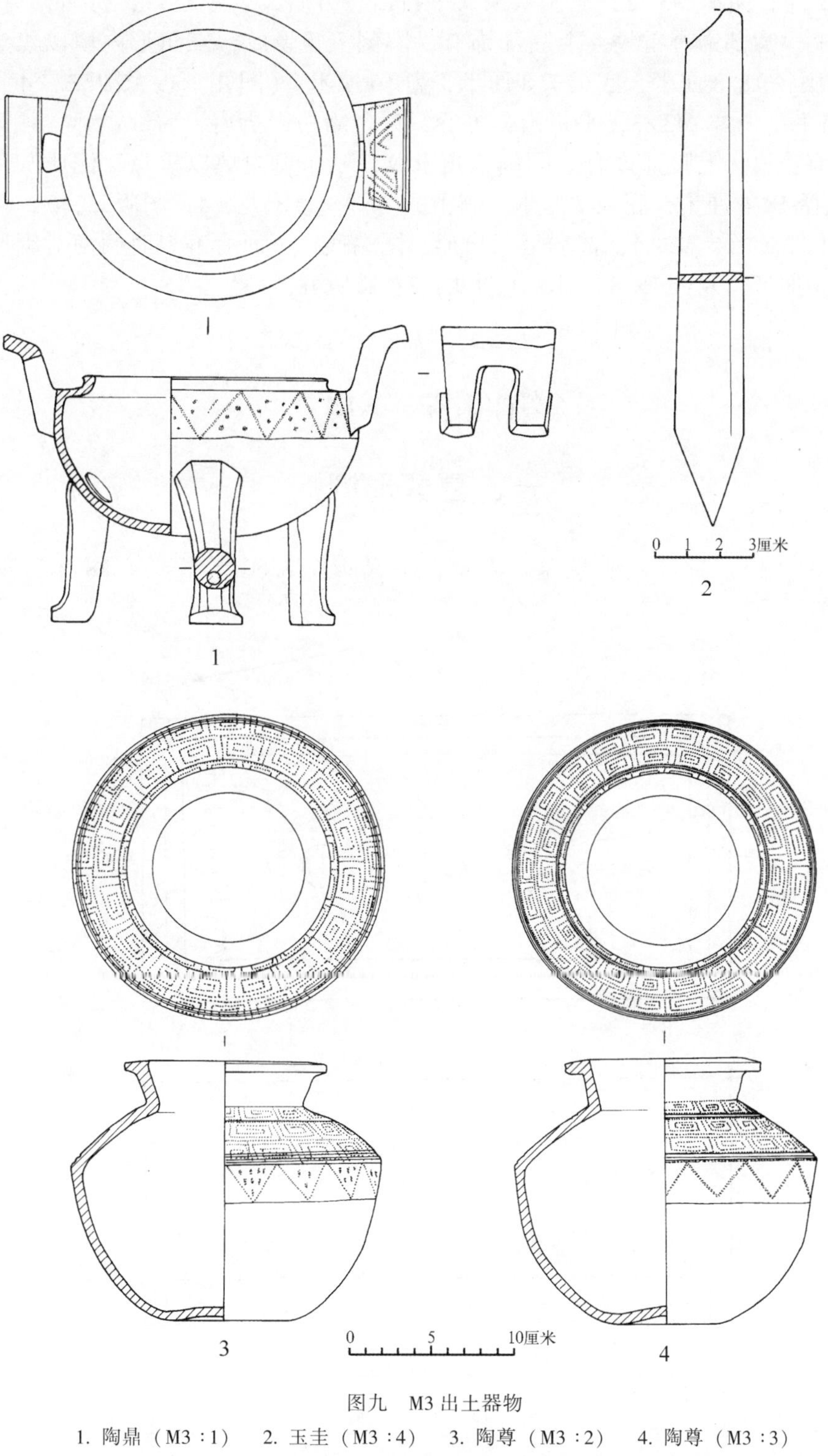

图九　M3出土器物

1. 陶鼎（M3∶1）　2. 玉圭（M3∶4）　3. 陶尊（M3∶2）　4. 陶尊（M3∶3）

陶尊　1 件。标本 M3∶2，泥质灰陶。平折沿，方唇，束颈略短，折肩，肩部微弧，弧腹，凹圜底。肩部饰有雷纹，上腹部饰有一圈倒三角形纹，三角形内填以黑点。口径 12. 2 厘米，腹径 18. 8 厘米，底径 7. 8 厘米，高 16 厘米。（图九，3；图版二，4）

陶尊　1 件。标本 M3∶3，平折沿，方唇，束颈略短，折肩，肩部微弧，弧腹，凹圜底。肩部饰有雷纹，上腹部饰有一圈倒三角形纹，三角形内填以黑点。泥质灰陶。口径 12 厘米，腹径 18. 6 厘米，底径 7 厘米，高 16. 4 厘米。（图九，4；图版二，5）

玉圭　1 件。标本 M3∶4，首端呈三角形，尾端残，一面有解料时两面对锯形成的茬口。最宽 2. 1 厘米，残长 15. 8 厘米。（图九，2；彩版五，1）

第四节　M4

一、墓葬形制

方向 350°。长方形竖穴土坑墓，直壁，平底。长 2. 60 米，宽 1. 28 米，现存深度 1. 10 米。（图一〇）

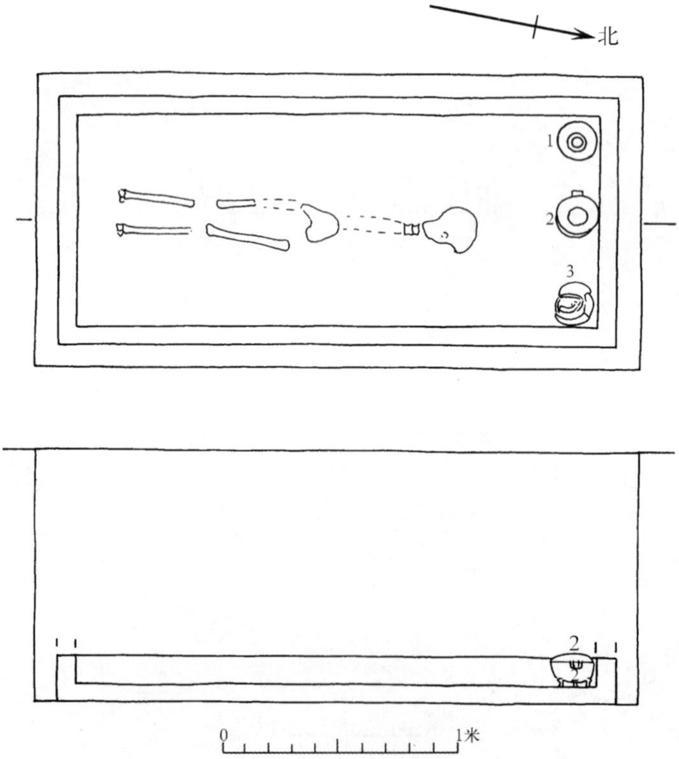

图一〇　M4 平、剖图

1. 陶盖豆　2. 陶鼎　3. 陶片

葬具单椁。椁长方形，长 2.40 米，宽 1.10 米，残高 0.20 米，板灰厚 0.08 米。人骨保存较差，仅存头骨和部分下肢骨，仰身直肢，头向北。

出土遗物 2 件。位于椁内北端，分别是陶盖豆 1 件，陶鼎 1 件，以及部分无法辨认器形的陶片。

二、出土遗物

陶盖豆　1 件。M4∶1，盖折壁弧顶，较深，中部有一圈足状捉手。器身子母口，方唇，颈部略长，平肩，扁腹，细柄较长，喇叭状底。盖面饰有雷纹，腹部有一圈凸旋纹，凸旋纹和肩部之间饰有一周重环纹，豆柄上半部有一道箍。口径 18 厘米，盘径 23.6 厘米，足径 16.2 厘米，高 30 厘米。（图一一，2；图版三，1）

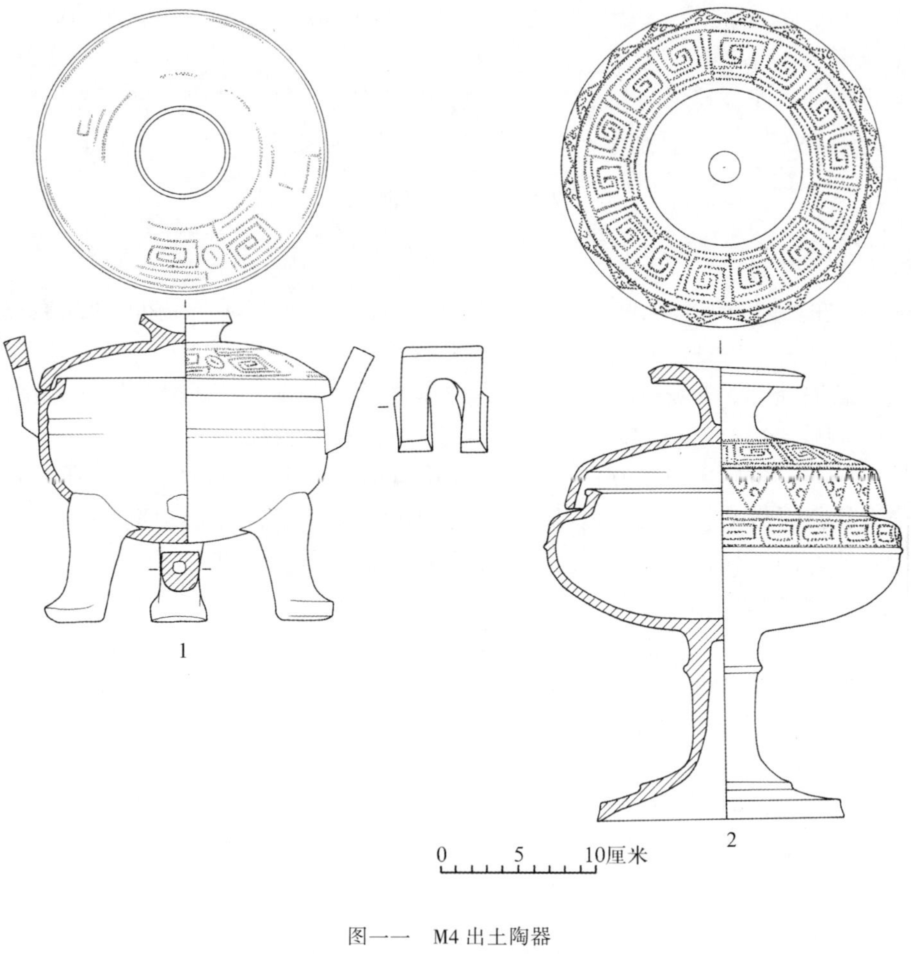

图一一　M4 出土陶器

1. 陶鼎（M4∶2）　2. 陶盖豆（M4∶1）

陶鼎　1件。M4∶2，泥质红褐陶。盖折壁弧顶，较浅，中部有一圈足状捉手。器身子口内敛，方唇，弧腹浅圜底。方形附耳外斜。三蹄足略外斜，足跟微鼓，足尖外凸，足底有小孔，用手捏制，通过榫卯结构与鼎腹连接固定。盖顶围绕捉手有一圈“回”形纹。口径16.6厘米，腹径19厘米，高20.3厘米。（图一一，1；图版三，2）

第五节　M5

一、墓葬形制

方向10°。长方形竖穴土坑墓，直壁，平底。长2.90米，宽1.80米，现存深度2.40米。（图一二）

葬具为双椁。外椁长方形，长2.58米，宽1.38米，残存高度0.70米，板灰厚0.10米。内椁楔形，南宽北窄，长2.30米，宽1.10~1.40米，残存高度0.40米，板灰厚0.10米。人骨腐朽不存。

出土器物有7件，其中陶鼎1件，陶罍2件，陶盘1件，蚌壳3件。

二、出土遗物

陶鼎　1件。标本M5∶1，鼎盖泥质红褐陶，器身泥质灰陶。盖折壁弧顶，较浅，中部有一圈足状捉手。器身子口内敛，圆唇，弧腹浅圜底。方形附耳外斜。三蹄足略外斜，足跟微鼓，足尖外凸，足底有小孔，用手捏制，通过榫卯结构与鼎腹连接固定。口径16.6厘米，腹径19.2厘米，高20厘米。（图一三，2；图版四，1）

陶罍　2件。标本M5∶2，泥质灰陶。浅盖弧顶，短舌。平折沿，方唇，短颈，鼓腹略扁，最大径靠近肩部，平底。肩部一对对称爬兽，躬身翘尾，头向里，腹部有圆孔。肩部和腹部有四道凹旋纹，上腹部饰有黑色三角形纹和黑色点状纹。口径11厘米，腹径19.6厘米，底径10厘米，高17.5厘米。（图一三，1；图版四，2）标本M5∶3，浅泥质灰陶。盖弧顶，短舌。平折沿，短颈，鼓腹略扁，最大径靠近肩部，平底。肩部一对对称爬兽，躬身翘尾，头向里，腹部有圆孔。肩部和腹部有四道凹旋纹，上腹部饰有黑色三角形纹和黑色点状纹。口径10.6厘米，腹径19.8厘米，底径9.5厘米，高18.2厘米。（图一三，7；图版四，3）

陶盘　1件。标本M5∶4，泥质灰陶。敞口，圆唇，浅圜底。一对方形立耳，耳端外折，耳孔呈长方形。口径11.2厘米，高6厘米。（图一三，3；图版四，4）

蚌壳　1件。标本M5∶5，为双壳。两面呈扇形，截面呈心形。长10.2厘米，宽7厘米。（图一三,6）

蚌壳　2件。标本M5∶6，为单壳。残，平面近扇形。残长12厘米，残宽6厘米。

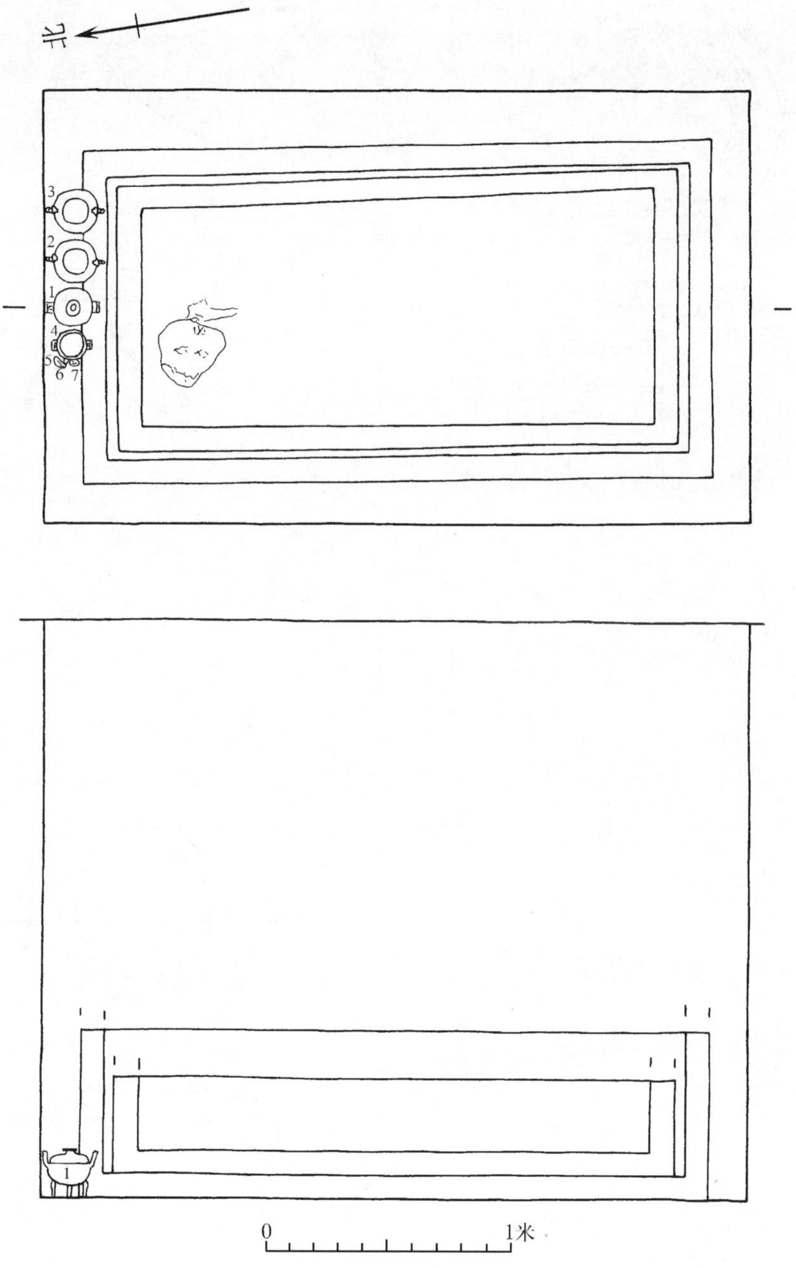

图一二　M5平、剖图

1. 陶鼎　2、3. 陶罍　4. 陶盘　5、6、7. 蚌壳

（图一三，4）标本M5∶7，为单壳。残，平面近不规则扇形。残长12厘米，残宽6厘米。（图一三，5）

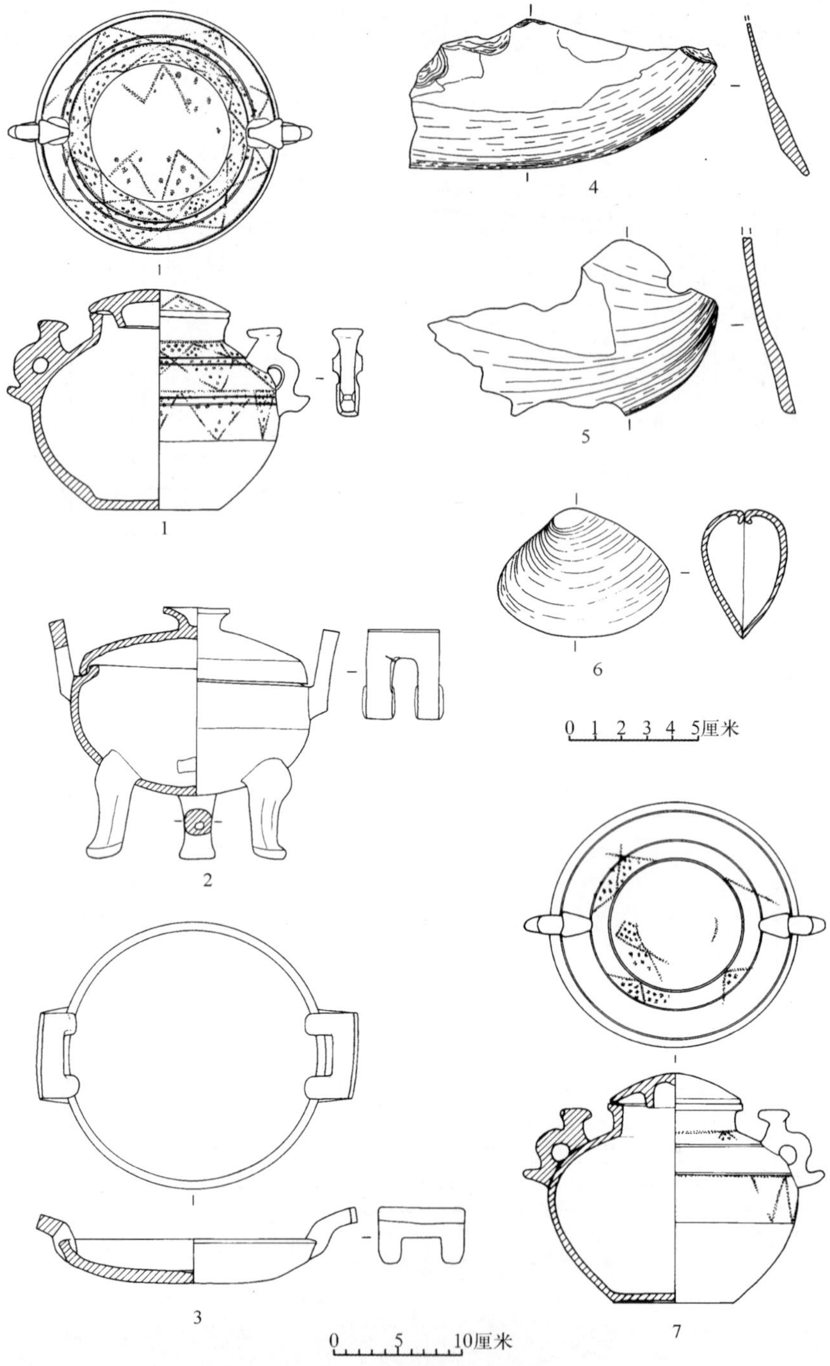

图一三　M5出土器物

1. 陶罍（M5∶2）　2. 陶鼎（M5∶1）　3. 陶盘（M5∶4）　4. 蚌壳（M5∶6）
5. 蚌壳（M5∶7）　6. 蚌壳（M5∶5）　7. 陶罍（M5∶3）

第六节　M6

一、墓葬形制

方向 10°。楔形竖穴土坑墓，直壁，平底。长 2. 29 米，北宽 1. 70 米，南宽 1. 50 米，现存深度 0. 70 米。（图一四）

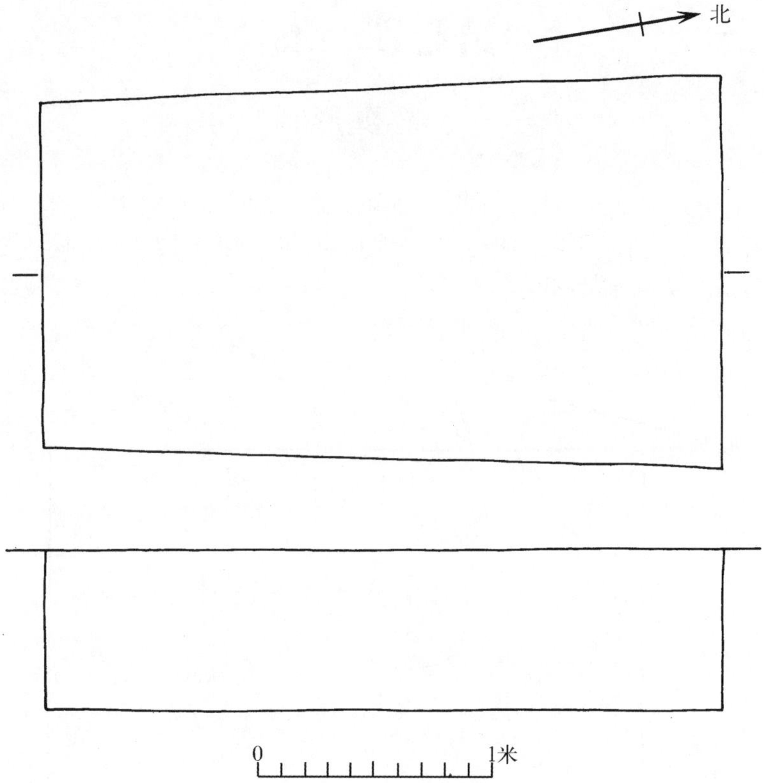

图一四　M6 平、剖图

葬具无。人骨不存。

扰土中出有玛瑙环 1 件。

二、出土遗物

玛瑙环　1 件。标本 M6∶1，残存一半，为白色半透明状，环肉内外两侧均被修削，使斜面相交于一线，环肉横截面呈不等边六边形。直径 3. 8 厘米，好径 2. 3 厘米，厚 0. 8 厘米。（图一五）

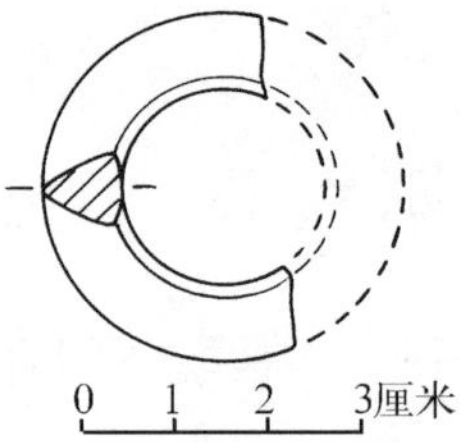

图一五　M6 出土玛瑙环（M6：1）

第七节　M8

一、墓葬形制

方向 20°。长方形竖穴土坑墓，直壁，平底。长 2.40 米，宽 1.40 米，现存深度 0.40 米。墓底中北部有一近圆形腰坑。腰坑直径约 0.40 米，深 0.12 米。（图一六）

未发现有葬具。人骨腐朽不存。

出土器物有陶鬲 1 件，呈碎片状置于腰坑内。

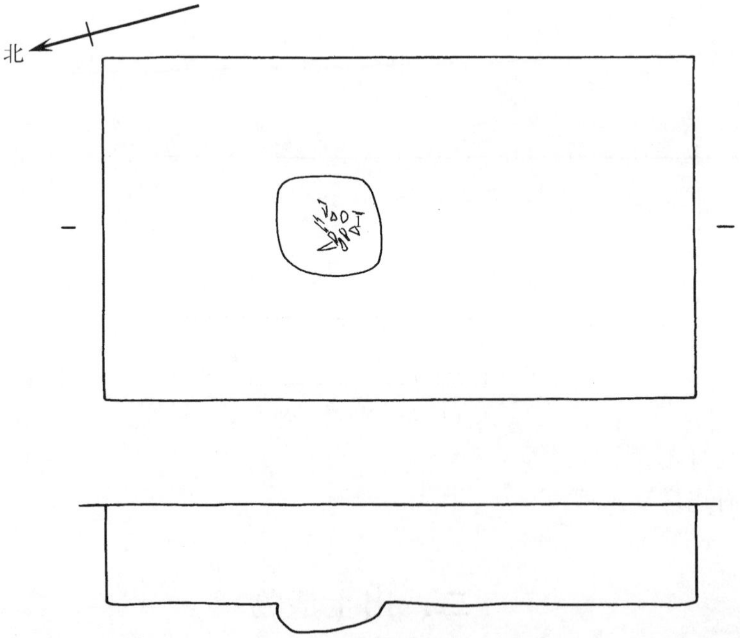

图一六　M8 平、剖图

1. 陶鬲

二、出土遗物

陶鬲　1件。标本M8:1，残。肩部以上为夹细砂灰褐陶，腹部为夹粗砂灰褐陶，砂粒较大。平折沿，较窄，圆唇，圆肩，斜弧腹。肩部饰有十余道凹旋纹，下腹部为斜向粗绳纹。口径34厘米，残高17厘米。

第八节　M9

一、墓葬形制

方向85°。长方形竖穴土坑墓，直壁，平底。长3米，宽2米，现存深度1.80米。（图一七）

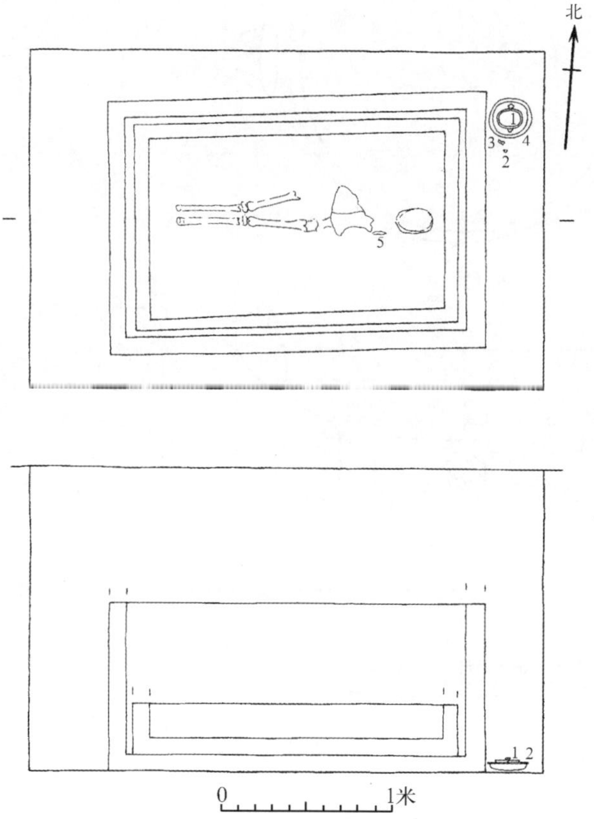

图一七　M9平、剖图

1. 陶舟　2. 陶叶形饰　3. 陶鸟　4. 陶盘　5. 玉圭

葬具为双椁。外椁长方形，长 2.20 米，宽 1.52 米，残高 1 米，板灰厚 0.10 米。内椁长方形，长 1.90 米，宽 1.20 米，残高 0.30 米，板灰厚 0.10 米。人骨保存较差，仰身直肢，头向东，仅存部分头骨和下肢骨。

出土遗物 8 件。分别是陶舟 1 件，陶鸟 2 件，陶叶形饰 3 件，陶盘 1 件，玉圭 1 件。

二、出土遗物

陶舟　1 件。标本 M9∶1，泥质褐陶。器形近圆形。敞口圆唇，短束颈，弧腹较浅，圜底近平。颈部有一对兽首耳，兽首模糊，三蹄足较矮小。长径 13.6 厘米，短径 13 厘米，高 6.8 厘米。（图一八，1；图版三，3）

陶叶形饰　3 件。标本 M9∶2，泥质灰陶。较残碎。

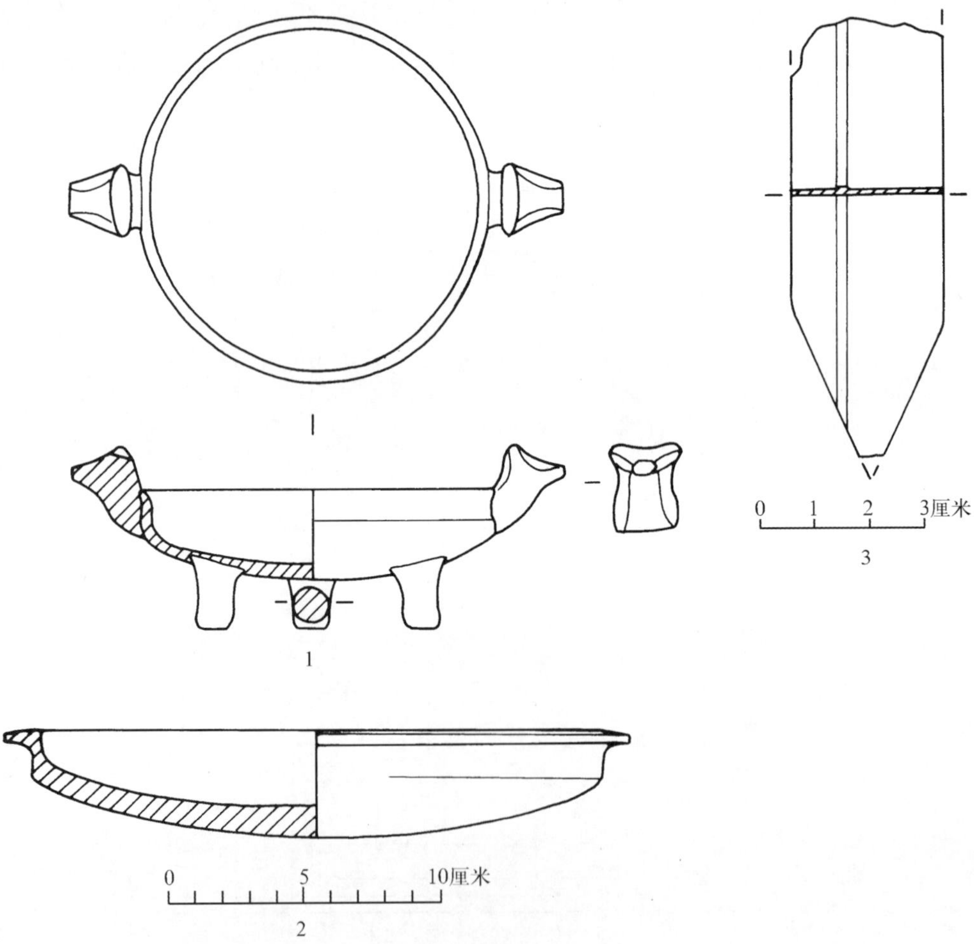

图一八　M9 出土器物

1. 陶舟（M9∶1）　2. 陶盘（M9∶4）　3. 玉圭（M9∶5）

陶鸟　2件。标本M9∶3-1，泥质灰陶。较残碎。

陶盘　1件。标本M9∶4，泥质红褐陶。窄平折沿，方唇，折壁，浅圜底。立耳残。口径23.2厘米，高3.8厘米。（图一八，2）

玉圭　1件。标本M9∶5，残存首端和部分圭身，首端呈三角形，一面有解料时两面对锯形成的茬口。宽2.8厘米，残长8.2厘米。（图一八，3；彩版五，2）

第九节　M11

一、墓葬形制

方向5°。长方形竖穴土坑墓，直壁，平底。长2.50米，宽1.60米，现存深度1.60米。（图一九；彩版六）

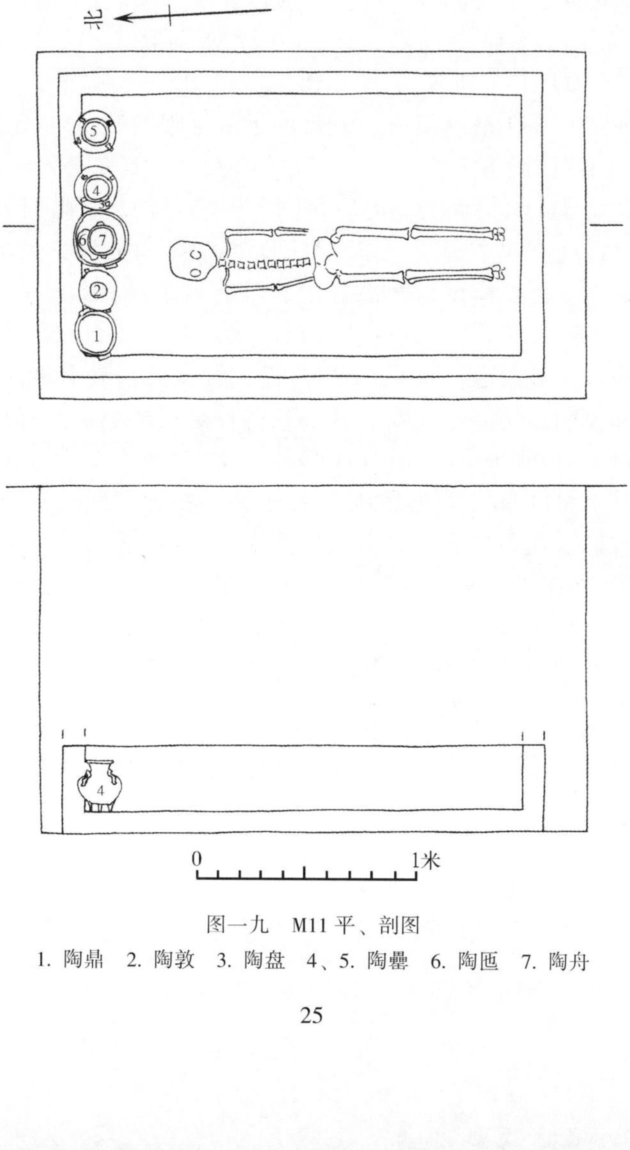

图一九　M11平、剖图

1. 陶鼎　2. 陶敦　3. 陶盘　4、5. 陶罍　6. 陶匜　7. 陶舟

葬具为单椁。椁长方形，长2.20米，宽1.40米，残高0.40米，板灰厚0.10米。人骨保存较差，仰身直肢，头向北，双手放于腹部。

出土遗物7件，位于椁内北端。分别是陶鼎1件，陶敦1件，陶盘1件，陶罍2件，陶匜1件，陶舟1件。（彩版七）

二、出土遗物

陶鼎　1件。标本M11∶1，泥质红褐陶。盖残，仅能辨识有一圈足状捉手。器身子口方唇，弧腹较浅，圜底，方形附耳，耳尖外折，折处刀削，三足呈条状，足和鼎腹通过榫卯结构连接固定。腹部有一道凸旋纹。口径14.4厘米，腹径17厘米，高19厘米。（图二〇，7；图版五，1）

陶敦　1件。标本M11∶2，泥质灰褐陶。盖直壁弧顶，中部有一圈足状捉手。器身子口内敛，方唇，腹部较深，上腹部近直壁，下腹部弧收，圜底内凹。三矮蹄足，足截面呈方形。口径13.1厘米，腹径16.2厘米，高13.2厘米。（图二〇，3；图版五，5）

陶盘　1件。标本M11∶3，泥质灰陶。窄平折沿，圆唇，弧壁，盘腹较浅，圜底。一对宽扁立耳，耳端外折，耳孔呈椭圆形。三矮蹄足，足跟微鼓。口径21.2厘米，高6.6~6.9厘米。（图二〇，5；图版五，2）

陶罍　2件。标本M11∶4，无盖。泥质灰陶。折沿方唇，颈微斜，圆肩，鼓腹，下腹斜收，平底。肩腹接合处有四个爬兽，作躬身回首状，有首有尾，面部模糊，仅能辨识嘴和耳。三兽首足较矮小，兽首模糊。肩部和上腹部有四道凹弦纹。口径13.8厘米，腹径19.6厘米，高22.8厘米。（图二〇，1；图版五，6）标本M11∶5，无盖。泥质灰陶。折沿方唇，颈微斜，圆肩，鼓腹，下腹斜收，平底。肩腹接合处有四个爬兽，作躬身回首状，有首有尾，面部模糊，仅能辨识嘴和耳。三兽首足较矮小，兽首模糊。肩部和上腹部有四道凹弦纹。口径13.2厘米，腹径20.6厘米，高23厘米。（图二〇，2；图版五，7）

陶匜　1件。标本M11∶6，器形较大，整体呈动物形。敞口，方唇，弧壁，圜底近平。流高昂，作兽首形，双角较大，口大张；尾端有一简化的兽首，模糊不清；三柱足二前一后，较矮。长18.2厘米，宽10厘米，高8.4厘米。（图二〇，6；图版五，4）

陶舟　1件。标本M11∶7，泥质灰陶。器形近圆形。敞口圆唇，短束颈，弧腹较浅，圜底近平。颈部有一对兽首耳，兽首模糊，三蹄足较矮小。长径14厘米，短径13.6厘米，高6厘米。（图二〇，4；图版五，3）

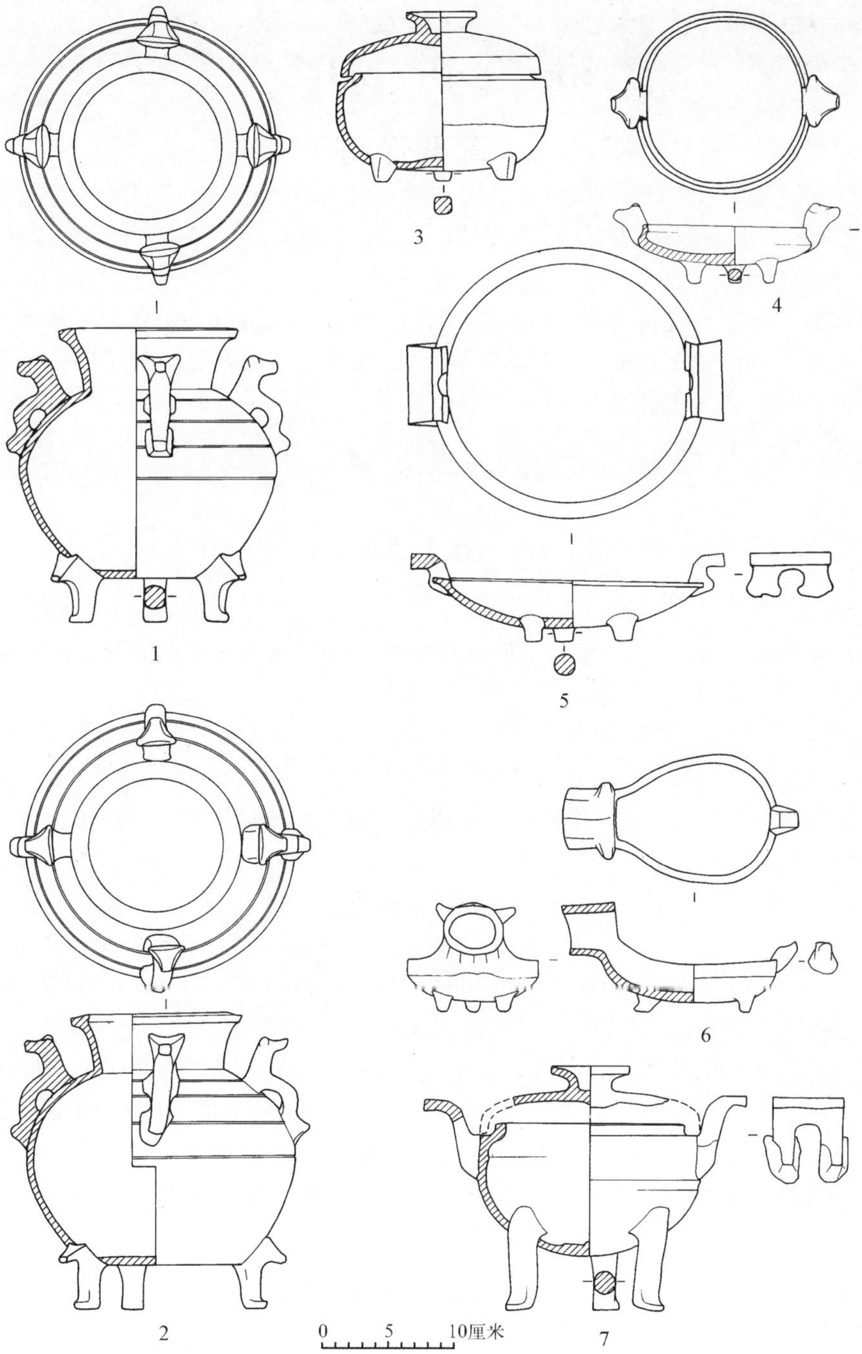

图二〇　M11出土陶器

1. 罍（M11：4）　2. 罍（M11：5）　3. 敦（M11：2）　4. 舟（M11：7）
5. 盘（M11：3）　6. 匜（M11：6）　7. 鼎（M11：1）

第一〇节　M12

一、墓葬形制

方向20°。长方形竖穴土坑墓，斜壁，口大于底，平底。长2.80米，宽1.80米，现存深度3.10米。（图二一）

葬具为双椁。外椁长方形，长2.44米，宽1.40米，残高0.70米，板灰厚0.10米。内椁长方形，长2米，宽1.09米，残高0.40米，板灰厚0.10米。人骨保存较好，仰身直肢，头向北，双手放于腹部。

出土遗物有陶鬲1件。

二、出土遗物

陶鬲　1件。标本M12:1，残。肩部为夹细砂红陶，饰有多道凹旋纹，肩腹接合处饰有两周绳索纹，残高8厘米。

第一一节　M13

一、墓葬形制

方向10°。长方形竖穴土坑墓，直壁，平底。长2.70米，宽1.80米，现存深度1.90米。（图二二）

葬具为双椁。外椁长方形，长2.34米，宽1.48米，残存高度0.60米，板灰厚0.10米。内椁长方形，长1.95米，宽1.20米，残存高度0.30米，板灰厚0.10米。人骨保存稍好，仰身直肢，双手放于腹部。人骨位于棺内东侧。

出土器物6件，有陶鼎1件，陶罍2件，陶盖豆2件，陶盘1件。

二、出土遗物

陶罍　2件。标本M13:1，泥质灰陶。浅盖弧顶，上有七个圆孔。折沿方唇，颈微斜，圆肩，鼓腹，下腹斜收，平底。肩腹接合处有四个爬兽，作躬身回首状，有首有尾，面部模糊，仅能辨识嘴和耳。三蹄足较粗矮，正面和侧面用工具修削，形成明显的削痕。

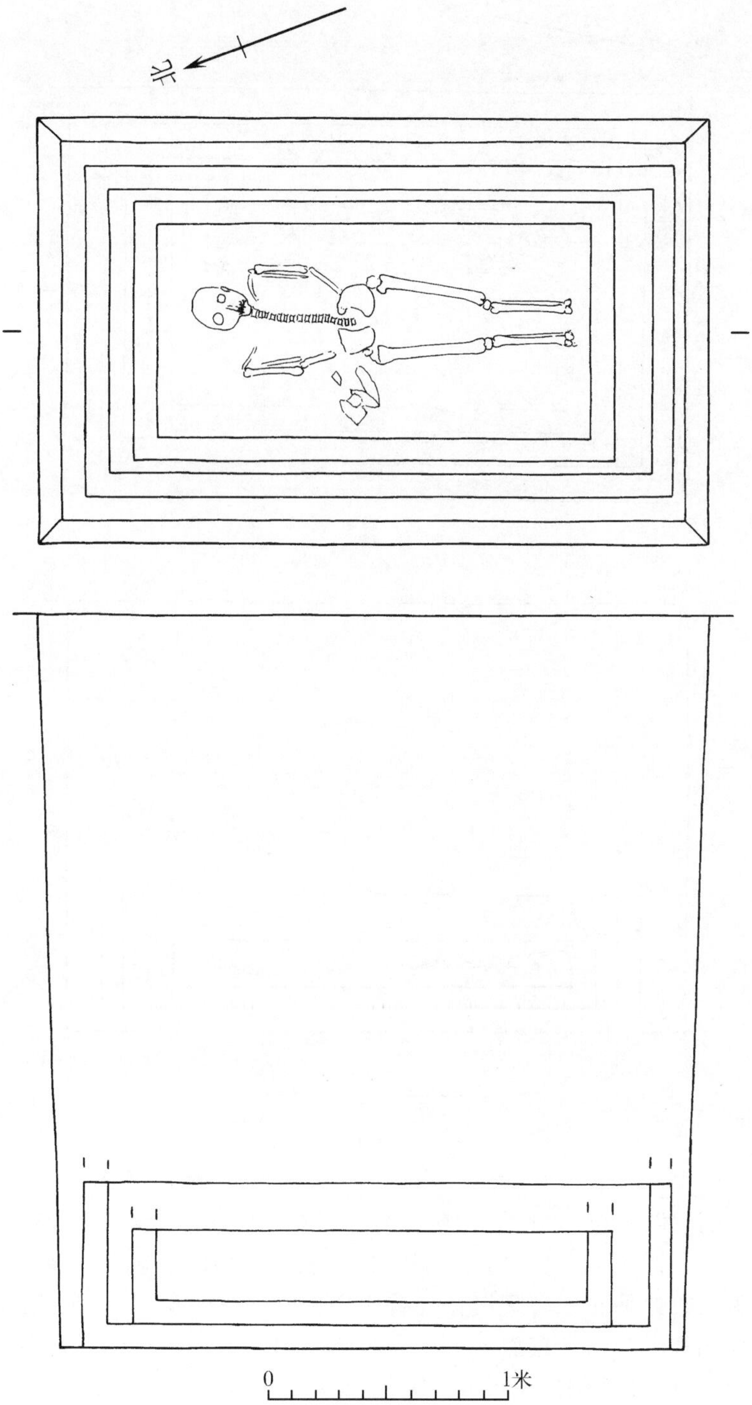

图二一 M12平、剖图
1. 陶鬲

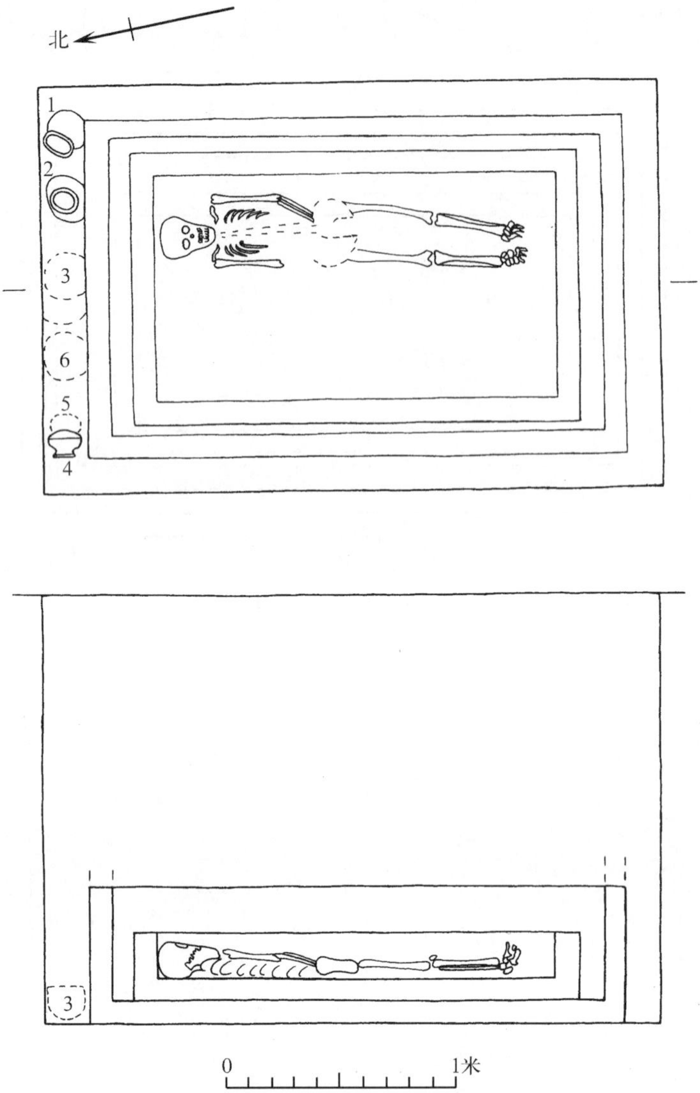

图二二　M13 平、剖图

1、2. 陶罍　3. 陶鼎　4、5. 陶盖豆　6. 陶盘

肩部和上腹部有四组凹弦纹。口径 13.9 厘米，腹径 23.4 厘米，底径 13.8 厘米，高 25.4 厘米。（图二三，1；图版六，1）标本 M13∶2，无盖。泥质灰陶。折沿方唇，颈微斜，圆肩，鼓腹，下腹斜收，平底。肩腹接合处有四个爬兽，作躬身回首状，有首有尾，面部模糊，仅能辨识嘴和耳。三蹄足较粗矮，正面和侧面用工具修削，形成明显的削痕。肩部和上腹部有四组凹弦纹。口径 13.6 厘米，腹径 25 厘米，高 23.6 厘米。（图二三，5；图版六，2）

陶鼎　1 件。标本 M13∶3，泥质红褐陶。盖方唇，折壁，弧顶，有一圈足状捉手。器身子口方唇，弧腹圜底，腹部较深，方形附耳，耳尖外折，折处刀削，三足呈条状，正面

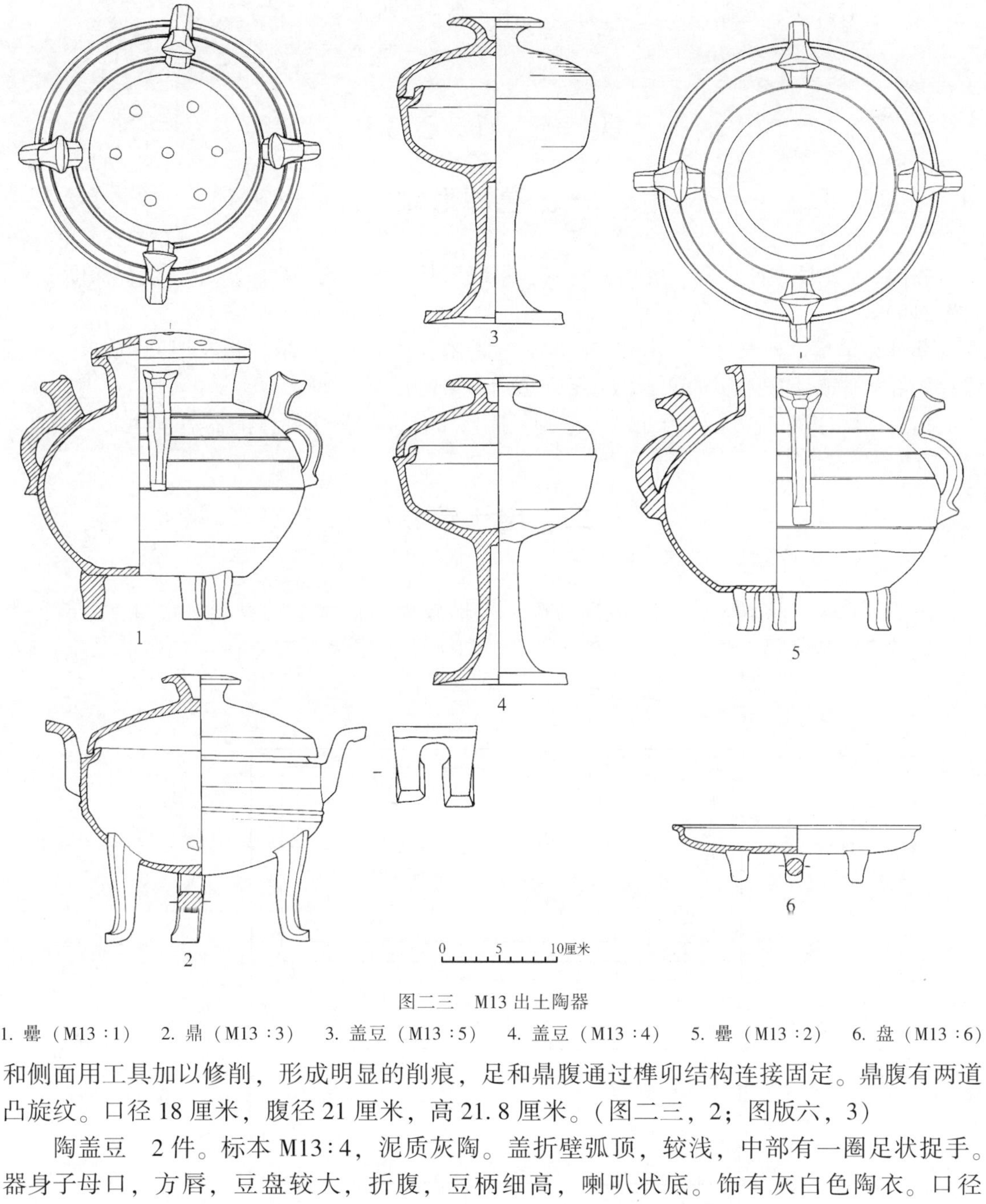

图二三　M13出土陶器

1. 罍（M13∶1）　2. 鼎（M13∶3）　3. 盖豆（M13∶5）　4. 盖豆（M13∶4）　5. 罍（M13∶2）　6. 盘（M13∶6）

和侧面用工具加以修削，形成明显的削痕，足和鼎腹通过榫卯结构连接固定。鼎腹有两道凸旋纹。口径18厘米，腹径21厘米，高21.8厘米。（图二三，2；图版六，3）

陶盖豆　2件。标本M13∶4，泥质灰陶。盖折壁弧顶，较浅，中部有一圈足状捉手。器身子母口，方唇，豆盘较大，折腹，豆柄细高，喇叭状底。饰有灰白色陶衣。口径14.9厘米，盘径17.8厘米，足径11.8厘米，高27.2厘米。（图二三，4；图版六，4）标本M13∶5，泥质灰陶。盖折壁弧顶，较浅，中部有一圈足状捉手。器身子母口，方唇，豆盘较大，折腹，豆柄细高，喇叭状底。口径14.6厘米，盘径16.8厘米，足径12.2厘米，高27.2厘米。（图二三，3；图版六，5）

陶盘　1件。标本M13∶6，泥质红褐陶。窄平折沿，圆唇，弧壁，盘腹较浅，圜底。

立耳残。三矮蹄足，足跟微鼓。口径 22 厘米，高 5.1 厘米。(图二三，6)

第一二节　M14

一、墓葬形制

方向 10°。长方形竖穴土坑墓，直壁，平底。长 2.50 米，宽 1.20 米，现存深度 1 米。(图二四)

葬具为单椁。椁长方形，长 2.28 米，宽 1 米，残高 0.30 米，板灰厚 0.10 米。人骨保存较好，仰身直肢，头向北，双手交叉放于腹部。

出土遗物 4 件，位于椁内北端，分别是陶匜 1 件，陶罍 2 件，陶器盖 1 件。

二、出土遗物

陶匜　1 件。标本 M14∶1，泥质灰陶。器形较大，整体呈动物形。敞口，方唇，直壁，底近平。流高昂，作兽首形，双耳较大，口大张；尾为一实心钮；三柱足二前一后，

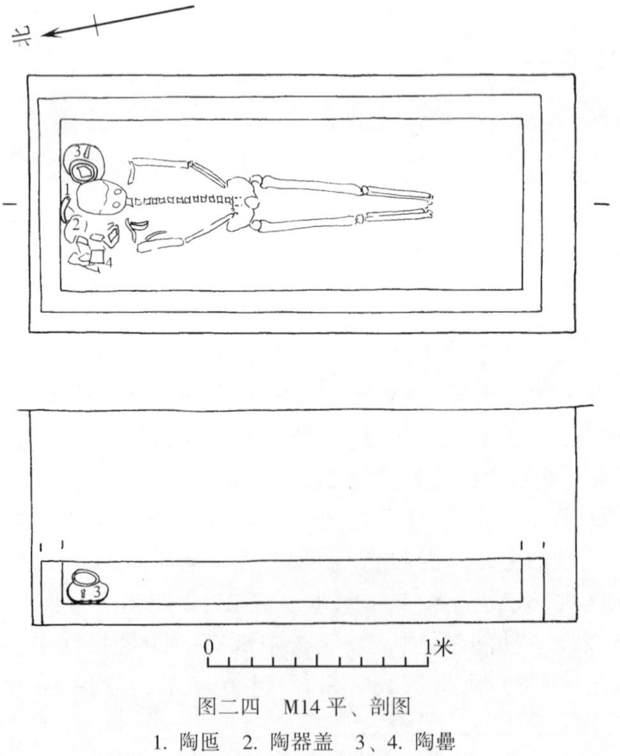

图二四　M14 平、剖图

1. 陶匜　2. 陶器盖　3、4. 陶罍

较矮。长 15.6 厘米，宽 9.2 厘米，高 8.8 厘米。（图二五，4；图版七，1；彩版八，3）

陶器盖　1 件。标本 M14∶2，泥质红褐陶。方唇，折壁，弧顶，上有一圈足状捉手。口径 17.4 厘米，高 4.9 厘米。（图二五，3；图版七，2）

陶罍　2 件。标本 M14∶3，泥质灰陶。浅盖弧顶，上有五个圆孔。折沿方唇，唇面下凹，颈较直，圆肩，鼓腹，下腹斜收，平底。肩腹接合处有四个爬兽，作躬身回首状，有首有尾，面部模糊，仅能辨识嘴和耳。三足残。盖顶红白二色彩绘云雷纹，黄色彩绘三角纹。颈部彩绘黄白红相间的锯齿纹，肩部和上腹部有四道凹弦纹，下腹部彩绘一圈雷纹和一圈锯齿纹。口径 12.6 厘米，腹径 19.8 厘米，残高 21.9 厘米。（图二五，2；图版七，3；彩版八，1）标本 M14∶4，泥质灰陶。浅盖弧顶，上有五个圆形小孔。折沿方唇，唇面下凹，颈较直，圆肩，鼓腹，下腹斜收，平底。肩腹接合处有四个爬兽，作躬身回首状，有首有尾，面部模糊，仅能辨识嘴和耳。三兽首足较矮小，兽首模糊。颈部彩绘黄白红相间的锯齿纹，肩部和上腹部有四道凹弦纹，下腹部彩绘一圈雷纹和一圈锯齿纹。口径 12.6 厘米，腹径 20 厘米，高 24.7 厘米。（图二五，1；图版七，4；彩版八，2）

第一三节　M15

一、墓葬形制

方向 20°。长方形竖穴土坑墓，斜壁，口大于底，平底。长 2.80 米，宽 2.20 米，现存深度 2 米。（图二六）

葬具为双椁。外椁长方形，长 2.35 米，宽 1.40 米，残高 0.80 米，板灰厚 0.10 米。内椁长方形，长 1.95 米，宽 1 米，残高 0.50 米，板灰厚 0.10 米。人骨保存较差，仰身直肢，头向北。

出土遗物 13 件，位于墓葬北部，分别是陶盘 1 件，陶罍 2 件，陶鼎 1 件，陶敦 1 件，陶舟 1 件，陶叶形饰 6 件，陶匜 1 件。（彩版九）

二、出土遗物

陶盘　1 件。标本 M15∶1，泥质红褐陶。宽平折沿，方唇，折壁，盘腹较深，圜底。一对宽扁附耳，耳端外折，耳孔呈方形，整体形态呈简化兽首形。三矮蹄足，足跟微鼓。耳面刻画有三角形雷纹。口径 33 厘米，高 12.2 厘米。（图二七，1、2；图版八，1）

陶罍　2 件。标本 M15∶2，无盖。泥质灰陶。折沿方唇，唇面下凹，斜颈较长，圆肩，鼓腹，下腹斜收，平底微凹。肩腹接合处有四个爬兽和四个圆形钮，爬兽作躬身回首状，有首有尾，面部清晰生动，嘴、眼、耳兼具，阴线刻划双眼，圆形钮上阴线刻划一圆圈。三兽首足较高大，兽首有嘴有耳，足正面和侧面用工具加以修削，形成明显的削痕。

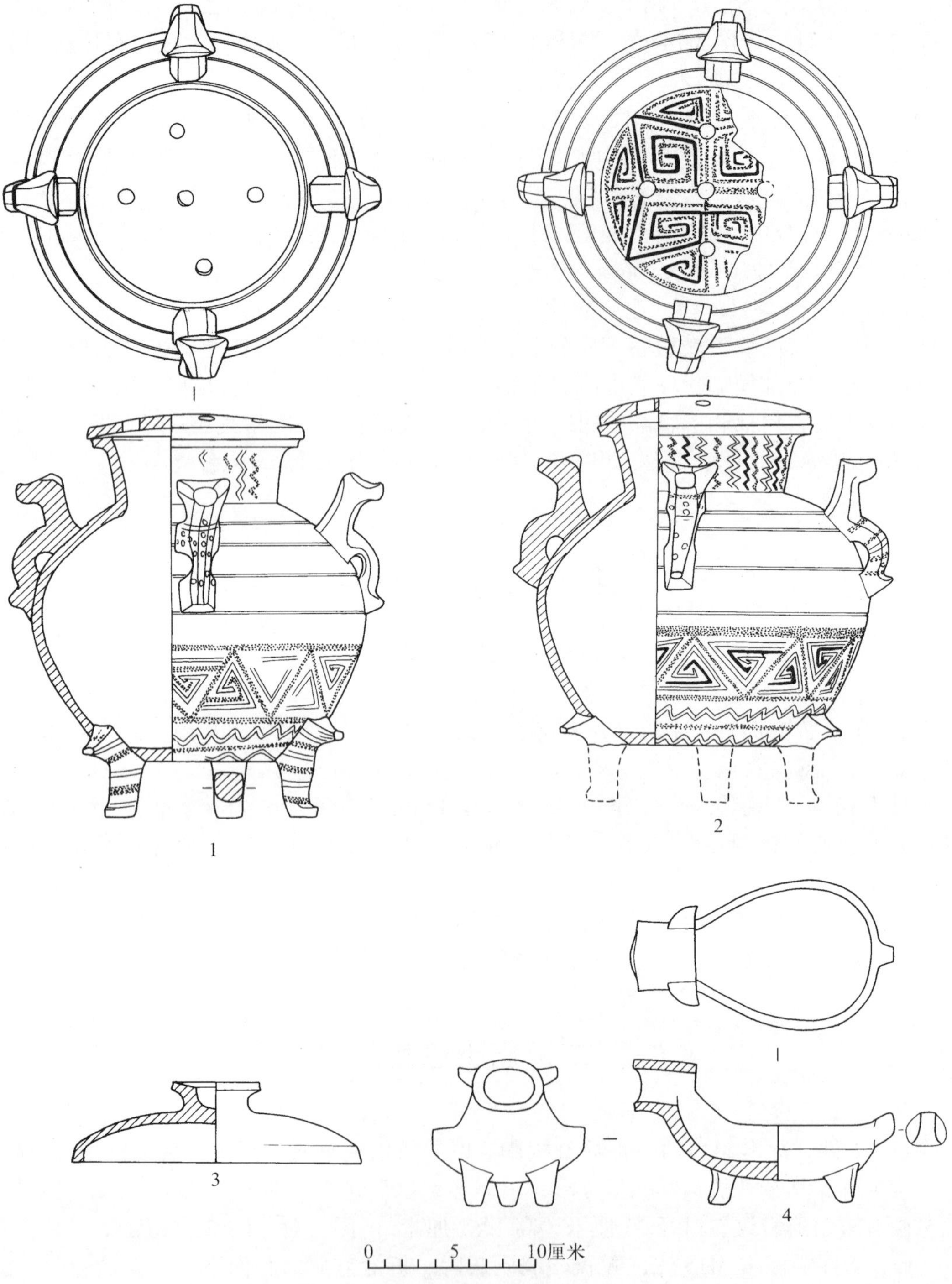

图二五　M14出土陶器

1. 罍（M14：4）　2. 罍（M14：3）　3. 器盖（M14：2）　4. 匜（M14：1）

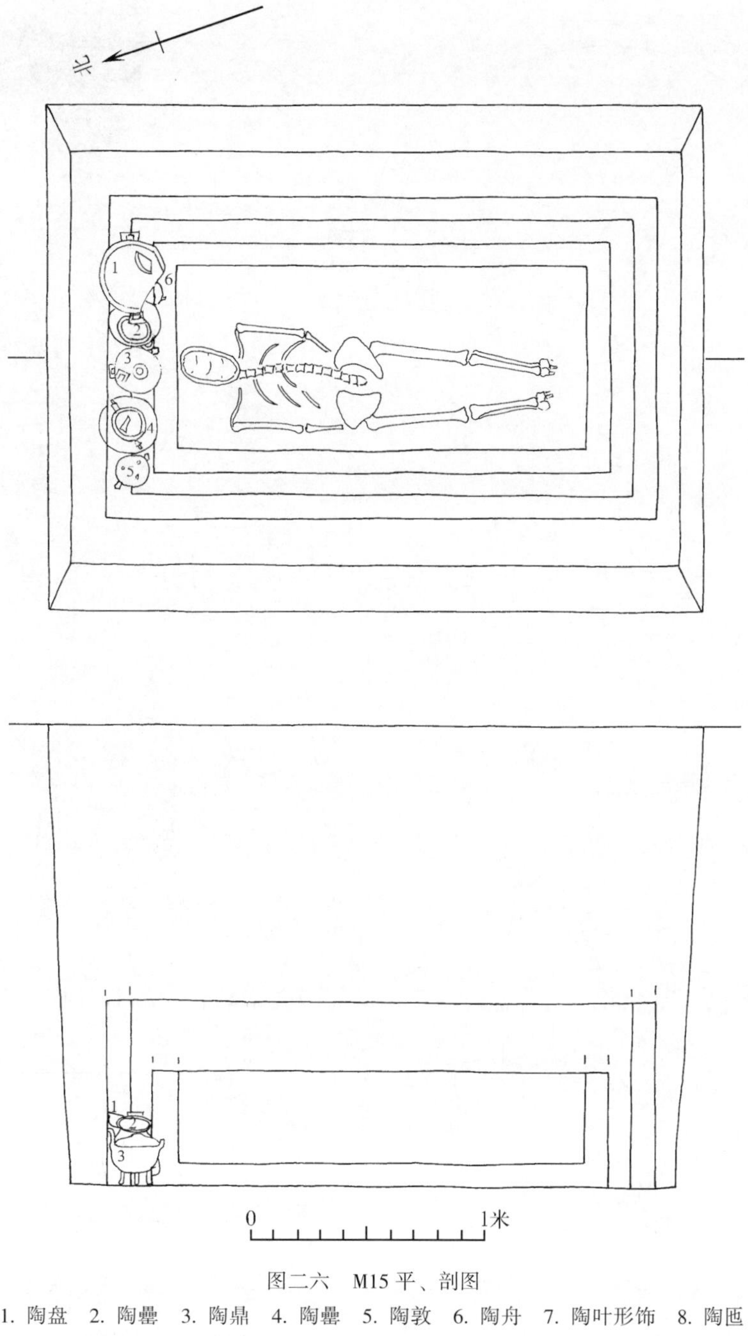

图二六　M15平、剖图
1. 陶盘　2. 陶罍　3. 陶鼎　4. 陶罍　5. 陶敦　6. 陶舟　7. 陶叶形饰　8. 陶匜

肩部和上腹部有四道凹弦纹。口径15.1厘米，腹径24.4厘米，高30.4厘米。（图二八，2；图版八，4）标本M15∶4，无盖。泥质灰陶。折沿方唇，唇面下凹，斜颈较长，圆肩，鼓腹，下腹斜收，平底微凹。肩腹接合处有四个爬兽和四个圆形钮，爬兽作躬身回首状，有首有尾，面部清晰生动，嘴、眼、耳兼具，阴线刻划双眼，圆形钮上阴线刻划一圆圈。

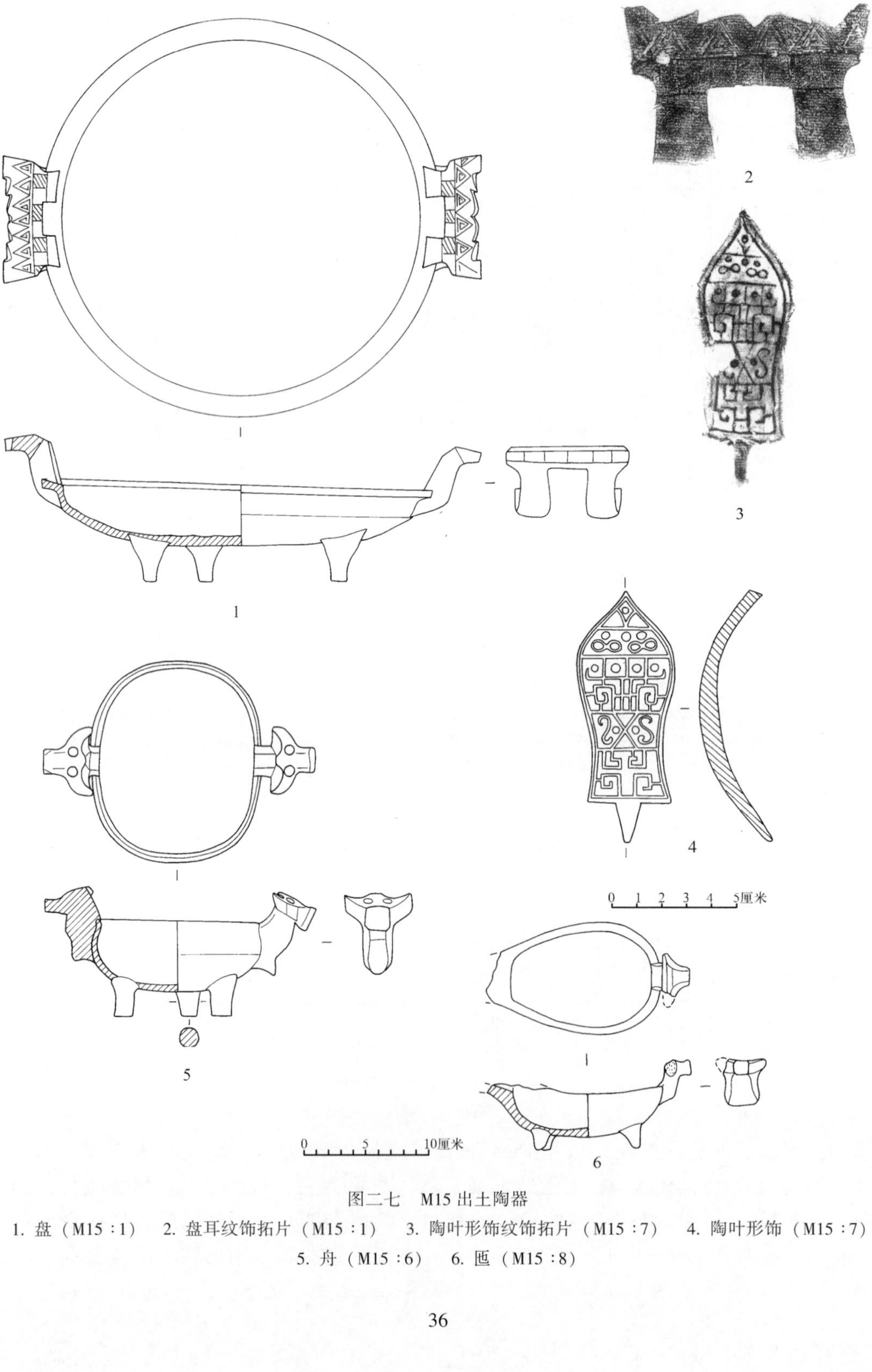

图二七　M15出土陶器

1. 盘（M15：1）　2. 盘耳纹饰拓片（M15：1）　3. 陶叶形饰纹饰拓片（M15：7）　4. 陶叶形饰（M15：7）　5. 舟（M15：6）　6. 匜（M15：8）

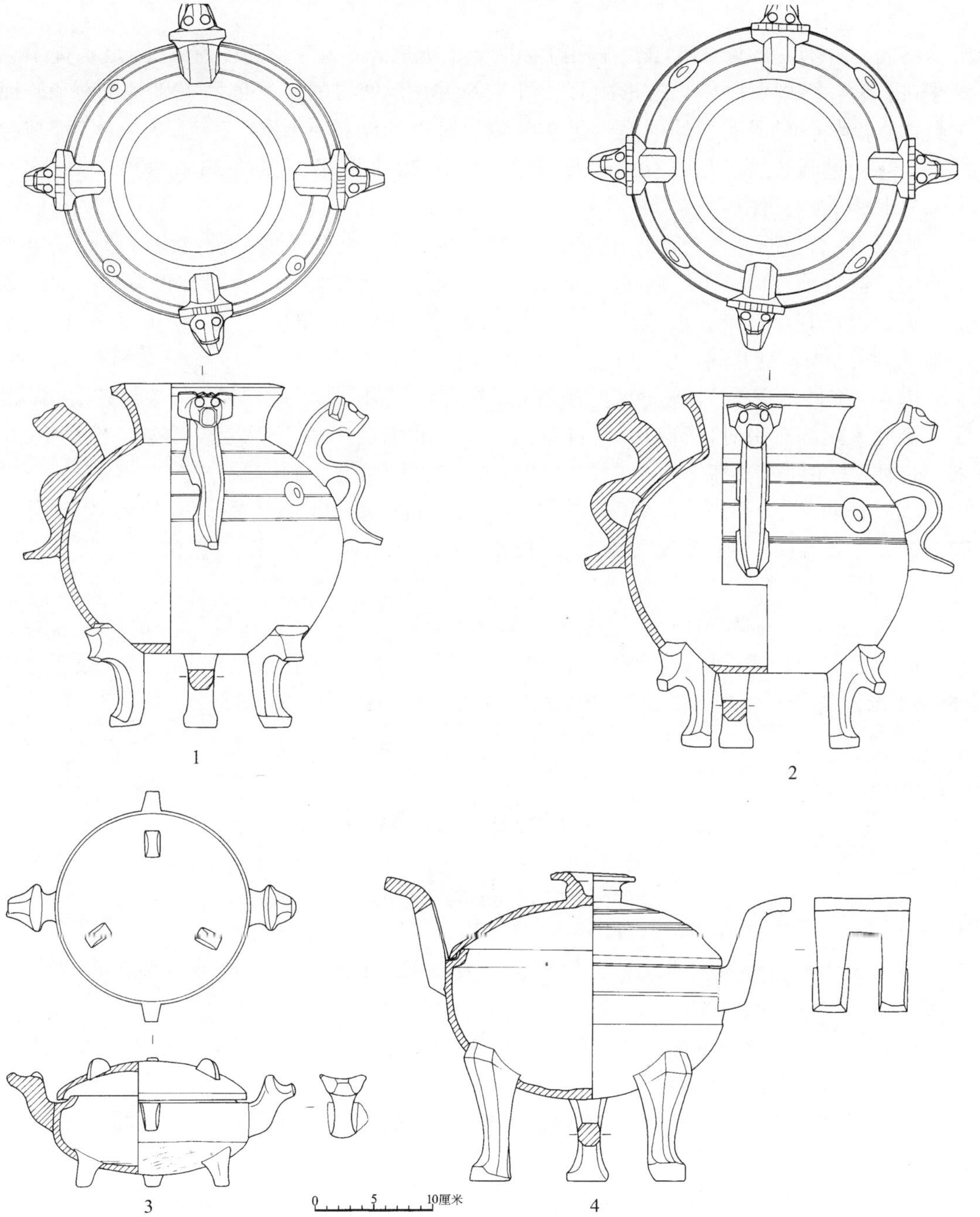

图二八　M15 出土陶器

1. 罍（M15：4）　2. 罍（M15：2）　3. 敦（M15：5）　4. 鼎（M15：3）

三兽首足较高大，兽首有嘴有耳，足正面和侧面用工具加以修削，形成明显的削痕。肩部和上腹部有四道凹弦纹。口径 14. 8 厘米，腹径 24 厘米，高 29. 6 厘米。（图二八，1；图

版八，5）

陶鼎　1件。标本M15∶3，泥质红褐陶。盖方唇，折壁，弧顶，有一圈足状捉手。器身子口方唇，弧腹深圜底，方形附耳，耳尖外折，折处刀削，三足呈条状，正面和侧面用工具加以修削，形成明显的削痕，足和鼎腹通过榫卯结构连接固定。盖顶有两组凹弦纹，捉手上有两道凸弦纹，鼎腹有两道凸旋纹。口径20.2厘米，腹径23.6厘米，高26.6厘米。（图二八，4；图版八，2）

陶敦　1件。标本M15∶5，泥质灰陶。子口承盖，直壁弧顶，较浅，分布有三半圆形实心钮。器身子母口，子口内敛，方唇，弧腹较浅，浅圜底。一对对称兽首和一对半圆形实心钮，兽首有耳有口，形象生动。三矮锥足。口径13.8厘米，腹径16.8厘米，高11厘米。（图二八，3；图版九，1）

陶舟　1件。标本M15∶6，泥质红褐陶。器形椭圆形。敞口圆唇，短束颈，弧腹较深，圜底。颈部有一对兽首耳，兽首双角、双眼和嘴清晰，三蹄足较矮小。长径16.6厘米，短径13.4厘米，高10.6厘米。（图二七，5，图版九，4）

陶叶形饰　1件。标本M15∶7，6件。泥质褐陶。叶柄较短，叶片尖端弧曲，正面有雷纹、乳钉纹、S形纹等纹饰。长10.3厘米，宽4厘米，厚0.8厘米。（图二七，3、4）

陶匜　1件。标本M15∶8，泥质灰陶。器形较大，整体呈动物形。敞口，方唇，弧壁，圜底近平。流残；尾端有一兽首，嘴和双耳较清晰；三乳钉足二前一后，较矮。残长16.4厘米，宽9.6厘米，残高7.2厘米。（图二七，6；图版八，3）

第一四节　M17

一、墓葬形制

方向5°。长方形竖穴土坑墓，斜壁，口大于底，平底。长3.70米，宽2.80米，现存深度4.30米。（图二九）

葬具为单棺。棺长方形，长2米，宽0.98米，残高0.3米，厚0.06米。人骨保存较好，仰身直肢，头向北，双手放于腹部。

出土遗物5件，位于墓葬北端棺外，分别是陶鼎1件，陶盖豆1件，陶匜1件，陶罍2件。

二、出土遗物

陶鼎　1件。标本M17∶1，泥质灰陶。盖方唇，弧壁，弧顶，有三个半圆形的实钮。器身子口方唇，弧腹圜底，腹部较深，附耳已残，三足呈条状，正面和侧面用工具加以修

图二九　M17平、剖图
1. 陶鼎　2. 陶盖豆　3. 陶罍　4. 陶匜　5. 陶罍

削，形成明显的削痕，足内侧有一道凹槽，足和鼎腹通过榫卯结构连接固定。鼎腹有两道凸旋纹。口径19.2厘米，腹径22.3厘米，高22.8厘米。（图三〇，3；图版九，2）

陶盖豆　1件。标本M17∶2，泥质灰陶。盖缺失。器身子母口，子口内敛，方唇，豆盘略大，弧腹，豆柄略高，喇叭状底。口径14.6厘米，腹径16.8厘米，底径11.8厘米，高18.7厘米。（图三〇，2；图版九，6）

陶罍　2件。标本M17∶3，无盖。泥质灰陶。折沿方唇，唇面下凹，斜颈较长，圆肩，鼓腹，下腹斜收，平底。肩腹接合处有四个爬兽，作躬身回首状，有首有尾，面部清晰生动，有嘴有角，角端阴线刻划两条垂直交叉的直线。三兽首足较高大，兽首有嘴有

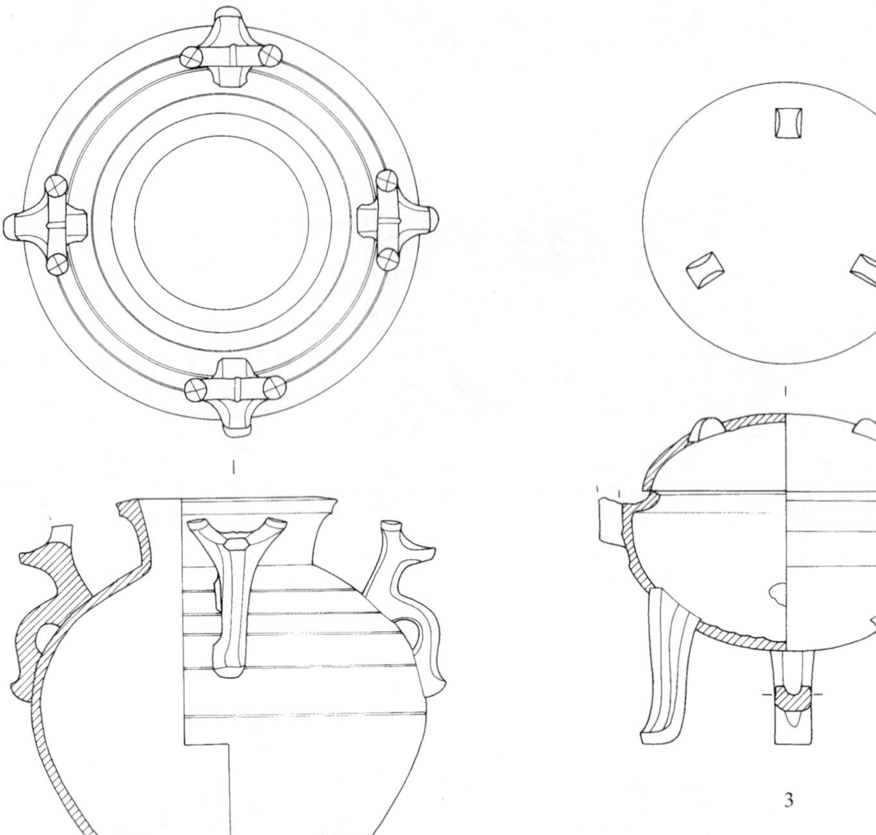

图三〇　M17出土陶器
1. 罍（M17∶3）　2. 盖豆（M17∶2）　3. 鼎（M17∶1）　4. 匜（M17∶4）

耳，足正面和侧面用工具加以修削，形成明显的削痕。肩部和上腹部有五道凹弦纹。口径15.6厘米，腹径27.2厘米，高31厘米。（图三〇，1；图版九，3）标本M17∶5，泥质灰陶。残。未复原。口径16厘米，残高13厘米。

陶匜　1件。标本M17∶4，泥质灰陶。器形较大，整体呈动物形。敞口，方唇，壁微弧，圜底。流高昂，作兽首形，双角大，面部和双角阴线刻划几何纹，口大张；尾端残；三蹄足二前一后，较高。长25厘米，宽13.2厘米，高13.2厘米。（图三〇，4；图版九，5）

第一五节　M18

一、墓葬形制

方向355°。长方形竖穴土坑墓，直壁，平底。长2.90米，宽1.50米，现存深度2.10米。（图三一）

葬具为单棺。棺长方形，长2.32米，宽0.98～1.08米，残高0.30米，板灰厚0.03米。人骨保存较好，仰身直肢，头向北，双手交叉放于腹部。

出土遗物8件，位于棺内北端，分别是陶盘1件，陶罍2件，陶敦1件，陶鼎1件，陶舟2件，陶匜1件。（彩版一〇）

二、出土遗物

陶盘　1件。标本M18∶1，泥质灰陶。敞口，方唇，弧壁，浅圜底。一对立耳，耳端外折，耳孔呈长方形。口径20.3厘米，高5.1厘米。（图三二，8；图版一〇，1）

陶罍　2件。标本M18∶2，泥质灰陶。浅盖弧顶，上有六个圆孔。折沿方唇，颈微斜，圆肩，鼓腹，下腹斜收，平底。肩腹接合处有四个爬兽，作躬身回首状，有首有尾，面部模糊，仅能辨识嘴和耳。三兽首足较高大，兽首有嘴有耳，足正面和侧面用工具加以修削，形成明显的削痕。肩部和上腹部有四道凹弦纹。口径12.2厘米，腹径19.5厘米，高24.3厘米。（图三二，1；图版一〇，4）标本M18∶6，无盖。泥质灰陶。折沿方唇，颈微斜，圆肩，鼓腹，下腹斜收，平底。肩腹接合处有四个爬兽，作躬身回首状，有首有尾，面部模糊，仅能辨识嘴和耳。三兽首足较高大，兽首有嘴有耳，足正面和侧面用工具加以修削，形成明显的削痕。肩部和上腹部有四道凹弦纹。口径12.8厘米，腹径20厘米，高22.6厘米。（图三二，3；图版一〇，3）

陶敦　1件。标本M18∶3，泥质灰陶。盖方唇，折壁，弧顶，上有一圈足状捉手。器身子口方唇，腹较深，上腹微弧，下腹斜收，平底，上腹部近口处有一对半圆形实心钮。口径14.8厘米，底径8.4厘米，高11.7厘米。（图三二，6；图版一〇，5）

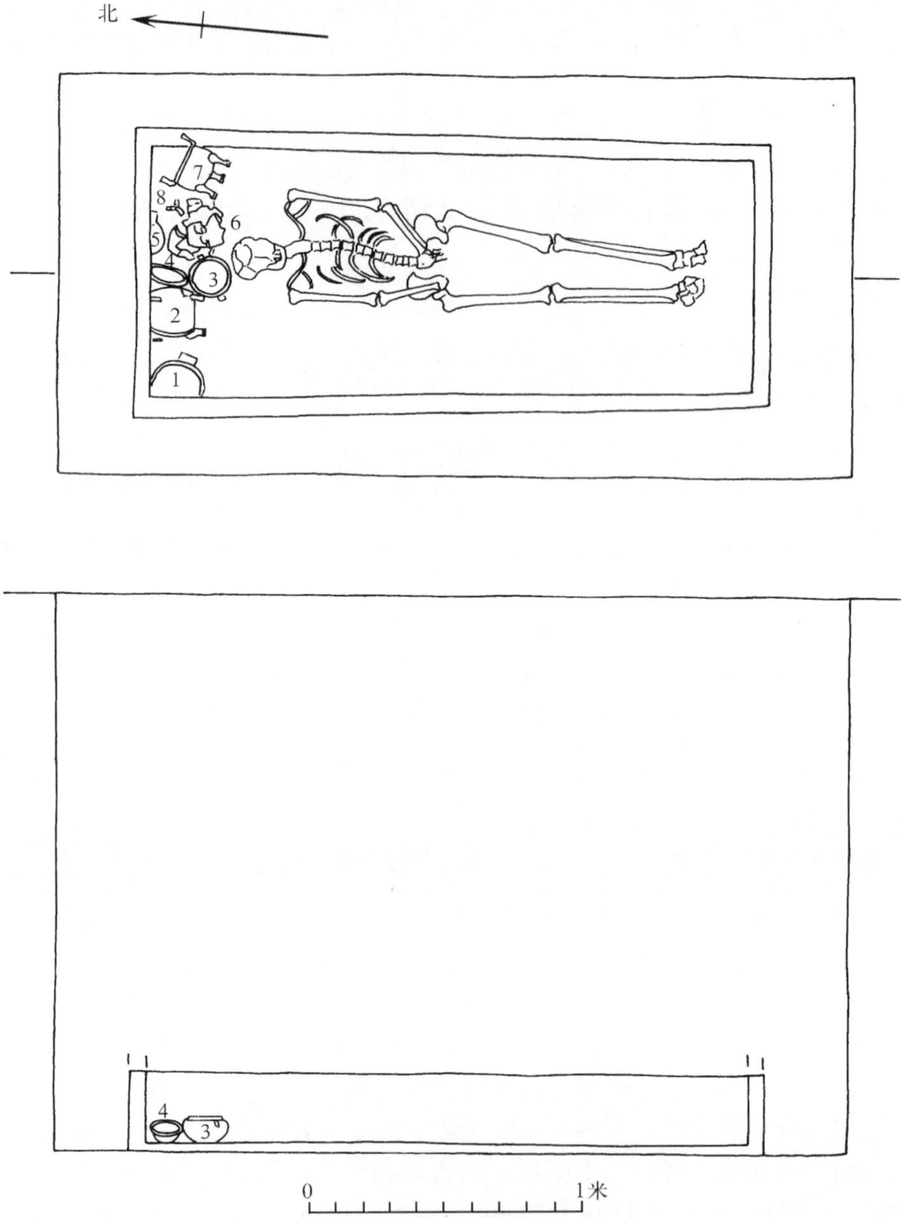

图三一　M18平、剖图

1. 陶盘　2. 陶罍　3. 陶敦　4. 陶舟　5. 陶匜　6. 陶罍　7. 陶鼎　8. 陶舟

陶舟　2件。标本M18∶4，泥质褐陶。器形近圆形。敞口圆唇，短束颈，弧腹较浅，圜底近平。颈部有一对兽首耳，兽首模糊，三蹄足较矮小。口径12.6～13.3厘米，腹径12.8厘米，高6.2厘米。（图三二，7；图版一〇，2）标本M18∶8，泥质红褐陶。器形近圆形。敞口圆唇，短束颈，弧腹较浅，圜底近平。颈部有一对兽首耳，兽首模糊，三蹄足较矮小。口径12厘米，腹径12.7厘米，高6.6厘米。（图三二，5；图版一一，4）

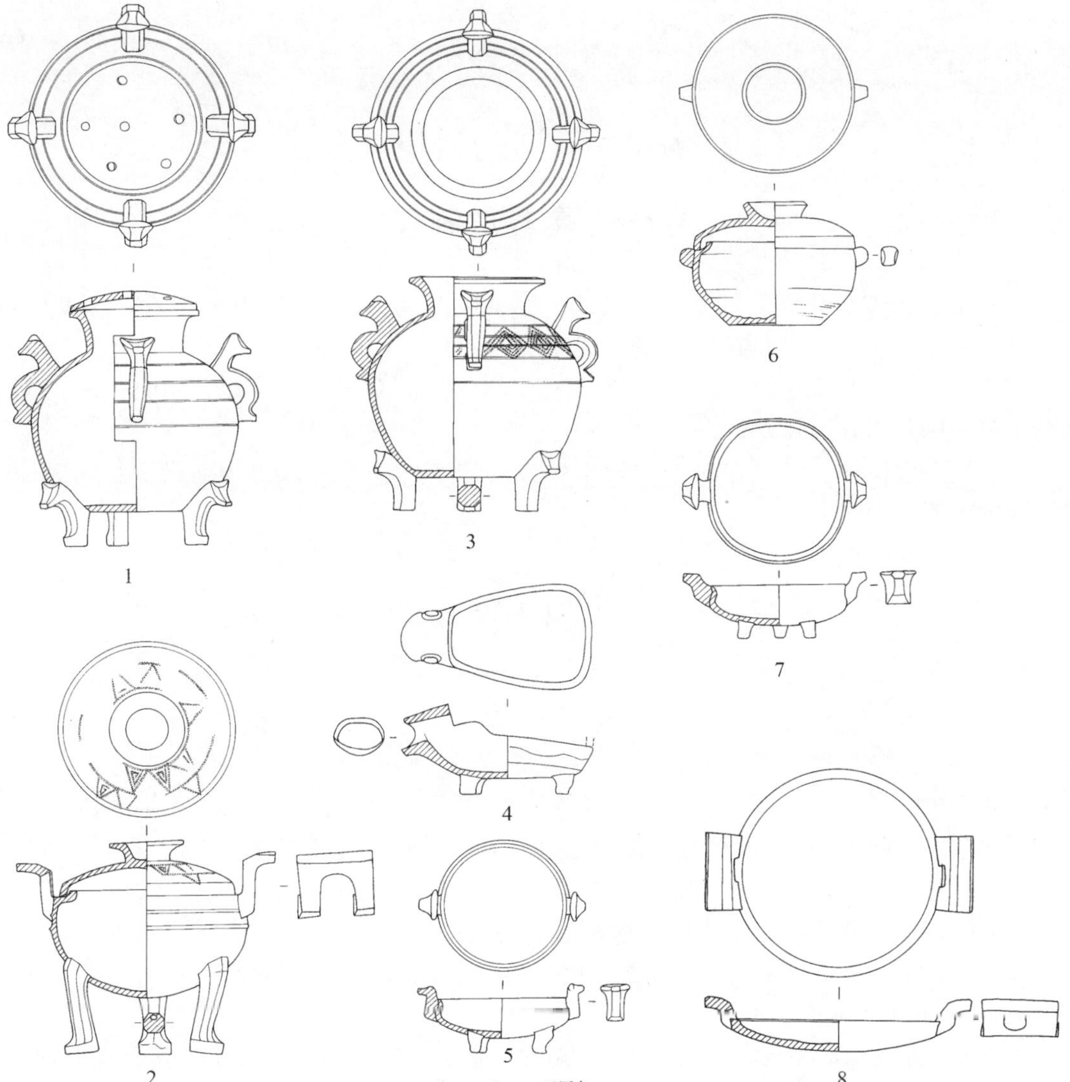

图三二　M18出土陶器

1. 罍（M18：2）　2. 鼎（M18：7）　3. 罍（M18：6）　4. 匜（M18：5）　5. 舟（M18：8）
6. 敦（M18：3）　7. 舟（M18：4）　8. 盘（M18：1）

陶匜　1件。标本M18∶5，泥质灰陶。器形较大，整体呈动物形。敞口，方唇，直壁，圜底近平。流高昂，作兽首形，双眼圆睁，口大张；尾端残；三柱足二前一后，较矮。长18厘米，宽10厘米，高8.6厘米。（图三二，4；图版一〇，6）

陶鼎　1件。标本M18∶7，泥质灰陶。盖斜方唇，折壁，弧顶，有一圈足状捉手。器身子口方唇，弧腹圜底，腹部较深，方形附耳，耳尖外折，折处刀削，三足呈条状，正面和侧面用工具加以修削，形成明显的削痕，足底有小孔，足和鼎腹通过榫卯结构连接固定。鼎腹有两道凸旋纹。口径14.4厘米，腹径18.6厘米，高20.2~20.4厘米。（图三

二，2；图版一一，1）

第一六节　M19

一、墓葬形制

方向 5°。长方形竖穴土坑墓，直壁，平底。长 2.50 米，宽 1.70 米，现存深度 1.60 米。位于墓葬北端有一圆形盗洞。（图三三）

葬具为单椁。椁长方形，长 2.06 米，宽 1 米，残高 0.30 米，板灰厚 0.02 米。人骨腐朽严重，仅存部分下肢骨。

该墓被严重盗扰，仅在盗洞中清理出残破陶器 5 件，可辨认出为陶罍 2 件，陶鼎 1 件，陶敦 1 件，陶匜 1 件。

二、出土遗物

陶罍　2 件。标本 M19∶1，泥质褐陶。盖残，浅盖方唇，弧顶，上有圆孔。敞口方唇，颈微束，圆肩，腹微弧，底残。肩上残存一个半环钮。肩部有三道凹弦纹。口径 19 厘米，残高 17.4 厘米。标本 M19∶2，泥质褐陶。圆肩，弧腹，肩上有二对半环钮。肩部有三道凹弦纹。腹径 18.4 厘米，残高 13 厘米。（图三四）

陶鼎　1 件。标本 M19∶3，泥质红褐陶。仅存双耳，方附耳，耳尖外折，折处刀削，形成明显的削痕。耳残高 8.5 厘米，宽 6 厘米。

陶敦　1 件。标本 M19∶4，泥质红褐陶。残，子口方唇，近口处残存一对半圆形实心钮。口径 10 厘米，残高 5 厘米。

陶匜　1 件。标本 M19∶5，仅余兽首状流。兽首双角凸起，口大张，其余部分均残。残长 7 厘米，残高 2 厘米。

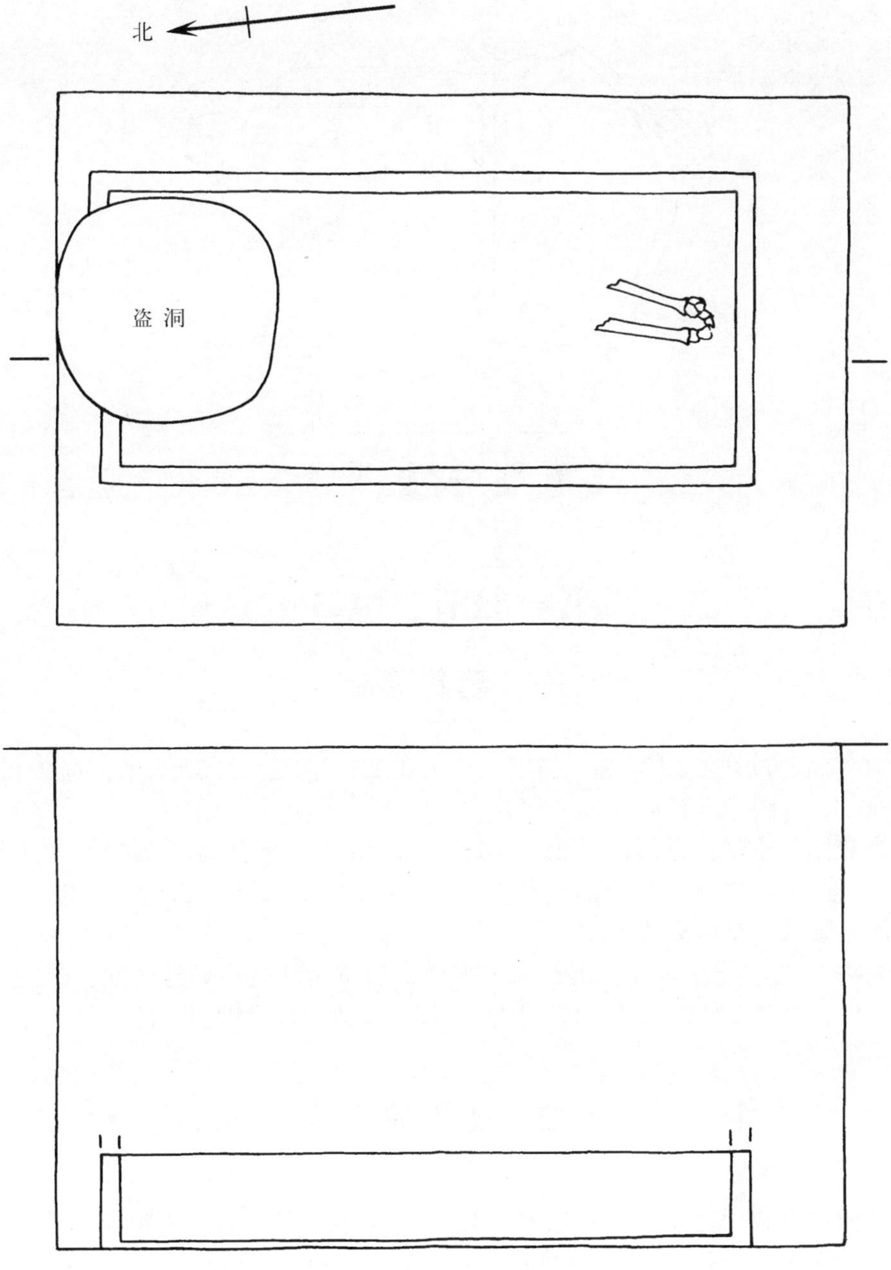

图三三 M19平、剖图

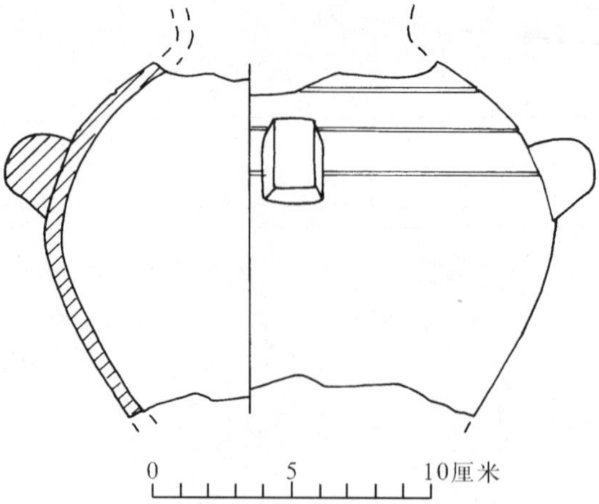

图三四　M19 出土陶罍（M19：2）

第一七节　M21

一、墓葬形制

方向 10°。长方形竖穴土坑墓，斜壁，口大于底，平底。长 3.50 米，宽 2.12 米，现存深度 2.60 米。（图三五；彩版一一）

葬具为双椁。外椁长方形，长 2.70 米，宽 1.40 米，残存高度 0.22 米。内椁楔形，长 1.90 米，宽 1~1.08 米，残存高度 0.22 米，板灰厚 0.02 米。人骨保存较好，仰身直肢，双手放于腹部，双腿交叉。

出土遗物 10 件，玉圭 1 件，出自墓主胸部，余位于北端内外椁之间，分别是陶鬲 2 件，陶鼎 1 件，陶罍 2 件，陶敦 1 件，陶舟 1 件，陶盘 1 件，陶匜 1 件。

二、出土遗物

陶鬲　2 件。标本 M21∶2，肩部以上为夹细砂红褐陶，腹、底为夹粗砂红褐陶，砂粒较大。平折沿，较窄，方唇，圆肩，斜弧腹，三袋足间距较大。肩部抹平，饰有十余道凹旋纹，下腹部和底为斜向粗绳纹。口径 32.2 厘米，腹径 42.2 厘米，三足间距 18 厘米，高 28.6 厘米。（图三六，1、2；图版一一，2）标本 M21∶10，肩部以上为夹细砂红陶，腹部为夹粗砂红陶，砂粒较大。残。平折沿，较窄，方唇，圆肩，斜弧腹。肩部饰有十余道凹旋纹，肩部稍下，饰有两周绳索纹，下腹部为斜向粗绳纹。口径 32 厘米，残高 17 厘米。

陶敦　1 件。标本 M21∶3，泥质褐陶。仅存部分残片。盖方唇，折壁，弧顶，上有三个半圆形实心钮。器身子口方唇，弧腹，圜底。钮和足残。腹部有一道凸棱。口径 18.4

图三五　M21平、剖图
1. 玉圭　2. 陶鬲　3. 陶敦　4. 陶舟　5、7. 陶罍
6. 陶盘　8. 陶鼎　9. 陶匜　10. 陶鬲

厘米，残高12厘米。

陶舟　1件。标本M21∶4，泥质褐陶。器形近圆形。敞口圆唇，短束颈，弧腹较浅，圜底近平。颈部有一对兽首耳，兽首双耳和嘴清晰，三蹄足较矮小。口径12~13厘米，腹径13.2厘米，高6.6厘米。（图三七，5；图版一一，5）

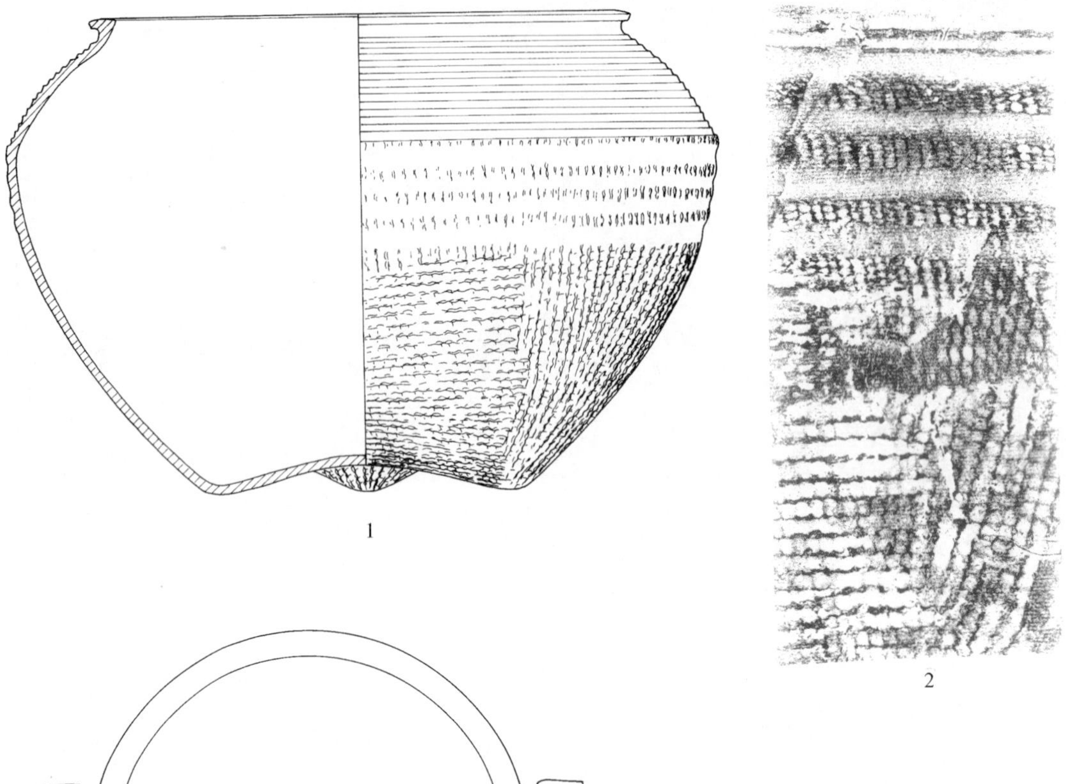

图三六　M21出土器物

1. 陶鬲（M21∶2）　2. 陶鬲纹饰拓片（M21∶2）　3. 陶盘（M21∶6）　4. 玉圭（M21∶1）

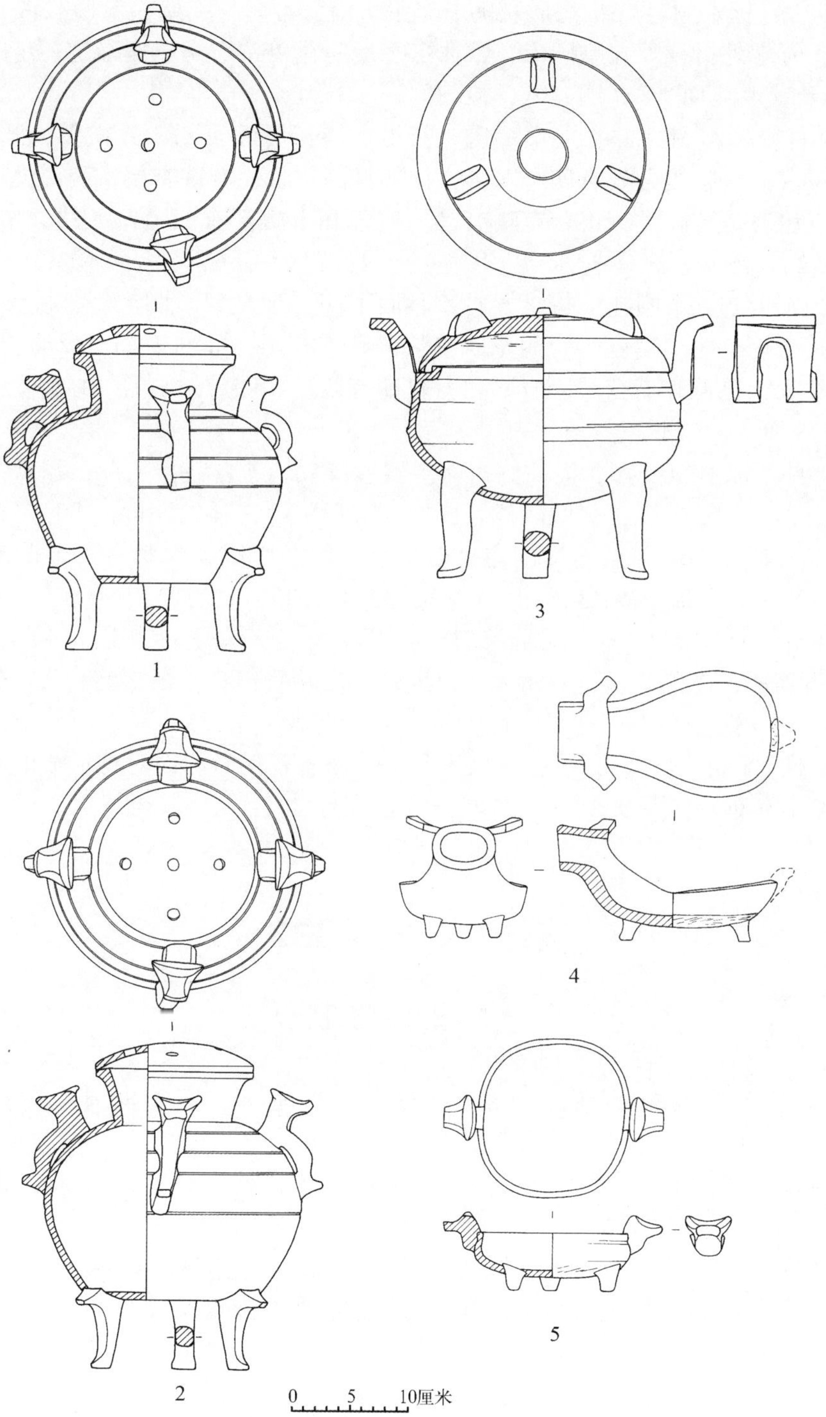

图三七　M21出土陶器

1. 罍（M21：7）　2. 罍（M21：5）　3. 鼎（M21：8）　4. 匜（M21：9）　5. 舟（M21：4）

陶盘　1件。标本M21∶6，泥质灰陶。窄平折沿，方唇，弧壁，盘腹较浅，圜底。一对宽扁立耳，耳端外折，耳孔呈圆形，整体形态呈简化兽首形。三矮蹄足，足跟微鼓。口径26.3厘米，高9.4厘米。（图三六，3；图版一二，1）

陶罍　2件。标本M21∶5，泥质褐陶。折沿方唇，唇面下凹，颈微斜，圆肩，鼓腹，下腹斜收，平底。肩腹接合处有四个爬兽，作躬身回首状，有首有尾，面部模糊，仅能辨识嘴和耳。三兽首足较高大，兽首有嘴有耳。肩部和上腹部有四道凹弦纹。口径13.8厘米，腹径22.2厘米，高28.4厘米。（图三七，2；图版一一，6）标本M21∶7，泥质褐陶。浅盖弧顶，上有五个圆孔。折沿方唇，唇面下凹，颈微斜，圆肩，鼓腹，下腹斜收，平底。肩腹接合处有四个爬兽，作躬身回首状，有首有尾，面部模糊，仅能辨识嘴和耳。三兽首足较高大，兽首有嘴有耳。肩部和上腹部有四道凹弦纹。口径13.8厘米，腹径22厘米，高28.3厘米。（图三七，1）

陶鼎　1件。标本M21∶8，泥质红褐陶。器形较大。盖方唇，弧壁，弧顶，有三个半圆形的实钮。器身子口方唇，弧腹较浅，圜底，方形附耳，耳尖外折，折处刀削，三足呈条状，足和鼎腹通过榫卯结构连接固定。盖顶有三组凹弦纹，鼎腹有二道凸旋纹。口径19厘米，腹径23.6厘米，高23厘米。（图三七，3；图版一二，2）

陶匜　1件。标本M21∶9，泥质灰陶。器形较大，整体呈动物形。敞口，方唇，斜壁，圜底。流高昂，作兽首形，双角大，口大张；尾端残；三蹄足二前一后，较高。残长19厘米，宽11厘米，高10.5厘米。（图三七，4；图版一一，3）

玉圭　1件。标本M21∶1，残存一段圭身，一面有解料时两面对锯形成的茬口。残长2.3厘米，宽1.9厘米，厚0.2~0.3厘米。（图三六，4）

第一八节　M22

一、墓葬形制

方向5°。长方形竖穴土坑墓，直壁，平底。长2.60米，宽1.80米，现存深度2.60米。（图三八；彩版一二）

葬具为单椁。椁呈长方形。长2.22米，宽1.02米，残存高度0.30米，板灰厚0.02米。人骨保存较好，仰身直肢。

出土器物有5件，有陶盘1件，陶壶1件，陶豆1件，陶高柄小壶1件，陶釜1件。其中大陶釜呈碎片状置于墓主人臀下，其余均位于墓葬东南角椁板外。

二、出土遗物

陶盘　1件。标本M22∶1，泥质灰陶。折沿方唇，折腹，上腹微弧，下腹斜收，平底

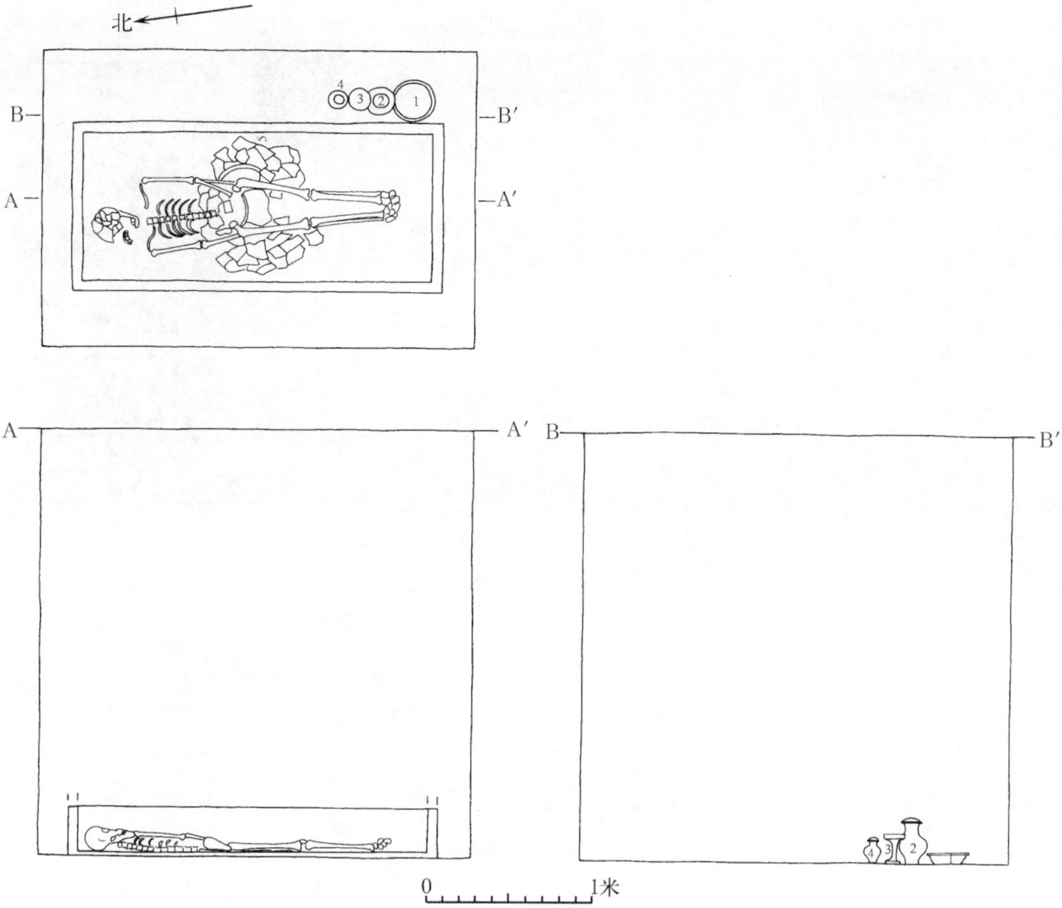

图三八　M22平、剖图

1. 陶盘　2. 陶壶　3. 陶豆　4. 陶高柄小壶　5. 陶釜

微凹。口径26.3厘米，底径13厘米，高7.2厘米。（图三九，7）

陶壶　1件。标本M22∶2，泥质灰陶。浅盖弧顶，盖舌较短。敞口方唇，长颈微束，广肩，弧腹，最大径在肩腹接合处，假圈足较矮直，平底微凹。盖顶有三道折棱，颈部、颈肩接合处、肩腹接合处各有一组凹弦纹。口径11.8厘米，腹径18.8厘米，底径9.7厘米，高27.2厘米。（图三九，5；图版一二，4）

陶豆　1件。标本M22∶3，泥质灰陶。敞口，圆唇，壁外折内弧，细长柄，喇叭足，足外沿下凹。盘内有锯齿状暗纹。口径12.7厘米，底径8.7厘米，高18.1厘米。（图三九，4；图版一二，3）

陶高柄小壶　1件。标本M22∶4，泥质灰陶。盖面两道折棱，平顶，短舌。敞口，方唇，束颈略长，广肩，扁腹，最大径位于肩部，细柄较高，喇叭状底。肩部饰有两道凹旋纹。口径4.3厘米，腹径9厘米，底径7厘米，高15.9厘米。（图三九，6；图版一二，5）

陶釜　1件。标本M22∶5，肩部及以上为夹细砂红陶，腹部为夹粗砂红陶。形体较大，分上下两部分分别制好后接合在一起。平折沿，较窄，方唇，折肩，下腹部和底缺

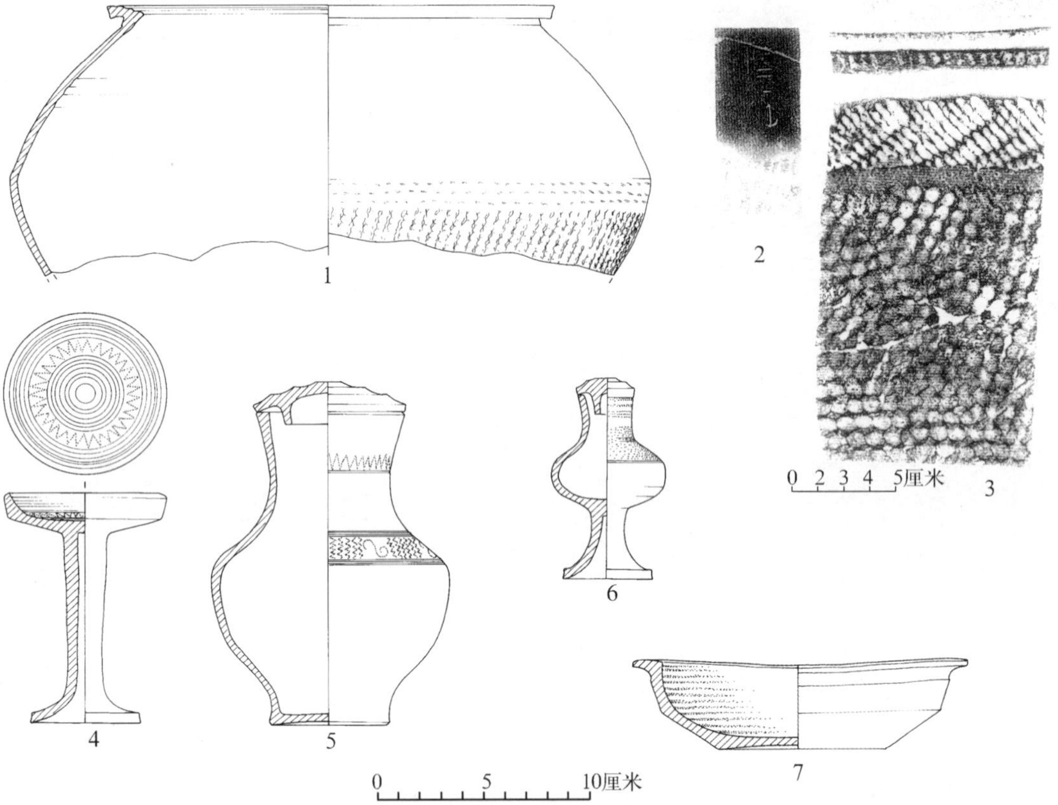

图三九　M22 出土陶器

1. 釜（M22：5）　2. 釜肩部陶文拓片（M22：5）　3. 釜纹饰拓片（M22：5）　4. 豆（M22：3）
5. 壶（M22：2）　6. 高柄小壶（M22：4）　7. 盘（M22：1）

失。肩部素面抹平，肩部稍下饰有一圈绳索纹，其下为粗绳纹。肩部刻有两陶文符号。口径 35.2 厘米，腹径 50 厘米，残高 21.4 厘米。（图三九，1、2、3；图版一三，1）

第一九节　M23

一、墓葬形制

方向 3°。长方形竖穴土坑墓，直壁，平底。长 2.50 米，宽 1.52 米，现存深度 1.80 米。（图四○）

葬具为单棺。棺长方形，长 1.90 米，宽 0.92 米，残高 0.30 米，板灰厚 0.03 米。人骨保存较好，仰身直肢，头向北，双手交叉放于腹部。

出土遗物 5 件，位于棺外墓葬北端，分别是陶鼎 1 件，陶罍 1 件，陶盘 1 件，陶舟 1 件，玉圭 1 件。

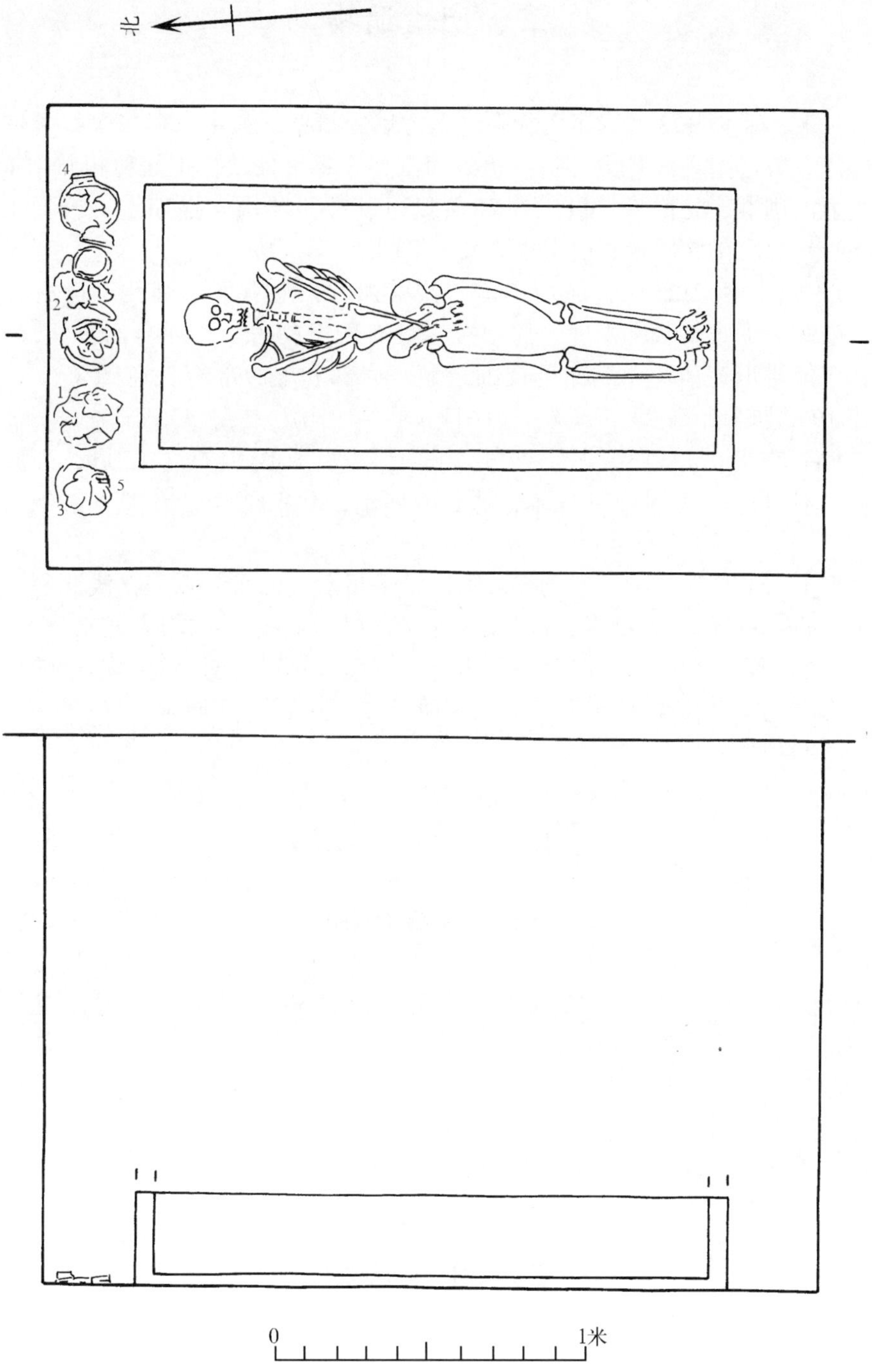

图四〇　M23平、剖图
1. 陶鼎　2. 陶罍　3. 陶舟　4. 陶盘　5. 玉圭

二、出土遗物

陶鼎　1件。标本M23:1，泥质灰陶。盖方唇，折壁，弧顶。器身子口方唇，弧腹圜底，腹部较浅，方形附耳，耳尖外折，折处刀削，三足呈条状，正面和侧面用工具加以修削，形成明显的削痕，足底有小孔，足和鼎腹通过榫卯结构连接固定。口径15.6厘米，腹径17.8厘米，高17.5厘米。（图四一，5；图版一三，2）

陶罍　1件。标本M23:2，泥质褐陶。浅盖弧顶，上有五个圆孔。折沿方唇，颈微斜，圆肩，鼓腹，下腹斜收，平底。肩腹接合处有四个爬兽，作躬身回首状，有首有尾，面部模糊，仅能辨识嘴和耳。三蹄足较细较矮。肩部和上腹部有三道凹弦纹。口径13.2厘米，腹径19.2厘米，高24.5厘米。（图四一，1；图版一三，3）

陶舟　1件。标本M23:3，泥质灰陶。平面形态呈圆形。敛口，圆唇，弧腹较浅，平底。口沿处一对兽首。口径11.4厘米，底径6厘米，高5厘米。（图四一，2；图版一三，4）

陶盘　1件。标本M23:4，泥质红褐陶。窄平折沿，方唇，弧壁，浅圜底。一对宽扁立耳，耳端外折。口径17.6厘米，高24.8厘米。（图四一，4；图版一三，5）

玉圭　1件。标本M23:5，仅存一段圭身，一面有解料时两面对锯形成的茬口，茬口附近有一圆形穿孔。残长4.21厘米，宽3.6厘米，厚0.2~0.3厘米。（图四一，3）

第二〇节　M26

一、墓葬形制

方向15°。长方形竖穴土坑墓，直壁，平底。长2.30米，宽1.40米，现存深度1.60米。墓葬中部有一圆形盗洞。（图四二）

葬具为单椁。椁长方形，长1.98米，宽1.04米，残高0.30米，板灰厚0.04米。人骨保存较差，仅存部分下肢骨，曲肢。

该墓盗扰严重，仅在盗洞中清出陶鼎1件。

二、出土遗物

陶鼎　1件。标本M26:1，残。盖残，弧壁，平顶。器身子口方唇，弧壁，底部和双耳残，三足仅剩足跟。盖面饰有两圈凸起的绳索纹，绳索纹之间装饰有一泥塑爬兽，爬兽作俯卧状，昂首侧目，形象生动。口径22.2厘米，残高19.4厘米。（图四三，1、2）

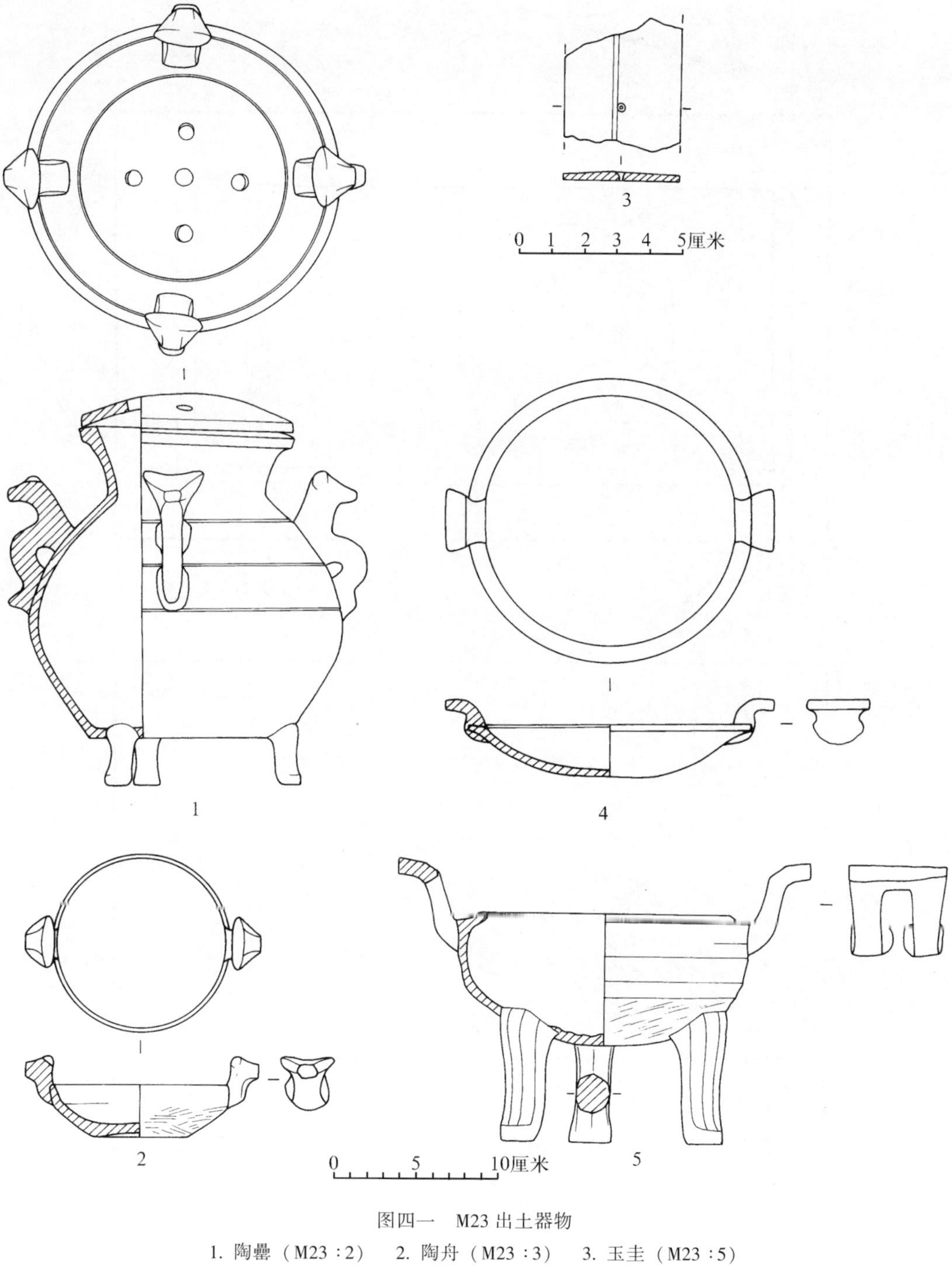

图四一　M23出土器物

1. 陶罍（M23∶2）　2. 陶舟（M23∶3）　3. 玉圭（M23∶5）

4. 陶盘（M23∶4）　5. 陶鼎（M23∶1）

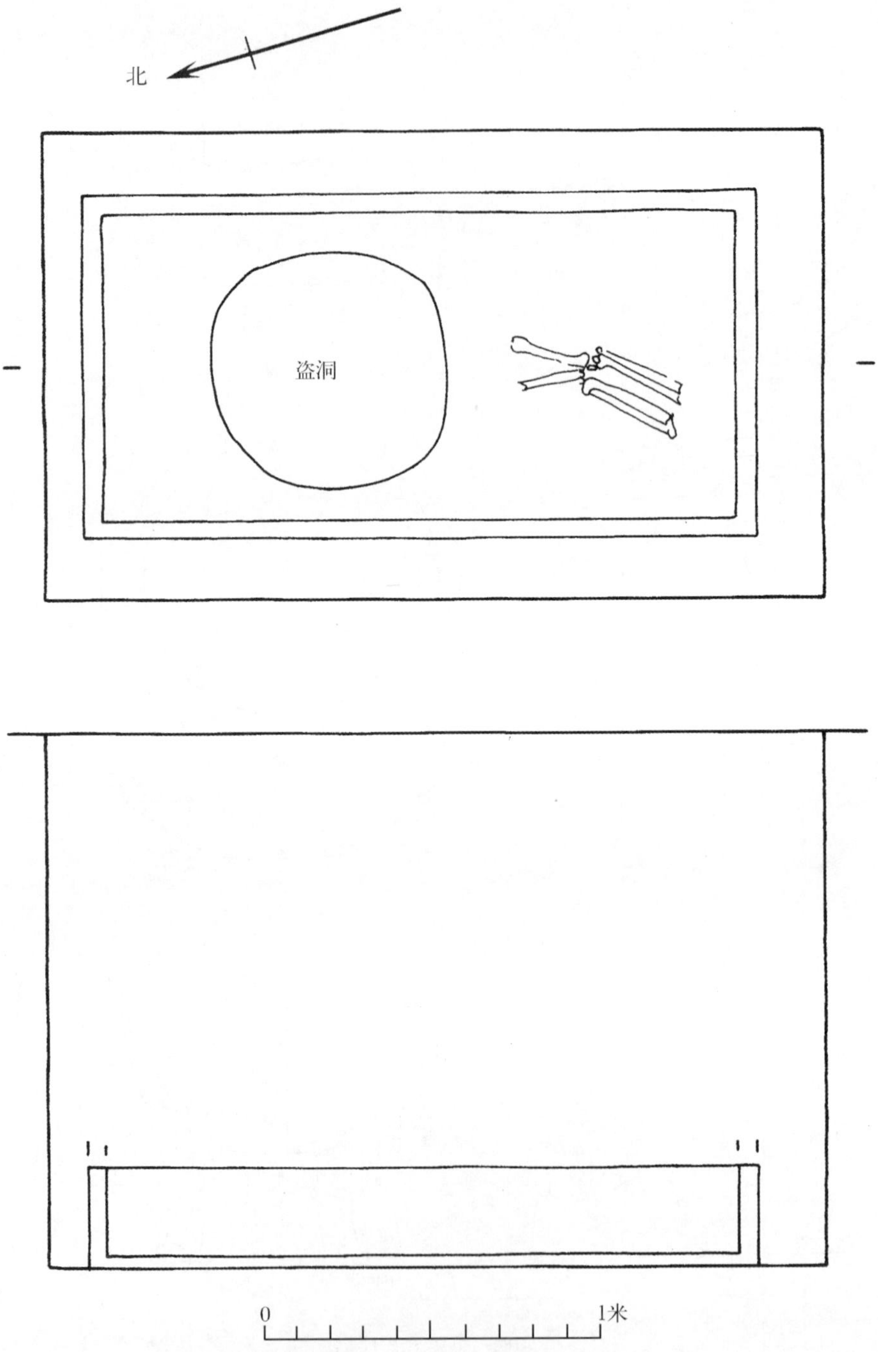

图四二　M26平、剖图

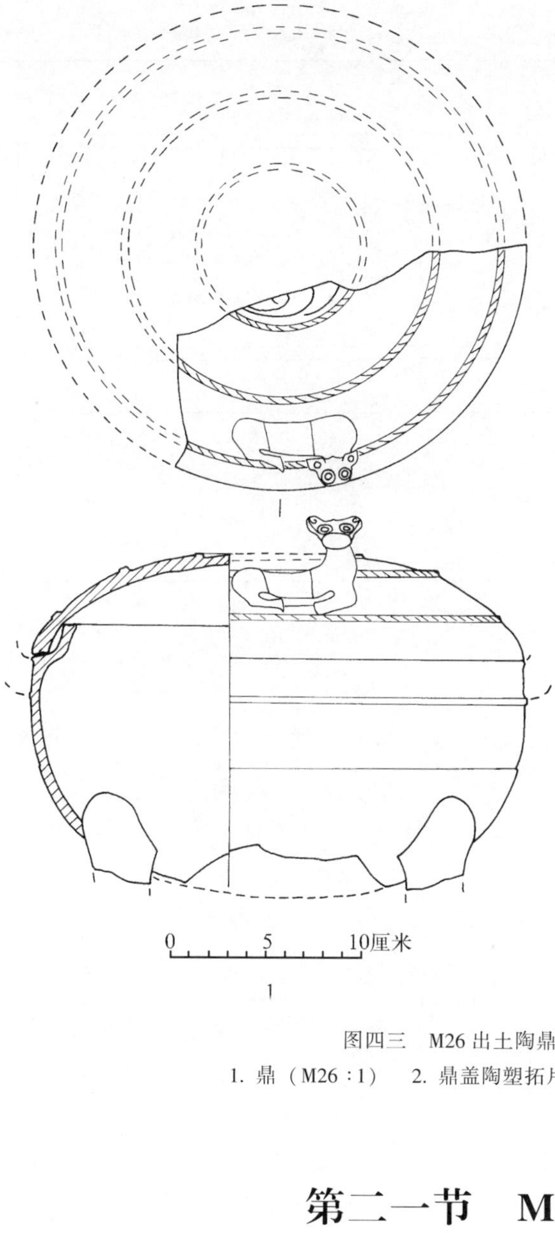

图四三 M26出土陶鼎

1. 鼎（M26：1） 2. 鼎盖陶塑拓片（M26：1）

第二一节 M27

一、墓葬形制

方向5°。长方形竖穴土坑墓，直壁，平底。长2.70米，宽1.52米，现存深度2.90米。（图四四）

葬具为单棺。棺长方形，长2.30米，宽0.98米，残高0.50米，板灰厚0.02米。人骨保存较差，仰身直肢，头向北，双手交叉放于腹部。

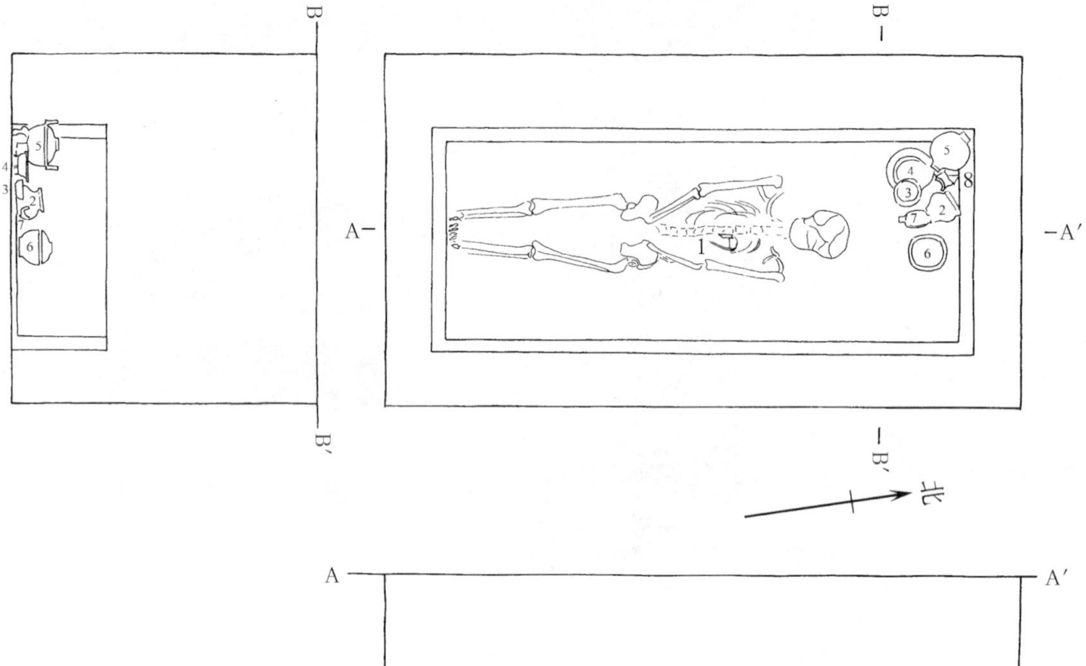

图四四　M27平、剖图

1. 玉圭　2. 陶尊　3. 陶舟　4. 陶盘　5. 陶鼎　6. 陶敦　7. 陶匜　8. 陶尊

出土遗物8件，出自墓主人胸部，余位于棺内西北角，分别是陶尊2件，陶舟1件，陶盘1件，陶鼎1件，陶敦1件，陶匜1件，玉圭1件。

二、出土遗物

陶尊　2件。标本M27∶2，泥质灰陶。盖面微弧，短舌，中部有一圆形小孔。平折沿，方唇，束颈较长，折肩，肩部微弧，弧腹，凹圜底。肩部饰有一周黑色的三角形纹，三角形内填以黑点纹。口径11.7厘米，腹径18.6厘米，底径7厘米，高18厘米。（图四五，7；图版一四，1）标本M27∶8，泥质灰陶。仅存部分残片。平折沿，方唇，束颈较长，折肩，肩部微弧，弧腹，底缺失。肩部饰有一周黑色的三角形纹，三角形内填以黑点纹。口径18厘米，残高13厘米。

陶舟　1件。标本M27∶3，平面形态呈圆形。敛口，圆唇，折腹较浅，平底。口沿处一对泥饼状耳。口径10.6厘米，腹径11.4厘米，高3.4厘米。（图四五，4；图版一四，2）

陶盘　1件。标本M27∶4，泥质灰陶。平折沿，方唇，折壁，盘腹较浅，圜底，一对宽扁立耳，耳端外折，耳孔呈半圆形，三矮蹄足，足跟微鼓。口径19.2厘米，高7.1厘米。（图四五，2；图版一四，4）

陶鼎　1件。标本M27∶5，泥质灰陶。盖方唇，弧壁，弧顶，有一圈足状捉手。器身子口方唇，弧腹圜底，方形附耳，耳尖外折，折处刀削，三足呈条状，正面和侧面用工具加以修削，形成明显的削痕，足底有小孔，足和鼎腹通过榫卯结构连接固定。盖顶有一道凹弦纹，鼎腹有一道凸旋纹。口径14.4厘米，腹径19.1厘米，高21.2厘米。（图四五，1；图版一四，5）

陶敦　1件。标本M27∶6，泥质灰陶。盖方唇，折壁，弧顶，上有一圈足状捉手。子口方唇，腹较深，上腹微弧，下腹斜收，平底微凹，上腹部近口处有一对半圆形实心钮。口径15.2厘米，腹径15.4厘米，底径7.6厘米，高12厘米。（图四五，6；图版一四，3）

陶匜　1件。标本M27∶7，泥质灰陶。器形较大，整体呈动物形。敞口，方唇，弧壁，圜底近平。流高昂，作兽首形，双眼圆睁，口大张，尾端有一泥条，三柱足二前一后，较矮。长13.9厘米，宽9.6厘米，高8.4厘米。（图四五，3；图版一四，6）

玉圭　1件。标本M27∶1，仅存一段圭身，一面有解料时两面对锯形成的茬口。残长9.9厘米，宽3.1厘米。（图四五，5）

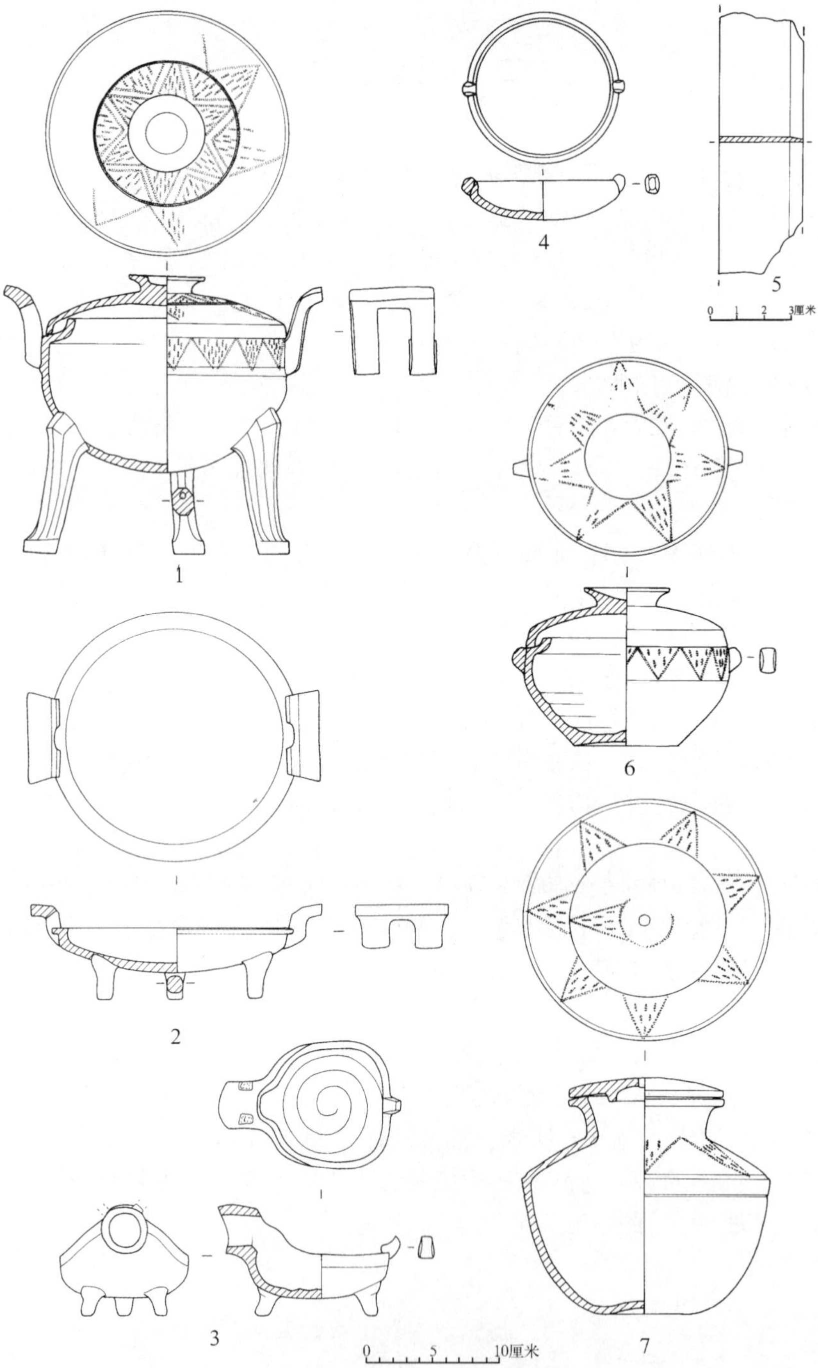

图四五 M27出土器物

1. 陶鼎（M27：5） 2. 陶盘（M27：4） 3. 陶匜（M27：7） 4. 陶舟（M27：3）
5. 玉圭（M27：1） 6. 陶敦（M27：6） 7. 陶尊（M27：2）

第二二节　M29

一、墓葬形制

方向 5°。长方形竖穴土坑墓，直壁，平底。长 2. 80 米，宽 1. 60 米，现存深度 2. 60 米。墓葬中部偏北有一圆形盗洞。(图四六)

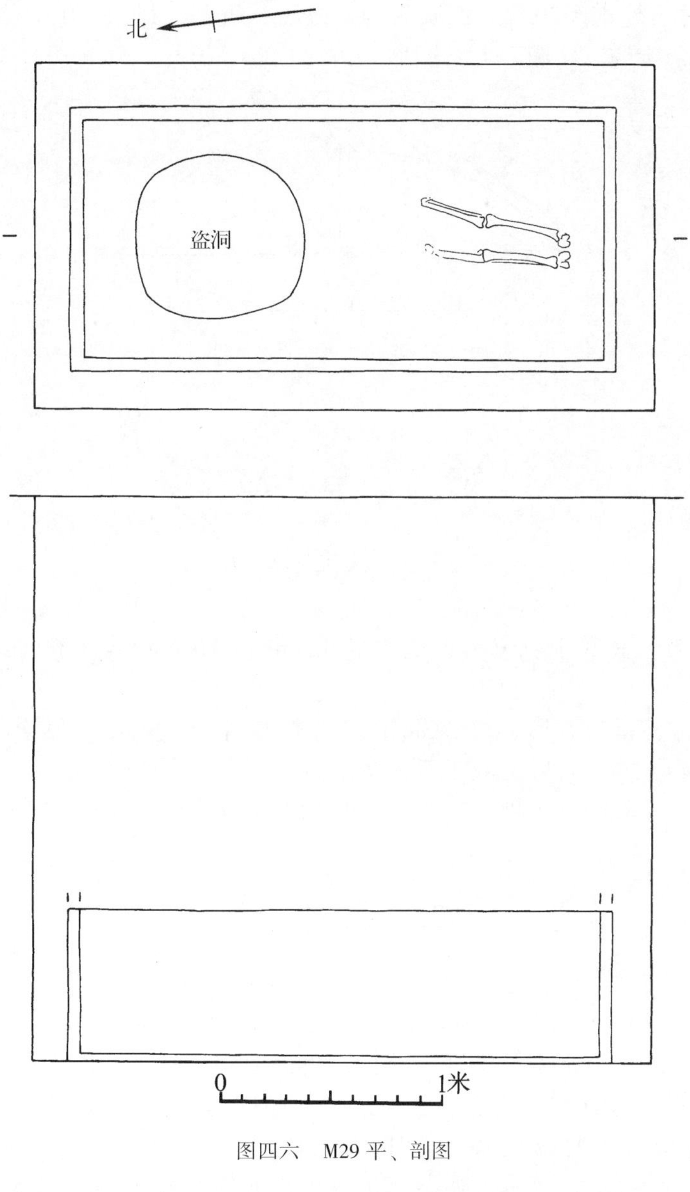

图四六　M29 平、剖图

葬具为单椁。椁长方形，长 2.46 米，宽 1.22 米，残高 0.70 米，板灰厚 0.04 米。人骨保存较差，仅存下肢骨，直肢。

该墓盗扰严重，盗洞出有陶鼎 1 件，陶器盖 1 件。

二、出土遗物

陶鼎　1 件。标本 M29∶1，泥质灰陶。仅存部分残片。

陶器盖　1 件。标本 M29∶2，泥质灰陶。方唇，折壁，弧顶，上有一圈足状抓手。口径 17 厘米，高 6.1 厘米。（图四七；图版一五，1）

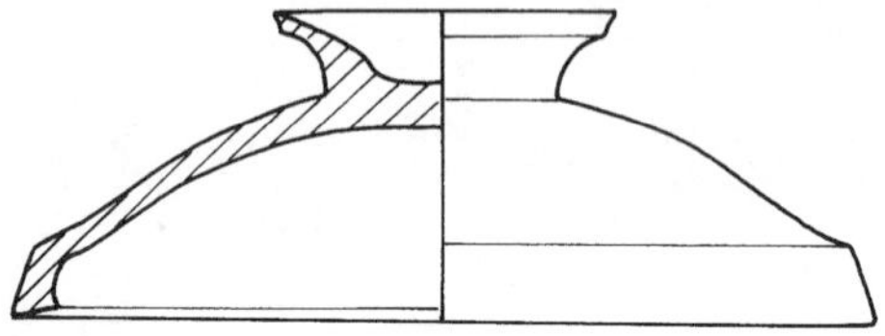

图四七　M29 出土陶器盖（M29∶2）

第二三节　M32

一、墓葬形制

方向 5°。长方形竖穴土坑墓，直壁，平底。长 2.70 米，宽 1.60 米，现存深度 2.60 米。（图四八）

葬具为单椁。椁呈长方形。长 2.38 米，宽 1.22 米，残存高度 0.70 米，板灰厚 0.03 米。人骨保存稍好。仰身直肢，双手置于腹部。

出土器物 4 件，有陶鼎 1 件，陶敦 1 件，陶舟 1 件，陶鬲 1 件。均位于椁内北端。

二、出土遗物

陶鼎　1 件。标本 M32∶1，泥质灰陶。盖方唇，折壁，弧顶，有一圈足状捉手。器身子口方唇，弧腹圜底，方形附耳，耳尖外折，折处刀削，三足呈条状，正面和侧面用工具加以修削，形成明显的削痕，足底有小孔，足和鼎腹通过榫卯结构连接固定。口径 16.6 厘米，腹径 19 厘米，高 21.8 厘米。（图四九，2）

陶敦　1 件。标本 M32∶2，盖弧壁弧顶，中部有圈足状捉手。器身子口内敛，方唇，

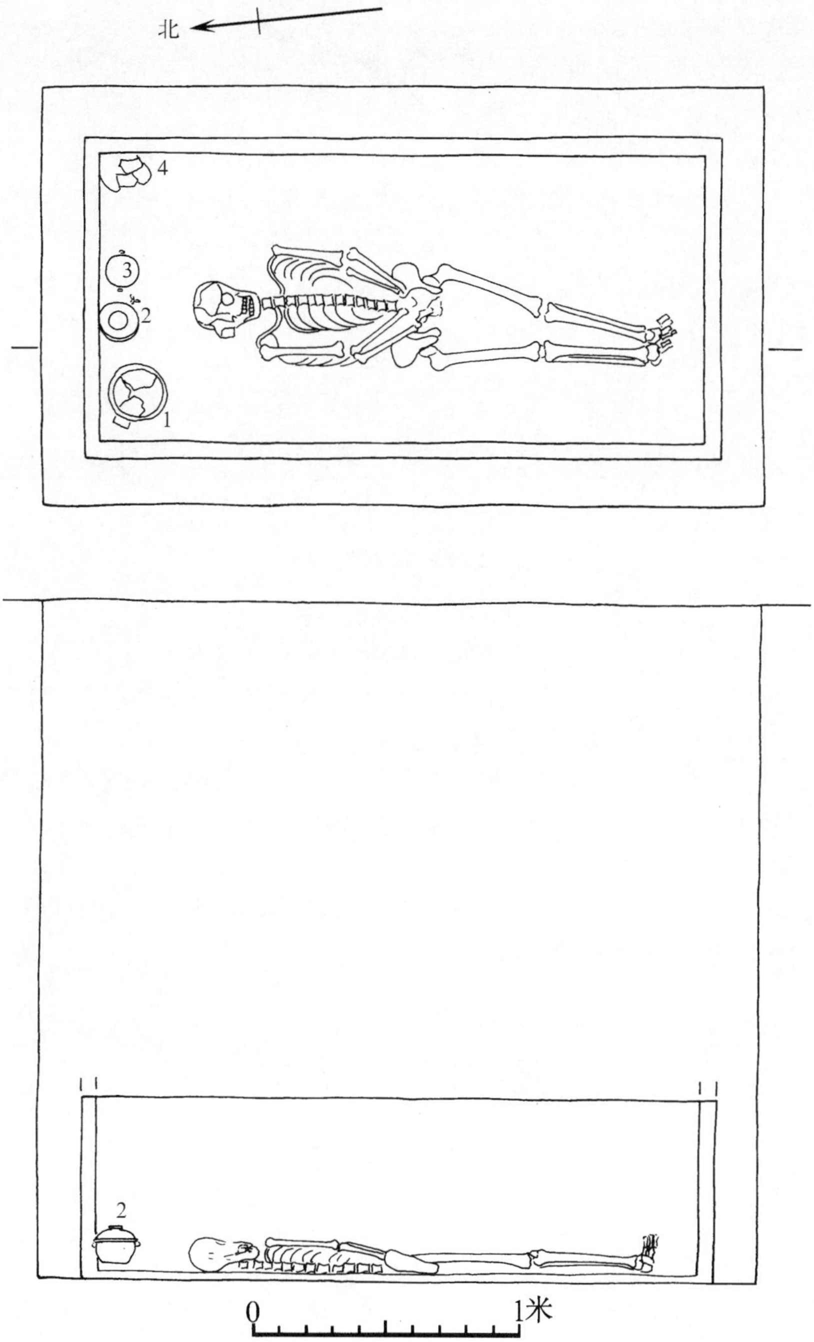

图四八　M32平、剖图
1. 陶鼎　2. 陶敦　3. 陶舟　4. 陶鬲

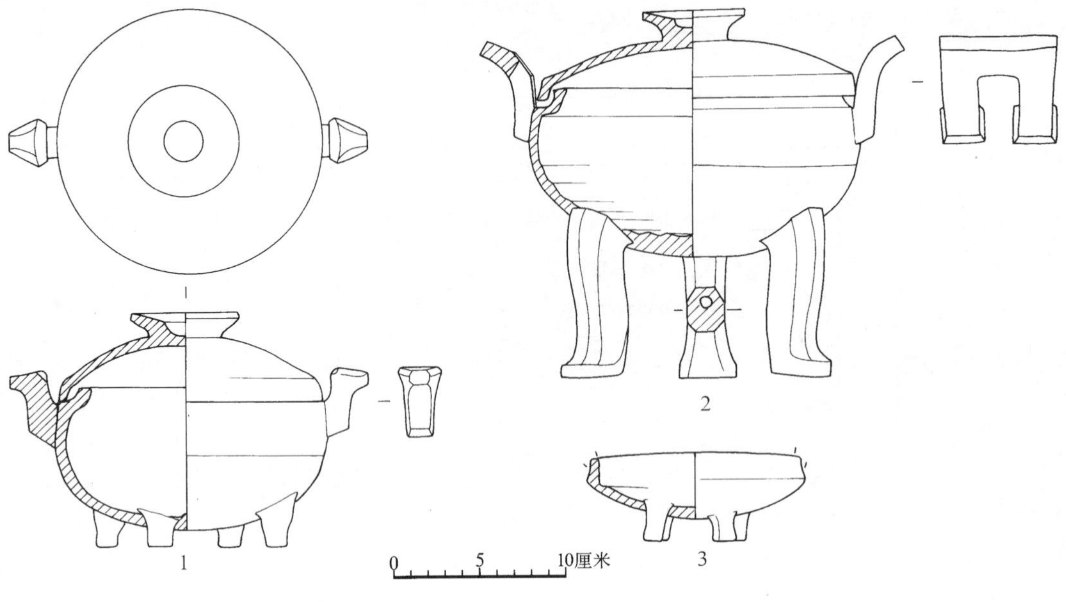

图四九　M32出土陶器

1. 敦（M32：2）　2. 鼎（M32：1）　3. 舟（M32：3）

腹部较深，上腹部近直壁，下腹部弧收，圜底。上腹部有一对兽首耳。四矮蹄足。口径13厘米，腹径15厘米，高14厘米。（图四九，1）

陶舟　1件。标本M32：3，平面形态呈圆形。敛口，圆唇，折腹较浅，圜底。耳残。四矮柱足。口径12.2厘米，腹径12.6厘米，高5.3厘米。（图四九，3）

陶鬲　1件。标本M32：4，残。器形较小。平折沿，较窄，方唇，圆肩，下腹部残。肩部饰有十余道凹旋纹，腹部和底部残片饰有粗绳纹。肩部及口沿为夹细砂红褐陶，腹部和底为夹粗砂红褐陶。口径10厘米，残高8厘米。

第二四节　M33

一、墓葬形制

方向5°。长方形竖穴土坑墓，直壁，平底。长2.50米，宽1.52米，现存深度1.40米。（图五〇）

葬具为单棺。棺长方形，长2.12米，宽0.96米，残高0.24米，板灰厚0.03米。人骨保存较好，仰身直肢，头向北，面向东，双手交叉放于腹部。

出土遗物为3件玉圭（后经整理，实为2件）。

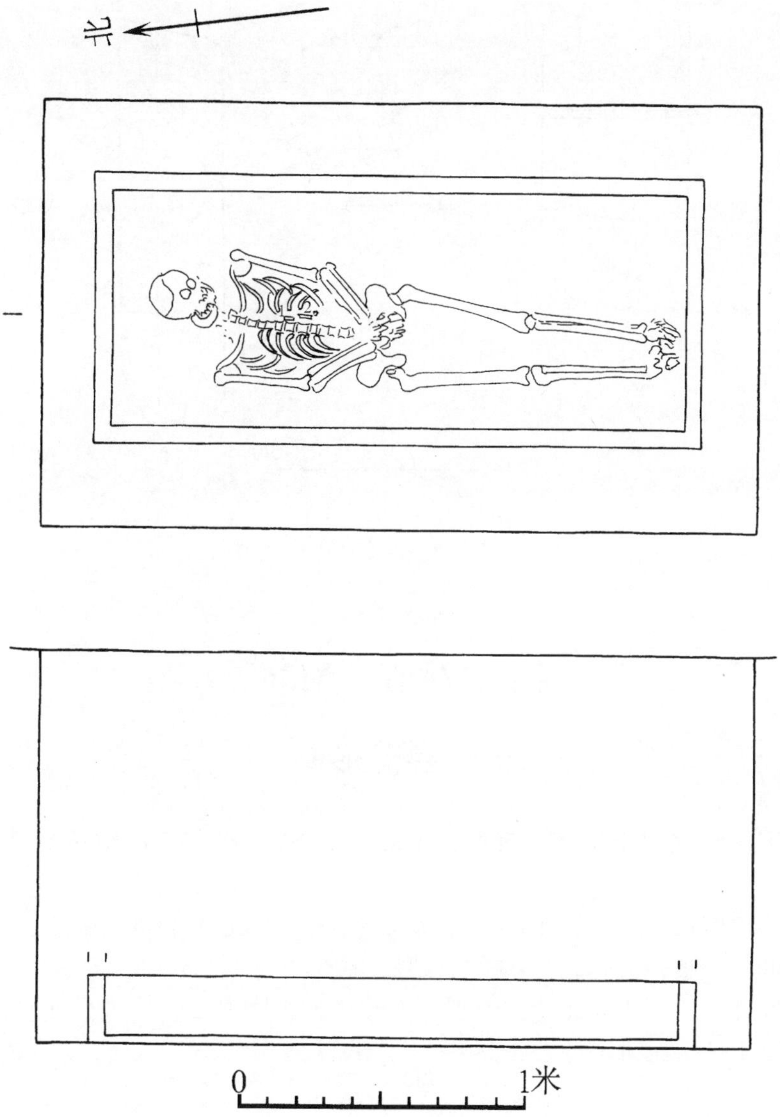

图五〇　M33平、剖图
1、2. 玉圭

二、出土遗物

玉圭　2件。标本M33∶1，仅存一段圭身。残长4.6厘米，宽3.1厘米。（图五一，1）标本M33∶2，仅存两段圭身，较长一段首端稍残，一面有解料时两面对锯形成的茬口，较小一段，中部有一穿孔。残长8.8厘米，宽2.2厘米。（图五一，2、3）

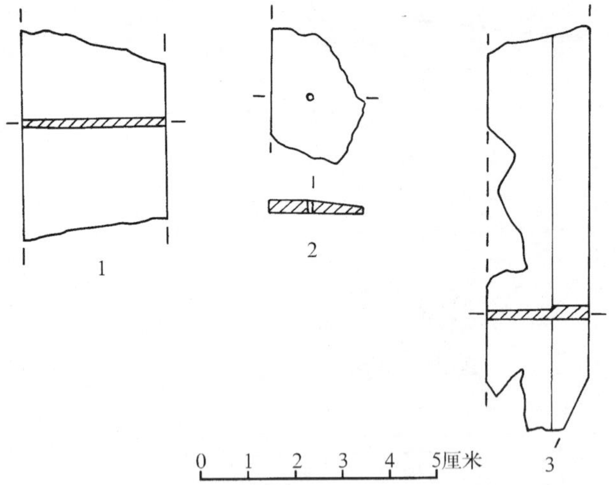

图五一　M33出土玉圭
1. M33:1　2、3. M33:2

第二五节　M36

一、墓葬形制

方向5°，长方形竖穴土坑墓，直壁，平底。长2.50米，宽1.20米，现存深度1.40米。(图五二)

葬具为单棺。棺长方形，长2.04米，宽0.92米，残高0.40米，板灰厚0.04米。人骨保存较好，仰身直肢，头向北，双手交叉放于腹部。

出土遗物8件，位于墓葬北端，分别是陶鼎1件，陶尊2件，陶敦1件，陶舟1件，陶盘1件，陶匜1件，泥饼1件。(彩版一三)

二、出土遗物

陶鼎　1件。标本M36:1，泥质灰陶。盖方唇，弧壁，弧顶，有一圈足状捉手。器身子口方唇，弧腹圜底，方形附耳，三足呈条状，正面和侧面用工具加以修削，形成明显的削痕，足内侧有一道凹槽，足和鼎腹通过榫卯结构连接固定。盖和鼎腹饰云雷纹，鼎腹有一道凸旋纹。口径15.4厘米，腹径19.2厘米，高22~22.4厘米。(图五三，3)

陶尊　2件。标本M36:2，泥质灰陶。平折沿，方唇，束颈较长，折肩，肩部微弧，弧腹，凹圜底。肩部饰有两周由黑点组成的云雷纹，与肩部相接的上腹部饰有一周倒三角纹，三角形内填以点状纹。口径13.2厘米，腹径21.2厘米，底径7.8厘米，高17.7厘

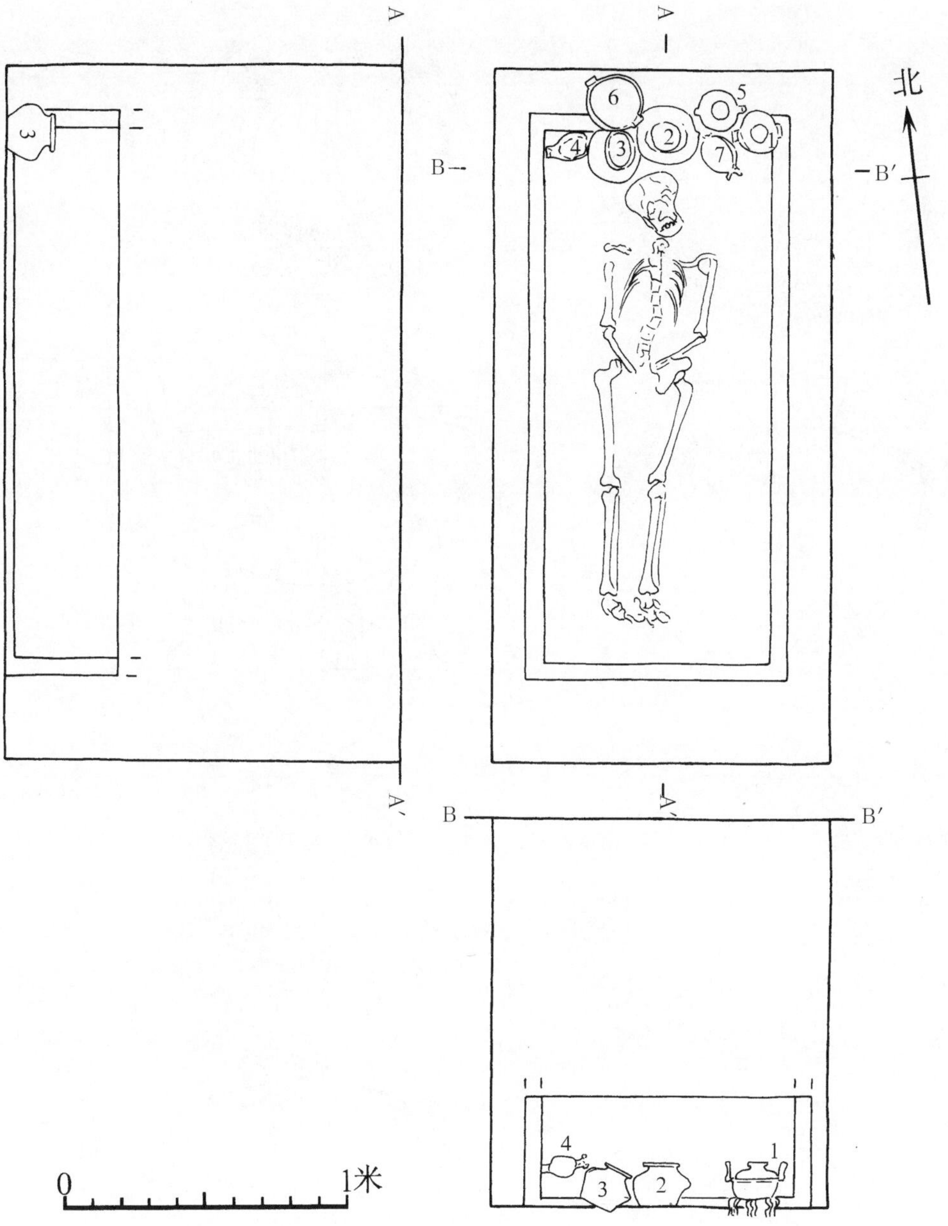

图五二　M36平、剖图

1. 陶鼎　2、3. 陶尊　4. 陶匜　5. 陶敦　6. 陶盘　7. 陶舟

米。(图五三,1) 标本M36∶3，泥质灰陶。平折沿，方唇，束颈较长，折肩，肩部微弧，弧腹，凹圜底。肩部饰有两周由黑点组成的云雷纹，与肩部相接的上腹部饰有一周倒三角纹，三角形内填以点状纹。口径13.6厘米，腹径21.4厘米，底径7厘米，高17.2~17.6厘米。(图五三，2)

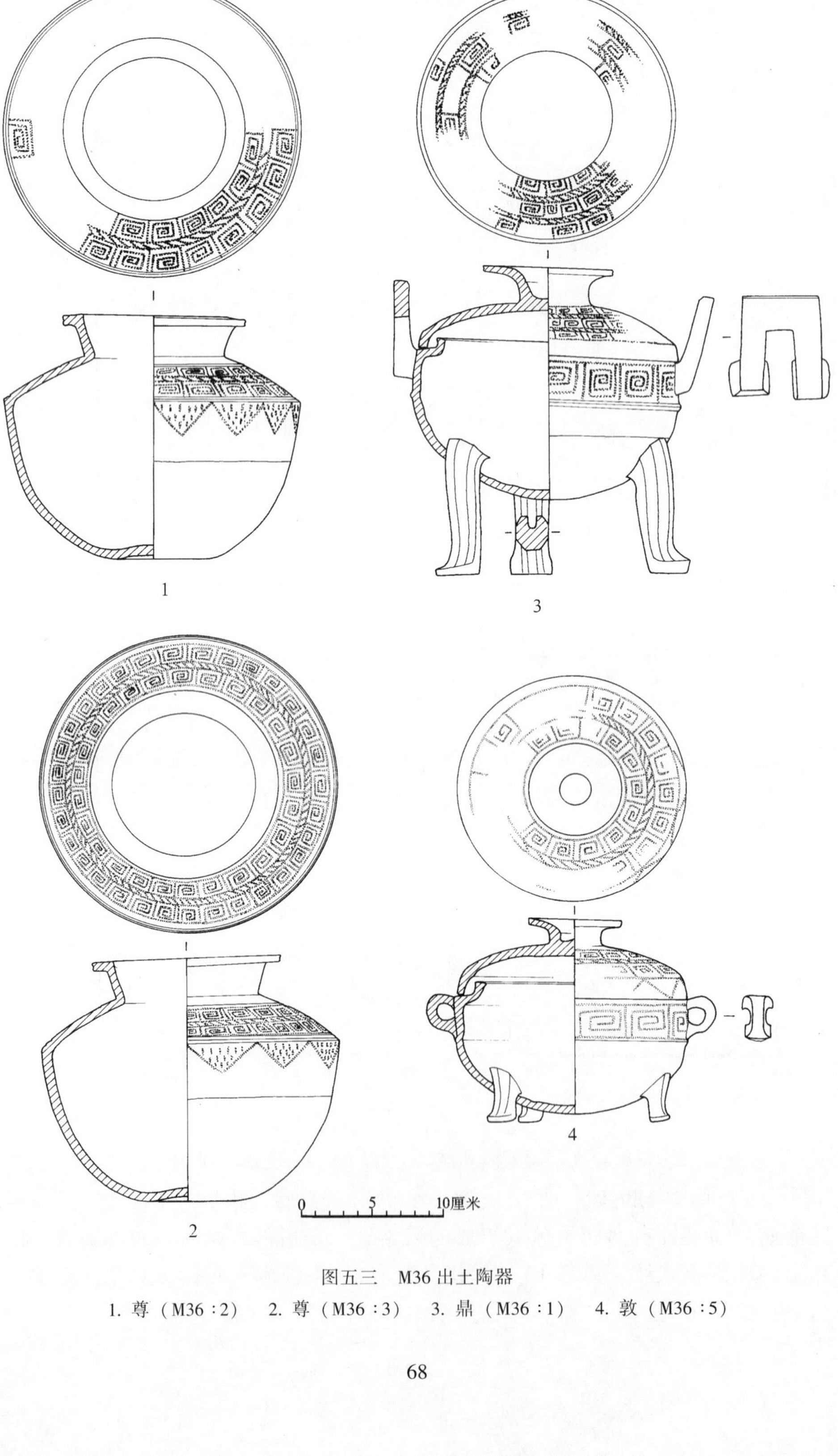

图五三　M36出土陶器

1. 尊（M36：2）　2. 尊（M36：3）　3. 鼎（M36：1）　4. 敦（M36：5）

陶匜　1件。标本M36∶4，泥质褐陶。器形较大，整体呈动物形。敞口，方唇，弧壁，圜底。流残，尾端有一兽首，面朝内，双耳较大，三柱足二前一后，较矮。残长18.8厘米，宽10.6厘米，高7.6厘米。（图五四，1）

陶敦　1件。标本M36∶5，泥质褐陶。子口承盖，弧壁弧顶，中部有一圈足状捉手。子口内敛，方唇，腹部深，上腹部近直壁，下腹部弧收，圜底，上腹部有一对对称贯耳，三矮蹄足。盖壁纹饰为一周由密集的小点组成的锯齿纹，盖面饰有两圈由密集小点组成的云雷纹，上腹部饰有一周云雷纹。口径13.6厘米，腹径16.3厘米，高14.6厘米。（图五三，4）

陶盘　1件。标本M36∶6，泥质灰褐陶。敞口，方唇，弧壁，盘腹较浅，圜底。一对宽扁立耳，耳端外折，耳孔呈方形，整体形态呈简化兽首形，三矮柱足，足正面和两侧修削。口径23.6厘米，高8.5厘米。（图五四，4）

陶舟　1件。标本M36∶7，泥质灰褐陶。平面形态略呈椭圆形。敛口，仰折沿，圆唇，弧腹较深，圜底，上腹部一对爬兽，爬兽作躬身回首状，耳部较大，形象，腹部有圆孔，四矮蹄足。口径13.2厘米，腹径14厘米，高7.8厘米。（图五四，2）

泥饼　1件。标本M36∶8，泥质灰陶。圆形，一面较平，另一面略内凹，较小。直径

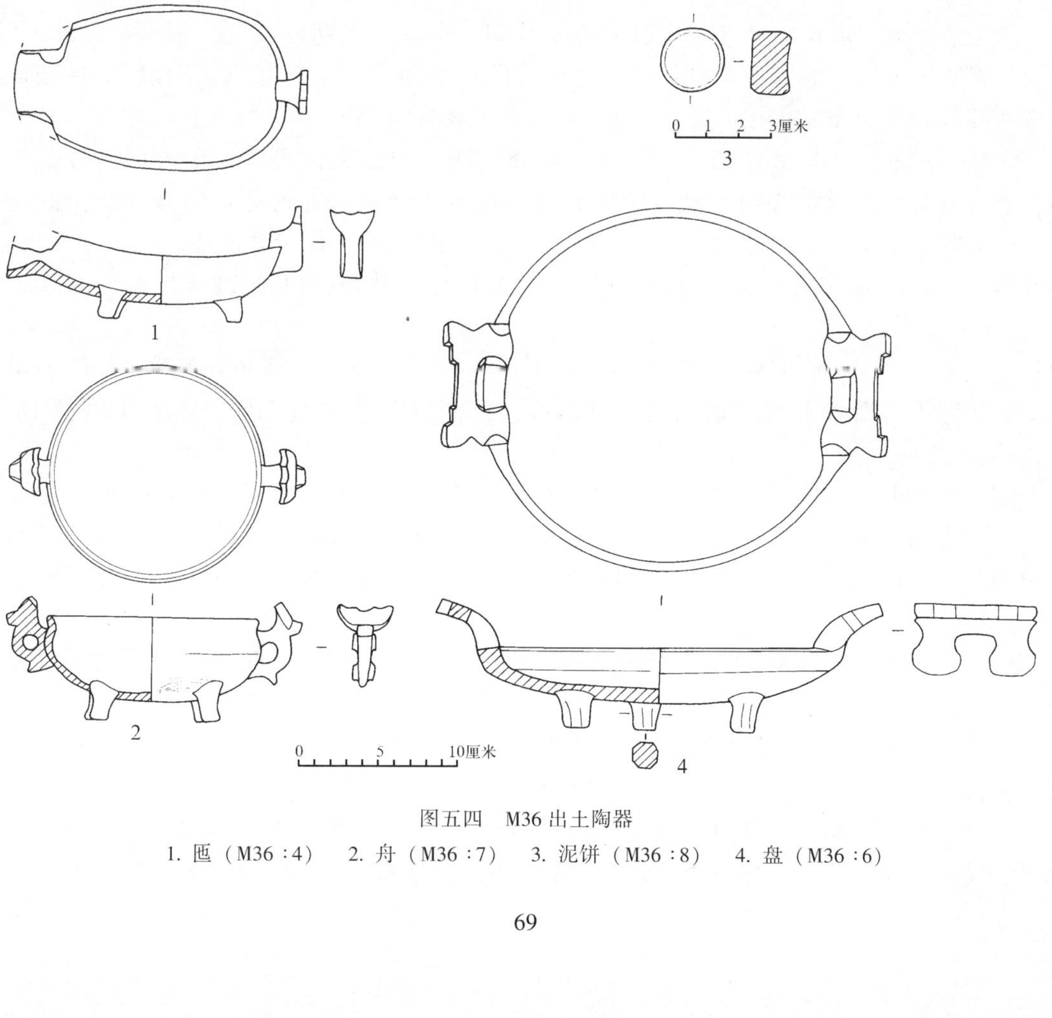

图五四　M36出土陶器

1. 匜（M36∶4）　2. 舟（M36∶7）　3. 泥饼（M36∶8）　4. 盘（M36∶6）

2 厘米，厚 1. 1~1. 2 厘米。(图五四，3)

第二六节　M37

一、墓葬形制

方向 5°。长方形竖穴土坑墓，斜壁，口大于底，平底。长 3. 80 米，宽 3. 40 米，现存深度 6. 40 米。墓葬中部有一圆形盗洞，东部有一方形盗洞。(图五五)

葬具、人骨不存。

该墓盗扰严重，在盗洞中发现大量碎陶片，经整理可辨器形有陶釜 1 件，陶鼎 2 件，陶盖豆 2 件，陶壶 2 件，陶盘 1 件，陶高柄小壶 2 件，陶豆 4 件，蚌壳 1 件，铁锸 1 件。

二、出土遗物

陶釜　1 件。标本 M37∶1，肩以上泥质红陶，腹以下夹粗砂红陶。残。折沿，方唇，折肩，腹以下均残，底有三个乳钉足。唇面下凹，沿面有三道凹弦纹，腹以下施粗绳纹。上下两部分分别制作后拼接而成。口径 34 厘米，残高 18 厘米。

陶鼎　2 件。标本 M37∶2、M37∶3。泥质灰陶。因残无法分开。盖方唇，弧壁，平顶，上有三个半圆形实心钮。器身子口方唇，弧腹，圜底，方附耳耳尖微外折，折处刀削，圆形蹄足中空，足跟宽扁，足尖蹄较高。器盖和腹部各有三道折棱。M37∶2，鼎盖，口径 24. 1 厘米，高 6. 5 厘米。（图五六，2）M37∶3，鼎盖，口径 24. 4 厘米，高 6. 2 厘米。(图五六，1)

陶盖豆　2 件。标本 M37∶4、M37∶5，泥质灰陶。因残无法分开。盖残，仅能辨识上有圈足状捉手，捉手上有二道凸棱。豆盘残，豆柄较粗矮，喇叭足。M37∶4 底径 14 厘米，残高 10 厘米。

陶壶　2 件。标本 M37∶6、M37∶7。泥质灰陶。因残无法分开。浅盖弧顶，盖舌较短。敞口方唇，假圈较高，微外撇，平底微凹，其余部分均残。盖顶有三道折棱，颈部有二道凹弦纹，假圈足上有一道凸棱。标本 M37∶7，口径 14 厘米，残高 7 厘米，底径 11 厘米，残高 6 厘米。

陶盘　1 件。标本 M37∶8，泥质灰陶。折沿方唇，折腹，上腹微弧，下腹斜收，平底。口径 30 厘米，残高 5 厘米。

陶高柄小壶　2 件。标本 M37∶9、M37∶10，仅余盖。浅盖方唇，平顶，上有二道折棱，盖舌较长。口径 4. 8 厘米，残高 4 厘米。

陶豆　4 件。标本 M37∶11 ~ 14，泥质灰陶。敞口，圆唇，壁外折内弧，细长柄，喇叭足。盘内二道凹弦纹。标本 M37∶11，豆盘口径 13. 6 厘米，残高 4 厘米，标本 M37∶12，

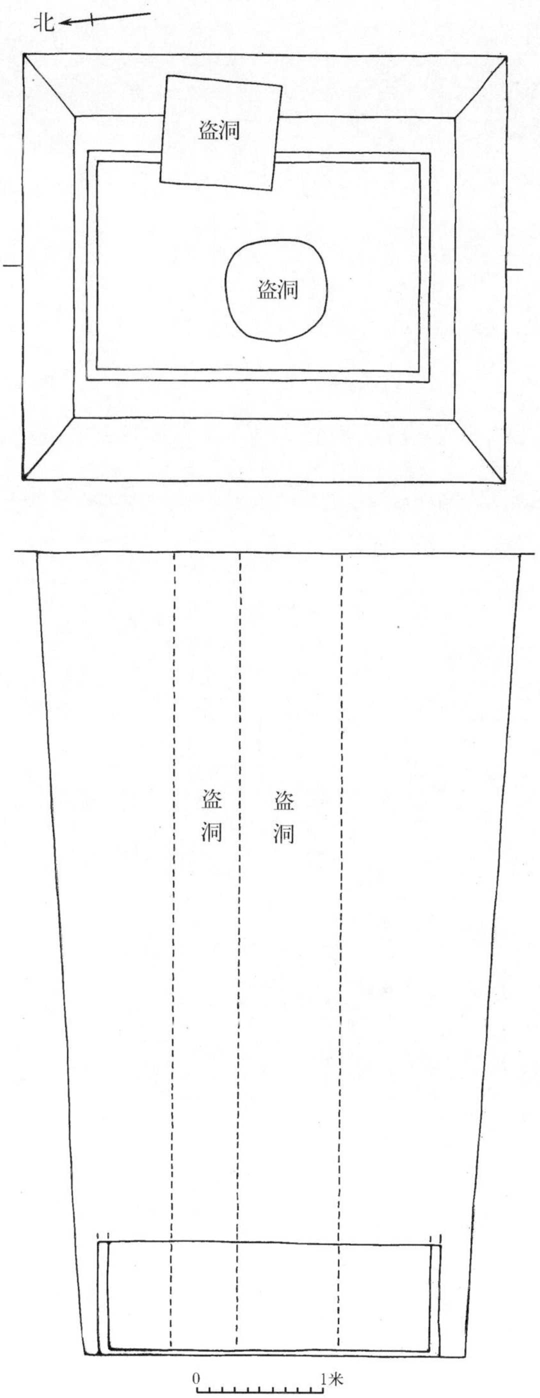

图五五　M37平、剖图

豆柄底径8.6厘米，残高12厘米。标本M37∶13，豆柄底径9厘米，残高10厘米。标本M37∶14，豆柄底径9厘米，残高16厘米。

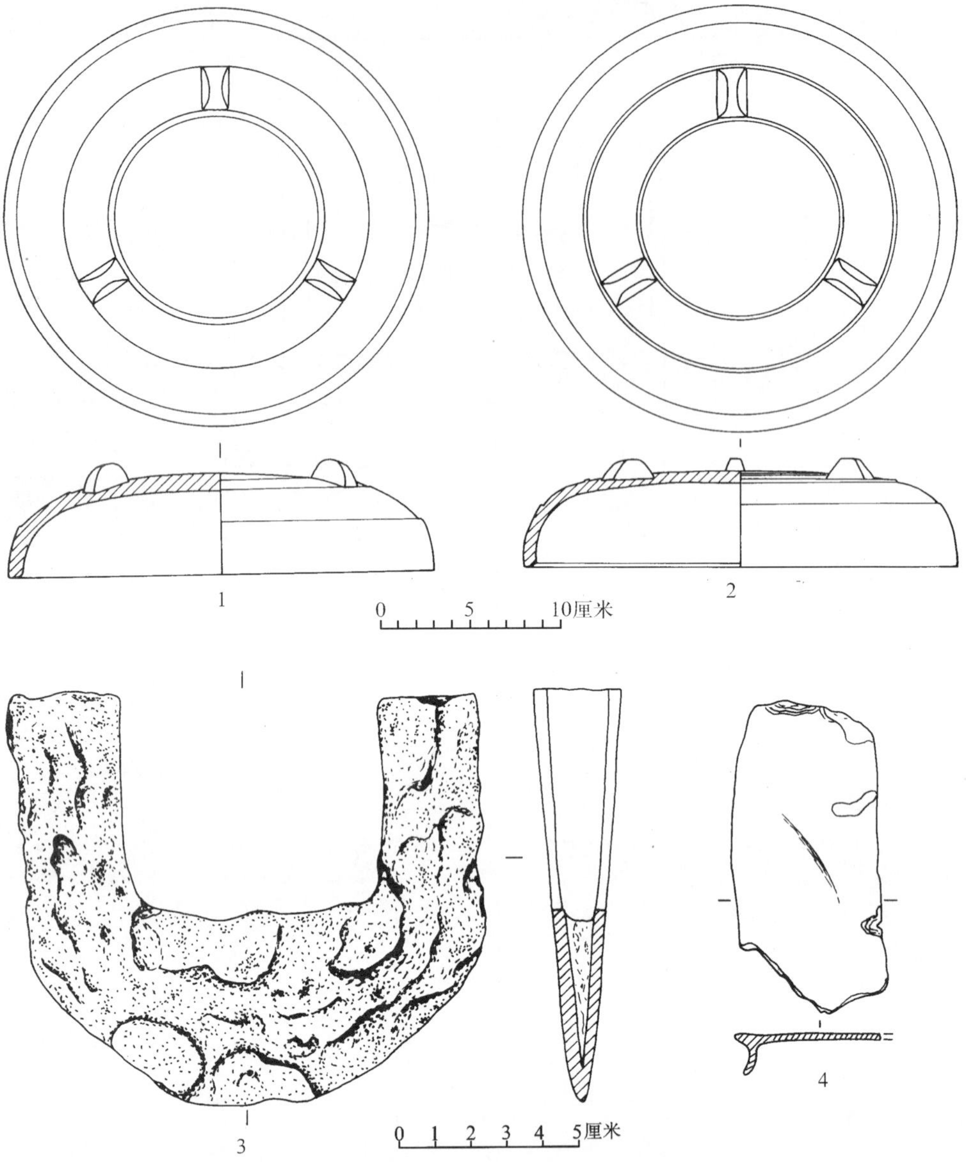

图五六　M37出土器物

1. 陶鼎盖（M37：3）　2. 陶鼎盖（M37：2）　3. 铁锸（M37：16）　4. 蚌壳（M37：15）

蚌壳　1件。标本M37∶15，为单壳。残，近长方形。残长8.9厘米，残宽4.2厘米，厚0.3厘米。（图五六，4）

铁锸　1件。标本M37∶16，整体呈U形，上有槽可安柄，弧刃。长11.7厘米，宽13厘米，厚2.5厘米。（图五六，3；图版一五，2）

第二七节　M39

一、墓葬形制

方向10°。长方形竖穴土坑墓，斜壁，口大于底，平底。长2.70米，宽2米，现存深度3.20米。墓坑东壁有一壁龛。壁龛距墓底0.54米，宽0.78米，高0.47米，进深0.38米。（图五七；彩版一四）

葬具为单棺。棺呈长方形，长2.02米，宽0.92米，残存高度0.10米，板灰厚0.02米。人骨保存稍差。仰身直肢，面向西，双手交叉置于腹部。

出土器物有7件，有陶鼎1件，陶壶1件，陶盖豆1件，陶豆1件，陶盘1件，陶匜1件，陶釜1件。其中大陶釜呈碎片状置于墓主人腰臀下，其余均出自壁龛。

二、出土遗物

陶壶　1件。标本M39∶1，泥质灰陶。浅盖弧顶，盖舌较短。敞口方唇，颈微束，圆溜肩，弧腹，下腹斜收，最大径在肩腹接合处，平底。盖顶有三道折棱，颈和肩各有一圈锯齿纹。口径11厘米，腹径15.4厘米，底径8.4厘米，高26.6厘米。（图五八，1；图版一六，1）

陶豆　1件。标本M39∶2，泥质灰陶。敞口，圆唇，壁外折内弧，细长柄，喇叭足，足外沿下凹。盘内有锯齿状暗纹和一道弦纹。口径13厘米，底径8.8厘米，高18.4厘米。（图五八,3；图版一六，4）

陶盖豆　1件。标本M39∶3，泥质褐陶。盖弧壁弧顶，较深，中部一圆饼状捉手。器身子母口，圆唇，深盘折腹，瓦纹形上腹部近直，下腹部弧收，束腰细柄较高，喇叭状底。盖面围绕捉手饰有锯齿纹。口径18.6厘米，腹径19.4厘米，底径12厘米，高23.5厘米。（图五八，5；图版一六，2）

陶盘　1件。标本M39∶4，泥质灰陶。折沿方唇，折腹，上腹微弧，下腹斜收，平底微凹。口径25厘米，底径12.8厘米，高6.4厘米。（图五八，6；图版一六，6）

陶鼎　1件。标本M39∶5，泥质灰陶。盖弧壁平顶，较深，分布有三半圆形实钮。器身子口内敛，圆唇，鼓腹较深，上腹部近直壁，下部浅圜底，方形直附耳，外斜，三半圆形实心蹄状足，足背面平直，足跟微鼓，足尖外凸。鼎盖有两道凸旋纹，其间等距分布三个实钮，实钮间饰有锯齿纹，两凸旋纹的两边交错分布有锯齿纹和密集的点状纹。口径18厘米，腹径22厘米，高21.9厘米。（图五八，2；图版一六，3）

陶匜　1件。标本M39∶6，泥质灰陶。平面椭圆形。敞口，方唇，弧壁，平底，流较长，微翘，尾端较平。长17.5厘米，宽16厘米，高7.6厘米。（图五八，7；图版一六，

图五七　M39平、剖图

1. 陶壶　2. 陶豆　3. 陶盖豆　4. 陶盘　5. 陶鼎　6. 陶匜　7. 陶釜

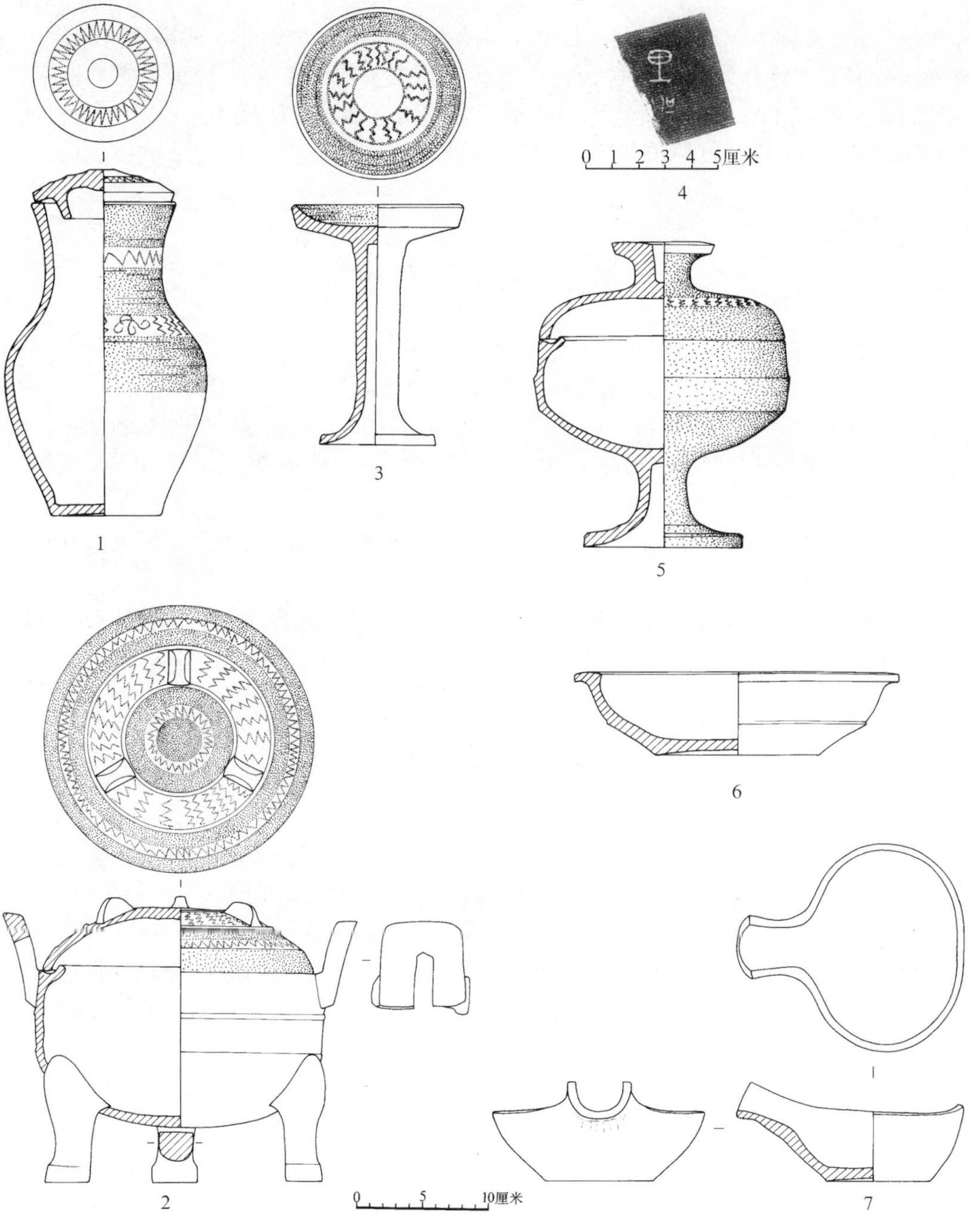

图五八　M39出土陶器

1. 壶（M39：1）　2. 鼎（M39：5）　3. 豆（M39：2）　4. 釜肩部陶文拓片（M39：7）
5. 盖豆（M39：3）　6. 盘（M39：4）　7. 匜（M39：6）

5)

陶釜　1件。标本M39:7，肩部及以上为夹细砂灰褐陶，腹部为夹粗砂灰褐陶。残。形体大，分上下两部分分制好后接合在一起。平折沿，沿面上弧，唇面下斜，较窄，方唇，折肩，下腹部和底缺失。肩部素面抹平，肩部稍下饰有一圈绳索纹，其下为粗绳纹。肩部有两陶文“里□”。口径48厘米，残高14厘米。(图五八，4)

第二八节　M40

一、墓葬形制

方向5°。长方形竖穴土坑墓，斜壁，口大于底，平底。长2.68米，宽2.07米，现存深度3.60米。墓坑东壁有一壁龛。壁龛距墓底0.74米，宽0.78米，高0.46米，进深0.32米。(图五九)

葬具为单椁。椁为长方形，长2.10米，宽1米，残存高度0.22米，板灰厚0.02米。人骨腐朽严重，仰身直肢。

出土器物7件，有陶鼎1件，陶盖豆1件，陶壶1件，陶盘1件，陶匜1件，陶豆1件，陶釜1件。大陶釜呈碎片状置于墓主人腰臀下，其余均出自壁龛。(彩版一五)

二、出土遗物

陶匜　1件。标本M40:1，泥质灰陶。平面椭圆形。敞口，方唇，弧壁，平底，流较长，微翘，尾端较平。长16.8厘米，宽16厘米，高7.2厘米。(图六〇，7)

陶盖豆　1件。标本M40:2，器盖泥质灰陶，器身泥质褐陶。盖弧壁弧顶，较深，中部一圆饼状捉手，捉手两道折棱，口沿折而向下。器身子母口，方唇，深盘折腹，瓦纹形上腹部近直，下腹部弧收，束腰细柄较矮，喇叭状底。口径17.2厘米，腹径20.3厘米，底径12.1厘米，高24厘米。(图六〇，5)

陶豆　1件。标本M40:3，泥质灰陶。敞口，方唇，壁外折内弧，细长柄，喇叭状足。盘内有锯齿状暗纹。口径12.6厘米，底径7.8厘米，高18.8厘米。(图六〇，6)

陶壶　1件。标本M40:4，泥质灰陶。浅盖弧顶，盖舌较短。敞口方唇，长颈微束，广肩，弧腹，最大径位于肩腹接合处，假圈足较矮直，平底微凹。盖顶有三道折棱，颈部、颈肩接合处、肩腹接合处和上腹部各有一组凹弦纹。口径11.8厘米，腹径17.8厘米，底径9.5厘米，高28.5厘米。(图六〇，3)

陶盘　1件。标本M40:5，泥质灰陶。折沿方唇，折腹，上腹微弧，下腹斜收，平底。上腹部有一道凹槽，盘内底有一圈锯齿状暗纹。口径27.6厘米，底径12厘米，高6.7厘米。(图六〇，2)

图五九　M40平、剖图

1. 陶匜　2. 陶盖豆　3. 陶豆　4. 陶壶　5. 陶盘　6. 陶鼎　7. 陶釜

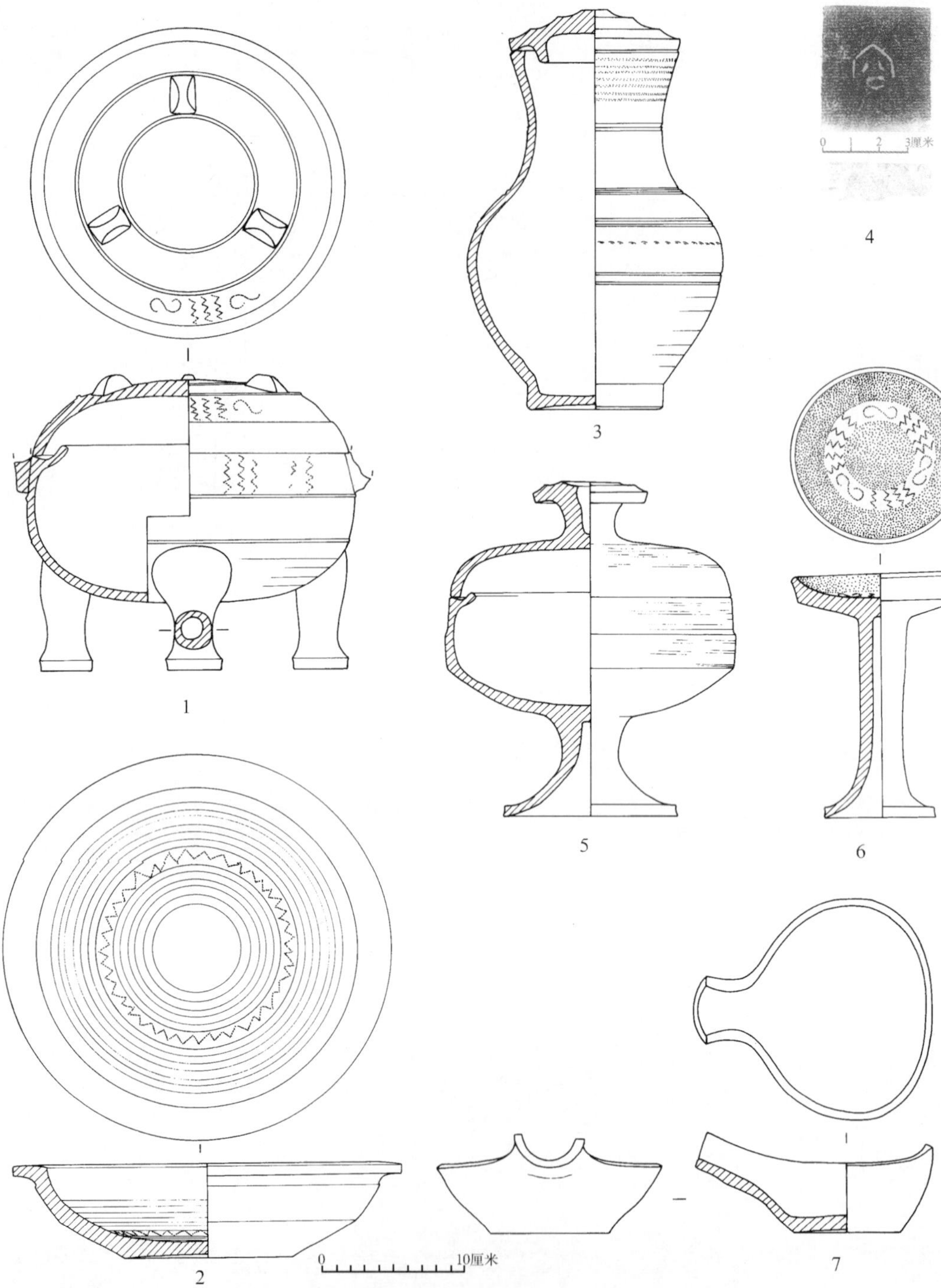

图六〇　M40出土陶器

1. 鼎（M40：6）　2. 盘（M40：5）　3. 壶（M40：4）　4. 釜肩部陶文拓片（M40：7）
5. 盖豆（M40：2）　6. 豆（M40：3）　7. 匜（M40：1）

陶鼎　1件。标本M40∶6，泥质灰陶。盖弧壁弧顶，盖较深，盖面一道折棱和两周凸旋纹，其间等距分布三半圆形实钮。器身子口内敛，方唇，微鼓腹，较深，浅圜底近平。附耳残。三圆形空心蹄足，较矮，足跟宽扁，内侧有开孔，足尖高蹄。上腹部饰有一周纵向锯齿纹。口径18.4厘米，腹径23.2厘米，高20.8厘米。（图六〇，1）

陶釜　1件。标本M40∶7，肩部和口沿为泥质红陶，腹部为夹粗砂红陶。残。卷沿，沿面呈波浪形，方唇，唇面略内凹，折肩。肩部素面抹平，接近口沿处有一陶文“容”，腹部残片饰有粗绳纹和网格纹。口径34厘米，残高23厘米。（图六〇，4）

第二九节　M41

一、墓葬形制

方向6°。为长方形竖穴土坑墓，斜壁，口大于底，平底。长3米，宽1.89米，现存深度3.50米。墓坑东壁有一壁龛。壁龛距墓底1.20米，壁龛宽0.98米，高0.42米，进深0.36米。（图六一；彩版一六）

葬具为一椁一棺。外椁为长方形，西壁因挤压而向内弯曲，长2.42米，宽1.24~1.34米，残存高度0.16米。内棺长方形，长1.96米，宽0.64米，残存高度0.16米，板灰厚0.02米。人骨保存较为完整。仰身直肢，面朝西，双手置于腹部。

出土陶器8件，有陶鼎1件，陶壶2件，陶盘1件，陶匜1件，陶盖豆1件，陶豆2件，均出自壁龛之内。（彩版一七）

二、出土遗物

陶盖豆　1件。标本M41∶1，泥质灰陶。盖弧壁弧顶，较深，中部一圆饼状捉手，口沿略往下弧。器身子母口，方唇，深盘折腹，瓦纹形上腹部近直，下腹部弧收，束腰细柄较矮，喇叭状底。盖面两组四道凹旋纹。口径16.4厘米，腹径19.2厘米，底径12厘米，高22.5厘米。（图六二，7）

陶豆　2件。标本M41∶2，泥质灰陶。敞口，圆唇，壁外折内弧，细长柄，喇叭状足，足外沿内凹。盘内有螺旋状暗纹。口径11.8厘米，底径8厘米，高15.2~15.6厘米。（图六二，8）标本M41∶3，泥质灰陶。敞口，圆唇，壁外折内弧，细长柄，喇叭状足，足外沿内凹。盘内有螺旋状暗纹。口径11.9厘米，底径8厘米，高15.2厘米。（图六二，5）

陶壶　2件。标本M41∶4，泥质灰陶。浅盖弧顶，盖舌较短。敞口方唇，颈微束，鼓肩，弧腹，下腹斜收，最大径在肩腹接合处，平底。盖顶有三道折棱，颈部有多道横线纹。口径12.1厘米，腹径17厘米，底径8.6厘米，高26厘米。（图六二，2）标本

图六一　M41平、剖图

1. 陶盖豆　2、3. 陶豆　4、5. 陶壶　6. 陶匜　7. 陶盘　8. 陶鼎

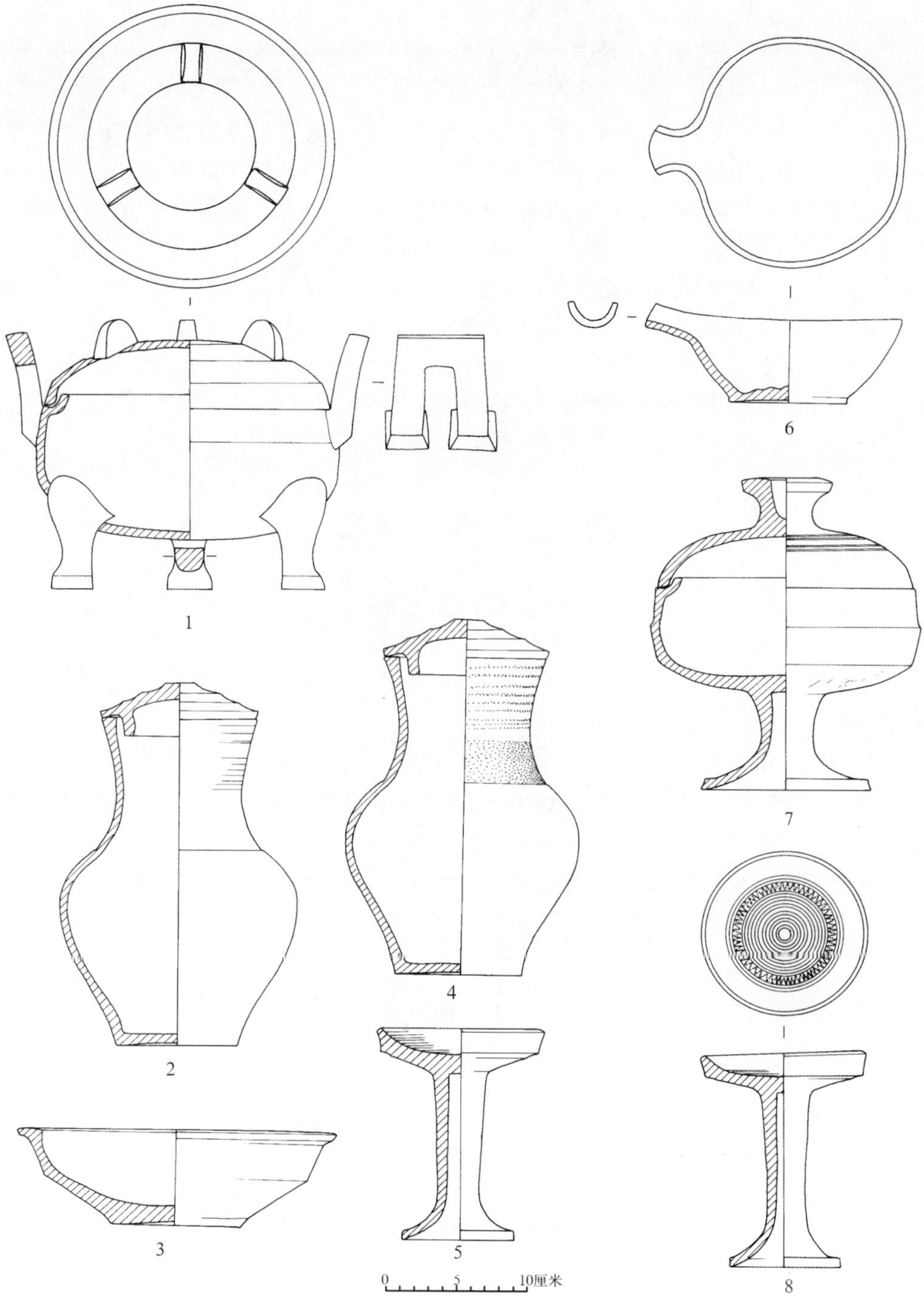

图六二　M41出土陶器

1. 鼎（M41∶8）　2. 壶（M41∶4）　3. 盘（M41∶7）　4. 壶（M41∶5）　5. 豆（M41∶3）
6. 匜（M41∶6）　7. 盖豆（M41∶1）　8. 豆（M41∶2）

M41 :5,泥质灰陶。浅盖弧顶，盖舌较短。敞口方唇，颈微束，鼓肩，弧腹，下腹斜收，最大径在肩腹接合处，平底。盖顶有三道折棱，颈部有多道横线纹。口径 11. 4 厘米，腹径 16. 5 厘米，底径 9 厘米，高 25. 3 厘米。（图六二，4）

陶匜　1 件。标本 M41∶6，泥质灰陶。平面椭圆形。敞口，方唇，弧壁，假圈足，平底，流较长，微翘，尾端已残。长 18. 2 厘米，宽 16. 5 厘米，高 7 厘米。（图六二，6）

陶盘　1 件。标本 M41∶7，泥质灰陶。折沿厚方唇，折腹，上腹微弧，下腹斜收，平底微凹。口径 22. 8 厘米，底径 9. 2 厘米，高 7 厘米。（图六二，3）

陶鼎　1 件。标本 M41∶8，泥质灰陶。盖弧壁平顶，较浅，有三半圆形实钮。器身子口内敛，圆唇，扁腹微鼓，较浅，浅圜底。方形附耳略外斜。三半圆形实心蹄足，足跟微鼓，足尖外凸。盖面饰有三周折棱，第二第三道折棱间等距分布三实钮，腹部一道凸旋纹。鼎内有碎骨。口径 21 厘米，腹径 21. 6 厘米，高 19. 4 厘米。（图六二，1）

第三〇节　M42

一、墓葬形制

方向 5°。为长方形竖穴土坑墓，斜壁，口大于底，平底。长 3. 10 米，宽 2 米，深 3. 60 米。（图六三）

葬具为一椁一棺，均为长方形。椁长 2. 38 米，宽 1. 30 米，残高 0. 40 米，板灰厚 0. 03 米。棺长 1. 92 米，宽 0. 82 米，残高 0. 25 米，板灰厚 0. 02 米。人骨保存较完整，仰身直肢，头残，右手置于腹部，左手不明，右腿直，左腿略曲。

出土遗物 7 件，有陶鼎 1 件，陶盘 1 件，陶罍 2 件，陶盏 1 件，陶匜 1 件，陶器盖 1 件。均位于墓主头端的棺椁之间。

二、出土遗物

陶罍　2 件。标本 M42∶1，泥质灰陶。卷沿，方唇，束颈，略长，鼓腹，最大径靠近肩部，下腹部斜收，平底。肩部一对对称简化爬兽，仅存兽首和兽身，躬身回首。颈部一圈戳点纹。口径 14. 3 厘米，腹径 19. 3 厘米，底径 9 厘米，高 15. 7～16 厘米。（图六四，7）标本 M42∶2，泥质灰陶。卷沿，方唇，束颈，略长，鼓腹，最大径靠近肩部，下腹部斜收，平底。肩部一对对称简化爬兽，仅存兽首和兽身，躬身回首。颈部一圈戳点纹。口径 15 厘米，腹径 19. 9 厘米，底径 8. 8 厘米，高 16. 9 厘米。（图六四，6）

陶鼎　1 件。标本 M42∶3，盖弧壁弧顶，较浅，中部有一圈足状捉手。器身子口内敛，方唇，腹部较扁，微鼓，平底。方形附耳，耳端外折，折处刀削。三圆柱形实心柱足，足弯曲内收。腰部有一周凸旋纹，上半部饰有一周三角形纹，三角形内填充密集点状

图六三 M42平、剖图

1、2. 陶罍 3. 陶鼎 4. 陶盘 5. 陶匜 6. 陶盏 7. 陶器盖

纹。口径13.4厘米，腹径16.8厘米，高18.9厘米。(图六四，5)

陶盘 1件。标本M42∶4，泥质灰陶。窄仰折沿，方唇，直壁，平底。一对方形立耳，耳端外折，耳孔呈方形。口径19.4厘米，高4.5厘米。(图六四，2)

陶匜 1件。标本M42∶5，泥质灰陶。器形较大，整体呈动物形。敞口，方唇，直

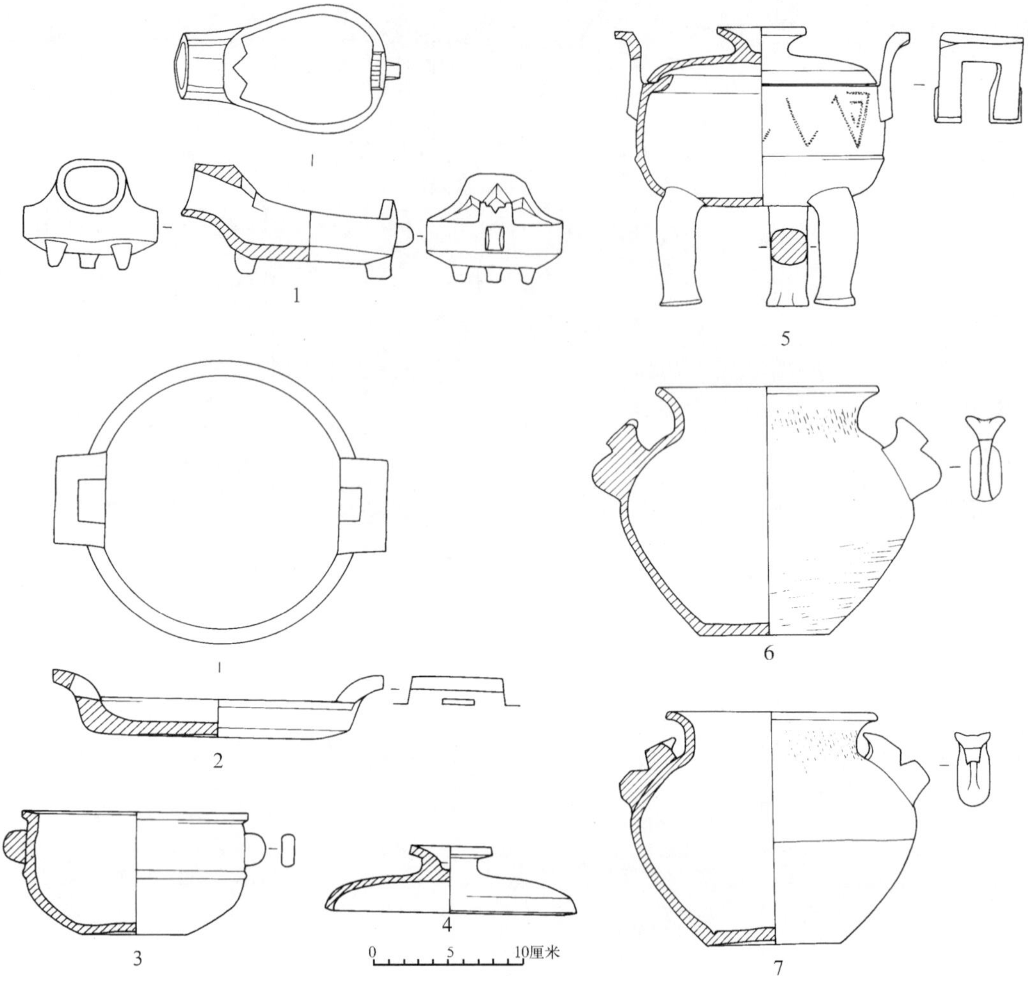

图六四　M42出土陶器

1. 匜（M42∶5）　2. 盘（M42∶4）　3. 盏（M42∶6）　4. 器盖（M42∶7）　5. 鼎（M42∶3）
6. 罍（M42∶2）　7. 罍（M42∶1）

壁，圜底近平。流高昂，作兽首形，口大张，尾端有一圆形实心钮，口上有一条凸起，三柱足二前一后，较矮。长15.8厘米，宽8.9厘米，高4.4厘米。（图六四，1）

陶盏　1件。标本M42∶6，泥质灰陶。折沿方唇，折腹，上腹较直，下腹弧收，平底微凹。上腹部有一对半圆形实心钮。口径15.4厘米，底径7.6厘米，高8.4厘米。（图六四，3）

陶器盖　1件。标本M42∶7，泥质灰陶。方唇，弧壁，弧顶，上有一圈足状抓手。口径17.1厘米，高4.6厘米。（图六四，4）

第三一节　M43

一、墓葬形制

方向5°。长方形竖穴土坑墓，斜壁，口大于底，平底。长2.90米，宽1.80米，现存深度2.70米。(图六五)

葬具为单椁。椁呈长方形。长2.24米，宽1.20米，残存高度0.30米，板灰厚0.03米。人骨保存稍好。仰身直肢，双手置于腹部，双膝微曲。

出土器物有4件，有陶罍2件，陶敦1件，陶匜1件，均位于椁内北端。

二、出土遗物

陶罍　2件。标本M43:1，泥质灰陶。卷沿，圆唇，束颈略长，鼓肩，下腹部斜收，腹部较深，平底。肩部一对爬兽，仅存兽首。口径11.2厘米，腹径18.4厘米，底径10.2厘米，高15厘米。(图六六，1) 标本M43:2，泥质灰陶。卷沿，圆唇，束颈略长，鼓肩，下腹部斜收，腹部较深，平底。肩部一对爬兽，仅存兽首。口径12.4厘米，腹径18.3厘米，底径10.2厘米，高15.5厘米。(图六六，3)

陶敦　1件。标本M43:3，无盖。泥质红褐陶。器身子口方唇，腹较深，上腹微弧，下腹斜收，平底，上腹部近口处有一对兽首形耳，兽首模糊，仅能辨识双耳和嘴。口径13厘米，腹径16.2厘米，底径6.9厘米，高8.8厘米。(图六六，2)

陶匜　1件。标本M43:4，泥质褐陶。仅存部分残片。

第三二节　M44

一、墓葬形制

方向5°。长方形竖穴土坑墓，直壁，平底。长2.10米，宽1.20米，现存深度1.60米。

未发现有葬具。(图六七)

人骨保存稍好。仰身直肢。出土器物有陶釜1件，呈碎片状置于墓主人下半身下。

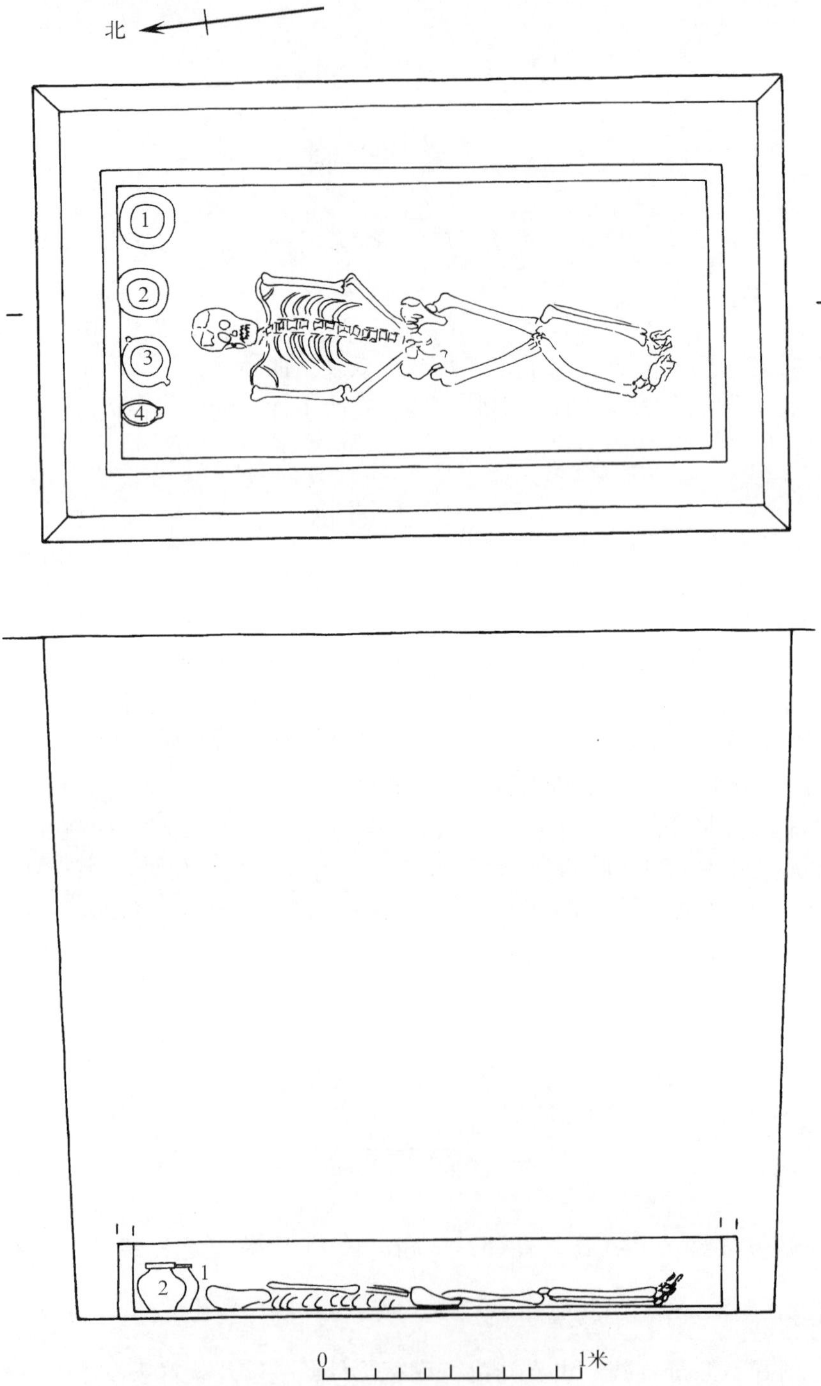

图六五　M43平、剖图
1、2. 陶罍　3. 陶敦　4. 陶匜

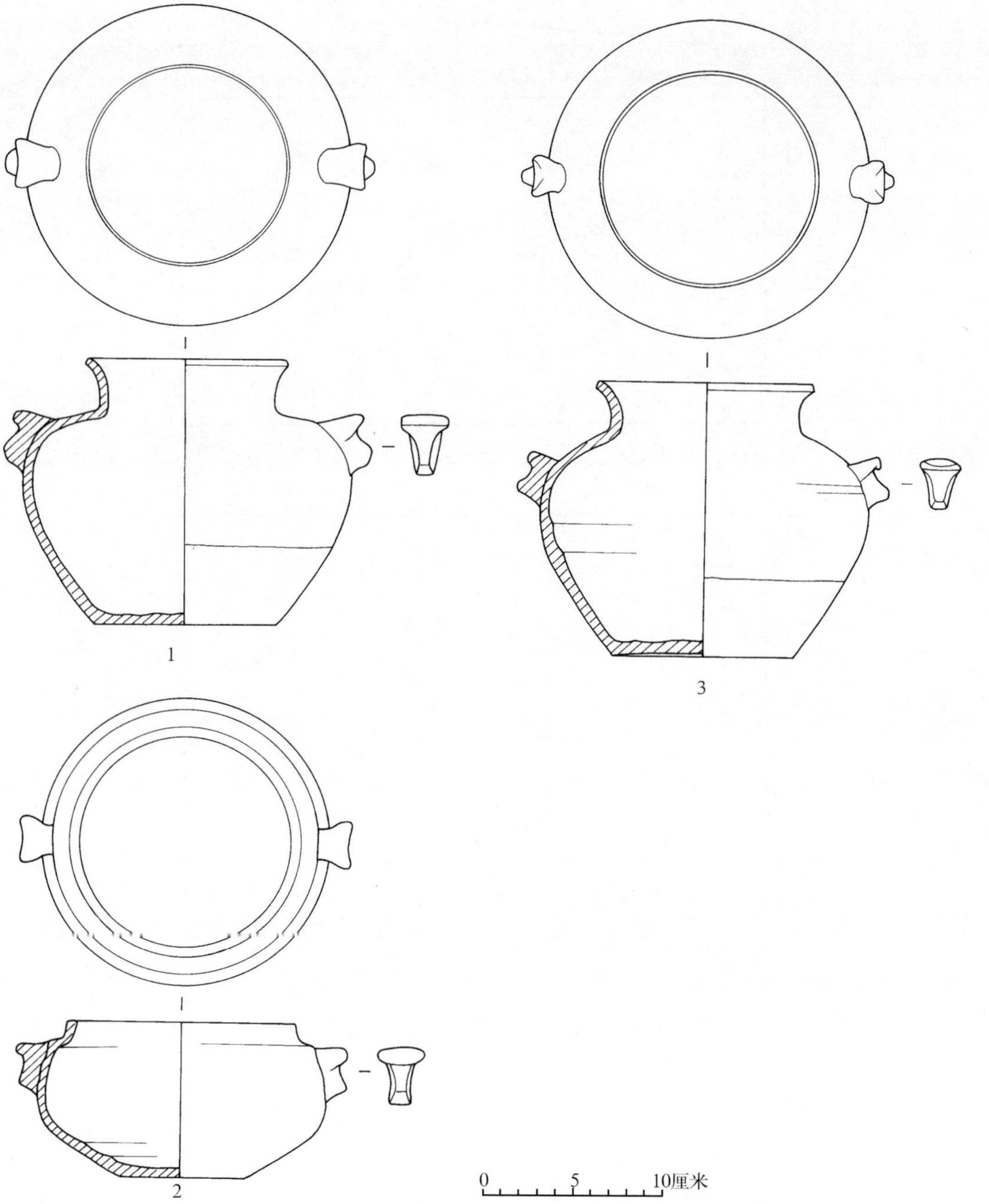

图六六　M43出土陶器

1. 罍（M43：1）　2. 敦（M43：3）　3. 罍（M43：2）

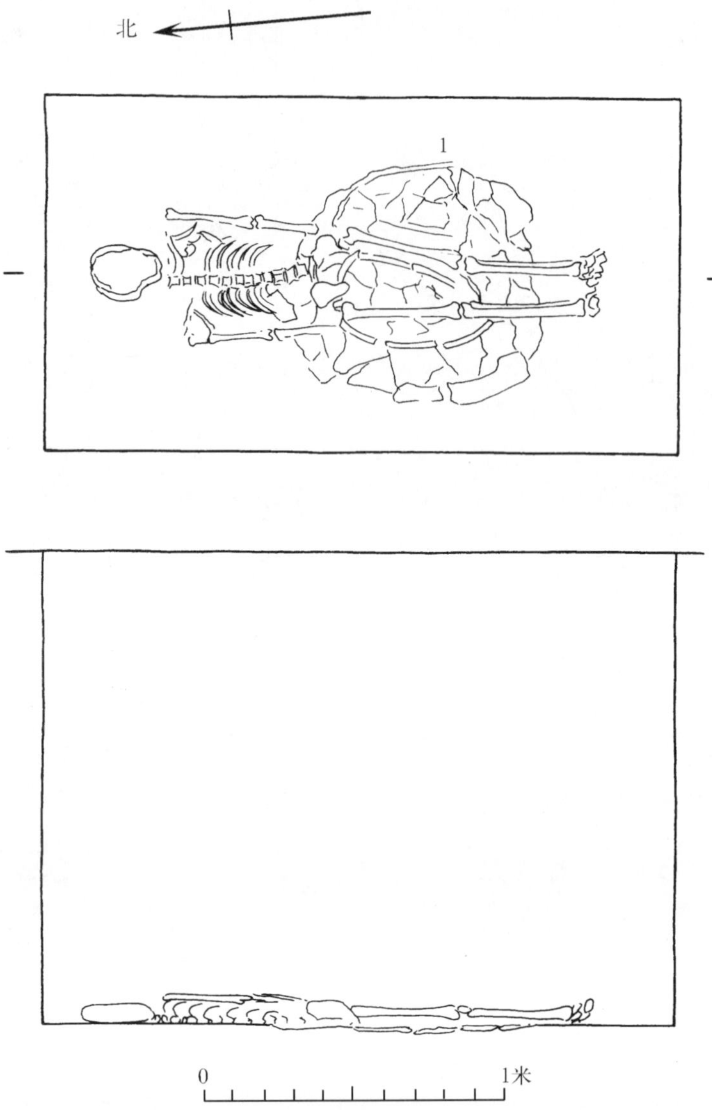

图六七　M44平、剖图
1. 陶釜

二、出土遗物

陶釜　1件。标本M44∶1，肩以上泥质红褐陶，腹以下夹粗砂红褐陶。折沿，方唇，折肩，腹以下均残。唇面下凹，沿面有三道凹槽，上腹部有两圈绳索纹，腹以下施绳纹。肩部刻有两陶文。上下两部分系分别制作后拼接而成。口径38厘米，残高20厘米。（图六八）

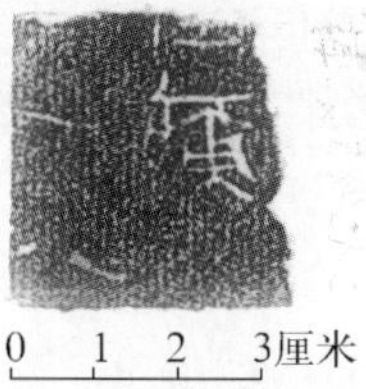

图六八　M44出土陶釜肩部陶文拓片（M44∶1）

第三三节　M45

一、墓葬形制

方向10°。长方形竖穴土坑墓，直壁，平底。长2.60米，宽1.20米，现存深度1.90米。(图六九)

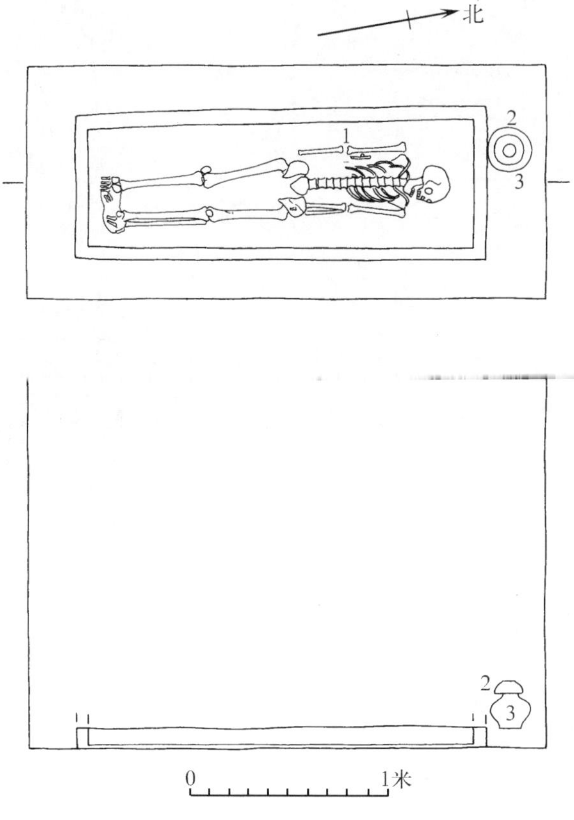

图六九　M45平、剖图

1. 铁带钩　2. 陶钵　3. 陶罐

葬具为单棺。棺楔形，长2.06米，宽0.72～0.79米，残高0.1米，板灰厚0.02米。人骨保存较完整，仰身直肢，头向北，面向东。

出土遗物3件，分别是铁带钩1件，陶钵1件，陶罐1件。铁带钩位于棺内，其余位于棺外北侧。

二、出土遗物

陶钵　1件。标本M45∶2，泥质灰陶。敞口圆唇，弧壁，平底微凹。内壁有多圈螺旋状暗纹。口径14.9厘米，底径5.6厘米，高5.9厘米。（图七〇，2）

陶罐　1件。标本M45∶3，泥质灰陶。折沿方唇，唇面下凹，高领微束，广肩，弧腹，假圈足较矮直，平底微凹。领上有一道凹弦纹，肩上有不明显的瓦纹，肩腹接合处有一道凹弦纹，上腹部有一组凹弦纹。口径10.9厘米，腹径19.8厘米，底径10厘米，高

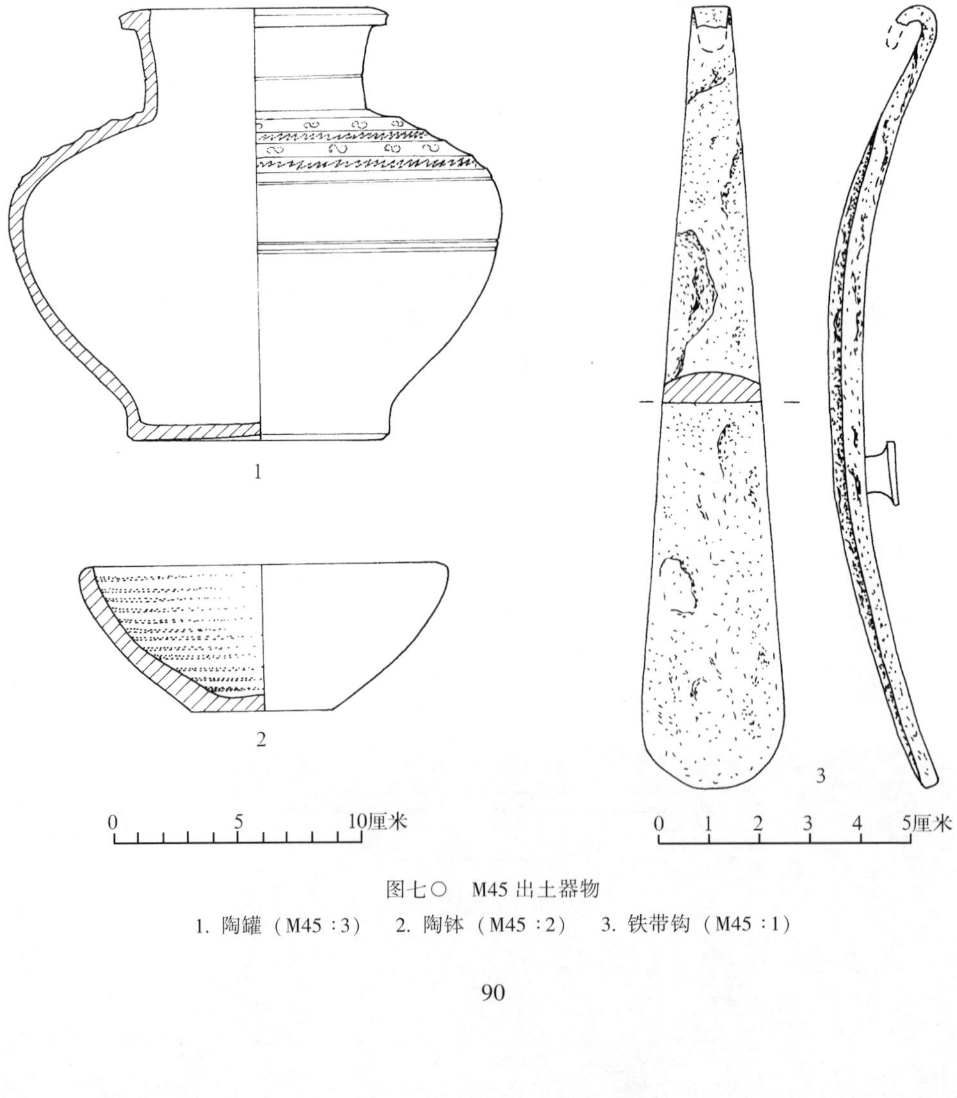

图七〇　M45出土器物

1. 陶罐（M45∶3）　2. 陶钵（M45∶2）　3. 铁带钩（M45∶1）

17.5厘米。（图七〇，1）

铁带钩　1件。标本M45∶1，钩身长而厚重，钩尾上翘，钮为圆形，位于器身中上部。长15.8厘米，宽0.8~3厘米，厚0.6厘米。（图七〇，3；彩版一八，1）

第三四节　M46

一、墓葬形制

方向10°。长方形竖穴土坑墓，斜壁，口大于底，平底。长2.60米，宽1.48米，现存深度3米。（图七一）

图七一　M46平、剖图
1. 陶鬲

葬具为单棺。棺楔形，长2.04米，宽0.84~0.90米，北宽南窄，残高0.14米，板灰厚0.02米。人骨保存较差，仰身直肢，头向北，面向东，双手交叉放于腹部。

出土遗物陶鬲1件，打破放于墓主人臀部下面。

二、出土遗物

陶鬲　1件。标本M46:1，夹砂红陶。仅存部分残片。残高12厘米。

第三五节　M47

一、墓葬形制

方向355°。长方形竖穴土坑墓，斜壁，口大底小，平底。长3.20米，宽2.20米，现存深度3.80米。墓坑东北角有一圆形盗洞。(图七二)

葬具为单棺。棺为长方形，长2.10米，宽0.96米，残高0.40米，板灰厚0.03米。棺北端有一长方形头箱，头箱底部与棺齐平，长1.26米，宽0.42米，残高0.40米，板灰厚0.03米。人骨腐朽严重，仅存部分下肢骨。直肢。

出土器物有4件，有陶罍1件，陶敦1件，陶器盖2件，均位于头箱内。

二、出土遗物

陶罍　1件。标本M47:1，泥质灰陶。平折沿，方唇，斜颈，较长，溜肩，鼓腹，下腹部斜收，腹部较深，平底。肩部一对称爬兽和一对称半圆形实钮，爬兽作躬身回首状，有耳有尾，腹部有孔。三矮柱足。肩腹部有三道凹旋纹。口径12.4厘米，腹径20.6厘米，高21.2厘米。(图七三，1)

陶敦　1件。标本M47:2，泥质灰陶。盖直壁弧顶，较浅，中部有一圈足状捉手。器身子母口，子口内敛，方唇，弧腹较深，浅圜底。一对对称兽首和一对半圆形实心钮，兽首较为简略。三矮蹄足。腹部一道凸旋纹。口径13厘米，腹径16.2厘米，高13厘米。(图七三,2)

陶器盖　2件。标本M47:3，泥质灰陶。方唇，浅盖弧顶，上有五个圆孔。盖舌较短。直径11.6厘米，高2厘米。（图七三，3）标本M47:4，泥质灰陶。方唇，浅盖弧顶，上有五个圆孔。盖舌较短。直径13.3厘米，高2厘米。(图七三，4)

图七二　M47平、剖图
1. 陶罍　2. 陶敦　3. 陶器盖　4. 陶器盖

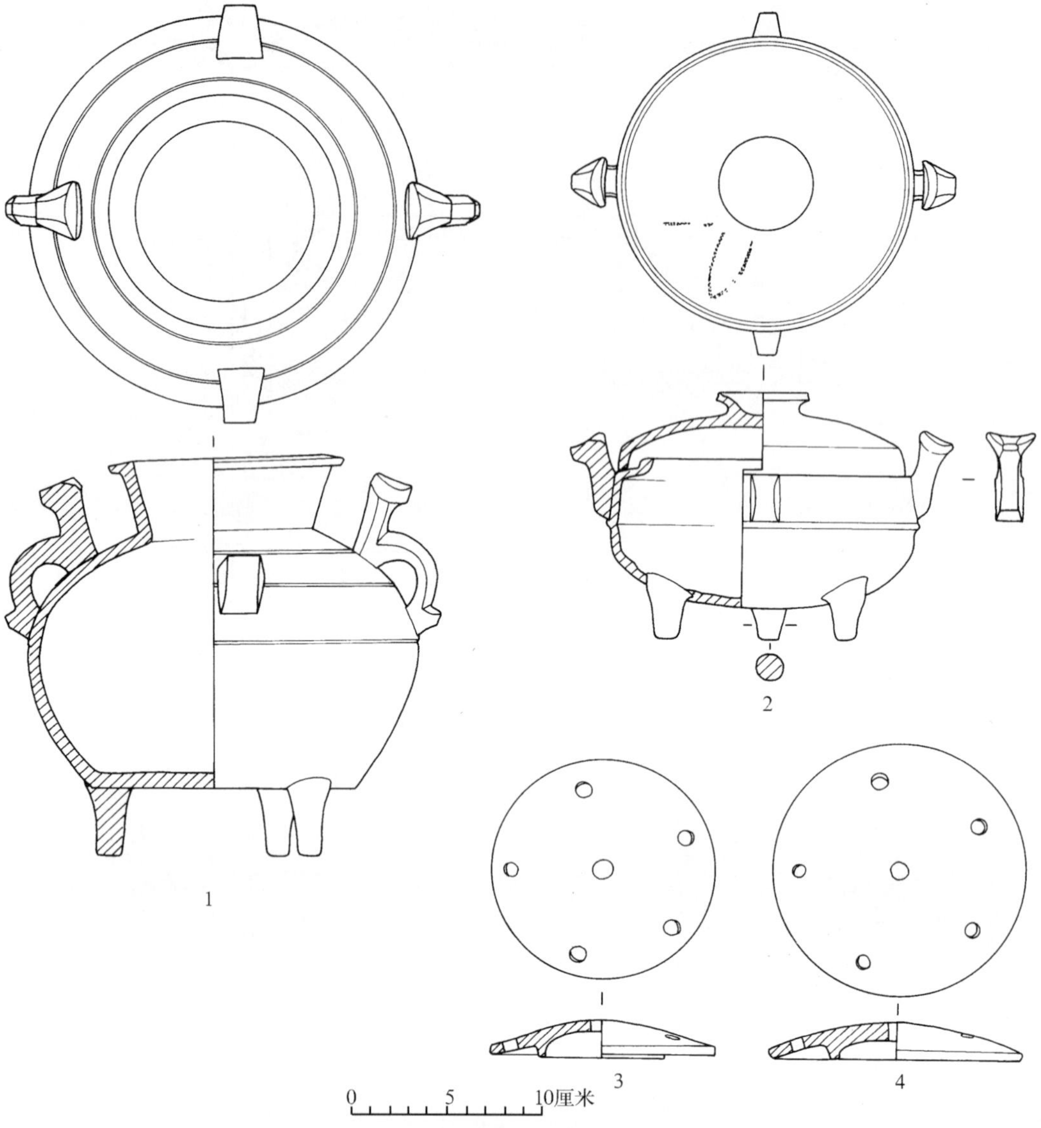

图七三　M47 出土陶器

1. 罍（M47：1）　2. 敦（M47：2）　3、4. 器盖（M47：3、M47：4）

第三六节　M49

一、墓葬形制

方向5°。长方形竖穴土坑墓，斜壁，口大于底，平底。长3.28米，宽2.28米，现存深度3.20米。M49被M48打破。（图七四；彩版一九）

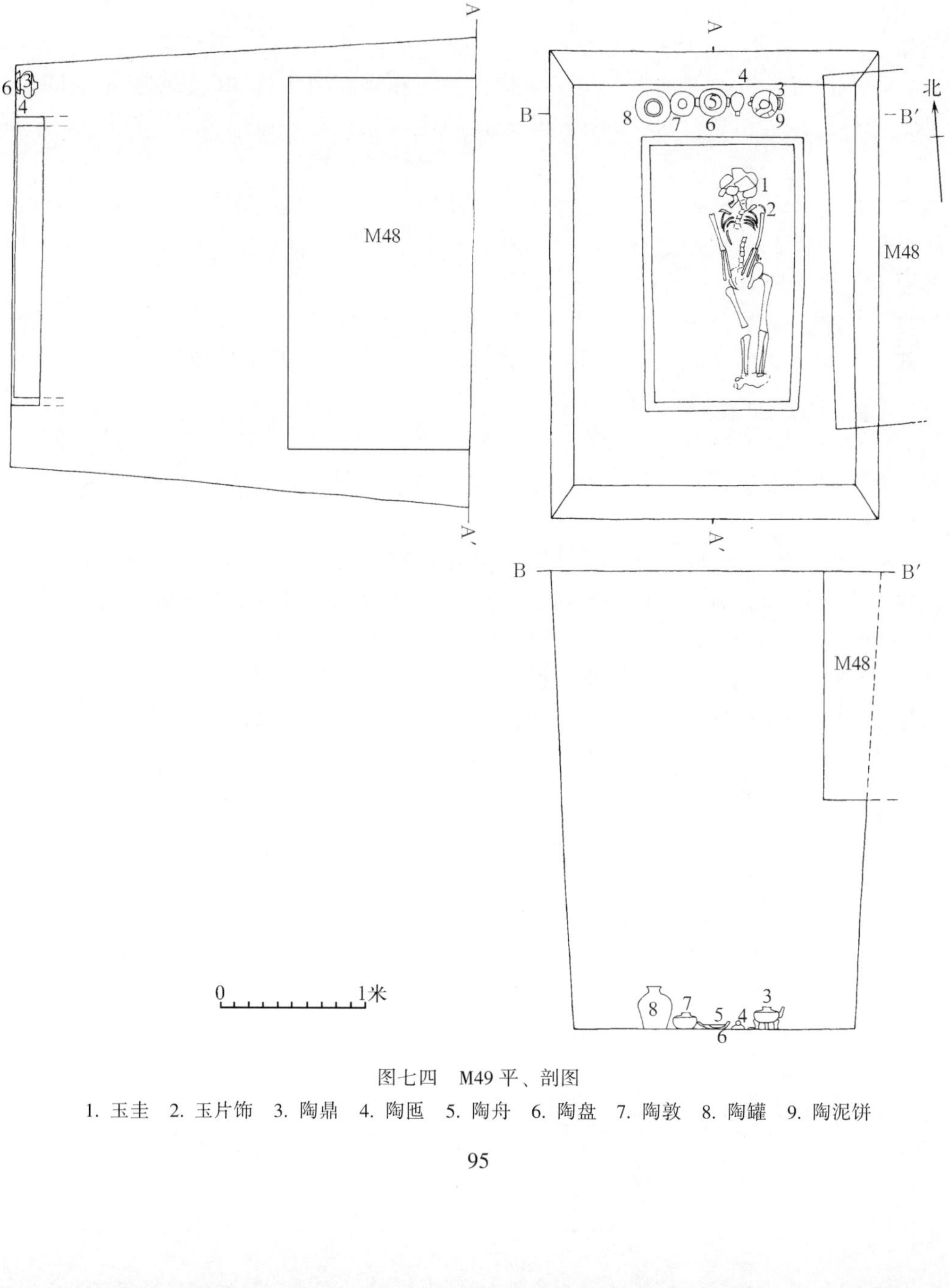

图七四　M49平、剖图

1. 玉圭　2. 玉片饰　3. 陶鼎　4. 陶匜　5. 陶舟　6. 陶盘　7. 陶敦　8. 陶罐　9. 陶泥饼

葬具为单椁。椁呈楔形，北宽南窄，长1.92米，宽1.06~1.12米，残存高度0.2米，板灰厚0.02米。人骨腐朽较严重。仰身直肢，双手置于腹部。

出土器物有12件，有玉圭1件，玉片饰1件，陶鼎1件，陶敦1件，陶舟1件，陶罐1件，陶盘1件，陶匜1件，陶泥饼4件。其中玉圭和玉片饰位于墓主人左臂东侧附近，其余陶器位于椁外墓坑北端。

二、出土遗物

陶鼎　1件。标本M49:3，无盖。泥质灰陶。器身子口方唇，浅弧腹，圜底近平，方形附耳，耳尖外折，折处刀削，三足呈条状，正面和侧面用工具加以修削，形成明显的削痕，足底有小孔，足和鼎腹通过榫卯结构连接固定。鼎腹有一道凸旋纹。口径14.6厘米，腹径17.4厘米，高18.6厘米。（图七五，1；图版一七，1）

陶匜　1件。标本M49:4，泥质灰陶。器形较小，整体呈动物形。敞口，方唇，弧壁，底近平。流高昂，管状，尾为一实心钮，三乳钉足二前一后，较矮。长14.4厘米，宽9.2厘米，高7厘米。（图七五，3；图版一七，2）

陶舟　1件。标本M49:5，泥质灰陶。圆形。敞口圆唇，短束颈，浅弧腹，圜底近平。颈部有一对半圆形实心钮，三乳钉足较矮小。口径11.2厘米，腹径12厘米，高4厘米。（图七五，6；图版一七，3）

陶盘　1件。标本M49:6，泥质灰陶。窄平折沿，方唇，折壁，盘腹较浅，圜底。一对宽扁立耳，耳端外折，耳孔呈半圆形。三矮蹄足，足跟微鼓。口径18.4厘米，高3.1~4.1厘米。（图七五，2；图版一七，4）

陶敦　1件。标本M49:7，泥质灰陶。盖直壁弧顶，较浅，中部有一圈足状捉手。器身子母口，子口内敛，方唇，弧腹较浅，浅圜底。一对泥饼状耳。三矮蹄足。盖面一道凹旋纹，围绕捉手饰有一圈三角形纹，和捉手构成太阳纹。口径12.8厘米，腹径15.4厘米，高11厘米。（图七五，8；图版一七，5）

陶罐　1件。标本M49:8，泥质灰陶。敞口方唇，高领微束，溜肩，上有四个对称的圆孔，弧腹，平底微凹。领上有一圈红色锯齿纹。肩、腹有彩绘残痕。口径12厘米，腹径23厘米，底径16厘米，高22.4厘米。（图七五，7；图版一七，6）

泥饼　4件。标本M49:9，泥质灰陶。圆形，较小。口径1.6厘米，厚0.6厘米。

玉圭　1件。标本M49:1，较长，首端呈三角形，尾端残，靠近尾端处有一圆形穿孔。残长10.1厘米，宽2.2厘米，厚0.2厘米。（图七五，5；彩版五，3）

玉片饰　1件。标本M49:2，白色，长方体，四边有齿，中部有一穿孔，素面。长2.8厘米，宽1.3厘米，厚0.4厘米。（图七五，4；彩版二〇，1）

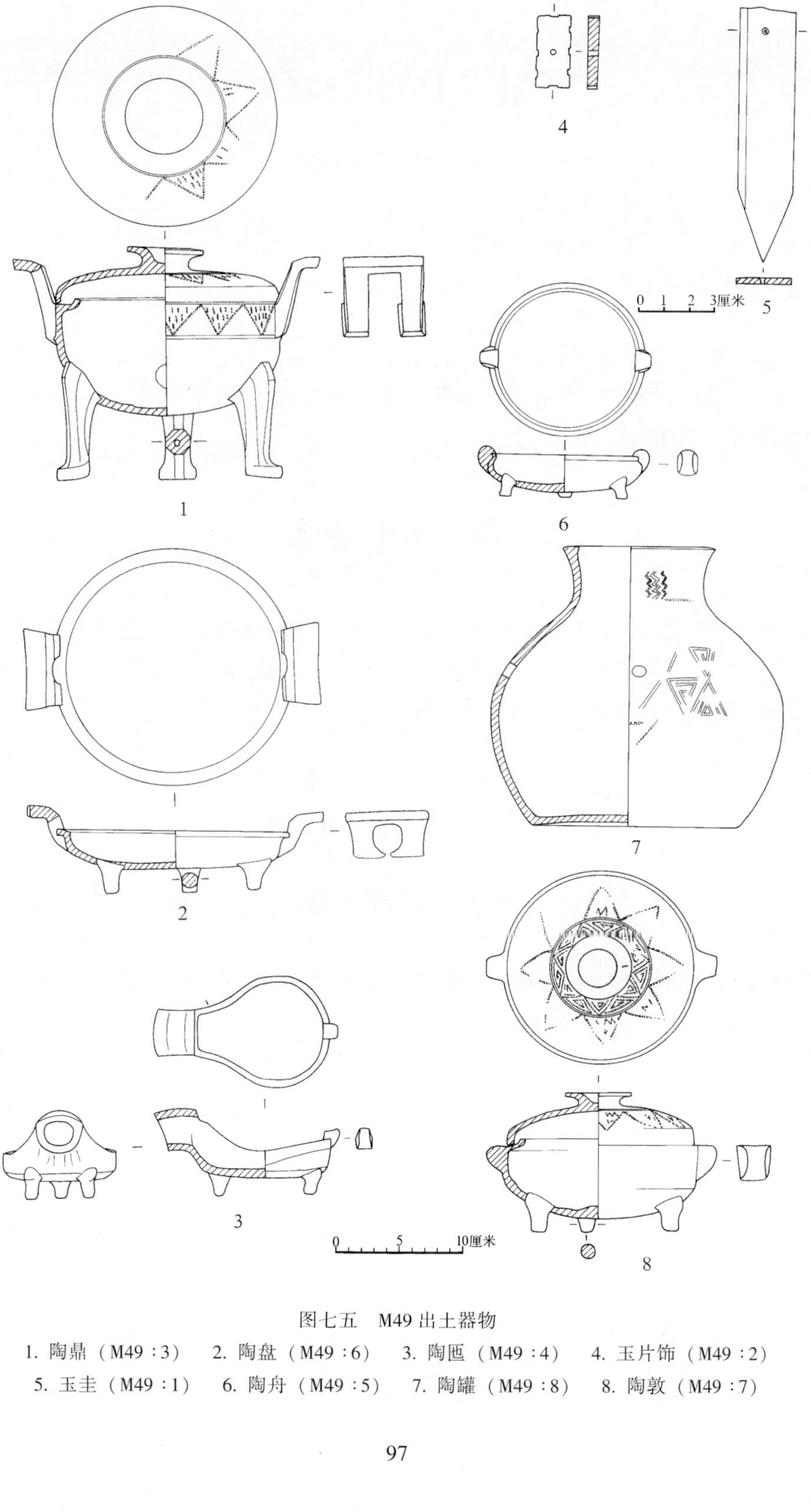

图七五　M49出土器物

1. 陶鼎（M49：3）　2. 陶盘（M49：6）　3. 陶匜（M49：4）　4. 玉片饰（M49：2）
5. 玉圭（M49：1）　6. 陶舟（M49：5）　7. 陶罐（M49：8）　8. 陶敦（M49：7）

第三七节　M53

一、墓葬形制

方向5°。长方形竖穴土坑墓，斜壁，口大于底，平底。长2.90米，宽1.92米，现存深度4.80米。填土为松软的五花土。（图七六）

葬具为二椁一棺。外椁长2.34米，宽1.38米，残存高度1米，板灰厚0.03米；内椁长2米，宽1米，残存高度0.57米，板灰厚0.03米；棺长1.80米，宽0.76米，残存高度0.15米。该墓人骨腐朽严重，仅剩头骨和一段肢骨，葬式不明。

出土器物有陶鬲1件。

二、出土遗物

陶鬲　1件。标本M53∶1，残。肩部为夹细砂红陶，腹部为夹粗砂红陶。折沿下斜，较窄，方唇，圆肩，斜弧腹，肩部饰有十余道凹旋纹，肩部稍下肩腹接合处有数道抹痕，腹部饰有粗绳纹。口径34厘米，残高16厘米。

第三八节　M54

一、墓葬形制

方向355°。长方形竖穴土坑墓，直壁，平底。长2.90米，宽1.60米，现存深度1.70米。（图七七）

墓室以空心砖构筑。空心砖室破坏严重，南壁和西壁残存二层空心砖，底部由七块空心砖横向平铺而成。砖室长2.55米，宽1.30米，残高1.10米。人骨腐朽不存。

遗物有铜带钩1件，出在扰土之中。

二、出土遗物

铜带钩　1件。标本M54∶1，整体呈长条形，截面椭圆形，钩身修长，钩尾上翘，钮为圆形，位于器身中部。长19.7厘米，宽0.8~1.2厘米，厚0.9厘米。（图七八；彩版一八，2、3）

图七六　M53 平、剖图
1. 陶鬲

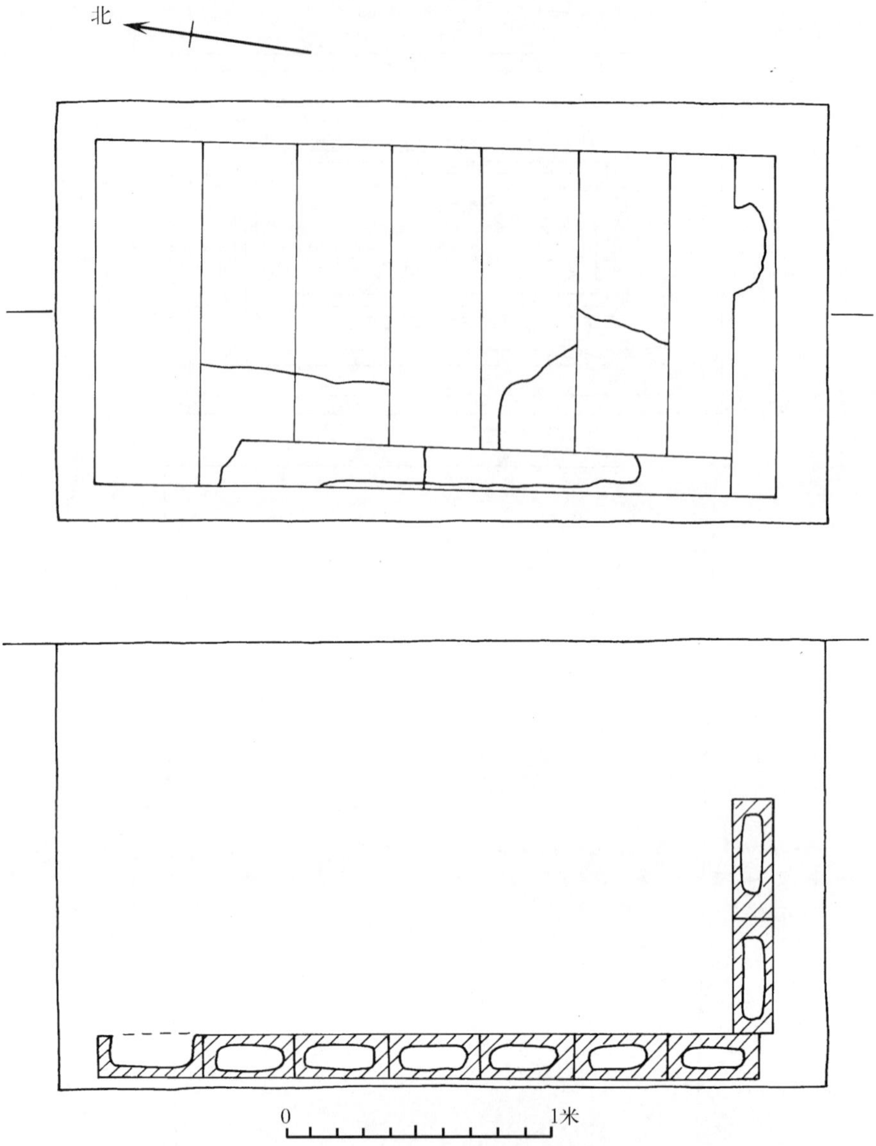

图七七　M54平、剖图

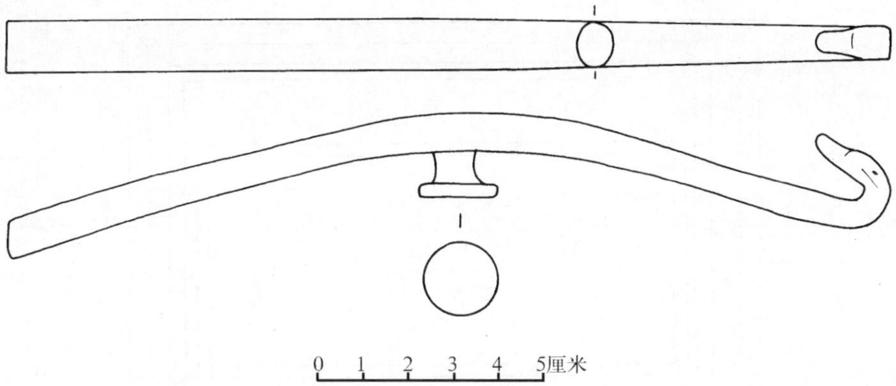

图七八　M54 出土铜带钩（M54：1）

第三九节　M55

一、墓葬形制

方向 5°。长方形竖穴土坑墓，斜壁，口大于底，平底。长 3.10 米，宽 2.40 米，现存深度 3.80 米。（图七九；彩版二一）

葬具为双椁。外椁长方形，长 2.66 米，宽 1.95 米，残存高度 0.88 米，板灰厚 0.02 米。内椁长方形，长 2.42 米，宽 1.16 米，残存高度 0.26 米，板灰厚 0.02 米。人骨腐朽较严重。仰身直肢，双手置于腹部。

出土器物有陶鬲 1 件，置于墓主人腰臀下。

二、出土遗物

陶鬲　1 件。标本 M55∶1，残。肩部以上为夹细砂红陶，腹部为夹粗砂红陶，砂粒较大。残高 13 厘米。

第四○节　M56

一、墓葬形制

方向 10°。长方形竖穴土坑墓，斜壁，口大于底，平底。长 2.80 米，宽 1.70 米，现存深度 2.48 米。（图八○）

图七九　M55平、剖图
1. 陶鬲

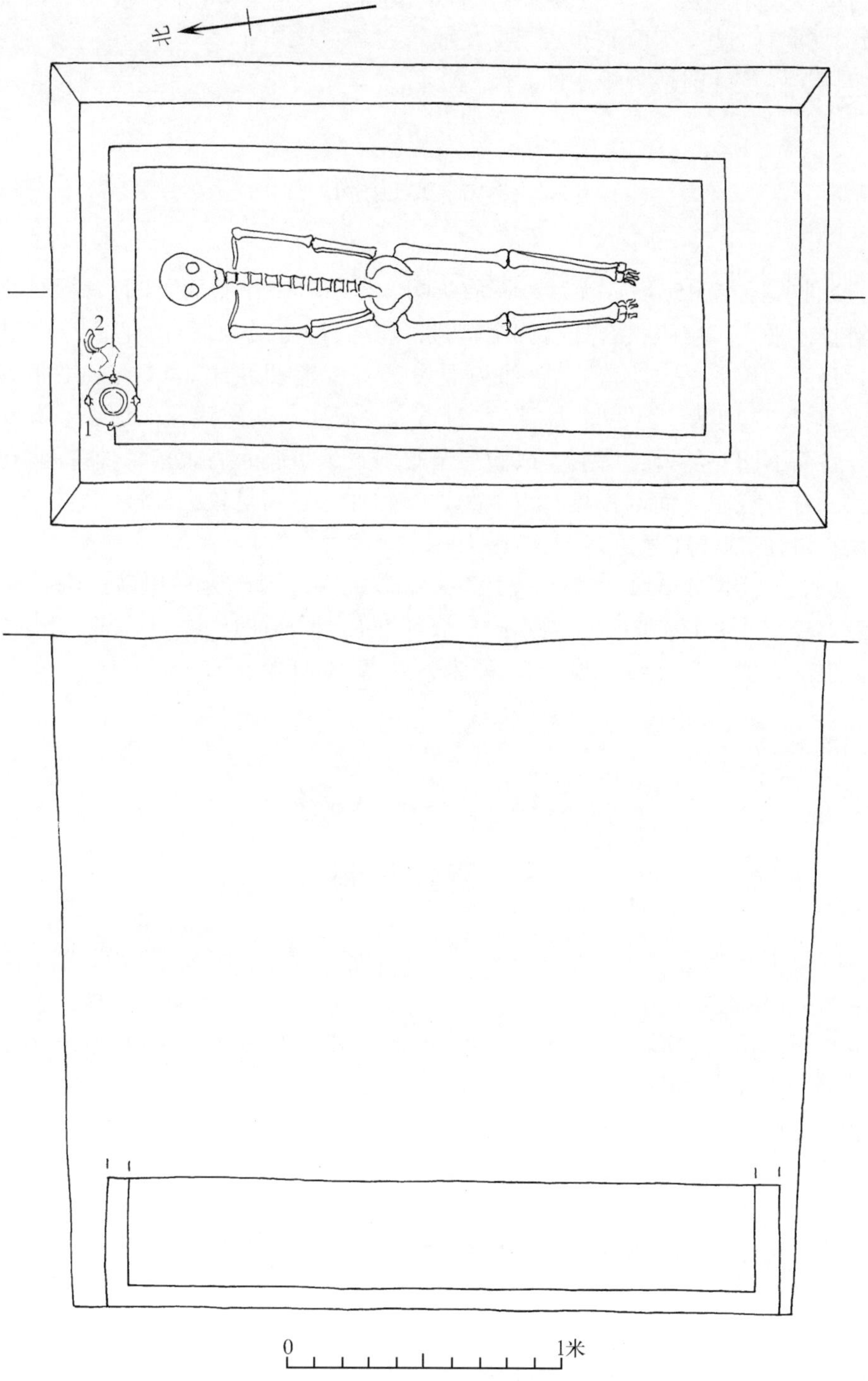

图八〇　M56平、剖图
1、2. 陶罍

葬具为单椁。椁长方形，长 2. 20 米，宽 1. 10 米，残高 0. 48 米，板灰厚 0. 08 米。人骨保存较好，仰身直肢，头向北，双手交叉放于腹部。

出土遗物 3 件，分别是陶罍 2 件，陶鬲 1 件。

二、出土遗物

陶罍　2 件。标本 M56∶1，无盖。泥质灰陶。折沿方唇，唇面下凹，斜颈，圆肩，鼓腹，下腹斜收，平底。肩腹接合处有四个爬兽，作躬身回首状，有首有尾，面部模糊，仅能辨识嘴和耳。三蹄足较细较矮。肩部和上腹部有三道凹弦纹。口径 13. 3 厘米，腹径 18. 6 厘米，高 22. 7 厘米。（图八一）标本 M56∶2，泥质灰陶。浅盖弧顶，上有五个圆孔。折沿方唇，唇面下凹，斜颈，圆肩，鼓腹，下腹斜收，平底。肩腹接合处有四个爬兽，作躬身回首状，有首有尾，面部模糊，仅能辨识嘴和耳。三蹄足较细较矮。肩部和上腹部有三道凹弦纹。口径 13. 2 厘米，残高 17 厘米。

陶鬲　1 件。标本 M56∶1，肩部以上为夹细砂红陶，腹部为夹粗砂红陶，砂粒较大。残。平折沿，较窄，方唇，圆肩，斜弧腹。肩部饰有十余道凹旋纹，肩部稍下，饰有两周绳索纹，下腹部为斜向粗绳纹。口径 38 厘米，残高 21 厘米。

第四一节　M58

一、墓葬形制

方向 340°。长方形竖穴土坑墓，斜壁，口大于底，平底。长 2. 50 米，宽 1. 40 米，现存深度 2. 9 米。（图八二）

葬具为单棺。棺长方形，长 2 米，宽 0. 80 米，残高 0. 50 米，板灰厚 0. 08 米。人骨保存较好，仰身直肢，头向北，双手放于腹部。

出土遗物有陶鬲 1 件，位于墓主人腰臀部下。

二、出土遗物

陶鬲　1 件。标本 M58∶1，肩部以上为夹细砂红陶，腹、底为夹粗砂红陶，砂粒较大。平折沿，较窄，方唇，圆肩，斜弧腹，三袋足间距较大。肩部抹平，饰有十余道凹旋纹，下腹部和底为斜向粗绳纹。口径 34 厘米，腹径 47. 2 厘米，底径 14 厘米，高 32. 7 厘米。（图八三，1、2；图版一五，3）

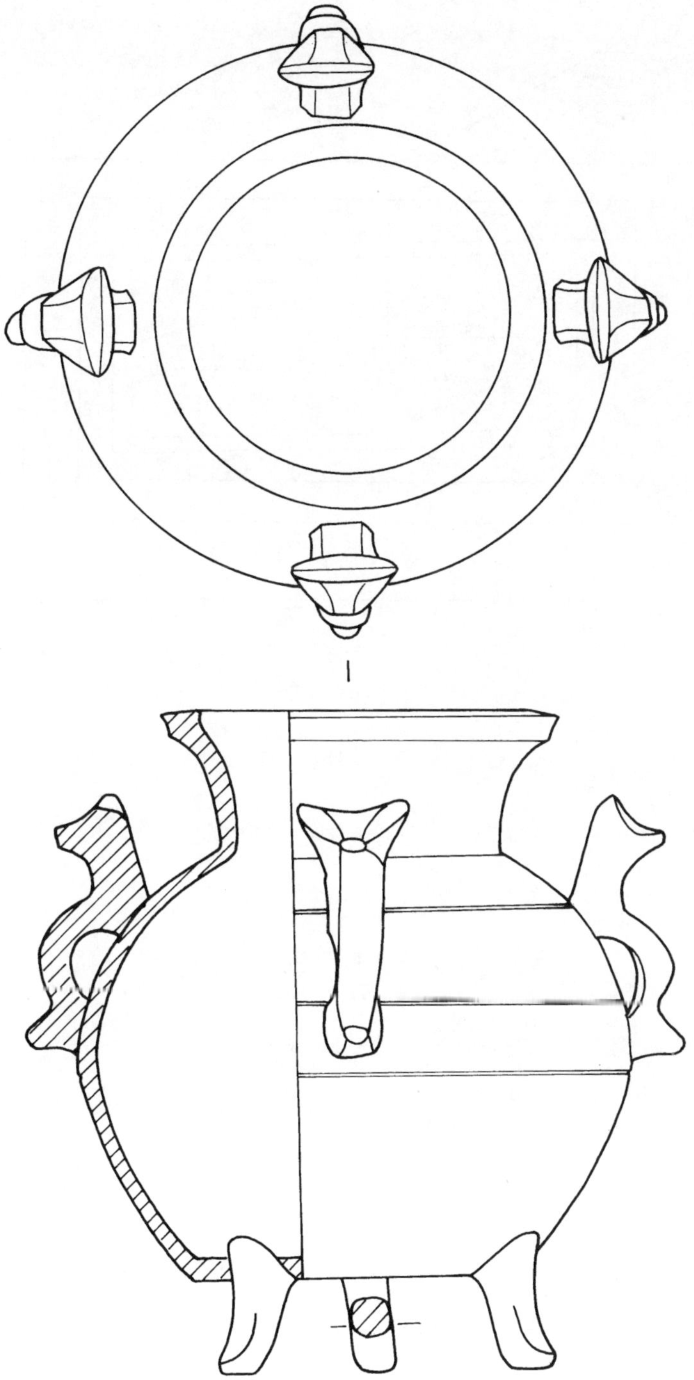

图八一　M56出土陶罍（M56：1）

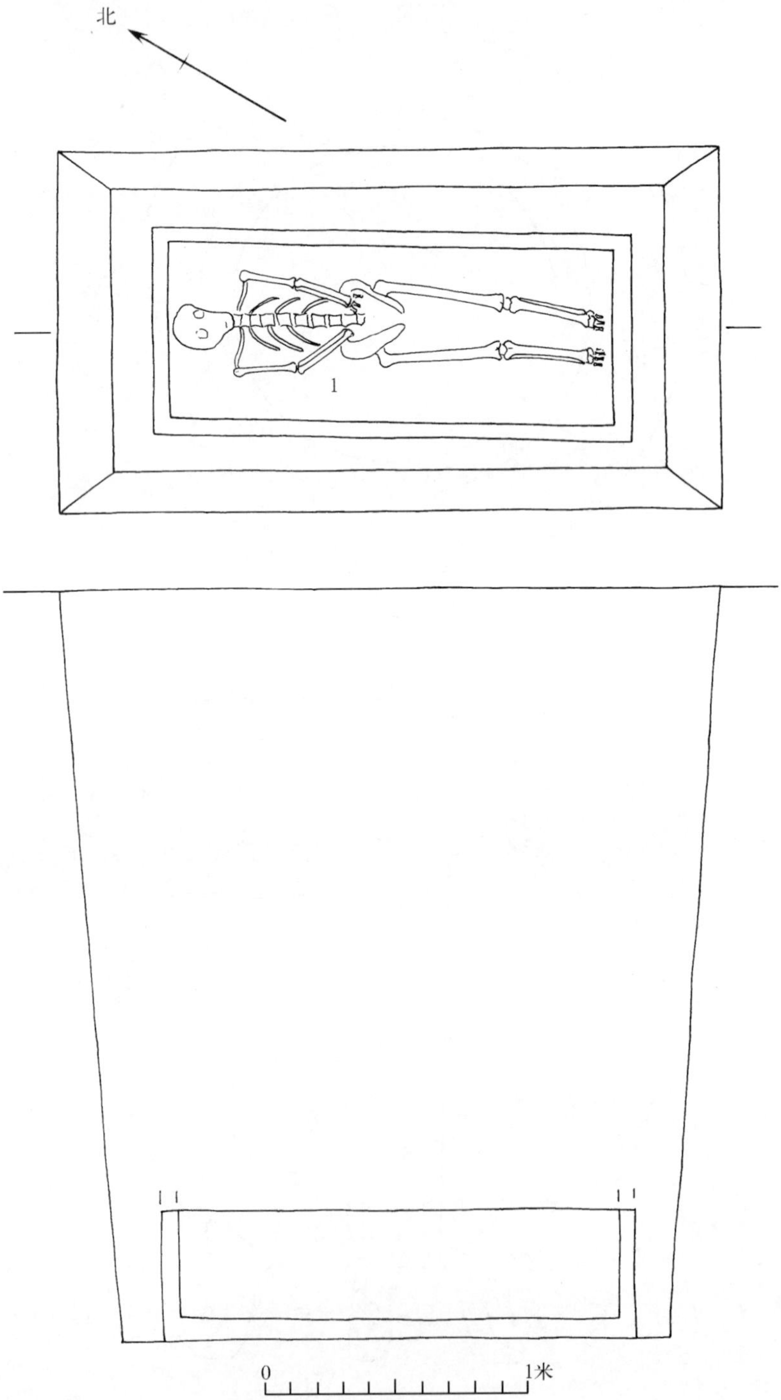

图八二 M58平、剖图
1. 陶鬲

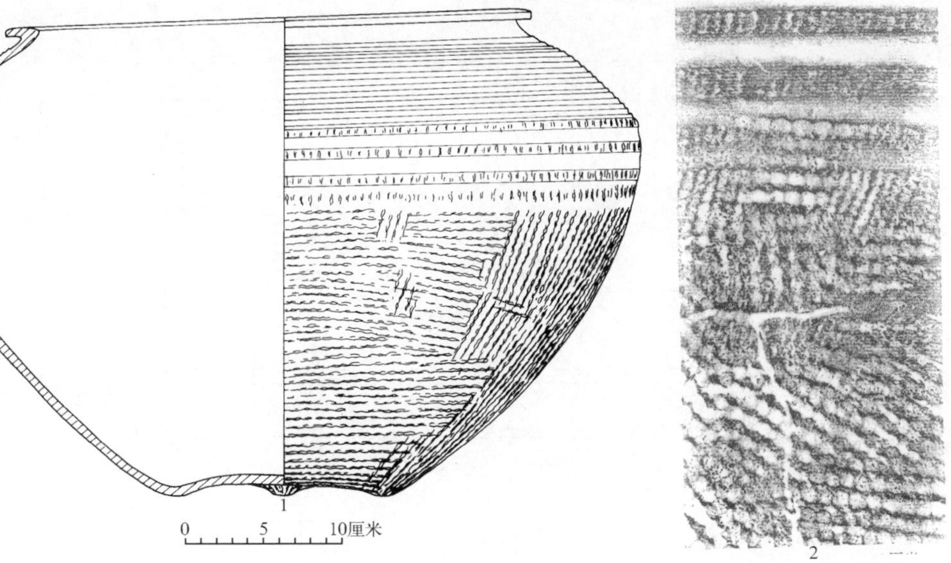

图八三　M58 出土陶鬲
1. 鬲（M58∶1）　2. 鬲纹饰拓片（M58∶1）

第四二节　M60

一、墓葬形制

方向 5°。长方形竖穴土坑墓，直壁，平底。长 2.40 米，宽 1.50 米，现存深度 3.10 米。（图八四）

葬具为单椁。椁呈长方形。长 2.20 米，宽 1.14 米，残存高度 0.40 米，板灰厚 0.03 米。人骨保存较差。仰身直肢，双手置于腹部。

出土器物 4 件，有陶鬲 1 件、陶壶 1 件、陶罐 1 件、陶钵 1 件。陶鬲呈碎片状置于墓主人臀下。（彩版二二）

二、出土遗物

陶鬲　1 件。标本 M60∶1，肩部以上为夹细砂红陶，腹部为夹粗砂红陶，砂粒较大。残。平折沿，较窄，方唇，圆肩，斜弧腹。肩部饰有十余道凹旋纹，肩部稍下，饰有两周绳索纹，下腹部为斜向粗绳纹。口径 36 厘米，残高 18 厘米。

陶壶　1 件。标本 M60∶2，无盖。泥质灰陶。盘口方唇，盘口底部有凸棱，颈微束，

图八四　M60平、剖面
1. 陶鬲　2. 陶壶　3. 陶罐　4. 陶钵

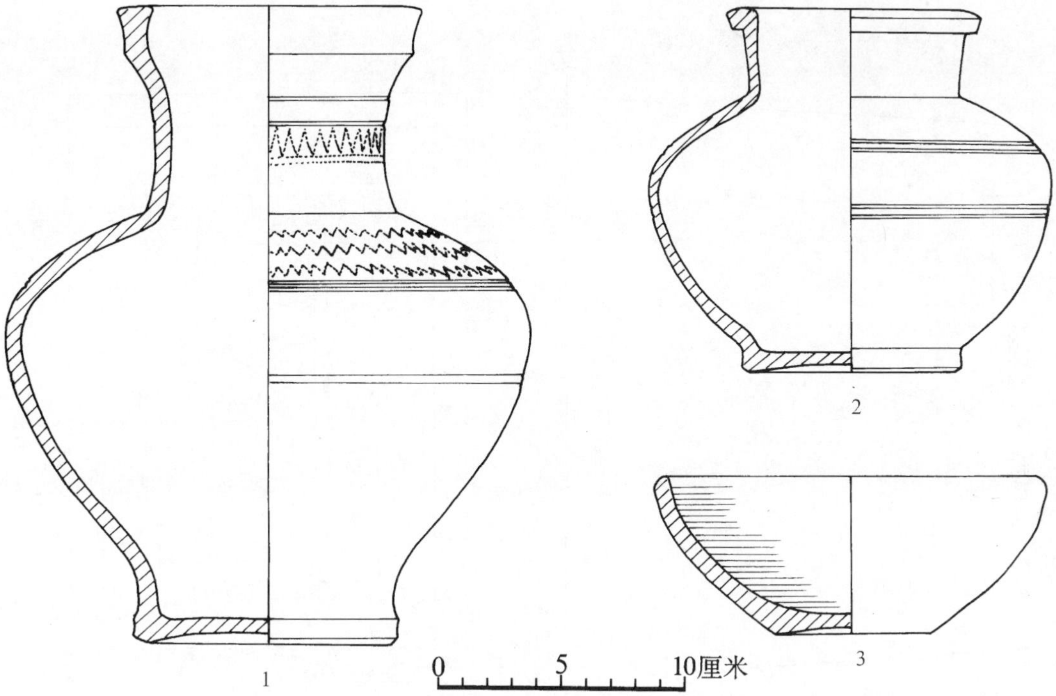

图八五　M60 出土陶器

1. 壶（M60：2）　2. 罐（M60：3）　3. 钵（M60：4）

广肩弧腹，最大径在肩腹接合处，假圈足底部有一圈凸起，平底微凹。颈部有两道凹弦纹，肩腹接合处和上腹部各有一组凹弦纹。口径 12.4 厘米，腹径 21.5 厘米，底径 10.8 厘米，高 26.3 厘米。（图八五，1；图版一八，1）

陶罐　1 件。标本 M60∶3，泥质灰陶。折沿方唇，高领微束，广肩，弧腹，假圈足较矮直，平底微凹。领上有一道凹弦纹，肩上有三圈锯齿状暗纹，肩腹接合处和上腹部各有一组凹弦纹。口径 10.6 厘米，腹径 16.6 厘米，底径 9.1 厘米，高 15.1 厘米。（图八五，2；图版一八,4）

陶钵　1 件。标本 M60∶4，泥质灰陶。敞口圆唇，弧壁，平底微凹。内壁有多圈螺旋状暗纹。口径 16.1 厘米，底径 6 厘米，高 6.5 厘米。（图八五，3；图版一八，2）

第四三节　M61

一、墓葬形制

方向 5°。长方形竖穴土坑墓，斜壁，口大于底，平底。长 3.60 米，宽 2.40 米，深 2.80 米。（图八六）

图八六　M61 平、剖图
1. 陶鼎　2. 陶盘　3. 陶舟　4. 陶匜
5. 陶敦　6、7. 陶尊　8. 玉柱

葬具为一椁一棺，均为长方形。椁长 2.52 米，宽 1.40 米，残高 0.22 米，板灰厚 0.02 米。棺长 1.98 米，宽 0.84 米，残高 0.10 米，板灰厚 0.02 米。人骨保存较完整，仰身直肢，双手置于腹部。

出土遗物 8 件，有陶鼎 1 件，陶盘 1 件，陶舟 1 件，陶匜 1 件，陶敦 1 件，陶尊 2 件，玉柱 1 件。均位于墓主头端的棺椁之间，其中玉柱放置在 6 号尊内。（彩版二三）

二、出土遗物

陶鼎　1 件。标本 M61∶1，泥质灰陶。盖方唇，折壁，弧顶，有一圈足状捉手。器身子口方唇，弧腹圜底，方形附耳，三足呈条状，正面和侧面用工具加以修削，形成明显的削痕，足底有小孔，足和鼎腹通过榫卯结构连接固定。口径 16 厘米，腹径 19.3 厘米，高 22 厘米。（图八七，7；图版一八，5）

陶盘　1 件。标本 M61∶2，泥质灰陶。直口，方唇，浅圜底。一对方形立耳，耳端外折，耳孔呈长方形。口径 19 厘米，高 6.2 厘米。（图八七，5；图版一八，3）

陶舟　1 件。标本 M61∶3，平面形态呈圆形。敛口，方唇，折腹较浅，平底。口沿处一对泥饼状耳。口径 10.8~11 厘米，底径 5.7 厘米，高 3.5 厘米。（图八七，3；图版一九，1）

陶匜　1 件。标本 M61∶4，泥质灰陶。器形较小，整体呈动物形。敞口，方唇，弧壁，圜底。流高昂，管状，无尾，三足二前一后，后足宽扁，较矮。长 15.4 厘米，宽 8.6 厘米，高 8 厘米。（图八七，8；图版一九，2）

陶敦　1 件。标本 M61∶5，泥质灰陶。盖方唇，折壁，弧顶，上有一圈足状捉手。子口方唇，腹较深，上腹微弧，下腹斜收，平底，上腹部近口处有一对半圆形实心钮。口径 13.6 厘米，腹径 16.2 厘米，底径 7.8 厘米，高 12.3 厘米。（图八七，4；图版一九，3）

陶尊　2 件。标本 M61∶6，泥质灰陶。平折沿，方唇，束颈较长，折肩，肩部微弧，弧腹，凹圜底。肩部和肩腹接合处各有两道凹旋纹。口径 12.2 厘米，腹径 18.8 厘米，底径 8.2 厘米，高 14.8~15.4 厘米。（图八七，2；图版一九，5）标本 M61∶7，泥质灰陶。平折沿，方唇，束颈较长，折肩，肩部微弧，弧腹，凹圜底。肩部和肩腹接合处各有两道凹旋纹。口径 12.8 厘米，腹径 18.8 厘米，底径 9.6 厘米，高 14.6~15.2 厘米。（图八七，1；图版一九，4）

玉柱　1 件。标本 M61∶8，圆柱体，一端中部有圆孔，乳白色，器身光滑。直径 3 厘米，孔径 0.6 厘米，高 2.2~2.4 厘米。（图八七，6；彩版二〇，2）

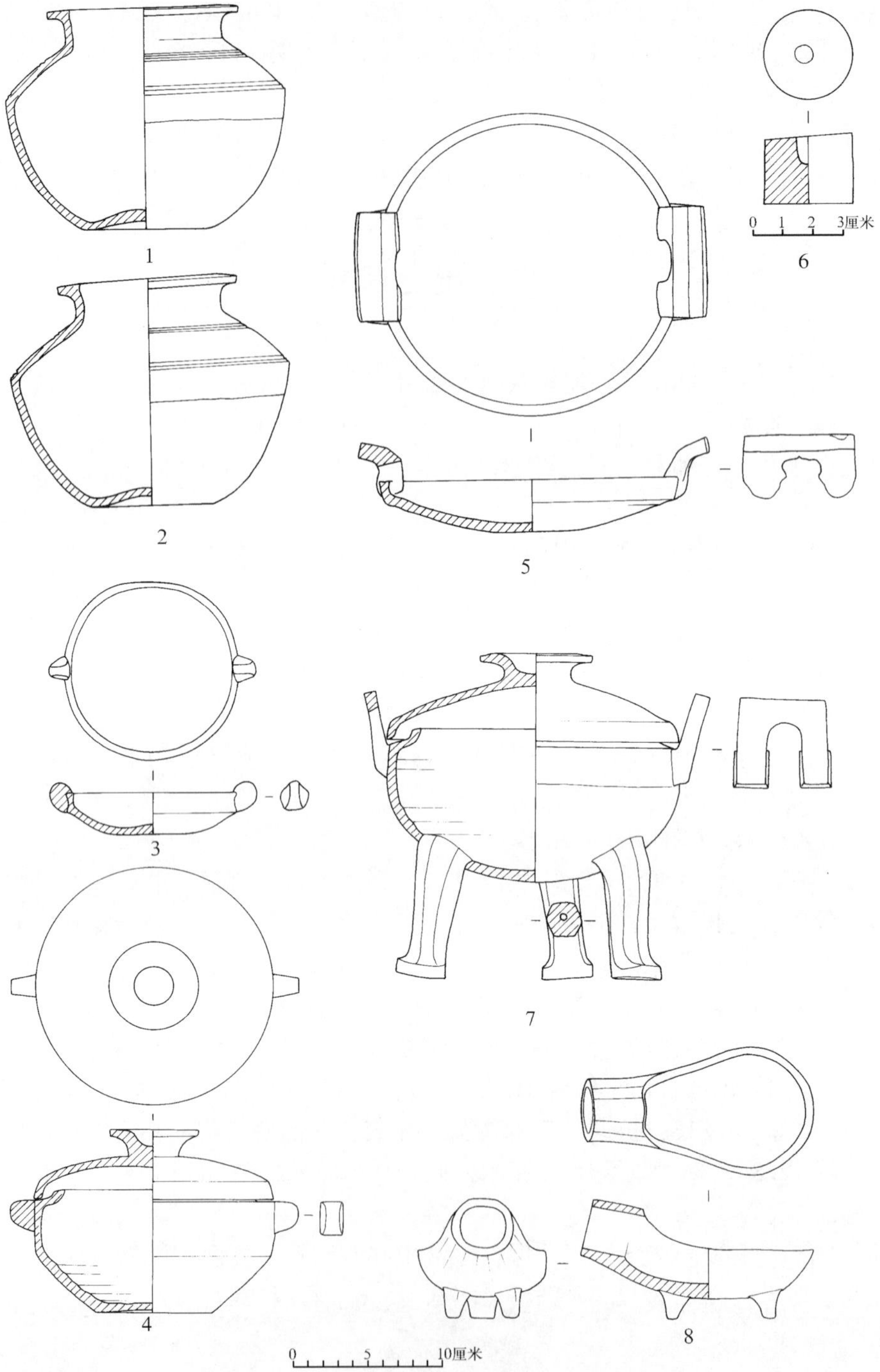

图八七　M61 出土器物

1. 陶尊（M61∶7）　2. 陶尊（M61∶6）　3. 陶舟（M61∶3）　4. 陶敦（M61∶5）
5. 陶盘（M61∶2）　6. 玉柱（M61∶8）　7. 陶鼎（M61∶1）　8. 陶匜（M61∶4）

第四四节　M65

一、墓葬形制

方向350°。长方形竖穴土坑墓，直壁，平底。长2.40米，宽1.10米，现存深度1.50米。(图八八)

葬具无。人骨腐朽不存。

出土遗物陶釜1件，呈破碎状置于墓葬中部。

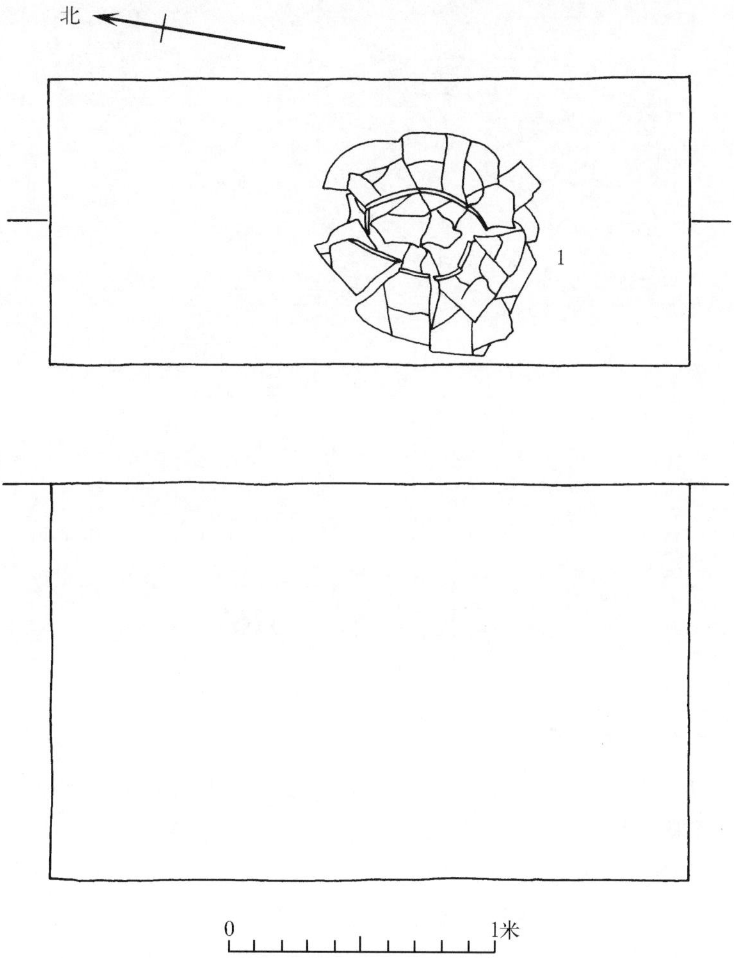

图八八　M65平、剖面

1. 陶釜

二、出土遗物

陶釜　1件。标本M65∶1，肩以上夹细砂红褐陶，腹以下夹粗砂红褐陶。残。折沿，方唇，折肩，折处有一圈绳索纹，腹以下均残，地有三个乳钉足。唇面下凹，沿面有四道凹槽，腹以下施绳纹。肩部刻有两陶文“吕□”。上下两部分系分别制作后拼接而成。(图八九，1、2)

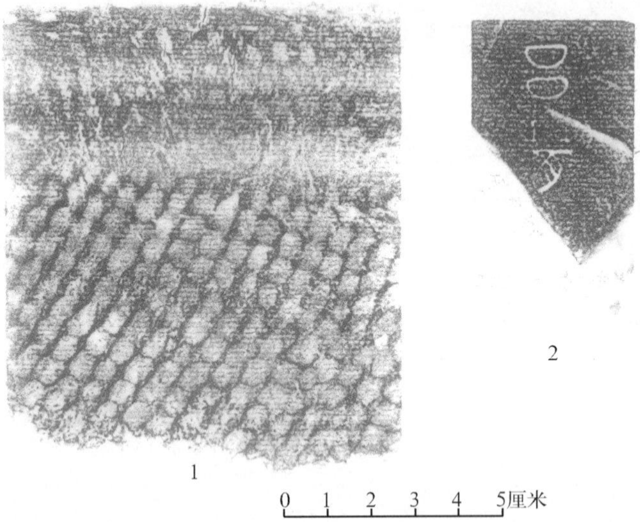

图八九　M65出土陶釜

1. 釜纹饰拓片（M65∶1）　2. 釜肩部陶文拓片（M65∶1）

第四五节　M67

一、墓葬形制

方向5°。长方形竖穴土坑墓，直壁，平底。长2.50米，宽1.28米，现存深度1.96米。(图九〇；彩版二四)

墓室以空心砖构筑。整座墓葬保存较完好。墓底东西向横铺6块空心砖，然后四周填土至与底砖齐平。在底砖东西两边建侧墙，每面侧墙由上下两层、每层2块空心砖南北纵向侧立相叠而成。底砖南北两端建挡墙，每面挡墙有两层，每层1块空心砖东西横向侧立相叠而成。盖顶同墓底相同，由6块空心砖东西横向平铺而成。墓室长2.16米，宽1.07米，高1.12米。空心砖长1.04米，宽0.36米，厚0.16米。人骨保存较好。仰身直肢，

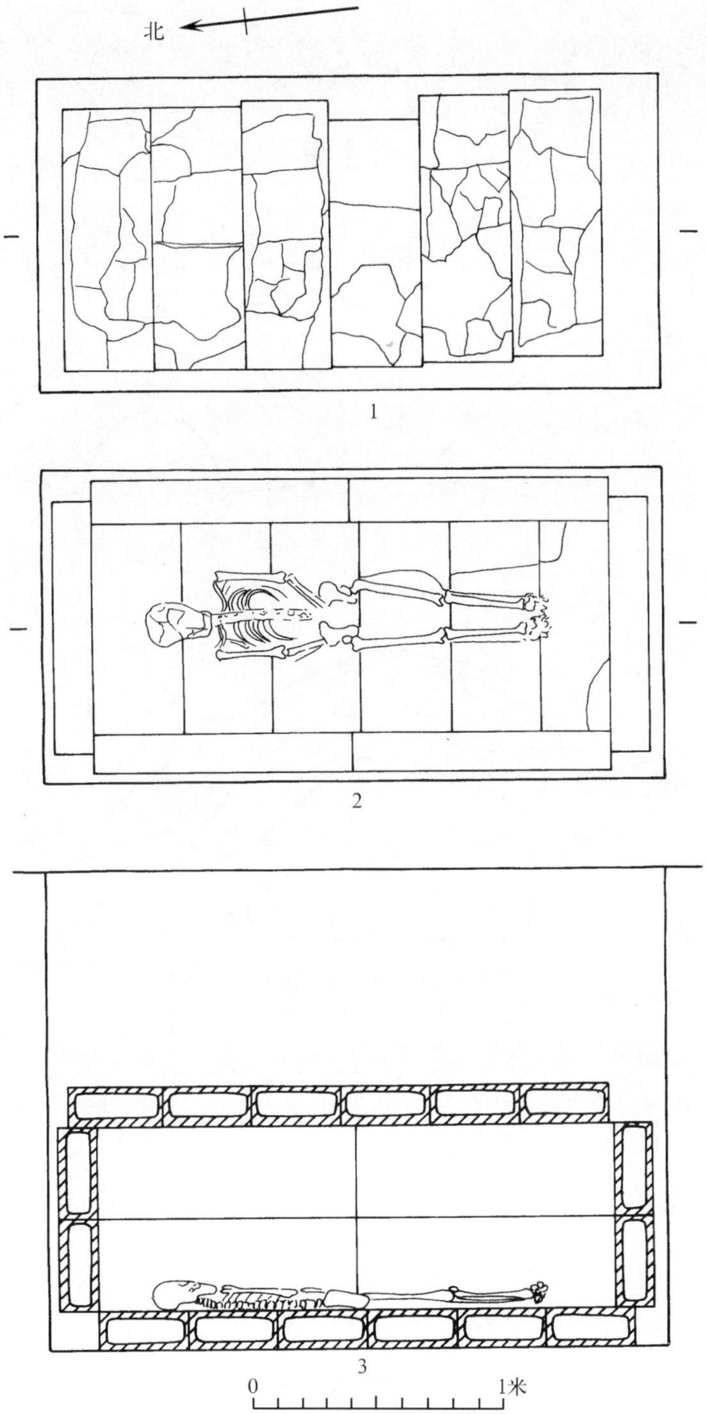

图九〇　M67平、剖图
1. 墓顶图　2. 平面图　3. 剖图

双手置于腹部。

扰土中出土有2件铜璜。

二、出土遗物

铜璜　2件。标本M67∶1，均完整。桥形，曲度较大，器体较薄，背面有郭，顶部有

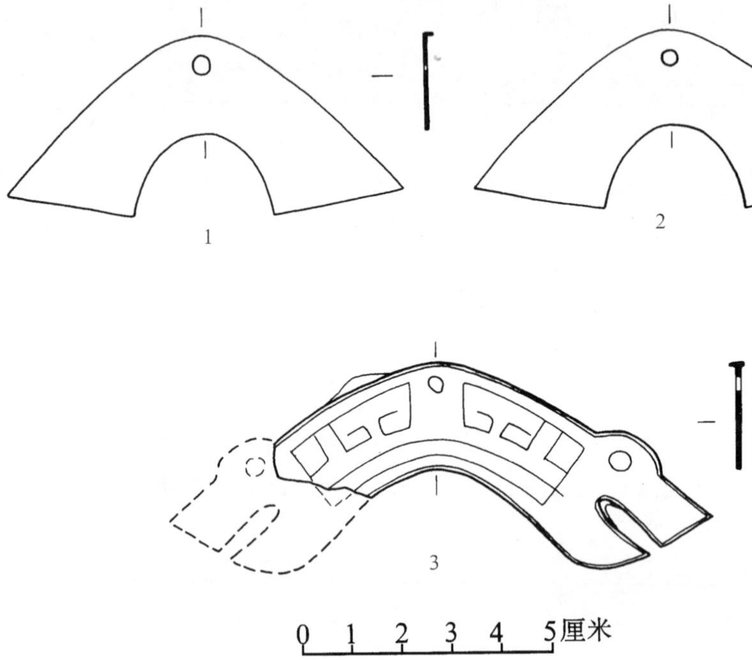

图九一　M67出土器物

1、2. 铜璜（M67∶1）　3. 铜璜（M67∶2）

一穿孔。素面。长8厘米，宽3.6厘米。（图九一，1、2；彩版二五，1）标本M67∶2，1件。残。桥形，曲度较小，两端为龙头，中部有孔，两面有郭。璜体上有云雷纹。残长8.9厘米，宽4.2厘米。（图九一，3）

第四六节　M68

一、墓葬形制

方向5°。长方形竖穴土坑墓，斜壁，口大于底，平底。长3.06米，宽2米，现存深度3米。被M67打破。（图九二）

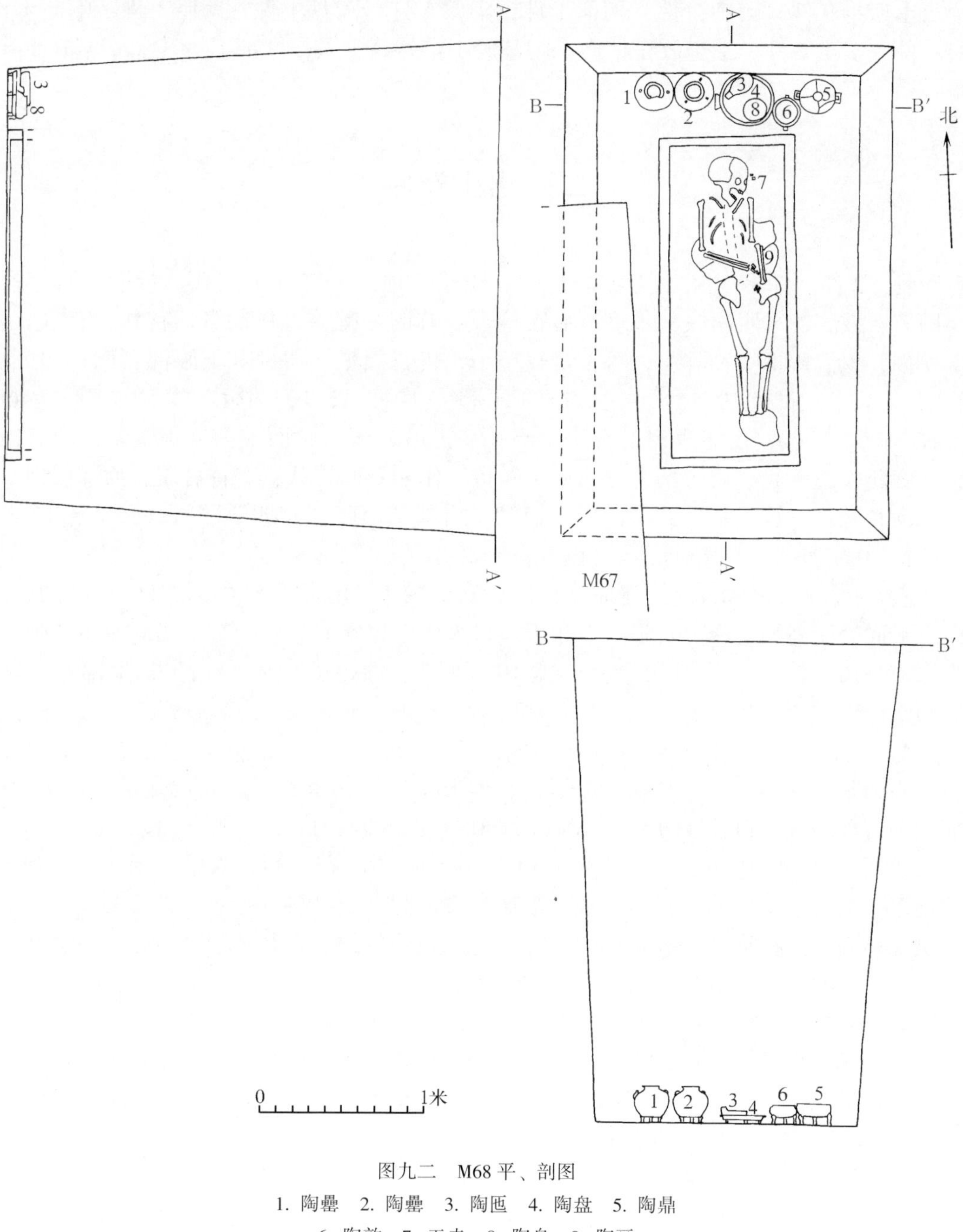

图九二　M68平、剖图
1. 陶罍　2. 陶罍　3. 陶匜　4. 陶盘　5. 陶鼎
6. 陶敦　7. 玉圭　8. 陶舟　9. 陶鬲

葬具为单棺。棺长方形，长 2.05 米，宽 0.84 米，残高 0.1 米，板灰厚 0.02 米。人骨保存不完整，仰身直肢，头向北，面向东，双手交叉放于腹部。

出土遗物 9 件，陶罍 2 件，陶鼎 1 件，陶敦 1 件，陶盘 1 件，陶匜 1 件，陶鬲 1 件，陶舟 1 件，玉圭 1 件。玉圭放于棺内，陶鬲放于棺外墓主人腰臀部下，其余放于棺外墓葬北端。

二、出土遗物

陶罍　2 件。标本 M68∶1，泥质褐陶。浅盖弧顶，上有五个圆孔。折沿方唇，颈微斜，圆肩，鼓腹，下腹斜收，平底。肩腹接合处有四个爬兽，作躬身回首状，有首有尾，面部模糊，仅能辨识嘴和耳。三兽首足较矮小，兽首模糊。肩部和上腹部有四道凹弦纹。口径 12.2 厘米，腹径 19.5 厘米，高 25.3 厘米。（图九三，1；图版二〇，1）标本 M68∶2，泥质褐陶。盖残，仅能辨识上有两个圆孔。折沿方唇，唇面下凹，颈微斜，圆肩，鼓腹，下腹斜收，平底。肩腹接合处有四个爬兽，作躬身回首状，有首有尾，面部模糊，仅能辨识嘴和耳。三兽首足较矮小，兽首模糊。肩部和上腹部有四道凹弦纹。口径 12.8 厘米，腹径 19.5 厘米，高 25 厘米。（图九三，2；图版二〇，2）

陶匜　1 件。标本M68∶3，泥质红褐陶。器形较大，整体呈动物形。敞口，方唇，壁微弧，平底。流高昂，作兽首形，双角大，口大张，尾端亦有一兽首，嘴和双角清晰，三蹄足二前一后，较高。长 21.6 厘米，宽 10.6 厘米，高 9.6 厘米。（图九四，4；图版二〇，4）

陶盘　1 件。标本 M68∶4，泥质红褐陶。窄平折沿，方唇，折壁，盘腹较深，圜底。一对宽扁附耳，耳端外折，耳孔呈方形，整体形态呈简化兽首形。三矮蹄足，足跟微鼓。耳面刻画有连珠纹。口径 31 厘米，高 11 厘米。（图九四，1、2；图版二〇，3）

陶鼎　1 件。标本 M68∶5，泥质红褐陶。器形较大。盖方唇，弧壁，近平顶，有一圈足状捉手。器身子口方唇，弧腹较浅，圜底，方形附耳，耳尖外折，折处刀削，三足呈条状，足和鼎腹通过榫卯结构连接固定。鼎腹有二道凸旋纹。口径 17.6 厘米，腹径 20.7 厘米，高 20.5 厘米。（图九三，4；图版二〇，5）

陶敦　1 件。标本 M68∶6，泥质灰陶。盖直壁弧顶，较浅，中部有一圈足状捉手。器身子母口，子口内敛，方唇，弧腹较深，浅圜底。一对对称爬兽和一对半圆形实心钮，爬兽作躬身回首状。三矮蹄足。腹部两道凸旋纹。口径 13.4 厘米，腹径 16.4 厘米，高 13.8 厘米。（图九三，3；图版二〇，6）

陶舟　1 件。标本 M68∶8，泥质灰陶。近椭圆形，敞口尖唇，束颈极短，浅弧腹，圜底，颈部一对兽首耳，兽首较为模糊，三矮蹄足。口径 14.8~16 厘米，高 7.4 厘米。（图九三，5）

陶鬲　1 件。标本 M68∶9，夹砂红陶。仅存部分残片。口径 26 厘米，残高 4 厘米。

玉圭　1 件。标本 M68∶7，仅存一段圭身。残长 3 厘米，宽 3.1 厘米。（图九四，3）

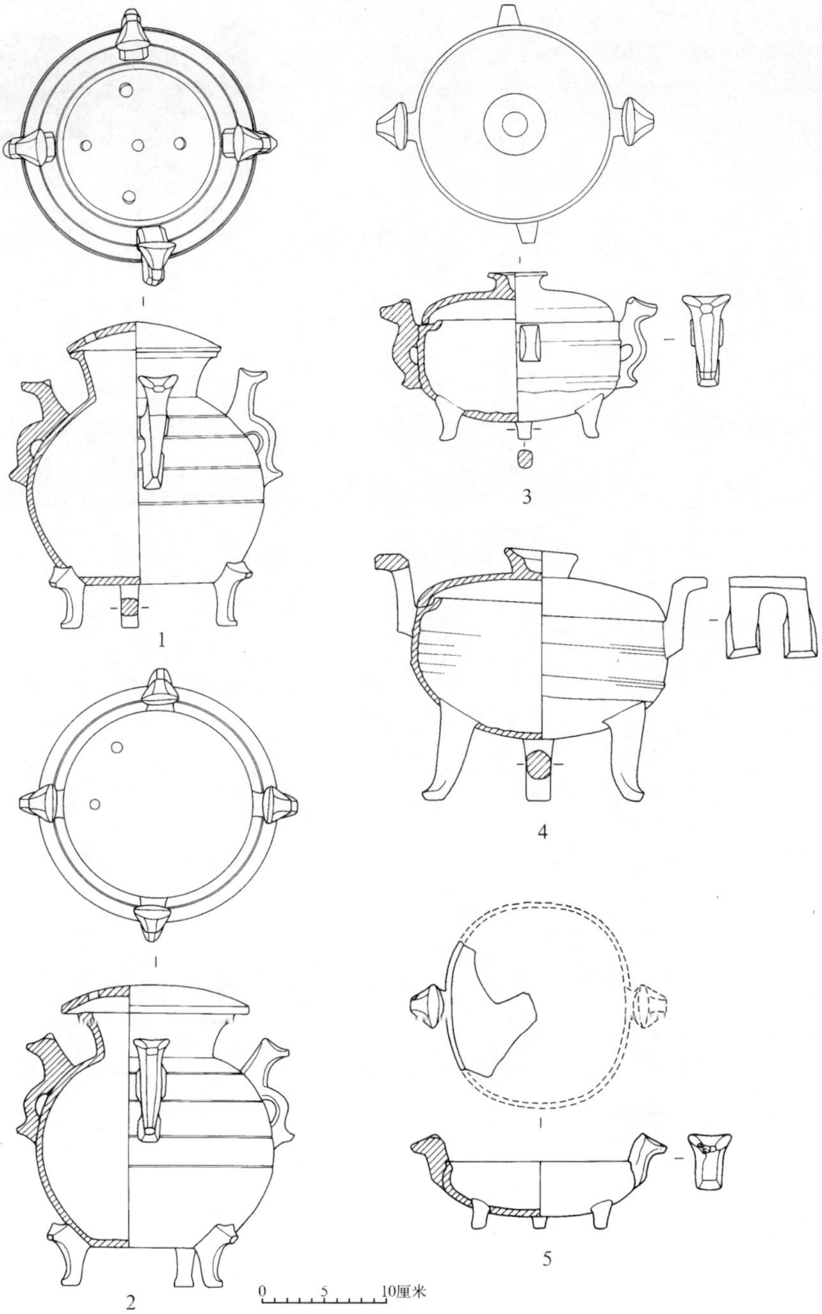

图九三　M68出土陶器

1. 罍（M68：1）　2. 罍（M68：2）　3. 敦（M68：6）　4. 鼎（M68：5）　5. 舟（M68：8）

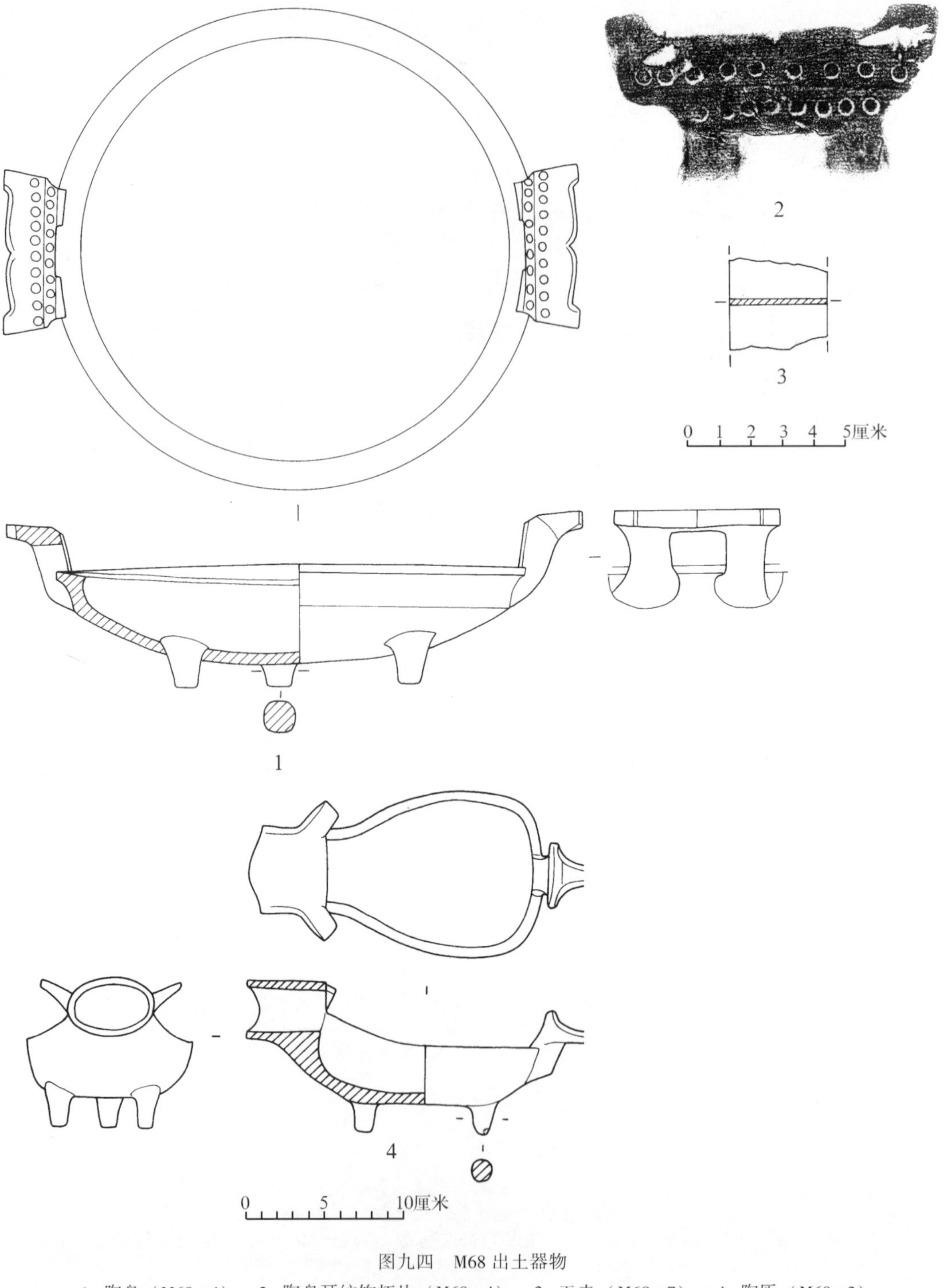

图九四　M68出土器物

1. 陶盘（M68：4）　2. 陶盘耳纹饰拓片（M68：4）　3. 玉圭（M68：7）　4. 陶匜（M68：3）

第四七节　M69

一、墓葬形制

方向5°。长方形竖穴土坑墓，斜壁，口大于底，平底。长2. 90米，宽2. 20米，现存深度3. 20米。（图九五）

图九五　M69平、剖图

1、2. 玉圭　3. 陶釜

葬具为双椁。外椁长方形，长 2. 24 米，宽 1. 48 米，残存高度 0. 56 米，板灰厚 0. 02 米。内椁长方形，长 1. 92 米，宽 1 米，残存高度 0. 30 米。人骨保存稍好。仰身直肢，双手置于腹部。

出土器物有 3 件，玉圭 2 件，陶釜 1 件。陶釜位于内椁西北角，墓主人头骨附近。

二、出土遗物

陶釜　1 件。标本 M69∶3，肩部及口沿为夹细砂红陶，腹部为夹粗砂红陶。残。平折沿，沿面有两道凹旋纹，方唇，唇面和内侧有一道凹旋纹，折肩。肩部素面抹平，腹部残片饰有粗绳纹。

玉圭　2 件。标本 M69∶1，仅存一段圭身，一面有解料时两面对锯形成的茬口。残长 3 厘米，宽 3 厘米。（图九六，1）标本 M69∶2，仅存一段圭身。残长 4. 8 厘米，宽 2. 1 厘米。（图九六，2）

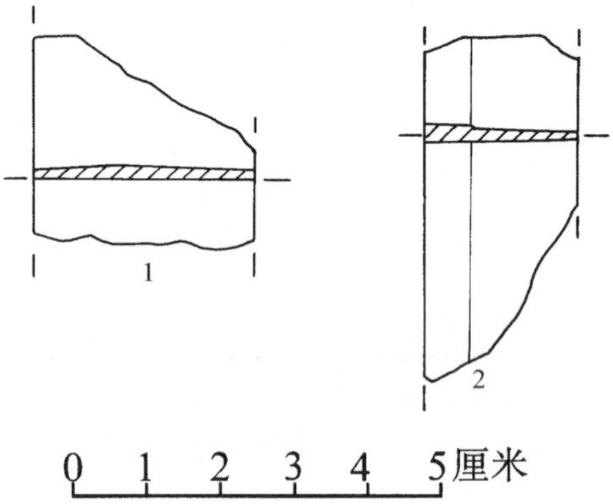

图九六　M69 出土玉圭

1. M69∶1　2. M69∶2

第四八节　M70

一、墓葬形制

方向 10°。长方形竖穴土坑墓，斜壁，口大于底，平底。长 2. 80 米，宽 1. 60 米，深 2. 60 米。（图九七）

葬具为单棺。长方形，长 2. 20 米，宽 0. 84 米，残高 0. 30 米，板灰厚 0. 03 米。人骨保存较好，仰身直肢，面朝东，双手置于腹部。

出土遗物有玉圭 2 件，出土于墓主人脚端。

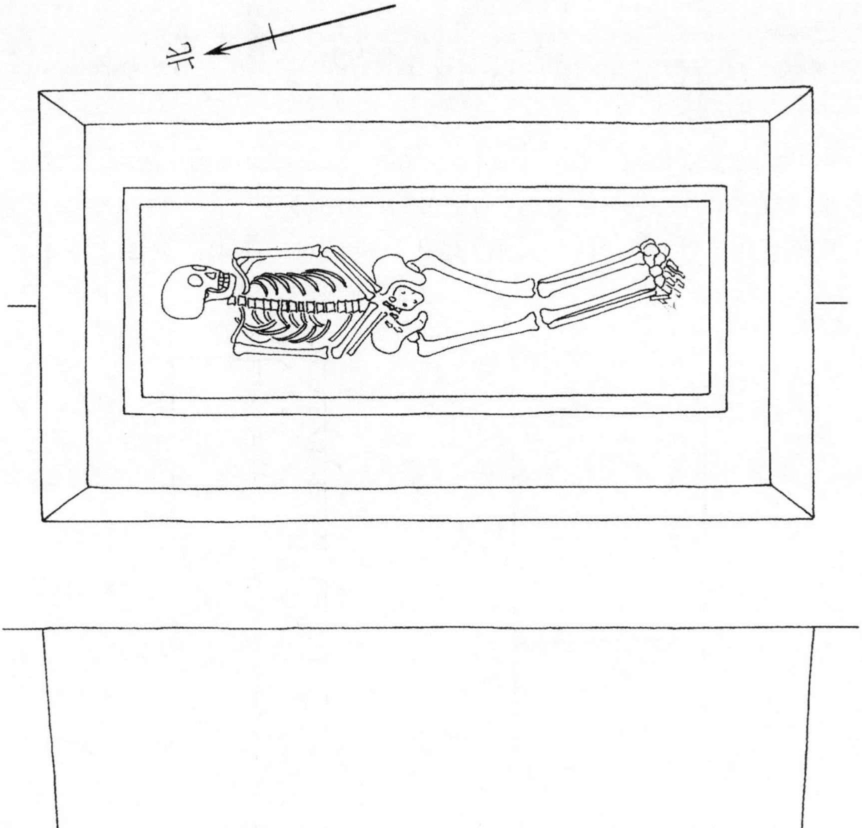

图九七 M70平、剖图
1、2. 玉圭

二、出土遗物

玉圭　2件。标本M70∶1，残，首端呈三角形，一面有解料时两面对锯形成的茬口。残长9.9厘米，宽2.9厘米。（图九八，1）标本M70∶2，仅存一段圭身，一面有解料时两面对锯形成的茬口，茬口附近有一圆形穿孔。残长6.7厘米，宽2.4厘米。（图九八，2）

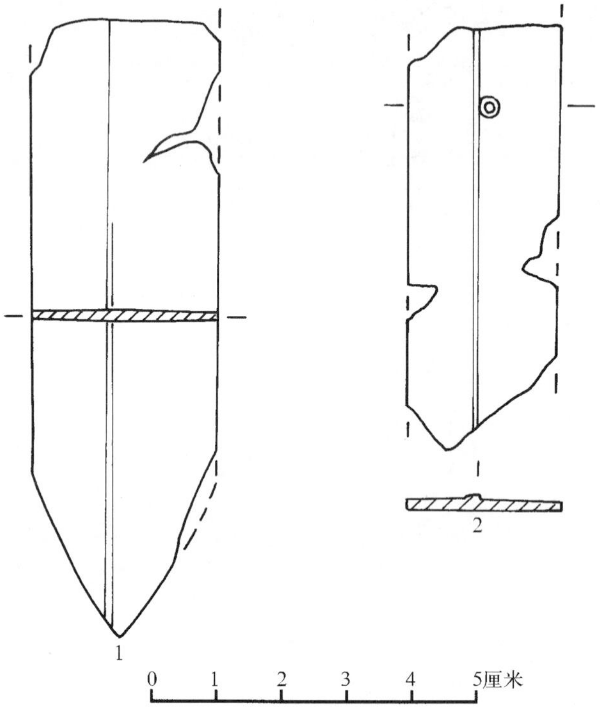

图九八　M70出土玉圭
1. M70∶1　2. M70∶2

第四九节　M71

一、墓葬形制

方向0°。长方形竖穴土坑墓，直壁，平底。长2.50米，宽1.40米，现存深度1.80米。（图九九）

葬具为单棺。棺长方形，长1.92米，宽0.78米，残高0.30米，板灰厚0.02米。人

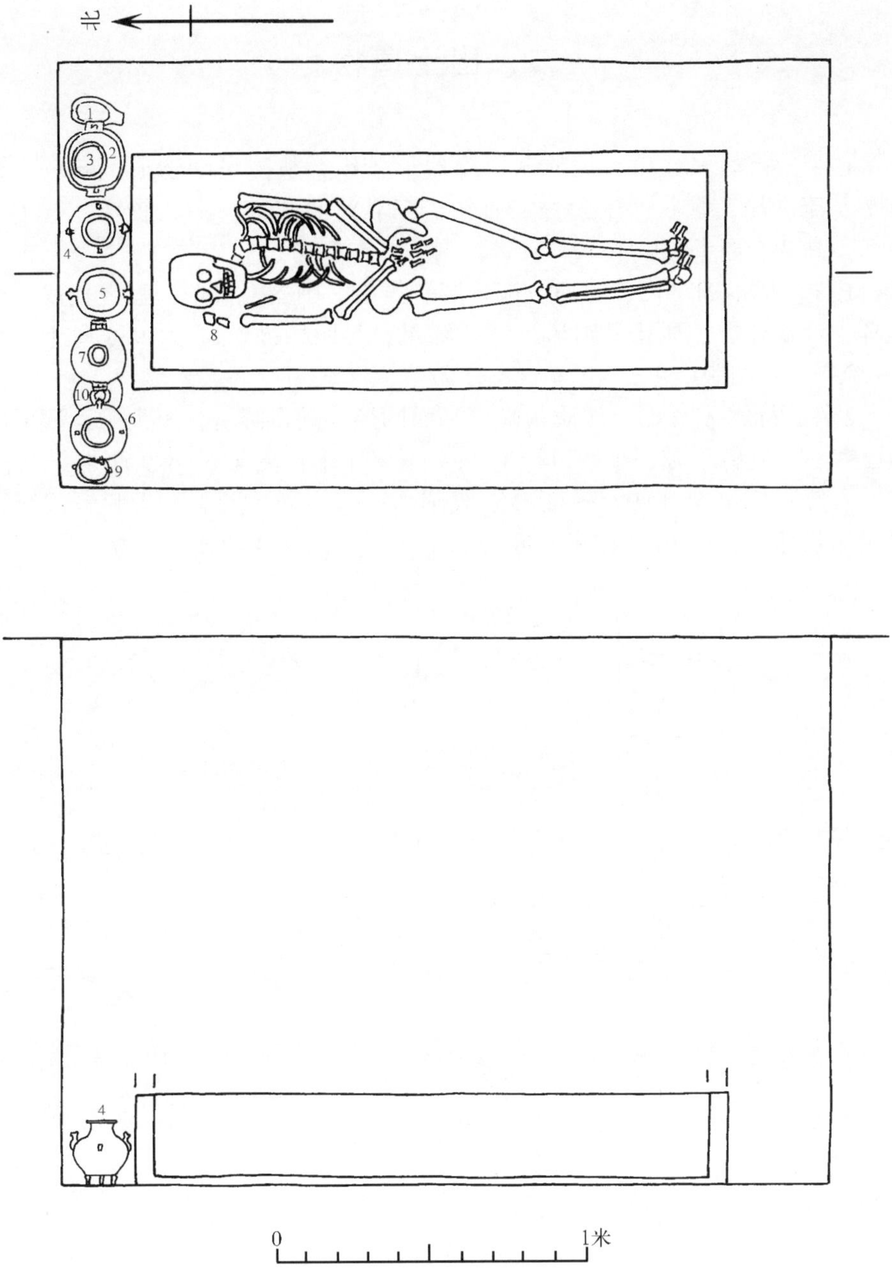

图九九　M71 平、剖图

1. 陶匜　2. 陶盘　3. 陶舟　4. 陶罍　5. 陶敦　6. 陶罍　7. 陶鼎　8. 蚌壳　9. 陶舟　10. 陶器盖

骨保存较好，仰身直肢，头向北，双手交叉放于腹部。

出土遗物 10 件，分别是陶鼎 1 件，陶罍 2 件，陶敦 1 件，陶舟 2 件，陶盘 1 件，陶匜 1 件，陶器盖 1 件，蚌壳 1 件。

二、出土遗物

陶匜　1件。标本M71∶1，泥质灰陶。器形较小，整体呈动物形。敞口，方唇，弧壁，底近平。流高昂，管状，尾为一实心钮，三乳钉足二前一后，较矮。长17.5厘米，宽9.8厘米，高7.5厘米。(图一〇〇，1；图版二一，1)

陶盘　1件。标本M71∶2，泥质灰陶。窄平折沿，圆唇，弧壁，盘腹较浅，圜底。一对宽扁立耳，耳端外折，耳孔呈圆形。三矮蹄足，足跟微鼓。口径19.8厘米，高7.6厘米。(图一〇一,3；图版二一，3)

陶舟　2件。标本M71∶3，泥质灰陶。平面圆形。敞口圆唇，短束颈，浅弧腹，圜底近平，钮已残，三乳钉足较矮小。口径11.4~11.9厘米，高4.6~4.9厘米。(图一〇〇，5；图版二一，2) 标本M71∶9，平面形态成圆形。口微敛，圆唇，折腹较浅，平底。口沿处一对泥饼状耳。口径10.2厘米，底径3.2厘米，高3.4厘米。(图一〇〇，4；图版

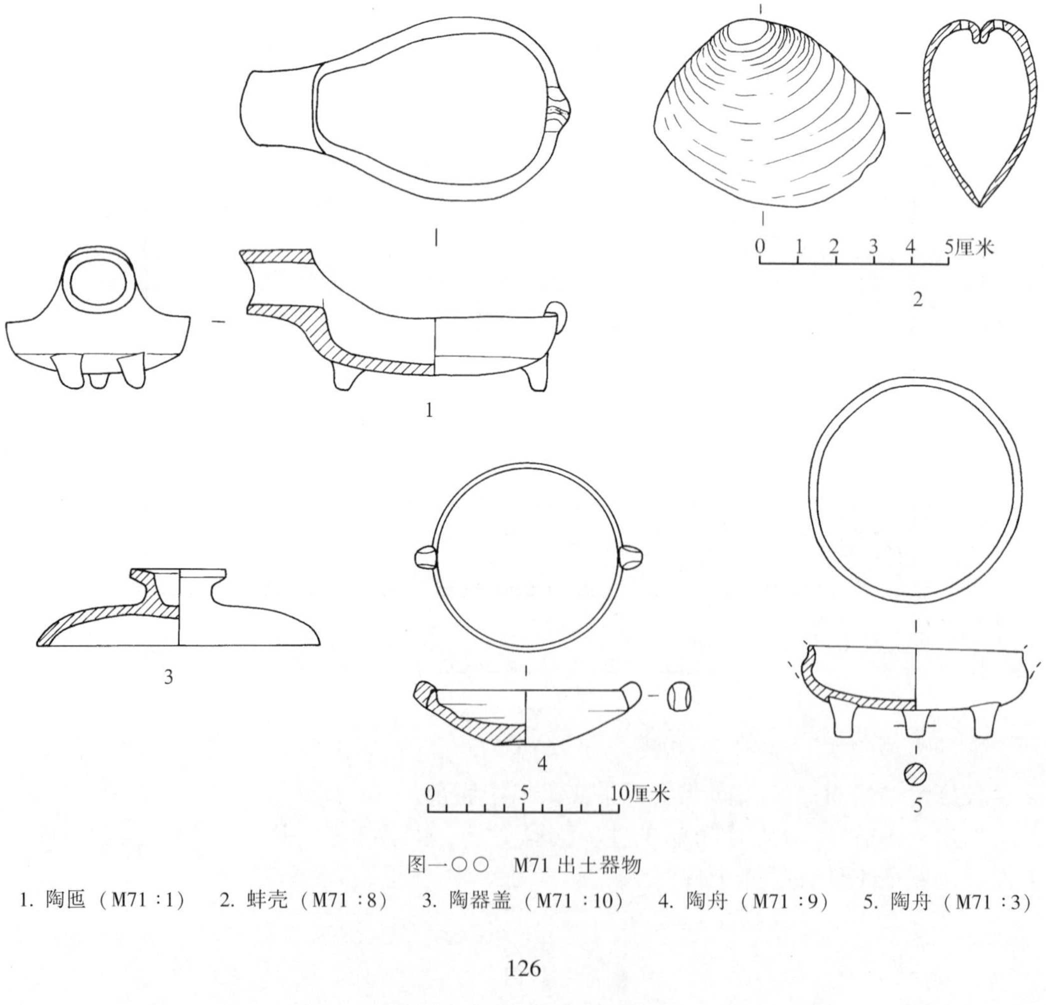

图一〇〇　M71出土器物

1. 陶匜（M71∶1）　2. 蚌壳（M71∶8）　3. 陶器盖（M71∶10）　4. 陶舟（M71∶9）　5. 陶舟（M71∶3）

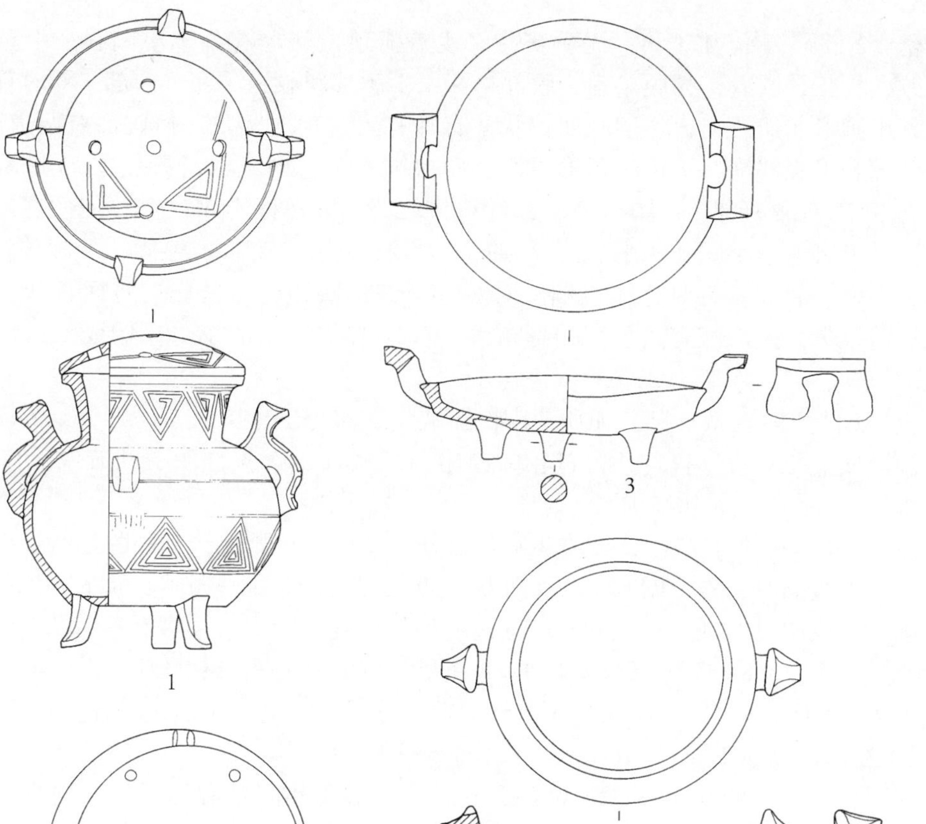

图一〇一　M71出土陶器

1. 罍（M71∶4）　2. 罍（M71∶6）　3. 盘（M71∶2）　4. 敦（M71∶5）　5. 鼎（M71∶7）

二一，5）

陶罍　2件。标本M71∶4，泥质灰陶。浅盖弧顶，其上有五个小圆孔。平折沿，方唇，斜颈，较长，圆肩，鼓腹略扁，腹部略深，下腹部斜收，平底。肩部一对对称爬兽和一对对称半圆形实钮，爬兽作躬身回首状，有耳有尾。三矮蹄足。肩腹部有两道凹旋纹，器盖、颈部和下腹部饰有黄色三角形雷纹，爬兽饰有黄色横条纹。口径12.3厘米，腹径17.2厘米，高21.2厘米。（图一〇一，1；图版二二，1）标本M71∶6，泥质红褐陶。浅盖弧顶，其上有七个小圆孔。平折沿，方唇，斜颈，较长，溜肩，鼓腹，下腹部斜收，腹部较深，平底。肩部一对对称爬兽和一对对称半圆形实钮，爬兽作躬身回首状，有耳有尾。三矮截锥足。颈部饰有黄色三角形雷纹。口径12厘米，腹径17.4厘米，高21.7厘米。（图一〇一，2；图版二二，3）

陶敦　1件。标本M71∶5，泥质灰陶。盖缺失。器身子母口，子口内敛，方唇，弧腹略深，浅圜底。一对对称兽首，兽首较为简略。三矮蹄足。腹部一道凸旋纹。口径14.8厘米，腹径18厘米，高10.7厘米。（图一〇一，4；图版二二，2）

陶鼎　1件。标本M71∶7，泥质灰陶。盖方唇，折壁，弧顶，有一圈足状捉手。器身子口方唇，弧腹圜底，方形附耳，耳尖外折，折处刀削，三足呈条状，正面和侧面用工具加以修削，形成明显的削痕，足和鼎腹通过榫卯结构连接固定。鼎腹有一道凸旋纹。口径15.4厘米，腹径18.8厘米，高19.4~19.8厘米。（图一〇一，5；图版二二，4）

陶器盖　1件。标本M71∶10，泥质红褐陶。方唇，弧壁，弧顶，上有一圈足状抓手。口径15.1厘米，高4.1厘米。（图一〇〇，3；图版二一，4）

蚌壳　1件。标本M71∶8，为双壳。平面近扇形，截面呈心形。长6厘米，宽5厘米，厚3厘米。（图一〇〇，2）

第五〇节　M72

一、墓葬形制

方向5°。长方形竖穴土坑墓，斜壁，口大于底，平底。长3.10米，宽2米，现存深度3.60米。墓坑东壁有一壁龛。壁龛距墓底1.20米，宽0.72米，高0.38米，进深0.36米。（图一〇二）

葬具为单棺。棺呈楔形，北宽南窄，长2.13米，宽0.78~0.86米，残存高度0.30米，板灰厚0.03米。人骨保存稍好。仰身直肢，双手置于腹部。

出土器物有7件，有陶鼎1件，陶盖豆1件，陶壶1件，陶盘1件，陶匜1件，陶豆1件，陶釜1件。其中大陶釜呈碎片状置于墓主人腰臀下，其余均出自壁龛。

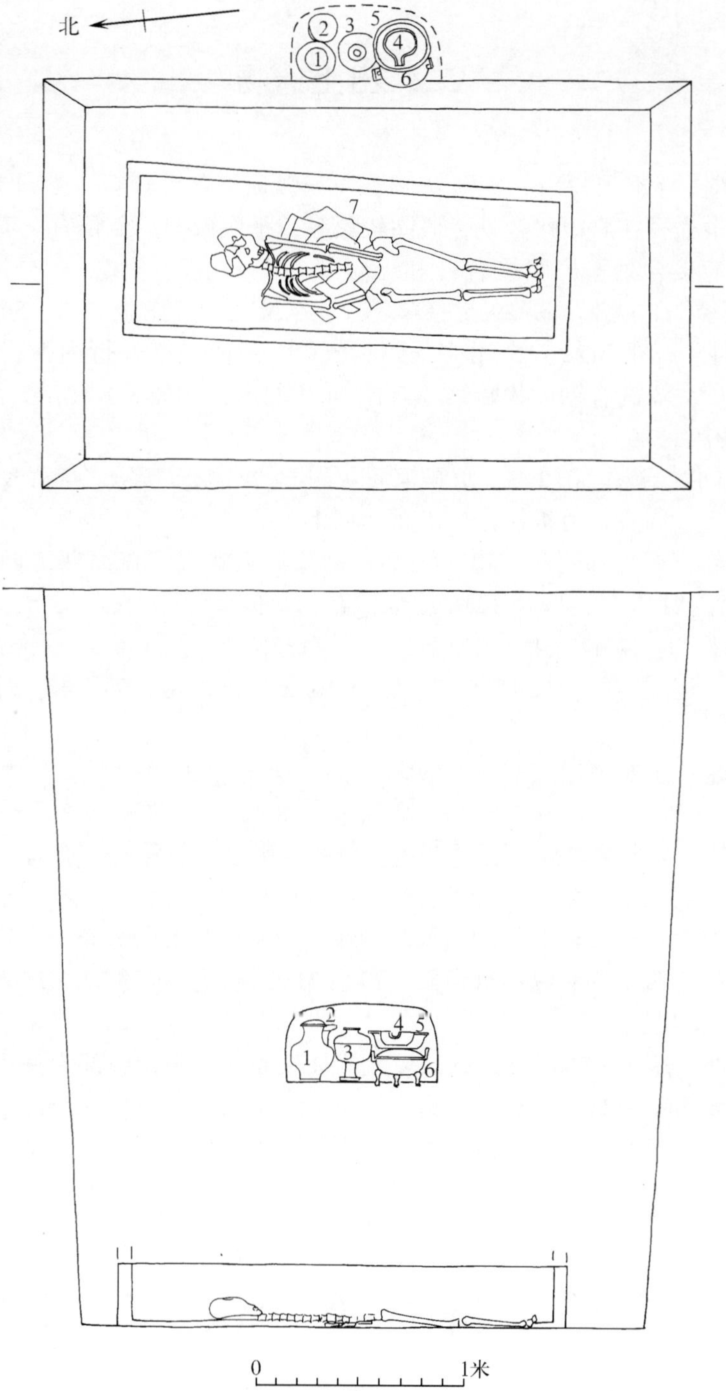

图一〇二　M72平、剖图
1. 陶壶　2. 陶豆　3. 陶盖豆　4. 陶匜　5. 陶盘　6. 陶鼎　7. 陶釜

二、出土遗物

陶壶　1件。标本M72:1，泥质灰陶。浅盖弧顶，盖舌较短。敞口方唇，长颈微束，广肩，弧腹，最大径在肩腹接合处，假圈较矮直，平底微凹。盖顶有三道折棱，颈部有一组凹弦纹，颈肩接合处、肩腹接合处和上腹部各有一组凹弦纹。口径11.2厘米，腹径19.3厘米，底径9.8厘米，高29.5厘米。（图一〇三，2；图版二二，5）

陶豆　1件。标本M72:2，泥质灰陶。敞口，圆唇，壁外折内弧，细长柄，喇叭状足，足外沿下凹。盘内有锯齿状暗纹。口径14.4厘米，底径8.8厘米，高7.4厘米。（图一〇三，6；图版二三，1）

陶盖豆　1件。标本M72:3，豆盖泥质灰陶，器身泥质褐陶。盖弧壁弧顶，较深，中部一圆饼状捉手，饰有一道折棱，口沿折而向下。器身子母口，圆唇，深盘折腹，瓦纹形上腹部略往外斜，下腹部弧收，束腰细柄较高，喇叭状底。盖面两组四道凹旋纹。口径19.5厘米，腹径21厘米，底径12.8厘米，高22厘米。（图一〇三，5；图版二三，2）

陶匜　1件。标本M72:4，泥质灰陶。平面椭圆形。敞口，方唇，弧壁，平底微凹。流较长，上翘，尾端内凹。长17.8厘米，宽16.5厘米，高6.7厘米。（图一〇三，7；图版二三，3）

陶盘　1件。标本M72:5，泥质灰陶。折沿方唇，折腹，上腹微弧，下腹斜收，平底。口径25.2厘米，底径10.2厘米，高6.2~6.8厘米。（图一〇三，8；图版二三，4）

陶鼎　1件。标本M72:6，泥质灰陶。盖弧壁平顶，较深，分布有三半圆形实钮。器身子口内敛，圆唇，腹部微鼓，较深，浅圜底。方形附耳外斜，三半圆形实心蹄足，足跟宽扁，足尖外凸。盖面一道折棱和两周凸旋纹，凸旋纹间等距分布三实钮，腹部一道折棱和一道凸旋纹，上腹部饰有纵向锯齿纹。口径21.2厘米，腹径22.4厘米，高20.2厘米。（图一〇三,1；图版二三，5）

陶釜　1件。标本M72:7，肩部及以上为夹细砂灰褐陶，腹部为夹粗砂灰褐陶。形体大，分上下两部分分制好后接合在一起。平折沿，较窄，方唇，折肩，下腹部和底缺失。肩部素面抹平，肩部稍下饰有一圈绳索纹，其下为粗绳纹。肩部刻有两陶文"吕□"。口径38厘米，腹径54.8厘米，残高23.5厘米。（图一〇三，3、4）

第五一节　M76

一、墓葬形制

方向5°。长方形竖穴土坑墓，斜壁，口大于底，平底。长3.10米，宽1.80米，现存深度2.40米。在墓葬东壁有一圆形盗洞。（图一〇四）

图一〇三　M72 出土陶器

1. 鼎（M72：6）　2. 壶（M72：1）　3. 釜（M72：7）　4. 釜肩部陶文拓片（M72：7）
5. 盖豆（M72：3）　6. 豆（M72：2）　7. 匜（M72：4）　8. 盘（M72：5）

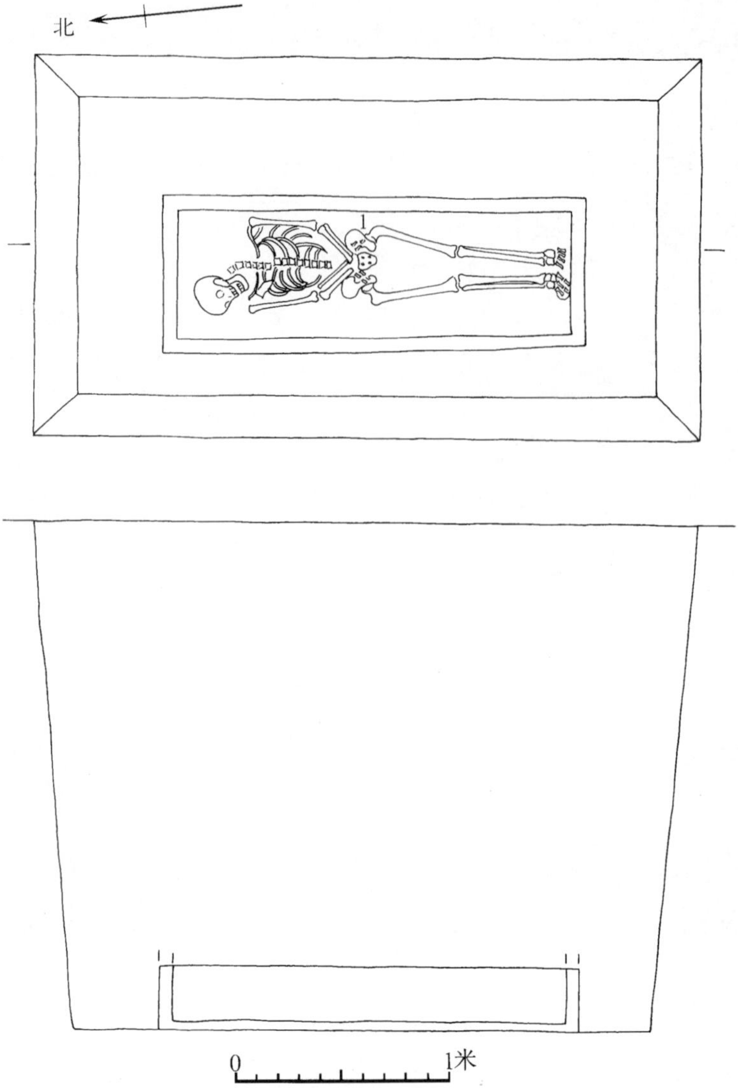

图一〇四　M76平、剖图
1. 陶鬲

葬具为单棺。棺长1.96米，宽0.70米，残高0.30米，板灰厚0.04米。人骨保存较好，仰身直肢，头向北，面向西，双手交叉放于腹部。

出土遗物有陶鬲1件，打破放于墓主人腰臀部下面。

二、出土遗物

陶鬲　1件。标本M76∶1，夹砂红陶。仅存部分残片。残8厘米。

第五二节　M77

一、墓葬形制

方向350°。长方形竖穴土坑墓，斜壁，口大于底，平底。长2.60米，宽1.60米，现存深度2.80米。（图一〇五）

葬具为单棺。棺长方形，长2米，宽0.70米，残高0.30米，板灰厚0.03米。人骨保存不全，仰身直肢，头向北。

该墓盗扰严重，出土遗物有陶釜1件，打破后放于墓主人腰臀部下。

二、出土遗物

陶釜　1件。标本M77∶1，肩部及以上为夹细砂红陶，腹部、底和足为夹粗砂红陶。形体大，分上下两部分制好后接合在一起，接合处位于肩部稍下。仰折沿，较窄，方唇，短颈，折肩，下腹部弧鼓，大圜底近平，三乳状足较大，间距较大。肩部素面抹平，肩部稍下有一圈网格纹，下腹部和底较为粗糙。口径35.8厘米，腹径47.5厘米，高33.5厘米。（图一〇六；图版一五，4）

第五三节　M78

一、墓葬形制

方向10°。长方形竖穴土坑墓，斜壁，口大于底，平底。长2.80米，宽1.80米，现存深度3.40米。（图一〇七）

葬具为单棺。棺平面呈楔形，长1.80米，宽0.64～0.76米，北宽南窄，残高0.10米，板灰厚0.02米。人骨保存极差，侧身曲肢，头向北。

出土遗物12件，分别是陶敦1件，陶鼎1件，陶罍2件，陶鬲1件，陶舟1件，陶盘1件，陶匜1件，陶叶形饰1件，陶鸟2件，陶器盖1件。随葬品放置于棺外北侧。

二、出土遗物

陶敦　1件。标本M78∶1，泥质灰陶。盖弧壁弧顶，较浅，中部有一圈足状捉手。器

图一〇五　M77 平、剖图
1. 陶釜

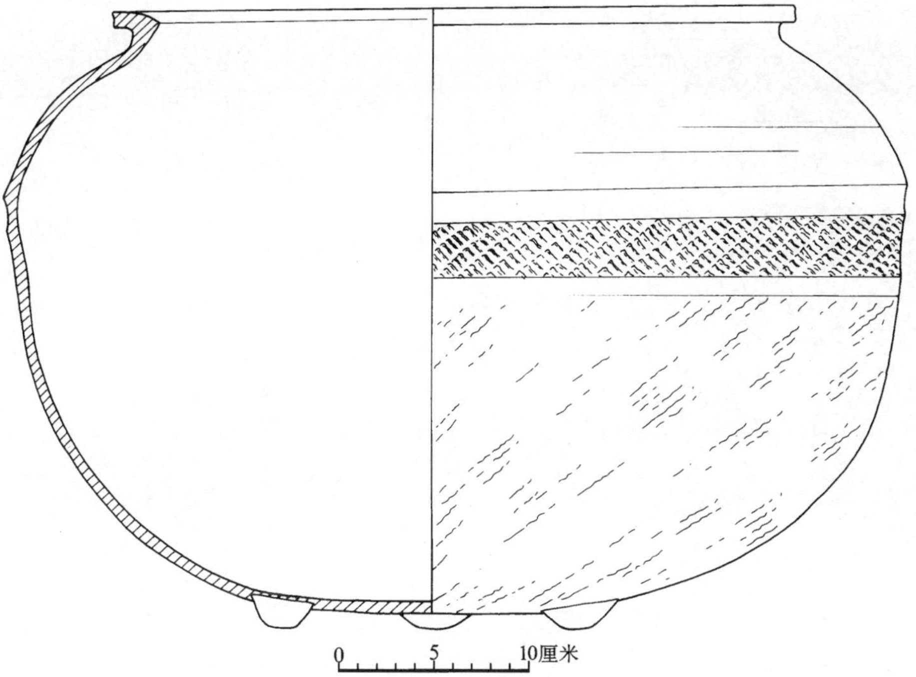

图一〇六　M77 出土陶釜（M77∶1）

身子母口，子口内敛，方唇，弧腹略深，浅圜底。一对对称兽首，兽首较为简略。三矮蹄足。口径 15.5 厘米，高 13.4 厘米。（图一〇八，3；图版二四，1）

陶鼎　1 件。标本 M78∶2，泥质灰陶。仅存部分残片。子口方唇，弧腹深圜底，方形附耳，三足残。鼎腹有一道凸棱。口径 16 厘米，腹径 19 厘米，残高 11 厘米。

陶罍　2 件。标本 M78∶3，泥质褐陶。盖残，仅能辨识上有两圆孔。折沿方唇，颈微斜，圆肩，鼓腹，下腹斜收，平底。肩腹接合处有四个爬兽，作躬身回首状，有首有尾，面部模糊，仅能辨识嘴和耳。三蹄足较细较矮。肩部和上腹部有三道凹弦纹，腹部有朱绘残痕。口径 14.8 厘米，腹径 21.2 厘米，高 24.2 厘米。（图一〇八，2；图版二四，2）标本 M78∶4，泥质褐陶。浅盖弧顶，上有五个圆孔。折沿方唇，颈微斜，圆肩，鼓腹，下腹斜收，平底。肩腹接合处有四个爬兽，作躬身回首状，有首有尾，面部模糊，仅能辨识嘴和耳。三蹄足较细较矮。腹部有朱绘残痕。口径 14.2 厘米，腹径 20.8 厘米，高 22.2～22.7 厘米。（图一〇八，1；图版二四，4）

陶鬲　1 件。标本 M78∶5，肩部及口沿为夹细砂褐陶，腹部为夹粗砂褐陶。残。卷沿，圆唇，圆肩，小袋足。肩部饰有数十道凹旋纹，肩部稍下饰有一周绳索纹，腹部残片饰有粗绳纹。口径 24 厘米，残高 10 厘米。

陶舟　1 件。标本 M78∶6，泥质红褐陶。椭圆形。敞口圆唇，短束颈，弧腹较深，圜底。颈部有一对兽首耳，兽首双角和嘴清晰，三蹄足较矮小。口径 14.8～16.9 厘米，高 8.4 厘米。（图一〇八，4；图版二四，5）

陶盘　1 件。标本 M78∶7，泥质灰褐陶。窄平折沿，方唇，弧壁，盘腹较浅，圜底。

图一〇七　M78 平、剖图

1. 陶敦　2. 陶鼎　3、4. 陶罍　5. 陶鬲　6. 陶舟　7. 陶盘　8. 陶匜

一对宽扁立耳，耳端外折，耳孔呈方形，整体形态呈简化兽首形。三矮蹄足，足跟微鼓。口径 22.6 厘米，高 7.6~8.3 厘米。（图一〇八，5；图版二四，6）

陶匜　1 件。标本 M78∶8，泥质红褐陶。器形小，整体呈动物形。敞口，方唇，折壁，圜底。流较平，管状，尾部残，三矮蹄足，二前一后。长 20.4 厘米，宽 11 厘米，高 9 厘米。（图一〇八，8；图版二四，3）

陶器盖　1 件。标本 M78∶11，泥质灰陶。方唇，弧壁弧顶，中部有一圈足状捉手。口径 19.3 厘米，高 6.7 厘米。（图一〇八，9；图版二四，7）

陶叶形饰　1 件。标本 M78∶9，泥质褐陶。部分残，叶柄较短，叶片尖端弧曲，正面有朱绘残痕。长 7.7 厘米，宽 3.6 厘米，厚 0.6 厘米。（图一〇八，7）

陶鸟　2 件。标本 M78∶10，泥质褐陶。尖喙，长颈，弧背，尾微垂，独足。长 7.5

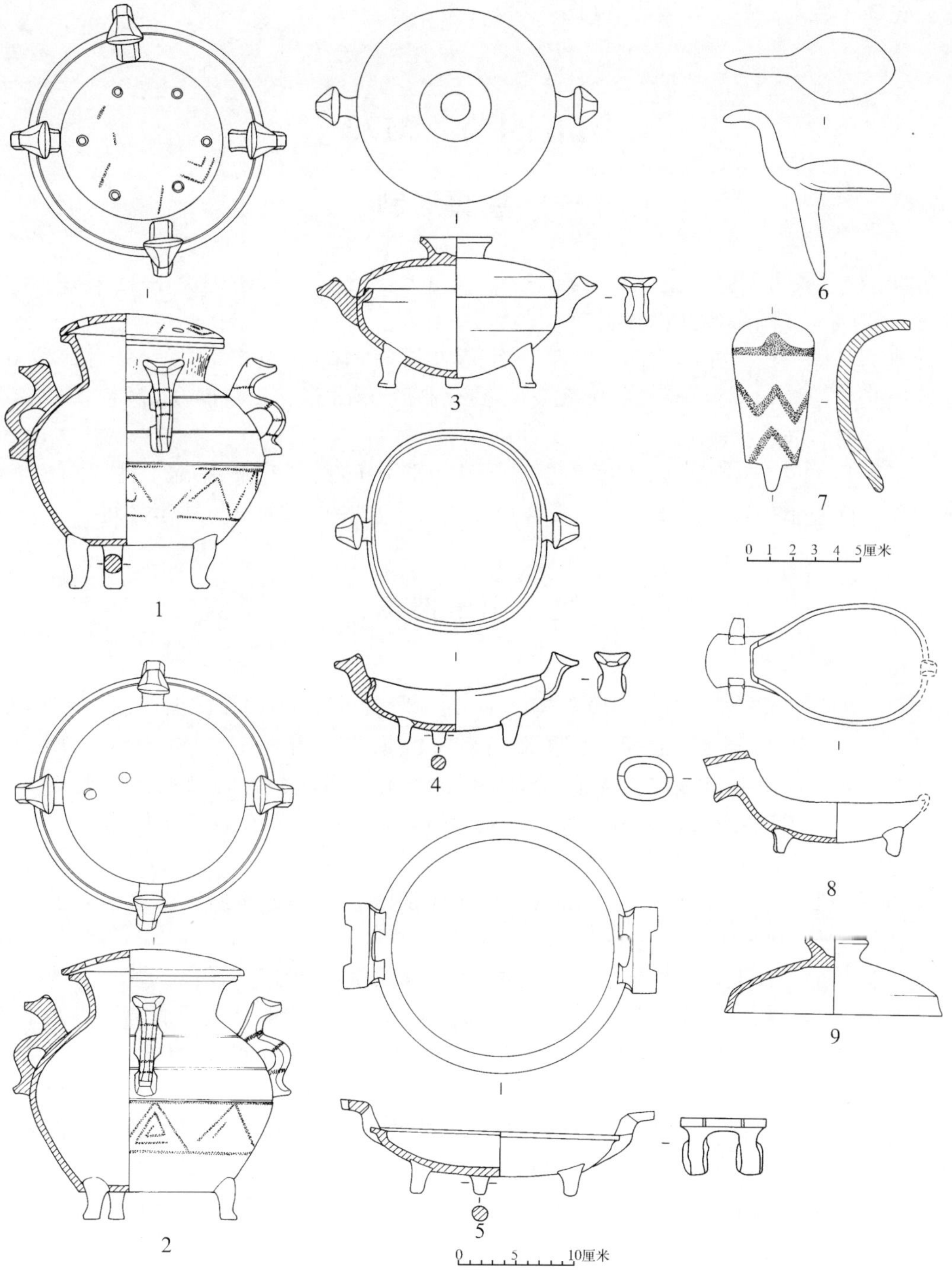

图一〇八　M78 出土陶器

1. 罍（M78∶4）　2. 罍（M78∶3）　3. 敦（M78∶1）　4. 舟（M78∶6）　5. 盘（M78∶7）　6. 鸟（M78∶10）　7. 叶形饰（M78∶9）　8. 匜（M78∶8）　9. 器盖（M78∶11）

厘米，宽 3. 1 厘米，高 7. 5 厘米。（图一〇八，6）

第五四节　M79

一、墓葬形制

方向 10°。长方形竖穴土坑墓，斜壁，口大于底，平底。长 3. 04 米，宽 2. 12 米，现存深度 4. 40 米。（图一〇九；彩版二六）

葬具为一椁一棺。外椁平面呈“Ⅱ”字形，长 2. 24 米，宽 1. 30 米，残存高度 0. 18 米。内棺长方形，长 1. 96 米，宽 0. 70 米，残存高度 0. 18 米，板灰厚 0. 02 米。人骨腐朽较严重，仰身直肢，面朝东。

出土器物 11 件，有陶鼎 1 件，陶盖豆 1 件，陶壶 1 件，陶高柄小壶 1 件，陶盘 1 件，陶匜 1 件，陶豆 1 件，陶鬲 1 件，玉料 3 块，均位于墓葬东部内棺与外椁之间。

二、出土遗物

陶豆　1 件。标本 M79∶1，泥质灰陶。敞口，圆唇，壁外折内弧，细长柄，喇叭状足，足外沿下凹。口径 13 厘米，底径 9. 1 厘米，高 18. 8 厘米。（图一一〇，8；图版二五，1）

陶盘　1 件。标本 M79∶2，泥质灰陶。折沿方唇，折腹，上腹微弧，下腹斜收，平底。上腹部有一道凹槽。口径 30. 6 厘米，底径 14. 4 厘米，高 7. 3～7. 7 厘米。（图一一〇，2；图版二五，3）

陶匜　1 件。标本 M79∶3，泥质灰陶。平面椭圆形。敞口，方唇，弧壁，大平底。流较长，微翘。长 19. 5 厘米，宽 18. 4 厘米，高 7. 6 厘米。（图一一〇，9；图版二五，4）

陶高柄小壶　1 件。标本 M79∶4，泥质灰陶。盖面两道折棱，平顶，短舌。敞口，方唇，束颈略长，广肩，扁腹，最大径位于肩部，细柄较高，喇叭状底。肩部饰有两组四道凹旋纹。口径 5 厘米，腹径 10. 2 厘米，底径 7. 5 厘米，高 18. 8 厘米。（图一一〇，7；图版二五，2）

陶盖豆　1 件。标本 M79∶5，泥质灰陶。盖弧壁弧顶，较深，中部一圆饼状捉手，口沿略往下弧。器身子母口，圆唇，深盘折腹，瓦纹形上腹部近直，下腹部弧收，束腰细柄较高，喇叭状底。盖面饰有两组四道凹旋纹。口径 19. 5 厘米，底径 14 厘米，高 26. 4 厘米。（图一一〇，10；图版二五，5）

陶鼎　1 件。标本 M79∶6，泥质灰陶。盖弧壁平顶，较浅，分布三半圆形实钮。器身子口内敛，圆唇，鼓腹圜底，腹部深。方形附耳外斜，耳端内侧刀削。三圆形空心蹄足，足跟宽扁，足尖高蹄。盖面一道折棱和两周凸旋纹，凸旋纹间等距分布三实钮，腹部两道凸旋纹，上腹部和器耳饰有纵向锯齿纹。口径 19. 6 厘米，腹径 24. 8 厘米，高 23. 8 厘米。

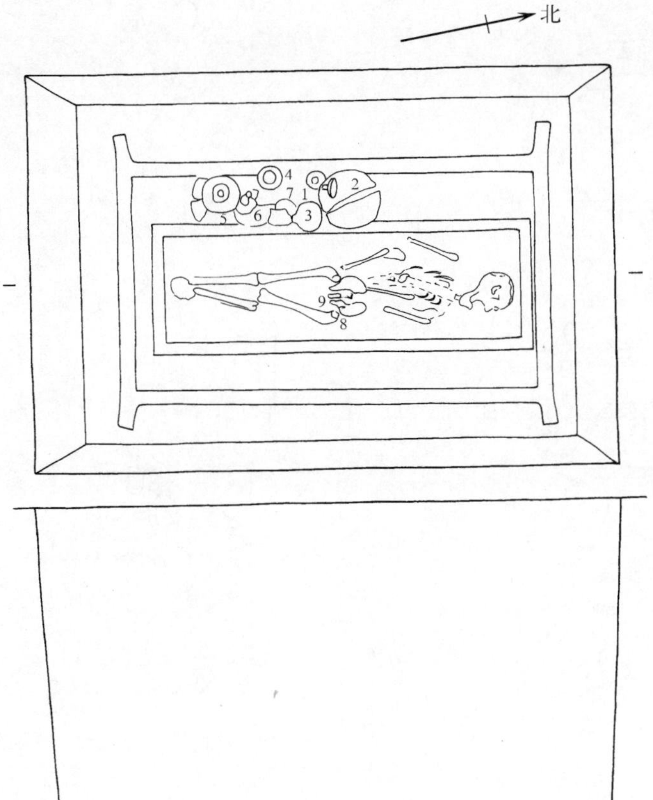

图一〇九　M79平、剖图
1. 陶豆　2. 陶盘　3. 陶匜　4. 陶高柄小壶　5. 陶盖豆　6. 陶鼎　7. 陶壶　8. 陶鬲　9. 玉料

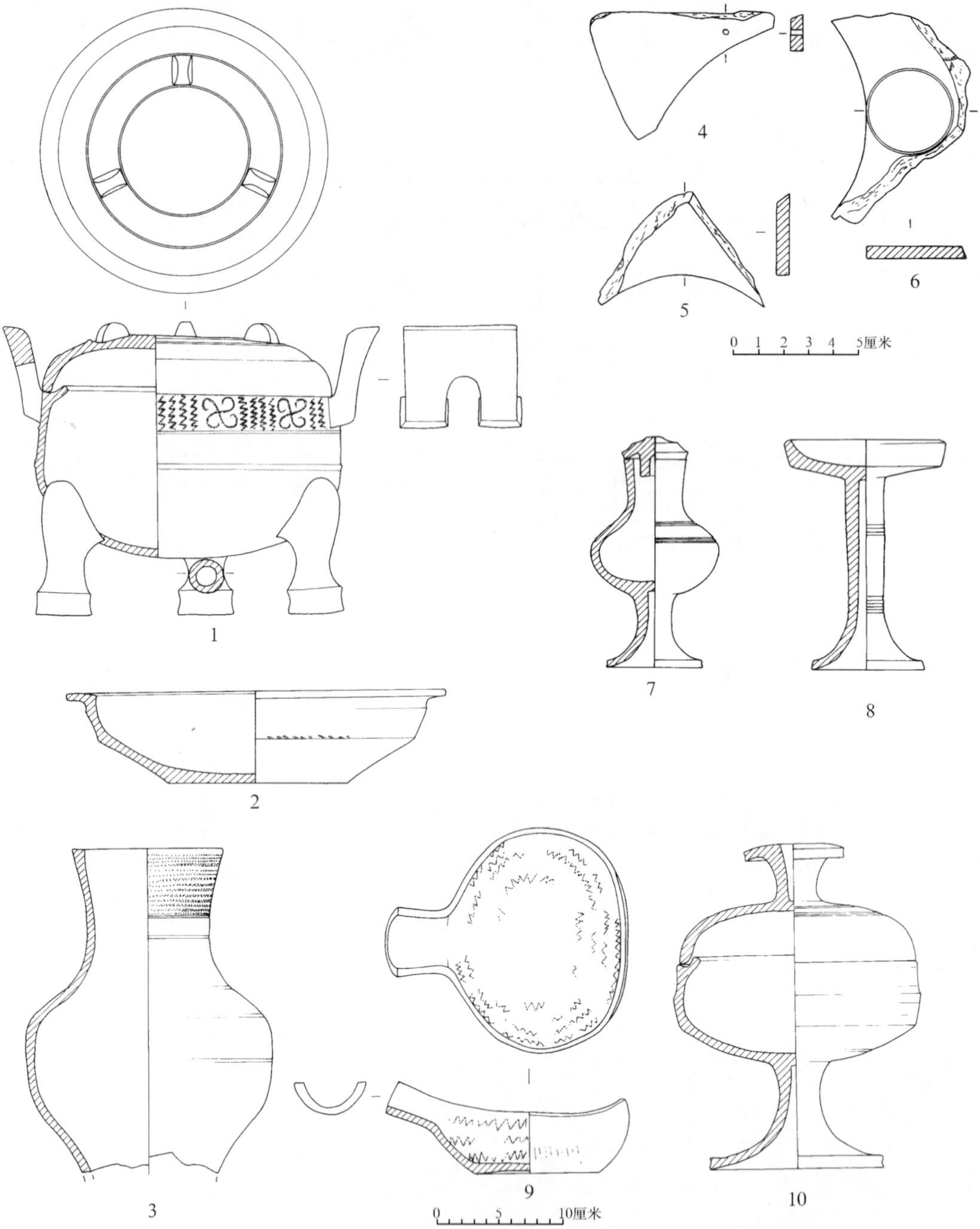

图一一〇　M79出土器物

1. 陶鼎（M79∶6）　2. 陶盘（M79∶2）　3. 陶壶（M79∶7）　4、5、6. 玉料（M79∶9）
7. 陶高柄小壶（M79∶4）　8. 陶豆（M79∶1）　9. 陶匜（M79∶3）　10. 陶盖豆（M79∶5）

（图一一〇，1；图版二六，1）

陶壶　1件。标本M79∶7，无盖。泥质灰陶。敞口方唇，长颈微束，广肩，弧腹，最大径在肩腹接合处，以下残。颈部有二道凹弦纹，颈肩接合处、肩腹接合处和上腹部各有一组凹弦纹。口径12.2厘米，腹径20厘米，残高26.5厘米。（图一一〇，3）

陶鬲　1件。标本M79∶8，肩部以上为夹细砂灰褐陶，腹部为夹粗砂灰褐陶，砂粒较大。残。厚平折沿，沿面两道凹旋纹，较窄，厚方唇，折肩，斜弧腹。肩部素面抹平，肩部刻有一字，下腹部为斜向粗绳纹。口径48厘米，残高17厘米。

玉料　3块。标本M79∶9，青绿色，形体较大，其中两块为三角形，一块为不规则四边形，三块都有一边为弧边，其中一三角形料的一角处有一穿孔，另一块四边形料的中部有一圆形痕迹，应是一个未完成的加工痕迹。最大者长9.5厘米，宽4.5厘米，厚0.5厘米，最小者长6.5厘米，宽3.4厘米，厚0.5厘米。（图一一〇，4、5、6；彩版二〇，5）

第五五节　M81

一、墓葬形制

方向5°。长方形竖穴土坑墓，斜壁，口大于底，平底。长2.92米，宽2米，现存深度3.20米。（图一一一）

葬具为单棺。棺长方形，长2.10米，宽1.14米，残高0.20米，板灰厚0.02米。人骨保存较差，仰身直肢，双手交叉放于腹部。

出土遗物10件。分别是玉片饰3件，玉柱1件，陶叶形饰5件，铜舟1件。

二、出土遗物

陶叶形饰　5件。标本M81∶4，泥质褐陶。部分残。叶柄较短，叶片尖端弧曲。长5.6厘米，宽2.6厘米，厚0.6厘米。（图一一二，2）

铜舟　1件。标本M81∶3，整体椭圆形。敞口方唇，颈微束，弧腹，平底。上腹部有一对环形钮。钮与器身分别制作后焊接而成。口径12.6~16厘米，底径7.7~9.8厘米，高5.9~6.2厘米。（图一一二，1；彩版二七，1、2）

玉柱　1件。标本M81∶1，呈八棱柱体，偏紫红色，器身光滑。直径1厘米，高2.1厘米。（图一一二，4；彩版二〇，3）

玉片饰　3件。标本M81∶2，为不透明紫红色，四角有穿孔，素面，短边为直边，长边有齿。长3.3厘米，宽2.5厘米，厚0.2厘米。（图一一二，3）

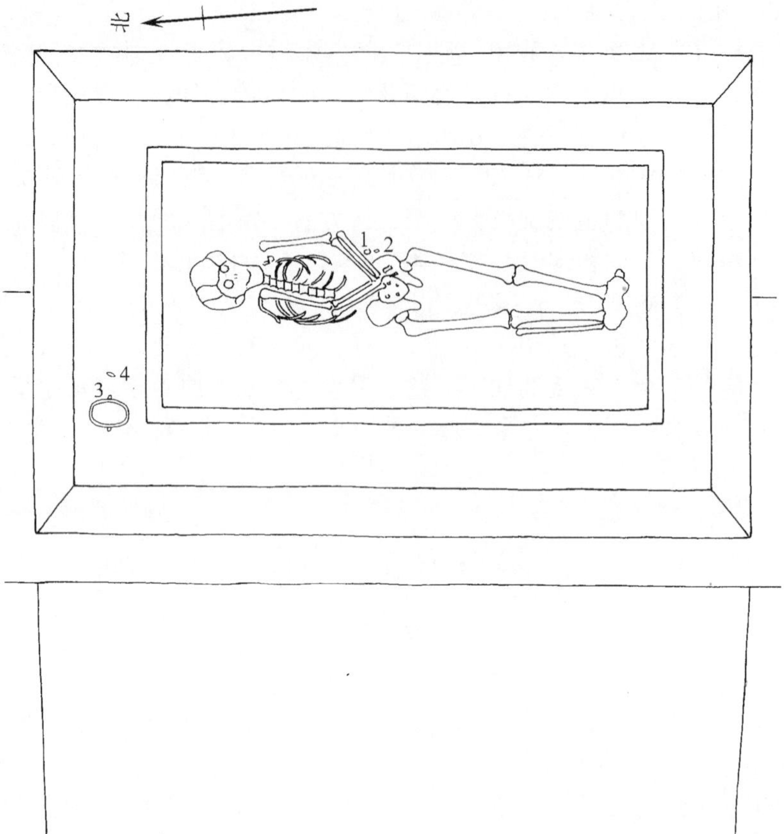

图一一一　M81 平、剖图

1. 玉柱　2. 玉片饰　3. 铜舟　4. 陶叶形饰

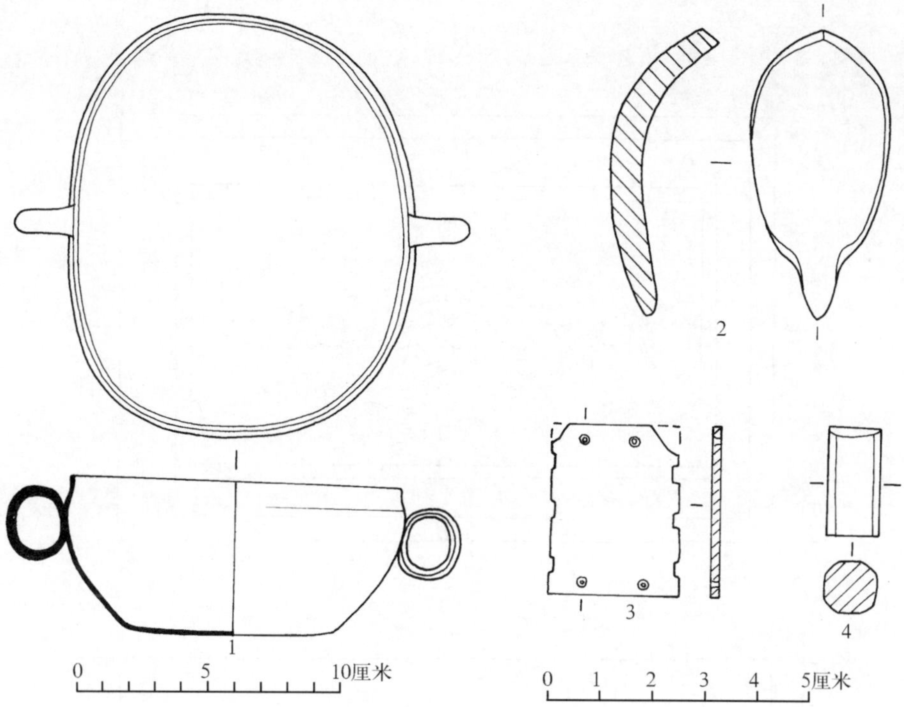

图一一二　M81出土器物

1. 铜舟（M81：3）　2. 陶叶形饰（M81：4）　3. 玉片饰（M81：2）　4. 玉柱（M81：1）

第五六节　M82

一、墓葬形制

方向350°。长方形竖穴土坑墓，斜壁，口大于底，平底。长2.70米，宽1.80米，现存深度2.90米。(图一一三)

葬具为单椁。椁长方形，长2.22米，宽1.23米，残高0.40米，板灰厚0.03米。人骨保存较好，仰身直肢，头向北，双手交叉放于腹部。

出土遗物6件，分别是陶鬲1件，陶匜1件，陶敦1件，陶盘1件，陶鼎1件，玉圭1件。随葬品玉圭位于墓主人头骨右侧，其余均位于骨架下面。

二、出土遗物

陶鬲　1件。标本M82:1，肩部以上为夹细砂灰褐陶，腹部为夹粗砂灰褐陶，砂粒较大。器形较大，平折沿，较窄，方唇，圆肩，斜弧腹，底部缺失。肩部饰有十余道凹旋

图一一三　M82平、剖图

1. 陶鬲　2. 陶匜　3. 陶敦　4. 陶盘　5. 玉圭　6. 陶鼎

纹，下腹部为斜向粗绳纹。口径 31 厘米，腹径 43 厘米，残高 28 厘米。(图一一四，1)

陶匜　1 件。标本 M82∶2，泥质红褐陶。器形小，整体呈动物形。敞口，方唇，折壁，圜底。流较平，管状；尾为一圆点。长 13.9 厘米，宽 7.6 厘米，高 5.1 厘米。(图一一四，4；图版二六，3)

陶敦　1 件。标本 M82∶3，泥质红褐陶。盖方唇，弧壁，弧顶，上有一饼状捉手。器身子口方唇，浅腹，上腹微弧，下腹斜收，平底，上腹部近口处有一对兽首形耳，兽首模糊，仅能辨识嘴和双耳。口径 12.8 厘米，腹径 14.9 厘米，底径 7.4 厘米，高 8.4 厘米。(图一一四,5；图版二六，4)

陶盘　1 件。标本 M82∶4，泥质红褐陶。敞口，方唇，弧壁，浅圜底。一对立耳。口径 19.5~20.4 厘米，高 5.2 厘米。(图一一四，3；图版二六，5)

陶鼎　1 件。标本 M82∶6，泥质红褐陶。盖方唇，弧壁，弧顶，有三个半圆形实钮。器身子口方唇，浅弧腹，圜底近平，方形附耳，耳尖外折，折处刀削，三足呈条状，足内侧有一道划痕，足和鼎腹通过榫卯结构连接固定。口径 26.6 厘米，高 14.8 厘米。(图一

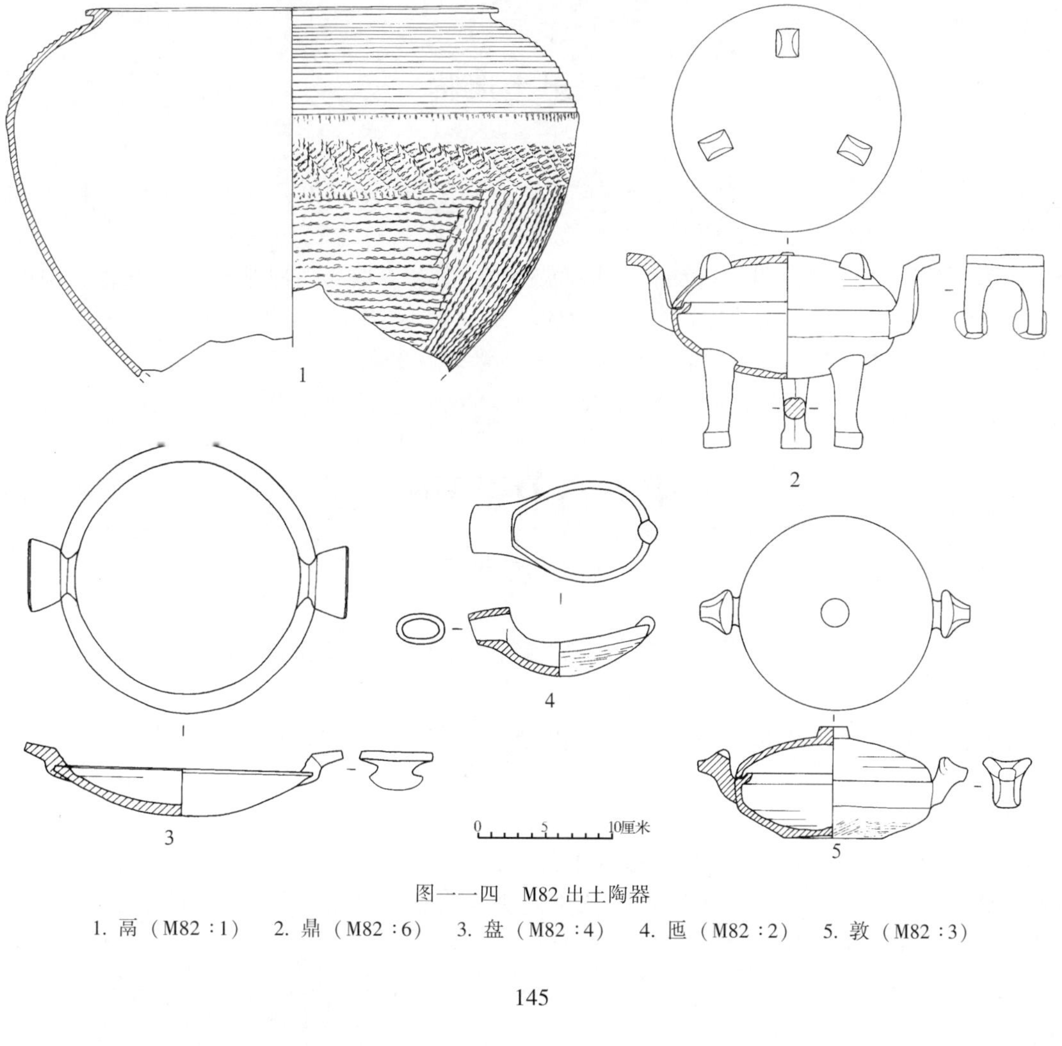

图一一四　M82 出土陶器

1. 鬲（M82∶1）　2. 鼎（M82∶6）　3. 盘（M82∶4）　4. 匜（M82∶2）　5. 敦（M82∶3）

一四，2；图版二六，2）

玉圭　1件。标本M82∶5，较残碎，乳白色。

第五七节　M84

一、墓葬形制

方向350°。为长方形竖穴土坑墓，斜壁，口大于底，平底。长2.90米，宽2.20米，深4米。（图一一五）

葬具为一椁一棺，均为长方形。椁长2.26米，宽1.40米，残高0.40米，板灰厚0.02米。棺长1.90米，宽0.86米，残高0.22米，板灰厚0.02米。人骨保存较完整，仰身直肢，双手置于两侧。

出土玉片饰4件，位于墓主人胸前。

二、出土遗物

玉片饰　4件。标本M84∶1-1，形体较大，为不透明紫红色，四角有穿孔，素面，四边有齿。长4.3厘米，宽3.2厘米，厚0.2厘米。（图一一六，1）标本M84∶1-2，形体较小，为不透明紫红色，四角有穿孔，素面，四边有齿。长3.3厘米，宽3厘米，厚0.1厘米。（图一一六，2）标本M84∶1-3，形体较小，为不透明紫红色，四角有穿孔，素面，四边有齿。长3.2厘米，宽2.8厘米，厚0.1厘米。（图一一六，3）

第五八节　M85

一、墓葬形制

方向5°。长方形竖穴土坑墓，斜壁，口大于底，平底。长3.40米，宽2.80米，现存深度4.50米。（图一一七）

葬具为一椁一棺。外椁长方形，长2.48米，宽1.54米，残存高度0.50米，板灰厚0.02米。内棺长方形，长1.98米，宽0.82米，残存高度0.24米，板灰厚0.02米。人骨保存稍好。仰身直肢，双手置于腹部。

出土器物26件，有玉璧1件，玉环1件，铜璜21件，铜铃2件，陶鬲1件。大陶鬲呈碎片状置于墓主人腰臀下，玉璧位于墓主人头骨附近，其余均位于棺和椁之间，在椁四角分别置一铜璜，北端正中有一玉环，东北角有一铜铃。

图一一五　M84 平、剖图
1. 玉片饰

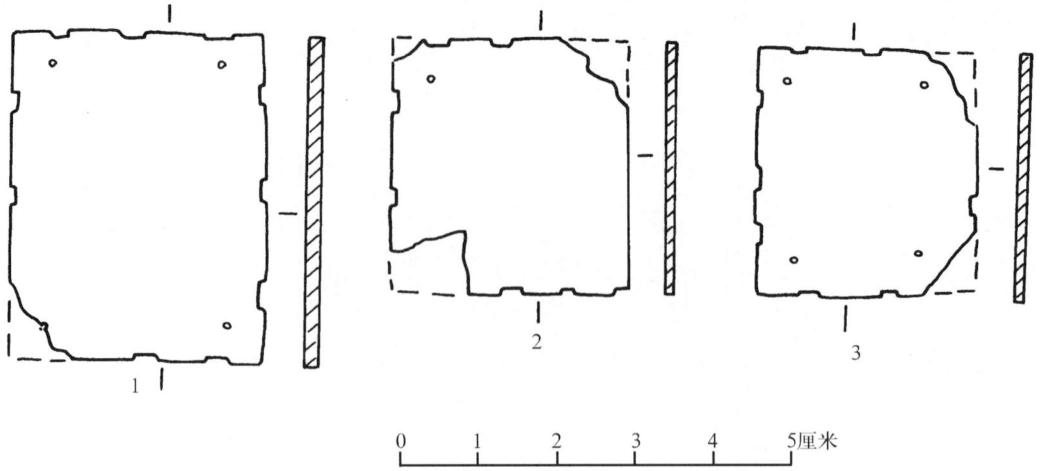

图一一六　M84 出土玉片饰

1. M84：1-1　2. M84：1-2　3. M84：1-3

二、出土遗物

陶鬲　1 件。标本 M85∶5，肩部以上为夹细砂灰褐陶，腹部为夹粗砂灰褐陶，砂粒较大。残。平折沿，较窄，方唇，折肩，斜弧腹。肩部饰有十余道凹旋纹，肩部稍下，饰有两周绳索纹，下腹部为斜向粗绳纹。口径 34 厘米，腹径 48.4 厘米，残高 19 厘米。（图一一八，1）

铜铃　2 件。标本 M85∶4，平底，上有环状挂钮，铃身合瓦形，铃舌因锈蚀紧贴铃身，无法分辨形制。长 3.6 厘米，宽 1.8 厘米。（图一一八，2、3）

铜璜　21 件。标本 M85∶2，其中 3 件残。桥形，一面有郭，顶部有圆形穿孔。素面无纹。尺寸分别为长 10.1 厘米，宽 1.7 厘米；长 10.6 厘米，宽 2.1 厘米；长 10.5 厘米，宽 2.9 厘米；长 10 厘米，宽 2.4 厘米；长 10 厘米，宽 2.1 厘米。（图一一八，4、5、6、10、11；彩版二八）

玉璧　1 件。标本 M85∶1，偏紫红色；两面平；面背均有内外郭，均较窄；好孔两面钻。面背肉身均有一圈细线刻画的卷云纹，线条流利，图案优美。直径 4.3 厘米，好径 1.7 厘米，厚 0.5 厘米。（图一一八，7、8、9；彩版二〇，6）

玉环　1 件。标本 M85∶3，环肉呈扁长方形，略偏褐色，好孔双面钻。直径 4.2 厘米，好径 2.3 厘米，厚 0.6 厘米。（图一一八，12；彩版二〇，4）

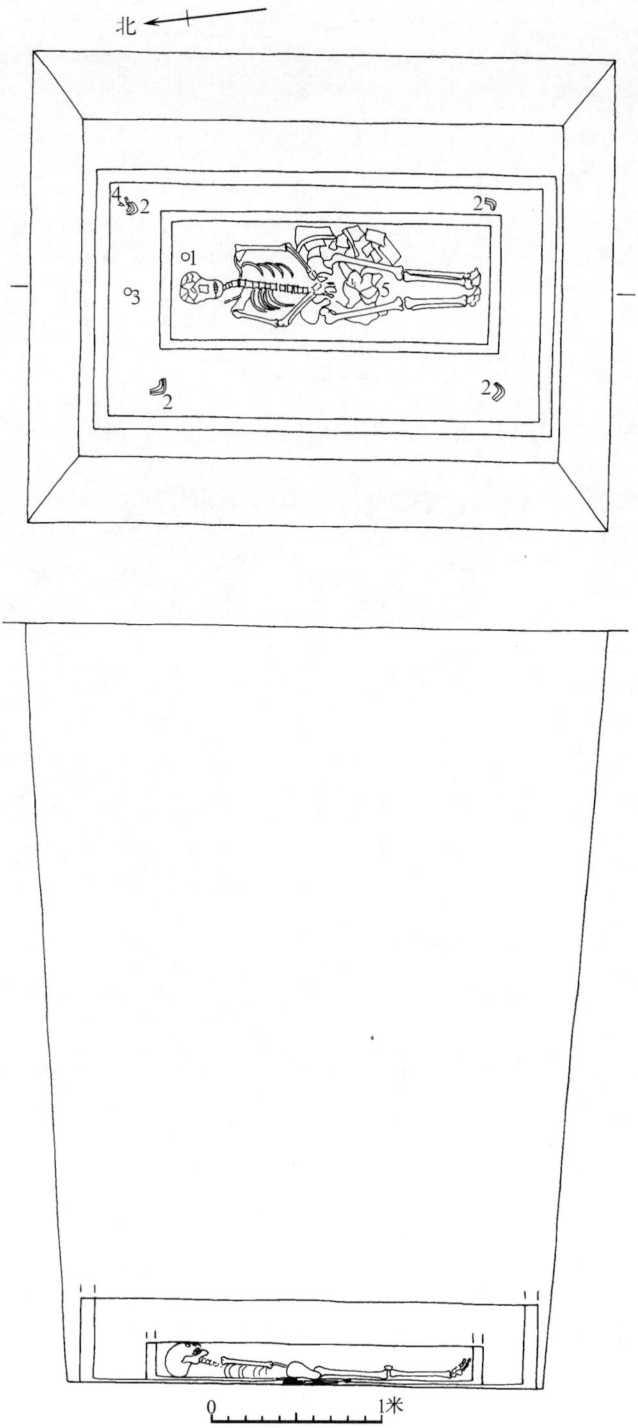

图一一七　M85 平、剖图
1. 玉璧　2. 铜璜（21 件）　3. 玉环　4. 铜铃　5. 陶鬲

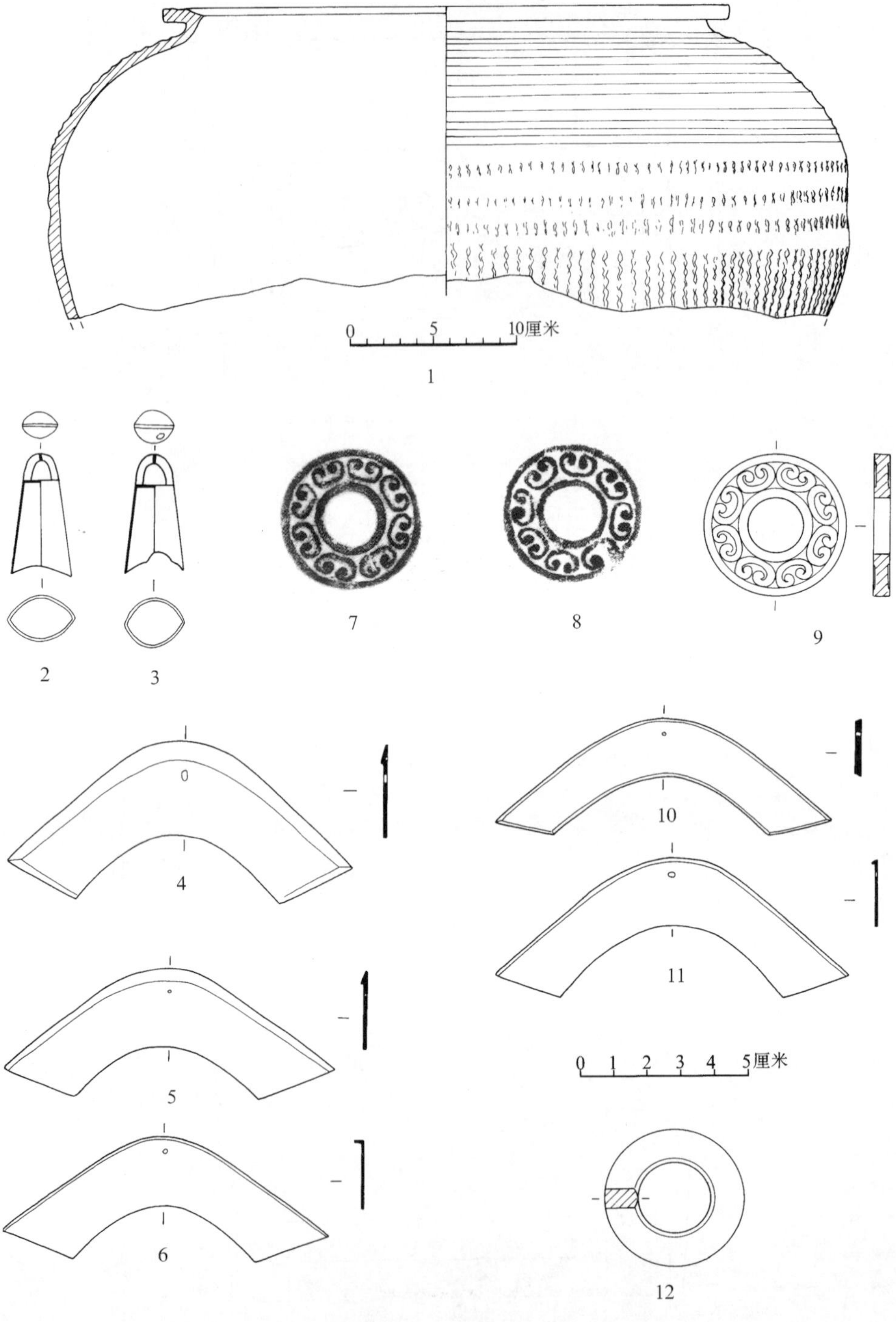

图一一八　M85出土器物

1. 陶鬲（M85：5）　2、3. 铜铃（M85：4）　4、5、6、10、11. 铜璜（M85：2）

7、8. 玉璧正反面纹饰拓片（M85：1）　9. 玉璧（M85：1）　12. 玉环（M85：3）

第五九节　M86

一、墓葬形制

方向355°。长方形竖穴土坑墓，直壁，平底。长2.10米，宽0.92米，深1.60米。墓地中部有一椭圆形腰坑。(图一一九)

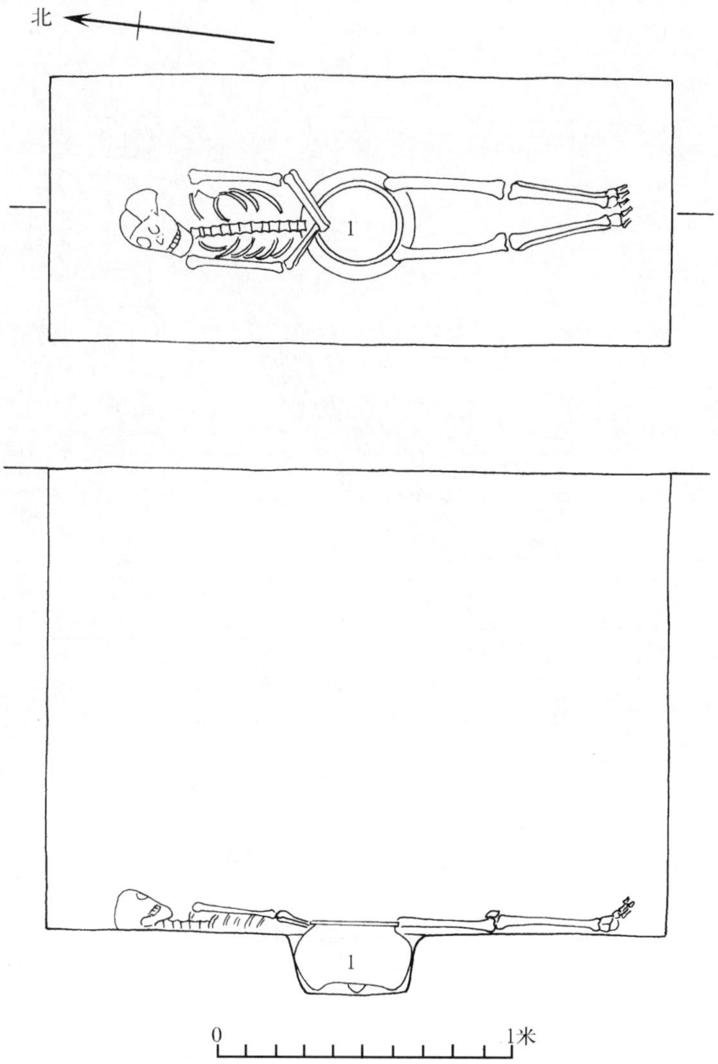

图一一九　M86平、剖图
1. 陶鬲

未发现葬具。人骨保存较好，仰身直肢，面向西，双手放于腹部。

出土陶鬲1件，置于腰坑内墓主人臀下。

二、出土遗物

陶鬲 1件。标本M86∶1，肩部以上为夹细砂红褐陶，腹、底为夹粗砂红褐陶，砂粒较大。平折沿，较窄，方唇，折肩，斜弧腹，三袋足间距较小。肩部抹平，饰有十余道凹旋纹，下腹部和底为斜向粗绳纹。口径28.4厘米，腹径35.7厘米，底径10.6厘米，高24.3厘米。(图一二〇，1、2；图版一五，5)

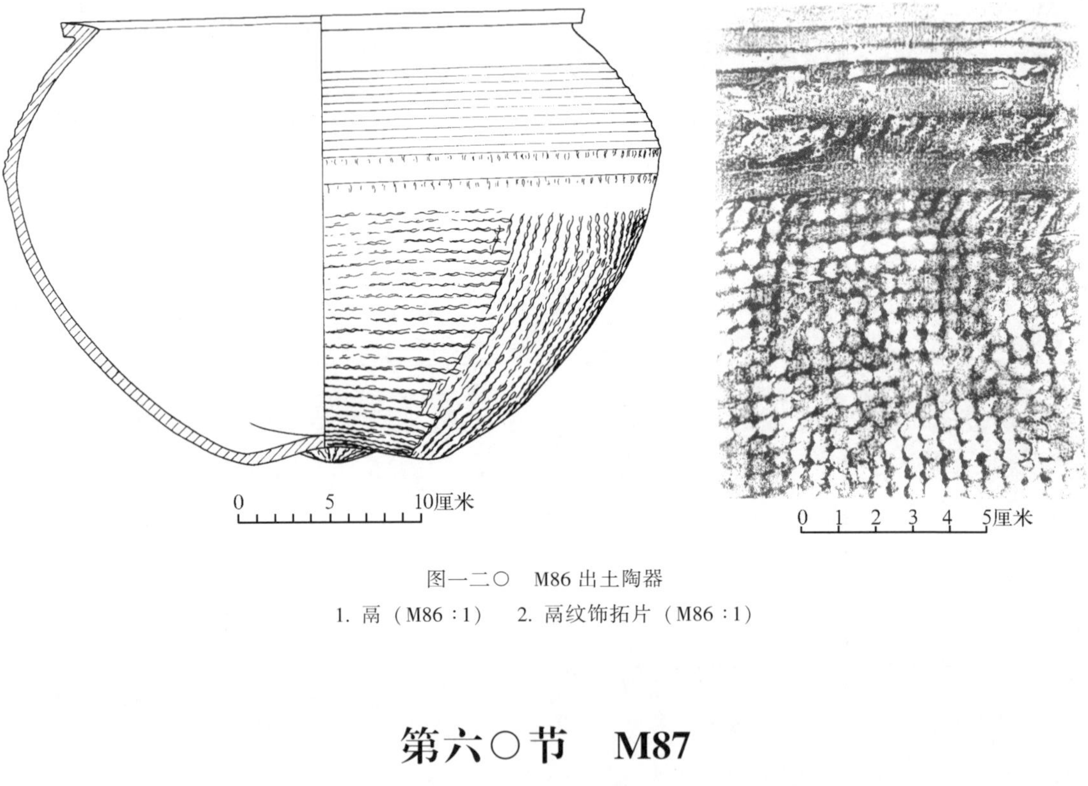

图一二〇　M86出土陶器

1. 鬲（M86∶1）　2. 鬲纹饰拓片（M86∶1）

第六〇节　M87

一、墓葬形制

方向355°。长方形竖穴土坑墓，斜壁，口大于底，平底。长2.90米，宽1.80米，现存深度3.10米。(图一二一)

葬具为单棺。棺长方形，长2.06米，宽0.88米，残高0.30米，板灰厚0.03米。人

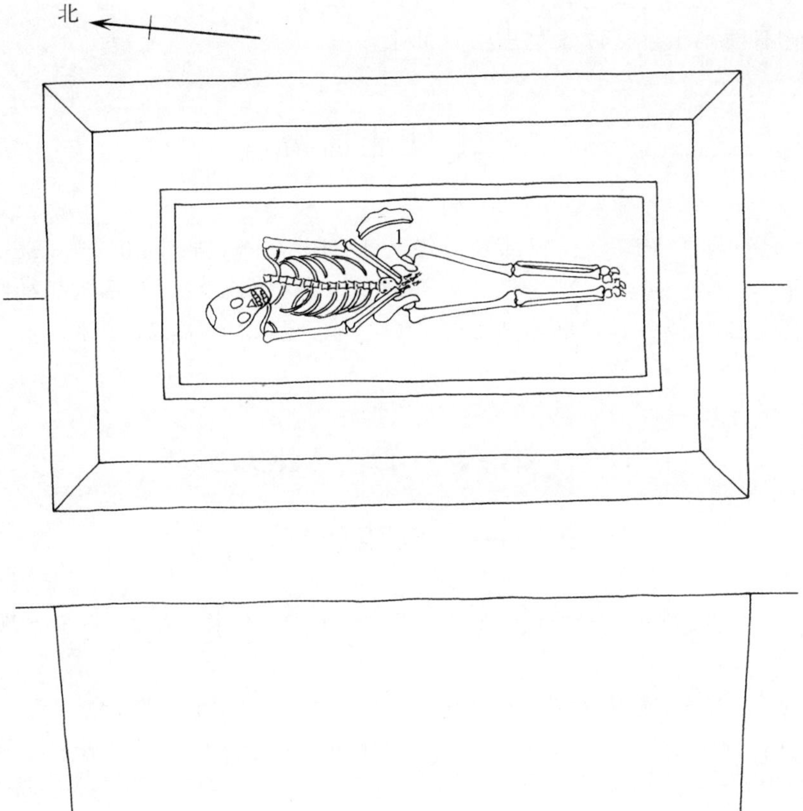

图一二一　M87平、剖图
1. 陶鬲

骨保存较好，仰身直肢，头向北，双手交叉放于腹部。

出土遗物有陶鬲 1 件，放于墓主人臀部下。

二、出土遗物

陶鬲　1 件。标本 M87∶1，肩部及口沿为夹细砂红陶，腹部和底为夹粗砂红陶。残。平折沿，较窄，方唇，折肩，三袋足。肩部饰有十余道凹旋纹，腹部为粗绳纹，肩腹接合处有一道凸棱，肩部较薄，腹部逐渐加厚。口径 40 厘米，残高 21 厘米。

第六一节　M89

一、墓葬形制

方向 10°。长方形竖穴土坑墓，直壁，平底。长 2.16 米，宽 1.10 米，现存深度 1.90 米。(图一二二)

未发现葬具。人骨保存较好，仰身直肢，面向西，双手放于腹部。

出土遗物有陶鬲 1 件、玉圭 1 件，陶鬲置于墓主腰臀下，玉圭出土位置不明。

二、出土遗物

陶鬲　1 件。标本 M89∶2，平折沿，较窄，方唇，折肩，斜弧腹，三袋足间距略小。肩部抹平，饰有十余道凹旋纹，下腹部和底为斜向粗绳纹。肩部以上为夹细砂红褐陶，腹、底为夹粗砂红褐陶，砂粒较大。口径 26 厘米，腹径 35.2 厘米，底径 13.6 厘米，高 23.9~24.6 厘米。(图一二三,1、2)

玉圭　1 件。标本 M89∶1，首端近三角形，一面有解料时两面对锯形成的茬口，尾端残。残长 11 厘米，宽 3 厘米。(图一二三，3；彩版五，4)

第六二节　M91

一、墓葬形制

方向 270°。长方形竖穴土坑墓，直壁，平底。长 2.70 米，宽 1.30 米，现存深度 1.80 米。(图一二四；彩版二九)

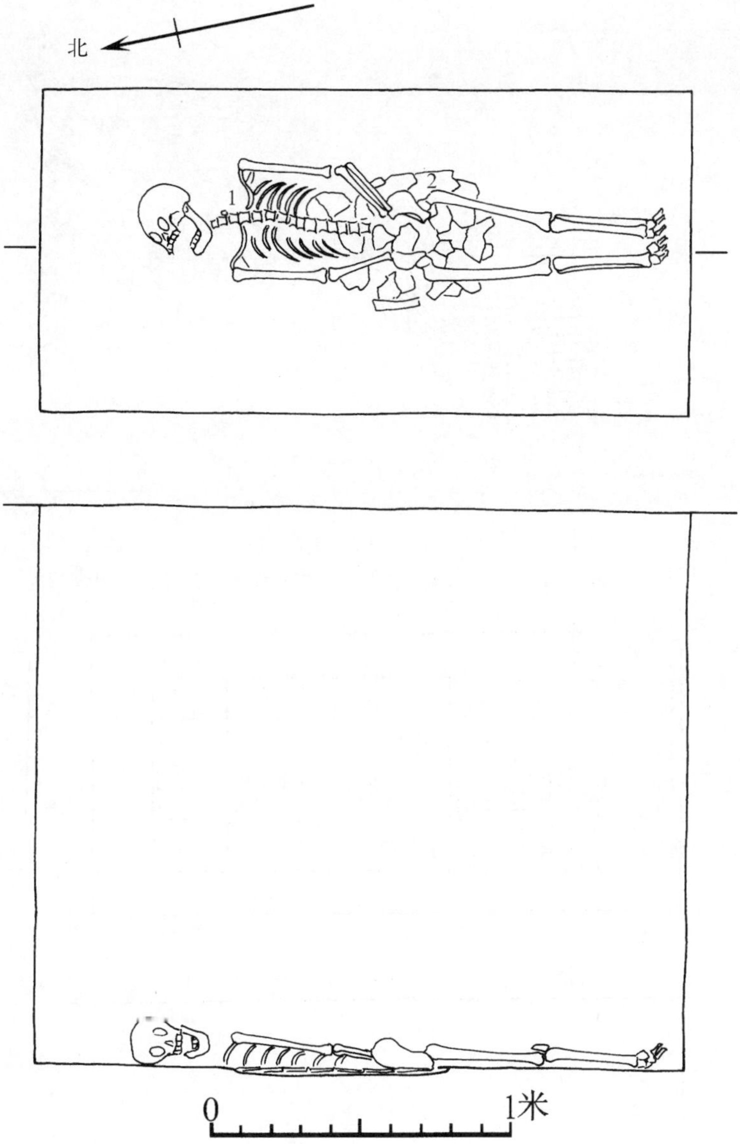

图一二二　M89平、剖图
1. 玉圭　2. 陶鬲

墓室以空心砖构筑。砖室破坏严重，仅存墓底7块空心砖，墓底以7块空心砖南北向平铺而成。墓室长2.38米，宽0.90米，残存高度0.16米。空心砖长0.90米，宽0.34米，厚0.16米。人骨腐朽严重，仅存部分零散骨骼。

出土器物有废玉料6块。

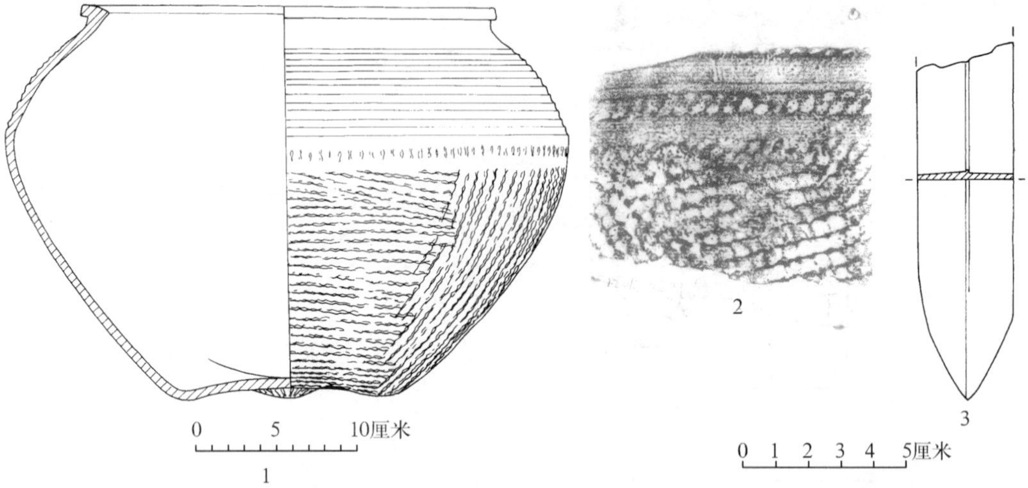

图一二三　M89出土器物

1. 陶鬲（M89：2）　2. 陶鬲纹饰拓片（M89：2）　3. 玉圭（M89：1）

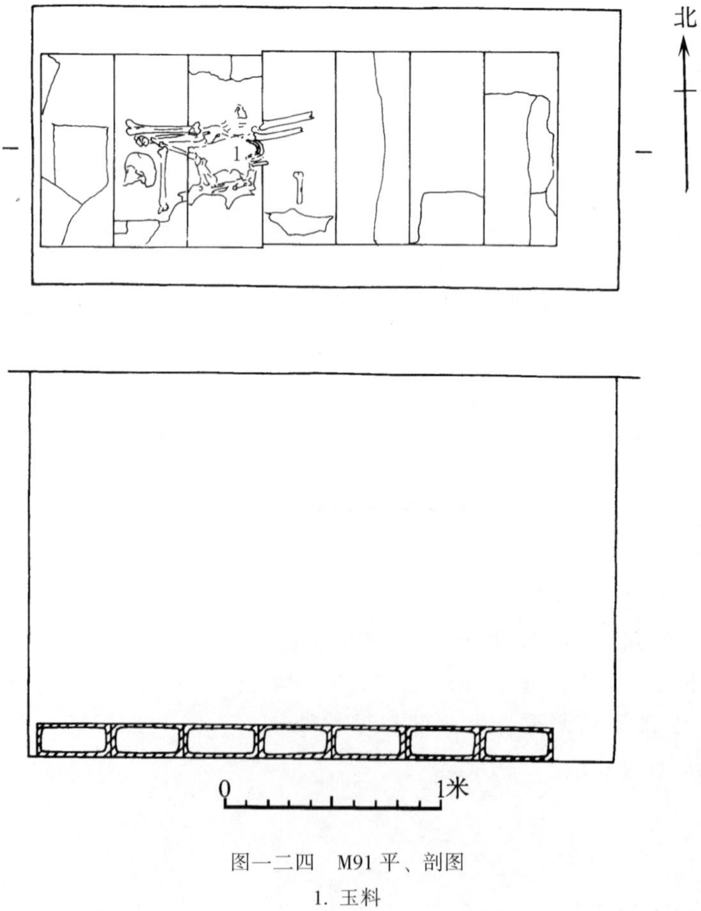

图一二四　M91平、剖图

1. 玉料

二、出土遗物

玉料　6块。标本 M91∶1，白中泛青，基本形状为三角形和四边形，一边为弧线，是解剖时留下的痕迹。较大者长 3.2 厘米，宽 1.5 厘米，厚 1 厘米；较小者长 1.6 厘米，宽 0.6 厘米，厚 0.4 厘米。(图一二五，1、2、3、4、5、6)

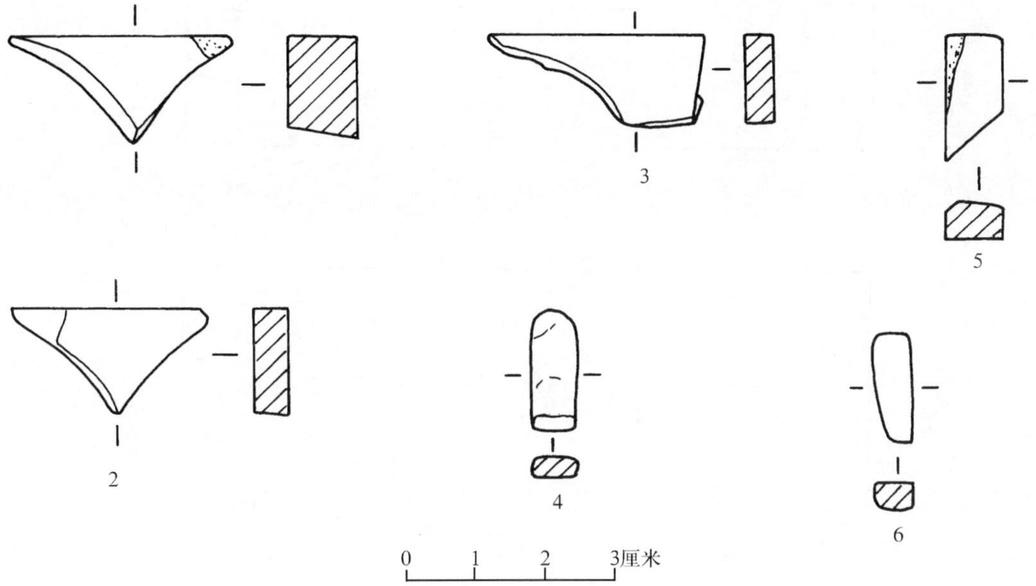

图一二五　M91 出土玉料
1、2、3、4、5、6. 玉料（M91∶1）

第六三节　M92

一、墓葬形制

方向 0°。长方形竖穴土坑墓，直壁，平底。长 2.20 米，宽 1.20 米，现存深度 1.60 米。(图一二六)

葬具无。人骨保存较好，仰身直肢，头向北，双手交叉放于腹部。

出土遗物有陶鬲 1 件，打碎后放到墓主人臀部下面。

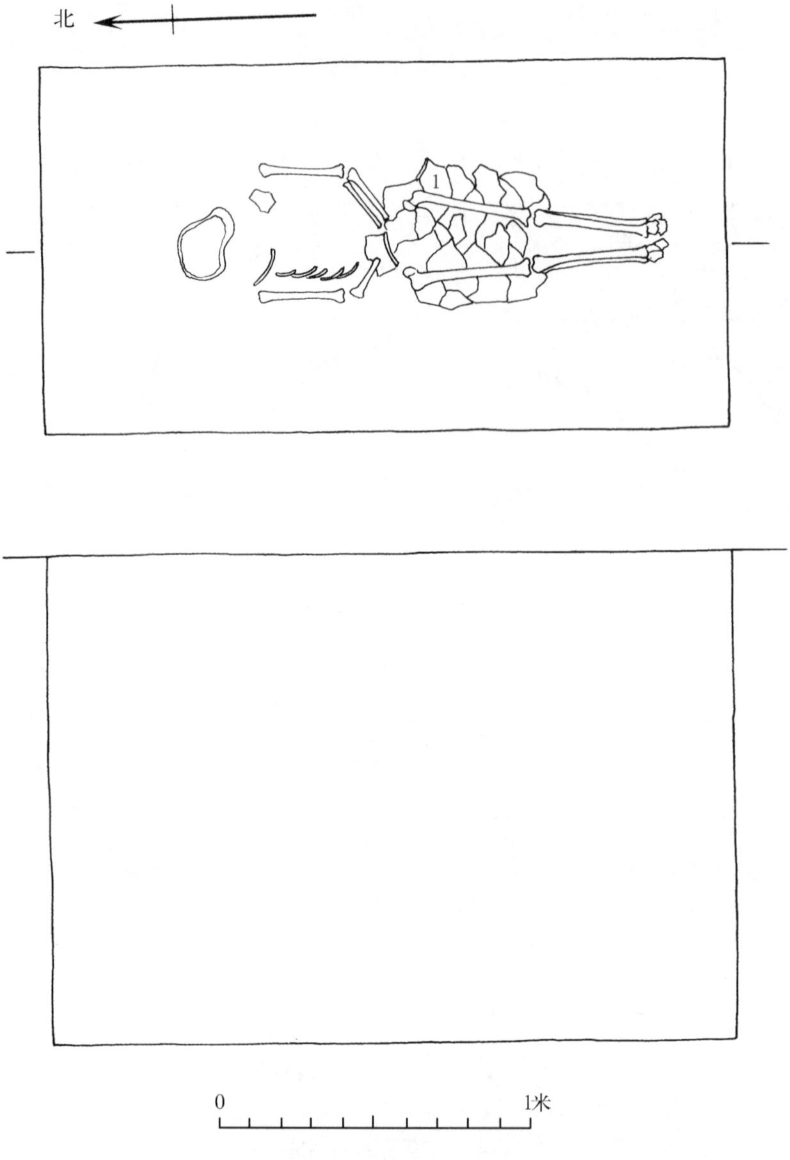

图一二六　M92 平、剖图
1. 陶鬲

二、出土遗物

陶鬲　1 件。标本 M92∶1，肩以上泥质红陶，腹以下夹粗砂红陶。残。折沿，方唇，折肩，弧腹，三袋足间距较小。肩上有多道凹弦纹，腹以下饰绳纹。上下两部分系分别制作后拼接而成。口径 28 厘米，残高 21 厘米。

第六四节　M93

一、墓葬形制

方向 10°。长方形竖穴土坑墓，斜壁，平底。长 2.76 米，宽 1.92 米，深 3.20 米。(图一二七)

葬具为一椁一棺，均为长方形。椁长 2.30 米，宽 1.17 米，残高 0.14 米，板灰厚 0.02 米。棺长 1.92 米，宽 0.74 米，残高 0.14 米，板灰厚 0.02 米。人骨保存较完整，仰身直肢，头朝东，双手置于腹部。

出土 1 件陶鬲，位于墓主腰臀下。

二、出土遗物

陶鬲　1 件。标本 M93∶1，肩部及口沿为夹细砂红褐陶，腹部为夹粗砂红褐陶。残。平折沿，较窄，折肩。肩部饰有十余道凹旋纹，腹部陶片饰有粗绳纹。口径 28.4 厘米，残高 22 厘米。

第六五节　M94

一、墓葬形制

方向 10°。长方形竖穴土坑墓，斜壁，口大于底，平底。长 3.40 米，宽 1.72 米，现存深度 3.20 米。M94 被 M89 打破。(图一二八)

葬具为单椁。椁为长方形，长 2.38 米，宽 1.04 米，残存高度 0.12 米，板灰厚 0.02 米。人骨腐朽较严重。仰身直肢，双手放于腹部，双腿微曲。

出土器物 8 件，有玉圭 1 件，陶鼎 1 件，陶敦 1 件，陶尊 2 件，陶盘 1 件，陶舟 1 件，陶匜 1 件。其中玉圭位于椁内东壁中部，其余陶器位于椁内北端。

二、出土遗物

陶尊　1 件。标本 M94∶2，泥质灰陶。平折沿，方唇，束颈较长，折肩，肩部微弧，弧腹，凹圜底。肩腹接合处有两道凹旋纹。口径 14 厘米，腹径 20.8 厘米，底径 8.8 厘

图一二七　M93平、剖图
1. 陶鬲

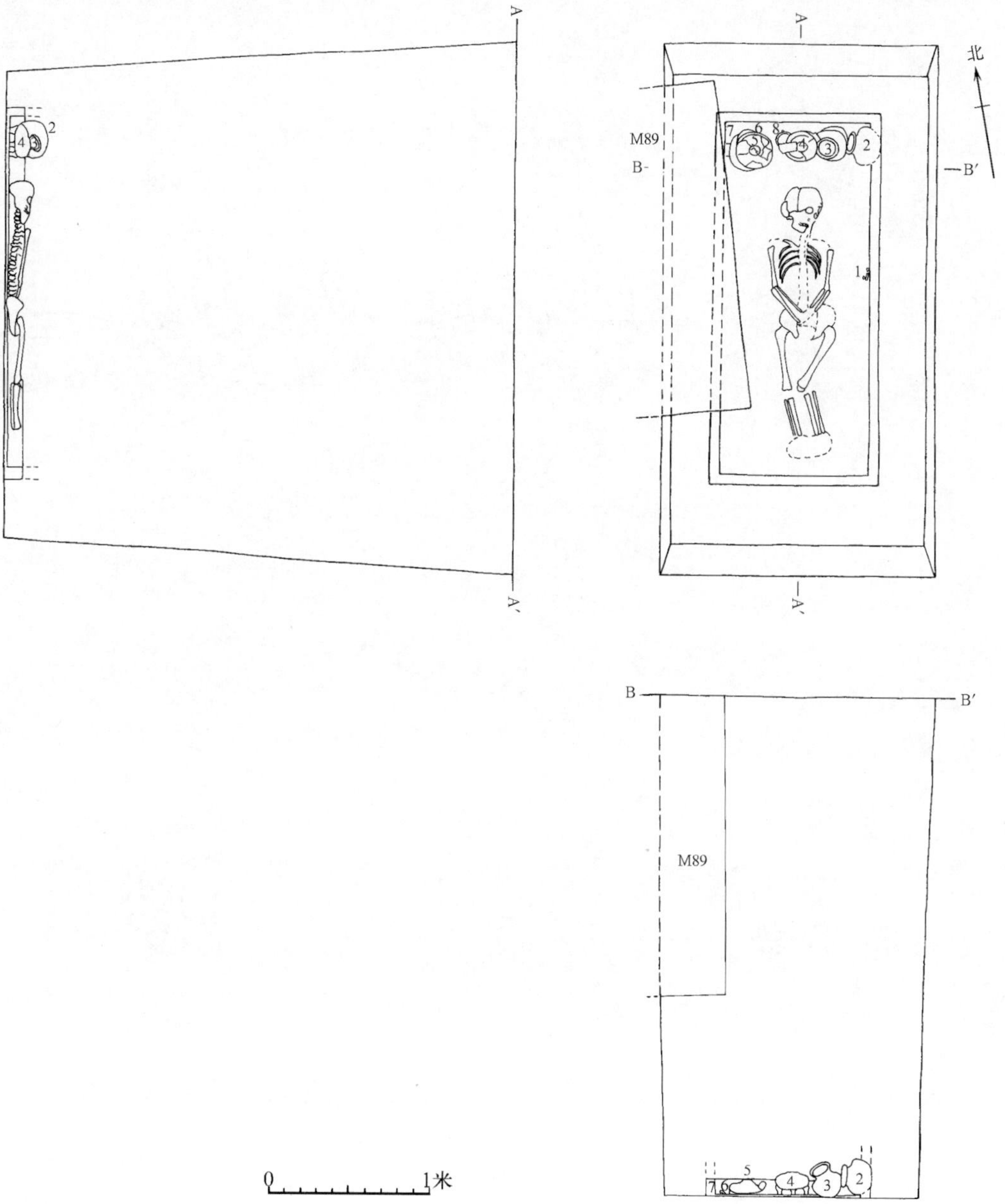

图一二八　M94 平、剖图

1. 玉圭　2、3. 陶尊　4. 陶鼎　5. 陶敦　6. 陶匜　7. 陶盘　8. 陶舟

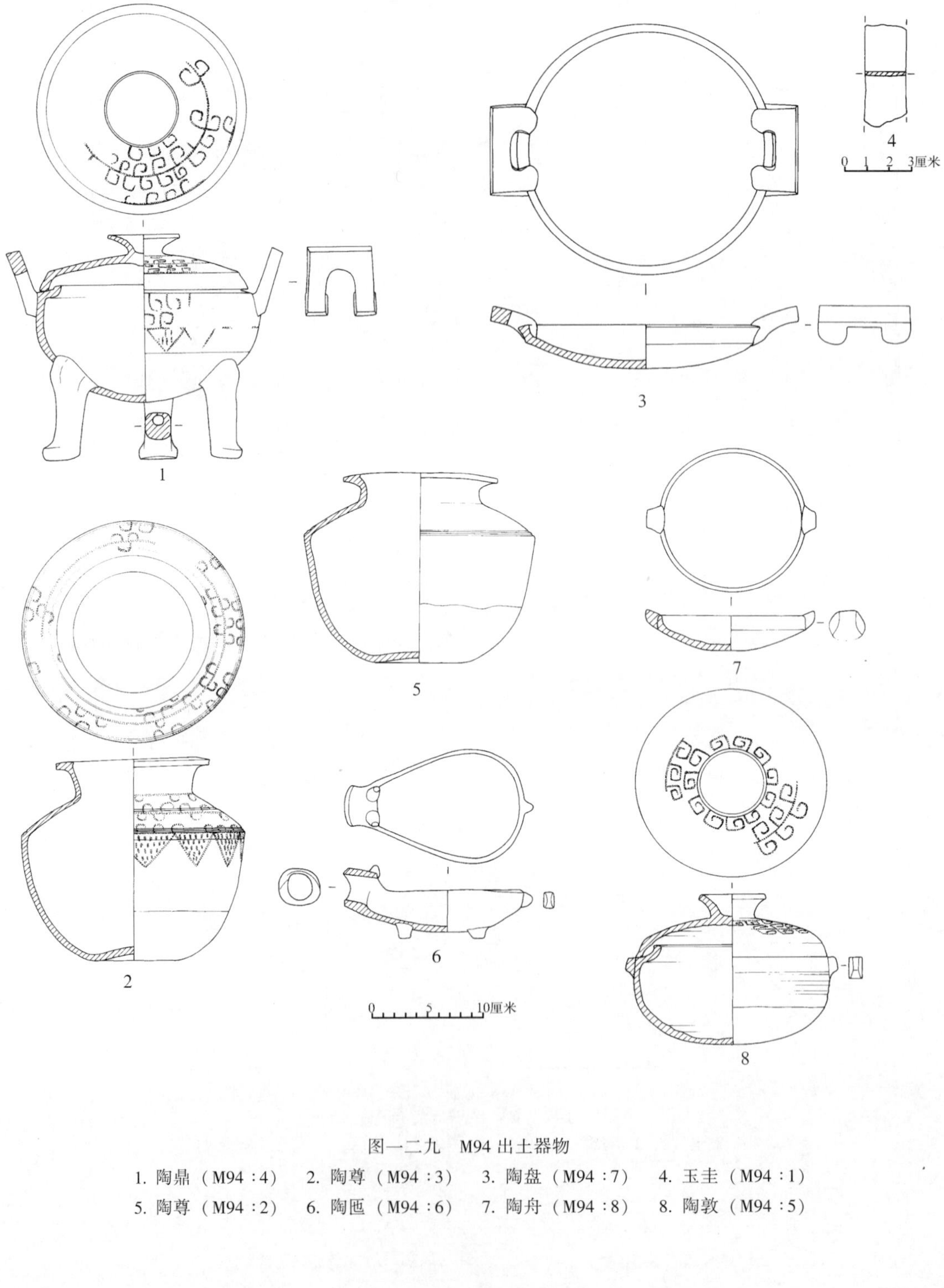

图一二九　M94 出土器物

1. 陶鼎（M94：4）　2. 陶尊（M94：3）　3. 陶盘（M94：7）　4. 玉圭（M94：1）
5. 陶尊（M94：2）　6. 陶匜（M94：6）　7. 陶舟（M94：8）　8. 陶敦（M94：5）

米，高 17.3 厘米。（图一二九，5；图版二七，1）

陶尊　1 件。标本 M94∶3，泥质灰陶。平折沿，方唇，束颈较长，折肩，肩部微弧，弧腹，凹圜底。肩腹接合处有两道凹旋纹，肩部饰有一周黑色雷纹，上腹部饰有一周倒三角形纹，三角形内填以黑点。口径 14 厘米，腹径 20.4 厘米，底径 8 厘米，高 18~18.6 厘米。（图一二九，2；图版二七，2）

陶鼎　1 件。标本 M94∶4，泥质灰陶。盖折壁弧顶，较浅，中部有一圈足状捉手。器身子口内敛，圆唇，弧腹浅圜底。方形附耳外斜。三蹄足略外斜，足跟微鼓，足尖外凸，足底有小孔，用手捏制，通过榫卯结构与鼎腹连接固定。口径 16 厘米，腹径 20.4 厘米，高 20.6 厘米。（图一二九，1；图版二七，3）

陶敦　1 件。标本 M94∶5，泥质灰陶。盖方唇，弧壁，弧顶，上有一圈足状捉手。器身子口方唇，上腹较直，下腹弧收，圜底，上腹部近口处有一对实心钮。口径 14 厘米，腹径 19.2 厘米，高 13.8 厘米。（图一二九，8；图版二七，4）

陶匜　1 件。标本 M94∶6，泥质灰陶。器形较小，整体呈动物形。敞口，方唇，弧壁，圜底。流残，尾为一实心钮，三乳钉足二前一后，较矮。长 17 厘米，宽 10.2 厘米，高 6.3 厘米。（图一二九，6；图版二七，6）

陶盘　1 件。标本 M94∶7，泥质灰陶。窄仰折沿，方唇，折壁，浅圜底。一对方形立耳外撇，耳孔呈长方形。口径 23 厘米，高 5.7 厘米。（图一二九，3）

陶舟　1 件。标本 M94∶8，平面形态呈圆形。直口，圆唇，折腹较浅，平底。口沿处一对泥饼状耳，残。口径 13.2 厘米，高 3.7 厘米。（图一二九，7；图版二七，5）

玉圭　1 件。标本 M94∶1，仅存一段圭身，近长方形。残长 4.6 厘米，宽 1.9 厘米。（图一二九,4）

第六六节　M96

一、墓葬形制

方向 10°。长方形竖穴土坑墓，斜壁，口大于底，平底。长 2.80 米，宽 2.40 米，现存深度 4 米。墓坑西壁有一生土二层台，长 2.65 米，宽 0.12 ~ 0.18 米，高度 0.80 米。（图一三〇）

葬具为一椁一棺。外椁为楔形，长 1.14~2.22 米，宽 1.22 米，残存高度 0.18 米。内棺长方形，长 1.82 米，宽 0.70 米，残存高度 0.16 米，板灰厚 0.02 米。人骨腐朽较严重。仰身直肢，双手置于腹部。

出土器物 7 件，有陶鼎 1 件，陶罍 2 件，陶盘 1 件，陶匜 1 件，陶敦 1 件，陶鬲 1 件。大陶鬲呈碎片状置于墓主人腰臀下，其余均位于墓葬北端棺椁之间。

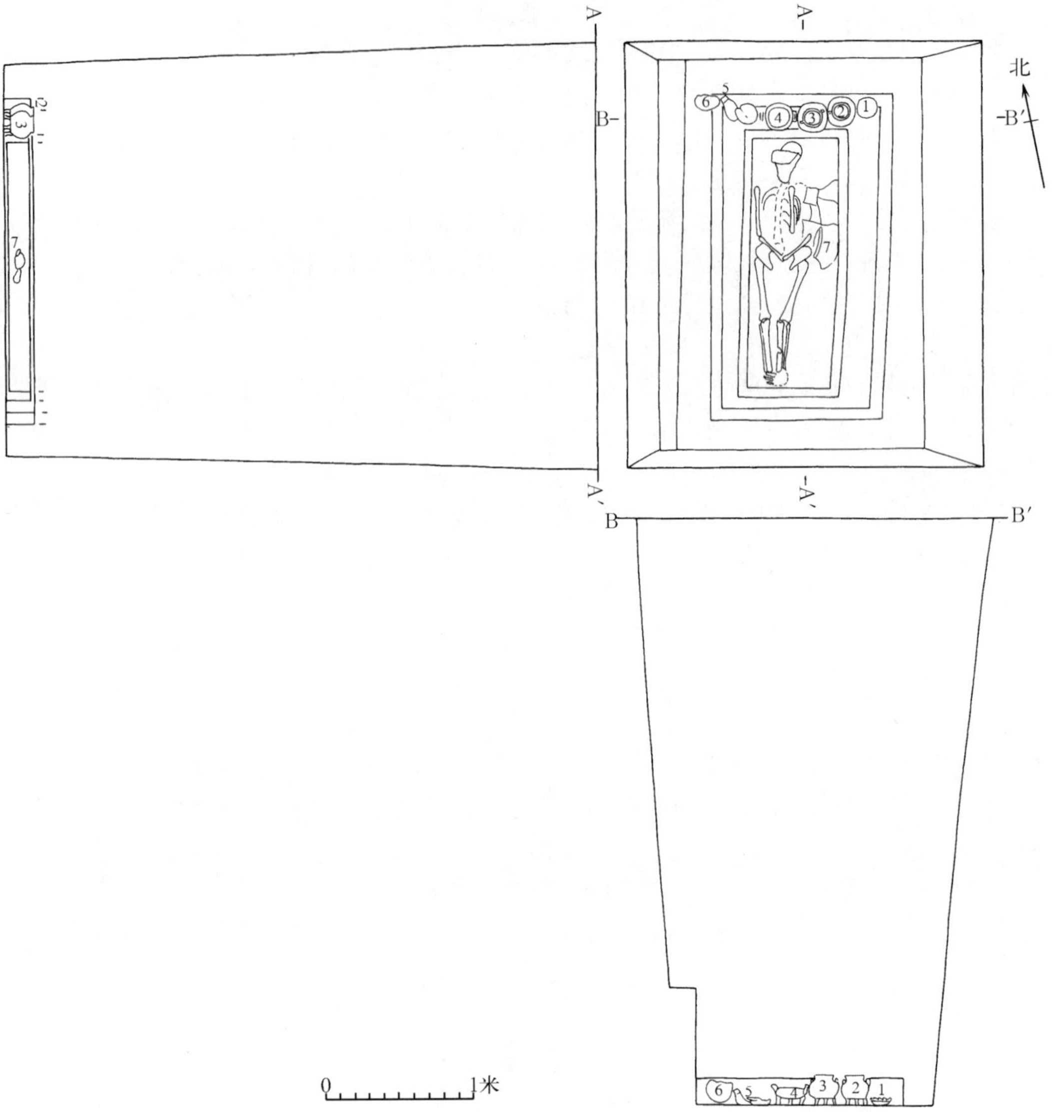

图一三〇　M96平、剖图
1. 陶敦　2、3. 陶罍　4. 陶鼎　5. 陶匜　6. 陶盘　7. 陶鬲

二、出土遗物

陶敦　1件。标本M96∶1，泥质红褐陶。盖方唇，弧壁，弧顶。器身子口方唇，浅腹，上腹微弧，下腹斜收，平底微凹，上腹部近口处有一对半圆形实心钮。口径11.4厘米，底径7.5厘米，高7.4厘米。（图一三一，7）

陶罍　2件。标本M96∶2，泥质红褐陶。平折沿，方唇，斜颈，较长，溜肩，扁腹，

腹部较浅，平底。肩部有一对对称爬兽和一对对称半圆形实钮，爬兽作躬身回首状，有耳有尾，身躯较小。三锥足较长。肩腹部有三道凹旋纹。口径 10.6 厘米，腹径 18.2 厘米，高 18.2 厘米。（图一三一，4）标本 M96∶3，泥质红褐陶。平折沿，方唇，斜颈，较长，溜肩，扁腹，腹部较浅，平底。肩部有一对对称爬兽和一对对称半圆形实钮，爬兽作躬身

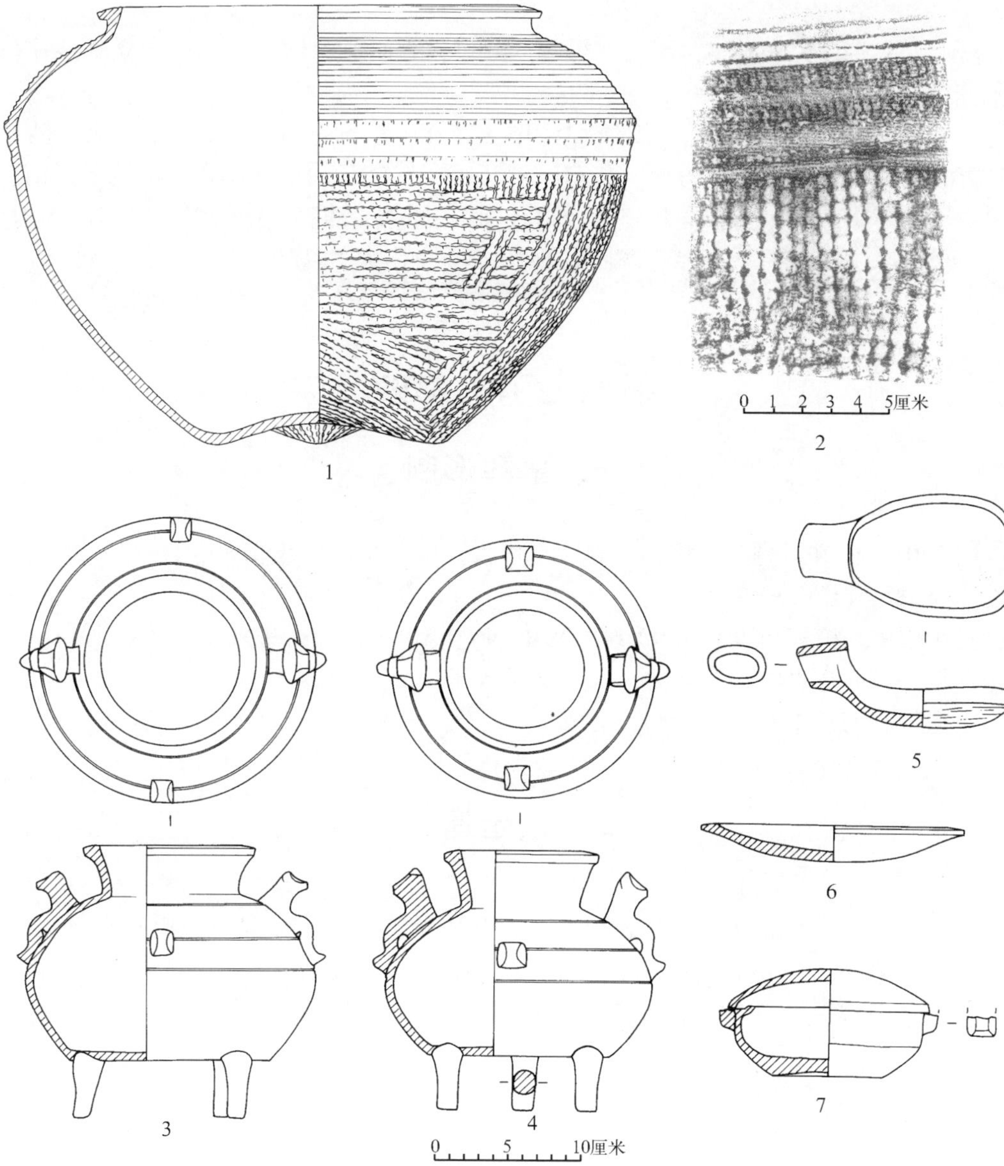

图一三一　M96 出土陶器

1. 鬲（M96∶7）　2. 鬲纹饰拓片（M96∶7）　3. 罍（M96∶3）　4. 罍（M96∶2）
5. 匜（M96∶5）　6. 盘（M96∶6）　7. 敦（M96∶1）

回首状，有耳有尾，身躯较小。三锥足较长。肩腹部有三道凹旋纹。口径 12 厘米，腹径 21.4 厘米，高 19 厘米。(图一三一，3)

陶鼎　1 件。标本 M96∶4，泥质灰陶。仅存部分残片。耳残高 5 厘米，宽 6 厘米。

陶匜　1 件。标本 M96∶5，泥质红褐陶。器形小，整体呈动物形。敞口，方唇，弧壁，近平底。流较平，管状，尾为一圆点。长 15.9 厘米，宽 8.6 厘米，高 5.8 厘米。(图一三一，5)

陶盘　1 件。标本 M96∶6，泥质红褐陶。敞口，方唇，弧壁，浅圜底。立耳残。口径 18.2 厘米，高 2.5 厘米。(图一三一，6)

陶鬲　1 件。标本 M96∶7，肩部以上为夹细砂红陶，腹、底为夹粗砂红陶，砂粒较大。平折沿，略下仰，较窄，方唇，折肩，斜弧腹，三袋足间距略小。肩部抹平，饰有十余道凹旋纹，下腹部和底为斜向粗绳纹。口径 30.6 厘米，腹径 43.6 厘米，底径 15 厘米，高 30.5 厘米。(图一三一，1、2；图版二八，1)

第六七节　M97

一、墓葬形制

方向 350°。长方形竖穴土坑墓，斜壁，口大于底，平底。长 2.80 米，宽 1.40 米，现存深度 2.30 米。(图一三二)

葬具为单棺。棺楔形，长 1.90 米，宽 0.74~0.80 米，残高 0.20 米，板灰厚 0.02 米。人骨保存较好，仰身直肢，头向北，双手交叉放于腹部。

出土遗物有陶釜 1 件，位于棺外北端。

二、出土遗物

陶釜　1 件。标本 M97∶1，肩部及以上为夹细砂灰褐陶，腹部为夹粗砂灰褐陶。残。形体大，分上下两部分分别制好后接合在一起。平折沿，较窄，方唇，折肩，下腹部和底缺失。肩部素面抹平，肩部稍下饰有一圈绳索纹，其下为粗绳纹。口径 40 厘米，残高 19 厘米。

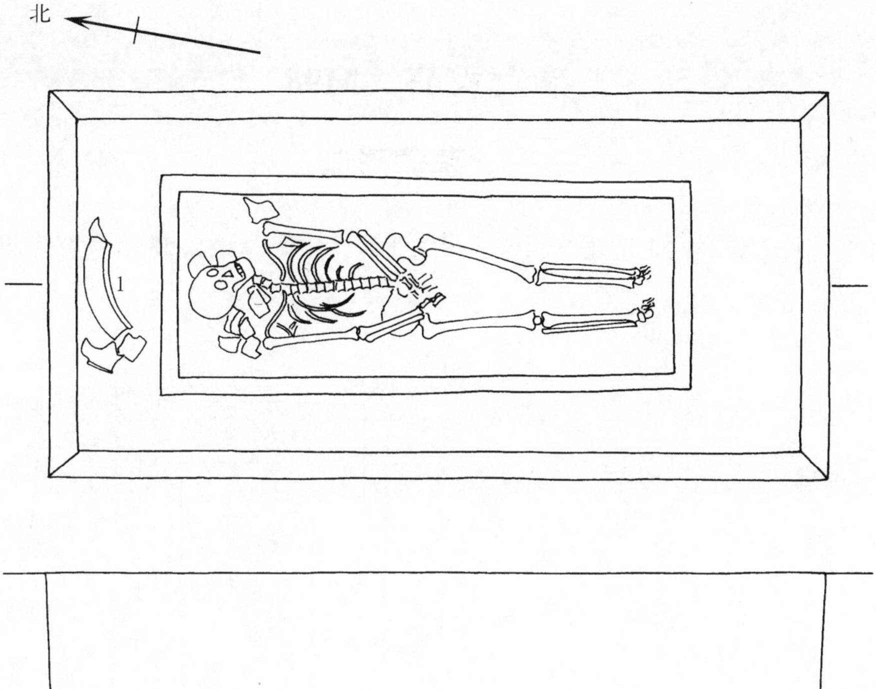

图一三二　M97 平、剖图
1. 陶釜

第六八节　M98

一、墓葬形制

方向5°。长方形竖穴土坑墓，斜壁，口大于底，平底。长2.58米，宽1.40米，深2米。(图一三三)

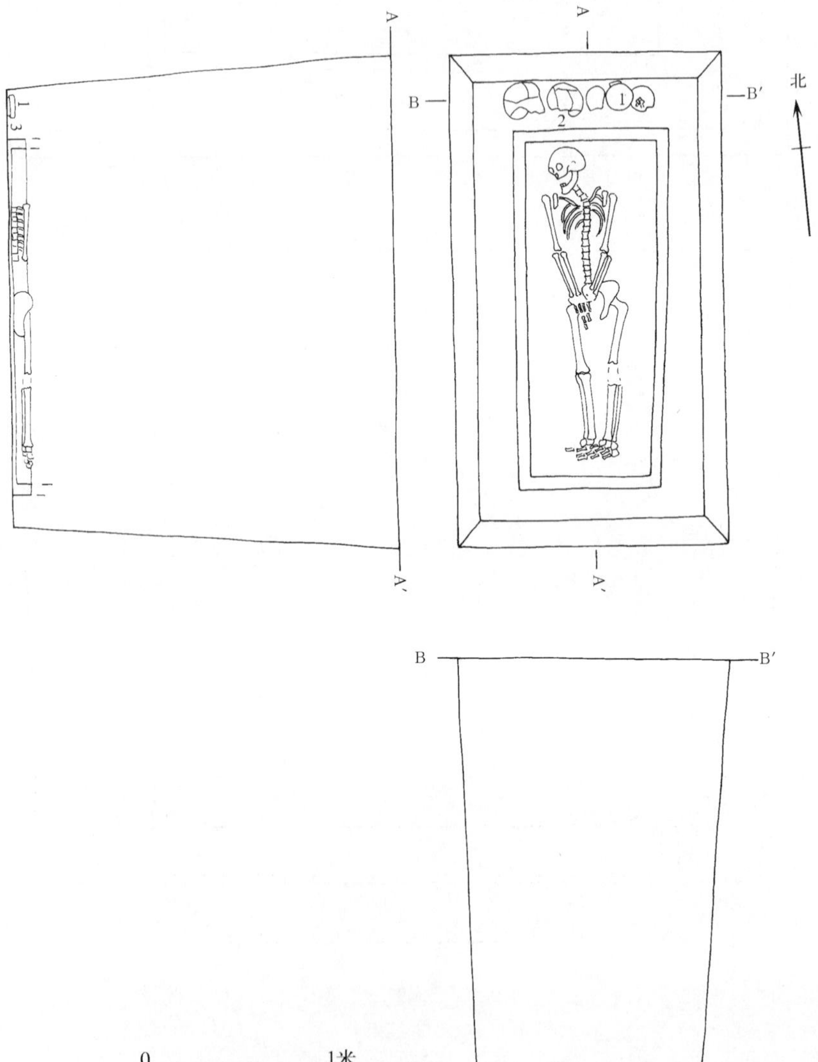

图一三三　M98平、剖图
1. 陶盘　2. 陶器

葬具为单棺，楔形，长 1.88 米，宽 0.74~0.8 米，残高 0.1 米，板灰厚 0.02 米。人骨保存较好，仰身直肢，头朝西，双手置于腹部。

出土遗物 2 件，有陶盘 1 件，陶器 1 件，均置于墓葬北部的木棺与北壁之间。

二、出土遗物

陶盘　1 件。标本 M98∶1，泥质红褐陶。残。折沿尖唇，折腹，上腹部有一道凹槽，圜底近平，有一对立耳，耳尖外折，耳孔未穿。口径 14.6 厘米，高 4 厘米。(图一三四)

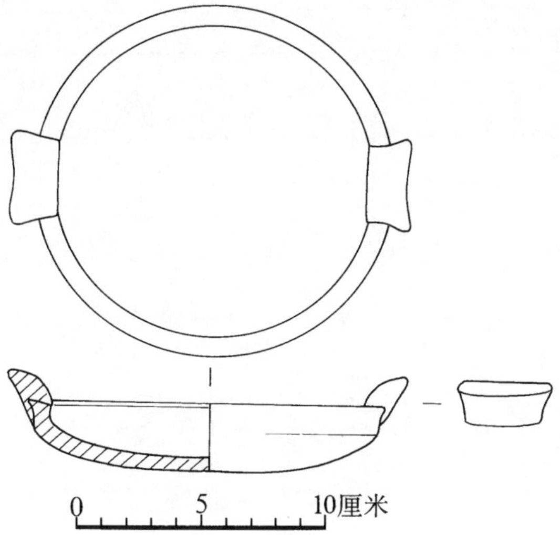

图一三四　M98 出土陶盘（M98∶1）

陶器　1 件。标本 M98∶2，泥质灰陶。未经烧烤，质地及其疏松，无法辨认器形。残高 8 厘米。

第六九节　M99

一、墓葬形制

方向 5°。长方形竖穴土坑墓，斜壁，口大于底，平底。长 2.80 米，宽 1.80 米，深 4.30 米。(图一三五)

葬具为一椁一棺，均为长方形。椁长 2.24 米，宽 1.16 米，残高 0.40 米，板灰厚 0.02 米。棺长 1.96 米，宽 0.72 米，残高 0.24 米，板灰厚 0.02 米。人骨保存较完整，仰身直肢，双手置于腹部。

出土 2 件玉圭，位于墓主人头骨左上方。

图一三五　M99平、剖图
1、2. 玉圭

二、出土遗物

玉圭　2 件。标本 M99∶1，首端稍残，近三角形，一面有解料时两面对锯形成的茬口，尾端残。残长 7.8 厘米，宽 2.3 厘米。（图一三六，2；彩版五，5）标本 M99∶2，首端三角形，尾端残。残长 7.2 厘米，宽 2.7 厘米。（图一三六，1）

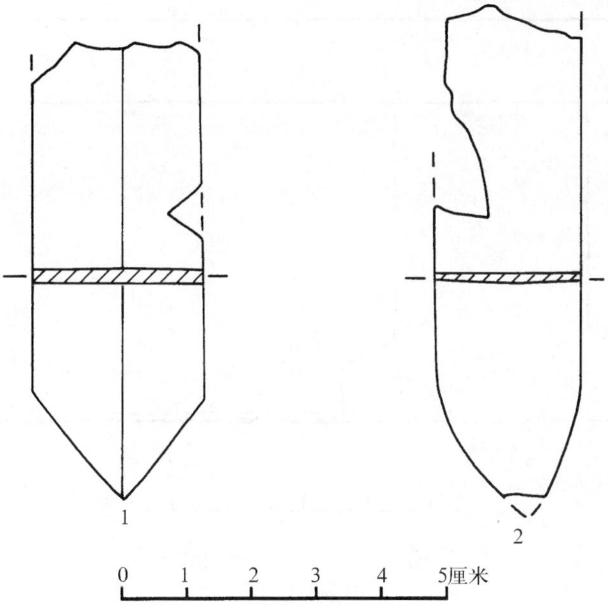

图一三六　M99 出土玉圭
1. M99∶2　2. M99∶1

第七〇节　M101

一、墓葬形制

方向 350°。长方形竖穴土坑墓，直壁，平底。长 2.20 米，宽 0.68 米，深 1 米。北部有一圆形盗洞。（图一三七）

未发现葬具。因被盗扰，人骨上身不存，仅存下肢骨，直肢。

出土遗物有陶壶 1 件，铜璜 2 件，均置于墓主人足部。

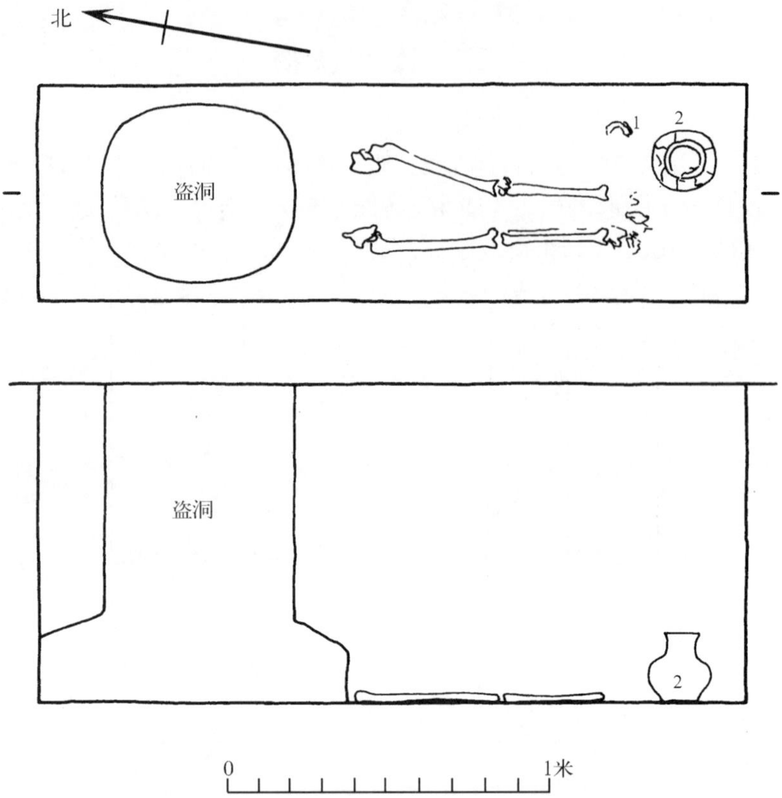

图一三七　M101 平、剖图
1. 铜璜　2. 陶壶

二、出土遗物

陶壶　1 件。标本 M101∶2，无盖。泥质灰陶。盘口方唇，盘口底部有凸棱，颈微束，广肩弧腹，最大径在肩腹接合处，假圈足底部有一圈凸起，平底。肩腹接合处和上腹部各有一组凹弦纹。口径 12.2 厘米，腹径 21.6 厘米，底径 10 厘米，高 27.7 厘米。（图一三八，1；图版二八，2）

铜璜　2 件。一残一整。标本 M101∶1，长 8.6 厘米，宽 4.2 厘米。（图一三八，2、3；彩版三〇，1）

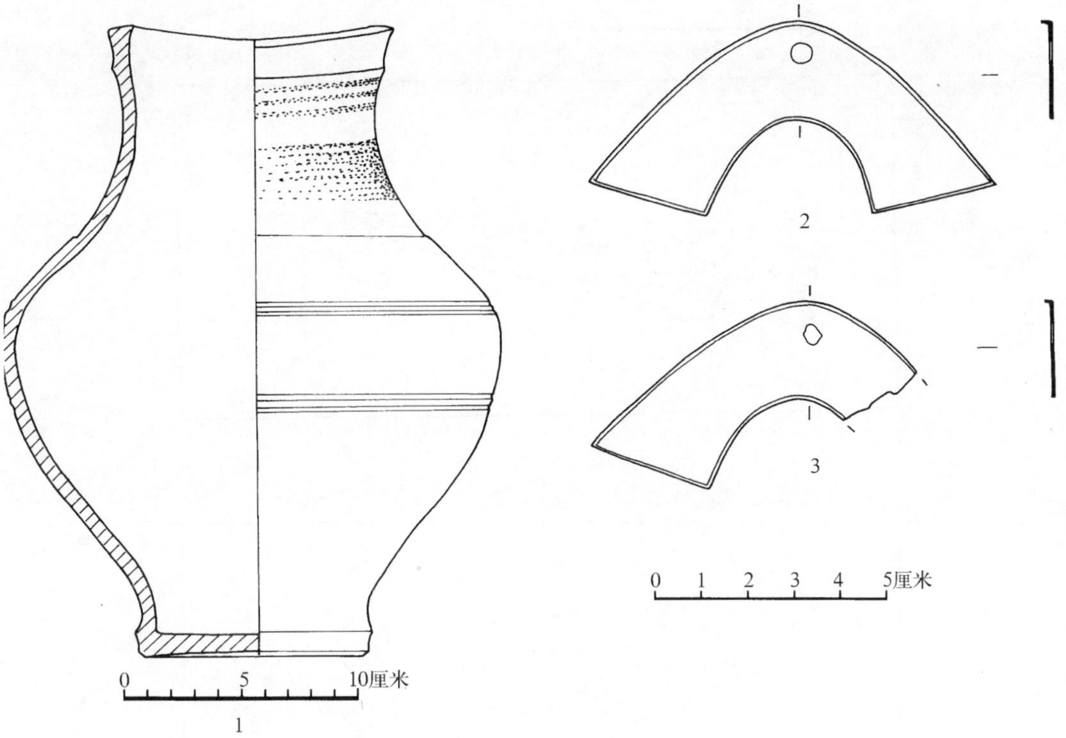

图一三八　M101 出土器物
1. 陶壶（M101 :2）　2、3. 铜璜（M101 :1）

第七一节　M105

一、墓葬形制

方向 0°。长方形竖穴土坑墓，直壁，平底。长 2. 10 米，宽 1 米，现存深度 1. 20 米。(图一三九)

葬具无。人骨保存较好，仰身直肢，头向北，双手交叉放于腹部。

在盗洞里出有玉珠 1 件。

二、出土遗物

玉珠　1 件。标本 M105∶1，形体较小，略呈圆柱体，中部有穿孔，半透明白色。直径 0. 9 厘米，高 0. 7 厘米。(图一四〇；彩版三一，1)

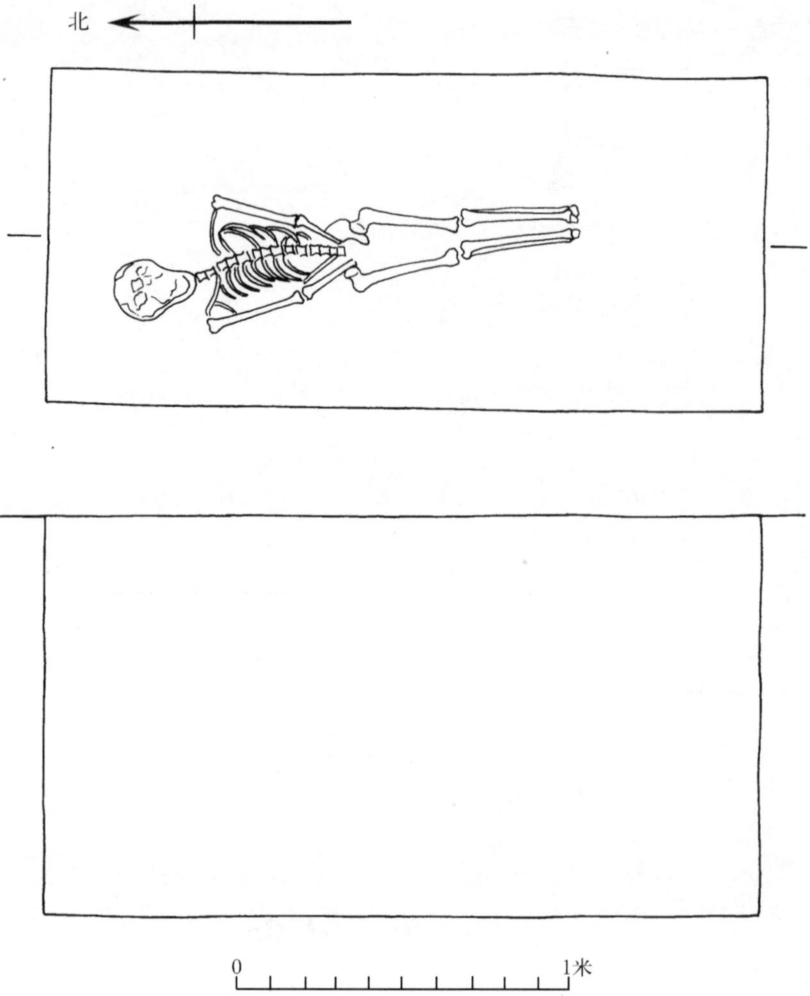

图一三九　M105 平、剖图

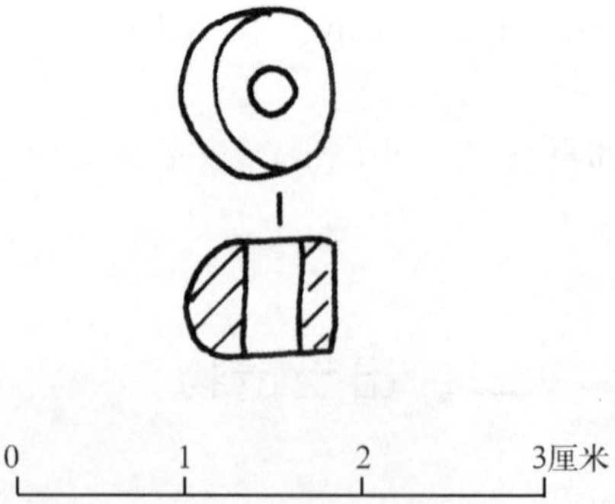

图一四〇　M105 出土玉珠（M105：1）

第七二节　M110

一、墓葬形制

方向0°。长方形竖穴土坑墓，斜壁，口大于底，平底。长2.70米，宽1.40米，现存深度2.20米。墓底东西北有生土二层台。北台面宽0.10米，西台面0.26米，东台面宽0.20米，均高0.20米。（图一四一）

未发现有葬具。人骨保存稍好。仰身，下肢微曲。

出土器物3件，有铜带钩1件，陶壶1件，陶豆1件。随葬品位于墓坑东南角，陶豆置于陶壶之上。

二、出土遗物

陶壶　1件。标本M110∶1，无盖。泥质灰陶。盘口方唇，盘口底部有凸棱，颈微束，广肩弧腹，最大径在肩腹接合处，假圈足底部有一圈凸起，平底微凹。颈部有二道凹弦纹，肩腹接合处和上腹部各有一组凹弦纹。口径12.4厘米，腹径21厘米，底径9.7厘米，高27厘米。（图一四二，1；图版二八，4）

陶豆　1件。标本M110∶2，泥质灰陶。敞口，圆唇，浅弧腹，内有一道凹槽，细长柄，喇叭状足，足外沿内凹。口径10厘米，底径5.7厘米，高12~12.3厘米。（图一四二，3；图版二八，3）

铜带钩　1件。标本M110∶3，整体呈长条形，截面近方形，钩身较长，钩尾上翘，钮为椭圆形，位于器形中部。钩身上有三足凸棱。长11.2厘米，宽1.1厘米，厚0.6厘米。（图一四二,2；彩版三二，1）

第七三节　M112

一、墓葬形制

方向0°。长方形竖穴土坑墓，直壁，平底。长2.70米，宽1.20米，现存深度1.90米。

墓室由空心砖构筑。仅剩墓底和北壁残存空心砖，墓底以4块空心砖两两一排，纵向平铺而成，在底砖的北侧建挡墙，挡墙有上下两层，每层1块空心砖横向侧立而成。砖室长2.14米，宽1米，残高0.70米。（图一四三）

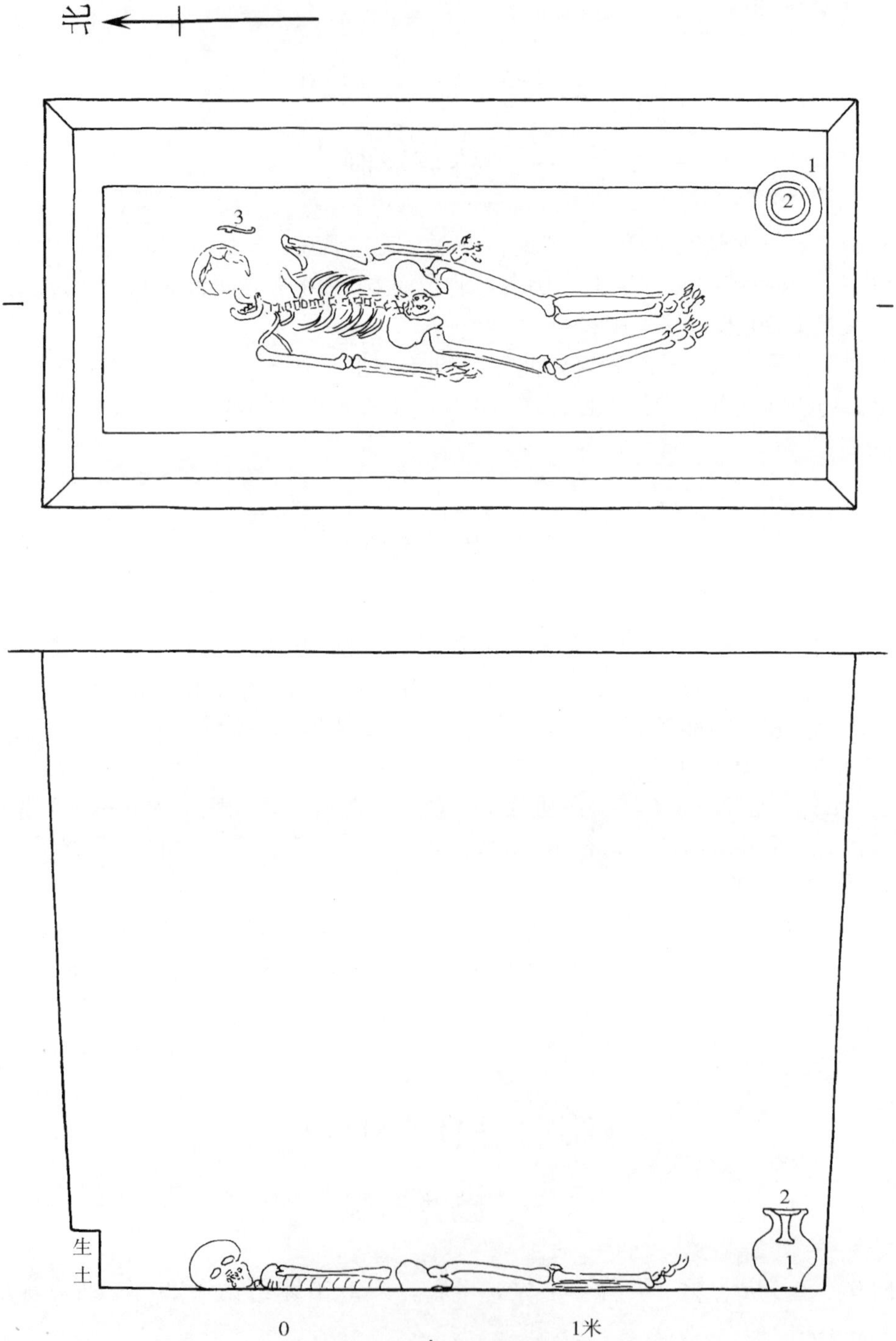

图一四一 M110平、剖图
1. 陶壶 2. 陶豆 3. 铜带钩

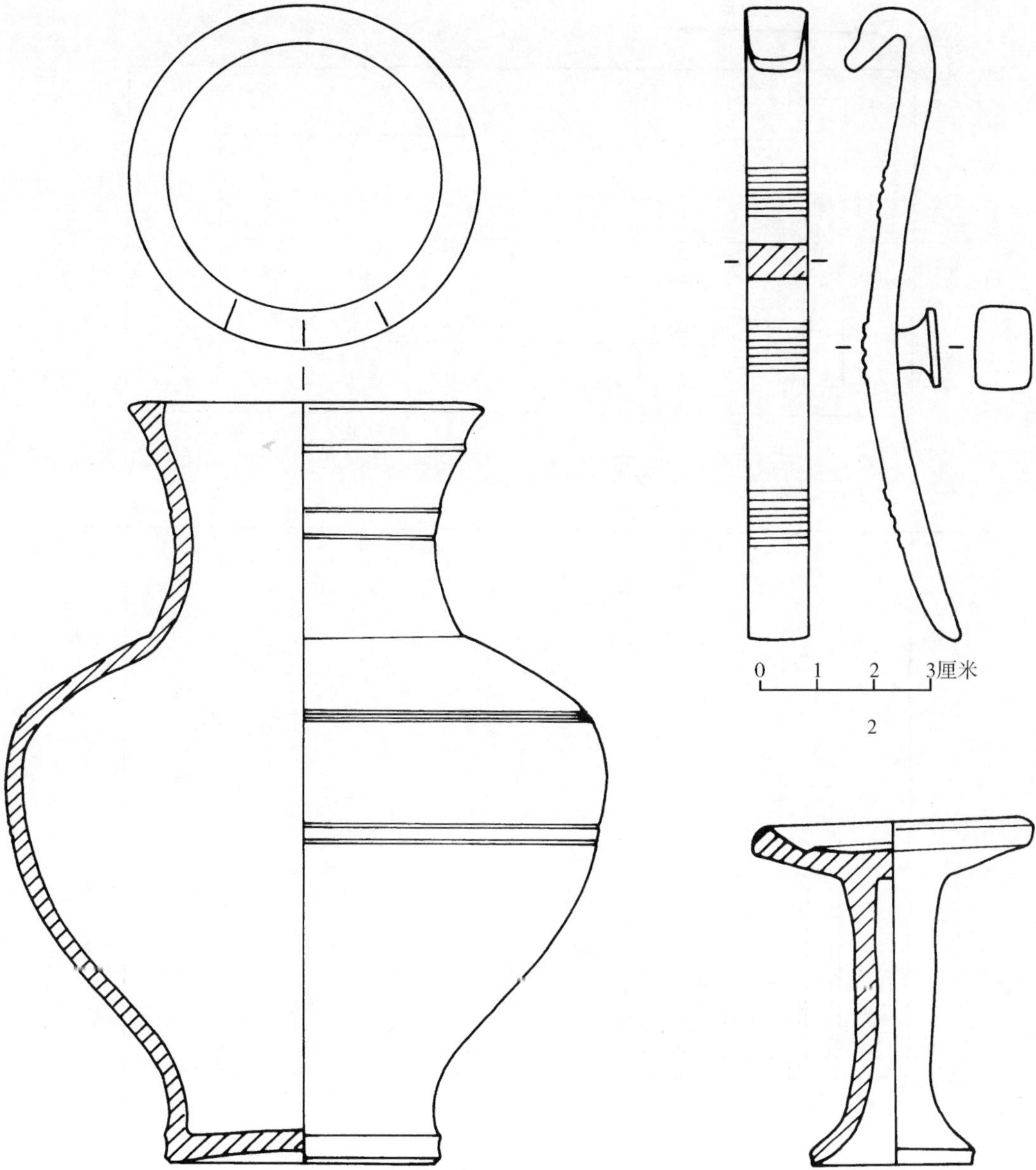

图一四二　M110出土器物

1. 陶壶（M110∶1）　2. 铜带钩（M110∶3）　3. 陶豆（M110∶2）

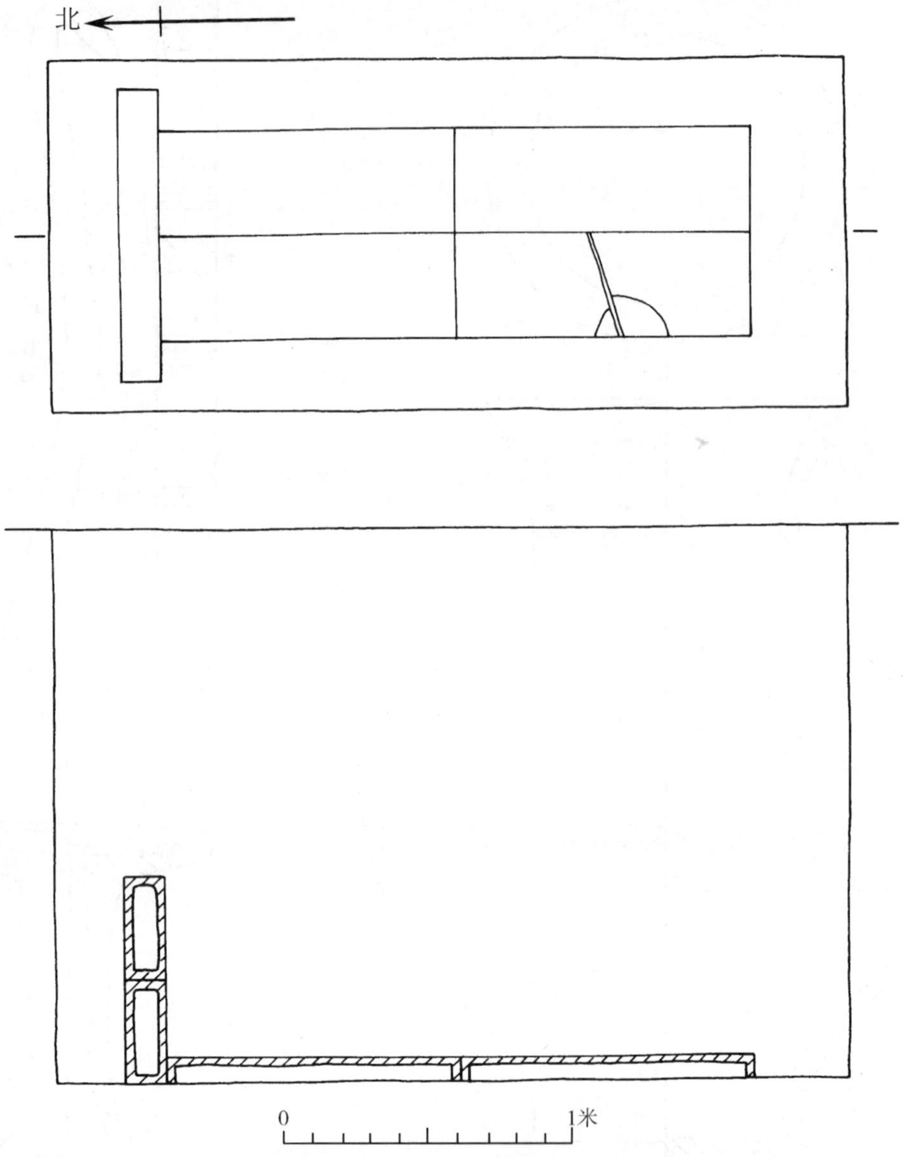

图一四三　M112 平、剖图

人骨腐朽不存。仅在扰土中出有铁带钩 1 件，铜璜 3 件。

二、出土遗物

铁带钩　1 件。标本 M112∶1，钩身较长，钩尾上翘，钮为圆形，位于器身中部。长 10.4 厘米，宽 0.8～1.2 厘米。（图一四四，1；彩版三二，2）

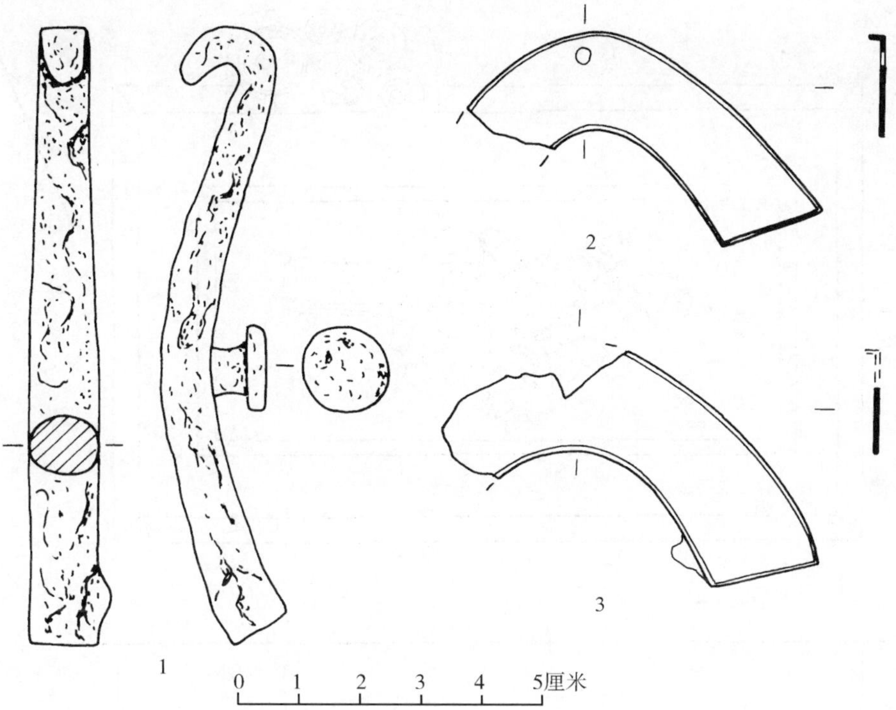

图一四四　M112 出土器物
1. 铁带钩（M112：1）　2、3. 铜璜（M112：2）

铜璜　3 件。标本 M112∶2，均残。较完整者残长 6 厘米，宽 3.5 厘米。(图一四四，2、3)

第七四节　M115

一、墓葬形制

方向 160°。长方形竖穴土坑墓，斜壁，口大于底，平底。长 2.90 米，宽 1.80 米，现存深度 2.80 米。北墓壁东端有一壁龛。壁龛距墓底 1 米，宽 0.82 米，高 0.60 米，进深 0.40 米。(图一四五；彩版三三)

葬具为单椁。椁为长方形，长 2.30 米，宽 1.06 米，残存高度 0.30 米，板灰厚 0.03 米。人骨保存较好。仰身直肢，双手置于腹部。

出土器物 9 件，有陶鼎 1 件，陶盖豆 1 件，陶壶 2 件，陶豆 2 件，陶盘 1 件，陶匜 1 件，陶釜 1 件。大陶釜呈碎片状置于墓主人腰臀下，其余均出自壁龛。

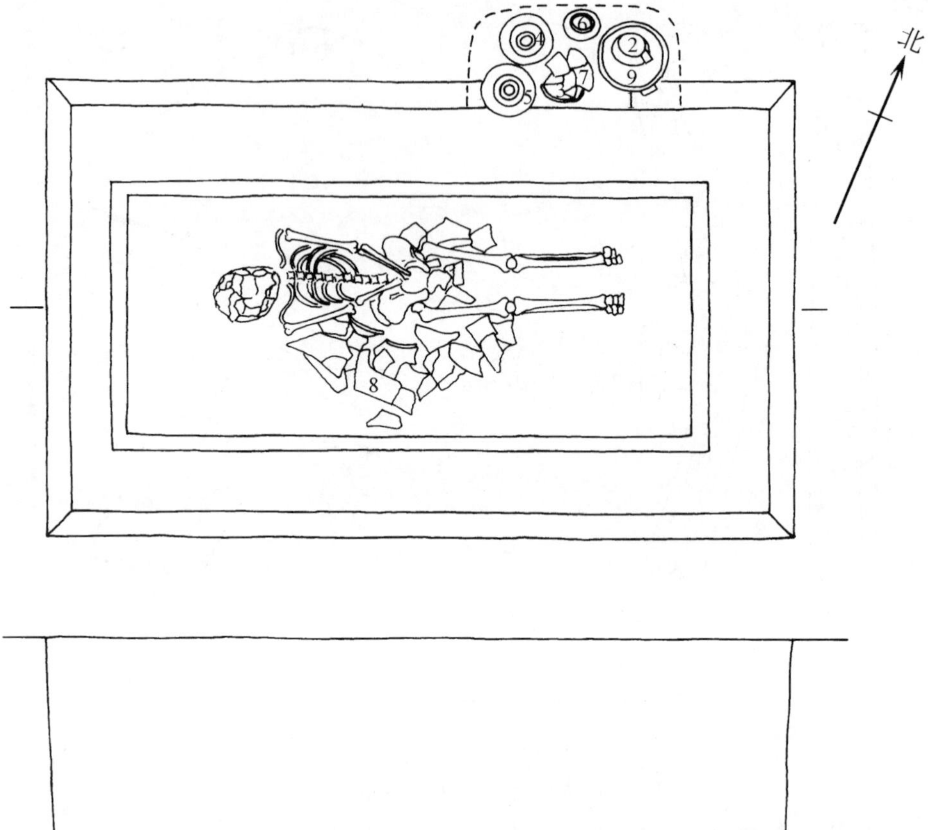

图一四五　M115平、剖图

1. 陶鼎　2. 陶匜　3. 陶盖豆　4. 陶壶　5. 陶壶　6. 陶豆　7. 陶豆　8. 陶釜　9. 陶盘

二、出土遗物

陶鼎　1件。标本M115∶1，泥质灰陶。盖弧壁平顶，中部有三半圆形实钮。器身子口内敛，方唇，垂腹，较浅，底部略平。方形附耳外斜。三圆形空心蹄足竖直向下，足跟内侧开孔，足跟微鼓，足尖无蹄。盖面两道凸旋纹，其间等距分布三实钮。口径17.6厘米，腹径20.2厘米，高20厘米。（图一四六，1；图版二九，1）

陶匜　1件。标本M115∶2，泥质灰陶。平面椭圆形。敞口，方唇，弧壁，平底内凹。流较短，微翘，尾端内凹。长15.6厘米，宽15.8厘米，高6厘米。（图一四六，6；图版二九，2）

陶盖豆　1件。标本M115∶3，泥质灰陶。盖弧壁弧顶，较深，中部一圆饼状捉手，捉手两道折棱，口沿折而向下。器身子母口，圆唇，深盘折腹，瓦纹形上腹部近直，下腹部弧收，束腰细柄较矮，喇叭状底。器形较小。口径17厘米，腹径17.8厘米，底径11.2厘米，高20.6厘米。（图一四六，3；图版二九，4）

陶壶　2件。标本M115∶4，泥质灰陶。浅盖弧顶，盖舌较短。敞口方唇，颈微束，广肩，弧腹，下腹斜收，最大径在肩腹接合处，平底。盖顶三道折棱。口径10.7厘米，腹径16厘米，底径10厘米，高24.5厘米。（图一四六，7；图版二九，5）标本M115∶5，泥质灰陶。浅盖弧顶，盖舌较短。敞口方唇，颈微束，广肩，弧腹，下腹斜收，最大径在肩腹接合处，平底。盖顶有三道折棱。口径10.2厘米，腹径16厘米，底径9.6厘米，高23.8厘米。（图一四六，8；图版三〇，1）

陶豆　2件。标本M115∶6，泥质灰陶。敞口，圆唇，壁外折内弧，折棱突出，细长柄，喇叭状足。盘内有螺旋状暗纹。口径11.8厘米，底径8.3厘米，高15.1~15.4厘米。（图一四六，5；图版三〇，2）标本M115∶7，泥质灰陶。敞口，圆唇，壁外折内弧，折棱突出，细长柄，喇叭状足。盘内有螺旋状暗纹。口径11.5厘米，底径8.2厘米，高11.5厘米。（图一四六，4；图版三〇，3）

陶釜　1件。标本M115∶8，肩部及以上为夹细砂红陶，腹部及底为夹粗砂红陶。残。卷沿，方唇，折肩，底有乳钉状小足。肩部素面抹平，腹部饰有粗绳纹。口径38厘米，残高7厘米。

陶盘　1件。标本M115∶9，泥质灰陶。折沿厚方唇，折腹，上腹微弧，下腹斜收，平底。口径23.9厘米，底径9厘米，高5.3~5.8厘米。（图一四六，2；图版二九，3）

图一四六　M115出土陶器

1. 鼎（M115：1）　2. 盘（M115：9）　3. 盖豆（M115：3）　4. 豆（M115：7）　5. 豆（M115：6）
6. 匜（M115：2）　7. 壶（M115：4）　8. 壶（M115：5）

第七五节　M116

一、墓葬形制

方向5°。长方形竖穴土坑墓，斜壁，口大于底，平底。长2.70米，宽2.20米，现存深度2.50米。（图一四七）

图一四七　M116平、剖图
1. 陶鬲

葬具为单棺。棺长方形，长 2 米，宽 0.92 米，残高 0.3 米，板灰厚 0.02 米。人骨保存较好，仰身直肢，头向北，面向东，双手交叉放于腹部。

出土遗物有陶鬲 1 件，压在棺的东北角。

二、出土遗物

陶鬲　1 件。标本 M116:1，肩部以上为夹细砂红陶，腹、底为夹粗砂红陶，砂粒较大。平折沿，较窄，方唇，折肩，斜弧腹，三袋足间距略小。肩部抹平，饰有十余道凹旋纹，下腹部和底为斜向粗绳纹。口径 32.4 厘米，腹径 45.6 厘米，底径 15.6 厘米，高 31.3 厘米。（图一四八，1、2）

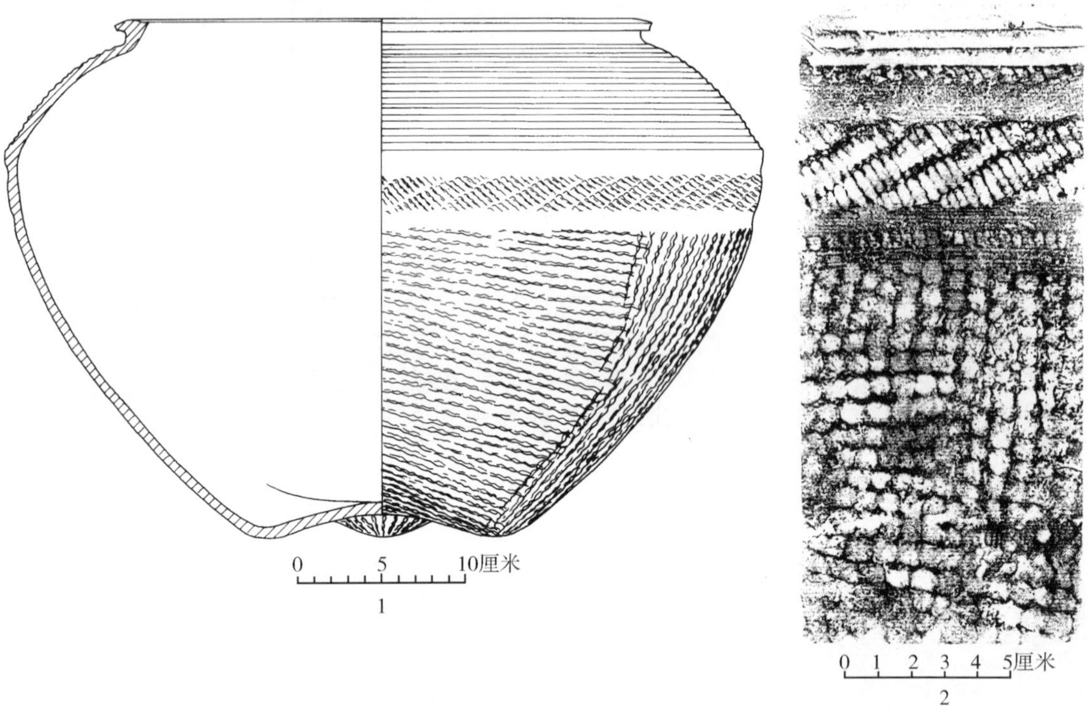

图一四八　M116 出土陶鬲

1. 鬲（M116 :1）　2. 鬲纹饰拓片（M116 :1）

第七六节　M118

一、墓葬形制

方向280°。长方形竖穴土坑墓，斜壁，口大于底，平底。长3.10米，宽2米，现存深度3.80米。(图一四九)

葬具为一椁一棺。椁长方形，南椁壁由于受外力挤压向北内弧，长2.30米，宽1.24米，残高0.40米，板灰厚0.03米。棺长方形，长1.94米，宽0.66米，残高0.22米。人骨保存较差，仰身直肢，头向北。

出土遗物9件，分别是玛瑙环1件，蚌珠4件，铜璜3件，陶鬲1件。

二、出土遗物

陶鬲　1件。标本M118:4，肩部以上为夹细砂灰褐陶，腹部为夹粗砂灰褐陶，砂粒较大。残。平折沿，较窄，方唇，折肩，斜弧腹。肩部饰有十余道凹旋纹，下腹部为斜向粗绳纹。口径32厘米，腹径44.4厘米，残高18.5厘米。(图一五〇，1)

铜璜　3件。标本M118:3，M118:3-1较宽，长8.1厘米，宽2.5厘米。其余2件稍窄，残。(图一五〇，2、3、4；彩版三四，1)

玛瑙环　1件。标本M118:1，环肉内侧削棱，两斜面相交于一线，外侧抹棱，环肉横切面略，为长扁长方形。为白色半透明状，器表光亮。直径4厘米，好径2厘米，厚0.4厘米。(图一五〇，5；彩版三一，5)

蚌珠　4件。标本M118:2，白色，为不规则圆形，中间有穿孔。直径1厘米，厚0.5~0.8厘米。(图一五〇，6、7、8)

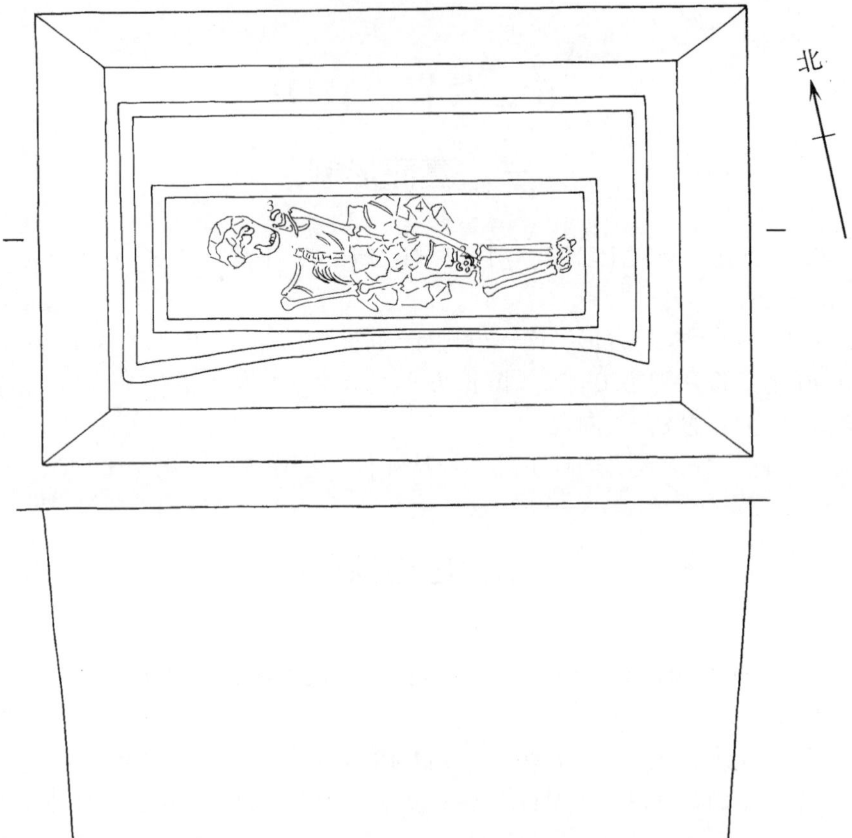

图一四九　M118平、剖图
1. 玛瑙环　2. 蚌珠　3. 铜璜　4. 陶鬲

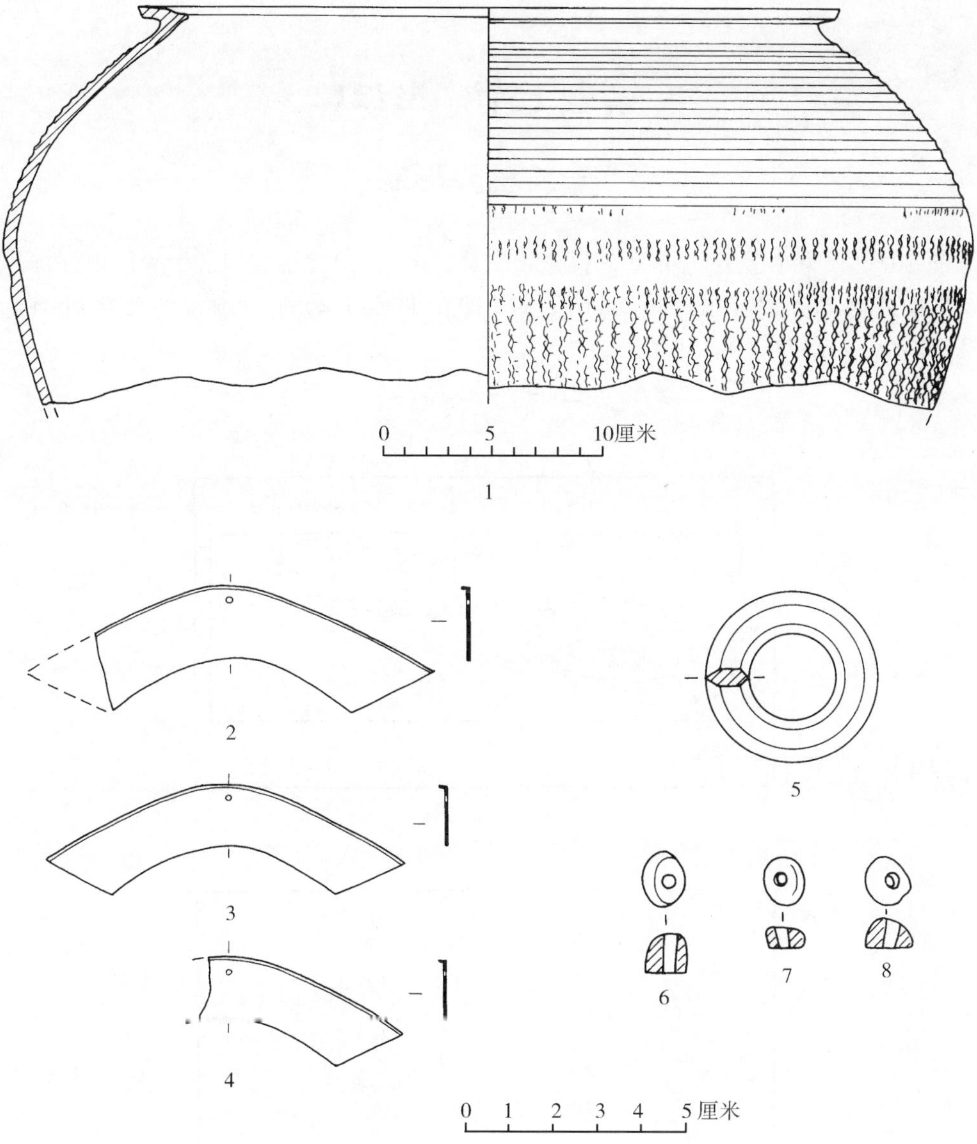

图一五〇　M118出土器物

1. 陶鬲（M118∶4）　2、3、4. 铜璜（M118∶3）　5. 玛瑙环（M118∶1）
6、7、8. 蚌珠（M118∶2）

第七七节　M121

一、墓葬形制

方向20°。长方形竖穴土坑墓，直壁，平底。长2.20米，宽1.20米，现存深度1.90米。墓底有生土二层台。北台面宽0.12米，西台面宽0.26米，南台面宽0.06米，东台面宽0.22米，均高0.3米。（图一五一）

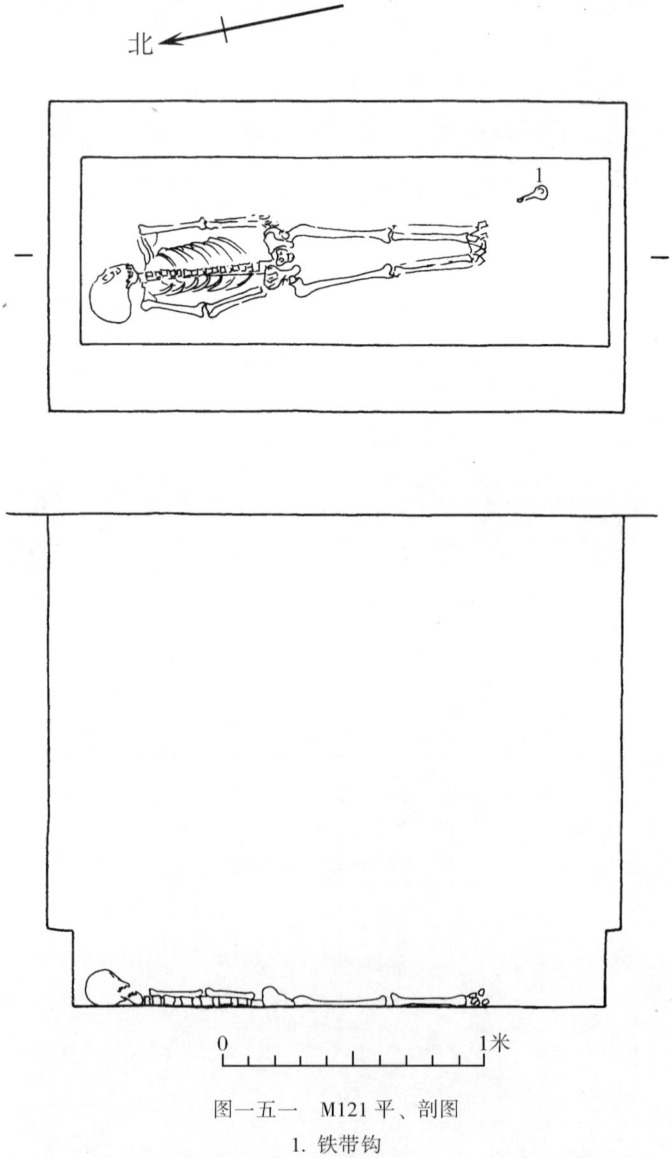

图一五一　M121平、剖图
1. 铁带钩

未发现有葬具。人骨保存稍好。仰身直肢，面向东。

出土器物有铁带钩1件。

二、出土遗物

铁带钩　1件。标本M121∶1，钩首半圆形，如叶片，尾端长条形，似叶柄。钩尾上翘，钮近圆形，位于首端。长6.9厘米，宽4.5厘米。（图一五二；彩版三五，1）

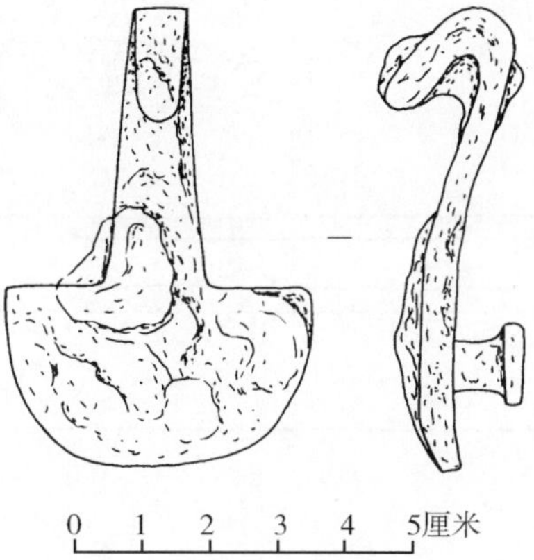

图一五二　M121出土铁带钩（M121∶1）

第七八节　M123

一、墓葬形制

方向190°。为长方形竖穴土坑墓，斜壁，口大于底，平底。长2.40米，宽1.80米，深2.10米。（图一五三）

葬具为一椁一棺，均为长方形。椁长2.36米，宽1.30米，残高0.40米，板灰厚0.02米。棺长1.90米，宽0.86米，残高0.24米，板灰厚0.02米。人骨保存较完整，仰身曲肢，双手置于腹部，下肢略曲。

出土遗物2件，有玉管1件，陶鬲1件，出土位置不明。陶鬲残片被置于墓主人腰臀下。

二、出土遗物

陶鬲　1件。标本M123∶2，肩以上泥质红陶，腹以下夹粗砂红陶。折沿，圆唇，折

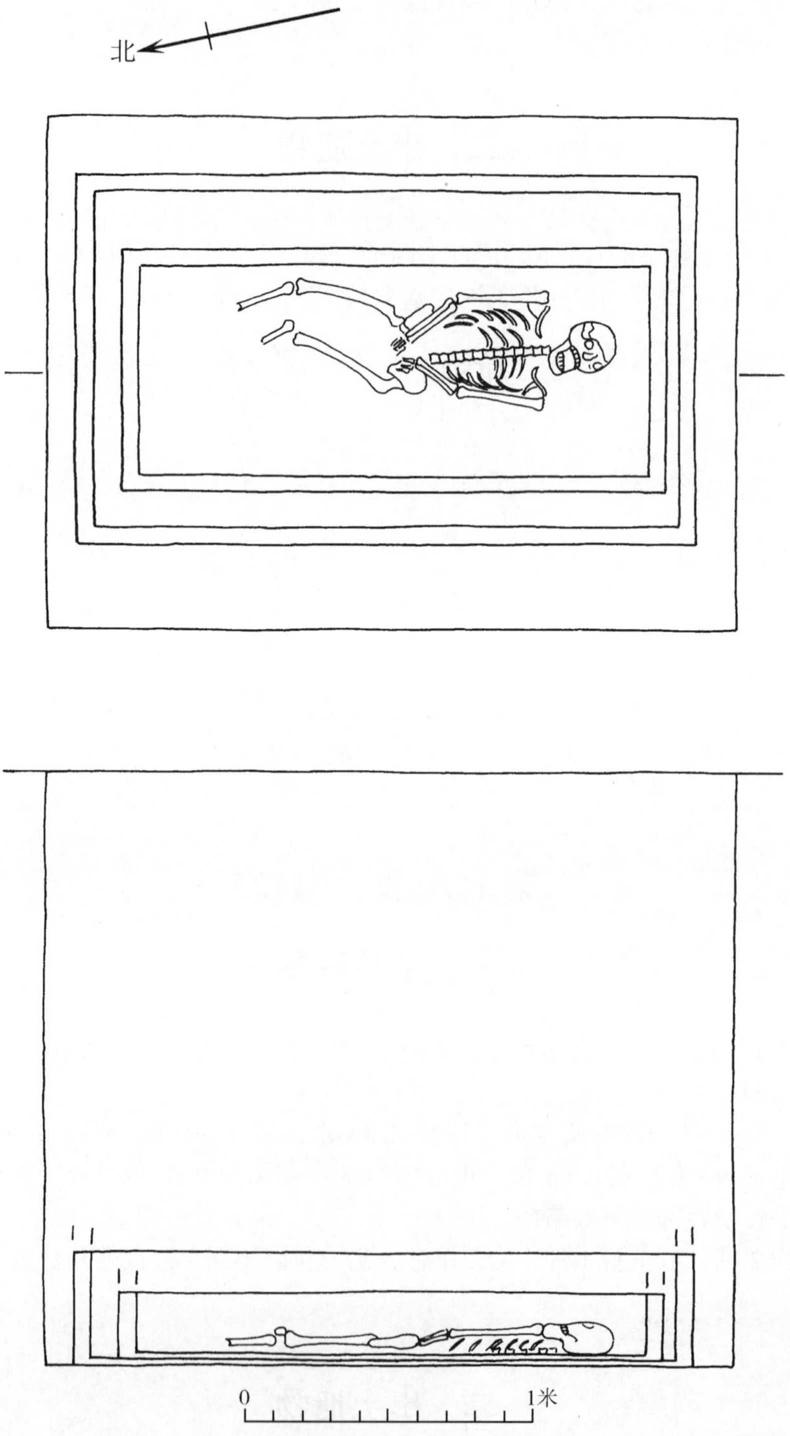

图一五三　M123平、剖图

肩，腹以下均残。沿面有一道凹槽，肩上饰多道凹弦纹。腹以下施绳纹。上下两部分系分别制作后拼接而成。口径 36 厘米，残高 15 厘米。

玉管　1 件。标本 M123∶1，圆柱体，孔径较大，壁较薄，半透明白色。直径 3.7 厘米，高 3.3 厘米。（图一五四；彩版三一，2）

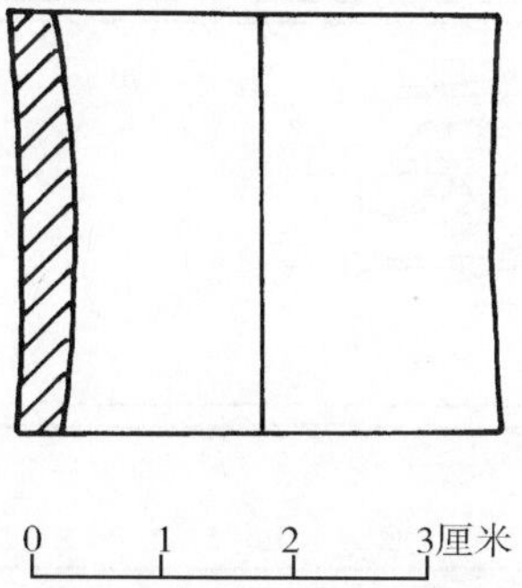

图一五四　M123 出土玉管（M123∶1）

第七九节　M127

一、墓葬形制

方向 350°。长方形竖穴土坑墓，直壁，平底。长 2.50 米，宽 1.20 米，现存深度 2.20 米。于墓葬南端有一圆形盗洞。（图一五五）

葬具为单棺。棺长 1.58 米，宽 0.78 米，残高 0.30 米，板灰厚 0.02 米。人骨保存较差，仅存部分上半身。

该墓盗扰严重，出土遗物有陶壶 1 件，陶豆 1 件。放于棺外墓葬东北角。

二、出土遗物

陶壶　1 件。标本 M127∶1，无盖。泥质灰陶。盘口方唇，盘口底部有凸棱，颈微束，广肩弧腹，最大径在肩腹接合处，假圈足底部有一圈凸起，平底微凹。颈部有两道凹弦纹，肩腹接合处和上腹部各有一组凹弦纹。口径 13 厘米，腹径 22 厘米，底径 10 厘米，高 27.1 厘米。（图一五六，1；图版三〇，4）

陶豆　1 件。标本 M127∶2，泥质灰陶。残存豆盘。口径 10 厘米，残高 4.4 厘米。（图一五六，2）

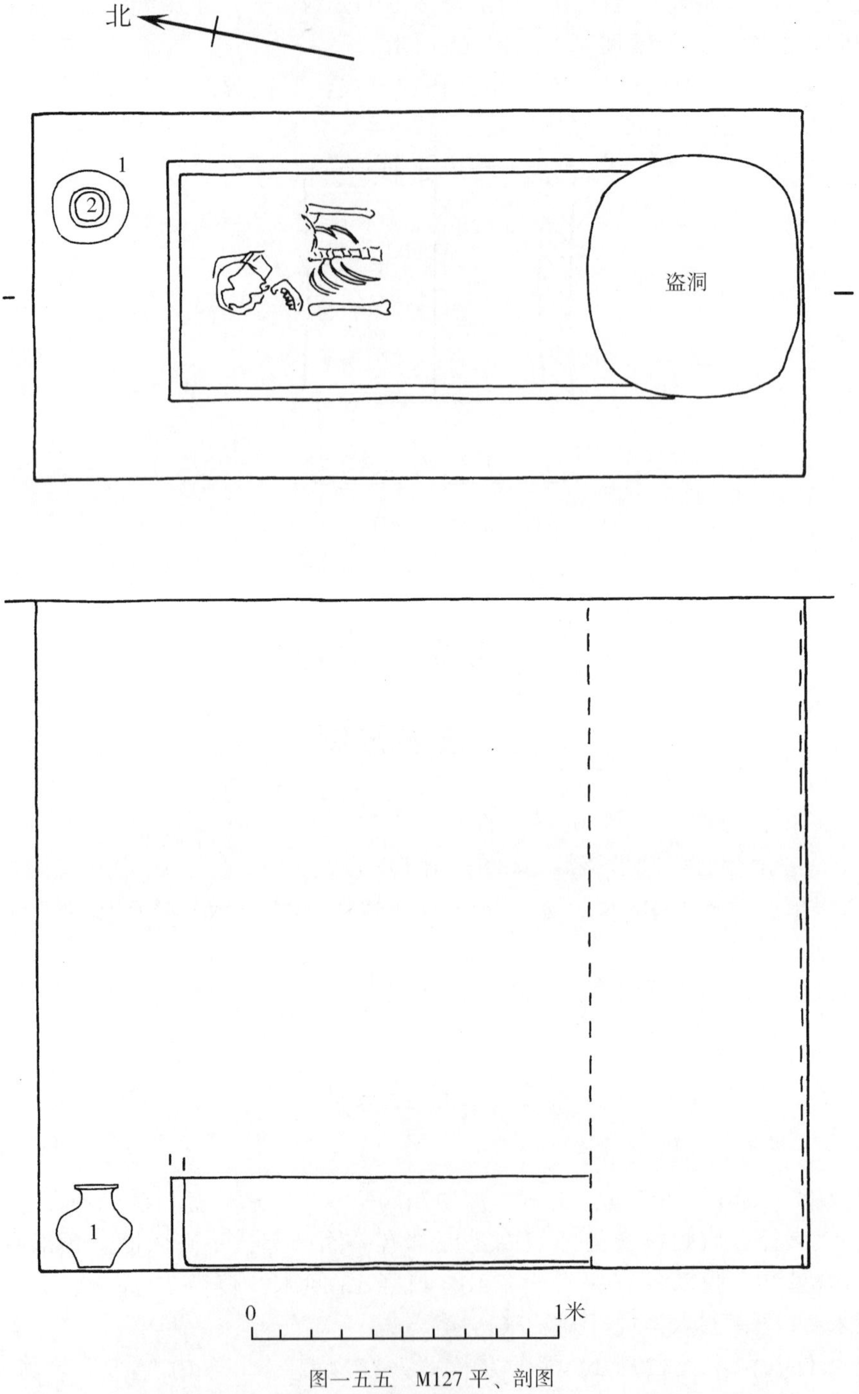

图一五五　M127平、剖图
1. 陶壶　2. 陶豆

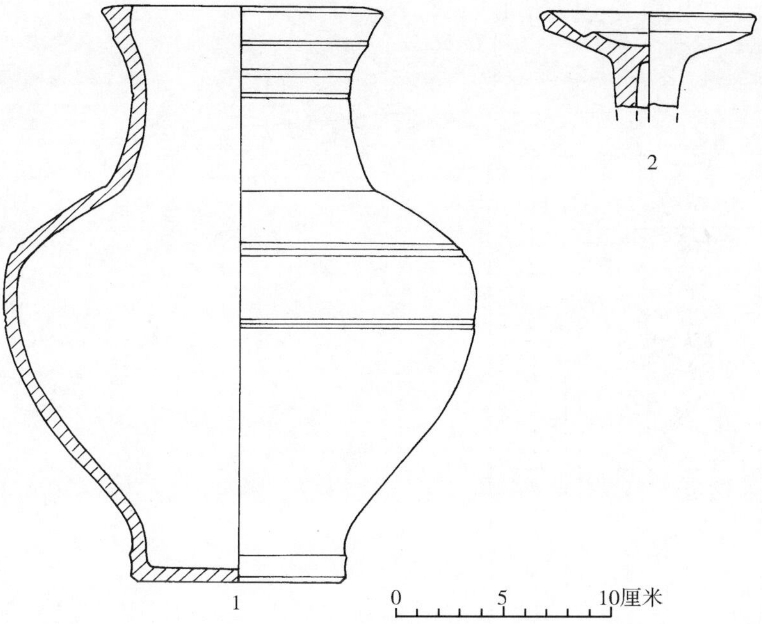

图一五六　M127出土陶器
1. 陶壶（M127∶1）　2. 陶豆（M127∶2）

第八〇节　M129

一、墓葬形制

方向100°。长方形竖穴土坑墓，斜壁，口大于底，平底。长2.80米，宽1.60米，深2.40米。（图一五七；彩版三六）

葬具为单棺，长方形，长1.96米，宽0.92米，残高0.30米，板灰厚0.03米。人骨保存较好，仰身直肢，头朝东，双手置于腹部。

出土遗物4件，有陶鬲1件，陶盂1件，陶罐1件，陶豆1件，均置于墓葬北部的木棺与北壁之间。

二、出土遗物

陶罐　1件。标本M129∶1，泥质灰陶。折沿圆唇，矮直领，鼓肩，腹斜收，平底微凹。口径10.8厘米，腹径16.4厘米，底径10厘米，高12.8厘米。（图一五八，2；图版三一，1）

图一五七　M129平、剖图

1. 陶罐　2. 陶豆　3. 陶盂　4. 陶鬲

陶豆　1件。标本M129∶2，泥质灰陶。敞口，尖圆唇，折壁，壁上有一道凹槽，粗短柄，喇叭状足。盘内有多圈螺旋状暗纹和一个刻划符号。口径13.8厘米，底径7.4厘

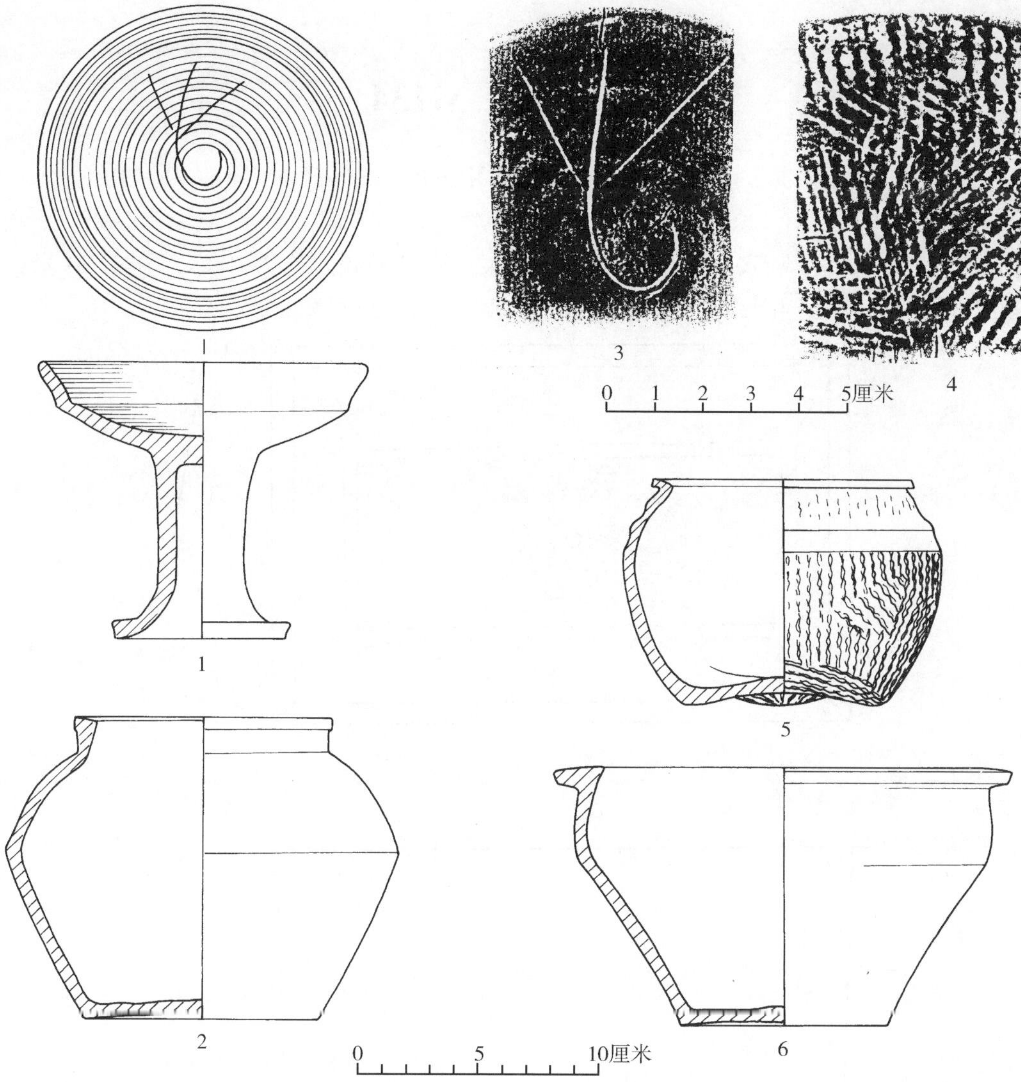

图一五八　M129出土陶器

1. 豆（M129∶2）　2. 罐（M129∶1）　3. 豆盘陶文拓片（M129∶2）　4. 鬲纹饰拓片（M129∶4）　5. 鬲（M129∶4）　6. 盂（M129∶3）

米，高11.8厘米。（图一五八，1、3；图版三一，4、5）

陶盂　1件。标本M129∶3，泥质灰陶。折沿，方圆唇，折腹，上腹微弧，下腹斜收，平底。口径19.2厘米，底径8.6厘米，高10.9厘米。（图一五八，6；图版三一，2）

陶鬲　1件。标本M129∶4，肩部以上为夹细砂红陶，腹部和底为夹粗砂红陶，砂粒较大。器形较小。平折沿，较窄，方唇，溜肩，斜弧腹，三足间距较大。肩部抹平，饰有数道宽凹旋纹，腹部和底饰有粗绳纹。口径11厘米，腹径13.4厘米，底径8.2厘米，高9.5厘米。（图一五八，4、5；图版三一，3）

第八一节　M134

一、墓葬形制

方向280°。长方形竖穴土坑墓，斜壁，口大于底，平底。长2.70米，宽1.80米，现存深度2.60米。（图一五九）

图一五九　M134平、剖图
1. 铜璜　2. 陶釜

葬具为单棺。棺平面呈“Ⅱ”字形，长 2.10 米，宽 0.94 米，残高 0.30 米，板灰厚 0.02 米。人骨保存较好，仰身直肢，头向北，双手交叉放于腹部。

出土遗物 5 件，分别是铜璜 4 件，陶釜 1 件。

二、出土遗物

陶釜　1 件。标本 M134∶2，肩以上夹细砂红褐陶，腹以下夹粗砂红褐陶。折沿，方唇，折肩，腹以下均残，底有三个乳钉足。唇面下凹，沿面有四道凹槽，上腹部有三道折棱，腹以下施绳纹。上下两部分系分别制作后拼接而成。口径 42 厘米，残高 22 厘米。

铜璜　4 件。标本 M134∶1，均残。较完整者残长 7.5 厘米，宽 3.6 厘米。（图一六〇，1、2、3；彩版三〇，2）

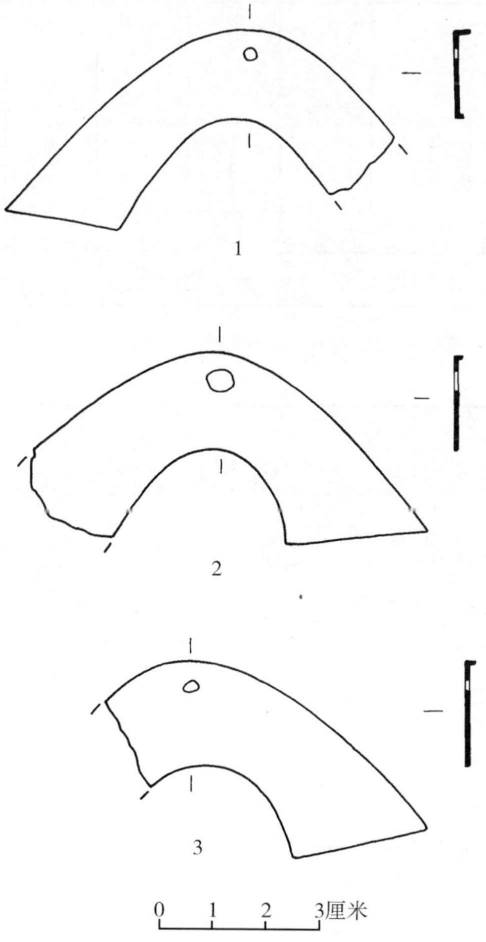

图一六〇　M134 出土铜璜

1、2、3. 铜璜 M134∶1

第八二节　M137

一、墓葬形制

方向 350°。长方形竖穴土坑墓，直壁，平底。长 2.96 米，宽 1.60 米，现存深度 1.90 米。(图一六一)

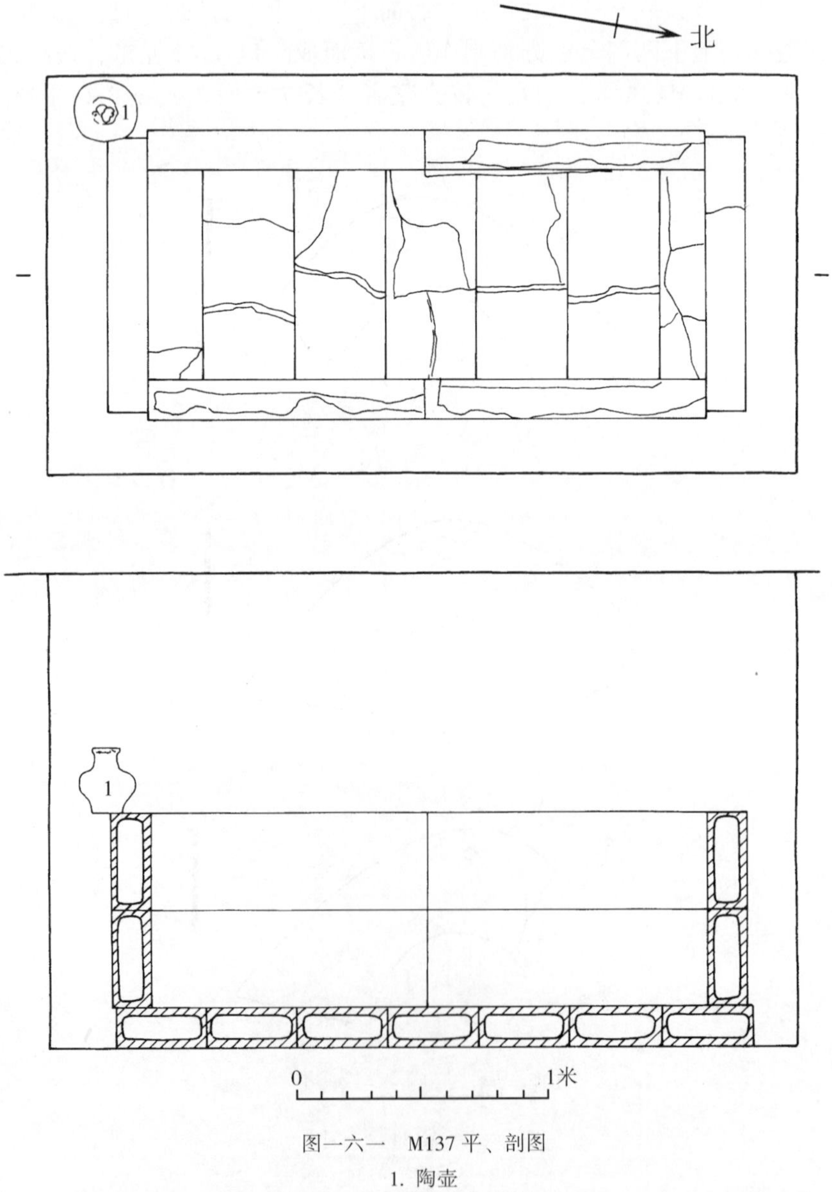

图一六一　M137 平、剖图
1. 陶壶

墓室以空心砖构筑。空心砖室盖顶已残，墓底以 7 块空心砖横向平铺而成。在底砖南北两端建挡墙，每面挡墙有上下两层，每层 1 块空心砖横向侧立而成。在底砖东西两侧建侧墙，每面侧墙有两层，每层 2 块空心砖纵向侧立而成。空心砖室长 2.52 米，宽 1.16 米，残存高度 0.94 米。人骨腐朽不存。

出土器物有陶壶 1 件，位于西南角挡墙之上。

二、出土遗物

陶壶　1 件。标本 M137∶1，无盖。泥质灰陶。盘口方唇，盘口底部有凸棱，颈微束，广肩弧腹，最大径在肩腹接合处，假圈足底部有一圈凸起，平底微凹。壶口沿面平均分布有四道凹槽，颈部有两道凹弦纹，肩腹接合处和上腹部各有一组凹弦纹。口径 12.5 厘米，腹径 21.2 厘米，底径 10 厘米，高 26.5 厘米。（图一六二；图版三二，1）

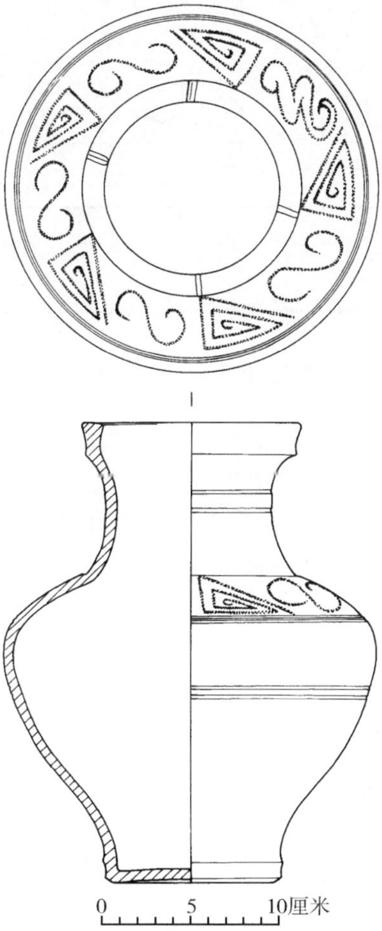

图一六二　M137 出土陶壶（M137∶1）

第八三节　M139

一、墓葬形制

方向0°。长方形竖穴土坑墓，直壁，平底。长2.46米，宽1.20米，现存深度1.80米。(图一六三)

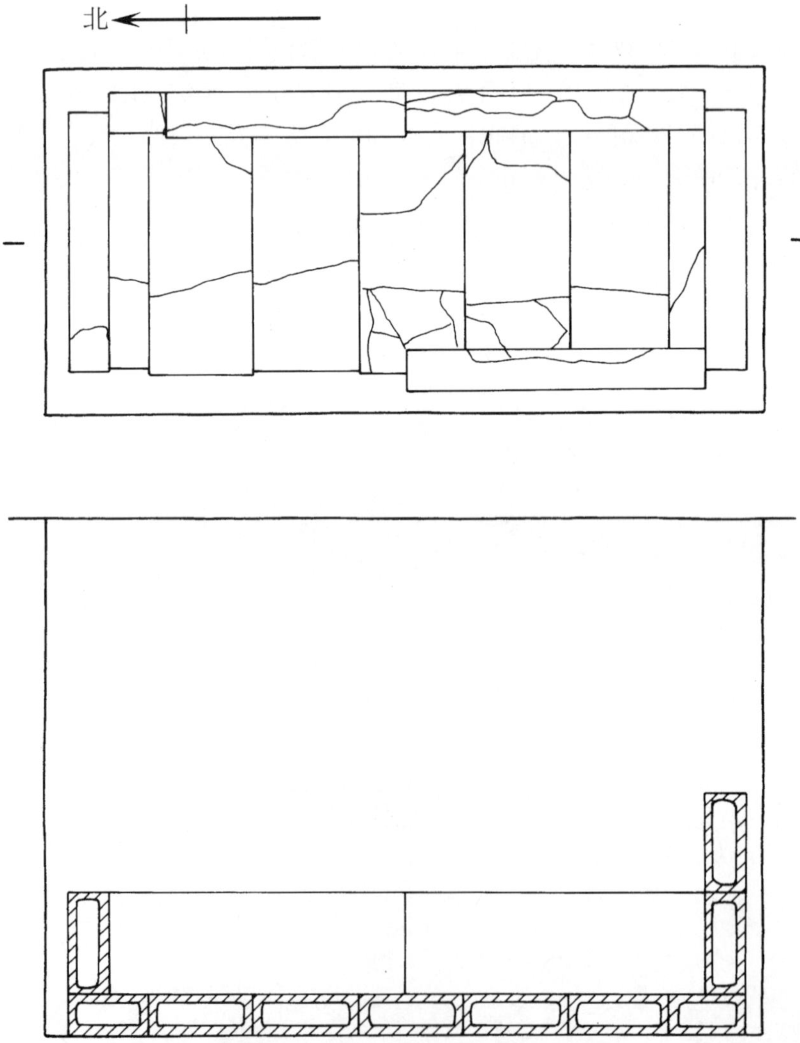

图一六三　M139平、剖图

墓室以空心砖构筑。墓室盖顶已残，墓底以 7 块空心砖东西横向平铺而成，南北两端的空心砖较窄，然后四周填土至与底砖齐平。在底砖东西两侧建侧墙，西侧墙一层，由 2 块空心砖南北纵向侧立而成，东侧墙一层，仅剩 1 块空心砖。在底砖南北两端建挡墙，北挡墙一层，由 1 块空心砖东西向侧立而成，南挡墙两层，由 2 块空心砖东西向侧立相叠而成。墓室长 2.32 米，宽 1.04 米，残存高度 0.84 米。空心砖长 0.90 米，其中侧墙空心砖长 1.02 米，宽 0.36 米，其中墓底南北两端底砖宽 0.28 米，厚 0.14 米。人骨腐朽不存。

仅在扰土中出土铜镜 1 件。

二、出土遗物

铜镜　1 件。标本 M139∶1，残。圆形，半环钮，镜背素面，镜缘凸起，镜面平，断面呈银白色。直径 13.4 厘米，厚 0.1 厘米。（彩版二七，3）

第八四节　M142

一、墓葬形制

方向 160°。长方形竖穴土坑墓，斜壁，口大于底，平底。长 3.20 米，宽 2.20 米，现存深度 3.40 米。（图一六四）

葬具为单椁。椁长方形，长 2.40 米，宽 1.04 米，残高 0.30 米，板灰厚 0.03 米。人骨保存不全，仰身直肢，头向南，双手放于腹部。

出土遗物有陶豆 1 件，位于椁内西南角。

二、出土遗物

陶豆　1 件。标本 M142∶1，泥质灰陶。敞口，尖圆唇，折壁，粗短柄，喇叭状足，足外沿下凹。口径 12.8 厘米，底径 8.6 厘米，高 13.2～13.4 厘米。（图一六五；图版三二，3）

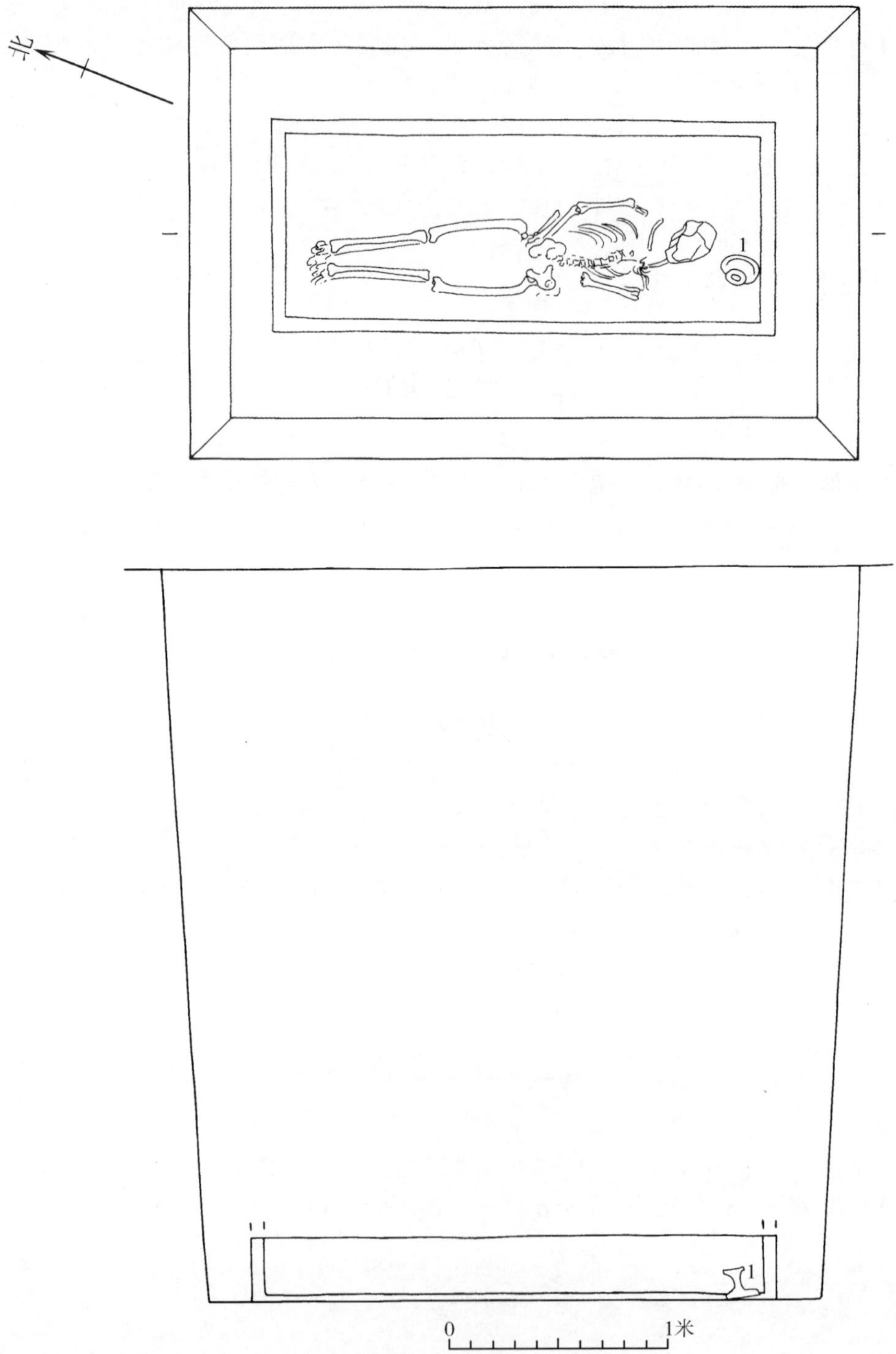

图一六四　M142平、剖图
1. 陶豆

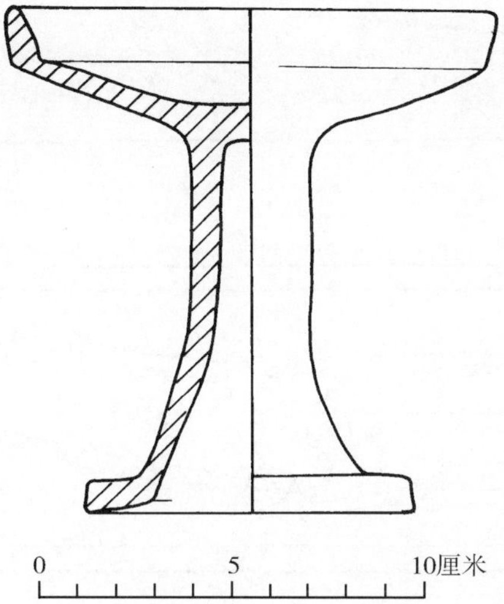

图一六五　M142 出土陶豆（M142：1）

第八五节　M146

一、墓葬形制

方向 5°。长方形竖穴土坑墓，直壁，墓底向北端倾斜。长 2.40 米，宽 1.20 米，现存深度 1.70 米。该墓西南角被 M151 打破。（图一六六）

葬具为单棺。棺长方形，长 1.88 米，宽 0.70 米，残高 0.30 米，板灰厚 0.02 米。人骨保存较好，仰身直肢，头向北，面向西。

出土遗物有 2 件，分别是陶壶 1 件，陶钵 1 件，位于棺外墓葬北端。

二、出土遗物

陶壶　1 件。标本 M146∶1，无盖。泥质灰陶。盘口方唇，盘口底部有凸棱，颈微束，广肩弧腹，最大径在肩腹接合处，假圈足底部有一圈凸起，平底。肩腹接合处和上腹部各有一组凹弦纹。壶口沿处刻有一陶文“大”，壶肩处刻有一陶文。口径 13.7 厘米，腹径 21.7 厘米，底径 11 厘米，高 13.7 厘米。（图一六七，1、2、3；图版三二，4、5、6）

陶钵　1 件。标本 M146∶2，泥质灰陶。敞口圆唇，弧壁，平底微凹。口径 14.1 厘米，底径 6.3 厘米，高 4.9~5.5 厘米。（图一六七，4；图版三二，2）

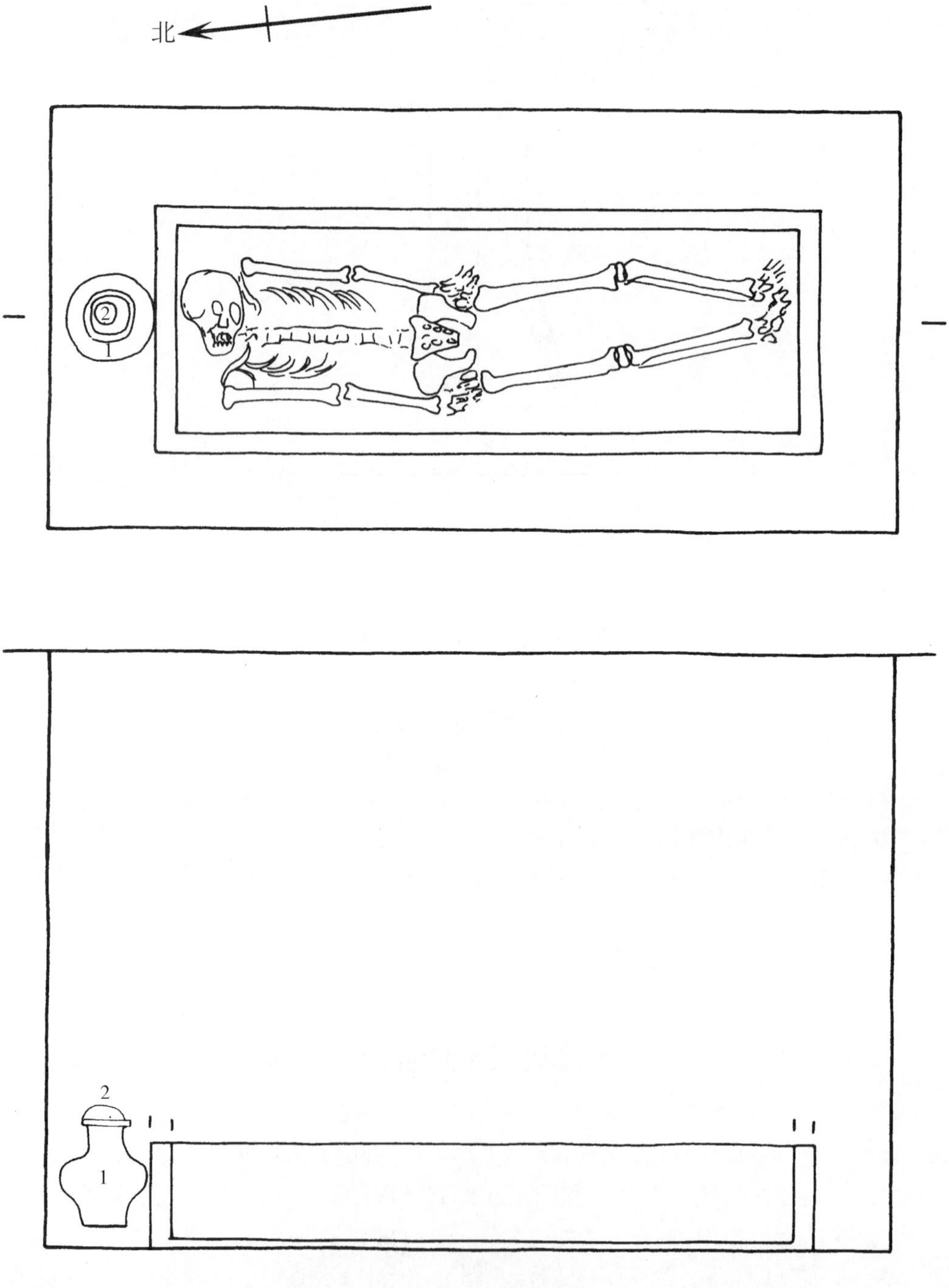

图一六六　M146平、剖图
1. 陶壶　2. 陶钵

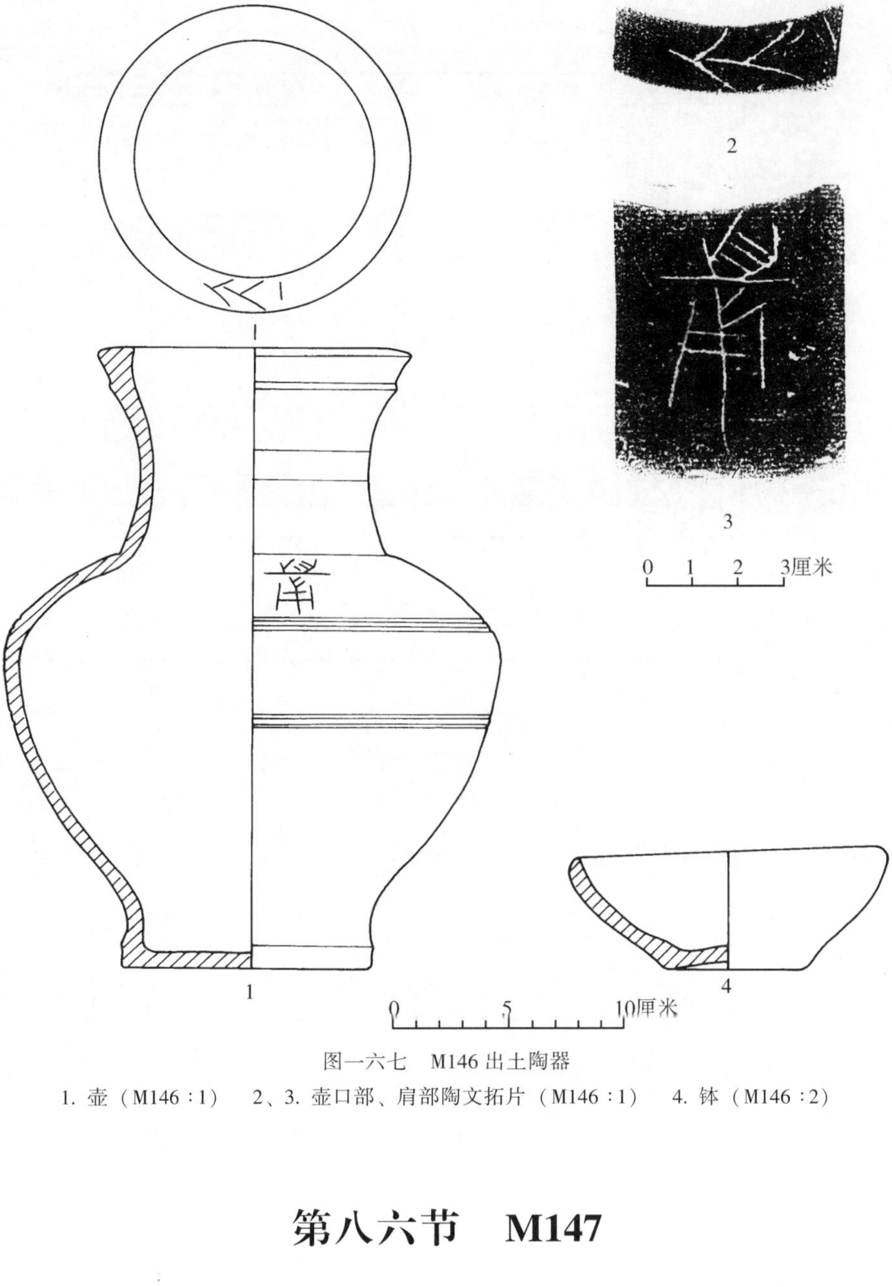

图一六七　M146出土陶器

1. 壶（M146∶1）　2、3. 壶口部、肩部陶文拓片（M146∶1）　4. 钵（M146∶2）

第八六节　M147

一、墓葬形制

方向190°。为长方形竖穴土坑墓，斜壁，口大于底，平底。长2.90米，宽2.08米，现存深度3.20米。墓坑北端墓底有一壁龛。壁龛宽0.90米，高0.84米，进深0.50米。(图一六八；彩版三七)

葬具为一椁一棺。外椁为长方形，长2.46米，宽1.58米，残存高度0.50米，板灰

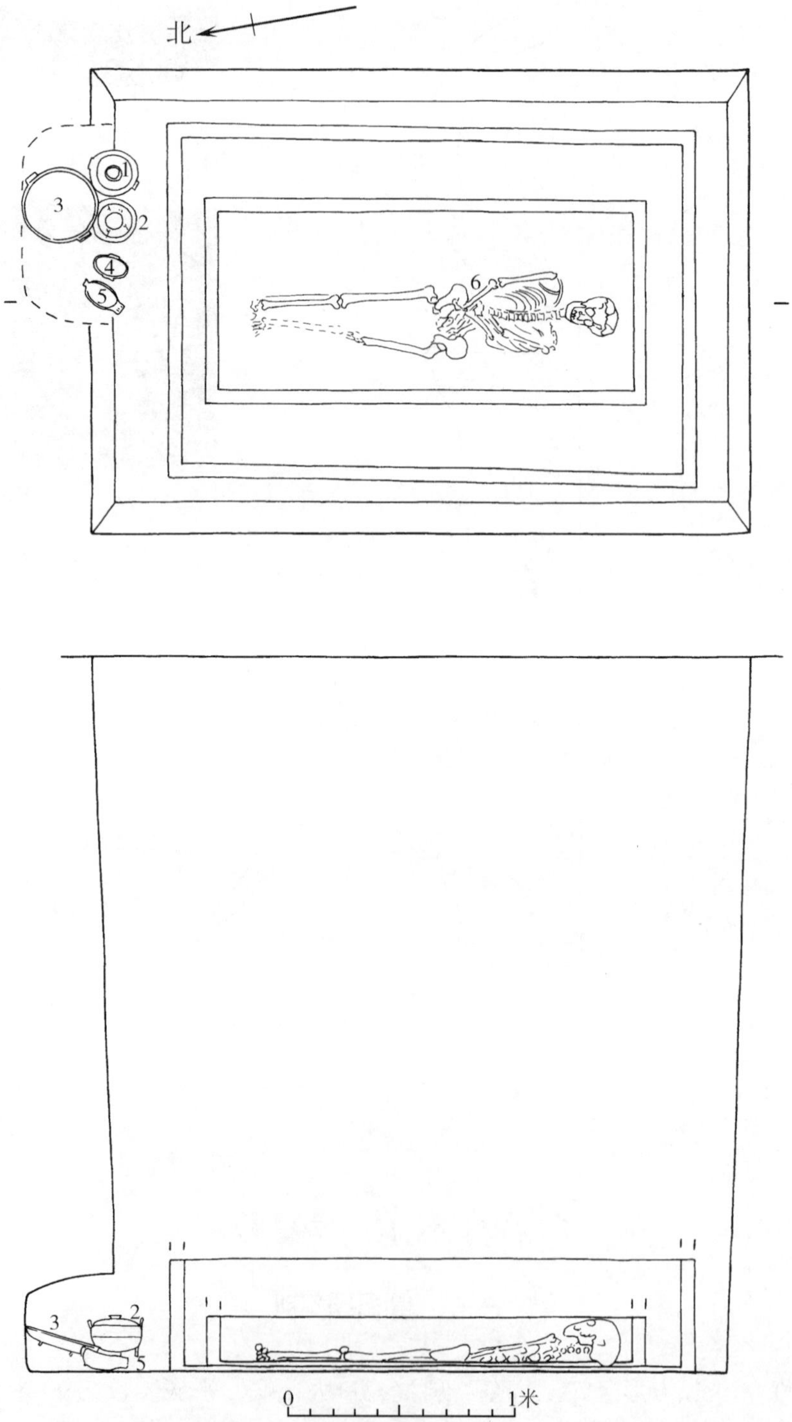

图一六八　M147平、剖图

1. 铜鼎　2. 铜敦　3. 铜盘　4. 铜舟　5. 铜匜　6. 骨贝（20枚）

厚 0.02 米。内棺长方形，长 1.94 米，宽 0.92 米，残存高度 0.22 米，板灰厚 0.02 米。人骨稍残。仰身直肢，双手置于腹部。

出土器物有铜鼎 1 件，铜敦 1 件，铜舟 1 件，铜盘 1 件，铜匜 1 件，均出自壁龛内。另有骨贝 20 枚，出自墓主人腰间。

二、出土遗物

铜鼎　1 件。标本 M147∶1，盖折沿尖圆唇，折壁，近平顶，上有三个环钮，折沿处有三个凸起与器身扣合。器身仰折沿方唇，弧腹，圜底，方附耳耳尖外折，折棱明显，半圆形蹄足，内侧有凹槽。盖有二道凸弦纹，钮上有陶索纹，器腹有一道凸弦纹，耳面有云雷纹等纹饰。附件和器身分别制作后焊接而成。口径 20.4 厘米，连耳宽 26 厘米，高 17 厘米。（图一六九，2；彩版三八，1）

铜敦　1 件。标本 M147∶2，盖折沿方唇，折壁，近平顶，上有四个环钮，中间有圆孔，盖顶有一喇叭状捉手，镂空，有八根短柱与盖身相接，折沿处有三个凸起与器身扣合。器身折沿方唇，短颈，弧腹，圜底近平。颈部有一对兽首状耳，兽首眼耳清晰，上腹部有一对环钮，钮中间有圆孔。三蹄足瘦长，圆形，中空。盖上有两道凸弦纹，盖钮和腹钮两面均有雷纹，捉手最外沿重环纹，里面镂空装饰八条蟠虺纹，器腹有一道凸弦纹。附

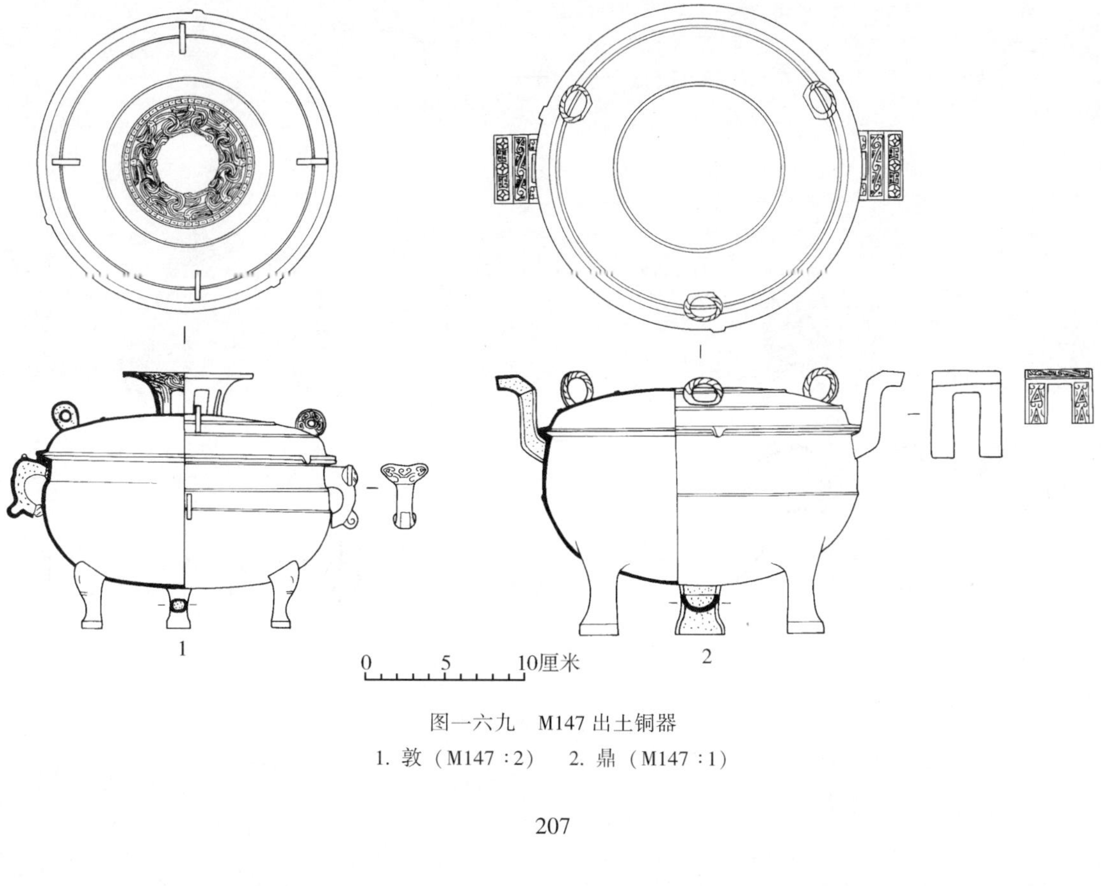

图一六九　M147 出土铜器

1. 敦（M147∶2）　2. 鼎（M147∶1）

件和器身分别制作后焊接而成。口径 19.2 厘米，连耳宽 22.5 厘米，高 16.5 厘米。（图一六九，1；彩版三八，4）

铜盘 1件。标本 M147∶3，平折沿，较宽，方唇，浅腹平底。一对方形附耳呈简化兽首形，耳端外折，耳面上饰有夔纹。三半圆形矮蹄足，内侧开凹槽，足跟微鼓，足尖外凸。耳、足分别制作，然后与器身焊接而成。口径 37.8 厘米，高 12 厘米。（图一七〇，

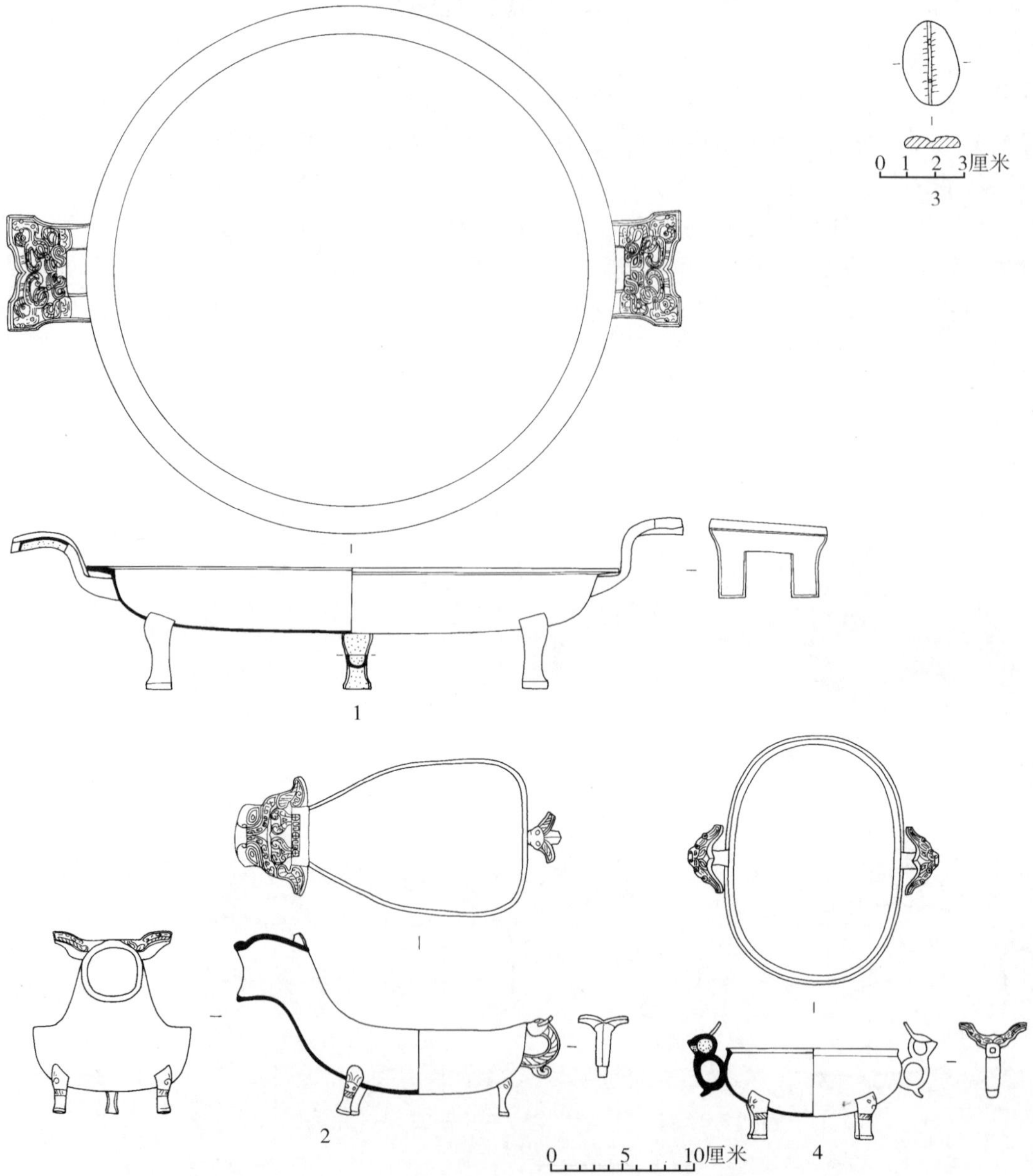

图一七〇 M147 出土器物

1. 铜盘（M147∶3） 2. 铜匜（M147∶5） 3. 骨贝（M147∶6） 4. 铜舟（M147∶4）

1；彩版三八,2)

铜舟　1件。标本M147:4，整体椭圆形。折沿尖唇，束颈，弧腹，圜底。腹部有一对爬兽，爬兽躬身回首，兽首较大，形象生动，双角、口、鼻、耳较清晰；四蹄足半圆形，内侧有凹槽，足跟部有兽面，但模糊不清。附件和器身分别制作后焊接而成。口径12.3~17.3厘米，高8.4厘米。(图一七〇，4；彩版三八，3)

铜匜　1件。标本M147:5，整体呈动物形。沿内折，尖唇，弧腹，近平底。流作兽首状，双角凸起，眼鼻清晰，口大张，尾为一爬兽，躬身状，双角凸起，眼鼻清晰，短尾。三蹄足半圆形，二前一后，内侧有凹槽，足跟部有兽面，已不清晰。爬兽和三足与器身分别制作而后焊接而成。长23厘米，宽11.3厘米，高13厘米。(图一七〇，2；彩版二七,4、5)

骨贝　20件。标本M147:6，平面近椭圆形，正面有一道纵向刻槽和多道横向刻纹，背面有一个或两个圆孔，部分未穿透。大部分为灰白色，少量呈绿色。长3厘米，宽2厘米，厚0.4厘米。(图一七〇，3；彩版三九)

第八七节　M152

一、墓葬形制

方向5°。长方形竖穴土坑墓，斜壁，口大于底，平底。长3米，宽1.52米，现存深度2.20米。(图一七一)

墓室以空心砖构筑。空心砖室盖顶已残，墓底以6块空心砖东西横向平铺而成，然后填土至与底砖齐平。在底砖东西两侧建侧墙，仅剩西壁半块空心砖。在底砖南北两端建挡墙，仅剩北端挡墙，有一层，1块空心砖，东西横向侧立。墓室长2.20米，宽0.96米，残存高度0.44米。空心砖长0.90米，宽0.36米，厚0.08米，侧墙空心砖厚0.14米。人骨腐朽不存。

出土器物2件，有陶壶1件，陶豆1件。陶豆置于陶壶内，位于墓坑西北角，砖室之外，与盖顶齐平。

二、出土遗物

陶壶　1件。标本M152:1，无盖。泥质灰陶。盘口方唇，盘口底部有凸棱，颈微束，广肩弧腹，最大径在肩腹接合处，假圈足底部有一圈凸起，平底微凹。颈部有两道凹弦纹和一圈“山”形纹，肩上刻有两“大”字，肩腹接合处有一组凹弦纹，腹部有两组凹弦纹。口径11.4厘米，腹径18.8厘米，底径9厘米，高24.1厘米。(图一七二，1、2、3；图版三三,1、2、4)

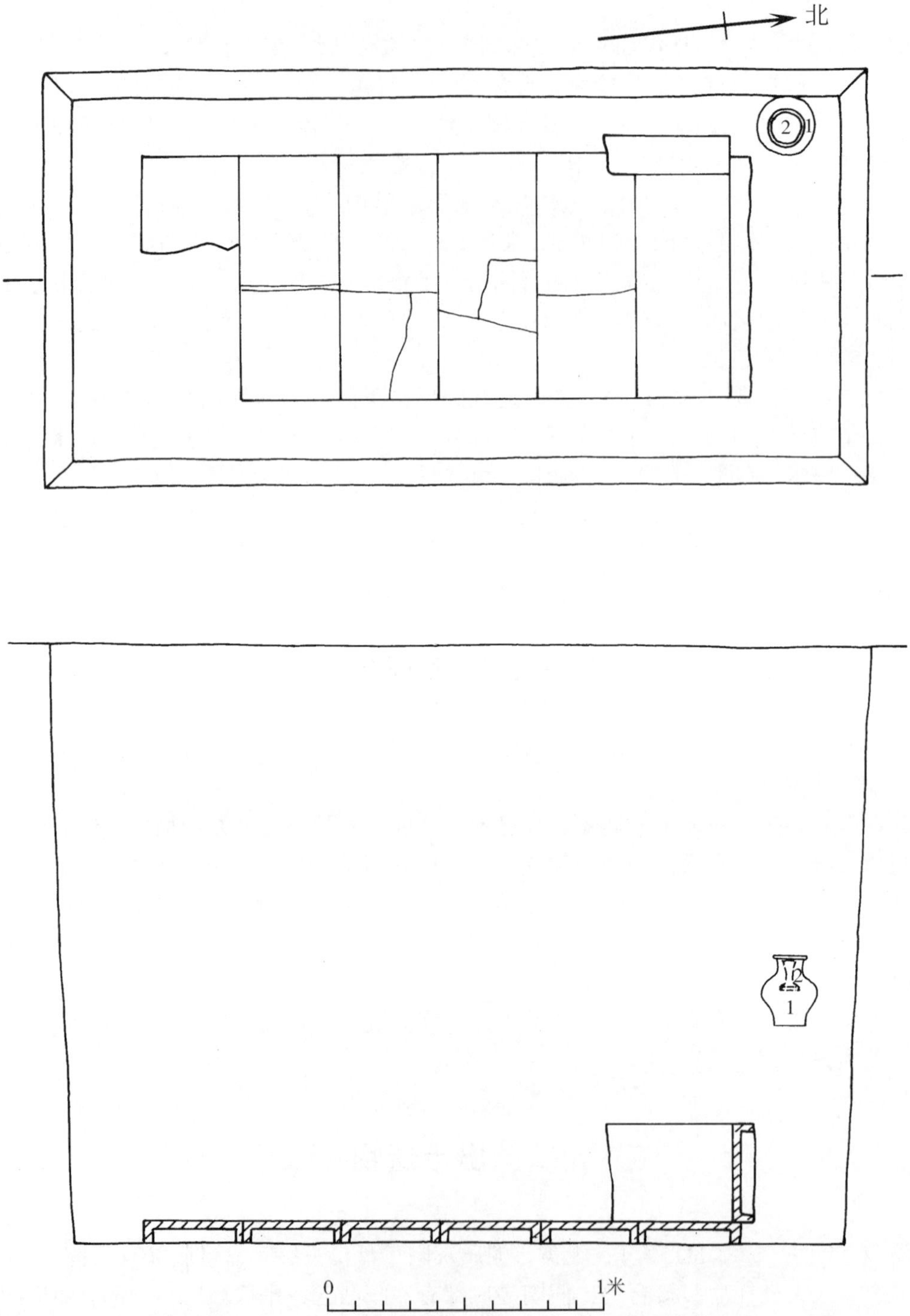

图一七一　M152平、剖图
1. 陶壶　2. 陶豆

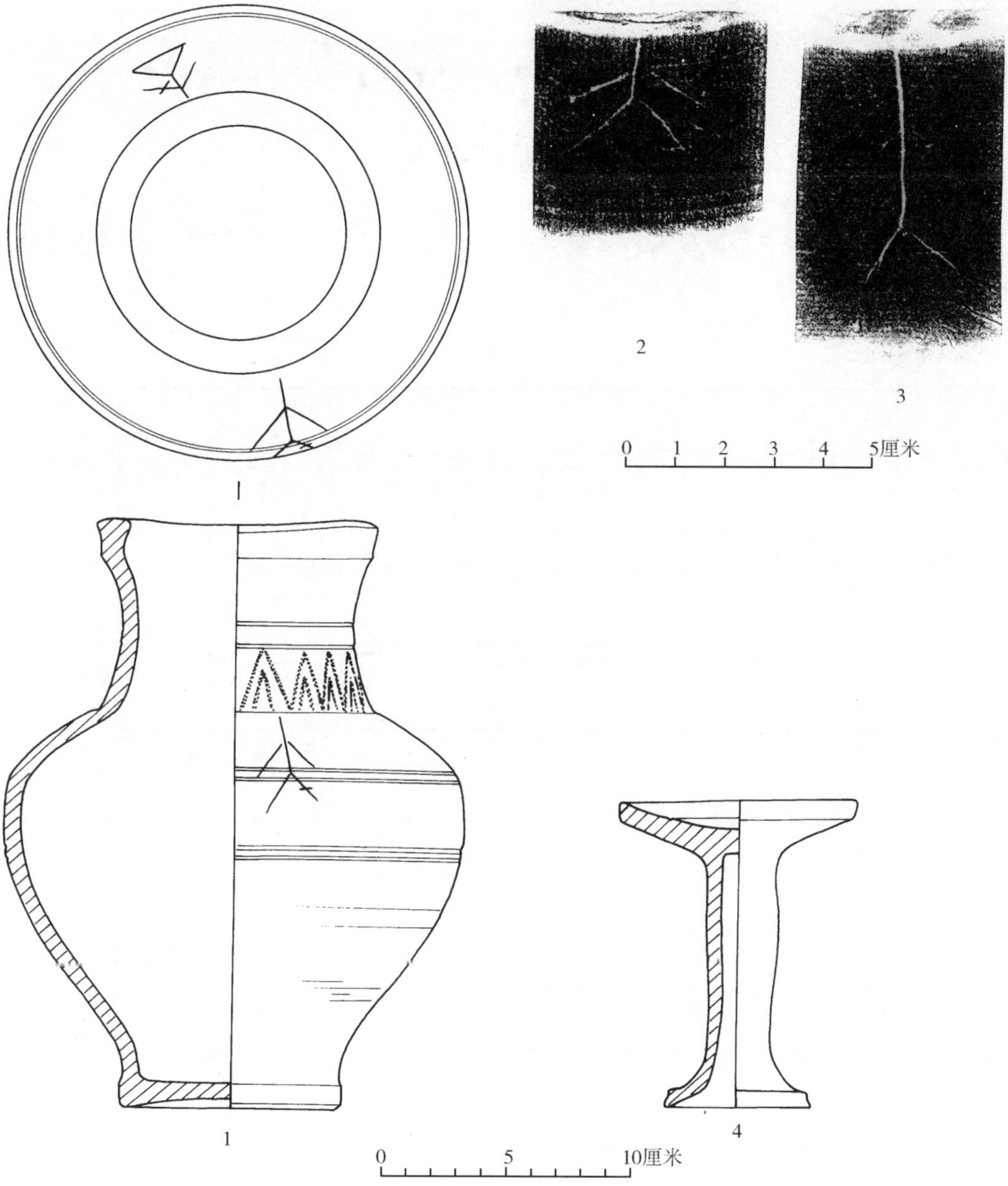

图一七二　M152出土陶器
1. 壶（M152：1）　2、3. 壶肩部陶文拓片（M152：1）　4. 豆（M152：2）

陶豆　1件。标本M152∶2，泥质灰陶。敞口，圆唇，浅弧腹，内有一道凹槽，细长柄，喇叭足，足外沿内凹。口径9.8厘米，底径6厘米，高12.6厘米。（图一七二，4；图版三三，3）

第八八节　M154

一、墓葬形制

方向 5°。长方形竖穴土坑墓，直壁，平底。长 2.70 米，宽 1.20 米，现存深度 1.60 米。(图一七三)

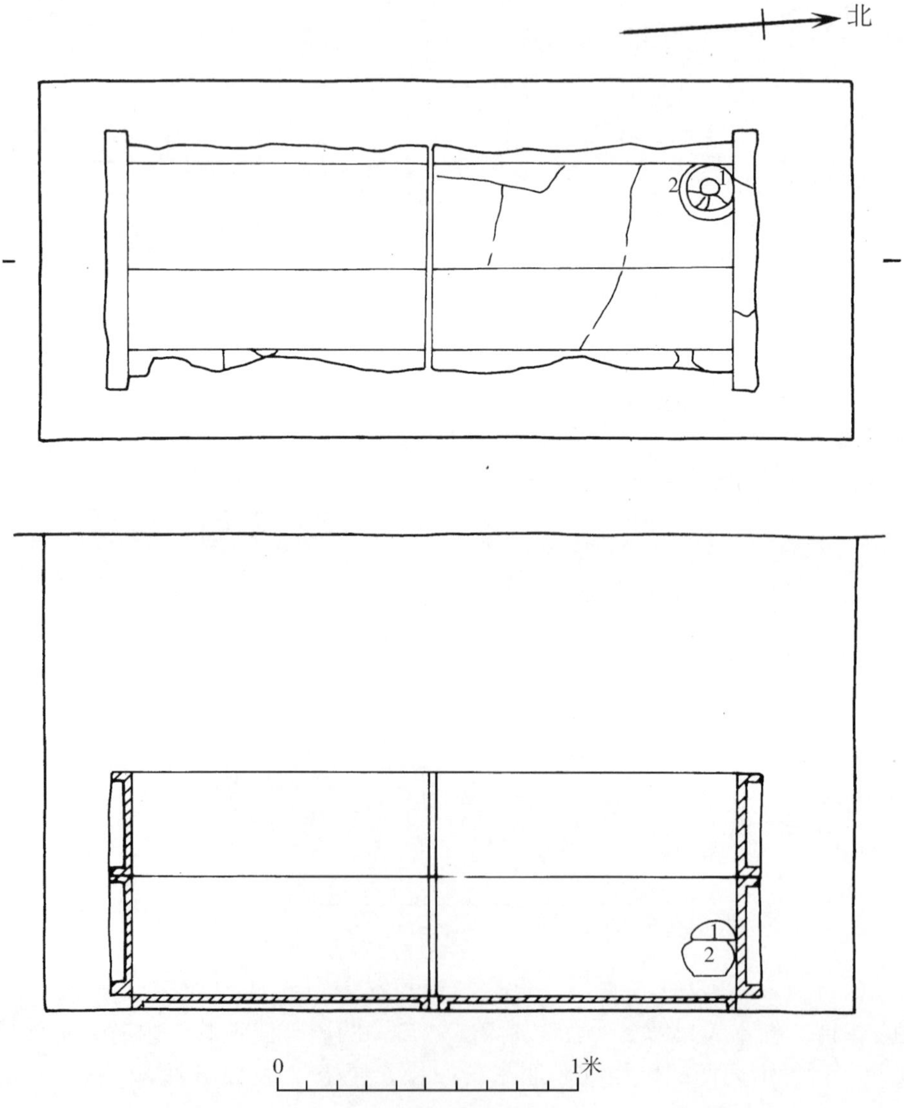

图一七三　M154 平、剖图
1. 陶钵　2. 陶罐

墓室以空心砖构筑。空心砖室盖顶已残，墓底以 4 块空心砖两两一排，纵向平铺而成，然后用土把底砖周围填至与底砖齐平。在底砖的南北两侧建挡墙，每面挡墙有上下两层，每层由 1 块空心砖横向侧立而成。底砖东西两侧建侧墙，每面侧墙有上下两层，每层由 2 块空心砖纵向侧立而成。砖室长 2.16 米，宽 0.88 米，残存高度 0.78 米。人骨腐朽不存。

出土器物 2 件，有陶钵 1 件，陶罐 1 件，位于砖室内西北角。

二、出土遗物

陶钵　1 件。标本 M154∶1，泥质灰陶。敞口圆唇，弧壁，平底。内壁有多圈螺旋状暗纹。口径 15.8 厘米，底径 6.2 厘米，高 6.3 厘米。（图一七四，2；图版三四，1）

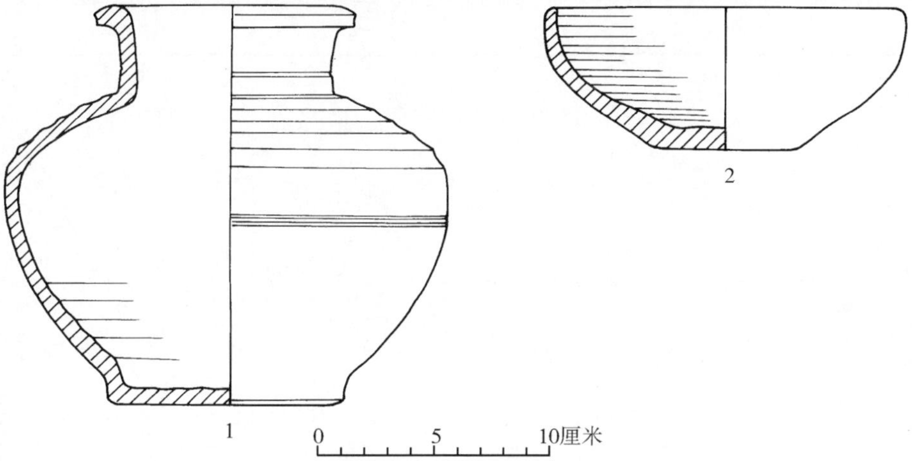

图一七四　M154 出土陶器
1. 罐（M154∶2）　2. 钵（M154∶1）

陶罐　1 件。标本 M154∶2，泥质灰陶。沿方唇，唇面下凹，高领微束，广肩，弧腹，假圈足较矮直，平底。领上有一道凹弦纹，肩上有不明显的瓦纹，肩腹接合处和上腹部各有一组凹弦纹。口径 11.4 厘米，腹径 19.3 厘米，底径 10.4 厘米，高 17.7 厘米。（图一七四，1；图版三四，2）

第八九节　M156

一、墓葬形制

方向 350°。长方形竖穴土坑墓，直壁，斜底，底部南高北低。长 3.60 米，宽 1.40

米，现存深度 1.80~1.90 米。(图一七五)

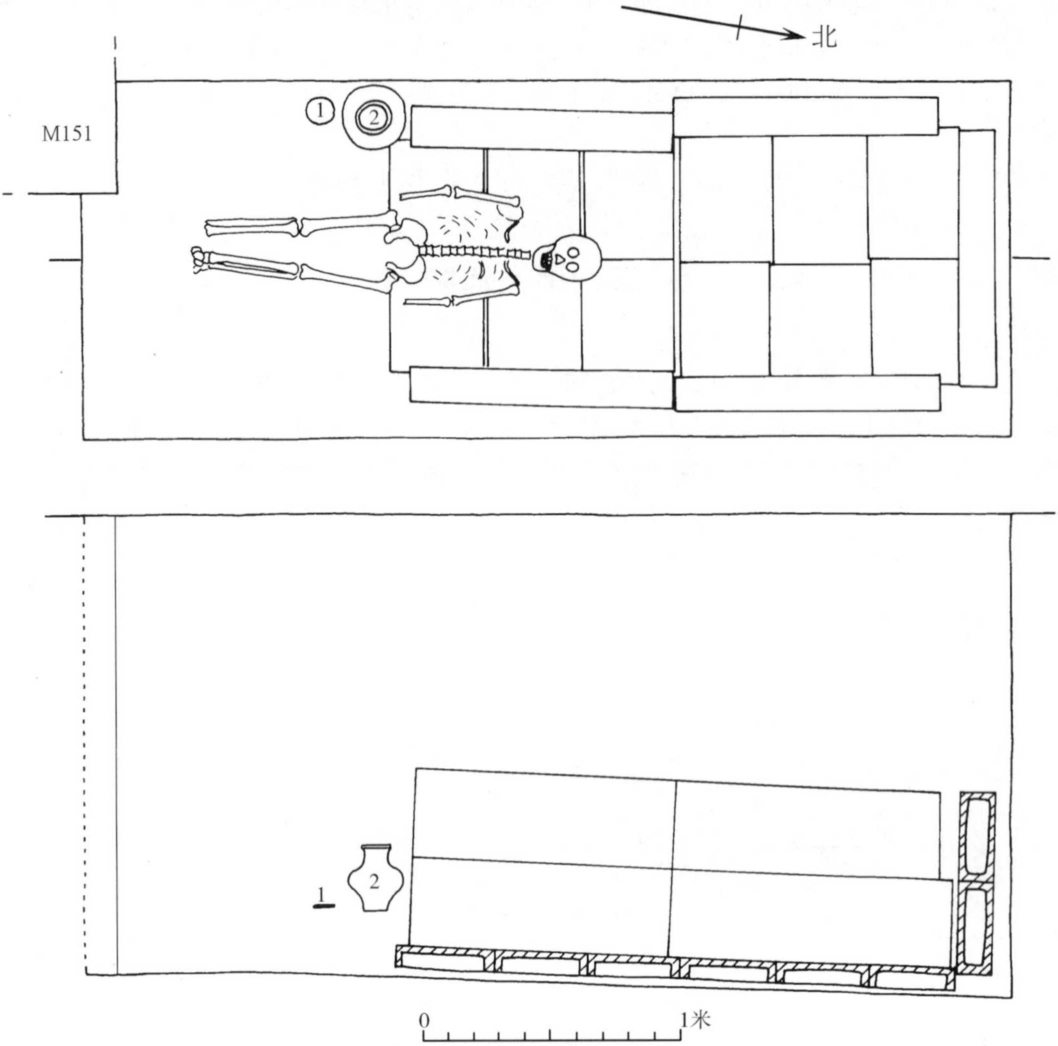

图一七五 M156 平、剖图
1. 铜镜 2. 陶壶

墓室由空心砖构筑。砖室破坏严重，盖顶和南壁空心砖不存，墓底残存 6 块空心砖，横向平铺，然后用土把底砖周围填至与底砖齐平。在底砖的南北两侧建挡墙，挡墙有上下两层，每层由 1 块空心砖横向侧立而成。底砖东西两侧建侧墙，每面侧墙有上下两层，每层由 2 块空心砖纵向侧立而成。残存空心砖墓室长 2.34 米，宽 1.22 米，残高 0.80 米。人骨保存较好，仰身直肢，头向北。位于墓葬中南部。

出土遗物有 2 件，分别是陶壶 1 件，铜镜 1 件，位于空心砖室西壁南端。

二、出土遗物

铜镜　1件。标本M156:1，残，仅能辨识镜背素面，镜面平，无锈处银白色。直径12厘米，厚0.1厘米。

陶壶　1件。标本M156:2，无盖。泥质灰陶。盘口方唇，盘口底部有凸棱，颈微束，广肩弧腹，最大径在肩腹接合处，假圈足底部有一圈凸起，平底微凹。肩腹接合处和上腹部各有一组凹弦纹。口径12.4厘米，腹径21.6厘米，底径9.5厘米，高25.9厘米。（图一七六；图版三四，4）

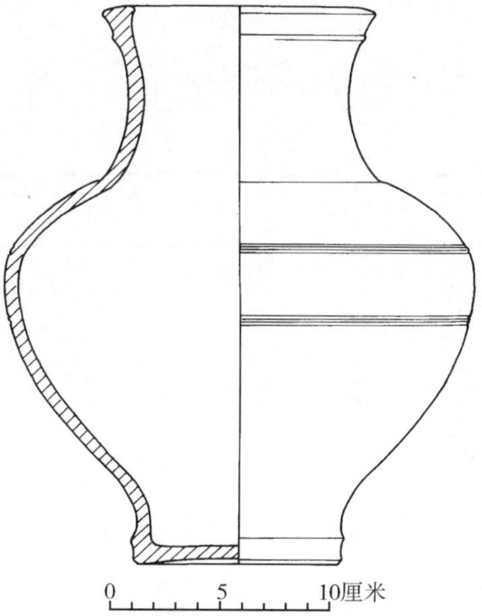

图一七六　M156出土陶壶（M156:2）

第九〇节　M157

一、墓葬形制

方向10°。长方形竖穴土坑墓，直壁，平底。长2.76米，宽1.40米，现存深度1.80米。东北角有一圆形盗洞。（图一七七）

墓室以空心砖构筑。空心砖室盖顶已残，墓底以7块空心砖东西横向平铺而成，然后四周填土至与底砖齐平。在底砖东西两侧建侧墙，仅存西侧墙，有一层，由2块空心砖南北纵向侧立而成。在底砖南北两端建挡墙，每面挡墙有两层，每层由2块空心砖东西向侧

图一七七　M157 平、剖图
1. 铁削

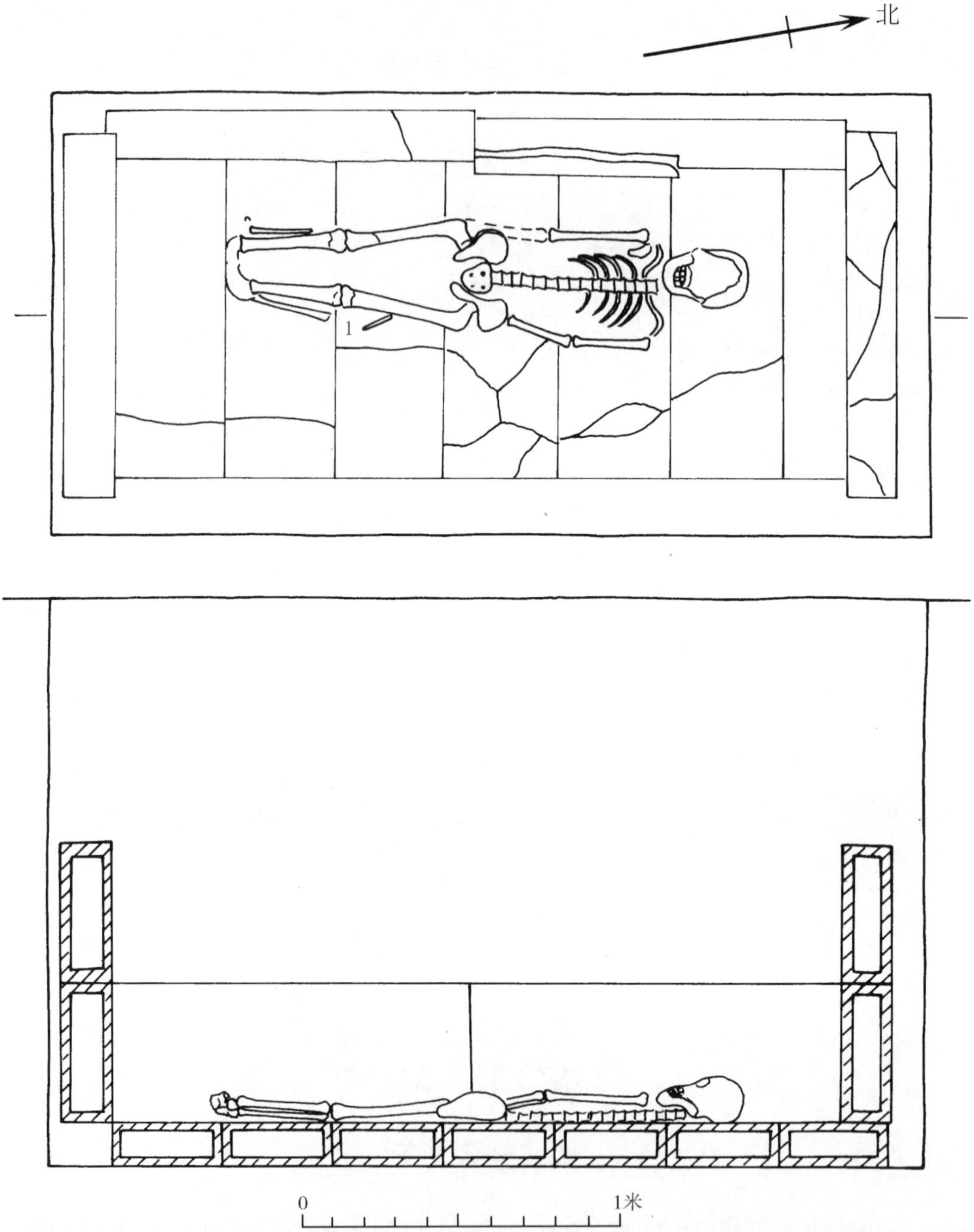

图一七七　M157 平、剖图

1. 铁削

立相叠而成。墓室长 2. 62 米，宽 1. 14 米，残存高度 1. 02 米。空心砖长 1. 16 米，宽 0. 35 米，厚 0. 14 米。人骨保存稍好。仰身直肢，双手置于腹部。

该墓被盗扰，出土器物有铁削 1 件，置于墓主人腿骨东侧。

二、出土遗物

铁削 1 件。标本 M157∶1，器身锈蚀，已残。残长 10. 7 厘米，宽 1. 2 厘米。（图一七八；彩版三五,2）

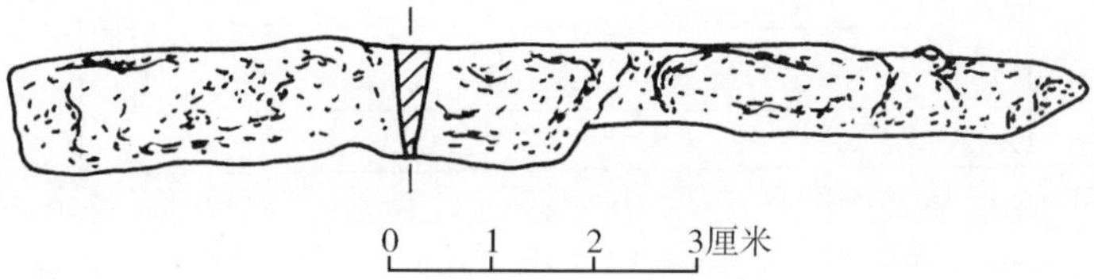

图一七八 M157 出土铁削（M157∶1）

第九一节 M164

一、墓葬形制

方向 10°。长方形竖穴土坑墓，斜壁，口大于底，平底。长 2. 72 米，宽 1. 86 米，现存深度 2. 8 米。（图一七九）

葬具为单椁。椁为长方形，长 2. 14 米，宽 1. 08 米，残存高度 0. 20 米，板灰厚 0. 02 米。人骨保存较差，仰身直肢，面向西，双手置于腹部。

出土器物 2 件，有标本玛瑙环 1 件，陶釜 1 件。玛瑙环置于墓主人右臂西侧，陶釜残片置于墓主人腰部下面。

二、出土遗物

陶釜 1 件。标本 M164∶2，残。平折沿，方唇，折肩，斜弧腹，三乳钉足。肩部素面抹平，肩部稍下饰有两周绳索纹，腹部和底残片饰有粗绳纹。从肩部往腹部逐渐增厚。口径 36 厘米，残高 22 厘米。

玛瑙环 1 件。标本 M164∶1，为紫色。环肉内外两侧均被削棱，使斜面相交于一线，环肉横截面呈不等边六边形。直径 3. 7 厘米，好径 2. 2 厘米，厚 0. 7 厘米。（图一八〇；彩版四〇,1）

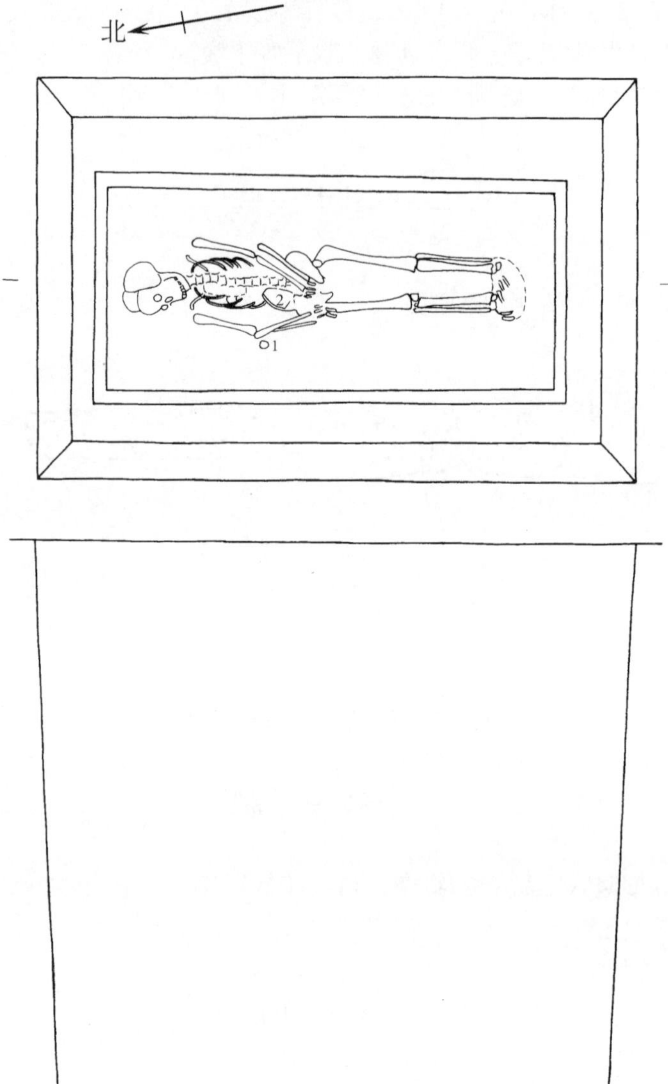

图一七九　M164平、剖图
1. 玛瑙环　2. 陶釜

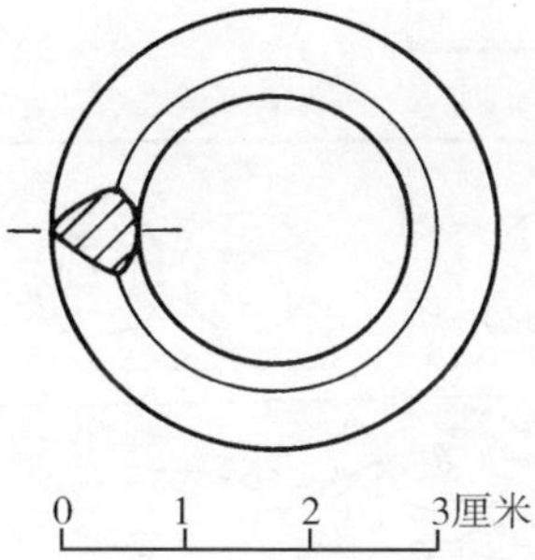

图一八〇　M164 出土玛瑙环（M164：1）

第九二节　M171

一、墓葬形制

方向0°。长方形竖穴土坑墓，直壁，平底。长 2. 30 米，宽 1. 32 米，现存深度 2. 30 米。(图一八一)

葬具为单棺。棺呈长方形，长 2. 10 米，宽 0. 70 米，残存高度 0. 24 米，板灰厚 0. 02 米。人骨保存稍好。仰身曲肢，双手置于腹部。

出土器物 22 件，有陶鼎 1 件，陶盖豆 1 件，陶壶 1 件，陶盘 1 件，陶匜 1 件，陶豆 1 件，碎玉料 15 件，陶釜 1 件。其中大陶釜置于墓主人腰臀下，其余陶器位于棺外和墓坑东壁之间。

二、出土遗物

陶壶　1 件。标本 M171∶1，泥质灰陶。浅盖弧顶，盖舌较短。敞口方唇，颈微束，溜肩，弧腹，下腹斜收，最大径在上腹部，平底微凹。盖顶有三道折棱，颈和肩各有一圈锯齿纹和多道横线纹。口径 10. 4 厘米，腹径 15. 8 厘米，底径 8. 6 厘米，高 25. 2 厘米。(图一八二,9；图版三五，1)

陶盖豆　1 件。标本 M171∶2，豆盖泥质褐陶。器身泥质灰陶。盖弧壁弧顶，较深，中部一圆饼状捉手，口沿略往下弧。器身子母口，圆唇，深盘折腹，瓦纹形上腹部近直，下腹部弧收，束腰细柄较高，喇叭状底。盖面饰有圆圈纹，圆圈内填以锯齿纹。口径 17 厘米，腹径 19. 8 厘米，底径 12. 8 厘米，高 24. 6 厘米。(图一八二，2；图版三五，2)

陶豆　1 件。标本 M171∶3，泥质灰陶。敞口，圆唇，壁外折内弧，细长柄，喇叭足。口径 15. 4 厘米，底径 9. 6 厘米，高 17. 6~18 厘米。(图一八二，7；图版三五，3)

陶鼎　1件。标本M171∶4，泥质灰陶。盖弧壁平顶，较深，分布有三个半圆形实钮。

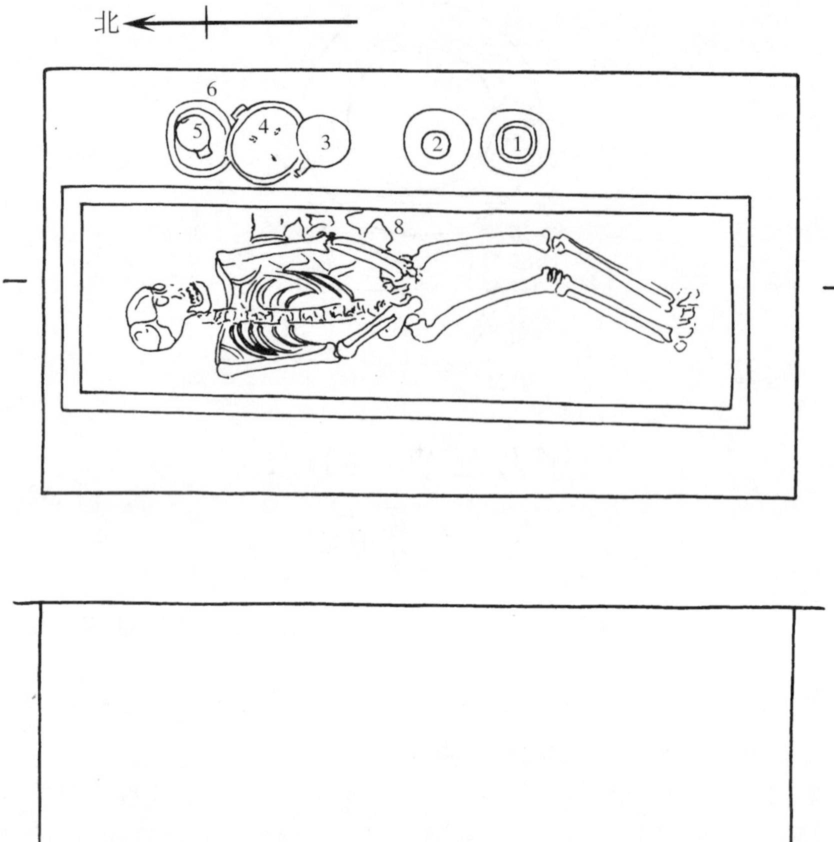

图一八一　M171平、剖图

1. 陶壶　2. 陶盖豆　3. 陶豆　4. 陶鼎　5. 陶匜　6. 陶盘　7. 碎玉料　8. 陶釜

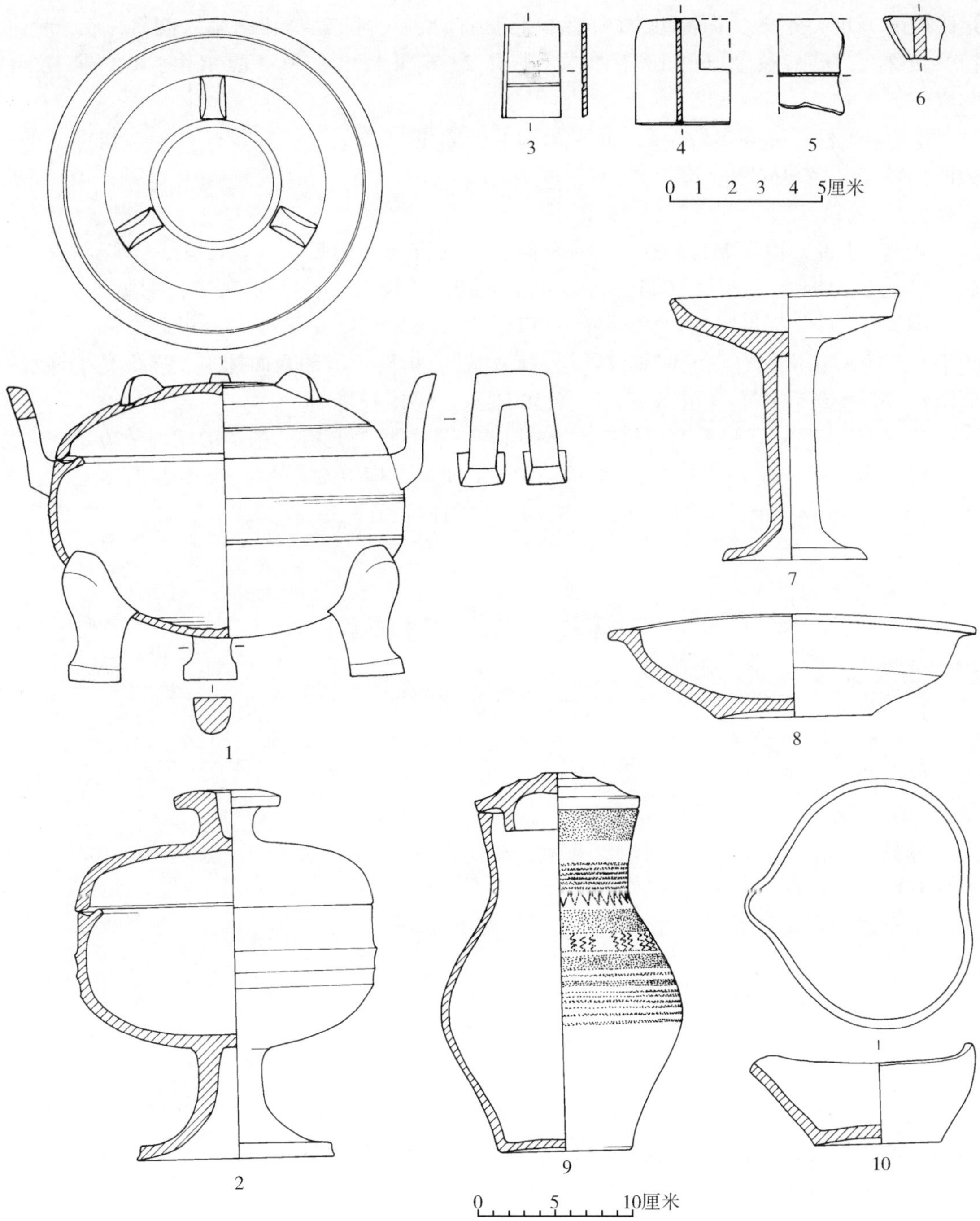

图一八二　M171 出土器物

1. 陶鼎（M171∶4）　2. 陶盖豆（M171∶2）　3、4、5、6. 碎玉料（M171∶7）
7. 陶豆（M171∶3）　8. 陶盘（M171∶6）　9. 陶壶（M171∶1）　10. 陶匜（M171∶5）

器身子口内敛，圆唇，腹部微鼓，较深，浅圜底。方形附耳外斜。三个半圆形实心蹄足，足跟微鼓，足尖外凸。盖面两道凹旋纹和一道凸旋纹，凹旋纹和凸旋纹间等距分布三实钮，腹部两道凸旋纹。口径 19.3 厘米，腹径 23.6 厘米，高 20.4 厘米。（图一八二，1；图版三五，4）

陶匜　1 件。标本 M171∶5，泥质灰陶。平面呈“心”形。敞口，方唇，斜壁，平底微凹。短流，尾端内凹。长 15 厘米，宽 16.4 厘米，高 6.4 厘米。（图一八二，10；图版三六，1）

陶盘　1 件。标本 M171∶6，泥质灰陶。折沿方唇，折腹，上腹微弧，下腹斜收，平底。口径 24.4 厘米，底径 10.4 厘米，高 2.8~3.8 厘米。（图一八二，8；图版三六，2）

陶釜　1 件。标本 M171∶8，肩部及口沿为夹细砂红陶，腹部为夹粗砂红陶。残。平折沿，厚方唇，沿面有三道凹旋纹，唇面略内凹，折肩。肩部素面抹平，肩部稍下饰有一周绳索纹，腹部残片饰有粗绳纹。口径 38 厘米，残高 18 厘米。

玉料 15 块碎片。标本 M171∶7，白中泛青，表面较为光滑，基本形状为长方形、方形和不规则多边形。较大者长 3.5 厘米，宽 3.1 厘米，厚 0.2 厘米；较小者长 2 厘米，宽 1.5 厘米，厚 0.4 厘米。（图一八二，3、4、5、6）

第九三节　M174

一、墓葬形制

方向 5°。长方形竖穴土坑墓，直壁，平底。长 2.40 米，宽 1.20 米，现存深度 1.50 米。（图一八三）

葬具为单棺。棺长方形，长 2.10 米，宽 0.94 米，残高 0.30 米，板灰厚 0.02 米。人骨保存极差，仅存部分头骨和肢骨。

出土遗物有陶釜 1 件，位于墓主人腰臀部下面。

二、出土遗物

陶釜　1 件。标本 M174∶1，肩以上夹细砂红褐陶，腹以下夹粗砂红褐陶。卷沿方唇，唇面下凹，折肩，腹以下均残，底有三个乳钉足。肩腹接合处有一圈绳索纹，上腹部有三道折棱，下腹及底施粗绳纹。上下两部分系分别制作后拼接而成。口径 42 厘米，残高 19 厘米。

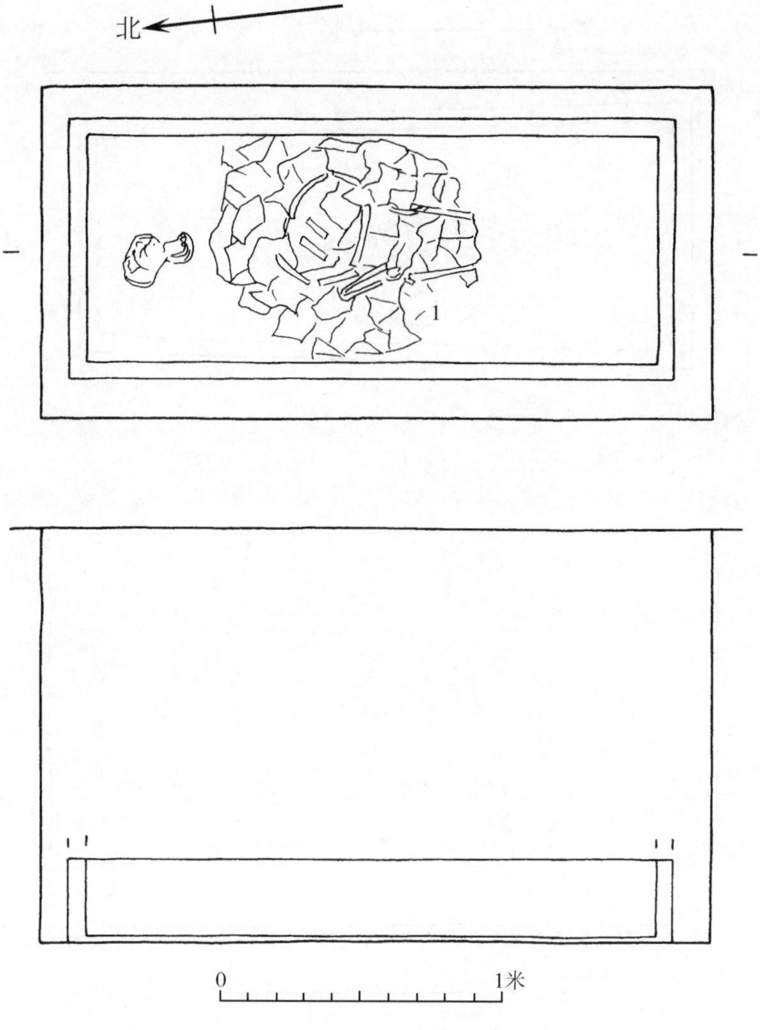

图一八三　M174平、剖图
1. 陶釜

第九四节　M176

一、墓葬形制

方向0°。长方形竖穴土坑墓，直壁，平底。长2.30米，宽1.20米，现存深度1.40米。(图一八四)

葬具为单棺。棺平面楔形，长2.10米，宽0.80~0.92米，北宽南窄，残高0.26米，板灰厚0.03米。人骨保存较差，侧身直肢，头向北，面向西。

图一八四　M176平、剖图
1. 陶釜

出土遗物有陶釜1件，已打破，位于墓主人臀部下面。

二、出土遗物

陶釜　1件。标本M176∶1，肩部以上为夹细砂灰褐陶，腹部为夹粗砂灰褐陶，砂粒较大。残。平折沿，较窄，厚方唇，折肩，斜弧腹。肩部素面抹平，下腹部为斜向粗绳纹。口径36厘米，残高20.5厘米。

第九五节　M178

一、墓葬形制

方向0°。长方形竖穴土坑墓，斜壁，口大于底，平底。长2.80米，宽1.80米，现存深度3.30米。东墓壁北端有一壁龛。壁龛距墓底0.88米，宽0.75米，高0.44米，进深0.26米。被盗扰。（图一八五）

葬具为单椁。椁为长方形，长2.06米，宽1米，残存高度0.30米，板灰厚0.03米。人骨腐朽不存。

出土器物5件，有陶鼎1件，陶盖豆1件，陶壶1件，陶釜1件，玉圭1件。其中大陶釜位于墓葬中部，其余出自壁龛之中。

二、出土遗物

陶壶　1件。标本M178∶1，泥质灰陶。浅盖弧顶，盖舌较短。敞口方唇，颈微束，广肩，弧腹，下腹斜收，最大径在肩腹接合处，平底。盖顶有三道折棱。口径11厘米，腹径15.4厘米，底径8.4厘米，高25.6厘米。（图一八六，2；图版三六，5）

陶盖豆　1件。标本M178∶2，泥质灰陶。盖弧壁弧顶，较深，中部一圆饼状捉手，口沿略往下弧。器身子母口，方唇，深盘折腹，瓦纹形上腹部近直，下腹部弧收，束腰细柄较高，喇叭状底。盖面两组四道凹旋纹。口径22.2厘米，腹径22.9厘米，底径25.3厘米，高25.3厘米。（图一八六，4；图版三六，4）

陶鼎　1件。标本M178∶3，泥质灰陶。盖弧壁平顶，较深，等间分布三半圆形实钮。器身子口内敛，方唇，鼓腹圜底，腹部深。附耳外斜，耳端内侧刀削。三圆形空心蹄足，足跟宽扁，内侧有开孔，足尖有蹄，蹄部较高。鼎盖饰有一道折棱和三周凸旋纹，从外往里第一周和第二周凸旋纹间等距分布三实钮，钮间饰有三角形纹，三角形内饰有锯齿纹，凸旋纹外，接近盖缘处饰有锯齿纹，腹部有两周凸旋纹，上半部饰有锯齿纹，附耳两侧及正面饰有锯齿纹。口径20.8厘米，腹径25厘米，高23.2厘米。（图一八六，1；图版三六，3）

陶釜　1件。标本M178∶5，肩以上夹细砂红褐陶，腹以下夹粗砂红褐陶。折沿，方唇，折肩，腹以下均残，底有三个乳钉足。沿面有两道凹槽，肩腹接合处有二圈绳索纹，腹以下施绳纹。上下两部分系分别制作后拼接而成。口径42厘米，残高20厘米。

玉圭　1件。标本M178∶4，尾端残，首端三角形，一面有解料时两面对锯形成的茬口，近尾端茬口腹径有一圆形穿孔。残长13.6厘米，宽1.7厘米。（图一八六，3；彩版四一，1）

图一八五　M178平、剖图

1. 陶壶　2. 陶盖豆　3. 陶鼎　4. 玉圭　5. 陶釜

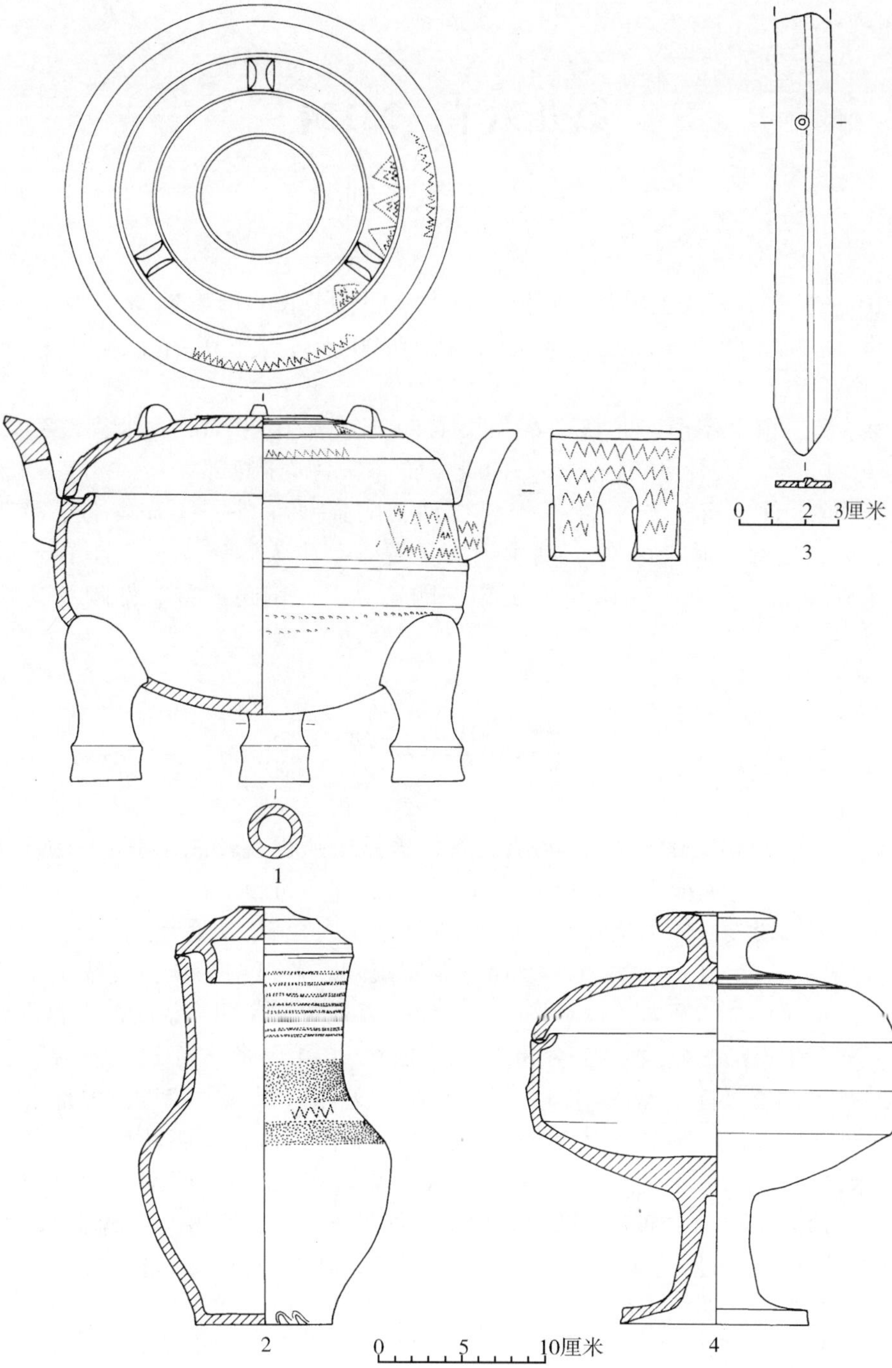

图一八六　M178 出土器物

1. 陶鼎（M178：3）　2. 陶壶（M178：1）　3. 玉圭（M178：4）　4. 陶盖豆（M178：2）

第九六节　M184

一、墓葬形制

方向 10°。长方形竖穴土坑墓，斜壁，口大于底，平底。长 2.74 米，宽 2.16 米，现存深度 2 米。墓坑北壁有一壁龛。壁龛距墓底 0.90 米，宽 1.08 米，高 0.44 米，进深 0.34 米。（图一八七）

葬具为单棺。棺呈楔形，北宽南窄，长 1.84 米，宽 0.70～0.78 米，残存高度 0.12 米，板灰厚 0.02 米。人骨腐朽较严重。仰身直肢，双手置于腹部。

出土器物 21 件，有玉圭 2 件，陶鼎 2 件，陶盖豆 4 件，陶壶 4 件，陶豆 4 件，陶盘 2 件，陶匜 2 件，陶釜 1 件。其中大陶釜置于墓主人腰臀下，玉圭置于墓主人腹部东侧，棺外西北、东北、东南角分别置一陶盖豆，西南角放置 2 件陶豆，其余均出自壁龛。

二、出土遗物

陶盖豆　4 件。标本 M184∶1，泥质灰陶。盖弧壁弧顶，较深，中部一圆饼状捉手，捉手两道折棱，口沿折而向下。器身子母口，圆唇，深盘折腹，瓦纹形上腹部近直，下腹部弧收，束腰细柄较矮，喇叭状底。口径 19.8 厘米，腹径 22.8 厘米，高 26.8 厘米。（图一八八，1；图版三七，1）标本 M184∶13，泥质灰陶。盖弧壁弧顶，较浅，中部有一圆饼状捉手。器身子母口，圆唇，豆盘较小，弧腹，豆柄较矮，喇叭状底。豆盘底部有两道凹旋纹，豆柄有多道细凹旋纹。口径 14 厘米，底径 10.4 厘米，高 21.8 厘米。（图一八八，5；图版三八，2）标本 M184∶14，泥质灰陶。盖弧壁弧顶，较浅，中部有一圆饼状捉手，残。器身子母口，圆唇，豆盘较小，弧腹，豆柄较矮，喇叭状底。口径 14 厘米，底径 10 厘米，残高 18.7 厘米。（图一八八，6；图版三八，3）标本 M184∶15，泥质灰陶。盖弧壁弧顶，较浅，中部有一圆饼状捉手。器身子母口，圆唇，豆盘较小，弧腹，豆柄较矮，喇叭状底。口径 14.4 厘米，底径 9.1 厘米，高 19 厘米。（图一八八，2；图版三八，4）

陶豆　4 件。标本 M184∶2，泥质灰陶。敞口，圆唇，壁外折内弧，折棱突出，细长柄，上有多道凹槽，喇叭足。口径 14 厘米，底径 8.2 厘米，高 18 厘米。（图一八八，3）标本 M184∶16，泥质灰陶。敞口，圆唇，壁外折内弧，折棱突出，细长柄，上有多道凹槽，喇叭足。盘内有螺旋状暗纹。口径 11.5 厘米，底径 8 厘米，高 15.3 厘米。（图一八八，4；图版四〇，1）标本 M184∶17，泥质灰陶。敞口，圆唇，壁外折内弧，折棱突出，

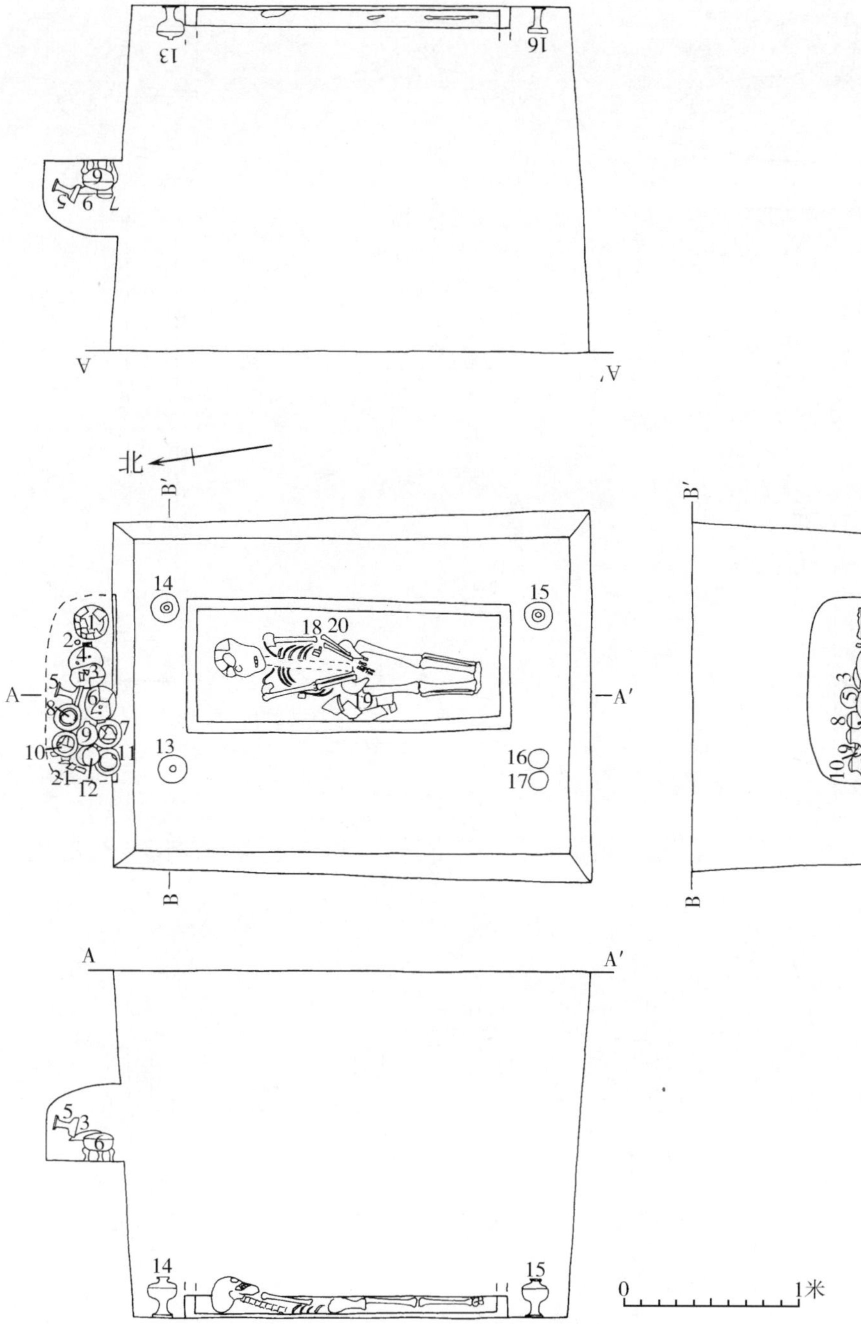

图一八七　M184 平、剖图

1、13、14、15. 陶盖豆　3、21. 陶盘　2、5、16、17. 陶豆　4、6. 陶鼎

7、8、11、12. 陶壶　9、10. 陶匜　18、20. 玉圭　19. 陶釜

图一八八　M184 出土器物

1. 陶盖豆（M184 : 1）　2. 陶盖豆（M184 : 15）　3. 陶豆（M184 : 2）
4. 陶豆（M184 : 16）　5. 陶盖豆（M184 : 13）　6. 陶盖豆（M184 : 14）
7. 陶豆（M184 : 17）　8. 玉圭（M184 : 20）　9. 玉圭（M184 : 18）　10. 陶豆（M184 : 5）

细长柄，上有多道凹槽，喇叭足。盘内有螺旋状暗纹。口径 11.4 厘米，底径 7.6 厘米，高 15.3 厘米。（图一八八，7；图版四〇，2）标本 M184∶5，泥质灰陶。敞口，圆唇，壁外折内弧，折棱突出，细长柄，上有多道凹槽，喇叭足。盘内有螺旋状暗纹。口径 11.8 厘米，底径 7.8 厘米，高 15 厘米。（图一八八，10；图版三七，2）

陶壶　4 件。标本 M184∶7，泥质灰陶。盖残，仅能辨识盖舌较短。敞口方唇，颈微束，广肩，弧腹，下腹斜收，最大径在肩腹接合处，平底。口径 10.2 厘米，腹径 15.4 厘米，底径 8.8 厘米，高 23.7 厘米。（图一八九，7；图版三九，1）标本 M184∶8，泥质灰陶。颈以上残，广肩，弧腹，下腹斜收，最大径在肩腹结合处，平底。腹径 15.3 厘米，底径 9 厘米，残高 20 厘米。（图一八九，8）标本 M184∶11，泥质灰陶。浅盖弧顶，盖舌较短。敞口方唇，颈微束，广肩，弧腹，下腹斜收，最大径在肩腹接合处，平底。盖顶有三道折棱。口径 10.6 厘米，腹径 16 厘米，底径 8.5 厘米，高 24 厘米。（图一八九，6；图版三九，2）标本 M184∶12，泥质灰陶。浅盖弧顶，盖舌较短。敞口方唇，颈微束，广肩，弧腹，下腹斜收，最大径在肩腹接合处，平底。盖顶有四道折棱。口径 10.2 厘米，腹径 15.4 厘米，底径 9 厘米，高 23.8 厘米。（图一八九，5；图版三八，1）

陶盘　2 件。标本 M184∶3，泥质灰陶。折沿方唇，折腹，上腹微弧，下腹斜收，平底微凹。口径 23.5 厘米，底径 10.5 厘米，高 5.2~5.8 厘米。（图一八九，3；图版三七，3）标本 M184∶21，泥质灰陶。仅剩一块口沿和底部残片，平折沿，方唇，平底。口径 24 厘米，底径 10 厘米，高 6.5 厘米。（图一八九，4）

陶鼎　2 件。标本 M184∶4，泥质灰陶。盖弧壁平顶，中部分布有三半圆形实钮。器身子口内敛，圆唇，垂腹，较浅，底部略平。方形附耳外斜。三圆形空心蹄足竖直向下，足跟内侧有开孔，足跟微鼓，足尖无蹄。盖顶两道凹旋纹，其间等距分布三半圆形实钮，腹部一道凸旋纹。口径 16 厘米，腹径 19.8 厘米，高 18.8 厘米。（图一八九，2；图版三七，4）标本 M184∶6，泥质灰陶。盖弧壁平顶，中部分布有三半圆形实钮。器身子口内敛，圆唇，垂腹，较浅，底部略平。方形附耳外斜。三圆形空心蹄足略往外撇，足跟内侧有开孔，足跟微鼓，足尖无蹄。腹部一道凸旋纹。口径 14 厘米，腹径 18.4 厘米，高 18 厘米。（图一八九，1；图版三七，5）

陶匜　2 件。标本 M184∶9，泥质灰陶。平面近圆形。口微敛，方唇，弧壁，矮假圈足，平底。流较短，与口平齐，尾端较平。长 14.6 厘米，宽 13.4 厘米，高 6.6 厘米。（图一八九，10；图版三九，3）标本 M184∶10，泥质灰陶。平面近圆形。口微敛，方唇，弧壁，矮假圈足，平底。流较短，与口平齐，尾端较平。长 13 厘米，宽 12.4 厘米，高 3.4 厘米。（图一八九，9；图版三九，4）

陶釜　1 件。标本 M184∶19，肩以上夹细砂红褐陶，腹以下夹粗砂红褐陶。折沿，方唇，折肩，腹以下均残，底有三个乳钉足。沿面有三道凹槽，肩腹接合处和上腹部有三道凸棱，腹以下施绳纹。上下两部分系分别制作后拼接而成。口径 28 厘米，残高 17.5 厘米。

玉圭　2 件。标本 M184∶18，残存一段圭身，一面有解料时两面对锯形成的茬口。残

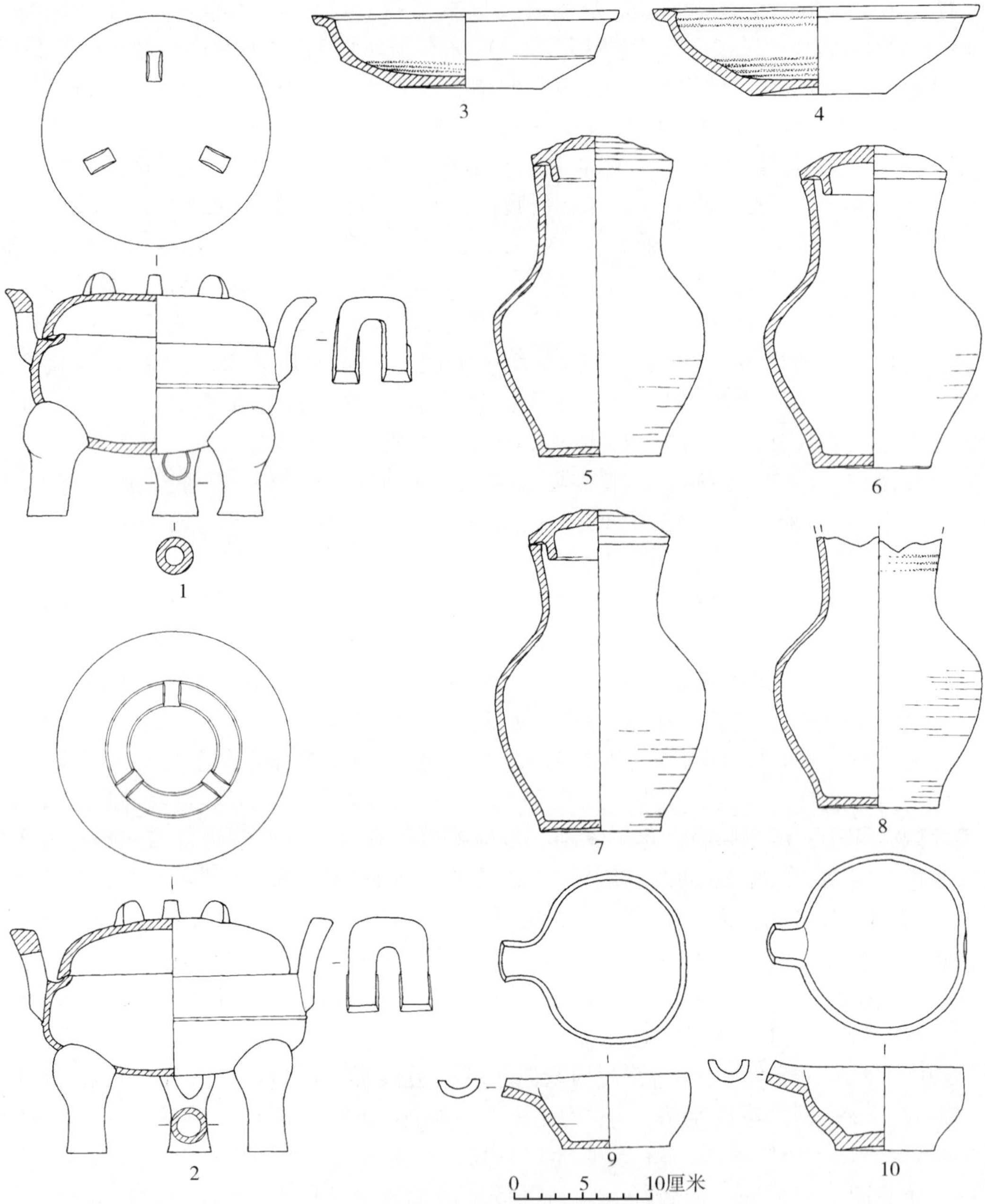

图一八九　M184出土陶器

1. 鼎（M184：6）　2. 鼎（M184：4）　3. 盘（M184：3）
4. 盘（M184：21）　5. 壶（M184：12）　6. 壶（M184：11）
7. 壶（M184：7）　8. 壶（M184：8）　9. 匜（M184：10）　10. 匜（M184：9）

长 11.7 厘米，宽 1.5 厘米。（图一八八，9）标本 M184∶20，残存一段圭身，一面有解料时两面对锯形成的茬口。残长 4.6 厘米，宽 2.8 厘米。（图一八八，8）

第九七节　M187

一、墓葬形制

方向 355°。长方形竖穴土坑墓，直壁，平底。长 2.80 米，宽 1.60 米，现存深度 1.80 米。（图一九〇）

墓室以空心砖构筑。空心砖室盖顶已残，墓底以 6 块空心砖东西向横铺而成，然后四周填土至与底砖齐平。在砖底东西两侧建侧墙，西壁仅存两层 2 块空心砖，南北侧立相叠，东壁仅存 1 块空心砖，南北侧立。在底砖南北两端建挡墙，仅存南端挡墙，有两层，每层 1 块空心砖东西横向侧立相叠而成。墓室长 2.34 米，宽 1.16 米，残存高度 0.86 米。底砖和南端挡墙空心砖长 0.92 米，宽 0.36 米，厚 0.14 米。东西侧墙空心砖长 1.10 米，宽 0.36 米，厚 0.14 米。人骨腐朽不存。

出土器物 2 件，有陶高领圜底罐 1 件，陶豆 1 件。陶豆放于陶高领圜底罐内，置于墓坑西北角砖室顶部。

二、出土遗物

陶高领圜底罐　1 件。标本 M187∶1，泥质灰陶。折沿方唇，唇面下凹，高直领，广肩，弧腹，圜底。腹和底施绳纹。口径 12.4 厘米，腹径 22.6 厘米，高 23.6 厘米。（图一九一，1；图版三四，3）

陶豆　1 件。标本 M187∶2，泥质灰陶。敞口，圆唇，浅弧腹，内有一道凹槽，细长柄，喇叭足，足外沿内凹。口径 10 厘米，底径 6.4 厘米，高 12.4～13.4 厘米。（图一九一，2；图版三四，5）

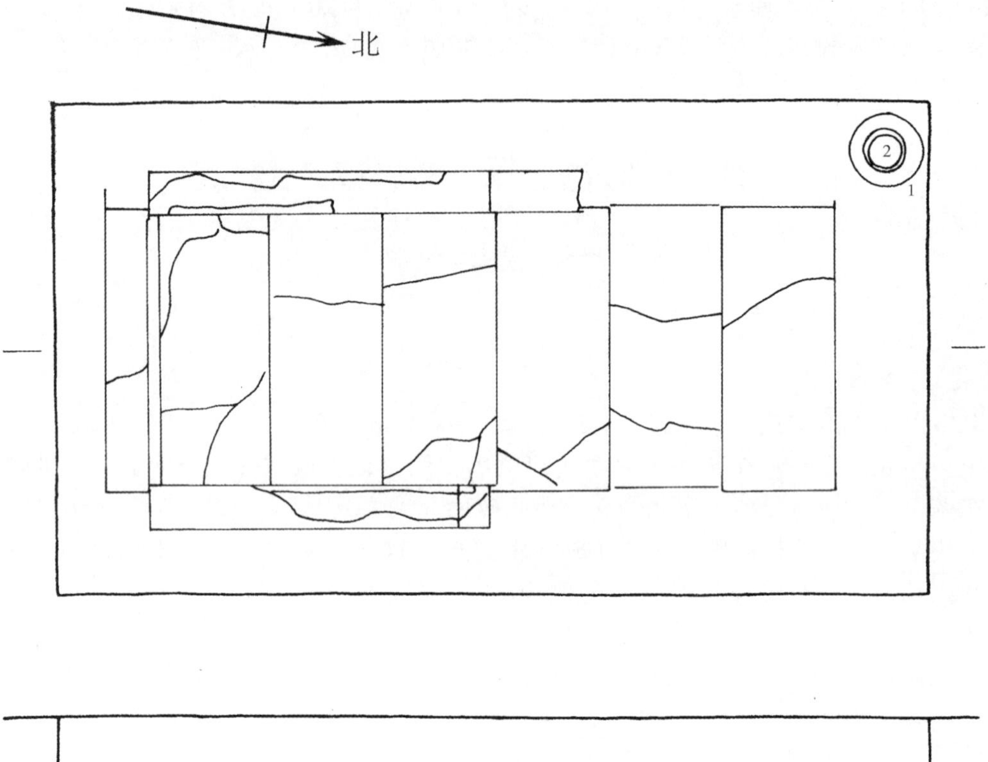

图一九〇　M187平、剖图
1. 陶高领圜底罐　2. 陶豆

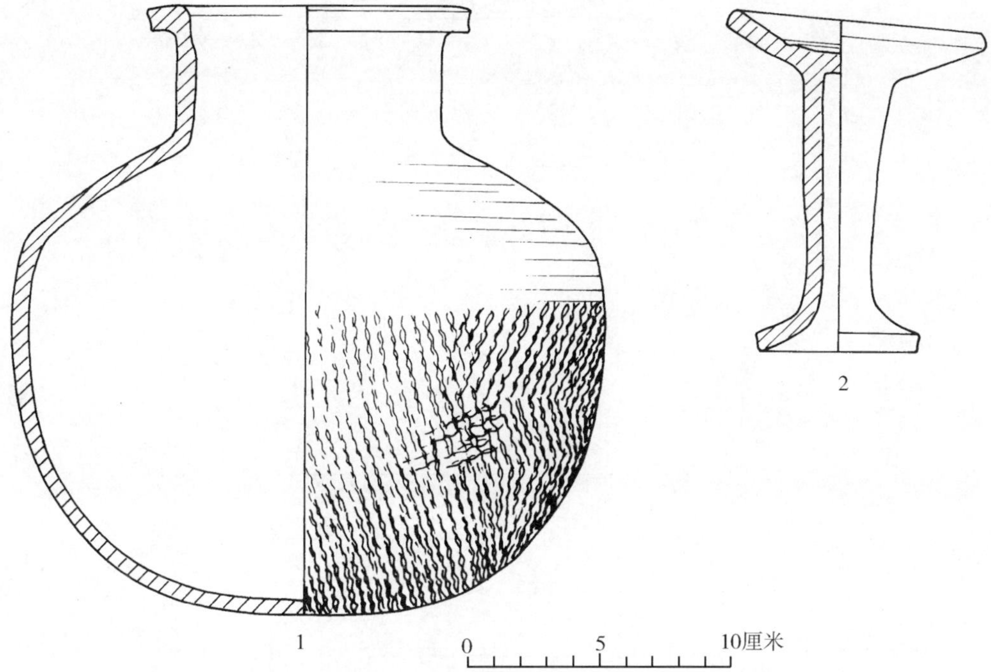

图一九一　M187出土陶器
1. 高领圜底罐（M187∶1）　2. 豆（M187∶2）

第九八节　M188

一、墓葬形制

方向10°。长方形竖穴土坑墓，斜壁，口大于底，平底。长3.12米，宽2.40米，现存深度3.30米。墓坑东壁有一壁龛。壁龛距墓底0.96米，宽0.76米，高0.54米，进深0.32米。（图一九二）

葬具为单棺。棺长方形，由于外力挤压西壁略有变形，长1.90米，宽0.69～0.78米，残存高度0.12米，板灰厚0.02米。人骨保存较差。仰身直肢，面向东。

出土器物7件，有陶鼎1件，陶盖豆1件，陶壶1件，高柄小壶1件，陶盘1件，陶匜1件，陶豆1件。其中陶鼎、盖豆和1件陶壶出自壁龛，其余放置于棺外西南端。（彩版四二）

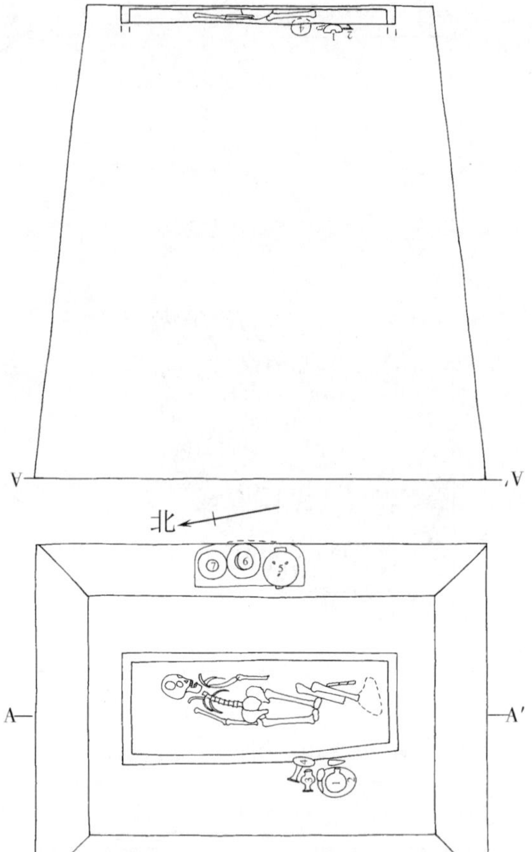

图一九二　M188平、剖图

1. 陶匜　2. 陶盘　3. 陶高柄小壶　4. 陶豆　5. 陶鼎　6. 陶壶　7. 陶盖豆

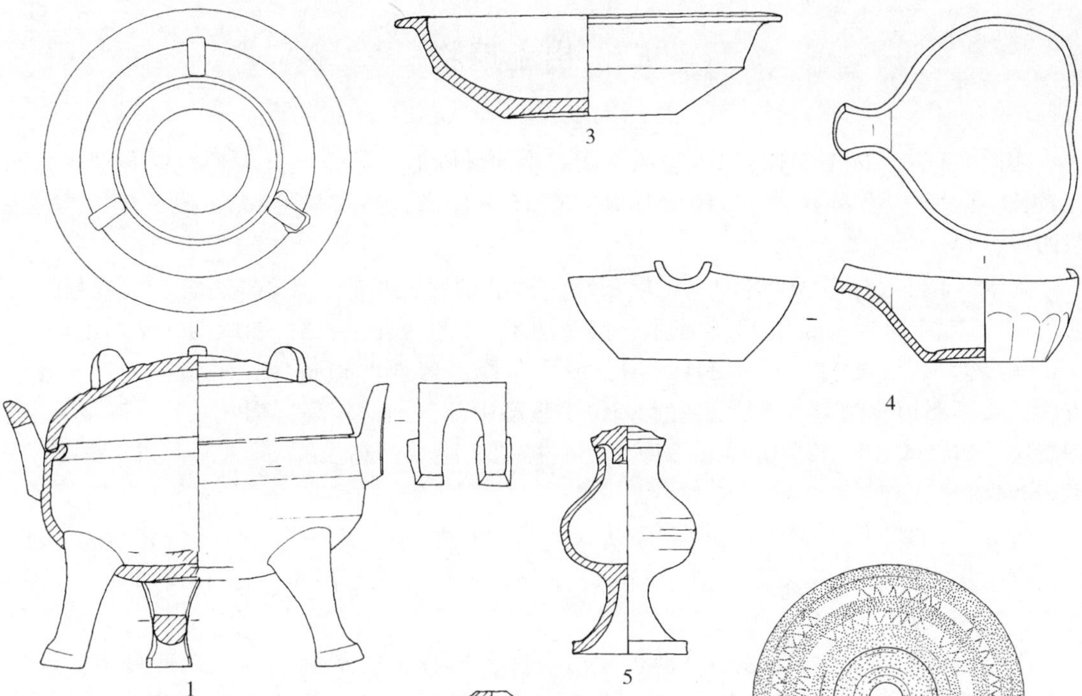

图一九三　M188 出土陶器

1. 鼎（M188：5）　2. 豆（M188：4）　3. 盘（M188：2）　4. 匜（M188：1）
5. 高柄小壶（M188：3）　6. 壶（M188：6）　7. 盖豆（M188：7）

二、出土遗物

陶匜　1件。标本M188:1，泥质灰陶。平面椭圆形。敞口，方唇，斜壁，平底微凹。流较长，微翘，尾端内凹。长16.8厘米，宽15.8厘米，高6.8厘米。（图一九三，4；图版四一，1）

陶盘　1件。标本M188:2，泥质灰陶。折沿圆唇，折腹，上腹微弧，下腹斜收，平底。口径26.4厘米，底径11.8厘米，高7厘米。（图一九三，3；图版四一，2）

陶高柄小壶　1件。标本M188:3，泥质灰陶。盖面两道折棱，平顶，短舌。敞口，方唇，束颈略短，溜肩，鼓腹，最大径位于腹部中部，细柄较高，喇叭状底。腹部有三道凹旋纹。口径4.8厘米，腹径9.2厘米，底径7.8厘米，高15.7厘米。（图一九三，5；图版四二，2）

陶豆　1件。标本M188:4，泥质灰陶。敞口，圆唇，壁外折内弧，折处凸起，细长柄，喇叭足。足上有一圈锯齿纹。口径13.2厘米，底径8.2厘米，高16.4厘米。（图一九三，2；图版四一，4）

陶鼎　1件。标本M188:5，鼎盖泥质灰陶，器身泥质灰褐陶。盖弧壁弧顶，较浅，分布有三半圆形实钮。器身子口内敛，圆唇，腹部微鼓较浅，小平底。方形附耳外斜。三半圆形实心蹄足，外斜，足尖外凸。盖面三道折棱，一二道折棱间等距分布三实钮，腹部一道折棱。口径18.6厘米，腹径22.2厘米，高22.2厘米。（图一九三，1；图版四一，3）

陶壶　1件。标本M188:6，泥质灰陶。浅盖弧顶，盖舌较短。敞口方唇，长颈微束，溜肩，鼓腹，最大径在上腹部，假圈较高，微外撇，平底微凹。盖顶有三道折棱，颈、肩和上腹部各有一圈“山”形纹。口径11.5厘米，腹径21.5厘米，底径12.2厘米，高35.8厘米。（图一九三，6；彩版八，4；图版四二，1）

陶盖豆　1件。标本M188:7，泥质灰陶。盖弧壁弧顶，较深，中部一圆饼状捉手，口沿略往下弧。器身子母口，方唇，深盘折腹，瓦纹形上腹部近直，下腹部弧收，束腰细柄较高，喇叭状底。盖面围绕捉手饰有锯齿纹。口径15.6厘米，腹径19.4厘米，底径12厘米，高25厘米。（图一九三，7；图版四一，5）

第九九节　M191

一、墓葬形制

方向5°。长方形竖穴土坑墓，直壁，平底。长2.70米，宽1.40米，现存深度1.80米。（图一九四）

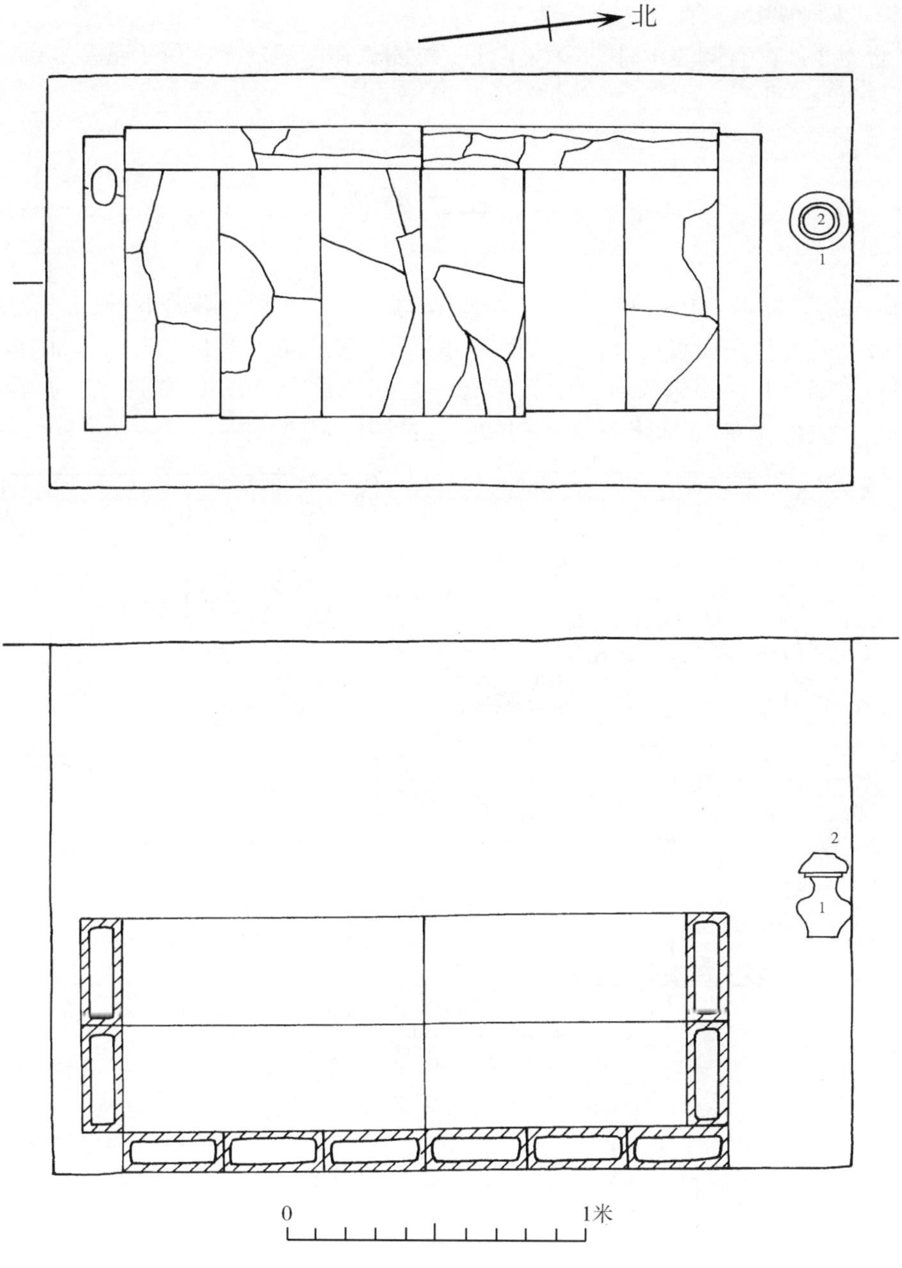

图一九四　M191 平、剖图
1. 陶壶　2. 陶钵

墓室以空心砖构筑。空心砖室盖顶已残，墓底以 6 块空心砖东西向横铺而成，然后四周填土至与底砖齐平。在底砖东西两侧建侧墙，仅存西侧侧墙，有两层，每层 2 块空心砖南北侧立相叠而成。在底砖南北两端建挡墙，每面挡墙有两层，每层 2 块空心砖东西横向侧立相叠而成。墓室长 2. 28 米，宽 1 米，残存高度 0. 86 米。空心砖长 1 米，宽 0. 36 米，厚0.14米。人骨腐朽不存。

出土器物2件，有陶壶1件，陶钵1件。陶钵盖在陶壶之上，位于墓室北部，空心砖室之外，与盖顶齐平。

二、出土遗物

陶壶　1件。标本M191∶1，无盖。泥质灰陶。折沿方唇，沿面下折，颈微束，折肩较平，弧腹，最大径在肩腹接合处，假圈足底部有一圈凸起，平底微凹。颈部有一组凹弦纹，颈部和肩部各有一圈锯齿纹，上腹部有一道凹弦纹。口径14.5厘米，腹径18.6厘米，底径8.6厘米，高22厘米。(图一九五，1；图版四〇，3)

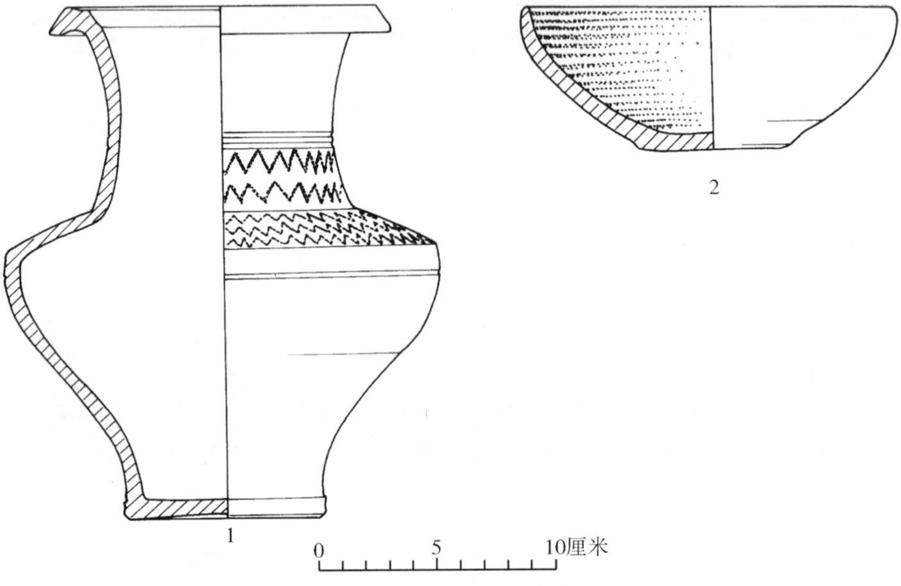

图一九五　M191出土陶器

1. 壶（M191∶1）　2. 钵（M191∶2）

陶钵　1件。标本M191∶2，泥质灰陶。敞口圆唇，弧壁，平底。内壁有多圈螺旋状暗纹。口径16厘米，底径6厘米，高6~6.4厘米。(图一九五，2；图版四〇，4)

第一〇〇节　M192

一、墓葬形制

方向10°。为长方形竖穴土坑墓，斜壁，口大于底，平底。长2.52米，宽1.68米，深2.60米。(图一九六)

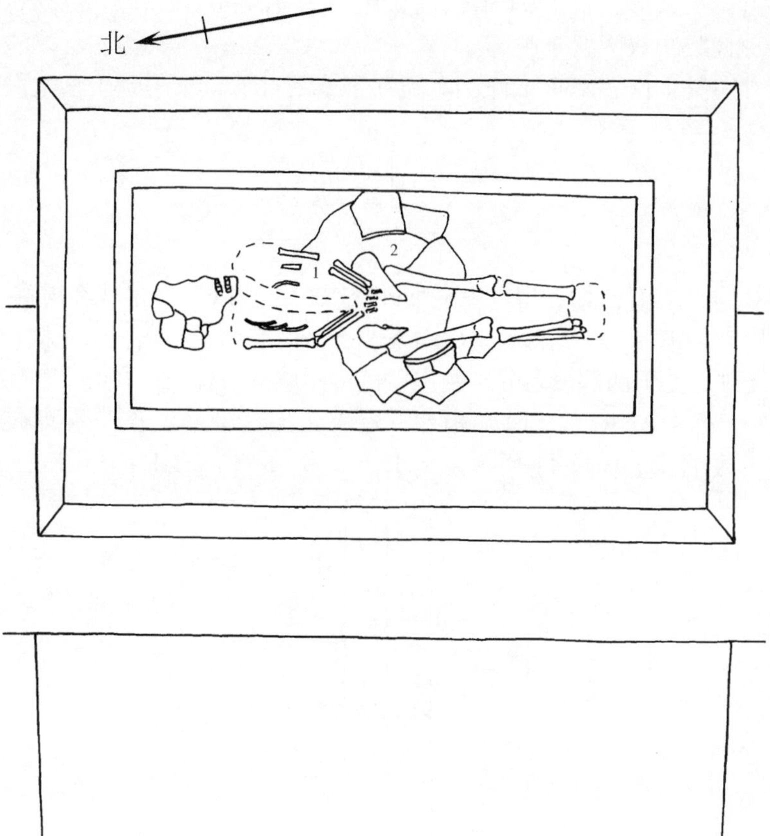

图一九六　M192 平、剖图
1. 玉圭　2. 陶釜

葬具为单棺，长方形，长 1.94 米，宽 0.92 米，残高 0.12 米，板灰厚 0.02 米。人骨保存较差，仰身直肢，双手置于腹部。

出土遗物有陶釜 1 件，玉圭 1 件，陶釜置于墓主身下，玉圭置于墓主人胸部。

二、出土遗物

陶釜　1 件。标本 M192∶2，肩以上夹细砂红褐陶，腹以下夹粗砂红褐陶。折沿，方唇，折肩，腹以下均残，底有三个乳钉足。唇面下凹，沿面有两道凹槽，肩腹接合处有一圈绳索纹，腹以下施绳纹。上下两部分系分别制作后拼接而成。口径 39 厘米，残高 25 厘米。

玉圭　1 件。标本 M192∶1，首端稍残，近三角形，圭身较长，一面有解料时两面对锯形成的茬口，尾端残。残长 11 厘米，宽 1.8 厘米。（图一九七；彩版五，6）

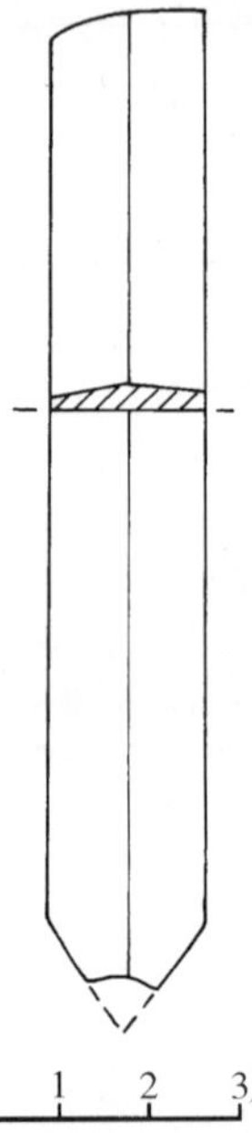

图一九七　M192 出土玉圭（M192∶1）

第一〇一节　M195

一、墓葬形制

方向 10°。长方形竖穴土坑墓，斜壁，口大于底，平底。长 2.90 米，宽 1.60 米，现存深度 2 米。墓坑北端有一壁龛。壁龛距墓底 1.06 米，宽 0.50 米，高 0.38 米，进深 0.18 米。（图一九八）

图一九八　M195平、剖图
1. 玉饰　2、4. 陶豆　3. 陶鬲　5. 陶盂

葬具为单棺。长方形，长 1.84 米，宽 0.68 米，残存高度 0.12 米，板灰厚 0.02 米。人骨保存较差。仰身直肢，双手置于腹部，双腿微曲。

出土器物 5 件，有玉饰 1 件，陶豆 2 件，陶鬲 1 件，陶盂 1 件。其中玉饰置于墓主人头骨附近，其余均出自壁龛。

二、出土遗物

陶豆　2 件。标本 M195∶2，泥质灰陶。敞口，尖圆唇，折壁，壁上有一道凹槽，粗短柄，喇叭足。盘内有多圈螺旋状暗纹和一个刻划符号。口径 14.6 厘米，底径 7.4 厘米，高 11~12 厘米。（图一九九，2、7、8；图版四三，1、2）标本 M195∶4，泥质灰陶。敞口，尖圆唇，折壁，壁上有一道凹槽，粗短柄，喇叭足。盘内有多圈螺旋状暗纹和一个刻划符号。口径 14.4 厘米，底径 7.5 厘米，高 11.3~12 厘米。（图一九九，4、7、8；图版

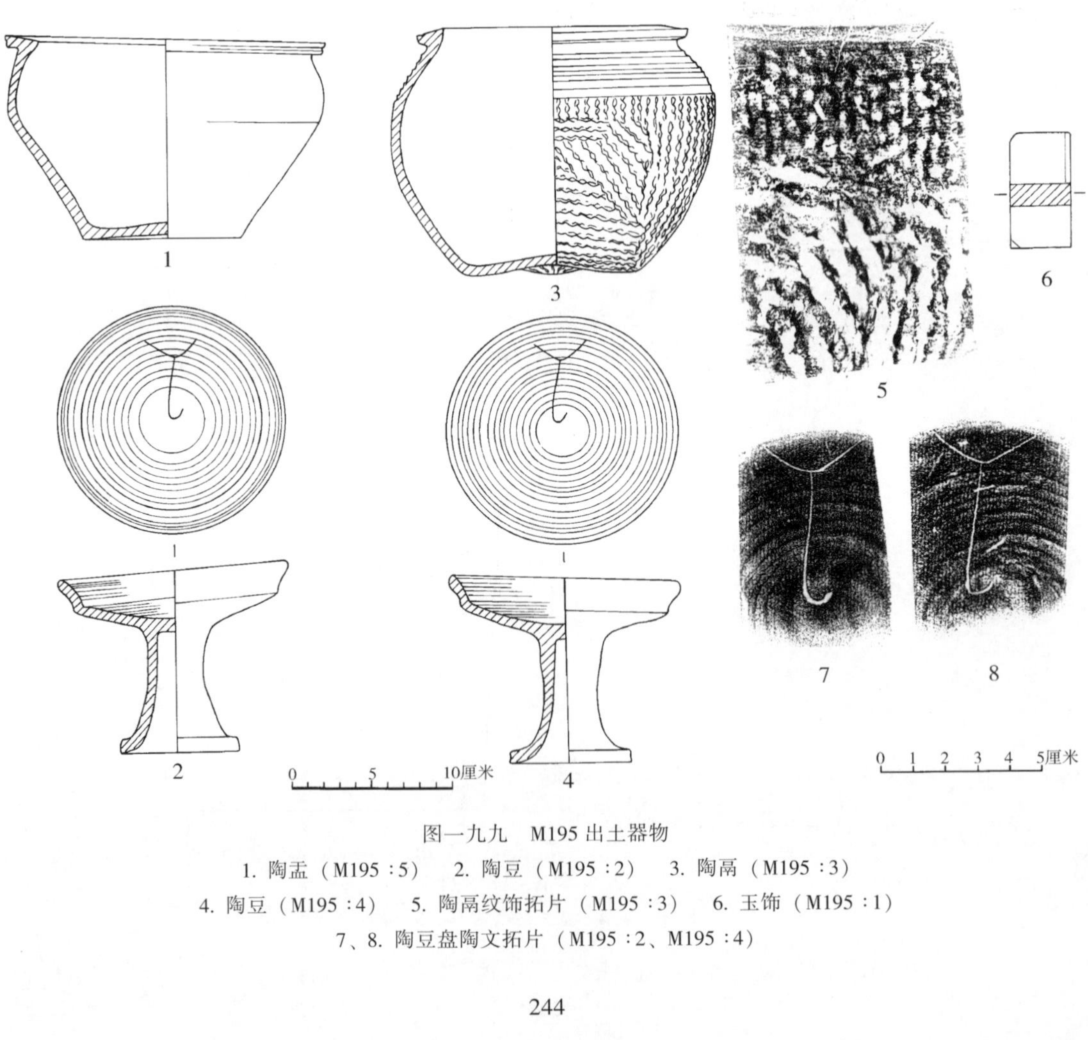

图一九九　M195 出土器物

1. 陶盂（M195∶5）　2. 陶豆（M195∶2）　3. 陶鬲（M195∶3）
4. 陶豆（M195∶4）　5. 陶鬲纹饰拓片（M195∶3）　6. 玉饰（M195∶1）
7、8. 陶豆盘陶文拓片（M195∶2、M195∶4）

四三，4、6）

陶鬲 1件。标本M195:3，肩部以上为夹细砂红陶，腹部和底为夹粗砂红陶，砂粒较大。平折沿，方唇，溜肩，斜弧腹，三袋足间距较大。肩部抹平，饰有数道凹旋纹，腹部和底饰有粗绳纹。口径17厘米，腹径20厘米，足距9厘米，高15.6厘米。（图一九九，3、5；图版四三，3）

陶盂 1件。标本M195:5，泥质灰陶。折沿方唇，唇面下凹，折腹，上腹微弧，下腹斜收，平底。口径20.2厘米，腹径20厘米，底径9.8厘米，高12.2~12.9厘米。（图一九九，1；图版四三，5）

玉饰 1件。标本M195:1，白色，长方体，四边无齿，素面。长3.6厘米，宽1.9厘米，厚0.7厘米。（图一九九，6；彩版三一，4）

第一〇二节 M196

一、墓葬形制

方向10°。为长方形竖穴土坑墓，斜壁，口大于底，平底。长3米，宽1.80米，深2米。（图二〇〇）

葬具为单棺，楔形，长1.86米，宽0.68~0.74米，残高0.12米，板灰厚0.02米。人骨保存较好，仰身直肢，头朝西，双手置于腹部。

出土遗物6件，有陶鼎1件，陶匜1件，陶尊2件，陶盘1件，陶敦1件，均置于墓葬北部的木棺与北壁之间。

二、出土遗物

陶敦 1件。标本M196:1，泥质灰陶。盖方唇，折壁，弧顶，上有一圈足状捉手。器身子口方唇，腹较深，上腹微弧，下腹斜收，平底，上腹部近口处有一对半圆形实心钮。腹部有一圈红色云雷纹。口径12厘米，腹径15.2厘米，底径7厘米，高12.8厘米。（图二〇一,3；图版四四，1；彩版八，5）

陶鼎 1件。标本M196:2，无盖。泥质灰陶。子口方唇，浅弧腹，圜底近平，方形附耳，耳尖外折，折处刀削，三足呈条状，正面和侧面用工具加以修削，形成明显的削痕，足底有小孔，足和鼎腹通过榫卯结构连接固定。鼎腹有一道凸棱。鼎内有四个小泥饼。口径16厘米，腹径19厘米，高18厘米。（图二〇一，2；图版四四，2）

陶尊 2件。标本M196:3，泥质灰陶。盖面微弧，短舌。平折沿，方唇，束颈略短，折肩，肩部微弧，弧腹，凹圜底。口径12厘米，腹径18厘米，底径6.3厘米，高17厘米。（图二〇一，5；图版四四，3；彩版四三，1）标本M196:4，泥质灰陶。盖

图二〇〇　M196平、剖图

1. 陶敦　2. 陶鼎　3、4. 陶尊　5. 陶匜　6. 陶盘

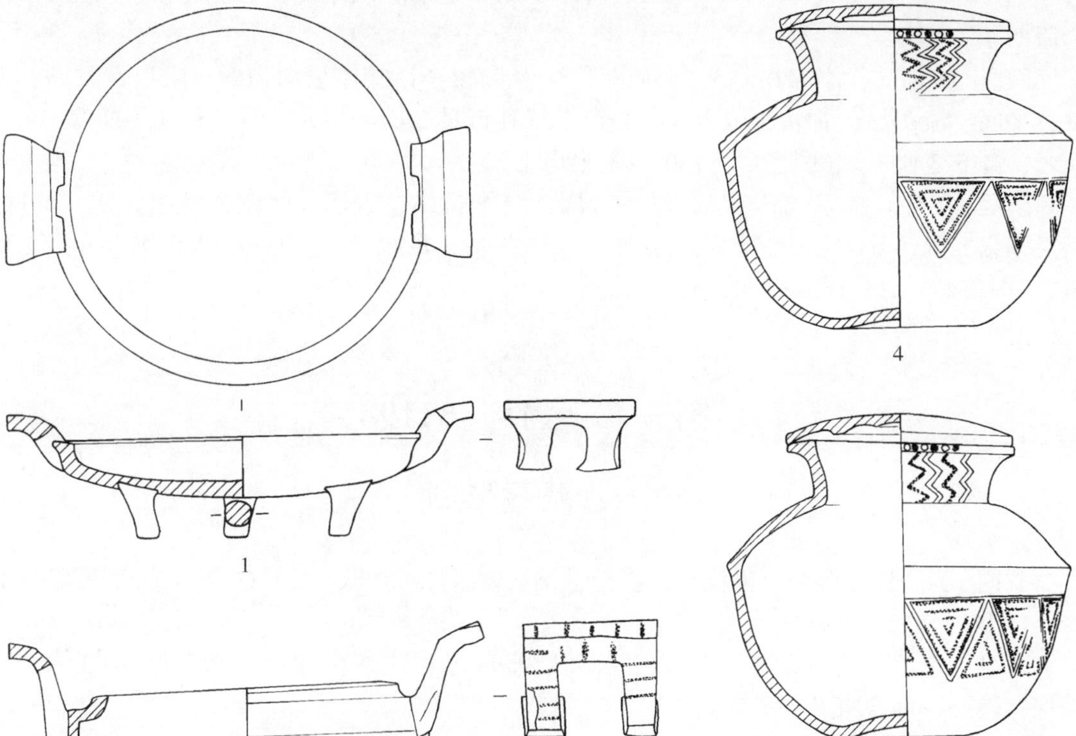

图二〇一 M196出土陶器

1. 盘（M196：6） 2. 鼎（M196：2） 3. 敦（M196：1）
4. 尊（M196：4） 5. 尊（M196：3） 6. 匜（M196：5）

面微弧，短舌。平折沿，方唇，束颈略短，折肩，肩部微弧，弧腹，凹圜底。口径12.4厘米，腹径18.4厘米，底径8厘米，高17厘米。（图二〇一，4；图版四四，4；彩版四三，2）

陶匜 1件。标本M196∶5，泥质灰陶。器形较小，整体呈动物形。敞口，方唇，弧壁，平底。流高昂，管状，尾为一实心钮，三乳钉足二前一后，较矮。长8.1厘米，宽9厘米，高6.3厘米。（图二〇一，6；图版四四，5）

陶盘 1件。标本M196∶6，泥质灰陶。窄平折沿，方唇，弧壁，盘腹较浅，圜底。一对宽扁立耳，耳端外折，耳孔呈方形。三矮蹄足，足跟微鼓。口径19.8厘米，高7厘米。（图二〇一，1；图版四四，6）

第一〇三节　M198

一、墓葬形制

方向10°。长方形竖穴土坑墓，直壁，平底。长2.80米，宽1.60米，现存深度1.80米。（图二〇二）

葬具为单棺。棺长方形，长2.02米，宽0.94米，残高0.30米，板灰厚0.03米。人骨保存较好，仰身直肢，头向北。

出土遗物有铜带钩1件。

二、出土遗物

铜带钩 1件。标本M198∶1，整体呈琵琶形，截面半圆形，钩身较短，钩尾残，钮近椭圆形，位于器身中部偏上。长7厘米，宽1.3厘米，厚0.5厘米。（图二〇三；彩版三二，3）

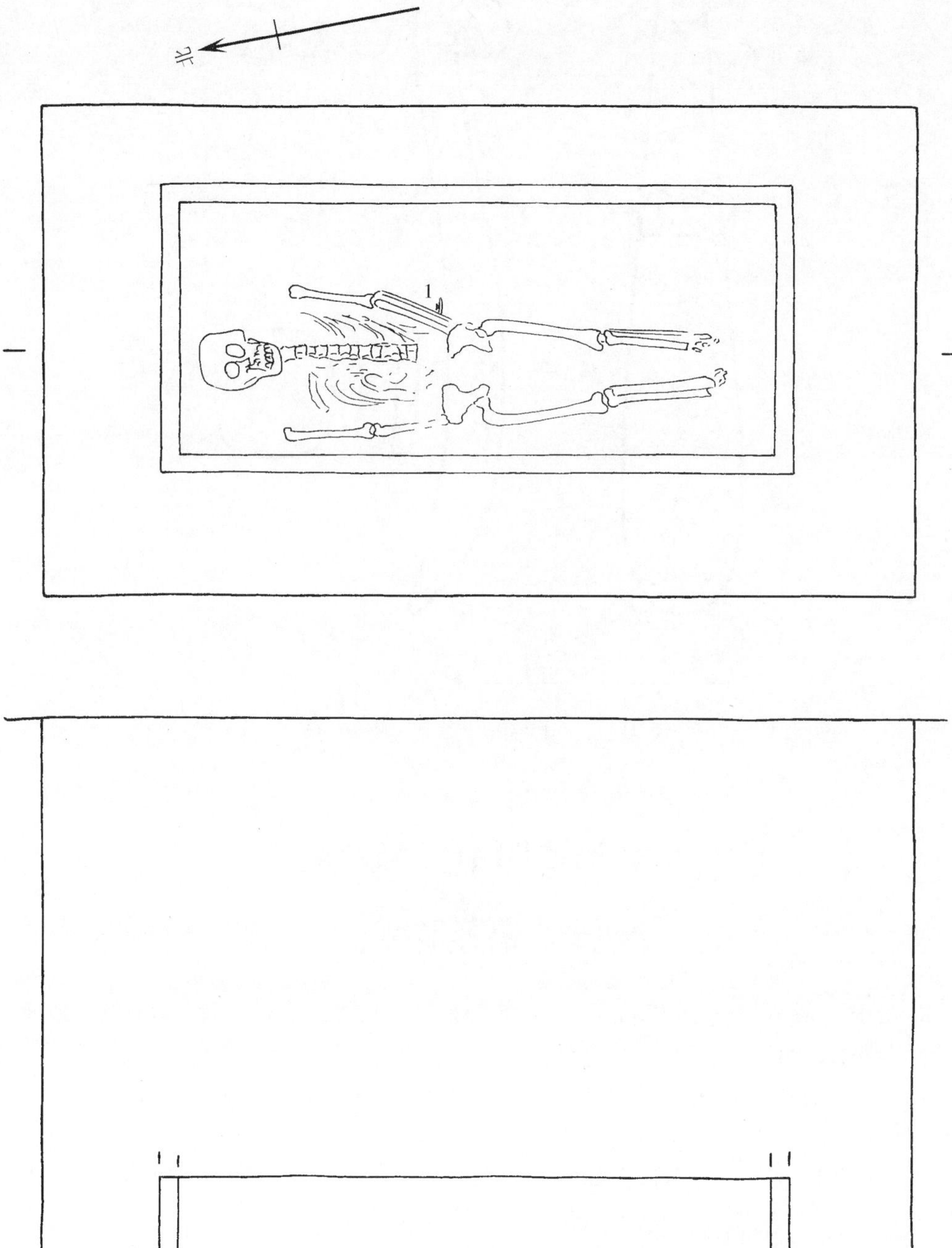

图二〇二　M198平、剖图
1. 铜带钩

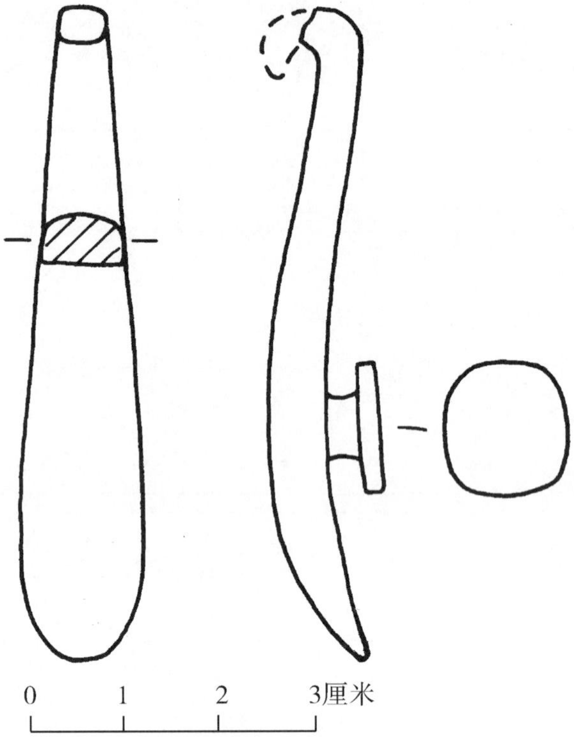

图二〇三　M198 出土铜带钩（M198：1）

第一〇四节　M200

一、墓葬形制

方向 350°。长方形竖穴土坑墓，直壁，平底。长 2. 30 米，宽 0. 80 米，现存深度 1. 40 米。(图二〇四)

未发现有葬具。人骨腐朽较严重。仅存部分躯干骨和肢骨。仰身直肢，双手置于腹部。

出土器物 2 件，有陶壶 1 件，铁带钩 1 件。陶壶位于墓坑西南角，铁带钩位于墓主人腰部附近。

二、出土遗物

陶壶　1 件。标本 M200：1，无盖。泥质灰陶。盘口方唇，盘底有凸棱，颈微束，广

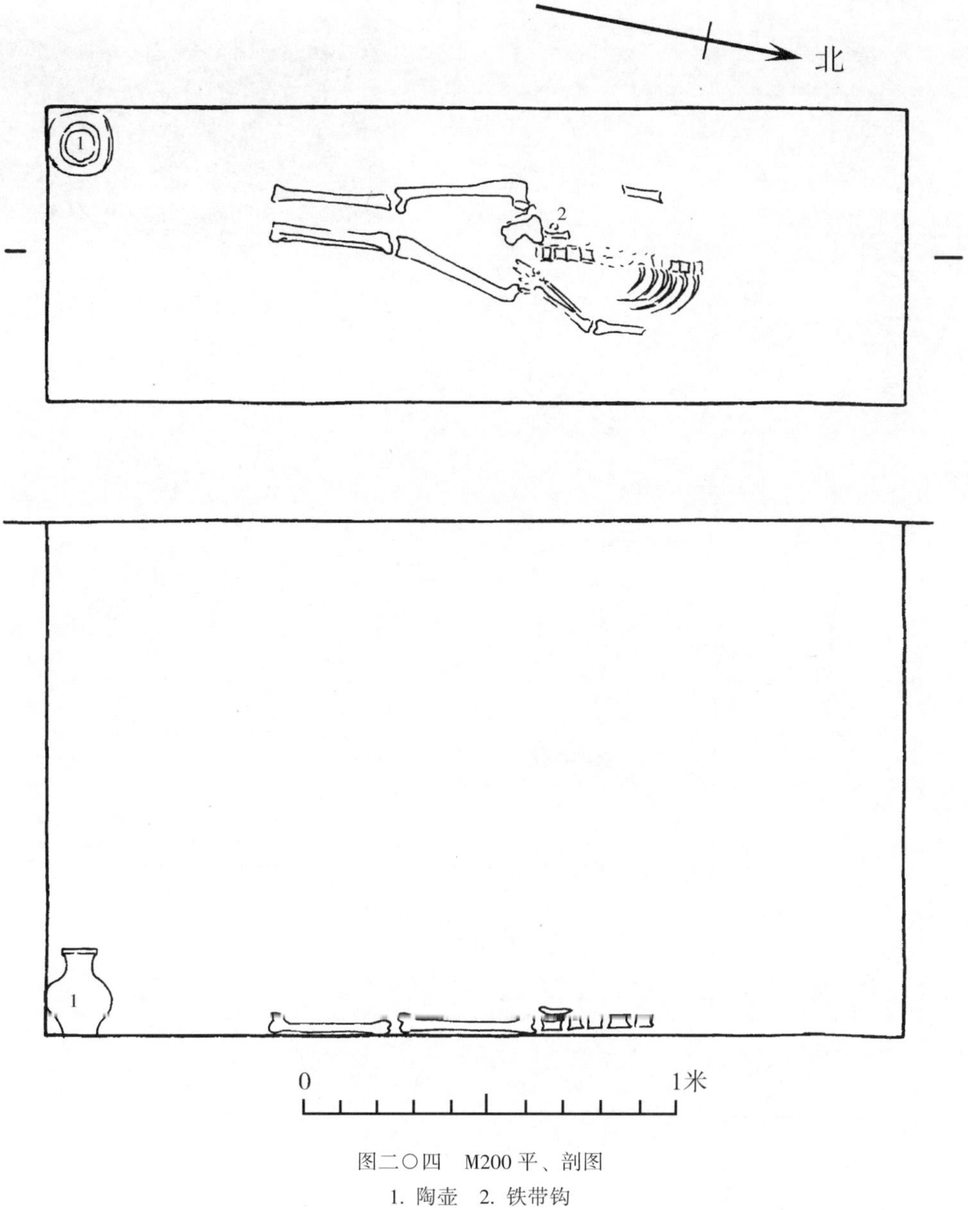

图二〇四　M200平、剖图
1. 陶壶　2. 铁带钩

肩弧腹，最大径在肩腹接合处，假圈足底部有一圈凸起，平底微凹。肩部刻划有一陶文，颈部有二道凹弦纹，肩腹接合处和上腹部各有一组凹弦纹。口径 11.4 厘米，腹径 19 厘米，底径 8.8 厘米，高 23.1 厘米。（图二〇五，1、2；图版四二，3、4）

铁带钩　1 件。标本 M200∶2，钩身较短，钩尾上翘，钮为圆形，位于器身中部偏上。长 5.7 厘米，宽 1 厘米，厚 0.9 厘米。（图二〇五，3；彩版三五，3）

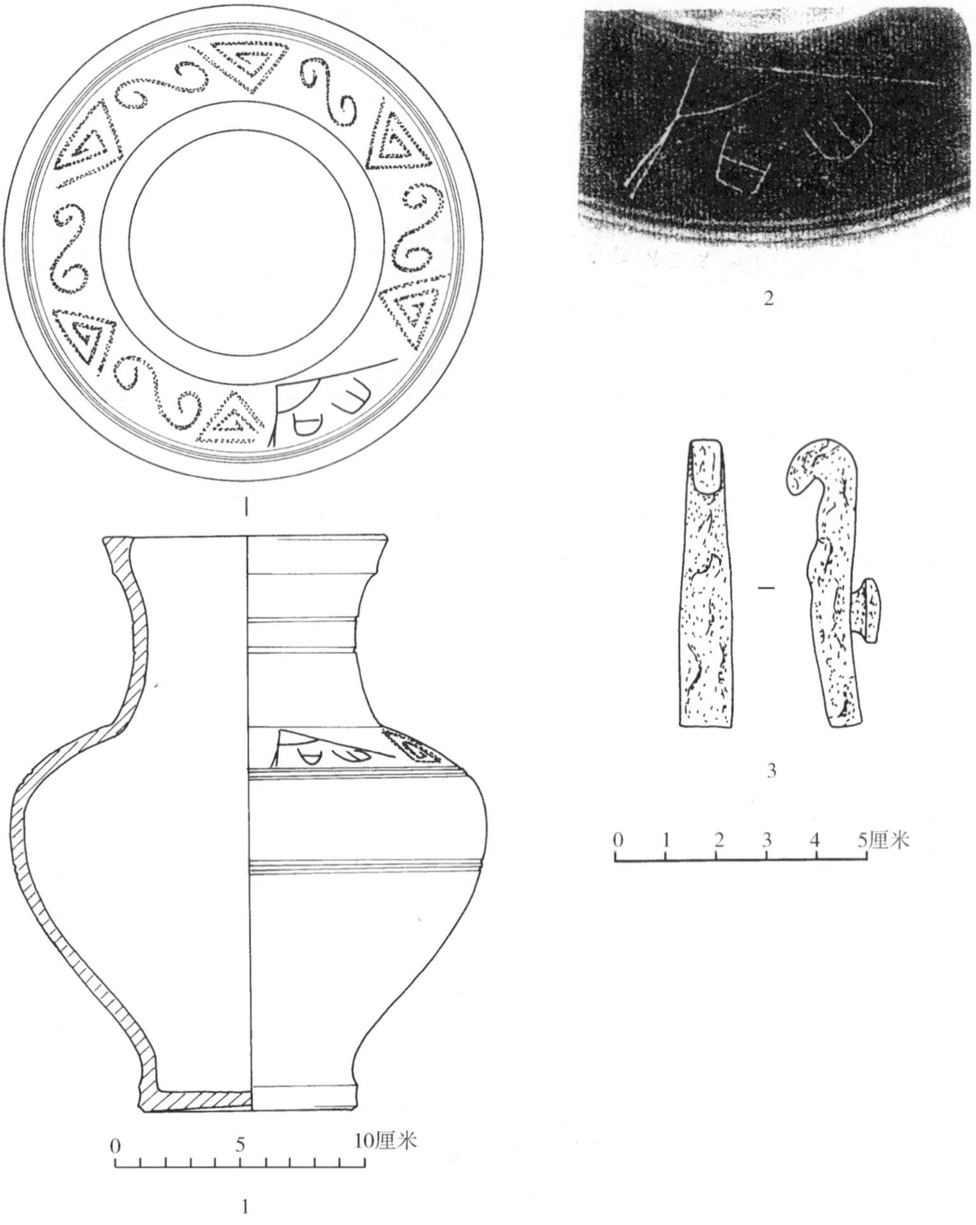

图二〇五　M200 出土器物

1. 陶壶（M200：1）　2. 陶壶肩部陶文（M200：1）　3. 铁带钩（M200：2）

第一〇五节 M204

一、墓葬形制

方向0°。长方形竖穴土坑墓，斜壁，口大于底，平底。长2.70米，宽1.80米，现存深度2.30米。（图二〇六）

图二〇六 M204平、剖图
1. 玉圭 2. 陶釜

葬具为单棺。棺长方形，长 1.85 米，宽 0.86～0.90 米，残高 0.24 米，板灰厚 0.02 米。人骨保存较好，仰身直肢，头向北，双手交叉放于腹部。

出土遗物有玉圭 1 件，陶釜 1 件，陶釜破碎，放于墓主人臀部下面。

二、出土遗物

陶釜　1 件。标本 M204∶2，肩部为夹细砂红陶，腹部为夹粗砂红陶。残。折沿，较窄，厚方唇。肩部素面抹平，腹部饰有粗绳纹。口径 38 厘米，残高 22.4 厘米。

玉圭　1 件。标本 M204∶1，残存一段圭身，一面有解料时两面对锯形成的茬口，近尾端茬口附近有一圆形穿孔。残长 9.8 厘米，宽 1.8 厘米。（图二〇七；彩版四四，1）

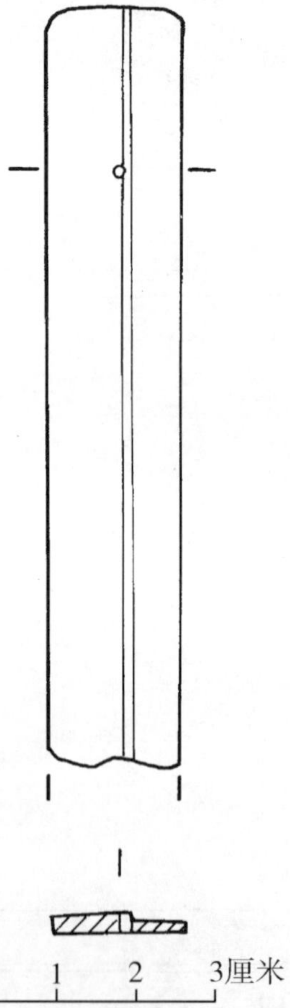

图二〇七　M204 出土玉圭（M204∶1）

第一〇六节　M207

一、墓葬形制

方向0°。长方形竖穴土坑墓，斜壁，口大于底，平底。长3.14米，宽2.12米，现存深度2.40米。（图二〇八）

葬具为一椁一棺。外椁长方形，长2.70米，宽1.62米，残存高度0.16米，板灰厚0.10米。内棺长方形，长1.90米，宽0.74米，残存高度0.16米，板灰厚0.02米。人骨腐朽较严重。仰身直肢，双手置于腹部。

出土器物13件，有陶鼎1件，陶罍2件，陶敦1件，陶舟1件，陶盘1件，陶匜1件，陶簠2件，陶鬲1件，陶叶形饰3件。均位于墓葬北端外椁和内棺之间。（彩版四五）

二、出土遗物

陶鬲　1件。标本M207∶1，肩部以上为夹细砂红陶，腹、底为夹粗砂红陶，砂粒较大。平折沿，较宽，方唇，折肩，斜弧腹，三袋足间距较大。肩部抹平，饰有十余道凹旋纹，下腹部和底为斜向粗绳纹。口径33.6厘米，腹径41厘米，足距17厘米，高25.9~26.6厘米。（图二〇九，4、5；图版四五，1）

陶盘　1件。标本M207∶2，泥质灰陶。直口，方唇，弧壁，盘腹较浅，圜底。一对宽扁立耳，耳端外折，耳孔呈方形，整体形态呈简化兽首形。三矮蹄足，足跟微鼓。口径23.6厘米，高8.5厘米。（图二〇九，6；图版四五，2）

陶罍　2件。标本M207∶3，无盖。泥质灰陶。折沿方唇，颈微斜，鼓肩，鼓腹，下腹斜收，平底微凹。肩腹接合处有四个爬兽，作躬身回首状，有首有尾，面部模糊，仅能辨识嘴和耳。三蹄足较矮小，足正面和侧面用工具修削，形成明显的修削痕。肩部和上腹部有三组凹弦纹。口径11.6厘米，腹径21厘米，高21.2厘米。（图二一〇，1；图版四五，5）标本M207∶4，泥质灰陶。浅盖弧顶，上有六个圆孔，内有盖舌。折沿方唇，颈微斜，鼓肩，鼓腹，下腹斜收，平底。肩腹接合处有四个爬兽，作躬身回首状，有首有尾，面部模糊，仅能辨识嘴和耳。三蹄足较矮小，足正面和侧面用工具修削，形成明显的的削痕。肩部和上腹部有三组凹弦纹，肩部有一圈云雷纹。口径11.8厘米，腹径21.3厘米，高23.5厘米。（图二一〇，3；图版四五，4；彩版四三，4）

陶敦　1件。标本M207∶5，泥质灰陶。盖直壁弧顶，较浅，中部有一圈足状捉手。器身子母口，子口内敛，方唇，弧腹较深，浅圜底。一对对称兽首，兽首较为简略。三足残。腹部一道凸旋纹，上腹部饰有一周雷纹。口径15.2厘米，腹径18厘米，残高14厘米。（图二一〇,2；图版四五，3；彩版四三，3）

图二〇八　M207平、剖图

1. 陶鬲　2. 陶盘　3. 陶罍　4. 陶罍　5. 陶敦
6. 陶匜　7. 陶簠　8. 陶舟　9. 陶鼎　10. 陶簠

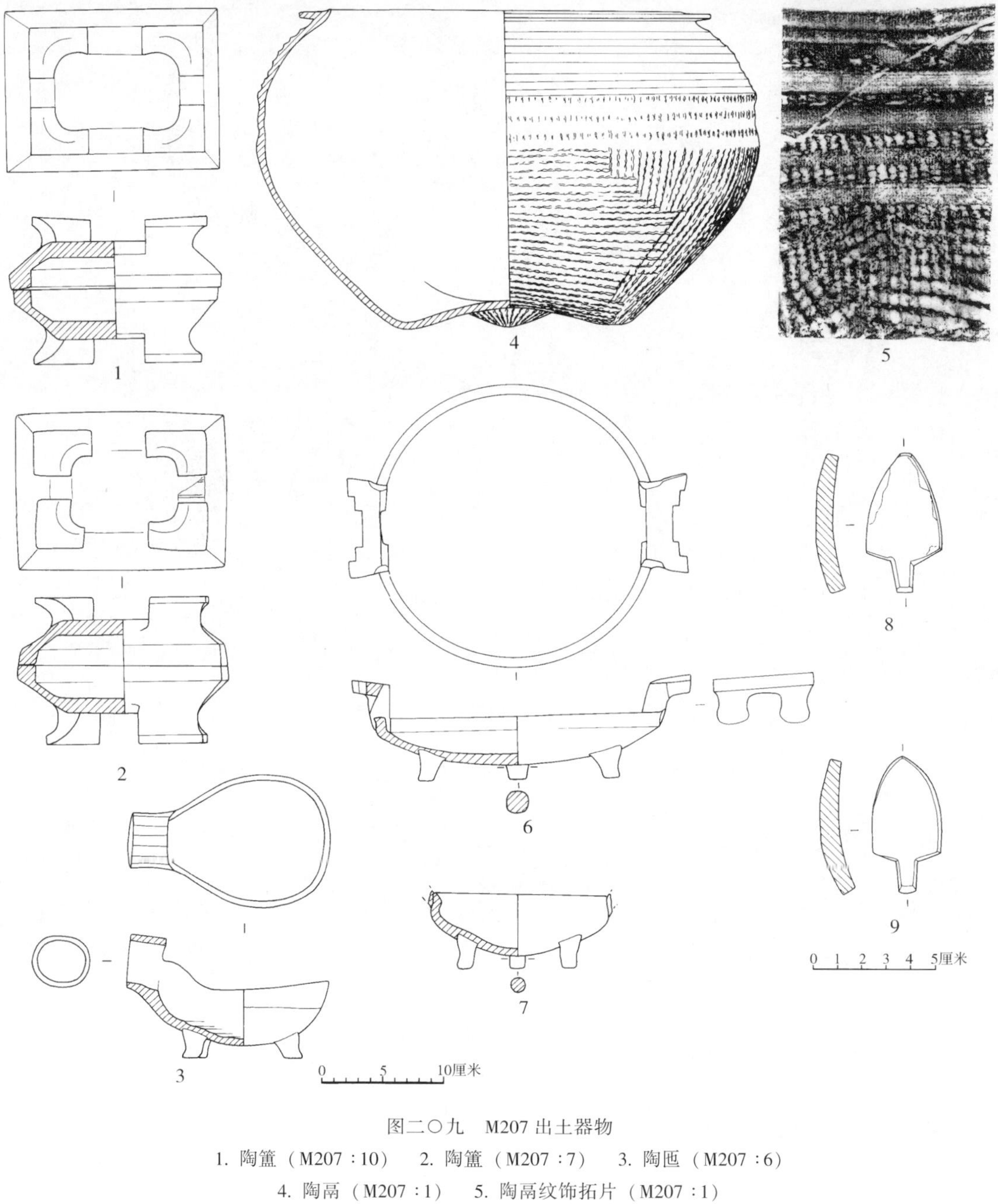

图二〇九　M207出土器物

1. 陶簠（M207：10）　2. 陶簠（M207：7）　3. 陶匜（M207：6）
4. 陶鬲（M207：1）　5. 陶鬲纹饰拓片（M207：1）
6. 陶盘（M207：2）　7. 陶舟（M207：8）
8、9. 陶叶形饰（M207：11）

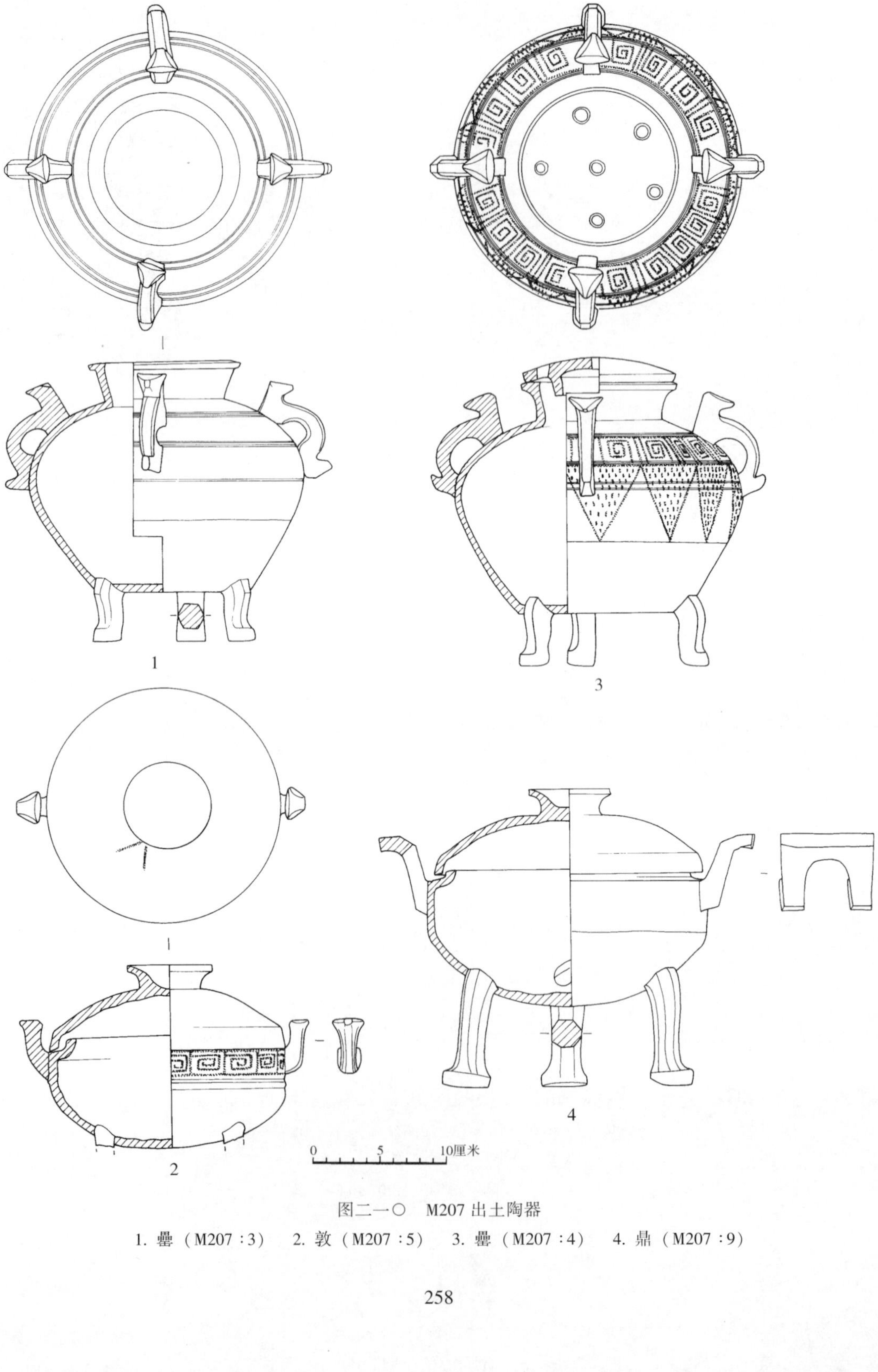

图二一〇　M207 出土陶器

1. 罍（M207：3）　2. 敦（M207：5）　3. 罍（M207：4）　4. 鼎（M207：9）

图二一一　M208平、剖图

1. 铜镜（2件）

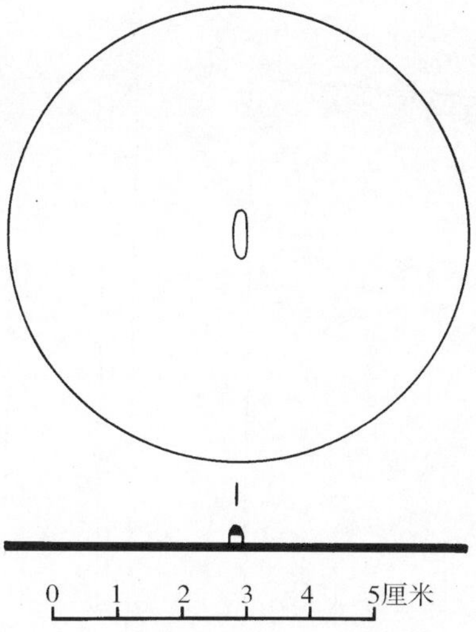

图二一二　M208 出土铜镜（M208：1）

第一〇八节　M209

一、墓葬形制

方向 10°。长方形竖穴土坑墓，斜壁，口大于底，平底。长 3.02 米，宽 1.72 米，现存深度 2.40 米。（图二一三）

葬具为单棺。棺呈长方形，长 2.01 米，宽 0.86 米，残存高度 0.18 米，板灰厚 0.02 米。人骨保存稍差。仰身直肢，双手置于腹部。

出土器物 13 件，有陶鼎 1 件，陶罍 2 件，陶叶形饰 3 件，陶鸟 2 件，陶敦 1 件，陶舟 1 件，陶盘 1 件，陶匜 1 件，玉圭 1 件。其中玉圭置于墓主人头骨附近，其余均出自棺外与墓坑北壁之间。（彩版四六）

二、出土遗物

陶鼎　1 件。标本 M209：1，盖泥质灰陶，器身泥质红褐陶。盖方唇，折壁，弧顶，有一圈足状捉手。器身子口方唇，弧腹圜底，方形附耳，耳尖外折，折处刀削，三足呈条状，正面和侧面用工具加以修削，形成明显的削痕，足底有小孔，足和鼎腹通过榫卯结构连接固定。鼎腹有一道凸旋纹。口径 14 厘米，腹径 18.4 厘米，高 21 厘米。（图二一四，2；图版四七，1）

陶舟　1 件。标本 M209：3，泥质褐陶。圆形。敞口圆唇，短束颈，浅弧腹，圜底近

图二一三　M209平、剖图

1. 陶鼎　2. 陶叶形饰（3件）　3. 陶舟　4、5. 陶罍
6. 陶敦　7. 陶鸟（2件）　8. 陶匜　9. 陶盘　10. 玉圭

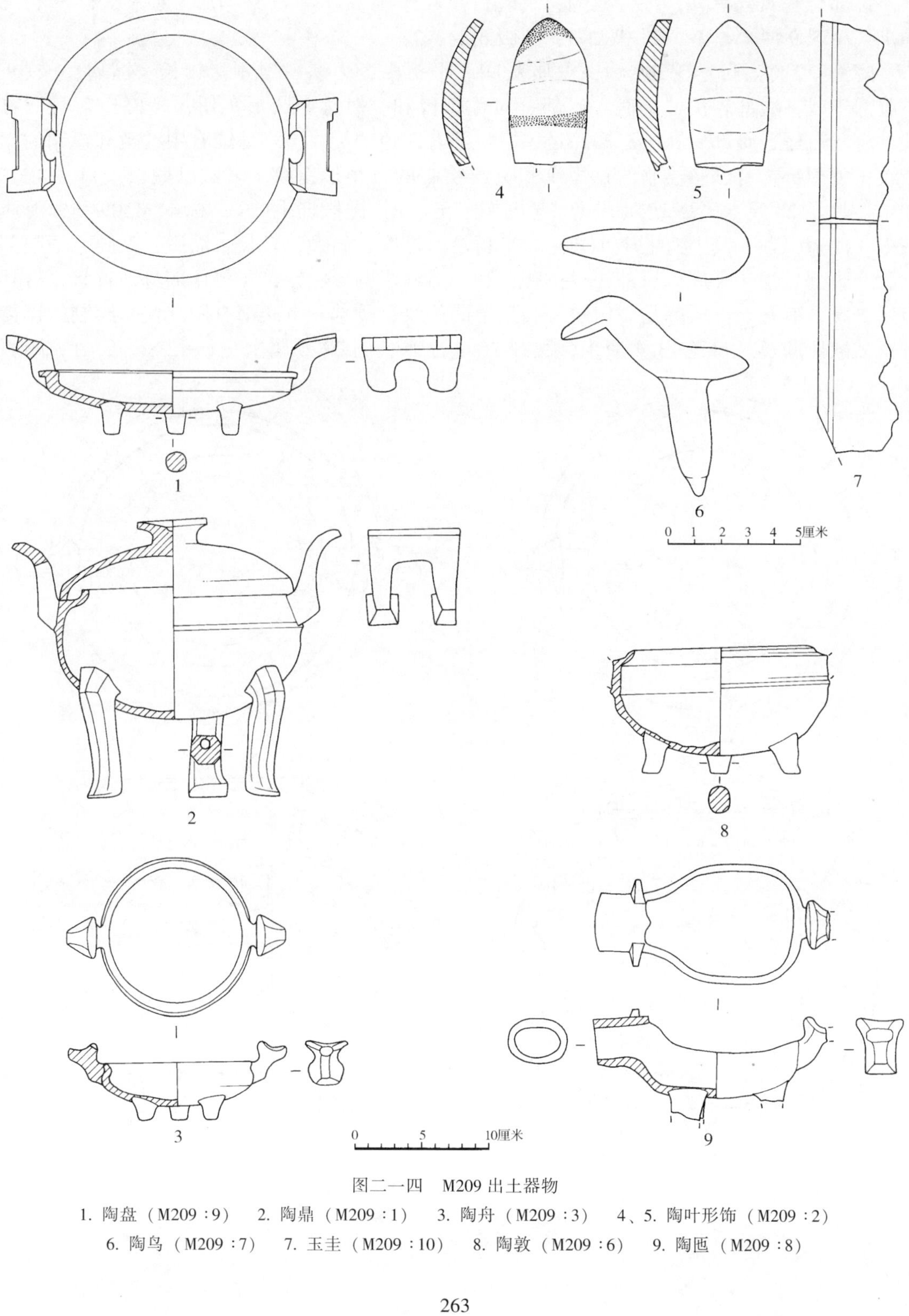

图二一四　M209 出土器物

1. 陶盘（M209：9）　2. 陶鼎（M209：1）　3. 陶舟（M209：3）　4、5. 陶叶形饰（M209：2）
6. 陶鸟（M209：7）　7. 玉圭（M209：10）　8. 陶敦（M209：6）　9. 陶匜（M209：8）

平。颈部有一对兽首耳，兽首模糊，三乳钉足较矮小。口径 11.2~11.7 厘米，腹径 11.6 厘米，高 5.9 厘米。（图二一四，3；图版四七，2）

陶罍　2件。标本 M209∶4，泥质灰陶。平折沿，方唇，斜颈，较长，溜肩，鼓腹，下腹部斜收，腹部较深，平底。肩部一对称爬兽和一对称半圆形实钮，爬兽作躬身回首状，有耳有尾，腹部有孔。三矮蹄足。肩腹部有四道凹旋纹，颈部饰有用红黄彩绘制的锯齿纹，下腹部饰有红彩绘制的锯齿纹和黄彩绘制的三角形雷纹，多数已脱落。口径 12.8 厘米，腹径 20 厘米，高 20.8 厘米。（图二一五，2；图版四七，4）标本 M209∶5，泥质灰陶。浅盖弧顶，其上有七个小圆孔。平折沿，方唇，斜颈，较长，溜肩，鼓腹，下腹部斜收，腹部较深，平底。肩部一对称爬兽和一对称半圆形实钮，爬兽作躬身回首状，有耳有尾，腹部有孔。三矮蹄足。肩腹部有三道凹旋纹，颈部和下腹部有用红黄彩绘制的锯齿纹，多数已脱落。口径 13.4 厘米，腹径 20.2 厘米，高 22.6 厘米。（图二一五，1；图版

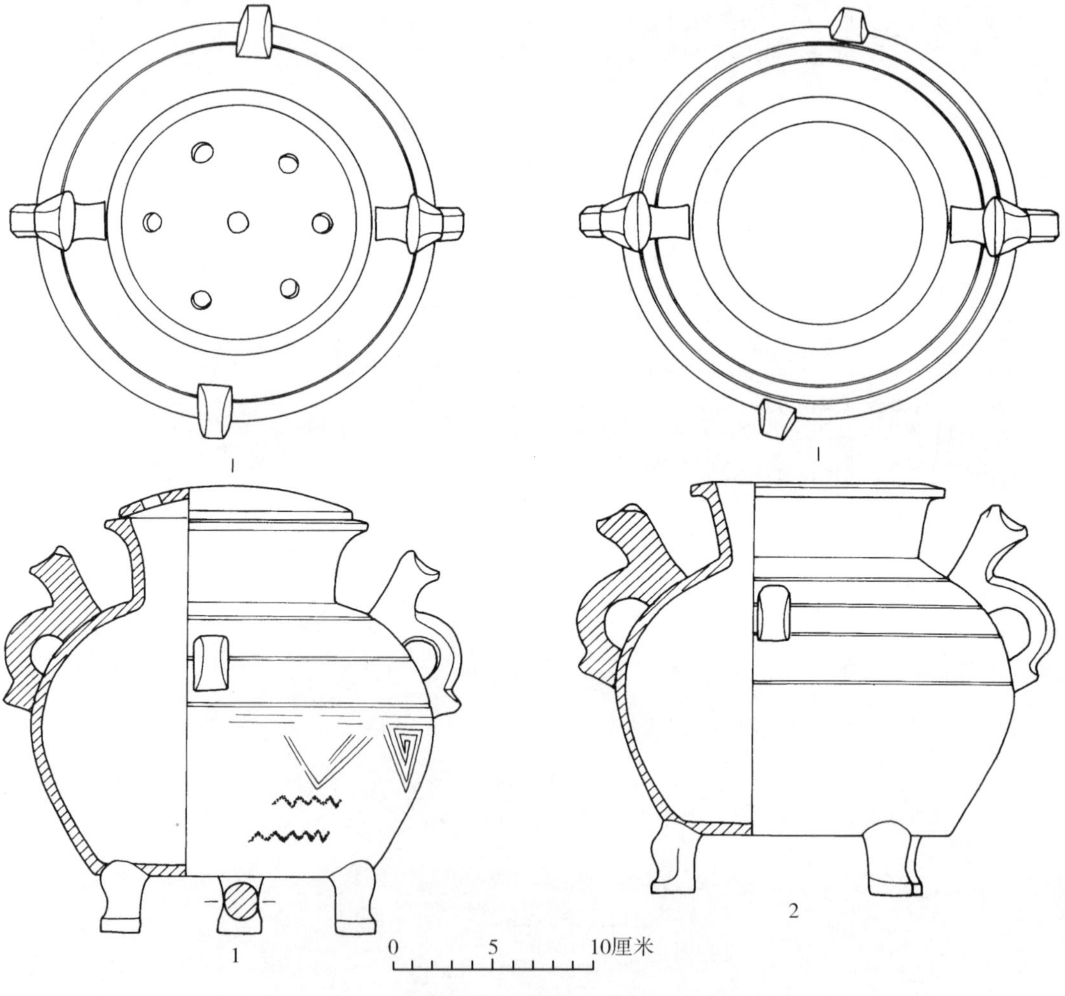

图二一五　M209 出土陶罍

1. M209∶5　2. M209∶4

四七，3）

陶敦　1件。标本M209:6，泥质灰陶。盖缺失。器身子母口，子口内敛，方唇，弧腹略深，浅圜底。耳残。三矮蹄足。腹部一道凸旋纹。口径13.4厘米，腹径16.6厘米，高9.2~9.8厘米。（图二一四，8；图版四七，6）

陶匜　1件。标本M209:8，泥质褐陶。器形较大，整体呈动物形。敞口，方唇，弧壁，圜底近平。流高昂，作兽首形，双角较大，口大张，尾端亦有一兽首，口和双角较清晰，三足二前一后，已残。残长5.5厘米，宽3厘米，厚0.7厘米。（图二一四，9；图版四七，5）

陶盘　1件。标本M209:9，泥质灰陶。窄平折沿，方唇，折壁，盘腹较浅，圜底。一对宽扁立耳，耳端外折，耳孔呈椭圆形，整体呈简化兽首。三矮蹄足，足跟微鼓。长18厘米，宽9.2厘米，残高8.4厘米。（图二一四，1；图版四八，1）

陶鸟　2件。标本M209:7，泥质灰陶。尖喙，长颈，斜背，短尾微垂，高独足，鸟身有红底黄点彩绘。长7.1厘米，宽2.5厘米，高7.6厘米。（图二一四，6；彩版四七，4）

陶叶形饰　3件。标本M209:2，泥质褐陶。叶柄已残，叶片弧曲，正面有朱绘残痕。长5.8厘米，宽3厘米，厚0.8厘米。（图二一四，4、5；彩版四七，1~3）

玉圭　1件。标本M209:10，残存一段圭身，一面有解料时两面对锯形成的茬口。残长16.5厘米，残宽3.1厘米。（图二一四，7；彩版四四，2）

第一〇九节　M212

一、墓葬形制

方向10°。长方形竖穴土坑墓，斜壁，口大于底，平底。长2.82米，宽1.71米，现存深度2米。（图二一六）

葬具为单棺。棺呈长方形，长1.92米，宽0.73米，残存高度0.16米，板灰厚0.02米。人骨保存稍好。侧身直肢，面朝西。

出土器物6件，有陶鼎1件，陶罍2件，陶敦1件，陶盘1件，陶匜1件。位于棺外与墓坑北壁之间。

二、出土遗物

陶罍　2件。标本M212:1，泥质灰褐陶。平折沿，沿面略往上弧，方唇，斜颈，较长，溜肩，鼓腹略扁，腹部略浅，平底。肩部一对对称爬兽和一对对称半圆形实钮，爬兽作躬身回首状，有耳有尾。三矮锥足。肩腹部有三道凹旋纹，颈部和下腹部饰有红色三角

图二一六　M212 平、剖图

1、2. 陶罍　3. 陶敦　4. 陶匜　5. 陶盘　6. 陶鼎

形雷纹，爬兽和三足饰有红色横条纹。口径 12.2 厘米，腹径 18.2 厘米，高 17.8 厘米。（图二一七，1；图版四八，5；彩版四三，5）标本 M212∶2，泥质灰陶。残。口径 12 厘

陶匜　1件。标本M207∶6，泥质褐陶。器形较大，整体呈动物形。敞口，方唇，弧壁，圜底。流高昂，管状，尾残，三柱足二前一后，较矮。长16.3厘米，宽10.8厘米，高10.1厘米。（图二〇九，3；图版四六，1）

陶簠　2件。标本M207∶7，泥质灰陶。器身呈四方形，方唇，折壁较短，平底，四角各有一个曲尺状足，上下对称。长17.2厘米，宽13.2厘米，高12.2厘米。（图二〇九，2；图版四六，4）标本M207∶10，泥质灰陶。器身呈四方形，方唇，折壁较短，平底，四角各有一个曲尺状足，上下对称。长17.4厘米，宽13.4厘米，高12.1厘米。（图二〇九，1；图版四六，3）

陶舟　1件。标本M207∶8，泥质灰陶。近圆形。敞口圆唇，短束颈，弧腹较浅，圜底。双耳已残，三蹄足较矮小。口径14.2厘米，高5.9~6.3厘米。（图二〇九，7；图版四六,2）

陶鼎　1件。标本M207∶9，泥质灰陶。盖方唇，折壁，弧顶，有一圈足状捉手。器身子口方唇，弧腹圜底，方形附耳，耳尖外折，折处刀削，三足呈条状，正面和侧面用工具加以修削，形成明显的削痕，足底有小孔，足和鼎腹通过榫卯结构连接固定。口径18厘米，腹径20.9厘米，高22.6厘米。（图二一〇，4；图版四六，5）

陶叶形饰　3件。标本M207∶11，叶柄较短，叶片微弧。泥质灰陶。较大者长5.8厘米，宽3.1厘米，厚0.8厘米，较小者长5.7厘米，宽2.8厘米，厚0.8厘米。（图二〇九，8、9）

第一〇七节　M208

一、墓葬形制

方向0°。长方形竖穴土坑墓，斜壁，口大于底，平底。长2.72米，宽1.80米，现存深度2.50米。（图二一一）

葬具为一椁一棺。椁长方形，长2.22米，宽1.04米，残高0.12米，板灰厚0.06米。棺长方形，长1.98米，宽0.74米，残高0.12米，板灰厚0.02米。人骨保存不太完整，仰身直肢，头向北，双手交叉放于腹部。

出土遗物有铜镜2件，位于棺内墓主人头骨西侧。

二、出土遗物

铜镜　2件。标本M208∶1，其中1件残，无法分辨大小形制。标本M208∶1-1：圆形，半环钮，镜背素面，镜缘凸起，镜面平，断面呈银白色。直径7.2厘米，厚0.1厘米。（图二一二;彩版三四，2）

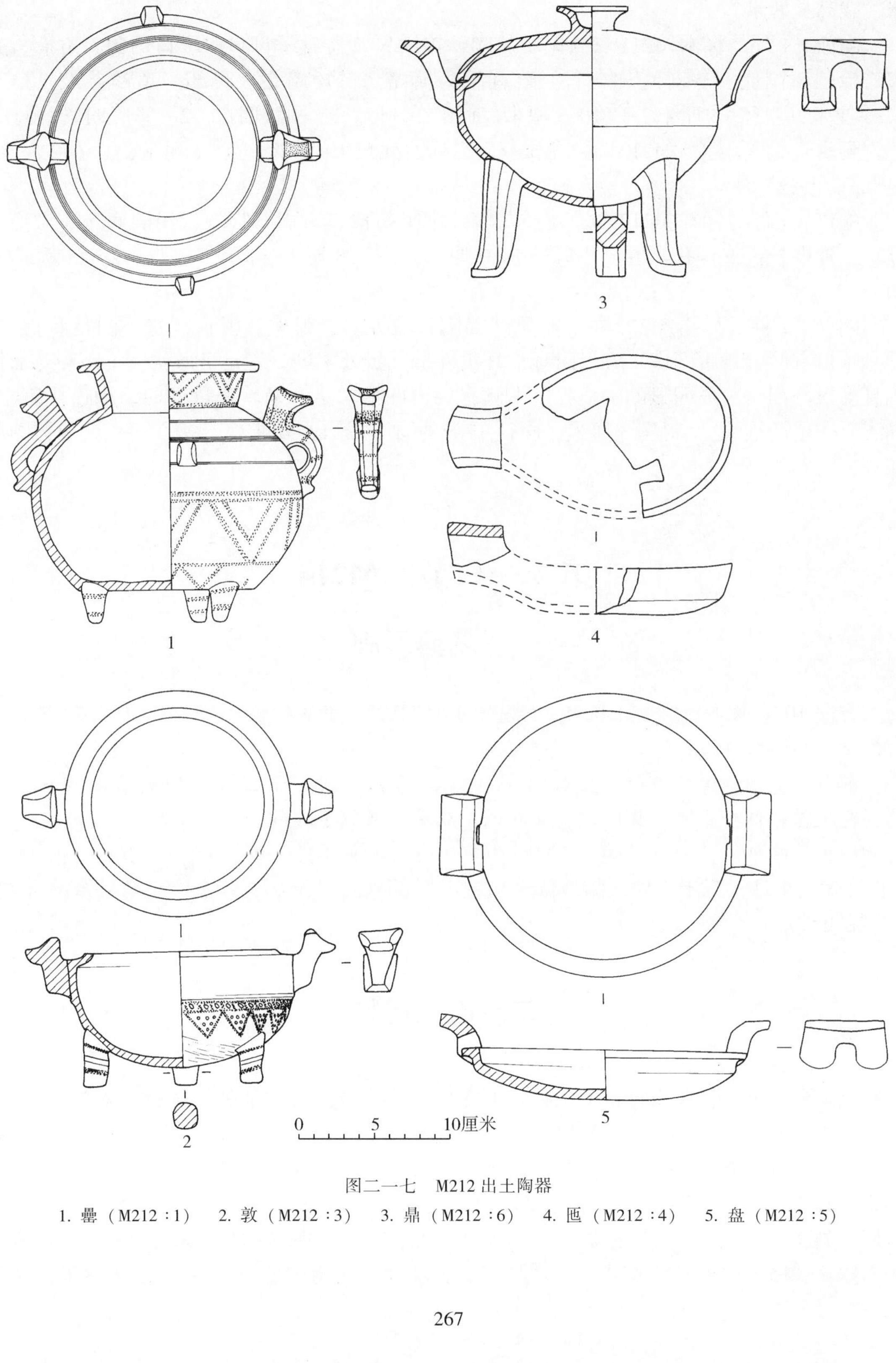

图二一七　M212 出土陶器

1. 罍（M212∶1）　2. 敦（M212∶3）　3. 鼎（M212∶6）　4. 匜（M212∶4）　5. 盘（M212∶5）

米，残高 8 厘米。

陶敦　1 件。标本 M212∶3，泥质灰陶。盖缺失。器身子母口，子口内敛，方唇，弧腹略深，浅圜底。一对对称兽首，兽首较为简略。三矮蹄足。腹部一道凸旋纹。口径 13.2 厘米，腹径 15 厘米，高 10.3 厘米。(图二一七，2；图版四八，2；彩版四三，6)

陶匜　1 件。标本 M212∶4，泥质灰陶。残。残长 19 厘米，宽 11 厘米，高 6.2 厘米。(图二一七,4)

陶盘　1 件。标本 M212∶5，泥质灰陶。窄平折沿，方唇，折壁，浅圜底。一对宽扁立耳，耳端外折，耳孔呈方形。口径 19.2 厘米，高 5.8 厘米。(图二一七，5；图版四八，3)

陶鼎　1 件。标本 M212∶6，泥质红褐陶。盖方唇，弧壁，弧顶，有一圈足状捉手。器身子口方唇，弧腹圜底，方形附耳，耳尖外折，折处刀削，三足呈条状，正面和侧面用工具加以修削，形成明显的削痕，足内侧有一道凹槽，足和鼎腹通过榫卯结构连接固定。鼎腹有一道凸旋纹。口径 15 厘米，腹径 17.4 厘米，高 18.4 厘米。(图二一七，3；图版四八，6)

第一一〇节　M214

一、墓葬形制

方向 10°。长方形竖穴土坑墓，斜壁，口大于底，平底。长 2.68 米，宽 1.72 米，现存深度 2.60 米。(图二一八)

葬具为单棺。棺长方形，长 1.84 米，宽 0.85 米，残高 0.12 米，板灰厚 0.02 米。人骨保存较差，仰身直肢，头向北，面向东，双手交叉放于腹部。

出土遗物 9 件，分别是陶罍 2 件，陶鼎 1 件，陶敦 1 件，陶舟 1 件，陶盘 1 件，陶匜 1 件，陶鬲 1 件，玉圭 1 件，陶鬲位于墓主人臀部和腿骨下部，其余位于棺外墓葬北端。(彩版四八)

二、出土遗物

陶罍　2 件。标本 M214∶1，泥质红褐陶。平折沿，略往下斜，方唇，斜颈，较长，溜肩，鼓腹略扁，腹部略深，平底。肩部一对对称爬兽和一对对称半圆形实钮，爬兽作躬身回首状，形态略为简略。三柱足。肩腹部饰有三道凹旋纹。口径 11.6 厘米，腹径 18.8 厘米，高 21 厘米。(图二一九，1；图版四九，1) 标本 M214∶2，泥质红褐陶。平折沿，方唇，斜颈，较长，溜肩，鼓腹略扁，腹部略深，平底。肩部一对对称爬兽和一对对称半圆形实钮，爬兽作躬身回首状。三柱足。肩腹部饰有三道凹旋纹。口径 12.1 厘米，腹径

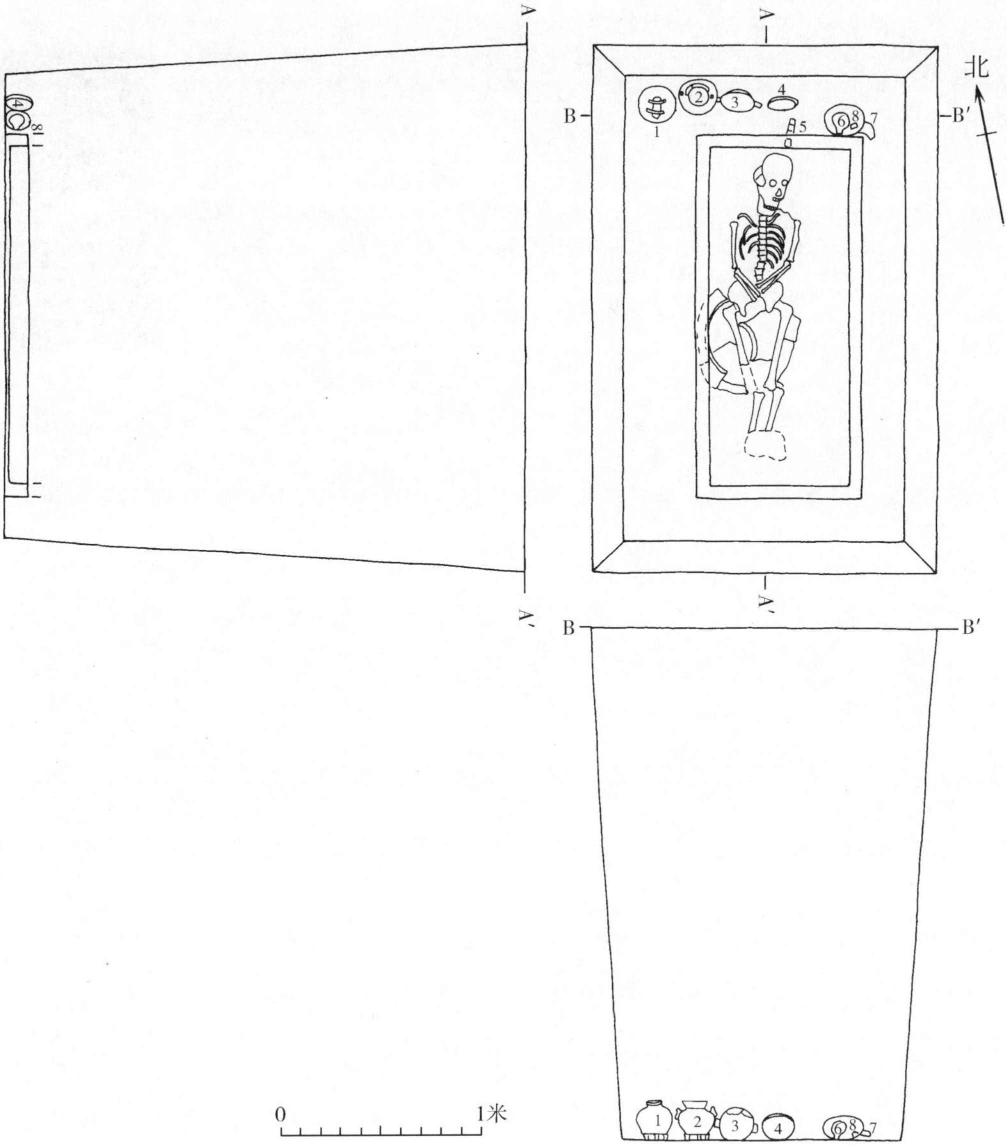

图二一八　M214平、剖图
1、2. 陶罍　3. 陶鼎　4. 陶敦　5. 玉圭
6. 陶匜　7. 陶舟　8. 陶盘　9. 陶鬲

18.4厘米，高20.6厘米。（图二一九，2；图版四九，3）

陶鼎　1件。标本M214∶3，泥质红褐陶。盖方唇，弧壁，弧顶，有一个饼状捉手。器身子口方唇，浅弧腹，圜底近平，方形附耳，耳尖外折，折处刀削，三足呈条状，足和鼎腹通过榫卯结构连接固定。鼎腹有两道凸棱。口径14.2厘米，腹径16.4厘米，高17厘米。（图二一九，5；图版四九，2）

陶敦　1件。标本M214∶4，泥质褐陶。盖残，仅能辨识方唇。子口方唇，浅腹，上

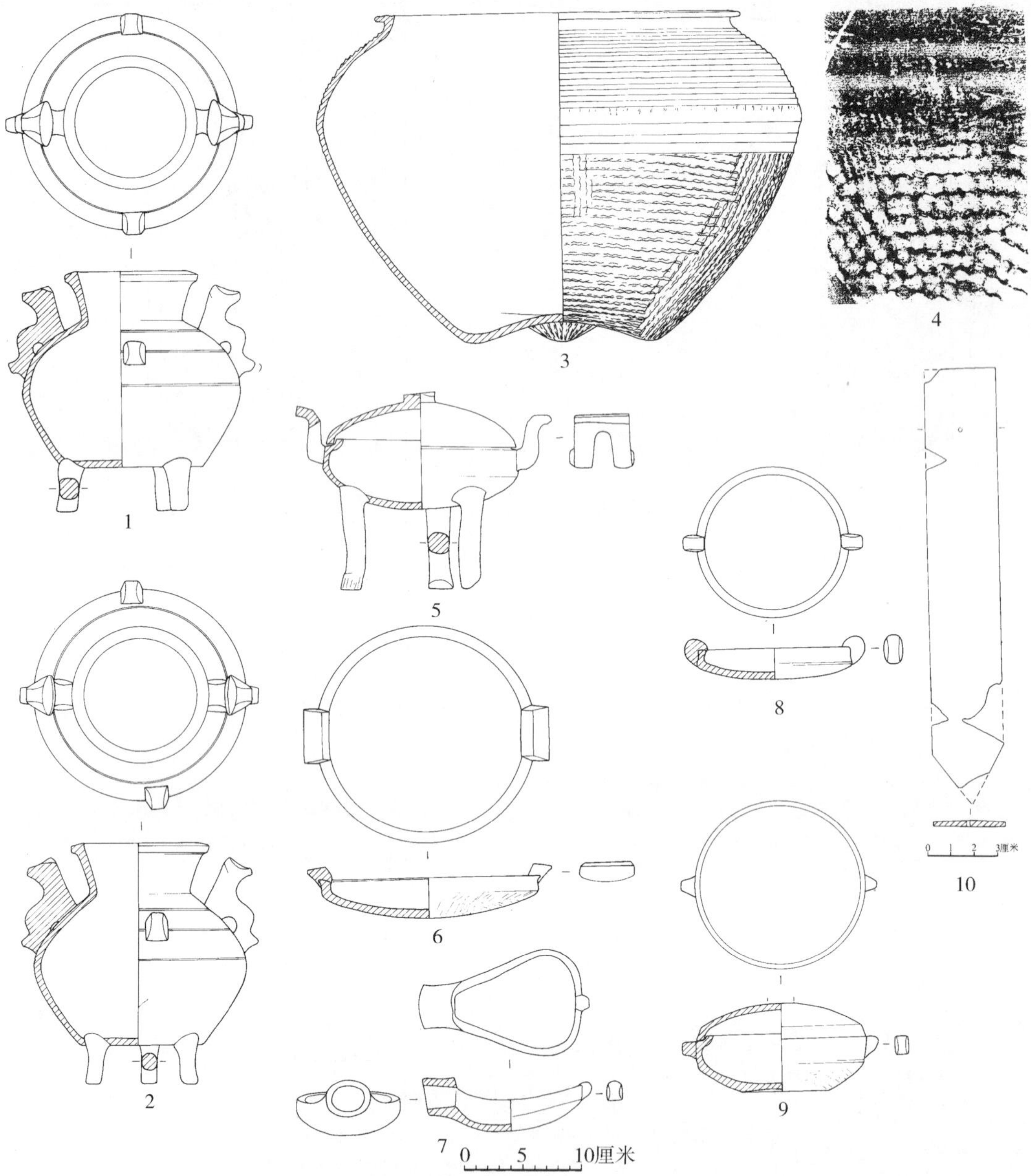

图二一九　M214出土器物

1. 陶罍（M214：1）　2. 陶罍（M214：2）　3. 陶鬲（M214：9）　4. 陶鬲纹饰拓片（M214：9）
5. 陶鼎（M214：3）　6. 陶盘（M214：8）　7. 陶匜（M214：6）　8. 陶舟（M214：7）
9. 陶敦（M214：4）　10. 玉圭（M214：5）

腹微弧，下腹斜收，平底微凹，上腹部近口处有一对半圆形实心钮。上腹部有两道凹槽。口径 14.8 厘米，底径 7.5 厘米，高 5.1 厘米。（图二一九，9；图版四九，4）

陶匜　1 件。标本 M214∶6，泥质灰陶。器形小，整体呈动物形。敞口，方唇，弧壁，圜底近平。流较平，管状，尾为一圆形小扭。长 14.4 厘米，宽 9.2 厘米，高 4.8 厘米。（图二一九，7；图版四八，7）

陶舟　1 件。标本 M214∶7，平面形态呈圆形。敛口，方唇，折腹较浅，平底。口沿处一对泥饼小耳。口径 13.3 厘米，高 3.7 厘米。（图二一九，8；图版四八，4）

陶盘　1 件。标本 M214∶8，泥质灰陶。窄平折沿，方唇，弧壁，浅圜底。一对宽扁立耳，极为简化。口径 19 厘米，高 4.6 厘米。（图二一九，6；图版四九，5）

陶鬲　1 件。标本 M214∶9，肩部以上为夹细砂红陶，腹、底为夹粗砂红陶，砂粒较大。平折沿，较窄，沿上两道凹旋纹，圆唇，折肩，斜弧腹，三袋足间距略小。肩部抹平，饰有十余道凹旋纹，下腹部和底为斜向粗绳纹。口径 31.4 厘米，腹径 41.7 厘米，足距 16 厘米，高 28.8 厘米。（图二一九，3、4；图版四九，6）

玉圭　1 件。标本 M214∶5，首端稍残，近三角形，圭身长条形，尾端残，近尾端处有一圆形穿孔。残长 18.2 厘米，宽 3 厘米。（图二一九，10；彩版四四，4）

第一一一节　M215

一、墓葬形制

方向 260°。长方形竖穴土坑墓，直壁，平底。长 2.40 米，宽 1.40 米，现存深度 2 米。墓葬南壁和西北部分别被 M213 和 M128 打破。（图二二〇）

葬具为单棺。棺长方形，长 1.86 米，宽 0.74 米，残高 0.26 米，板灰厚 0.03 米。人骨保存较好，仰身直肢，头向西，面向南，双手交叉放于腹部。

出土遗物有陶罐 1 件，陶盂 1 件，位于棺外墓葬西北角。

二、出土遗物

陶罐　1 件。标本 M215∶1，泥质灰陶。折沿圆唇，矮直领，斜肩，腹斜收，平底微凹。口径 11.1 厘米，腹径 16.4 厘米，底径 8.6 厘米，高 12.9 厘米。（图二二一，2；图版五〇，1）

陶盂　1 件。标本 M215∶2，泥质灰陶。折沿方唇，折腹，上腹微弧，下腹斜收，平底。口径 19.6 厘米，腹径 18.4 厘米，底径 8.6 厘米，高 12.3 厘米。（图二二一，1；图版五〇，3）

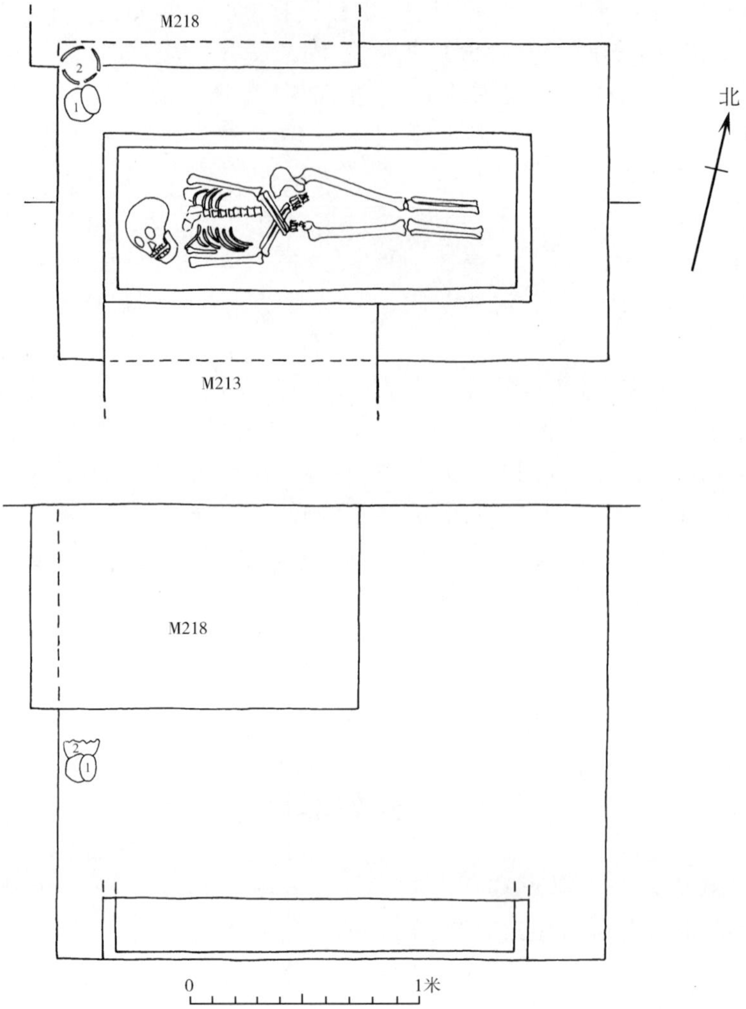

图二二〇　M215 平、剖图
1. 陶罐　2. 陶盂

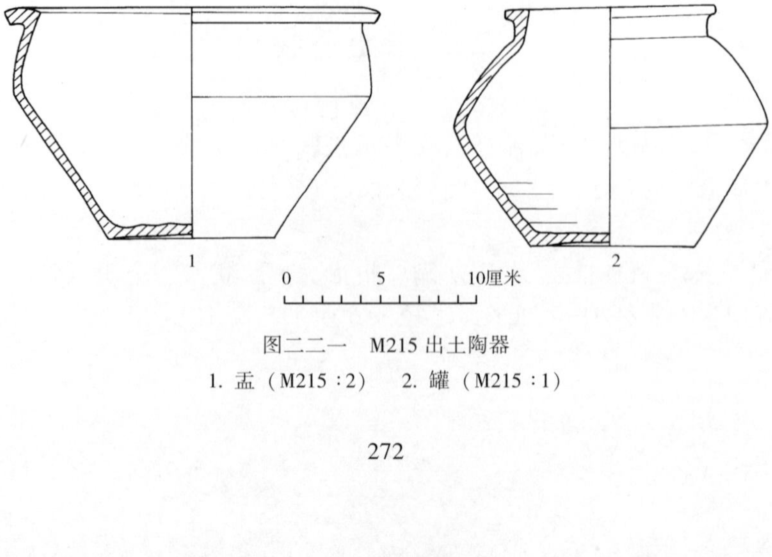

图二二一　M215 出土陶器
1. 盂（M215：2）　2. 罐（M215：1）

第一一二节　M218

一、墓葬形制

方向10°。长方形竖穴土坑墓，斜壁，口大于底，平底。长3米，宽2.20米，现存深度3.60米。（图二二二）

图二二二　M218平、剖图
1. 玉圭　2. 陶鬲　3. 玉片饰

葬具为一椁一棺。外椁长方形，长 2.40 米，宽 1.32 米，残存高度 0.36 米，板灰厚 0.03 米。内棺长方形，长 1.92 米，宽 0.84 米，残存高度 0.17 米，板灰厚 0.02 米。人骨保存稍好。仰身直肢，面略向西，双手置于腹部。

出土器物 3 件，有玉圭 1 件，玉片饰 1 件，陶鬲 1 件。玉圭位于墓主人头骨附近，大陶鬲呈碎片状置于墓主人腰臀下。

二、出土遗物

陶鬲　1 件。标本 M218∶2，残肩部及口沿为夹细砂红褐陶，腹部为夹粗砂红褐陶。平折沿，较窄，方唇，折肩。肩部饰有十余道凹旋纹，腹部为粗绳纹，肩腹接合处有一道凸棱，肩部较薄，腹部逐渐加厚。口径 38 厘米，残高 15 厘米。

玉圭　1 件。标本 M218∶1，残存一段圭身，近尾端处有一圆形穿孔。残长 11.2 厘米，宽 2.1 厘米。（图二二三，1）

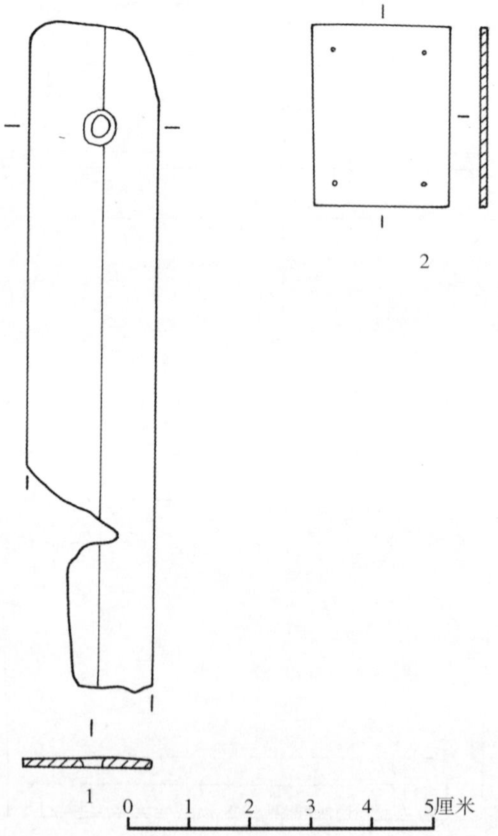

图二二三　M218 出土玉器

1. 圭（M218∶1）　2. 片饰（M218∶3）

玉片饰　1件。标本M218∶3，为不透明青白色，四角有穿孔，素面。长3厘米，宽2.3厘米，厚0.1厘米。(图二二三，2；彩版三一，3)

第一一三节　M224

一、墓葬形制

方向10°。长方形竖穴土坑墓，直壁，平底。长2.60米，宽1.40米，现存深度1.80米。(图二二四)

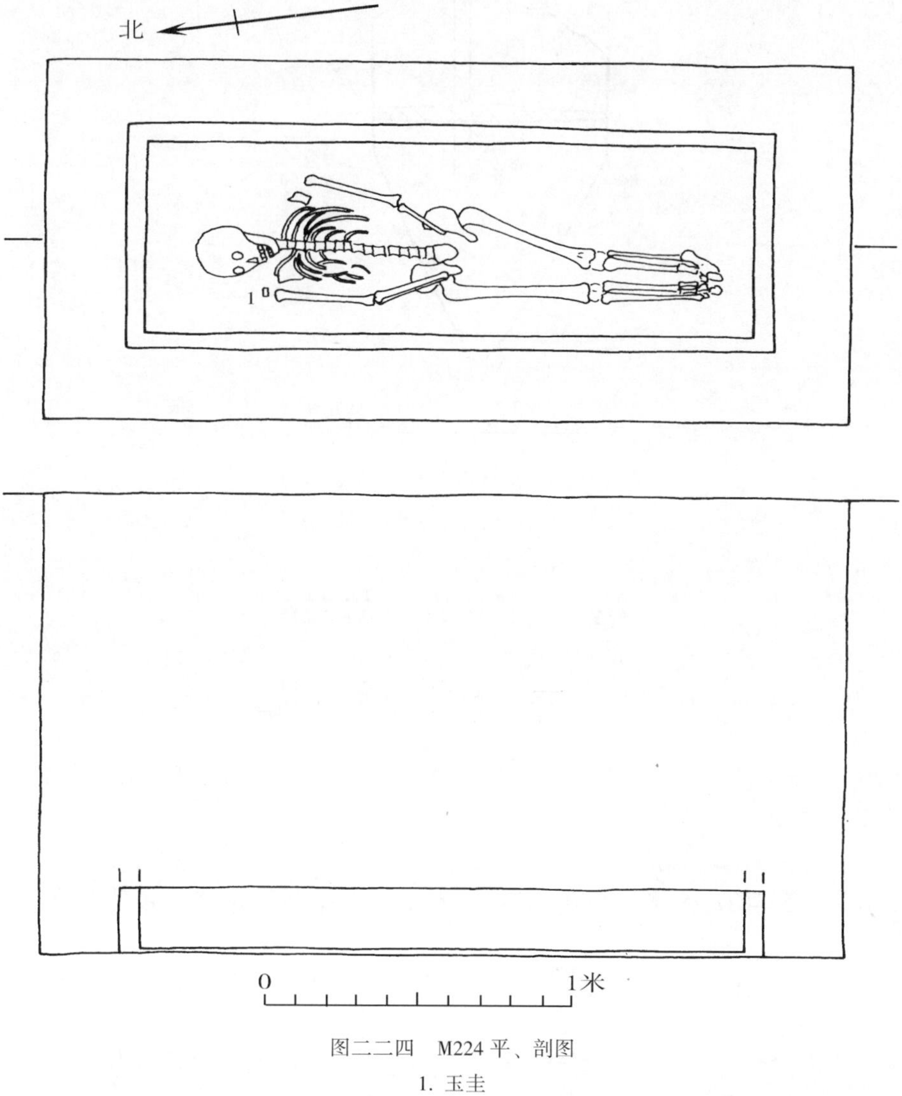

图二二四　M224平、剖图

1. 玉圭

葬具为单棺。棺长方形，长 2.08 米，宽 0.84~0.88 米，残高 0.26 米，板灰厚 0.02 米。人骨保存不完整，仰身直肢，头向北，面向西，双手放于腹部。

出土遗物有玉圭 1 件，位于棺内墓主人头骨西侧。

二、出土遗物

玉圭　1 件。标本 M224:1，残存首端，三角形，一面有解料时两面对锯形成的茬口。残长 4.9 厘米，宽 2.9 厘米，厚 0.3 厘米。（图二二五）

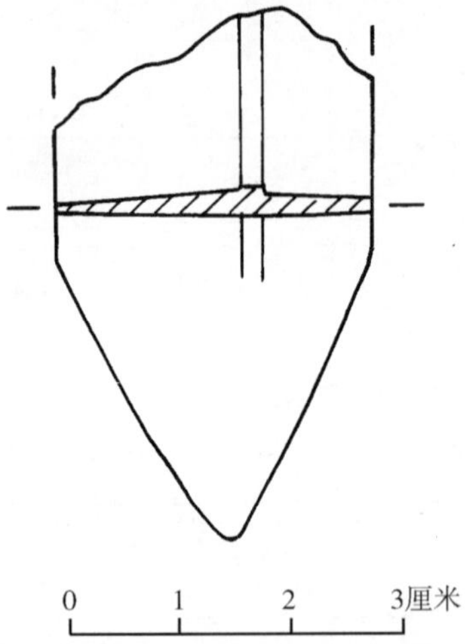

图二二五　M224 出土玉圭（M224：1）

第一一四节　M226

一、墓葬形制

方向 20°。长方形竖穴土坑墓，斜壁，口大于底，平底。长 2.90 米，宽 1.80 米，深 1.80 米。（图二二六）

葬具为一椁一棺，均为长方形。椁长 2.46 米，宽 1.36 米，残高 1.80 米。棺长 2.14 米，宽 0.76 米，残高 0.18 米，板灰厚 0.02 米。人骨保存较完整，仰身直肢，双手置于腹部。

出土遗物 2 件，玉圭 1 件，置于墓主人左肩，陶鬲 1 件，位于墓主人腰臀下。

图二二六　M226平、剖图
1. 玉圭　2. 陶鬲

二、出土遗物

陶鬲　1件。标本M226∶2，肩部以上为夹细砂红褐陶，腹、底为夹粗砂红褐陶，砂粒较大。平折沿，较窄，方唇，折肩，斜弧腹，三袋足间距较大。肩部抹平，饰有十余道凹旋纹，下腹部和底为斜向粗绳纹。口径30厘米，腹径42.4厘米，足距16厘米，高27.9厘米。（图二二七，1、2）

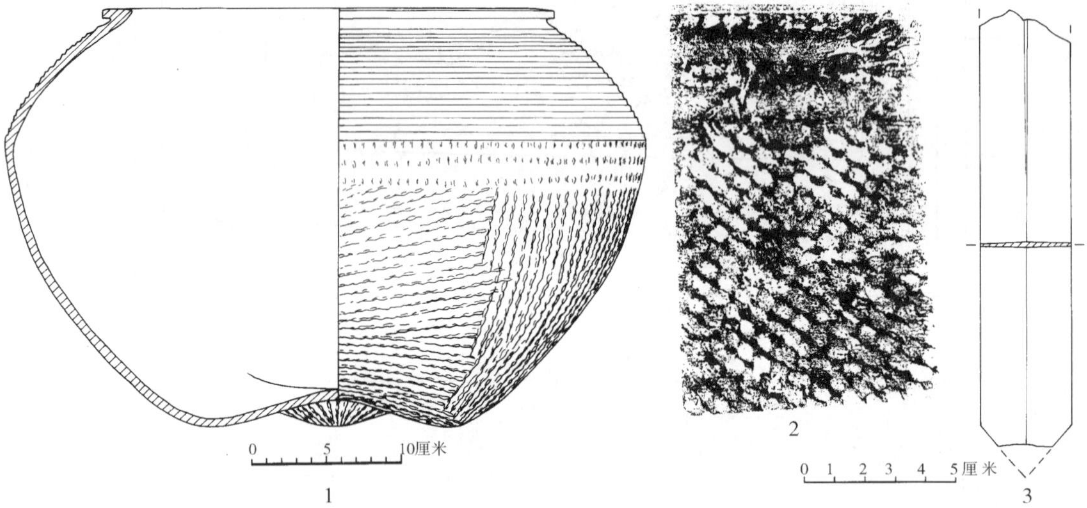

图二二七　M226出土器物

1. 陶鬲（M226∶2）　2. 陶鬲纹饰拓片（M226∶2）　3. 玉圭（M226∶1）

玉圭　1件。标本M226∶1，首端稍残，近三角形，圭身长条形，一面有解料时两面对锯形成的茬口，尾端残。残长14.5厘米，宽3厘米。（图二二七，3）

第一一五节　M228

一、墓葬形制

方向350°。长方形竖穴土坑墓，斜壁，口大于底，平底。长3.10米，宽1.80米，现存深度4.20米。位于墓葬中部偏北有一方形盗洞。（图二二八）

葬具为单棺。棺长方形，长1.86米，宽0.80米，残高0.34米，板灰厚0.03米。人骨保存较好，仰身直肢，头向北，双手交叉放于腹部。

该墓盗扰严重，盗洞内出有3件器物，分别是陶盘1件，陶鼎1件，陶器盖1件。

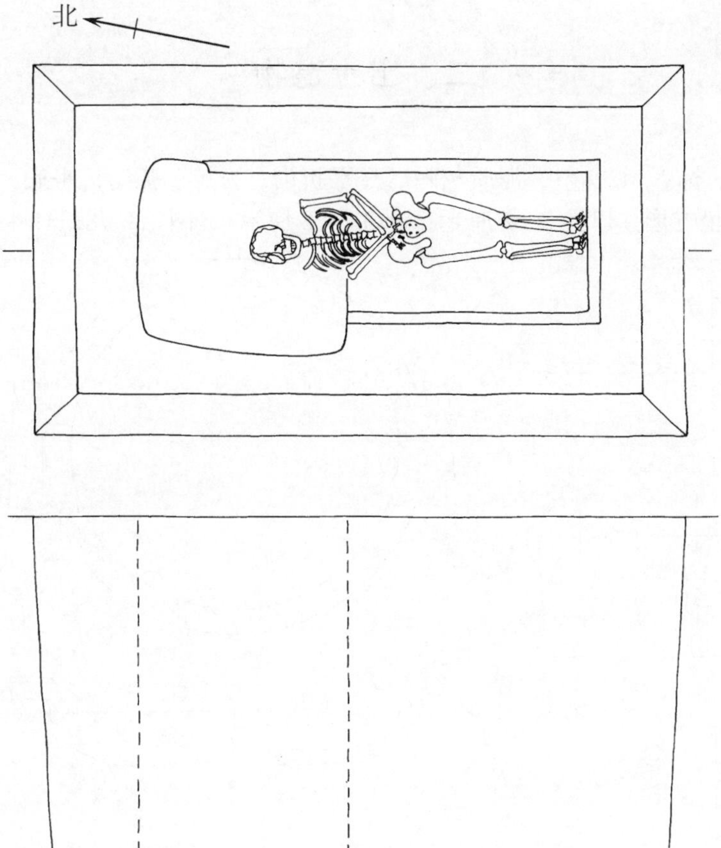

图二二八　M228平、剖图

二、出土遗物

陶盘　1件。标本M228∶1，泥质灰陶。窄平折沿，方唇，弧壁，平底。一对宽扁立耳，耳端外折，耳孔呈方形。口径20.2厘米，高3~3.8厘米。（图二二九，3；图版五〇，4）

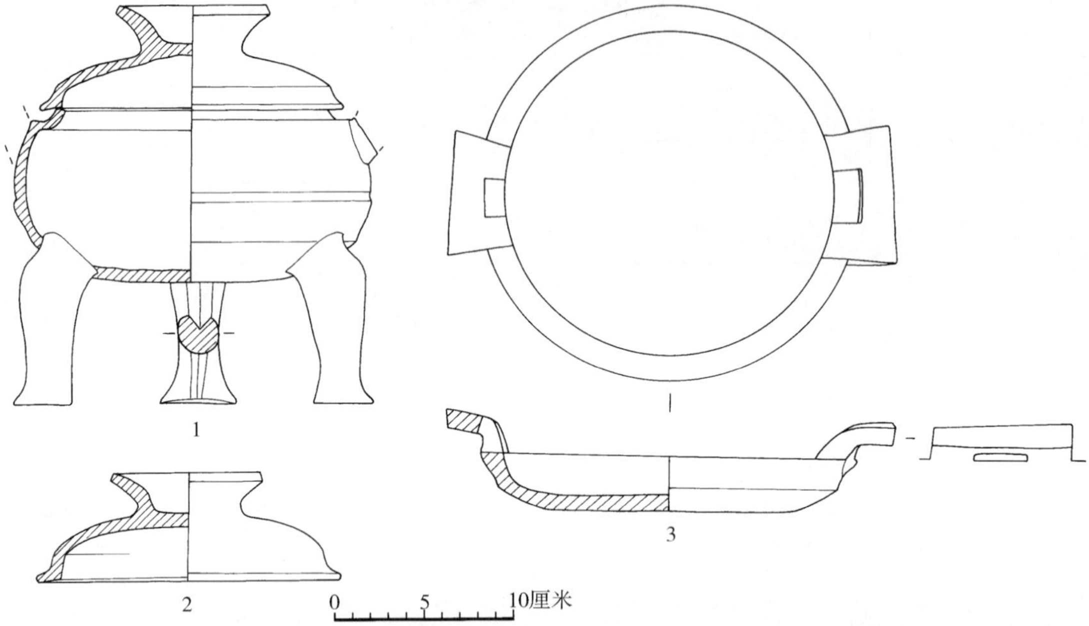

图二二九　M228出土陶器

1. 鼎（M228∶2）　2. 器盖（M228∶3）　3. 盘（M228∶1）

陶鼎　1件。标本M228∶2，泥质灰陶。盖平折沿，圆唇，弧顶，中部一圈足状捉手。器身子口内敛，方唇，腹部较扁，微鼓，平底。附耳残。三半圆形蹄足，内侧开有纵向凹槽，足跟微鼓，足尖外凸。腹部饰有一道凹旋纹。口径18厘米，腹径20.2厘米，高22.6厘米。（图二二九，1；图版五〇，2）

陶器盖　1件。标本M228∶3，泥质灰陶。折沿，方唇，弧壁，弧顶，中部有一圈足状捉手。口径17.1厘米，高6.1厘米。（图二二九，2；图版五〇，5）

第一一六节　M231

一、墓葬形制

方向10°。长方形竖穴土坑墓，斜壁，口大于底，平底。长2.80米，宽1.80米，现存深度2.80米。（图二三〇）

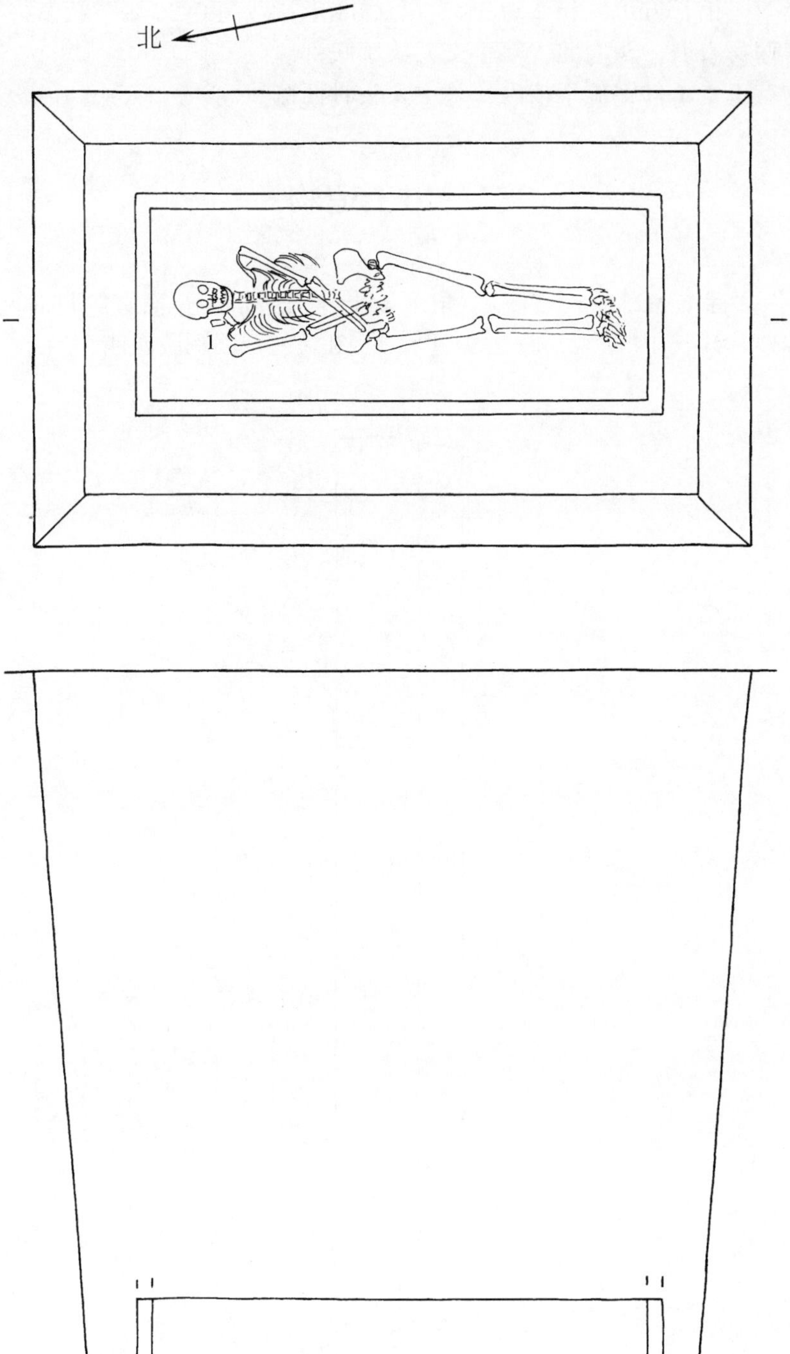

图二三〇　M231平、剖图

1. 玉圭

葬具为单棺。棺长方形，长 2.06 米，宽 0.88 米，残高 0.30 米，板灰厚 0.03 米。人骨保存较好，仰身直肢，头向北，双手交叉放于腹部。

出土遗物有玉圭 1 件，位于棺内，墓主人头骨西侧。

二、出土遗物

玉圭　1 件。标本 M231∶1，首端三角形，圭身长条形，一面有解料时两面对锯形成的茬口，尾端残。残长 19 厘米，宽 2.9 厘米。（图二三一；彩版四四，3）

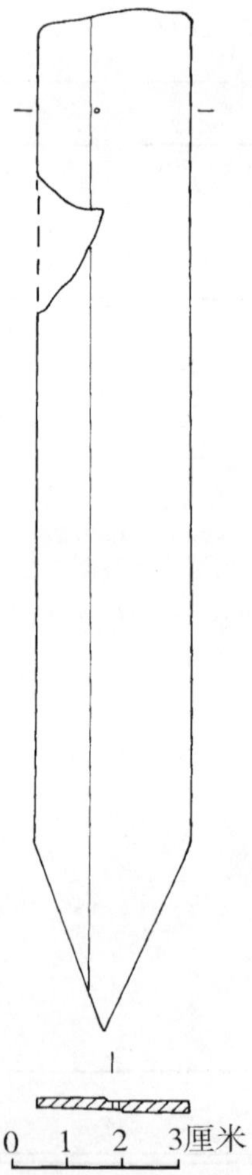

图二三一　M231 出土玉圭（M231∶1）

第一一七节　M232

一、墓葬形制

方向10°。长方形竖穴土坑墓，斜壁，口大于底，平底。长3米，宽2米，现存深度3.40米。（图二三二）

图二三二　M232平、剖图
1. 玉圭　2. 陶鬲

葬具为一椁一棺。椁长方形，长 2.38 米，宽 1.24 米，残高 0.17 米，板灰厚 0.03 米。棺楔形，长 1.92 米，宽 0.66~0.76 米，北宽南窄，残高 0.30 米，板灰厚 0.03 米。人骨保存较好，仰身直肢，头向北，面向东，双手交叉放于腹部。

出土遗物有玉圭 1 件，陶鬲 1 件。

二、出土遗物

陶鬲　1 件。标本 M232∶2，肩部以上为夹细砂红陶，腹、底为夹粗砂红陶，砂粒较大。平折沿，较宽，方唇，折肩，斜弧腹，三袋足间距略大。肩部抹平，饰有十余道凹旋纹，下腹部和底为斜向粗绳纹。口径 36.4 厘米，腹径 47.8 厘米，足距 10.2 厘米，高 33.2~34.9 厘米。（图二三三，1、2；图版五一，1）

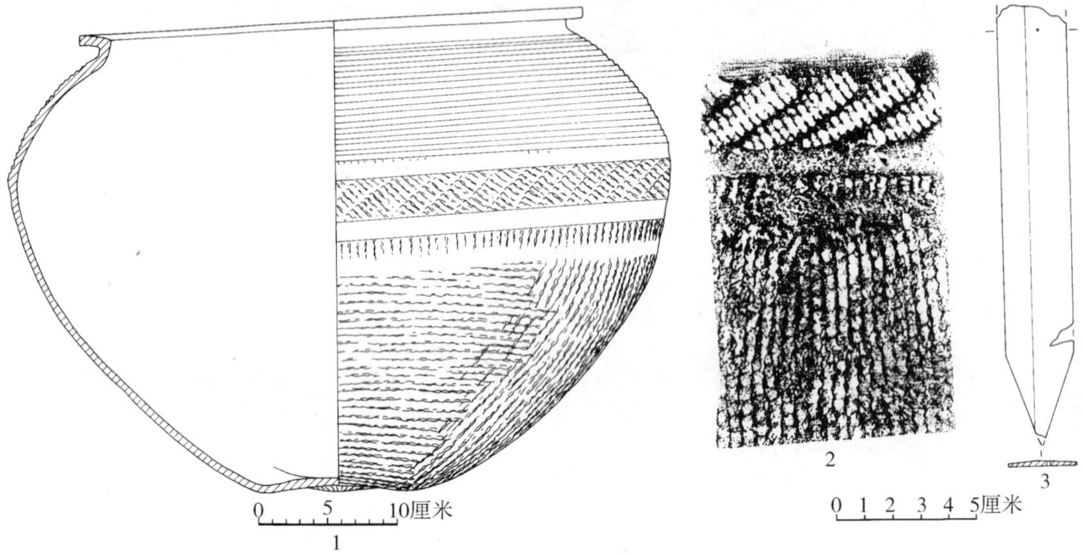

图二三三　M232 出土器物

1. 陶鬲（M232∶2）　2. 陶鬲纹饰拓片（M232∶2）　3. 玉圭（M232∶1）

玉圭　1 件。标本 M232∶1，首端稍残，呈三角形，圭身长条形，一面有解料时两面对锯形成的茬口，尾端残，近尾端处有一圆形穿孔。残长 15.6 厘米，宽 2.5 厘米。（图二三三，3；彩版四四，5）

第一一八节　M233

一、墓葬形制

方向 10°。长方形竖穴土坑墓，斜壁，口大于底，平底。长 2. 86 米，宽 1. 84 米，现存深度 2. 30 米。（图二三四）

图二三四　M233 平、剖图

1. 玉圭　2. 陶匜　3. 陶盘　4、8. 陶罍　5. 陶舟　6. 陶鼎　7. 陶敦

葬具为单棺。棺长方形，长 2. 14 米，宽 0. 84 米，残高 0. 13 米，板灰厚 0. 02 米。人骨保存较好，仰身直肢，头向北，面向西，双手交叉放于腹部。

出土遗物有 8 件，分别是陶鼎 1 件，陶罍 2 件，陶敦 1 件，陶舟 1 件，陶盘 1 件，陶匜 1 件，玉圭 1 件，随葬品位于棺外北侧。

二、出土遗物

陶匜　1 件。标本 M233 : 2，泥质灰陶。器形较大，整体呈动物形。敞口，方唇，壁微弧，圜底。流高昂，作兽首形，双角大，口大张，尾端亦有一兽首，嘴和双角较清晰，三足二前一后，较高。长 20. 6 厘米，宽 10 厘米，高 9 厘米。（图二三五，6；图版五一，4）

陶盘　1 件。标本 M233 : 3，泥质灰陶。宽平折沿，方唇，折壁，盘腹较深，圜底。一对宽扁立耳，耳端外折，耳孔呈方形，整体形态呈简化兽首形。三矮蹄足，足跟微鼓。口径 23. 6 厘米，高 11 厘米。（图二三五，1；图版五一，5）

陶罍　2 件。标本 M233 : 4，无盖。泥质红褐陶。折沿方唇，唇面下凹，颈微斜，圆肩，鼓腹，下腹斜收，平底。肩腹接合处有四个爬兽，作躬身回首状，有首有尾，面部模糊，仅能辨识嘴和耳。三兽首足较高大，兽首有嘴有耳，足正面和侧面用工具加以修削，形成明显的削痕。肩部和上腹部有五道凹弦纹，下腹部用红色颜料绘有一圈雷纹。口径 13. 6 厘米，腹径 22. 8 厘米，高 25. 4 厘米。（图二三六，1；图版五一，2；彩版四九，1）标本 M233 : 8，泥质红褐陶。浅盖弧顶，上有五个圆孔。折沿方唇，唇面下凹，斜颈，圆肩，腹以下残。肩腹接合处有四个爬兽，作躬身回首状，有首有尾，面部模糊，仅能辨识嘴和耳。肩部和上腹部有五道凹弦纹。口径 14. 2 厘米，腹径 23. 2 厘米，残高 17. 6 厘米。（图二三六，2）

陶舟　1 件。标本 M233 : 5，泥质红褐陶。椭圆形。敞口圆唇，短束颈，弧腹较深，圜底。颈部有一对兽首耳，兽首双角和嘴清晰，三蹄足较矮小。口径 14 厘米，腹径 14. 6 厘米，高 9. 2 厘米。（图二三五，3；图版五一，6）

陶鼎　1 件。标本 M233 : 6，无盖。泥质红褐陶。子口方唇，弧腹圜底，方形附耳，耳尖外折，折处刀削，三足呈条状，正面和侧面用工具加以修削，形成明显的削痕，足和鼎腹通过榫卯结构连接固定。鼎腹有两道凸旋纹。口径 18 厘米，腹径 21 厘米，高 20～20. 6 厘米。（图二三五，2；图版五一，3）

陶敦　1 件。标本 M233 : 7，泥质褐陶。盖直壁弧顶，较浅，中部有一圈足状捉手。器身子母口，子口内敛，方唇，弧腹较深，浅圜底。一对对称兽首，残，一对半圆形实心钮。三足残。腹部一道凹旋纹。口径 16. 4 厘米，腹径 18. 2 厘米，高 13. 4 厘米。（图二三五，5；图版五一，7）

玉圭　1 件。标本 M233 : 1，首端三角形，圭身长条形，一面有解料时两面对锯形成的茬口，尾端残。残长 9. 1 厘米，宽 3. 2 厘米。（图二三五，4；彩版四一，5）

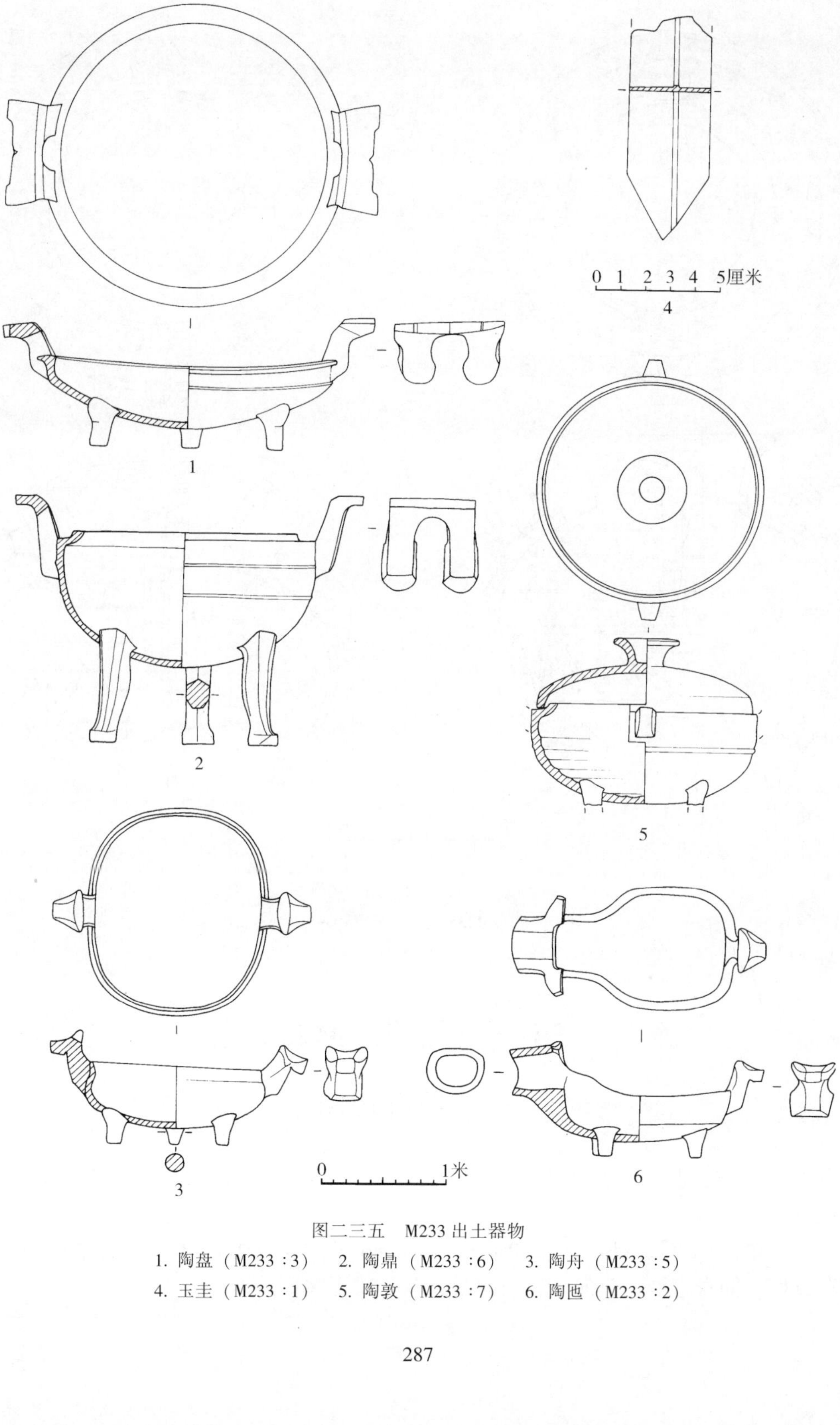

图二三五　M233出土器物

1. 陶盘（M233∶3）　2. 陶鼎（M233∶6）　3. 陶舟（M233∶5）
4. 玉圭（M233∶1）　5. 陶敦（M233∶7）　6. 陶匜（M233∶2）

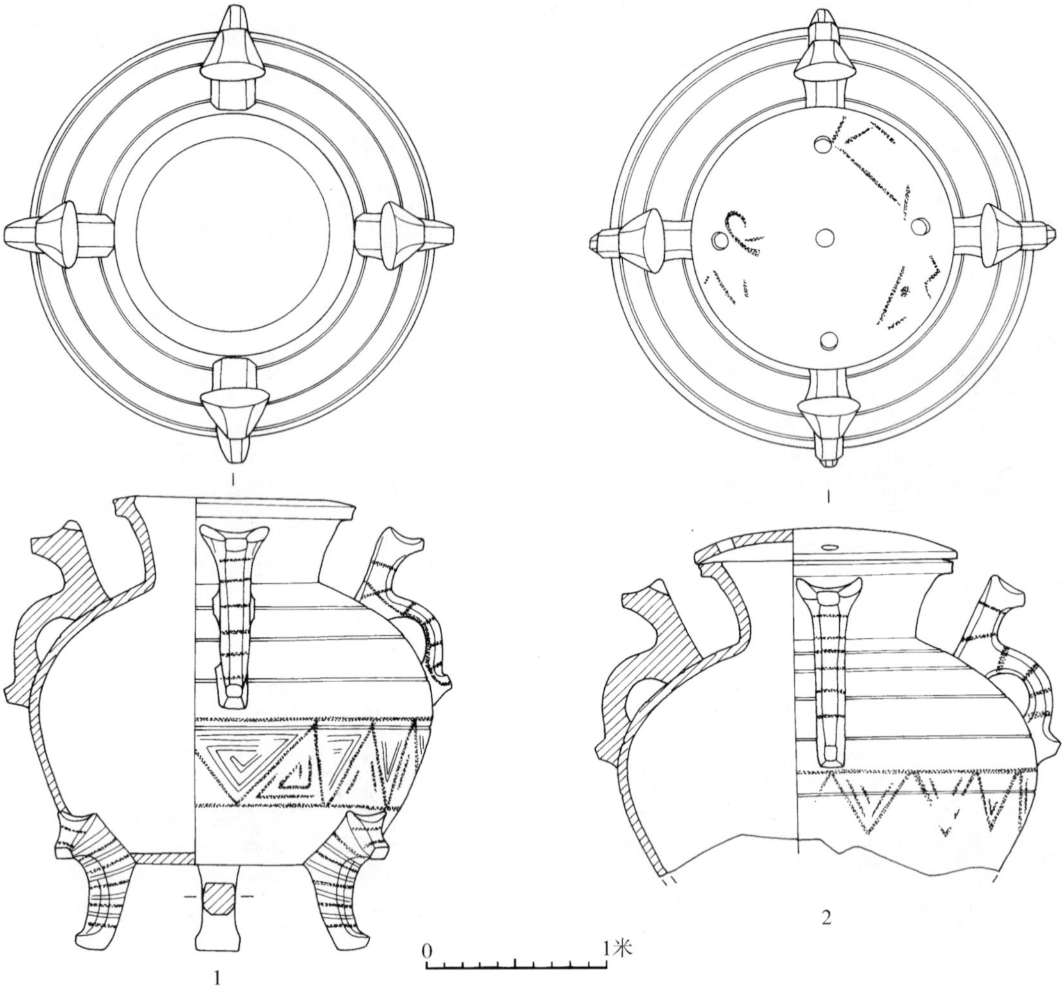

图二三六　M233出土陶罍
1. M233∶4　2. M233∶8

第一一九节　M234

一、墓葬形制

方向0°。长方形竖穴土坑墓，直壁，平底。长2.60米，宽1.56米，现存深度1米。（图二三七）

葬具为单棺。棺长方形，长2.20米，宽0.86米，残高0.14米，板灰厚0.02米。人骨保存较好，仰身直肢，头向北，面向西，双手放于腹部。

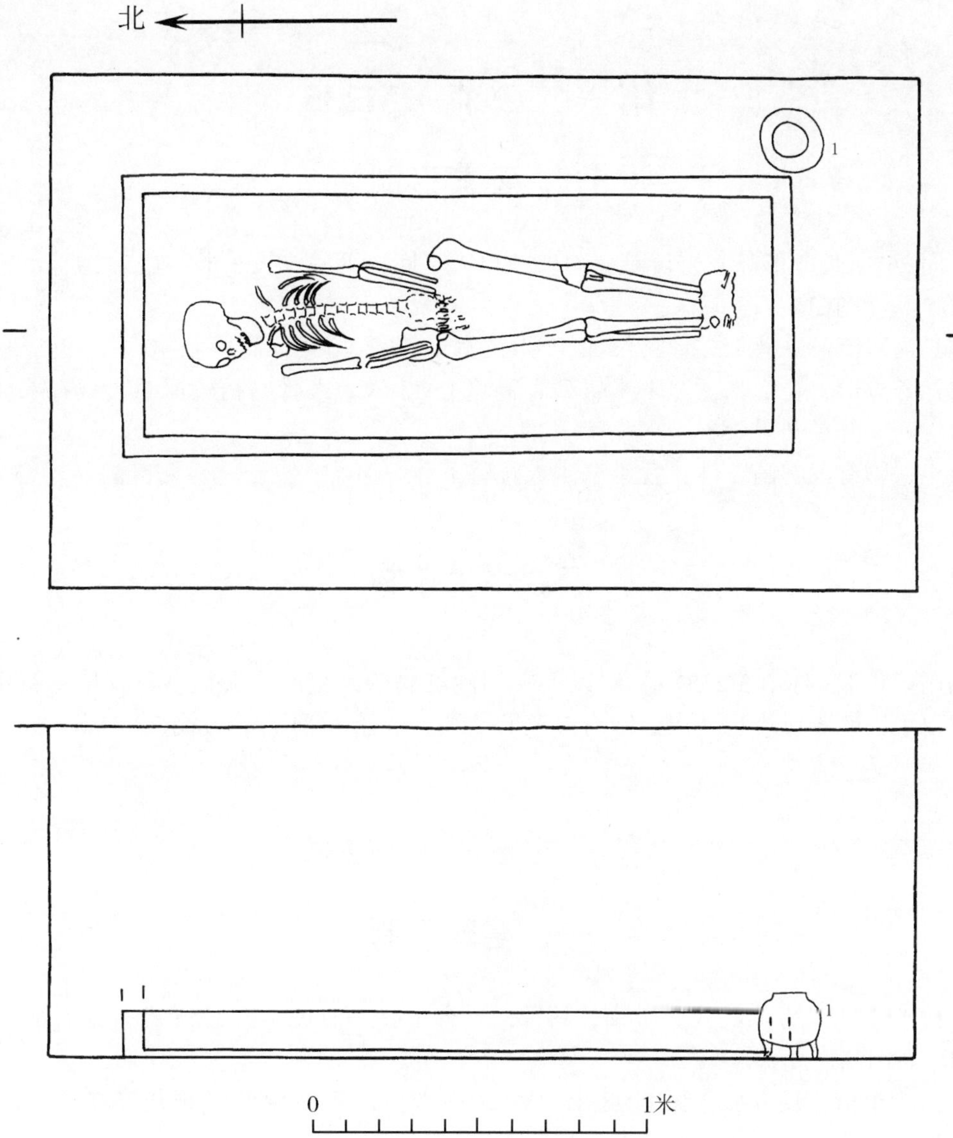

图二三七　M234平、剖图
1. 陶罍

出土遗物有陶罍1件，位于棺外东南角。

二、出土遗物

陶罍　1件。标本M234∶1，泥质灰陶。仅存部分残片。口径16厘米，残高4厘米。

第一二〇节　M235

一、墓葬形制

方向25°。长方形竖穴土坑墓，斜壁，口大于底，平底。长3米，宽2.20米，现存深度4.20米。(图二三八)

葬具为双椁。外椁长方形，长2.52米，宽1.66米，残存高度0.40米，板灰厚0.03米。内椁长方形，长2米，宽1米，残存高度0.23米。人骨腐朽较严重，仅存头骨和少量肢骨。

出土遗物有大陶鬲1件，置于墓主人腰臀下。

二、出土遗物

陶鬲　1件。标本M235∶1，肩以上夹细砂红褐陶，腹以下夹粗砂红褐陶。折沿，方唇，肩以下因残难以辨识。肩上饰有多道凹弦纹。口径36厘米，残高20厘米。

第一二一节　M236

一、墓葬形制

方向5°。为长方形竖穴土坑墓，斜壁，口大于底，平底。长2.56米，宽1.60米，深1.60米。(图二三九)

葬具为单棺，长方形，长1.98米，宽0.92米，残高0.12米，板灰厚0.02米。人骨保存较好，仰身直肢，头朝东，双手置于腹部。

出土遗物7件，有陶鼎1件，陶匜1件，陶尊2件，陶盘1件，陶敦1件，陶舟1件，均置于墓葬北部的棺与北壁之间。

二、出土遗物

陶鼎　1件。标本M236∶1，泥质灰陶。盖方唇，折壁，弧顶，有一圈足状捉手。器身子口方唇，弧腹圜底，腹部较浅，方形附耳，耳尖外折，折处刀削，三足呈条状，正面和侧面用工具加以修削，形成明显的削痕，足和鼎腹通过榫卯结构连接固定。口径12厘

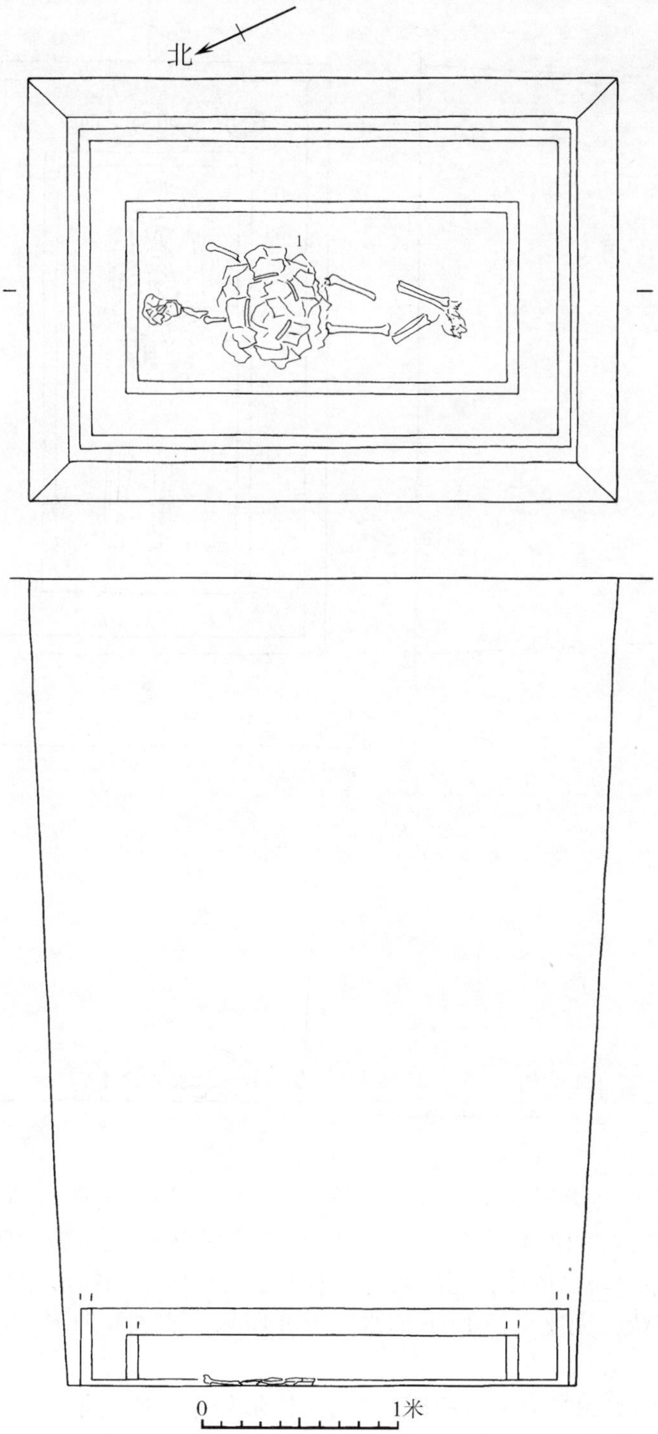

图二三八　M235平、剖图
1. 陶鬲

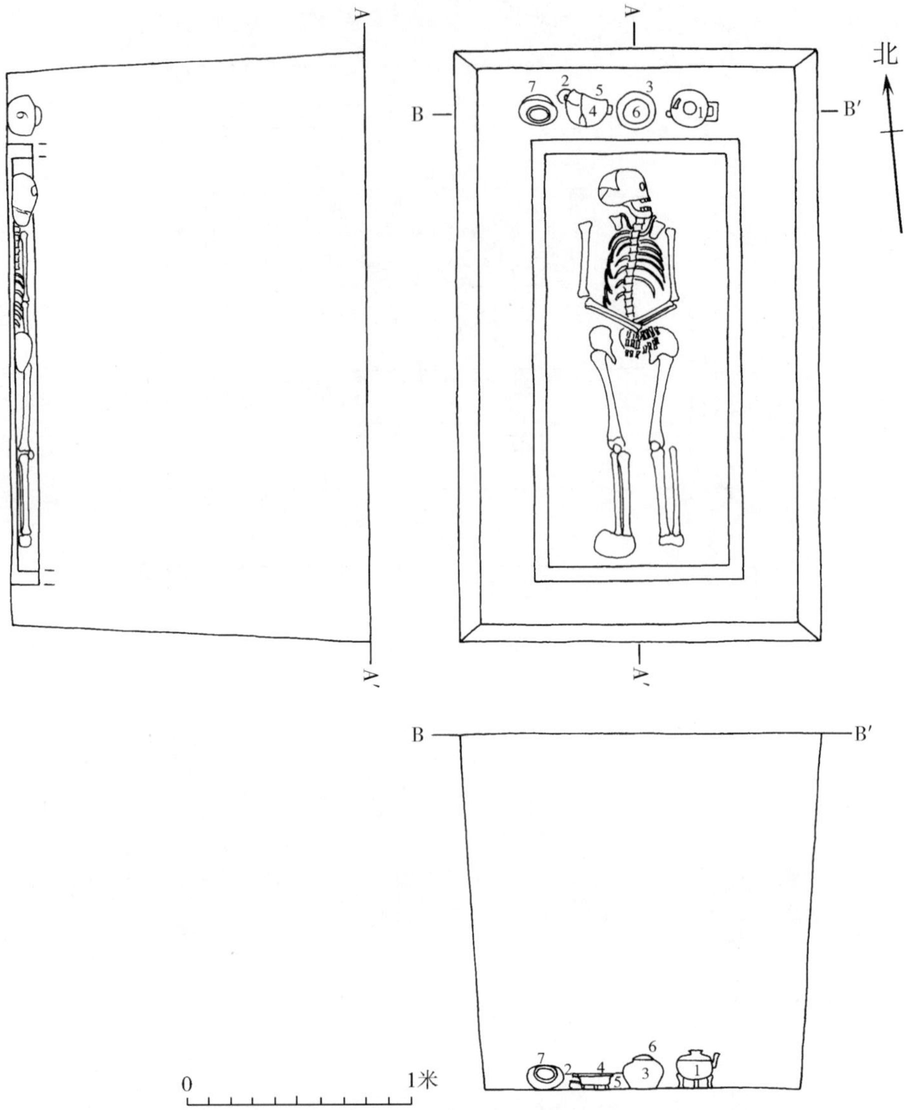

图二三九　M236平、剖图

1. 陶鼎　2. 陶匜　3、7. 陶尊　4. 陶盘　5. 陶敦　6. 陶舟

米，腹径17.6厘米，高18.4厘米。（图二四〇，3；图版五二，1）

陶匜　1件。标本M236∶2，泥质灰陶。器形小，整体呈动物形。敞口，方唇，弧壁，圜底。流较平，管状，无尾。长12.6厘米，宽8厘米，高5.4厘米。（图二四〇，7；图版五二，4）

陶尊　2件。标本M236∶3，泥质红褐陶。器形较小。平折沿，方唇，束颈略短，折肩，肩部微弧，弧腹，凹圜底。肩部和肩腹接合处各有两道凹旋纹。口径10.4厘米，腹径16.2厘米，底径6厘米，高14.3厘米。（图二四〇，6；图版五二，2）标本M236∶7，泥质红褐陶。器形较小。平折沿，方唇，束颈略短，折肩，肩部微弧，弧腹，凹圜底。肩

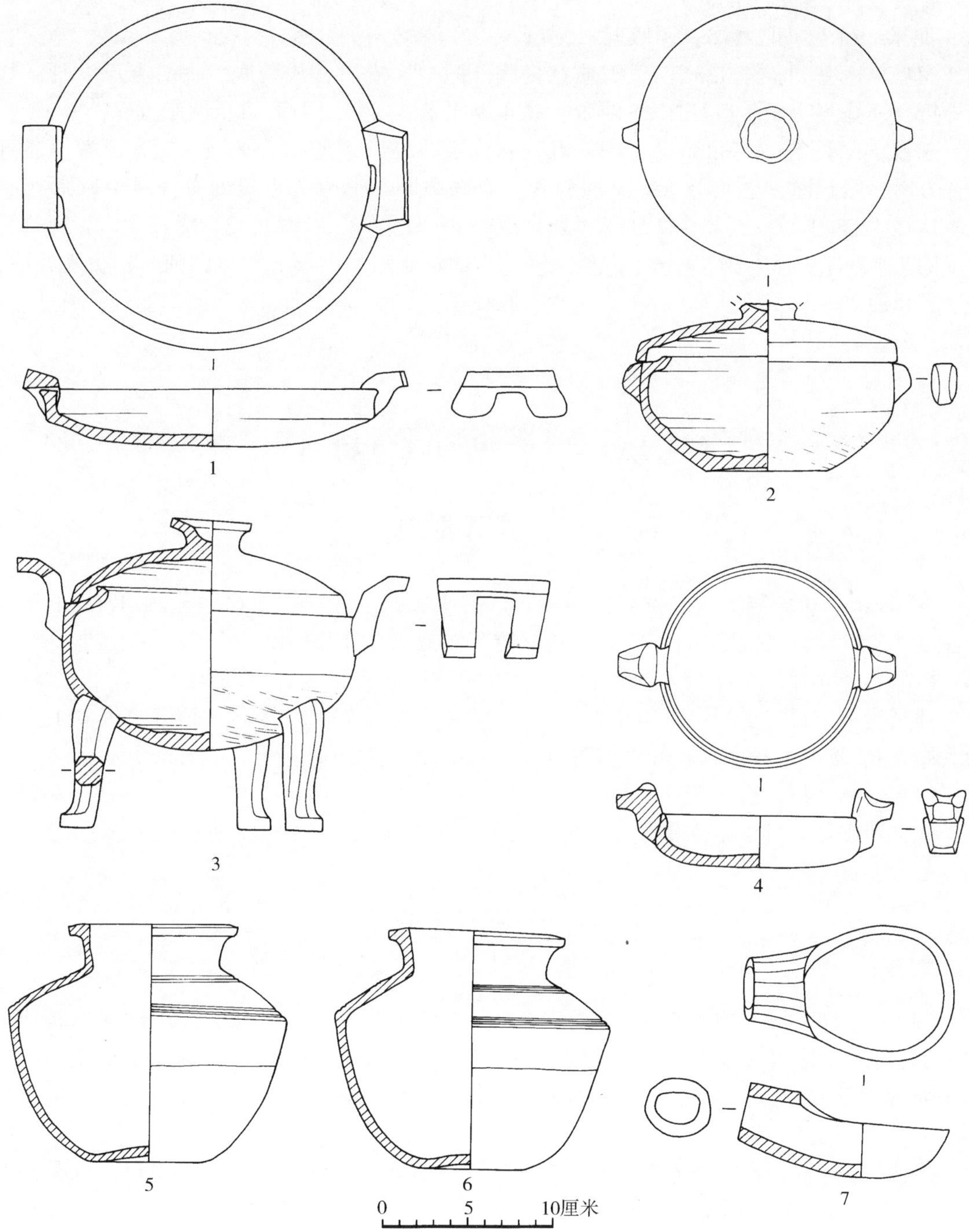

图二四〇　M236出土陶器

1. 盘（M236：4）　2. 敦（M236：5）　3. 鼎（M236：1）　4. 舟（M236：6）
5. 尊（M236：7）　6. 尊（M236：3）　7. 匜（M236：2）

部和肩腹接合处各有两道凹旋纹。口径 10.1 厘米，腹径 16.6 厘米，底径 6.4 厘米，高 14.4 厘米。(图二四〇，5；图版五二，7)

陶盘　1 件。标本 M236∶4，泥质红褐陶。敞口，方唇，浅圜底。一对方形立耳，耳端外折，耳孔不明显。口径 20.6 厘米，高 4.8 厘米。(图二四〇，1；图版五二，5)

陶敦　1 件。标本 M236∶5，泥质红褐陶。盖方唇，折壁，近平顶，捉手已残。器身子口方唇，腹较深，上腹微弧，下腹斜收，平底微凹，上腹部近口处有一对半圆形实心钮。口径 14.8 厘米，底径 7.2 厘米，残高 10.1 厘米。(图二四〇，2；图版五二，3)

陶舟　1 件。标本 M236∶6，泥质灰陶。平面形态略呈圆形。敛口，圆唇，折腹较浅，平底。口沿处一对兽首。口径 11.6 厘米，腹径 12 厘米，高 5 厘米。(图二四〇，4；图版五二，6)

第一二二节　M237

一、墓葬形制

方向 10°。长方形竖穴土坑墓，斜壁，口大于底，平底。长 2.62 米，宽 1.62 米，现存深度 2.40 米。墓坑北端有一壁龛。壁龛位于墓底，宽 1.13 米，高 0.36 米，进深 0.14 米。(图二四一)

葬具为单棺。呈楔形，北宽南窄，长 2.04 米，宽 0.72～0.78 米，残存高度 0.12 米，板灰厚 0.02 米。人骨保存较好。仰身直肢，双手交叉置于腹部。

出土器物 8 件，有玉圭 1 件，陶敦 1 件，陶匜 1 件，陶盘 1 件，陶鼎 1 件，陶罍 2 件，陶泥饼 1 件。其中玉圭置于墓主人头骨附近，其余均出自壁龛。

二、出土遗物

陶敦　1 件。标本 M237∶2，泥质红褐陶。盖方唇，折壁，弧顶，捉手已残。器身子口方唇，腹较深，上腹微弧，下腹斜收，平底，上腹部近口处有一对半圆形实心钮。口径 15.6 厘米，腹径 15.8 厘米，底径 8.4 厘米，残高 10.6 厘米。(图二四二，2；图版五三，1)

陶匜　1 件。标本 M237∶3，泥质红褐陶。器形小，整体呈动物形。敞口，方唇，弧壁，平底。流较平，管状，无尾。长 14.6 厘米，宽 10 厘米，高 6.6 厘米。(图二四二，3；图版五三,2)

陶盘　1 件。标本 M237∶4，泥质灰陶。敞口，方唇，弧壁，浅圜底。一对方形立耳，耳端外折，耳孔较小呈长方形。口径 19.8 厘米，高 4.7 厘米。(图二四二，8；图版五三，3)

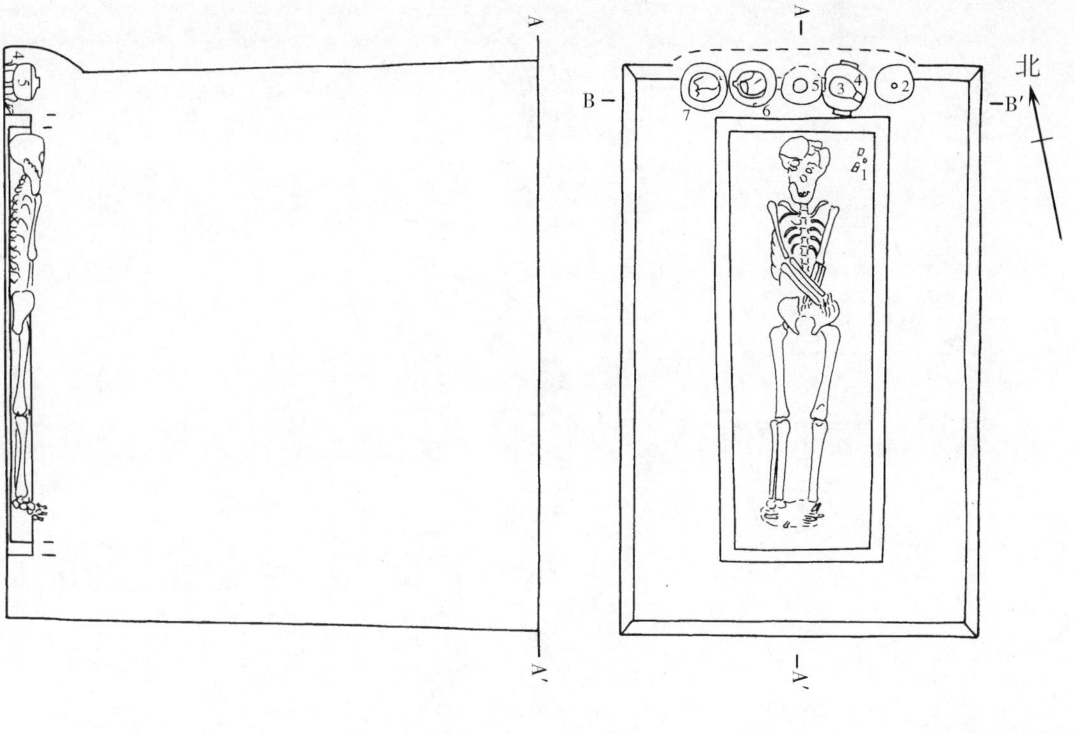

图二四一　M237平、剖图

1. 玉圭　2. 陶敦　3. 陶匜　4. 陶盘　5. 陶鼎　6、7. 陶罍

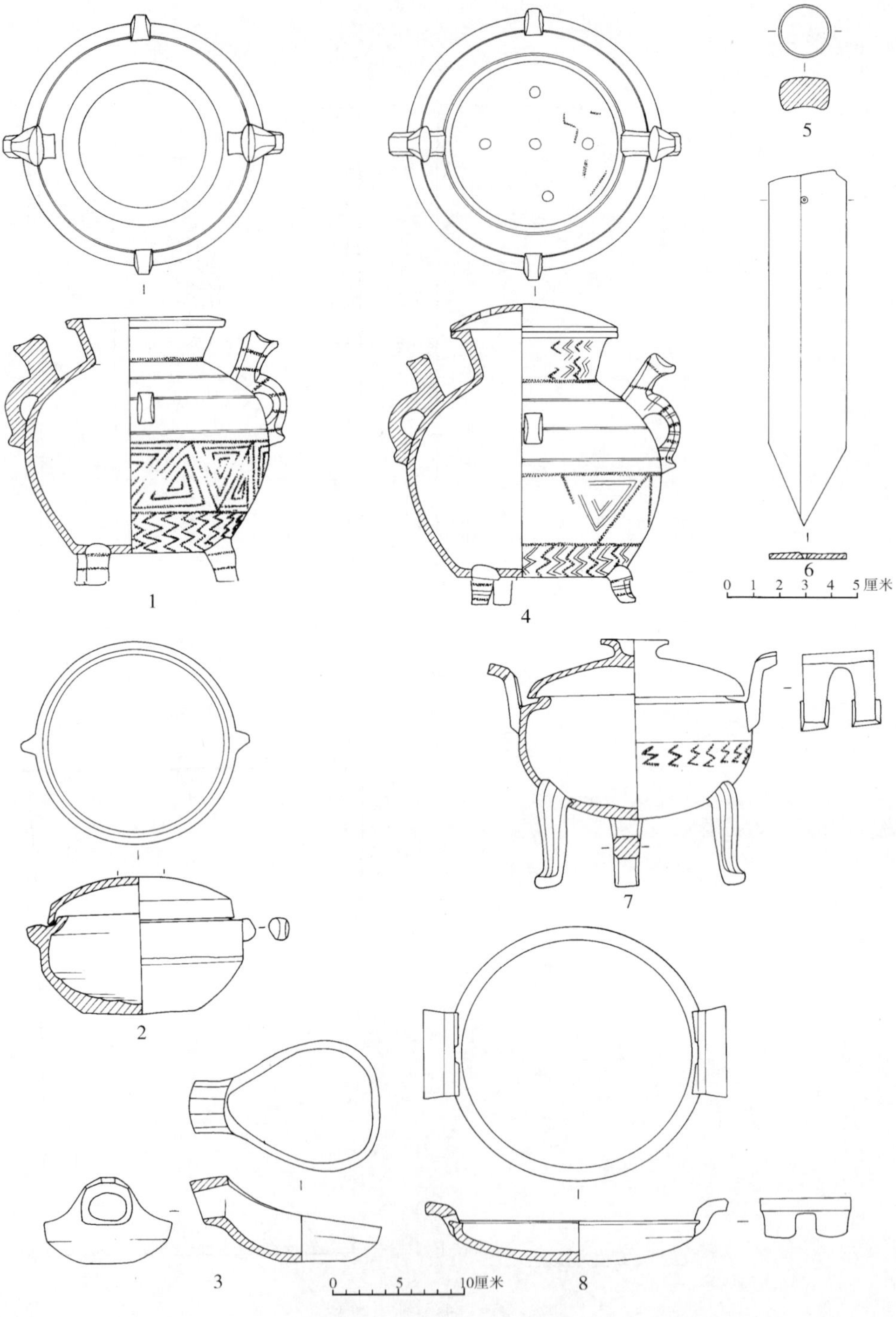

图二四二　M237出土器物

1. 陶罍（M237：7）　2. 陶敦（M237：2）　3. 陶匜（M237：3）　4. 陶罍（M237：6）
5. 陶泥饼（M237：8）　6. 玉圭（M237：1）　7. 陶鼎（M237：5）　8. 陶盘（M237：4）

陶鼎　1件。标本M237:5，泥质灰陶。盖方唇，弧壁，弧顶，有一圈足状捉手。器身子口方唇，弧腹较浅，圜底近平，方形附耳，耳尖外折，折处刀削，三足呈条状，正面和侧面用工具加以修削，形成明显的削痕，足和鼎腹通过榫卯结构连接固定。口径14厘米，腹径17.8厘米，高19厘米。（图二四二，7；图版五三，4；彩版四九，2）

陶罍　2件。标本M237:6，泥质灰褐陶。平折沿，方唇，斜颈，较长，溜肩，鼓腹，下腹部斜收，腹部较深，平底。肩部一对称爬兽和一对称半圆形实钮，爬兽作躬身回首状，有耳有尾，腹部有孔。三矮蹄足。肩腹部有三道凹旋纹，颈部、下腹部、爬兽和足有用红彩绘制的纹饰，已不清晰。口径12.6厘米，腹径19.4厘米，高23.7厘米。（图二四二，4；图版五三，6）标本M237:7，泥质灰陶。平折沿，方唇，斜颈，较长，溜肩，鼓腹，下腹部斜收，腹部较深，平底。肩部一对称爬兽和一对称半圆形实钮，爬兽作躬身回首状，有耳有尾，腹部有孔。三矮柱足。肩腹部有三道凹旋纹，颈部和爬兽红色彩绘已不清晰。下腹部和三足饰有红色三角形雷纹和锯齿纹。口径12.4厘米，腹径18.8厘米，高20.6厘米。（图二四二，1；图版五三，5；彩版四九，3）

陶泥饼　1件。标本M237:8，泥质灰陶。圆形，一面较平，一面内凹。直径1.6厘米，厚1.1厘米。（图二四二,5）

玉圭　1件。标本M237:1，首端三角形，圭身长条形，一面有解料时两面对锯形成的茬口，尾端残，近尾端处有一圆形穿孔。残长13.6厘米，宽3厘米。（图二四二，6；彩版四一，4）

第一二三节　M238

一、墓葬形制

方向10°。长方形竖穴土坑墓，斜壁，口大于底，平底。长2.90米，宽1.56米，现存深度2.40米。（图二四三）

葬具为单棺。棺长方形，长2米，宽0.73米，残高0.12米，板灰厚0.02米。人骨保存较完整，仰身直肢，头向北，面向东，双手放于腹部。

出土遗物有4件，分别是陶鬲1件，陶盂1件，陶豆2件，位于棺外北侧。

二、出土遗物

陶鬲　1件。标本M238:1，肩部以上为夹细砂红陶，腹部和底为夹粗砂红陶，砂粒较大。平折沿，方唇，溜肩，斜弧腹，三足间距较大。肩部抹平，饰有数道凹旋纹，腹部和底饰有粗绳纹。口径17.2厘米，腹径19厘米，足距10.5厘米，高13.4~13.6厘米。（图二四四，3、4，图版五四，1）

图二四三　M238平、剖图

1. 陶鬲　2. 陶盂　3、4. 陶豆

陶盂　1件。标本M238∶2，泥质灰陶。折沿方唇，折腹，上腹微弧，下腹斜收，平底。口径20.8厘米，底径9.4厘米，高11.8厘米。（图二四四，5；图版五四，2）

陶豆　2件。标本M238∶3，泥质灰陶。敞口，尖圆唇，折壁，壁上有一道凹槽，粗短柄，喇叭足，足外沿下凹。盘内有多圈螺旋状暗纹。口径12.6厘米，底径7.8厘米，

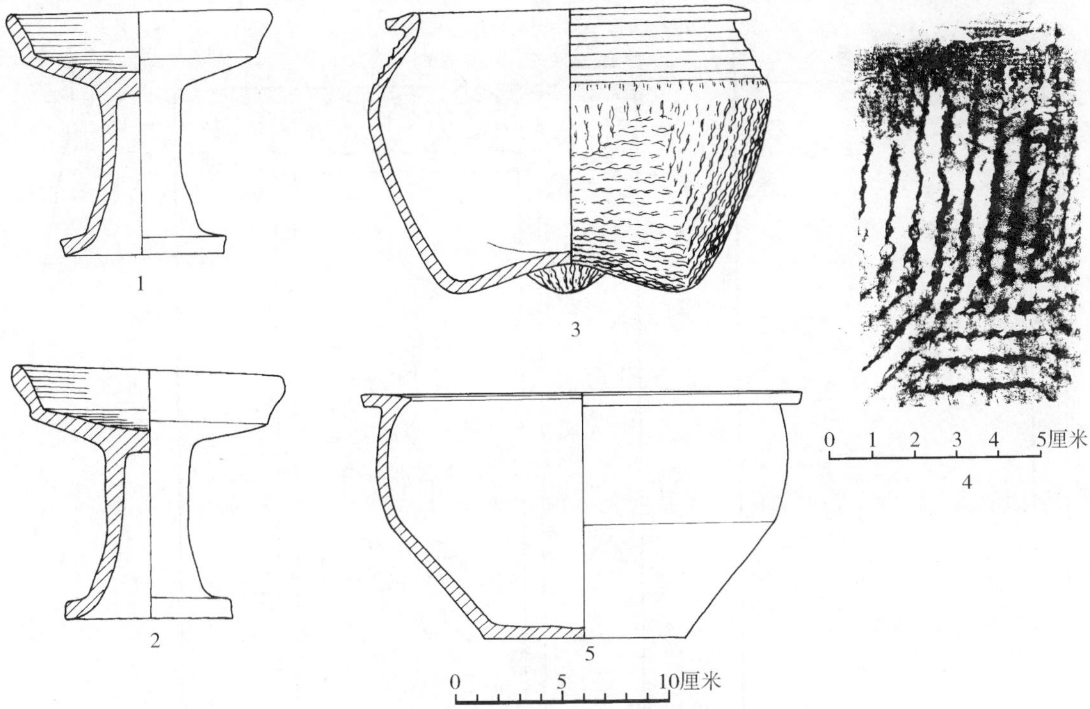

图二四四　M238 出土陶器

1. 豆（M238∶3）　2. 豆（M238∶4）　3. 鬲（M238∶1）　4. 鬲纹饰拓片（M238∶1）　5. 盂（M238∶2）

高 11.6 厘米。（图二四四，1；图版五四，4）标本 M238∶4，泥质灰陶。敞口，尖圆唇，折壁，壁上有一道凹槽，粗短柄，喇叭足，足外沿下凹。盘内有多圈螺旋状暗纹。口径 13 厘米，底径 7.9 厘米，高 11.6~12.3 厘米。（图二四四，2；图版五四，3）

第一二四节　M239

一、墓葬形制

方向 10°。长方形竖穴土坑墓，直壁，平底。长 2.40 米，宽 1.40 米，现存深度 1 米。（图二四五）

葬具为单棺。棺长方形，长 2 米，宽 0.80 米，残高 0.10 米，板灰厚 0.02 米。人骨保存不完整，仰身直肢，头向北，面向西，双手交叉放于腹部。

出土遗物有 5 件，分别是陶鬲 1 件，陶盂 1 件，陶罐 1 件，陶豆 2 件，随葬品位于棺外北侧。

图二四五　M239平、剖图
1. 陶盂　2. 陶罐　3. 陶鬲　4、5. 陶豆

二、出土遗物

陶盂　1件。标本M239∶1，泥质灰陶。折沿方唇，折腹，上腹微弧，下腹斜收，平底。口径20.8厘米，底径11厘米，高11.8厘米。（图二四六，1）

陶罐　1件。标本M239∶2，泥质灰陶。折沿方唇，矮斜领，鼓肩，腹斜收，平底。口径12厘米，腹径17.8厘米，底径11厘米，高13.2厘米。（图二四六，6；图版五五，1）

陶鬲　1件。标本M239∶3，平肩部以上为夹细砂红陶，腹部和底为夹粗砂红陶，砂粒较大。折沿，方唇，溜肩，斜弧腹，三足间距较大。肩部抹平，饰有数道凹旋纹，腹部和底饰有粗绳纹。口径17厘米，腹径17.6厘米，足距8厘米，高10~12厘米。（图二四六，4、5；图版五五，2）标本M239∶4，泥质灰陶。敞口，尖圆唇，折壁，壁上有一道凹槽，粗短柄，喇叭足。口径17厘米，底径9厘米，高13.8~14.3厘米。（图二四六，2；图版五五，3）

陶豆　2件。标本M239∶4，泥质灰陶。敞口，尖圆唇，折壁，壁上有一道凹槽，粗短柄，喇叭足。口径17厘米，底径9厘米，高13.8~14.3厘米。（图二四六，2；图版五五，3）标本M239∶5，泥质灰陶。敞口，尖圆唇，折壁，壁上有一道凹槽，粗短柄，喇叭足。口径16.4厘米，底径9.7厘米，高14.5厘米。（图二四六，3；图版五五，4）

第一二五节　M240

一、墓葬形制

方向0°。长方形竖穴土坑墓，直壁，平底。长2.40米，宽1.50米，现存深度2米。（图二四七）

葬具为一椁一棺。外椁长方形，长2.24米，宽1.20米，残存高度0.40米，板灰厚0.03米。内棺长方形，长1.80米，宽0.70米，残存高度0.37米。人骨保存较好。仰身直肢，双手置于腹部，双脚微曲。

出土器物8件，有陶鼎1件，陶尊2件，陶敦1件，陶舟1件，陶盘1件，陶匜1件，陶鬲1件，均位于墓葬北端外椁和内棺之间。（彩版五〇）

二、出土遗物

陶鼎　1件。标本M240∶1，泥质红褐陶。盖方唇，折壁，弧顶，有一圈足状捉手。器身子口方唇，弧腹深圜底，方形附耳，耳尖外折，折处刀削，三足呈条状，正面和侧面用工具加以修削，形成明显的削痕，足底有小孔，足和鼎腹通过榫卯结构连接固定。口径16.6厘米，腹径20厘米，高20.6厘米。（图二四八，1；图版五六，1）

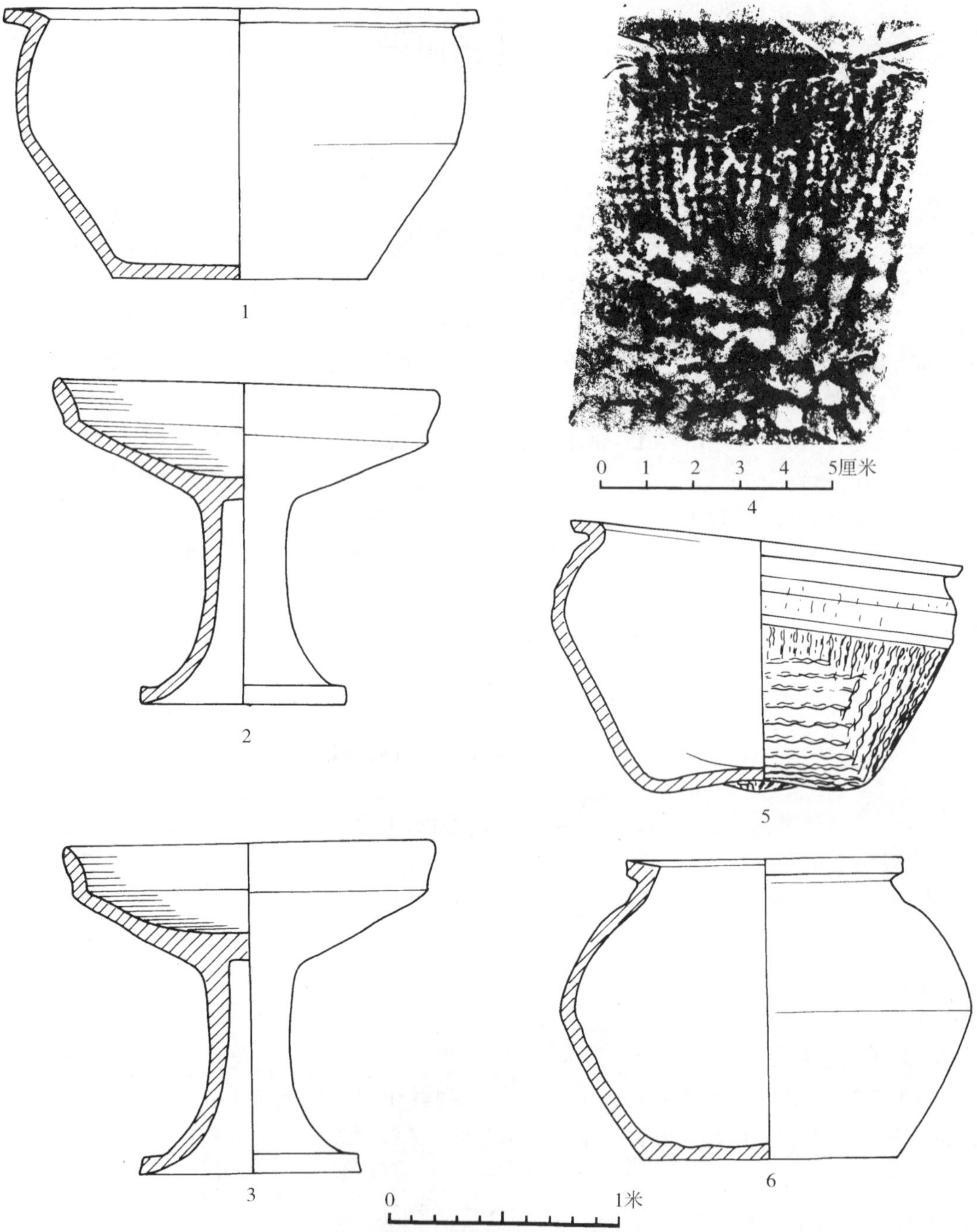

图二四六　M239出土陶器

1. 盂（M239：1）　2. 豆（M239：4）　3. 豆（M239：5）　4. 鬲纹饰拓片（M239：3）
5. 鬲（M239：3）　6. 罐（M239：2）

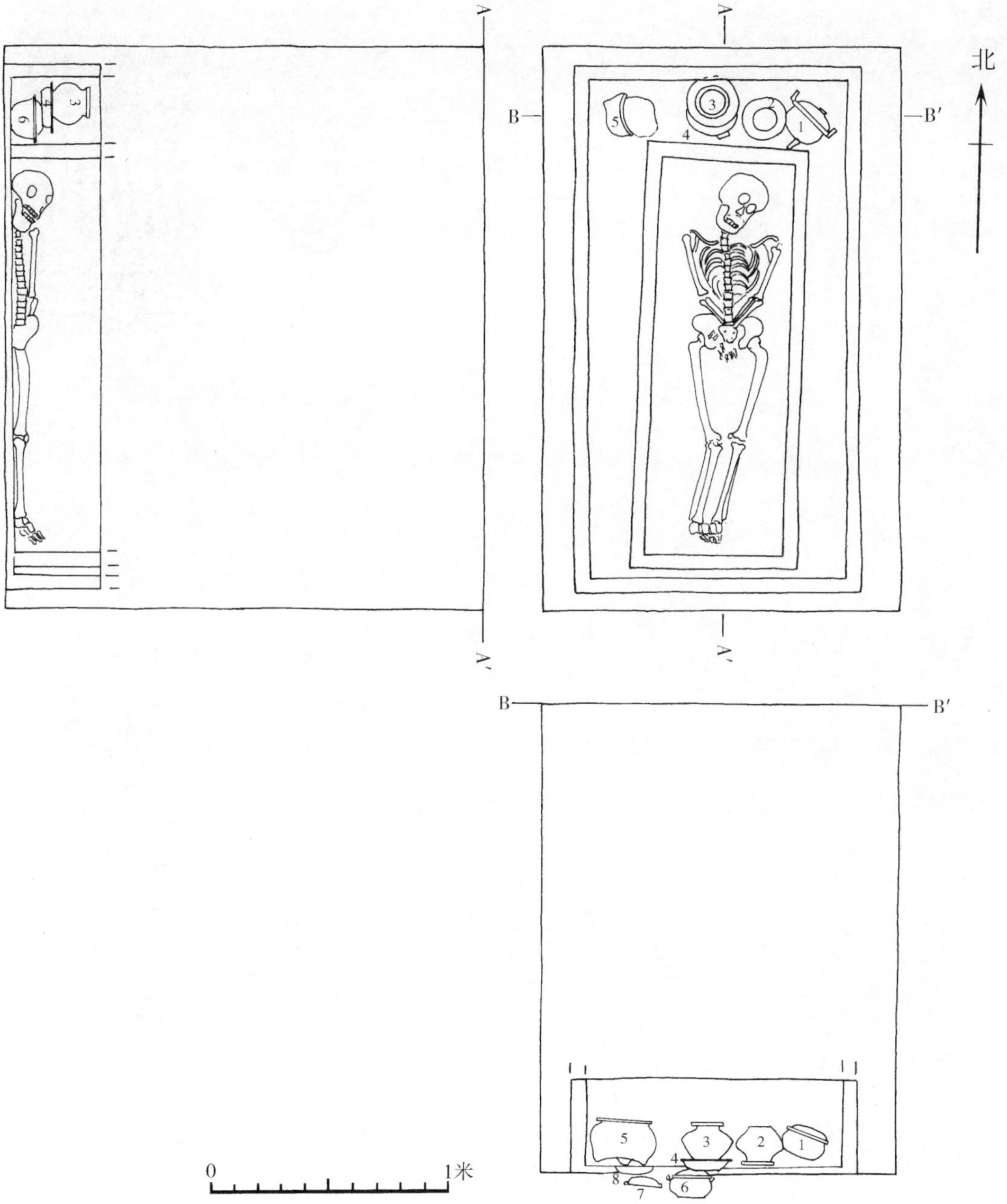

图二四七　M240平、剖图

1. 陶鼎　2. 陶尊　3. 陶尊　4. 陶盘　5. 陶鬲　6. 陶敦　7. 陶匜　8. 陶舟

陶尊　2件。标本M240∶2，泥质红褐陶。平折沿，方唇，束颈较长，折肩，肩部微弧，弧腹，凹圜底。肩部和肩腹接合处各两道凹旋纹。口径13.6厘米，腹径19.8厘米，底径6厘米，高16.2厘米。（图二四八，3；图版五六，2）标本M240∶3，泥质红褐陶。平折沿，方唇，束颈较长，折肩，肩部微弧，弧腹，凹圜底。肩部和肩腹接合处各两道凹旋纹。口径

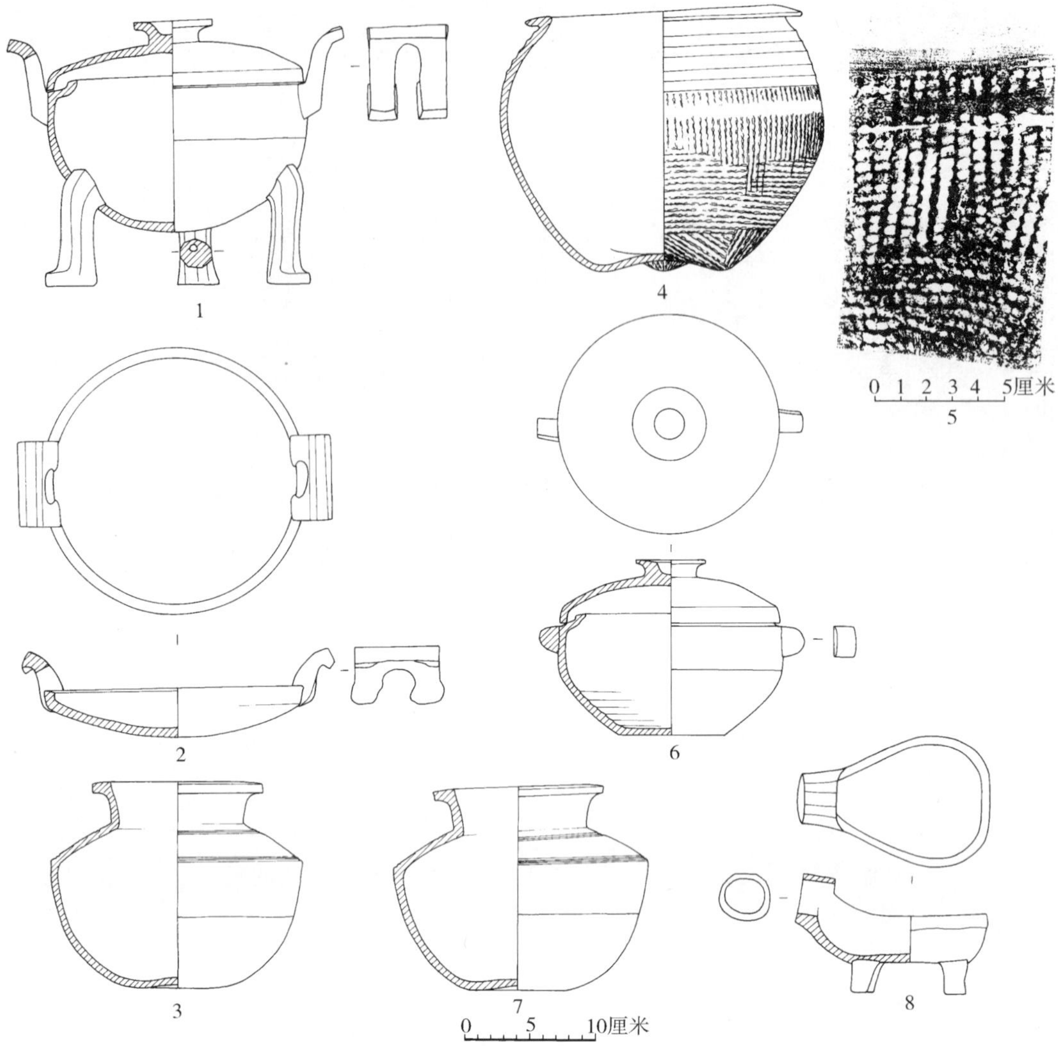

图二四八　M240 出土陶器

1. 鼎（M240∶1）　2. 盘（M240∶4）　3. 尊（M240∶2）　4. 鬲（M240∶5）　5. 鬲纹饰拓片（M240∶5）
6. 敦（M240∶6）　7. 尊（M240∶3）　8. 匜（M240∶7）

13 厘米，腹径 18.6 厘米，底径 6.3 厘米，高 16.1 厘米。（图二四八，7；图版五六，3）

陶盘　1 件。标本 M240∶4，泥质红褐陶。直口，方唇，浅圜底。一对方形立耳，耳端外折，耳孔呈圆形。口径 21 厘米，高 6.8 厘米。（图二四八，2；图版五四，5）

陶鬲　1 件。标本 M240∶5，肩部以上为夹细砂红陶，腹部和底为夹粗砂红陶，砂粒较大。平折沿较薄，圆唇，溜肩，斜弧腹，三足间距较大。肩部抹平，饰有数道宽凹旋纹，腹部和底饰有粗绳纹。口径 21.4 厘米，腹径 25 厘米，足距 9.2 厘米，高 20.6 厘米。（图二四八，4、5；图版五六，4）

陶敦　1 件。标本 M240∶6，泥质灰陶。盖方唇，折壁，弧顶，上有一圈足状捉手。

器身子口方唇，深腹，上腹较直，下腹斜收，平底，上腹部近口处有一对半圆形实心钮。口径 14.8 厘米，腹径 17.3 厘米，底径 8 厘米，高 13.8 厘米。（图二四八，6；图版五六，5）

陶匜　1 件。标本 M240∶7，泥质灰陶。器形较大，整体呈动物形。敞口，方唇，弧壁，平底微凹。流高昂，管状，无尾，三柱足二前一后，较矮。长 15 厘米，宽 10 厘米，高 9.2 厘米。（图二四八，8；图版五四，6）

陶舟　1 件。标本 M240∶8，泥质灰陶。仅存部分残片。残高 3 厘米。

第一二六节　M242

一、墓葬形制

方向 0°。长方形竖穴土坑墓，直壁，平底。长 3.20 米，宽 1.60 米，深 1.20 米。（图二四九）

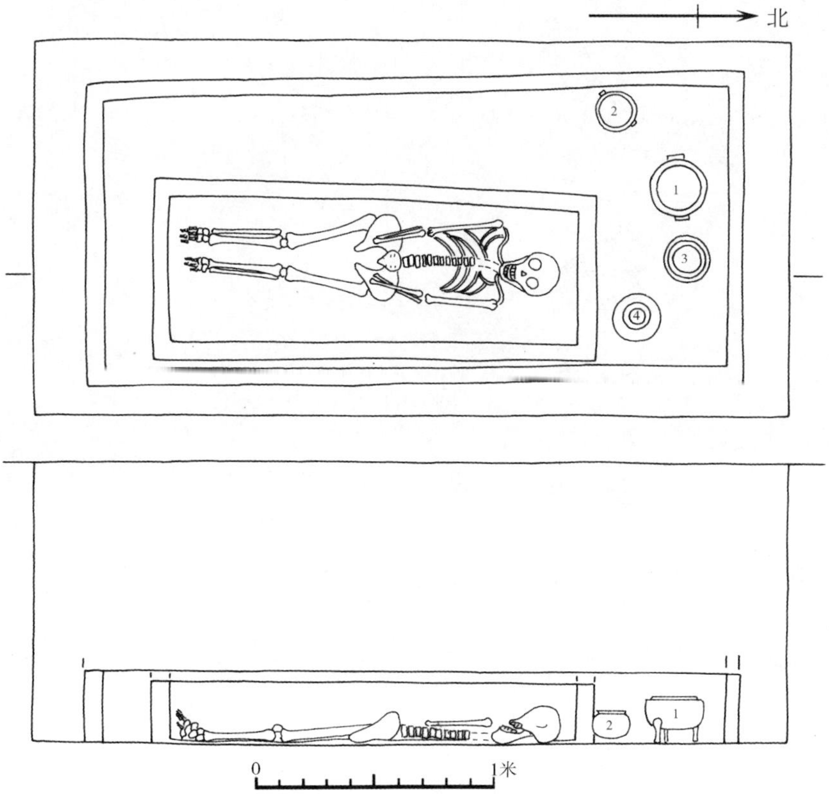

图二四九　M242 平、剖图
1. 陶鼎　2. 陶敦　3、4. 陶尊

葬具为一椁一棺，均呈楔形。椁长 2. 78 米，宽 1. 30～1. 34 米，残高 0. 30 米，板灰厚 0. 02 米。棺长 1. 86 米，宽 0. 70～0. 76 米，残高 0. 25 米，板灰厚 0. 01 米。人骨保存较完整，仰身直肢，双手置于腹部。

出土遗物 4 件，有陶鼎 1 件，陶敦 1 件，陶尊 2 件，均位于墓主人头端的棺椁之间。

二、出土遗物

陶鼎　1 件。标本 M242∶1，泥质红褐陶。盖折壁弧顶，较浅，中部有一圈足状捉手。器身子口内敛，方唇，弧腹浅圜底。方形附耳外斜。三蹄足略外斜，足跟微鼓，足尖外凸，足底有小孔，用手捏制，通过榫卯结构与鼎腹连接固定。腹部有一周凹旋纹。口径 17. 2 厘米，腹径 20. 6 厘米，高 21. 2 厘米。（图二五〇，3；图版五五，6）

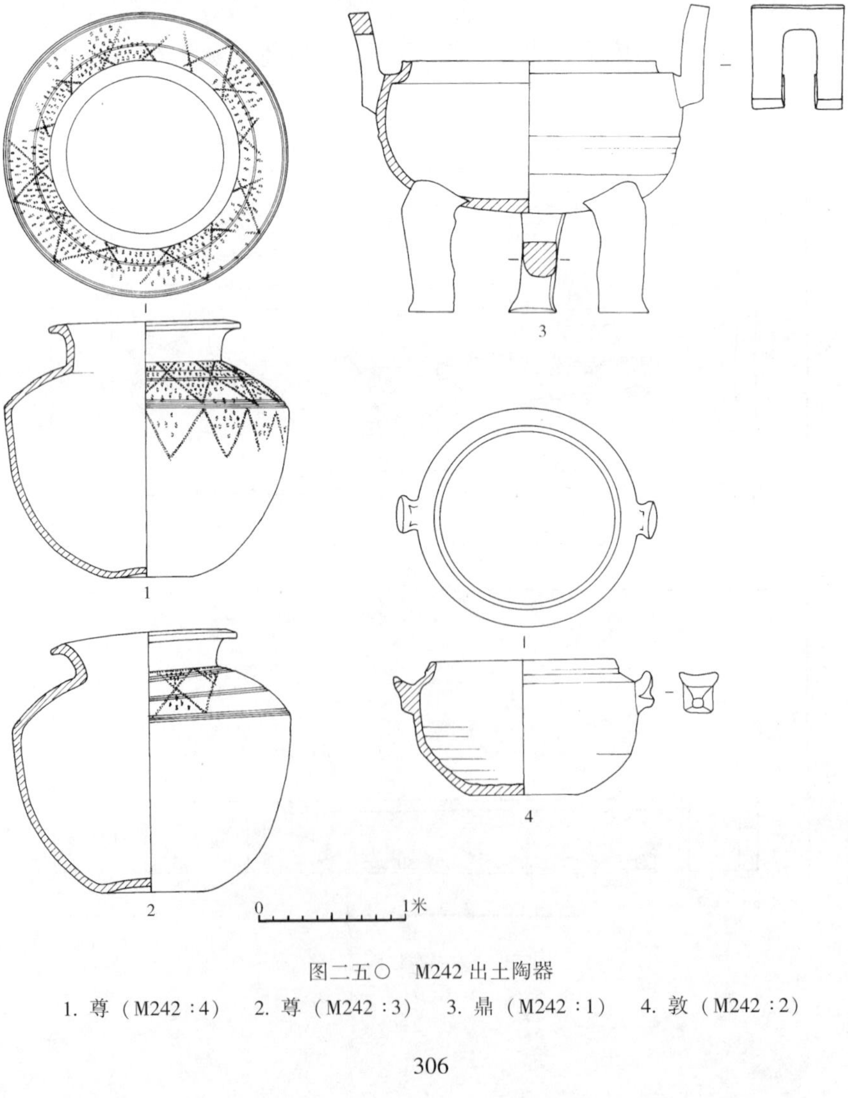

图二五〇　M242 出土陶器

1. 尊（M242∶4）　2. 尊（M242∶3）　3. 鼎（M242∶1）　4. 敦（M242∶2）

陶敦　1件。标本 M242∶2，无盖。泥质灰陶。子口圆唇，深腹，上腹较直，下腹斜收，平底，上腹部近口处有一对兽首形耳，兽首模糊，仅能辨识双耳和嘴。口径 12.4 厘米，腹径 15 厘米，底径 7.6 厘米，高 9~9.3 厘米。(图二五〇，4；图版五五，5)

陶尊　2件。标本 M242∶3，泥质灰陶。平折沿，方唇，束颈略短，折肩，肩部微弧，弧腹，凹圜底。肩部有三组六道凹旋纹，肩部饰有三角形纹，三角形内填以黑点。口径 12.8 厘米，腹径 19 厘米，底径 7 厘米，高 18 厘米。(图二五〇，2；图版五七，1) 标本 M242∶4，泥质灰陶。平折沿，方唇，束颈略短，折肩，肩部微弧，弧腹，凹圜底。肩部有三组六道凹旋纹，肩部饰有三角形纹，三角形内填以黑点。口径 13.2 厘米，腹径 19.6 厘米，底径 6.2 厘米，高 17.2~17.7 厘米。(图二五〇，1；图版五七，2)

第一二七节　M243

一、墓葬形制

方向 0°。长方形竖穴土坑墓，直壁，平底。长 2.40 米，宽 1.40 米，现存深度 2.20 米。(图二五一)

葬具为单棺。棺楔形，长 1.86 米，宽 0.76~0.84 米，残高 0.20 米，板灰厚 0.06 米。人骨保存较差，仅存头骨和部分肢骨。

出土遗物有陶釜 1 件，陶器盖 1 件，陶釜位于墓葬中部。

二、出土遗物

陶釜　1件。标本 M243∶1，夹砂红陶。仅存部分残片。残高 9 厘米。

陶器盖　1件。标本 M243∶2，泥质灰陶。方唇，折壁，弧顶，上有一圈足状抓手。口径 15.6 厘米，高 4.8 厘米。

第一二八节　M244

一、墓葬形制

方向 10°。长方形竖穴土坑墓，斜壁，口大于底，平底。长 2.86 米，宽 1.80 米，现存深度 2.40 米。(图二五二)

葬具为单棺。棺楔形，长 1.94 米，宽 0.76~0.84 米，北宽南窄，残高 0.10 米，板灰厚 0.02 米。人骨保存较差，仰身直肢，头向北。

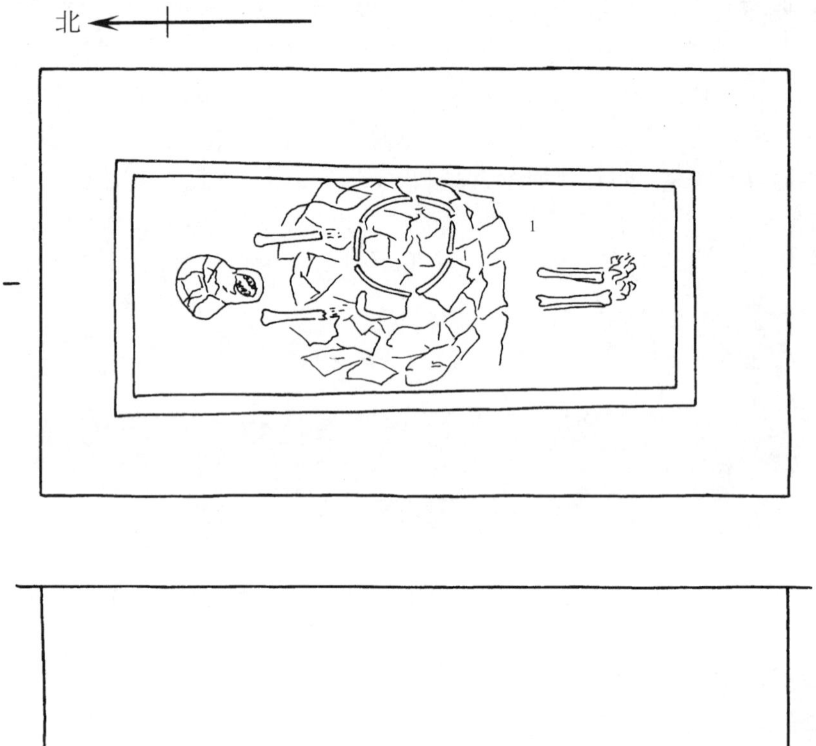

图二五一　M243 平、剖图
1. 陶釜

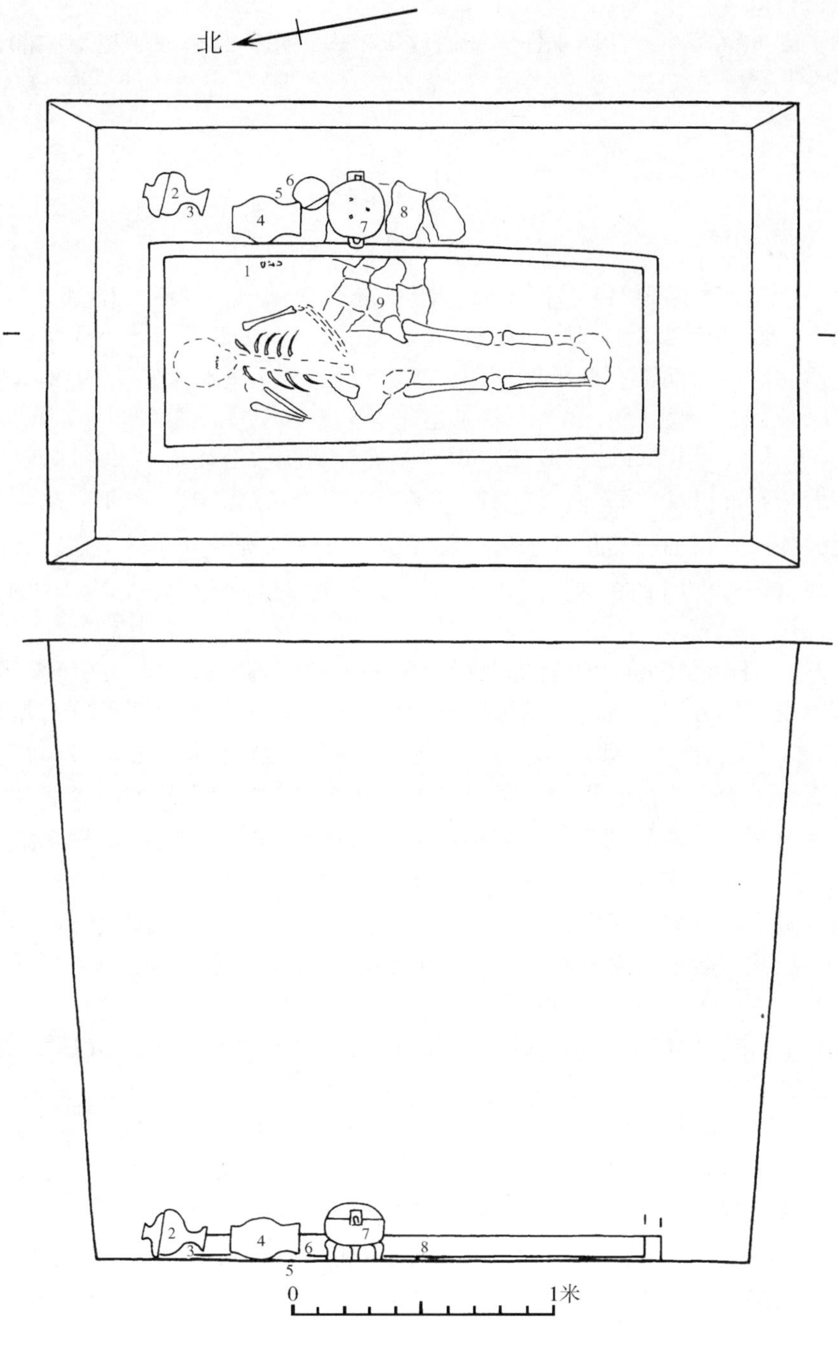

图二五二　M244 平、剖图

1. 铜璜　2. 陶盖豆　3. 废玉料（3 件）　4. 陶壶　5. 玛瑙环（2 件）
6. 骨环（4 件）　7. 陶鼎　8. 陶釜　9. 陶釜

出土遗物有15件，分别是铜璜1件，陶盖豆1件，陶壶1件，陶鼎1件，陶釜2件，玛瑙环2件，废玉料3件，骨环4件。铜璜放于棺内，陶釜打破放于棺下中部，其余放于棺外东侧。

二、出土遗物

陶盖豆　1件。标本M244:2，泥质灰陶。盖弧壁弧顶，较深，中部一圆饼状捉手，口沿折而向下。器身子母口，圆唇，深盘折腹，瓦纹形上腹部近直，下腹部弧收，束腰细柄较矮，喇叭状底。盖面饰有两组四道凹旋纹。口径18.9厘米，腹径19.8厘米，底径14厘米，高24.8厘米。(图二五三，2；图版五七，4)

陶鼎　1件。标本M244:7，泥质灰陶。盖弧壁弧顶，分布有三半圆形实钮。器身子口内敛，圆唇，腹部微鼓，较深，浅圜底近平。方形附耳略外斜。三半圆形实心蹄足，足跟宽扁，足尖外凸。盖面一道折棱两道凸旋纹，凸旋纹间等距分布三实钮，腹部饰有一道凸旋纹和一道折棱。鼎内有碎骨。口径18厘米，腹径22.2厘米，高21.3厘米。(图二五三，1；图版五七，3)

陶釜　2件。标本M244:8，肩部及以上为夹细砂红陶，腹部为夹粗砂红陶，砂粒较大。残。厚卷沿，厚方唇，折肩，斜弧腹。肩部及以上素面抹平，腹部饰有粗绳纹。肩部刻有一陶文。口径38厘米，残高21厘米。(图二五三，3) 标本M244:9，肩以上为夹细砂红褐陶，腹以下为夹粗砂红褐陶。折沿，方唇，折肩，腹以下均残。沿面和唇面各有一道凹弦纹。上下两部分系分别制作后拼接而成。口径40厘米，残高19厘米。

陶壶　1件。标本M244:4，泥质灰陶。浅盖弧顶，盖舌较短。敞口方唇，长颈微束，广肩，弧腹，最大径在肩腹接合处，假圈足较矮直，平底微凹。盖顶有三道折棱，颈部、颈肩接合处、肩腹接合处各有一组凹弦纹。口径12厘米，腹径19厘米，底径9.2厘米，高27.3厘米。(图二五三，4；图版五七，5)

铜璜　1件。标本M244:1，因残，不能分辨数量和形制，仅能辨识属于甲类。残长6.9厘米，宽2.4厘米。(图二五三，6)

废玉料　3件。标本M244:3，青绿色，其中两块为不规则三角形，一块为不规则多边形，有明显的解剖痕迹。较大者长5.8厘米，宽3厘米，厚0.5厘米；较小者长4.5厘米，宽3.8厘米，厚0.3厘米。(图二五三，11、12、13)

玛瑙环　2件。标本M244:5，为白色半透明状，环肉内外两侧均被削棱，使斜面相交于一线，环肉横截面呈不等边六边形。直径4厘米，好径2.5厘米，厚0.8厘米。(图二五三，5)

骨环　4件。标本M244:6，管状，平面近椭圆形。动物椎骨切割加工而成。较大者长4.1厘米，宽2.7厘米，高1.1厘米；较小者长3.5厘米，宽2.5厘米，高1厘米。(图二五三,7、8、9、10；彩版四〇，2)

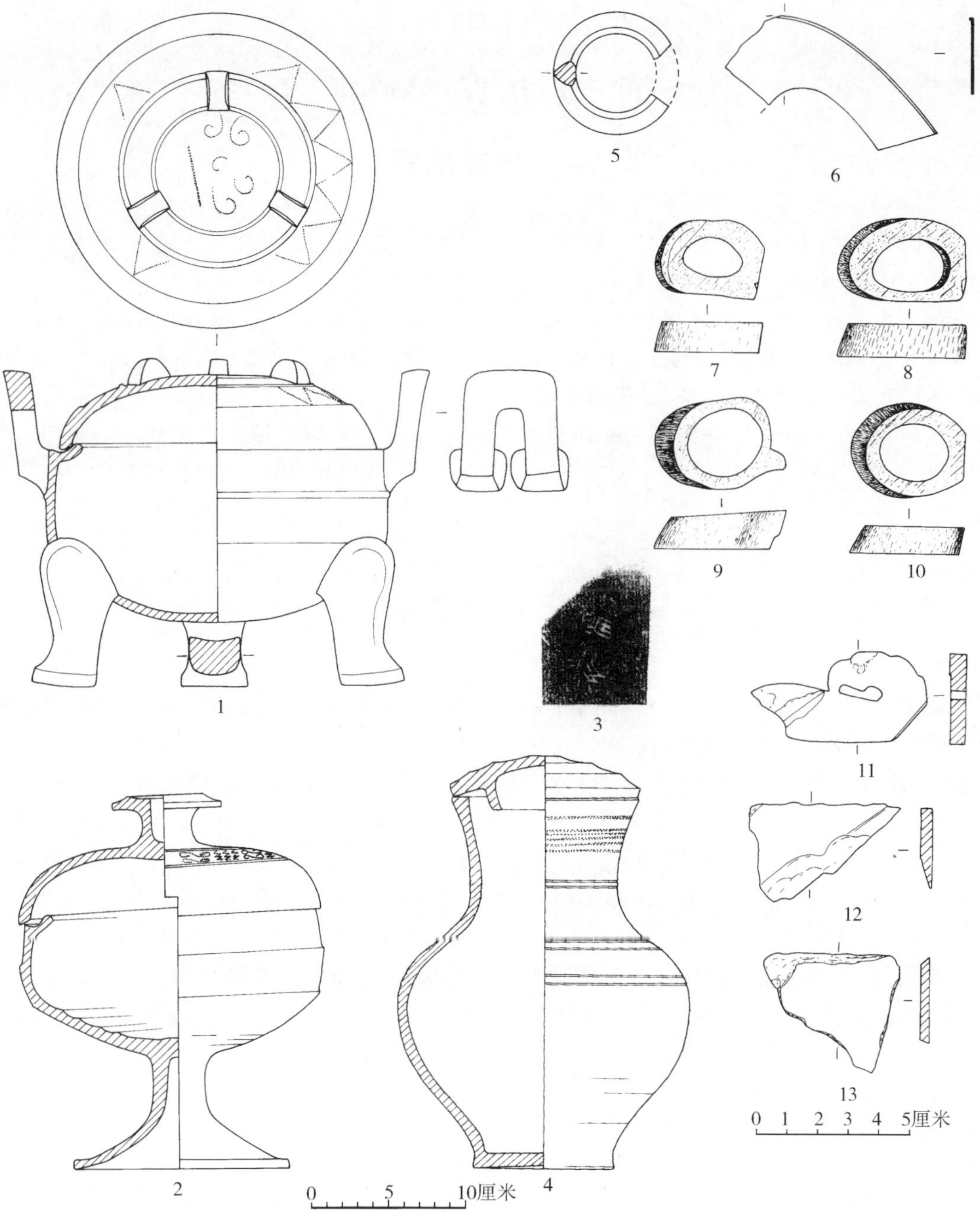

图二五三　M244出土器物

1. 陶鼎（M244∶7）　2. 陶盖豆（M244∶2）　3. 陶釜肩部陶文拓片（M244∶8）　4. 陶壶（M244∶4）　5. 玛瑙环（M244∶5）　6. 铜璜（M244∶1）　7、8、9、10. 骨环（M244∶6）　11、12、13. 废玉料（M244∶3）

第一二九节　M246

一、墓葬形制

方向5°。长方形竖穴土坑墓，斜壁，口大于底，平底。长3.72米，宽3.20米，现存高度3.80米。墓葬西部被M45打破。(图二五四)

葬具为一椁一棺。椁呈“Ⅱ”字形，长2.78米，宽1.82米，残高0.24米，板灰厚0.08米。棺楔形，长1.90米，宽0.84~0.90米，北宽南窄，残高0.22米，板灰厚0.02米。人骨保存较差，仰身直肢，头向北。

出土遗物有10件，分别是陶鼎1件，陶盖豆1件，陶壶1件，陶高柄小壶1件，陶盘1件，陶匜1件，陶釜1件，铜璜2件，玉料1件，随葬品位于棺和椁之间的东部地带。

二、出土遗物

陶壶　1件。标本M246:1，无盖。泥质灰陶。敞口方唇，长颈微束，溜肩，鼓腹，最大径在上腹部，假圈足较高较直，平底。肩腹接合处有二圈锯齿纹。口径14厘米，腹径23.2厘米，底径12.8厘米，高30.6~31厘米。(图二五五，8；图版五八，1)

陶鼎　1件。标本M246:2，泥质灰陶。盖弧壁弧顶，中部三半圆形实钮。器身子口内敛，方唇，唇面上仰，扁腹较浅，浅圜底近平。方形附耳外斜，三圆形空心蹄足，足跟微鼓，足尖呈喇叭口，无蹄或蹄部不明显。盖顶两道折棱，一道凸旋纹，腹部两道凸旋纹。口径22.2厘米，腹径25.2厘米，高25.6厘米。(图二五五，1；图版五八，2)

陶盖豆　1件。标本M246:3，泥质灰陶。盖瓦纹形盖面，弧壁弧顶，较深，中部一圆饼状捉手，捉手面有两道折棱，口沿略往下弧。器身子母口，圆唇，深盘折腹，瓦纹形上腹部近直，下腹部弧收，束腰细柄较高，喇叭状底。口径23.8厘米，腹径24.4厘米，底径14.8厘米，高30.6厘米。(图二五五，10；图版五八，4)

陶高柄小壶　1件。标本M246:6，泥质灰陶。斗笠状盖，弧面平顶，短舌。敞口，方唇，束颈略短，溜肩，鼓腹，最大径位于腹部中部，细柄较高，喇叭状底。口径5.2厘米，腹径9.6厘米，底径7.8厘米，高17.5厘米。(图二五五，7；图版五八，3)

陶釜　1件。标本M246:7，肩部以上为夹细砂灰褐陶，腹部为夹粗砂灰褐陶，砂粒较大。残。平折沿，较窄，厚方唇，折肩，斜弧腹。肩部素面抹平，下腹部为斜向粗绳纹。肩部刻有两陶文“里□”。口径40厘米，残高19厘米。(图二五五，4)

陶匜　1件。标本M246:8，泥质灰陶。平面椭圆形。敞口，方唇，弧壁，平底微凹。流较长，与口齐平，尾端内凹。长16.8厘米，宽15.9厘米，高7厘米。(图二五五，9；

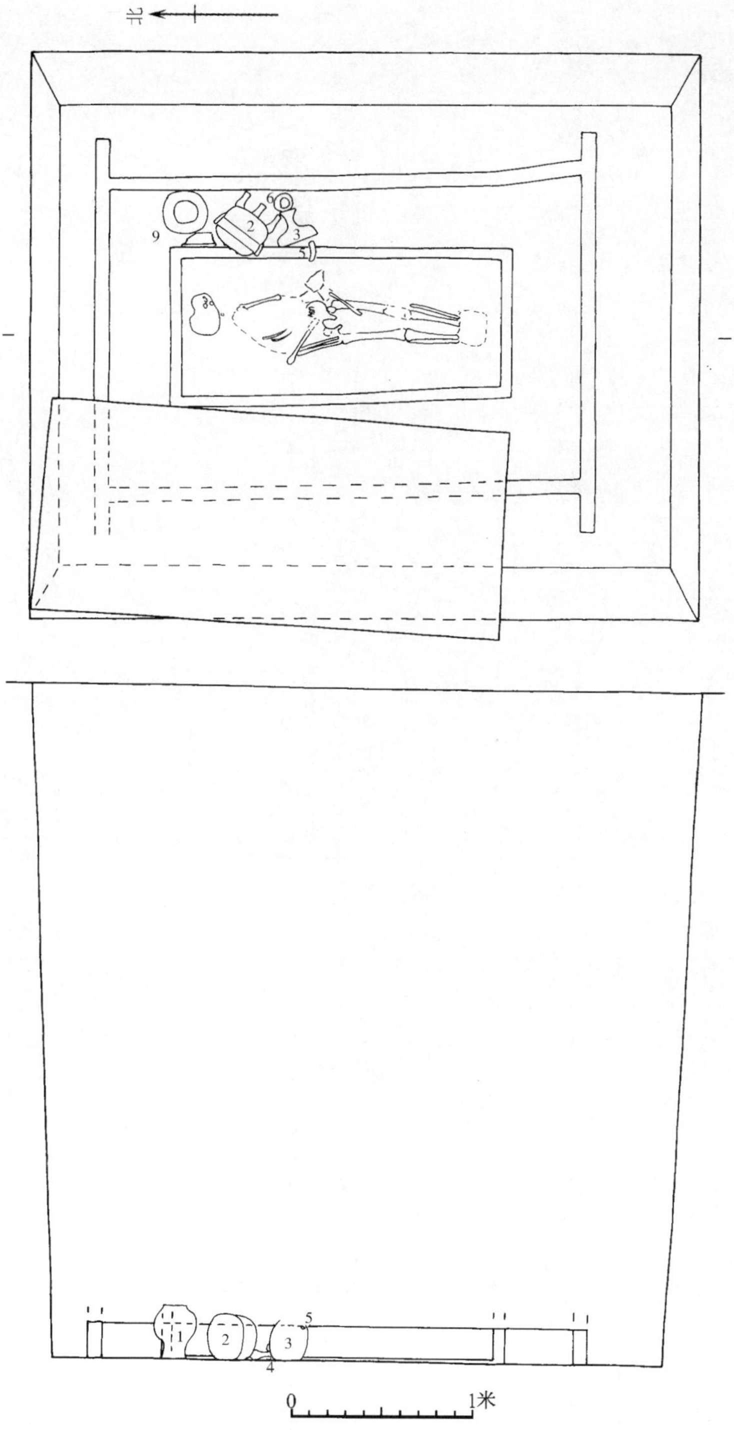

图二五四　M246平、剖图

1. 陶壶　2. 陶鼎　3. 陶盖豆　4. 铜璜　5. 玉料　6. 陶高柄小壶　7. 陶釜　8. 陶匜　9. 陶盘

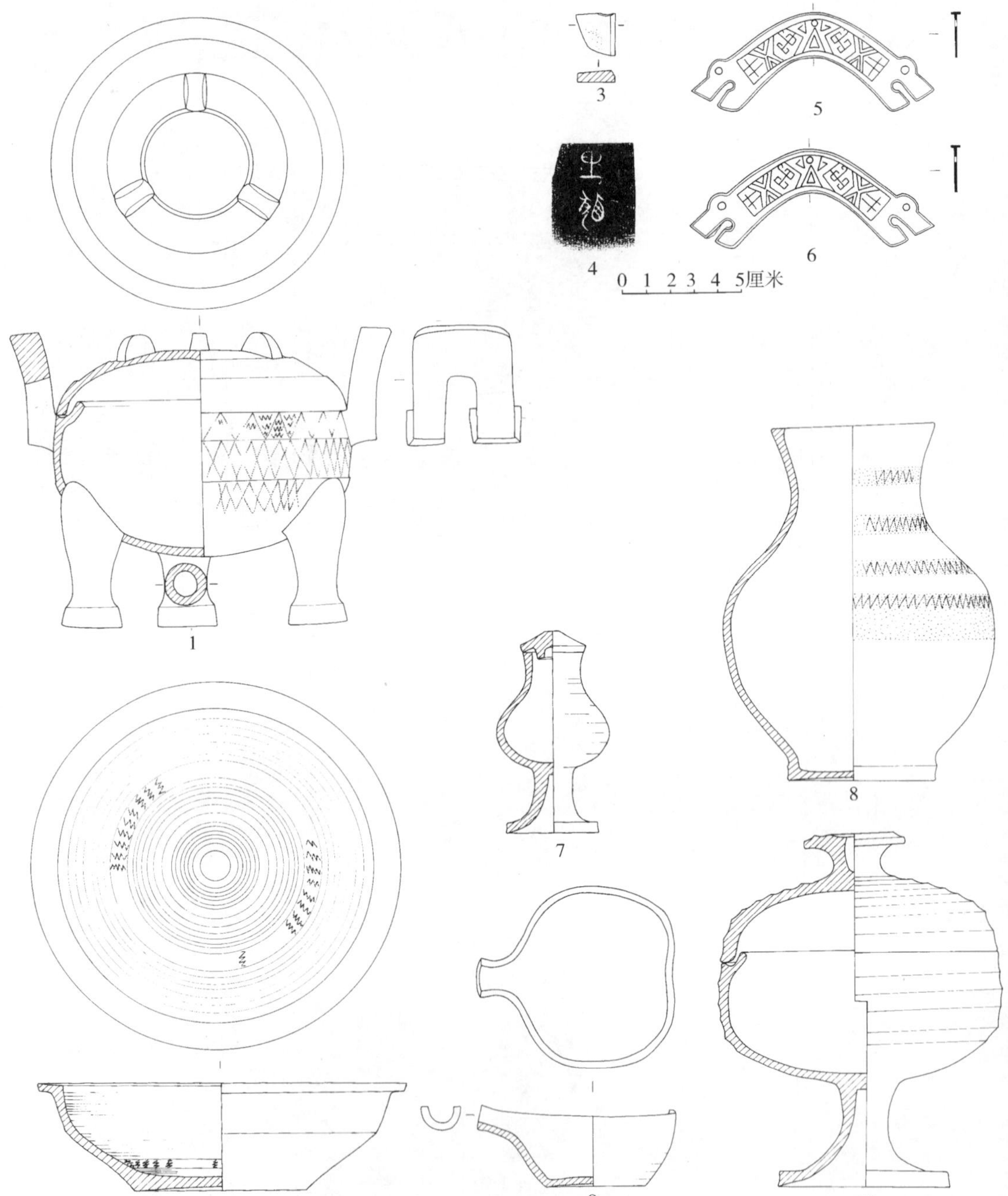

图二五五　M246出土器物

1. 陶鼎（M246∶2）　2. 陶盘（M246∶9）　3. 玉料（M246∶5）　4. 陶釜肩部陶文拓片（M246∶7）
5、6. 铜璜（M246∶4）　7. 陶高柄小壶（M246∶6）　8. 陶壶（M246∶1）　9. 陶匜（M246∶8）
10. 陶盖豆（M246∶3）

图版五八,6)

陶盘　1件。标本M246:9，泥质灰陶。折沿方唇，折腹，上腹微弧，下腹斜收，平底。口径31.8厘米，底径14.4厘米，高9.3厘米。(图二五五，2；图版五八，5)

铜璜　2件。标本M246:4，曲度较小，璜体纹饰模糊不清。长10.5厘米，宽2厘米，厚0.1厘米。(图二五五，5、6；彩版二五，2)

玉料　1件。标本M246:5，青绿色半透明状，为不规则四边形，有切割痕迹。残长1.9厘米，残宽1.7厘米，厚0.5厘米。(图二五五，3)

第一三〇节　M247

一、墓葬形制

方向10°。长方形竖穴土坑墓，斜壁，口大于底，平底。长3.28米，宽2.24米，现存深度3.40米。(图二五六)

葬具为双椁。外椁长方形，长2.84米，宽1.60米，残存高度0.08米。内椁长方形，长2.02米，宽1.14米，残存高度0.08米，板灰厚0.02米。人骨保存稍好，仰身直肢，面略向西，双手放于腹部，下肢稍残。

出土遗物11件。位于北端内外椁之间。分别是陶鼎1件，陶罍2件，陶敦1件，陶舟1件，陶盘1件，陶匜1件，陶叶形饰1件，陶鸟2件，玉圭1件。

二、出土遗物

陶罍　2件。标本M247:1，泥质褐陶。盖残。折沿方唇，唇面下凹，颈较直，圆肩，鼓腹，下腹斜收，平底。肩腹接合处有四个爬兽，作躬身回首状，有首有尾，面部模糊，仅能辨识嘴和耳。三兽首足较矮小，兽首模糊。肩部和上腹部有四道凹弦纹。口径11.8厘米，腹径18.6厘米，高25厘米。(图二五七，1；图版五九，1) 标本M247:2，无盖。泥质褐陶。折沿方唇，唇面下凹，颈较直，圆肩，鼓腹，下腹斜收，平底。肩腹接合处有四个爬兽，作躬身回首状，有首有尾，面部模糊，仅能辨识嘴和耳。三兽首足较矮小，兽首模糊。肩部和上腹部有四道凹弦纹。口径11.8厘米，腹径19.2厘米，高22.6厘米。(图二五七，2；图版五九，2)

陶敦　1件。标本M247:3，泥质灰褐陶。破损严重，仅存一堆碎陶片。残高5厘米。

陶匜　1件。标本M247:4，泥质灰陶。器形较大，整体呈动物形。敞口，方唇，壁微弧，圜底近平。流高昂，作兽首形，双角残，口大张，尾端亦有一兽首，嘴和双耳较清晰，三蹄足二前一后，较高。长22厘米，宽10.4厘米，高11.8厘米。(图二五八，7；图版五九，3)

图二五六　M247平、剖图

1、2. 陶罍　3. 陶敦　4. 陶匜　5. 陶鼎　6. 陶舟
7. 陶盘　8. 玉圭　9. 陶叶形饰　10. 陶鸟

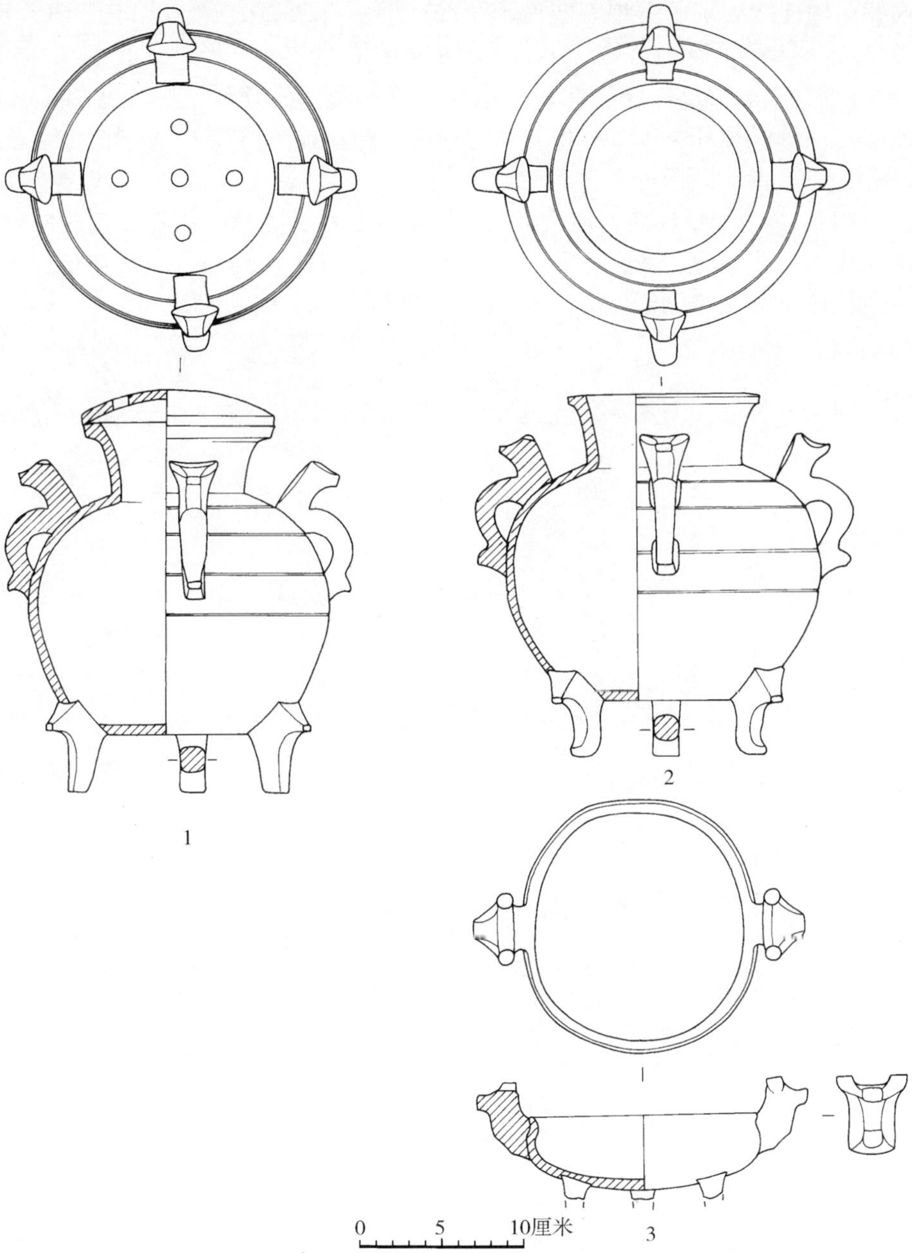

图二五七　M247 出土陶器
1. 罍（M247∶1）　2. 罍（M247∶2）　3. 舟（M247∶6）

陶鼎　1件。标本M247∶5，泥质红褐陶。盖残，仅能辨识近平顶，有一圈足状捉手。器身子口方唇，弧腹较浅，圜底，方形附耳，耳尖外折，折处刀削，三足呈条状，足和鼎腹通过榫卯结构连接固定。盖顶有两道凸弦纹，鼎腹有两道凸旋纹。口径16.6厘米，腹径20.2厘米，高21厘米。（图二五八，2；图版五九，4）

陶舟　1件。标本M247∶6，泥质红褐陶。椭圆形。敞口圆唇，短束颈，弧腹较深，圜底。颈部有一对兽首耳，兽首双角和嘴清晰，三蹄足残。口径13.9~15.2厘米，高7.5厘米。（图二五七，3；图版五九，5）

陶盘　1件。标本M247∶7，泥质红褐陶。宽平折沿，方唇，折壁，盘腹较浅，圜底。一对宽扁附耳，耳端外折，耳孔呈方形，整体形态呈简化兽首形。三矮蹄足，足跟微鼓。口径27.6厘米，高9.2厘米。（图二五八，1；图版五九，6）

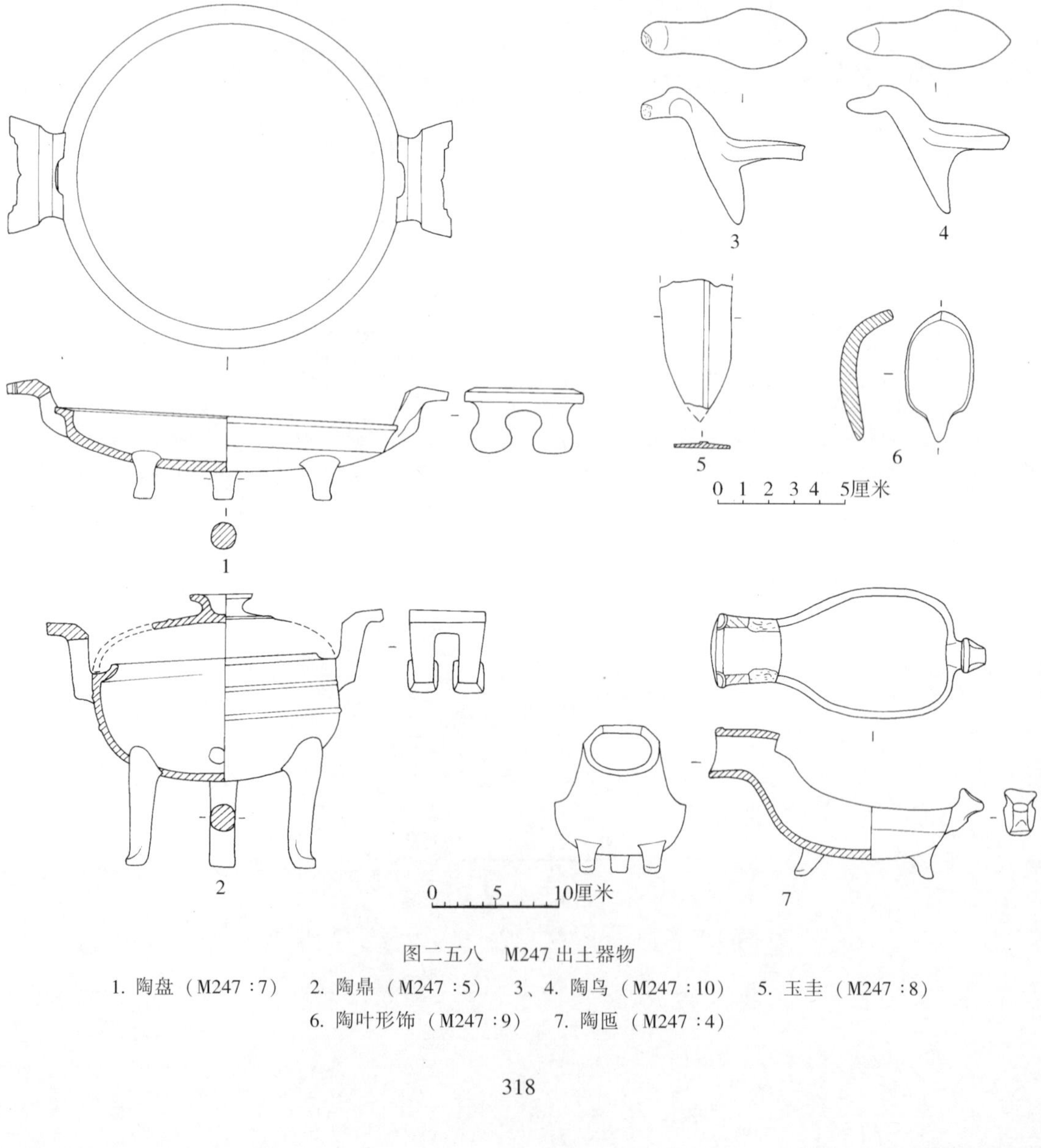

图二五八　M247出土器物

1. 陶盘（M247∶7）　2. 陶鼎（M247∶5）　3、4. 陶鸟（M247∶10）　5. 玉圭（M247∶8）　6. 陶叶形饰（M247∶9）　7. 陶匜（M247∶4）

陶叶形饰　1件。标本M247∶9，叶柄较短，叶片尖端弧曲。泥质褐陶。长5.3厘米，宽2.6厘米，厚0.6厘米。（图二五八，6）

陶鸟　2件。标本M247∶10，尖喙，长颈，斜背，尾微垂，独足。泥质褐陶。一件长6.5厘米，宽2.7厘米，高5.5厘米；另一件长6.5厘米，宽2.3厘米，高5.1厘米。（图二五八,3、4）

玉圭　1件。标本M247∶8，仅存首端，近三角形，一面有解料时两面对锯形成的茬口。残长5.2厘米，宽2.8厘米。（图二五八，5）

第一三一节　M248

一、墓葬形制

方向10°。长方形竖穴土坑墓，直壁，平底。长2.60米，宽1.50米，深1米。（图二五九）

葬具为单棺，楔形，长2.08米，宽0.68～0.80米，残高0.10米，板灰厚0.02米。人骨保存较好，仰身直肢，头朝西，双手置于腹部。

出土遗物6件，有陶鼎1件，玉圭1件，陶罍1件，陶器盖2件，陶舟1件，玉圭置于墓主人头部，陶罍置于墓葬东南部的木棺与墓壁之间，陶鼎、器盖和陶舟置于墓葬东北角的木棺与墓壁之间。

二、出土遗物

陶鼎　1件。标本M248∶2，无盖。泥质红褐陶。子口方唇，弧腹较浅，圜底，方形附耳，耳尖外折，折处刀削，三足呈条状，足和鼎腹通过榫卯结构连接固定。鼎腹有二道凸旋纹。口径14.7厘米，腹径17.8厘米，高16.3厘米。（图二六〇，9；图版六〇，1）

陶器盖　2件。标本M248∶3，泥质灰陶。方唇，弧壁，弧顶，抓手残。口径15.2厘米，残高2.8厘米。（图二六〇，3；图版六〇，3）标本M248∶6，方唇，弧壁，弧顶，中部有一圈足状捉手。泥质灰陶。口径17.8厘米，高5.2厘米。（图二六〇，8；图版六〇，5）

陶舟　1件。标本M248∶4，泥质灰陶，耳残。平面形态呈圆形。敛口，尖唇，折腹较浅，平底。口径12.8厘米，底径5.4厘米，高3.8厘米。（图二六〇，2；图版六〇，4）

陶罍　1件。标本M248∶5，泥质灰陶。平折沿，方唇，斜颈，较长，溜肩，鼓腹，下腹部斜收，腹部较深，平底。肩部一对称爬兽和一对称半圆形实钮，爬兽作躬身回首状，有耳有尾，腹部有小孔未穿透。三矮截锥足。肩腹部有三道凹旋纹，颈部有一周纵向

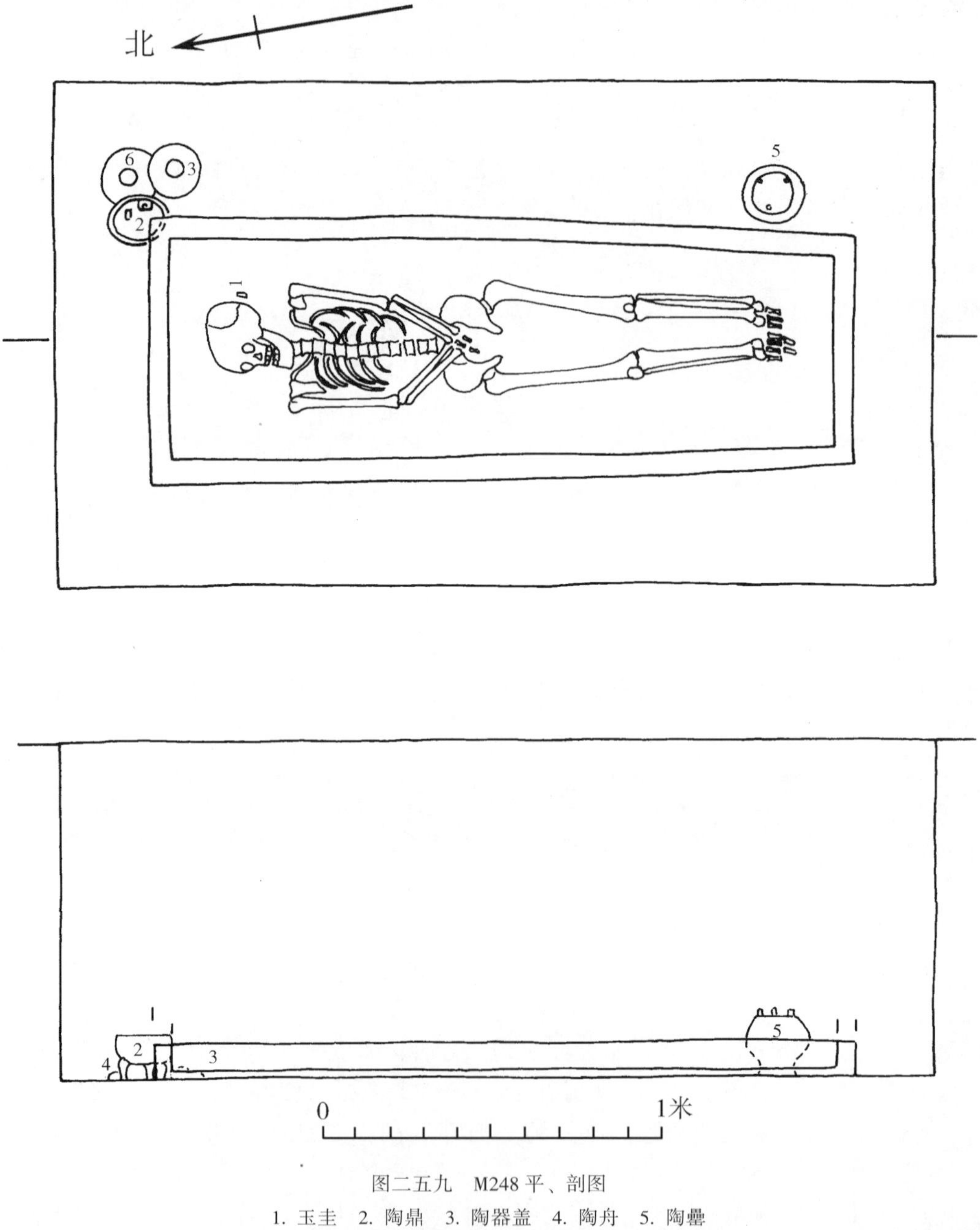

图二五九　M248 平、剖图

1. 玉圭　2. 陶鼎　3. 陶器盖　4. 陶舟　5. 陶罍

红色锯齿纹，爬兽身上有红色横条纹，下腹部饰有红色三角形雷纹。口径 12.7 厘米，腹径 17.6 厘米，高 20.1 厘米。（图二六〇，1；图版六〇，2）

玉圭　1 件。标本 M248∶1，较残碎。长 4.6 厘米，宽 2.8 厘米。（图二六〇，4、5、6、7）

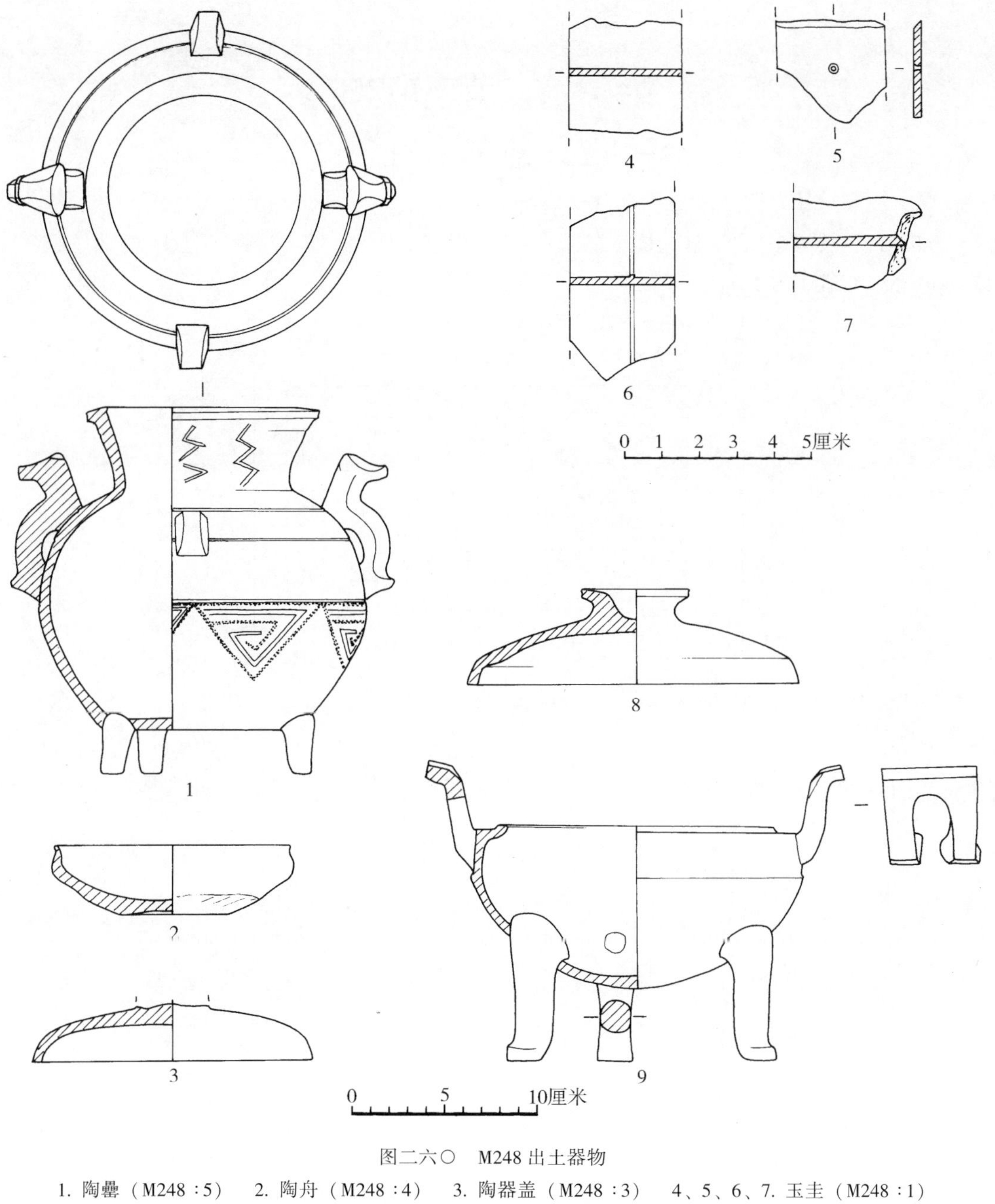

图二六〇　M248 出土器物

1. 陶罍（M248∶5）　2. 陶舟（M248∶4）　3. 陶器盖（M248∶3）　4、5、6、7. 玉圭（M248∶1）
8. 陶器盖（M248∶6）　9. 陶鼎（M248∶2）

第一三二节　M250

一、墓葬形制

方向5°。长方形竖穴土坑墓，斜壁，口大于底，平底。长3米，宽1.80米，现存深度3.60米。(图二六一)

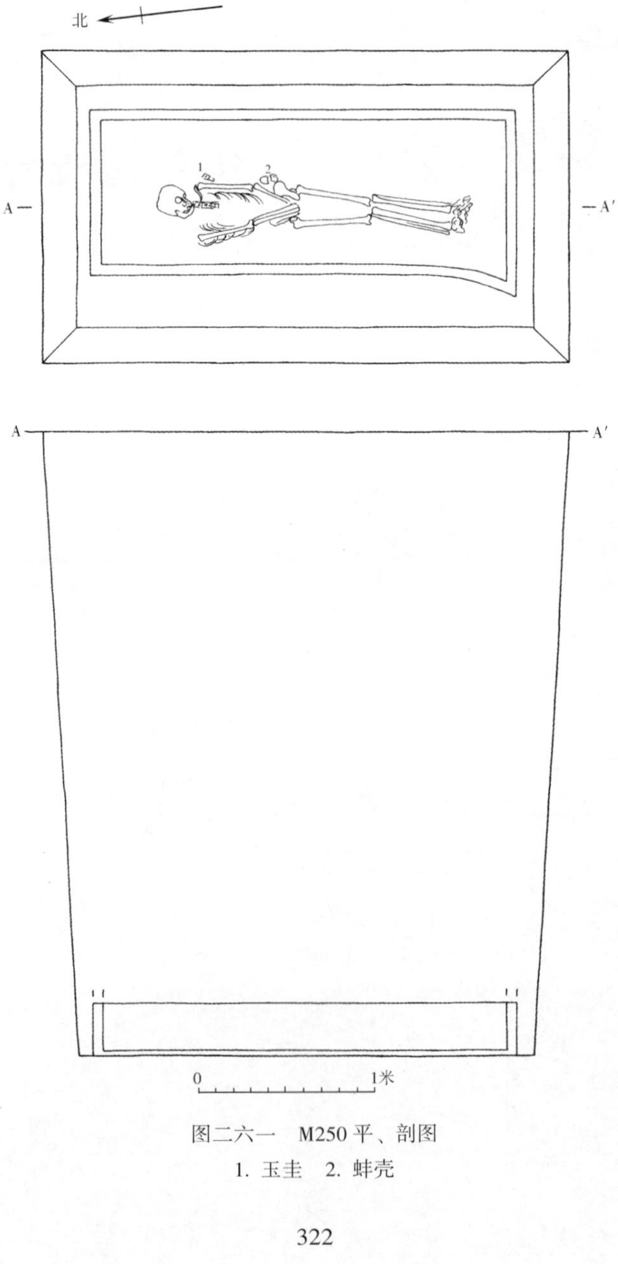

图二六一　M250平、剖图
1. 玉圭　2. 蚌壳

葬具为单棺。棺楔形，长 2.42 米，宽 0.96～1.08 米，残高 0.30 米，板灰厚 0.03 米。人骨保存较差，仰身直肢，头向北，面向东，双手交叉放于腹部。

出土遗物有玉圭残片 1 件，蚌壳 1 件，玉圭位于棺内墓主人肩部，蚌壳位于棺内墓主人腹部。

二、出土遗物

玉圭　1 件。标本 M250∶1，残存一段圭身，一面有解料时两面对锯形成的茬口。残长 9.3 厘米，宽 2.8 厘米。（图二六二，2）

蚌壳　1 件。标本 M250∶2，为双壳。平面近扇形，截面呈心形。长 6.2 厘米，宽 5 厘米，厚 3 厘米。（图二六二，1）

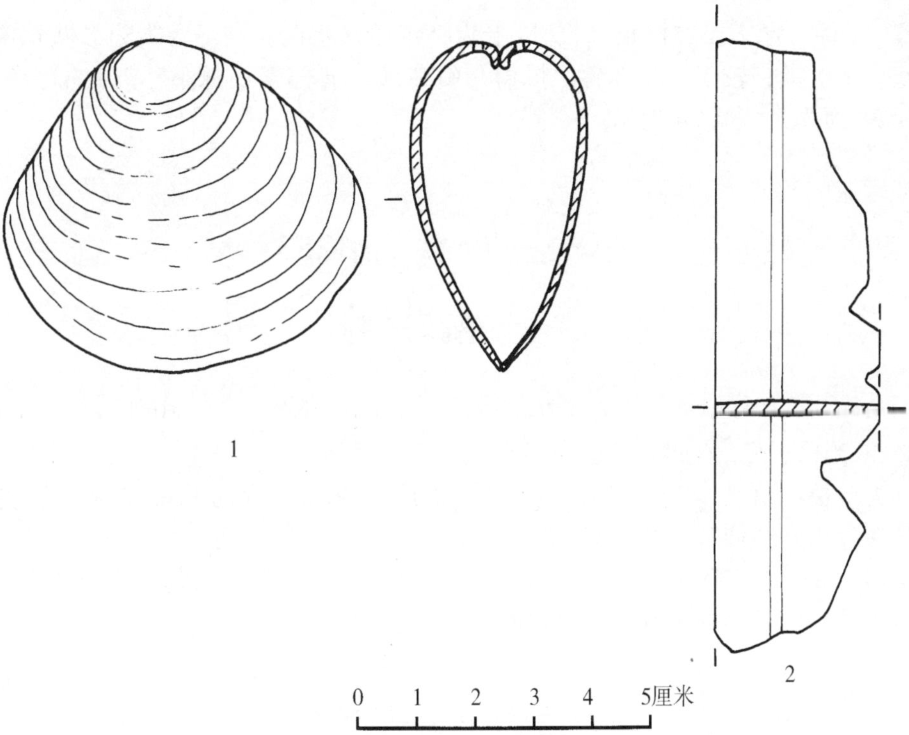

图二六二　M250 出土器物
1. 蚌壳（M250∶2）　2. 玉圭（M250∶1）

第一三三节　M251

一、墓葬形制

方向270°。长方形竖穴土坑墓，斜壁，口大于底，平底。长2.90米，宽2米，现存深度3.20米。（图二六三）

葬具为单椁。椁呈“Ⅱ”字形，长2.26米，宽1.14米，残存高度0.30米，板灰厚0.03米。人骨保存较好。仰身直肢，面向南，双手置于腹部。

出土器物有陶釜1件，置于墓主人腰臀下。

二、出土遗物

陶釜　1件。标本M251∶1，肩部以上为夹细砂灰褐陶，腹部为夹粗砂灰褐陶，砂粒较大。残。平折沿，较窄，厚方唇，折肩，斜弧腹。肩部素面抹平，下腹部为斜向粗绳纹。口径38厘米，残高24厘米。

第一三四节　M253

一、墓葬形制

方向10°。长方形竖穴土坑墓，斜壁，口大于底，平底。长2.60米，宽1.80米，现存深度2.40米。（图二六四）

葬具为单棺。棺呈长方形，长1.92米，宽0.78米，残存高度0.10米，板灰厚0.02米。人骨保存稍好。仰身直肢，双手放于腹部。

出土器物8件，有陶鼎1件，陶罍2件，陶敦1件，陶舟1件，陶盘1件，陶匜1件，玉圭1件。位于棺外和墓坑北壁之间。

二、出土遗物

陶罍　2件。标本M253∶1，泥质灰陶。平折沿，略往下斜，方唇，斜颈，较长，溜肩，鼓腹，下腹部斜收，腹部略深，平底。肩部一对称爬兽和一对称半圆形实钮，爬兽作躬身回首状，有耳有尾，腹部有孔。三矮蹄足。肩腹部有三道凹旋纹，颈部饰有红色锯齿纹，下腹

图二六三　M251平、剖图
1. 陶釜

图二六四　M253平、剖图

1、2. 陶罍　3. 陶鼎　4. 陶匜　5. 陶舟　6. 陶盘　7. 陶敦　8. 玉圭

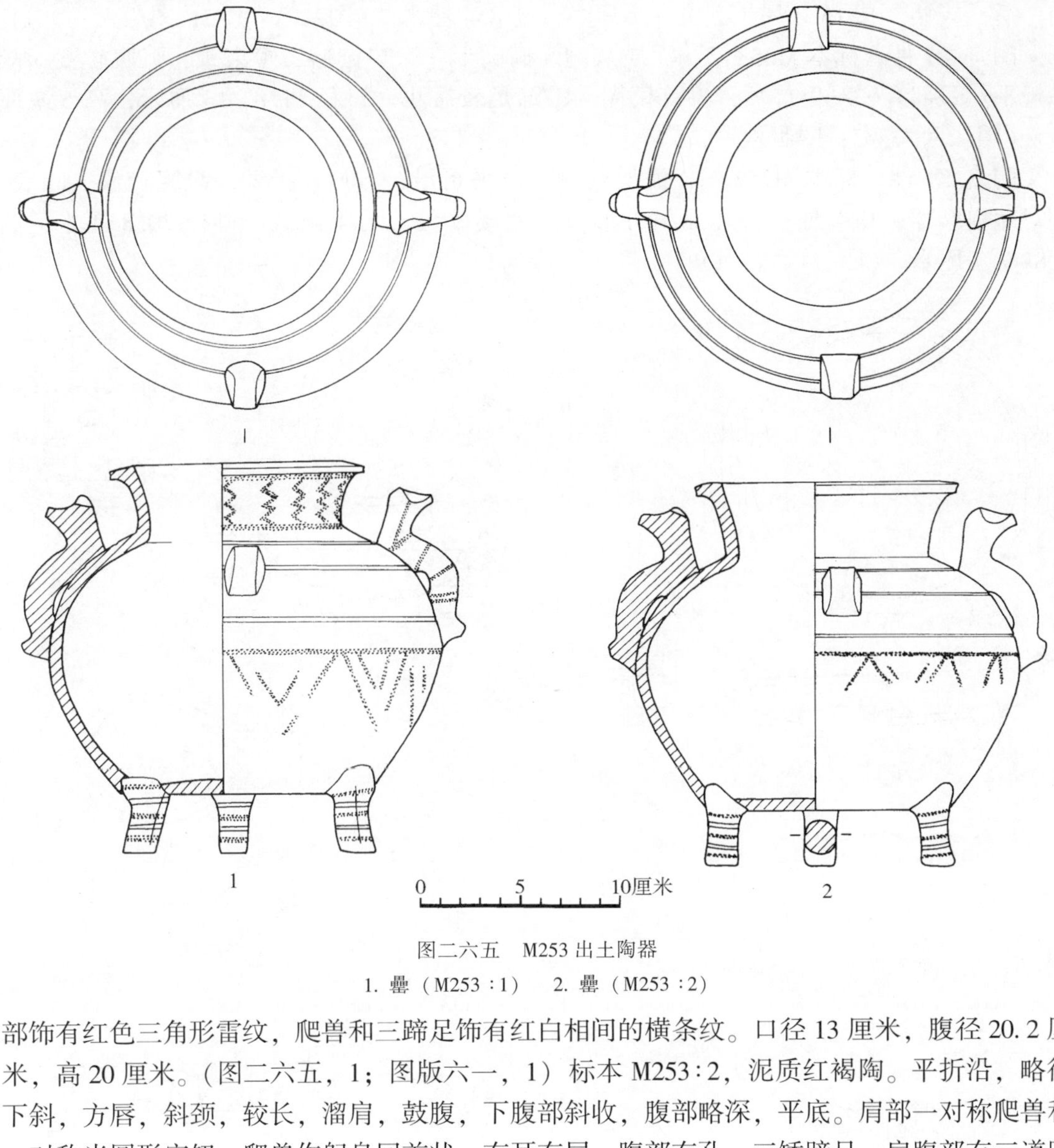

图二六五　M253 出土陶器
1. 罍（M253：1）　2. 罍（M253：2）

部饰有红色三角形雷纹，爬兽和三蹄足饰有红白相间的横条纹。口径 13 厘米，腹径 20.2 厘米，高 20 厘米。（图二六五，1；图版六一，1）标本 M253∶2，泥质红褐陶。平折沿，略往下斜，方唇，斜颈，较长，溜肩，鼓腹，下腹部斜收，腹部略深，平底。肩部一对称爬兽和一对称半圆形实钮，爬兽作躬身回首状，有耳有尾，腹部有孔。三矮蹄足。肩腹部有三道凹旋纹，颈部饰有红色锯齿纹，下腹部饰有红色三角形雷纹，爬兽和三足饰有红色横条纹。口径 13.3 厘米，腹径 19.6 厘米，高 19.7 厘米。（图二六五，2；图版六一，2）

陶鼎　1 件。标本 M253∶3，泥质灰陶。盖方唇，折壁，弧顶，有一圈足状捉手。器身子口方唇，弧腹较浅，圜底近平，方形附耳，耳尖外折，折处刀削，三足呈条状，正面和侧面用工具加以修削，形成明显的削痕，足底有小孔，足和鼎腹通过榫卯结构连接固定。口径 15.8 厘米，腹径 18.4 厘米，高 18.8 厘米。（图二六六，6；图版六一，3）

陶匜　1 件。标本 M253∶4，泥质灰陶。器形较大，整体呈动物形。敞口，方唇，直壁，圜底近平。流高昂，作兽首形，双耳较大，口大张，尾端有一圆形小钮，三乳钉足二

前一后，较矮。长15.4厘米，宽9.2厘米，高8.4厘米。（图二六六，5；图版六一，4）

陶舟　1件。标本M253∶5，泥质灰陶。椭圆形。敞口圆唇，短束颈，弧腹较浅，圜底近平。颈部有一对兽首耳，兽首模糊，三蹄足较矮小。口径11.8~13厘米，高5.7厘米。（图二六六，3；图版六一，5）

陶盘　1件。标本M253∶6，泥质灰陶。窄平折沿，方唇，折壁，盘腹较浅，圜底。一对宽扁立耳，耳端外折，耳孔呈方形。三个矮蹄足，足跟微鼓。口径20.8厘米，高6.8~7.7厘米。（图二六六，1）

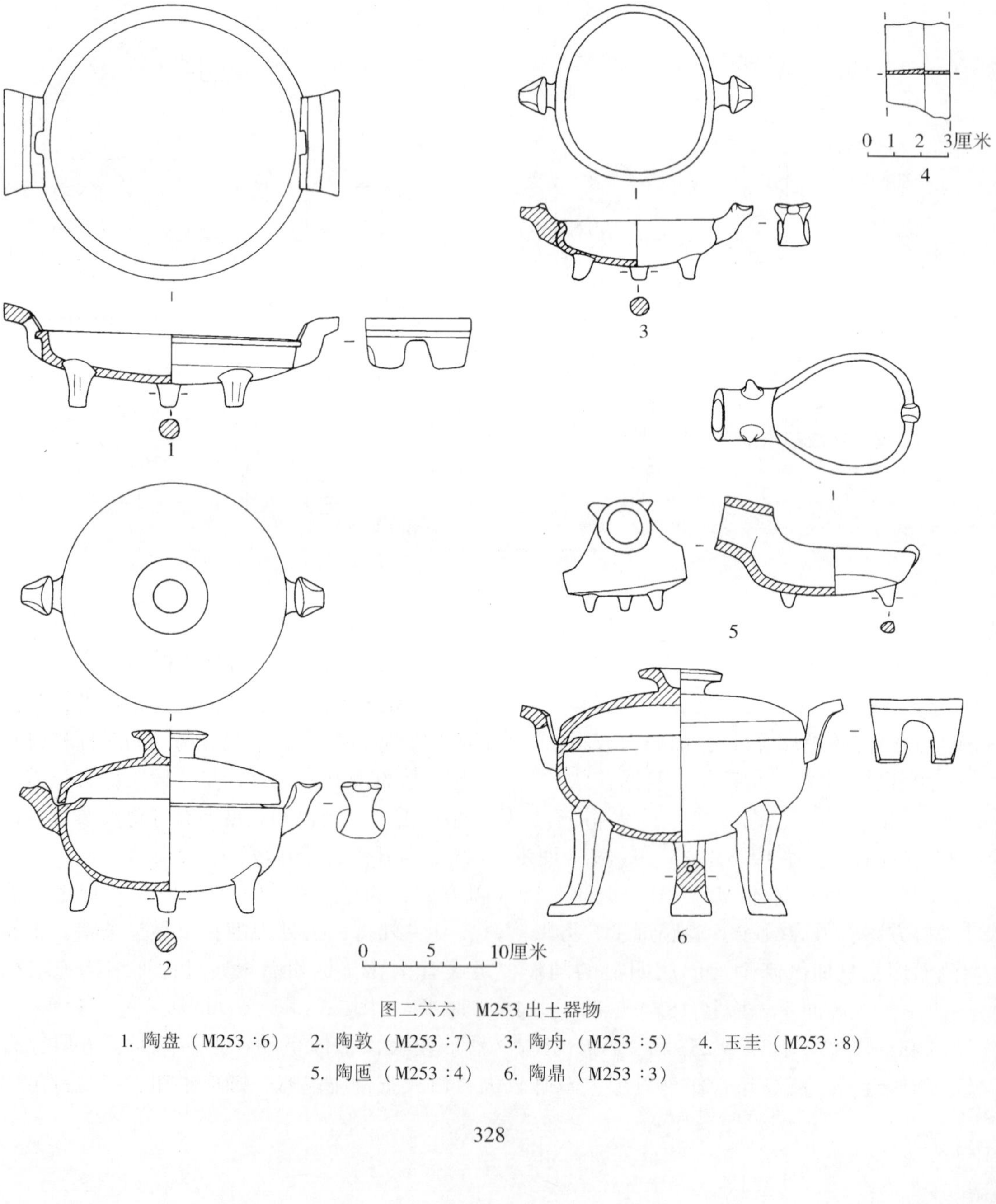

图二六六　M253出土器物

1. 陶盘（M253∶6）　2. 陶敦（M253∶7）　3. 陶舟（M253∶5）　4. 玉圭（M253∶8）
5. 陶匜（M253∶4）　6. 陶鼎（M253∶3）

陶敦　1件。标本M253:7，泥质灰陶。盖直壁弧顶，较浅，中部有一圈足状捉手。器身子母口，子口内敛，方唇，弧腹略深，浅圜底。一对对称兽首，兽首较为简略。三矮蹄足。口径14厘米，腹径17.2厘米，高13.8厘米。（图二六六，2）

玉圭　1件。标本M253:8，仅存一段圭身，一面有解料时两面对锯形成的茬口。残长3.6厘米，宽2.4厘米。（图二六六，4）

第一三五节　M254

一、墓葬形制

方向355°。长方形竖穴土坑墓，斜壁，口大于底，平底。长2.70米，宽2米，现存深度3.20米。墓坑东壁有一壁龛。壁龛距墓底0.80米，宽0.72米，高0.46米，进深0.28米。（图二六七）

葬具为单棺。棺呈长方形，长2米，宽0.92米，残存高度0.26米，板灰厚0.03米。人骨腐朽不存。

出土器物7件，有陶鼎1件，陶盖豆1件，陶豆1件，陶壶1件，陶盘1件，陶匜1件，陶釜1件。其中大陶釜位于棺内中部，其余均出自壁龛。

二、出土遗物

陶匜　1件。标本M254:1，泥质灰陶。平面椭圆形。敞口，方唇，弧壁，平底微凹。流较长，上翘，尾端内凹。长17.8厘米，宽16厘米，高7.8厘米。（图二六八，4；图版六二，1）

陶盘　1件。标本M254:2，泥质灰陶。仅存部分残片。残高3厘米。

陶壶　1件。标本M254:3，泥质灰陶。浅盖弧顶，盖舌较短。敞口方唇，颈微束，溜肩，弧腹，最大径在肩腹接合处，矮假圈足，平底微凹。盖顶有三道折棱。口径11.4厘米，腹径15.2厘米，底径9厘米，高26厘米。（图二六八，3；图版六二，2）

陶豆　1件。标本M254:4，泥质灰陶。敞口，圆唇，壁外折内弧，细长柄，喇叭足，足外沿下凹。口径13.8厘米，底径7.6厘米，凹18.6厘米。（图二六八，5；图版六二，3）

陶盖豆　1件。标本M254:5，泥质褐陶。盖弧壁弧顶，较深，中部一圆饼状捉手，口沿略往下弧。器身子母口，方唇，深盘折腹，瓦纹形上腹部近直，下腹部弧收，束腰细柄较矮，喇叭状底。盖面围绕捉手饰有锯齿纹。口径15厘米，腹径19厘米，底径11.8厘米，高24.4厘米。（图二六八，2；图版六二，4；彩版四九，4）

陶鼎　1件。标本M254:6，泥质灰陶。盖折壁弧顶，盖略深，等距离分布着三个半圆形实钮。器身子口内敛，方唇，微鼓腹，腹部较深，近平底。方形附耳外斜，耳端内侧

图二六七　M254平、剖图

1. 陶匜　2. 陶盘　3. 陶壶　4. 陶豆　5. 陶盖豆　6. 陶鼎　7. 陶釜

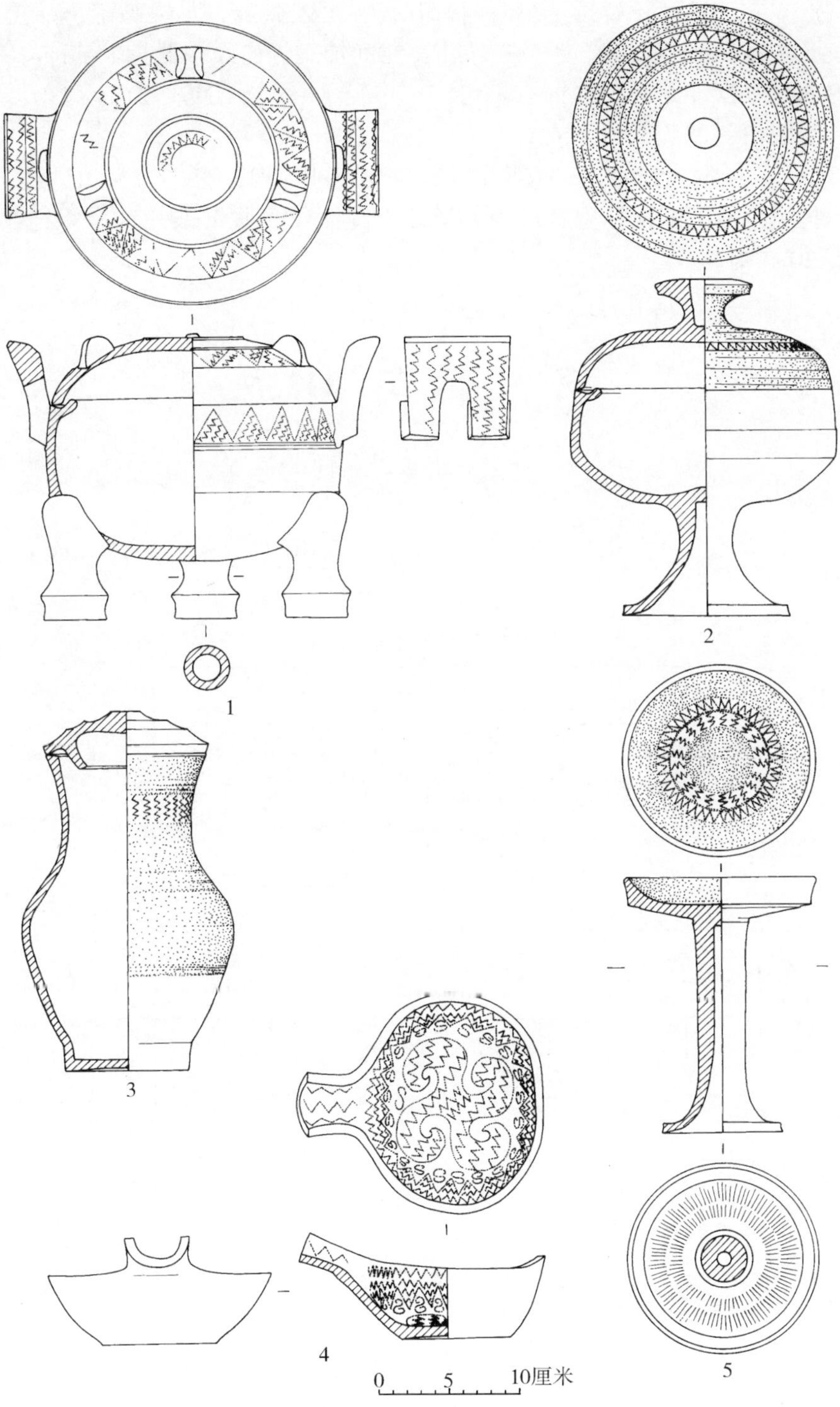

图二六八　M254出土陶器

1. 鼎（M254∶6）　2. 盖豆（M254∶5）　3. 壶（M254∶3）　4. 匜（M254∶1）　5. 豆（M254∶4）

刀削。三圆形空心蹄足，较矮，足跟内侧有开孔，足跟微鼓，足尖高蹄。鼎盖一道折棱，两周凸旋纹，折棱和凸旋纹间等距分布三钮，钮间饰有锯齿纹，器身上部饰有一周三角形纹，三角形内饰有锯齿纹，附耳饰有锯齿纹。口径 17 厘米，腹径 21. 1 厘米，高 20. 4 厘米。(图二六八，1；图版六二，5)

陶釜　1 件。标本 M254∶7，肩部及口沿为夹细砂红陶，腹部为夹粗砂红陶。残。卷沿，方唇，折肩，肩部素面抹平，肩腹接合处有绳索纹，腹部残片饰有粗绳纹。口径 35 厘米，残高 20 厘米。

第一三六节　M256

一、墓葬形制

方向 5°。长方形竖穴土坑墓，直壁，平底。长 2. 40 米，宽 1. 20 米，深 1. 60 米。(图二六九)

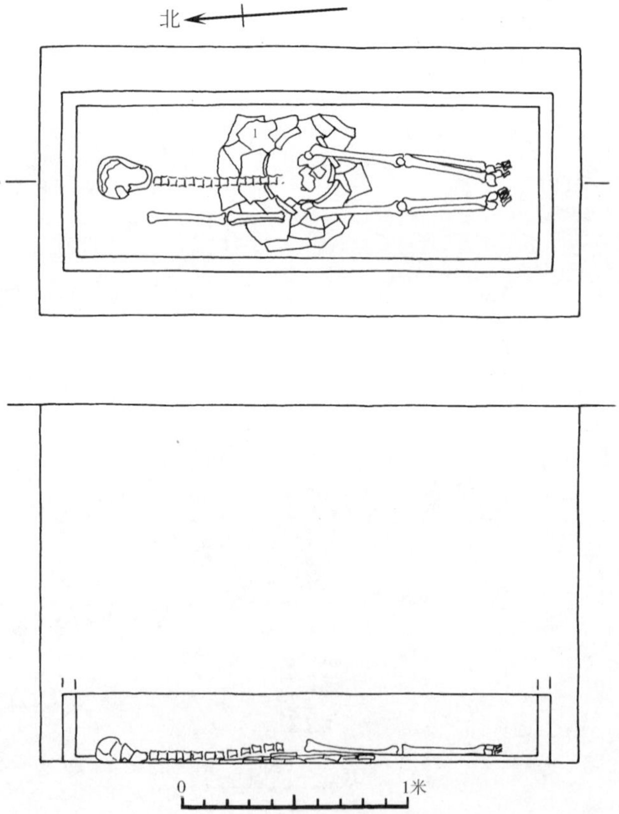

图二六九　M256 平、剖图

1. 陶釜

葬具为单棺，长方形，长2.18米，宽0.80米，残高0.30米，板灰厚0.04米。人骨保存较差，仰身直肢。

出土遗物有陶釜1件，置于墓主人身下，出土时残碎。

二、出土遗物

陶釜　1件。标本M256:1，肩以上夹细砂红褐陶，腹以下夹粗砂红褐陶。残。折沿，上有三道凹槽，方唇，上有一道凹槽，折肩，腹以下均残。肩部刻有两陶文“吕□”。上下两部分系分别制作后拼接而成。口径36厘米，残高22.4厘米。（图二七〇）

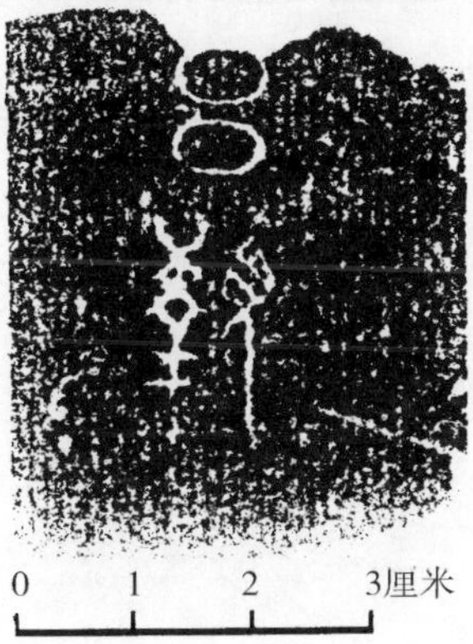

图二七〇　M256出土陶釜肩部陶文拓片（M256:1）

第一三七节　M258

一、墓葬形制

方向10°。长方形竖穴土坑墓，直壁，平底。长2.66米，宽1.24米，深1米。（图二七一）

葬具为单棺，楔形。长2米，宽0.76~0.80米，残高0.10米，板灰厚0.03米。人骨保存较好，仰身直肢，双手置于腹部。

出土遗物有陶鬲1件，玉圭2件，陶鬲置于墓主人身下，出土时残碎，玉圭置于墓主人足部。

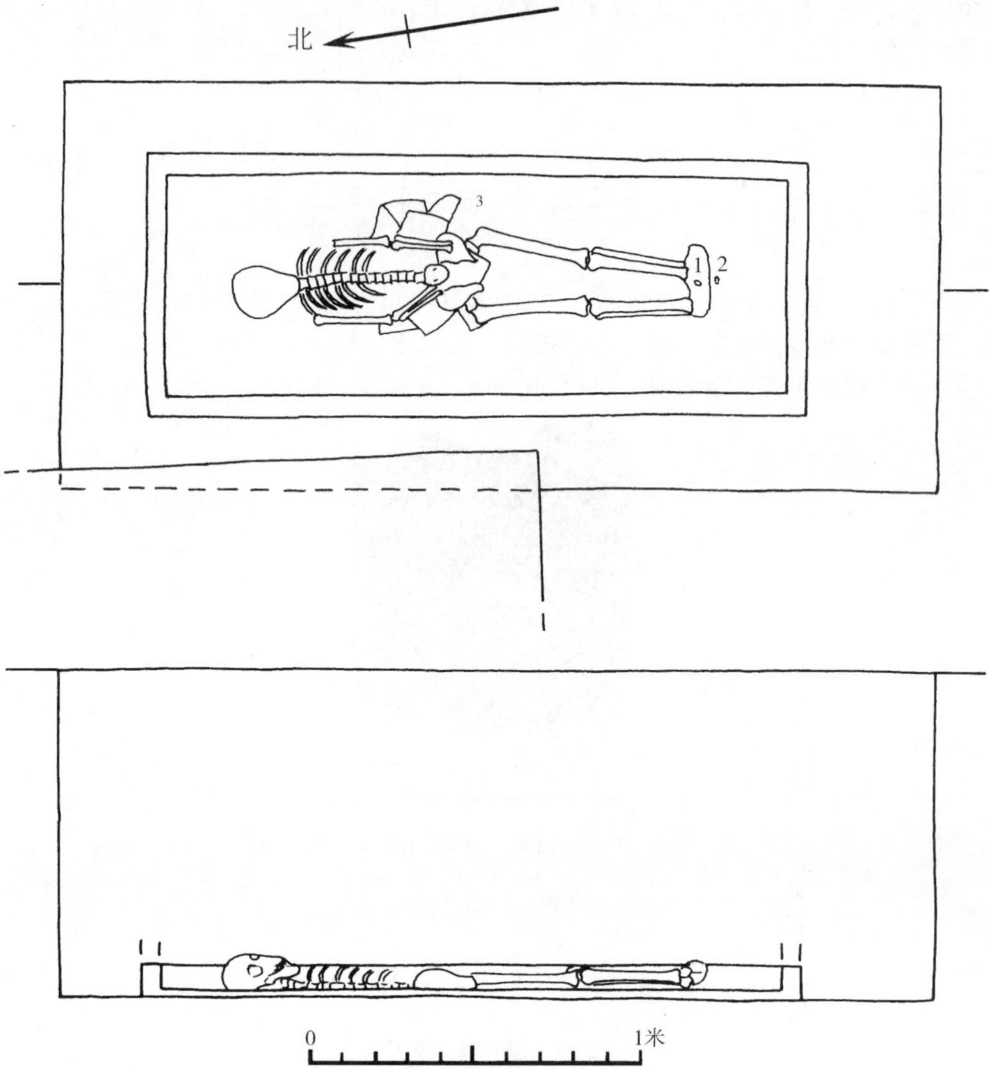

图二七一　M258 平、剖图
1、2. 玉圭　3. 陶鬲

二、出土遗物

陶鬲　1件。标本 M258∶3，肩以上夹细砂红陶，腹以下夹粗砂红陶。折沿，方唇，唇面下凹，折肩，腹以下均残。肩上饰多道凹弦纹。腹以下施绳纹。上下两部分系分别制

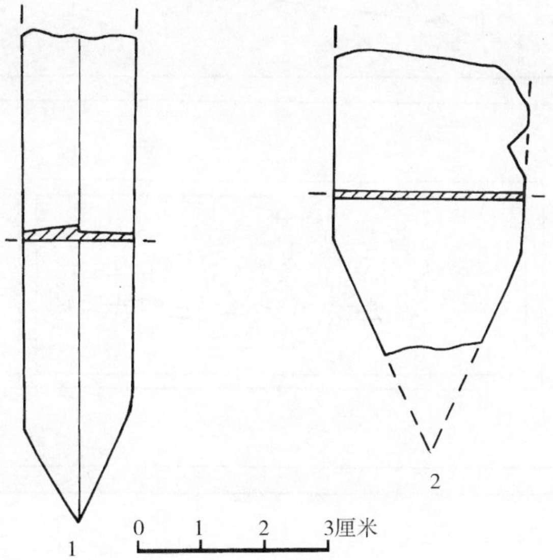

图二七二　M258出土玉圭
1. M258:1　2. M258:2

作后拼接而成。口径32厘米，残高25厘米。

玉圭　2件。标本M258:1，首端稍残，近三角形，残存圭身较短。残长5厘米，宽3厘米。（图二七二，1；彩版四一，2）标本M258:2，首端三角形，圭身长条形，一面有解料时两面对锯形成的茬口，尾端残。残长7.9厘米，宽1.8厘米。（图二七二，2）

第一三八节　M260

一、墓葬形制

方向5°。长方形竖穴土坑墓，斜壁，口大于底，平底。长2.80米，宽1.60米，现存深度3米。（图二七三）

葬具为单棺。棺长方形，长1.96米，宽0.80米，残高0.30米，板灰厚0.03米。人骨保存较好，仰身直肢，头向北，面向西，双手交叉放于腹部。

出土遗物有玉圭1件，陶鬲1件，玉圭位于棺内墓主人头骨西侧，陶鬲位于棺外墓主人臀部下。

二、出土遗物

陶鬲　1件。标本M260:2，肩部及口沿为夹细砂红褐陶，腹部为夹粗砂红褐陶。残。

图二七三　M260平、剖图
1. 玉圭　2. 陶鬲

平折沿，较窄，方唇，折肩。肩部饰有十余道凹旋纹，肩部稍下饰有一周绳索纹，腹部陶片饰有粗绳纹，肩部较薄，到腹部逐渐加厚。口径 36 厘米，残高 19 厘米。

玉圭　1 件。标本 M260∶1，首端三角形，圭身长条形，一面有解料时两面对锯形成的茬口，尾端残，近尾端处有一圆形穿孔。残长 11 厘米，宽 2.5 厘米。（图二七四；彩版四一，6）

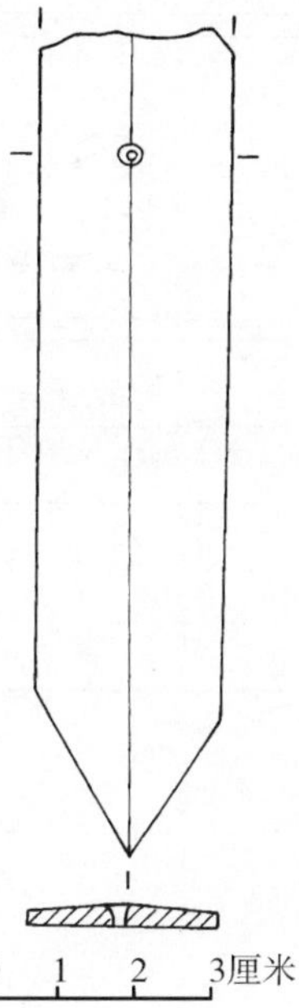

图二七四　M260 出土玉圭（M260∶1）

第一三九节　M261

一、墓葬形制

方向 10°。长方形竖穴土坑墓，斜壁，口大于底，平底。长 2.90 米，宽 1.80 米，现存深度 3.10 米。（图二七五）

葬具为单棺。棺长方形，长 2 米，宽 0.90 米，残高 0.30 米，板灰厚 0.03 米。人骨保存较差，仰身直肢，头向北，双手交叉放于腹部。

出土遗物有玉圭 2 件，位于棺内墓主人头骨东侧。

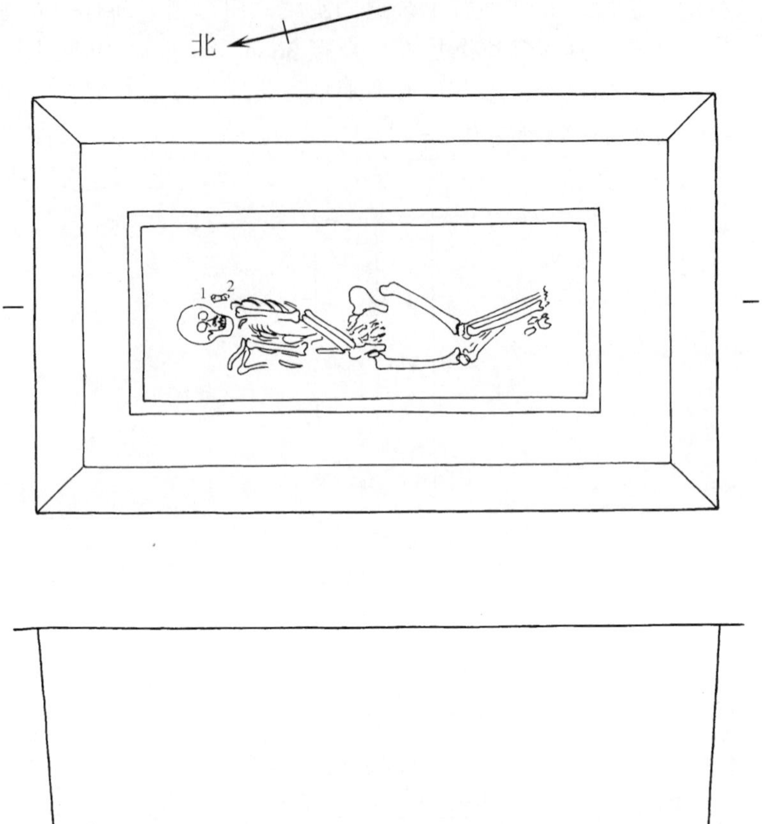

图二七五　M261平、剖图
1、2. 玉圭

二、出土遗物

玉圭　2件。标本M261∶1，残存一段圭身，一面有解料时两面对锯形成的茬口。残长5.1厘米，宽3.3厘米，厚0.5厘米。（图二七六，2）标本M261∶2，残存一段圭身较长，一面有解料时两面对锯形成的茬口。残长11.1厘米，宽2.9厘米，厚0.3厘米。（图二七六，1；彩版四一，3）

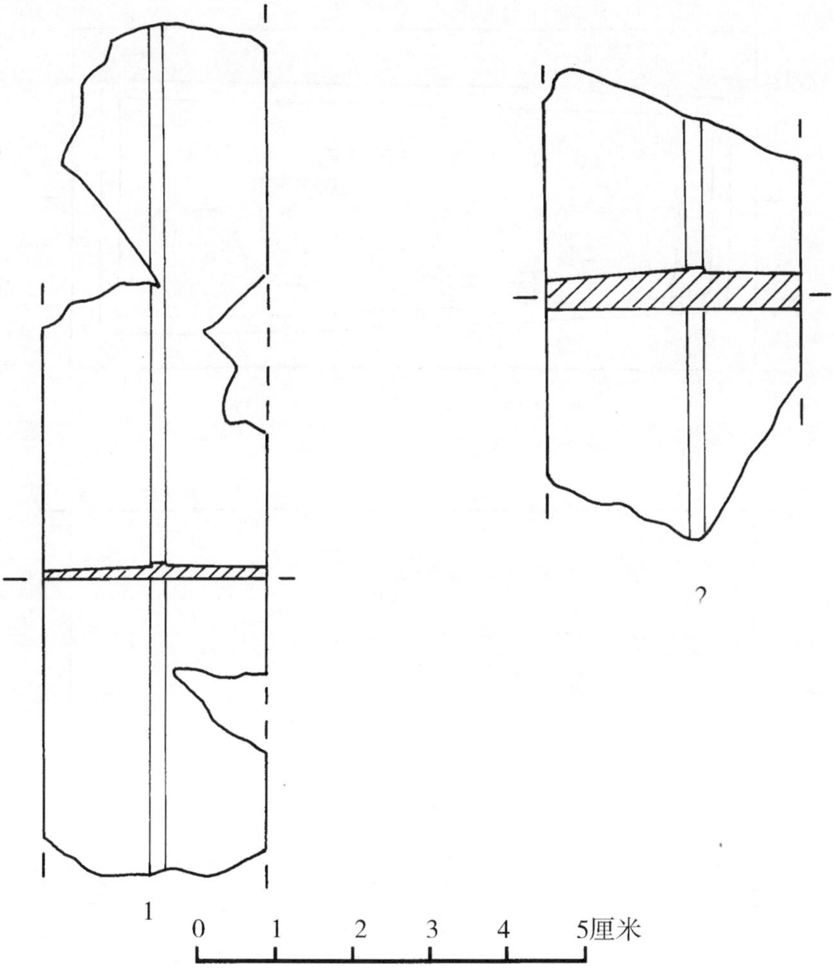

图二七六　M261出土玉圭
1. M261∶2　2. M261∶1

第一四〇节　M264

一、墓葬形制

方向20°。长方形竖穴土坑墓，直壁，平底。长2.40米，宽1.20米，现存深度1.60米。(图二七七)

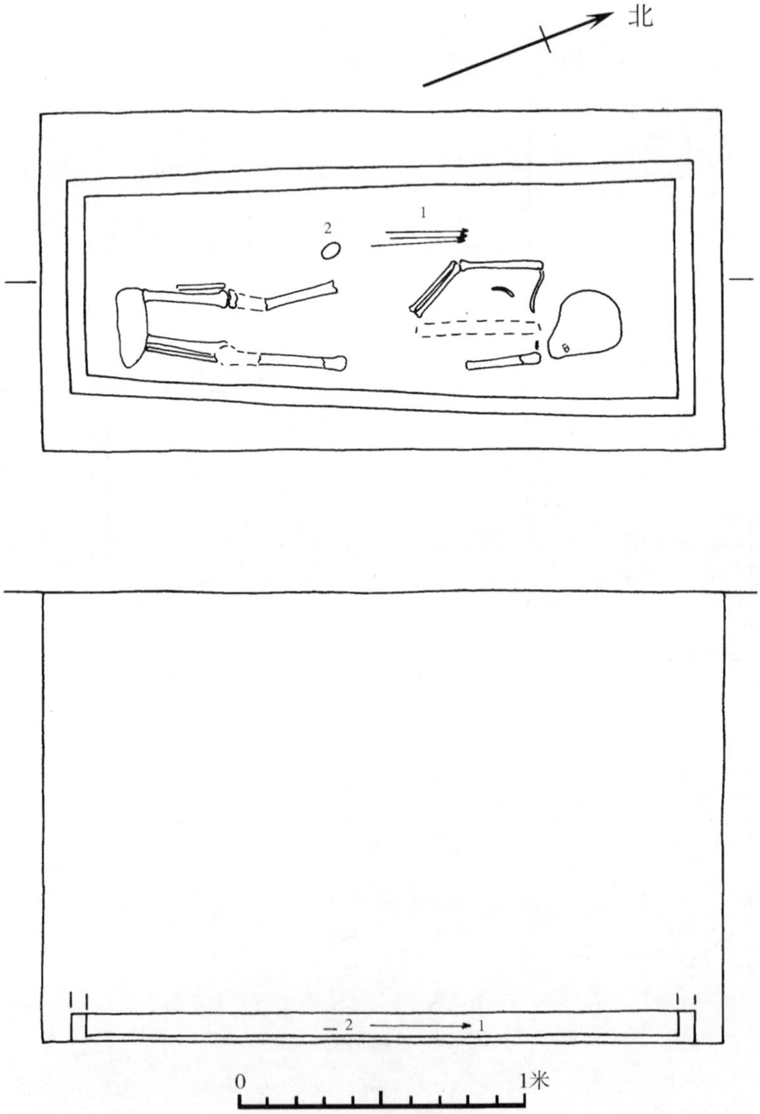

图二七七　M264平、剖图
1. 铜镞　2. 陶器

葬具为单棺。棺楔形，长 2. 20 米，宽 0. 76~0. 90 米，北宽南窄，残高 0. 10 米，板灰厚 0. 02 米。

出土遗物有铜镞 3 件，陶器 1 件，位于棺内，墓主人腹部西侧。

二、出土遗物

陶器　1 件。标本 M264∶2，平面椭圆形，四面坡形顶，底上凹。泥质灰陶。长 6. 8 厘米，宽 4. 8 厘米，厚 1. 1 厘米。（图二七八，1；图版六二，6）

铜镞　3 件。标本 M264∶1-1、2、3，镞头为铜质，有三棱刃，尖锋锐。镞杆铁质，圆柱形，已残。残长 28. 6~37. 6 厘米。（图二七八，2、3、4；彩版三五，4）

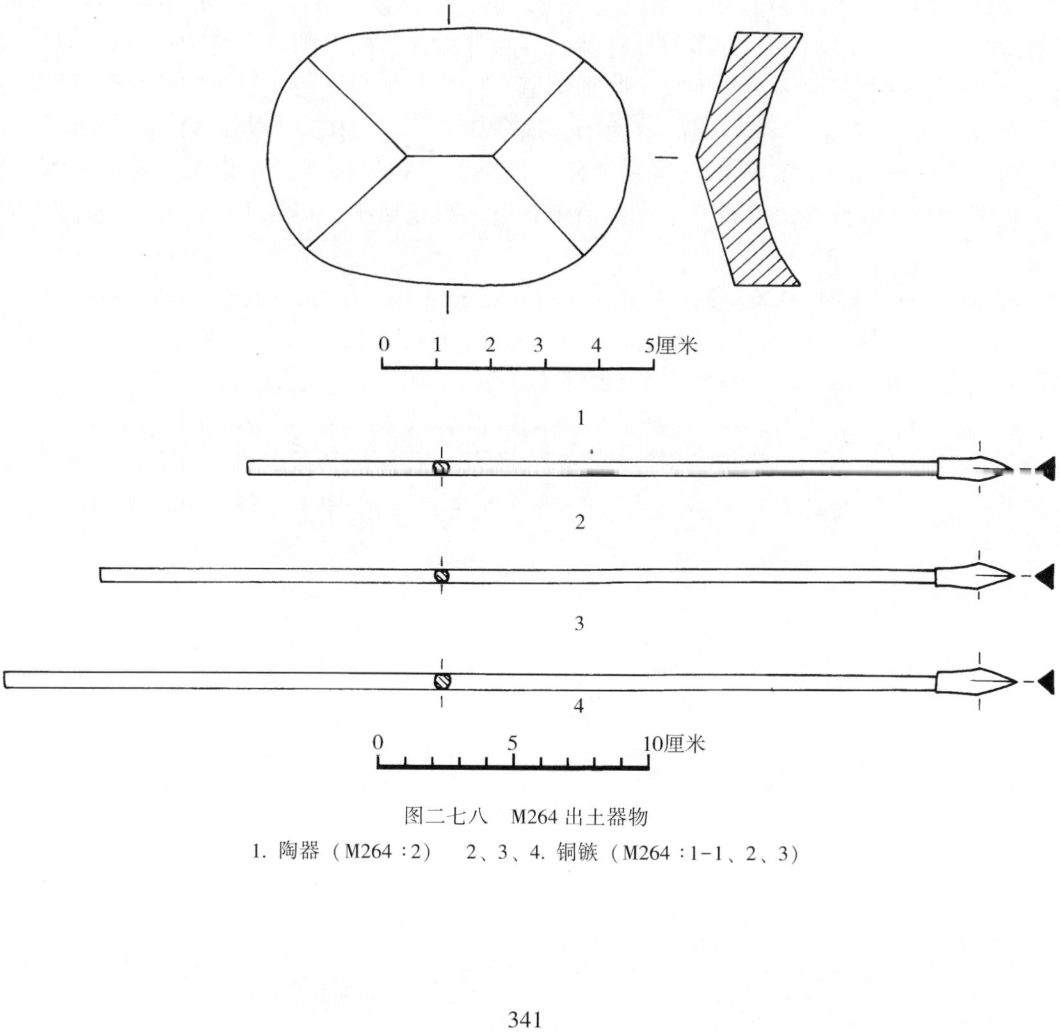

图二七八　M264 出土器物

1. 陶器（M264∶2）　2、3、4. 铜镞（M264∶1-1、2、3）

第一四一节　M267

一、墓葬形制

M267 破坏极其严重，墓圹不清，并且被 M23 叠压，扰乱严重，现场清理时未注意，将其随葬品同 M23 收在一起，室内整理时通过对随葬品的分析，将其同 M23 分离出来单独编号。

二、出土遗物

陶鼎　1 件。标本 M267∶1，泥质红褐陶。盖弧壁弧顶，较深。器身子口内敛，方唇，腹部微鼓，较深，浅圜底。方形附耳外斜，耳端外折，折处刀削。三半圆形实心蹄足，足跟微鼓，足尖残。盖面两道凸旋纹，腹部两道凸旋纹，耳端饰有一道圆圈纹和云雷纹。器表饰白衣。口径 22.3 厘米，腹径 26 厘米，残高 23 厘米。（图二七九，4）

陶舟　1 件。标本 M267∶2，泥质灰陶。椭圆形。敞口圆唇，短束颈，弧腹较深，圜底。颈部有一对兽首耳，兽首双角和嘴清晰，三蹄足较矮小。口径 13.6~15 厘米，高 9.9 厘米。（图二七九，3）

陶盘　1 件。标本 M267∶3，泥质红褐陶。宽平折沿，方唇，折壁，盘腹较深，圜底。一对宽扁附耳，耳端外折，耳孔呈方形，整体形态呈简化兽首形。三矮蹄足，足跟微鼓。耳面刻画有三角形雷纹和连珠纹。口径 33.4 厘米，高 12.2 厘米。（图二七九，1、2）

陶匜　1 件。标本 M267∶4，泥质红褐陶。器形较大，整体呈动物形。敞口，方唇，壁微弧，圜底。流高昂，作兽首形，双角残，面部有几何纹和戳点纹，口大张，尾端亦有一兽首，已残，三足二前一后，已残。长 23.2 厘米，宽 12 厘米，残高 10.1 厘米。（图二七九，5）

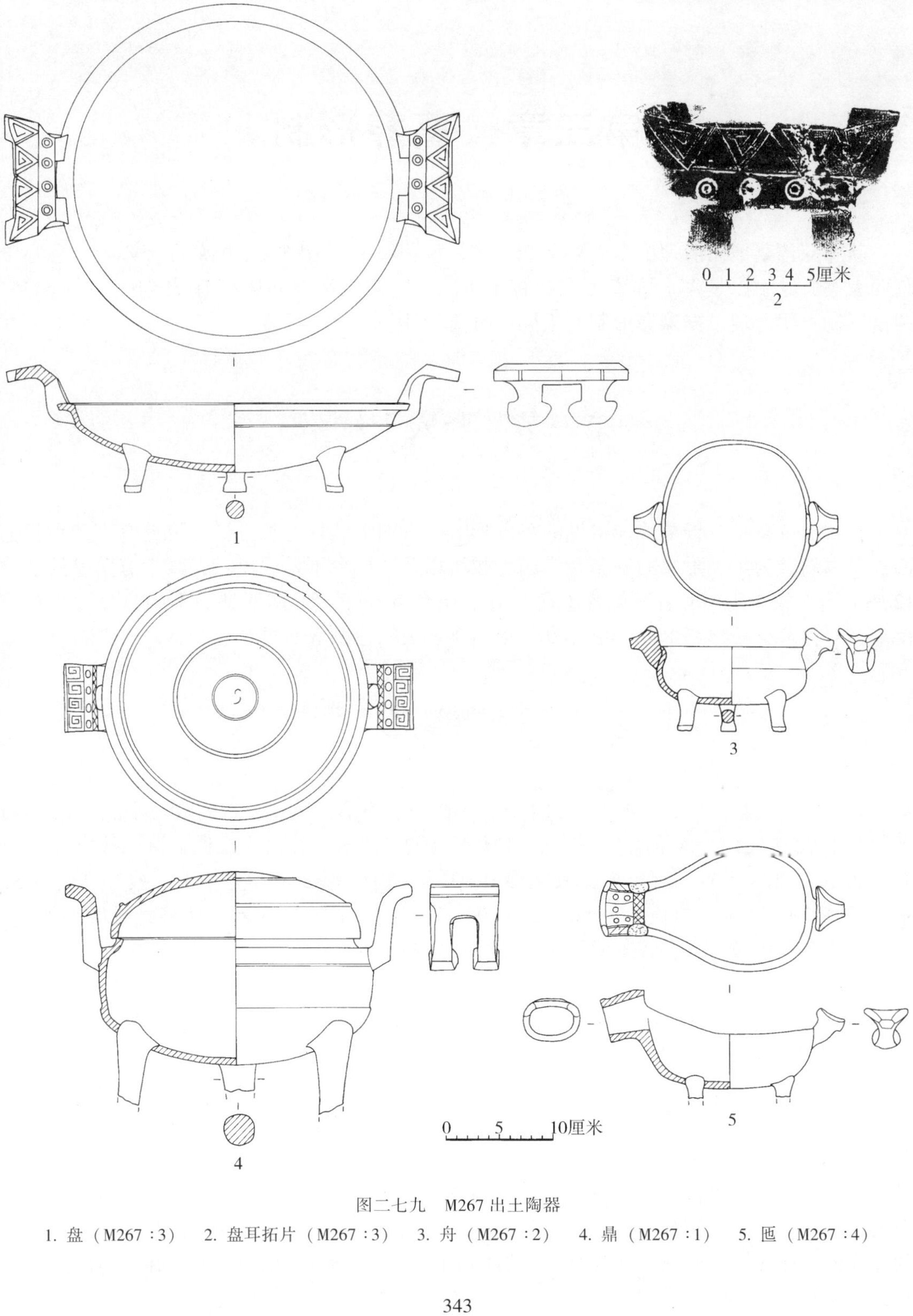

图二七九　M267出土陶器

1. 盘（M267：3）　2. 盘耳拓片（M267：3）　3. 舟（M267：2）　4. 鼎（M267：1）　5. 匜（M267：4）

第三章 墓葬形制

新郑双楼墓地共清理出东周墓葬 267 座，墓葬形制分为竖穴土坑墓和竖穴土坑空心砖墓两大类，其中以竖穴土坑墓为主，有 194 座，竖穴土坑空心砖墓有 72 座，M7、M267 两墓形制不明。现依据墓葬形制的不同，分类论述。

第一节 竖穴土坑墓

竖穴土坑墓是双楼墓地最常见的墓葬形式，平面形状均为长方形，坑壁有直壁和斜壁两种，以斜壁为主。附属的壁龛、头箱、腰坑以及二层台不是很流行，其中有壁龛的墓葬 12 座，有头箱者 1 座，有腰坑者 1 座，有二层台者 6 座。现据葬具的不同，分为二椁一棺墓、双椁墓、一椁一棺墓、单椁墓、单棺墓和无棺椁墓等六类。

一、甲类墓

为二椁一棺墓。1 座。M53。方向 5°，平面呈长方形，坑壁斜直内收，平底。长 2.90 米。宽 1.92 米，现存深度 4.80 米。填土为松软的五花土。葬具为二椁一棺。外椁长 2.34 米，宽 1.38 米，残存高度 1 米，板灰厚 0.03 米；内椁长 2 米，宽 1 米，残存高度 0.57 米，板灰厚 0.03 米；棺长 1.80 米，宽 0.96 米，残存高度 0.15 米。该墓人骨腐朽严重，仅剩头骨和一段肢骨，葬式不明。出土器物有陶鬲 1 件。

二、乙类墓

为双椁墓。14 座。在双楼墓地的墓葬类型中，葬具以内外两重葬具和单重葬具为主，我们分别称之为一椁一棺和单棺，但有一部分墓葬其内层葬具具有较大的空间，甚至部分单重葬具的空间要远远大于双重葬具外椁的空间。通过分析，在双重葬具中外椁宽度最小者为 1.04 米，因此我们可以设定 1 米为界线，将内层葬具的宽度在 1 米以上（含 1 米）的称为椁，而在 1 米以下的称为棺。当然也不能排除个别有内棺的情况存在。所以，我们称之为双椁墓。

双椁墓有：M1、M2、M3、M5、M9、M10、M12、M13、M15、M21、M55、M69、M235 和 M247。

三、丙类墓

为一椁一棺墓。28 座。均为长方形竖穴土坑墓，斜壁或直壁。有壁龛者 2 座，有生土二层台者 1 座。

1. 有壁龛者。2 座。壁龛位于墓侧面或者底端，放置随葬品。有 M41 和 M147。

2. 有生土二层台者。1 座。为 M96。

3. 其他。25 座。均为长方形竖穴土坑墓，墓壁分直壁和斜壁两种。有 M28、M31、M42、M61、M62、M63、M79、M84、M85、M93、M99、M118、M123、M159、M161、M169、M207、M208、M210、M218、M226、M232、M240、M242 和 M246。

四、丁类墓

为单椁墓。31 座。此类墓葬只有一重葬具，通常称之为单棺墓，但此类墓葬和一般的单棺墓又有所区别，那就是它的内部空间较大，其中大的一座长 2.70 米，宽达 1.82 米。延续前面的分析结论，我们视宽度 1 米为界线，将宽度大于 1 米（含 1 米）的称为单椁墓，而小于 1 米的则称为单棺墓归在戊类墓。

此类墓葬平面形状均为长方形，墓壁分斜壁和直壁两种，其中 3 座有壁龛。

1. 有壁龛者。3 座。有 M40、M115 和 M178。

2. 其他。28 座。均为竖穴土坑墓，墓壁分直壁和斜壁两种，以斜壁为主。有 M4、M11、M14、M16、M19、M20、M22、M24、M25、M26、M29、M32、M35、M37、M43、M49、M56、M60、M81、M82、M90、M94、M142、M164、M175、M205、M211 和 M251。

五、戊类墓

为单棺墓。96 座。此类墓葬葬具只有一重，其宽度在 1 米以下。墓葬平面形状均为长方形，墓壁分直壁和斜壁两种，以斜壁为主。附属结构部分主要是壁龛和头箱，有壁龛者 7 座，有头箱者 1 座。

1. 有壁龛者。7 座。有 M30、M72、M184、M188、M195、M237 和 M254。

2. 有头箱者。1 座。为 M47。

3. 其他。88 座。有 M17、M18、M23、M27、M33、M34、M36、M39、M45、M46、

M50、M57、M58、M64、M66、M68、M70、M71、M73、M74、M75、M76、M77、M78、M87、M97、M98、M100、M102、M104、M116、M125、M127、M129、M134、M146、M158、M166、M171、M174、M176、M185、M192、M193、M196、M198、M199、M201、M203、M204、M206、M209、M212、M214、M215、M216、M221、M222、M224、M225、M227、M228、M230、M231、M233、M234、M236、M238、M239、M243、M244、M245、M248、M249、M250、M252、M253、M255、M256、M257、M258、M259、M260、M261、M262、M263、M264 和 M266。

六、己类墓

为无棺椁墓。24 座。此类墓葬未发现有葬具痕迹，不排除某些墓葬因葬具腐朽未保存下来的原因而被计算在内的情况。墓葬平面均为长方形，坑壁有直壁和斜壁两种。附属结构有腰坑和生土二层台，其中有腰坑者 2 座，有生土二层台者 5 座。

1. 有腰坑者。2 座。为 M8、M86。

2. 有生土二层台者。5 座。有 M121、M265、M100、M88 和 M83。

3. 其他。17 座。坑壁有斜壁和直壁两种，以直壁为主。有 M6、M8、M44、M65、M89、M92、M95、M101、M105、M124、M162、M165、M183、M200、M217、M219 以及 M229。

第二节　竖穴土坑空心砖墓

均为单室墓。共 72 座。平面形状均为长方形，坑壁有直壁和斜壁两种，以直壁为主。各墓大小相近，除 M156 长度达到 3. 60 米外，其余墓坑长度基本在 2. 40 米到 3 米之间，宽度基本在 1. 10 米到 1. 70 米之间。除 M67 和 M120 外其余各墓砖室的顶部均不存。砖室常见的形式以 6 块或 7 块空心砖做底砖，底砖绝大部分是横向平铺，其中 9 座是以 4 块空心砖做底砖，两两一排，纵向平铺而成。两端的挡墙为相叠的两层，每层一块空心砖；两边侧墙也是两两相叠的两层，每层 2 块空心砖。从保存完整的两座墓可以看出墓葬的盖顶方式有两种：其一是用若干空心砖横向侧铺而成，如此方法使得一座墓的墓顶大致需用 13 块砖；其二是和墓底铺设方式一样，用 6 或 7 块空心砖横向平铺而成。这类墓葬有 M38、M48、M51、M52、M54、M59、M67、M80、M91、M103、M106、M107、M108、M109、M111、M112、M113、M114、M117、M119、M120、M122、M126、M128、M130、M131、M132、M133、M135、M136、M137、M138、M139、M140、M141、M143、M144、M145、M148、M149、M150、M151、M152、M153、M154、M155、M156、M157、M160、M163、M167、M168、M170、M172、M173、M177、M179、M180、M181、M182、M186、M187、M189、M190、M191、M194、M197、M202、M213、M220、M223 以及 M241。

第四章　出土遗物

新郑双楼东周墓地共出土各类遗物677件，按质地不同可分为铜、铁、陶、玉、玛瑙、骨、蚌及贝等类。

第一节　铜　器

在双楼墓地267座东周墓葬中，共出土铜器57件。器形有鼎、敦、舟、盘、匜、璜、带钩、铃、镜以及镞等。

铜鼎　1件。标本M147∶1，盖折沿尖圆唇，折壁，近平顶，上有三个环钮，折沿处有三个凸起与器身扣合。仰折沿，方唇，弧腹，圜底，方附耳耳尖外折，折棱明显，半圆形蹄足，内侧有凹槽。盖有两道凸弦纹，钮上有陶索纹，器腹有一道凸弦纹，耳面有云雷纹等纹饰。附件与器身分别制作后焊接而成。（图二八〇，1）

铜敦　1件。标本M147∶2，盖折沿方唇，折壁，近平顶，上有四个环钮，中间有圆孔，盖顶有一喇叭状捉手，镂空，有八根短柱与盖身相接，折沿处有三个凸起与器身扣合。折沿方唇，短颈，弧腹，圜底近平。颈部有一对兽首状耳，兽首眼耳清晰，上腹部有一对环钮，钮中间有圆孔。三蹄足瘦长，圆形，中空。盖上有两道凸弦纹，盖钮和腹钮两面均有雷纹，捉手最外沿饰重环纹，里面镂空装饰八条蟠虺纹，器腹有一道凸弦纹。附件与器身为分别制作后焊接而成。（图二八〇，3）

铜舟　2件。标本M147∶4，整体椭圆形。折沿尖唇，束颈，弧腹，圜底。腹部有一对爬兽，爬兽躬身回首，兽首较大，形象生动，双角、口、鼻、耳较清晰；四蹄足为半圆形，内侧有凹槽，足跟部有兽面，但模糊不清。附件和器身为分别制作后焊接而成。（图二八〇，2）标本M81∶3：整体椭圆形。敞口方唇，颈微束，弧腹，平底。上腹部有一对环形钮。钮与器身分别制作后焊接而成。（图二八〇，4）

铜盘　1件。标本M147∶3，平折沿，较宽，方唇，浅腹平底。一对方形附耳呈简化兽首形，耳端外折，耳面上饰有夔纹。三个半圆形矮蹄足，内侧开凹槽，足跟微鼓，足尖外凸。耳、足为分别制作，然后与器身焊接而成。（图二八〇，6）

铜匜　1件。标本M147∶5，整体呈动物形。沿内折，尖唇，弧腹，近平底。流作兽首状，双角凸起，眼鼻清晰，口大张；尾为一爬兽，躬身状，双角凸起，眼鼻清晰，短尾。三蹄足为半圆形，两前一后，内侧有凹槽，足跟部有兽面，已不清晰。爬兽和三足与

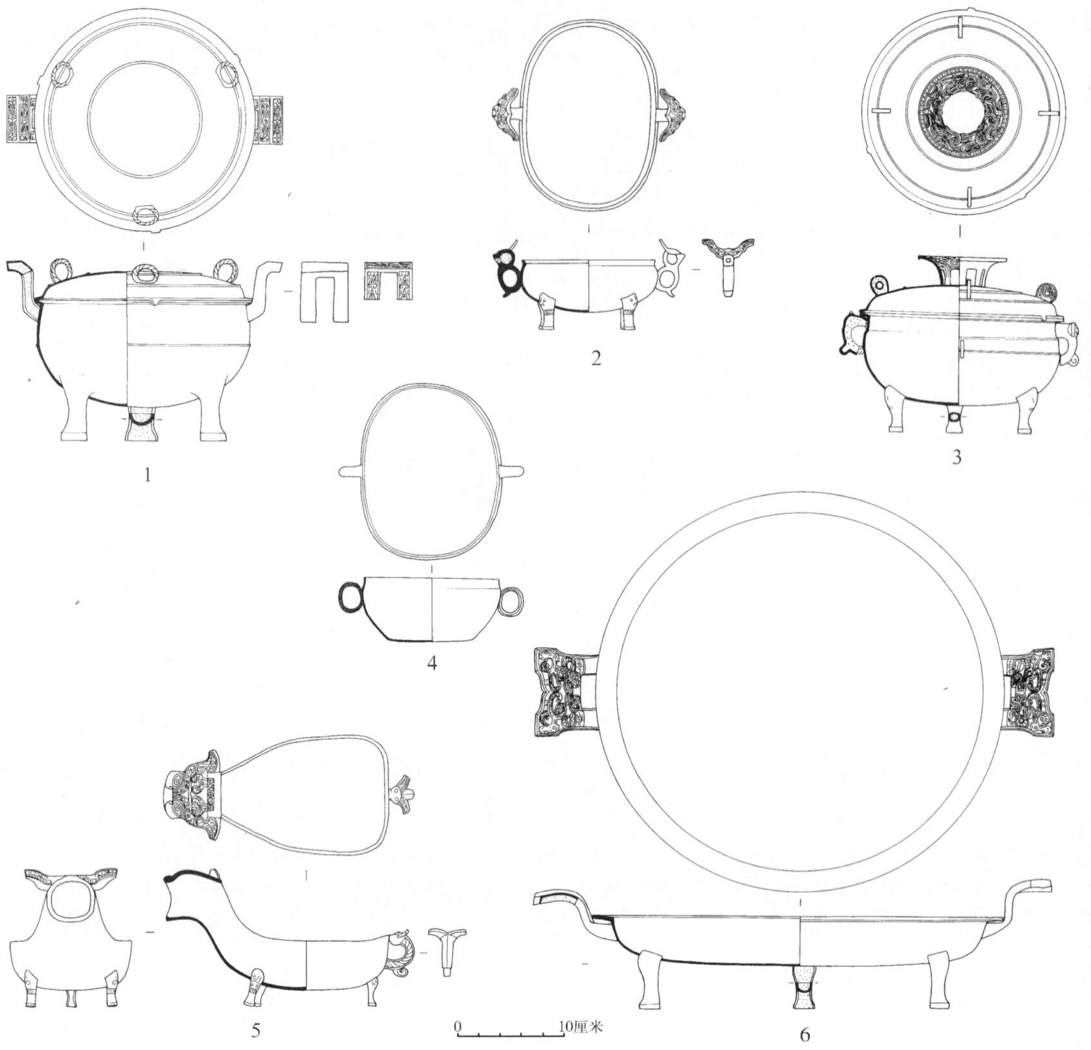

图二八〇　墓地出土铜器

1. 鼎（M147：1）　2. 舟（M147：4）　3. 敦（M147：2）
4. 舟（M81：3）　5. 匜（M147：5）　6. 盘（M147：3）

器身分别制作后焊接而成。（图二八〇，5）

铜璜　39件。根据形态可以分为甲、乙两类。

甲类：36件，其中可复原者35件。桥形，上下弧边，两端斜直，中部有孔，根据曲度分为两型。

A型：24件。曲度较小，根据郭的有无，分为两个亚型。

Aa型：23件。器体薄，背面有郭。标本M85：2-2~21（20件），M118：3（3件）。（图二八一，1~3、6~8、12）

Ab型：1件。器体厚，无郭。标本M85：2-1。（图二八一，11）

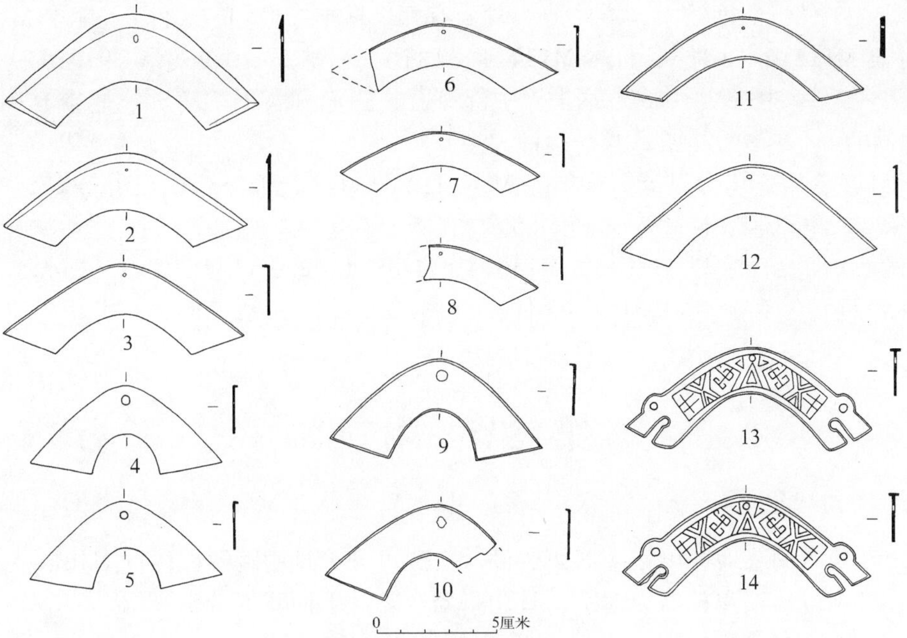

图二八一　墓地出土铜璜

1~3、6~8、11、12. 甲类A型　4、5、9、10. 甲类B型　13、14. 乙类

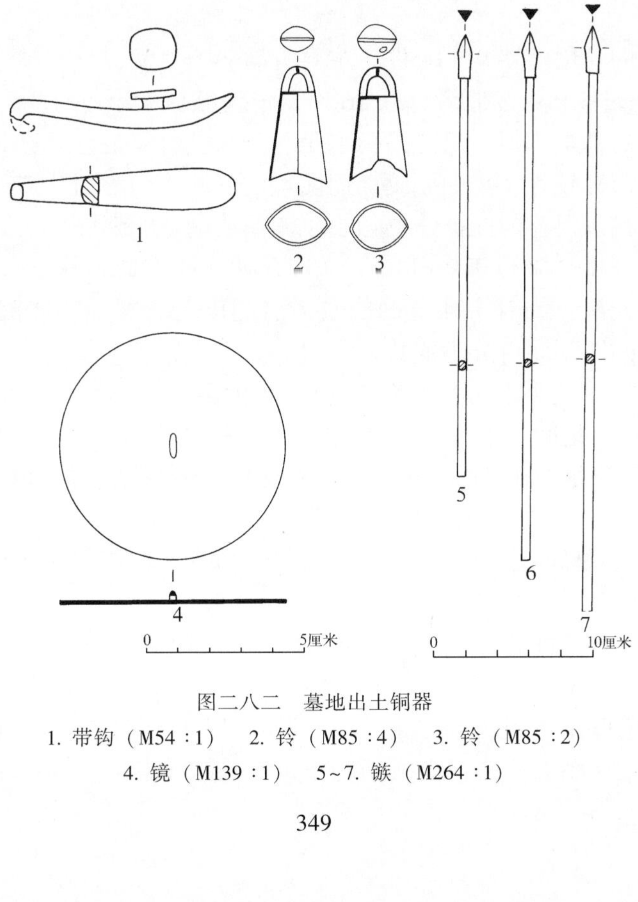

图二八二　墓地出土铜器

1. 带钩（M54：1）　2. 铃（M85：4）　3. 铃（M85：2）

4. 镜（M139：1）　5~7. 镞（M264：1）

B型：11件。曲度较大，器体薄，背面有郭。标本M67:1（2件），标本M101:1（2件），标本M112:2（3件），标本M134:1（4件）。（图二八一，4、5、9、10）

乙类：3件。桥形，两端为龙头，中部有孔，正面和背面均有郭。标本有M67:2（1件），M246:4（2件）。（图二八一，13，14）

铜带钩　3件，未分型式。标本有M54:1，M110:3，M198:1。（图二八二，1）

铜铃　2件。有标本M85:4和M85:2。（图二八二，2、3）

铜镜　4件。有标本M139:1，M156:1，M208:1（2件）。（图二八二，4）

铜镞　3件。有标本M264:1（3件）。（图二八二，5、6、7）

第二节　陶　器

新郑双楼东周墓地共出土陶器493件。大致可分为日用陶器、仿铜陶礼器及小陶饰件三大类，其中以仿铜陶礼器为大宗，日用陶器次之。下面我们分别介绍。

一、日用陶器

双楼墓地出土的日用陶器共111件。主要有鬲、釜、盂、豆、罐、高领罐和钵等。

陶鬲　40件。完整和可复原者合计16件。依据器形大小可分为二型。A型大陶鬲和陶釜的器身形态特征基本相似，只是鬲为袋足，釜为乳钉实足。通过对大量标本的观察发现，陶鬲的肩部均饰有较为密集的弦纹，而陶釜的肩部均为素面。基于这一结论，我们对器底虽已残但肩部得以保存的此类遗物做出了陶鬲或陶釜的划分。陶鬲分上下两部分分别制好后再拼接而成，接合处位于肩部靠下，接合处往往有数道抹痕，下腹部和底饰粗绳纹，肩部以上打磨光滑，饰有十几道凹旋纹。肩部以上为夹细砂红陶，以下为夹粗砂红陶。依据三足间的间距不同可分为四式。

A型：25件。其中完整及可复原者11件。为大鬲。

Ⅰ式：1件。三袋足间距大，在18厘米以上。标本有M21:2。（图二八三，1）

Ⅱ式：1件。三袋足间距较大，在17~18厘米之间。标本有M207:1。（图二八三，2）

Ⅲ式：5件。三袋足间距较小，在13~15厘米之间。标本有M89:2、M96:7、M116:1、M214:9和M226:2。（图二八三，3、4）

Ⅳ式：4件。三袋足间距小，在13厘米以内。标本有M58:1、M86:1、M92:1和M232:2。（图二八三，5）

B型：6件。完整及可复原者5件。为小鬲。标本有M129:4、M195:3、M238:1、M239:3和M240:5。（图二八三，6、7）

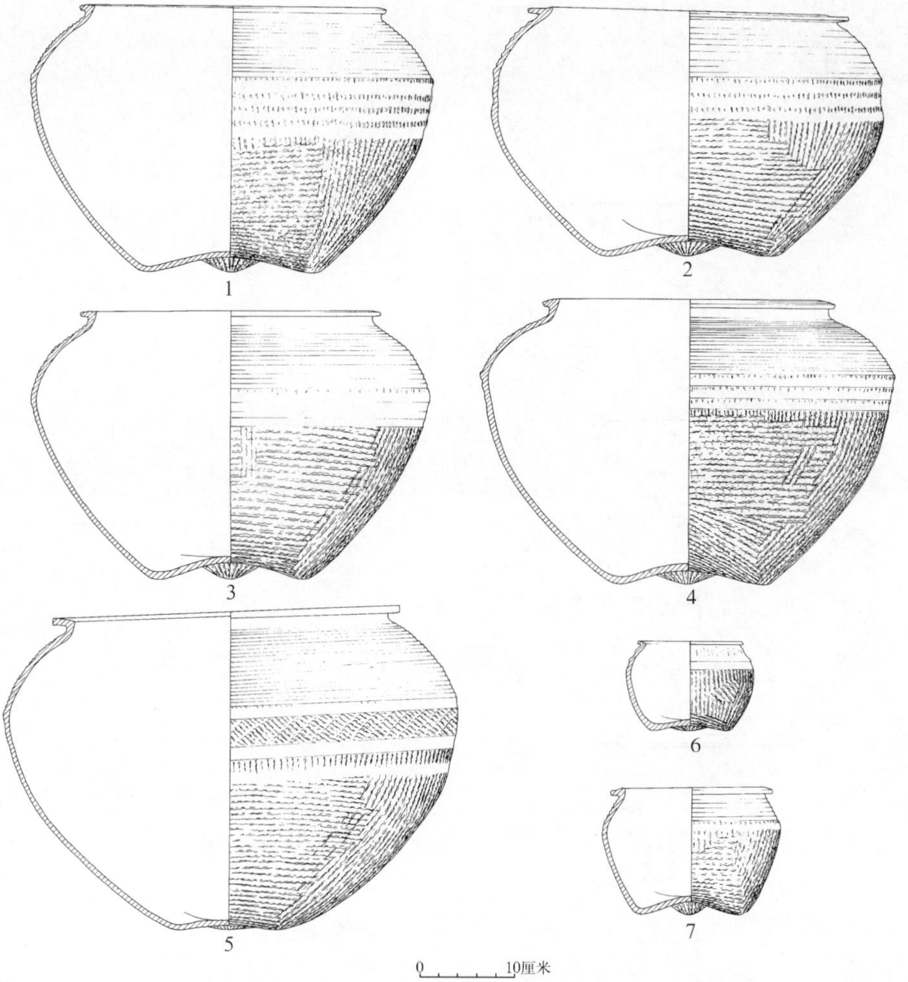

图二八三　墓地出土陶鬲

1. A型Ⅰ式（M21：2）　2. A型Ⅱ式（M207：1）　3. A型Ⅲ式（M89：2）
4. A型Ⅲ式（M96：7）　5. A型Ⅳ式（M58：1）　6. B型（M129：4）　7. B型（M195：3）

陶釜　26件。其中可复原者1件。标本M77∶1的制作是分上下两部分分别制好后再拼接而成的，接合处位于肩部稍下，接合处往往有数道抹痕，下腹部和底饰粗绳纹，肩部以上打磨光滑，有的似在器表涂抹一层细泥浆。肩部以上为夹细砂红陶，以下为夹粗砂红陶。

陶盂　5件。根据器形大小分为二式。

Ⅰ式：4件。器形较大。标本有M195∶5、M215∶2、M238∶2和M239∶1。（图二八四，1）

Ⅱ式：1件。标本M129∶3。器形较小。（图二八四，2）

陶罐　7件。根据口部形态的不同可分二型。

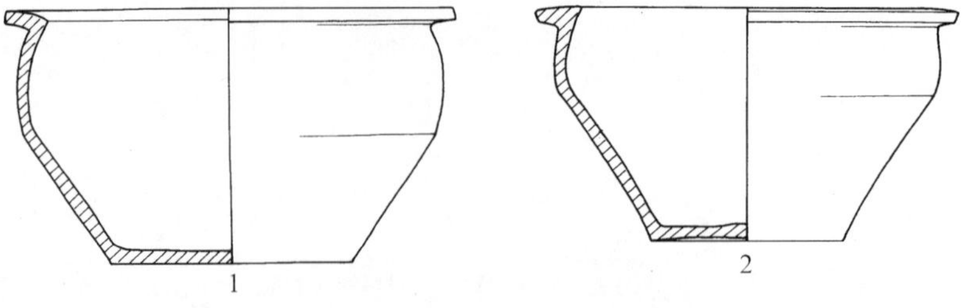

图二八四　墓地出土陶盂

1. Ⅰ式（M195：5）　2. Ⅱ式（M129：3）

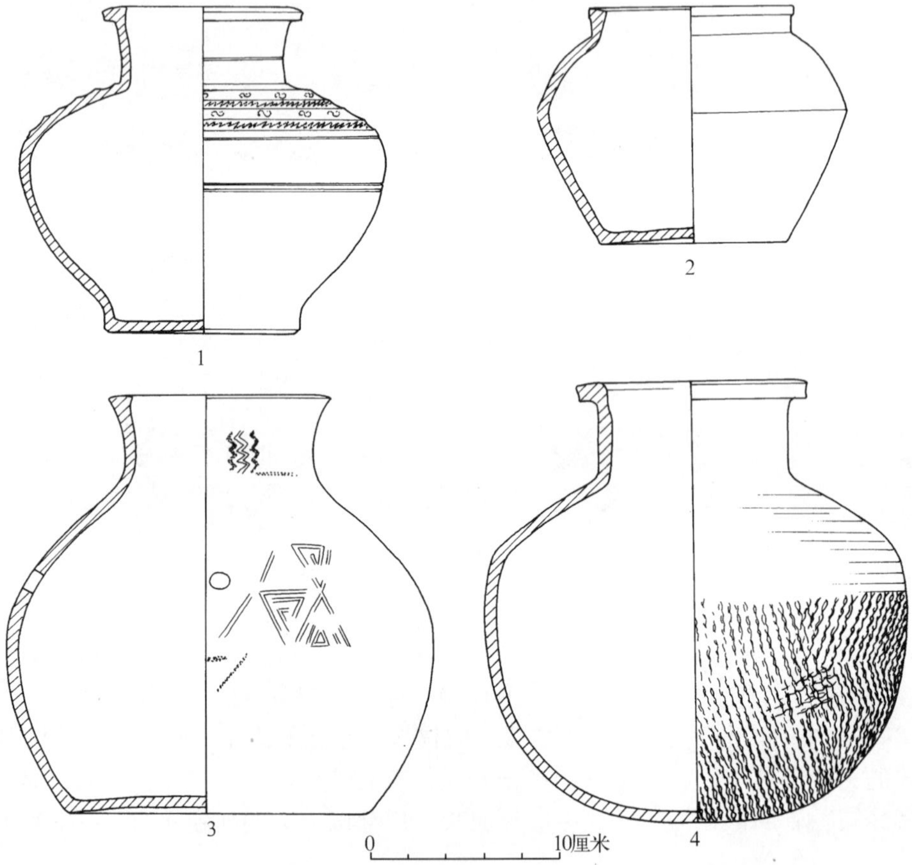

图二八五　墓地出土陶罐

1. Aa 型罐（M129：1）　2. B 型罐（M49：8）　3. Ab 型罐（M45：3）　4. 高领圜底罐（M187：1）

A 型：折沿，方唇或圆唇。依据领部形态的不同可分为两个亚型。

Aa 型：3 件。矮领。标本有 M129∶1、M215∶1 和 M239∶2。(图二八五，1)

Ab 型：3 件。高领。标本有 M45∶3、M60∶3 和 M154∶2。(图二八五，3)

B 型：1 件。标本有 M49∶8。敞口。（图二八五，2）

陶高领圜底罐　1 件。标本有 M187∶1。（图二八五，4）

陶豆　32 件。根据豆柄形态的不同可分为二型。

A 型：8 件。粗短柄，依据豆盘形态的不同可分为两个亚型。

Aa 型：7 件。豆盘较深，外壁曲折。依据豆盘和豆柄形态变化分为二式。

Ⅰ式：2 件。豆盘深，豆柄较粗大。标本有 M239∶4 和 M239∶5。（图二八六，1）

图二八六　墓地出土陶豆

1. Aa 型Ⅰ式（M239∶4）　2. Ba 型Ⅰ式（M22∶3）　3. Ab 型（M142∶1）　4. Ba 型Ⅰ式（M40∶3）
5. Aa 型Ⅱ式（M195∶4）　6. Aa 型Ⅱ式（M238∶3）　7. Bb 型（M110∶2）

Ⅱ式：5 件。豆盘较浅，豆柄较细。标本有 M129∶2、M195∶2、M195∶4、M238∶3 和 M238∶4。（图二八六，5、6）

Ab 型：1 件。豆盘浅，直壁折腹。标本有 M142∶1。（图二八六，3）

B 型：24 件。细长柄，根据豆盘形态分为两个亚型。

Ba 型：20 件。豆盘内弧外折。根据器形由高到矮，分为二式。

Ⅰ式：12 件。器形较高。标本有 M22：3、M37：11、M37：12、M37：13、M37：14、M39：2、M40：3、M72：2、M79：1、M171：3、M188：4 和 M254：4。（图二八六，2、4）

Ⅱ式：8 件。器形较矮。标本有 M41：2、M41：3、M115：6、M115：7、M184：2、M184：5、M184：16 和 M184：17。

Bb 型：4 件。豆盘浅弧，内有一道凹槽。标本有 M110：2、M127：2、M152：2 和 M187：2。（图二八六，7）

二、仿铜陶礼器

新郑双楼东周墓地出土的仿铜陶礼器共 345 件，器类有鼎、罍、尊、敦、舟、盖豆、盉、壶、高柄小壶、盘、匜、钵以及簠等。

陶鼎　58 件。其中完整及可复原者 50 件。鼎数量较多，形态差别较大，根据制作方式的不同和整体形态的差异将其分为甲、乙两类。

甲类：42 件。其中 4 件由于破损严重，只能辨别属于甲类。甲类鼎器形整体偏小。子口承盖，盖方唇，弧壁弧顶，绝大部分盖面中部有一圈足状捉手，少数为平均分布的三半圆形实心钮。子口内敛，弧腹，圜底或平底。大部分鼎耳为折耳，耳端外折，折处刀削，少数为直耳，鼎足通过榫卯结构和腹部连接，足部正面和侧面多数经过刮削处理，形成明显的削棱。甲类鼎均为泥质褐陶或泥质红褐陶，质地较为疏松易碎。依据鼎足特征的差异可分为五型。

A 型：24 件。蹄形足，截面呈六棱或八棱形。依据腹部有无凸旋纹又可分为两个亚型。

Aa 型：15 件。其中完整及可复原者 14 件。腹部饰有一至两道凸旋纹。依据腹部及腹部凸旋纹数量的变化分为三式。

Ⅰ式：2 件。器形大，腹部深，腹部饰有两道凸旋纹。标本有 M1：2 和 M15：3。（图二八七，1）

Ⅱ式：5 件。器形较大，腹部较深，腹部饰有两道凸旋纹。标本有 M13：3、M17：1、M18：7、M78：2 和 M233：6。（图二八七，2、4）

Ⅲ式：7 件。器形较大，腹部较浅，腹部饰有一道凸旋纹。标本有 M27：5、M36：1、M49：3、M71：7、M196：2、M209：1 和 M212：6。（图二八七，3、5）

Ab 型：9 件。腹部无凸旋纹。依据腹部的变化分为四式。

Ⅰ式：1 件。标本 M240：1，器形较大，腹部深。（图二八八，1）

Ⅱ式：3 件。器形较大，腹部较深。标本有 M32：1，M61：1 和 M207：9。（图二八八，3）

Ⅲ式：2 件。器形较小，腹部较浅。标本有 M3：1 和 M236：1。（图二八八，2）

Ⅳ式：3 件。器形较小，腹部比前式较浅。标本有 M23：1、M237：5 和 M253：3。（图

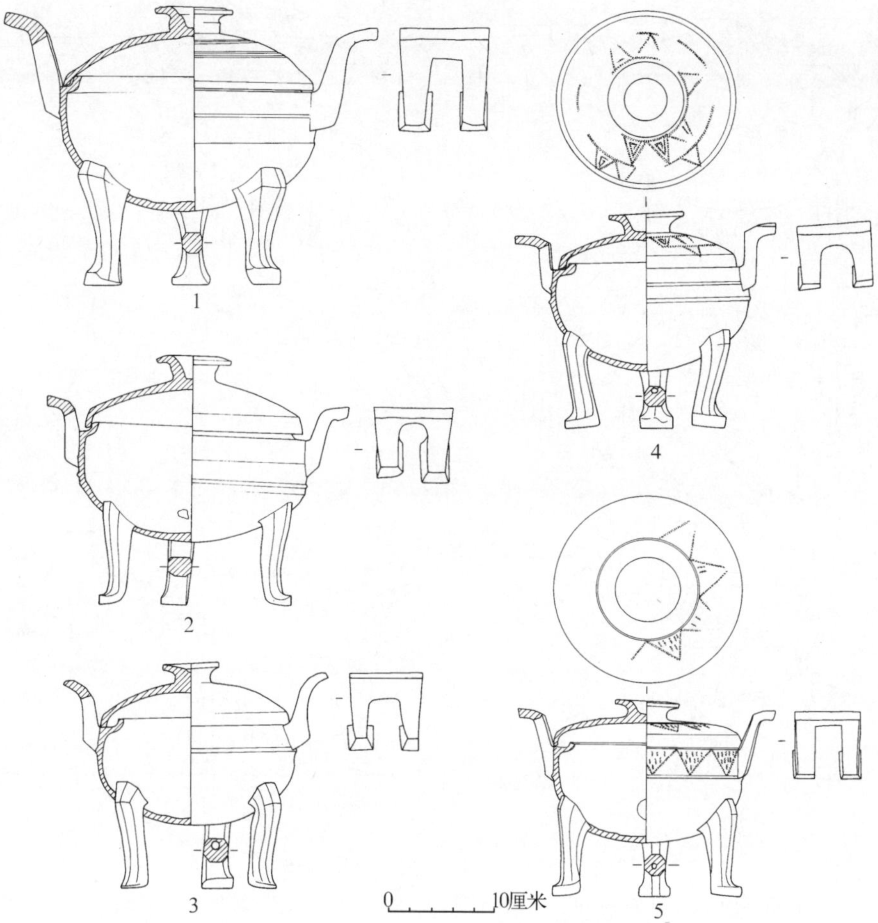

图二八七　墓地出土甲类仿铜陶鼎

1. Aa 型Ⅰ式（M15∶3）　2. Aa 型Ⅱ式（M13∶3）　3. Aa 型Ⅲ式（M209∶1）

4. Aa 型Ⅱ式（M18∶7）　5. Aa 型Ⅲ式（M49∶3）

二八八，4）

B 型：8 件。条状足。依据腹部变化及腹部凸旋纹的数量分为五式。

Ⅰ式：1 件。标本 M267∶1，器形大，腹部较深，饰有两道凸旋纹。（图二八九，1）

Ⅱ式：1 件。标本 M21∶8，器形大，但比前式略小，腹部较深，饰有两道凸旋纹。（图二八九，3）

Ⅲ式：2 件。器形较大，腹部较深，饰有两道凸旋纹。标本有 M68∶5 和 M247∶5。（图二八九，5）

Ⅳ式：2 件。器形较小，腹部较浅，饰有一道凸旋纹。标本有 M11∶1 和 M248∶2。（图二八九，6）

Ⅴ式：2 件。器形小，腹部浅，无凸旋纹。标本有 M82∶6 和 M214∶3。（图二八九，7）

C 型：4 件。半圆形蹄足。标本有 M4∶2、M5∶1、M94∶4 以及 M242∶1。（图二

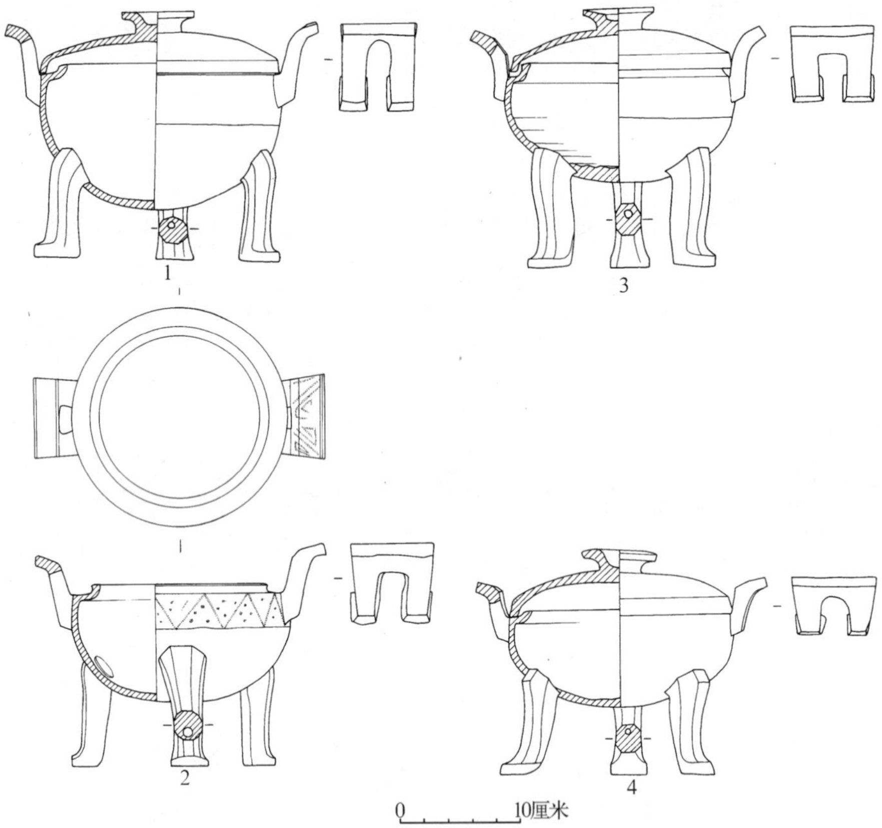

图二八八　墓地出土甲类仿铜陶鼎

1. Ab 型Ⅰ式（M240：1）　2. Ab 型Ⅲ式（M3：1）　3. Ab 型Ⅱ式（M32：1）
4. Ab 型Ⅳ式（M253：3）

八九，4）

D 型：1 件。标本 M228∶2，半圆形蹄足，内侧开有纵向凹槽。（图二八九，8）

E 型：1 件。标本 M42∶3，柱状足。（图二八九，2）

乙类：16 件。这一类鼎整体器形偏大，厚实。子口承盖，盖方唇，弧壁弧顶，盖面均有平均分布的三个半圆形实心钮。子口内敛，弧壁，浅圜底，极少数为小平底。方形直耳较厚实，足为半圆形实心蹄足和圆形空心蹄足两种，通过和鼎腹黏合而连接在一起。青灰色泥质灰陶，质地坚硬。依据底部形态差异分为两型。

A 型：15 件。浅圜底。依据鼎足特征可分为两个亚型。

Aa 型：10 件。完整或可复原者 8 件。圆形蹄足，中空。依据器形腹部鼎足及装饰特征分为四式。

Ⅰ式：3 件。器型大，腹部深，足尖高蹄，盖面饰有两道凸弦纹和一道折棱，腹部饰有两道凸弦纹。标本有 M79∶6、M178∶3 和 M246∶2。（图二九〇，1）

Ⅱ式：2 件。器形较大，腹部较深，足尖高蹄，盖面饰有两道凸弦纹和一道折棱，腹

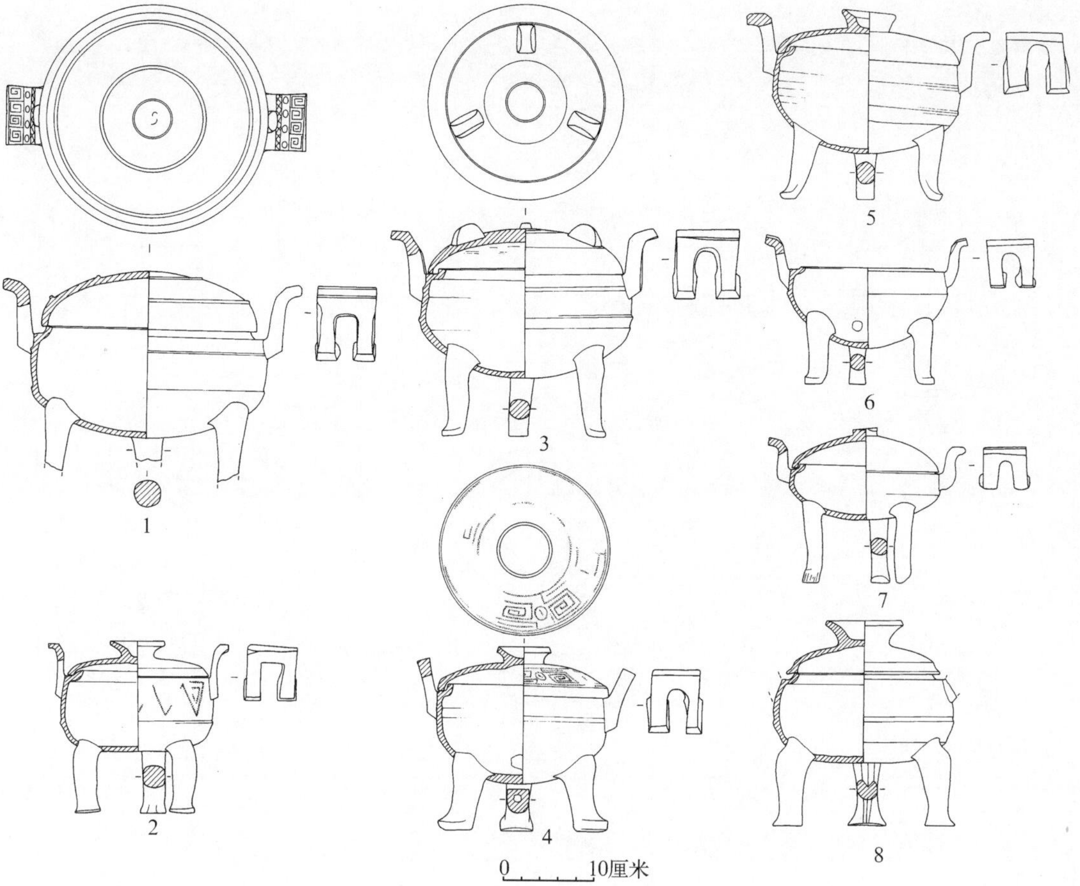

图二八九　墓地出土甲类仿铜陶鼎

1. B型Ⅰ式（M267：1）　2. E型（M42：3）　3. B型Ⅱ式（M21：8）　4. C型（M4：2）
5. B型Ⅲ式（M68：5）　6. B型Ⅳ式（M248：2）　7. B型Ⅴ式（M214：3）　8. D型（M228：2）

部饰有两道凸弦纹。标本有M40∶6和M254∶6。（图二九○，3）

Ⅲ式：2件。器形较小，腹部浅，足尖无蹄，盖面无纹饰，腹部饰有一道凸弦纹。标本有M184∶4和M184∶6。（图二九○，6）

Ⅳ式：1件。标本有M115∶1，器形较小，腹部浅，足尖无蹄，盖面饰有两道凸弦纹，腹部无纹饰。（图二九○，4）

Ab型：5件。半圆形实心蹄足。依据腹部深浅和装饰可分为三式。

Ⅰ式：2件。器形大，腹部深，腹部饰有两道凸弦纹。标本有M39∶5和M171∶4。（图二九○，2）

Ⅱ式：2件。器形较大，腹部较深，腹部饰有两道凸弦纹。标本有M72∶6和M244∶7。（图二九○，7）

Ⅲ式：1件。标本M41∶8，器形较小，腹部较，腹部饰有一道凸弦纹。（图二九○，5）

B型：1件。标本M188∶5，小平底，三足外撇。（图二九○，8）

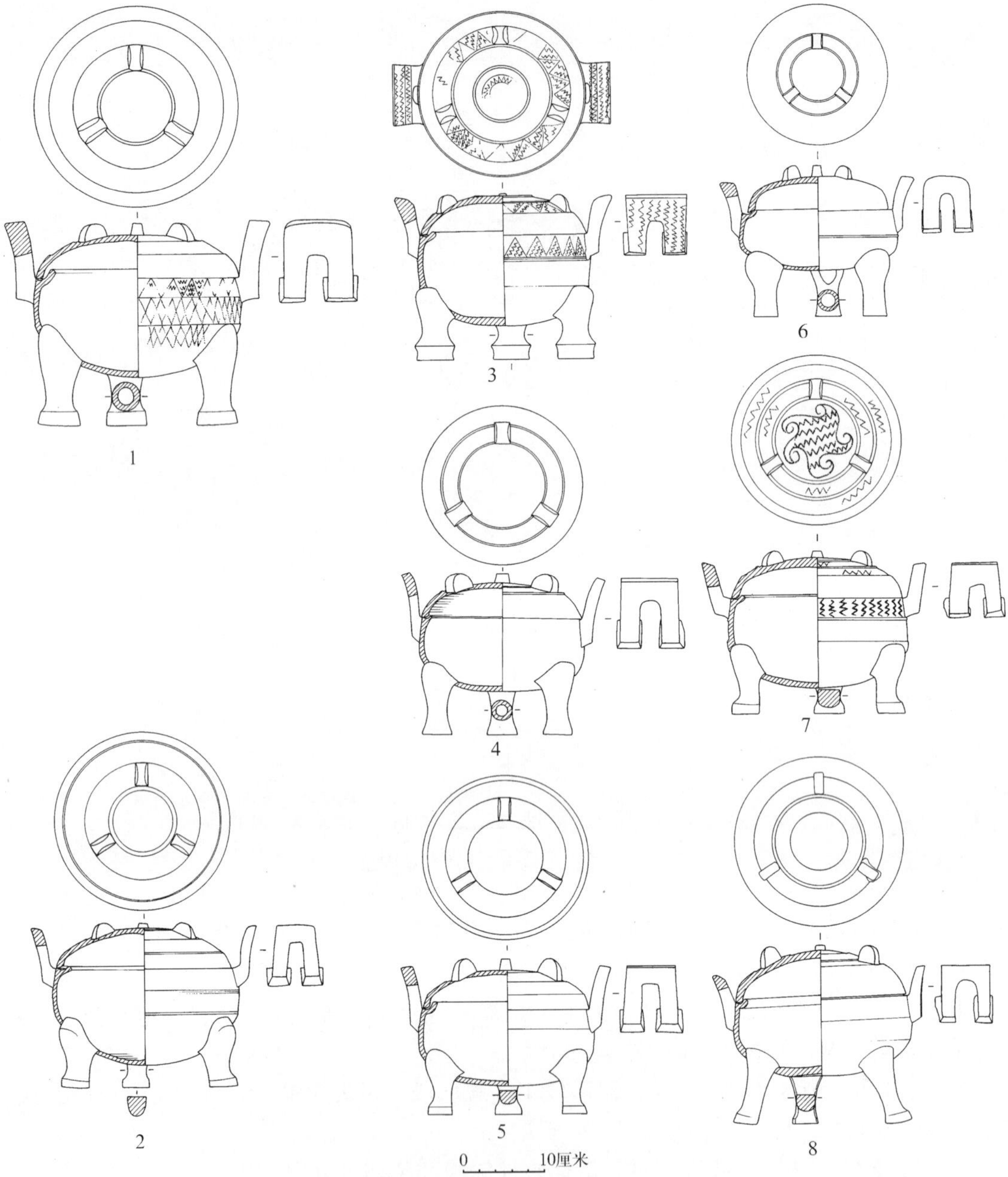

图二九〇　墓地出土乙类仿铜陶鼎

1. Aa 型Ⅰ式（M246∶2）　2. Ab 型Ⅰ式（M171∶4）　3. Aa 型Ⅱ式（M254∶6）　4. Aa 型Ⅳ式（M115∶1）　5. Ab 型Ⅲ式（M41∶8）　6. Aa 型Ⅲ式（M184∶4）　7. Ab 型Ⅱ式（M72∶6）　8. B 型（M188∶5）

陶壶　31 件。依据壶口部形态可分为三型。

A 型：21 件。敞口。依据颈腹部有无凹旋纹分为两个亚型。

Aa 型：16 件。其中 2 件残碎只能辨别属于 Aa 型。颈腹部无凹旋纹。依据整体形态

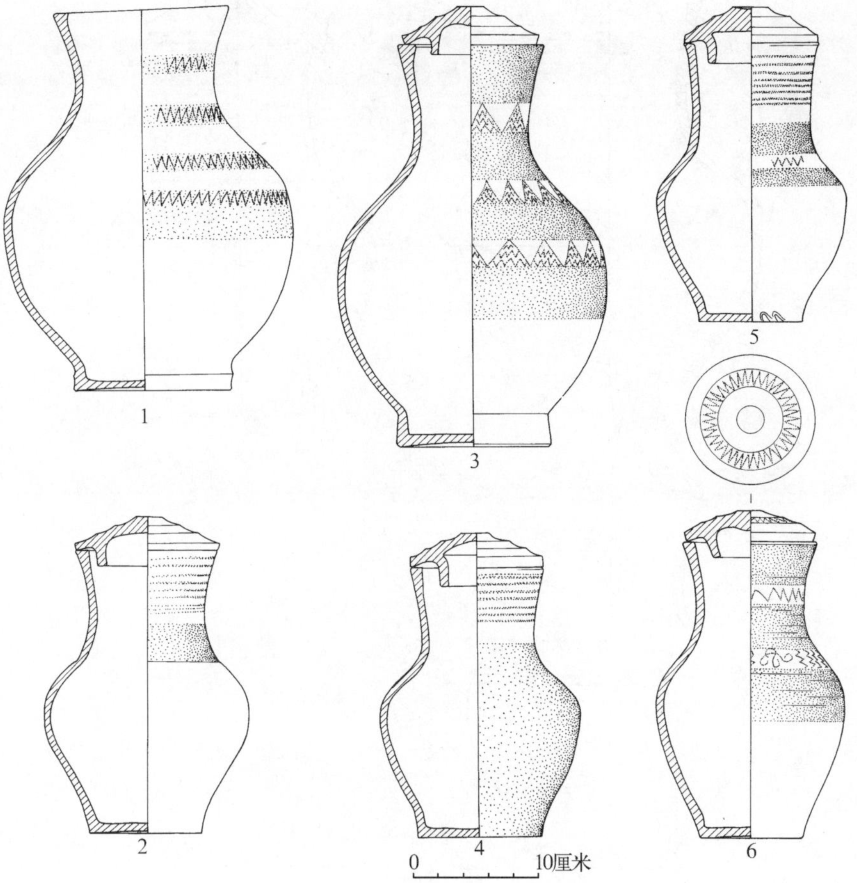

图二九一　墓地出土 Aa 型仿铜陶壶

1. Ⅰ式（M246：1）　2. Ⅵ式（M41：5）　3. Ⅱ式（M188：6）

4. Ⅴ式（M115：4）　5. Ⅲ式（M178：1）　6. Ⅳ式（M39：1）

的差异可分为六式。

Ⅰ式：1 件。标本 M246:1，器形大，颈部粗短，鼓腹，假圈足高，最大径位于腹部中部。(图二九一，1)

Ⅱ式：1 件。标本 M188:6，器形大，颈部细长，鼓腹，假圈足较高。(图二九一，3)

Ⅲ式：2 件。器形小，颈部细长，微鼓腹，假圈足较矮，最大径往肩部移。标本有 M178:1 和 M254:3。(图二九一，5)

Ⅳ式：2 件。器形小，颈部细长，微鼓腹，假圈足不明显，最大径靠近肩部。标本有 M39:1 和 M171:1。(图二九一，6)

Ⅴ式：6 件。器形小，颈部细长，鼓肩，弧腹，平底，最大径靠近肩部。标本有 M115:4、M115:5、M184:7、M184:8、M184:11 和 M184:12。(图二九一，4)

Ⅵ式：2 件。器形较小，颈部细长，鼓肩，肩腹部饰有一道折棱，平底，最大径位于肩部。标本有 M41:4 和 M41:5。(图二九一，2)

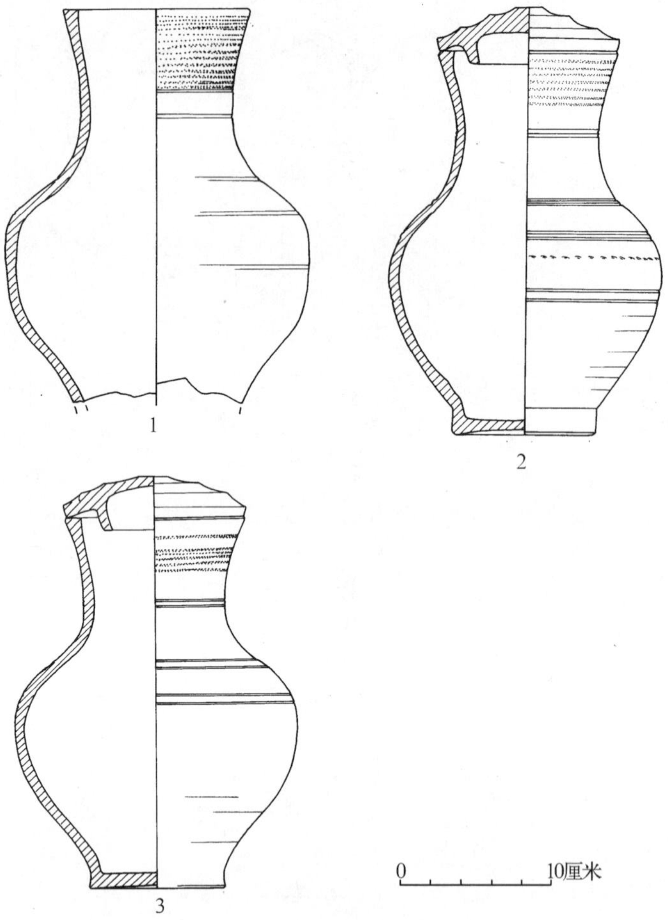

图二九二　墓地出土 Ab 型仿铜陶壶

1. Ⅰ式（M79：7）　2. Ⅱ式（M40：4）　3. Ⅲ式（M22：2）

Ab 型：5 件。颈腹部饰有数组凹旋纹。依据腹部变化及腹部凹旋纹的多少分为三式。

Ⅰ式：1 件。标本 M79∶7，器形较大，鼓腹，腹部较长，最大径位于腹部中部，腹部饰有一组两道凹旋纹。（图二九二，1）

Ⅱ式：2 件。器形较大，鼓腹，腹部最大径略往上移，腹部饰有一组两道凹旋纹。标本有 M40∶4 和 M72∶1。（图二九二，2）

Ⅲ式：2 件。器形较小，鼓腹，腹部最大径靠近肩部，腹部凹旋纹消失。标本有 M22∶2和 M244∶4。（图二九二，3）

B 型：9 件。盘口。依据器形大小的不同可分为两式。

Ⅰ式：7 件。器形较大。标本有 M60∶2、M101∶2、M110∶1、M127∶1、M137∶1、M146∶1 和 M156∶2。（图二九三，1、2）

Ⅱ式：2 件。器形较小。标本有 M152∶1 和 M200∶1。（图二九三，3）

C 型：1 件。折沿，标本有 M191∶1。（图二九三，4）

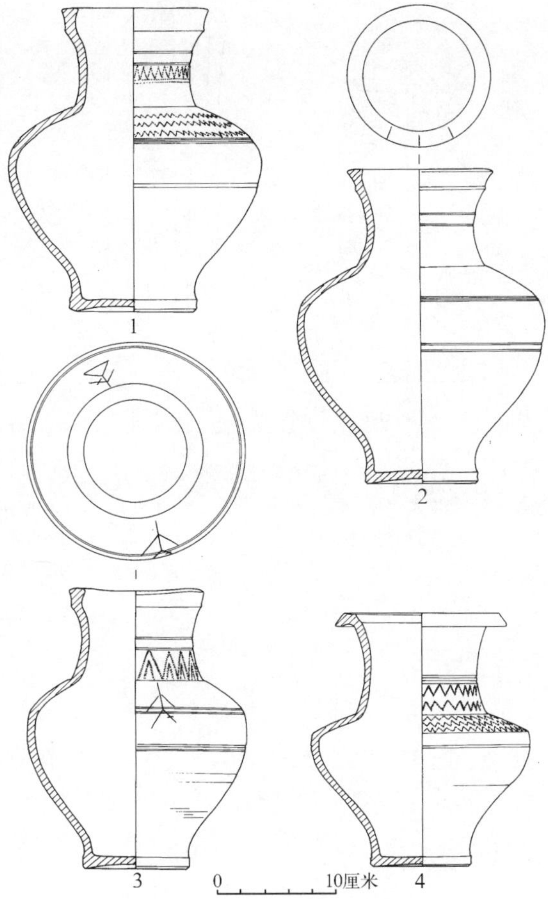

图二九三　墓地出土仿铜陶壶

1. B型Ⅰ式（M60：2）　2. B型Ⅰ式（M110：1）　3. B型Ⅱ式（M152：1）　4. C型（M191：1）

陶高柄小壶　6件，其中完整及可复原者4件。依据腹部的变化可分为四式。

Ⅰ式：1件。器形较矮胖，鼓腹，最大径位于腹部中部，标本有M246∶6。（图二九四，1）

Ⅱ式：1件。器形较矮胖，鼓腹，最大径略往上移，标本有M188∶3。（图二九四，2）

Ⅲ式：1件。器形瘦高，扁腹，颈部细长，颈腹部饰有两组凹旋纹，标本有M79∶4。（图二九四，3）

Ⅳ式：1件。器形瘦高，扁腹，颈部细长，腹部饰有的凹旋纹退化，标本有M22∶4。（图二九四，4）

陶盖豆　24件。其中完整及可复原者22件。依据腹部特征的差异可分为两型。

A型：13件。折腹。依据捉手、盖面及子口形态变化分为五式。

Ⅰ式：1件。器形大，捉手面饰有两道折棱，盖面弧壁近平顶，器身口沿处内凹较宽较深，子口长，仰角大，豆柄较高，标本有M246∶3。（图二九五，1）

Ⅱ式：6件。器形较小，捉手面近平，盖面弧壁近平顶，器身口沿处内凹较深，自此式开始子口变长，仰角变小，豆柄较高。标本有M39∶3、M79∶5、M171∶2、M178∶2、

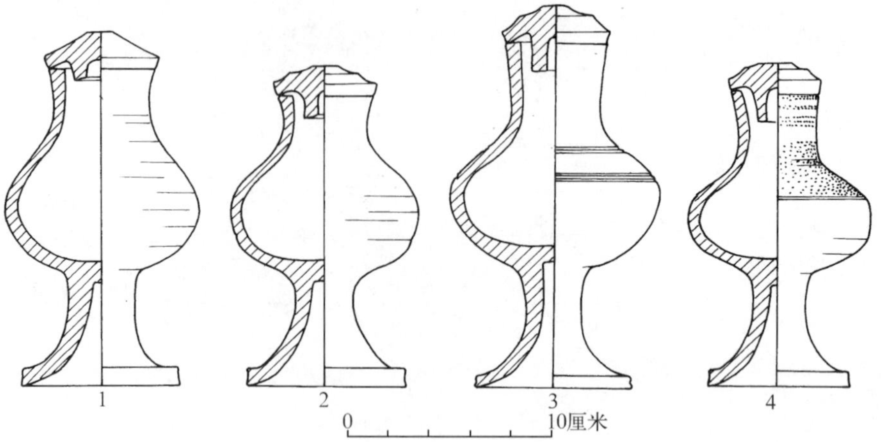

图二九四　墓地出土陶高柄小壶

1. Ⅰ式（M246∶6）　2. Ⅱ式（M188∶3）　3. Ⅲ式（M79∶4）　4. Ⅳ式（M22∶4）

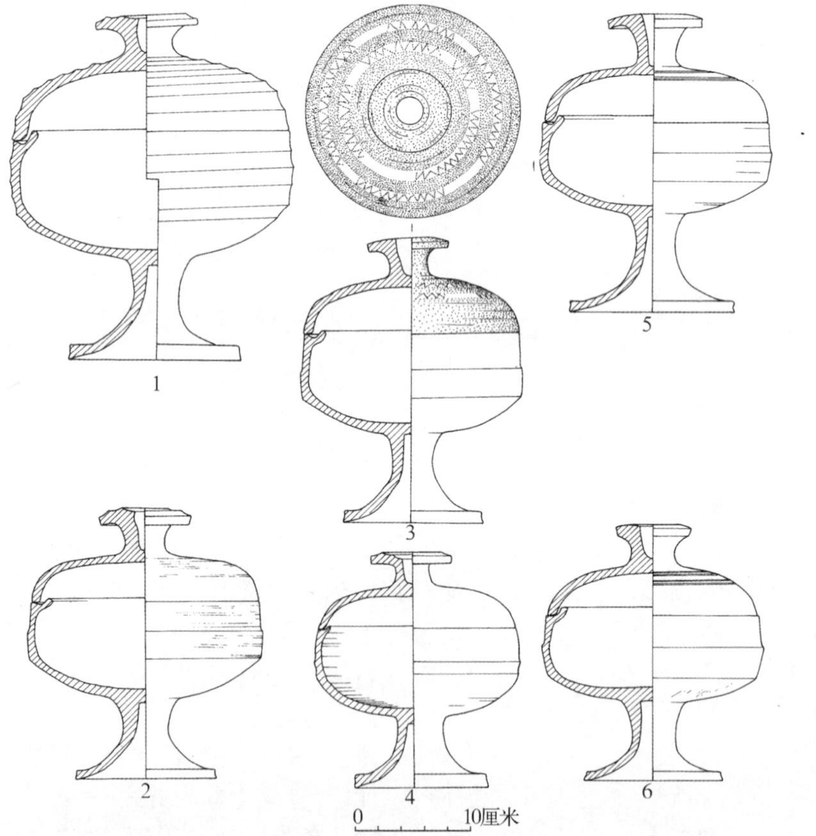

图二九五　墓地出土A型仿铜陶盖豆

1. Ⅰ式（M246∶3）　2. Ⅲ式（M40∶2）　3. Ⅱ式（M188∶7）

4. Ⅳ式（M115∶3）　5. Ⅱ式（M79∶5）　6. Ⅴ式（M41∶1）

M188∶7 和 M254∶5。(图二九五，3、5)

Ⅲ式：3 件。器形较小，捉手面饰有两道折棱，盖面弧壁近平顶，器身口沿处内凹较深，豆柄较矮。标本有 M40∶2、M72∶3 和 M244∶2。(图二九五，2)

Ⅳ式：2 件。器形小，捉手面饰有两道折棱，盖面弧壁近平顶，器身口沿处近平，豆柄较矮。标本有 M115∶3 和 M184∶1。(图二九五，4)

Ⅴ式：1 件。器形小，捉手面近平变小，盖面上弧，器身口沿面平直，豆柄较矮，标本有 M41∶1。(图二九五，6)

B 型：9 件。弧腹。依据腹部装饰的不同可分为两个亚型。

Ba 型：8 件。弧腹，无凸棱。依据豆柄变化分为四式。

Ⅰ式：2 件。豆柄矮。标本有 M1∶4 和 M1∶5。(图二九六，1)

Ⅱ式：1 件。豆柄较矮，但比前式略高，标本有 M17∶2。(图二九六，4)

Ⅲ式：2 件。豆柄高。标本有 M13∶4 和 M13∶5。(图二九六，5)

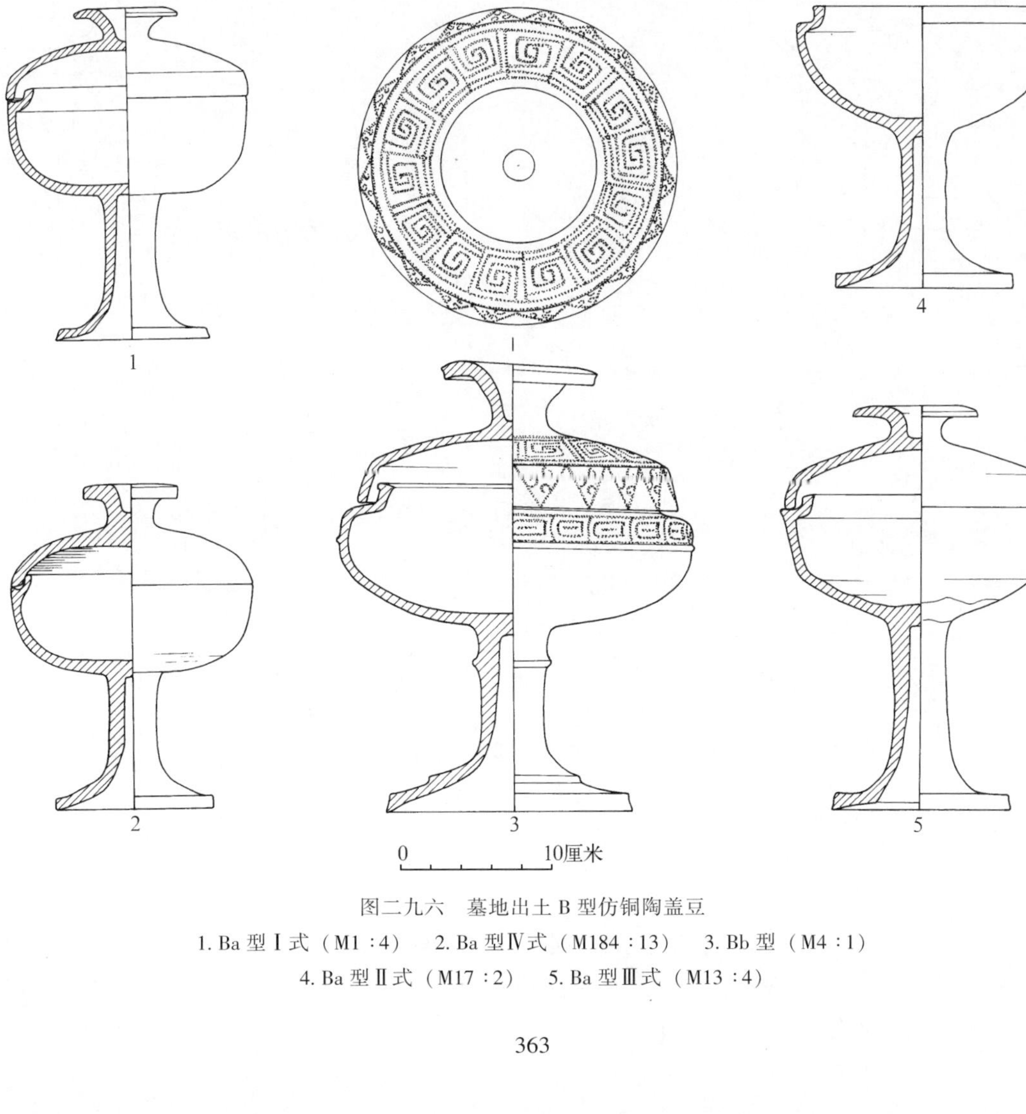

图二九六　墓地出土 B 型仿铜陶盖豆

1. Ba 型Ⅰ式（M1∶4）　2. Ba 型Ⅳ式（M184∶13）　3. Bb 型（M4∶1）
4. Ba 型Ⅱ式（M17∶2）　5. Ba 型Ⅲ式（M13∶4）

Ⅳ式：3 件。豆柄较矮。标本有 M184∶13、M184∶14 和 M184∶15。（图二九六，2）

Bb 型：1 件。弧腹较扁，腹部饰有一道凸棱，标本有 M4∶1。（图二九六，3）

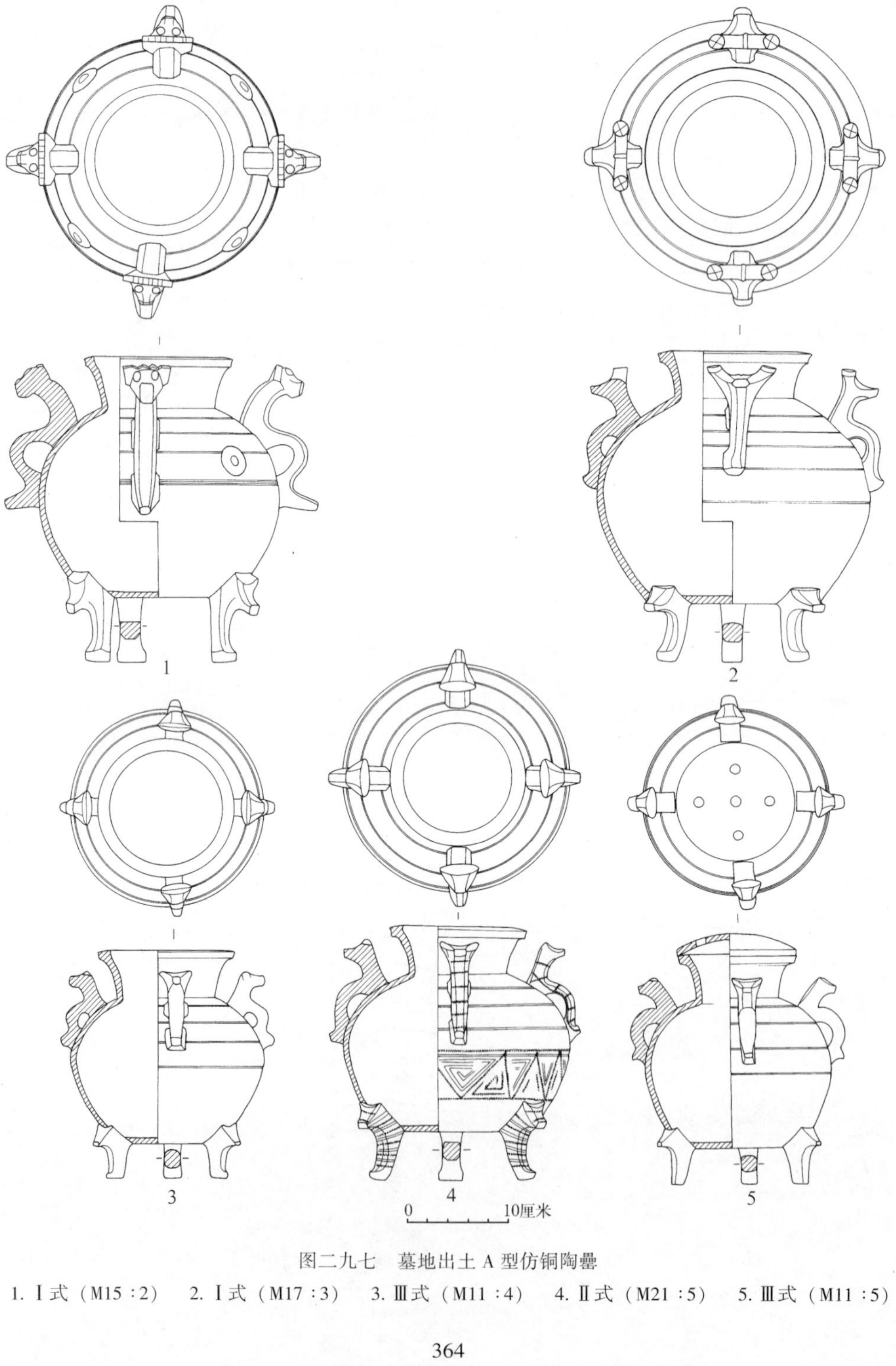

图二九七　墓地出土 A 型仿铜陶罍

1. Ⅰ式（M15∶2）　2. Ⅰ式（M17∶3）　3. Ⅲ式（M11∶4）　4. Ⅱ式（M21∶5）　5. Ⅲ式（M11∶5）

陶罍　53 件，其中完整及可复原者 49 件。依据足部特征的差异可分为三型。

A 型：20 件，其中完整和可复原者 19 件。三兽首足。肩腹部四组每组两道凹旋纹。依据足部及爬兽装饰的变化分为三式。

Ⅰ式：5 件。器形大，肩部饰有两对爬兽，形象生动，兽首足高大粗壮。标本有 M1：1、M1：6、M15：2、M15：4 和 M17：3。（图二九七，1、2）

Ⅱ式：4 件。器形较大，爬兽较生动，兽首足较细长。标本有 M21：5、M21：7、M233：4和 M233：8。（图二九七，4）

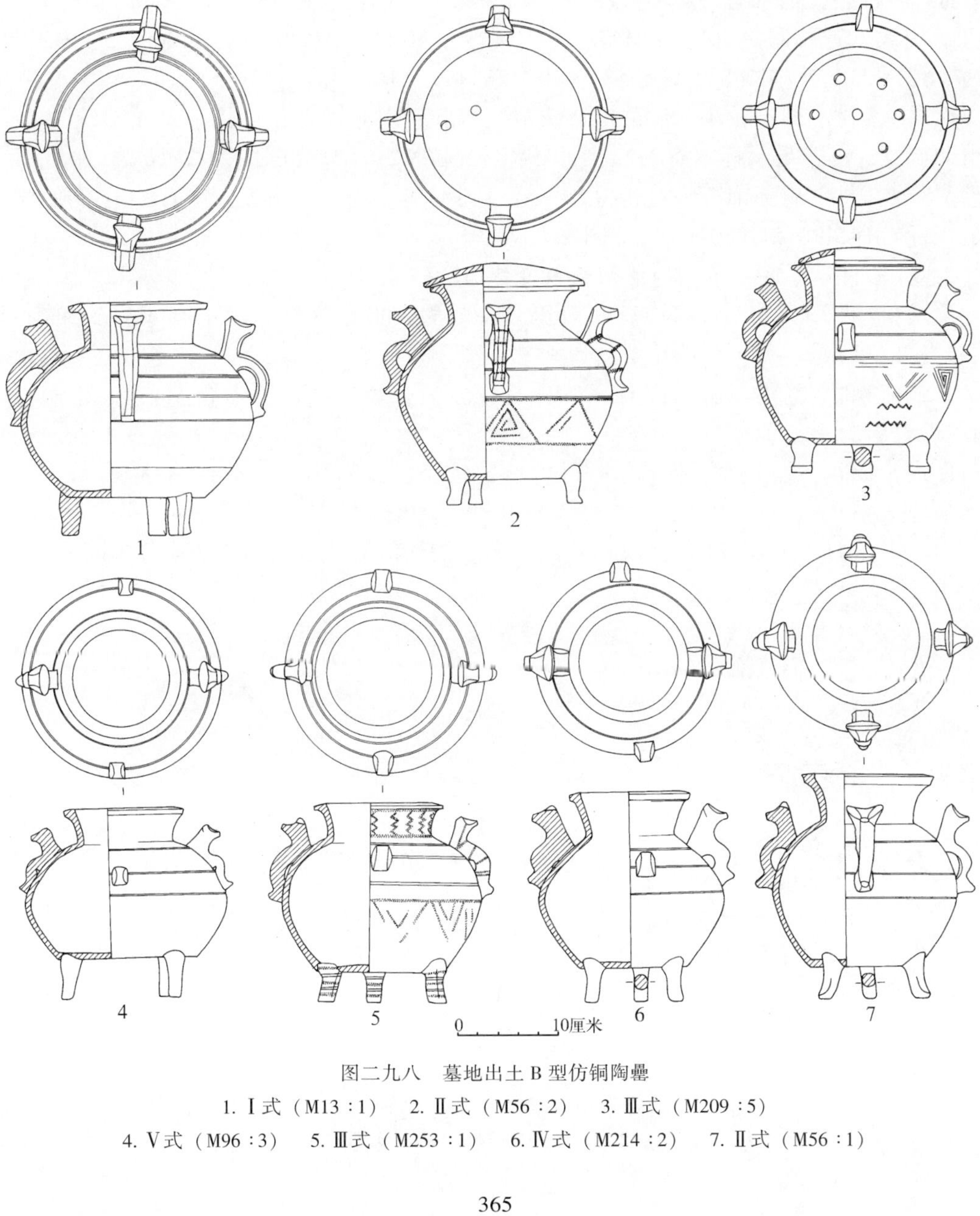

图二九八　墓地出土 B 型仿铜陶罍

1. Ⅰ式（M13：1）　2. Ⅱ式（M56：2）　3. Ⅲ式（M209：5）

4. Ⅴ式（M96：3）　5. Ⅲ式（M253：1）　6. Ⅳ式（M214：2）　7. Ⅱ式（M56：1）

Ⅲ式：10件。器形较小，爬兽较简化，兽首足较矮。标本有M11∶4、M11∶5、M14∶3、M14∶4、M18∶2、M18∶6、M68∶1、M68∶2、M247∶1和M247∶2。（图二九七，3、5）

B型：24件。三蹄足或锥足。依据肩腹部装饰变化及足部特征分为五式。

Ⅰ式：2件。肩部有四只爬兽，较大，形象生动，鼓腹，饰有四组凹旋纹，蹄足。标本有M13∶1和M13∶2。（图二九八，1）

Ⅱ式：6件。肩部有四只爬兽，较小，腹部饰有三组凹旋纹，三蹄足。标本有M56∶1、M56∶2、M78∶3、M78∶4、M207∶3和M207∶4。（图二九八，2、7）

Ⅲ式：11件。肩部有一对爬兽及一对半圆形钮，圆肩，斜弧腹，最大径靠近肩部，饰有三组凹旋纹，三蹄足。标本有M47∶1、M71∶4、M71∶6、M209∶4、M209∶5、M212∶1、M237∶6、M237∶7、M248∶5、M253∶1和M253∶2。（图二九八，3、5）

Ⅳ式：3件。器形较小，肩部饰有一对爬兽和一对半圆形钮，较小，腹部较浅，饰有三组凹旋纹，三锥足。标本有M23∶2、M214∶1和M214∶2。（图二九八，6）

Ⅴ式：2件。肩部饰有一对爬兽和一对半圆形钮，较小，扁腹，饰有三道凹旋纹，三锥足。标本有M96∶2和M96∶3。（图二九八，4）

C型：6件。平底。依据口沿及兽首变化分为三式。

Ⅰ式：2件。折沿，肩部饰有一对兽首，较大，形象生动。标本有M5∶2和M5∶3。（图二九九，1）

Ⅱ式：2件。卷沿，肩部饰有一对兽首，较大，较生动。标本有M42∶1和M42∶2。（图二九九，2）

Ⅲ式：2件。卷沿，肩部饰有一对兽首，较小，较简化。标本有M43∶1和M43∶2。（图二九九，3）

陶尊　18件。其中完整及可复原者17件。依据口沿下沿面的特征可分为两式。

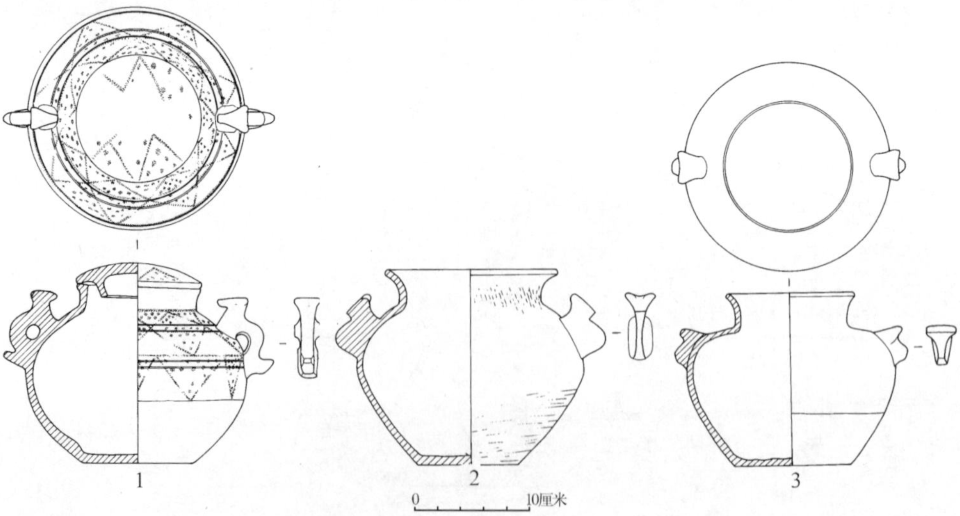

图二九九　墓地出土C型仿铜陶罍

1. Ⅰ式（M5∶2）　2. Ⅱ式（M42∶2）　3. Ⅲ式（M43∶1）

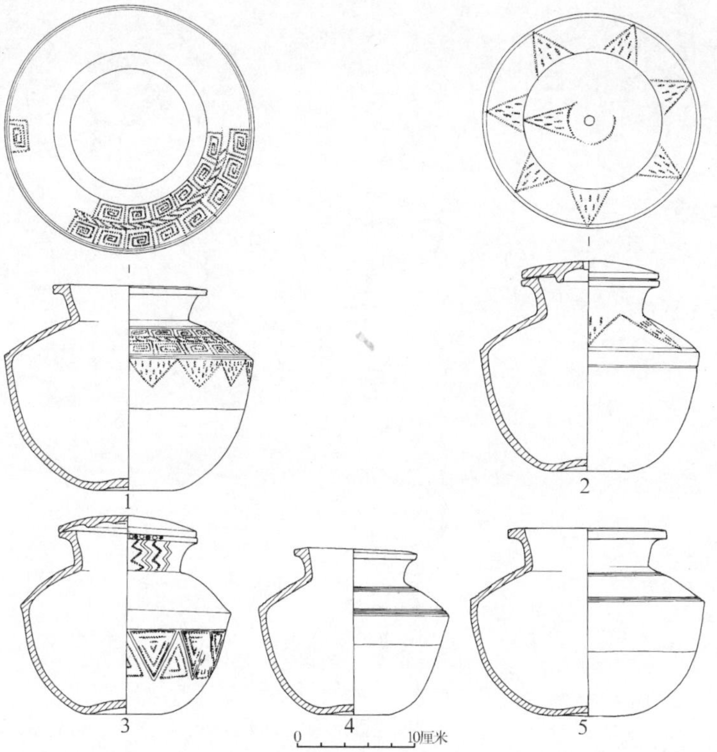

图三〇〇　墓地出土仿铜陶尊

1. Ⅰ式（M36∶2）　2. Ⅱ式（M27∶2）

3. Ⅱ式（M196∶3）　4. Ⅱ式（M236∶3）　5. Ⅰ式（M240∶2）

Ⅰ式：10件。下沿面较长，沿面略下垂。标本有M36∶2、M36∶3、M61∶6、M61∶7、M94∶2、M94∶3、M240∶2、M240∶3、M242∶3和M242∶4。（图三〇〇，1、5）

Ⅱ式：7件。下沿较短。标本有M3∶2、M3∶3、M27∶2、M196∶3、M196∶4、M236∶3和M236∶7。（图三〇〇，2、3、4）

陶敦　31件。其中完整及可复原者28件。

甲类：13件。无足。依据底部形态分为二型。

A型：12件。平底。依据双钮形态分为二亚型。

Aa型：9件。肩部一对半圆钮。依据腹部变化可分为四式。

Ⅰ式：1件。器形大，腹部深，双钮较大，标本有M240∶6。（图三〇一，1）

Ⅱ式：4件。器形较大，腹部较深，双钮较大。标本有M18∶3、M27∶6、M61∶5和M196∶1。（图三〇一，5）

Ⅲ式：2件。器形较大，腹部较前式变浅，双钮较小。标本有M236∶5和M237∶2。（图三〇一，7）

Ⅳ式：2件。器形小，浅腹，双钮小。标本有M96∶1和M214∶4。（图三〇一，2）

Ab型：3件。兽首钮。依据腹部变化可分为两式。

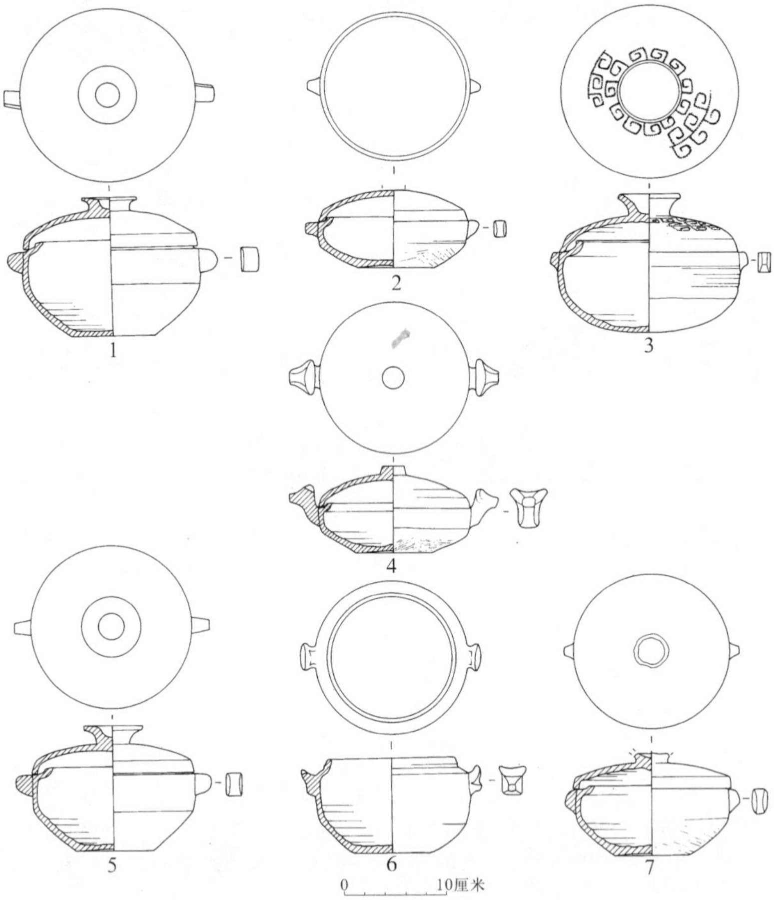

图三〇一　墓地出土甲类仿铜陶敦

1. Aa型Ⅰ式（M240：6）　2. Aa型Ⅳ式（M96：1）　3. B型（M94：5）
4. Ab型Ⅱ式（M82：3）　5. Aa型Ⅲ式（M61：5）　6. Ab型Ⅰ式（M242：2）　7. Aa型Ⅲ式（M236：5）

Ⅰ式：2件。器形大，腹部深，子口较高。标本有M43:3和M242:2。（图三〇一，6）

Ⅱ式：1件。标本M82:3，器形小，腹部浅，子口较低，盖面捉手退化为短柱。（图三〇一，4）

B型：1件。标本M94:5，浅圜底。（图三〇一，3）

乙类：15件。有足。依据肩部装饰分为四型。

A型：5件。肩部一对爬兽一对实心钮。依据敦盖捉手形态的差异可分为两个亚型。

Aa型：4件。敦盖面中部有一圈足状捉手。依据兽首形态变化，腹部装饰变化分三式。

Ⅰ式：1件。标本M1:3，器形大，腹部深，饰有两周凸旋纹，兽首较大，生动形象。（图三〇二，1）

Ⅱ式：1件。标本M68:6，器形较大，腹部较深，饰有两周凸旋纹，一对爬兽作躬身回首状。（图三〇二，2）

Ⅲ式：2件。器形较大，腹部较深，饰有一道凹旋纹，肩部爬兽较为简化。标本有

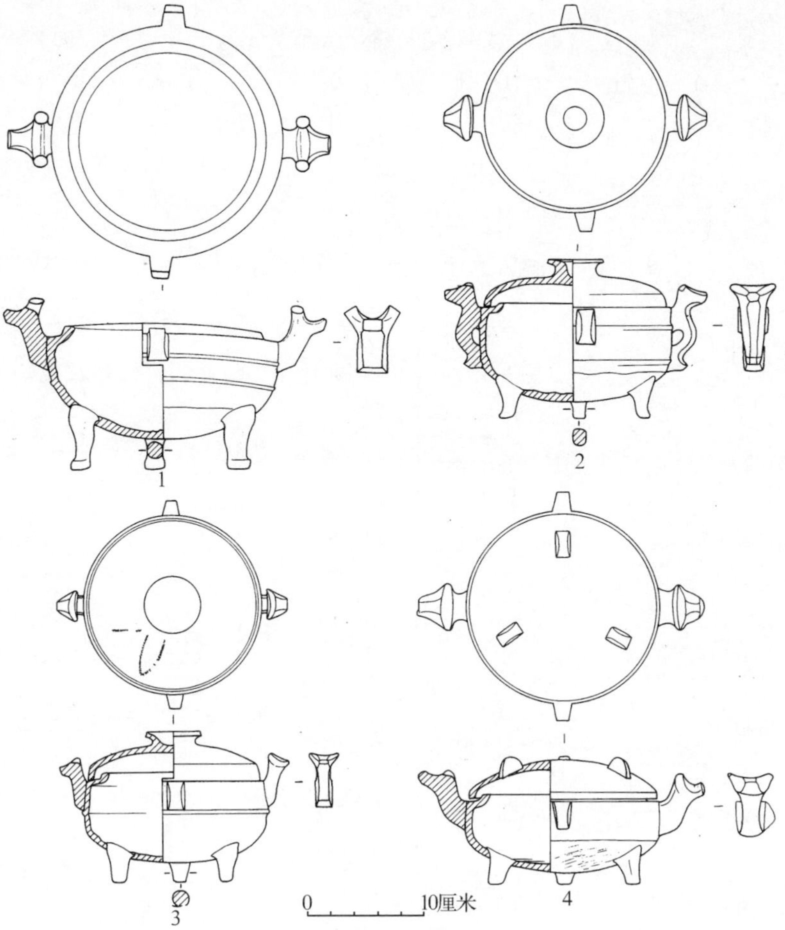

图三〇二　墓地出土乙类仿铜陶敦

1. Aa型Ⅰ式（M1∶3）　2. Aa型Ⅱ式（M68∶6）　3. Aa型Ⅲ式（M47∶2）　4. Ab型（M15∶5）

M47∶2和M233∶7。(图三〇二，3)

Ab型：1件。标本M15∶5，敦盖面平均分布有三个半圆形实心钮。(图三〇二，4)

B型：8件。肩部一对兽首或一对半圆形钮。依据足数量的不同可分为两个亚型。

Ba型：7件。三足。依据腹部及兽首变化分为四式。

Ⅰ式：1件。标本M207∶5，器形较大，腹部深，饰有一周凸旋纹及一对兽首耳。(图三〇三，1)

Ⅱ式：4件。器形较大，腹部较深，饰有一周凸旋纹及一对兽首耳。标本有M71∶5、M78∶1、M209∶6和M212∶7。(图三〇三，5)

Ⅲ式：1件。标本M253∶7，器形较大，腹部较深，腹部素面无凸旋纹，有一对兽首耳。(图三〇三，6)

Ⅳ式：1件。标本M49∶7，器形较小，腹部较浅，腹部无凸旋纹，有一对半圆形钮。(图三〇三，2)

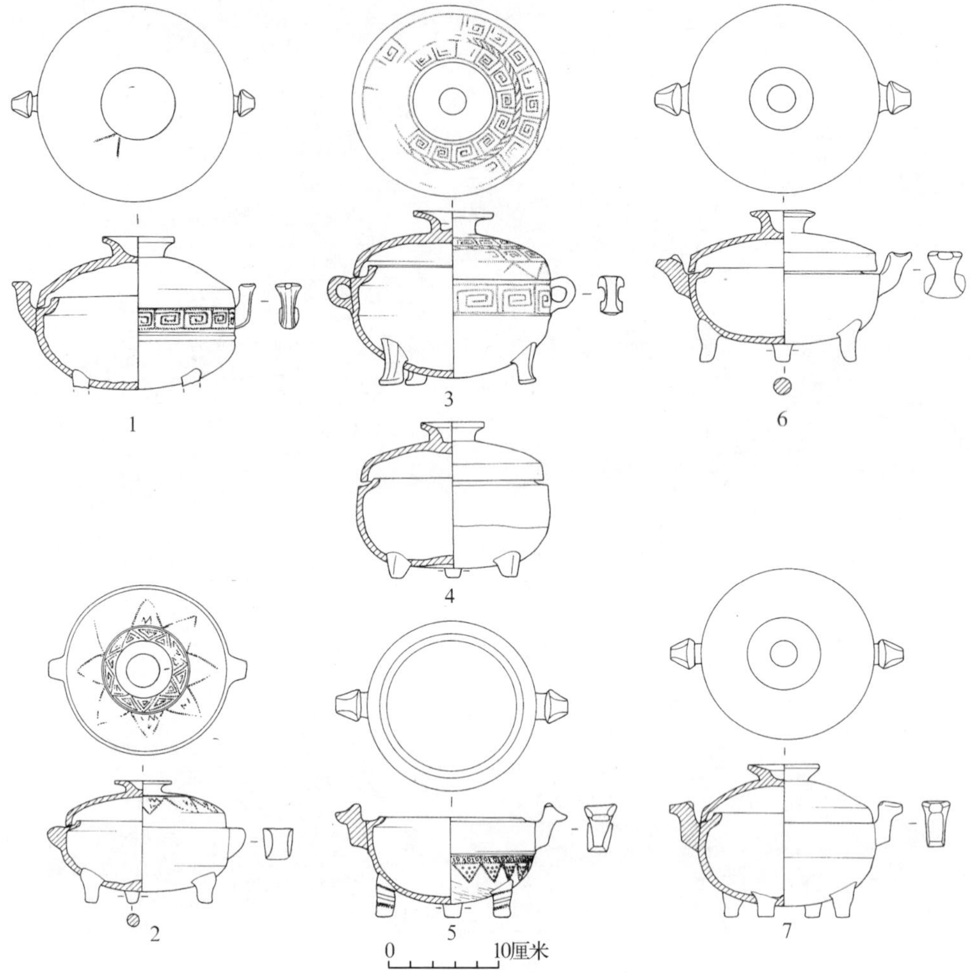

图三〇三　墓地出土乙类仿铜陶敦

1. Ba 型Ⅰ式（M207∶5）　2. Ba 型Ⅳ式（M49∶7）　3. C 型（M36∶5）　4. D 型（M11∶2）

5. Ba 型Ⅱ式（M212∶7）　6. Ba 型Ⅲ式（M253∶7）　7. Bb 型（M32∶2）

Bb 型：1 件。标本 M32∶2，四足。（图三〇三，7）

C 型：1 件。标本 M36∶5，一对贯耳。（图三〇三，3）

D 型：1 件。标本 M11∶2，无耳。（图三〇三，4）

陶盏　1 件。标本 M42∶6，上腹部有一对半圆形实心钮。（图三〇四，1）

图三〇四　墓地出土陶盏、陶钵

1. 盏（M42∶6）　2. Ⅱ式钵（M146∶2）　3. Ⅰ式钵（M154∶1）

陶舟　28件。其中完整及可复原者27件。依据有无足及足的数量可分为三型。

A型：17件。三足。依据耳部形态的不同可分为两个亚型。

Aa型：16件。一对兽首耳。依据平面形态及兽首及三足的变化分为四式。

Ⅰ式：3件。器形大，平面为椭圆形，兽首耳形象生动，三蹄足。标本有M1∶9、

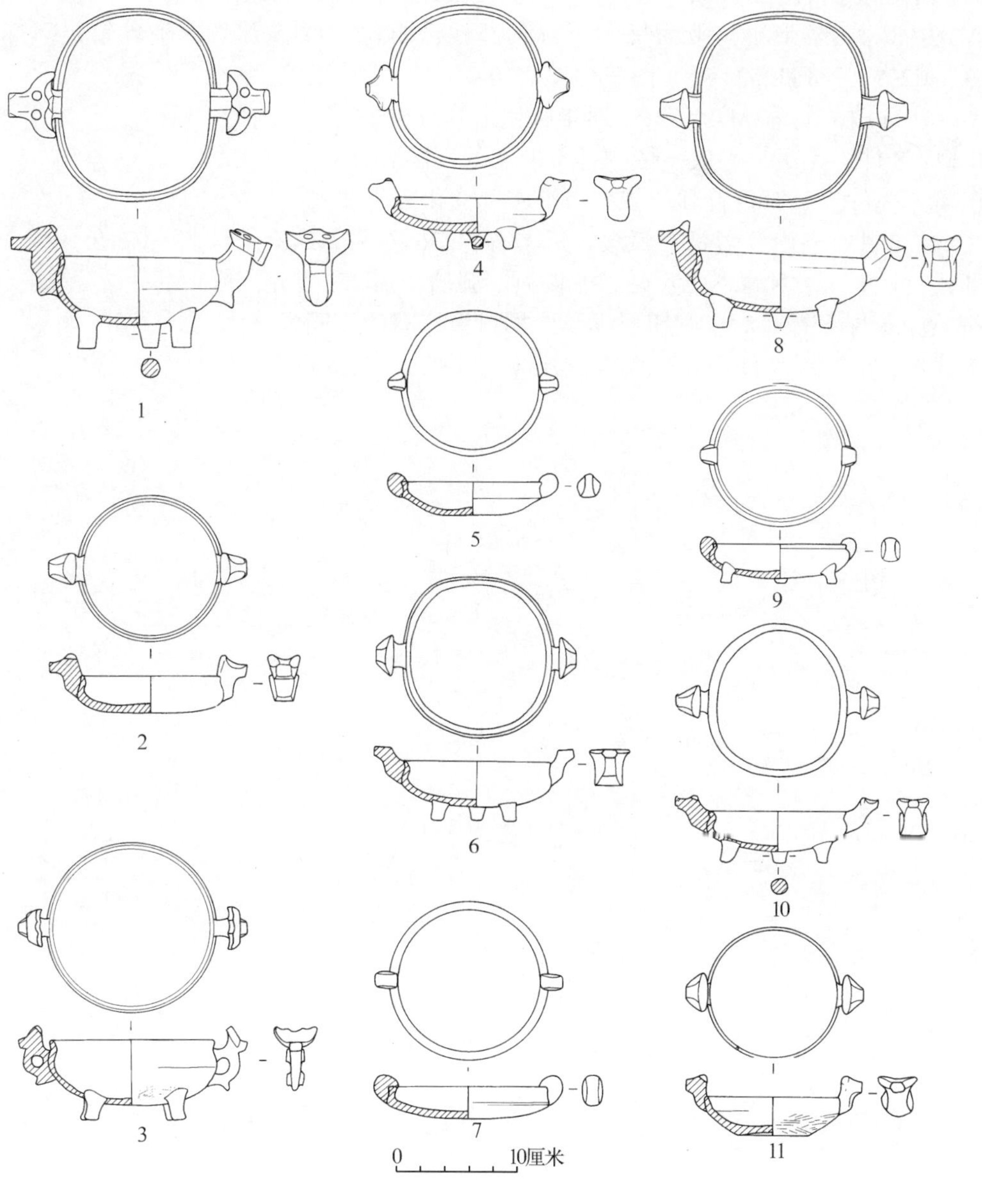

图三〇五　墓地出土仿铜陶舟

1. Aa型Ⅰ式（M15∶6）　2. Ba型Ⅰ式（M236∶6）　3. C型（M36∶7）　4. Aa型Ⅲ式（M11∶7）　5. Bb型Ⅰ式（M61∶3）　6. Aa型Ⅲ式（M18∶4）　7. Bb型Ⅱ式（M214∶7）　8. Aa型Ⅱ式（M233∶5）　9. Ab型（M49∶5）　10. Aa型Ⅳ式（M253∶5）　11. Ba型Ⅱ式（M23∶3）

M15∶6 和 M267∶2。（图三〇五，1）

Ⅱ式：3 件。器形较大，平面为椭圆形，兽首耳较大，形象生动，三柱足或截锥足。标本有 M78∶6、M233∶5 和 M247∶6。（图三〇五，8）

Ⅲ式：7 件。器形较小，平面呈圆形，兽首已简化，三蹄足或矮柱足。标本有 M9∶1、M11∶7、M18∶4、M18∶8、M21∶4、M68∶8 和 M207∶8。（图三〇五，4、6）

Ⅳ式：3 件。器形小，平面呈圆形，腹部浅，简化了的兽首，三个乳钉足。标本有 M71∶3、M209∶3 和 M253∶5。（图三〇五，10）

Ab 型：1 件。标本 M49∶5，一对半圆钮形耳。（图三〇五，9）

B 型：8 件。无足，平底。依据耳部形态的不同可分为两个亚型。

Ba 型：3 件。一对兽首耳。依据口沿腹部变化分为两式。

Ⅰ式：2 件。卷沿，短颈，弧腹。标本有 M236∶6 和 M248∶4。（图三〇五，2）

Ⅱ式：1 件。标本 M23∶3，敞口，圆唇，弧腹。（图三〇五，11）

Bb 型：5 件。有一对半圆钮形耳。依据口沿形态的不同可分为两式。

Ⅰ式：1 件。标本 M61∶3，直口，方唇。（图三〇五，5）

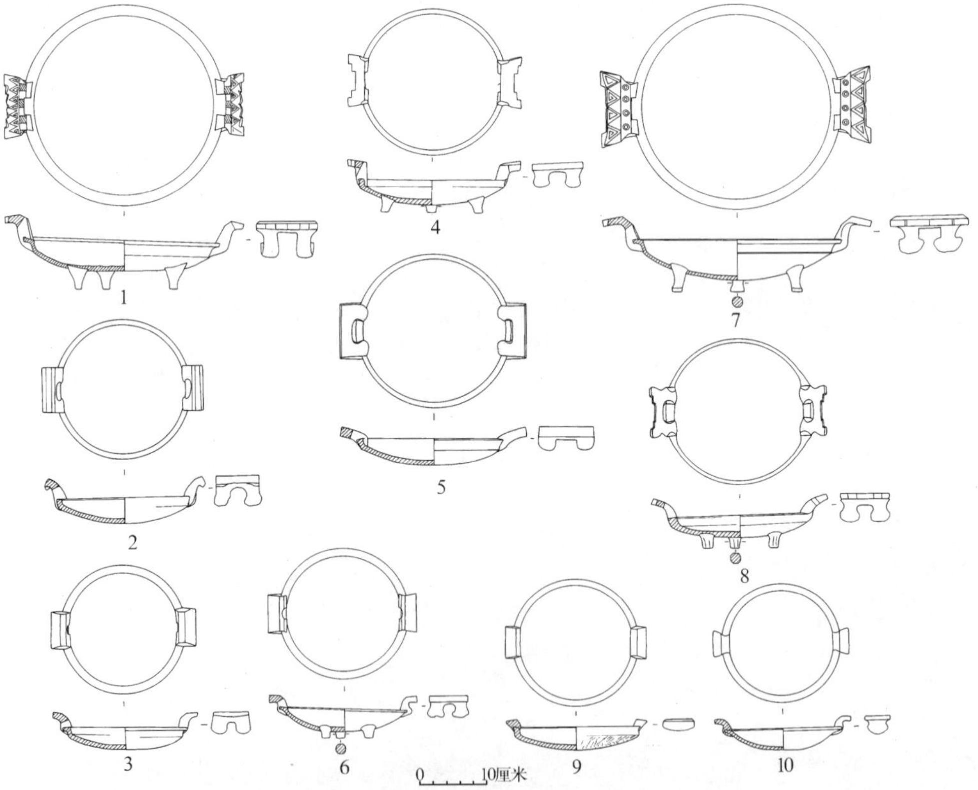

图三〇六　墓地出土 A 型仿铜陶盘

1. Aa 型Ⅰ式（M15∶1）　2. Ab 型Ⅰ式（M240∶4）　3. Ab 型Ⅲ式（M212∶5）
4. Aa 型Ⅱ式（M209∶9）　5. Ab 型Ⅱ式（M94∶7）　6. Aa 型Ⅲ式（M11∶3）
7. Aa 型Ⅰ式（M267∶3）　8. Aa 型Ⅱ式（M36∶6）　9. Ab 型Ⅳ式（M214∶8）　10. Ab 型Ⅴ式（M23∶4）

Ⅱ式：4件。口微敛，方唇或圆唇。标本有M27∶3、M71∶9、M94∶8和M214∶7。（图三〇五，7）

C型：2件。有四足。标本有M32∶3和M36∶7。（图三〇五，3）

陶盘　47件。依据有无立耳分可分为二型。

A型：34件。盘口有一对立耳。依据有无足分为两个亚型。

Aa型：18件。有三足。依据耳部形态变化分为三式。

Ⅰ式：7件。器形较大，耳端外折，耳端有凹槽，耳部装饰繁缛纹饰。标本有M1∶7、M15∶1、M21∶6、M68∶4、M233∶3、M247∶7和M267∶3。（图三〇六，1、7）

Ⅱ式：6件。器形较大，耳端外折，耳端无凹槽，耳部装饰略为简化。标本有M36∶6、M49∶6、M78∶7、M207∶2、M209∶9和M253∶6。（图三〇六，4、8）

Ⅲ式：5件。器形较小，耳端外折，方形立耳，耳部无装饰。标本有M11∶3、M13∶6、M27∶4、M71∶2和M196∶6。（图三〇六，6）

Ab型：16件。无足，浅圜底或平底。依据口沿部位的不同分为五式。

Ⅰ式：3件。直口，方唇或圆唇，立耳较高大，耳孔较大。标本有M5∶4、M61∶2和M240∶4。（图三〇六，2）

Ⅱ式：4件。折沿，尖唇，沿面较窄，耳孔较大。标本有M18∶1、M94∶7、M236∶4和M237∶4。（图三〇六，5）

Ⅲ式：4件。折沿，尖唇或圆唇，沿面较宽，耳孔较大。标本有M9∶4、M42∶4、M212∶5和M228∶1。（图三〇六，3）

Ⅳ式：2件。折沿，尖唇，沿面较窄，耳部为盲孔。标本有M98∶1和M214∶8。（图

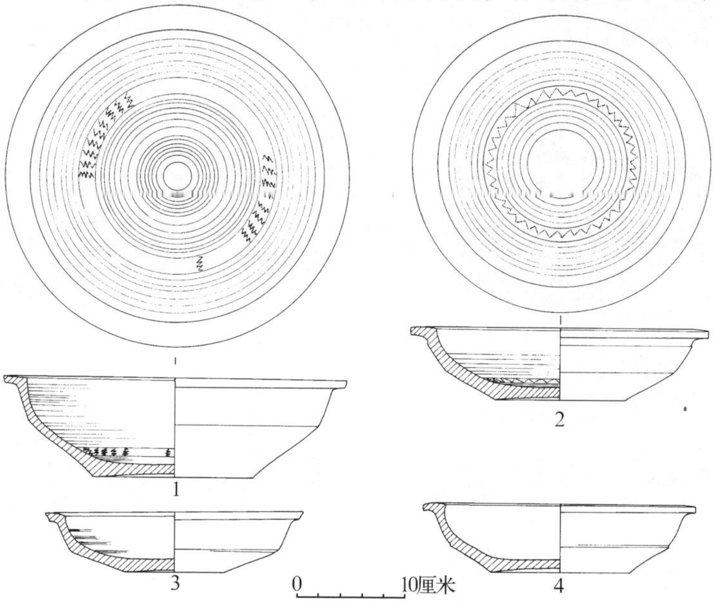

图三〇七　墓地出土B型仿铜陶盘

1. Ⅰ式（M246∶9）　2. Ⅱ式（M40∶5）　3. Ⅳ式（M115∶9）　4. Ⅲ式（M39∶4）

三〇六，9）

Ⅴ式：3件。敞口，方唇，耳部为盲孔。标本有M23∶4、M82∶4以及M96∶6。（图三〇六，10）

B型：13件。无耳。依据器形大小分为四式。

Ⅰ式：1件。标本M246∶9，器形大。（图三〇七，1）

Ⅱ式：2件。器形较大。标本有M40∶5和M79∶2。（图三〇七，2）

Ⅲ式：5件。器形较小。标本有M22∶1、M39∶4、M72∶5、M171∶6和M188∶2。（图三〇七，4）

Ⅳ式：5件。器形较小。标本有M14∶2、M41∶7、M115∶9、M184∶3和M184∶21。（图三〇七，3）

陶匜　43件。其中完整及可复原者42件。依据整体形态的不同可分为二型。

A型：30件。动物形。依据尾部有无分为两个亚型。

Aa型：24件。有尾。依据整体形态的变化分为五式。

Ⅰ式：3件。器形较大，有耳有尾，流部饰有几何纹，尾部及兽首发达，形象生动。标本有M1∶8、M17∶4和M267∶4。（图三〇八，1）

Ⅱ式：8件。器形较大，有耳有尾，刻画较为细致。标本有M15∶8、M21∶9、M36∶4、M68∶3、M78∶8、M209∶8、M233∶2和M247∶4。（图三〇八，2、5）

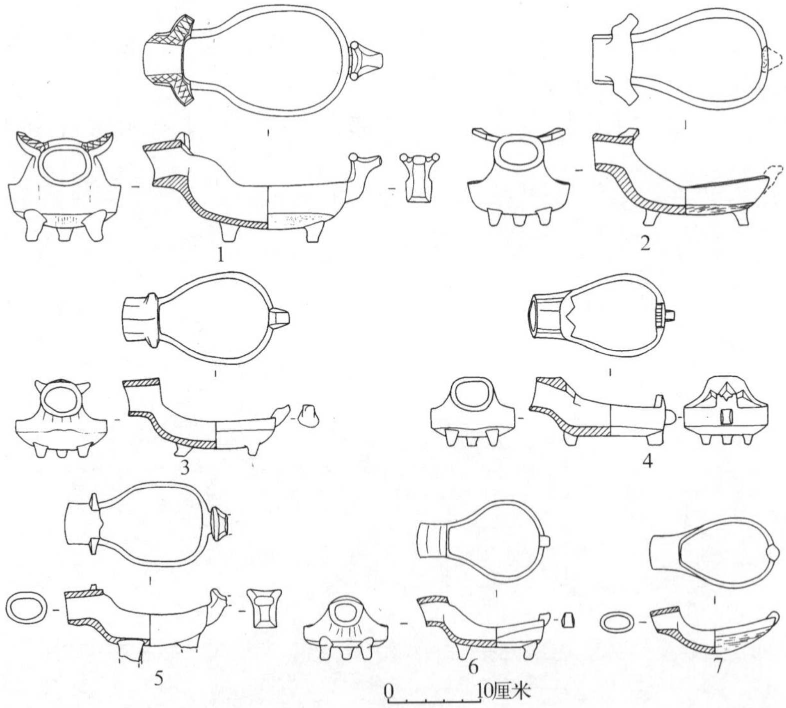

图三〇八　墓地出土Aa型仿铜陶匜

1. Ⅰ式（M1∶8）　2. Ⅱ式（M21∶9）　3. Ⅲ式（M11∶6）
4. Ⅲ式（M42∶5）　5. Ⅱ式（M209∶8）　6. Ⅳ式（M49∶4）　7. Ⅴ式（M82∶2）

Ⅲ式：7件。器形较小，有耳有尾，较为简化。标本有M11：6、M14：1、M18：5、M27：7、M42：5、M94：6和M253：4。（图三〇八，3、4）

Ⅳ式：3件。器形小，流部简化成管状，尾部简化为小泥饼。标本有M49：4、M71：1和M196：5。（图三〇八，6）

Ⅴ式：3件。器形较小，形态较为简略，无足。标本有M82：2、M96：5和M214：6。（图三〇八，7）

Ab型：6件。无尾。依据足部特征可分为三式。

Ⅰ式：1件。标本M240：7，三足粗壮。（图三〇九，1）

Ⅱ式：2件。三足较小。标本有M61：4和M207：6。（图三〇九，2）

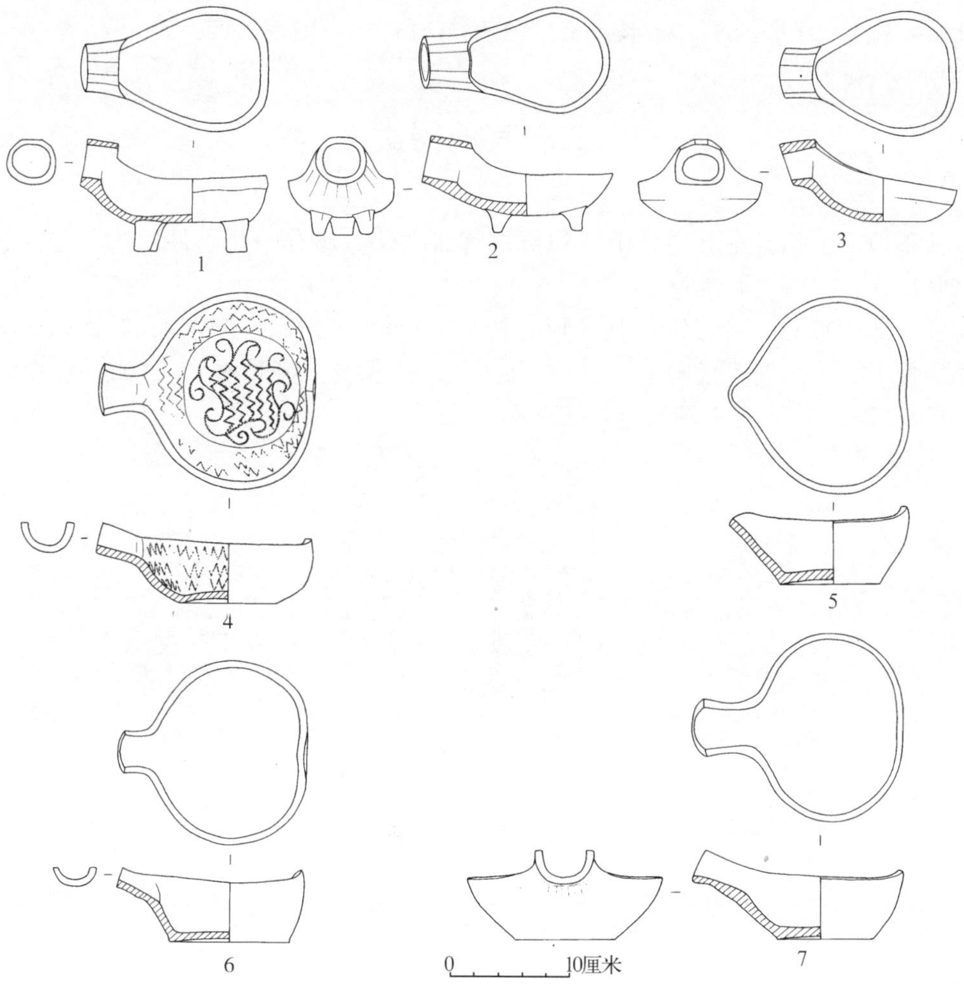

图三〇九　墓地出土Ab型、B型仿铜陶匜

1. Ab型Ⅰ式（M240：7）　2. Ab型Ⅱ式（M61：4）　3. Ab型Ⅲ式（M237：3）
4. Ba型Ⅰ式（M72：4）　5. Bb型（M171：5）　6. Ba型Ⅱ式（M115：2）　7. Ba型Ⅰ式（M39：6）

Ⅲ式：3件。无足。标本有M212∶5、M236∶2和M237∶3。(图三〇九，3)

B型：12件。瓢形匜。依据流部特征可分为两个亚型。

Ba型：11件。长流。依据大小分为二式。

Ⅰ式：8件。器形较大。标本有M39∶6、M40∶1、M41∶6、M72∶4、M79∶3、M188∶1、M246∶8和M254∶1。(图三〇九，4、7)

Ⅱ式：3件。器形小。标本有M115∶2、M184∶9和M184∶10。(图三〇九，6)

Bb型：1件。标本M171∶5，短流。(图三〇九，5)

陶钵　5件。双楼墓地中陶钵基本上是与B型壶的器盖以及B型壶同出的，因此在此将其归入陶礼器范畴。根据器形大小的不同可分为二式。

Ⅰ式：3件。器形较大。标本有M60∶4、M154∶1和M191∶2。(图三〇四，3)

Ⅱ式：2件。器形较小。标本有M45∶2和M146∶2。(图三〇四，2)

三、其他器类

双楼墓地出土陶器除上述日用器和仿铜陶器之外，还有一些小件陶饰件，共37件。标本有叶形饰、陶鸟、泥饼等。

陶叶形饰　22件。叶形饰的整体形态特征为短柄，叶片顶端较尖，叶面弧曲，泥质红褐陶。标本有M9∶2（3件）、M15∶7（6件）、M78∶9、M81∶4（5件）、M207∶11（3件）、M209∶2（3件）和M247。(图三一〇)

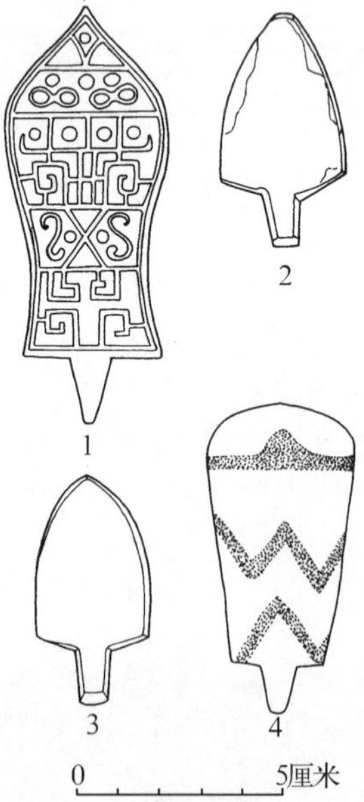

图三一〇　墓地出土陶叶形饰

1. M15∶7　2. M207∶11-1　3. M207∶11-2　4. M78∶9

陶鸟　8件。陶鸟的整体形态为尖喙，长颈，斜背，短尾微垂，独足较高，泥质褐陶。标本有M9∶3（2件）、M78∶10（2件）、M209∶7（2件）和M247∶10（2件）。（图三一一，1~3）

陶泥饼　6件。圆饼状中心微凹。标本有M36∶8、M49∶9（4件）以及M237∶8。（图三一一，5）

陶器　1件。标本有M264∶2，平面呈椭圆形，为四面坡形顶，底上凹。（图三一一，4）

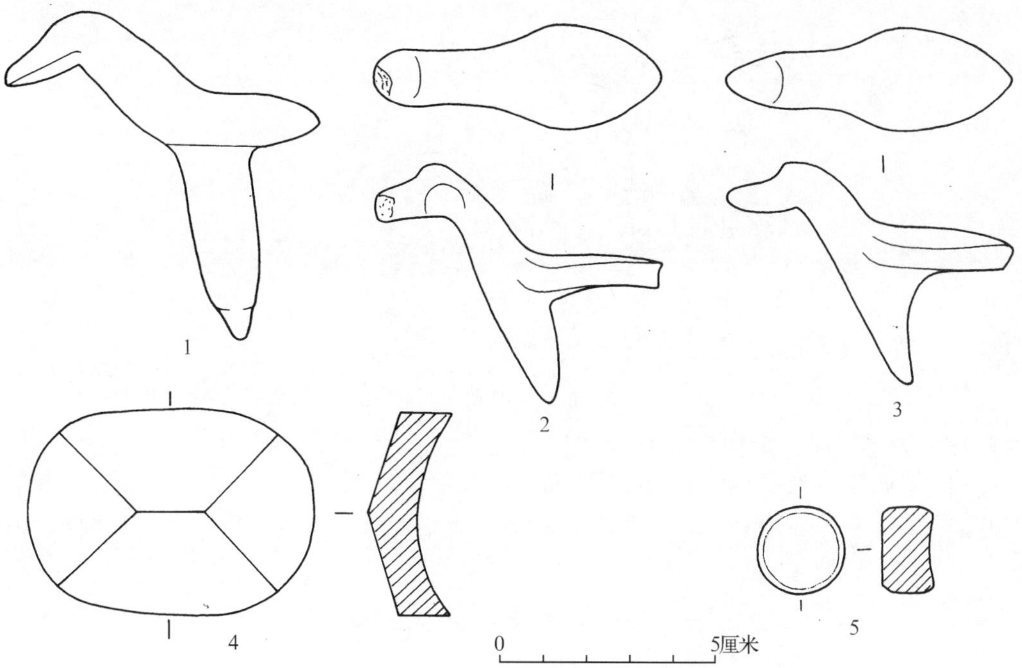

图三一一　墓地出土陶鸟、陶泥饼、陶器

1. 鸟（M209∶7）　2. 鸟（M247∶10-1）　3. 鸟（M247∶10-2）　4. 陶器（M264∶2）　5. 泥饼（M36∶8）

第三节　铁　器

双楼墓地出土铁器共6件，器形有铁带钩、铁削和铁锸。

铁带钩　4件。依据器形的不同可分为三型。

A型：1件。标本M45∶1，为琵琶形。钩身长而厚重，钩尾上翘，带扣为圆形。（图三一二，1）

B型：1件。标本M121∶1，叶形。钩首为半圆形，形如片叶，尾端为长条形，似叶柄。钩尾上翘，带扣近似圆形。（图三一二，2）

C型：2件。条形。标本M200∶2，钩身较短，钩尾上翘，扣为圆形。标本M112∶1，

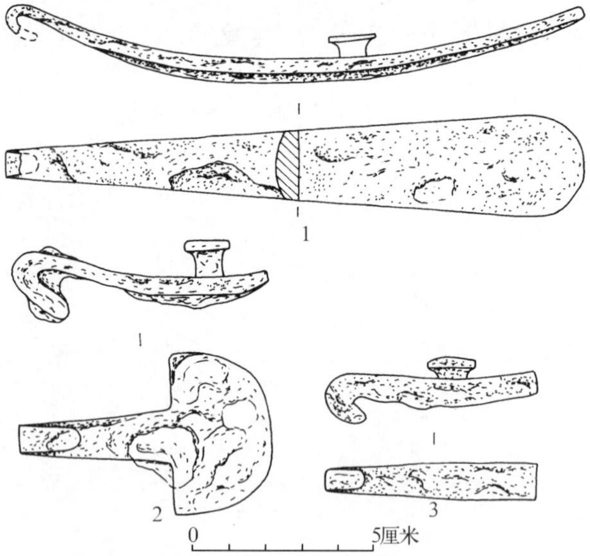

图三一二　墓地出土铁带钩

1. A 型（M45：1）　2. B 型（M121：1）　3. C 型（M200：2）

钩身较长，钩尾上翘，带扣为圆形。（图三一二，3）

铁削　1 件。标本 M157：1，器身锈蚀，已残。（图三一三，1）

铁锸　1 件。标本 M37：16，出自盗洞中，整体呈“U”形，上有槽可安柄，弧刃。（图三一三，2）

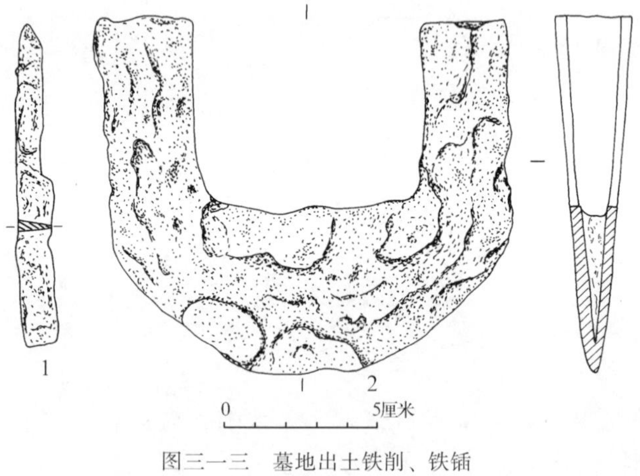

图三一三　墓地出土铁削、铁锸

1. 削（M157：1）　2. 锸（M37：16）

第四节　玉　器

双楼墓地出土玉器共83件，标本有玉片饰、玉饰、玉环、玉璧、玉珠、玉柱、玉管、玉圭以及玉料等。下面分别介绍。

玉片饰　8件。完整者5件。均为长方形，四角各有一个穿孔。依据四边形态的不同可分为三型。

A型：1件。标本M218∶3，直边无齿牙。为不透明青白色，四角有穿孔，整体为素面。（图三一四，1）

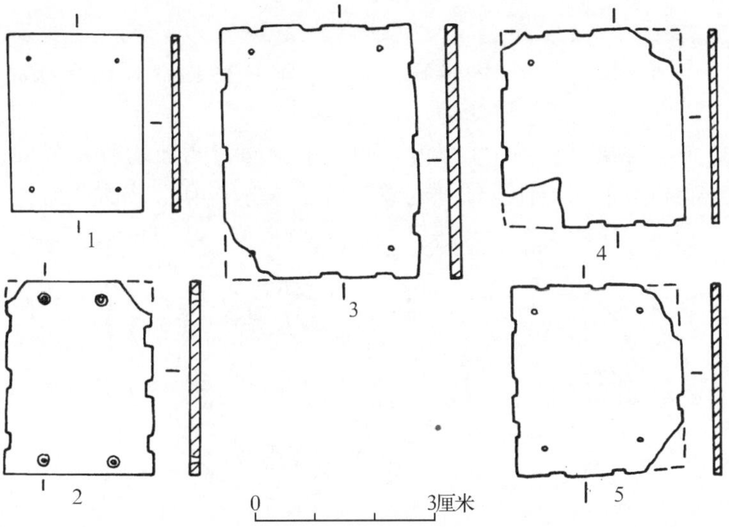

图三一四　墓地出土玉片饰

1. A型（M218∶3）　2. B型（M81∶2）

3. C型（M84∶1-1）　4. C型（M84∶1-2）　5. C型（M84∶1-3）

B型：3件。短边为直边，长边有齿。标本M81∶2，为不透明紫红色，四角有穿孔，素面，短边为直边，长边有齿。（图三一四，2）

C型：4件。四边有齿。标本M84∶1-1，形体较大，为不透明紫红色，四角有穿孔，素面，四边有齿。标本M84∶1-2，形体较小，为不透明紫红色，四角有穿孔，素面，四边有齿。标本M84∶1-3，形体较小，为不透明紫红色，四角有穿孔，四边有齿，素面。（图三一四，3、4、5）

玉饰　2件。长方形，较厚。依据四边形态可分为二型。

A型：1件。标本M195∶1，四边无齿牙。白色，长方体。整体为素面。（图三一五，1）

B型：1件。标本M49∶2，四边有齿。白色，长方体，中部有一穿孔。整体为素面。

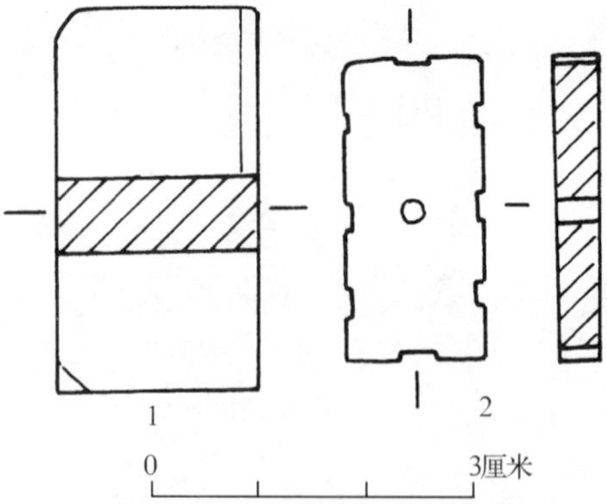

图三一五　墓地出土玉饰

1. A 型（M195：1）　2. B 型（M49：2）

（图三一五，2）

玉环　1 件。标本 M85：3，环肉呈扁长方形，略偏褐色，好孔为双面钻成。（图三一六，1）

玉璧　1 件。标本 M85：1，偏紫红色。两面平，面背两面均有内外郭，均较窄。好孔两面钻成。面背肉身均有一圈细线刻画的卷云纹，线条流利，图案优美。（图三一六，2）

玉柱　2 件。标本 M81：1，呈八棱柱体，偏紫红色，器身光滑。标本 M61：8，圆柱

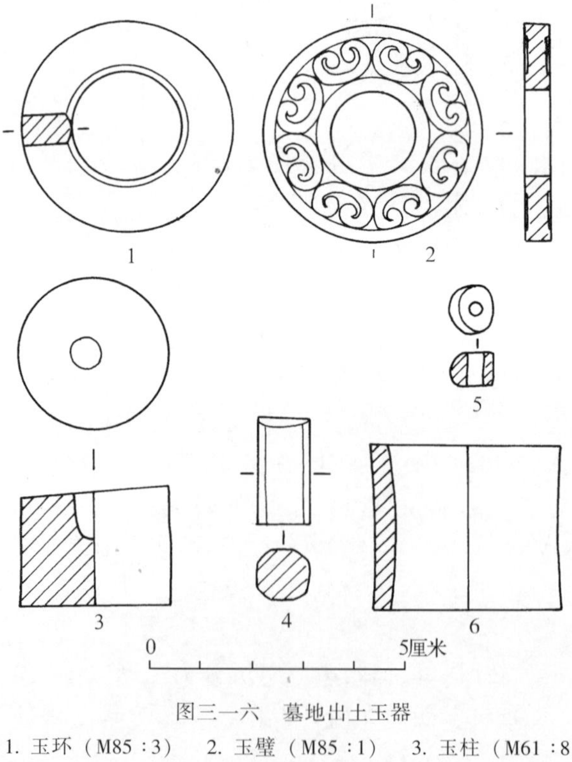

图三一六　墓地出土玉器

1. 玉环（M85：3）　2. 玉璧（M85：1）　3. 玉柱（M61：8）

4. 玉柱（M81：1）　5. 玉珠（M105：1）　6. 玉管（M123：1）

体，一端中部有圆孔。乳白色，器身光滑。（图三一六，4、3）

玉管　1件。标本M123∶1，圆柱体，孔径较大，壁较薄，半透明白色。（图三一六，6）

玉珠　1件。标本M105∶1，形体较小，略呈圆柱体。中部有穿孔，半透明白色。（图三一六，5）

玉料　28块。较为破碎，有薄有厚，大小不一，基本上都是玉器加工时剩下的废料，上面有明显的切割痕迹。标本M79∶9，共3块，青绿色，形体较大，其中两块为三角形，一块为不规则四边形，三块都有一边为弧边，其中一件三角形料的一角有一穿孔，另一块四边形料的中部有一圆形痕迹，应是一个未完成的加工痕迹。标本M244∶3，共3块。青绿色，其中两块为不规则三角形，一块为不规则多边形，有明显的解剖痕迹。（图三一七）

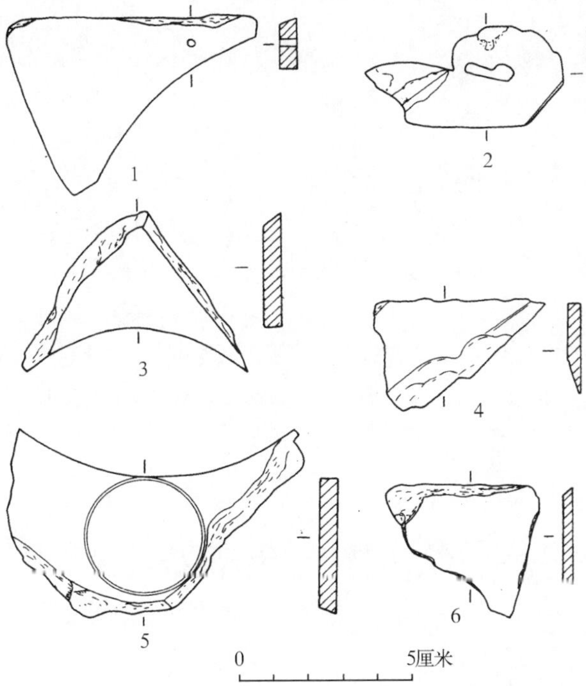

图三一七　墓地出土玉料

1. M79∶9-1　2. M244∶3-3　3. M79∶9-2
4. M244∶3-2　5. M79∶9-3　6. M244∶3-1

玉圭　39件。根据宽度的不同，可分为三型。

A型：23件。面较宽，宽度在2.5厘米以上。标本有M9∶5、M23∶5、M27∶1、M33∶1、M68∶7、M69∶1、M70∶1、M89∶1、M99∶2、M184∶20、M209∶10、M214∶5、M224∶1、M226∶1、M231∶1、M233∶1、M237∶1、M247∶8、M248∶1、M250∶1、M258∶1以及M261∶1、M261∶2。（图三一八，1~3）

B型：10件。较窄，宽度在2~2.5厘米。标本有M3∶4、M33∶2、M49∶1、M69∶2、M70∶2、M99∶1、M218∶1、M232∶1、M253∶8和M260∶1。（图三一八，4、5、7）

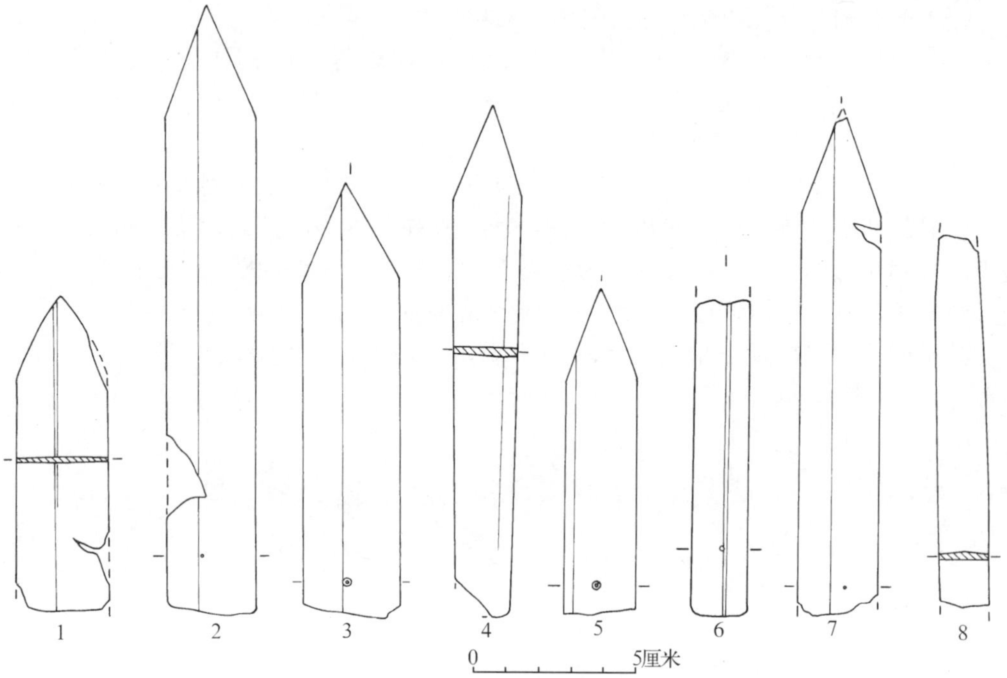

图三一八　墓地出土玉圭

1. A 型（M70：1）　2. A 型（M231：1）　3. A 型（M237：1）　4. B 型（M3：4）
5. B 型（M49：1）　6. C 型（M204：1）　7. B 型（M232：1）　8. C 型（M184：18）

C 型：7 件。极窄，宽度在 1.5~2 厘米。标本有 M21：1、M94：1、M178：4、M184：18、M192：1、M204：1 和 M258：2。（图三一八，6、8）

第五节　玛瑙器

双楼墓地还出土少量玛瑙器，共有 5 件，为玛瑙环。环肉内外两边被抹去或被切削掉。分为两型。

A 型：1 件。标本 M118：1，环肉内侧削棱，两斜面相交于一线，外侧抹棱，环肉横切面略呈扁长方形。为白色半透明状，器表光亮。（图三一九，1）

B 型：4 件。环肉内外两侧均被削棱，使斜面相交于一线，环肉横截面呈不等边六边形。标本 M6：1，残存一半，为白色半透明状。标本 M164：1，为紫色。标本 M244：5，有 2 件。均为白色半透明状。（图三一九，2~4）

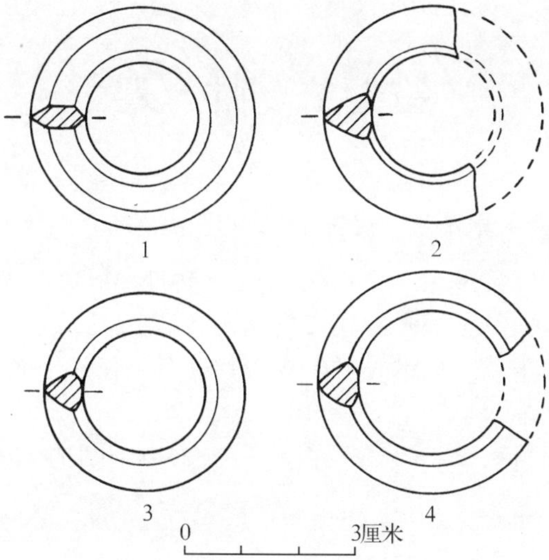

图三一九　墓地出土玛瑙环
1. A型（M118：1）　2. B型（M6：1）　3. B型（M164：1）　4. B型（M244：5）

第六节　骨　器

双楼墓地共出土骨器24件。有骨环、骨贝。

骨环　4件。标本M244:6，动物椎骨切割加工而成。(图三二〇，1~4)

骨贝　20件。标本M147:6，平面纺锤形，正面有一道纵向刻槽和多道横向刻纹，背面有一个或两个圆孔，部分未穿透。大部分为灰白色，少量呈绿色。(图三二〇，5)

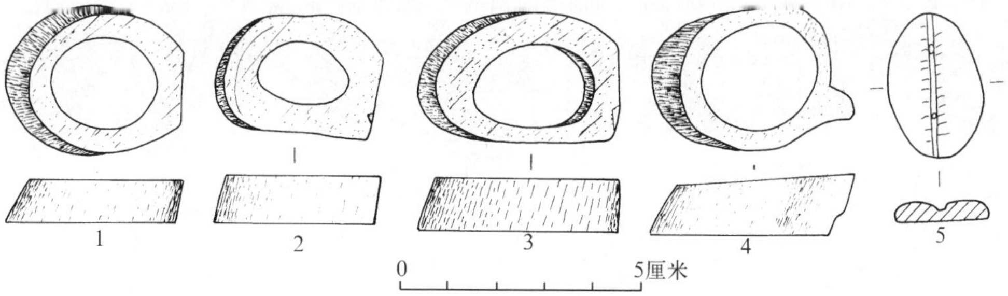

图三二〇　墓地出土骨器
1~4. 骨环（M244：6）　5. 骨贝（M147：6）

第七节　蚌　器

双楼共出土蚌器9件，有蚌壳、蚌珠。

蚌壳　5件。其中3件为双壳，2件为单壳。标本M5∶5，为双壳，长5.1厘米，宽3.3厘米。标本M5∶6，为单壳，残长10.2厘米，残宽7厘米。标本M71∶8，为双壳，长6厘米，宽5厘米，厚3厘米。标本M250∶2，为双壳，长6.2厘米，宽5.1厘米，厚3厘米。（图三二一，1~3，7）

蚌珠　4件。标本M118∶2（4件），白色，为不规则圆形，中间有穿孔。（图三二一，4~6）

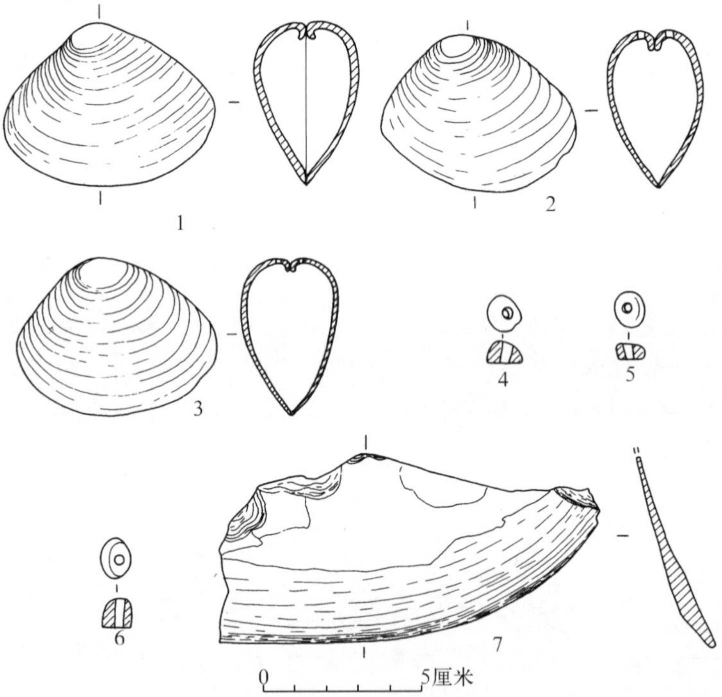

图三二一　墓地出土蚌器

1. 蚌壳（M5∶5）　2. 蚌壳（M71∶8）

3. 蚌壳（M250∶2）　4、5、6. 蚌珠（M118∶2）　7. 蚌壳（M5∶6）

第五章　分期与年代

第一节　器物组合分析

新郑双楼墓地共清理东周时期墓葬267座，随葬有陶、铜器物的墓葬有120座；只出有小铜器（铜璜、带钩）、小铁器（带钩、削等）、玉器、骨器以及蚌器等小器物的有20座，分别是M6（B型玛瑙环）、M33（A型玉圭、B型玉圭）、M54（铜带钩）、M67（甲类B型铜璜、乙类铜璜）、M70（A型玉圭）、M84（C型玉片饰）、M91（废玉料）、M99（A型玉圭、B型玉圭）、M105（玉珠）、M112（甲类B型铜璜、C型铁带钩）、M121（B型铁带钩）、M139（铜镜）、M157（铁削）、M198（铜带钩）、M208（铜镜）、M224（A型玉圭）、M231（A型玉圭）、M250（B型玉圭、蚌壳）、M261（A型玉圭）、M264（铜镞）。

在出有陶铜器物的120座墓葬中，有下列两种情况：

第一种：只出有铜器的墓葬共2座。有M81①和M147⑤。

第二种：只出有陶器的有118座。有M1、M2（盗洞出土）、M3①、M4、M5⑤、M8、M9①、M11、M12、M13、M14、M15、M17、M18、M19（盗洞出土）、M21①、M22、M23①、M26、M27①、M29（盗洞出土）、M32、M36、M37（盗洞出土）、M39、M40、M41、M42、M43、M44、M45②、M47、M49①、M53、M55、M56、M58、M60、M61①、M65、M68①、M69①、M71⑤、M72、M76、M77、M78、M79①、M82①、M85⑥、M86、M87、M89①、M92、M93、M94①、M96、M97、M98、M101③、M110③、M115、M116、M118⑦、M123①、M127、M129、M134③、M137、M142、M146、M152、M154、M156③、M164④、M171①、M174、M176、M178①、M184①、M187、M188、M191、M192①、M195①、M196、M200②、M204①、M207、M209①、M212、M214①、M215、M218①、M226①、M228、M232①、M233①、M234、M235、M236、M237①、M238、M239、M240、M242、M243、M244⑧、M246⑥、M247①、M248①、M251、M253①、M254、M256、M258①、M260①、M267。

（说明：①表示同时出有玉器，②表示同时出有小铁器，③表示同时出有小铜器，④表示同时出有玛瑙器，⑤表示同时出有骨器或蚌器，⑥表示同时出有玉器和小铜器，⑦表示同时出有玛瑙器、蚌器和小铜器，⑧表示同时出有玉器、玛瑙器、骨器和小铜器。）

一、陶器组合

新郑双楼墓地出土陶质器物的墓葬共118座，其中仅出陶器的墓葬73座，有玉器的32座，有小铁器的有2座，有小铜器的有4座，有玛瑙器的有1座，有骨器或蚌器的有2座，有铜器及玉器的2座，有玛瑙器、蚌器和小铜器同出的有1座，有玉器、玛瑙器、骨器和小铜器同出的有1座。在下面对墓葬组合关系进行分析时，我们以陶鼎为纲结合其他构成组合的核心器形进行分析，对部分组合不全的墓葬根据前面的型式分析进行了陶器组合的定位。

A组：15座。以甲类Aa型陶鼎为核心，参考A、B型陶罍和陶尊的组合。可分为四小组。

AⅠ组：3座。以甲类AaⅠ式陶鼎、AⅠ式陶罍为核心的组合。

M1：出土有甲类AaⅠ式陶鼎、AⅠ式陶罍、乙类AaⅠ式陶敦、AaⅠ式陶舟、AaⅠ式陶盘、AaⅠ式陶匜以及BaⅠ式陶盖豆。

M15：出土有甲类AaⅠ式陶鼎、AⅠ式陶罍、乙类Ab式陶敦、AaⅠ式陶舟、AaⅠ式陶盘以及AaⅡ式陶匜。

M17：出土有甲类AaⅡ式陶鼎、AⅠ式陶罍、AaⅠ式陶匜以及BaⅡ式陶盖豆。此墓虽出甲类AaⅡ式陶鼎，但所出AⅠ式陶罍和AaⅠ式陶匜的形态同AⅠ式组一致，而与AⅡ式组的区别较大，因此将其归入此组。

AⅡ组：2座。随葬品是以甲类AaⅡ式陶鼎、AⅡ式及BⅠ式陶罍为主的组合。

M233：出土有甲类AaⅡ式陶鼎、AⅡ式陶罍、乙类AaⅢ式陶敦、AaⅡ式陶舟、AaⅠ式陶盘以及AaⅡ式陶匜。

M13：出土有甲类AaⅡ式陶鼎、BⅠ式陶罍、AaⅢ式陶盘以及BaⅢ式陶盖豆。

AⅢ组：4座。随葬品是以甲类AaⅡ式陶鼎，AⅢ式、BⅡ式陶罍和Ⅰ式陶尊为核心的组合。

M18：出土有甲类AaⅡ式陶鼎、AⅢ式陶罍、甲类AaⅡ式陶敦、AaⅢ式陶舟、AbⅡ式陶盘以及AaⅢ式陶匜。

M78：出土有甲类AaⅡ式陶鼎、BⅡ式陶罍、乙类BaⅡ式陶敦、AaⅡ式陶舟、AaⅡ式陶盘、AaⅡ式陶匜以及陶鬲。

M14：出土有AⅢ式陶罍、AaⅢ式陶匜。此墓未出甲类陶鼎，但根据所出的AⅢ式陶罍，可将其归入AⅢ或CⅢ组，AⅢ和CⅢ两组大致在一个时间段，在此我们暂将M14归入此组。

M36：出有甲类AaⅢ式陶鼎、Ⅰ式陶尊、C型陶敦、C型陶舟、AaⅡ式陶盘、AaⅡ式陶匜。此墓虽出有甲类AaⅢ式陶鼎，但所出Ⅰ式陶尊和AⅣ组Ⅱ式陶尊略有区别，可以将其归入此组。

AⅣ组：6座。以甲类AaⅢ式陶鼎、BⅢ式陶罍和Ⅱ式陶尊为核心的组合。

M209：出有甲类 AaⅢ式陶鼎、BⅢ式陶罍、乙类 BaⅡ式陶敦、AaⅣ式陶舟、AaⅡ式陶盘以及 AaⅡ式陶匜。

M212：出有甲类 AaⅢ式陶鼎、BⅢ式陶罍、乙类 BaⅡ式陶敦、AbⅢ式陶盘、AbⅢ式陶匜（残）。

M71：出有甲类 AaⅢ式陶鼎、BⅢ式陶罍、乙类 BaⅡ式陶敦、BbⅡ式陶舟、AaⅣ式陶舟、AaⅢ式陶盘以及 AaⅣ式陶匜。

M27：出有甲类 AaⅢ式陶鼎、Ⅱ式陶尊、甲类 AaⅡ式陶敦、BbⅡ式陶舟、AaⅢ式陶盘、AaⅢ式陶匜。

M196：出有甲类 AaⅢ式陶鼎、Ⅱ式陶尊、甲类 AaⅡ式陶敦、AaⅢ式陶盘以及 AaⅣ式陶匜。

M49：出有甲类 AaⅢ式陶鼎、乙类 BaⅣ式陶敦、Ab 型陶舟、AaⅡ式陶盘、AaⅣ式陶匜、B 型陶罐。

B 组：12 座。以甲类 Ab 陶鼎为核心同时参考 B 型陶罍和陶尊的组合。分五小组。

BⅠ组：1 座。以甲类 AbⅠ式陶鼎、Ⅰ式陶尊为核心的组合。

M240：出有甲类 AbⅠ式陶鼎、Ⅰ式陶尊、甲类 AaⅠ式陶敦、陶舟（残）、AbⅠ式陶盘、AbⅠ式陶匜以及 B 型陶鬲。

BⅡ组：3 座。以甲类 AbⅡ式陶鼎、BⅡ式陶罍和Ⅰ式陶尊为核心的组合。

M207：出有甲类 AbⅡ式陶鼎、BⅡ式陶罍、乙类 BaⅠ式陶敦、AaⅢ式陶舟、AaⅡ式陶盘、AbⅡ式陶匜、陶簠、AⅡ式陶鬲。

M61：出有甲类 AbⅡ式陶鼎、Ⅰ式陶尊、甲类 AaⅡ式陶敦、BbⅠ式陶舟、AbⅠ式陶盘、AbⅡ式陶匜。

M32：出有甲类 AbⅡ式陶鼎、乙类 Bb 型陶敦、C 型陶舟、A 型陶鬲（残）。

BⅢ组：2 座。以甲类 AbⅢ式陶鼎、Ⅱ式陶尊为核心的组合。

M236：出有甲类 AbⅢ式陶鼎、Ⅱ式陶尊、甲类 AaⅢ式陶敦、BaⅠ式陶舟、AbⅡ式陶盘、AbⅢ式陶匜。

M3：出有甲类 AbⅢ式陶鼎、Ⅱ式陶尊。

BⅣ组：4 座。以甲类 AbⅣ式陶鼎、BⅢ式陶罍为核心的组合。

M237：出有甲类 AbⅣ式陶鼎、BⅢ式陶罍、甲类 AaⅢ式陶敦、AbⅡ式陶盘、AbⅢ式陶匜。

M253：出有甲类 AbⅣ式陶鼎、BⅢ式陶罍、乙类 BaⅢ式陶敦、AaⅣ式陶舟、AaⅡ式陶盘以及 AaⅢ式陶匜。

M47：出有 BⅢ式陶罍、乙类 AaⅢ式陶敦。此墓未出甲类陶鼎，从所出 BⅢ式陶罍来看可以归入 BⅣ组或 CⅣ组，BⅣ和 CⅣ两小组大致在同一时间段，在此暂将 M47 归入此组。

M9：出有 AaⅢ式陶舟、AbⅢ式陶盘。此墓未出甲类陶鼎和陶罍，但根据陶舟、陶盘的型式来看，可以将其归入此组。

BⅤ组：2 座。以甲类 AbⅣ式陶鼎、BⅣ式陶罍为核心的组合。

M23：出有甲类AbⅣ式陶鼎、BⅣ式陶罍、BaⅡ式陶舟、AbⅤ式陶盘。

M98：出有AbⅣ式陶盘。此墓未出甲类陶鼎和陶罍，但从陶盘的型式来看，可将其归入此组。

C组：9座。以B型鼎为核心同时参考A、B型陶罍的组合。分五小组。

CⅠ组：1座。以甲类BⅠ式陶鼎为核心的组合。

M267：出有甲类BⅠ式陶鼎、AaⅠ式陶舟、AaⅠ式陶盘以及AaⅠ式陶匜。

CⅡ组：1座。以甲类BⅡ式陶鼎、AⅡ式陶罍为核心的组合。

M21：出有甲类BⅡ式陶鼎、AⅡ式陶罍、乙类A型陶敦（残）、AaⅢ式陶舟、AaⅠ式陶盘、AaⅡ式陶匜以及AⅠ式陶鬲。

CⅢ组：2座。以甲类BⅢ式陶鼎和AⅢ式陶罍为核心的组合。

M68：出有甲类BⅢ式陶鼎、AⅢ式陶罍、乙类AaⅡ式陶敦、AaⅢ式陶舟、AaⅠ式陶盘、AaⅡ式陶匜和陶鬲（残）。

M247：出有甲类BⅢ式陶鼎、AⅢ式陶罍、陶敦（残）、AaⅡ式陶舟、AaⅠ式陶盘以及AaⅡ式陶匜。

CⅣ组：2座。以甲类BⅣ式陶鼎和AⅢ式、BⅢ式陶罍为核心的组合。

M11：出有甲类BⅣ式陶鼎、AⅢ式陶罍、乙类D陶敦、AaⅢ式陶舟、AaⅢ式陶盘以及AaⅢ式陶匜。

M248：出有甲类BⅣ式陶鼎、BⅢ式陶罍以及BaⅠ式陶舟。

CⅤ组：3座。以甲类BⅤ式陶鼎和BⅣ式、Ⅴ式陶罍为核心的组合。

M82：出有甲类BⅤ式陶鼎、甲类AbⅡ式陶敦、AbⅤ式陶盘、AaⅤ式陶匜以及A型陶鬲（残）。

M214：出有甲类BⅤ式陶鼎、BⅣ式陶罍、甲类AaⅣ式陶敦、BbⅡ式陶舟、AbⅣ式陶盘、AaⅤ式陶匜以及AⅢ式陶鬲。

M96：出有陶鼎（残）、BⅤ式陶罍、甲类AaⅣ式陶敦、AbⅤ式陶盘、AaⅤ式陶匜、AⅢ式陶鬲。

D组：4座。以甲类C型陶鼎为核心的组合。

M4：出有甲类C型陶鼎、Bb型陶盖豆。

M5：出有甲类C型陶鼎、CⅠ式陶罍以及AbⅠ式陶盘。

M94：出有甲类C型陶鼎、甲类B型陶敦、Ⅰ式陶尊、BbⅡ式陶舟、AbⅡ式陶盘、AaⅢ式陶匜。

M242：出有甲类C型陶鼎、甲类AbⅠ式陶敦以及Ⅰ式陶尊。

E组：1座。以甲类D型陶鼎为核心的组合。

M228：出有甲类D型陶鼎和AbⅢ式陶盘。

F组：2座。以甲类E型陶鼎为核心同时参考C型陶罍的组合。分两小组。

FⅠ组：1座。以甲类E型陶鼎、CⅡ式陶罍为核心的组合。

M42：出有甲类E型陶鼎、CⅡ式陶罍、陶盏、AbⅢ式陶盘以及AaⅢ式陶匜。

FⅡ组：1座。此组未出陶鼎，所出陶罍在D组和FⅠ组均有出现，但从其演变规律来看，将其置于FⅠ小组之后较为合理。

M43：出有CⅢ式陶罍、甲类AbⅠ式陶敦、陶匜（残）。

G组：7座。以乙类Aa型陶鼎为核心同时参考A型陶壶的组合。分五小组。

GⅠ组：1座。以乙类AaⅠ式陶鼎、AaⅠ式陶壶为核心的组合。

M246：出有乙类AaⅠ式陶鼎、AⅠ式陶盖豆、AaⅠ式陶壶、Ⅰ式陶高柄小壶、BⅠ式陶盘、BaⅠ式陶匜以及陶釜（残）。

GⅡ组：3座。以乙类AaⅠ式陶鼎和AaⅢ式、AbⅠ式陶壶为核心的组合。

M178：出有乙类AaⅠ式陶鼎、AⅡ式陶盖豆、AaⅢ式陶壶以及陶釜（残）。

M79：出有乙类AaⅠ式陶鼎、AⅡ式陶盖豆、AbⅠ式陶壶、Ⅲ式陶高柄小壶、BⅡ式陶盘、BaⅠ式陶匜、BaⅠ式陶豆、陶鬲（残）。

M254：出有乙类AaⅡ式陶鼎、AⅡ式陶盖豆、AaⅢ式陶壶、BaⅠ式陶匜、BaⅠ式陶豆以及陶釜（残）。此墓虽出乙类AaⅡ式鼎，但根据所出的AⅡ式盖豆和AaⅢ式壶情况来看，更接近此组，而与GⅢ有所不同，因此将其归入此组。

GⅢ组：1座。以乙类AaⅡ式陶鼎、AbⅡ式陶壶为核心的组合。

M40：出有乙类AaⅡ式陶鼎、AⅢ式陶盖豆、AbⅡ式陶壶、BⅡ式陶盘、BaⅠ式陶匜、BaⅠ式陶豆以及陶釜（残）。

GⅣ组：1座。以乙类AaⅢ式陶鼎、AaⅤ式陶壶为核心的组合。

M184：出有乙类AaⅢ式陶鼎、AⅣ式陶盖豆、BaⅣ式陶盖豆、AaⅤ式陶壶、BⅣ式陶盘、BaⅡ式陶匜、BaⅡ式陶豆以及陶釜（残）。

GⅤ组：1座。以乙类AaⅣ式陶鼎、AaⅤ式陶壶为核心的组合。

M115：出有乙类AaⅣ式陶鼎、AⅣ式陶盖豆、AaⅤ式陶壶、BⅣ式陶盘、BaⅡ式陶匜、BaⅡ式陶豆以及陶釜（残）。

H组：6座。以乙类Ab鼎为核心同时参考A型壶的组合。分四小组。

HⅠ组：2座。以乙类AbⅠ式陶鼎、AaⅣ式陶壶为核心的组合。

M171：出有乙类AbⅠ式陶鼎、AⅡ式陶盖豆、AaⅣ式陶壶、BⅢ式陶盘、Bb式陶匜、BaⅠ式陶豆以及陶釜（残）。

M39：出有乙类AbⅠ式陶鼎、AⅡ式陶盖豆、AaⅣ式陶壶、BⅢ式陶盘、BaⅠ式陶匜以及BaⅠ式陶豆以及陶釜（残）。

HⅡ组：1座。以乙类AbⅡ式陶鼎、AbⅡ式陶壶为核心的组合。

M72：出有乙类AbⅡ式陶鼎、AⅢ式陶盖豆、AbⅡ式陶壶、BⅢ式陶盘、BaⅠ式陶匜、BaⅠ式陶豆以及陶釜（残）。

HⅢ组：2座。以乙类AbⅡ式陶鼎、AbⅢ式陶壶为核心的组合。

M244：出有乙类AbⅡ式陶鼎、AⅢ式陶盖豆、AbⅢ式陶壶、陶釜（残）。

M22：出有AbⅢ式陶壶、Ⅳ式陶高柄小壶、BⅡ式陶盘、BaⅠ式陶豆以及陶釜（残）。此墓未出乙类鼎，所出AbⅢ式壶应是在GⅢ组和HⅡ组之后，又因此组乙类AbⅡ式鼎和AbⅢ式壶同出，因此将此墓归入此组。

HⅣ组：1座。以乙类AbⅢ式陶鼎以及AaⅥ式陶壶为核心的组合。

M41：出土有乙类 AbⅢ式陶鼎、AⅤ式陶盖豆、AaⅥ式陶壶、BⅢ式陶盘、BaⅠ式陶匜以及 BaⅡ式陶豆。

I 组：1 座。以乙类 B 鼎为核心的组合。

M188：出土有乙类 B 陶鼎、AⅡ式陶盖豆、AaⅡ式陶壶、Ⅱ式陶高柄小壶、BⅢ式陶盘、BaⅠ式陶匜以及 BaⅠ式陶豆。

J 组：11 座。以 B 型壶为核心的组合。分两小组。

JⅠ组：9 座。以 BⅠ式陶壶为核心的组合。

M60：出土有 BⅠ式陶壶、Ab 陶罐、Ⅰ式陶钵以及 A 型陶鬲（残）。

M146：出土有 BⅠ式陶壶以及Ⅱ式陶钵。

M110：出土有 BⅠ式陶壶以及 Bb 型陶豆。

M101、M127、M137、M156：出土有 BⅠ式陶壶，其中 M127 还出有陶豆（残）。

M154：出土有 Ab 型陶罐、Ⅰ式陶钵。

M45：出土有 Ab 式陶罐、Ⅱ式陶钵。

M154 和 M45 未出 B 型壶，但根据 Ab 型罐和钵同 BⅠ式壶同出的情况来看，可以将此二墓归入该小组。

JⅡ组：2 座。以 BⅡ式陶壶为核心的组合。

M152：出土有 BⅡ式陶壶以及 Bb 型陶豆。

M200：出土有 BⅡ式陶壶。

K 组：1 座。以 C 型壶为核心的组合。

M191：出土有 C 型陶壶以及Ⅰ式陶钵。

L 组：17 座。以 A 型鬲为核心的组合。由于部分 A 型鬲同仿铜陶礼器共出，在下面的组合分析中，此组仅就出 A 型鬲的墓葬进行分析，因此此组是从 AⅢ式鬲开始。可分为两小组。

LⅠ组：3 座。以 AⅢ式鬲为核心的组合。

M226、M116、M89：出土有 AⅢ式鬲。

LⅡ组：4 座。以 AⅣ式鬲为核心的组合。

M58、M232、M86、M92：出土有 AⅣ式鬲。

其中 M118、M8、M53、M55、M85、M93、M123、M218、M258、M260 所出 A 陶鬲由于器形残破，只能辨别出属于 L 组。

M 组：5 座。以 B 型鬲为核心同时参考陶豆的组合。分两小组。

MⅠ组：2 座。以 B 型陶鬲、AaⅠ式陶豆为核心的组合。

M239：出土有 B 型陶鬲、Ⅰ式陶盂、Aa 型陶罐、AaⅠ式陶豆。

M215：出土有Ⅰ式陶盂、Aa 型陶罐。此墓未出 B 型陶鬲，从陶盂情况来看，大致可以将其归入此组。

MⅡ组：3 座。以 B 型陶鬲和 AaⅡ式陶豆为核心的组合。

M238、M195：出土有 B 型陶鬲、Ⅰ式陶盂以及 AaⅡ式陶豆。

M129：出土有 B 型陶鬲、Ⅱ式陶盂、Aa 型陶罐以及 AaⅡ型陶豆。

N 组：1 座。以 Ab 型陶豆为核心的组合。

M142：出土有 Ab 型陶豆。

O 组：1 座。随葬品是以高领圜底罐为核心的组合。

M187：出土有陶高领圜底罐和 Bb 型陶豆。

P 组：14 座。随葬品是以陶釜为核心的组合。

只出陶釜的墓有 M44、M65、M69、M77、M97、M134、M164、M174、M176、M192、M204、M243、M251 以及 M256。

二、铜器组合

新郑双楼墓地出铜器的墓葬共有 15 座。其中，出小铜器的有 7 座：M54（铜璜）、M67（铜璜）、M112（铜璜、铁带钩）、M198（铜带钩）、M139（铜镜）、M208（铜镜）和 M264（铜镞）；出铜器的有 2 座：M81、M147，根据随葬品组合又可分为两组。

第一组：1 座。M147 出土有铜鼎、铜敦、铜舟、铜盘以及铜匜。

第二组：1 座。M81 出土有铜舟。

三、其他

双楼墓地中除了有出土陶铜器物的墓葬外，还有一部分墓葬只出小型铜器如铜璜、带钩等，小铁器如带钩、削等，还出玉器、骨器和蚌器等。

（一）玉器墓

只出土玉器的墓有 10 座，其中，M33、M70、M99、M224、M231、M250、M261 出有玉圭，M250 还出有蚌壳；M105 出有玉珠；M84 出有玉片饰；M91 出有废玉料。

（二）玛瑙器墓

只出土玛瑙器的墓葬有 1 座，为 M6，出有玛瑙环。

（三）小型铜、铁器墓

只出有小铜、铁器的墓葬有 9 座。

M54、M198：出有铜带钩。

M67、M112（还出有铁带钩）：出有铜璜。

M264：出有铜镞。

M139、M208：出有铜镜。

M121：出有铁带钩。

M157：出有铁削。

第二节　分组与分段

通过第一节对陶器组合的分析，我们可以发现，根据组合形态的不同，可以将其合并为四组。这四组之间相互联系较少，整体进行分期研究较为困难，因此在下面的分析中，对这四组单独进行分析，最后将其进行整合得出最后的分期方案。这四组为：

第一组：A、B、C、D、E、F组。此组是以甲类陶鼎、陶罍（尊）以及陶敦为核心的组合，再加上陶盏、陶舟、陶盘和陶匜的组合，少数有陶鬲、陶釜、陶盂、陶罐等器类。

第二组：G、H、I组。此组是以乙类陶鼎、A型陶盖豆以及A型陶壶为核心的组合，再配上陶高柄小壶、B型陶盘、B型陶匜、Ba型陶豆以及陶釜，少数有陶鬲和Ba型陶盖豆。

第三组：J、K组。此组是以B型陶壶和C型陶壶为核心的组合，配以Ab型陶罐、陶钵和Bb型陶豆，少数有A型陶鬲。

第四组：L、M、N、O组。此组主要是陶鬲、陶盂、陶罐、陶豆、陶釜以及陶高领罐为主的日用陶器组合。

一、第一组陶器组合墓葬的分组与分段

1. 分组

出有第一组陶器的墓葬共43座。结合前面对各器类形态链的确定，以及相互之间的组合关系，又可将具备第一组陶器组合的墓葬分为7组。

第1组：包括AⅠ、CⅠ两小组。主要器形有甲类AaⅠ式、AaⅡ式、BⅠ式陶鼎，AⅠ式陶罍，乙AaⅠ式、Ab型陶敦，AaⅠ式陶舟，BaⅠ式、Ⅱ式陶盖豆，AaⅠ式陶盘，AaⅠ式、Ⅱ式陶匜。出土此组陶器的墓葬有M1、M15、M17、M267。

第2组：包括AⅡ、BⅠ、CⅡ三小组。主要器形有甲AaⅡ式、AbⅠ式、BⅡ式陶鼎，AⅡ式、BⅠ式陶罍，Ⅰ式陶尊，甲AaⅠ式、乙AaⅢ式陶敦，AaⅡ式、Ⅲ式陶舟，BaⅢ式陶盖豆，AaⅠ式、AaⅢ式、AbⅠ式陶盘，AaⅡ式、AbⅠ式陶匜，AⅠ式、B型陶鬲。出土此组陶器的墓葬有M13、M21、M233、M240。

第3组：包括AⅢ、BⅡ、CⅢ、D四小组。主要器形有甲类AaⅡ式、AaⅢ式、AbⅡ式、BⅢ式、C型陶鼎，AⅢ式、BⅡ式、CⅠ式陶罍，Ⅰ式陶尊，甲AaⅡ式、AbⅠ式、B、乙AaⅡ式、BaⅠ式、BaⅡ式、Bb型、C型陶敦，AaⅡ式、AaⅢ式、BbⅠ式、BbⅡ式、C型陶舟，Bb型陶盖豆，AaⅠ式、AaⅡ式、AbⅠ式、AbⅡ式陶盘，AaⅡ式、AaⅢ式、AbⅡ式陶匜，AⅡ式陶鬲以及陶簠。出土此组陶器的墓葬有M4、M5、M14、M18、

M32、M36、M61、M68、M78、M94、M207、M242 和 M247。

第 4 组：包含 AⅣ、BⅢ、CⅣ、FⅠ四小组。主要器形有甲类 AaⅢ式、AbⅢ式、BⅣ式、E 型陶鼎，AⅢ式、BⅢ式、CⅡ式陶罍，Ⅱ式陶尊，甲 AaⅡ式、Ⅲ式、乙 BaⅡ式、Ⅳ式、D 型陶敦，陶盏，AaⅢ式、AaⅣ式、Ab、BaⅠ式、BbⅡ式陶舟，AaⅡ式、AaⅢ式、AbⅡ式、AbⅢ式陶盘，AaⅡ式、AaⅢ式、AaⅣ式、AbⅢ式陶匜以及 B 型陶罐。出土此组陶器的墓葬有 M3、M11、M27、M42、M49、M71、M196、M209、M212、M236 以及 M248。

第 5 组：包含 BⅣ、E 两小组。主要器形有甲类 AbⅣ式、D 型陶鼎，BⅢ式陶罍，甲 AaⅢ式、乙 AaⅢ式、BaⅢ式陶敦，AaⅢ式、Ⅳ式陶舟，AaⅡ式、AbⅡ式、AbⅢ式陶盘，AaⅢ式、AbⅢ式陶匜。出土此组陶器的墓葬有 M9、M47、M228、M237、M253。

第 6 组：包含 BⅤ、FⅡ两小组。主要器形有甲类 AbⅣ式陶鼎，BⅣ式、CⅢ式陶罍，甲类 AbⅠ式陶敦，BaⅡ式陶舟，AbⅣ式、Ⅴ式陶盘。出土此组陶器的墓葬有 M23、M43 及 M98。

第 7 组：仅 CⅣ小组。主要器形有甲类 BⅤ式陶鼎，BⅣ式、Ⅴ式陶罍，甲 AaⅣ式、AbⅡ式陶敦，BbⅡ式陶舟，AbⅣ式、Ⅴ式陶盘，AaⅤ式陶匜及 AⅢ式陶鬲。出土此组陶器的墓葬有 M82、M96 及 M214。

2. 分段

在前面对出土器物的型式分析中，发现鼎、罍等器类的形态演变较为明显，所以在下面的分段中，我们主要以鼎、罍的形态变化为线索，同时结合与其他器类的相互关系进行分析。

第 1 组中器类相对较少，鼎、罍、敦、舟、盘、匜及盖豆都是最早的形态，M17 出有甲类 AaⅡ式鼎，同出的有 AⅠ式罍、AaⅠ式匜，均显现出较早的特征，在此将此墓也纳入第 1 组。因此，第 1 组可以划归第一段。在第 2 组中，甲类 Aa 型、B 类鼎以及 A 类罍演变为Ⅱ式形态，同时，此组出现了大量的新的器类，如甲类 Ab 型鼎、B 型罍、尊、甲类 Aa 型敦、Ab 型盘、Ab 型匜、鬲等，第 2 组是继承第 1 组之后的一个发展，因此可以将其划分为第二段。在第 3 组中，除了继续流行上一段的甲类 AaⅡ式鼎外，出现了少量甲类 AaⅢ式鼎，同时甲类 Ab 式鼎和甲类 B 型鼎在前段的基础上有所发展，此组流行甲类 AbⅡ式、甲类 BⅢ式鼎，A 型、B 型罍是在前段的基础上发展而来，流行 AⅢ式、BⅡ式罍。此外，此组出现甲类 C 型鼎，C 型罍，甲类 Ab 型、乙类 Ba 型、Bb 型、C 型敦，Bb 型舟，簠等新器形。因此，可以将此组划分为第三段。第 4 组中甲类 AaⅢ式鼎在前段少量出现，到此组大量流行，甲类 AbⅢ式、甲 BⅣ式鼎由前段发展而来，AⅢ式罍主要继承前段，但此时已经极少，BⅢ式、CⅡ式罍是在前段的基础上发展而来，同时此段新出现了甲类 E 鼎、乙类 D 型敦、Ba 型舟、B 型罐以及盏等器类。第 5 组中甲类 AbⅣ式鼎同甲类 AbⅢ式鼎形态上较为接近，此组和第 4 组一样，都流行 BⅢ式罍，结合敦、舟、盘、匜的组合关系可以断定，此两组基本上是属于同一个时间段的，因此，将第 4 组和第 5 组归为第四段。第 6 组流行的器类减少，甲类 Ab 式鼎已趋于消失，只有极少甲类 AbⅣ式鼎，AⅢ式罍消失，B 型、C 型罍数量极少，在前段的基础上发展而来，流行 BⅣ式、CⅢ

式罍，同时此组新出现有甲类 Ab 型敦。第 7 组器类较少，流行甲类 BⅤ式鼎，B 型罍数量少，主要是 BⅣ式和 BⅤ式罍为主，二者形态特征较为接近，同时根据敦、舟、盘、匜同第 6 组的对比情况来判断，此两组大致是处在同一个时间段的。因此，将此两组归入第五段。

即在有第一组陶器组合的墓葬中，大致可以将其归纳为五段。

第一段：第 1 组。有 M1、M15、M17 以及 M267。主要流行甲类 AaⅠ式、AaⅡ式、BⅠ式陶鼎，AⅠ式陶罍，乙类 AaⅠ式、Ab 型陶敦，AaⅠ式陶舟，BaⅠ式、Ⅱ式陶盖豆，AaⅠ式陶盘，AaⅠ式、Ⅱ式陶匜。

第二段：第 2 组。有 M13、M21、M233 以及 M240。主要流行甲类 AaⅡ式、AbⅠ式、BⅡ式陶鼎，AⅡ式、BⅠ式陶罍，Ⅰ式陶尊，甲类 AaⅠ式、乙类 AaⅢ式陶敦，AaⅡ式、Ⅲ式陶舟，BaⅢ式陶盖豆，AaⅠ式、AaⅢ式、AbⅠ式陶盘，AaⅡ式、AbⅠ式陶匜，AⅠ式和 B 型陶鬲。

第三段：第 3 组。有 M4、M5、M14、M18、M32、M36、M61、M68、M78、M94、M207、M242、M247。主要流行甲类 AaⅡ式、AaⅢ式、AbⅡ式、BⅢ式、C 型陶鼎，AⅢ式、BⅡ式、CⅠ式陶罍，Ⅰ式陶尊，甲类 AaⅡ式、AbⅠ式、B 型、乙类 AaⅡ式、BaⅠ式、BaⅡ式、Bb 型、C 型陶敦，AaⅡ式、AaⅢ式、BbⅠ式、BbⅡ式、C 型陶舟，Bb 型陶盖豆，AaⅠ式、AaⅡ式、AbⅠ式、AbⅡ式陶盘，AaⅡ式、AaⅢ式、AbⅡ式陶匜，AⅡ式陶鬲，陶簠。

第四段：第 4 组和第 5 组。有 M3、M9、M11、M27、M42、M47、M49、M71、M196、M209、M212、M228、M236、M237、M248、M253。主要流行甲类 AaⅢ式、AbⅢ式、AbⅣ式、BⅣ式、D 型、E 型陶鼎，AⅢ式、BⅢ式、CⅡ式陶罍，陶盉，Ⅱ式陶尊，甲类 AaⅡ式、AaⅢ式、乙类 AaⅢ式、BaⅡ式、BaⅢ式、BaⅣ式、D 型陶敦，AaⅢ式、AaⅣ式、Ab、BaⅠ式、BbⅡ式陶舟，AaⅡ式、AaⅢ式、AbⅡ式、AbⅢ式陶盘，AaⅡ式、AaⅢ式、AaⅣ式、AbⅢ式陶匜，B 型陶罐。

第五段：第 6 组和第 7 组。有 M23、M43、M82、M96、M98、M214。主要流行甲类 AbⅣ式、BⅤ式陶鼎，BⅣ式、BⅤ式、CⅢ式陶罍，甲类 AaⅣ式、AbⅠ式、AbⅡ式陶敦，BaⅡ式、BbⅡ式陶舟，AbⅣ式、AbⅤ式陶盘，AaⅤ式陶匜，AⅢ式陶鬲。（表一，表二）

二、第二组陶器组合墓葬的分组与分段

1. 分组

出土第二组陶器的墓葬共 14 座。根据前面对各类器物形态链的确定标准，以及它们之间的相互组合关系，将这些墓葬分为 8 组。

第 1 组：有 GⅠ小组。主要器形有乙类 AaⅠ式陶鼎，AⅠ式陶盖豆，AaⅠ式陶壶，Ⅰ式陶高柄小壶，BⅠ式陶盘，BaⅠ式陶匜，陶釜（残）。出土此组陶器的墓葬有 M246。

第 2 组：有Ⅰ组。主要器形有乙类 B 型陶鼎，AⅡ式陶盖豆，AaⅡ式陶壶，Ⅱ式陶高

表一　出土第一组陶器组合墓葬统计表

段	组	单位	甲类鼎						罍			尊	敦									舟					盖豆		盘		匜		鬲		簠	罐	盏
													甲类			乙类																					
			Aa	Ab	B	C	D	E	A	B	C		Aa	Ab	B	Aa	Ab	Ba	Bb	C	D	Aa	Ab	Ba	Bb	C	Ba	Bb	Aa	Ab	Aa	Ab	A	B		B	
一	1	M1	Ⅰ						Ⅰ							Ⅰ						Ⅰ					Ⅰ		Ⅰ		Ⅰ						
		M15	Ⅰ						Ⅰ								√					Ⅰ							Ⅰ		Ⅱ						
		M267			Ⅰ																	Ⅰ							Ⅰ		Ⅰ						
		M17	Ⅱ						Ⅰ																		Ⅱ				Ⅰ						
二	2	M240		Ⅰ									Ⅰ																	Ⅰ		Ⅰ		√			
		M233	Ⅱ						Ⅱ							Ⅲ						Ⅱ							Ⅰ		Ⅱ						
		M13	Ⅱ							Ⅰ																	Ⅲ		Ⅲ								
		M21			Ⅱ				Ⅱ							残						Ⅲ							Ⅰ		Ⅱ		Ⅰ				
三	3	M78	Ⅱ							Ⅱ								Ⅱ				Ⅱ							Ⅱ		Ⅱ						
		M18	Ⅱ						Ⅲ				Ⅱ									Ⅲ								Ⅱ	Ⅲ						
		M14							Ⅲ																						Ⅲ						
		M68			Ⅲ				Ⅲ							Ⅱ						Ⅲ							Ⅰ		Ⅱ						
		M247			Ⅲ				Ⅲ													Ⅱ							Ⅰ		Ⅱ						
		M36	Ⅲ									Ⅰ								√						√			Ⅱ		Ⅱ						
		M207		Ⅱ						Ⅱ								Ⅰ				Ⅲ							Ⅱ			Ⅱ	Ⅱ		√		
		M32		Ⅱ															√							√											
		M61		Ⅱ								Ⅰ	Ⅱ												Ⅰ					Ⅰ		Ⅱ					

续表一：

段	组	单位	甲类鼎						罍			尊	敦									舟					盖豆		盘		匜		鬲		簠	罐	盉
													甲类			乙类																					
			Aa	Ab	B	C	D	E	A	B	C		Aa	Ab	B	Aa	Ab	Ba	Bb	C	D	Aa	Ab	Ba	Bb	C	Ba	Bb	Aa	Ab	Aa	Ab	A	B		B	
三	3	M4				√																						√									
		M5				√					Ⅰ																			Ⅰ							
		M94				√						Ⅰ			√										Ⅱ					Ⅱ	Ⅲ						
		M242				√						Ⅰ		Ⅰ																							
四	4	M27	Ⅲ									Ⅱ	Ⅱ												Ⅱ				Ⅲ		Ⅲ						
		M3		Ⅲ								Ⅱ																									
		M236		Ⅲ								Ⅱ	Ⅲ											Ⅰ						Ⅱ		Ⅲ					
		M209	Ⅲ							Ⅲ								Ⅱ				Ⅳ							Ⅱ		Ⅱ						
		M71	Ⅲ							Ⅲ								Ⅱ				Ⅳ			Ⅱ				Ⅲ		Ⅳ						
		M49	Ⅲ															Ⅳ					√						Ⅱ		Ⅳ					√	
		M248			Ⅳ					Ⅲ														Ⅰ													
		M11			Ⅳ				Ⅲ												√	Ⅲ							Ⅲ		Ⅲ						
		M212	Ⅲ							Ⅲ								Ⅱ												Ⅲ		Ⅲ					
		M196	Ⅲ									Ⅱ	Ⅱ																Ⅲ		Ⅳ						
		M42						√			Ⅱ																			Ⅲ	Ⅲ						√
	5	M237		Ⅳ						Ⅲ			Ⅲ																	Ⅱ		Ⅲ					
		M253		Ⅳ						Ⅲ								Ⅲ				Ⅳ							Ⅱ		Ⅲ						
		M47								Ⅲ						Ⅲ																					

续表一：

段	组	单位	甲类鼎						罍			尊	敦									舟					盖豆		盘		匜		鬲		簠	罐	盏
													甲类			乙类																					
			Aa	Ab	B	C	D	E	A	B	C		Aa	Ab	B	Aa	Ab	Ba	Bb	C	D	Aa	Ab	Ba	Bb	C	Ba	Bb	Aa	Ab	Aa	Ab	A	B		B	
四	5	M228					√																							Ⅲ							
		M9																				Ⅲ								Ⅲ							
五	6	M23		Ⅳ						Ⅳ														Ⅱ						Ⅴ							
		M43									Ⅲ			Ⅰ																							
		M98																												Ⅳ							
	7	M82			Ⅴ									Ⅱ																Ⅴ	Ⅴ						
		M214			Ⅴ					Ⅳ			Ⅳ												Ⅱ					Ⅳ	Ⅴ		Ⅲ				
		M96								Ⅴ			Ⅳ																	Ⅴ	Ⅴ		Ⅲ				

表二

第一组陶器组合分段表

段	甲类鼎						罍			尊	敦									舟					盖豆		盘		匜		鬲		簠	罐	盏
											甲类			乙类																					
	Aa	Ab	B	C	D	E	A	B	C		Aa	Ab	B	Aa	Ab	Ba	Bb	C	D	Aa	Ab	Ba	Bb	C	Ba	Bb	Aa	Ab	Aa	Ab	A	B		B	
一段	Ⅰ Ⅱ		Ⅰ				Ⅰ							Ⅰ	√					Ⅰ					Ⅰ Ⅱ		Ⅰ		Ⅰ Ⅱ						
二段	Ⅱ	Ⅰ	Ⅱ				Ⅱ	Ⅰ		Ⅰ	Ⅰ			Ⅲ						Ⅱ Ⅲ					Ⅲ		Ⅰ Ⅲ	Ⅰ	Ⅱ	Ⅰ	Ⅰ	√			
三段	Ⅱ Ⅲ	Ⅱ	Ⅲ	√			Ⅲ	Ⅱ	Ⅰ	Ⅰ	Ⅱ	Ⅰ	√	Ⅱ		Ⅰ Ⅱ	√	√		Ⅱ Ⅲ			Ⅰ Ⅱ	√		√	Ⅰ Ⅱ	Ⅰ Ⅱ	Ⅱ Ⅲ	Ⅱ	Ⅱ		√		
四段	Ⅲ	Ⅲ Ⅳ	Ⅳ		√	√	Ⅲ	Ⅲ	Ⅱ	Ⅱ	Ⅱ Ⅲ			Ⅲ		Ⅱ Ⅲ Ⅳ			√	Ⅲ Ⅳ	√	Ⅰ	Ⅱ				Ⅱ Ⅲ	Ⅱ Ⅲ	Ⅱ Ⅲ Ⅳ	Ⅲ				√	√
五段		Ⅳ	Ⅴ					Ⅳ Ⅴ	Ⅲ		Ⅳ	Ⅰ Ⅱ										Ⅱ	Ⅱ					Ⅳ Ⅴ	Ⅴ		Ⅲ				

柄小壶，BⅢ式陶盘，BaⅠ式陶匜，BaⅠ式陶豆。出土此组陶器的墓葬有M188。

第3组：有GⅡ小组。主要器形有乙类AaⅠ式、Ⅱ式陶鼎，AⅡ式陶盖豆，AaⅢ式、AbⅠ式陶壶，Ⅲ式陶高柄小壶，BⅡ式陶盘，BaⅠ式陶匜，BaⅠ式陶豆，陶釜（残），陶鬲（残）。出土此组陶器的墓葬有M79、M178、M254。

第4组：有HⅠ小组。主要器形有乙类AbⅠ式陶鼎，AⅡ式陶盖豆，AaⅣ式陶壶，BⅢ式陶盘，BaⅠ式、Bb型陶匜，BaⅠ式陶豆，陶釜（残）。出土此组陶器的墓葬有M39、M171。

第5组：包括GⅢ、HⅡ两小组。主要器形有乙类AaⅡ式、AbⅡ式陶鼎，AⅢ式陶盖豆，AbⅡ式陶壶，BⅡ式、Ⅲ式陶盘，BaⅠ式陶匜，BaⅠ式陶豆，陶釜（残）。出土此组陶器的墓葬有M40、M72。

第6组：有GⅣ、HⅢ两小组。主要器形有乙类AaⅢ式、AbⅡ式陶鼎，AⅢ式、AⅣ式、BaⅣ式陶盖豆，AaⅤ式，AbⅢ式陶壶，Ⅳ式陶高柄小壶，BⅢ式、Ⅳ式陶盘，BaⅡ式陶匜，BaⅠ式、Ⅱ式陶豆，陶釜（残）。出土此组陶器的墓葬有M184、M244、M22。

第7组：有GⅤ小组。主要器形有乙类AaⅣ式陶鼎，AⅣ式盖豆，AaⅤ式陶壶，BⅣ式陶盘，BaⅡ式陶匜，BaⅡ式陶豆，陶釜（残）。出土此组陶器的墓葬有M115。

第8组：有HⅣ小组。主要器形有乙类AbⅢ式陶鼎，AⅤ式陶盖豆，AaⅥ式陶壶，BⅢ式陶盘，BaⅠ式陶匜，BaⅡ式陶豆。出土此组陶器的墓葬有M41。

2. 分段

此组墓葬中，鼎、盖豆、壶和高柄小壶的形态变化较为明显，因此在下面的分段中，我们将主要以此类器物为依据，同时结合其他器类的组合关系进行分析。

第1组仅有M246一座墓，所出随葬品均是各器类中最早的形态，因此可以将其归为第一段。第2组也仅有M188一座墓，所出随葬品的时代特征和前段较为接近，盖、壶、高柄小壶等均在前段的基础上有所变化，因此将其归为第二段。第3、4、5组AaⅢ式、Ⅳ式壶形态极为接近，而同AaⅡ式壶差异较大，同时结合鼎、盖豆、盘、匜等器类的相互组合关系，可以看出，此三组大致在一个时段，可以将其划归第三段。第6组和第7组鼎的数量较少，第6组有AaⅢ式鼎和AbⅡ式鼎，均是在前段的基础上演变而来，第7组有AaⅣ式鼎，但从第6组和第7组同出的盖豆、壶的情况来看，此两组基本上集中在一个时段。因此，可以将此两组划归第四段。第8组也仅有M41一座墓，所出鼎、盖豆和壶均是在前段的基础上演变而来，时间上要稍晚于前段，因此将其划分为第五段。

通过上述分析，可以将出有第二组陶器组合的八组墓葬划分为五段。

第一段：第1组。有M246，主要器类有乙类AaⅠ式陶鼎，AⅠ式陶盖豆，AaⅠ式陶壶，Ⅰ式陶高柄小壶，BⅠ式陶盘，BaⅠ式陶匜及陶釜（残）。

第二段：第2组。仅有M188，主要器形有乙类B型陶鼎，AⅡ式陶盖豆，AaⅡ式陶壶，Ⅱ式陶高柄小壶，BⅢ式陶盘，BaⅠ式陶匜，BaⅠ式陶豆。

第三段：第3组、第4组和第5组。有M39、M40、M72、M79、M171、M178、M254。主要器形有乙类AaⅠ式、AaⅡ式、AbⅠ式、AbⅡ式陶鼎，AⅡ式、AbⅢ式陶盖豆，AaⅢ式、AaⅣ式、AbⅠ式、AbⅡ式陶壶，Ⅲ式陶高柄小壶，BⅡ式、Ⅲ式陶盘，Ba

表三

出土第二组陶器组合墓葬统计表

段	组	单位	乙类鼎			盖豆			壶		高柄小壶	盘	匜		豆	釜	鬲
			Aa	Ab	B	A	Ba	Bb	Aa	Ab		B	Ba	Bb	Ba		
一	1	M246	Ⅰ			Ⅰ			Ⅰ		Ⅰ	Ⅰ	Ⅰ			√	
二	2	M188			√	Ⅱ			Ⅱ		Ⅱ	Ⅲ	Ⅰ		Ⅰ		
三	3	M79	Ⅰ			Ⅱ				Ⅰ	Ⅲ	Ⅱ	Ⅰ		Ⅰ		√
		M178	Ⅰ			Ⅱ			Ⅲ							√	
		M254	Ⅱ			Ⅱ			Ⅲ				Ⅰ		Ⅰ	√	
	4	M171		Ⅰ		Ⅱ			Ⅳ			Ⅲ		√	Ⅰ	√	
		M39		Ⅰ		Ⅱ			Ⅳ			Ⅲ	Ⅰ		Ⅰ	√	
	5	M40	Ⅱ			Ⅲ				Ⅱ		Ⅱ	Ⅰ		Ⅰ	√	
		M72		Ⅱ		Ⅲ				Ⅱ		Ⅲ	Ⅰ		Ⅰ	√	
四	6	M22								Ⅲ	Ⅳ	Ⅲ			Ⅰ	√	
		M244		Ⅱ		Ⅲ				Ⅲ						√	
		M184	Ⅲ			Ⅳ	Ⅳ		Ⅴ			Ⅳ	Ⅱ		Ⅱ	√	
	7	M115	Ⅳ			Ⅳ			Ⅴ			Ⅳ	Ⅱ		Ⅱ	√	
五	8	M41		Ⅲ		Ⅴ			Ⅵ			Ⅲ	Ⅰ		Ⅱ		

表四

第二组陶器组合分段表

段	乙类鼎			盍豆			壶		高柄小壶	盘	匜		豆	釜	鬲
	Aa	Ab	B	A	Ba	Bb	Aa	Ab		B	Ba	Bb	Ba		
一段	Ⅰ			Ⅰ			Ⅰ		Ⅰ	Ⅰ	Ⅰ			√	
二段			√	Ⅱ			Ⅱ		Ⅱ	Ⅲ	Ⅰ		Ⅰ	√	√
三段	Ⅰ、Ⅱ	Ⅰ、Ⅱ		Ⅱ、Ⅲ			Ⅲ、Ⅳ	Ⅰ、Ⅱ	Ⅲ	Ⅱ、Ⅲ	Ⅰ	√	Ⅰ	√	
四段	Ⅲ、Ⅳ	Ⅱ		Ⅳ	Ⅳ		Ⅴ	Ⅲ	Ⅳ	Ⅲ、Ⅳ	Ⅱ		Ⅰ、Ⅱ	√	
五段		Ⅲ		Ⅴ			Ⅵ			Ⅲ	Ⅰ		Ⅱ		

Ⅰ式、Bb型陶匜，BaⅠ式陶豆及陶釜。

第四段：第6组和第7组。有M22、M115、M184、M244。主要器形有乙类AaⅢ式、AaⅣ式、AbⅡ式陶鼎，AⅢ式、AⅣ式、BaⅣ式陶盖豆，AaⅤ式、AbⅢ式陶壶，Ⅳ式陶高柄小壶，BⅢ式、Ⅳ式陶盘，BaⅡ式匜，BaⅠ式、Ⅱ式陶豆，陶釜。

第五段：第8组。仅有M41，主要器形有乙类AbⅢ式陶鼎，AⅤ式陶盖豆，AaⅥ式陶壶，BⅢ式陶盘，BaⅠ式陶匜，BaⅡ式陶豆。（表三，表四）

三、第三组陶器组合墓葬的分组与分段

1. 分组

出土第三组陶器组合的墓葬共12座。根据前面对各类器物形态链的确定标准，以及它们之间的相互组合关系，将包含第三组陶器组合的墓葬分为2组。

第1组：包括JⅠ、K两组。主要器形有BⅠ式、C型陶壶，Ab型陶罐，Ⅰ式、Ⅱ式陶钵，Bb型陶豆，A型陶鬲（残）。出土此组陶器组合的墓葬有M45、M60、M101、M110、M127、M137、M146、M154、M156、M191。

第2组：有JⅡ组。主要器形有BⅡ式陶壶，Bb型陶豆。出土此组陶器组合的墓葬有M152、M200。

2. 分段

从两组陶器组合可以看出，第1组是以BⅠ式壶为核心，而第2组是以BⅡ式壶为核心，但从前面对B型壶的形态分析来看，二者差异极小，同时结合同出的其他器类来看，二者基本在同一时间段。因此将此两组归纳为一段。（表五，表六）

表五　**出土第三组陶器组合墓葬统计表**

段	组	单位	壶		Ab罐	Bb豆	钵	A鬲
			B	C				
一	1	M60	Ⅰ		√		Ⅰ	√
		M154			√		Ⅰ	
		M191		√			Ⅰ	
		M101等	Ⅰ					
		M146	Ⅰ				Ⅱ	
		M45			√		Ⅱ	
		M110	Ⅰ			√		
	2	M152	Ⅱ			√		
		M200	Ⅱ					

表六　　第三组陶器组合分段表

段	壶		Ab 罐	Bb 豆	钵	A 鬲
	B	C				
一段	Ⅰ、Ⅱ	√	√	√	Ⅰ、Ⅱ	√

四、第四组陶器组合墓葬的分组与分段

1. 分组

出土第四组陶器组合的墓葬共 36 座，可用来分组的墓葬为 14 座。结合前面对各器类形态链的确定以及它们之间的组合关系，可以将这些墓葬大致分为 5 组。

第 1 组：有 MⅠ组。主要器形有 B 型陶鬲，Ⅰ式陶盂，Aa 型陶罐，AaⅠ式陶豆。出土此组陶器的墓葬有 M215、M239。

第 2 组：包括 MⅡ、N 两小组。主要器形有 B 型陶鬲，Ⅰ式、Ⅱ式陶盂，Aa 型陶罐，AaⅡ式、Ab 型陶豆。出土此组陶器的墓葬有 M129、M142、M195、M238。

第 3 组：有 LⅠ组。主要器形有 AⅢ式陶鬲。出土此组陶器的墓葬有 M89、M116、M226。

第 4 组：有 LⅡ组。主要器形有 AⅣ式陶鬲。出土此组陶器的墓葬有 M58、M232、M86、M92。

第 5 组：有 O 组。主要器形有陶高领圜底罐及 Bb 型陶豆。出土此组陶器的墓葬有 M187。

2. 分段

通过分析可以看出，第 1 组和第 2 组是前后相连的两组，第 3 组和第 4 组是前后相连的两组。A 型鬲和 B 型鬲没有共存的墓葬，但从与 A 型鬲和 B 型鬲同出的仿铜陶礼器的组合情况来看，与 B 型鬲同出的仿铜陶礼器大致和与 AⅠ式鬲同出的仿铜陶礼器相互对应，因此第 1 组和第 2 组的年代应该在第 3 组和第 4 组之前。第 5 组的组合同第三组的 B 型、C 型壶，A 型罐，Bb 型豆及钵的组合相互对应，此类组合有相当一部分是出土于空心砖墓当中，因此，第 5 组应当是最晚的。因此，5 组可以分为五段。

第一段：第 1 组。有 M215、M239。主要器形有 B 型陶鬲、Ⅰ式陶盂、Aa 型陶罐及 AaⅠ式陶豆。

第二段：第 2 组。有 M129、M142、M195、M238。主要器形有 B 型陶鬲，Ⅰ式、Ⅱ式陶盂，Aa 型陶罐，AaⅡ式、Ab 型陶豆。

第三段：第 3 组。有 M89、M116、M226。主要器形有 AⅢ式陶鬲。

第四段：第 4 组。有 M58、M232、M86、M92。主要器形有 AⅣ式陶鬲。

第五段：第 5 组。有 M187。主要器形有陶高领圜底罐及 Bb 型陶豆。

表七　　出土第四组陶器组合墓葬统计表

段	组	单位	鬲		盂	Aa罐	高领圜底罐	豆		
			A	B				Aa	Ab	Bb
一	1	M215			Ⅰ	√				
		M239		√	Ⅰ	√		Ⅰ		
二	2	M238		√	Ⅰ			Ⅱ		
		M195		√	Ⅰ			Ⅱ		
		M129		√	Ⅱ	√		Ⅱ		
		M142							√	
三	3	M266	Ⅲ							
		M116	Ⅲ							
		M89	Ⅲ							
四	4	M58	Ⅳ							
		M232	Ⅳ							
		M86	Ⅳ							
		M92	Ⅳ							
五	5	M187					√			√

表八　　第四组陶器组合分段表

段	鬲		盂	Aa罐	高领圜底罐	豆		
	A	B				Aa	Ab	Bb
一段		√	Ⅰ	√		Ⅰ		
二段		√	Ⅰ、Ⅱ	√		Ⅱ	√	
三段	Ⅲ							
四段	Ⅳ							
五段					√			√

第三节　分期与年代

新郑双楼墓地共清理出东周时期墓葬267座，其中出土陶、铜器物的墓葬共120座。只出有小铜器（铜璜、带钩等）、小铁器（带钩、削等）、玉器、骨器以及蚌器等小器物的有 20 座，不出任何随葬品的有 127 座。在出土陶、铜器物的 120 座墓葬中，部分墓葬所出器物破损严重，不具备参与分期的条件，因此实际参与分期的墓葬只有 83 座。对未能参与分期的墓葬，我们根据墓葬的形制、在墓地中的位置以及随葬的器物同能够确定时代的墓葬另行进行比较研究，对此类墓葬的年代进行大致的推断。

前面我们根据各器类形态链的确定标准和它们之间的相互组合关系对墓葬进行了分组和分段研究，在年代判断上，主要结合材料之间的演变规律，辅之以周边较为全面系统的材料进行推断。

双楼墓地中虽有几组打破关系，但打破与被打破的墓葬基本上都是一方为空墓或者两者都为空墓，对我们的分析毫无帮助。因此无法利用墓葬间的打破关系进行分期和年代的判断。

在双楼墓地中，出土陶器特别是仿铜陶礼器数量丰富，鼎、罍、壶等构成组合的主要器类数量众多，分布较广，对它们进行的年代推断较为可信，可以用来确定墓葬的年代。

对于日用陶器，如鬲、盂、罐、豆等几类器物，由于出土数量较少，且从前面的型式分析中可以看出，它们基本上处于同一时段，对它们年代的判断，主要是结合已有的成果，如与兴弘花园和热电厂[1]出土的材料进行对比，从而达到确定其所属年代的目的。

在上述分析的基础上，结合前面各器类型式之间的组合关系和分期的研究，将所有出土陶、铜器物且能够参与分期的墓葬进行统一的分期，由此建立起相对完整的年代框架。

一、陶器墓的分期与年代

（一）主要器类分析

1. 鬲

A 型鬲．A Ⅰ式陶鬲和 A Ⅱ式陶鬲的器物形态，尤其是三足之间隔及裆部的高度都极为接近，其年代上应相差不大。同新郑西亚斯 A Ⅰ式陶鬲相比，双楼 A Ⅰ式和 A Ⅱ式陶鬲三足间距较大，三足外扩更为明显。新郑大高庄 M7 所出陶鬲和西亚斯 A Ⅰ式形态上是接近的。大高庄 M7 原报告认为其时代“接近春秋晚期”[2]，而西亚斯 A Ⅰ式陶鬲年代大致在战国早期前段[3]，因此结合双楼 A Ⅰ式和 A Ⅱ式陶鬲同出的情况来看，我们可以把 A Ⅰ式、A Ⅱ式陶鬲年代定位于春秋晚期。从形态上来看，双楼 AⅢ式和 AⅣ式鬲三足间距不断缩小，是 A Ⅰ式、A Ⅱ式陶鬲的演变结果。和西亚斯 A 型陶鬲相比，AⅢ式陶鬲三足间距比 A Ⅰ式陶鬲略小，和西亚斯 A Ⅱ式陶鬲较为接近，AⅣ式陶鬲和西亚斯 AⅢ式陶鬲接近。西亚斯 AⅡ式陶鬲年代大致在战国早期后段，AⅢ式陶鬲年代大致在战国中期偏早阶段。因此双楼 AⅢ陶鬲年代可定在战国早期后段，AⅣ式陶鬲的年代则在战国中期偏早。

[1] 河南省文物考古研究所：《郑韩故城兴弘花园与热电厂墓地》，文物出版社，2007 年。

[2] 姜楠、王彦民、刘松根：《河南新郑大高庄东周墓》，《文物》1995 年 3 期。

[3] 河南省文物考古研究所：《新郑西亚斯东周墓地》，大象出版社，2012 年。

B 型鬲：B 型陶鬲的总体特点是器形较小，分裆小袋足，有尖足跟。由于数量较少，且器形较为接近，未分式。B 型陶鬲的整体形态和兴弘花园所出的 AaⅥ式、AaⅦ式陶鬲较为接近。兴弘花园 AaⅥ式、AaⅦ式陶鬲年代在春秋晚期到战国早期[1]，因此 B 型陶鬲的大致年代可以定在春秋晚到战国早期之间。

2. 釜

双楼墓地所出陶釜数量较多，但能够复原的仅 M77 出土的 1 件。而 M77 除陶釜以外没有其他任何随葬品同出。通过对双楼其他出有陶釜的墓葬的观察，可以看出出有陶釜的墓葬主要集中在战国中期。西亚斯 AⅡ式陶釜和 M77 所出的陶釜形态上大致相同，西亚斯 AⅡ式陶釜年代也在战国中期[2]。因此可以推定 M77 所出的陶釜年代大致在战国中期。

3. 豆

A 型豆：AaⅠ式陶豆形态上和兴弘花园 BaⅥ式陶豆较为接近，AaⅡ式陶豆和兴弘花园与热电厂 BaⅦ式形态上相似，和西亚斯 AⅡ式陶豆一致。兴弘花园 BaⅥ式陶豆年代在春秋晚期，BaⅦ式陶豆年代在战国早期[3]，西亚斯 AⅡ式陶豆依据兴弘花园定为战国早期前段[4]。因此可以推定双楼 AaⅠ式陶豆年代大致在春秋晚期，AaⅡ式陶豆年代在战国早期。

Ab 型豆的形态为浅盘，直壁折腹，豆柄较细直，形态特征介乎 Aa 型和 Ba 型陶豆之间，其年代大致在战国早期。

B 型豆：其中 Ba 型直柄、浅盘、折壁的豆分布区域较广，流行时间主要集中在战国中期前后。如河南洛阳中州路Ⅱ式无盖豆和 Ba 型陶豆形态基本相同，洛阳中州路Ⅱ式无盖豆共出有 6 件，第五期 M1602 出有 1 件，第六期 M2211 出有 4 件，第七期 M611 甲出有 1 件，洛阳中州路五、六、七期分别是战国早期、中期和晚期[5]，可以看出在中州路墓地此类豆横跨了整个战国时期，但出土较多且集中分布的是在战国中期。这种浅盘细柄豆基本的演变规律是豆柄不断变短，而豆盘形态变化不是很大。西亚斯东周墓地出有较多的此类型的豆，从西亚斯墓地可以清楚地看到这类豆的演变情况，西亚斯 Bb 型豆的年代基本在战国早中之际到战国中期[6]。郑州二里岗 M215 所出的浅盘细柄豆和双楼 BaⅠ式豆较为相近，二里岗浅盘细柄豆大致在战国早期晚段[7]。因此综合分析，双楼 Ba 型豆年代大致也在战国早期晚段到战国中期，以战国中期较为流行。结合与之同出的鼎、盖豆、壶等组合情况，大致可以做出这样的推测：BaⅠ式豆在战国早期晚段，BaⅡ式豆在战国中期。

Bb 型浅盘细柄豆和 Ba 型相比，豆盘极浅，且盘内有一道折棱，Bb 型豆应是 Ba 型

[1] 河南省文物考古研究所：《郑韩故城兴弘花园与热电厂墓地》，文物出版社，2007 年。
[2] 河南省文物考古研究所：《新郑西亚斯东周墓地》，大象出版社，2012 年。
[3] 河南省文物考古研究所：《郑韩故城兴弘花园与热电厂墓地》，文物出版社，2007 年。
[4] 河南省文物考古研究所：《新郑西亚斯东周墓地》，大象出版社，2012 年。
[5] 中国科学院考古研究所：《洛阳中州路（西工段）》，科学出版社，1959 年。
[6] 河南省文物考古研究所：《新郑西亚斯东周墓地》，大象出版社，2012 年。
[7] 河南省文化局文物工作队：《郑州二里岗》，科学出版社，1959 年。

豆发展到晚期的一种形态，在新郑地区东周遗址中从战国中期至战国晚期前段见到的多是 Ba 型豆，Bb 型豆很难见到。Bb 型豆同出的器物基本为高领圜底罐、B 型壶等，这一类器物多数是战国晚期或稍晚的器物，因此，可以推定 Bb 型豆年代大致在战国晚期晚段。

4. 盂

陶盂总体形态和兴弘花园与热电厂 AbⅤ式陶盂较为相近，兴弘花园 AbⅤ式盂流行于第七期和第八期，年代在战国早期[1]，因此陶盂的年代可以定在战国早期，Ⅰ式盂在战国早期早段，Ⅱ式盂在战国早期后段。

5. 罐

A 型罐：此型罐数量较少，形态接近，平折沿极短，部分基本看不出有沿的情况，颈部较短，最大径位于腹部中部，素面，肩部没有凹弦纹。这种形态和兴弘花园 BⅤ式罐形态相似。兴弘花园 BⅤ式罐按照整体的发展来看，处于第七期，即战国早期早段[2]。根据和 Aa 型罐同出的 B 型陶鬲、陶盂、陶豆的情况来看，Aa 型罐的年代可以大致定在春秋晚期到战国早期稍早阶段。

Ab 型罐：此型罐共出有 3 件，与此类无耳高领折沿罐同出的器物较少，基本是钵和 B 型壶与之同出，在西亚斯墓地中 Bb 型罐即属此类，西亚斯 Bb 型罐平折沿较短，颈部较长近直，圆肩弧腹，腹部较扁，假圈足，其形态特征和双楼所见者基本一致。西亚斯 Bb 型罐年代在战国晚期[3]。在南阳丰泰墓地中，此类无耳高领折沿罐出土数量较多，基本形态和双楼所出者除一些局部有区别外大致相似，南阳丰泰墓地此类无耳高领折沿罐大致的流行年代在战国晚期到西汉早期前段[4]。与双楼 Ab 型罐同出的 B 型壶流行的年代大致也在战国晚期。因此，Ab 型罐年代大致可以定在战国晚期。

6. 高领圜底罐

此类罐在兴弘花园与热电厂墓地出土较多，形态演变较为清晰。双楼出土有 1 件高领罐，与兴弘花园与热电厂Ⅴ式高领罐相比，其颈部较长，圜底的程度更甚，按照兴弘花园与热电厂高领罐的演变规律，双楼类型高领罐年代在兴弘花园Ⅴ式罐之后。兴弘花园Ⅴ式高领罐年代大致在战国中期[5]，因此双楼高领罐在战国中期之后。西亚斯墓地出土的高领罐颈部和圜底的形态与双楼的极为接近，二者应当是同时的，西亚斯高领圜底罐年代在战国晚期[6]。郑州二里岗出土的尊从形体来说和双楼出土的高领圜底罐是一致的，郑州二里岗尊出土于第三类组合的墓葬中，而第三类组合的墓葬年代基本在战国末期甚至到西汉初[7]。因此双楼所出的高领罐年代大致可以定在战国晚期甚至到战国末。

---

[1] 河南省文物考古研究所：《郑韩故城兴弘花园与热电厂墓地》，文物出版社，2007 年。
[2] 河南省文物考古研究所：《郑韩故城兴弘花园与热电厂墓地》，文物出版社，2007 年。
[3] 河南省文物考古研究所：《新郑西亚斯东周墓地》，大象出版社，2012 年。
[4] 河南省文物考古研究所、武汉大学历史学院考古系：《南阳丰泰墓地》，科学出版社，2011 年。
[5] 河南省文物考古研究所：《郑韩故城兴弘花园与热电厂墓地》，文物出版社，2007 年。
[6] 河南省文物考古研究所：《新郑西亚斯东周墓地》，大象出版社，2012 年。
[7] 河南省文化局文物工作队：《郑州二里岗》，科学出版社，1959 年。

7. 鼎

乙类 Aa 型鼎：双楼所出 AaⅠ式鼎和郑州二里岗 M215Ⅰ式鼎形态相同，特别是双楼 M246 与 AaⅠ式鼎同出的盖豆、壶、盘、匜及高柄小壶的组合与郑州二里岗 M215 的陶器组合几乎一致，而且二里岗 M215 所出的壶、盖豆、盘、匜、高柄小壶和双楼 M246 所出的形态也极为接近，因此 M246 和二里岗 M215 年代应是同时的。二里岗 M215 的年代原报告没有直接给出，但是根据原报告的陈述，M215 的年代应在战国早期[1]。由于二里岗 M215 的Ⅲ式壶和双楼 M246AaⅠ式壶形态相同，器形较大，最大径都位于腹部中部，而与最大径位于腹部中下部的早期壶在形态上略有差别，所以二里岗 M215 和双楼 M246 所出的壶应在战国早期偏晚。因此，可以把乙类 AaⅠ式鼎的年代定在战国早期或略偏晚。和 AaⅠ式鼎相比，AaⅡ式鼎腹部略变浅，底部由Ⅰ式的圜底变成了近平底，其形态和西亚斯 C 型鼎极为相似，腹部均为宽扁的长方形，双楼 AaⅡ式鼎更接近西亚斯 CⅠ式鼎，和 CⅡ式鼎相比略有差别，其年代应比西亚斯 CⅡ式鼎略早。西亚斯 CⅠ式鼎年代在战国早中之际，CⅡ式鼎年代在战国中期[2]，因此可以推定双楼 AaⅡ式鼎年代大致在战国中期早段。双楼 AaⅢ式、AaⅣ式鼎在形态上接近，和前两式相比，腹部变得更加宽扁，蹄足足跟消失，这样的形态和西亚斯 D 型鼎是一致的，西亚斯 D 型鼎年代在战国中期[3]。与郑州家世界购物广场 BⅢ式鼎基本相近，家世界 BⅢ式鼎年代跨越战国中期早段和晚段两个时期[4]。因此双楼 AaⅢ式、AaⅣ式鼎的年代大致可以定在战国中期晚段。

乙类 Ab 型鼎：乙类 Ab 型鼎和 Aa 型鼎除了鼎足的差别外，其余基本一致，AbⅠ式和 AbⅡ式鼎形态差别较小，腹部都较深，二者前后应相差不远，其形态和 AaⅡ式鼎基本相似，腹部较深，底部圜底近平。结合 AbⅠ式、AbⅡ式鼎同出的壶、盖豆等器物来看，AbⅠ式、AbⅡ式鼎年代应在战国中期偏早的阶段。AbⅢ式鼎和前两式相比一个明显的变化是腹部变扁，这样的形态和 AaⅢ式、AaⅣ式鼎基本一致，结合与之同出的壶、盖豆等的情况，AbⅢ式鼎年代大致在战国中期晚段。

乙类 B 型鼎：乙类 B 型鼎和 A 型鼎相比形态较为特别，与之同出的壶和 M246 所出的壶较为接近，同时与之后的壶差别极大，此类壶年代基本在战国早期晚段，因此通过壶的分析，可以把 B 型鼎的年代定在战国早期晚段。

甲类 A 型鼎：AaⅢ式和 AbⅢ式鼎与西亚斯 A 型鼎相近，鼎足都为削状条足，通过榫卯结构与鼎身连接，腹部较浅。与郑州市化工厂地质勘探总院 M5 所出的 C 型鼎相近，地质勘探总院 M5C 型鼎腹部较双楼 AaⅢ式和 AbⅢ式鼎略浅，与 AbⅣ式鼎较为相近。西亚

---

[1] 河南省文化局文物工作队：《郑州二里岗》，科学出版社，1959 年。

[2] 河南省文物考古研究所：《新郑西亚斯东周墓地》，大象出版社，2012 年。

[3] 河南省文物考古研究所：《新郑西亚斯东周墓地》，大象出版社，2012 年。

[4] 郑州市文物考古研究所：《郑州市南阳路家世界购物广场战国墓发掘简报》，《华夏考古》2006 年 2 期。

斯A型鼎基本定在春秋晚期[1]，而地质勘探总院M5的年代定为春秋末与战国早期[2]。所以AaⅢ式和AbⅢ式年代相仿，大体在春秋晚期，而AbⅣ式年代较AbⅢ式晚，在春秋末或战国早期。(表九，表一〇)

表九　　乙类陶鼎对应关系表

	早　　晚						
共存	AaⅠ		AaⅡ		AaⅡ、AaⅢ	AaⅣ	
				AbⅠ	AbⅡ		AbⅢ
		B					

表一〇　　甲类陶鼎对应关系表

	早　　晚					
共存	AaⅠ、AaⅡ	AaⅡ	AaⅡ、AaⅢ	AaⅢ		
		AbⅠ	AbⅡ	AbⅢ	AbⅣ	
	BⅠ	BⅡ	BⅢ	BⅣ		BⅤ
			C			
					D	
				E		

8. 罍

A型罍：AⅢ式罍和西亚斯Ab型罍形态接近，但西亚斯Ab型罍在三个兽足上比AⅢ式罍更为简化，按照A型罍的发展演变规律，AⅢ式罍在年代上比西亚斯Ab型罍要偏早一点。西亚斯Ab型罍年代为战国早期前段[3]，所以，AⅢ式罍的年代大体应在春秋晚期。与AⅡ式罍同出的有AaⅠ式盘、AaⅡ式匜，盘、匜的附件装饰较为发达，盘耳整体呈简化的兽首形，这和西亚斯AⅠ式盘形态基本相同，AaⅡ式匜形态整体呈动物形，较为生动，和西亚斯AⅠ式匜较为相近。西亚斯AⅠ式盘和AⅠ式匜属于春秋晚期，由此推断双楼AⅡ式罍大致也在春秋晚期。与AⅠ式罍同出的AaⅠ式盘和AaⅠ式匜相比于与AⅡ式罍同出的盘和匜，形态上更为形象生动，兽首和装饰更为发达，与之同出的还有AaⅠ式舟和乙类AaⅠ式敦，耳部装饰整体都呈兽首形，十分形象，整体来说是这个时段的特色。因此AⅠ式罍总体来说要早于AⅡ式罍。结合前面的分析，关于AⅠ式罍的年代我们可以推定在春秋中期晚段或春秋中晚之际，AⅡ式罍在春秋晚期早段，而AⅢ式罍则在春

[1] 河南省文物考古研究所：《新郑西亚斯东周墓地》，大象出版社，2012年。
[2] 郑州市文物考古研究所：《郑州市两处战国墓发掘报告》，《中原文物》1997年3期。
[3] 河南省文物考古研究所：《新郑西亚斯东周墓地》，大象出版社，2012年。

秋晚期晚段。

B 型罍：BⅢ式罍肩部由原来的两对爬兽退化为一对爬兽和一对实心钮，与西亚斯 AaⅡ式罍形态极为接近，与郑州市加气混凝土厂东周墓 M11 所出两件罍的形态接近，与新郑市赵庄东周墓 M59 所出的 A 型罍形态上接近。其中，西亚斯 AaⅡ式罍的年代为春秋晚期末段[1]，郑州加气混凝土厂两件罍年代大致在战国早期[2]，新郑赵庄的 A 型罍年代大致在春秋晚期晚段[3]。因此，BⅢ式罍的大致年代应该在春秋晚期晚段。BⅣ式、BⅤ式罍腹部变扁，三柱足较细长，和新郑赵庄 M58 所出 B 型罍较为接近，赵庄 M58 年代在春秋晚期晚段[4]，与 BⅣ式、BⅤ式罍同出的其他器物如敦、盘、匜等都已极为简化了，所以年代上可能略晚，同出的还有 AⅢ式鬲。AⅢ式鬲的年代在战国早期后段，因此通过分析我们可以大致将 BⅣ式、BⅤ式罍的年代定在战国早期。结合前文对 A 型罍的推论，可以认为 BⅡ式罍在春秋晚期晚段，BⅠ式罍大致在春秋晚期早段。因此 B 型罍的年代序列如下：BⅠ式罍为春秋晚期早段，BⅡ式、BⅢ式罍为春秋晚期晚段，而 BⅣ式罍则在战国早期，BⅤ式罍在战国早期晚段。

C 型罍：CⅠ式罍腹部略扁偏鼓，肩部一对爬兽形象逼真，中部有一圆形穿孔，其形态同兴弘花园Ⅱ式罍和西亚斯 BⅠ式罍接近。兴弘花园Ⅱ式罍和西亚斯 BⅠ式罍口沿外撇，而 CⅠ式罍直颈，平折沿较短。兴弘花园Ⅱ式罍的年代在春秋晚期[5]，西亚斯 BⅠ式罍的年代基本在春秋晚期晚段及战国早期前段两个阶段[6]，所以 CⅠ式罍的年代也大体位于春秋晚期。CⅡ式罍和西亚斯 BⅡ式罍较为接近，和兴弘花园Ⅱ式罍形态接近，但是肩部的爬兽已经退化，中部已无穿孔，所以在年代上应比兴弘花园Ⅱ式罍略晚。西亚斯 BⅡ式罍年代在战国早期后段。同禹县白沙战国墓中以 M137∶2 为代表的 3 式尊基本一致，禹县白沙的此类墓年代大致在春秋末到战国早期[7]。双楼 CⅢ式罍形态上同 CⅡ式罍相近，只是肩部爬兽变小，整体和 CⅡ式罍相差不大，可以将其定位于战国早期后段，那么双楼 CⅡ式罍则可以推定在战国早期前段。（表一一）

[1] 河南省文物考古研究所：《新郑西亚斯东周墓地》，大象出版社，2012 年。

[2] 郑州市文物考古研究所：《郑州市加气混凝土厂东周墓发掘简报》，《华夏考古》2001 年 4 期。

[3] 郑州市文物考古研究所、河南省文物管理局南水北调文物保护办公室：《新郑市赵庄东周墓葬发掘简报》，《中原文物》2011 年 3 期。

[4] 郑州市文物考古研究所、河南省文物管理局南水北调文物保护办公室：《新郑市赵庄东周墓葬发掘简报》，《中原文物》2011 年 3 期。

[5] 河南省文物考古研究所：《郑韩故城兴弘花园与热电厂墓地》，文物出版社，2007 年。

[6] 河南省文物考古研究所：《新郑西亚斯东周墓地》，大象出版社，2012 年。

[7] 陈公柔：《河南禹县白沙的战国墓葬》，《考古学报》第七册。

表一一　　**陶罍对应关系表**

早　　晚					
共存	AⅠ	AⅡ	AⅢ	AⅢ	
		BⅠ	BⅡ	BⅢ	BⅢ、BⅣ、BⅤ
			CⅠ	CⅡ	CⅢ

9. 壶

A 型壶：AaⅠ式壶腹部圆鼓，最大径在腹部中部，和侯马乔村墓地 A 型壶较为接近。乔村 A 型壶为圈足底，Ⅰ式略比Ⅱ式圆鼓，腹部形态同 AaⅠ式壶较为接近。乔村 A 型壶为第一类陶器墓的第一期，年代在战国早期[1]。西亚斯 AaⅠ式壶腹部的形态同双楼 AaⅡ式壶较为接近，腹部都比较圆鼓，但西亚斯 AaⅠ式壶腹部最大径比双楼 AaⅡ式壶靠上，年代上应晚于双楼 AaⅡ式壶，但相差不会很远。西亚斯 AaⅠ式壶年代在战国早中之际[2]。双楼 AaⅡ式壶在形态上同 AaⅠ式壶较为接近，腹部圆鼓，只是略比 AaⅠ式壶瘦高，年代上应相差不大，应属于战国早期。双楼 AaⅤ式壶的形态和西亚斯 BbⅠ式、BbⅡ式壶接近，器形瘦高，最大径位于肩部；和郑州市市政工程总公司战国墓所出 AⅢ式壶在形态上接近，器形都较小、较瘦高，最大径位于肩部。西亚斯 Bb 型壶年代为战国中期晚段[3]，市政工程总公司战国墓 AⅢ式壶年代基本为战国中晚期[4]。因此我们可以推论双楼 AaⅤ式壶年代大致在战国中期晚段。AaⅢ式、AaⅣ式壶和 AaⅤ式壶整体形态差别不是很大，而和 AaⅠ式、AaⅡ式壶差别较大。AaⅠ式、AaⅡ式壶器形高大，腹部圆鼓，从 AaⅢ式壶开始器形变小，器身瘦高，最大径往上移。通过前面对 AaⅠ式、AaⅡ式、AaⅤ式壶的推论，AaⅢ式、AaⅣ式壶年代可以定在战国中期早段。AaⅥ式壶最大径位于肩部，是由前面发展而来，肩部多了一道折棱，年代在 AaⅤ式壶之后，应在战国晚期早段。

AbⅠ式壶器身和西亚斯 AaⅠ式壶相似，腹部最大径基本位于腹部上边。西亚斯 AaⅠ式壶年代为战国早中之际[5]，因此双楼 AbⅠ式壶年代也为战国早中之际。AbⅡ式、AbⅢ式壶和西亚斯 AaⅡ式壶器身形态相似，只是西亚斯 AaⅡ式壶为高假圈足，器身较鼓，最大径靠近肩部，肩部和上腹部都饰有数组凹弦纹。西亚斯 AaⅡ式壶年代为战国中期[6]。双楼 AbⅡ式、AbⅢ式壶的年代也应该为战国中期，结合与之同出的器物组合来看，双楼 AbⅡ式壶年代为战国中期早段，而 AbⅢ式壶年代为战国中期晚段。

B 型壶：B 型壶和 A 型壶相比形态差别较大。B 型壶整体形态较大，假盘口，粗颈，

---

〔1〕山西省考古研究所：《侯马乔村墓地 1959—1996》，科学出版社，2004 年。
〔2〕河南省文物考古研究所：《新郑西亚斯东周墓地》，大象出版社，2012 年。
〔3〕河南省文物考古研究所：《新郑西亚斯东周墓地》，大象出版社，2012 年。
〔4〕郑州市文物考古研究所：《郑州市市政工程总公司战国墓葬发掘简报》，《中原文物》2006 年 3 期。
〔5〕河南省文物考古研究所：《新郑西亚斯东周墓地》，大象出版社，2012 年。
〔6〕河南省文物考古研究所：《新郑西亚斯东周墓地》，大象出版社，2012 年。

广肩，肩部近圆折，假圈足。此类形态的壶在西亚斯东周墓地也有出土，此类壶形态和西亚斯AaⅢ式壶基本相同，与郑州市家世界购物广场M11所出C型Ⅵ式壶形态相同。西亚斯AaⅢ式壶[1]和家世界CⅥ式壶[2]年代基本都在战国晚期。此种形态的壶在南阳地区也较常见，南阳丰泰墓地中Bb型壶，特别是BbⅡ式、BbⅢ式壶形态与之相似。南阳丰泰墓地BbⅡ式、Ⅲ型壶流行的年代在战国晚期晚段到西汉早期前段[3]。郑州二里岗M17所出Ⅶ式壶与双楼B型壶形态基本一致，二里岗M17的年代大致在战国末西汉初[4]。因此综合分析，双楼B型壶的年代大致可以定在战国晚期晚段到西汉初。

C型壶：数量极少。C型壶折沿平出至中部再折而向下，高束颈，广肩，近"亚"字形腹部，此类壶在兴弘花园墓地里出有两件。根据兴弘花园壶的形态演变规律来看，双楼C型壶和兴弘花园Ⅱ式壶较为接近，但形态特征上似要比兴弘花园Ⅱ式壶略晚。兴弘花园Ⅱ式壶年代基本在战国中期[5]，因此双楼C型壶年代应定为战国中期或偏晚一点。（图三二二，图三二三）

表一二　**A型陶壶对应关系表**

早　　　晚							
共存	AaⅠ	AaⅡ	AaⅢ	AaⅣ		AaⅤ	AaⅥ
			AbⅠ		AbⅡ	AbⅢ	

（二）各组墓葬的年代

1. 第一组器物组合墓葬

第一段：该段中有甲类AaⅠ式、AaⅡ式、BⅠ式陶鼎，由前面器类年代的分析可知，甲类AaⅢ式和AbⅢ式鼎的年代基本在春秋晚期，因此甲类AaⅠ式、AaⅡ式鼎以及与之同时的BⅠ式陶鼎年代可能早到春秋中期左右，AⅠ式陶罍呈现出春秋中期晚段或春秋中晚之际的形态。因此该段的年代大致在春秋中期晚段或春秋中晚之际。

第二段：该段中出现的甲类AaⅡ式、AbⅠ式、BⅡ式陶鼎形态表现出春秋晚期的特征，AⅡ式、BⅠ式陶罍属于春秋晚期早段，与之同时的B型陶鬲也基本属于春秋晚期，因此该段的年代大致可以定在春秋晚期早段。

第三段：该段中出现的甲类AaⅢ式陶鼎在前面的论述中被定在春秋晚期，AⅢ式、BⅡ式罍大致在春秋晚期晚段，而CⅠ式陶罍在春秋晚期。因此该段的年代大致可以定在春秋晚期晚段。

---

[1] 河南省文物考古研究所：《新郑西亚斯东周墓地》，大象出版社，2012年。

[2] 郑州市文物考古研究所：《郑州市南阳路家世界购物广场战国墓发掘简报》，《华夏考古》2006年2期。

[3] 河南省文物考古研究所、武汉大学历史学院考古系：《南阳丰泰墓地》，科学出版社，2011年。

[4] 河南省文化局文物队：《郑州二里岗》，科学出版社，1959年。

[5] 河南省文物考古研究所：《郑韩故城兴弘花园与热电厂墓地》，文物出版社，2007年。

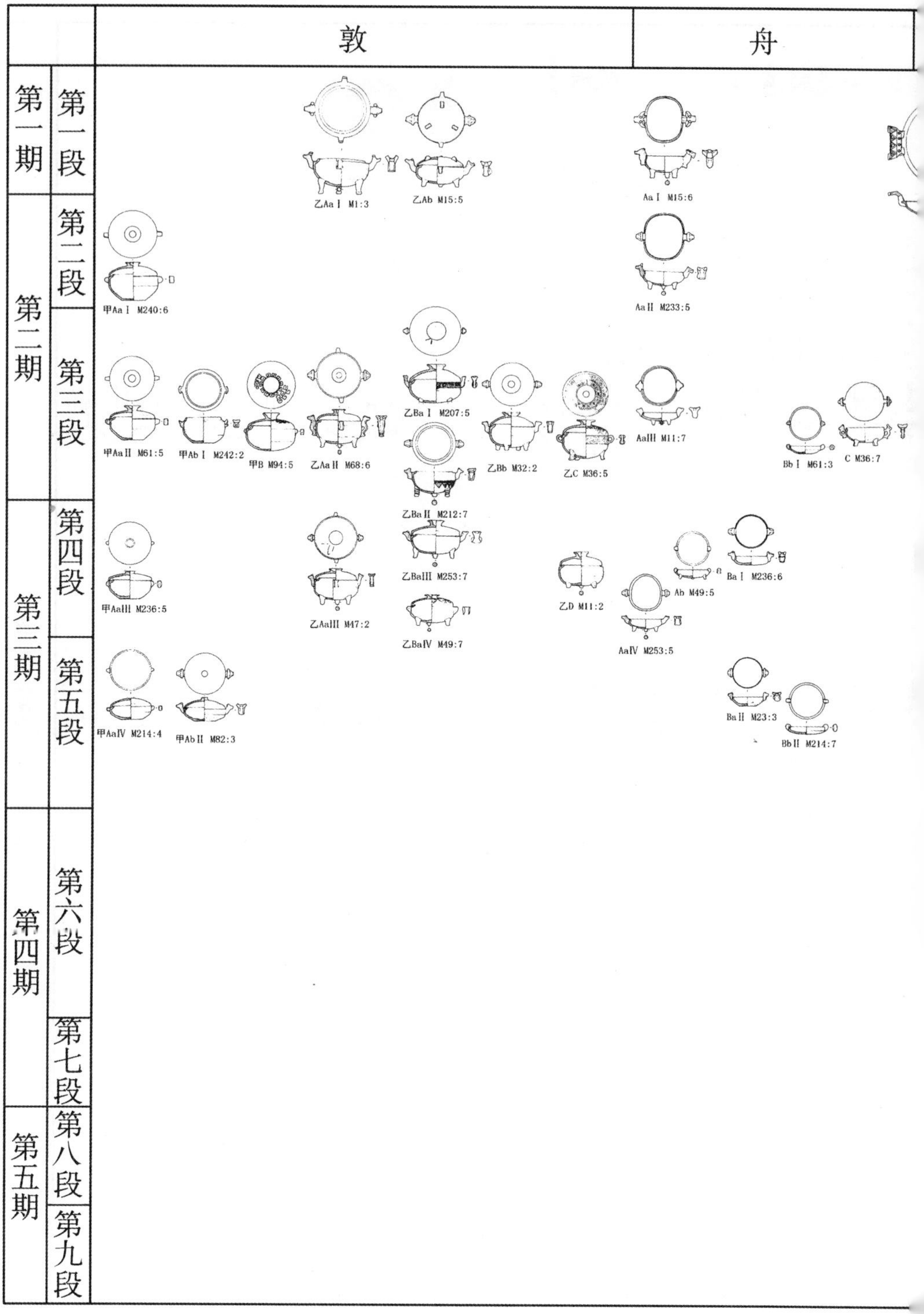
敦
舟
第一期
第一段
第二期
第二段
第三段
第三期
第四段
第五段
第四期
第六段
第七段
第五期
第八段
第九段
乙AaⅠ M1:3
乙Ab M15:5
AaⅠ M15:6
甲AaⅠ M240:6
AaⅡ M233:5
乙BaⅠ M207:5
甲AaⅡ M61:5
甲AbⅠ M242:2
甲B M94:5
乙AaⅡ M68:6
乙Bb M32:2
乙C M36:5
AaⅢ M11:7
BbⅠ M61:3
C M36:7
乙BaⅡ M212:7
乙BaⅢ M253:7
甲AaⅢ M236:5
乙AaⅢ M47:2
乙BaⅣ M49:7
乙D M11:2
AaⅣ M253:5
Ab M49:5
BaⅠ M236:6
甲AaⅣ M214:4
甲AbⅡ M82:3
BaⅡ M23:3
BbⅡ M214:7

图三二三　新郑双桥

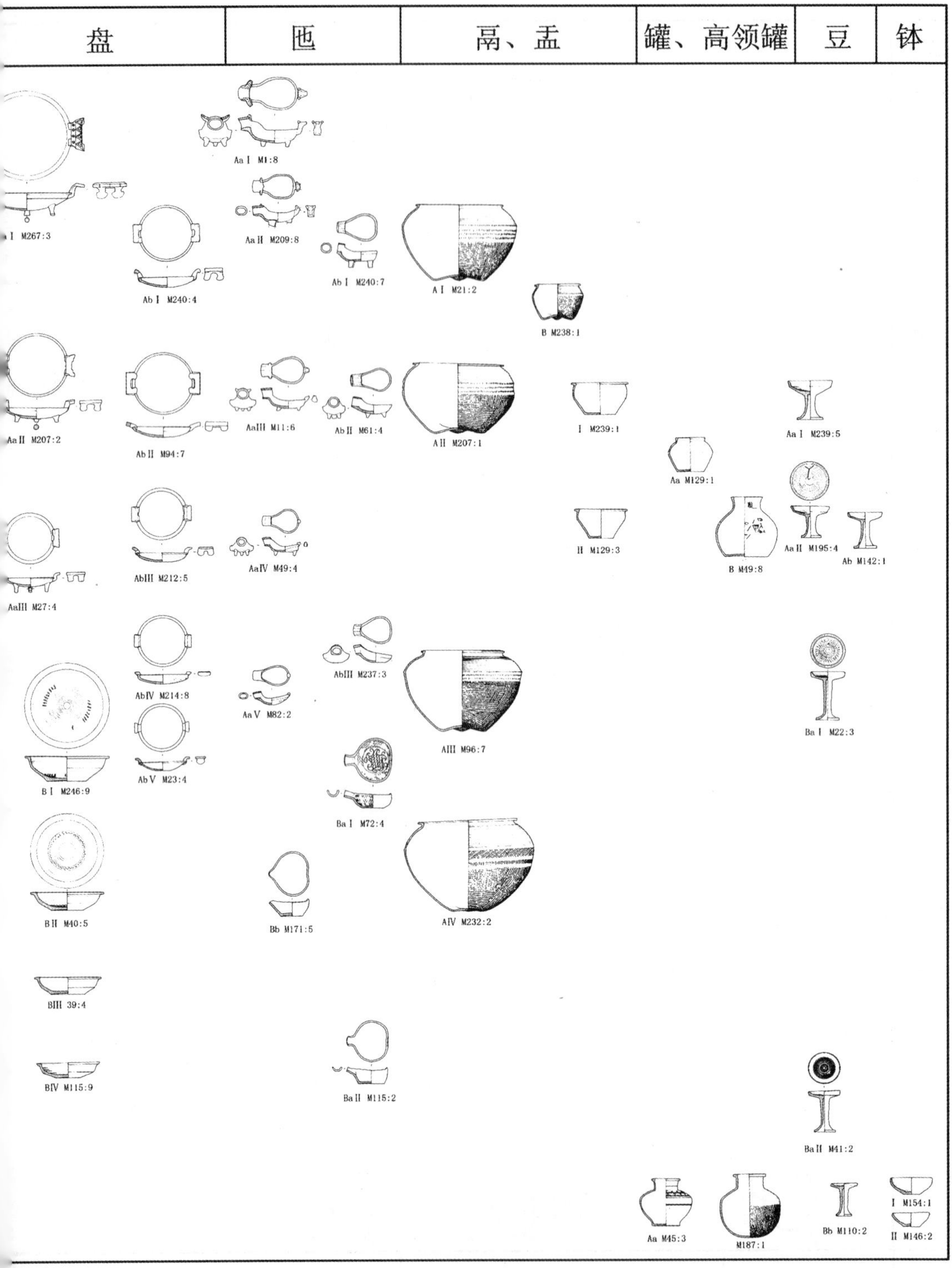
盘
匜
鬲、盂
罐、高领罐
豆
钵
Aa I M1:8
I M267:3
Aa II M209:8
Ab I M240:7
A I M21:2
Ab I M240:4
B M238:1
Aa II M207:2
AaIII M11:6
Ab II M61:4
A II M207:1
I M239:1
Aa I M239:5
Ab II M94:7
Aa M129:1
Aa II M195:4
Ab M142:1
AaIV M49:4
II M129:3
B M49:8
AbIII M212:5
AaIII M27:4
AbIII M237:3
AbIV M214:8
Aa V M82:2
AIII M96:7
Ba I M22:3
B I M246:9
Ab V M23:4
Ba I M72:4
AIV M232:2
B II M40:5
Bb M171:5
BIII 39:4
BIV M115:9
Ba II M115:2
Ba II M41:2
I M154:1
Aa M45:3
M187:1
Bb M110:2
II M146:2

东周墓地陶器分期图（二）

第四段：该段中出现的甲类 AaⅢ式、AbⅢ式、Ⅳ式鼎和 AⅢ式、BⅢ式罍所体现的春秋晚期晚段的形态还在延续，而 CⅡ式陶罍已经进入到战国早期。因此该段年代大致可以定在战国早期早段。

第五段：该段所见的鼎基本已呈现战国早期的形态，新出现了战国早期后段的 CⅢ式陶罍和 AⅢ式陶鬲。因此，该段的年代大致可以定在战国早期后段。

2. 第二组器物组合墓葬

第一段：该段出有乙类 AaⅠ式陶鼎、AaⅠ式陶壶，其形态在前面的分析中基本可以确定是战国早期晚段的风格。因此，该段年代大致可以定在战国早期晚段。

第二段：该段所出组合与第一段一致，器物形态和第一段略有差别，但差别不是很大，则二者在年代上应相差不远，所出乙类 Ab 型陶鼎、AaⅡ式陶壶等都是战国早期晚段或稍晚一点的风格。因此可以把该段的年代定在战国早期晚段或战国早中之际。

第三段：该段所出的乙类 AaⅡ式陶鼎，AbⅡ式陶鼎，AaⅢ、AaⅣ式陶壶，AbⅡ式陶壶等器物基本具有战国中期早段的风格。因此，该段的年代大致在战国中期早段。

第四段：该段所出的鼎、豆等表现出战国中期的风格，而 AaⅤ式、AbⅢ式陶壶等则为战国中期晚段的形态。因此，该段的年代大致在战国中期晚段。

第五段：该段中所出的 AaⅥ式陶壶在前面的器类分析中属于战国晚期早段的器物，因此该段年代大致在战国晚期早段。

3. 第三组器物组合墓葬

主要器形有 BⅠ式、BⅡ式、C 型陶壶，Ab 型陶罐，Ⅰ式、Ⅱ式陶钵及 Bb 型陶豆等。在前面的器类分析中，该类器物基本上处于战国晚期晚段，有的甚至晚到战国末或汉初。因此该类组合年代大致可以定在战国晚期晚段到战国末汉初之间。

4. 第四组器物组合墓葬

第一段：该段中出有 B 型陶鬲、Ⅰ式陶盂、Aa 型陶罐及 AaⅠ式陶豆。通过前面对 B 型陶鬲、A 型陶盂、Aa 型陶罐和 A 陶豆的年代的分析，此段年代大致在春秋末期。

第二段：该段出有 B 型陶鬲，Ⅰ式、Ⅱ式陶盂，Aa 型陶罐，AaⅡ式、Ab 型陶豆。此段同第一段年代较为相近，但从 AaⅡ式、Ab 型陶豆的形态来看，已经进入战国早期，因此，此段的年代大致在战国早期早段。

第三段：该段出有 AⅢ式陶鬲。AⅢ式陶鬲大致在战国早期后段，因此此段年代大致在战国早期晚段。

第四段：该段出有 AⅣ式陶鬲。AⅣ式陶鬲年代在战国中期偏早，因此，此段年代大致在战国中期偏早。

第五段：此段出有陶高领圜底罐、Bb 型陶豆。陶高领圜底罐的年代大致在战国晚期甚至到战国末，且与此类组合时段较相近的器物组合较多地出土于空心砖墓中，因此，此段年代大致在战国晚期晚段或到战国末。

二、铜器墓的分期与年代

新郑双楼墓地出土铜器的墓葬有2座，分别是M147（出有铜鼎、铜敦、铜舟、铜盘、铜匜）和M81（仅出铜舟）。

新郑双楼M147铜器组合及形态特征具有明显的春秋晚期到战国早期的特征。与河南新郑李家村M1所出的铜器组合和形态除铜敦外基本一致，李家村M1铜鼎鼎盖为圈足状捉手，耳为直耳，腹部较深，装饰有两道凸弦纹，鼎足较细长，而双楼M147铜鼎鼎盖为三个环状钮，耳为方折耳，铜鼎腹部略浅，有一道凸弦纹，李家村M1其他铜器如铜舟、铜盘、铜匜形态及装饰和双楼M147的同类器基本一致，李家村M1年代大致在春秋晚期[1]。新郑郑韩路防疫站M6所出铜器组合和形态相比于李家村M1来说更接近双楼M147。防疫站M6所出的铜鼎在形态上和双楼M147铜鼎基本一致，只是防疫站M6鼎足比M147略短。防疫站M6所出铜盘除两个方折耳外比双楼M147铜盘多了一对铺首衔环装饰，其余敦、舟、盘、匜的形态和双楼M147的同类器基本一致，防疫站M6年代在春秋晚期偏早段[2]，而根据M6同出的陶鬲、盂、罐、豆的形态，与新郑兴弘花园与热电厂墓地战国早期前段同类器相同，因此新郑防疫站M6的时代应属战国早期前段[3]。西亚斯M247所出铜鼎腹部较双楼M147铜鼎略深，饰有两道凸弦纹，同出的盘、匜和新郑防疫站M6的相同，西亚斯M247年代在战国早期前段[4]。和兴弘花园M35所出铜器相比，兴弘花园M35所出铜鼎方直耳、深腹部、圜底、三蹄足较高，明显具有春秋晚期的风格，双楼M147铜鼎与之相比则略晚，而兴弘花园M35所出的B型铜盏与双楼M147的铜敦较为相近，兴弘花园M35年代在春秋晚期[5]。综上所述，双楼M147的年代大致在战国早期早段。

双楼墓地M81出有一件铜舟，其形态和M147所出铜舟相比较为简化，耳部装饰已无兽首形态，而只是两个圆环。与兴弘花园铜舟相比，其口部卷沿极不明显接近消失，其年代应在兴弘花园Ⅲ式铜舟之后，兴弘花园Ⅲ式铜舟大致在春秋晚期[6]。结合前面的分析，双楼M81的年代大致在战国早期晚段。

---

〔1〕河南省文物考古研究所新郑工作站：《河南新郑县李家村发现春秋墓》，《考古》1983年8期。

〔2〕河南省文物考古研究所新郑工作站：《新郑市郑韩路6号春秋墓》，《文物》2005年8期。

〔3〕河南省文物考古研究所：《新郑西亚斯东周墓地》，大象出版社，2012年。

〔4〕河南省文物考古研究所：《新郑西亚斯东周墓地》，大象出版社，2012年。

〔5〕河南省文物考古研究所：《郑韩故城兴弘花园与热电厂墓地》，文物出版社，2007年。

〔6〕河南省文物考古研究所：《郑韩故城兴弘花园与热电厂墓地》，文物出版社，2007年。

三、整体分期与年代

在对上述陶、铜器等主要器物进行年代分析和对各个组合期段的年代分析的基础上，我们通过归纳尝试对85座出土陶、铜器的墓葬进行整体的分期，并作出年代的判断。我们将双楼东周墓地分为五期九段。年代跨度大致从春秋中期晚段或春秋中晚之际到战国晚期晚段或战国末汉初。

第一期　仅一段。

第一段：第一组第一段，为春秋中期晚段或春秋中晚之际。

第二期　分为两段。

第二段：第一组第二段，为春秋晚期早段。

第三段：第一组第三段和第四组第一段，为春秋晚期晚段。

第三期　分两段。

第四段：第一组第四段和第四组第二段，为战国早期早段。

第五段：第一组第五段、第二组第一段和第二段、第四组第三段，为战国早期晚段。

第四期　分两段。

第六段：第二组第三段、第四组第四段，为战国中期早段。

第七段：第二组第四段，为战国中期晚段。

第五期　分两段。

第八段：第二组第五段，为战国晚期早段。

第九段：第三组、第四组第五段，为战国晚期晚段。

双楼墓地整体年代序列及各期典型遗物：

第一期　春秋中期晚段或春秋中晚之际。仅一段。

第一段：第一组第一段，春秋中期晚段或春秋中晚之际。主要器形有：甲类AaⅠ式、AaⅡ式、BⅠ式陶鼎，AⅠ式陶罍，乙类AaⅠ式、Ab型陶敦，AaⅠ式陶舟，BaⅠ式、BaⅡ式陶盖豆，AaⅠ式陶盘，AaⅠ式、AaⅡ式陶匜。所属墓葬有M1、M15、M17及M267。

第二期　春秋晚期。分为两段。

第二段：第一组第二段，春秋晚期早段。主要器形有：AⅠ式、B型陶鬲，甲类AaⅡ式、AbⅠ式、BⅡ式陶鼎，AⅡ式、BⅠ式陶罍，Ⅰ式陶尊，甲类AaⅠ式、乙类AaⅢ式陶敦，AaⅡ式、AaⅢ式陶舟，BaⅢ式陶盖豆，AaⅠ式、AaⅢ式陶盘，AbⅠ式陶盘，AaⅡ式、AbⅠ式陶匜。所属墓葬有M13、M21、M233及M240。

第三段：第一组第三段和第四组第一段，春秋晚期晚段。主要器形有：AⅡ式、B型陶鬲，Ⅰ式陶盂，Aa型陶罐，AaⅠ式陶豆，甲类AaⅡ式、AaⅢ式、AbⅡ式、BⅢ式、C型陶鼎，AⅢ式、BⅡ式、CⅠ式陶罍，Ⅰ式陶尊，甲类AaⅡ式、AbⅠ式、B型、乙类AaⅡ式、BaⅠ式、BaⅡ式、Bb型、C型陶敦，AaⅡ式、AaⅢ式、BbⅠ式、BbⅡ式、C型陶舟，Bb型陶盖豆，AaⅠ式、AaⅡ式、AbⅠ式、AbⅡ式陶盘，AaⅡ式、AaⅢ式、AbⅡ式陶匜，陶簠。所属墓葬有 M4、M5、M14、M18、M32、M36、M61、M68、M78、M94、M207、M215、M239、M242 及 M247。

第三期　战国早期。分两段。

第四段：第一组第四段和第四组第二段，战国早期早段。主要器形有：B 型陶鬲，Ⅰ式、Ⅱ式陶盂，Aa 型、B 型陶罐，AaⅡ式、Ab 型陶豆，甲类 AaⅢ式、AbⅢ式、Ⅳ式、BⅣ式、D 型、E 型陶鼎，AⅢ式、BⅢ式、CⅡ式陶罍，陶盏，Ⅱ式陶尊，甲类 AaⅡ式、AaⅢ式、乙类 AaⅢ式、BaⅡ式、BaⅢ式、BaⅣ式、D 型陶敦，AaⅢ式、AaⅣ式、Ab 式、BaⅠ式、BbⅡ式陶舟，AaⅡ式、AaⅢ式、AbⅡ式、Ⅲ式陶盘，AaⅡ式、AaⅢ式、AaⅣ式、AbⅢ式陶匜，铜鼎，铜敦，铜舟，铜盘，铜匜。所属墓葬有 M3、M9、M11、M27、M42、M47、M49、M71、M129、M142、M147、M195、M196、M209、M212、M228、M236、M237、M238、M248 及 M253。

第五段：第一组第五段、第二组第一段和第二段、第四组第三段，战国早期晚段。主要器形有：AⅢ式陶鬲，陶釜，BaⅠ式陶豆，甲类 AbⅣ式、BⅤ式、乙类 AaⅠ式、B 型陶鼎，BⅣ式、BⅤ式、CⅢ式陶罍，甲类 AaⅣ式、AbⅠ式、AbⅡ式陶敦，AⅠ式、Ⅱ式陶盖豆，AaⅠ式、Ⅱ式陶壶，Ⅰ式、Ⅱ式高柄小壶，BaⅡ式、BbⅡ式陶舟，AbⅣ式、AbⅤ式、BⅠ式、BⅢ式陶盘，AaⅤ式、BaⅠ式陶匜，铜舟。所属墓葬有 M23、M43、M81、M82、M89、M96、M98、M116、M188、M214、M226、M246。

第四期　战国中期。分两段。

第六段：第二组第三段、第四组第四段，战国中期早段。主要器形有：AⅣ式陶鬲，BaⅠ式陶豆，陶釜，乙类 AaⅠ式、AaⅡ式、AbⅠ式、Ⅱ式陶鼎，AⅡ式、AⅢ式陶盖豆，AaⅢ式、AaⅣ式、AbⅠ式、AbⅡ式陶壶，Ⅲ式陶高柄小壶，BⅡ式、Ⅲ式陶盘，BaⅠ式、Bb 型陶匜。所属墓葬有 M39、M40、M58、M72、M79、M86、M92、M171、M178、M232 及 M254。

第七段：第二组第四段，战国中期晚段。主要器形有：BaⅠ式、BaⅡ式陶豆，陶釜，乙类 AaⅢ式、AaⅣ式、AbⅡ式陶鼎，AⅢ式、AⅣ式、BaⅣ式陶盖豆，AaⅤ式、AbⅢ式陶壶，Ⅳ式陶高柄小壶，BⅢ式、BⅣ式陶盘，BaⅡ式匜。所属墓葬有 M22、M115、M184、M244。

第五期　战国晚期。分两段。

第八段：第二组第五段，战国晚期早段。主要器形有：BaⅡ式陶豆，乙类 AbⅢ式陶鼎，AⅤ式陶盖豆，AaⅥ式陶壶，BⅢ式陶盘，BaⅠ式陶匜。所属墓葬有 M41。

第九段：第三组、第四组第五段，战国晚期晚段。主要器形有：Ab 型陶罐，陶高领圜底罐，BⅠ式、BⅡ式、C 型陶壶，Ⅰ、Ⅱ式陶钵，Bb 型陶豆。所属墓葬有 M45、M60、M101、M110、M127、M137、M146、M152、M154、M156、M187、M191、M200。

第六章　文化内涵

第一节　埋葬特点

一、墓葬形制

1. 墓向

在新郑双楼墓地267座墓葬中，除2座墓向不明外，其余265座可统计墓向的墓葬单位中，在45°~90°之间，1座；在91°~135°之间，3座；在136°~180°之间，2座；在181°~225°之间，3座；在225°~270°之间，3座；在270°~315°之间，2座；在315°~360°之间，38座；在0°~45°之间，213座；墓向向东的有4座，占总数的1.5%；墓向向西的有5座，占总数的1.9%；墓向向南的有5座，占总数的1.9%；墓向向北的有251座，占总数的94.7%。可见新郑双楼墓地方向以北向为主，头向向北的墓葬中又以北偏东的居多，共213座，占据了北向墓的84.9%。

2. 葬式

在新郑双楼墓地中，墓主人葬式情况，其中有94座由于人骨不存或腐朽严重而无法辨别。在可辨别的墓葬中，仰身直肢的有156座，仰身屈肢的有2座，侧身直肢的有2座，侧身屈肢的有3座，其中有10座墓由于上半身或下半身缺失，无法判别其完整葬式。在这10座墓中，仰身的有1座，直肢的有8座，屈肢的有1座。墓主人双手放置的位置，通过对保存较好的人骨的统计，仰身直肢葬中双手放于腹部的有122座，而且绝大部分是交叉放于腹部，极少数由于难以看出是否有交叉，双手放于两侧的有8座，放于胸前的有1座。可以看出双楼墓地的葬式主要是以仰身直肢葬为主，并且墓主双手多交叉放于腹部。

3. 形制

双楼墓地共清理出东周墓葬267座，墓葬形制可分为竖穴土坑墓和空心砖墓两大类。其中以竖穴土坑墓为主，有193座，空心砖墓有72座。竖穴土坑墓是双楼墓地最常见的墓葬形式，平面形制均为长方形，坑壁有直壁和斜壁两种，以斜壁为主。附属的壁龛、头箱、腰坑、二层台不是很流行，其中有壁龛12座，有头箱1座，有腰坑1座，有二层台6座。墓口开口长度未见超过4米的，最大一座为M37，开口长3.80米。如果我们将开口长度为2米和3米作为分界点的话，双楼竖穴土坑墓大致可以分为大、中、小三型。大型墓开口在3米以上（含3米），中型墓开口长度在2米（含2米）到3米之间，小型墓开口在2米以下。

（1）大型墓　共40座。其中开口长度正好3米的有12座。

双椁墓　7座。5座出仿铜陶礼器（1座被盗），2座出日用器。

一椁一棺墓　16座。其中7座出仿铜陶礼器，4座出日用器。

单椁墓　5座。其中3座出仿铜陶礼器。

单棺墓　12座。其中8座出仿铜陶礼器，2座出日用器，1座只出玉圭和蚌壳。

（2）中型墓　共151座。其中开口长度正好2米的有1座。

二椁一棺墓　1座。出有日用器。

双椁墓　7座。其中4座出有仿铜陶礼器，2座出有日用器。

一椁一棺墓　12座。1座出铜礼器，2座出仿铜陶礼器，3座出日用器，2座出玉器，1座出铜镜。

单椁墓　26座。其中1座出铜礼器，15座出仿铜陶礼器（2座被盗），2座出日用器。

单棺墓　84座。其中23座出仿铜陶礼器，21座出日用器，5座只出玉器，2座只出小铜器。

无葬具墓　22座。3座出仿铜陶礼器，6座出日用器，1座只出玛瑙器，1座只出玉器，1座只出小铁器。

（3）小型墓　共2座。分别是M95和M124。均为无葬具墓，都无随葬品。

空心砖墓均为单室墓，平面形制均为长方形，坑壁有直壁和斜壁两种，以直壁为主。各墓大小相近，除M156达到3.60米，以及M52、M152墓口长度正好3米以外，其余墓坑长度基本在2.3米到3米之间，宽度基本在1.1米到1.7米之间。除M67和M120外其余各墓砖室的顶部均不存。砖室常见的是以6块或7块空心砖做底砖，底砖绝大部分是横向平铺，其中9座是以4块空心砖做底砖，两两一排，纵向平铺而成。两端的挡墙为相叠的两层，每层一块空心砖；两边侧墙也是两两相叠的两层，每层2块空心砖。墓葬的盖顶方式，从保存完整的两座墓来看有两种，其一是用若干空心砖横向侧铺而成，基本是13块；其二是和墓底一样，用6或7块空心砖横向平铺而成。

二、棺椁制度

1. 二椁一棺墓

1座。开口长度2.90米。出土日用陶器。

2. 双椁墓

共14座。因内椁尺寸明显较棺宽大，故将此类葬具确定为椁，此为双椁，墓葬开口在3米以上的有7座。5座出仿铜陶礼器（1座被盗），2座出日用器。墓葬开口在2~3米之间的有7座。4座出有仿铜陶礼器，2座出有日用器。

3. 一椁一棺墓

共28座。有壁龛者2座，有生土二层台者1座。墓葬开口在3米以上的有16座。7

座出仿铜陶礼器，4 座出日用器。墓葬开口在 2~3 米的有 12 座。1 座出铜礼器，4 座出仿铜陶礼器，4 座出日用器，2 座出玉器，1 座出铜镜。

4. 单椁墓

共 31 座。有壁龛者 3 座。

墓葬开口在 3 米以上有 5 座。3 座出仿铜陶礼器。墓葬开口在 2~3 米之间的有 26 座。1 座出铜礼器，15 座出仿铜陶礼器（2 座被盗），2 座出日用器。

5. 单棺墓

共 96 座。有壁龛者 7 座。墓葬开口在 3 米以上的有 12 座。8 座出仿铜陶礼器，2 座出日用器，1 座只出玉圭和蚌壳。墓葬开口在 2~3 米之间的有 84 座。21 座出仿铜陶礼器，20 座出日用器，5 座只出玉器，2 座只出小铜器。

6. 空心砖墓

共 72 座。墓葬开口在 3 米以上的有 3 座。2 座出有仿铜陶礼器。墓葬开口在 2~3 米之间的有 69 座。3 座出有仿铜陶礼器，5 座出有小铜器、小铁器，1 座出有日用陶器，1 座出有玉器。

7. 无葬具墓

共 24 座。有腰坑者 1 座，有生土二层台者 5 座。墓葬开口在 2~3 米之间的有 22 座。3 座出仿铜陶礼器，6 座出日用器，1 座只出玛瑙器，1 座只出玉器，1 座只出小铁器。墓葬开口在 2 米以下的有 2 座。无随葬品。

三、随葬品及组合

双楼墓地共清理出东周时期墓葬 267 座，其中随葬陶铜器的墓有 120 座，只出小铜铁器、玉器、骨器、蚌器等的墓有 20 座。127 座为空墓，其中 31 座有明显盗扰痕迹。

1. 随葬品

双楼墓地共出土 676 件随葬品，其中铜器有 57 件，器形有铜鼎、铜敦、铜舟、铜盘、铜匜、铜璜、铜带钩、铜铃、铜镜以及铜镞等。出土陶器 493 件，器类有日用陶器、仿铜陶礼器和部分小陶饰件，其中日用陶器共 111 件，器形有陶鬲、陶釜、陶盂、陶豆、陶罐、陶高领罐等，仿铜陶礼器共 345 件，器形有陶鼎、陶罍、陶尊、陶壶、陶盖豆、陶敦、陶高柄小壶、陶舟、陶盘、陶匜、陶簠、陶钵等。小陶饰件共 37 件，器形有叶形饰、陶鸟、泥饼等。铁器共 6 件，器形有铁带钩、铁销、铁锸等。玉器共 83 件，器形有玉圭、玉饰、玉环、玉璧、玉柱、玉管、玉珠、玉料等。玛瑙器共 5 件，主要为玛瑙环。骨蚌器共 33 件，有骨环、骨贝、蚌珠和蚌壳。

2. 组合情况

双楼墓地出土的陶铜器随葬品，根据其组合及形态可划分为两类四组。

第一类为铜器组合。只出铜器。该组共 2 座墓葬。M147 保存较好，组合完整，铜礼器的组合为鼎、敦、舟、盘、匜。M81 组合不完整，仅 1 件铜舟。

第二类为陶器组合。陶器组合可分为日用陶器组合、仿铜陶礼器组合、日用陶器加仿铜陶礼器组合三组。

第一组为日用陶器组合。出土组合的墓葬共 37 座。此组当中数量最多的是大陶鬲或大陶釜，这类墓葬基本只出 1 件大陶鬲或大陶釜，往往呈碎片状压在墓主人腰臀部下面。其次为鬲、盂、罐、豆的组合，这类组合完整的较少，多数为其中的两种或三种。其次还有高领罐和细柄豆的组合，这类组合较少，只有 1 座墓的随葬为此类组合。

第二组为仿铜陶礼器组合。出此组合的墓葬共 60 座。此类组合主要是以鼎、罍（尊）、敦为核心的组合，再加上舟、盘、匜。可以看出在这类组合当中罍和尊基本上很少同出，即尊和罍在组合当中作用相同，但整体来看，罍的数量明显要多于尊。这类组合最完整的形式是鼎、罍、敦、舟、盘、匜。组合不全的主要是以其中的某几种构成组合。其次是只出壶的组合，这类组合墓葬数量较少。

第三组为日用陶器加仿铜陶礼器组合。出此组合的墓葬共 14 座。在这类组合当中，日用陶器基本是釜、鬲、豆、罐这几种，每一墓葬随葬的不超过两种，且数量较少，仍是以仿铜陶礼器为主。仿铜陶礼器组合有鼎、罍、敦、舟、盘、匜，随葬此组合的墓葬较少，其次是鼎、盖豆、壶、高柄小壶、盘、匜的组合，以及壶和罐、钵或豆的组合，以出土后两类器物组合的较多。

第二节　陶器器类组合分析

在上一章中对陶器的组合进行了细致的分析之后，依据所出器类性质可将这批东周墓分为日用陶器墓、仿铜陶礼器墓、日用陶器与仿铜陶礼器同出墓三类。

随葬仿铜陶礼器组合以及仿铜陶礼器与日用陶器同出两类墓葬，为陶器组合的 A 至 K 组。

仿铜陶礼器组合墓有 M1、M3、M4、M5、M9、M11、M13、M14、M15、M17、M18、M23、M26、M27、M36、M39、M41、M42、M43、M45、M47、M56、M60、M61、M71、M72、M94、M96、M98、M101、M110、M127、M137、M146、M152、M154、M156、M171、M188、M191、M196、M200、M209、M212、M228、M233、M236、M237、M240、M242、M244、M247、M248、M253、M267。

日用陶器和仿铜陶礼器同出组合墓有 M21、M22、M32、M37、M40、M49、M68、M78、M79、M82、M115、M178、M184、M207、M214、M240、M244、M246、M254。

日用陶器组合墓为陶器组合的 L、M、N、O、P 组，有 M8、M44、M53、M55、M58、M65、M69、M77、M85、M86、M89、M92、M93、M97、M116、M118、M123、M129、M134、M142、M164、M174、M176、M187、M192、M195、M204、M215、M218、M226、M232、M238、M239、M251、M256、M258、M260。

出仿铜陶礼器的墓葬共 55 座，仿铜陶礼器和日用陶器同出的有 22 座，分别是 M78

（陶鬲）、M49（B型陶罐）、M240（B型陶鬲）、M32（陶鬲）、M207（A型陶鬲）、M21（A型陶鬲）、M68（陶鬲）、M82（陶鬲）、M214（A型陶鬲）、M246（陶釜）、M79（陶鬲、Ba型陶豆）、M178（陶釜）、M37（陶釜、Ba型陶豆）、M254（陶釜、Ba型陶豆）、M40（陶釜、B型陶豆）、M184（陶釜、Ba型陶豆）、M115（陶釜、Ba型陶豆）、M171（陶釜、Ba型陶豆）、M39（陶釜、Ba型陶豆）、M72（陶釜、Ba型陶豆）、M244（陶釜）、M22（陶釜、Ba型陶豆）。可以看出同仿铜陶礼器共出的日用陶器基本是由陶釜、陶鬲、陶豆、陶罐等组成，每一墓葬随葬的器物不超过两类，且数量较少。因此，在下面的讨论中，将只出仿铜陶礼器和仿铜陶礼器与日用陶器同出的墓葬放在一起进行，并且我们重点分析仿铜陶礼器。通过观察我们可以发现，在74座出有仿铜陶礼器的墓中基本存在着三组不同的器物组合。这三组组合各有自己独特的器物组合方式，相互之间互不干扰。因此，我们可进一步将其分为四组。

甲组：为前文陶器组合的A、B、C、D、E、F组，有M1、M15、M267、M17、M240、M233、M13、M21、M78、M18、M14、M68、M247、M36、M207、M32、M61、M4、M5、M94、M242、M27、M3、M236、M209、M71、M49、M248、M11、M212、M196、M42、M237、M253、M47、M23、M43、M228、M9、M98、M82、M214、M96。

基本组合：从甲类鼎、罍（尊）、敦为核心的组合，再加上舟、盘、匜的组合，少数有鬲、釜、盂、罐等器物。可分为五组。

第一组：甲类A型陶鼎，A、B型陶罍，陶尊，甲类Aa型陶敦。乙类A型、B型、C型陶敦，陶舟，A型陶盘，A型陶匜，Ba型陶盖豆，陶鬲，B型陶罐及陶簠。可分为两小组。

第一小组：甲类Aa型陶鼎，A、B型陶罍，陶尊，甲类Aa型陶敦、乙类Aa型、Ab型、Ba型、C型陶敦，Aa型、Ab型、Bb型、C型陶舟，Aa型、Ab型陶盘，Aa型、Ab型陶匜，Ba型陶盖豆，陶鬲，B型陶罐。又可细分为：

1. 甲类Aa型陶鼎、A型陶罍、乙类Aa型陶敦、Aa型陶舟、Aa型陶盘及Aa型陶匜。少数有Ba型陶盖豆。

2. 甲类Aa型陶鼎、A型陶罍、乙类Ab型陶敦、Aa型陶舟、Aa型陶盘及Aa型陶匜。

3. 甲类Aa型陶鼎、A型陶罍、Aa型陶匜及Ba型陶盖豆。

4. 甲类Aa型陶鼎、A型陶罍、甲类Aa型陶敦、Aa型陶舟、Ab型陶盘及Aa型陶匜。

5. 甲类Aa型陶鼎、B型陶罍、Aa型陶盘、Ba型陶盖豆。

6. 甲类Aa型陶鼎、B型陶罍、乙类Ba型陶敦、Aa型陶舟、Aa型陶盘及Aa型陶匜（残）。少数有陶鬲。

7. 甲类Aa型陶鼎、B型陶罍、乙类Ba型陶敦、Bb型陶舟、Aa型陶舟、Aa型陶盘及Aa型陶匜。

8. 甲类Aa型陶鼎、B型陶罍、乙类Ba型陶敦、Ab型陶盘及Ab型陶匜（残）。

9. 甲类Aa型陶鼎、甲类Aa型陶敦、陶尊、Bb型陶舟、Aa型陶盘及Aa型陶匜。

10. 甲类 Aa 型陶鼎、甲类 Aa 型陶敦、陶尊、Aa 型陶盘及 Aa 型陶匜。

11. 甲类 Aa 型陶鼎、乙类 Ba 型陶敦、Ab 型陶舟、Aa 型陶盘、Aa 型陶匜及 B 型陶罐。

12. 甲类 Aa 型陶鼎、乙类 C 型陶敦、陶尊、C 型陶舟、Aa 型陶盘及 Aa 型陶匜。

第二小组：甲类 Ab 型陶鼎，B 型陶罍，陶尊，甲类 Aa 型陶敦、乙类 Ba 型、Bb 型陶敦，Aa 型、Ba 型、Bb 型、C 型陶舟，Aa 型、Ab 型陶盘，Aa 型、Ab 型陶匜，A 型、B 型陶鬲及陶簠。又可细分为：

1. 甲类 Ab 型陶鼎、陶尊、甲类 Aa 型陶敦、Ab 型陶盘、Ab 型陶匜及 B 型陶鬲。

2. 甲类 Ab 型陶鼎、陶尊、甲类 Aa 型陶敦、Ba 型陶舟、Ab 型陶盘及 Ab 型陶匜。

3. 甲类 Ab 型陶鼎、B 型陶罍、乙类 Ba 型陶敦、Aa 型陶舟、Aa 型陶盘、Ab 型陶匜、陶簠及 A 型陶鬲。

4. 甲类 Ab 型陶鼎、B 型陶罍、乙类 Ba 型陶敦、Aa 型陶舟、Aa 型陶盘及 Aa 型陶匜。

5. 甲类 Ab 型陶鼎、B 型陶罍、甲类 Aa 型陶敦、Ab 型陶盘及 Ab 型陶匜。

6. 甲类 Ab 型陶鼎、乙类 Bb 型陶敦、C 型陶舟及 A 型陶鬲（残）。

7. 甲类 Ab 型陶鼎、甲类 Aa 型陶敦、陶尊、Bb 型陶舟、Ab 型陶盘及 Ab 型陶匜。

8. 甲类 Ab 型陶鼎、陶尊。

第二组：甲类 B 型陶鼎，A 型、B 型陶罍，甲类 A 型陶敦、乙类 A 型、D 型陶敦，A 型、B 型陶舟，A 型陶盘，Aa 型陶匜及 A 型陶鬲。又可细分为：

1. 甲类 B 型陶鼎、A 型陶罍、乙类 A 型陶敦（残）、Aa 型陶舟、Aa 型陶盘、Aa 型陶匜及 A 型陶鬲。

2. 甲类 B 型陶鼎、A 型陶罍、乙类 Aa 型陶敦、Aa 型陶盘、Aa 型陶匜及陶鬲（残）。

3. 甲类 B 型陶鼎、A 型陶罍、陶敦（残）、Aa 型陶舟、Aa 型陶盘及 Aa 型陶匜。

4. 甲类 B 型陶鼎、A 型陶罍、乙类 D 型陶敦、Aa 型陶舟、Aa 型陶盘及 Aa 型陶匜。

5. 甲类 B 型陶鼎、B 型陶罍、甲类 Aa 型陶敦、Bb 型陶舟、Ab 型陶盘、Aa 型陶匜及 A 型陶鬲。

6. 甲类 B 型陶鼎、B 型陶罍及 Ba 型陶舟。

7. 甲类 B 型陶鼎、甲类 Ab 型陶敦、Ab 型陶盘、Aa 型陶匜及 A 型陶鬲（残）。

8. 甲类 B 型陶鼎、Aa 型陶舟、Aa 型盘及 Aa 型匜。

第三组：甲类 C 型陶鼎，C 型陶罍，陶尊，甲类 Ab 型、B 型陶敦，Ab 型陶盘，Aa 型陶匜及 Bb 型盖豆。可细分为：

1. 甲类 C 型陶鼎、甲类 B 型陶敦、陶尊、Bb 型陶舟、Ab 型陶盘及 Aa 型陶匜。

2. 甲类 C 型陶鼎、C 型陶罍及 Ab 型陶盘。

3. 甲类 C 型陶鼎、甲类 Ab 型陶敦及陶尊。

4. 甲类 C 型陶鼎、Bb 型盖豆。

第四组：甲类 D 型陶鼎、Ab 型陶盘。

第五组：甲类 E 型陶鼎、C 型陶罍、陶盏、Ab 型陶盘及 Aa 陶匜。

乙组：为陶器组合的 G、H、I 组，有 M246、M188、M79、M178、M254、M171、M39、M40、M72、M184、M244、M22、M115 及 M41。

基本组合：以乙类陶鼎、A 型陶盖豆、A 型陶壶为核心的组合。再配上陶高柄小壶、B 型陶盘、B 型陶匜、Ba 型陶豆、陶釜，少数有陶鬲、Ba 型陶盖豆。可分为两组。

第一组：乙类 A 型陶鼎、A 型陶盖豆、A 型陶壶、陶高柄小壶、B 型陶盘、B 型陶匜、Ba 型陶豆及陶釜。少数有 Ba 型陶盖豆、陶鬲。又可分为两小组。

第一小组：乙类 Aa 型陶鼎、A 型陶盖豆、A 型陶壶、陶高柄小壶、B 型陶盘、Ba 型陶匜、Ba 型陶豆、陶釜。少数有陶鬲、Ba 型陶盖豆。又可细分为：

1. 乙类 Aa 型陶鼎、A 型陶盖豆、Aa 型陶壶、陶高柄小壶、B 型陶盘及 Ba 型陶匜、陶釜（残）。

2. 乙类 Aa 型陶鼎、A 型陶盖豆、Aa 型陶壶、Ba 型陶匜、Ba 型陶豆及陶釜（残）。

3. 乙类 Aa 型陶鼎、A 型陶盖豆、Aa 型陶壶、B 型陶盘、Ba 型陶匜、Ba 型陶豆及陶釜（残）。

4. 乙类 Aa 型陶鼎、A 型陶盖豆、Aa 型陶壶及陶釜（残）。

5. 乙类 Aa 型陶鼎、A 型陶盖豆、Ab 型陶壶、陶高柄小壶、B 型陶盘、Ba 型陶匜、Ba 型陶豆及陶鬲（残）。

6. 乙类 Aa 型陶鼎、A 型陶盖豆、Ab 型陶壶、B 型陶盘、Ba 型陶匜、Ba 型陶豆及陶釜（残）

7. 乙类 Aa 型陶鼎、A 型陶盖豆、Ba 型陶盖豆、Aa 型陶壶、B 型陶盘、Ba 型陶匜及 Ba 型陶豆以及陶釜（残）。

第二小组：乙类 Ab 型陶鼎、A 型陶盖豆、A 型陶壶、B 型陶盘、Bb 型陶匜、Ba 型陶豆以及陶釜。可细分为：

1. 乙类 Ab 型陶鼎、A 型陶盖豆、Aa 型陶壶、B 型陶盘、Bb 型陶匜、Ba 型陶豆及陶釜（残）。

2. 乙类 Ab 型陶鼎、A 型陶盖豆、Aa 型陶壶、B 型陶盘、Ba 型陶匜、Ba 型陶豆及陶釜（残）。

3. 乙类 Ab 型陶鼎、A 型陶盖豆、Aa 型陶壶、B 型陶盘、Ba 型陶匜及 Ba 型陶豆。

4. 乙类 Ab 型陶鼎、A 型陶盖豆、Ab 型陶壶、B 型陶盘、Ba 型陶匜、Ba 型陶豆及陶釜（残）。

5. 乙类 Ab 型陶鼎、A 型陶盖豆、Ab 型陶壶、陶釜（残）。

第二小组：乙类 B 型陶鼎、A 型陶盖豆、Aa 型陶壶、陶高柄小壶、B 型陶盘、Ba 型陶匜以及 Ba 型陶豆。

丙组：为陶器组合的 J、K 组，有 M60、M154、M191、M101、M127、M137、M156、M146、M45、M110、M152 及 M200。

基本组合：以 B 型陶壶、C 型陶壶为核心的组合。配以 Ab 型陶罐、陶钵、Bb 型陶豆，少数有 A 型陶鬲。可分为三组。

第一组：B 型陶壶、Ab 型陶罐、陶钵及 A 型陶鬲。可细分为：

1. B 型陶壶、Ab 型陶罐、陶钵及 A 型陶鬲（残）。

2. B 型陶壶和陶钵。

3. B 型陶壶和 Bb 型陶豆。

4. B 型陶壶。

第二组：C 型陶壶和陶钵。

第三组：Ab 型陶罐和陶钵。

丁组：为陶器组合的 L、M、N、O、P 组，有 M8、M44、M53、M55、M58、M65、M69、M77、M85、M86、M89、M92、M93、M97、M116、M118、M123、M129、M134、M142、M164、M174、M176、M187、M192、M195、M204、M215、M218、M226、M232、M238、M239、M251、M256、M258 及 M260。根据器物组合可以分为四组。

第一组：只出 A 型陶鬲。

第二组：基本组合形态为 B 型陶鬲、A 型陶盂、Aa 型陶罐及 A 型陶豆。可细分为四小组。

第一小组：B 型陶鬲、A 型陶盂、Aa 型陶罐及 A 型陶豆。

第二小组：B 型陶鬲、A 型陶盂及 A 型陶豆。

第三小组：A 型陶盂、Aa 型陶罐。

第四小组：A 型陶豆。

第三组：基本组合形态为陶高领圜底罐、Bb 型陶豆。

第四组：只出陶釜的组合。

第三节　文化内涵分析

一、文化结构

本文所说的文化结构，是指考古学文化内部各组成部分的特征、性质及其相互之间的关系。

（一）主要文化因子分析

1. 主要文化因子的分类

在上一节中，我们对双楼墓地出土的陶器做了组合类型的分析。结合前面对器物旳型式分析结果，我们可以观察到双楼墓地存在着以下几组有代表性的文化因子。

第一组：以丁组第二组为代表的 B 型陶鬲、陶盂、Aa 型陶罐及 Aa 型陶豆的组合。此类组合墓葬较少，且组合完整的不多见，一般是其中的某两类或三类器物。

第二组：以丁组第三组为代表的陶高领圜底罐、Bb 型陶豆的组合。此类组合数量极少。

第三组：以甲组第一组为代表的甲类 A 型陶鼎，A 型、B 型陶罍（陶尊），陶敦，陶舟，A 型陶盘及 A 型陶匜，以及以甲组第二组为代表的甲类 B 型陶鼎，A 型、B 型陶罍，陶敦，陶舟，A 型陶盘及 A 型陶匜的组合。其中丁组第一组 A 型陶鬲在甲组第一组和第二组中出现得较为普遍，因此将其归入此组。

第四组：以甲组第三组为代表的甲类 C 型陶鼎、C 型陶罍（陶尊）、甲类陶敦、Ab 型陶盘及 Aa 型陶匜的组合。

第五组：以甲组第四组为代表的甲类 D 型陶鼎、Ab 型陶盘的组合。

第六组：以甲组第五组为代表的甲类 E 型陶鼎、C 型陶罍、陶盏、Ab 型陶盘及 Aa 型陶匜的组合。

第七组：以乙组第一组和第二组为代表的乙类 A（B）型陶鼎、A 型陶盖豆、A 型陶壶、高柄小壶、B 型陶盘、B 型陶匜、Ba 型陶豆及陶釜的组合。其中由于陶釜基本只出在与乙组组合的墓葬中，因此，可以将丁组第四组归入此组。

第八组：以丙组第一组为代表的 B 型陶壶、Ab 型陶罐及陶钵的组合。其中丙组第三组根据随葬品的组合情况也可纳入此组。

第九组：以丙组第二组为代表的 C 型陶壶、陶钵的组合，此类组合数量极少。

2. 主要文化因子的性质分析

第一组：以 B 型陶鬲、陶盂、Aa 型陶罐、Aa 型陶豆为代表的组合，在双楼墓地中数量较少，不是主要的组合形式。时代主要集中在春秋末期到战国初期，在此墓地中很难看出此类遗存的发展演变的轨迹。但在新郑地区此类组合形态在东周时期的墓葬中是较为普遍的，如西亚斯[1]、兴弘花园与热电厂[2]以及天利食品[3]等墓地中为数众多，演变轨迹清晰。双楼墓地 B 型鬲为分裆小袋足，带尖足跟。Aa 型陶豆为折壁，豆盘口部往下约三分之一处凸起形成有肩的形态，以及 A 型盂、B 型罐的形态同兴弘花园与热电厂的 Aa 型鬲、甲类 Ba 型豆、Ab 型盂、B 型罐的形态基本一致。在兴弘花园与热电厂墓地中，此类遗存演变规律清楚，从西周晚期偏早一直延续到战国中期。新郑地区以鬲、盂、罐、豆为代表的组合在豫中、豫北、洛阳及冀中南等地区较为流行，此类遗存的文化渊源来自周边地区的西周晚期的考古学文化当中，陶盂的形态，受周文化的影响较大[4]。此类遗存在郑人到来之前就大量存在于新郑地区，可能是在受周文化影响下的本地的一种文化。因此，双楼墓地的此类组合形态应该是受到周文化影响而发展起来的本土文化。

第二组：以陶高领圜底罐、Bb 型陶豆为代表的组合，在双楼墓地中，此类组合墓葬只有一座。这种高领圜底罐在新郑地区的墓地中出土相对较少。从兴弘花园与热电厂墓地中出土的高领圜底罐能够较清晰地看到其演变规律，且从西周晚期偏晚阶段一致延续至战国中期[5]，与双楼墓地战国晚期的高领罐能够对接，并且在兴弘花园与热电厂墓地中，此类高领罐基本是同鬲、盂、罐、豆等遗存同出的。因此可能属于本土文化。而到了战国

〔1〕 河南省文物考古研究所：《新郑西亚斯东周墓地》，大象出版社，2012 年。

〔2〕 河南省文物考古研究所：《郑韩故城兴弘花园与热电厂墓地》，文物出版社，2007 年。

〔3〕 新郑工作站发掘资料，未发表。

〔4〕 河南省文物考古研究所：《郑韩故城兴弘花园与热电厂墓地》，文物出版社，2007 年。

〔5〕 河南省文物考古研究所：《郑韩故城兴弘花园与热电厂墓地》，文物出版社，2007 年。

中晚期，以这种高领罐为代表的遗存在郑州、登封、禹州及豫西南的南阳及鄂西北的部分地区均有发现，此类遗存可能被韩人所吸收，并带至韩人统治或韩文化影响的区域。

第三组：以甲类A型、B型陶鼎，A型、B型陶罍（或陶尊），陶敦，陶舟，A型陶盘，A型陶匜，A型陶鬲为代表的组合，少数还有Ba型盖豆。该组基本为仿铜陶礼器，少数有日用器伴随同出。前期形体一般较大，制作精致，盛行弦纹，有些有三角回纹等彩绘。装饰附件发达，鼎流行折耳，鼎足呈条状，特别是A型鼎鼎足用工具进行上下修削，鼎足和腹部通过榫卯结构连接固定。该组其他器类如罍、敦、舟、盘、匜的制作也较为讲究，附件制作繁缛，爬兽形象生动，这类器物形态和组合在新郑地区较常见，禹州春秋晚期到战国早期的墓葬中也有不少发现[1]，除此之外的周边地区很少能够见到。该组组合形态和器物形态与张辛在《中原地区东周陶器墓葬研究》中的Z3组基本一致，Z3组中的A型簠即双楼墓地的敦。关于Z3组所属，作者认为是郑国末等贵族之墓[2]。该组合数量众多，是双楼墓地的主体，时代基本在春秋中晚期到战国早期。这一时期正是郑国对该地区的统治时期。因此，此类组合形态所代表的应是郑文化。

第四组：以甲类C型陶鼎、C型陶罍（陶尊）、甲类陶敦、Ab型陶盘、Aa型陶匜为代表的组合。该组陶鼎的形态和第三组陶鼎的形态略有不同，该组陶鼎基本为直耳，蹄形足，但二者的制作工艺是相同的，都是三足通过榫卯结构和鼎身连接固定。C型罍和第三组A、B型罍形态差别较大。其余的器类组合和第三组关系密切。但其工艺水平和精致程度远不及第三组，可以看出这两组从组合到器物形态应属于一个体系。该组和《中原地区东周陶器墓葬研究》中的Z2组中仿铜陶礼器的形态基本是一致的，作者认为Z2组为郑国一般平民墓[3]。因此，此类组合形态所代表的应是郑文化，使用该组器物的墓主地位可能略比第三组的稍低。

第五组和第六组：仅两座墓，除陶鼎之外其余器类如C型罍、A型盘、动物形匜和三、四组的同类器较为接近，但这两组鼎的形态较为特殊，和三、四组鼎相比差异较大。该两组可能是受到郑文化影响下的本土文化。

第七组：以乙类A型、B型陶鼎，A型陶盖豆，A型陶壶，高柄小壶，B型陶盘，B型陶匜，Ba型陶豆及陶釜为代表的组合。该组器形较大，暗纹较为丰富，多有几何纹和“之”字形纹。战国时期鼎、盖豆、壶、盘、匜的组合在中原地区分布极广，在总体趋同的背景下，各地有自己的特点。新郑地区春秋中晚期到战国早期仿铜陶礼器的组合基本是鼎、罍、敦、舟、盘和动物形匜的组合形式，而双楼墓地鼎、盖豆、壶、盘、瓢形匜的组合形式更具有三晋的风格，该组合形态在新郑地区大量出现以后，原有的鼎、罍、敦、舟、盘、匜的组合形式渐趋消亡。该组中鼎的形态除鼎足有差别外，其余基本一致，鼎足分为半圆形实心蹄足和圆形空心蹄足。就其组合形态看，二者基本可以认定为同一文化系统的遗存。此类组合形态除新郑外，在郑州、禹州、登封等地区极其普遍。同时，该组墓

[1] 陈公柔：《河南禹县白沙的战国墓葬》，《考古学报》第七册。

[2] 张辛：《中原地区东周陶器墓葬研究》，科学出版社，2002年，第21页图八，第126页。

[3] 张辛：《中原地区东周陶器墓葬研究》，科学出版社，2002年，第20页图七，第126页。

葬大量流行壁龛，随葬品较多地放置于壁龛之中，此种现象同第三、第四组所表现出的现象有着极大的差异，而在郑州等地，壁龛同样大量流行于出此类陶器组合的墓葬中。这样的组合形态和《中原地区东周陶器墓葬研究》中的Z4、Z5两组基本是一致的。关于Z4、Z5组的文化属性，作者认为这两组基本是属于同一文化系统下的两个不同的分支，Z4所属是韩人墓，Z5是魏人墓，这两者的区别很大程度上是Z5组较多地出有Z4组少见的高柄小壶和浅盘豆[1]。Z4组鼎基本是半圆形实心蹄足，而Z5组鼎则是圆形空心蹄足。在双楼墓地中，高柄小壶和浅盘豆与半圆形实心蹄足鼎或圆形空心蹄足鼎都有共出，二者似乎并没有明显的区别。该组墓葬基本处于战国早期到战国中晚期，而以战国中期较为集中，此组所代表的应是韩文化。

第八组：B型陶壶、Ab型陶罐、陶钵（Bb型陶豆）。该组合形态基本处于战国晚期，一般出于空心砖墓。其组合形态和战国早中期的组合形态差异极大，可以说从战国早中期的鼎、盖豆、壶、盘、匜发展到战国晚期的B型壶、A型罐、钵（Bb型陶豆）的组合一个极大的转变。基本上钵是和B型壶配合使用，作为壶盖放置在壶口上的，这种以钵作盖的传统在韩统治的区域较为流行。这种B型壶、A型罐的分布范围很广，大致在新郑、郑州及其以西的登封，豫西南的南阳盆地及鄂西北地区，以南的许昌、平顶山等地。这些地区在战国晚期基本上属于韩人统治或韩文化影响的区域，此类组合形态同战国早中期的鼎、盖豆、壶、盘、匜的组合明显不同，这有可能是战国晚期随着墓葬形制等丧葬观念的变化或是其他一些原因所造成的一种转变。因此，此组所代表的也应是韩文化。

第九组：C陶壶、陶钵组合。此组在双楼墓地仅发现有一座。而在郑州、新郑地区发现此类组合特别是C型壶的墓葬数量也较少，时代也基本处于战国中晚期。在张辛《中原地区东周陶器墓葬研究》中，Z7组F型壶即双楼墓地的C型壶，作者认为Z7组是Z1组郐遗民墓的直接的较为纯粹的延续，是在韩文化统治下的郐遗民的墓葬[2]。但通过对Z1组和Z7组的比较来看，二者之间基本没有联系表明Z7组是Z1组的延续。由于该组资料出土有限，且对于它的来龙去脉较为模糊，对它的认定有困难。但通过钵、壶的组合来看，这和第八组相似性较大，在此我们不妨将其看作是和第八组相同的文化体系，属于韩文化。

通过上面的分析可以看出，双楼东周墓地九组墓葬可分为三大系统：(1）以B型陶鬲、陶盂、Aa型陶罐、Aa型陶豆；陶高领圜底罐、Bb型陶豆；甲类D型、E型鼎、C型罍、陶盏、盘、匜组合为代表的系统，本章第二节里的第一组、第二组、第五组和第六组。属于当地原有的本土文化，而陶高领圜底罐、Bb型豆的组合到了战国中晚期可能被韩人所吸收，并影响至韩人统治或韩文化影响的区域。(2）以甲类鼎、罍（或尊）、敦、舟、盘、匜为代表的系统，此类文化因素从春秋中晚期开始大量流行，直至战国早期，是郑国统治下的郑文化。(3）以乙类鼎、盖豆、壶、高柄小壶、盘、匜、豆、釜；壶、罐、

〔1〕张辛：《中原地区东周陶器墓葬研究》，科学出版社，2002年，第22～24页图九、图十，第127页。

〔2〕张辛：《中原地区东周陶器墓葬研究》，科学出版社，2002年，第26页图一二，第127页。

钵（或豆）；壶、钵组合为代表的系统，此类文化因素自战国早期晚段开始在此墓地出现，到战国中期大量流行，是韩统治下的韩文化。

（二）文化演进

通过上述分析可以看出，双楼东周墓地随葬品组合关系较为复杂，文化因素多变，但基本上可以看出在此墓地存在主要的三种文化因素，即本土文化因素、郑文化因素和韩文化因素，而又以后两者为主。双楼墓地所表现出的这种复杂性，并不是静止的，而是在不同的时间段呈现出不同的面貌。

春秋中晚期到战国早期早段，此时韩文化因素尚未进入，是以甲类A型、B型、C型陶鼎，陶罍（或陶尊），陶敦，陶舟，A型陶盘，A型陶匜，A型陶鬲为代表的郑文化因素为主。从随葬品的组合和精美程度来看，在此种文化状态下，存在着两种情况。一种是以甲类A型、B型鼎及A型、B型罍为核心的组合情况，另一类则是以甲类C型鼎及C型罍为核心的组合情况。前者组合基本上较为齐全，鼎、罍、敦、舟、盘、匜等制作精美，特别是罍、敦、舟等的附件装饰较为繁缛，爬兽生动形象。而后一种情况则是组合多不全，制作水平上要比前一种略次，可以看出在同一文化下面的等级的差别。在此时期内，郑文化的墓葬占据了绝大多数，约占78%，但同时也存在着少数一些差异明显的墓葬，即以B型陶鬲、陶盂、Aa型陶罐、Aa型陶豆和以甲类D型、E型陶鼎、C型陶罍、陶盏、A型陶盘及A型陶匜为代表的本地文化，约占22%，这有可能是郑统治下的本土遗民文化。

从战国早期后段开始，双楼墓地中出现了新的文化因素。即以乙类陶鼎、陶盖豆、A型陶壶、高柄小壶、B型陶盘、B型陶匜、Ba型陶豆、陶釜为主的文化因素开始出现，并不断占据主体地位。此类组合和形态特征极具三晋风格，自公元前403年，周威烈王正式命韩、赵、魏三家为诸侯，韩、赵、魏三国的文化在继承晋文化的基础上，发展出各自的特点，但总体来说三者在文化面貌上是趋同的。双楼墓地中此类遗存即是韩文化的遗存。周烈王元年（公元前375年），韩灭郑，韩哀侯把韩都由阳翟迁往新郑。战国早期晚段开始，在此墓地中虽仍以郑人墓为主，但少量的以乙类鼎、盖豆、壶、B型盘及B型匜组合的墓葬已经出现。到了战国中期此类组合已经完全取代了以甲类鼎、罍（或尊）、敦、舟、A型盘及A型匜的组合。这可以看作韩文化对郑文化在此墓地的完全取代。

到了战国晚期晚段，乙类鼎、盖豆、壶、盘、匜的组合基本消失，而以B型、C型陶壶、A型罐、钵（或豆）为主。而这类东西基本出土于新出现的空心砖墓中。战国晚期的这种变化，可以看作韩文化在新形势下的一种变化。以这类组合为代表的韩文化在战国晚期在河南西南部的南阳盆地、鄂西北等地均有影响。

通过以上的分析，可以看到在新郑双楼墓地中，从春秋中晚期到战国晚期，郑文化和韩文化先后占据主导地位，其间还夹杂着少量的本土文化。到了战国晚期，韩文化发生变化。

二、文化内涵及其演进折射的社会历史背景

在上述的分析中，我们对新郑双楼墓地的文化结构、内涵及其演进做了归纳分析。在此基础上，我们对其背后所蕴藏的社会历史背景略做探索。

郐是祝融八姓之一妘部族在中原地区建立的一个小国，约在商周之际立国于溱、洧之间[1]。西周时期郐国是西周王朝的附属封国，在很大程度上受到了周文化的影响。周平王二年（公元前769年）郑武公灭掉郐国，随后又灭掉虢国，在溱、洧之间的新郑建都。古代文化发展史表明，历史上任何一个王朝的兴废、政权的更迭与一个民族文化的兴灭决不会是同步的。任何一个民族的文化都是经过长期历史发展进程才逐渐形成的，并为祖祖辈辈所沿袭[2]。郑人建都新郑之后，郑文化迅速发展，在双楼墓地中，春秋中晚期到战国早期郑文化因素极为浓厚，但其间也夹杂少许本土的遗民文化。

春秋中晚期到战国早期早段以甲类A型、B型、C型陶鼎、陶罍（或陶尊）、陶敦、陶舟、A型陶盘、A型陶匜、A型陶鬲为代表的郑文化传统占据主要的地位。但是通过前面对各器类的类型学分析可以发现，仿铜陶礼器的器形都有一个由大到小，制作工艺由精及粗，由繁到简的过程。这样的现象可能和当时郑国的国力状况及其处境有关。郑国自武公迁都新郑后，自武公至庄公可谓盛极一时，史称“小霸”。郑庄公之后郑国立即陷入了君位之争的内乱之中，庄公的“小霸”事业戛然而止，而郑内乱期间正值大国崛起争霸之时，郑国未能在大国崛起前突破国小弊端，加之内乱不止，最终沦为大国的征伐对象，屡受晋、楚、秦的欺凌。在经历一系列的内乱与外患之后，国势渐衰，特别是郑国夹在晋楚两大国之间，春秋时期晋楚两国争霸历时最长，郑国成为两国互相争夺的对象，发生在郑国都城附近的战争见于《左传》就有十几次。公元前698年“（桓公十四年），冬，宋人以诸侯伐郑，报宋之战也。焚渠门，入及大逵。伐东郊，取牛首”[3]。公元前666年“（庄公二十八年），（楚令尹）子元以车六百乘伐郑，入于桔柣之门。子元、斗御疆、斗梧、耿之不比为旆，斗班、王孙游、王孙喜殿。众车入自纯门，及逵市。楚言而出。子元曰：‘郑有人焉。’诸侯救郑，楚师夜遁”[4]。公元前627年“（僖公三十三年），楚令尹子上侵陈、蔡。陈、蔡成，遂伐郑，将纳公子瑕。门于桔柣之门，瑕覆于周氏之汪”[5]。公元前597年“（宣公十二年），楚子围郑，旬有七日。郑人卜行成，不吉；卜临于大宫，且巷出车，吉。国人大临，守陴者皆哭。楚子退师。郑人修城，进复围之，三月，克之，

[1] 马世之：《郐国史迹初探》，《史学月刊》1984年5期。

[2] 杨宝成：《试论遗民文化》，《武汉大学学报（人文科学版）》2004年11月第57卷，第6期。

[3] 杨伯峻：《春秋左传注》（修订本），中华书局2009年10月第三版，第140页。

[4] 杨伯峻：《春秋左传注》（修订本），中华书局2009年10月第三版，第242页。

[5] 杨伯峻：《春秋左传注》（修订本），中华书局2009年10月第三版，第503页。

入自皇门，至于逵路。郑伯肉袒牵羊以逆”[1]。公元前574年“（成公十七年），冬，诸侯伐郑。十月庚午，围郑。楚公子申救郑，师于汝上。十一月，诸侯还”[2]。公元前572年“（襄公元年），晋韩厥、荀偃帅诸侯之师伐郑，入其郛，败其徒兵于洧上”[3]。公元前564年“（襄公九年），冬十月，诸侯伐郑。季武子、齐崔杼、宋皇郧从荀罃、士匄门于鄟门，卫北宫括、曹人、邾人从荀偃、韩起门于师之梁，滕人、薛人从栾黡、士鲂门于北门，杞人、郳人从赵武、魏绛斩行栗……郑人恐，乃行成……晋人不得志于郑，以诸侯复伐之，十二月癸亥，门其三门”[4]。公元前562年“（襄公十一年），四月，诸侯伐郑。己亥，齐大子光，宋向戌先至于郑，门于东门，其莫，晋荀罃至于西郊，东侵旧许。卫孙林父侵其北鄙。六月，诸侯会于北林，师于向，右还，次于琐，围郑，观兵于南门，西济于济隧。郑人惧，乃行成……九月诸侯悉师以复伐郑……观兵于东门，郑人使王子伯骈行成”[5]。公元前468年“（哀公二十七年），晋荀瑶帅师伐郑，次于桐丘”[6]。可以看出，处于大国争霸之间的郑国不仅左右为难，而且是大国争霸的焦点，在外患频发，内忧不断的情况下，逐渐走向衰弱。春秋末战国前期各国相继变法图强，不断对外兼并，最终形成七强并立的局面。而此时郑国的外患比起前期晋、楚的威胁更甚，此时各国表现出的更多的是对土地的需求。韩、魏对郑国国土的不断蚕食，使得本已弱小的郑国更加不堪。虽在郑简公时期以子产为卿，郑国进入了短暂的平稳时期，但从郑声公开始，郑国国势却每况愈下。《史记》卷四二《郑世家》记载：“声公八年，晋伐郑。三十六年，晋知伯伐郑，取九邑。”“（郑幽公元年），韩武子伐郑，杀幽公。郑人立幽公弟骀，是为繻公。繻公十五年，韩景侯伐郑，取雍丘。十六年，郑伐韩，败韩兵于负黍。二十二年，韩、赵、魏列为诸侯。二十三年，郑围韩之阳翟。郑君乙立二年，郑负黍反，复归韩。十一年，韩伐郑，取阳城。二十一年，韩哀侯灭郑，并其国。”[7] 可以看出韩对郑之吞并野心一直是郑的最大威胁。而战国时期的郑国君权不稳，政局动荡，哀公和繻公都是被郑人杀害，《史记》卷四二《郑世家》记载：“三十七年，声公卒，子哀公易立。哀公八年，郑人弑哀公而立声公弟丑，是为公共。”[8] “（繻公）二十五年，郑君弑其相子阳。二十七年，子阳之党共弑繻公骀而立幽公弟乙为君，是为郑君。”[9] 内忧外患对郑国的社会经济发展必然会造成沉重的打击，国力势必衰微。反映在丧葬方面，即为仿铜陶礼器的简化，制作工艺的粗糙。战国早期晚段开始，乙类鼎、盖豆、壶、B型盘、B型匜的韩文化传统开始和甲类鼎、罍（或尊）、敦、舟、A型盘、A型匜的郑文化传统并存，之后在该墓地中前

[1] 杨伯峻：《春秋左传注》（修订本），中华书局2009年10月第三版，第718~719页。
[2] 杨伯峻：《春秋左传注》（修订本），中华书局2009年10月第三版，第899页。
[3] 杨伯峻：《春秋左传注》（修订本），中华书局2009年10月第三版，第917页。
[4] 杨伯峻：《春秋左传注》（修订本），中华书局2009年10月第三版，第967~969页。
[5] 杨伯峻：《春秋左传注》（修订本），中华书局2009年10月第三版，第988~991页。
[6] 杨伯峻：《春秋左传注》（修订本），中华书局2009年10月第三版，第1733页。
[7] 【汉】司马迁撰：《史记》，中华书局1959年，第1775~1776页。
[8] 【汉】司马迁撰：《史记》，中华书局1959年，第1776页。
[9] 【汉】司马迁撰：《史记》，中华书局1959年，第1776页。

者完全取代了后者，可以看作是战国时期韩灭郑这一重大历史事件在该墓地的一种反映。

三、部分特殊器类及丧葬观念的转变

在双楼墓地中A型大陶鬲和大陶釜与其他器类有所区别。在双楼墓地中随葬品基本是处于壁龛之中，或在棺椁之间的一侧，或棺外墓坑的一端。而这种大陶鬲和大陶釜往往出于死者身下腰臀部附近。这样的现象在西亚斯墓地[1]同样常见。通过观察可以看出，这种陶鬲或陶釜的碎片往往以臀部为中心，呈放射状分布，这可能是受棺木重压而形成的。这样的大陶鬲或大陶釜在下葬时是完整无损地放置在棺底，然后于其上放置棺木或尸体。通过对残片的判别（部分有可能因为缺少特征明显的残片而导致釜、鬲误判），可以看出在双楼墓地中，出土大陶鬲的墓葬大多很少出有其他随葬品，而与之伴出的仿铜陶礼器组合往往是甲类鼎、罍、敦、舟、A型盘、A型匜的组合，而与大陶釜伴出的往往是乙类鼎、盖豆、壶、B型盘、B型匜的组合。这种在墓底放置大陶鬲、釜的做法，在三晋及周边地区很难见到，因此可以推测，这样的传统应是新郑地区特有的葬俗。韩文化进入后，延续了这样的葬俗，只不过由陶鬲演变成了陶釜。

双楼墓地随葬的陶器基本是以仿铜陶礼器为主，说明东周以来的丧葬观念、礼仪传统仍是这一时期的主要内涵和普遍规范。战国晚期开始以乙类鼎、盖豆、壶、盘、匜为特征，这类仿铜陶礼器也逐渐衰退，到了晚段基本不见，而是以B型、C型陶壶、A型罐、钵（或豆）的组合为主，同时这时期空心砖墓出现，并开始流行。这预示着仿铜陶礼器的衰落，新的丧葬习俗或理念正在孕育。空心砖墓的出现开启了后世丧葬观念之先。

第四节　双楼墓地出土仿铜陶礼器研究

新郑地区东周时期出土的仿铜陶礼器种类十分丰富，主要有鼎、罍、尊、敦、盏、壶、盖豆、高柄小壶、舟、盘及匜等。在新郑郑韩故城周边都有发现，但大多都是比较零星的，而随着配合电力厂所发掘的双楼墓地，第一次较为系统地发掘出土了一批制作精美、组合完整、数量众多的仿铜陶礼器。因此在此对该墓地出土的仿铜陶礼器做一系统的研究是比较有意义的。以下就对双楼墓地出土的仿铜陶礼器的制法、演变以及所反映的文化内涵和社会背景做一简略的探讨。

[1] 河南省文物考古研究所：《新郑西亚斯东周墓地》，大象出版社，2012年。

一、仿铜陶礼器的制法

双楼东周墓地出土的仿铜陶礼器，特别是以甲类鼎、罍、敦、舟、A 型盘和动物形匜为代表的仿铜陶礼器，制作精美，盛行彩绘，器耳特别是爬兽制作极为讲究，颇具艺术性，在新郑地区独树一帜，周边很难看到类似的仿铜陶礼器。而以乙类鼎、盖豆、壶、B 型盘、瓢形匜为代表的仿铜陶礼器，明显具有三晋风格，和三晋地区的十分相似，但又有所区别，此为韩人带来的文化因素。下面就较为有特色的鼎、罍的制作方式进行简单的说明。

鼎基本可以划分为两大类，即甲、乙两类。甲类鼎中的 A 型、B 型、D 型绝大多数为折耳鼎，极少数是直耳，而 C 型则基本为直耳鼎。甲类鼎的制作基本上是通过轮制做出器身，之后与器耳和鼎足等附件进行组合，并且多数运用刀削的手法。折耳鼎于折耳处用刀或其他工具横向进行修削。鼎足，特别是 A 型鼎的鼎足背面较为平整，其他三面用刀或其他工具自上而下进行多次修削，形成明显的削棱。鼎足的中心绝大多数能看到较小的圆孔，D 型鼎鼎足为半圆形，中部带竖状凹槽，虽形态不一，但其作用都是防止实心鼎足的陶鼎在烧制过程中发生变形。甲类鼎的鼎足的安装方式也比较特别，是通过榫卯结构和鼎身接合在一起的，即鼎身下半部开凿三个圆孔，将鼎足插入，然后从内用力将突出的部分按捏使之与鼎腹内壁粘合，因此，在甲类鼎中，能够观察到鼎腹部内壁装足处有三个明显的凸起。甲类鼎流行装饰三角形、“之”字形、“回”字形等几何纹饰。乙类鼎的制作方式和甲类鼎有很大的区别。乙类鼎比甲类鼎明显敦实厚重。鼎腹部通过轮制制成，然后与鼎耳和三足进行组装。乙类鼎基本为厚方唇直耳鼎。鼎足有两种形态，一种是 Aa 型的圆形空心蹄足，另一种是 Ab 型和 B 型的半圆形实心蹄足。特别是圆心空心蹄足，制作极为规整，足尖有蹄，足跟宽大，中心圆孔较大，形制规整。乙类鼎的三足是和鼎腹下半部相互粘合而结合在一起的，因此足跟制作得较为宽大，这是为了增加粘合的面积，使之更加稳固。

罍是仿铜陶礼器中最具艺术性的器类，其制作极为讲究，充分体现出了郑国贵族的贵族气息。罍的复杂性在于一是制作精美的爬兽和三足，一是丰富多样的纹饰。罍肩部的爬兽组合基本有两组四只、一组两只带一对半圆形钮以及只有一对爬兽几种情形，平底，下接三足或无足。罍身的制作较为简单，通过轮制制作出器身，肩部爬兽和三足分别制作，然后和器身粘合。爬兽基本做成躬身回首状，表面用刀或其他工具自上而下进行多次修削，形成明显的削棱。三足或为兽形足，或为三矮锥足。三兽形足制作形象，兽头和兽身进行修削，削棱明显。罍盖成中心略外凸的圆饼形，盖上均匀分布 5 个（极少为 7 个）小圆孔。从墓地出土的陶叶形饰和陶鸟的形态来看，叶形饰和陶鸟的一端均有一段较细的圆柱形短柱，其大小刚好可以插入罍盖上的圆孔里，因此出土的陶鸟和叶形饰可能是罍盖上的一个部件，是和罍盖共同组合使用的，这更加凸显出了罍的艺术性。罍的纹饰较为繁缛，是所有仿铜陶礼器中最为丰富的。基本上颈部、腹部、爬兽、三足和盖都有装饰，通过对少数几件罍的观察，这种装饰是使用不同的颜色进行绘制的，只是由于年代久远而变得模糊了。纹饰基本为三角形纹、点状纹、“之”字形纹、平行短线纹以及雷纹等几种。

二、仿铜陶礼器形态及组合特征的演变

1. 器物形态演变

双楼墓地出土的各类仿铜陶礼器均有一定的演变规律，下面就结合参与构成组合核心的鼎、罍、壶等几类器类做简要的分析。

鼎虽然种类繁多，但基本的演变规律是一致的。甲类鼎在初期，器形大，腹部深，制作精致，器耳、鼎足削棱明显，立体感强烈，纹饰较为丰富，之后器形不断变小，鼎腹不断变浅，三足、器耳做工逐渐粗糙，纹饰不断简化，甚至到最后基本为素面。乙类鼎和甲类鼎虽属不同的系统，但演变的规律大致是一样的，前期器形硕大，厚重，三足粗大，足跟宽，足尖蹄形较高，器表装饰较丰富，随后，腹部不断变浅，鼎足不断简化，足尖蹄形不断变低，最后消失，器表纹饰不断简化。

罍的演变最明显的是腹部和爬兽的变化。早期的罍，形体硕大，腹部圆鼓较深，两对四只爬兽，和三足兽形足制作精美，造型生动逼真。之后的罍的形态总体一致，但器形不断变小，腹部不断变浅，肩部的爬兽由四只不断退化为两只加两个半圆形的实心纽，三足前期较多的是兽形足，后期则较多的是三短柱足或锥足。可以看出罍的整体形态的演变实际上是一个不断简化的过程。

壶的形态较为简单，作为组合核心之一的器类，其形态在不同时段也有所不同。前期的壶，形体硕大，厚实，腹部圆鼓，最大径靠近腹部中部略下，器表装饰繁缛。随后壶体不断变小，腹部最大径不断往肩部移动，器形显得瘦长，器表装饰不断简化。

其余器类也都有自己的演变规律。如盘、匜特别是 A 型盘和 A 型匜的演变较为清晰。A 型盘基本上也是由大不断到小的过程，附耳有繁缛复杂向简约演变。A 型匜前期器形大，制作精美，整体呈动物形，有口、有耳、有眼、有足、有尾，随后各部位不断的简化，最后简化为仅有口和器身。

纵观各类仿铜陶礼器大致可以看出这样的规律，以甲类鼎、罍为核心组合的各类仿铜陶礼器的器形都有一个由大到小，制作工艺由精及粗、由繁到简的过程。而以乙类鼎、壶为核心的组合的各类仿铜陶礼器也大致经历了类似的过程。但两者所反映出的社会历史背景是不一致的。

2. 组合特征

通过前面的组合关系的分析，在此对仿铜陶礼器的组合特征进行比较综合性的分析。双楼墓地出土的仿铜陶礼器的组合大致可以分为以下四类。

第一类是以甲类 D 型、E 型鼎为核心的，再配以 C 型罍、盏、A 型盘、A 型匜的组合。此类组合极少，在整个墓地中所占的比例较低。

第二类是以甲类 A 型、B 型、C 型鼎，罍为核心的，配以尊、敦、舟、A 型盘、A 型匜的组合，少数还有 Ba 型盖豆。此类组合数量较多，所占比重较大。

第三类是以乙类鼎、盖豆、壶为核心的，再配以 B 型盘、B 型匜、高柄小壶的组合。此类组合的数量也较多，所占比重较大。

第四类是以 B 型、C 型壶为核心的，配以日用陶器 Ab 型罐、钵、细柄豆等的组合。这类组合数量较少，且较多地出于空心砖墓。

整个墓地在春秋中晚期到战国早期早段，随葬器物基本上以第二类组合为主，同时第一类的比重较低，第三类和第四类基本还未出现。到了战国早期后段，第三类组合开始出现，和第二类并存于墓地中。到了战国中期，第三类组合基本上取代了第二类组合的地位。到了战国晚期早段，第三类组合不断弱化，到了战国晚期晚段，第四类组合兴起。

三、仿铜陶礼器的文化内涵及折射出的社会历史背景

从上一小节的分析可以看出，双楼墓地的仿铜陶礼器基本存在着四类不同的组合形态。本章第二节对双楼墓地存在的各种组合及其背后的文化内涵进行了细致的探讨，结合以上的探讨，下面对该墓地仿铜陶礼器的文化内涵及其折射的社会历史背景进行简单的探讨。

第一类组合以甲类 D 型、E 型鼎为核心，再配以 C 型罍、盏、A 型盘、A 型匜的组合。此类组合数量极少，虽然所构成的是鼎、罍、盘、匜的组合形态，和第二类较为接近，但组合核心的鼎，同第二类的鼎差异较大，同时该类组合往往组合不全，可能是两种不同的文化内涵的反映。该组的组合形态可能较多地受到了第二类组合形态的影响，因此，该类组合形态可能是受到了郑文化影响下的本土文化。

第二类组合以甲类 A 型、B 型、C 型鼎，罍为核心，配以尊、敦、舟、A 型盘、A 型匜的组合，少数还有 Ba 盖豆。这类组合尊罍极少同出，其所构成的完整组合形态是鼎、罍（尊）、敦、舟、盘、匜，并且罍或尊往往是两件同葬。该组基本为仿铜陶礼器，少数有日用器同出，该组器物制作极为讲究，鼎、罍的形态在新郑地区以外很少见得到。该组合流行的时间大致在春秋中晚期到战国早期早段之间，而此时新郑地区正是郑国的统治时期。其器物形态和组合形态与张辛《中原地区东周陶器墓葬研究》中的 Z2、Z3 组基本一致，Z2 组作者认为为郑国一般平民墓，Z3 组中的 A 型簋即是我们这里的敦，作者认为其为郑国末等贵族之墓[1]。因此这类组合所代表的应是郑文化。

第三类组合以乙类鼎、盖豆、壶为核心，再配以 B 型盘、B 型匜，少数有高柄小壶的组合。该组器形较大，暗纹较为丰富，多几何纹和“之”字形纹。战国时期鼎、盖豆、壶、盘、匜的组合在中原地区分布极广，在总体趋同的大背景下，各地有自己的特点。新郑地区春秋中晚期到战国早期仿铜陶礼器的组合基本是鼎、罍、敦、舟、盘和动物形匜的组合形式，而双楼鼎、盖豆、壶、盘、瓢形匜的组合形式更具有三晋的风格，其应是外来文化。该组合形式入主新郑后，原有的组合形式渐趋消亡。该组墓葬基本处于战国早期到战国中晚期，而以战国中期较为集中，新郑地区此时属于韩人统治，因此，此类组合形态

[1] 张辛：《中原地区东周陶器墓葬研究》，科学出版社，2002 年，第 20—21 页图七—八，第 126 页。

所代表的应是韩文化。

第四类组合以B型、C型壶为核心，配以日用陶器Ab型罐、钵、细柄豆等的组合。这类组合数量较少，该组合形态基本处于战国晚期，一般出于空心砖墓。其组合形态和战国早中期的组合形态差异极大，可以说从战国早中期的鼎、盖豆、壶、盘、匜发展到战国晚期的B型壶、Ab型罐、钵（Bb型陶豆）的组合有一个极大的转变。基本上钵是和B型壶配合使用的，钵基本上是作为壶盖放置在壶口共同出土的。B型壶、Ab型罐的分布范围较广，在韩人统治和韩文化影响下的新郑、郑州以西的登封、豫西南的南阳盆地及鄂西北地区，郑州以南的许昌、平顶山等地均有发现，如在南阳丰泰墓地[1]中B型壶、Ab型罐基本上属于第一期，这类器物是战国晚期由郑州新郑一带影响过去的。此类组合集中在战国晚期有的甚至到了汉初，且数量较多。此类组合形态可能是随着战国晚期空心砖墓的出现所带来的丧葬观念的变化有关，传统的仿铜陶礼器的组合到此时所受到的重视程度不如从前所造成的。此组应是战国晚期丧葬观念转变下的韩文化墓葬。

通过上述分析可以看出，双楼东周墓地随葬品组合关系较为复杂，文化因素多变，但基本上可以看出主要有三种文化因素存在，即本土文化、郑文化和韩文化，而又以后两者为主。双楼墓地所表现出的这种复杂性，并不是静止于某一时间段的，而是在不同的时间段呈现出不同的面貌。这样的变化，和新郑先后作为郑、韩两国的都城是有密切关联的。

春秋中晚期到战国早期早段，此时韩文化因素还未进入，以第一类为代表的本土文化和以第二类为代表的郑文化共存于双楼墓地之中，而以郑文化占绝对的统治地位。从战国早期后段开始，双楼墓地中出现了新的文化因素，即以第三类组合形态为代表的韩文化，并逐渐占据主体地位。战国早期晚段开始，在此墓地中虽仍以第二类组合形态为主，但少量的第三类组合形态的墓葬已经出现。到了战国中期此类组合已经完全取代了第二类组合。这可以看作韩文化对郑文化在此墓地的完全取代。这样的变化与郑韩先后在此建都有关。春秋中晚期到战国早期早段，该墓地以郑文化因素为主，仿铜陶礼器的形态大致都有一个由大到小，制作工艺由精及粗、由繁到简的过程。这样的现象可能和当时郑国的国力状况及其处境有关。春秋晚期到战国早期，郑国不断受到韩国的侵蚀，国力衰微。反映在丧葬方面，即是仿铜陶礼器的简化和制作工艺的粗糙。战国早期晚段开始，韩文化传统开始和郑文化传统并存，之后，在该墓地中前者完全取代了后者，可以看作战国时期韩灭郑这一重大历史事件在该墓地的一种反映。

到了战国晚期晚段，第三类组合基本消失，而以第四类组合为主。而这类器物基本出土于新出现的空心砖墓中。战国晚期的这种变化，可以看作韩文化在新形势下的一种变化，仿铜陶礼器的衰落，预示着新的丧葬习俗或理念正在孕育中。

通过以上的分析，可以看到新郑双楼墓地的267座东周墓地及其随葬品，在春秋中晚期到战国晚期期间通过随葬品组合等一系列变化，真切地反映了时代的变迁和社会的主导，以实物阐述了郑文化和韩文化先后占据主导地位，其间还夹杂着少量的本土文化这一历史事实。

---

[1] 河南省文物考古研究所、武汉大学历史学院考古系：《南阳丰泰墓地》，科学出版社，2011年。

第七章　墓地结构与布局分析

双楼东周墓地是配合郑韩电器厂所做的抢救性发掘，共发现267座东周墓葬，分布比较集中，但从墓地的平面布局来看，所发掘的区域可能只是整个墓地的一部分，同时由于已发掘的墓葬中有一部分的年代无法确定，在一定程度上影响了我们的判断。因此，下面的分析结果只是粗略的，是针对已发掘的区域所做的简单的探讨，不一定能够全面地反映整个墓地布局结构的真实情形。在墓地的东面和南面有一段壕沟，绝大部分墓葬集中在壕沟内部即壕沟的西部和北部，少数超出了壕沟的范围。根据墓葬分布的密集程度，基本上可以把双楼墓地分为西北、东北、中部和南部四个区域。

第一节　墓地结构的形成过程

通过前面对随葬品的分析，双楼墓地可以确定具体年代的墓葬共有85座。75座空心砖墓中虽然大部分没有随葬品，但通过比较分析可以知道其应当属于战国晚期阶段。其中西北区分布有17座，东北区分布有31座，中部分布有21座，南部分布有60座。双楼墓地各墓之间打破关系极少，且整个墓地总体分布并不很规律，但许多地点的墓葬排列较为整齐，这种现象说明墓地的布局是经过规划的，并且墓上可能有某种标志物，不仅使得墓地得以长时间地使用，而且在呈现出多处分布的情况下，呈现出排列整齐、打破关系极少的现象。

双楼墓地春秋中晚之际的墓葬有4座，集中分布于西北区。其中M1和M17靠得较近，M15和M267[1]距离则较近，这两组之间的空间较大，应是墓地刚开始形成时预留下的空地，以待后亡者。

春秋晚期早段的墓葬有4座。其中2座在西北区片西部，1座在东北区东部。此一阶段各墓之间的空隙仍然较大，且有向东发展的趋势。

春秋晚期晚段的墓葬共有16座。其中6座分布在西北区，5座分布在东北区，1座分布在中区，2座分布在南区。此一阶段各墓之间的间距仍然很大，看不出有什么规律，但基本能看出，整个墓地的发展趋势是向南和向东扩展的，如东北区的此一阶段的墓葬基本

[1] M267是经室内整理时分离出来的，被M23叠压，墓地总平面图上没有M267，其位置在M23之下。

上奠定了墓地在东北区的大致的分布范围，分布于南区的 2 座墓，一座位于南区的中部，一座位于南区的西南部，相距较远。此后的几个阶段的墓葬，基本就是在前面各墓之间的空地穿插埋葬的。

战国早期早段共有 20 座。其中 3 座分布在西北区，10 座分布在东北区，4 座分布在中区，3 座分布在南区。西北区的 3 座基本是埋葬在前几阶段的墓葬之间的，东北区的 10 座基本上从东北区的北部至南部均有分布。中部的 4 座分布在中区北部。南部的 3 座分布在南区北部。可以看出此一阶段墓葬的分布基本上是在前几个阶段所确定的墓地的基本范围之内由北向南不断进行填充的。

战国早期晚段共有 11 座。其中 1 座分布于西北区，1 座分布于东北区，2 座分布于中区，7 座分布于南区。西北区的 1 座基本是在此期的空隙间安葬的。东北区的 1 座位于此区东北角。中区的 2 座东西向成排分布于中区的中部。南区的 7 座中有 5 座集中分布于南区的东北角，1 座位于南区西南部的中部。这一阶段墓地的布局仍是在前面所构成的框架下的填充，但和前期相比，该期所属墓葬分布明显往南部发展。

战国中期早段共有 10 座。其中东北区 6 座，中区 1 座，南区 3 座。东北区的 6 座除 M39 和 M40 较接近外，其余均距离较远，总体上是在此期的空余之处安葬。中区的 1 座位于中区的南部。南区的 3 座由东向西分布于南区的中部。到了此阶段，西北区的墓葬基本上是在之前的空余之处安插，而中区和南区的进一步往南进行填充。

战国中期晚段共 4 座。其中 1 座分布于西北区东南角，1 座分布于东北区东南角，2 座分布于南区中部。

战国晚期早段共 1 座。分布于东北区东部。

战国晚期晚段出有随葬品的墓葬共 12 座。1 座分布于东北区，2 座分布于中区，9 座分布于南区，其中 5 座是空心砖墓。同时未出随葬品但是为空心砖墓的有 56 座，其中 5 座分布于东北区南部，11 座分布于中区南部，40 座分布于南区南部。基本上都是东西向成排分布。可以看出，到了此段，东北区和中区的墓葬基本上是填充本区南部的空余地带，而南区的墓葬则是继续向南发展，并且由于墓葬数量较多，空间有限，墓与墓之间距离较近，并且部分已超出壕沟的范围。至此前面形成的墓地的总体框架基本填充完成，整个墓地最终形成为一个较为密集的完整的布局形式。

第二节　有关墓地的布局分析

1. 在墓地的西北区分布有第一段、第二段、第三段、第四段、第五段和第七段的 16 座墓。墓葬排列基本能看出一定的规律。此区的墓葬大致按东西向排列，可以粗略地划分出五排。

第一排由西向东依次是第一段的 M1，第四段的 M3，第三段的 M4，第二段的 M13，第一段的 M15，第三段的 M5。可以看出第一段的 M1 和 M15 分属东西两端，基本将此排东西两端的大致范围确定下来，此后由分属二段、三段和五段的墓进行填充。

第二排由西向东依次是第四段的 M9，第一段的 M17，第三段的 M18 和 M14，第二段的 M21，第一段和第五段的 M267 和 M23。此排第一段的墓葬仍分属东西两端，其余各段除第四段的 M9 外都是在 M17 的东部往东排列下去。第四段的 M9 和此排的墓葬时代相隔较远，有可能是后来由于东部空间不足所以安排在 M17 的西端的。以上两排基本上是由第一段的四座墓廓定其范围，之后各期的墓葬在其间进行填充。

第三排自西向东依次是第四段的 M27，第七段的 M22。此排很明显具有成排的现象，但由于此排中不能确定年代的墓葬太多，无法对此排的形成做出具体的推测。

第四排和第五排分别有第三段各一座墓。此两排是在第一、第二段的基础上向南部发展的结果。

在这一区内，第一段的四座墓完成了此区北部的基本框架，余下的几段是在此框架内进行填充，同时向南发展的。此区内的墓葬文化内涵较为单一，除了 M22 一座属韩文化系统外，其余均属郑文化系统的。此区是墓地形成的最早的区域，排列规整，可以看出，当时应当遵循严格的墓地规划来进行墓位的安排。

2. 东北区分布有第二段到第九段的 31 座墓。此区的墓葬虽较为杂乱，但还是能看出其排列的规律的。第二段的 M233 位于西部和西北区临近，可以看出墓地是从西北区向东北区发展的趋势，第三段的 M24、M242、M78、M68 和 M239 大致位于此区的四个角上，基本上圈定了此区的范围。余下各段即在此范围内不断由北向南进行填充，第八段的 M41 以及第九段的 M45 年代稍晚，可能由于该区到此时墓葬排列已较为密集，所以 M41 的东边已超出了壕沟，M45 在此区东北角较为开阔的地带。

此区使用时间较长，明显能看到不同的文化因素。最主要的是郑文化和韩文化的因素在此区中共存，相互交织在一起。形成这种现象的原因可能是，在使用该墓地的时间上郑文化系统的墓葬要早于韩文化系统的墓葬。在第二到第三段时虽然墓葬较少，但基本上确定了该区的范围，接下来的几段，郑文化系统的墓葬在此范围内进行填充。到韩文化系统的墓葬进入时，此区的空间已并不能让其进行随意的安排，只能是在郑文化系统墓葬的空余之处进行安葬。到了第九段由于此区的大部分地方已经安排较满，所以该段出现的空心砖墓大部分集中在西南角。可以看出，此区的发展基本上也是前几段先将范围确定，后面进行填充，总体发展趋势是向南扩展。

3. 中区的墓葬较少，分布有第三段、第四段、第五段、第六段和第九段的 10 座墓，以及第九段的 11 座空心砖墓。此区墓葬排列较为规整，大致上是按东西向排列的。此区的北部分布有第三段的 1 座，第四段的 3 座以及第九段 1 座墓，排列较为散乱，第九段的 M200 是较晚的，可能是找空安葬的，其余几座在中区构成了中区北部的范围，是此区中时代偏早的墓葬。第四段的 M195 和第五段的 M214、M226 由西向东分布于中区的中部。再往南有五座空心砖墓，这五座空心砖墓构成的排列不规整。此区的最南边是完整的一排东西向的墓葬。由西向东依次是第九段的 M181、M180、M177、M133、M132 和 M117，以及第六段的 M178。第九段的墓葬都为空心砖墓。

在此区中能明显看出，墓葬的分布是随着时间的早晚不断往南边扩展的。并且郑韩两种文化因素和谐共存于这一区，郑文化系统的墓葬总体偏北，时代偏早，韩文化系统的墓葬总体偏南，时代偏晚。

4. 南区墓葬数量最多，分布也最为密集，共分布有第三段、第五段、第六段、第七段和第九段共 67 座墓。其中第三段的墓葬是整个墓地在前半段发展过程中，向南扩展所预先占领以确定整个墓地的范围所用的。整个南区基本可以划作东北和西南两个小区。

东北小区，此小区排列不是很整齐，包含了第三段、第四段、第五段、第六段、第七段、第九段的 26 座墓，其中以第五、第六段的为主。此小区郑文化和韩文化的因素和谐共处，郑文化系统的墓葬略偏西北角，而属于韩文化系统的墓葬集中在南部和东部。

西南小区，此小区墓葬数量较多，排列整齐，包含了第三段、第四段、第五段、第六段和第九段的 41 座墓。其中第三段和第四段各一座，分布于此小区的南北两端，第五段、第六段和第七段各一座分布于中部、西部和东部。其余均为第九段的墓葬，绝大多数为空心砖墓。北部的空心砖墓可能是延续中区南部空心砖墓向南扩展的结果，南部的空心砖墓东西排列规整，由于到了此段，整个壕沟内的空间已很有限，以致众多空心砖墓排列密集，部分超出了壕沟的范围。此小区除了第四段和第五段的两座墓外，都为韩文化系统的墓葬，此小区的年代在整个墓地中也是最晚的。

在此区墓地的布局基本也是由北向南不断扩展的，郑韩两种文化因素在中部的东北角和谐共处，而在西南角除了早段的两座墓外均为清一色的韩文化因素。

第三节　墓葬的方向

新郑双楼墓地的 267 座墓葬中，除 2 座墓向不明外，在 265 座可统计方向的墓中，45°~90°之间有 1 座，91°~135°之间有 3 座，136°~180°之间有 2 座，181°~225°之间有 3 座，225°~270°之间有 3 座，270°~315°之间有 2 座，315°~360°之间有 38 座，0°~45°之间有 213 座。可见，墓向向东有 4 座，占 1.5%，墓向向西有 5 座，占 1.9%，墓向向南有 5 座，占 1.9%，墓向向北有 251 座，占 94.7%。可见新郑双楼墓地墓向以北向为主，墓向向北的墓葬中又以北偏东的居多，共 213 座，占据了北向墓的 84.9%。

第四节　双楼墓地结构布局特点

双楼墓地的年代从春秋中晚之际一直延续到战国晚期或战国末，时间跨度较长，其间经历战乱和郑韩政权的更迭，多少会影响到墓地的整体布局。

战国早期晚段之前，整个墓地的文化特征较为单一，主要以郑文化为主，其中夹杂着少许本土文化，而整个墓地的布局是随着郑人的规划而逐渐发展的。到了战国早期晚段，郑文化和韩文化共存于墓地之中，之后就变成较为单一的韩文化因素。韩人墓的布局规律性不明显，这主要的原因可能是受到之前郑人墓布局的影响，到了战国晚期，特别是空心砖墓盛行时，大部分集中在墓地南部，形成规律明显的成排分布格局。

通过上述的分析，可以清晰地观察到，墓地的整体布局及变化是有一定的规律的。首先从整体来看，墓地基本上是由较早时段的墓葬分布于墓地的各个区域，基本将墓地的大致格局确定下来，以待后来者进入，之后对于墓地的使用基本上是对这个大的格局的填充，其发展的规律是不断地向南扩展。其次，从小的局部来看，整个墓地根据墓葬的密集程度，大致分为了西北、东北、中部和南部四个区域。每个区域内，特别是西北和东北两区，其发展的规律和墓地的整体规律是一致的，西北和东北两区基本上都是较早时段的墓葬的分布先将该区大致的范围确定下来，后来者不断进行填充，填充的过程也基本上是从北不断向南扩展的。中部和南部两区分布的规律和整体一致，基本上是从北部不断向南部发展。因此纵观整个墓地，双楼墓地展现出在大的分布格局下，各小区协同发展的情形。

墓地东面和南面有一段壕沟，在墓地北面150米左右，有两个较大的封土堆，结合对该土冢的调查发现，这两个土冢等级较高，结合最新发掘的胡庄韩王陵[1]的材料来看，双楼墓地和这两个高大的土冢之间可能有某种关系。

---

〔1〕河南省文物考古研究所：《河南新郑胡庄韩王陵考古发现概述》，《华夏考古》2009年3期。

第八章　结　语

新郑双楼墓地共清理出东周时期墓葬 267 座，其中 120 座出有陶、铜器物。在出有陶、铜器物的墓葬中，有部分墓葬由于随葬器物破损严重，无法修复，所以这些墓葬未能参与分期，能够分期的墓葬共 83 座。对未能参与分期的墓葬，我们根据墓葬形制、在墓地中的位置以及其他信息同能够确定时代的墓葬进行相互比较，对此类墓葬年代进行了大致的推断。新郑双楼墓地共分为五期九段。

第一期　仅一段。为第一段，春秋中期晚段或春秋中晚之际。

第二期　春秋晚期。分为两段。第二段，春秋晚期早段。第三段，春秋晚期晚段。

第三期　战国早期。分两段。第四段，战国早期早段。第五段，战国早期晚段。

第四期　战国中期。分两段。第六段，战国中期早段。第七段，战国中期晚段。

第五期　战国晚期。分两段。第八段，战国晚期早段。第九段，战国晚期晚段。

该墓地皆为小型墓葬，墓葬开口的长度未有超过 4 米的。墓葬形制包括竖穴土坑墓和空心砖墓两大类。其中以竖穴土坑墓为主，有 193 座，空心砖墓有 72 座。竖穴土坑墓中壁龛、头箱、腰坑、二层台不是很流行，其中有壁龛 12 座，有头箱 1 座，有腰坑 1 座，有二层台 6 座。墓葬方向以北向为主，占整个墓地的 94.7%。葬式以仰身直肢葬为主。竖穴土坑墓葬具以单椁和单棺为主，其次是一椁一棺和无葬具墓，双椁墓较少，二椁一棺仅 1 座。空心砖墓集中于战国晚期。

随葬品以仿铜陶礼器为大宗，日用器和铜器较少。仿铜陶礼器的组合形式具有明显的特点。可分为以鼎、罍、敦或鼎、罍、盏为核心，配以尊、舟、盘、匜的组合，其中鼎、罍、盏的组合所占比重较低；以鼎、盖豆、壶为核心，配以高柄小壶、盘、匜的组合；壶、钵组合。春秋中晚期到战国早期早段，墓地基本上以鼎、罍、敦（盏）为核心的组合为主，到战国早期后段，以鼎、盖豆、壶为核心的组合开始出现，同前一种组合共存于墓地中，到了战国中期鼎、盖豆、壶的组合基本上取代了前一种组合形式。到了战国晚期，鼎、盖豆、壶为核心的组合不断弱化，到了战国晚期晚段，壶、钵的组合形式兴起并成为主流。

通过对各类组合的文化内涵进行分析，可以确定以鼎、罍、敦为核心的组合所代表的是郑文化。以鼎、罍、盏为核心的组合数量少，组合形式往往不全，可能是受强势的郑文化影响下的本土文化。以鼎、盖豆、壶为核心的组合所代表的是韩文化。而以壶、钵组合是战国晚期传统仿铜陶礼器组合形式的转变，代表的是战国晚期的韩文化。

春秋中晚期到战国早期早段，韩文化因素还未进入，主要是郑文化和少量的本土文化共存于墓地之中，从战国早期后段开始，韩文化因素开始出现，到战国中期，完全取代了郑文化。这样的变化与郑韩先后在此建都有关。到了战国晚期晚段，随着丧葬观念的转变，韩文化有所转变，传统的仿铜陶礼器衰落，新的丧葬习俗或理念正在孕育。

双楼墓地随葬玉器不是很普遍，随葬玉器的基本上是一墓一件，极少有两三件的。通过对其中的69件玉器进行检测，可以看出这批东周玉器的物相，主要为透闪石、方解石、石英（玉髓）、白云母和滑石五种质地。其中方解石最多，占61%，且有39座墓葬中都只随葬1件方解石。其次为滑石，占20%。再次为玉髓，占9%。仅3座墓葬随葬了7件透闪石，占7%。最少的是白云母，仅占3%。该批玉器基本都是素面。随葬玉器数量和透闪石与墓葬等级密切相关。此次分析的双楼墓地出土的玉器中透闪石所占比例非常低，而大量使用方解石、滑石等低品质玉料，说明该批墓葬主人所处的经济和社会地位相对较低。

通过对双楼墓地人骨的体质人类学考察，可以看出墓地中男女性别比例为2.50∶1。双楼墓地的平均死亡率为46.05岁，可以看出该地居民具有较高的平均期望寿命，可能其抵御自然灾害的能力较强，其经济、文化水平较高。这可能和地处国都、整体的公共设施及防御自然灾害的水平有关。

从墓葬形制以及大量仿铜陶礼器并结合玉器和人骨的检测结果来看，双楼墓地的墓主生前的社会地位不会很高，可能为低等级贵族和具有一定经济能力的普通平民。

双楼墓地的整体布局从整体来看，较早几个阶段，墓葬分布于各区域，确定了墓地的大致框架。之后的墓葬基本上是填充，其发展趋势是由北不断向南扩展。从小局部来看，可分为西北、东北、中部和南部四个区域。每个区域发展趋势和墓地的整体发展趋势是一致的。

双楼墓地是配合新郑郑韩电器厂所做的抢救性发掘，从墓地平面布局来看，所发掘的区域可能只是整个大墓地的一部分。在墓地东部和南部有一段壕沟，西、北部由于受发掘面积的限制不甚清楚。双楼墓地绝大部分墓葬集中在壕沟内部，只有晚期的少数墓葬超出壕沟的范围。在墓地北面150米左右，有两个较大的封土堆，结合对郑韩故城以西的韩国王陵级的大墓封土的调查，可以看出双楼墓地北部的这两座土冢等级较高，一般被认为是韩侯王陵墓，也就是常说的宋庄韩王陵。结合近年发掘的胡庄韩王陵的资料来看，双楼墓地和这两座高大土冢，也就是宋庄韩王陵可能存在着某种关系。

新郑双楼东周墓葬人骨研究

孙　蕾

（河南省文物考古研究院）

第一节　性别和死亡年龄的统计与分析

性别年龄鉴定有助于探讨盛行的葬俗、婚姻制度和社会组织形式，了解古代社会居民的社会及劳动分工，并判断死者身份、死亡年龄，探寻古代居民生活条件[1]。对人骨标本性别和年龄的鉴定依据了邵象清[2]、朱泓[3]和陈世贤[4]等著作中所列的标准。未成年人骨标本年龄的判定主要依据牙齿萌出的时间顺序、囟门的闭合、四肢骨骨化点出现和骨骺愈合情况来判断。成年人骨性别的判定依据骨盆和颅骨的形态特征，年龄的判定依据耻骨联合面、耳状关节面、颅骨缝愈合和牙齿磨耗的变化形态。

一、居民性别和死亡年龄的鉴定与统计

新郑双楼东周墓地中，存在骨骼标本的个体共101例，其中男性55例，女性22例，倾向于男性的个体9例，倾向于女性的个体13例，未知性别2例；可确定性别的男女两性比例为2.50∶1。可确定性别的男性个体中，4例处于壮年期，36例处于中年期，14例处于老年期，1例未知年龄段，属于成年个体；可确定性别的女性个体中，1例处于青年期，1例处于壮年期，13例处于中年期，6例处于老年期，未知年龄段的个体1例，仍属于成年个体。附表一是双楼组两性居民性别、年龄鉴定表。

现将倾向于男性和倾向于女性的22例个体并入未知性别中，做出表一，并绘制出图一和图二。双楼组居民的死亡年龄主要集中在中年期，占54.46%，其次集中在老年期，占29.7%，少年期和青年期所占比重最低，均为仅1.98%。可确定性别的个体中，两性死亡年龄的分布状况大致相同，均主要集中在中年期；在壮年期和中年期中，男性比例高

[1] 汤卓炜：《环境考古学》，科学出版社，2004年，第70页。
[2] 邵象清：《人体测量手册》，上海辞书出版社，1985年，第34~56页。
[3] 朱泓：《体质人类学》，高等教育出版社，2004年，第92~106页。
[4] 陈世贤：《法医人类学》，人民卫生出版社，1998年，第83~86页。

于女性，在青年期和老年期中，女性比例高于男性。

表一　　**双楼组居民死亡年龄分布统计**

年龄分期	男性	女性	未知性别	合计
婴儿期	0（0%）	0（0%）	0（0%）	0（0%）
幼儿期	0（0%）	0（0%）	0（0%）	0（0%）
少年期	0（0%）	0（0%）	2（8.33%）	2（1.98%）
青年期	0（0%）	1（4.55%）	1（4.17%）	2（1.98%）
壮年期	4（7.27%）	1（4.55%）	2（8.33%）	7（6.93%）
中年期	36（65.45%）	13（59.09%）	6（25%）	55（54.46%）
老年期	14（25.45%）	6（27.27%）	10（41.67%）	30（29.7%）
成年	1（1.82%）	1（4.55%）	3（12.5%）	5（4.95%）
合计	55（100%）	22（100%）	24（100%）	101（100%）

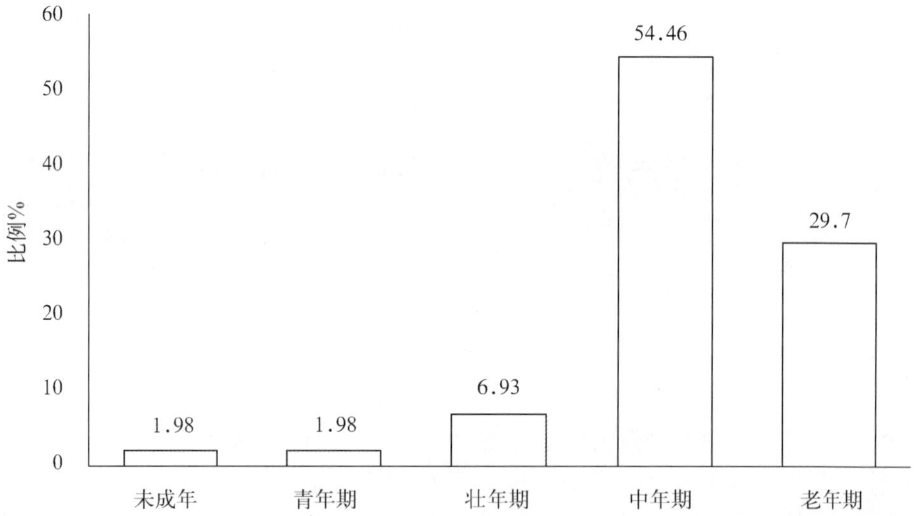

图一　双楼组各个年龄段死亡率

平均死亡年龄是墓地所有已知年龄个体的估计年龄总数与个体总数的比值[1]。根据性别年龄鉴定结果计算，双楼组古代居民整个年龄段的平均死亡年龄为46.05岁，男、女两性的平均死亡年龄分别为46.02岁和46.31岁。其中，“成年”个体因为不能被详细划

〔1〕张敬雷：《青海省西宁市陶家寨汉晋时期墓地人骨研究》，吉林大学博士学位论文，2008年，第8页。

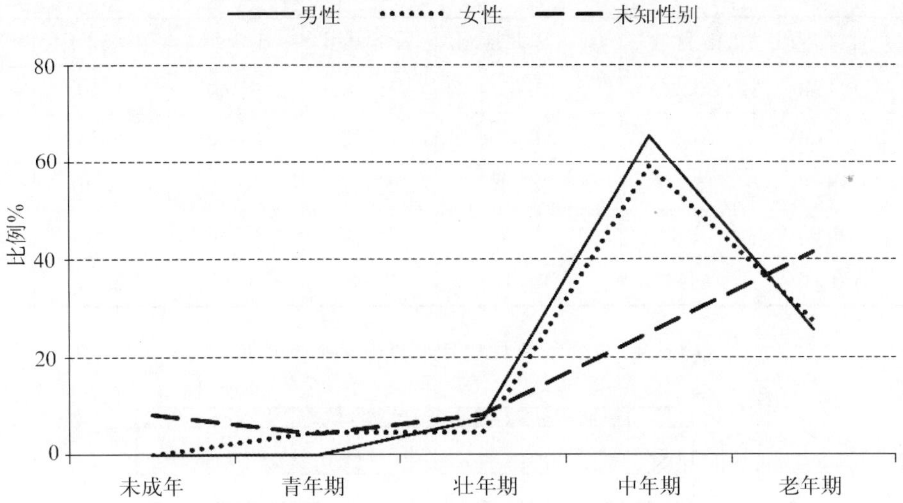

图二　双楼组男、女两性居民在各个年龄段死亡率

分死亡年龄阶段，未参与居民全组平均死亡年龄的统计，而未知性别的“未成年”和“成年”个体，因为不能确切区分性别，所以也未参与男、女两性平均死亡年龄的统计。

二、与先秦时期其他地区古代组居民的比较与分析

为了分析双楼组居民的死亡年龄分布特点，揭示人口的死亡状况，现选择先秦时期各古代组居民与之进行比较，包括雕龙碑组[1]、游邀组[2]、刘家庄北地组[3]、后李官组[4]、土城子组[5]和平洋组[6]等6个对比组，各组居民及两性居民的死亡年龄分布详见表二至表四及图三至图五。

---

〔1〕张君：《湖北枣阳市雕龙碑新石器时代人骨分析报告》，《考古》1998年2期。

〔2〕朱泓：《忻州遗址夏代居民的人类学特征》，见：吉林大学边疆考古研究中心，山西省考古研究所，忻州地区文物管理处、忻州考古队：《忻州游邀考古·附录二》，科学出版社，2004年，第188~214页。

〔3〕原海兵：《殷墟中小墓人骨的综合研究》，吉林大学博士学位论文，2010年，第10~36页。

〔4〕张雅军：《山东临淄后李官周代墓葬人骨研究》，见：山东省文物考古研究所：《土井浜遗址·人类学博物馆》《探索渡来系弥生人大陆区域的源流》。

〔5〕顾玉才：《内蒙古和林格尔县土城子遗址战国时间人骨研究》，吉林大学博士学位论文，2007年，第8~15页。

〔6〕潘其风：《平洋墓葬人骨的研究》，见：《平洋墓葬·附录》，文物出版社，1990年，第187~235页。

表二　　双楼组居民各年龄段死亡率与其他古代组的比较（%）

年龄分期	雕龙碑组	游邀组	刘家庄北地组	后李官组	平洋组	土城子组	双楼组
未成年	44.40	30.26	15.83	16.30	16.60	1.10	1.98
青年期	15.50	26.32	24.46	17.78	18.30	5.30	1.98
壮年期	18.30	15.79	29.14	27.41	9.70	48.30	6.93
中年期	9.90	18.42	29.14	35.56	32.50	31.70	54.46
老年期	0.00	6.58	1.44	2.96	3.40	2.30	29.70

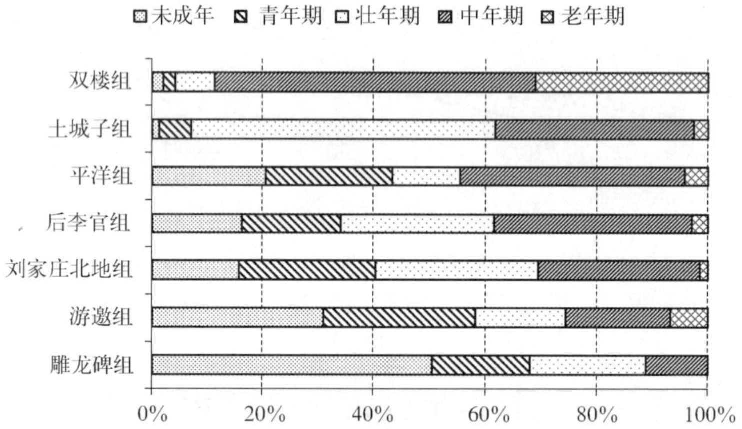

图三　双楼组居民各年龄段死亡率与其他古代组的比较

与其他古代组相比，双楼组全组的死亡年龄在中年期和老年期存在显著的分布，尤其在老年期死亡率上，双楼组不仅明显高于夏商时期的游邀组和刘家庄北地组，而且明显高于同时代的后李官组、平洋组和土城子组。

双楼男性组与其他古代组比较，中年期和老年期上明显高于内蒙古长城地带同时代同为古中原类型的土城子组男性居民。

双楼女性组与其他古代组比较，与男性组比较结果大致相同，均在中年期和老年期的比例上明显高于土城子组，双楼女性组仅在青年期的死亡率上与男性组不同，而与土城子组青年期死亡率相差不大。

表三　　双楼组居民各年龄段死亡率与其他古代组的比较（男性）（%）

年龄分期（男）	雕龙碑组	游邀组	刘家庄北地组	后李官组	平洋组	土城子组	双楼组
青年期	30.00	28.95	22.86	17.24	14.10	4.50	0.00
壮年期	26.67	28.95	28.57	32.76	13.30	49.20	7.27
中年期	13.33	26.32	45.71	37.93	45.90	40.70	65.45
老年期	0.00	10.53	2.86	3.45	2.20	2.30	25.45

表四　　双楼组居民各年龄段死亡率与其他古代组的比较（女性）（%）

年龄分期（女）	雕龙碑组	游邀组	刘家庄北地组	后李官组	平洋组	土城子组	双楼组
青年期	16.67	47.37	16.35	22.64	33.30	6.50	4.55
壮年期	33.33	5.26	47.12	30.19	9.80	64.50	4.55
中年期	25.00	21.05	34.62	43.40	29.40	19.40	59.09
老年期	0.00	5.26	1.92	1.89	6.90	3.20	27.27

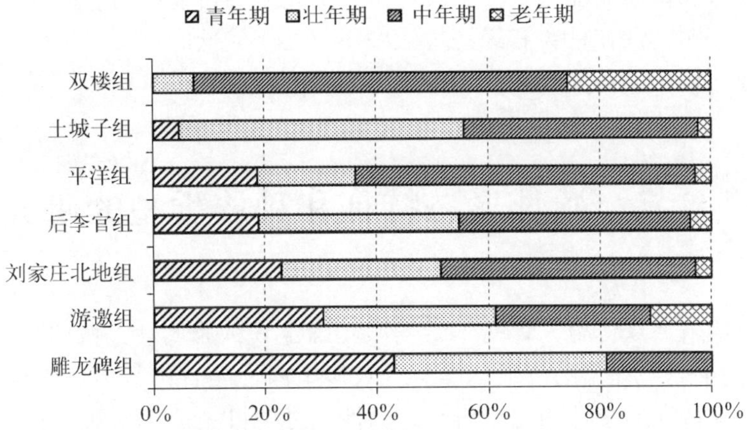

图四　双楼组居民各年龄段死亡率与其他古代组的比较（男性）

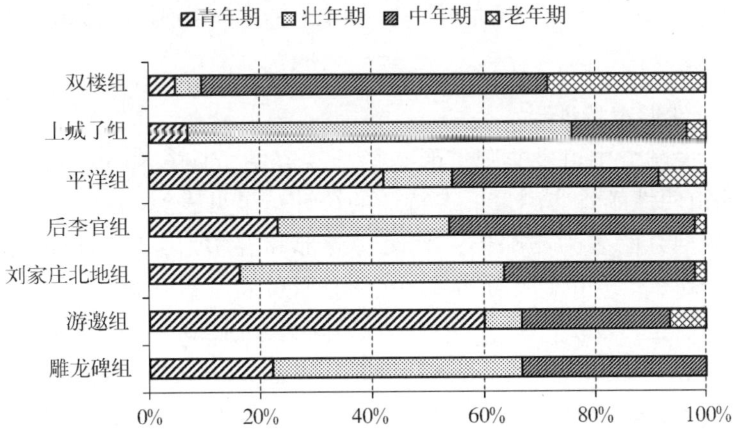

图五　双楼组居民各年龄段死亡率与其他古代组的比较（女性）

平均期望寿命是根据各个年龄段人群死亡率计算出的生命期望值，常被作为衡量和评价一个国家或地区疾病死亡模式和人口健康状况的重要指标[1]。一般说，死亡率越低，平均寿命越长。值得注意的是平均期望寿命同前文提到的平均死亡年龄不是一回事，它们的区别在于，前者涉及全体人口，后者只涉及死亡人口。无论是双楼全组，还是男、女两性组，在死亡年龄分布上与其他古代组比较，均在中年期、老年期上存在大比重的死亡率，而在青年期的死亡率上明显低于其他古代组。可以推测，处于中原地区的新郑双楼组居民较高的平均期望寿命也许意味着相较于其他古代对比组，双楼组所处的地区和时代在抵御各种自然灾害和疾病的能力较强，其经济、文化水平可能更高。但双楼组女性在青年期的较高死亡率表明女性在社会和经济生活中不仅处于较低的地位，生育条件差也是导致女性在育产期高死亡率的重要原因。

第二节　颅骨形态特征和种族类型的研究

为了明确描述新郑双楼组人骨的体质类型，确定其种族属性，按照吴汝康等[2]和邵象清[3]在其有关论著中提出的各项标准，对双楼组两性颅骨进行了非测量性形态特征的观察、测量性测量特征的统计和比较研究。两性颅骨项目测量值详见附表二至附表七。颅骨图片参见彩版五一至彩版八二。

一、双楼组古代居民颅骨形态特征和种族类型

1. 颅骨非测量性形态特征

双楼组古代居民颅骨中可供非测量形态特征观察的个体共有59例，其中男性39例，女性20例。双楼组两性颅骨非测量形态特征的统计结果见表五。

男性颅骨在颅型方面多为卵圆形，其次为菱形和五角形，卵圆形的颅骨占67.65%，而菱形颅骨占17.65%，五角形颅骨占11.76%。眉弓发育以显著为主，其次为中等发育程度。前额多为倾斜，占79.41%，其次为中等倾斜，占20.59%。所有的颅骨上不存在额中缝。颅顶缝的前囟段多愈合，占37.50%，另有28.13%的深波、25.00%的微波和9.38%的锯齿形；顶段以愈合为主，占51.52%，其次是锯齿形，占42.42%；顶孔段多愈合和锯齿形，均为42.42%，其次是深波形；后段以锯齿为主，其次是愈合和深波。眶形

[1] 饶克勤，陈育德：《中国城市人口死亡率变化对平均期望寿命的影响》，《中国人口科学》1992年3期，第19-22页。

[2] 吴汝康，吴新智，张振标：《人体测量方法》，科学出版社，1984年，第11~101页。

[3] 邵象清：《人体测量手册》，上海辞书出版社，1985年，第57~132页。

以斜方形居多，其次是长方形和方形。鼻根区凹陷以明显为主，占64.29%，其次是略有，占28.57%。鼻前棘多为稍显，占56.00%，其次是中等，占32.00%。梨状孔中，梨形占76.19%，心形占23.81%。梨状孔下缘以锐形居多，占35.71%，其次是鼻前沟形和鼻前窝形。犬齿窝发育多数为中等，占59.26%。腭形以抛物线形为主，占93.75%。腭圆枕以嵴状为主，丘状次之。乳突以大为主，占64.10%。枕外隆凸多数为中等，占40.54%，其次是显著，占24.32%。顶孔多为2孔，占68.75%，其次是缺如，占31.25%。翼区以顶蝶型为主，占78.26%，愈合占21.74%。下颌圆枕发育多为弱和无，分别占52.78%和33.33%。下颌角区以外翻型为主，占63.89%，其次是直型。颏形以方形为主，占47.06%，其次是圆形和尖形，分别占29.41%和23.53%。颏孔均为2孔。

表五　　**双楼组颅骨非测量形态特征观察统计表（%）**

项目	性别	例数	形态分类及出现率					
颅型			椭圆形	圆形	卵圆形	五角形	楔形	菱形
	男性	34	1（2.94）	0（0.00）	23（67.65）	4（11.76）	0（0.00）	6（17.65）
	女性	19	2（10.53）	0（0.00）	9（47.37）	3（15.79）	2（10.53）	3（15.79）
	合计	53	3（5.66）	0（0.00）	32（60.38）	7（13.21）	2（3.77）	9（16.98）
眉弓突度			弱	中等	显著	特显	粗壮	
	男性	35	1（2.86）	13（37.14）	21（60）	0（0.00）	0（0.00）	
	女性	19	6（31.58）	11（57.89）	2（10.53）	0（0.00）	0（0.00）	
	合计	54	7（12.96）	24（44.44）	23（42.59）	0（0.00）	0（0.00）	
眉弓范围			0级	1级	2级	3级		
	男性	36	0（0.00）	36（100.00）	0（0.00）	0（0.00）		
	女性	9	3（33.33）	6（66.67）	0（0.00）	0（0.00）		
	合计	45	3（6.67）	42（93.33）	0（0.00）	0（0.00）		
眉间突度			不显	稍显	中等	显著	极显	粗壮
	男性	36	0（0.00）	5（13.89）	23（63.89）	8（22.22）	0（0.00）	0（0.00）
	女性	18	1（5.56）	12（66.67）	5（27.78）	0（0.00）	0（0.00）	0（0.00）
	合计	54	1（1.85）	17（31.48）	28（51.85）	8（14.81）	0（0.00）	0（0.00）
前额			平直	中等	倾斜			
	男性	34	0（0.00）	7（20.59）	27（79.41）			
	女性	18	2（11.11）	8（44.44）	8（44.44）			
	合计	52	2（3.85）	15（28.85）	35（67.31）			

续表五：

项目	性别	例数	形态分类及出现率					
额中缝			不存在	不完全存在	全部存在			
	男性	35	35（100.00）	0（0.00）	0（0.00）			
	女性	20	17（85.00）	0（0.00）	3（15.00）			
	合计	55	52（94.55）	0（0.00）	3（5.45）			
顶骨缝前囟段			愈合	微波	深波	锯齿	复杂	
	男性	32	12（37.5）	8（25.00）	9（28.13）	3（9.38）	0（0.00）	
	女性	17	1（5.88）	3（17.65）	10（58.82）	3（17.65）	0（0.00）	
	合计	49	13（26.53）	11（22.45）	19（38.78）	6（12.24）	0（0.00）	
顶段			愈合	微波	深波	锯齿	复杂	
	男性	33	17（51.52）	0（0.00）	2（6.06）	14（42.42）	0（0.00）	
	女性	17	3（17.65）	0（0.00）	0（0.00）	14（82.35）	0（0.00）	
	合计	50	20（40.00）	0（0.00）	2（4.00）	28（56.00）	0（0.00）	
顶孔段			愈合	微波	深波	锯齿	复杂	
	男性	33	14（42.42）	0（0.00）	5（15.15）	14（42.42）	0（0.00）	
	女性	16	1（6.25）	0（0.00）	6（37.5）	9（56.25）	0（0.00）	
	合计	49	15（30.61）	0（0.00）	11（22.45）	23（46.94）	0（0.00）	
后段			愈合	微波	深波	锯齿	复杂	
	男性	33	10（30.30）	0（0.00）	8（24.24）	14（42.42）	1（3.03）	
	女性	17	1（5.88）	0（0.00）	6（35.29）	10（58.82）	0（0.00）	
	合计	50	11（22.00）	0（0.00）	14（28.00）	24（48.00）	1（2.00）	
眶形			圆形	椭圆形	方形	长方形	斜方形	
	男性	25	0（0.00）	2（8.00）	4（16.00）	6（24.00）	13（52.00）	
	女性	8	0（0.00）	5（62.50）	3（37.50）	0（0.00）	0（0.00）	
	合计	33	0（0.00）	7（21.21）	7（21.21）	6（18.18）	13（39.39）	
鼻根区凹陷			无凹陷	略有	明显	极明显	几近直角	
	男性	28	1（3.57）	8（28.57）	18（64.29）	1（3.57）	0（0.00）	
	女性	12	0（0.00）	5（41.67）	7（58.33）	0（0.00）	0（0.00）	
	合计	40	1（2.50）	13（32.50）	25（62.50）	1（2.50）	0（0.00）	

续表五：

项目	性别	例数	形态分类及出现率					
鼻前棘			不显	稍显	中等	显著	特显	
	男性	25	1（4.00）	14（56.00）	8（32.00）	2（8.00）	0（0.00）	
	女性	11	1（9.09）	6（54.55）	3（27.27）	1（9.09）	0（0.00）	
	合计	36	2（5.56）	20（55.56）	11（30.56）	3（8.33）	0（0.00）	
梨状孔			心形	圆形	梨形			
	男性	21	5（23.81）	0（0.00）	16（76.19）			
	女性	10	2（20.00）	0（0.00）	8（80.00）			
	合计	31	7（22.58）	0（0.00）	24（77.42）			
梨状孔下缘			锐形	钝形	鼻前沟形	鼻前窝形	混合形	
	男性	28	10（35.71）	3（10.71）	8（28.57）	7（25.00）	0（0.00）	
	女性	11	6（54.55）	2（18.18）	1（9.09）	2（18.18）	0（0.00）	
	合计	39	16（41.03）	5（12.82）	9（23.08）	9（23.08）	0（0.00）	
犬齿窝			无	弱	中等	显著	极显	
	男性	27	1（3.70）	7（25.93）	16（59.26）	3（11.11）	0（0.00）	
	女性	11	0（0.00）	3（27.27）	7（63.64）	1（9.09）	0（0.00）	
	合计	38	1（2.63）	10（26.32）	23（60.53）	4（10.53）	0（0.00）	
腭形			U形	椭圆形	抛物线形			
	男性	32	1（3.13）	1（3.13）	30（93.75）			
	女性	13	0（0.00）	2（15.38）	11（84.62）			
	合计	45	1（2.22）	3（6.67）	41（91.11）			
腭圆枕			缺如	嵴状	丘状	瘤状		
	男性	33	3（9.09）	24（72.73）	4（12.12）	2（6.06）		
	女性	13	1（7.69）	6（46.15）	6（46.15）	0（0.00）		
	合计	46	4（8.70）	30（65.22）	10（21.74）	2（4.35）		
乳突			极小	小	中等	大	特大	
	男性	39	0（0.00）	7（17.95）	5（12.82）	25（64.1）	2（5.13）	
	女性	20	1（5.00）	7（35.00）	10（50.00）	2（10.00）	0（0.00）	
	合计	59	1（1.69）	14（23.73）	15（25.42）	27（45.76）	2（3.39）	

续表五：

项目	性别	例数	形态分类及出现率					
枕外隆突			缺如	稍显	中等	显著	极显	喙状
	男性	37	0（0.00）	5（13.51）	15（40.54）	9（24.32）	1（2.70）	7（18.92）
	女性	16	1（6.25）	9（56.25）	6（37.5）	0（0.00）	0（0.00）	0（0.00）
	合计	53	1（1.89）	14（26.42）	21（39.62）	9（16.98）	1（1.89）	7（13.21）
顶孔			缺如	存在1孔	存在2孔	多孔		
	男性	32	10（31.25）	0（0.00）	22（68.75）	0（0.00）		
	女性	16	7（43.75）	0（0.00）	9（56.25）	0（0.00）		
	合计	48	17（35.42）	0（0.00）	31（64.58）	0（0.00）		
翼区			愈合	顶蝶型	额颞型	点型	翼上骨型	
	男性	23	5（21.74）	18（78.26）	0（0.00）	0（0.00）	0（0.00）	
	女性	13	0（0.00）	13（100.00）	0（0.00）	0（0.00）	0（0.00）	
	合计	36	5（13.89）	31（86.11）	0（0.00）	0（0.00）	0（0.00）	
下颌圆枕			无	弱	明显	极显		
	男性	36	12（33.33）	19（52.78）	4（11.11）	1（2.78）		
	女性	16	11（68.75）	5（31.25）	0（0.00）	0（0.00）		
	合计	52	23（44.23）	24（46.15）	4（7.69）	1（1.92）		
下颌角区			外翻型	直型	内翻型			
	男性	36	23（63.89）	11（30.56）	2（5.56）			
	女性	18	12（66.67）	3（16.67）	3（16.67）			
	合计	54	35（64.81）	14（25.93）	5（9.26）			
颏形			方形	圆形	尖形	不对称形		
	男性	34	16（47.06）	10（29.41）	8（23.53）	0（0.00）		
	女性	17	0（0.00）	7（41.18）	10（58.82）	0（0.00）		
	合计	51	16（31.37）	17（33.33）	18（35.29）	0（0.00）		
颏孔			存在1孔	存在2孔	多孔			
	男性	35	0（0.00）	35（100）	0（0.00）			
	女性	17	0（0.00）	17（100）	0（0.00）			
	合计	52	0（0.00）	52（100）	0（0.00）			

女性颅骨标本与男性颅骨标本之间的差别主要表现为：眉弓发育多为中等偏弱；眶形

以椭圆形为主，方形相对较少；有3例全部存在腭中缝；乳突以小和中等为主；枕外隆凸多为稍显和中等；颏形以尖形和圆形为多。其余各项非测量性形态特征与男性颅骨标本大体相仿。

通过对以上各项形态特征的观察，可以将双楼组居民颅骨的体质特征归纳为：以卵圆形和菱形颅为主，眉弓的发育多为中等和显著，眉间突度多为中等，以倾斜偏中等为主的前额，颅顶缝多为愈合和锯齿形，眶形多为斜方形和椭圆形，并有略有和明显的鼻根区凹陷、稍显和中等的鼻前棘，梨状孔多为梨形，梨状孔下缘多为锐形，犬齿窝以中等为主，并有较多嵴状的腭圆枕，顶蝶型为主的翼区，以弱和无为主的下颌圆枕，以外翻型为主的下颌角区及较多属于尖形和圆形的颏形。这些形态特征显示出比较明显的蒙古人种性质，因此，双楼组居民应归属于现代亚洲蒙古大人种的范畴。

二、颅骨测量性形态特征

双楼组古代居民颅骨中可供测量的个体共有47例，其中男性31例，女性16例。男、女两性颅骨测量平均值的统计结果见表六和表七。双楼组颅骨测量特征形态分类的出现率见表八。

表六 **双楼组男性颅骨测量值及指数**

马丁号	测量项目	平均值	例数	最大值	最小值	标准差
1	颅骨最大长（g-op）	182.28	25	196.00	171.50	6.14
8	颅骨最大宽（eu-eu）	140.95	29	149.00	130.00	3.78
17	颅高（b-ba）	141.53	16	150.00	133.00	5.60
21	耳上颅高（po-po）	118.97	22	129.80	106.10	5.90
9	额骨最小宽（ft-ft）	91.45	28	98.58	83.24	4.47
7	枕骨大孔长（enba-o）	36.74	18	40.56	33.52	1.77
16	枕骨大孔宽	30.67	17	33.90	27.84	1.79
25	颅矢状弧（n-o）	387.19	21	415.00	353.00	15.53
26	额骨矢状弧（n-b）	133.15	26	145.00	121.00	7.39
27	顶骨矢状弧（b-l）	132.59	27	147.00	112.00	8.16
28	枕骨矢状弧（l-o）	125.14	22	134.00	114.00	7.13
29	额骨矢状弦（n-b）	114.77	26	124.30	105.64	5.50
30	顶骨矢状弦（b-l）	115.26	27	125.52	103.40	6.23
31	枕骨矢状弦（l-o）	100.77	22	111.20	88.24	5.93

续表六：

马丁号	测量项目	平均值	例数	最大值	最小值	标准差
23	颅周长（g-op-g）	536.10	24	557.00	511.00	12.69
24	颅横弧（po-b-po）	331.65	26	358.00	306.00	11.38
5	颅基底长（n-enba）	103.25	16	111.00	96.00	4.61
40	面底长（pr-enba）	98.11	13	109.00	90.86	4.62
48（pr）	上面高（n-pr）	70.94	21	83.20	60.34	5.39
48（sd）	上面高（n-sd（av））	74.45	21	85.54	63.40	5.23
47	全面高（n-gn）	122.98	15	140.76	108.72	9.07
45	颧点间宽（zy-zy）	137.10	6	143.52	130.76	5.32
46	中面宽（zm-zm）	103.81	13	113.90	97.20	5.27
43	上面宽（fmt-fmt）	104.77	26	114.54	95.20	3.66
50	前眶间宽（mf-mf）	17.00	20	19.30	14.60	1.37
MH L	颧骨高（fmo-zm）	46.28	15	50.30	41.78	2.44
MH R		46.23	13	52.70	40.30	3.03
MB L	颧骨宽（zm-rim. orb）	25.58	16	29.50	20.40	2.37
MB R		26.09	14	29.40	22.00	2.17
54	鼻宽	26.98	21	31.64	24.14	1.81
55	鼻高（n-ns）	53.39	22	59.90	44.50	3.50
SC	鼻最小宽	7.63	20	10.60	5.00	1.43
SS	鼻最小宽高	3.52	20	5.30	2.00	0.98
51L	眶宽（mf-ek）	44.37	21	48.00	42.00	1.46
51R		44.85	18	47.70	41.52	1.84
51aL	眶宽（d-ek）	41.64	21	45.20	39.10	1.70
51aR		41.99	18	45.20	39.54	1.78
52L	眶高	34.71	22	38.00	30.00	1.79
52R		34.77	16	39.44	29.86	2.30
60	上颌齿槽弓长（pr-alv）	52.87	27	59.10	46.00	3.17
61	上颌齿槽弓宽（ekm-ekm）	65.43	27	70.20	59.50	2.98
62	腭长（ol-sta）	42.86	22	49.82	36.34	3.30
63	腭宽（enm-enm）	40.22	29	44.88	34.40	2.41
12	枕骨最大宽（ast-ast）	111.25	31	119.46	102.00	4.25

续表六：

马丁号	测量项目	平均值	例数	最大值	最小值	标准差
11	耳点间宽（au-au）	126.75	30	133.40	117.50	4.14
44	两眶宽（ek-ek）	99.79	18	107.14	90.84	3.54
FC	两眶内宽（fmo-fmo）	98.06	26	105.24	94.14	2.85
FS	鼻根点至两眶内宽之矢高	16.75	25	21.50	12.00	2.52
DC	眶间宽（d-d）	20.71	19	24.00	18.10	1.77
32	额侧角Ⅰ（∠n-m FH）	83.55	22	91.00	77.00	3.51
∠g-m FH	额侧角Ⅱ（∠g-m FH）	76.68	22	87.00	68.00	4.69
∠g-b FH	前囟角（∠g-b FH）	46.95	22	52.00	41.00	2.87
72	总面角（∠n-pr FH）	84.70	20	89.00	80.00	2.60
73	中面角（∠n-ns FH）	89.55	20	94.00	85.00	2.48
74	齿槽面角（∠ns-pr FH）	68.40	20	81.00	60.00	6.18
75	鼻梁侧角（∠n-rhi FH）	66.20	5	71.00	59.00	4.87
77	鼻颧角（∠fmo-n-fmo）	142.08	25	151.00	133.00	4.81
SSA	颧上颌角（∠zm-ss-zm）	124.15	13	131.50	118.00	4.19
N∠	面三角（∠pr-n-ba）	65.93	14	84.50	60.00	5.99
A∠	（∠n-pr-ba）	72.60	14	81.00	48.00	7.81
B∠	（∠n-ba-pr）	41.47	14	47.50	32.50	4.25
72-75	鼻梁角	18.25	4	22.00	11.00	4.99
8：1	颅长宽指数	77.21	25	82.18	71.04	2.75
17：1	颅长高指数	77.67	16	82.47	72.55	2.89
17：8	颅宽高指数	100.34	16	105.63	94.70	3.21
9：8	额宽指数	65.03	26	70.41	59.58	3.02
16：7	枕骨大孔指数	83.73	17	101.13	77.95	6.19
40：5	面突指数	95.27	13	102.83	90.86	3.12
48：17pr	垂直颅面指数	49.52	14	57.14	40.50	4.23
48：17sd		52.06	14	58.07	42.55	4.25
48：45pr	上面指数（K）	51.79	6	55.59	42.04	5.01
48：45sd		54.86	6	59.58	44.18	5.50
48：46pr	中面指数（V）	69.13	12	77.37	52.98	6.23
48：46sd		72.41	12	82.93	55.66	6.72

续表六：

马丁号	测量项目	平均值	例数	最大值	最小值	标准差
54：55	鼻指数	50.60	20	60.96	43.52	4.66
52：51L	眶指数Ⅰ	78.34	21	83.44	65.92	4.01
52：51R		77.72	16	87.05	69.12	4.94
52：51aL	眶指数Ⅱ	83.55	21	92.91	70.00	5.12
52：51aR		82.54	16	92.29	73.62	5.21
54：51L	鼻眶指数Ⅰ	60.82	19	66.33	54.86	3.82
54：51R		60.94	17	67.90	54.76	4.55
54：51aL	鼻眶指数Ⅱ	64.67	19	71.25	58.47	4.27
54：51aR		65.04	17	73.61	57.79	5.29
SS：SC	鼻根指数	46.60	20	84.75	29.79	12.46
63：62	腭指数	93.51	21	117.30	76.27	10.04
45：(1+8)/2	横颅面指数	84.49	6	90.29	81.31	3.38
17：(1+8)/2	高平均指数	87.53	16	91.46	83.44	2.66
65	下颌髁突间宽（cdl-cdl）	127.47	12	134.24	121.00	3.43
66	下颌角间宽（go-go）	99.87	18	111.00	90.60	6.30
67	髁孔间径	48.40	25	54.70	41.76	2.85
68	下颌体长	80.76	15	89.20	72.00	4.41
68（1）	下颌体最大投影长	107.99	15	115.50	93.00	5.68
69	下颌联合高（id-gn）	34.57	17	39.20	26.20	3.04
MBH Ⅰ L	下颌体高Ⅰ	32.39	27	38.10	24.80	3.40
MBH Ⅰ R		31.85	26	36.50	23.00	2.95
MBH Ⅱ L	下颌体高Ⅱ	30.40	27	36.00	24.40	3.39
MBH Ⅱ R		30.89	28	36.60	26.00	2.88
MBT Ⅰ L	下颌体厚Ⅰ	13.21	26	16.20	11.10	1.15
MBT Ⅰ R		13.33	27	16.82	11.00	1.37
MBT Ⅱ L	下颌体厚Ⅱ	16.14	26	19.02	13.86	1.33
MBT Ⅱ R		16.13	27	18.50	14.00	1.20
70 L	下颌枝高	69.54	18	77.54	58.68	5.10
70 R		68.44	17	77.52	60.54	4.72

续表六：

马丁号	测量项目	平均值	例数	最大值	最小值	标准差
71 L	下颌枝宽	44.51	13	51.00	40.50	2.91
71 R		45.46	13	50.50	40.70	3.07
71a L	下颌枝最小宽	34.68	23	41.74	30.00	2.76
71a R		35.27	22	41.60	30.64	2.60
79	下颌角	119.10	15	131.00	110.00	6.41
	颏孔间弧	56.74	25	67.00	49.00	4.16
68：65	下颌骨指数	63.82	12	69.88	59.25	2.96
71：70 L	下颌枝指数	65.04	12	72.35	55.46	4.37
71：70 R		66.55	13	74.70	56.11	5.17

表七　**双楼组女性颅骨测量值及指数**

马丁号	测量项目	平均值	例数	最大值	最小值	标准差
1	颅骨最大长（g-op）	177.19	13	182.50	172.00	3.79
8	颅骨最大宽（eu-eu）	137.75	14	143.50	132.00	3.64
17	颅高（b-ba）	135.71	7	144.00	125.00	6.61
21	耳上颅高（po-po）	115.24	10	121.70	108.00	4.08
9	额骨最小宽（ft-ft）	89.31	13	100.36	76.46	5.85
7	枕骨大孔长（enba-o）	34.71	8	36.10	33.64	0.83
16	枕骨大孔宽	29.23	9	32.00	27.00	1.57
25	颅矢状弧（n-o）	375.60	10	386.00	361.00	7.12
26	额骨矢状弧（n-b）	126.50	16	133.00	116.00	5.09
27	顶骨矢状弧（b-l）	127.75	16	142.00	118.00	7.06
28	枕骨矢状弧（l-o）	123.77	13	138.00	118.00	6.69
29	额骨矢状弦（n-b）	109.44	16	113.84	100.90	4.08
30	顶骨矢状弦（b-l）	111.36	16	123.90	102.14	5.51
31	枕骨矢状弦（l-o）	100.60	13	111.62	96.00	4.76
23	颅周长（g-op-g）	522.50	12	535.00	507.00	9.56
24	颅横弧（po-b-po）	319.93	14	334.00	303.00	9.20
5	颅基底长（n-enba）	99.81	8	107.00	95.00	4.39
40	面底长（pr-enba）	98.08	7	107.80	94.00	5.28

续表七：

马丁号	测量项目	平均值	例数	最大值	最小值	标准差
48（pr）	上面高（n-pr）	68.40	11	72.50	60.70	3.68
48（sd）	上面高（n-sd（av））	71.48	11	74.60	64.10	3.38
47	全面高（n-gn）	116.45	10	123.30	104.30	7.05
45	颧点间宽（zy-zy）	128.07	6	132.00	124.50	2.63
46	中面宽（zm-zm）	99.25	8	105.54	93.74	3.98
43	上面宽（fmt-fmt）	102.62	13	110.12	94.80	3.67
50	前眶间宽（mf-mf）	17.02	12	21.50	14.10	2.16
MH L	颧骨高（fmo-zm）	43.16	9	45.64	40.44	1.91
MH R		42.78	9	46.50	39.28	2.42
MB L	颧骨宽（zm-rim. orb）	22.95	9	24.00	21.81	0.70
MB R		22.97	9	25.00	20.20	1.56
54	鼻宽	26.40	11	28.00	24.20	1.17
55	鼻高（n-ns）	51.50	11	55.10	48.24	2.13
SC	鼻最小宽	8.24	13	11.60	5.40	1.99
SS	鼻最小宽高	3.60	13	5.50	2.00	0.92
51L	眶宽（mf-ek）	43.14	10	45.46	41.22	1.36
51R		43.80	11	48.42	41.00	2.14
51aL	眶宽（d-ek）	40.21	10	42.10	37.20	1.45
51aR		40.65	10	43.20	38.52	1.34
52L	眶高	34.70	10	38.64	30.92	2.45
52R		34.99	11	38.84	31.50	2.49
60	上颌齿槽弓长（pr-alv）	52.55	11	59.26	47.80	3.33
61	上颌齿槽弓宽（ekm-ekm）	62.64	12	68.00	56.72	3.67
62	腭长（ol-sta）	43.85	11	50.44	37.36	3.81
63	腭宽（enm-enm）	38.61	12	42.50	32.30	2.85
12	枕骨最大宽（ast-ast）	109.38	16	118.64	98.00	4.41
11	耳点间宽（au-au）	123.08	15	130.40	114.90	4.81
44	两眶宽（ek-ek）	98.38	9	105.50	94.34	3.41
FC	两眶内宽（fmo-fmo）	95.35	13	103.30	86.64	3.95
FS	鼻根点至两眶内宽之矢高	16.15	13	18.70	13.00	1.85

续表七：

马丁号	测量项目	平均值	例数	最大值	最小值	标准差
DC	眶间宽（d-d）	21.73	11	24.34	18.34	2.12
32	额侧角Ⅰ（∠n-m FH）	84.00	12	88.00	77.00	3.79
∠g-m FH	额侧角Ⅱ（∠g-m FH）	79.33	12	85.00	73.00	4.23
∠g-b FH	前囟角（∠g-b FH）	47.09	11	51.00	44.00	2.39
72	总面角（∠n-pr FH）	82.36	11	87.00	79.00	2.38
73	中面角（∠n-ns FH）	88.09	11	92.00	85.00	1.87
74	齿槽面角（∠ns-pr FH）	65.00	11	76.00	58.00	5.04
75	鼻梁侧角（∠n-rhi FH）	65.67	3	68.00	63.00	2.52
77	鼻颧角（∠fmo-n-fmo）	142.48	13	146.50	137.70	3.11
SSA	颧上颌角（∠zm-ss-zm）	127.88	8	132.00	123.50	3.22
N∠	面三角（∠pr-n-ba）	66.57	7	70.50	63.00	3.14
A∠	（∠n-pr-ba）	72.36	7	75.00	70.50	1.52
B∠	（∠n-ba-pr）	41.07	7	45.00	37.50	2.57
72-75	鼻梁角	15.00	3	19.00	13.00	3.46
8∶1	颅长宽指数	78.05	12	80.57	73.63	2.13
17∶1	颅长高指数	76.73	7	80.45	72.67	3.13
17∶8	颅宽高指数	98.42	7	102.13	93.28	2.98
9∶8	额宽指数	65.00	11	71.18	57.92	4.23
16∶7	枕骨大孔指数	83.69	8	88.82	78.95	3.90
40∶5	面突指数	98.43	7	102.18	96.02	2.13
48∶17pr	垂直颅面指数	50.66	6	54.11	48.56	2.00
48∶17sd		52.70	6	55.73	51.07	1.81
48∶45pr	上面指数（K）	52.54	6	57.29	48.76	3.28
48∶45sd		55.08	6	59.00	51.49	3.01
8∶46pr	中面指数（V）	68.27	8	74.32	61.94	4.21
48∶46sd		71.59	8	77.39	65.41	3.94
54∶55	鼻指数	51.34	11	56.72	46.80	3.22
52∶51L	眶指数Ⅰ	80.46	10	90.25	71.88	5.71
52∶51R		79.89	11	89.91	73.76	4.39

马丁号	测量项目	平均值	例数	最大值	最小值	标准差
52：51aL	眶指数Ⅱ	86.30	10	93.80	76.01	5.32
52：51aR		86.44	10	95.90	77.68	6.08
54：51L	鼻眶指数Ⅰ	60.88	9	64.62	54.99	3.66
54：51R		60.37	11	64.68	54.50	3.50
54：51aL	鼻眶指数Ⅱ	65.56	9	73.55	59.84	4.30
54：51aR		64.83	10	71.03	58.82	3.54
SS：SC	鼻根指数	44.48	13	55.56	24.69	9.34
63：62	腭指数	88.11	10	103.39	74.77	9.24
45：（1+8）/2	横颅面指数	81.80	5	83.91	79.81	1.85
17：（1+8）/2	高平均指数	86.22	7	90.00	81.70	2.93
65	下颌髁突间宽（cdl-cdl）	118.53	7	122.58	115.10	2.95
66	下颌角间宽（go-go）	93.20	9	99.30	87.60	4.58
67	髁孔间径	47.86	13	51.30	43.40	2.57
68	下颌体长	75.71	9	80.50	72.00	3.21
68（1）	下颌体最大投影长	106.58	9	110.60	96.40	4.49
69	下颌联合高（id-gn）	34.02	12	48.52	30.00	5.09
MBH Ⅰ L	下颌体高Ⅰ	32.11	13	38.34	28.34	3.33
MBH Ⅰ R		31.26	13	38.00	28.80	2.51
MBH Ⅱ L	下颌体高Ⅱ	30.30	12	36.20	27.34	2.91
MBH Ⅱ R		30.14	13	35.00	27.56	2.30
MBT Ⅰ L	下颌体厚Ⅰ	12.68	13	15.14	10.90	1.34
MBT Ⅰ R		12.84	13	14.94	10.60	1.30
MBT Ⅱ L	下颌体厚Ⅱ	15.12	13	18.34	12.00	1.70
MBT Ⅱ R		14.69	13	17.46	12.62	1.54
70 L	下颌枝高	64.89	10	74.70	55.40	5.15
70 R		63.55	9	71.60	55.22	4.31
71 L	下颌枝宽	41.84	7	45.10	40.10	1.89
71 R		44.31	8	50.80	39.56	3.82

续表七：

马丁号	测量项目	平均值	例数	最大值	最小值	标准差
71a L	下颌枝最小宽	34.09	12	42.36	28.20	3.38
71a R		33.94	14	43.54	27.74	3.70
79	下颌角	124.22	9	129.00	114.00	5.33
	颏孔间弧	57.46	13	63.00	50.50	4.36
68 ∶65	下颌骨指数	64.59	7	67.65	60.53	2.72
71 ∶70 L	下颌枝指数	66.10	6	72.38	56.68	6.10
71 ∶70 R		69.69	8	73.66	61.38	4.58

表八　**双楼组古代居民主要颅面部测量性特征出现率统计表**

项目	性别	例数	形态分类及出现率				
颅长宽指数			长颅型	中颅型	圆颅型		
	男性	25	6（24.00）	14（56.00）	5（20.00）		
	女性	12	2（16.67）	8（66.67）	2（16.67）		
	合计	37	8（21.62）	22（59.46）	7（18.92）		
颅长高指数			正颅型	高颅型			
	男性	16	3（18.75）	13（81.25）			
	女性	7	3（42.86）	4（57.14）			
	合计	23	6（26.09）	17（73.91）			
颅宽高指数			中颅型	狭颅型			
	男性	16	4（25.00）	12（75.00）			
	女性	7	2（28.57）	5（71.43）			
	合计	23	6（26.09）	17（73.91）			
额宽指数			狭额型	中额型	阔额型		
	男性	26	14（53.85）	10（38.46）	2（7.69）		
	女性	11	6（54.55）	3（27.27）	2（18.18）		
	合计	37	20（54.05）	13（35.14）	4（10.81）		
面突指数			正颌型	中颌型			
	男性	13	11（84.62）	2（15.38）			
	女性	7	4（57.14）	3（42.86）			
	合计	20	15（75.00）	5（25.00）			

续表八：

项目	性别	例数	形态分类及出现率				
垂直颅面指数			很小	小	中	大	
	男性	14	3（21.43）	3（21.43）	5（35.71）	3（21.43）	
	女性	6	0（0.00）	1（16.67）	4（66.67）	1（16.67）	
	合计	20	3（15.00）	4（20.00）	9（45.00）	4（20.00）	
上面指数（K）			特阔上面型	中上面型	狭上面型		
	男性	6	1（16.67）	0（0.00）	5（83.33）		
	女性	6	0（0.00）	3（50.00）	3（50.00）		
	合计	12	1（8.33）	3（25.00）	8（66.67）		
鼻指数			狭鼻型	中鼻型	阔鼻型	特阔鼻型	
	男性	20	3（15.00）	9（45.00）	6（30.00）	2（10.00）	
	女性	11	1（9.09）	4（36.36）	6（54.55）	0（0.00）	
	合计	31	4（12.90）	13（41.94）	12（38.71）	2（6.45）	
眶指数Ⅰ			低眶型	中眶型	高眶型		
	男性	16	5（31.25）	10（62.50）	1（6.25）		
	女性	11	2（18.18）	8（72.73）	1（9.09）		
	合计	27	7（25.93）	18（66.67）	2（7.41）		
鼻根指数			弱	中	突	很突	
	男性	20	2（10.00）	9（45.00）	7（35.00）	2（10.00）	
	女性	13	1（7.69）	7（53.85）	5（38.46）	0（0.00）	
	合计	33	3（9.09）	16（48.48）	12（36.36）	2（6.06）	
腭指数			狭腭型	中腭型	阔腭型		
	男性	21	2（9.52）	0（0.00）	19（90.48）		
	女性	10	1（10.00）	5（50.00）	4（40.00）		
	合计	31	3（9.68）	5（16.13）	23（74.19）		
总面角			突颌型	中颌型	平颌型		
	男性	20	0（0.00）	9（45.00）	11（55.00）		
	女性	11	3（27.27）	8（72.73）	0（0.00）		
	合计	31	3（9.68）	17（54.84）	11（35.48）		

续表八：

项目	性别	例数	形态分类及出现率				
齿槽面角			特突颌型	突颌型	中颌型		
	男性	20	10（50.00）	9（45.00）	1（5.00）		
	女性	11	9（81.82）	2（18.18）	0（0.00）		
	合计	31	19（61.29）	11（35.48）	1（3.23）		
鼻颧角			很小	小	中	大	很大
	男性	25	3（12.00）	6（24.00）	7（28.00）	7（28.00）	2（8.00）
	女性	13	0（0.00）	4（30.77）	5（38.46）	4（30.77）	0（0.00）
	合计	38	3（7.89）	10（26.32）	12（31.58）	11（28.95）	2（5.26）

表八总结了双楼组居民颅骨角度和指数的形态类型分布，颅指数上，男、女两性出现率主要集中在中颅型，其次是长颅型和圆颅型。而两性颅指数的平均值分别为77.21和78.05，均属中颅型。

颅长高指数男性集中在高颅型，女性集中在正颅型和高颅型，而男、女均值分别为77.67和76.73，均表现为高颅型。

颅宽高指数男性平均值是100.34，表现为狭颅型，女性为98.42，为狭颅型；两性均主要集中在狭颅型上，其次是中颅型。

额宽指数，两性均以狭额型为主，分别占53.85%和54.55%，男性的中额型和阔额型分别占38.46%和7.69%，女性的中额型和阔额型则分别占27.27%和18.18%。男性均值为65.03，属狭额型，女性均值为65.00，属于狭额型。

面突指数，男性以正颌型为主，占84.62%，其次是中颌型，女性以正颌型为主，占57.14%，其次为中颌型，男性均值为95.27，属于正颌型，女性均值为98.43，属于中颌型。

垂直颅面指数，男性均值为52.06，女性均值为52.70，均属于中等，男性以中等为主，其次为很小、小和大，女性以中等为主，其次为很小和大。总体来说，该组居民的垂直颅面指数反映出偏弱的高颅低面性质，其中尤以女性为甚。

上面指数，男性以狭上面型为主，占83.33%，女性则中上面型和狭上面型各占50.00%。男性均值为54.86，属于中上面型，女性均值为55.08，属于偏宽的狭上面型。

鼻指数，男性多中鼻型，其次是阔鼻型和狭鼻型，女性以阔鼻型为主，其次为中鼻型和狭鼻型；男性均值为50.60，属于中鼻型，女性均值为51.34，属于阔鼻型。

眶指数，两性均以中眶型为主，其次是低眶型和高眶型；男、女两性均值分别为77.72和79.89，均表现为中眶型。

鼻根指数，男性以中等为主，其次属于突、很突和弱，女性以中等为主，其次属于突和弱；男、女两性均值分别为46.60和44.48，均属于中等。

腭指数，男性以阔腭型为主，占90.48%，其次是狭腭型，占9.52%；女性以中腭型和阔腭型为主，狭腭型次之；男性均值为93.51，女性均值为88.11，均属于阔腭型。

总面角，男性以平颌型为主，占55.00%，其次是中颌型，女性以中颌型为主，占72.73%，其次是突颌型，占27.27%；男、女两性均值分别为84.70°和82.36°，均属于中颌型。

齿槽面角，男性多为特突颌型，突颌型次之，女性以特突颌型为主，其次为突颌型；男性均值为68.40°，女性均值为65.00°，均属于特突颌型。

反映上面部扁平度的鼻颧角变异范围较大，男性鼻颧角的范围在133.00°~151.00°之间，平均角度值为142.08°，其中，介于140.00°~144.00°（中）和145.00°~148.00°（大）范围的均为7例，各占28.00%，介于136.00°~139.00°（小）的有6例，占24.00%，而小于135.00°（很小）和大于149.00°（很大）的分别有3例和2例，分别占12.00%和8.00%；女性鼻颧角的范围是137.70°~146.50°，平均角度值为142.48°，多分布在小、中和大；男、女两性角度平均值均处于140.00°~144.00°（中）之间，属于中等程度。综合以上两性鼻颧角变异范围的分析，双楼组居民多数面部扁平度属于中等偏大。

综合以上主要颅面部测量特征的统计结果及平均值，双楼组男性居民一般具有中颅型、高颅型和狭颅型，并有狭额型、正颌型、中等的垂直颅面指数，中上面型，偏阔的中鼻型，中等程度的鼻根指数，中眶型，阔腭型，属于中颌型的总面角及特突颌型的齿槽面角、中等偏大程度的鼻颧角。

女性个体的绝大多数测量性特征与男性接近，所不同的是在面部垂直方向的突出程度，齿槽面角的突颌程度比男性更明显，鼻型更阔等。所以，男女两性属于同一体质类型，性别因素是造成差异的主要因素。

三、与现代亚洲蒙古人种各区系类型的比较

根据对双楼组颅骨形态的观察和颅面部测量特征的统计，这些形态特征显示出比较明显的蒙古人种性质，因此，双楼组居民应归属于现代亚洲蒙古大人种的范畴。而现代亚洲蒙古人种又可以大致分成四个地区类型，即北亚类型（西伯利亚人种）、东北亚类型（北极人种）、东亚类型（远东人种）和南亚类型（南亚人种）。为了进一步确定双楼组居民的种系归属，现将该组颅骨的17项线性、指数和角度值与现代亚洲蒙古人种及其中的北亚、东北亚、东亚和南亚等四个区域类型的变异范围相比较，以考察它们之间的关系。具体比较的测量项目值详见表九，图六是根据表九绘制出的比较项目平均值的折线图。

由图表可知，在17个比较项目中，双楼组男性标本的各项平均值除了鼻颧角和眶指数略低于亚洲蒙古人种的变异范围的下限、颅高和鼻根指数略高于变异范围的上限，其余13项均落入现代亚洲蒙古人种的变异范围。

与北亚类型相比较，共有颅长、额最小宽、上面高、额侧角、颅指数、上面指数和鼻指数7项落入其变异范围。而颅宽、颅高、颅长高指数、颅宽高指数、垂直颅面指数、眶指数、鼻根指数和鼻颧角则超出北亚蒙古人种的范畴较多。北亚蒙古人种通常具有低颅、阔颅等特征，与双楼组的中颅、高颅和狭颅型及狭额型存在较大的差异。

表九　双楼颅骨组与现代亚洲蒙古人种的比较　（长度：毫米；角度：度；指数：%）

马丁号	测量项目	双楼组	亚洲蒙古人种				
			北亚类型	东北亚类型	东亚类型	南亚类型	变异范围
1	颅长(g-op)	182.28	174.90–192.70	180.70–192.40	175.00–182.20	169.90–181.30	169.90–192.70
8	颅宽(eu-eu)	140.95	144.40–151.50	134.30–142.60	137.60–143.90	137.90–143.90	134.30–151.50
17	颅高(b-ba)	141.53	127.10–132.40	132.90–141.10	135.30–140.20	134.40–137.80	127.10–141.10
9	最小额宽(ft-ft)	91.45	90.60–95.80	94.20–96.60	89.00–93.70	89.70–95.40	89.00–96.60
48(sd)	上面高(n-sd(av))	74.45	72.10–77.60	74.00–79.40	70.20–76.60	66.10–71.50	66.10–79.40
45	颧点间宽(zy-zy)	137.10	138.20–144.00	137.90–144.80	131.30–136.00	131.50–136.30	131.30–144.80
32	额侧角Ⅰ(∠n-m FH)	83.55	77.30–85.10	77.00–79.00	83.30–86.90	84.20–87.00	77.00–87.00
8:1	颅长宽指数	77.21	75.40–85.90	69.80–79.00	76.90–81.50	76.90–83.30	69.80–85.90
17:1	颅长高指数	77.57	67.40–73.50	72.60–75.20	74.30–80.10	76.50–79.50	67.40–80.10
17:8	颅宽高指数	100.34	85.20–91.70	93.30–102.80	94.40–100.30	95.00–101.30	85.20–102.80
48:17sd	垂直颅面指数	52.06	55.80–59.20	53.00–58.40	52.00–54.90	48.00–52.20	48.00–59.20
48:45sd	上面指数(K)	54.36	51.40–55.00	51.30–56.60	51.70–56.80	49.90–53.30	49.90–56.80
77	鼻颧角(∠fmo-n-fmo)	142.08	147.00–151.40	149.00–152.00	145.00–146.60	142.10–146.00	142.10–152.00
72	总面角(∠n-pr FH)	84.70	85.30–88.10	80.50–86.30	80.60–86.50	81.10–84.20	80.50–88.10
52:51R	眶指数Ⅰ	77.72	79.30–85.70	81.40–84.90	80.70–85.00	78.20–81.00	78.20–85.70
54:55	鼻指数	50.60	45.00–50.70	42.60–47.60	45.20–50.20	50.30–55.50	42.60–55.50
SS:SC	鼻根指数	46.60	26.90–38.50	34.70–42.50	31.00–35.00	26.10–36.10	26.10–42.50

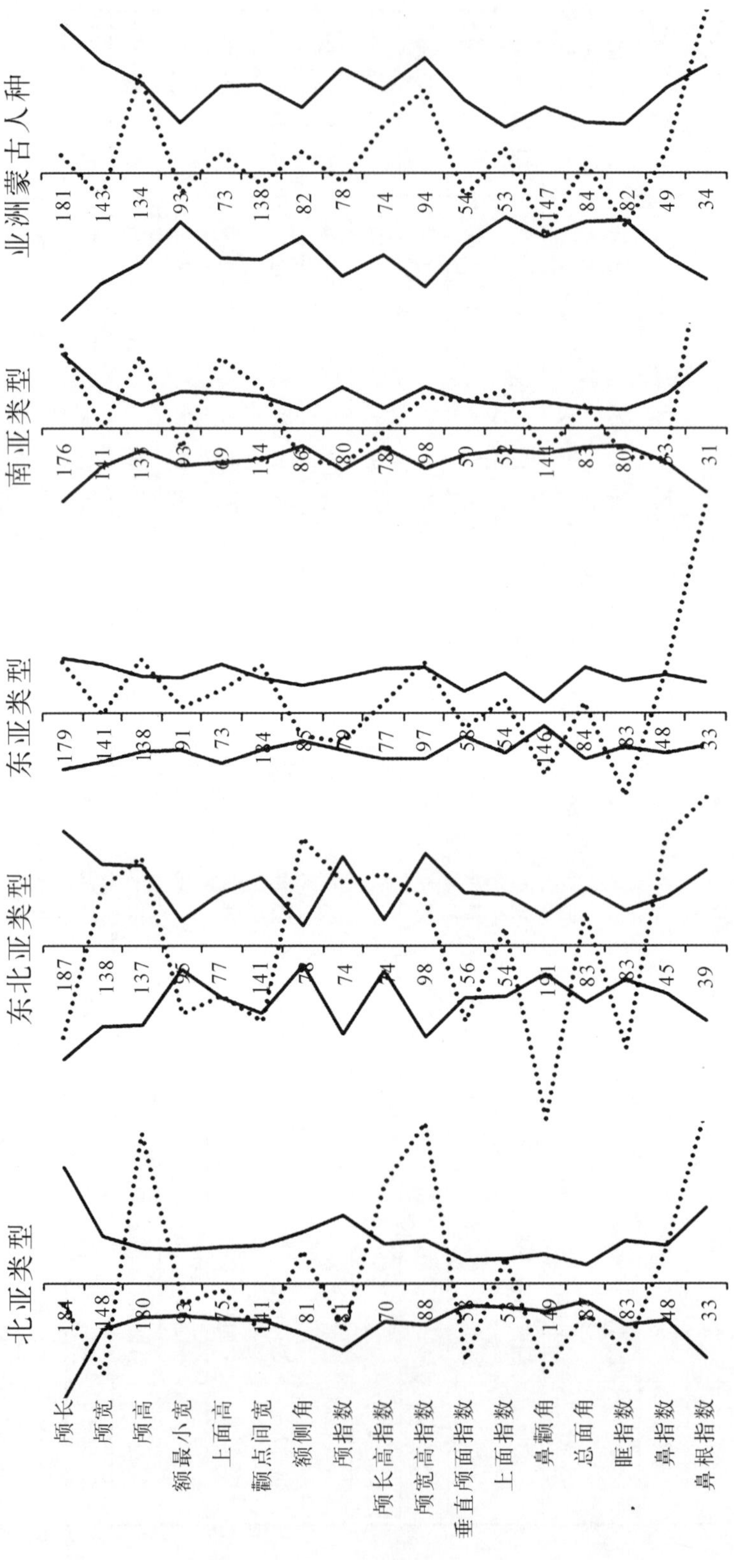

图六 双楼组项目平均值折线图

表一〇

双楼组与近代各人种的比较

马丁号	项目	双楼组	华南组	华北组	蒙古组	爱斯基摩勒俄康组	楚克奇(河滨)组	布里亚特组	同种系标准差
1	颅骨最大长(g-op)	182.28	179.90	178.50	182.20	183.90	182.90	181.90	5.73
8	颅骨最大宽(eu-eu)	140.95	140.90	138.20	149.00	143.00	142.30	154.60	4.76
17	颅高(b-ba)	141.53	137.80	137.20	131.40	137.10	133.80	131.90	5.69△
9	额骨最小宽(ft-ft)	91.45	91 50	89.40	94.30	98.10	95.70	95.60	4.05
45	颧点间宽(zy-zy)	137.10	132.60	132.70	141.80	140.90	140.80	143.50	4.57
48(sd)	上面高(n-sd(av))	74.45	73 82	75.30	78.00	78.20	78.00	77.20	4.15
52R	眶高	34.77	34 60	35.50	35.80	35.90	36.30	36.20	1.91
51R	眶宽(mf-ek)	44.85	42 10	44.00	43.20	44.50	44.10	42.20	1.67
54	鼻宽	26.98	25 25	25.00	27.40	23.50	24.60	27.30	1.77
55	鼻高(n-ns)	53.39	52 60	55.30	56.50	54.70	55.70	56.10	2.92
72	总面角(∠n-pr FH)	84.70	84 70	83.39	87.50	85.60	83.20	87.70	3.24
8:1	颅长宽指数	77.21	78 75	77.56	82.00	77.50	77.90	85.10	2.67
17:1	颅长高指数	77.67	77 02	77.02	[72.12]	[74.55]	73.15	72.51	2.94
17:8	颅宽高指数	100.34	97 80	99.53	[88.19]	[95.87]	94.03	85.32	4.30
48:45sd	上面指数(K)	54.86	55 67	56.80	55.01	[55.50]	[55.40]	53.80	3.30☆
52:51R	眶指数 I	77.72	84 90	80.66	82.90	80.80	82.40	86.00	5.05
54:55	鼻指数	50.60	47 40	45.23	48.60	43.00	44.70	48.70	3.82
9:8	额宽指数	65.03	[64 94]	64.69	[63.29]	[68.60]	67.25	61.84	3.29△

注：1. 标有“△”的采用挪威组同种系标准差，标有“☆”的采用欧洲同种系标准差，其余采用埃及E组的同种系标准差。

2. 标注“[ ]”的其内的数值是根据平均数计算所得的近似值。

3. 华南组、华北组和蒙古组数据引自文献[1]，爱斯基摩勒俄康组和楚克奇(河滨)组数据引自文献[2]。

[1] 朱泓，张全超：《内蒙古林西县井沟子遗址西区墓地人骨研究》，《人类学学报》，2007年，2(26卷)，第97～106页。

[2] 张全超，胡延春，朱泓：《磴口县纳林套海汉墓人骨研究》，《内蒙古文物考古》，2010年2期，第136～142页。

与东北亚类型比较，共有颅长、颅宽、上面高、颅指数、颅宽高指数、上面指数和总面角7项落入其变异范围，其余的颅高、最小额宽、颧点间宽、额侧角、颅长宽指数、颅长高指数、鼻颧角、眶指数、垂直颅面指数和鼻指数则游离于该类型对比项目之外。东北亚类型通常具有的长颅型、较大的面部扁平度和向后方倾斜的额部与双楼组的中颅型、较小的面部扁平度及偏大的额侧角差异较大。

与东亚类型比较，共有颅宽、最小额宽、上面高、额侧角、颅指数、颅长高指数、垂直颅面指数、上面指数和总面角9项落入其变异范围，而颅长、颅高、颧点间宽、颅宽高指数和鼻指数5项与东亚类型的界值十分接近。该组与东亚类型比较，除了颅长略长、颅高略高，面宽略宽外，其余项目与东亚蒙古人种的种系分化趋势基本一致。

与南亚类型比较，共有颅宽、最小额宽、额侧角、颅指数、颅长高指数、颅宽高指数、垂直颅面指数和鼻指数7项落入其变异范围，但是，颅长、颧点间宽、额侧角、鼻颧角、眶指数和总面角6项极为接近南亚类型的界值，通常南亚蒙古人种具有较小的面部扁平度与双楼组的颅骨较为近似，说明双楼组与南亚类型在颅骨形态上存在某些相似性。

通过上述分析，可以得出以下结论：双楼组颅骨具有中颅型、高颅型和狭颅型，狭额型，正颌型，并属于中颌型的总面角及特突颌型的齿槽面角、中等鼻颧角等特点，表明其基本的颅骨形态特征与现代亚洲蒙古人种的东亚类型有较大的一致性，并与南亚类型之间存在较多相似性。

四、与亚洲蒙古人种各近代颅骨组的比较

为了进一步考察双楼组颅骨与现代亚洲蒙古人种各个地区人群在种族类型上的渊源关系，现选择华南组、华北组、蒙古组、爱斯基摩勒俄康组、楚克奇（河滨）组和布里亚特组等6个近代颅骨组进行比较，参加对比的项目和对比组详见表一〇。

首先运用计算双楼颅骨组与各近现代颅骨组之间组差均方根函数值的方法进行比较。比较的结果见表一一。因绝对值的比较相对于角度和指数更易受到个体大小等正常变异的影响，所以先从表中的角度和指数项目看，双楼组的组差均方根函数值在角度和指数项目上与现代北方汉族的代表华北组最为接近，其次是现代南方汉族代表华南组；与北亚蒙古人种的蒙古组和布里亚特组距离最远，与现代东北亚蒙古人种的爱斯基摩勒俄康组和楚克奇（河滨）组相对较远；在全部项目上表现的亲疏关系与在角度和指数项目上的亲缘关系有较多的共性。

表一一　**双楼组与各近代颅骨组之间的组差均方根值**

对比组	华南组	华北组	蒙古组	爱斯基摩勒俄康组	楚克奇（河滨）组	布里亚特组
全部项目	0.70	0.65	1.24	0.98	0.95	1.62
角度指数项目	0.66	0.61	1.46	0.99	1.03	1.90

表一二列出了各比较组之间详细的欧氏距离系数，并据此绘制出树状聚类图图七。

表一二　　双楼组与各近代颅骨组之间的欧氏距离系数矩阵

	1	2	3	4	5	6	7
1	0.000						
2	11.097	0.000					
3	10.862	7.625	0.000				
4	21.609	19.689	22.288	0.000			
5	15.014	15.141	15.904	16.117	0.000		
6	15.656	14.048	14.781	12.861	6.266	0.000	
7	27.720	25.179	28.850	8.335	22.071	19.597	0.000

注：1. 双楼组　2. 华南组　3. 华北组　4. 蒙古组　5. 爱斯基摩勒俄康组　6. 楚克奇（河滨）组　7. 布里亚特组

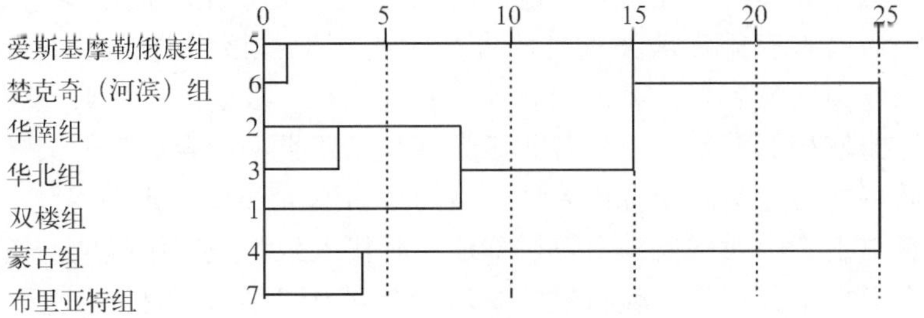

图七　双楼组与近代各颅骨组之间的树状聚类图

图七清晰地反映了双楼组与各近代颅骨组之间的关系。在刻度小于25的范围内，7个颅骨组大致可以分为两个聚类群，第一聚类群基本代表了现代亚洲蒙古人种中的东北亚类型和东亚类型群体，第二聚类群代表了现代亚洲蒙古人种的北亚类型。在刻度处于15的范围内，第一聚类群分为两个小的聚类群，爱斯基摩勒俄康组和楚克奇（河滨）组属于东北亚蒙古人种的小聚类，华北组和华南组属于东亚蒙古人种的小聚类，双楼组处于该小聚类中，与现代蒙古人种的东亚类型居民在颅骨形态特征上较为一致。

五、与各古代颅骨组的比较

为了考察双楼组的种族归属、来源及其种系流向，现选择在时间和空间上与其存在一定联系的14个先秦颅骨组和10个汉代以后古代颅骨组，采用聚类分析和主成分分析的方法比较双楼组与对比组之间的亲疏关系。

14个先秦颅骨组包括游邀组、殷墟中小墓②组和③组、乔村A组、乔村B组、毛饮合并A组、毛饮合并B组、柳湾合并组、李家山组、平洋全组、昙石山组、甑皮岩组、新店子组和阳畔组；10个汉代以后古代颅骨组包括临淄组、良辅组、紫薇组、姑姑庵组、完工组、南杨家营子组、三道湾组、上孙家寨汉代组、陶家寨组和呼和乌素组。

现将14个先秦颅骨组和10个汉代以后古代颅骨组的背景情况介绍如下：

游邀组的颅骨材料来自于山西省忻州市游邀遗址，其年代属于夏代，该组颅骨的特征为中颅型、高颅型结合狭颅型，并有中等偏阔的面宽绝对值和中等的上面高度，偏低的中眶型和偏阔的中鼻型，以及较为扁平而垂直的面形和中等程度的齿槽突颌性质，游邀遗址夏代居民的主要种系成分应归属亚洲蒙古人种的东亚类型，同时也与现代亚洲蒙古人种的南亚类型有近似的因素。游邀组颅骨的特征接近于近代的华北组和华南组，而与近代的蒙古组、爱斯基摩组及古代的西北冈祭祀坑Ⅰ组、大甸子Ⅱ组和殷墟中小墓③组之间存在较远的形态学距离〔1〕。

殷墟中小墓②组的颅骨材料来自于河南省安阳市殷墟遗址的中小墓地，时代为晚商时期，包括在安阳殷墟中小墓中所采集到的可供观察和测量的全部头骨中去除8例低颅、宽面（即带有北方蒙古人种因素）标本以外的其余部分。这类墓葬的死者，其身份当属于殷代社会中的平民，其体质特征与东亚地区的蒙古人种类型比较接近〔2〕。殷墟中小墓③组的颅骨来自于河南省安阳市殷墟遗址晚商的中小墓地，该组颅骨特征所具有的较低的颅、很宽的面，前额比较后斜，鼻根较高等性质与北亚、极区的一些典型蒙古人种头骨上的同类体质特征比较相似，是一组具有北亚类型和东亚类型混合形态的头骨，可能代表殷商王族，其体质特征与先秦时期古代人种类型的“古东北类型”近似〔3〕。

乔村组材料出土于山西省侯马市乔村墓地，时代大致为战国中晚期。通过对该遗址人骨的分析，研究者根据分期的早晚将这批材料分为战国中期的乔村A组和战国晚期的乔村B组。两组居民的颅骨体质性状均表现出具有中颅型结合高颅型和狭颅型、中等鼻型、中眶型和中上面型等特征，与亚洲蒙古人种的东亚类型最为接近，与先秦时期生活在华北地区的“古华北类型”居民相似。乔村墓地的大部分墓葬可能即迁来的秦人与晋文化融合所留下的遗存。乔村A组与B组居民在体质上的一些差异，也许是东周时期晋南地区的晋人与晋秦混血的区别〔4〕。

毛饮合并组的颅骨来自于内蒙古乌兰察布盟凉城县的毛庆沟和饮牛沟两处东周墓地。朱泓先生将毛庆沟、饮牛沟居民中出自于北方草原文化系统墓葬和中原农业文化系统墓葬的个体分别合并为毛饮合并A组和B组。毛饮合并A组颅骨拥有中颅、高颅、狭颅和较

〔1〕 朱泓：《忻州遗址夏代居民的人类学特征》，见：吉林大学边疆考古研究中心，山西省考古研究所，忻州地区文物管理处，忻州考古队：《忻州游邀考古·附录二》，科学出版社，2004年，第188~214页。

〔2〕 韩康信，潘其风：《安阳殷墟中小墓人骨的研究》，见：中国社会科学院历史研究所，中国社会科学院考古研究所：《安阳殷墟头骨研究》，文物出版社，1985年，第50~81页。

〔3〕 韩康信，潘其风：《安阳殷墟中小墓人骨的研究》，见：中国社会科学院历史研究所，中国社会科学院考古研究所：《安阳殷墟头骨研究》，文物出版社，1985年，第50~81页。

〔4〕 潘其风：《侯马乔村墓地出土人骨的人类学研究》，见：山西省考古研究所，《侯马乔村墓地（1959—1996）·附录四》，科学出版社，2004年，第1218~1299页。

窄的面宽等特征与现代东亚蒙古人种颇为近似，在相当大的上面部扁平度以及平颌型等特点上又明显与现代东亚人种有别，而接近于北亚蒙古人种，其高颅窄面、较大的面部扁平度和中等偏狭的颅型，属于先秦时期古代人种类型中的“古华北类型”。毛饮合并B组颅骨具有偏长的中颅型、高颅型、狭颅型，其偏长的中颅型、高而偏狭的颅型、中等偏狭的面宽和中等的上面部扁平度等特征，属于先秦时期古代人种类型中的“古中原类型”[1]。

柳湾合并组的颅骨来自于青海省乐都县境内柳湾墓地中属于半山文化、马厂文化和齐家文化的墓葬，时代跨度从新石器时代到早期青铜时代。据研究者意见，柳湾的三组颅骨在形态学上没有本质的差别，属于相同的体质类型，故将其合并为一组。其体质特征主要表现为长颅型、正颅型结合狭颅型以及高而狭的面型，偏宽的中鼻型，中眶，平颌及中等的齿槽突颌等颅面特征。柳湾合并组的体质特征与现代东亚蒙古人种最为接近，尤其是与近代华北组的相似性最为明显。在古代对比组中，其与步达生的甘肃史前组和新石器组的关系最为密切。此外，与殷墟中小墓①组也呈现比较接近的趋势，而与仰韶合并组和西夏侯组之间存在一定的差异[2]。

李家山组的人骨来自于青海省湟中县李家山下西河村潘家梁卡约文化墓地。该组居民与现代华北组以及现代藏族B组有很近的形态学联系，其体质特征属于先秦时期的古西北类型。在古代对比组中，李家山组居民与甘肃史前组、阿哈特腊山组及殷墟中小墓组较为接近。李家山人骨的体质类型属蒙古人种东亚类型，但又有某些特征趋近东北亚类型。其体质特征属于先秦时期古代人种类型中的古西北类型[3]。

平洋全组的颅骨材料来自于黑龙江省泰来县平洋墓葬，包括砖厂和战斗两个墓地，其年代应在春秋晚期至战国晚期之间。关于其族属问题，有的学者认为应纳入东胡范畴之内，可进而推定为拓跋鲜卑及其先世。据潘其风先生研究，平洋墓地的古代居民是一组同种系多类型的群体，第一种类型与现代亚洲蒙古人种的东北亚类型关系最为密切，同时又具有某些与北亚类型相近似的体质特征；第二组可能是一个与东北亚类型和东亚类型融合体相似的人群。总的来看，平洋全组的人种类型主要与东北亚蒙古人种接近，同时也与北亚蒙古人种和东亚蒙古人种相关。比较结果显示，平洋全组与完工组关系最为密切，此外还与匈奴组、毛庆沟组和扎赉诺尔组等其他北方草原地区的古代人群存在不同程度的关联[4]。

昙石山组的颅骨来自于福建省闽侯县昙石山新石器时代晚期的遗址，该遗存被命名为“昙石山文化”，遗址年代约为公元前1300年。该组颅骨的主要体质特征为长颅型、正颅型结合狭颅型的颅型特点，头高绝对值较大，较狭而陡直的额型，中等面宽，较低的面部

---

〔1〕张全超：《内蒙古和林格尔县新店子墓地人骨研究》，科学出版社，2010年，第1~115页。

〔2〕潘其风，韩康信：《柳湾墓地的人骨研究》，见：青海省文物管理处考古队，中国社会科学院考古研究所：《青海柳湾——乐都柳湾原始社会墓地·附录一》，文物出版社，1984年，第261~303页。

〔3〕张君：《青海李家山卡约文化墓地人骨种系研究》，《考古学报》1993年3期，第381~390页。

〔4〕潘其风：《平洋墓葬人骨的研究》，见：《平洋墓葬·附录一》，文物出版社，1990年，第187~235页。

和较小的上面部扁平度，较明显的上齿槽突颌、较低的眼眶和很阔的鼻型。在种族类型上与现代蒙古大人种中的东亚类型和南亚类型都比较接近，而其长颅、低面、阔鼻等面部特征显示与现代蒙古大人种中的南亚类型更为接近〔1〕。

甑皮岩组的颅骨来自于广西壮族自治区桂林市郊区甑皮岩新石器时代遗址，该遗址年代大约距今7500年和距今9000年。其颅骨特征为长颅型、偏低的正颅型和偏狭的中颅型等，较大的面宽，面部较低、偏阔的上面型、低眶、阔鼻及明显前突的面部。在种族类型上与现代蒙古大人种中分布于华南、印度尼西亚等地的南亚种族较接近，但少数特征反映出某些接近于赤道人种的性状。与我国的柳江人有着密切的亲缘关系〔2〕。

新店子组的颅骨来自于内蒙古和林格尔县新店子东周时期墓地，该组居民具有特圆颅型、偏低的正颅型、阔颅型相结合的颅型特点，并有颇大的颧宽绝对值和上面部扁平度，低眶型和偏狭的中鼻型，较为垂直的面形和中等程度的齿槽面性质。在与现代蒙古人种各区系类型的比较中，与北亚蒙古人种类型在颅骨特征上具有较多的一致性，并与代表北亚蒙古人种类型的布里亚特组关系最为接近〔3〕。

阳畔组的颅骨来自于内蒙古呼和浩特市清水河县春秋中期至战国早期的墓地。该组颅骨具有特圆颅型、正颅型结合阔颅型的颅型特点，较低而宽并且颇为扁平的面部特点以及中眶型和狭鼻型。其种族特点与现代北亚蒙古人种十分相似〔4〕。

临淄组的颅骨资料来自于山东省临淄地区的春秋时期遗址和汉代遗址，其颅骨的基本特征为中颅型、高颅型、狭颅型相结合，中面型、中眶型、中鼻型相结合，面部水平和矢状方向突度中等和齿槽突颌型等特征，与现代亚洲蒙古人种的东亚类型相似〔5〕。

良辅组的颅骨资料来自于陕西省澄城县刘家洼乡良辅墓地，其年代为汉代，该组颅骨的体质特征为长颅型结合圆颅型，高颅型，中颅型结合狭颅型，并有阔上面型，阔额型，中眶型和中鼻型，而其面部扁平度并不是很大，与现代亚洲蒙古人种的东亚类型有更亲近的关系，同时不排除个别体质因素上存在南亚类型的影响。与近代华南组居民最为接近，次为华北组，并与殷墟中小墓②组和仰韶合并组最为接近。该组居民应与先秦时期古代居民人种类型的“古中原类型”表现出较强的一致性，并不排除来自黄河上游甘青地区“古西北类型”基因影响的可能〔6〕。

紫薇组的颅骨材料出土于陕西省西安市长安区郭杜镇北的紫薇田园都市墓葬群中的唐代墓葬，该组颅骨特征为中颅、高颅结合很狭的颅型，中等的额宽、偏低的眶型及中等偏小的面部扁平度，相对低矮的鼻根。接近蒙古人种的南亚类型和东亚类型，但面部较宽等

〔1〕 韩康信，张振标，曾凡：《闽侯昙石山遗址的人骨》，《考古学报》1976年1期，第121~129页。

〔2〕 张银运，王令红，董兴仁：《广西桂林甑皮岩新石器时代遗址的人类头骨》，《古脊椎动物与古人类》1977年1期，第4~13页。

〔3〕 张全超：《内蒙古和林格尔县新店子墓地人骨研究》，科学出版社，2010年，第1~115页。

〔4〕 张全超：《内蒙古和林格尔县新店子墓地人骨研究》，科学出版社，2010年，第1~115页。

〔5〕 韩康信，松下孝幸：《山东临淄周—汉代人骨体质特征研究及西日本弥生时代人骨比较概报》，《考古》1997年4期，第32~42页。

〔6〕 韩巍：《陕西澄城良辅墓地汉代人骨研究》，吉林大学硕士学位论文，2006年，第58~59页。

特征可能受到某种程度北亚类型和东北亚类型的影响，与仰韶合并组、瓦窑沟组、殷墟中小墓①组等中原地区古代组存在形态学上比较接近的关系[1]。

姑姑庵组的颅骨材料来自于内蒙古清水河县姑姑庵汉代早期具有中原文化系统的墓地。姑姑庵组颅骨的形态特征可以概括为中颅型、高颅型、狭颅型相结合，并有偏狭的面宽绝对值、中等的上面高度、偏低的中眶型和中鼻型及中等程度扁平的面形；与近代华北居民和抚顺居民在颅骨的基本形态特征方面最为接近，并与忻州窑子 B 组、将军沟组、土城子战国组、毛饮合并 B 组等先秦时期的“古中原类型”居民在人种类型较为一致，而与内蒙古中南部地区先秦时期的土著居民“古华北类型”的代表毛饮合并 A 组、朱开沟组以及代表“古蒙古高原类型”的忻州窑子 B 组、新店子组和阳畔组都存在一定程度的形态学差异。姑姑庵汉代居民既可能是战国晚期至秦汉以来汉代中央政府“戍边郡”移民政策下外迁到内蒙古中南部地区的“古中原类型”居民的后裔，也不排除姑姑庵汉代居民是内蒙古中南部地区先秦时期“古中原类型”居民后裔的可能[2]。

完工组的颅骨采集自内蒙古呼伦贝尔盟陈巴尔虎旗，时代相当于东汉时期。大多数学者认为完工墓葬属于拓跋鲜卑的早期遗存[3]。另外还有一些学者认为完工墓葬与鲜卑不同，是匈奴的遗存，时代也是较早的[4]。该组居民的颅型较高，长宽比例上颅型中等偏长，完工组与现代北极蒙古人种相似的成分居多，可能还含有一些北亚和东亚蒙古人种的因素；该组居民的颅型较高，长宽比例上颅型中等偏长，鼻形比较狭窄，前额明显向后倾斜，面部宽而扁平。完工组所体现的以北极蒙古人种体质为主要因素，被认为可能代表了拓跋鲜卑祖先的人类学特征。完工组的体质特征与其他鲜卑族头骨具有较大的差异，他们具有高而偏长的颅型配合以较阔的面形，这种高颅阔面类型的人类在先秦时期的中国东北地区广有分布，被朱泓称之为“古东北类型”，与其他鲜卑族头骨所代表的低颅阔面的西伯利亚人种明显有别[5]。

南杨家营子组的颅骨来自于内蒙古昭盟巴林左旗南杨家营子遗址，其年代为东汉时期，据墓葬形制及出土遗物判断，被认为是拓跋鲜卑南移而后西迁时留下的遗存。其体质特征主要与北亚蒙古人种接近，同时具有某些东亚或东北亚蒙古人种的因素。南杨家营子组与匈奴的关系虽不如扎赉诺尔与匈奴那样接近，但两者的相关性仍然很明显，而南杨家

[1] 陈靓：《西安紫薇田园都市唐墓人骨种系初探》，《考古与文物》2008 年 5 期，第 95~105 页。

[2] 张全超，曹建恩，朱泓：《内蒙古清水河县姑姑庵汉代墓地人骨研究》，《人类学学报》2011，1：第 64~73 页。

[3] 宿白：《东北、内蒙古地区的鲜卑遗迹——鲜卑遗迹辑录之一》，《文物》1977 年 5 期，第 42~54 页。

[4] 潘玲：《完工墓地的文化性质和年代》，《考古》2007 年 9 期。

[5] 潘其风，韩康信：《东汉北方草原游牧民族人骨的研究》，《考古学报》1982 年 1 期，第 117~136 页。

营子组中可能又掺合了一种脸型较窄的新的体质因素[1][2]。

三道湾组的颅骨材料来自于内蒙古自治区乌兰察布盟右后旗红格尔图乡的东汉时期鲜卑族墓地。该组居民具有短而阔的颅型，宽阔的面形以及显著的低颅高面性质，其基本种系成分属于北亚蒙古人种，在该组中有少数个体可能受到某些东亚蒙古人种的影响，与近代蒙古族最为相似。在与古代组比较时，显示出与扎赉诺尔组最为接近，与南杨家营子组和外贝加尔组也有密切的关系，而与大通匈奴组存在较大的体质差异[3]。

上孙家寨汉代组的颅骨材料来自于青海省大通县上孙家寨的汉晋时代墓地。该组颅骨均为中颅型、高颅型、趋中的狭颅型（或中颅型）结合狭额型，狭面型、中眶型、中鼻型及弱的鼻根突度结合大的垂直颅面比例，面部突度上的平颌型结合中等的上齿槽突度，并具有大的水平方向的面部扁平度和短阔的腭形。上孙家寨汉代组与属于卡约文化的上孙家寨卡约组之间的形态差异不显著，之间具有非常密切的同源性；并表现出与黄河中下游乃至现代藏族组之间相对接近的联系[4]。也说明至迟在秦汉以前，在我国甘青地区便已存在与现代西藏东部居民更为接近的体质类型，他们可能与汉文史籍中记载的西北古代氐羌系族有着非常密切的联系[5]。

陶家寨组的颅骨材料出土于青海省西宁市陶家寨汉晋时期墓地，该组颅骨的体质特征为偏长的中颅型、偏高的正颅型和偏狭的中颅型，并有狭额、狭面、中鼻、中眶、中等偏大的上面部扁平度和垂直方向的中等突出程度。与东亚蒙古人种类型居民有较多的一致性。与代表东亚蒙古人种的华北组和华南组关系最为密切，并与现代藏族 B 组之间存在比较接近的形态学距离[6]。

1. 与先秦各古代颅骨组的比较

将双楼组与 14 个先秦古代颅骨组进行比较，表一三列出了具体的比较项目。表一四是双楼组与 14 个先秦颅骨组之间的组差均方根函数值，在角度和指数项目上，与双楼组最为近似的是古中原类型的毛饮合并 B 组、游邀组和殷墟中小墓③组；较为接近的是古华北类型的乔村 B 组、乔村 A 组和毛饮合并 A 组及古西北类型的李家山组、柳湾合并组；较为疏远的是古东北类型的平洋全组、殷墟中小墓③组及古华南类型的昙石山组、甑皮岩组；最为疏远的是古蒙古高原类型的阳畔组和新店子组。在全部项目上表现的亲疏关系与在角度和指数项目上的亲缘关系有较多的共性。

---

[1] 潘其风，韩康信：《东汉北方草原游牧民族人骨的研究》，《考古学报》1982 年 1 期，第 117-136 页。

[2] 朱泓：《人种学上的匈奴、鲜卑与契丹》，《北方文物》1994 年 2 期，第 7-13 页。

[3] 朱泓：《察右后旗三道湾汉代鲜卑族颅骨的人种学研究》，《内蒙古文物考古文集》（第 2 辑），中国大百科全书出版社，1992 年。

[4] 韩康信，谭婧泽，张帆：《青海大通上孙家寨古墓地人骨的研究》，见《中国西北地区古代居民种族研究》，复旦大学出版社，2005 年，第 63 页。

[5] 谭婧泽，韩康信：《中国北方几个古代民族的体征类型和种族属性》，见《现代人类学通讯》2007 年 1 期：第 58-66 页。

[6] 张敬雷：《青海省西宁市陶家寨汉晋时期墓地人骨研究》，吉林大学博士论文，2008 年，第 106 页。

表一三　　双楼组与各古代颅骨组比较(男性)　　(长度：毫米；角度：度；指数：%)

马丁号	比较项目	双楼组	游邀组	殷墟中小墓②组	乔村A组	乔村B组	毛饮合并A组	毛饮合并B组	柳湾合并组	李家山组	平洋全组	殷墟中小墓③组	昙石山组	甑皮岩组	新店子组	阳畔组	同种系标准差
1	颅长	182.28	183.65	184.03	180.78	180.77	182.04	182.20	185.93	182.20	190.54	187.18	189.70	193.30	173.80	176.00	5.73
8	颅宽	140.95	140.65	140.13	142.86	142.70	142.02	139.76	136.41	140.00	144.60	142.67	139.20	143.20	153.27	152.50	4.76
17	颅高	141.53	142.13	140.32	140.95	141.43	136.88	142.72	139.38	136.50	140.11	134.83	141.30	140.90	129.18	129.50	5.69△
45	颧点间宽	137.10	137.60	133.08	137.04	138.02	134.64	135.47	137.24	138.60	144.90	145.40	135.60	138.00	142.08	139.00	4.57
9	最小额宽	91.45	94.00	90.43	92.45	92.53	90.50	90.64	90.30	91.20	91.26	93.86	91.00	93.50	94.33	89.50	4.05
51R	眶宽	44.85	44.42	42.43	43.01	43.88	43.85	42.91	43.87	43.20	43.74	44.88	42.20	42.60	44.38	42.10	1.67
52R	眶高	34.77	34.08	33.55	34.29	34.57	33.88	33.70	34.27	35.40	33.91	35.52	33.80	34.40	33.12	33.00	1.91
54	鼻宽	26.98	26.79	26.99	26.03	26.65	25.97	26.84	27.26	26.70	28.90	28.96	29.50	28.30	27.12	25.10	1.77
55	鼻高	53.39	53.10	53.38	54.79	54.30	55.10	54.70	55.77	57.00	58.38	56.42	51.90	53.10	56.52	55.20	2.92
48(sd)	上面高	74.45	73.95	73.81	74.74	73.98	74.50	74.26	78.19	77.30	77.08	75.08	71.10	69.70	73.91	72.00	4.15
72	总面角	84.70	84.44	83.81	83.56	84.45	86.00	83.55	89.21	87.00	90.80	84.63	81.00	84.00	88.00	84.00	3.24
8:1	颅指数	77.21	76.73	76.50	79.21	78.94	78.10	76.79	73.92	76.93	75.89	76.27	73.40	73.20	88.13	87.50	2.67
17:1	颅长高指数	77.67	77.15	76.09	78.36	78.56	75.54	78.38	74.74	74.96	74.09	72.08	73.80	70.50	72.80	73.30	2.94
17:8	颅宽高指数	100.34	101.02	99.35	98.24	99.00	96.63	101.57	100.96	97.60	97.30	94.53	99.50	97.90	84.57	84.93	4.30
48:45sd	上面指数	54.86	53.53	53.98	54.40	54.72	54.48	54.66	56.97	55.88	53.06	51.66	52.50	50.40	51.93	51.76	3.30☆
48:17sd	垂直颅面指数	52.06	51.41	53.11	53.10	52.56	[54.43]	52.03	56.57	56.99	54.43	55.30	48.10	49.47	57.29	55.59	/
52:51R	眶指数	77.72	76.73	78.59	79.60	79.14	77.41	78.73	78.46	82.02	77.77	79.32	80.00	80.40	74.71	78.46	5.05
54:55	鼻指数	50.60	50.52	50.98	47.60	50.50	47.21	49.09	49.09	47.01	49.40	51.41	57.00	53.30	48.06	45.46	3.82
9:8	额宽指数	65.03	66.64	64.35	64.48	64.95	64.10	64.91	65.94	65.25	62.19	65.46	65.37	65.29	61.60	58.71	3.29△

注:1. 标有“△”的采用挪威组同种系标准差,标有“☆”的采用欧洲同种系标准差,其余采用埃及E组的同种系标准差。

2. 标注“[ ]”的其内的数值是根据平均数计算所得的近似值。

表一四　　双楼组与先秦时期各颅骨组之间的组差均方根值

对比组	全部项目	角度和指数项目
游邀组	0.26	0.26
殷墟中小墓②组	0.48	0.28
乔村 A 组	0.46	0.47
乔村 B 组	0.29	0.30
毛饮合并 A 组	0.51	0.55
毛饮合并 B 组	0.38	0.25
柳湾合并组	0.69	0.80
李家山组	0.65	0.66
平洋全组	0.99	0.93
殷墟中小墓③组	0.91	0.91
昙石山组	0.95	1.04
甑皮岩组	1.03	1.18
新店子组	1.73	2.14
阳畔组	1.73	2.13

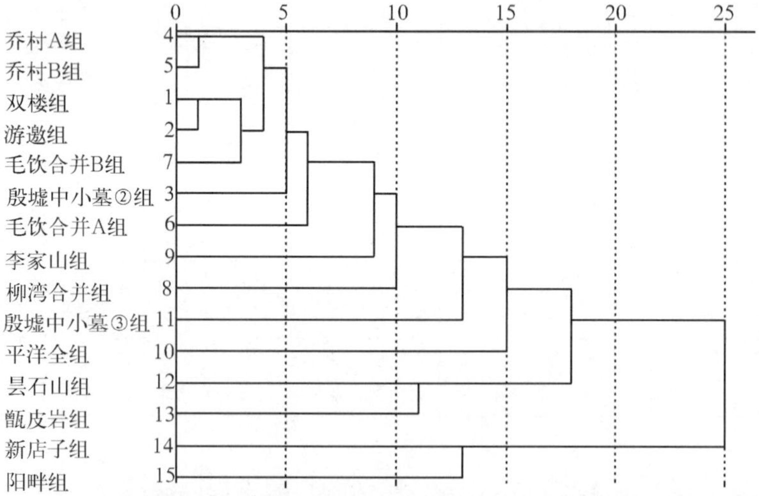

图八　双楼组与先秦各古代颅骨组之间的树状聚类图

图八是依据表一五中双楼组与先秦各古代颅骨组之间欧氏距离系数绘制出的树状聚类图。该图清楚地体现了双楼组居民与我国境内先秦各古代居民在体质特征上的异同点。在刻度处于10~15之间的范围内,15个颅骨组大致可以区分为四个聚类群,第一聚类群包

表一五　双楼组与先秦各古代颅骨组的欧氏距离系数矩阵（男性）

	1	2	3	4	5	6	7	8	9	10	11	12	13	14	15
1	0.000														
2	4.112	0.000													
3	6.178	7.590	0.000												
4	6.174	8.030	8.322	0.000											
5	4.177	6.299	8.108	3.739	0.000										
6	8.632	10.604	7.818	7.352	8.724	0.000									
7	4.439	6.121	5.752	6.563	6.238	9.683	0.000								
8	11.376	12.275	11.423	13.967	13.682	11.896	11.770	0.000							
9	11.396	13.218	11.837	10.014	11.055	8.361	12.129	9.286	0.000						
10	16.165	16.322	17.659	16.953	16.461	16.195	17.953	14.631	14.723	0.000					
11	15.832	15.671	16.937	16.050	15.523	15.044	18.336	16.351	13.129	11.464	0.000				
12	14.135	13.307	12.080	17.675	16.102	18.189	14.557	18.161	20.312	20.463	18.561	0.000			
13	16.630	15.116	15.121	18.806	17.880	18.511	17.692	19.130	20.175	16.650	15.503	9.441	0.000		
14	29.801	31.012	30.764	26.567	27.258	24.795	32.118	33.634	26.927	29.194	25.465	37.251	35.083	0.000	
15	28.291	30.005	28.128	24.382	25.805	22.536	29.819	32.727	25.464	29.052	25.533	34.731	32.913	10.095	0.000

注：1.双楼组 2.游邀组 3.殷墟中小墓②组 4.乔村A组 5.乔村B村 6.毛饮合并A组 7.毛饮合并B组 8.柳湾合并组 9.李家山组 10.平洋全组 11.殷墟小墓③组 12.昙石山组 13.甑皮岩组 14.新店子组 15.阳畔组

括：新店子组和阳畔组，属于先秦时期古蒙古高原类型居民；第二聚类群包括：昙石山组和甑皮岩组，属于先秦时期古华南类型居民；第三聚类群包括：殷墟中小墓③组和平洋全组，属于先秦时期古东北类型居民；第四聚类群包括：游邀组、殷墟中小墓②组、乔村A组、乔村B组、毛饮合并A组、毛饮合并B组、柳湾合并组和李家山组，基本代表了与现代蒙古人种东亚类型颅骨形态特征相似的群体，分别属于先秦时期的古中原类型、古华北类型和古西北类型居民。在刻度小于5的范围内，双楼组处于古中原类型居民组成的小聚类中，并与山西夏代的游邀组首先聚合，双楼组应属于古中原类型居民。

表一六　**前三个主成分的方差累计贡献率**

成分 t	Total	% of Variance	Cumulative %
1	6.826	42.664	42.664
2	3.832	23.948	66.612
3	3.132	19.576	86.188

表一七　**前三个主成分因子载荷矩阵**

Component Matrix (a)			
	成分		
	1	2	3
颅长	0.709	-0.141	0.597
颅宽	-0.871	-0.43	0.015
颅高	0.903	0.168	-0.142
颧点间宽	-0.446	0.033	0.78
眶高	0.41	0.414	0.406
鼻宽	0.456	-0.261	0.777
鼻高	-0.611	0.544	0.509
上面高	-0.129	0.945	0.22
总面角	-0.418	0.6	0.484
颅指数	-0.908	-0.167	-0.317
颅长高指数	0.271	0.482	-0.697
颅宽高指数	0.914	0.364	-0.084
上面指数	0.227	0.866	-0.354
垂直颅面指数	-0.751	0.574	0.169
鼻指数	0.734	-0.51	0.292
额宽指数	0.85	0.279	0.07

Extraction Method: Principal Component Analysis. a. 3 components extracted.

为了更加系统地了解双楼组居民与先秦时期其他古代居民之间的关系，现采用主成分分析的方法，对包括双楼组在内的15组人群的16项线性和指数值进行了深入的分析研究，分别为颅长、颅宽、颅高、颧点间宽、眶高、鼻宽、鼻高、上面高、总面角、颅指数、颅长高指数、颅宽高指数、上面指数、垂直颅面指数、鼻指数和额宽指数。

在本次的主成分分析中，因子得分的方法选择了Anderson-rubin方法，并通过“反映像矩阵”的方法检验出以上16项比较项目的每个变量大体适宜做主成分分析。

由表一六可知，当选取3个主成分时，其累计贡献率为86.188%，所以能解释86.188%的总方差，如果选取2个主成分时，能解释66.612%的总方差。所以，这次主成分分析的效果是比较高的，可以认为基本包含了所有16个项目大多数特征的信息量，具有较高的可信度。前三个主成分的载荷量见表一七。

由表一七可知，第一主成分的贡献率为42.664%，最大载荷的原变量有颅长、颅宽、颅高、鼻高、颅指数、颅宽高指数、垂直颅面指数、鼻指数和额宽指数等，代表颅型的长、宽、高，面宽、面部在水平方向上的突出程度以及鼻型的特征。第二主成分的贡献率为23.948%，载荷最大的原变量有上面高、上面指数和总面角等，它们大致代表了面宽、鼻型、颅型的长高等特征。第三主成分的贡献率为19.576%，载荷最大的原变量有鼻宽和颅长高指数等，代表了鼻部和颅型高度的特征。

因前三个主成分吸收了原变量集的多数信息，所以可以利用前三个主成分绘制图形进行直观的分析。图九是根据前三个主成分的分布构成绘出的三维散点图。

从图可见，各先秦古代组大致可以分成四个较为清晰的空间分布集团，即10和11代表的古东北类型集团，12和13代表的古华南类型集团，14和15代表的古蒙古高原类型集团，以及由古中原类型、古西北类型和古华北类型所组成的第四个集团。这同聚类分析的结果基本一致。双楼组处于第四个集团中若干个古中原类型颅骨组所组成的密集空间当中，与其中的殷墟中小墓②距离最近，其次是山西的游邀组及古华北类型的乔村B组，说明双楼组与中原地区的土著古中原类型居民在体质特征上具有很大的相似性，并与古华北类型的晋秦混血也有较大的相似性。

2. 与汉代以后各古代颅骨组的比较

根据表一八各项数值计算出双楼组与汉以后各古代组之间的组差均方根函数值，结果列于表一九。在表一九中，双楼组居民的组差均方根函数值在角度指数项目上，与紫薇组、良辅组、姑姑庵组和临淄组最为接近，其次为上孙家寨汉代组和陶家寨组，与完工组和呼和乌素组的距离也相对较近。在全部项目上，与良辅组、紫薇组、临淄组最接近。无论是全部项目还是角度指数项目，组差均方根函数值都显示与三道湾组和南杨家营子组最为疏远。

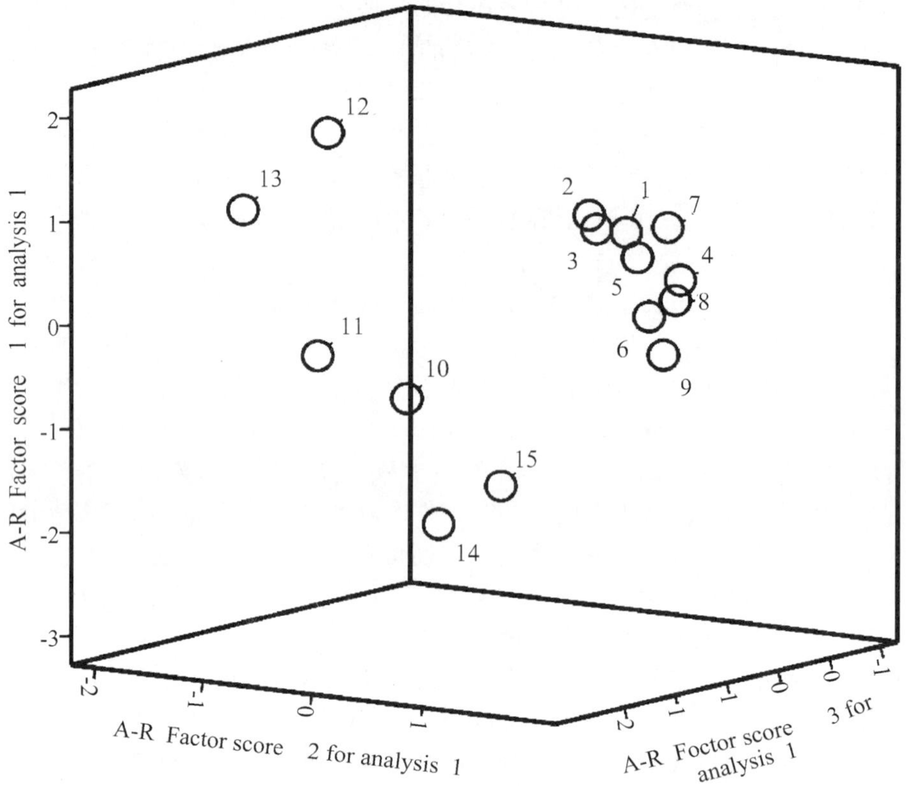

图九　前三个因子散点图

1. 双楼组　2. 游遨组　3. 殷墟中小墓②组　4. 乔村 A 组　5. 乔村 B 组
6. 毛饮合并 A 组　7. 毛饮合并 B 组　8. 柳湾合并组　9. 李家山组　10. 平洋全组
11. 殷墟中小墓③组　12. 昙石山组　13. 甑皮岩组　14. 新店子组　15. 阳畔组

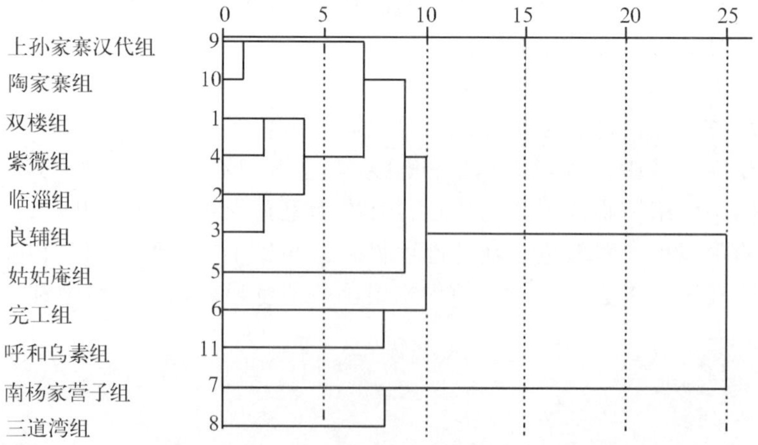

图一〇　双楼组与汉以后各古代颅骨组之间的树状聚类图

表一八　　双楼组与汉代以后各古代颅骨组比较(男性)　　(长度：毫米；角度：度；指数：%)

马丁号	比较项目	双楼组	临淄组	良辅组	紫薇组	姑姑庵组	完工组	南杨家营子组	三道湾组	上孙家寨汉代组	陶家寨组	呼和乌素组	同种系标准差
1	颅长	182.28	181.80	184.93	182.18	177.10	184.25	179.63	181.69	181.20	183.98	184.50	5.73
8	颅宽	140.95	141.00	141.23	139.76	138.40	140.60	144.75	148.51	139.70	140.32	140.30	4.76
17	颅高	141.53	138.80	137.58	142.81	139.60	139.00	126.00	130.65	136.20	135.56	145.20	5.69△
45	颧点间宽	137.10	137.40	136.27	140.64	132.80	142.50	136.75	141.08	137.10	137.73	136.80	4.57
9	最小额宽	91.45	93.70	93.23	94.52	91.80	91.00	90.00	93.36	91.10	90.42	92.50	4.05
51R	眶宽	44.85	42.90	45.53	44.88	42.10	43.25	41.38	43.24	42.80	44.06	43.40	1.67
52R	眶高	34.77	34.20	35.26	35.33	33.30	33.75	34.07	34.20	35.80	35.75	35.40	1.91
54	鼻宽	26.98	26.80	26.14	27.45	25.70	26.25	27.00	27.43	27.10	26.59	25.60	1.77
55	鼻高	53.39	54.70	52.65	55.05	54.20	59.00	57.50	56.38	56.50	54.43	57.50	2.92
48(sd)	上面高	74.45	73.70	74.67	74.99	72.30	77.50	76.75	78.91	75.80	75.91	77.40	4.15
72	总面角	84.70	87.10	84.75	84.15	86.50	88.00	91.16	87.50	85.30	84.38	87.00	3.24
8:1	颅指数	77.21	77.60	77.31	76.80	78.20	76.44	79.90	81.88	77.30	76.38	76.60	2.67
17:1	颅长高指数	77.67	76.50	76.93	78.49	78.80	75.54	70.20	72.00	75.90	73.81	78.36	2.94
17:8	颅宽高指数	100.34	98.10	97.54	101.98	100.90	98.94	87.06	88.02	97.70	96.77	103.01	4.30
48:45sd	上面指数	54.86	53.10	52.74	53.95	54.40	54.40	55.70	56.21	55.20	55.61	54.53	3.30☆
48:17sd	垂直颅面指数	52.06	53.00	50.30	50.80	51.80	55.75	60.72	60.60	54.80	56.09	55.62	/
52:51R	眶指数	77.72	79.90	77.44	78.84	79.10	78.01	81.34	78.22	83.70	81.24	81.57	5.05
54:55	鼻指数	50.60	49.20	50.30	50.01	47.50	45.41	47.16	48.86	48.40	48.94	44.19	3.82
9:8	额宽指数	65.03	66.60	67.02	67.63	66.40	64.89	62.51	62.94	65.40	64.43	65.87	3.29△

注：1. 标有“△”的采用挪威组同种系标准差，标有“☆”的采用欧洲同种系标准差，其余采用埃及E组的同种系标准差。

2. 标注“[ ]”的其内的数值是根据平均数计算所得的近似值。

表一九　　双楼组与汉代以后各古代颅骨组的均方根值比较

对比组	临淄组	良辅组	紫薇组	姑姑庵组	完工组	南杨家营子组	三道湾组	上孙家寨汉代组	陶家寨组	呼和乌素组
全部项目	0.48	0.39	0.40	0.66	0.78	1.46	1.22	0.60	0.55	0.71
角度指数项目	0.48	0.40	0.36	0.44	0.67	1.69	1.44	0.56	0.64	0.75

表二〇　　双楼组与汉以后各古代颅骨组的欧氏距离系数矩阵（男性）

	1	2	3	4	5	6	7	8	9	10	11
1	0.000										
2	6.688	0.000									
3	6.977	6.886	0.000								
4	6.574	8.550	9.630	0.000							
5	9.581	8.926	12.080	12.146	0.000						
6	11.980	10.342	13.376	12.280	15.691	0.000					
7	26.224	22.111	24.457	29.408	25.993	22.055	0.000				
8	22.876	19.776	21.341	25.420	25.493	19.001	10.686	0.000			
9	10.337	7.348	11.012	12.315	11.349	10.687	19.438	18.650	0.000		
10	10.300	8.697	9.962	13.468	14.051	10.429	18.584	16.874	5.619	0.000	
11	11.519	11.879	14.849	11.175	13.734	10.930	28.694	26.018	12.722	14.292	0.000

注：1. 双楼组　2. 临淄组　3. 良辅组　4. 紫薇组　5. 姑姑庵组　6. 完工组　7. 南杨家营子组　8. 三道湾组　9. 上孙家寨汉代组　10. 陶家寨组　11. 呼和乌素组

图一〇是依据表二〇绘制出的树状聚类图。图一〇中，在刻度处于25时，11个颅骨组可分为三个大聚类，南杨家营子组和三道湾组属于第一大聚类，代表汉代以后的鲜卑人；完工组和呼和乌素组属于第二大聚类，代表汉代以后的北方游牧民族；其余颅骨组属于第三大聚类，包括西北羌系民族和中原农业文化系统的汉民族。在刻度处于0-5之间时，双楼组与中原汉民族的紫薇组、临淄组和良辅组首先聚合。双楼组与紫薇组、临淄组和良辅组之间具有最为相近的遗传关系。

表二一　　前三个主成分的方差累计贡献率

Component	Total	% of Variance	Cumulative %
1	8.169	51.054	51.054
2	2.773	17.334	68.387
3	2.569	16.059	84.447

表二二　　**前三个主成分因子载荷矩阵**

Component Matrix（a）			
	成分		
	1	2	3
颅长	-0.222	-0.055	0.864
颅宽	0.838	0.334	0.164
颅高	-0.854	-0.292	0.238
颧点间宽	0.313	0.054	0.823
眶宽	-0.593	0.469	0.584
鼻宽	0.397	0.682	0.225
鼻高	0.577	-0.687	0.291
上面高	0.699	-0.208	0.645
总面角	0.747	-0.423	-0.266
颅指数	0.776	0.327	-0.272
颅长高指数	-0.924	-0.179	-0.031
颅宽高指数	-0.91	-0.32	0.11
上面指数	0.755	0.003	0.02
垂直颅面指数	0.963	-0.173	0.086
鼻指数	-0.251	0.959	-0.056
额宽指数	-0.926	0	-0.008

Extraction Method：Principal Component Analysis. a. 3 components extracted.

由表二一和表二二可知，在双楼组与汉以后各古代颅骨组的主成分分析中，前三个主成分的累计贡献率为84.447%。第一主成分的贡献率为51.054%，而第二主成分和第三主成分则分别可以解释17.334%和16.059%的方差。第一主成分最大载荷的原变量有颅宽、颅高、上面高、总面角、颅指数、颅长宽指数、颅宽高指数、上面指数、垂直颅面指数和额宽指数等，主要体现颅骨在颅型的宽和高及面部宽度、面部在水平方向上的突出程度等方面的特征。第二主成分最大载荷的原变量有鼻宽、鼻高和鼻指数等，代表鼻型等特征。第三主成分最大载荷原变量有颅长、颧点间宽等，代表颅部的长度和面部的宽度等形态特征。

图一一是依据前三个主成分的分布构成绘出的三维散点图。在图一一中，11组人群可大致分为四个空间分布集团。南杨家营子组和三道湾组属于第一空间分布集团，代表汉代古蒙古高原类型的鲜卑人；上孙家寨汉代组和陶家寨组属于第二集团，代表汉晋时期西北羌系民族；完工组和呼和乌素组属于第三集团，代表匈奴等北方游牧民族；第四集团基

本代表中原汉文化系统的人群，双楼组处于该集团中，与古中原类型居民后裔的汉代早期的姑姑庵组、陕西澄城的良辅组距离最近。

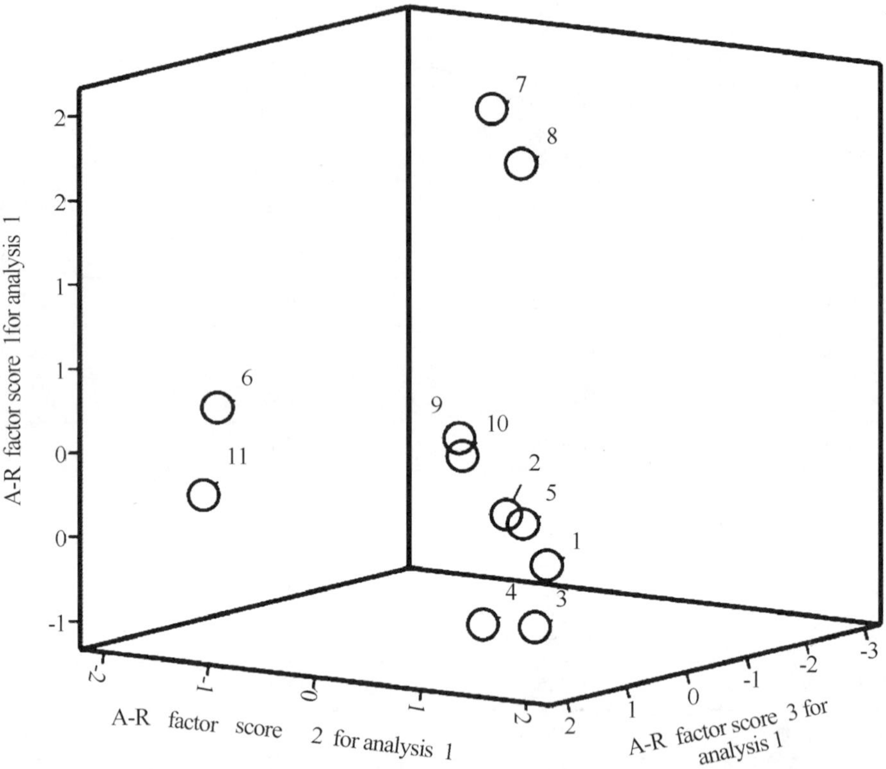

图一一　前三个因子散点图

1. 双楼组　2. 临淄组　3. 良辅组　4. 紫薇组　5. 姑姑庵组　6. 完工组

7. 南杨家营子组　8. 三道湾组　9. 上孙家寨汉代组　10. 陶家寨组　11. 呼和乌素组

第三节　身高的推测

身高的变化不仅体现了体质特征的变换，而且蕴含了食物结构、疾病现象以及功能压力等方面的信息。这些信息不仅反映人类健康状况的变化，也反映经济模式甚至生活风俗等的变化，对于全面研究古代人群具有重要的作用[1]。本文对新郑双楼东周墓葬成年人骨标本的肢骨进行了观察和测量，两性成年居民肢骨测量数据见附表八至附表一五。利用肢骨最大长推算出身高，这不仅为研究中原地区东周居民身高提供较大样本的基本身高数据，也为了解该地区东周居民的健康发育等体质状况提供有意义的参考。双楼东周墓葬居

〔1〕 王明辉：《人骨综合研究》，见：《灵宝西坡墓地》，文物出版社，2010 年，第 130 页。

民的身高推算公式，男性居民选择陈世贤[1]计算黄色人种身高公式（见表二三），依据列举的年龄段侧别公式推测身高。

表二三　**男性身高推算公式**

年龄段	侧别	肱骨最大长身高公式	股骨最大长身高公式	胫骨最大长身高公式
21~30岁	L	MHL * 2.66 + 826.39mm ± 41.31mm	MFL * 2.30 + 643.62mm ± 34.81mm	MTL * 2.22 + 853.39mm ± 38.74mm
	R	MHL * 2.91 + 744.62mm ± 40.13mm	MFL * 2.31 + 644.84mm ± 34.86mm	MTL * 2.28 + 833.10mm ± 38.13mm
31~40岁	L	MHL * 3.05 + 704.10mm ± 46.01mm	MFL * 2.32 + 640.21mm ± 33.32mm	MTL * 2.44 + 776.34mm ± 38.66mm
	R	MHL * 2.88 + 751.77mm ± 44.24mm	MFL * 2.33 + 635.64mm ± 32.98mm	MTL * 2.49 + 759.27mm ± 38.02mm
41~50岁	L	MHL * 3.15 + 679.24mm ± 43.62mm	MFL * 2.36 + 617.48mm ± 31.16mm	MTL * 2.52 + 742.77mm ± 36.51mm
	R	MHL * 3.11 + 685.92mm ± 41.37mm	MFL * 2.20 + 687.57mm ± 32.35mm	MTL * 1.71 + 1033.92mm ± 47.31mm
51~60岁	L	MHL * 2.68 + 817.29mm ± 51.60mm	MFL * 1.96 + 784.03mm ± 34.30mm	MTL * 2.33 + 811.68mm ± 36.93mm
	R	MHL * 2.67 + 808.85mm ± 41.38mm	MFL * 1.98 + 780.19mm ± 35.85mm	MTL * 2.34 + 810.40mm ± 36.50mm

女性居民选择张继宗[2]计算中国汉族女性身高推算公式（见表二四），该公式与成年女性的年龄无关，而与所选用肢骨的侧别相关。

表二四　**女性身高推算公式**

侧别	肱骨最大长身高公式	股骨最大长身高公式	胫骨最大长身高公式
L	638.470mm + 3.242 * MHL ± 50.27mm	483.913mm + 2.671 * MFL ± 47.92mm	597.332mm + 2.899 * MTL ± 48.88mm
R	741.288mm + 2.875 * MHL ± 55.69mm	459.290mm + 2.752 * MFL ± 50.00mm	603.069mm + 2.908 * MTL ± 51.46mm

注：表二三和表二四中MHL、MFL、MTL分别代表肱骨最大长、股骨最大长和胫骨最大长。

依据所选用的公式分别推算出双楼东周墓葬成年居民的身高，推算结果见表二五和表二六。双楼东周墓葬成年男性居民平均身高为167.46cm，变异范围是161.96~171.55cm，

[1] 陈世贤：《法医人类学》，人民卫生出版社，1998年，第83~86页。

[2] 张继宗：《中国汉族女性长骨推算身高的研究》，《人类学学报》2001年（20卷）4，第302~307页。

表二五　新郑双楼东周墓葬男性成年居民身高推算

(单位:mm)

标本号	肱骨最大长		股骨最大长		胫骨最大长		肱骨最大值推测身高		股骨最大值推测身高		胫骨最大值推测身高		个体平均身高
侧别	左	右	左	右	左	右	左	右	左	右	左	右	
M3	\	322.00	\	458.00	\	\	\	1668.59	\	1687.03	\	\	1677.81
M253	302.00	316.00	\	\	\	\	1630.54	1668.68	\	\	\	\	1649.61
M233	\	\	465.00	467.50	\	\	\	\	1714.88	1716.07	\	\	1715.48
M110	\	332.00	455.00	\	\	383.00	\	1710.74	1690.12	\	\	1706.34	1702.40
M85	\	\	\	449.00	\	356.00	\	\	\	1681.77	\	1645.71	1663.74
M13	292.50	299.00	\	434.00	\	\	1600.62	1615.81	\	1642.37	\	\	1619.60
M86	328.00	\	\	\	\	\	1704.50	\	\	\	\	\	1704.50
M248	\	\	\	\	354.00	\	\	\	\	\	1640.10	\	1640.10
M81	\	\	451.00	\	371.00	\	\	\	1686.53	\	1681.58	\	1684.06
M263	313.00	\	\	\	\	\	1658.75	\	\	\	\	\	1658.75
M87	334.00	\	466.50	478.00	\	372.00	1714.83	\	1716.57	1749.02	\	1681.26	1715.42
M251	\	318.00	441.50	\	361.00	\	\	1674.90	1659.42	\	1652.49	\	1662.27
M14	317.00	\	\	447.00	\	\	1677.79	\	\	1670.97	\	\	1674.38
M89	311.00	\	\	\	364.00	\	1658.89	\	\	\	1660.05	\	1659.47
M262	317.50	\	\	\	\	\	1679.37	\	\	\	\	\	1679.37
M265	322.00	324.00	\	450.00	\	363.00	1693.54	1693.56	\	1677.57	\	1654.65	1679.83
M16	\	\	\	\	\	364.00	\	\	\	\	\	1656.36	1656.36
M73	\	\	\	\	\	380.00	\	\	\	\	\	1699.60	1699.60
男性平均身高			1674.60			身高最大值		1715.48		身高最小值		1619.60	

表二六　　新郑双楼东周墓葬女性成年居民身高推算　　（单位：mm）

标本号	肱骨最大长		股骨最大长		胫骨最大长		肱骨最大值推测身高		股骨最大值推测身高		胫骨最大值推测身高		个体平均身高
侧别	左	右	左	右	左	右	左	右	左	右	左	右	
M23	\	\	\	405.00	\	\	\	\	\	1573.85	\	\	1573.85
M125	\	\	398.00	\	\	\	\	\	1546.97	\	\	\	1546.97
M164	337.50	339.00	439.00	\	\	\	1732.65	1715.91	1656.48	\	\	\	1701.68
M185	\	\	\	424.00	354.00	349.00	\	\	\	1626.14	1623.58	1617.96	1622.56
M75	\	293.00	405.00	408.00	344.00	344.00	\	1583.66	1565.67	1582.11	1594.59	1603.42	1585.89
M225	\	\	412.50	\	333.00	326.00	\	\	1585.70	\	1562.70	1551.08	1566.49
M227	281.50	283.00	\	398.00	313.00	317.50	1551.09	1554.91	\	1554.59	1504.72	1526.36	1538.33
M20	\	296.00	\	\	\	\	\	1592.29	\	\	\	\	1592.29
女性平均身高			1591.0[illegible]			身高最大值		1701.68		身高最小值		1538.33	

女性平均身高为 159.10cm，变异范围是 153.83~170.17cm。虽然女性平均身高低于男性平均身高，但女性身高的最大值与男性身高的最大值十分接近。

为了进一步明确双楼东周墓葬成年两性居民身高的发育状况，现选择河南境内先秦时期 5 组古代居民和 1 组北方现代居民平均身高作为对比组，与双楼东周居民进行比较。为了增强各对比组间身高均值的可比性，均采用以黄种人推算身高公式所计算的各对比组居民身高均值。

表二七　**双楼东周墓葬成年居民与其他时代居民身高及身高的性二形性指数比较**

组别	地点	时代/文化	身高均值（cm）		性二形性
			男	女	
石固组[1]	河南长葛	裴李岗文化	167.00	153.50	8.08
晓坞组[2]	河南灵宝	仰韶早期	171.34	166.60	2.77
西坡组[3]	河南灵宝	仰韶中晚期	168.59	159.23	5.55
笃忠组[4]	河南渑池	仰韶晚期	165.00	154.33	6.47
西亚斯组[5]	河南新郑	东周	171.33	152.20	11.17
双楼组	河南新郑	东周	167.46	159.10	4.99
现代组[6]			169.49	158.57	6.44

注：现代组数值为黑龙江、吉林、辽宁、内蒙古、北京、河北、山东和天津青年汉族身高的平均值。

表二七和图一二显示，双楼男女两性居民身高在先秦对比组中处于中等水平，与现代组比较，双楼组男性身高略低于现代组，而女性身高略高于现代组。为更明确地比较两性身高的差异性，现采用计算身高性二形性[7]指数的方法，对双楼组及其对比组的两性身高进行比较。身高的性二形性指数公式为：

性二形性指数=（男性组的平均身高-女性组的平均身高）/男性组的平均身高×100

在人群中，性二形性指数通常介于 5%到 10%之间，表六中，双楼两性居民身高的性

[1] 原海兵等：《天津蓟县桃花园明清家族墓地人骨的推算（Ⅰ）》，《人类学学报》2008 年 4（27 卷）：第 318~324 页。

[2] 陈靓，魏兴涛：《晓坞遗址仰韶文化墓葬出土人骨的鉴定与初步研究》，《考古》2011 年 12 期，第 16~22 页。

[3] 王明辉：《人骨综合研究》，见：《灵宝西坡墓地》，文物出版社，2010 年，第 130 页。

[4] 孙蕾：《河南渑池笃忠遗址龙山文化早期人骨研究》，吉林大学硕士学位论文，2008 年，第 29 页。

[5] Pechenkina K：《新郑西亚斯东周墓地人骨鉴定报告》，河南省文物考古研究所：《新郑西亚斯东周墓地·附录二》，大象出版社，2012 年，第 232~261 页。

[6] 唐锡麟，王志强，王冬妹：《中国汉族青年身高水平的地域分布》，《人类学学报》1994 年 13（2），第 143~148 页。

[7] Molnar S. 1998. Human variation：races，types，and ethnic groups. 4th：189，191.

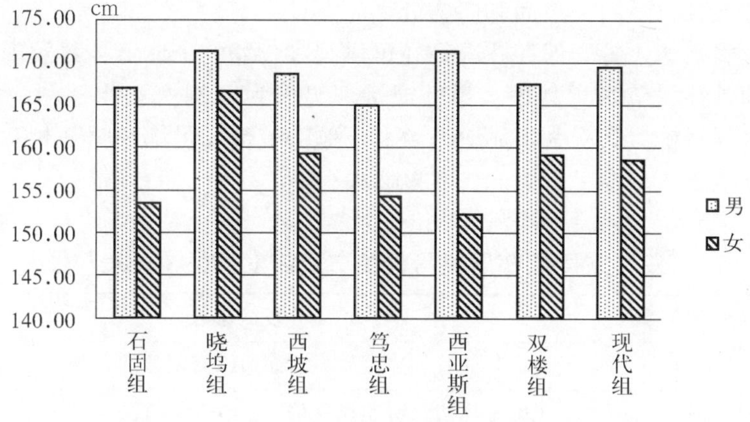

图一二　双楼组居民与其他时代居民身高比较柱状图

二形性指数为4.99%，略低于5%，两性身高的性二形性水平同样低于现代人群（现代组中男女两性在后天的待遇方面可视为无差别，所以，现代组的平均指数6.44%应该可以作为男女两性居民的自然性二形性标准）。可见，双楼两性身高的差异与现代社会人群的两性身高差异相比大致相同，甚至更小。在同一人群中，身高是反映该人群健康状况的重要指标，但是身高的性别差异不仅可以反映一些难以定量描述的健康问题，而且能够从侧面了解该人群中女性的经济和社会地位[1]。排除两性身高样本量较小的状况，双楼东周两性居民身高差异较小也许说明双楼东周墓葬的女性相较于其他遗址的先秦居民，具有较高的经济和社会地位。

第四节　病理调查

依据新郑双楼东周墓葬人骨的保存状况，现就可供观察的可鉴定性别的骨骼和牙齿表现出的病理及部分异常现象进行描述和总结。

一、骨性关节炎

骨性关节炎又名退行性关节病，是关节炎最常见的形式，其病理特征是由于关节内或周围骨和软骨的退化而在关节表面或边缘形成骨赘，或者骨与骨直接摩擦出现象牙化或多孔现象，有时甚至导致相邻关节的融合。其病因主要是机械性压力，主要发生于承重关节

〔1〕 谭琳，吴帆：《经济全球化对妇女健康的影响及其理论框架》，《广东社会科学》2000年6期，第112-117页。

面上，尤其在脊椎骨、髋臼关节面和膝盖处[1]。

根据双楼东周墓葬人骨的保存状况，在可供观察骨骼的个体上，共发现9例存在不同部位不同程度的骨性关节炎，其中，男性或疑似男性为6例，女性3例，均为中老年个体。发病部位多为脊椎，其次为下颌关节突和下颌关节窝，足部和腿部相对较少。具体发病个体和部位见表二八。参见彩版八三~彩版八八。

表二八　　**双楼东周墓葬居民骨性关节炎病发部位统计表**

标本号	性别	年龄	发病部位
M96	男	40-45	胫骨近端，与股骨相连接的关节面边缘有明显的骨赘
M20	女	40±	腰椎、骶椎椎体边缘有明显骨赘
M123	男？	55±	左侧下颌髁突有骨刺
M226	男	60+	下颌左右髁突均有关节炎
M75	女	40±	颈椎左侧关节面有关节炎
M238	男	55±	颈椎有严重关节炎。左右侧第一趾骨远端关节面有明显骨赘
M42	女	50±	右侧下颌关节窝有多孔性变，边缘有骨赘
M56	男	60±	在寰锥右侧块的上关节面，即与枕骨髁形成的关节面有严重关节炎；枢椎上的下关节突有严重关节炎
M2	男	40-50	左右侧跟骨有骨赘

二、施莫尔结节（Schmorl’s nodes）

施莫尔结节是椎间盘组织上向相邻椎体终板的垂直突出物，最初由G. Schmorl描述。在现代人类中，施莫尔结节的出现率从38%到76%不等，男性占很大的比重，主要发病于腰椎和胸椎部。虽然在临床上对施莫尔结节做了大量的研究，但是其发病机理仍然存在争议。许多临床研究认为创伤和椎体终板的先天性削弱是其主要原因。研究显示，年轻人的创伤或长期的机械负荷是产生施莫尔结节的重要原因[2][3]。

在双楼东周墓葬人骨中发现1例腰椎椎体上存在施莫尔结节的个体（M85，男，40±）。参见彩版八四。

[1] White T. D, Folkens P. A. 2005. The Human Bone Manual. Elsevier Academic Press: New York.

[2] Wagner AL, Reed MF, Arrington JA, Stallworth D. 2000. Relationship of Schmorl’s nodes to vertebral-body endplate fractures and acute endplate diskextrusions. American Journal of Neuroradiology 21: 276~281页.

[3] H. Stundag. 2008. Schmorl’s Nodes in a Post Medieval Skeletal Sample from Klostermarienberg, Austria Int. J. Osteoarchaeol.

三、筛状眶与多孔性骨肥厚

筛状眶和多孔性骨肥厚是出现在骨骼上的一种病理损伤，多发现于颅骨的眶顶和头盖骨上，其特征是骨骼的外部致密层处有孔蚀结构，并且其板障加厚。一般认为，它可能是由于缺铁性贫血造成的，它与人群所处的生活环境和社会经济类型也有一定的关系，被认为与农业社会的出现有关。从采集狩猎向农业经济的转型中，因为食物的改变以及更多地依赖种植产品，使得这种病理现象似乎有增加的趋势。除饮食影响外，感染性疾病、寄生虫、疟疾或腹泻等都会引起贫血，这些非饮食因素也有规律地集中发生在与农业社会有关的密集的定居地区[1]。Wapler 等人强调只有严重及慢性的贫血才能引起骨骼病变[2]，而且即使得了严重的贫血，也并不一定在每个人的骨骼上都显现出病变。因此，贫血的实际出现率要比所观察的高。多孔性骨肥厚通常被认为是与筛状眶属于同一个病理生理学。

在双楼东周墓葬中发现 6 例均处于中壮年阶段的男性个体和 1 例老年疑似女性个体存在筛状眶与多孔性肥厚。具体发病个体和部位见表二九。参见彩版八五。

表二九　　**双楼东周墓葬居民筛状眶和多孔性骨肥厚的个体登记表**

标本号	性别	年龄	发病部位
M14	男	45±	额骨、顶骨和枕骨
M33	男	35–40	左右眼眶内有筛状眶，人字缝附近有针孔样变
M214	女？	60+	左右眼眶内有筛状眶，人字缝附近有针孔样变
M236	男	45±	左右眼眶内有筛状眶
M251	男	40–45	额骨、顶骨和枕骨
M262	男	45±	顶骨有针孔样变
M263	男	35±	左右顶骨、枕骨，在矢状缝和人字缝附近

四、骨膜炎

骨膜炎是由于骨膜及骨膜血管扩张、充血、水肿或骨膜下出血，血肿机化，骨膜增生及炎症性改变造成的应力性骨膜损伤或化脓性细菌侵袭造成的感染性骨膜损伤。这种病变

〔1〕 张君：《农业社会的出现对古代人群健康的影响》，《中国文物报》2006 年 8 月 11 日第 7 版。

〔2〕 Wapler U, Crubezy E, Schultz M. Is cribra orbitalia synonymous with anaemia? Analysis and interpretation of cranial pathology in Sudan. Am J Phys Anthropol 123: 333 – 339.（2004）.

首先表现为细小的点蚀状凹陷，而后沿着骨的长轴形成条纹状瘢痕，最终在原始骨皮质表面生成片状的新骨。胫骨是最常见的发病部位，可能是因为胫骨距表皮较近，容易发生周期性的轻微感染的缘故。许多原因都有可能导致这种非特异性的骨骼改变，不过通常情况下暗示了患病部位曾发生感染或外伤[1]。

在双楼东周墓葬中，发现 M82（女?，60+）的右侧胫骨内侧，位于滋养孔同高度，有一层网状的骨痂，应属于创伤或感染引起的骨膜炎。参见彩版八四。

五、创伤（Trauma）

创伤是除了骨骼的退行性病变外最常见的病理，创伤对骨骼的影响以这几种形式存在：骨折、关节错位、破坏血液或神经的供给、人工变形[2]。

双楼东周墓葬中发现 1 例男性个体，M263（35±），其颅骨顶部，位于矢状缝偏左位置，有一条刀砍的细痕，刀痕的中央处有轻微的绿色铜锈痕迹；刀痕无愈合迹象。推测此刀痕属于墓主人生前形成，而墓主人在伤口未愈合之前便已死去。参见彩版八五。

六、牙病

对考古遗址所出牙齿的病理特征进行观察和统计，有助于我们考察古代居民身体健康水平的变化状况，进而反映该考古遗址中社会经济和文化变迁关系的深层次问题。本文对新郑双楼两性居民牙齿上出现的牙齿生前脱落、牙釉质发育不良和龋齿三项病理特征进行观察与统计。在新郑双楼东周墓葬保留有牙齿并可知性别的 53 例男性个体（1001 颗牙齿）和 31 例女性个体（561 颗牙齿）中，墓主人属于高等级的有 29 例，男性 17 例（248 颗牙齿），女性 12 例（163 颗牙齿），属于低等级的有 55 例，男性 36 例（753 颗牙齿），女性 19 例（398 颗牙齿）。其中，观察到有 26 例男性和 11 例女性出现牙齿生前脱落，男性中属于高等级的有 7 例（27 颗牙齿），低等级的有 19 例（95 颗牙齿），女性中属于高等级的有 6 例（38 颗牙齿），低等级的有 5 例（24 颗牙齿）；有 23 例男性和 15 例女性出现牙釉质发育不良，男性中属于高等级的有 5 例（40 颗牙齿），低等级的有 18 例（107 颗牙齿），女性中属于高等级的有 1 例（22 颗牙齿），低等级 14 例（89 颗牙齿）；有 27 例男性和 19 例女性存在龋病，男性中属于高等级的有 8 例（17 颗牙齿），属于低等级 19 例（54 颗牙齿），女性中属于高等级的有 7 例（16 颗牙齿），低等级 12 例（32 颗牙齿）。参见彩版八六。

判断生前牙齿脱落的依据是齿槽愈合情况。保持了锐利边缘和显示轻微愈合的空齿

[1]（英）夏洛特·罗伯茨等著，张桦（译）：《疾病考古学》，山东画报出版社，2010 年，第 188 页。
[2] White T. D, Folkens P. A. 2005. The Human Bone Manual. Elsevier Academic Press: New York.

槽，应是后埋葬因素而非生前牙齿脱落造成的[1]。牙齿生前脱落是由多方面的原因引起的，包括饮食结构、营养缺乏类疾病、口腔健康状况、外伤及文化行为[2]。牙釉质发育不良被认为是一种非特异性的“生存压力指标”，并定义为“釉质发育缺陷”。但牙齿上的缺陷只是许多“生存压力指标”中的一种，它表现为釉质表面呈线状、沟状凹陷，最常见于门齿和犬齿的颊侧面。这些缺陷发生在牙齿发育期间，并且作为永久的记录保留至成年阶段。很多因素都和釉质缺陷的病因有关，但它们可以被大致分为以下几个方面：遗传异常、局部创伤及系统的新陈代谢压力，如营养不良或儿童期患病，比如麻疹[3]。龋齿是由大量的成酸菌，尤其是变形链球菌和一些乳酸杆菌引起的，当这些成酸菌和碳水化合物在牙齿上发酵时，会生成乳酸。乳酸会导致牙釉质软化，并对牙齿表面造成不可逆转的破坏。所以，在以碳水化合物为主要饮食结构的农业社会中，龋齿具有较高的出现率。

表三〇列出两性牙齿在牙齿生前脱落、牙釉质发育不良和龋齿上是否存在显著性差异，两性在牙齿生前脱落和龋齿方面，P 值均大于 0.05，不存在显著性差异；仅在牙釉质发育不良方面，男性患齿率为 14.69%，女性患齿率为 19.79%，P 值为 0.0113（P 值小于 0.05），两性存在显著性差异。（参见图一三）表三一列出性别内存在的高等级与低等级居民牙齿在这三项观察项目上是否存在显著性差异。（参见图一四和图一五）男性居民中，高等级与低等级在三项牙齿观察项目上，P 值均大于 0.05，均不存在显著性差异；女性居民中，高等级与低等级在牙齿生前脱落和牙釉质发育不良两项观察项目上，P 值均小于 0.05，均存在显著性差异。全组的两性在反映生存压力状况的牙釉质发育不良的患齿率上存在显著性差异。两性中，仅高等级和低等级的女性居民在反映身体营养健康状况和生存压力的牙齿生前脱落和牙釉质发育不良上的患齿率存在显著性差异，女性在高等级与低等级居民中的身体发育与健康状况上存在明显的差异。参见彩版八七和彩版八八。

表三〇　**双楼东周墓葬牙病患齿率的两性比较**

牙病	男性			P	女性		
	患齿数	非患齿数	患齿出现率		患齿数	非患齿数	患齿出现率
牙齿生前脱落	122	1001	12.19	0.6078	62	561	11.05
牙釉质发育不良	147	854	14.69	0.0113	111	450	19.79
龋齿	71	930	7.09	0.3439	48	513	8.56

[1] 朱泓：《古病理学讲义》，研究生课程讲义（未刊）。

[2] Lukacs JR. Dental Trauma and Antemortem Tooth Loss in Prehistoric Canary Islanders: Prevalence and Contributing Factors . International Journal of Osteoarchaeology Int. J. Osteoarchaeol. 17: 157 – 173 (2007) .

[3] （英）夏洛特·罗伯茨等著，张桦（译）：《疾病考古学》，山东画报出版社，2010 年，第 82 页。

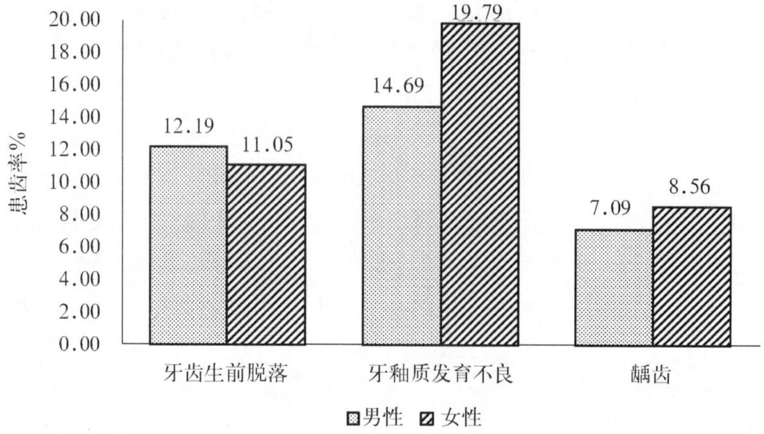

图一三　双楼东周墓葬牙病患齿率的两性比较柱状图

表三一　**双楼东周墓葬两性牙病患齿率的等级比较**

牙病	男性							女性						
	高等级			P	低等级			高等级			P	低等级		
	患齿数	非患齿数	患齿率		患齿数	非患齿数	患齿率	患齿数	非患齿数	患齿率		患齿数	非患齿数	患齿率
牙齿生前脱落	27	248	10. 89	0. 5963	95	753	12. 62	38	163	23. 31	5. 5E-07	24	398	6. 03
牙釉质发育不全	40	208	16. 13	0. 5240	107	646	14. 21	22	141	13. 50	0. 0228	89	309	22. 36
龋齿	17	231	6. 85	0. 9794	54	699	7. 17	16	147	9. 82	0. 6055	32	366	8. 04

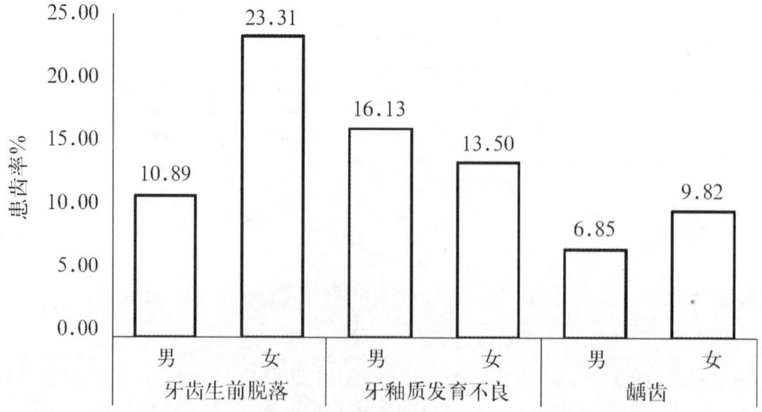

图一四　双楼东周墓葬高等级两性居民患齿率柱状图

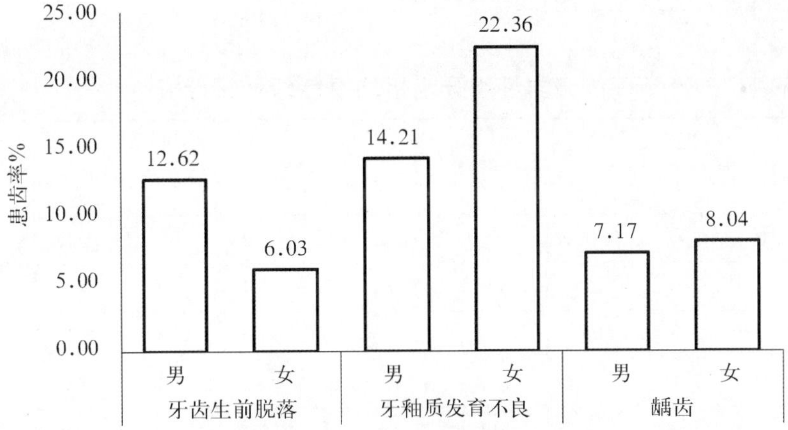

图一五　双楼东周墓葬低等级两性居民患齿率柱状图

七、牙齿磨耗

牙齿磨耗是一个非常复杂的现象，它是由生物、机械、化学以及摩擦因素相互作用而成的[1]，是指在咀嚼过程中，由于牙面与牙面之间或牙面与食物之间的摩擦，使牙齿硬组织缓慢地、渐进性消耗的生理现象[2]。从病因学上来讲，影响牙齿磨耗的因素多种多样，比如牙齿与牙齿的接触、外部因素的机械摩擦或者是酸性物质对牙齿的腐蚀都会增加牙齿的磨耗，其发生可以由于单一的因素引发，也可以是多种因素一起作用的结果。同时，牙齿磨耗的增加水平明显与年龄因素有关，所以大量的研究都说明了牙齿的磨耗与年龄有着明显的相关性，即牙齿磨耗会呈现出一种增龄性变化[3]。

本文参照 Smith 制定的 8 级标准[4]，对新郑双楼东周墓葬保留有牙齿并可知性别的 55 例男性个体（1001 颗牙齿）和 31 例女性个体（561 颗牙齿）进行了牙齿磨耗定级和统计。男性个体中，墓主人属于高等级的有 17 例（248 颗牙齿），属于低等级的有 36 例（753 颗牙齿）；女性个体中，墓主人属于高等级的有 12 例（163 颗牙齿），属于低等级的有 19 例（398 颗牙齿）。两性的高等级和低等级牙齿的平均磨耗等级及两性高等级与低等级上下颌与左右侧牙齿的平均磨耗等级，分别见表三二至表四三，图一六和图一七则是分

〔1〕 Mair L, Stolarski T, Vowles R, Lloyd CH. Wear: mechanisms, manifestations and measurement. Report of a workshop ［J］. J Dent 1996, 24（1-2）: 141~148.

〔2〕 皮昕：《口腔解剖生理学》（第 7 版），人民卫生出版社，2012 年，第 328 页.

〔3〕 蒙萌：《牙齿磨耗与牙列缺损及其功能等级分类相关性的调查研究》，第四军医大学硕士学位论文，2013 年，第 10、11 页。

〔4〕 Smith H. Patterns of molar wear in hunter-gatherers and agriculturalists ［J］. Am. J. Phys. Anthropol., 1984: 63: 39~56.

别依据表一八和表二〇绘制出的折线分布图。

表三二　　高等级男性组牙齿平均磨耗级别统计表

男性高等级	1°	2°	3°	4°	5°	6°	7°	8°	合计	平均磨耗等级
I1	0	0	1	4	4	1	1	5	16	5.75
I2	0	0	4	3	8	2	2	5	24	5.42
C	0	0	6	5	18	5	4	4	42	5.19
P1	0	2	3	8	9	8	2	3	35	5.03
P2	0	1	2	6	13	6	6	4	38	5.45
M1	0	0	2	3	7	13	12	3	40	5.98
M2	0	1	3	2	4	7	9	5	31	5.94
M3	0	3	4	9	2	1	3	0	22	4.14
合计	0	7	25	40	65	43	39	29	248	5.36

表三三　　低等级男性组牙齿平均磨耗级别统计表

男性低等级	1°	2°	3°	4°	5°	6°	7°	8°	合计	平均磨耗等级
I1	0	7	21	20	10	2	4	6	70	4.21
I2	0	17	24	12	16	2	7	9	87	4.22
C	0	5	39	19	20	13	4	4	104	4.24
P1	0	17	33	15	14	15	5	6	105	4.15
P2	0	24	27	19	15	12	2	8	107	4.02
M1	0	1	29	32	17	18	6	5	108	4.56
M2	0	15	38	25	19	6	5	0	108	3.80
M3	3	28	22	5	4	1	1	0	64	2.78
合计	3	114	233	147	115	69	34	38	753	4.00

表三四　　高等级女性组牙齿平均磨耗级别统计表

女性高等级	1°	2°	3°	4°	5°	6°	7°	8°	合计	平均磨耗等级
I1	0	1	0	5	3	0	2	0	11	4.64
I2	0	1	4	4	0	0	1	2	12	4.42
C	0	1	5	5	3	3	1	2	20	4.65
P1	0	2	5	6	3	4	3	3	26	4.88

续表三四：

女性高等级	1°	2°	3°	4°	5°	6°	7°	8°	合计	平均磨耗等级
P2	0	1	4	5	6	2	3	5	26	5. 27
M1	0	0	0	7	8	8	4	1	28	5. 43
M2	0	0	8	7	5	2	0	1	23	4. 22
M3	0	0	10	5	1	0	1	0	17	3. 65
合计	0	6	36	44	29	19	15	14	163	4. 64

表三五　　**低等级女性组牙齿平均磨耗级别统计表**

女性低等级	1°	2°	3°	4°	5°	6°	7°	8°	合计	平均磨耗等级
I1	0	5	4	8	17	2	3	1	40	4. 50
I2	0	10	1	13	10	3	3	1	41	4. 20
C	0	3	9	15	15	5	5	4	56	4. 73
P1	0	9	8	9	15	10	4	6	61	4. 74
P2	0	10	11	9	5	7	5	5	52	4. 44
M1	0	2	10	13	13	9	7	4	58	4. 93
M2	0	6	18	10	8	7	3	2	54	4. 17
M3	2	13	8	8	2	1	1	1	36	3. 19
合计	2	58	69	85	85	44	31	24	398	4. 36

现采用配对样本 T 检验的方法，分别检验同等级中的两性差异、同性别中的等级差异及同等级同性别中的上下颌差异和左右侧差异，并以 P<0. 05 作为确定差异显著性的标准。

1. 牙齿磨耗同等级中的性别比较

高等级中的两性比较，通过配对样本 T 检验，得出 T 值为 2. 3646，P 值为 0. 0066（P<0. 05），说明双楼组居民中，身份地位较高的两性，在牙齿的总体磨耗上存在显著性差异，男性牙齿磨耗明显重于女性。

图一六也显示出，男性无论是门齿、犬齿，还是前臼齿和臼齿，磨耗均明显重于女性。两性磨耗最重的均为第一臼齿，但男性牙齿磨耗其次重的是第二臼齿，女性则是第二前臼齿。

低等级中的两性比较，通过配对样本 T 检验，得出 T 值为 2. 3646，P 值为 0. 0007（P<0. 05），说明双楼组居民中身份地位较低的平民，其两性牙齿平均磨耗等级也存在显著性差异；但是图一七表明，与身份地位较高的贵族不同的是，低等级中女性牙齿磨耗明显重于男性，而两性牙齿磨耗最重的均为第一臼齿。

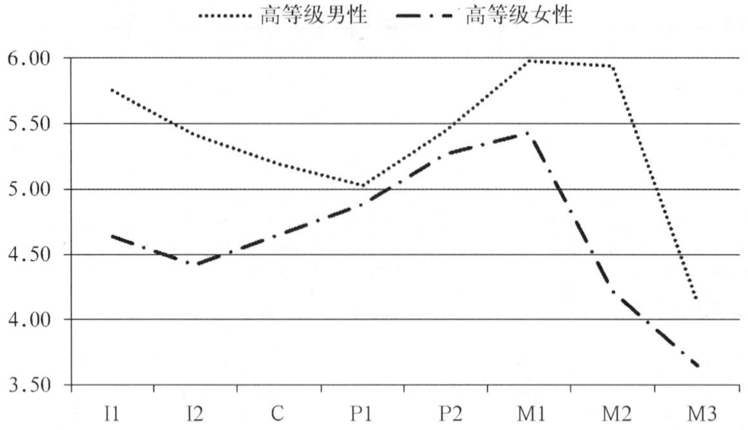

图一六　高等级两性居民牙齿磨耗分布折线图

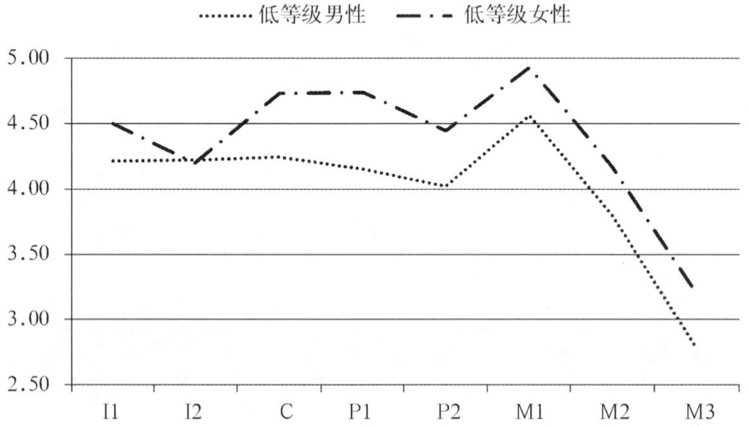

图一七　低等级两性居民牙齿磨耗分布折线图

2. 牙齿磨耗同性别中的等级比较

男性中高等级与低等级的比较，配对样本 T 检验得出，T 值为 2. 3646，P 值为 0. 000023812（P<0. 05），说明男性中，贵族与平民在牙齿平均磨耗等级上存在显著性差异，从图一八可知，贵族男性牙齿磨耗明显重于平民男性。

女性中高等级与低等级的比较，配对样本 T 检验结果显示，T 值为 2. 3646，P 值为 0. 0300（P<0. 05），说明女性的贵族与平民在牙齿平均磨耗等级上同样存在显著性差异，女性贵族的牙齿磨耗重于女性平民，但图一九显示，女性不同等级牙齿磨耗的差别与男性的等级差异相对较小。

3. 高等级男性居民上下颌、左右侧牙齿平均磨耗等级比较

配对样本 T 检验结果显示，T 值为 2. 3646，P 值为 0. 0642（P>0. 05），在高等级男性居民中，上下颌磨耗不存在显著性差异，但图二〇中，上颌磨耗比下颌磨耗稍重。

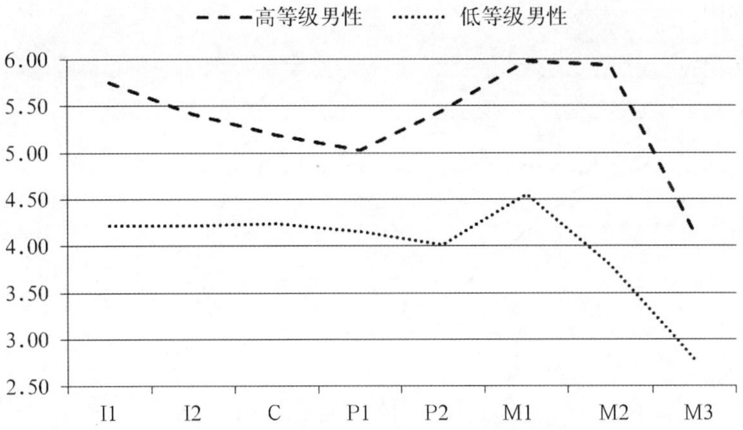

图一八　男性不同等级居民牙齿磨耗分布折线图

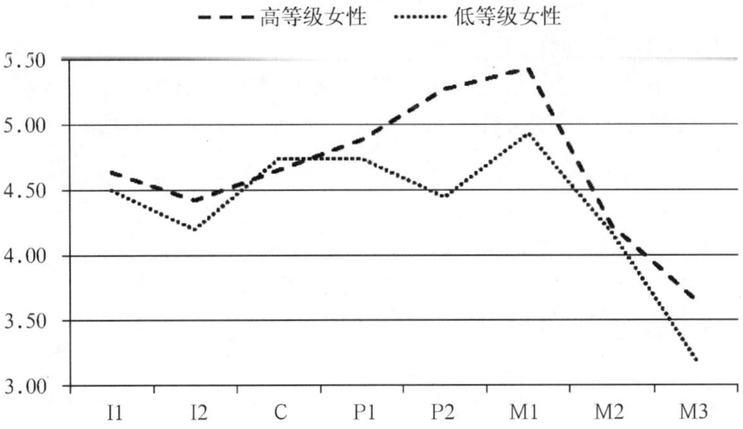

图一九　女性不同等级居民牙齿磨耗分布折线图

表三六　　　　　　**高等级男性组上下颌牙齿平均磨耗级别**

牙位	I1	I2	C	P1	P2	M1	M2	M3
上颌	5.89	5.50	5.58	5.88	5.78	6.63	6.08	3.71
下颌	5.57	5.36	4.87	4.32	5.15	5.54	5.83	4.33

咀嚼是口颌系统的主要功能，并且咀嚼过程是双侧牙列交替完成的，但是有很多人有主要用一侧来咀嚼食物的习惯[1]。偏侧咀嚼是指一种利用单侧牙列进行咀嚼运动的不良口腔

〔1〕 Jordi Mar tinez-Gomis, Mar Lujan-Climent, Sara Palau Bizar J, Salsench J, Peraire M. Relationship between chewing side preference and handedness and lateral asymmetry of peripheral factors. Arch Oral Biol, 2009, 54 (2): 101-7.

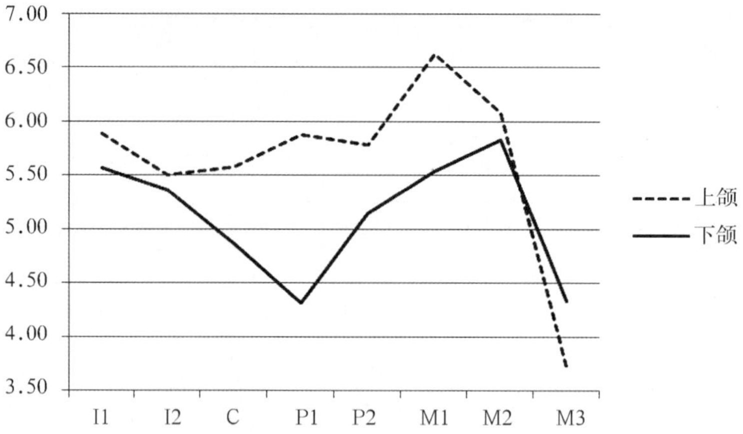

图二〇　男性高等级居民上下颌牙齿磨耗分布折线图

习惯，或者是由于口颌系统疾病所迫，导致的被动偏侧咀嚼，偏侧咀嚼常常会引起两侧颜面不对称及一系列口颌系统的疾病[1]。

通过配对样本T检验，T值为2.3646，P值为0.7740（P>0.05），高等级男性居民中左右侧牙齿的平均磨耗不存在显著性差异，图二一 也显示出与T检验相同的结果。

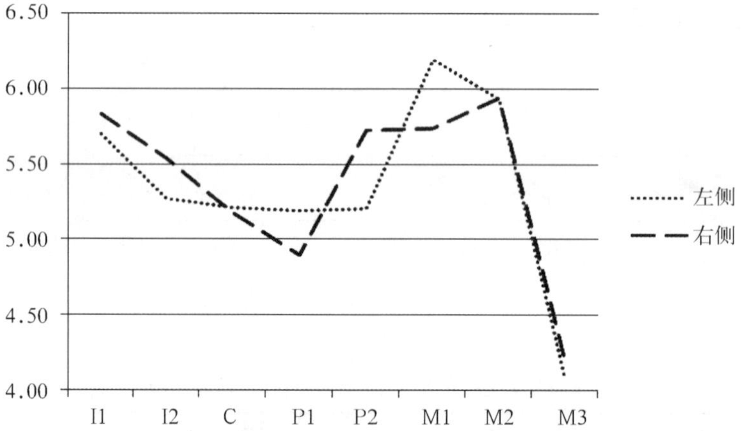

图二一　男性高等级居民左右侧牙齿磨耗分布折线图

表三七　**高等级男性组左右侧牙齿平均磨耗级别**

牙位	I1	I2	C	P1	P2	M1	M2	M3
左侧	5.70	5.27	5.21	5.19	5.20	6.19	5.93	4.08
右侧	5.83	5.54	5.17	4.89	5.72	5.74	5.94	4.20

[1] 谢涛，王云：《偏侧咀嚼的不良影响及其研究进展》，《辽宁医学院学报》2011年，32（6）：第560~562页。

4. 低等级男性居民上下颌、左右侧牙齿平均磨耗等级比较

配对样本 T 检验结果显示，T 值为 2.3646，P 值为 0.0287（P<0.05），低等级男性居民中上下颌牙齿的平均磨耗等级存在显著性差异，图二二也显示上颌牙齿磨耗略重于下颌。

表三八　**低等级男性组上下颌牙齿平均磨耗级别**

牙位	I1	I2	C	P1	P2	M1	M2	M3
上颌	4.21	4.45	4.40	4.25	4.26	4.59	3.86	2.76
下颌	4.22	3.98	4.08	4.04	3.73	4.52	3.73	2.80

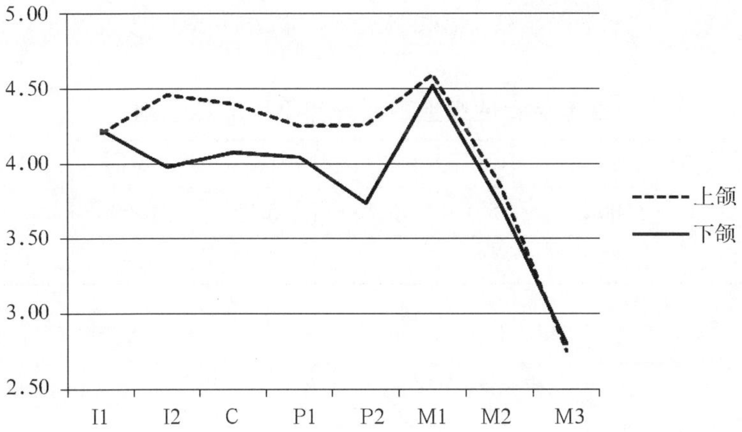

图二二　男性低等级居民上下颌牙齿磨耗分布折线图

低等级男性居民中，通过 T 检验可知，T 值为 2.3646，P 值为 0.0287（P<0.05），左右侧牙齿的平均磨耗等级存在显著性差异，图二三中，左侧牙齿磨耗稍重于右侧。

表三九　**低等级男性组上下颌左右侧牙齿平均磨耗级别**

牙位	I1	I2	C	P1	P2	M1	M2	M3
左侧	4.21	4.45	4.40	4.25	4.26	4.59	3.86	2.76
右侧	4.22	3.98	4.08	4.04	3.73	4.52	3.73	2.80

5. 高等级女性居民上下颌、左右侧牙齿平均磨耗等级比较

T 检验结果显示，T 值为 2.3646，P 值为 0.5481（P>0.05），高等级女性居民的上下颌磨耗不存在显著性差异，但图二四中，上颌后部牙齿的磨耗明显重于下颌后部牙齿，上颌前部牙齿磨耗则轻于下颌。

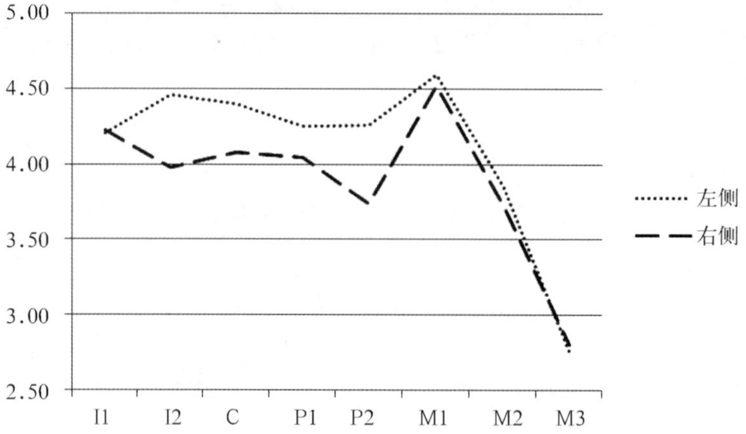

图二三　男性低等级居民左右侧牙齿磨耗分布折线图

表四〇　**高等级女性组上下颌牙齿平均磨耗级别**

牙位	I1	I2	C	P1	P2	M1	M2	M3
上颌	4.83	4.00	4.50	5.13	5.77	6.00	4.33	3.17
下颌	4.40	4.83	4.88	4.55	4.77	4.93	4.14	3.91

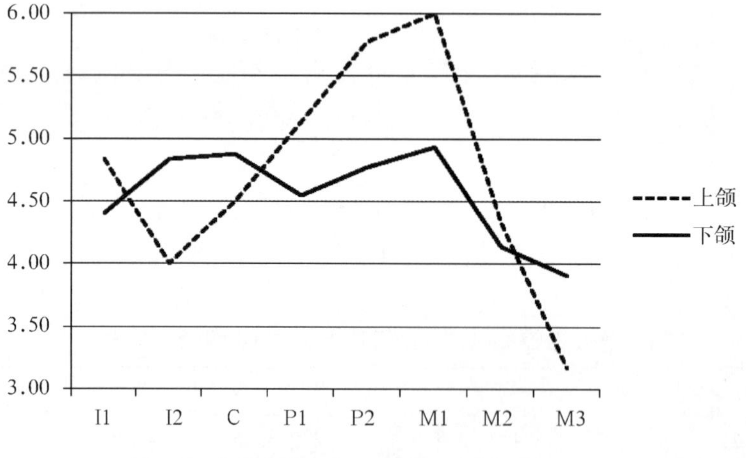

图二四　女性高等级居民上下颌牙齿磨耗分布折线图

高等级女性居民中，T 检验得到 T 值为 2.3646，P 值为 0.7414（P>0.05），左右侧牙齿磨耗不存在显著性差异，图二五显示结果与 T 检验结果大致相同。

表四一　　高等级女性组左右侧牙齿平均磨耗级别

牙位	I1	I2	C	P1	P2	M1	M2	M3
左侧	4.67	4.40	4.36	5.25	5.50	5.33	4.00	3.43
右侧	4.60	4.43	5.00	4.57	5.07	5.54	4.36	3.80

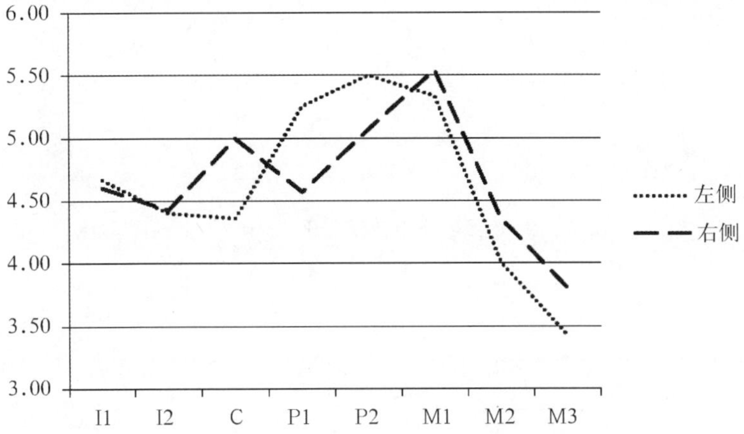

图二五　女性高等级居民左右侧牙齿磨耗分布折线图

6. 低等级女性居民上下颌、左右侧牙齿平均磨耗等级比较

低等级女性居民中，T检验所得T值为2.3646，P值为0.1541（P>0.05），上下颌磨耗不存在显著性差异，在图二六中，上颌磨耗重于下颌。

表四二　　低等级女性组上下颌牙齿平均磨耗级别

牙位	I1	I2	C	P1	P2	M1	M2	M3
上颌	4.45	4.29	5.04	5.15	5.18	5.22	4.29	2.70
下颌	4.55	4.10	4.48	4.41	3.90	4.74	4.09	3.38

低等级女性居民中，T检验结果显示，T值为2.3646，P值为0.0079（P<0.05），左右侧牙齿平均磨耗等级存在显著性差异，图二七中右侧牙齿磨耗重于左侧。

表四三　　低等级女性组左右侧牙齿平均磨耗级别

牙位	I1	I2	C	P1	P2	M1	M2	M3
左侧	4.47	4.20	4.48	4.64	4.15	4.82	4.00	3.06
右侧	4.52	4.19	4.97	4.82	4.73	5.03	4.31	3.33

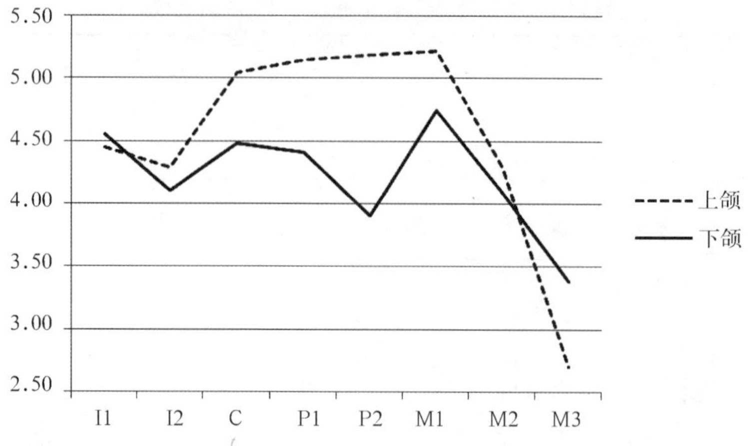

图二六　女性低等级居民上下颌牙齿磨耗分布折线图

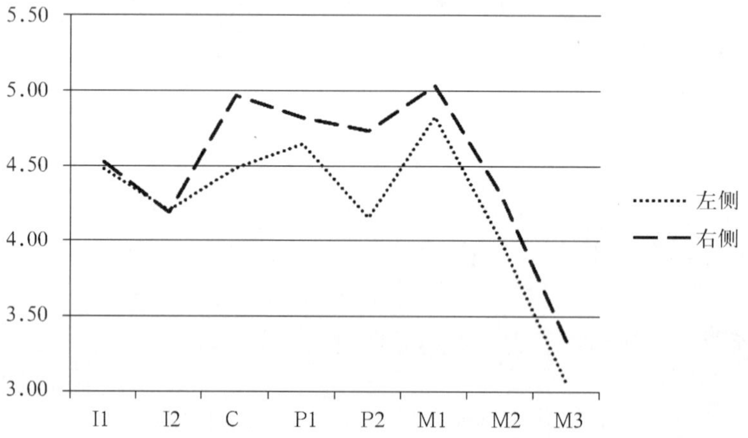

图二七　女性低等级居民左右侧牙齿磨耗分布折线图

7. 讨论

人类牙齿的主要功能是咀嚼食物，所以在摄取、切割、粉碎和研磨的过程中，牙齿的磨耗程度直接反映了牙齿咬合面用于不同质地食物留下的痕迹[1]。在考古学研究中，研究牙齿磨耗以探讨不同历史时期或不同区域不同人群古代居民的食物结构及与之密切相关的社会经济模式是阐述人类社会文明发展的一个重要方面[2]。

双楼东周人骨，高等级居民中男性牙齿平均磨耗等级为5.36，女性为4.64，低等级居民中男性牙齿平均磨耗等级为4.00，女性为4.36。有学者对农业社会或游牧为主的不

〔1〕李金陆，扬圣辉，龚怡：《古人类牙齿磨耗与饮食习惯》，见：《2006全国第十一届口腔医学学术研讨会论文集》，第65页。

〔2〕王巍，曾祥龙，刘武：《中国夏代人牙齿磨耗的研究》，《口腔正畸学》2006年3（3卷），第127页。

同人群的牙齿磨耗进行统计，其平均牙齿磨耗等级多在2~4级之间[1]，而双楼东周墓葬人群的牙齿磨耗均大于4级，可见牙齿磨耗较为严重。造成较重的牙齿磨耗的原因，也许与该地区人群中某种特殊的食物结构有关。配对样本T检验结果显示，高等级居民的两性差异、低等级居民的两性差异、男性居民中的等级差异和女性居民中的等级差异均存在显著性差别，高等级男女两性居民上下颌牙齿之间、左右侧牙齿之间均不存在磨耗等级的显著性差别，而低等级男性居民上下颌牙齿之间、左右侧牙齿之间和低等级女性居民左右侧牙齿之间均存在磨耗等级的显著性差别，仅低等级女性的上下颌牙齿磨耗无显著性差别。

因牙齿磨耗会呈现出一种增龄性变化，根据已鉴定的不同等级居民的两性年龄分布(高等级两性均处于老年期和中年期；低等级两性在各年龄段均有分布，在青、壮年期也有大量分布)，高等级居民的两性差异、低等级居民的两性差异、男性居民中的等级差异和女性居民中的等级差异均存在显著性差别，可能与其死亡年龄的分布状况相差较大有关。相对于低等级的两性居民较粗糙的食物和较恶劣的生活环境，高等级的两性居民获得更多的食物和享受更优质的生活，更容易拥有较长的寿命。高等级居民中有2例男性和1例女性出现牙齿的特殊磨耗，低等级居民中则有3例男性和6例女性存在牙齿特殊磨耗，高等级两性牙齿磨耗等级均存在显著性差异，可能与牙齿特殊磨耗无关，而低等级两性牙齿磨耗的显著性差异可能与牙齿的特殊磨耗有关，低等级女性多将牙齿作为工具使用，造成比男性更重的牙齿磨耗。参见图版四。

有研究发现对于较硬的食物有74%的人有偏侧咀嚼习惯，对于较软的食物有58%的人有偏侧咀嚼习惯[2]。牙齿生前脱落和龋齿也是引起偏侧咀嚼习惯的重要原因。低等级的两性居民均存在左右侧牙齿磨耗的显著性差异，一方面可能与其进食的粗糙食物有关，另一方面也与两性的牙齿生前脱落和龋齿的高发生率有关。

第五节　结　语

本文分别从性别与年龄的构成、人种特征、居民身高和骨骼病理状况等多个角度对新郑双楼东周墓葬出土的人骨标本进行了体质人类学考察，主要结论概括如下：

(一) 新郑双楼东周墓地中，存在骨骼标本的个体共101例，其中男性55例，女性22例，倾向于男性的个体9例，倾向于女性的个体13例，未知性别2例；可确定性别的

[1] 陈伟驹，李法军：《鲤鱼墩遗址出土人牙的牙齿磨耗和龋齿》，《人类学学报》2013年1期，第45~51页。

[2] Zamanlu M, Khamnei S, Salarilak S, Oskoee S S, Shakouri S K, Houshyar Y, Salekzamani Y. Chewing side preference in first and all mastication cycles for hard and soft morsels [J]. Int J Clin Exp Med 2012, 5 (4): 326-331.

男女两性比例为2.50∶1。双楼组古代居民整个年龄段的平均死亡年龄为46.05岁，男、女两性的平均死亡年龄分别为46.02岁和46.31岁。与先秦时期其他地区古代组居民比较，双楼组居民具有较高的平均期望寿命，可能其抵御各种自然灾害和疾病的能力较强，其经济、文化水平更高。

（二）依据对双楼东周两性颅骨标本的观察和测量，可以将其体质特征归纳为：以卵圆形和菱形颅为主，眉弓的发育多为中等和显著，以倾斜偏中等为主的前额，颅顶缝多为愈合和锯齿形，眶形多斜方形和椭圆形，并有略有和明显的鼻根区凹陷、稍显和中等的鼻前棘；梨状孔多梨形，梨状孔下缘多锐形，犬齿窝以中等为主，并有较多嵴状的腭圆枕，顶蝶型为主的翼区，以弱和无为主的下颌圆枕，以外翻型为主的下颌角区及较多属于尖形和圆形的颏形。男性居民一般具有中颅型、高颅型和狭颅型，并有狭额型、正颌型、中等的垂直颅面指数，中上面型，偏阔的中鼻型，中等程度的鼻根指数，中眶型，阔腭型，属于中颌型的总面角及特突颌型的齿槽面角、中等偏大程度的鼻颧角。女性个体的绝大多数测量性特征与男性接近，所不同的是在面部垂直方向的突出程度，齿槽面角的突颌程度比男性更明显，鼻型更阔等。所以，男女两性属于同一体质类型，性别因素是造成差异的主要因素。双楼组基本的颅骨形态特征与现代亚洲蒙古人种的东亚类型有较大的一致性，并与南亚类型之间存在较多相似性。

与各近现代颅骨组的比较结果显示，双楼颅骨组与现代北方汉族的代表华北组最为接近，其次接近的是现代南方汉族代表华南组；与现代东北亚蒙古人种的爱斯基摩勒俄康组和楚克奇（河滨）组相对较远，与北亚蒙古人种的蒙古组和布里亚特组的关系最疏远。

与先秦各古代颅骨组比较，双楼组与古中原类型的游邀组最近似，与古蒙古高原类型的阳畔组和新店子组最疏远。所以，双楼组与中原地区的土著古中原类型居民在体质特征上具有很大的相似性，并与古华北类型的晋秦混血也有较大的相似性。

与汉代以后各古代颅骨组比较，双楼组与古中原类型后裔的汉代陕西澄城良辅组和唐代陕西西安紫薇组在外貌形态上最相似，与汉代鲜卑人的南杨家营子组和三道湾组最疏远。

（三）双楼东周墓葬成年男性居民平均身高为167.46cm，变异范围是161.96～171.55cm，女性平均身高为159.10cm，变异范围是153.83～170.17cm。与河南境内先秦时期的5组古代居民和1组北方现代居民的平均身高比较，双楼男女两性居民身高在先秦对比组中处于中等水平，其两性身高的较小差异也许说明该墓地的女性相较于其他遗址的先秦居民具有较高的经济和社会地位。

（四）在新郑双楼东周墓葬人骨上发现了骨性关节炎、施莫尔结节、筛状眶与多孔性骨肥厚、骨膜炎和颅骨创伤等骨骼病理。对牙齿上的牙齿生前脱落、牙釉质发育不良和龋病进行患齿率的统计和分析，全组居民在牙釉质发育不良方面存在明显的性别差异；女性居民中，在反映身体营养健康状况和生存压力的牙齿生前脱落和牙釉质发育不良上存在显著的等级差异。对牙齿进行了磨耗定级和统计，牙齿的平均磨耗等级在同等级居民的两性比较和同性别中的等级比较结果显示，均存在显著性差异；低等级男性居民上下颌牙齿之间、左右侧牙齿之间及低等级女性居民左右侧牙齿之间均存在磨耗等级的显著性差别。

附表一　　新郑双楼组两性居民性别、年龄鉴定表

墓号	性别	年龄	墓号	性别	年龄
M9	?	45±	M89	男	45±
M95	?	15±2	M96	男	40–45
M10	男	50±	M97	男	50±
M102	男	45–50	M98	男	60+
M116	男	55±	M99	男	45±
M12	男	60±	M110	男?	25–30
M124	男	30±	M115	男?	60+
M13	男	40–45	M121	男?	8±2
M14	男	45±	M123	男?	55±
M146	男	35±	M183	男?	20±
M15	男	40–45	M234	男?	60+
M157	男	40±	M11	女	45–50
M16	男	50±	M125	女	20±
M175	男	55±	M134	女	40–45
M18	男	50±	M159	女	60+
M2	男	40–45	M185	女	40–45
M201	男	40–45	M20	女	40±
M203	男	50±	M218	女	45±
M217	男	35±	M225	女	25±
M226	男	60+	M227	女	55±
M231	男	60+	M23	女	60+
M233	男	45–50	M24	女	40±
M236	男	45±	M246	女	55–60
M238	男	55±	M249	女	45±
M240	男	45±	M4	女	40–45
M242	男	45±	M42	女	50±
M248	男	35±	M49	女	45±
M251	男	40–45	M66	女	50±
M253	男	50±	M72	女	60+
M255	男	45±	M74	女	45±
M259	男	60+	M75	女	40±
M260	男	60+	M77	女	60±
M262	男	45±	M156	女?	40–45
M263	男	35±	M164	女?	30–35
M265	男	45–50	M176	女?	40–45
M266	男	30±	M214	女?	60+
M3	男	60+	M215	女?	60+
M33	男	35–40	M216	女?	50±
M45	男	35±	M261	女?	60+
M53	男	60+	M67	女?	55±
M56	男	60±	M82	女?	60+
M58	男	40–45	M84	女?	55±
M70	男	45±	M88	女?	45–50
M71	男	60+	M92	女?	60+
M73	男	60+	M94	女?	45–50
M76	男	35±	M1	男	成年
M81	男	35±	M8	女	成年
M83	男	30–35	M50	男?	成年
M85	男	40±	M55	男?	成年
M86	男	35±	M60	男?	成年
M87	男	25±			

附表二

新郑双楼东周颅骨测量表（男性）

马丁号	测量项目	M13	M3	M226	M233	M242	M99	M71	M96	M253
1	颅骨最大长（g-op）	182.00	185.00	174.00	196.00	175.00	182.00	\	\	175.00
8	颅骨最大宽（eu-eu）	141.00	147.00	143.00	143.50	137.00	142.00	\	\	140.00
17	颅高（b-ba）	\	149.00	143.50	\	133.00	\	\	\	\
21	耳上颅高（po-po）	121.40	129.80	115.40	126.30	106.10	\	\	\	117.00
9	额骨最小宽（ft-ft）	93.16	98.46	92.34	95.00	83.24	95.50	\	93.20	95.74
7	枕骨大孔长（enba-o）	\	33.52	36.64	\	40.00	\	\	\	\
16	枕骨大孔宽	\	33.90	33.60	\	31.70	\	\	\	\
25	颅矢状弧（n-o）	377.00	403.00	382.00	410.00	353.00	\	\	\	371.00
26	额骨矢状弧（n-b）	130.00	143.00	129.00	140.00	122.00	145.00	\	\	124.00
27	顶骨矢状弧（b-l）	125.00	128.00	132.00	139.00	119.00	137.00	\	\	124.00
28	枕骨矢状弧（l-o）	123.00	134.00	123.00	132.00	114.00	\	\	\	124.00
29	额骨矢状弦（n-b）	113.54	122.60	111.80	122.00	106.00	123.30	\	\	109.20
30	顶骨矢状弦（b-l）	108.26	113.84	113.70	123.00	103.40	118.84	\	\	108.00
31	枕骨矢状弦（l-o）	99.50	110.40	101.82	109.62	94.00	\	\	\	97.74
23	颅周长（g-op-g）	533.00	556.00	522.00	557.00	\	540.00	\	\	522.00
24	颅横弧（po-b-po）	331.00	351.00	326.00	344.00	\	342.00	\	\	327.00
5	颅基底长（n-enba）	\	111.00	98.00	\	103.00	\	\	\	\
40	面底长（pr-enba）	\	104.00	94.74	\	101.00	\	\	\	\
48(pr)	上面高（n-pr）	70.00	60.34	75.34	83.20	65.56	\	\	\	72.14
48(sd)	上面高（n-sd(av)）	73.10	63.40	78.70	85.54	71.20	\	\	\	74.44
47	全面高（n-gn）	117.50	108.72	122.24	140.76	\	\	\	\	\
45	颧点间宽（zy-zy）	\	143.52	\	\	\	\	\	\	\
46	中面宽（zm-zm）	\	113.90	108.10	\	\	\	\	\	\
43	上面宽（fmt-fmt）	105.70	114.54	106.00	106.74	95.20	103.80	\	108.10	105.20
50	前眶间宽（mf-mf）	\	18.64	15.62	18.66	15.00	\	\	\	17.40
MH L	颧骨高（fmo-zm）	44.00	44.12	45.00	\	43.50	\	\	\	\
MH R		\	45.74	43.64	\	\	\	\	\	\
MB L	颧骨宽（zm-rim.orb）	25.74	27.12	28.00	\	21.52	\	\	\	\
MB R		\	28.70	27.62	\	\	\	\	\	\

续附表二：

马丁号	测量项目	M13	M3	M226	M233	M242	M99	M71	M96	M253
54	鼻宽	\	31.64	29.62	27.54	24.14	\	26.16	\	25.54
55	鼻高（n-ns）	52.30	51.90	55.12	58.30	50.00	\	44.50	\	53.82
SC	鼻最小宽	7.34	7.00	\	10.60	6.30	\	\	\	9.00
SS	鼻最小宽高	3.00	2.80	\	5.30	2.00	\	\	\	4.50
51L	眶宽（mf-ek）	\	48.00	45.72	45.54	44.00	\	\	\	44.60
51R		\	46.60	46.00	47.00	\	\	\	\	44.10
51aL	眶宽（d-ek）	\	45.20	42.44	40.90	41.00	\	\	\	42.82
51aR		\	43.20	40.24	43.20	\	\	\	\	43.00
52L	眶高	34.00	31.64	36.24	38.00	34.00	\	\	\	34.44
52R		\	32.80	\	39.44	\	\	\	\	35.30
60	上颌齿槽弓长（pr-alv）	\	49.88	54.80	57.70	50.84	\	49.80	53.64	53.20
61	上颌齿槽弓宽（ekm-ekm）	62.40	66.78	67.24	\	\	\	65.60	66.86	64.50
62	腭长（ol-sta）	44.20	\	44.14	46.00	42.42	\	40.24	40.54	\
63	腭宽（enm-enm）	34.40	42.70	40.36	39.74	\	\	38.10	42.30	41.20
12	枕骨最大宽（ast-ast）	111.86	114.80	107.30	109.30	102.00	114.00	108.00	\	108.20
11	耳点间宽（au-au）	131.44	133.40	124.54	117.50	120.00	132.66	\	\	125.10
44	两眶宽（ek-ek）	\	107.14	100.00	101.00	\	\	\	\	101.00
FC	两眶内宽（fmo-fmo）	96.14	105.24	99.62	99.50	94.32	94.80	\	99.00	99.00
FS	鼻根点至两眶内宽矢高	17.00	16.24	18.40	21.50	12.00	15.50	\	14.50	19.00
DC	眶间宽（d-d）	\	23.00	21.40	24.00	18.72	\	\	\	19.44
32	额侧角 I（∠n-m FH）	81.00	87.00	84.00	83.00	78.00	\	\	\	82.00
∠g-m FH	额侧角 II（∠g-m FH）	76.00	81.00	78.00	77.00	72.00	\	\	\	77.00
∠g-b FH	前囟角（∠g-b FH）	49.00	49.00	48.00	45.00	49.00	\	\	\	49.00
72	总面角（∠n-pr FH）	83.00	89.00	81.00	82.00	82.00	\	\	\	85.00
73	中面角（∠n-ns FH）	91.00	93.00	88.00	92.00	87.00	\	\	\	89.00
74	齿槽面角（∠ns-pr FH）	75.00	61.00	64.00	70.00	63.00	\	\	\	72.00
75	鼻梁侧角（∠n-rhi FH）	\	70.00	\	\	71.00	\	\	\	67.00
77	鼻颧角（∠fmo-n-fmo）	140.50	145.50	139.00	133.00	151.00	143.50	\	147.00	137.00
SSA	颧上颌角（∠zm-ss-zm）	\	123.00	124.00	\	\	\	\	\	\

续附表二：

马丁号	测量项目	M13	M3	M226	M233	M242	M99	M71	M96	M253
∠pr-n-ba	面三角（∠pr-n-ba）	\	66.50	63.00	\	68.00	\	\	\	\
∠n-pr-ba	（∠n-pr-ba）	\	81.00	71.00	\	75.00	\	\	\	\
∠n-ba-pr	（∠n-ba-pr）	\	32.50	46.00	\	37.00	\	\	\	\
72-75	鼻梁角	\	19.00	\	\	11.00	\	\	\	\
8：1	颅长宽指数	77.47	79.46	82.18	73.21	78.29	78.02	\	\	80.00
17：1	颅长高指数	\	80.54	82.47	\	76.00	\	\	\	\
17：8	颅宽高指数	\	101.36	100.35	\	97.08	\	\	\	\
9：8	额宽指数	66.07	66.98	64.57	66.20	60.76	67.25	\	\	68.39
16：7	枕骨大孔指数	\	101.13	91.70	\	79.25	\	\	\	\
40：5	面突指数	\	93.69	96.67	\	98.06	\	\	\	\
48：17pr	垂直颅面指数	\	40.50	52.50	\	49.29	\	\	\	\
48：17sd		\	42.55	54.84	\	53.53	\	\	\	\
48：45pr	上面指数(K)	\	42.04	\	\	\	\	\	\	\
48：45sd		\	44.18	\	\	\	\	\	\	\
48：46pr	中面指数(V)	\	52.98	69.69	\	\	\	\	\	\
48：46sd		\	55.66	72.80	\	\	\	\	\	\
54：55	鼻指数	\	60.96	53.74	47.24	48.28	\	58.79	\	47.45
52：51L	眶指数Ⅰ	\	65.92	79.27	83.44	77.27	\	\	\	77.22
52：51R		\	70.39	\	83.91	\	\	\	\	80.05
52：51aL	眶指数Ⅱ	\	70.00	85.39	92.91	82.93	\	\	\	80.43
52：51aR		\	75.93	\	91.30	\	\	\	\	82.09
54：51L	鼻眶指数Ⅰ	\	65.92	64.79	60.47	54.86	\	\	\	57.26
54：51R		\	67.90	64.39	58.60	\	\	\	\	57.91
54：51aL	鼻眶指数Ⅱ	\	70.00	69.79	67.33	58.88	\	\	\	59.65
54：51aR		\	73.24	73.61	63.75	\	\	\	\	59.40
SS：SC	鼻根指数	38.27	40.00	\	50.00	31.75	\	\	\	50.00
63：62	腭指数	77.83	\	91.44	86.39	\	\	94.68	104.34	\
45：(1+8)/2	横颅面指数	\	86.46	\	\	\	\	\	\	\
17：(1+8)/2	高平均指数	\	89.76	90.54	\	85.26	\	\	\	\

续附表二：

马丁号	测量项目	M13	M3	M226	M233	M242	M99	M71	M96	M253
65	下颌髁突间宽（cdl-cdl）	125.90	127.00	128.00	\	\	129.50	\	131.52	\
66	下颌角间宽（go-go）	\	105.76	103.86	\	\	103.00	\	111.00	\
67	髁孔间径	50.10	51.00	47.54	\	\	46.00	\	54.70	\
68	下颌体长	74.60	82.70	78.40	\	\	80.00	\	84.00	\
68(1)	下颌体最大投影长	106.00	113.50	113.00	\	\	106.30	\	114.40	\
69	下颌联合高（id-gn）	\	34.40	\	\	\	\	\	\	\
MBH Ⅰ L	下颌体高Ⅰ	28.00	27.00	32.62	\	\	33.20	\	35.48	\
MBH Ⅰ R		30.00	30.60	33.10	\	\	32.66	\	31.92	\
MBH Ⅱ L	下颌体高Ⅱ	28.00	24.40	30.10	\	\	29.20	\	35.60	\
MBH Ⅱ R		26.20	30.60	29.62	\	\	28.46	\	33.00	\
MBT Ⅰ L	下颌体厚Ⅰ	13.70	14.82	13.00	\	\	11.70	\	14.54	\
MBT Ⅰ R		15.60	15.60	13.30	\	\	12.00	\	14.30	\
MBT Ⅱ L	下颌体厚Ⅱ	18.50	18.24	17.30	\	\	15.90	\	17.24	\
MBT Ⅱ R		18.50	18.26	16.20	\	\	15.80	\	17.36	\
70 L	下颌枝高	\	69.82	64.50	\	\	\	\	66.30	\
70 R		\	71.34	66.44	\	\	61.50	\	67.46	\
71 L	下颌枝宽	43.30	46.76	40.50	\	\	\	\	44.22	\
71 R		\	48.00	40.70	\	\	45.94	\	42.54	\
71a L	下颌枝最小宽	35.60	36.76	31.66	\	\	33.00	\	34.24	\
71a R		37.10	37.20	31.24	\	\	36.44	\	32.74	\
79	下颌角	126.00	121.50	128.00	\	\	122.00	\	124.00	\
	颏孔间弧	58.00	59.00	56.00	\	\	52.50	\	64.50	\
68：65	下颌骨指数	59.25	65.12	61.25	\	\	61.78	\	63.87	\
71：70 L	下颌枝指数	\	66.97	62.79	\	\	\	\	66.70	\
71：70 R		\	67.28	61.26	\	\	74.70	\	63.06	\

附表三：

马丁号	测量项目	M70	M203	M45	M33	M146	M102	M251	M263	M265
1	颅骨最大长（g-op）	189.00	183.00	171.50	178.00	188.50	182.00	\	175.00	189.50
8	颅骨最大宽（eu-eu）	145.00	143.00	139.00	139.00	141.00	141.00	\	140.00	144.00
17	颅高（b-ba）	146.00	141.00	135.00	\	140.00	147.00	\	\	139.50
21	耳上颅高（po-po）	124.20	116.50	109.00	\	120.00	124.60	\	122.20	117.40
9	额骨最小宽（ft-ft）	87.72	93.00	83.26	92.40	96.36	94.70	\	98.58	90.92
7	枕骨大孔长（enba-o）	37.24	36.90	37.00	\	\	34.10	\	\	37.00
16	枕骨大孔宽	31.40	32.50	28.84	\	\	29.00	\	\	31.62
25	颅矢状弧（n-o）	402.00	383.00	363.00	395.00	\	394.00	\	\	397.00
26	额骨矢状弧（n-b）	132.00	132.00	121.00	128.00	133.00	145.00	\	143.00	134.00
27	顶骨矢状弧（b-l）	139.00	130.00	112.00	137.00	147.00	133.00	\	137.00	138.00
28	枕骨矢状弧（l-o）	133.00	123.00	126.00	130.00	\	117.00	\	\	127.00
29	额骨矢状弦（n-b）	115.26	115.14	106.14	108.00	114.86	124.30	\	120.62	116.26
30	顶骨矢状弦（b-l）	120.64	114.46	103.84	120.60	125.30	114.30	\	114.20	121.00
31	枕骨矢状弦（l-o）	111.20	98.00	96.70	103.00	\	97.40	\	\	102.24
23	颅周长（g-op-g）	552.00	538.00	511.00	530.00	545.00	536.00	\	527.00	553.00
24	颅横弧（po-b-po）	335.00	330.00	306.00	335.00	329.00	341.00	358.00	340.00	332.00
5	颅基底长（n-enba）	106.00	106.00	98.00	\	106.00	103.00	\	\	103.00
40	面底长（pr-enba）	98.44	\	94.36	\	109.00	97.00	\	\	98.24
48(pr)	上面高（n-pr）	71.64	\	71.80	\	80.00	71.30	\	74.10	71.00
48(sd)	上面高（n-sd(av)）	73.42	\	75.90	\	81.30	74.80	\	78.58	75.52
47	全面高（n-gn）	118.64	\	124.14	\	134.20	128.70	\	131.60	123.64
45	颧点间宽（zy-zy）	\	\	130.76	\	\	131.32	\	142.20	137.00
46	中面宽（zm-zm）	103.24	\	97.20	\	107.20	\	\	109.90	103.00
43	上面宽（fmt-fmt）	103.00	104.10	100.00	101.10	110.50	104.74	\	108.62	105.14
50	前眶间宽（mf-mf）	15.80	\	16.00	\	16.96	16.94	\	16.82	16.50
MH L	颧骨高（fmo-zm）	48.80	\	41.78	\	45.10	\	\	47.88	45.40
MH R		44.80	\	40.30	\	44.10	\	\	47.12	46.80
MB L	颧骨宽（zm-rim.orb）	24.14	\	20.40	\	27.60	\	\	29.50	25.62
MB R		25.32	\	22.70	\	25.30	\	\	29.40	26.84

续附表三：

马丁号	测量项目	M70	M203	M45	M33	M146	M102	M251	M263	M265
54	鼻宽	26.12	\	27.90	\	25.86	\	\	29.00	28.54
55	鼻高（n-ns）	55.00	\	53.60	\	56.00	53.24	\	57.30	53.64
SC	鼻最小宽	7.70	\	7.60	\	5.90	\	\	5.30	8.00
SS	鼻最小宽高	4.80	\	3.00	\	5.00	\	\	3.00	4.50
51L	眶宽（mf-ek）	44.70	44.22	42.40	\	45.20	44.64	\	45.00	45.30
51R		47.70	\	41.86	\	46.80	45.00	\	45.60	43.20
51aL	眶宽（d-ek）	42.70	41.70	39.80	\	43.40	39.64	\	43.70	42.80
51aR		45.20	\	39.54	\	44.50	41.14	\	43.84	41.00
52L	眶高	34.20	33.74	34.20	\	34.90	36.30	\	36.30	34.34
52R		34.40	\	32.54	\	34.50	\	\	34.70	35.64
60	上颌齿槽弓长（pr-alv）	53.60	\	49.74	\	57.56	51.94	55.00	50.00	49.80
61	上颌齿槽弓宽（ekm-ekm）	67.00	\	60.44	\	67.34	67.70	70.20	64.84	59.76
62	腭长（ol-sta）	44.90	\	42.54	\	49.82	\	\	41.40	40.00
63	腭宽（enm-enm）	41.00	\	37.24	\	38.00	42.74	38.62	40.30	37.00
12	枕骨最大宽（ast-ast）	116.54	112.40	116.24	110.50	\	115.50	119.32	110.86	119.46
11	耳点间宽（au-au）	129.60	127.80	122.14	122.64	131.50	124.44	121.34	128.14	128.80
44	两眶宽（ek-ek）	100.50	\	95.44	\	103.80	98.00	\	99.60	100.54
FC	两眶内宽（fmo-fmo）	98.76	97.00	94.30	94.14	103.00	97.80	\	99.34	98.76
FS	鼻根点至两眶内宽矢高	19.00	16.00	15.00	15.50	21.00	15.50	\	19.00	18.00
DC	眶间宽（d-d）	18.10	\	19.50	\	19.70	20.56	\	18.52	19.50
32	额侧角 I（∠n-m FH）	85.00	86.00	82.00	\	83.00	86.00	\	87.00	79.00
∠g-m FH	额侧角 II（∠g-m FH）	80.00	75.00	77.00	\	74.00	80.00	\	82.00	72.00
∠g-b FH	前囟角（∠g-b FH）	48.00	46.00	46.00	\	45.00	50.00	\	45.00	47.00
72	总面角（∠n-pr FH）	87.00	\	83.00	\	80.00	83.00	\	85.00	84.00
73	中面角（∠n-ns FH）	90.00	\	90.00	\	86.00	92.00	\	85.00	90.00
74	齿槽面角（∠ns-pr FH）	75.00	\	65.00	\	68.00	70.00	\	70.00	61.00
75	鼻梁侧角（∠n-rhi FH）	\	\	\	\	59.00	\	\	\	\
77	鼻颧角（∠fmo-n-fmo）	137.00	143.50	145.00	143.00	135.00	145.00	\	138.50	139.50
SSA	颧上颌角（∠zm-ss-zm）	122.00	\	129.50	\	121.00	\	\	121.00	123.40

续附表三：

马丁号	测量项目	M70	M203	M45	M33	M146	M102	M251	M263	M265
∠pr-n-ba	面三角（∠pr-n-ba）	63.00	\	63.00	\	70.00	62.50	\	\	64.00
∠n-pr-ba	（∠n-pr-ba）	75.00	\	73.00	\	66.00	75.50	\	\	74.00
∠n-ba-pr	（∠n-ba-pr）	42.00	\	44.00	\	44.00	42.00	\	\	42.00
72-75	鼻梁角	\	\	\	\	21.00	\	\	\	\
8：1	颅长宽指数	76.72	78.14	81.05	78.09	74.80	77.47	\	80.00	75.99
17：1	颅长高指数	77.25	77.05	78.72	\	74.27	80.77	\	\	73.61
17：8	颅宽高指数	100.69	98.60	97.12	\	99.29	104.26	\	\	96.88
9：8	额宽指数	60.50	65.03	59.90	66.47	68.34	67.16	\	70.41	63.14
16：7	枕骨大孔指数	84.32	88.08	77.95	\	\	85.04	\	\	85.46
40：5	面突指数	92.87	\	96.29	\	102.83	94.17	\	\	95.38
48：17pr	垂直颅面指数	49.07	\	53.19	\	57.14	48.50	\	\	50.90
48：17sd		50.29	\	56.22	\	58.07	50.88	\	\	54.14
48：45pr	上面指数(K)	\	\	54.91	\	\	54.29	\	52.11	51.82
48：45sd		\	\	58.05	\	\	56.96	\	55.26	55.12
48：46pr	中面指数(V)	69.39	\	73.87	\	74.63	\	\	67.42	68.93
48：46sd		71.12	\	78.09	\	75.84	\	\	71.50	73.32
54：55	鼻指数	47.49	\	52.05	\	46.18	\	\	50.61	53.21
52：51L	眶指数 I	76.51	76.30	80.66	\	77.21	81.32	\	80.67	75.81
52：51R		72.12	\	77.74	\	73.72	\	\	76.10	82.50
52：51aL	眶指数 II	80.09	80.91	85.93	\	80.41	91.57	\	83.07	80.23
52：51aR		76.11	\	82.30	\	77.53	\	\	79.15	86.93
54：51L	鼻眶指数 I	58.43	\	65.80	\	57.21	\	\	64.44	63.00
54：51R		54.76	\	66.65	\	55.26	\	\	63.60	66.06
54：51aL	鼻眶指数 II	61.17	\	70.10	\	59.59	\	\	66.36	66.68
54：51aR		57.79	\	70.56	\	58.11	\	\	66.15	69.61
SS：SC	鼻根指数	62.34	\	39.47	\	84.75	\	\	56.60	56.25
63：62	腭指数	91.31	\	87.54	\	76.27	\	\	97.34	92.50
45：(1+8)/2	横颅面指数	\	\	84.23	\	\	81.31	\	90.29	82.16
17：(1+8)/2	高平均指数	87.43	86.50	86.96	\	84.98	91.02	\	\	83.66

续附表三：

马丁号	测量项目	M70	M203	M45	M33	M146	M102	M251	M263	M265
65	下颌髁突间宽（cdl-cdl）	134.24	\	125.40	\	128.60	\	\	\	121.00
66	下颌角间宽（go-go）	100.00	\	99.70	91.90	95.74	99.66	\	108.30	92.00
67	髁孔间径	51.74	47.50	45.70	46.50	49.64	44.84	\	51.32	46.90
68	下颌体长	84.00	\	78.00	\	80.40	85.00	\	\	78.00
68(1)	下颌体最大投影长	106.70	\	111.40	\	115.50	105.00	\	\	107.30
69	下颌联合高（id-gn）	33.64	34.60	35.14	34.72	39.20	\	\	37.60	34.50
MBH Ⅰ L	下颌体高Ⅰ	33.90	30.50	32.50	31.00	36.30	38.10	36.30	37.52	31.00
MBH Ⅰ R		34.46	29.52	29.20	30.30	36.50	\	\	36.40	33.20
MBH Ⅱ L	下颌体高Ⅱ	33.90	27.36	29.40	28.82	34.10	34.20	34.76	34.20	30.20
MBH Ⅱ R		34.00	27.56	28.84	30.40	33.70	33.30	34.30	34.10	30.54
MBT Ⅰ L	下颌体厚Ⅰ	13.28	13.40	12.00	11.84	13.72	13.10	\	13.64	12.54
MBT Ⅰ R		13.36	13.60	12.00	11.64	13.60	11.50	\	13.80	12.56
MBT Ⅱ L	下颌体厚Ⅱ	14.84	16.00	14.50	15.36	16.40	16.00	\	16.10	14.00
MBT Ⅱ R		14.70	16.42	15.84	14.00	15.26	16.24	\	15.82	14.34
70 L	下颌枝高	72.30	\	58.68	\	77.54	68.60	\	\	73.60
70 R		71.60	\	60.54	61.76	77.52	69.20	\	67.30	72.44
71 L	下颌枝宽	45.60	\	40.70	\	43.00	46.90	\	\	\
71 R		44.50	\	41.42	45.40	43.50	48.10	\	46.70	50.50
71a L	下颌枝最小宽	34.78	33.00	31.68	32.50	36.72	36.90	\	37.80	35.54
71a R		34.70	34.00	32.80	33.72	36.62	35.60	\	36.54	37.94
79	下颌角	113.00	\	131.00	\	121.00	113.00	\	\	119.00
	颏孔间弧	67.00	56.00	53.00	55.50	60.00	51.50	\	60.00	55.00
68：65	下颌骨指数	62.57	\	62.20	\	62.52	\	\	\	64.46
71：70 L	下颌枝指数	63.07	\	69.36	\	55.46	68.37	\	\	\
71：70 R		62.15	\	68.42	73.51	56.11	69.51	\	69.39	69.71

附表四

新郑双楼东周颅骨测量表（男性）

马丁号	测量项目	M255	M98	M266	M175	M116	M260	M97	M217	M231
1	颅骨最大长（g-op）	181.00	183.00	\	\	186.00	\	\	\	175.00
8	颅骨最大宽（eu-eu）	139.00	130.00	149.00	140.00	142.00	\	143.00	\	141.00
17	颅高（b-ba）	\	\	\	\	150.00	\	\	\	142.00
21	耳上颅高（po-po）	116.50	119.30	\	\	124.00	\	\	\	120.00
9	额骨最小宽（ft-ft）	90.40	83.66	\	\	90.90	\	\	\	91.14
7	枕骨大孔长（enba-o）	\	\	\	35.34	35.90	\	\	\	36.10
16	枕骨大孔宽	\	\	\	27.84	28.24	\	\	\	30.10
25	颅矢状弧（n-o）	391.00	402.00	\	\	392.00	\	\	\	377.00
26	额骨矢状弧（n-b）	144.00	136.00	135.00	\	138.00	122.00	\	\	127.00
27	顶骨矢状弧（b-l）	130.00	142.00	131.00	\	120.00	131.00	\	\	135.00
28	枕骨矢状弧（l-o）	134.00	125.00	\	\	134.00	\	\	\	117.00
29	额骨矢状弦（n-b）	121.60	116.64	112.74	\	116.40	105.64	\	\	113.64
30	顶骨矢状弦（b-l）	114.10	124.30	114.10	\	105.84	111.80	\	\	117.50
31	枕骨矢状弦（l-o）	95.64	100.10	\	\	106.26	\	\	\	95.44
23	颅周长（g-op-g）	538.50	533.00	\	\	546.00	\	\	\	520.00
24	颅横弧（po-b-po）	328.00	320.00	328.00	\	339.00	\	\	\	330.00
5	颅基底长（n-enba）	\	\	\	\	111.00	\	\	\	100.00
40	面底长（pr-enba）	\	\	\	\	\	\	\	\	90.86
48(pr)	上面高（n-pr）	69.74	66.86	\	\	65.18	\	69.84	\	64.76
48(sd)	上面高（n-sd(av)）	73.30	71.56	\	\	70.54	\	72.50	\	66.62
47	全面高（n-gn）	\	\	\	\	111.34	\	116.20	\	
45	颧点间宽（zy-zy）	\	\	\	\	\	\	\	\	\
46	中面宽（zm-zm）	\	\	\	\	\	\	\	\	99.14
43	上面宽（fmt-fmt）	101.84	101.50	\	\	104.34	102.26	\	\	103.48
50	前眶间宽（mf-mf）	18.34	19.30	\	\	16.72	\	\	\	15.24
MH L	颧骨高（fmo-zm）	\	\	\	\	\	\	48.10	\	46.34
MH R		\	48.36	\	\	\	\	\	\	44.66
MB L	颧骨宽（zm-rim.orb）	\	\	\	\	\	\	24.48	\	25.64
MB R		\	27.44	\	\	\	\	\	\	25.10

续附表四：

马丁号	测量项目	M255	M98	M266	M175	M116	M260	M97	M217	M231
54	鼻宽	25.10	27.86	\	\	27.82	\	24.60	\	26.76
55	鼻高（n-ns）	51.64	54.64	\	\	48.20	\	52.00	\	52.00
SC	鼻最小宽	6.92	8.70	\	8.42	6.00	\	7.80	\	7.82
SS	鼻最小宽高	2.80	4.50	\	3.00	3.00	\	3.00	\	4.00
51L	眶宽（mf-ek）	42.24	42.00	\	\	42.00	\	42.74	\	44.22
51R		42.50	41.52	\	\	43.20	\	\	\	44.74
51aL	眶宽（d-ek）	39.10	39.10	\	\	40.00	\	39.54	\	40.60
51aR		39.62	40.00	\	\	40.56	\	\	\	40.70
52L	眶高	33.00	34.20	\	\	30.00	\	34.76	\	34.00
52R		32.92	34.00	\	\	29.86	\	\	\	33.90
60	上颌齿槽弓长（pr-alv）	53.86	51.00	59.10	\	53.24	\	53.80	\	46.00
61	上颌齿槽弓宽（ekm-ekm）	65.14	66.50	69.88	59.50	65.30	\	63.80	\	65.92
62	腭长（ol-sta）	44.32	39.32	\	36.34	43.64	\	45.76	\	37.00
63	腭宽（enm-enm）	40.88	44.70	40.30	38.16	40.00	\	39.30	38.54	43.40
12	枕骨最大宽（ast-ast）	107.32	111.00	111.72	113.32	112.80	\	111.22	\	115.70
11	耳点间宽（au-au）	128.56	121.36	132.46	\	128.00	\	126.60	\	127.70
44	两眶宽（ek-ek）	93.00	90.84	\	\	96.70	\	\	\	98.84
FC	两眶内宽（fmo-fmo）	95.00	96.00	\	\	96.84	96.16	\	\	97.00
FS	鼻根点至两眶内宽矢高	14.00	14.50	\	\	16.00	12.00	\	\	17.50
DC	眶间宽（d-d）	21.16	22.64	\	\	20.20	\	\	\	21.24
32	额侧角Ⅰ（∠n-m FH）	87.00	87.00	\	\	91.00	\	\	\	80.00
∠g-m FH	额侧角Ⅱ（∠g-m FH）	80.00	83.00	\	\	87.00	\	\	\	72.00
∠g-b FH	前囟角（∠g-b FH）	45.00	51.00	\	\	52.00	\	\	\	50.00
72	总面角（∠n-pr FH）	87.00	84.00	\	\	85.00	\	\	\	89.00
73	中面角（∠n-ns FH）	92.00	87.00	\	\	94.00	\	\	\	89.00
74	齿槽面角（∠ns-pr FH）	75.00	61.00	\	\	60.00	\	\	\	81.00
75	鼻梁侧角（∠n-rhi FH）	\	\	\	\	\	\	\	\	\
77	鼻颧角（∠fmo-n-fmo）	147.00	147.00	\	\	142.50	151.00	\	\	140.00
SSA	颧上颌角（∠zm-ss-zm）	\	\	\	\	\	\	\	\	124.00

续附表四：

马丁号	测量项目	M255	M98	M266	M175	M116	M260	M97	M217	M231
∠pr-n-ba	面三角（∠pr-n-ba）	\	\	\	\	68.00	\	\	\	84.50
∠n-pr-ba	（∠n-pr-ba）	\	\	\	\	77.40	\	\	\	48.00
∠n-ba-pr	（∠n-ba-pr）	\	\	\	\	34.60	\	\	\	47.50
72-75	鼻梁角	\	\	\	\	\	\	\	\	\
8：1	颅长宽指数	76.80	71.04	\	\	76.34	\	\	\	80.57
17：1	颅长高指数	\	\	\	\	80.65	\	\	\	81.14
17：8	颅宽高指数	\	\	\	\	105.63	\	\	\	100.71
9：8	额宽指数	65.04	64.35	\	\	64.01	\	\	\	64.64
16：7	枕骨大孔指数	\	\	\	78.78	78.66	\	\	\	83.38
40：5	面突指数	\	\	\	\	\	\	\	\	90.86
48：17pr	垂直颅面指数	\	\	\	\	43.45	\	\	\	45.61
48：17sd		\	\	\	\	47.03	\	\	\	46.92
48：45pr	上面指数(K)	\	\	\	\	\	\	\	\	\
48：45sd		\	\	\	\	\	\	\	\	\
48：46pr	中面指数(V)	\	\	\	\	\	\	\	\	65.32
48：46sd		\	\	\	\	\	\	\	\	67.20
54：55	鼻指数	48.61	50.99	\	\	57.72	\	47.31	\	51.46
52：51L	眶指数 I	78.13	81.43	\	\	71.43	\	81.33	\	76.89
52：51R		77.46	81.89	\	\	69.12	\	\	\	75.77
52：51aL	眶指数 II	84.40	87.47	\	\	75.00	\	87.91	\	83.74
52：51aR		83.09	85.00	\	\	73.62	\	\	\	83.29
54：51L	鼻眶指数 I	59.42	66.33	\	\	66.24	\	57.56	\	60.52
54：51R		59.06	67.10	\	\	64.40	\	\	\	59.81
54：51aL	鼻眶指数 II	64.19	71.25	\	\	69.55	\	62.22	\	65.91
54：51aR		63.35	69.65	\	\	68.59	\	\	\	65.75
SS：SC	鼻根指数	40.46	51.72	\	35.63	50.00	\	38.46	\	51.15
63：62	腭指数	92.24	113.68	\	105.01	91.66	\	85.88	\	117.30
45：(1+8)/2	横颅面指数	\	\	\	\	\	\	\	\	\
17：(1+8)/2	高平均指数	\	\	\	\	91.46	\	\	\	89.87

续附表四：

马丁号	测量项目	M255	M98	M266	M175	M116	M260	M97	M217	M231
65	下颌髁突间宽（cdl-cdl）	\	\	\	\	\	\	124.00	\	\
66	下颌角间宽（go-go）	\	\	92.70	\	96.80	\	90.60	\	\
67	髁孔间径	47.80	\	48.22	\	46.00	\	48.82	\	45.66
68	下颌体长	\	\	78.40	\	\	\	84.50	\	\
68(1)	下颌体最大投影长	\	\	104.30	\	\	\	109.00	\	\
69	下颌联合高（id-gn）	35.00	\	35.56	\	\	\	30.80	\	26.20
MBH Ⅰ L	下颌体高Ⅰ	\	\	29.24	\	31.30	\	29.30	35.72	24.80
MBH Ⅰ R		30.86	\	29.00	\	32.54	32.00	29.52	34.30	23.00
MBH Ⅱ L	下颌体高Ⅱ	\	\	28.60	\	27.10	\	29.16	32.70	26.00
MBH Ⅱ R		33.40	\	28.50	\	28.30	29.60	28.60	34.40	28.60
MBT Ⅰ L	下颌体厚Ⅰ	\	\	13.72	\	12.50	\	13.64	16.20	12.56
MBT Ⅰ R		13.06	\	13.62	\	12.30	11.00	14.20	16.82	12.10
MBT Ⅱ L	下颌体厚Ⅱ	\	\	16.12	\	15.00	\	16.38	19.02	15.82
MBT Ⅱ R		15.00	\	15.80	\	15.34	15.70	17.14	18.10	15.50
70 L	下颌枝高	\	\	69.00	\	66.00	\	70.04	74.76	\
70 R		\	\	68.54	\	\	\	65.00	\	67.00
71 L	下颌枝宽	\	\	44.90	\	\	\	\	45.52	\
71 R		\	\	44.00	\	\	\	\	\	\
71a L	下颌枝最小宽	\	\	36.62	\	34.80	\	35.60	38.42	30.00
71a R		\	\	36.50	\	34.82	\	36.50	38.74	30.64
79	下颌角	\	\	117.50	\	\	\	114.00	\	\
	颏孔间弧	57.00	\	59.00	\	52.00	\	58.00	\	51.50
68：65	下颌骨指数	\	\	\	\	\	\	68.15	\	\
71：70 L	下颌枝指数	\	\	65.07	\	\	\	\	60.89	\
71：70 R		\	\	64.20	\	\	\	\	\	\

附表五

新郑双楼东周颅骨测量表（男性）

马丁号	测量项目	M248	M87	M86	M56	M89	M259	M58	M201	M262
1	颅骨最大长（g-op）	\	\	\	188.00	191.00	177.00	184.00	184.00	182.50
8	颅骨最大宽（eu-eu）	\	140.00	\	144.00	143.00	141.50	140.50	136.00	133.00
17	颅高（b-ba）	\	\	\	\	148.00	134.00	143.00	133.50	140.00
21	耳上颅高（po-po）	\	\	\	\	127.60	111.40	117.50	114.50	116.60
9	额骨最小宽（ft-ft）	\	88.74	90.50	87.00	91.54	84.30	98.54	91.32	89.00
7	枕骨大孔长（enba-o）	\	40.56	\	35.10	36.26	38.54	37.44	37.40	36.24
16	枕骨大孔宽	\	31.80	\	31.36	30.42	30.30	\	29.84	28.86
25	颅矢状弧（n-o）	\	\	\	\	415.00	371.00	388.00	386.00	379.00
26	额骨矢状弧（n-b）	\	\	\	\	136.00	128.00	137.00	133.00	125.00
27	顶骨矢状弧（b-l）	\	\	\	130.00	145.00	131.00	127.00	141.00	140.00
28	枕骨矢状弧（l-o）	\	\	\	131.00	134.00	115.00	127.00	115.00	115.00
29	额骨矢状弦（n-b）	\	\	\	\	118.80	111.24	116.22	112.00	110.00
30	顶骨矢状弦（b-l）	\	\	\	115.00	125.52	110.14	111.82	119.34	119.20
31	枕骨矢状弦（l-o）	\	\	\	104.00	107.40	95.10	105.30	88.24	97.80
23	颅周长（g-op-g）	\	\	\	545.00	549.00	518.00	538.00	531.00	526.00
24	颅横弧（po-b-po）	\	\	\	327.00	345.00	321.00	322.00	316.00	320.00
5	颅基底长（n-enba）	\	\	\	\	105.00	96.00	107.00	97.00	102.00
40	面底长（pr-enba）	\	\	\	\	97.30	\	99.00	94.70	96.80
48(pr)	上面高（n-pr）	\	\	\	\	76.60	\	75.30	65.30	69.74
48(sd)	上面高（n-sd(av)）	\	\	\	\	82.10	\	78.40	68.30	74.14
47	全面高（n-gn）	\	\	\	\	131.60	\	\	113.36	122.00
45	颧点间宽（zy-zy）	\	\	\	\	137.80	\	\	\	\
46	中面宽（zm-zm）	\	\	108.60	\	99.00	\	102.70	98.60	99.00
43	上面宽（fmt-fmt）	\	\	\	106.44	103.90	\	108.00	104.80	104.88
50	前眶间宽（mf-mf）	\	\	\	\	17.64	14.60	19.20	17.22	17.40
MHL	颧骨高（fmo-zm）	\	\	\	\	50.30	\	49.60	46.44	47.82
MHR		\	\	\	\	52.70	\	49.50	46.00	47.22
MBL	颧骨宽（zm-rim.orb）	\	\	27.50	\	24.00	\	27.00	24.66	26.40
MBR		\	\	28.00	\	22.00	\	26.50	24.00	26.40

续附表五：

马丁号	测量项目	M248	M87	M86	M56	M89	M259	M58	M201	M262
54	鼻宽	\	\	27.80	\	27.00	\	25.14	26.60	25.80
55	鼻高（n-ns）	\	\	\	\	59.90	\	57.76	49.70	54.00
SC	鼻最小宽	\	\	\	\	8.30	\	9.40	5.00	9.00
SS	鼻最小宽高	\	\	\	\	3.40	\	2.80	2.00	4.00
51L	眶宽（mf-ek）	\	\	\	\	44.96	\	45.40	44.42	44.50
51R		\	\	\	\	44.00	\	45.46	46.44	45.60
51aL	眶宽（d-ek）	\	\	\	\	42.84	\	43.00	41.66	42.50
51aR		\	\	\	\	41.50	\	42.52	41.80	44.30
52L	眶高	\	\	\	\	36.84	\	36.00	36.14	36.40
52R		\	\	\	\	38.30	\	35.70	35.40	36.94
60	上颌齿槽弓长（pr-alv）	53.54	55.00	52.00	\	56.90	\	56.40	47.70	51.34
61	上颌齿槽弓宽（ekm-ekm）	62.74	67.24	66.56	\	69.84	\	67.00	60.10	65.34
62	腭长（ol-sta）	42.34	\	\	\	47.90	\	44.00	40.00	45.00
63	腭宽（enm-enm）	40.00	41.00	44.88	\	43.60	\	41.10	38.40	38.54
12	枕骨最大宽（ast-ast）	103.90	116.00	\	109.22	109.26	103.00	106.00	109.80	107.30
11	耳点间宽（au-au）	131.26	126.44	\	129.00	130.70	125.52	126.80	126.24	120.70
44	两眶宽（ek-ek）	\	\	\	\	99.80	\	104.30	99.34	101.30
FC	两眶内宽（fmo-fmo）	\	\	\	101.70	94.90	\	101.80	97.76	100.64
FS	鼻根点至两眶内宽矢高	\	\	\	\	18.00	\	18.00	15.00	20.50
DC	眶间宽（d-d）	\	\	\	\	20.50	\	23.80	22.34	19.20
32	额侧角Ⅰ（∠n-m FH）	\	\	\	\	82.00	80.00	85.00	85.00	77.00
∠g-m FH	额侧角Ⅱ（∠g-m FH）	\	\	\	\	74.00	68.00	77.00	77.00	68.00
∠g-b FH	前囟角（∠g-b FH）	\	\	\	\	47.00	43.00	42.00	41.00	45.00
72	总面角（∠n-pr FH）	\	\	\	\	86.00	\	86.00	82.00	86.00
73	中面角（∠n-ns FH）	\	\	\	\	92.00	\	89.00	88.00	87.00
74	齿槽面角（∠ns-pr FH）	\	\	\	\	64.00	\	74.00	64.00	73.00
75	鼻梁侧角（∠n-rhi FH）	\	\	\	\	\	\	\	\	64.00
77	鼻颧角（∠fmo-n-fmo）	\	\	\	\	139.00	\	141.00	146.00	135.50
SSA	颧上颌角（∠zm-ss-zm）	\	\	127.00	\	119.50	\	130.00	131.50	118.00

续附表五：

马丁号	测量项目	M248	M87	M86	M56	M89	M259	M58	M201	M262
∠pr-n-ba	面三角（∠pr-n-ba）	\	\	\	\	60.00	\	62.50	64.50	63.50
∠n-pr-ba	（∠n-pr-ba）	\	\	\	\	75.00	\	74.50	75.50	75.50
∠n-ba-pr	（∠n-ba-pr）	\	\	\	\	45.00	\	43.00	40.00	41.00
72-75	鼻梁角	\	\	\	\	\	\	\	\	22.00
8：1	颅长宽指数	\	\	\	76.60	74.87	79.94	76.36	73.91	72.88
17：1	颅长高指数	\	\	\	\	77.49	75.71	77.72	72.55	76.71
17：8	颅宽高指数	\	\	\	\	103.50	94.70	101.78	98.16	105.26
9：8	额宽指数	\	63.39	\	60.42	64.01	59.58	70.14	67.15	66.92
16：7	枕骨大孔指数	\	78.40	\	89.34	83.89	78.62	\	79.79	79.64
40：5	面突指数	\	\	\	\	92.67	\	92.52	97.63	94.90
48：17pr	垂直颅面指数	\	\	\	\	51.76	\	52.66	48.91	49.81
48：17sd		\	\	\	\	55.47	\	54.83	51.16	52.96
48：45pr	上面指数(K)	\	\	\	\	55.59	\	\	\	\
48：45sd		\	\	\	\	59.58	\	\	\	\
48：46pr	中面指数(V)	\	\	\	\	77.37	\	73.32	66.23	70.44
48：46sd		\	\	\	\	82.93	\	76.34	69.27	74.89
54：55	鼻指数	\	\	\	\	45.08	\	43.52	53.52	47.78
52：51L	眶指数 I	\	\	\	\	81.94	\	79.30	81.36	81.80
52：51R		\	\	\	\	87.05	\	78.53	76.23	81.01
52：51aL	眶指数 II	\	\	\	\	85.99	\	83.72	86.75	85.65
52：51aR		\	\	\	\	92.29	\	83.96	84.69	83.39
54：51L	鼻眶指数 I	\	\	\	\	60.05	\	55.37	59.88	57.98
54：51R		\	\	\	\	61.36	\	55.30	57.28	56.58
54：51aL	鼻眶指数 II	\	\	\	\	63.03	\	58.47	63.85	60.71
54：51aR		\	\	\	\	65.06	\	59.13	63.64	58.24
SS：SC	鼻根指数	\	\	\	\	40.96	\	29.79	40.00	44.44
63：62	腭指数	92.29	\	\	\	91.02	\	93.41	96.00	85.64
45：(1+8)/2	横颅面指数	\	\	\	\	82.51	\	\	\	\
17：(1+8)/2	高平均指数	\	\	\	\	88.62	84.14	88.14	83.44	88.75

续附表五：

马丁号	测量项目	M248	M87	M86	M56	M89	M259	M58	M201	M262
65	下颌髁突间宽（cdl-cdl）	[illegible]	127.64	\	\	\	\	\	\	126.80
66	下颌角间宽（go-go）	105.40	93.00	\	\	101.20	\	\	\	107.00
67	髁孔间径	47.54	51.10	49.24	53.20	49.30	\	\	41.76	47.92
68	下颌体长	[illegible]	89.20	\	\	\	\	\	72.00	82.20
68(1)	下颌体最大投影长	[illegible]	111.00	\	\	\	\	\	93.00	103.50
69	下颌联合高（id-gn）	[illegible]	35.30	37.14	\	37.84	\	\	31.32	33.70
MBH Ⅰ L	下颌体高Ⅰ	35.00	31.46	37.74	30.60	31.00	\	32.40	29.00	33.54
MBH Ⅰ R		33.00	33.64	36.00	30.00	35.22	\	\	28.90	32.22
MBH Ⅱ L	下颌体高Ⅱ	33.24	33.00	36.00	27.20	25.30	\	30.20	26.34	31.74
MBH Ⅱ R		32.26	33.74	36.60	28.72	28.10	\	\	26.00	33.42
MBT Ⅰ L	下颌体厚Ⅰ	11.10	14.10	11.52	13.20	13.10	\	14.22	12.00	14.30
MBT Ⅰ R		12.66	13.74	12.74	15.00	13.90	\	\	12.10	13.92
MBT Ⅱ L	下颌体厚Ⅱ	14.16	17.36	16.64	13.86	16.74	\	15.54	15.82	16.82
MBT Ⅱ R		15.42	17.10	17.80	15.00	15.30	\	\	15.32	17.38
70 L	下颌枝高	62.34	77.44	\	71.82	70.80	\	\	64.70	73.42
70 R		\	75.44	68.12	\	\	\	\	\	72.30
71 L	下颌枝宽	45.10	51.00	\	\	\	\	\	41.12	\
71 R		\	49.70	\	\	\	\	\	\	\
71a L	下颌枝最小宽	32.90	41.74	\	\	\	\	32.80	30.54	34.10
71a R		34.10	41.60	\	\	\	\	\	32.00	34.36
79	下颌角	\	111.00	\	\	\	\	\	115.50	110.00
	颏孔间弧	54.00	60.00	57.00	61.00	55.00	\	\	49.00	57.00
68：65	下颌骨指数	\	69.88	\	\	\	\	\	\	64.83
71：70 L	下颌枝指数	72.35	65.86	\	\	\	\	\	63.55	\
71：70 R		\	65.88	\	\	\	\	\	\	\

附表六

新郑双楼东周颅骨测量表（女性）

马丁号	测量项目	M23	M159	M246	M218	M134	M156	M11	M261	M75	M176
1	颅骨最大长（g-op）	172.00	\	181.00	\	182.50	174.00	179.00	174.00	182.00	179.00
8	颅骨最大宽（eu-eu）	134.00	\	143.00	\	136.00	136.50	141.00	135.00	134.00	138.00
17	颅高（b-ba）	125.00	\	\	\	\	138.00	144.00	130.00	133.50	\
21	耳上颅高（po-po）	108.00	\	114.00	\	113.00	115.00	119.50	114.50	111.20	\
9	额骨最小宽（ft-ft）	91.40	\	95.56	\	87.10	90.68	100.36	87.64	95.00	\
7	枕骨大孔长（enba-o）	34.50	\	\	\	\	34.84	36.10	34.20	35.66	\
16	枕骨大孔宽	29.90	\	\	\	\	28.74	32.00	27.00	28.46	\
25	颅矢状弧（n-o）	361.00	\	\	\	381.00	375.00	374.00	370.00	381.00	371.00
26	额骨矢状弧（n-b）	118.00	\	131.00	126.00	132.00	129.00	129.00	125.00	120.00	116.00
27	顶骨矢状弧（b-l）	121.00	120.00	134.00	126.00	129.00	125.00	125.00	129.00	124.00	133.00
28	枕骨矢状弧（l-o）	122.00	125.00	\	\	122.00	124.00	121.00	119.00	138.00	124.00
29	额骨矢状弦（n-b）	102.24	\	113.80	107.34	112.00	110.24	113.84	109.54	103.34	100.90
30	顶骨矢状弦（b-l）	106.60	106.34	114.32	109.62	113.52	107.74	110.80	111.44	110.50	112.90
31	枕骨矢状弦（l-o）	96.10	98.34	\	\	102.00	101.38	99.58	97.40	108.00	103.90
23	颅周长（g-op-g）	507.00	\	535.00	\	530.00	511.00	532.00	516.00	517.00	527.00
24	颅横弧（po-b-po）	303.00	316.00	316.00	\	314.00	316.00	334.00	315.00	308.00	330.00
5	颅基底长（n-enba）	96.00	\	\	\	\	101.00	107.00	95.00	98.00	\
40	面底长（pr-enba）	95.76	\	\	\	\	\	103.00	94.00	94.10	\
48(pr)	上面高（n-pr）	60.70	\	69.86	\	69.30	\	72.50	64.00	72.24	\
48(sd)	上面高（n-sd(av)）	64.10	\	73.70	\	73.00	\	73.54	67.10	74.40	\
47	全面高（n-gn）	104.30	\	\	\	123.30	\	120.20	107.70	117.00	\
45	颧点间宽（zy-zy）	124.50	\	\	\	128.00	\	\	129.64	126.10	\
46	中面宽（zm-zm）	98.00	\	\	\	101.60	\	\	93.74	102.20	\
43	上面宽（fmt-fmt）	100.60	\	\	\	102.90	103.64	110.12	101.76	103.20	\
50	前眶间宽（mf-mf）	15.64	\	14.10	\	14.60	17.00	21.50	17.14	16.62	\
MHL	颧骨高（fmo-zm）	41.14	\	\	\	45.30	42.10	\	43.90	41.82	\
MHR		39.28	\	\	\	44.86	\	44.00	46.50	41.00	\
MBL	颧骨宽（zm-rim.orb）	21.81	\	\	\	22.40	24.00	\	23.30	22.80	\
MBR		22.10	\	\	\	21.60	\	20.20	24.14	22.52	\

续附表六：

马丁号	测量项目	M23	M159	M246	M218	M134	M156	M11	M261	M75	M176
54	鼻宽	27.36	\	27.30	\	25.00	\	27.20	27.10	24.20	\
55	鼻高（n-ns）	48.24	\	54.00	\	53.42	\	51.50	50.26	51.12	\
SC	鼻最小宽	7.30	8.14	5.60	\	5.40	8.24	11.60	8.10	8.42	\
SS	鼻最小宽高	3.00	4.50	3.00	\	3.00	4.00	5.50	2.00	4.00	\
51L	眶宽（mf-ek）	42.34	\	\	\	45.46	43.00	43.74	42.10	43.60	\
51R		42.40	\	48.42	\	44.20	\	45.50	41.90	44.40	\
51aL	眶宽（d-ek）	37.20	\	\	\	40.50	41.22	41.90	39.40	40.44	\
51aR		38.52	\	40.50	\	41.00	\	43.20	\	41.14	\
52L	眶高	30.92	\	\	\	37.00	34.10	38.64	33.90	34.40	\
52R		31.50	\	38.84	\	36.70	\	36.70	33.60	34.64	\
60	上颌齿槽弓长（pr-alv）	50.14	53.24	\	\	51.20	\	56.70	53.40	47.80	\
61	上颌齿槽弓宽（ekm-ekm）	57.80	62.12	56.72	\	63.24	\	65.00	62.60	59.72	\
62	腭长（ol-sta）	42.54	43.20	\	\	38.30	\	48.00	46.00	43.60	\
63	腭宽（enm-enm）	35.40	32.30	39.20	\	39.60	\	40.70	37.46	40.00	\
12	枕骨最大宽（ast-ast）	110.6[illegible]	118.64	109.20	108.00	110.70	109.80	111.00	106.20	98.00	106.80
11	耳点间宽（au-au）	120.7[illegible]	130.40	128.24	\	122.40	122.00	130.40	117.00	114.90	126.44
44	两眶宽（ek-ek）	97.00	\	\	\	96.72	\	105.50	96.00	98.60	\
FC	两眶内宽（fmo-fmo）	94.00	\	\	\	92.54	97.00	103.30	94.10	96.14	\
FS	鼻根点至两眶内宽矢高	15.00	\	\	\	14.60	15.00	18.00	14.70	18.00	\
DC	眶间宽（d-d）	22.64	\	24.14	\	19.82	20.00	23.74	\	21.74	\
32	额侧角Ⅰ（∠n-m FH）	88.00	\	77.00	\	88.00	85.00	80.00	81.00	85.00	\
∠g-m FH	额侧角Ⅱ（∠g-m FH）	83.00	\	73.00	\	83.00	83.00	75.00	75.00	83.00	\
∠g-b FH	前囟角（∠g-b FH）	51.00	\	44.00	\	44.00	49.00	45.00	46.00	47.00	\
72	总面角（∠n-pr FH）	81.00	\	82.00	\	82.00	\	80.00	83.00	86.00	\
73	中面角（∠n-ns FH）	88.00	\	88.00	\	88.00	\	88.00	88.00	90.00	\
74	齿槽面角（∠ns-pr FH）	65.00	\	63.00	\	61.00	\	65.00	60.00	76.00	\
75	鼻梁侧角（∠n-rhi FH）	\	\	\	\	63.00	\	\	\	\	\
77	鼻颧角（∠fmo-n-fmo）	145.00	\	\	\	144.50	146.00	141.00	145.00	139.00	\
SSA	颧上颌角（∠zm-ss-zm）	130.00	\	\	\	131.00	\	\	123.50	132.00	\

续附表六：

马丁号	测量项目	M23	M159	M246	M218	M134	M156	M11	M261	M75	M176
∠pr-n-ba	面三角（∠pr-n-ba）	70.00	\	\	\	\	\	64.00	69.00	63.00	\
∠n-pr-ba	（∠n-pr-ba）	72.50	\	\	\	\	\	75.00	71.00	72.00	\
∠n-ba-pr	（∠n-ba-pr）	37.50	\	\	\	\	\	41.00	40.00	45.00	\
72-75	鼻梁角	\	\	\	\	19.00	\	\	\	\	\
8：1	颅长宽指数	77.91	\	79.01	\	74.52	78.45	78.77	77.59	73.63	77.09
17：1	颅长高指数	72.67	\	\	\	\	79.31	80.45	74.71	73.35	\
17：8	颅宽高指数	93.28	\	\	\	\	101.10	102.13	96.30	99.63	\
9：8	额宽指数	68.21	\	66.83	\	64.04	66.43	71.18	64.92	70.90	\
16：7	枕骨大孔指数	86.67	\	\	\	\	82.49	88.64	78.95	79.81	\
40：5	面突指数	99.75	\	\	\	\	\	96.26	98.95	96.02	\
48：17pr	垂直颅面指数	48.56	\	\	\	\	\	50.35	49.23	54.11	\
48：17sd		51.28	\	\	\	\	\	51.07	51.62	55.73	\
48：45pr	上面指数(K)	48.76	\	\	\	54.14	\	\	49.37	57.29	\
48：45sd		51.49	\	\	\	57.03	\	\	51.76	59.00	\
48：46pr	中面指数(V)	61.94	\	\	\	68.21	\	\	68.27	70.68	\
48：46sd		65.41	\	\	\	71.85	\	\	71.58	72.80	\
54：55	鼻指数	56.72	\	50.56	\	46.80	\	52.82	53.92	47.34	\
52：51L	眶指数Ⅰ	73.03	\	\	\	81.39	79.30	88.34	80.52	78.90	\
52：51R		74.29	\	80.21	\	83.03	\	80.66	80.19	78.02	\
52：51aL	眶指数Ⅱ	83.12	\	\	\	91.36	82.73	92.22	86.04	85.06	\
52：51aR		81.78	\	95.90	\	89.51	\	84.95	\	84.20	\
54：51L	鼻眶指数Ⅰ	64.62	\	\	\	54.99	\	62.19	64.37	55.50	\
54：51R		64.53	\	56.38	\	56.56	\	59.78	64.68	54.50	\
54：51aL	鼻眶指数Ⅱ	73.55	\	\	\	61.73	\	64.92	68.78	59.84	\
54：51aR		71.03	\	67.41	\	60.98	\	62.96	\	58.82	\
SS：SC	鼻根指数	41.10	55.28	53.57	\	55.56	48.54	47.41	24.69	47.51	\
63：62	腭指数	83.22	74.77	\	\	103.39	\	84.79	81.43	91.74	\
45：(1+8)/2	横颅面指数	81.37	\	\	\	80.38	\	\	83.91	79.81	\
17：(1+8)/2	高平均指数	81.70	\	\	\	\	88.89	90.00	84.14	84.49	\

续附表六：

马丁号	测量项目	M23	M159	M246	M218	M134	M156	M11	M261	M75	M176
65	下颌髁突间宽（cdl-cdl）	115.10	\	\	122.58	118.00	\	\	115.20	117.86	\
66	下颌角间宽（go-go）	88.50	\	\	93.86	94.00	\	99.30	\	91.76	\
67	髁孔间径	45.54	49.50	45.54	49.00	51.20	\	43.40	44.80	46.36	\
68	下颌体长	74.70	\	\	74.20	78.00	\	72.00	76.40	72.00	\
68(1)	下颌体最大投影长	107.10	\	\	103.50	110.50	\	110.00	96.40	105.80	\
69	下颌联合高（id-gn）	31.00	\	\	31.36	33.70	\	31.56	32.50	31.10	48.52
MBH Ⅰ L	下颌体高Ⅰ	28.34	\	\	29.50	29.40	\	31.14	28.64	29.40	38.34
MBH Ⅰ R		29.24	\	\	28.80	29.22	\	30.00	31.00	31.30	38.00
MBH Ⅱ L	下颌体高Ⅱ	27.66	\	\	27.34	30.46	\	28.10	28.50	29.38	\
MBH Ⅱ R		30.40	\	\	27.84	29.26	\	28.40	29.42	30.60	35.00
MBT Ⅰ L	下颌体厚Ⅰ	11.22	\	\	11.10	13.40	\	10.90	11.90	11.78	14.20
MBT Ⅰ R		11.42	\	\	12.74	13.40	\	10.60	11.86	12.00	14.40
MBT Ⅱ L	下颌体厚Ⅱ	12.00	\	\	13.78	15.41	\	15.56	15.00	15.00	18.00
MBT Ⅱ R		12.86	\	\	14.26	15.31	\	13.70	15.14	14.12	17.46
70 L	下颌枝高	65.40	65.64	\	55.40	74.70	\	63.70	70.92	62.20	\
70 R		66.14	\	\	55.22	64.60	\	61.50	\	64.16	\
71 L	下颌枝宽	40.80	\	\	40.10	\	\	45.10	40.20	43.74	\
71 R		40.60	\	\	39.56	47.44	\	45.30	\	44.10	\
71a L	下颌枝最小宽	31.64	32.70	\	32.36	\	\	35.20	35.34	35.30	\
71a R		32.94	31.00	29.84	32.22	35.54	\	34.00	34.70	35.70	35.84
79	下颌角	127.00	\	\	128.00	121.00	\	129.00	114.00	128.00	\
	颏孔间弧	56.00	\	54.00	61.50	62.00	\	51.00	55.00	55.00	57.00
68：65	下颌骨指数	64.90	\	\	60.53	66.10	\	\	66.32	61.09	\
71：70 L	下颌枝指数	62.39	\	\	72.38	\	\	70.80	56.68	70.32	\
71：70 R		61.38	\	\	71.64	73.44	\	73.66	\	68.73	\

附表七

新郑双楼东周颅骨测量表（女性）

马丁号	测量项目	M88	M215	M185	M164	M66	M20	M225	M227	M74
1	颅骨最大长（g-op）	\	174.00	175.00	\	\	174.00	175.00	182.00	\
8	颅骨最大宽（eu-eu）	135.00	139.00	141.00	\	\	\	140.50	143.50	132.00
17	颅高（b-ba）	\	\	138.50	\	\	\	\	141.00	\
21	耳上颅高（po-po）	\	118.50	121.70	\	\	\	\	117.00	\
9	额骨最小宽（ft-ft）	\	85.00	85.40	88.00	\	88.26	\	90.20	76.46
7	枕骨大孔长（enba-o）	\	\	34.00	\	\	\	34.72	33.64	\
16	枕骨大孔宽	\	30.68	30.20	\	\	\	28.10	28.00	\
25	颅矢状弧（n-o）	\	377.00	380.00	\	\	\	\	386.00	\
26	额骨矢状弧（n-b）	\	123.00	126.00	127.00	130.00	132.00	\	133.00	127.00
27	顶骨矢状弧（b-l）	142.00	136.00	118.00	\	123.00	\	\	138.00	121.00
28	枕骨矢状弧（l-o）	\	119.00	138.00	\	\	119.00	120.00	118.00	\
29	额骨矢状弦（n-b）	\	108.20	110.90	109.64	113.00	111.30	\	113.10	111.60
30	顶骨矢状弦（b-l）	123.90	117.44	102.14	\	111.00	\	\	118.64	104.82
31	枕骨矢状弦（l-o）	\	96.00	111.62	\	\	97.50	98.62	97.30	\
23	颅周长（g-op-g）	\	521.00	525.00	\	\	514.00	\	535.00	\
24	颅横弧（po-b-po）	325.00	324.00	333.00	\	\	318.00	\	327.00	\
5	颅基底长（n-enba）	\	\	99.00	\	\	\	97.00	105.50	\
40	面底长（pr-enba）	\	\	96.90	\	\	\	95.00	107.80	\
48(pr)	上面高（n-pr）	\	68.40	71.64	\	\	65.90	67.36	70.50	\
48(sd)	上面高（n-sd(av)）	\	71.00	74.60	\	\	70.10	70.46	74.24	\
47	全面高（n-gn）	\	108.20	120.00	\	\	122.10	118.50	123.20	\
45	颧点间宽（zy-zy）	\	\	132.00	\	\	128.20	\	\	\
46	中面宽（zm-zm）	\	\	96.40	\	\	105.54	95.50	101.00	\
43	上面宽（fmt-fmt）	\	103.84	100.54	99.16	\	104.40	102.36	106.70	94.80
50	前眶间宽（mf-mf）	\	17.30	16.40	\	\	19.84	15.26	18.80	\
MH L	颧骨高（fmo-zm）	\	\	45.00	\	\	40.44	45.64	43.08	\
MH R		\	\	44.00	\	\	39.64	43.34	42.40	\
MB L	颧骨宽（zm-rim.orb）	\	\	23.00	\	\	23.74	22.30	23.20	\
MB R		\	\	25.00	\	\	23.92	22.74	24.52	\

续附表七：

马丁号	测量项目	M188	M215	M185	M164	M66	M20	M225	M227	M74
54	鼻宽	\	26.86	25.56	\	\	25.70	28.00	26.10	\
55	鼻高（n-ns）	\	55.10	52.50	\	\	48.62	51.00	50.74	\
SC	鼻最小宽	\	11.36	7.54	\	7.64	11.00	\	6.80	\
SS	鼻最小宽高	\	4.00	4.00	\	3.30	4.00	\	2.50	\
51L	眶宽（mf-ek）	\	\	41.22	\	\	41.50	43.94	44.52	\
51R		\	45.20	41.44	\	\	41.00	43.74	43.60	\
51aL	眶宽（d-ek）	\	\	39.66	\	\	39.10	40.54	42.10	\
51aR		\	40.80	39.24	\	\	39.36	41.30	41.40	\
52L	眶高	\	\	37.20	\	\	33.00	35.80	32.00	\
52R		\	37.00	37.26	\	\	31.86	34.62	32.16	\
60	上颌齿槽弓长（pr-alv）	\	\	48.66	\	53.54	59.26	51.42	52.74	\
61	上颌齿槽弓宽（ekm-ekm）	\	\	59.10	\	64.84	68.00	67.50	65.00	\
62	腭长（ol-sta）	\	44.36	37.36	\	\	50.44	42.80	45.70	\
63	腭宽（enm-enm）	\	\	36.20	\	40.50	41.00	42.50	38.50	\
12	枕骨最大宽（ast-ast）	110.20	110.80	112.90	\	\	108.90	104.90	113.40	\
11	耳点间宽（au-au）	118.24	122.50	128.30	\	\	119.24	123.44	122.00	\
44	两眶宽（ek-ek）	\	\	94.34	\	\	98.80	96.60	101.86	\
FC	两眶内宽（fmo-fmo）	\	97.44	92.64	95.12	\	97.20	94.00	99.44	86.64
FS	鼻根点至两眶内宽矢高	\	18.70	15.00	17.50	\	18.50	15.00	17.00	13.00
DC	眶间宽（d-d）	\	24.34	18.34	\	\	22.82	19.00	22.50	\
32	额侧角Ⅰ（∠n-m FH）	\	85.00	83.00	\	\	88.00	80.00	88.00	\
∠g-m FH	额侧角Ⅱ（∠g-m FH）	\	80.00	76.00	\	\	85.00	75.00	81.00	\
∠g-b FH	前囟角（∠g-b FH）	\	49.00	47.00	\	\	50.00	\	46.00	\
72	总面角（∠n-pr FH）	\	87.00	83.00	\	\	79.00	82.00	81.00	\
73	中面角（∠n-ns FH）	\	92.00	89.00	\	\	86.00	85.00	87.00	\
74	齿槽面角（∠ns-pr FH）	\	66.00	68.00	\	\	58.00	70.00	63.00	\
75	鼻梁侧角（∠n-rhi FH）	\	\	\	\	\	66.00	\	68.00	\
77	鼻颧角（∠fmo-n-fmo）	\	137.70	144.00	139.50	\	138.00	144.00	142.00	146.50
SSA	颧上颌角（∠zm-ss-zm）	\	\	125.00	\	\	130.00	126.00	125.50	\

续附表七：

马丁号	测量项目	M88	M215	M185	M164	M66	M20	M225	M227	M74
∠pr-n-ba	面三角（∠pr-n-ba）	\	\	64.50	\	\	\	65.00	70.50	\
∠n-pr-ba	（∠n-pr-ba）	\	\	72.00	\	\	\	73.50	70.50	\
∠n-ba-pr	（∠n-ba-pr）	\	\	43.50	\	\	\	41.50	39.00	\
72-75	鼻梁角	\	\	\	\	\	13.00	\	13.00	\
8：1	颅长宽指数	\	79.89	80.57	\	\	\	80.29	78.85	\
17：1	颅长高指数	\	\	79.14	\	\	\	\	77.47	\
17：8	颅宽高指数	\	\	98.23	\	\	\	\	98.26	\
9：8	额宽指数	\	61.15	60.57	\	\	\	\	62.86	57.92
16：7	枕骨大孔指数	\	\	88.82	\	\	\	80.93	83.23	\
40：5	面突指数	\	\	97.88	\	\	\	97.94	102.18	\
48：17pr	垂直颅面指数	\	\	51.73	\	\	\	\	50.00	\
48：17sd		\	\	53.86	\	\	\	\	52.65	\
48：45pr	上面指数(K)	\	\	54.27	\	\	51.40	\	\	\
48：45sd		\	\	56.52	\	\	54.68	\	\	\
48：46pr	中面指数(V)	\	\	74.32	\	\	62.44	70.53	69.80	\
48：46sd		\	\	77.39	\	\	66.42	73.78	73.50	\
54：55	鼻指数	\	48.75	48.69	\	\	52.86	54.90	51.44	\
52：51L	眶指数 I	\	\	90.25	\	\	79.52	81.47	71.88	\
52：51R		\	81.86	89.91	\	\	77.71	79.15	73.76	\
52：51aL	眶指数 II	\	\	93.80	\	\	84.40	88.31	76.01	\
52：51aR		\	90.69	94.95	\	\	80.95	83.83	77.68	\
54：51L	鼻眶指数 I	\	\	62.01	\	\	61.93	63.72	58.63	\
54：51R		\	59.42	61.68	\	\	62.68	64.01	59.86	\
54：51aL	鼻眶指数 II	\	\	64.45	\	\	65.73	69.07	62.00	\
54：51aR		\	65.83	65.14	\	\	65.29	67.80	63.04	\
SS：SC	鼻根指数	\	35.21	53.05	\	43.19	36.36	\	36.76	\
63：62	腭指数	\	\	96.90	\	\	81.28	99.30	84.25	\
45：(1+8)/2	横颅面指数	\	\	83.54	\	\	\	\	\	\
17：(1+8)/2	高平均指数	\	\	87.66	\	\	\	\	86.64	\

续附表七：

马丁号	测量项目	M88	M215	M185	M164	M66	M20	M225	M227	M74
65	下颌髁突间宽（cdl-cdl）	\	\	\	\	\	\	122.00	119.00	\
66	下颌角间宽（go-go）	\	96.66	\	\	\	99.10	87.60	88.00	\
67	髁孔间径	\	49.80	46.80	\	\	49.78	49.12	51.30	\
68	下颌体长	\	73.60	\	\	\	\	80.00	80.50	\
68(1)	下颌体最大投影长	\	108.60	\	\	\	\	106.70	110.60	\
69	下颌联合高（id-gn）	\	30.00	34.22	\	\	33.20	32.36	38.74	\
MBH Ⅰ L	下颌体高Ⅰ	\	33.64	32.90	32.70	\	36.64	30.40	36.44	\
MBH Ⅰ R		30.42	30.00	31.80	31.10	\	\	30.90	34.64	\
MBH Ⅱ L	下颌体高Ⅱ	\	33.28	30.22	28.00	\	36.20	29.80	34.70	\
MBH Ⅱ R		27.56	29.70	29.42	29.10	\	\	30.30	34.80	\
MBT Ⅰ L	下颌体厚Ⅰ	\	12.84	11.76	13.94	\	15.14	13.40	13.24	\
MBT Ⅰ R		14.94	12.88	11.48	13.94	\	\	13.94	13.30	\
MBT Ⅱ L	下颌体厚Ⅱ	\	14.72	13.44	15.20	\	18.34	14.32	15.80	\
MBT Ⅱ R		17.36	13.60	12.62	14.66	\	\	13.80	16.10	\
70 L	下颌枝高	\	63.70	\	\	\	\	64.60	62.64	\
70 R		\	62.70	\	\	\	71.60	63.70	62.30	\
71 L	下颌枝宽	\	\	41.56	\	\	\	41.36	\	\
71 R		\	\	\	\	\	50.80	41.00	45.70	\
71a L	下颌枝最小宽	32.54	28.20	33.20	\	\	42.36	34.10	36.10	\
71a R		\	27.74	32.66	\	\	43.54	33.20	36.30	\
79	下颌角	\	128.00	\	\	\	\	118.00	125.00	\
	颏孔间弧	\	63.00	50.50	\	\	58.00	61.00	63.00	\
68：65	下颌骨指数	\	\	\	\	\	\	65.57	67.65	\
71：70 L	下颌枝指数	\	\	\	\	\	\	64.02	\	\
71：70 R		\	\	\	\	\	70.95	64.36	73.35	\

附表八 **新郑双楼东周男性成年居民肢骨测量表**

项目号	侧别	M3	M13	M233	M18	M85	M96	M71	M99
肱骨：最大长	左	\	292.50	\	\	\	\	\	\
	右	322.00	299.00	\	\	\	\	\	\
生理长	左	\	287.00	\	\	\	\	\	\
	右	318.00	\	\	\	\	\	\	\
体中部最大径	左	\	20.30	\	\	\	\	\	\
	右	25.44	\	\	\	\	\	\	\
体中部最小径	左	\	17.34	\	\	\	\	\	\
	右	19.00	\	\	\	\	\	\	\
体最小周长	左	\	60.00	\	\	\	\	\	\
	右	66.50	\	\	\	\	\	\	\
头周长	左	\	134.00	\	\	\	\	\	\
	右	149.00	\	\	\	\	\	\	\
上端宽	左	\	46.50	\	\	\	\	\	\
	右	53.00	\	\	\	\	\	\	\
下端宽	左	\	56.50	\	\	\	58.00	\	\
	右	64.50	\	\	\	\	59.00	\	\
滑车和小头宽	左	\	39.34	\	\	41.64	45.56	43.00	41.10
	右	46.52	\	44.20	\	42.10	43.50	42.50	42.50
滑车矢径	左	\	25.24	\	\	26.10	26.74	26.00	25.30
	右	30.40	\	25.74	\	27.54	26.24	26.54	\
头横径	左	\	37.84	\	\	\	\	\	\
	右	42.70	\	\	\	\	\	\	\
头纵径	左	\	44.10	\	\	\	\	\	\
	右	47.50	\	\	\	\	\	\	\
骨干横断面指数	左	\	85.42	\	\	\	\	\	\
	右	74.69	\	\	\	\	\	\	\
粗壮指数	左	\	20.51	\	\	\	\	\	\
	右	20.65	\	\	\	\	\	\	\
股骨：最大长	左	\	\	465.00	\	\	\	\	\
	右	458.00	434.00	467.50	\	449.00	\	\	\
生理长	左	\	\	457.50	\	\	\	\	\
	右	454.50	432.00	460.00	\	447.00	\	\	\
体长	左	\	\	\	\	\	\	\	\
	右	\	\	385.00	\	\	\	\	\
上部横径	左	34.64	\	33.20	35.44	\	31.50	32.60	31.30
	右	37.00	\	31.70	34.40	32.84	31.32	32.40	30.72
上部矢径	左	25.00	\	25.50	27.52	\	28.34	24.50	24.12
	右	25.20	\	24.80	27.70	25.70	28.34	24.10	22.84
中部横径	左	\	\	26.84	\	\	\	\	\
	右	30.30	\	25.50	\	27.66	\	\	\
中部矢径	左	\	\	31.00	\	\	\	\	\
	右	30.72	\	30.50	\	29.68	\	\	\
中部周长	左	\	\	93.00	\	\	\	\	\
	右	100.00	\	91.50	\	91.00	\	\	\
下部最小径	左	\	\	\	\	\	\	\	\
	右	31.50	\	29.00	\	33.84	\	\	\
下部横径	左	\	\	\	\	\	\	\	\
	右	42.90	\	39.50	\	46.24	\	\	\
颈头前长	左	81.44	\	72.10	\	\	\	74.10	\
	右	89.66	\	78.50	\	84.34	80.52	\	\
头垂直径	左	47.60	\	44.00	\	\	44.54	44.30	\
	右	48.20	\	41.60	\	46.12	46.12	\	\

续附表八：

项目号	侧别	M3	M13	M233	M18	M85	M96	M71	M99
颈高	左	35.22	\	33.00	\	\	40.00	\	\
	右	35.10	\	33.00	\	34.50	\	\	\
颈矢径	左	27.00	\	22.80	\	\	25.64	\	\
	右	28.00	\	25.40	\	27.50	\	\	\
两髁宽	左	\	\	81.74	\	\	\	\	\
	右	86.40	\	81.30	\	\	\	\	\
外髁长	左	\	\	\	\	\	\	\	\
	右	66.00	\	61.30	\	62.42	\	\	\
内髁长	左	\	\	65.00	\	\	\	\	\
	右	\	\	64.10	\	65.60	\	\	\
颈干角	左	128.00	\	120.00	\	\	\	116.00	\
	右	122.00	\	128.00	\	121.00	125.00	\	\
头周长	左	160.00	\	\	\	\	155.00	154.00	\
	右	159.00	\	\	\	159.00	156.00	\	\
头矢径	左	49.24	\	\	\	\	\	46.34	\
	右	48.00	\	\	\	49.12	47.12	\	\
长厚指数	左	\	\	20.33	\	\	\	\	\
	右	22.00	\	19.89	\	20.36	\	\	\
粗壮指数	左	\	\	12.64	\	\	\	\	\
	右	13.43	\	12.17	\	12.83	\	\	\
干中部指数	左	\	\	115.50	\	\	\	\	\
	右	101.39	\	119.61	\	107.30	\	\	\
扁平指数	左	72.17	\	76.81	77.65	\	89.97	75.15	77.06
	右	68.11	\	78.23	80.52	78.26	90.49	74.38	74.35
胫骨：最大长	左	\	\	\	\	\	\	\	\
	右	\	\	\	\	356.00	\	\	\
生理长	左	\	\	\	\	\	\	\	\
	右	\	\	\	\	352.00	\	\	\
上端宽	左	\	\	\	\	\	\	\	\
	右	\	\	\	\	78.00	\	\	\
下端宽	左	\	\	\	\	\	\	\	\
	右	\	\	\	\	47.00	\	\	\
下端矢径	左	\	\	\	\	\	\	\	\
	右	\	\	\	\	37.40	\	\	\
中部最大径	左	\	\	\	\	\	\	\	\
	右	\	\	\	\	32.84	\	\	\
中部横径	左	\	\	\	\	\	\	\	\
	右	\	\	\	\	23.80	\	\	\
体最小周长	左	\	\	\	\	\	\	\	\
	右	\	\	\	\	84.00	\	\	\
滋养孔横径	左	23.52	\	24.30	\	24.54	\	\	23.64
	右	23.70	\	24.40	\	24.64	\	\	25.34
滋养孔矢状径	左	32.40	\	37.50	\	36.84	\	\	31.70
	右	34.20	\	36.60	\	35.80	\	\	34.70
长厚指数	左	\	\	\	\	\	\	\	\
	右	\	\	\	\	23.86	\	\	\
中部断面指数	左	\	\	\	\	\	\	\	\
	右	\	\	\	\	72.47	\	\	\
胫骨指数	左	72.59	\	64.80	\	66.61	\	\	74.57
	右	69.30	\	66.67	\	68.83	\	\	73.03
胫股指数	左	\	\	\	\	\	\	\	\
	右	\	\	\	\	78.75	\	\	\

附表九　　新郑双楼东周男性成年居民肢骨测量表

项目号	侧别	M240	M115	M226	M242	M110	M236	M253	M53
肱骨：最大长	左	\	\	\	\	\	\	302.00	\
	右	\	\	\	\	332.00	\	316.00	\
生理长	左	\	\	\	\	\	\	297.00	\
	右	\	\	\	\	\	\	310.00	\
体中部最大径	左	\	\	\	\	\	\	19.92	\
	右	\	\	\	\	21.62	\	20.00	\
体中部最小径	左	\	\	\	\		\	16.54	\
	右	\	\	\	\	16.60	\	17.14	\
体最小周长	左	\	\	\	\		\	59.00	\
	右	\	\	\	\	59.50	\	60.50	\
头周长	左	\	\	\	\		\	145.00	\
	右	\	\	\	\	146.00	\	148.00	\
上端宽	左	\	\	\	\	\	\	51.00	\
	右	\	\	\	\	\	\	52.00	\
下端宽	左	\	\	\	\	\	\	62.00	\
	右	\	\	\	\	\	\	62.00	\
滑车和小头宽	左	\	\	39.10	\	\	\	44.14	\
	右	\	40.60	\	42.00	\	45.12	44.10	\
滑车矢径	左	\	\	22.90	24.40	\	\	25.60	\
	右	\	26.20	22.42	24.10	25.90	\	27.40	\
头横径	左	\	\	\	\	\	\	42.50	\
	右	\	\	\	\	43.30	\	43.20	\
头纵径	左	\	\	\	\		\	47.84	\
	右	\	\	\	\	46.72	\	47.80	\
骨干横断面指数	左	\	\	\	\	\	\	83.03	\
	右	\	\	\	\	76.78	\	85.70	\
粗壮指数	左	\	\	\	\	\	\	19.54	\
	右	\	\	\	\	17.92	\	19.15	\
股骨：最大长	左	\	\	\	\	455.00	\	\	\
	右	\	\	\	\	\	\	\	\
生理长	左	\	\	\	\	449.00	\	\	\
	右	\	\	\	\	\	\	\	\
体长	左	\	\	\	\	371.00	\	\	\
	右	\	\	\	\	377.50	\	\	\
上部横径	左	34.14	31.50	30.84	35.90	29.80	36.74	31.34	31.00
	右	34.10	31.80	30.10	34.10	29.30	35.60	31.34	30.80
上部矢径	左	24.72	24.00	24.82	23.24	24.00	24.20	23.00	25.00
	右	24.82	23.00	23.70	22.40	24.00	23.60	24.00	26.40
中部横径	左	\	\	\	\	26.90	\	\	\
	右	\	\	\	\	\	\	\	\
中部矢径	左	\	\	\	\	26.30	\	\	\
	右	\	\	\	\	\	\	\	\
中部周长	左	\	\	\	\	84.00	\	\	\
	右	\	\	\	\	\	\	\	\
下部最小径	左	\	\	\	\	27.72	\	\	\
	右	\	\	\	\	29.00	\	\	\
下部横径	左	\	\	\	\	40.80	\	\	\
	右	\	\	\	\	40.40	\	\	\
颈头前长	左	\	\	\	\	78.54	\	73.10	\
	右	\	\	\	\	77.80	\	\	\
头垂直径	左	\	\	\	\	43.50	\	44.40	\
	右	\	\	\	\	43.30	\	\	\

续附表九：

项目号	侧别	M240	M115	M226	M242	M110	M236	M253	M53
颈高	左	\	\	\	\	32.40	\	33.40	\
	右	\	\	\	\	32.22	\	\	\
颈矢径	左	\	\	\	\	25.10	\	\	\
	右	\	\	\	\	24.92	\	\	\
两髁宽	左	\	\	\	\	\	\	\	\
	右	\	\	\	\	\	\	\	\
外髁长	左	\	\	\	\	60.82	\	\	\
	右	\	\	\	\	63.50	\	61.00	\
内髁长	左	\	\	\	\	61.60	\	\	\
	右	\	\	\	\	\	\	\	\
颈干角	左	\	\	\	\	124.00	\	118.00	\
	右	\	\	\	\	130.00	\	\	\
头周长	左	\	\	\	\	\	\	\	\
	右	\	\	\	\	\	\	\	\
头矢径	左	\	\	\	\	\	\	\	\
	右	\	\	\	\	48.26	\	\	\
长厚指数	左	\	\	\	\	18.71	\	\	\
	右	\	\	\	\	\	\	\	\
粗壮指数	左	\	\	\	\	11.85	\	\	\
	右	\	\	\	\	\	\	\	\
干中部指数	左	\	\	\	\	97.77	\	\	\
	右	\	\	\	\	\	\	\	\
扁平指数	左	72.41	76.19	80.48	64.74	80.54	65.87	73.39	80.65
	右	72.79	72.33	78.74	65.69	81.91	66.29	76.58	85.71
胫骨：最大长	左	\	\	\	\	\	\	\	\
	右	\	\	\	\	383.00	\	\	\
生理长	左	\	\	\	\	\	\	\	\
	右	\	\	\	\	371.50	\	\	\
上端宽	左	\	\	\	\	\	\	\	\
	右	\	\	\	\	75.00	\	\	\
下端宽	左	\	\	\	\	\	\	\	\
	右	\	\	\	\	53.00	\	\	\
下端矢径	左	\	\	\	\	39.60	\	\	\
	右	\	\	\	\	39.10	\	\	\
中部最大径	左	\	\	\	\	\	\	\	\
	右	\	\	\	\	30.00	\	\	\
中部横径	左	\	\	\	\	\	\	\	\
	右	\	\	\	\	22.40	\	\	\
体最小周长	左	\	\	\	\	\	\	\	\
	右	\	\	\	\	76.00	\	\	\
滋养孔横径	左	\	22.70	23.64	\	22.70	22.10	23.00	\
	右	\	23.30	25.00	\	24.20	24.14	22.74	\
滋养孔矢状径	左	\	35.80	34.00	\	33.74	39.80	33.50	\
	右	\	34.40	32.84	\	33.80	38.34	32.14	\
长厚指数	左	\	\	\	\	\	\	\	\
	右	\	\	\	\	20.46	\	\	\
中部断面指数	左	\	\	\	\	\	\	\	\
	右	\	\	\	\	74.67	\	\	\
胫骨指数	左	\	63.41	69.53	\	67.28	55.53	68.66	\
	右	\	67.73	76.13	\	71.60	62.96	70.75	\
胫股指数	左	\	\	\	\	\	\	\	\
	右	\	\	\	\	\	\	\	\

附表一〇　　新郑双楼东周男性成年居民肢骨测量表

项目号	侧别	M2	M14	M97	M76	M231	M86	M260	M248
肱骨：最大长	左	\	317.00	\	\	\	328.00	\	\
	右	\	\	\	\	\	\	\	\
生理长	左	\	312.00	\	\	\	324.00	\	292.50
	右	\	\	\	\	\	\	\	\
体中部最大径	左	\	24.00	\	\	\	20.40	\	24.64
	右	\	\	\	\	\	\	\	\
体中部最小径	左	\	18.00	\	\	\	16.00	\	20.74
	右	\	\	\	\	\	\	\	\
体最小周长	左	\	64.00	\	\	\	59.00	\	68.50
	右	\	\	\	\	\	\	\	\
头周长	左	\	\	\	\	\	\	\	140.00
	右	\	\	\	\	\	144.00	\	\
上端宽	左	\	\	\	\	\	\	\	48.00
	右	\	\	\	\	\	\	\	\
下端宽	左	\	\	\	\	\	\	\	\
	右	\	\	\	\	\	\	\	\
滑车和小头宽	左	\	\	\	41.34	\	43.30	\	\
	右	\	\	\	40.66	\	\	\	\
滑车矢径	左	\	\	24.84	26.00	\	26.00	\	\
	右	\	\	24.00	25.56	\	\	\	\
头横径	左	\	\	\	\	\	40.40	\	41.70
	右	\	\	\	\	\	43.60	\	\
头纵径	左	\	\	\	\	\	\	\	45.14
	右	\	\	\	\	\	45.50	\	\
骨干横断面指数	左	\	75.00	\	\	\	78.43	\	84.17
	右	\	\	\	\	\	\	\	\
粗壮指数	左	\	20.19	\	\	\	17.99	\	\
	右	\	\	\	\	\	\	\	\
股骨：最大长	左	\	\	\	\	\	\	\	\
	右	\	447.00	\	\	\	\	\	\
生理长	左	\	\	\	\	\	\	\	\
	右	\	442.00	\	\	\	\	\	\
体长	左	\	\	\	\	\	\	\	\
	右	\	\	\	\	\	\	\	358.50
上部横径	左	32.00	\	32.10	32.30	30.90	30.66	29.74	32.30
	右	\	32.40	32.64	32.44	32.36	29.66	27.58	33.66
上部矢径	左	28.56	\	22.40	22.86	26.44	23.66	20.22	27.50
	右	\	26.00	20.30	24.32	26.30	23.00	21.00	26.80
中部横径	左	\	\	\	\	\	\	\	\
	右	\	\	\	\	\	\	\	27.00
中部矢径	左	\	\	\	\	\	\	\	\
	右	\	\	\	\	\	\	\	30.24
中部周长	左	\	\	\	\	\	\	\	\
	右	\	\	\	\	\	\	\	92.00
下部最小径	左	\	\	\	\	\	\	\	\
	右	\	\	\	\	\	\	\	30.72
下部横径	左	\	\	\	\	\	\	\	\
	右	\	\	\	\	\	\	\	43.12
颈头前长	左	\	\	69.36	\	\	\	\	\
	右	\	\	72.66	\	\	\	\	\
头垂直径	左	\	\	40.42	\	\	\	\	\
	右	\	\	40.86	\	\	\	\	\

续附表一〇：

项目号	侧别	M2	M14	M97	M76	M231	M86	M260	M248
颈高	左	\	\	31.00	\	\	\	\	\
	右	\	\	30.00	\	\	\	\	\
颈矢径	左	\	\	21.12	\	\	\	\	\
	右	\	\	22.50	\	\	\	\	\
两髁宽	左	\	\	\	\	\	\	\	\
	右	\	\	\	\	\	\	\	83.74
外髁长	左	\	\	\	\	\	\	\	\
	右	\	\	\	\	\	\	\	63.46
内髁长	左	\	\	\	\	\	\	\	\
	右	\	\	\	\	\	\	\	63.42
颈干角	左	\	\	124.00	\	\	\	\	\
	右	\	\	121.00	\	\	\	\	\
头周长	左	\	\	136.00	\	\	\	\	\
	右	\	\	138.00	\	\	\	\	\
头矢径	左	\	\	41.60	\	\	\	\	\
	右	\	\	42.20	\	\	\	\	\
长厚指数	左	\	\	\	\	\	\	\	\
	右	\	\	\	\	\	\	\	\
粗壮指数	左	\	\	\	\	\	\	\	\
	右	\	\	\	\	\	\	\	\
干中部指数	左	\	\	\	\	\	\	\	\
	右	\	\	\	\	\	\	\	112.00
扁平指数	左	89.25	\	69.78	70.77	85.57	77.17	67.99	85.14
	右	\	80.25	62.19	74.97	81.27	77.55	76.14	79.62
胫骨：最大长	左	\	\	\	\	\	\	\	354.00
	右	\	\	\	\	\	\	\	\
生理长	左	\	\	\	\	\	\	\	337.00
	右	\	\	\	\	\	\	\	\
上端宽	左	\	\	\	\	\	\	\	\
	右	\	\	\	\	\	\	\	\
下端宽	左	\	\	\	50.00	\	43.00	\	55.50
	右	\	\	\	50.00	\	\	\	55.50
下端矢径	左	\	\	\	39.52	\	34.10	\	40.00
	右	\	\	\	38.61	\	\	\	42.20
中部最大径	左	\	\	\	\	\	\	\	33.54
	右	\	\	\	\	\	\	\	\
中部横径	左	\	\	\	\	\	\	\	24.00
	右	\	\	\	\	\	\	\	\
体最小周长	左	\	\	\	\	\	\	\	85.00
	右	\	\	\	\	\	\	\	\
滋养孔横径	左	23.84	\	\	21.40	22.40	25.10	19.80	27.40
	右	24.70	\	\	22.50	22.26	25.14	21.00	29.36
滋养孔矢状径	左	35.54	\	\	30.46	31.50	31.50	27.30	39.16
	右	37.90	\	\	31.92	33.54	30.30	29.10	41.10
长厚指数	左	\	\	\	\	\	\	\	25.22
	右	\	\	\	\	\	\	\	\
中部断面指数	左	\	\	\	\	\	\	\	71.56
	右	\	\	\	\	\	\	\	\
胫骨指数	左	67.08	\	\	70.26	71.11	79.68	72.53	69.97
	右	65.17	\	\	70.49	66.37	82.97	72.16	71.44
胫股指数	左	\	\	\	\	\	\	\	\
	右	\	\	\	\	\	\	\	\

附表一一　　新郑双楼东周男性成年居民肢骨测量表

项目号	侧别	M87	M183	M81	M265	M146	M234	M33	M203
肱骨：最大长	左	334.00	\	\	322.00	\	\	\	\
	右	\	\	\	324.00	\	\	\	\
生理长	左	328.00	\	\	318.00	\	\	\	\
	右	\	\	\	320.00	\	\	\	\
体中部最大径	左	21.30	\	\	24.34	\	\	\	\
	右	\	\	\	25.00	\	\	\	\
体中部最小径	左	16.54	\	\	18.14	\	\	\	\
	右	\	\	\	17.76	\	\	\	\
体最小周长	左	61.00	\	\	67.00	\	\	\	\
	右	\	\	\	68.50	\	\	\	\
头周长	左	\	\	\	140.00	\	\	\	\
	右	\	\	142.00	143.50	\	\	\	\
上端宽	左	45.00	\	\	\	\	\	\	\
	右	\	\	\	50.00	\	\	\	\
下端宽	左	52.00	\	61.00	49.00	\	\	\	\
	右	\	\	62.50	60.00	\	\	\	\
滑车和小头宽	左	40.84	\	42.24	43.46	45.26	\	\	43.80
	右	40.74	\	43.84	42.00	44.84	\	40.46	\
滑车矢径	左	25.82	\	26.30	28.00	27.92	\	\	23.60
	右	24.62	\	26.34	27.50	28.34	\	22.90	\
头横径	左	\	\	\	41.74	\	\	\	\
	右	\	\	42.70	43.20	\	\	\	\
头纵径	左	44.62	\	45.60	44.46	\	\	\	\
	右	\	\	44.32	45.80	\	\	\	\
骨干横断面指数	左	77.65	\	\	74.53	\	\	\	\
	右	\	\	\	71.04	\	\	\	\
粗壮指数	左	18.26	\	\	20.81	\	\	\	\
	右	\	\	\	21.14	\	\	\	\
股骨：最大长	左	466.50	\	451.00	\	\	\	\	\
	右	478.00	\	\	450.00	\	\	\	\
生理长	左	462.50	\	446.00	\	\	\	\	\
	右	469.00	\	\	446.00	\	\	\	\
体长	左	386.00	\	370.00	\	\	\	\	\
	右	386.00	\	\	368.00	\	\	\	\
上部横径	左	28.52	29.34	33.86	35.20	32.86	32.80	29.66	32.40
	右	29.20	28.40	34.22	34.00	33.70	31.30	29.42	32.50
上部矢径	左	25.00	25.20	24.44	25.80	27.70	22.70	21.90	24.54
	右	23.36	24.70	23.64	27.30	27.00	22.30	22.24	24.40
中部横径	左	26.50	\	28.72	\	\	\	\	\
	右	24.90	\	\	29.64	\	\	\	\
中部矢径	左	29.66	\	29.60	\	\	\	\	\
	右	29.00	\	\	31.60	\	\	\	\
中部周长	左	90.50	\	95.00	\	\	\	\	\
	右	87.00	\	\	97.00	\	\	\	\
下部最小径	左	\	\	32.44	\	\	\	\	\
	右	\	\	\	29.20	\	\	\	\
下部横径	左	\	\	40.00	\	\	\	\	\
	右	\	\	\	41.10	\	\	\	\
颈头前长	左	71.20	\	74.70	76.24	\	\	\	80.20
	右	73.14	\	75.30	78.60	\	\	\	85.90
头垂直径	左	43.44	\	47.80	\	\	\	\	46.80
	右	42.74	\	\	45.44	\	\	\	\

续附表一一：

项目号	侧别	M87	M183	M81	M265	M146	M234	M33	M203
颈高	左	34.24	\	34.20	\	\	\	30.90	34.64
	右	33.40	\	34.26	31.60	\	\	\	\
颈矢径	左	25.80	\	25.80	\	\	\	24.00	26.40
	右	27.24	\	26.20	25.20	\	\	\	\
两髁宽	左	\	\	\	\	\	\	\	\
	右	\	\	\	85.00	\	\	\	\
外髁长	左	\	\	62.26	\	\	\	\	\
	右	61.18	\	\	62.10	\	\	\	\
内髁长	左	64.40	\	66.14	\	\	\	\	\
	右	\	\	\	61.20	\	\	\	\
颈干角	左	128.00	\	116.00	120.00	\	\	117.00	124.00
	右	129.00	\	120.00	122.00	123.00	\	\	124.00
头周长	左	154.00	\	\	\	\	\	\	157.00
	右	155.00	\	\	161.00	\	\	\	156.00
头矢径	左	47.00	\	\	\	\	\	\	47.70
	右	47.80	\	\	49.50	\	\	\	47.60
长厚指数	左	19.57	\	21.30	\	\	\	\	\
	右	18.55	\	\	21.75	\	\	\	\
粗壮指数	左	12.14	\	13.08	\	\	\	\	\
	右	11.49	\	\	13.73	\	\	\	\
干中部指数	左	111.92	\	103.06	\	\	\	\	\
	右	116.47	\	\	106.61	\	\	\	\
扁平指数	左	87.66	85.89	72.18	73.30	84.30	69.21	73.84	75.74
	右	80.00	86.97	69.08	80.29	80.12	71.25	75.59	75.08
胫骨：最大长	左	\	\	371.00	\	\	\	\	\
	右	372.00	\	\	363.00	\	\	\	\
生理长	左	355.00	\	363.50	\	\	\	\	\
	右	366.00	\	\	351.00	\	\	\	\
上端宽	左	75.50	\	74.00	\	\	\	\	\
	右	74.50	\	\	78.00	\	\	\	\
下端宽	左	44.00	\	44.00	54.00	\	\	\	\
	右	48.00	\	\	53.50	\	\	\	\
下端矢径	左	36.80	\	38.50	37.76	\	\	\	\
	右	36.30	\	36.21	38.71	\	\	\	\
中部最大径	左	30.40	\	32.72	\	\	\	\	\
	右	30.84	\	\	33.50	\	\	\	\
中部横径	左	21.80	\	24.00	\	\	\	\	\
	右	21.20	\	\	24.50	\	\	\	\
体最小周长	左	77.00	\	84.00	\	\	\	\	\
	右	77.50	\	\	83.50	\	\	\	\
滋养孔横径	左	25.20	23.34	27.36	27.30	25.60	21.36	\	24.40
	右	24.30	23.40	\	25.90	24.40	22.00	\	24.00
滋养孔矢状径	左	34.40	30.22	36.50	37.44	40.24	34.28	\	35.00
	右	34.80	29.72	\	36.00	40.56	33.60	\	34.36
长厚指数	左	21.69	\	23.11	\	\	\	\	\
	右	21.17	\	\	23.79	\	\	\	\
中部断面指数	左	71.71	\	73.35	\	\	\	\	\
	右	68.74	\	\	73.13	\	\	\	\
胫骨指数	左	73.26	77.23	74.96	72.92	63.62	62.31	\	69.71
	右	69.83	78.73	\	71.94	60.16	65.48	\	69.85
胫股指数	左	76.76	\	81.50	\	\	\	\	\
	右	78.04	\	\	78.70	\	\	\	\

附表一二　　新郑双楼东周男性成年居民肢骨测量表

项目号	侧别	M263	M238	M102	M70	M56	M89	M251	M58
肱骨：最大长	左	313.00	\	\	\	\	311.00	\	\
	右	\	\	\	\	\	\	318.00	\
生理长	左	310.50	\	\	\	\	\	\	\
	右	\	\	\	\	\	\	314.00	\
体中部最大径	左	23.50	\	\	\	\	21.60	\	\
	右	\	\	\	\	\	\	24.70	\
体中部最小径	左	18.90	\	\	\	\	17.60	\	\
	右	\	\	\	\	\	\	20.54	\
体最小周长	左	69.00	\	\	\	\	62.50	\	\
	右	\	\	\	\	\	\	72.00	\
头周长	左	\	\	\	\	\	\	\	\
	右	\	\	\	\	\	\	142.00	\
上端宽	左	\	\	\	\	\	\	\	\
	右	\	\	\	\	\	\	47.50	\
下端宽	左	49.00	\	\	\	\	\	\	\
	右	\	\	\	\	\	\	62.00	\
滑车和小头宽	左	45.50	\	\	\	\	\	43.80	41.80
	右	44.84	\	\	\	\	\	42.56	\
滑车矢径	左	27.46	\	\	\	\	24.00	24.54	24.72
	右	27.20	\	\	27.10	\	\	25.40	\
头横径	左	41.64	\	\	\	\	\	\	\
	右	\	\	\	\	\	\	43.22	\
头纵径	左	\	\	\	\	\	\	\	\
	右	\	\	\	\	\	\	45.70	\
骨干横断面指数	左	80.43	\	\	\	\	81.48	\	\
	右	\	\	\	\	\	\	83.16	\
粗壮指数	左	22.04	\	\	\	\	20.10	\	\
	右	\	\	\	\	\	\	22.64	\
股骨：最大长	左	\	\	\	\	\	\	441.50	\
	右	\	\	\	\	\	\	\	\
生理长	左	\	\	\	\	\	\	437.50	\
	右	\	\	\	\	\	\	\	\
体长	左	\	\	\	\	\	\	\	\
	右	\	\	\	\	\	\	\	\
上部横径	左	29.74	31.00	29.34	35.80	34.00	29.48	34.24	34.70
	右	29.34	32.00	30.20	34.22	32.42	28.40	34.20	33.40
上部矢径	左	27.40	27.26	22.76	24.80	30.00	26.30	27.00	27.14
	右	27.54	26.70	22.10	23.90	29.00	26.00	27.24	27.42
中部横径	左	\	\	\	\	\	\	29.14	\
	右	\	\	\	\	\	\	\	\
中部矢径	左	\	\	\	\	\	\	32.52	\
	右	\	\	\	\	\	\	\	\
中部周长	左	\	\	\	\	\	\	98.00	\
	右	\	\	\	\	\	\	\	\
下部最小径	左	\	\	\	\	\	\	29.50	\
	右	\	\	\	\	\	\	\	\
下部横径	左	\	\	\	\	\	\	38.92	\
	右	\	\	\	\	\	\	\	\
颈头前长	左	76.20	\	69.00	\	\	73.70	79.20	\
	右	78.50	\	71.74	\	\	68.10	85.14	\
头垂直径	左	44.40	\	42.34	\	\	\	44.20	46.44
	右	46.26	\	42.70	\	\	41.70	44.42	\

续附表一二：

项目号	侧别	M263	M238	M102	M70	M56	M89	M251	M58
颈高	左	33.20	\	31.00	\	\	30.80	35.00	\
	右	32.14	\	30.54	\	\	29.00	35.00	\
颈矢径	左	26.10	\	24.44	\	\	22.10	25.30	\
	右	26.46	\	24.00	\	\	21.90	25.74	\
两髁宽	左	\	\	\	\	\	\	81.00	\
	右	\	\	\	\	\	\	\	\
外髁长	左	\	\	\	\	\	\	61.22	\
	右	\	\	\	\	\	\	\	\
内髁长	左	\	\	\	\	\	\	60.30	\
	右	\	\	\	\	\	\	\	\
颈干角	左	131.00	\	125.00	\	\	128.00	125.00	\
	右	124.00	\	120.00	\	\	117.00	120.00	\
头周长	左	153.00	\	142.00	\	\	\	155.00	151.00
	右	154.00	\	144.00	\	\	\	\	\
头矢径	左	46.80	\	43.00	\	\	\	47.44	46.30
	右	47.44	\	44.34	\	\	\	\	\
长厚指数	左	\	\	\	\	\	\	22.40	\
	右	\	\	\	\	\	\	\	\
粗壮指数	左	\	\	\	\	\	\	14.09	\
	右	\	\	\	\	\	\	\	\
干中部指数	左	\	\	\	\	\	\	111.60	\
	右	\	\	\	\	\	\	\	\
扁平指数	左	92.13	87.94	77.57	69.27	88.24	89.21	78.86	78.21
	右	93.87	83.44	73.18	69.84	89.45	91.55	79.65	82.10
胫骨：最大长	左	\	\	\	\	\	364.00	361.00	\
	右	\	\	\	\	\	\	\	\
生理长	左	\	\	\	\	\	347.00	348.00	\
	右	\	\	\	\	\	\	\	\
上端宽	左	\	\	\	\	\	\	78.50	\
	右	\	\	\	\	\	\	\	\
下端宽	左	\	\	\	\	\	\	53.00	\
	右	\	\	\	\	\	\	\	\
下端矢径	左	\	\	\	\	\	38.40	39.92	\
	右	\	\	\	\	\	\	39.40	\
中部最大径	左	\	\	\	\	\	26.80	31.30	\
	右	\	\	\	\	\	\	\	\
中部横径	左	\	\	\	\	\	23.00	23.84	\
	右	\	\	\	\	\	\	\	\
体最小周长	左	\	\	\	\	\	73.00	82.00	\
	右	\	\	\	\	\	\	\	\
滋养孔横径	左	26.50	28.24	\	23.50	27.50	25.30	26.86	25.00
	右	27.84	29.00	\	25.64	27.60	\	25.40	24.74
滋养孔矢状径	左	33.30	39.00	\	35.22	41.32	33.20	37.00	36.74
	右	35.14	39.42	\	36.00	41.24	\	34.70	36.40
长厚指数	左	\	\	\	\	\	21.04	23.56	\
	右	\	\	\	\	\	\	\	\
中部断面指数	左	\	\	\	\	\	85.82	76.17	\
	右	\	\	\	\	\	\	\	\
胫骨指数	左	79.58	72.41	\	66.72	66.55	76.20	72.59	68.05
	右	79.23	73.57	\	71.22	66.93	\	73.20	67.97
胫股指数	左	\	\	\	\	\	\	79.54	\
	右	\	\	\	\	\	\	\	\

附表一三　　**新郑双楼东周男性成年居民肢骨测量表**

项目号	侧别	M16	M201	M262	M73	M255	M98	M116	M124
肱骨：最大长	左	\	\	317.50	\	\	\	\	\
	右	\	\	\	\	\	\	\	\
生理长	左	\	\	312.00	\	\	\	\	\
	右	\	\	\	\	\	\	\	\
体中部最大径	左	\	\	21.24	\	\	\	\	\
	右	\	\	\	\	\	\	\	\
体中部最小径	左	\	\	17.74	\	\	\	\	\
	右	\	\	\	\	\	\	\	\
体最小周长	左	\	\	62.00	\	\	\	\	\
	右	\	\	\	\	\	\	\	\
头周长	左	\	\	140.00	\	\	\	\	\
	右	\	\	\	\	\	\	\	\
上端宽	左	\	\	\	\	\	\	\	\
	右	\	\	\	\	\	\	\	\
下端宽	左	\	\	\	\	\	\	\	\
	右	\	\	\	\	\	\	\	\
滑车和小头宽	左	\	\	42.64	42.60	\	\	\	\
	右	41.84	\	42.84	43.64	\	43.10	40.94	\
滑车矢径	左	29.90	\	\	\	\	\	\	\
	右	28.30	\	\	26.00	\	26.26	24.66	\
头横径	左	\	\	40.30	\	\	\	\	\
	右	\	\	\	\	\	\	\	\
头纵径	左	\	\	46.22	\	\	\	\	\
	右	\	\	\	\	\	\	\	\
骨干横断面指数	左	\	\	83.52	\	\	\	\	\
	右	\	\	\	\	\	\	\	\
粗壮指数	左	\	\	19.53	\	\	\	\	\
	右	\	\	\	\	\	\	\	\
股骨：最大长	左	\	\	\	\	\	\	\	\
	右	\	\	\	\	\	\	\	\
生理长	左	\	\	\	\	\	\	\	\
	右	\	\	\	\	\	\	\	\
体长	左	376.00	\	\	\	\	\	326.00	\
	右	\	\	\	\	\	\	\	\
上部横径	左	33.14	29.72	31.60	\	29.90	34.80	29.12	32.30
	右	\	30.20	\	\	30.44	33.22	30.14	31.74
上部矢径	左	28.86	24.40	24.10	\	25.30	25.44	23.70	27.20
	右	\	21.10	\	\	24.94	25.56	24.20	28.40
中部横径	左	\	\	\	\	\	\	\	\
	右	\	\	\	\	\	\	\	\
中部矢径	左	\	\	\	\	\	\	\	\
	右	\	\	\	\	\	\	\	\
中部周长	左	\	\	\	\	\	\	\	\
	右	\	\	\	\	\	\	\	\
下部最小径	左	32.70	\	\	\	\	\	27.00	\
	右	\	\	\	\	\	\	26.30	\
下部横径	左	41.10	\	\	\	\	\	32.90	\
	右	\	\	\	\	\	\	33.10	\
颈头前长	左	\	\	\	\	\	\	71.46	\
	右	\	\	\	\	\	\	\	\
头垂直径	左	\	\	\	\	\	\	41.72	\
	右	\	\	\	\	\	\	41.20	\

续附表一三：

项目号	侧别	M16	M201	M262	M73	M255	M98	M116	M124
颈高	左	35.10	\	32.70	\	\	\	30.44	\
	右	\	\	31.00	\	\	\	30.90	\
颈矢径	左	25.70	\	26.24	\	\	\	23.44	\
	右	\	\	23.70	\	\	\	25.16	\
两髁宽	左	\	\	\	\	\	\	\	\
	右	\	\	\	\	\	\	72.84	\
外髁长	左	\	\	\	\	\	\	57.44	\
	右	\	\	\	\	\	\	56.20	\
内髁长	左	\	\	\	\	\	\	\	\
	右	\	\	\	\	\	\	58.60	\
颈干角	左	\	124.00	122.00	\	\	\	131.00	\
	右	\	120.00	\	\	\	\	\	\
头周长	左	\	\	\	\	\	\	\	\
	右	\	\	\	\	\	\	\	\
头矢径	左	\	\	\	\	\	\	\	\
	右	\	\	\	\	\	\	\	\
长厚指数	左	\	\	\	\	\	\	\	\
	右	\	\	\	\	\	\	\	\
粗壮指数	左	\	\	\	\	\	\	\	\
	右	\	\	\	\	\	\	\	\
干中部指数	左	\	\	\	\	\	\	\	\
	右	\	\	\	\	\	\	\	\
扁平指数	左	87.09	82.10	76.27	\	84.62	73.10	81.39	84.21
	右	\	69.87	\	\	81.93	76.94	80.29	89.48
胫骨：最大长	左	\	\	\	\	\	\	\	\
	右	364.00	\	\	380.00	\	\	\	\
生理长	左	\	\	\	\	\	\	\	\
	右	353.50	\	\	364.00	\	\	\	\
上端宽	左	\	\	\	\	\	\	\	\
	右	\	\	\	\	\	\	\	\
下端宽	左	50.50	\	\	\	\	\	\	\
	右	52.00	\	\	\	\	\	\	\
下端矢径	左	41.14	\	\	\	\	\	\	\
	右	40.36	\	\	\	\	\	\	\
中部最大径	左	\	\	\	\	\	\	\	\
	右	27.40	\	\	31.80	\	\	\	\
中部横径	左	\	\	\	\	\	\	\	\
	右	22.80	\	\	21.40	\	\	\	\
体最小周长	左	\	\	\	\	\	\	\	\
	右	75.00	\	\	76.50	\	\	\	\
滋养孔横径	左	\	\	\	22.00	23.74	26.40	\	\
	右	\	\	\	22.00	24.12	26.70	\	\
滋养孔矢状径	左	\	\	\	37.26	35.84	35.76	\	\
	右	\	\	\	36.36	34.74	35.44	\	\
长厚指数	左	\	\	\	\	\	\	\	\
	右	21.22	\	\	21.02	\	\	\	\
中部断面指数	左	\	\	\	\	\	\	\	\
	右	83.21	\	\	67.30	\	\	\	\
胫骨指数	左	\	\	\	59.04	66.24	73.83	\	\
	右	\	\	\	60.51	69.43	75.34	\	\
胫股指数	左	\	\	\	\	\	\	\	\
	右	\	\	\	\	\	\	\	\

附表一四　　新郑双楼东周女性成年居民肢骨测量表

项目号	侧别	M23	M134	M246	M49	M11	M82	M66	M125	M164
肱骨：最大长	左	\	\	\	\	\	\	\	\	337.50
	右	\	\	\	\	\	\	\	\	339.00
生理长	左	\	\	\	\	\	\	\	\	329.00
	右	\	\	\	\	\	\	\	\	332.50
体中部最大径	左	\	\	\	\	\	\	\	\	22.66
	右	\	\	\	\	\	\	\	\	23.74
体中部最小径	左	\	\	\	\	\	\	\	\	16.54
	右	\	\	\	\	\	\	\	\	17.34
体最小周长	左	\	\	\	\	\	\	\	\	61.00
	右	\	\	\	\	\	\	\	\	66.00
头周长	左	\	\	\	\	\	\	\	\	138.00
	右	\	\	\	\	\	\	\	\	143.00
上端宽	左	\	\	\	\	\	\	\	\	48.50
	右	\	\	\	\	\	\	\	\	49.50
下端宽	左	\	\	\	\	\	\	\	\	57.50
	右	\	\	\	\	\	\	\	\	\
滑车和小头宽	左	\	\	\	39.30	\	38.10	\	\	44.00
	右	37.34	\	\	\	\	\	40.80	\	\
滑车矢径	左	\	\	22.46	24.54	\	23.20	\	\	25.10
	右	24.16	\	\	\	\	23.42	25.10	\	26.00
头横径	左	\	\	\	\	\	\	\	\	40.34
	右	\	\	\	\	\	\	\	\	42.36
头纵径	左	\	\	\	\	\	\	\	\	45.72
	右	\	\	\	\	\	\	\	\	46.50
骨干横断面指数	左	\	\	\	\	\	\	\	\	72.99
	右	\	\	\	\	\	\	\	\	73.04
粗壮指数	左	\	\	\	\	\	\	\	\	18.07
	右	\	\	\	\	\	\	\	\	19.47
股骨：最大长	左	\	\	\	\	\	\	\	398.00	439.00
	右	405.00	\	\	\	\	\	\	\	\
生理长	左	\	\	\	\	\	\	\	\	439.00
	右	402.50	\	\	\	\	\	\	\	\
体长	左	\	\	\	\	\	\	\	\	364.00
	右	337.00	\	\	\	\	\	\	\	\
上部横径	左	31.00	32.44	31.24	30.00	33.80	29.00	33.22	28.50	30.84
	右	29.56	33.58	32.46	30.60	32.54	28.00	34.82	27.62	31.26
上部矢径	左	20.74	22.68	21.30	20.24	21.70	21.30	21.54	19.26	26.42
	右	21.40	22.72	20.74	20.10	21.90	21.80	21.80	18.76	26.10
中部横径	左	\	\	\	\	\	\	\	26.32	26.46
	右	23.90	\	\	\	\	\	\	\	\
中部矢径	左	\	\	\	\	\	\	\	19.90	29.80
	右	25.50	\	\	\	\	\	\	\	\
中部周长	左	\	\	\	\	\	\	\	75.00	88.50
	右	78.50	\	\	\	\	\	\	\	\
下部最小径	左	\	\	\	\	\	\	\	22.44	28.50
	右	23.40	\	\	\	\	\	\	\	\
下部横径	左	\	\	\	\	\	\	\	35.06	41.74
	右	37.00	\	\	\	\	\	\	\	\
颈头前长	左	67.74	\	74.10	\	\	\	\	68.82	83.66
	右	72.30	\	\	\	\	\	\	69.64	80.10
头垂直径	左	37.26	\	41.76	\	\	\	\	39.54	44.58
	右	36.40	\	39.16	\	\	\	\	39.06	43.92

续附表一四：

项目号	侧别	M23	M134	M246	M49	M11	M82	M66	M125	M164
颈高	左	30.60	\	29.40	\	\	\	\	28.50	36.36
	右	27.70	\	\	\	\	\	\	28.20	35.00
颈矢径	左	21.34	\	23.66	\	\	\	\	22.46	25.20
	右	21.00	\	\	\	\	\	\	20.80	24.40
两髁宽	左	\	\	\	\	\	\	\	\	81.54
	右	70.50	\	\	\	\	\	\	\	\
外髁长	左	\	\	\	\	\	\	\	\	61.70
	右	54.50	\	\	\	\	\	\	\	\
内髁长	左	\	\	\	\	\	\	\	\	64.52
	右	\	\	\	\	\	\	\	\	\
颈干角	左	127.00	\	125.00	\	\	\	\	135.00	127.00
	右	124.00	\	\	\	\	\	\	128.00	124.00
头周长	左	130.00	\	140.00	\	\	\	\	136.00	153.50
	右	128.00	\	143.00	\	\	\	\	138.00	151.00
头矢径	左	39.44	\	42.76	\	\	\	\	42.00	47.16
	右	39.30	\	43.80	\	\	\	\	42.52	46.24
长厚指数	左	\	\	\	\	\	\	\	\	20.16
	右	19.50	\	\	\	\	\	\	\	\
粗壮指数	左	\	\	\	\	\	\	\	\	12.82
	右	12.27	\	\	\	\	\	\	\	\
干中部指数	左	\	\	\	\	\	\	\	75.61	112.62
	右	106.69	\	\	\	\	\	\	\	\
扁平指数	左	66.90	69.91	68.18	67.47	64.20	73.45	64.84	67.58	85.67
	右	72.40	67.66	63.89	65.69	67.30	77.86	62.61	67.92	83.49
胫骨：最大长	左	\	\	\	\	\	\	\	\	\
	右	\	\	\	\	\	\	\	\	\
生理长	左	\	\	\	\	\	\	\	\	\
	右	\	\	\	\	\	\	\	\	\
上端宽	左	\	\	\	\	\	\	\	\	\
	右	\	\	\	\	\	\	\	\	\
下端宽	左	\	\	\	\	\	\	\	\	\
	右	\	\	48.70	\	\	\	\	\	52.10
下端矢径	左	\	\	\	\	\	\	\	\	38.70
	右	\	\	33.20	\	\	\	\	\	38.74
中部最大径	左	\	\	\	\	\	\	\	\	\
	右	\	\	\	\	\	\	\	\	\
中部横径	左	\	\	\	\	\	\	\	\	\
	右	\	\	\	\	\	\	\	\	\
体最小周长	左	\	\	\	\	\	\	\	\	\
	右	\	\	\	\	\	\	\	\	\
滋养孔横径	左	21.30	\	23.26	\	\	22.22	21.44	\	\
	右	20.16	\	22.40	\	\	24.12	22.70	\	24.20
滋养孔矢状径	左	29.34	\	30.10	\	\	31.30	30.24	\	\
	右	29.20	\	30.56	\	\	31.12	31.70	\	33.24
长厚指数	左	\	\	\	\	\	\	\	\	\
	右	\	\	\	\	\	\	\	\	\
中部断面指数	左	\	\	\	\	\	\	\	\	\
	右	\	\	\	\	\	\	\	\	\
胫骨指数	左	72.60	\	77.28	\	\	70.99	70.90	\	\
	右	69.04	\	73.30	\	\	77.51	71.61	\	72.80
胫股指数	左	\	\	\	\	\	\	\	\	\
	右	\	\	\	\	\	\	\	\	\

附表一五　　新郑双楼东周女性成年居民肢骨测量表

项目号	侧别	M92	M185	M215	M249	M75	M225	M227	M20	M74
肱骨：最大长	左	\	\	\	\	\	\	281.50	\	\
	右	\	\	\	\	293.00	\	283.00	296.00	\
生理长	左	\	\	\	\	\	\	277.50	\	\
	右	\	\	\	\	291.00	\	279.00	292.00	\
体中部最大径	左	\	\	\	\	\	\	21.46	\	\
	右	\	\	\	\	19.68	\	22.10	20.74	\
体中部最小径	左	\	\	\	\	\	\	15.00	\	\
	右	\	\	\	\	14.46	\	14.00	16.64	\
体最小周长	左	\	\	\	\	\	\	56.50	\	\
	右	\	\	\	\	56.00	\	56.00	60.00	\
头周长	左	\	\	\	\	125.00	\	125.00	\	\
	右	\	\	\	\	127.00	\	\	124.00	\
上端宽	左	\	\	\	\	42.00	\	42.50	\	\
	右	\	\	\	\	\	\	\	43.00	\
下端宽	左	\	\	\	\	\	50.00	48.50	\	\
	右	\	\	\	\	\	50.50	50.00	51.00	\
滑车和小头宽	左	\	38.82	\	39.12	\	35.20	36.00	38.10	\
	右	\	38.72	\	\	37.56	36.42	35.00	37.54	\
滑车矢径	左	\	21.50	\	24.16	\	21.44	22.80	26.14	\
	右	\	21.54	\	\	21.24	22.54	23.20	24.56	\
头横径	左	\	\	\	\	36.86	\	37.64	\	\
	右	\	\	\	\	\	\	\	37.14	\
头纵径	左	\	\	\	\	40.00	\	39.20	\	\
	右	\	\	\	\	40.74	\	40.34	39.00	\
骨干横断面指数	左	\	\	\	\	\	\	69.90	\	\
	右	\	\	\	\	73.48	\	63.35	80.23	\
粗壮指数	左	\	\	\	\	\	\	20.07	\	\
	右	\	\	\	\	19.11	\	19.79	20.27	\
股骨：最大长	左	\	\	\	\	405.00	412.50	\	\	\
	右	\	424.00	\	\	408.00	\	398.00	\	\
生理长	左	\	\	\	\	402.00	406.00	\	\	\
	右	\	\	\	\	404.50	\	393.00	\	\
体长	左	\	\	\	\	334.00	337.00	\	\	\
	右	\	353.00	\	\	333.00	\	324.00	\	\
上部横径	左	28.00	30.62	32.10	\	32.00	29.30	30.44	32.60	30.40
	右	28.00	29.72	32.00	\	30.44	27.44	30.14	31.70	28.52
上部矢径	左	19.76	21.20	25.10	\	22.46	20.32	19.14	21.42	19.34
	右	20.22	22.20	25.46	\	21.50	20.64	19.34	22.74	20.14
中部横径	左	\	\	\	\	29.12	26.00	\	\	\
	右	\	24.92	\	\	26.50	\	25.40	\	\
中部矢径	左	\	\	\	\	24.40	22.00	\	\	\
	右	\	24.00	\	\	24.40	\	23.40	\	\
中部周长	左	\	\	\	\	84.00	77.50	\	\	\
	右	\	78.00	\	\	80.50	\	77.50	\	\
下部最小径	左	\	\	\	\	25.10	24.00	21.00	\	\
	右	\	21.90	\	\	25.44	\	21.50	\	\
下部横径	左	\	\	\	\	40.70	35.30	36.30	\	\
	右	\	36.00	\	\	37.50	\	37.30	\	\
颈头前长	左	\	\	\	\	61.76	67.44	\	\	\
	右	\	71.08	\	\	67.70	69.90	69.48	70.34	\
头垂直径	左	\	\	\	\	40.24	40.32	\	\	36.48
	右	\	39.34	\	\	41.24	40.40	38.28	40.40	36.56

续附表一五 ：

项目号	侧别	M92	M185	M215	M249	M75	M225	M227	M20	M74
颈高	左	\	\	\	\	33.64	28.30	\	30.70	27.20
	右	\	27.00	\	\	32.00	28.00	26.86	30.20	26.06
颈矢径	左	\	\	\	\	24.00	22.20	\	27.30	20.78
	右	\	22.90	\	\	24.60	22.30	23.40	24.00	19.00
两髁宽	左	\	\	\	\	75.60	72.74	\	\	\
	右	\	\	\	\	\	\	70.00	\	\
外髁长	左	\	\	\	\	59.60	56.44	\	\	\
	右	\	\	\	\	58.00	\	54.30	\	\
内髁长	左	\	\	\	\	56.50	55.30	\	\	\
	右	\	\	\	\	56.78	\	\	\	\
颈干角	左	\	\	\	\	124.00	122.00	135.00	127.00	\
	右	\	128.00	\	\	120.00	117.00	123.00	122.00	\
头周长	左	\	\	\	\	146.00	138.00	\	\	126.00
	右	\	135.00	\	\	142.00	136.00	135.00	141.00	121.00
头矢径	左	\	\	\	\	44.70	42.00	\	\	38.26
	右	\	41.68	\	\	43.62	40.50	40.80	43.00	36.80
长厚指数	左	\	\	\	\	20.90	19.09	\	\	\
	右	\	\	\	\	19.90	\	19.72	\	\
粗壮指数	左	\	\	\	\	13.31	11.82	\	\	\
	右	\	\	\	\	12.58	\	12.42	\	\
干中部指数	左	\	\	\	\	83.79	84.62	\	\	\
	右	\	96.31	\	\	92.08	\	92.13	\	\
扁平指数	左	70.57	69.24	78.19	\	70.19	69.35	62.88	65.71	63.62
	右	72.21	74.70	79.56	\	70.63	75.22	64.17	71.74	70.62
胫骨：最大长	左	\	354.00	\	\	344.00	333.00	313.00	\	\
	右	\	349.00	\	\	344.00	326.00	317.50	\	\
生理长	左	\	337.50	\	\	325.00	318.00	298.00	\	\
	右	\	331.00	\	\	330.00	318.00	303.50	\	\
上端宽	左	\	67.50	\	\	71.00	67.00	66.00	\	\
	右	\		\	\	70.50	66.00	66.00	\	\
下端宽	左	\	47.00	\	\	48.50	43.00	47.00	\	\
	右	\	46.50	\	\	50.00	47.50	45.50	\	\
下端矢径	左	\	34.26	\	\	38.24	31.66	32.80	\	\
	右	\	32.60	\	\	38.61	\	32.90	\	\
中部最大径	左	\	28.50	\	\	26.34	27.40	25.42	\	\
	右	\	27.44	\	\	25.84	26.14	25.28	\	\
中部横径	左	\	20.50	\	\	20.80	15.74	19.54	\	\
	右	\	20.34	\	\	19.00	16.90	21.00	\	\
体最小周长	左	\	69.00	\	\	70.00	65.00	67.00	\	\
	右	\	70.00	\	\	70.50	64.00	69.00	\	\
滋养孔横径	左	20.14	20.64	\	\	23.84	17.50	21.60	24.42	18.64
	右	20.38	20.64	\	\	23.44	18.00	22.00	24.00	19.10
滋养孔矢状径	左	27.00	30.40	\	\	30.90	29.00	29.74	32.62	28.64
	右	27.00	29.82	\	\	31.00	28.50	29.60	31.42	28.64
长厚指数	左	\	20.44	\	\	21.54	20.44	22.48	\	\
	右	\	21.15	\	\	21.36	20.13	22.73	\	\
中部断面指数	左	\	71.93	\	\	78.97	57.45	76.87	\	\
	右	\	74.13	\	\	73.53	64.65	83.07	\	\
胫骨指数	左	74.59	67.89	\	\	77.15	60.34	72.63	74.86	65.08
	右	75.48	69.22	\	\	75.61	63.16	74.32	76.38	66.69
胫股指数	左	\	\	\	\	80.85	78.33	\	\	\
	右	\	\	\	\	81.58	\	77.23	\	\

附录二

新郑双楼东周墓地随葬器皿内出土动物骨骼鉴定报告

曹金萍[1]　王　娟[2]

（1. 河南大学历史文化学院，2. 河南省文物考古研究院）

新郑双楼东周墓地共清理出东周时期的墓葬 267 座，有 120 座墓出土有陶、铜容器，其中有 8 座墓葬随葬的仿铜陶礼器内出土有动物骨骼，现将这些骨骼的鉴定情况报告如下。

一、骨骼鉴定

出土动物骨骼的鉴定是参照了《动物骨骼鉴定图谱》〔1〕并与河南省文物考古研究院现生动物骨骼标本库内的标本进行比对获得的结果，骨骼的测量按照《考古遗址出土动物骨骼测量指南》〔2〕，所鉴定标本以其出土单位进行编号。本研究所鉴定的标本均出自随葬陶器内，部分骨骼酥脆，在提取、清洗和整理的过程中骨骼有少量损失，但不影响标本最小个体数的统计，鉴定结果能够基本反映原始的随葬情况。现将鉴定结果简述如下，测量数据详见附表一。

1. M5∶1 鼎内

出土骨骼尺寸较小，骨质十分酥脆，总重 1.17 克。将可拼接的骨骼进行粘结，可鉴定的骨骼有 4 件，分别为猪的右侧腓骨、胫骨近端、左侧第 4 掌骨、椎骨残片，其余为不可鉴定的碎骨片；（图一）其中可鉴定骨骼重 0.77 克，占总重量的 90.09%。

标本 M5∶1-A-01，左侧腓骨，其近端缺失，远端保存相对完整，破碎度 3/4（约为原长的四分之三），骨干断成三节（已粘结），远端呈扁圆状，靠近远端的骨干横截面呈扁条状。标本 M5∶1-A-03，胫骨近端，破碎度 1/4，近端骨骺脱落、破损。标本 M5∶1-A-02，左侧第 4 掌骨，骨骺缺失，现存最大长度为 21.13 毫米，破碎度 3/4。

〔1〕 伊丽莎白·施密德著，李天元译：《动物骨骼鉴定图谱》，中国地质大学出版社，1991 年。

〔2〕 安格拉·冯登德里施著，马萧林、侯彦峰译：《考古遗址出土动物骨骼测量指南》，科学出版社，2007 年。

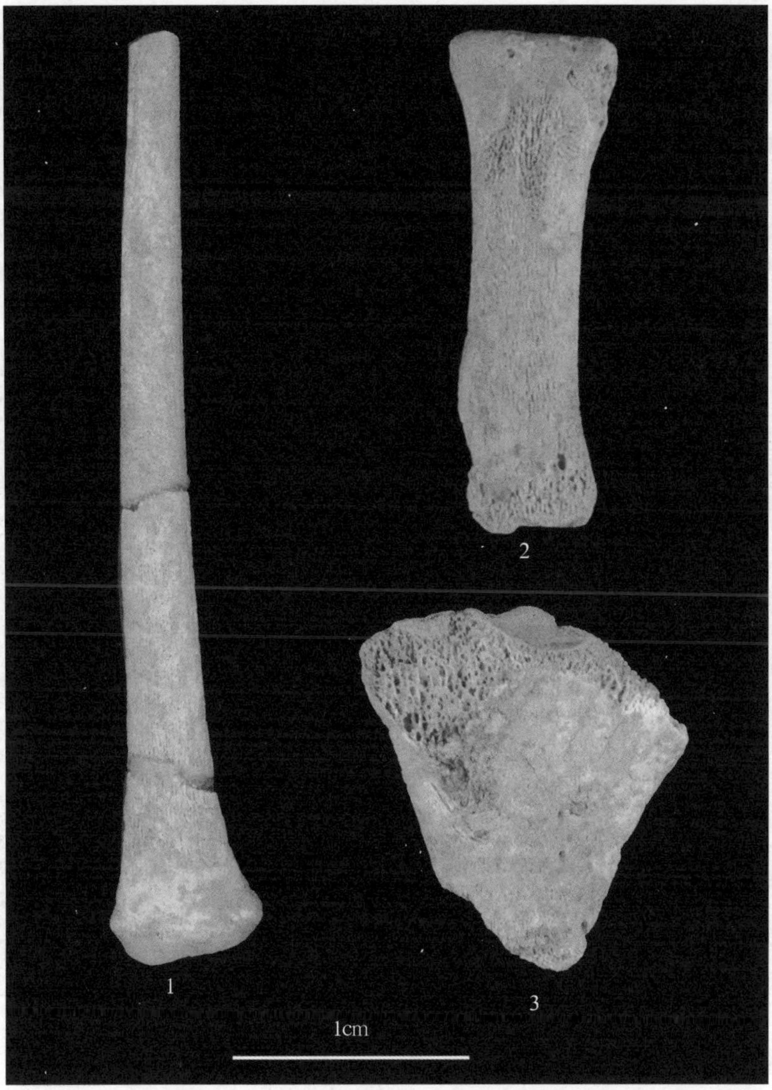

图一　双楼东周墓地 M5：1 鼎内出土动物骨骼
1. 标本 M5：1-A-01，猪，左侧腓骨（内侧观）
2. 标本 M5：1-A-02，猪，左侧第 4 掌骨（掌侧观）　3. 标本 M5：1-A-03，猪，胫骨近端

根据骨骼的形态及尺寸初步判断其种属为猪（*Sus scrofa domestica*），可鉴定部分的骨骼推测属于一个个体。将其与河南省文物考古研究院现生动物标本库中出生时即死亡的乳猪标本相比对，该单位内猪的腓骨及第 4 掌骨的尺寸略大，故该猪应为刚出生不久的乳猪，推测其年龄不大于 1 个月。

2. M242∶1 鼎内

该单位内出土骨骼尺寸较大，可鉴定标本 2 件，分别为右侧肩胛骨和右侧肱骨。（图二）标本 M242∶1-A-01，右侧肩胛骨，破碎度 3/4，肩峰破损，残存部分破碎成 3 块（已粘结），肩胛冈结节、前缘及前角部分缺损，其中肩胛冈结节和前缘处均为新茬口，

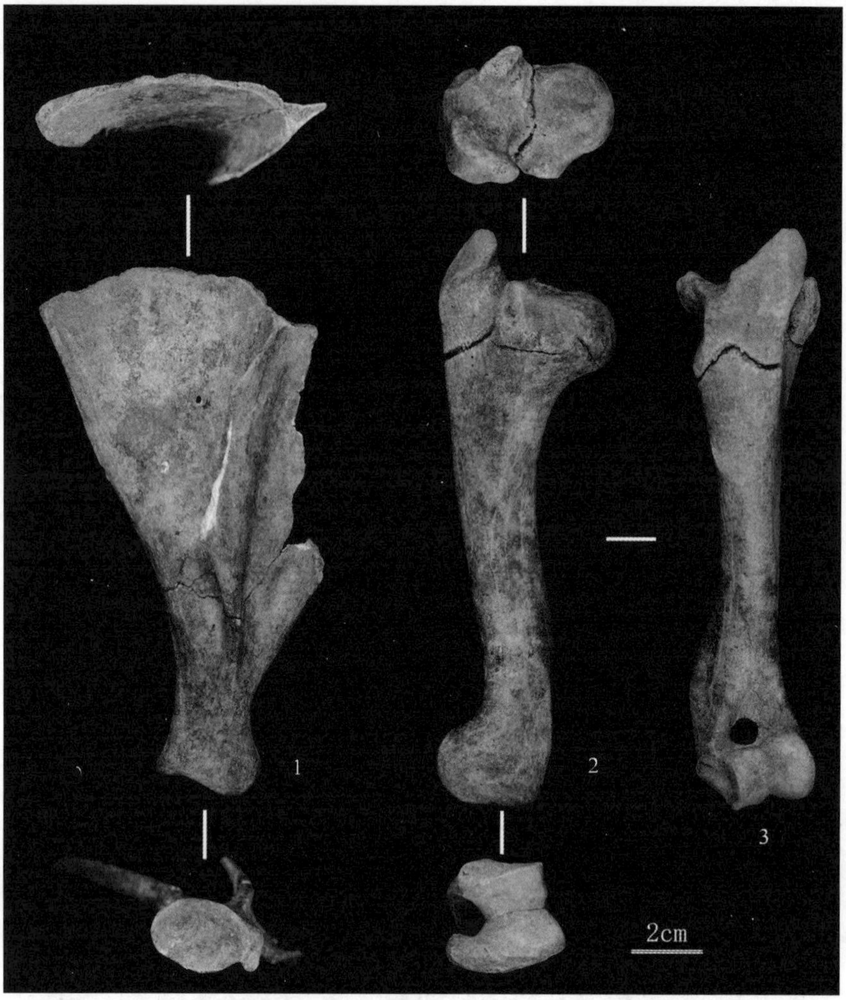

图二　双楼东周墓地 M242：1 鼎内出土动物骨骼

1. 标本 M242：1-A-01，猪，右侧肩胛骨（外侧观）　2. 标本 M242：1-A-02，猪，右侧肱骨（内侧观）

3. 标本 M242：1-A-02，猪，右侧肱骨（前面观）

应为标本提取过程中造成的（碎骨均未提取到）。标本 M242：1-A-02，右侧肱骨，破碎度 3/4，近端骨骺脱落（已粘结）、远端骨骺已愈合，远端鹰嘴窝通透，且鹰嘴窝内外两侧均有浅的划痕。(图三)

根据骨骼的形态、大小以及关节面间的契合程度推测二者属于同一个体，其种属为猪（*Sus scrofa domestica*）。关于猪的年龄鉴定，主要参照马萧林先生根据希瓦（Silver, I. A.）[1]、

[1] Silver, I. A. 1969. The ageing of domestic animals. In Science in Archaeology, edited by D. Brothwell and E. S. Higgs. London: Thames and Hudson: 283～302.

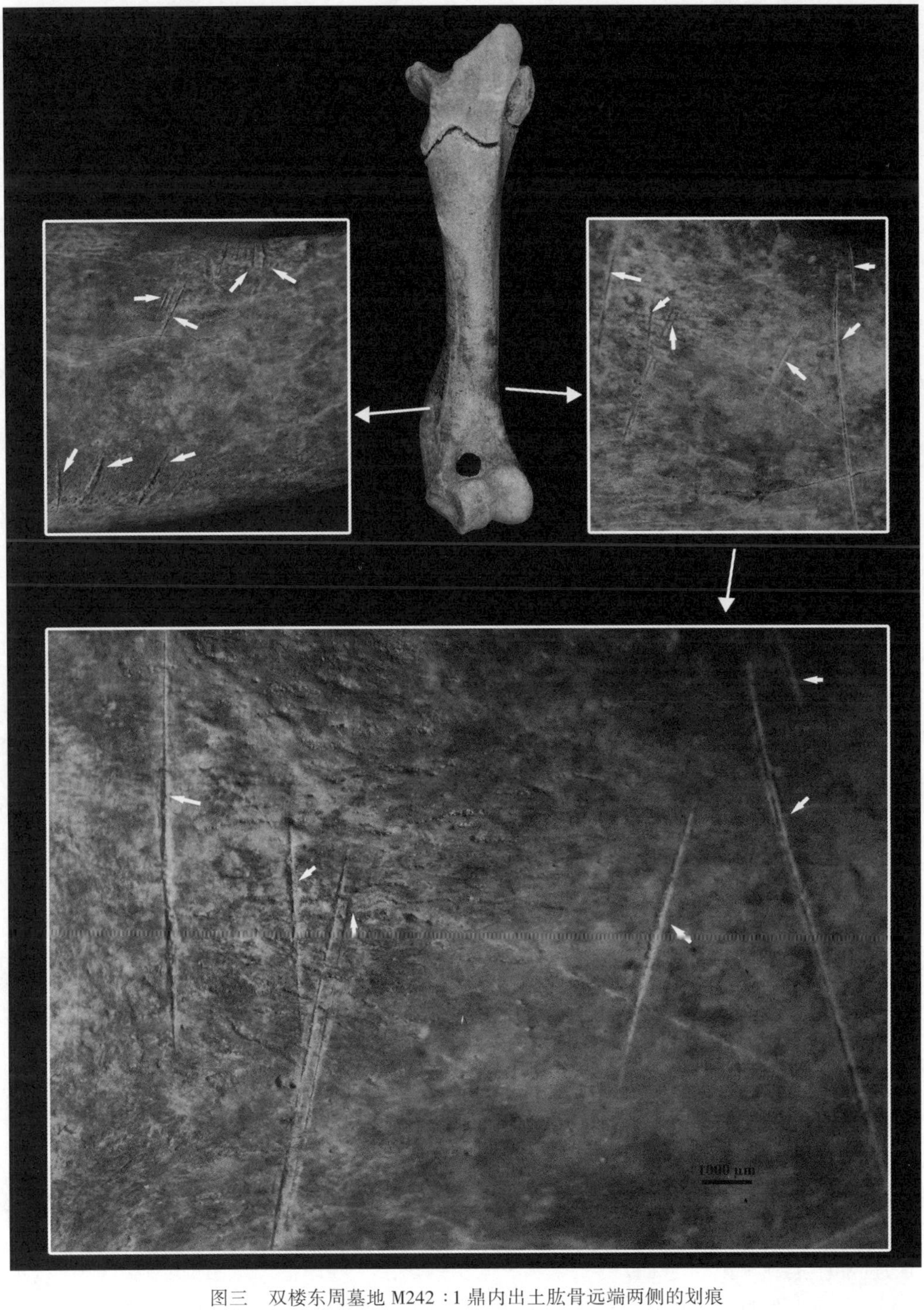

图三　双楼东周墓地 M242∶1 鼎内出土肱骨远端两侧的划痕

伯克伊（Bŏkŏnyi, S.）[1] 及布欧（Bull, G.）和佩因（Payne, S.）[2] 提供的骨骼愈合序列建立的家猪年龄标准[3]。（表一）该猪的肩胛骨远端、肱骨远端均已愈合，肱骨近端未愈合，对照表一，判断该猪的年龄应大于12个月、小于42个月。因为出土骨骼部位太少，故不能判断其确切的年龄。

表一　**根据骨骼愈合确定的家猪年龄标准**

类别（愈合年龄）	骨骼（p=近端、d=远端）
早期愈合标本（约12个月）	肩胛骨（d）、肱骨（d）、桡骨（p）、盆骨（髋臼）
中期愈合标本（约24个月）	掌/跖骨（d）、胫骨（d）、跟骨
晚期愈合标本（约42个月）	肱骨（p）、桡骨（d）、尺骨（p、d）、股骨（p、d）、胫骨（p）

3. M11∶2 敦内

共出土骨骼14块，尺寸小，保存状况相对较好，分别为左侧的肩胛骨、肱骨、股骨、腓骨、胫骨、髂骨各1件，右侧的肋骨5根以及胸椎1个，另有出土时即粘合在一起的左侧跟骨、距骨、中央跗骨和第4跗骨，还有游离的左侧第3跗骨1件。（图四）

该单位内出土长骨的近、远端均未愈合，骨骼十分酥脆。标本M11∶1-A-01，左侧肩胛骨，破碎度2/4，其前缘及前角部分缺损，近端未愈合的关节面呈扁圆形。标本M11∶1-A-02，左侧肱骨，破碎度3/4，两端关节面未愈合，骨干略有残损，但远端存通透的鹰嘴窝。标本M11∶1-A-03，左侧股骨，破碎度3/4，两端关节面未愈合、残损。标本M11∶1-A-04，左侧腓骨，破碎度3/4，骨干远端呈扁椭圆状。标本M11∶1-A-05，左侧胫骨，破碎度3/4，骨干近端呈三角心形、远端呈近圆形。

根据骨骼形态、尺寸和关节面之间的契合程度，上述可鉴定骨骼可能为同一个体的猪（*Sus scrofa domestica*）。该单位内的骨骼尺寸较小，经与现生标本相对照，判断该猪的年龄不大于1个月，很可能为出生不久的乳猪。

4. M129∶4 鬲内

对出土的骨骼进行拼对，可鉴定骨骼有右侧股骨和髌骨各1件，左侧肋骨3根及碎片1块、腰椎横突1个及碎片2块、椎骨棘突碎片1块，另有椎骨碎片10块，（图五）其余为不可鉴定的碎骨。可鉴定标本数占总标本数的67.74%，重量占总重量的96.84%。

标本M129∶4-A-01，右侧股骨，两端骨骺均已愈合，骨干部分碎成7块，茬口均为

〔1〕 Bŏkŏnyi. S. 1972. Zoological evidence for seasonal or permanent occupation of prehistoric settlements. In Man, Settlement and Urbanism, edited by R. Tringham P. J. Ucko, and G. W. Dimbleby. London: Duckworth: 121~126.

〔2〕 Bull, G. and Payne, S. 1982. Tooth eruption and epiphyseal fusion in pigs and wild boar. In Ageing and Sexing Animals Bones from Archaeological Sites, edited by B. Wilson, C. Grigson, and S. Payne. Oxford: British archaeological reports British series 109: 55~71.

〔3〕 马萧林：《灵宝西坡遗址家猪的年龄结构及相关问题》，《华夏考古》2007年第1期。

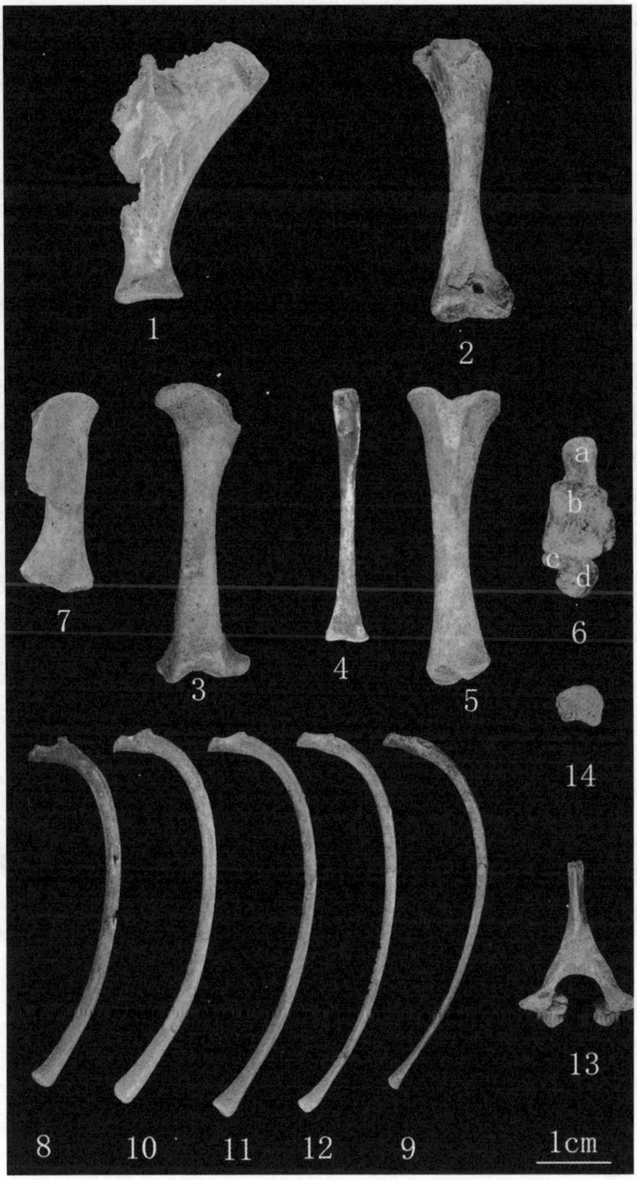

图四　双楼东周墓地 M11 ∶2 敦内出土动物骨骼

1. 标本 M11 ∶2-A-01，猪，左肩胛骨（外侧观）　2. 标本 M11 ∶2-A-02，猪，左肱骨（前面观）
3. 标本 M11 ∶2-A-03，猪，左股骨（前面观）　4. 标本 M11 ∶2-A-04，猪，左腓骨（内侧观）
5. 标本 M11 ∶2-A-05，猪，左胫骨（背侧观）
6. 标本 M11 ∶2-A-06，猪，左跗骨（背侧观）：a-跟骨，b-距骨，c-中央跗骨，d-第 4 跗骨
7. 标本 M11 ∶2-A-07，猪，左髂骨（内侧观）　8. 标本 M11 ∶2-A-08，猪，右侧肋骨（后面观）
9. 标本 M11 ∶2-A-09，猪，右侧肋骨（后面观）　10. 标本 M11 ∶2-A-10，猪，右侧肋骨（后面观）
11. 标本 M11 ∶2-A-11，猪，右侧肋骨（后面观）　12. 标本 M11 ∶2-A-12，猪，右侧肋骨（后面观）
13. 标本 M11 ∶2-A-13，猪，胸椎（前面观）　14. 标本 M11 ∶2-A-14，猪，左侧第 3 跗骨

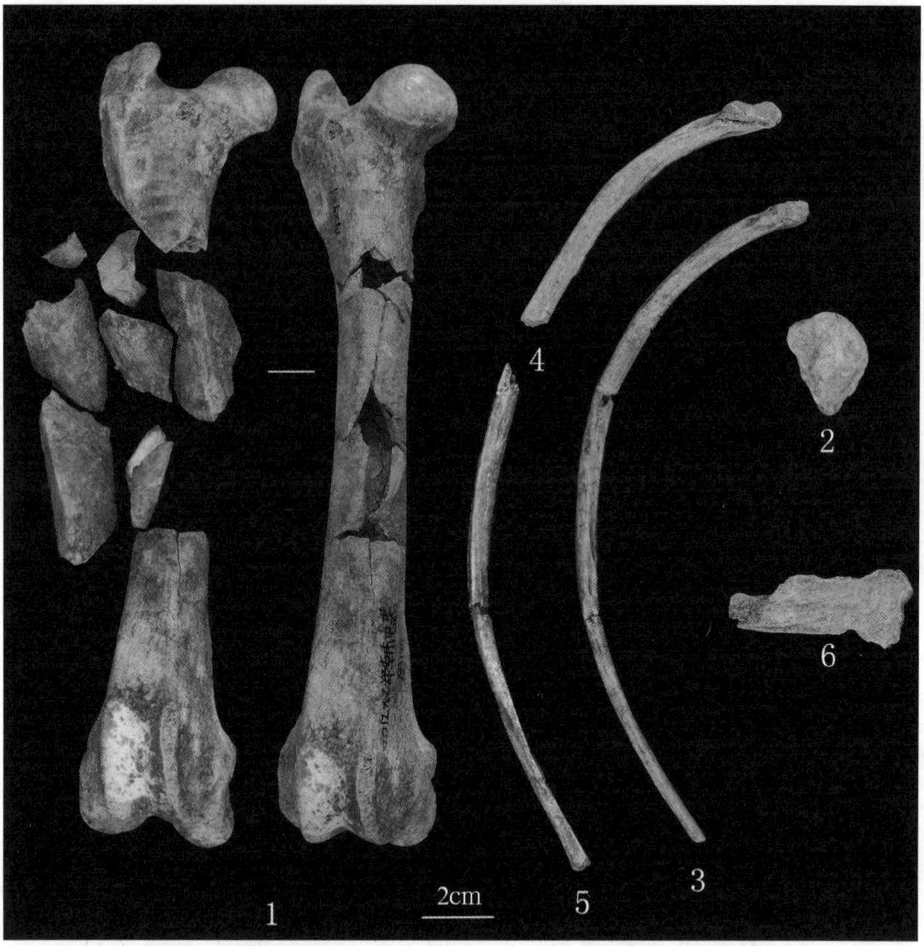

图五　双楼东周墓地 M129：4 鬲内出土动物骨骼

1. 标本 M129：4-A-01，猪，右侧股骨（前面观）　2. 标本 M129：4-A-02，猪，右髌骨（背侧观）
3. 标本 M129：4-A-03，猪，左肋骨（后面观）　4. 标本 M129：4-A-04，猪，左肋骨（后面观）
5. 标本 M129：4-A-05，猪，左肋骨（后面观）　6. 标本 M129：4-A-06，猪，腰椎横突

旧痕，未见明显的砍痕，应在骨干中段受过砸击；将其碎骨进行拼接，中间仍有缺损（推测乃标本提取时遗失），该股骨最大长（GL）199.44 毫米、骨干最小宽（SD）18.26 毫米。标本 M129：4-A-03，左侧肋骨，断为 3 节，肋结节不明显。标本 M129：4-A-04，左侧肋骨，仅有背侧小部分，共 1 节，肋结节明显。标本 M129：4-A-05，左侧肋骨，仅有腹侧部分且断为 2 节（已粘结）。标本 M129：4-A-04 与 M129：4-A-05 似乎属于同一根肋骨，但是断面不契合。所有肋骨断节的长度相近，且约相当于其所属肋骨的三分之一，从断面观察，肋骨的断裂很可能是在提取标本的过程中造成的。

根据骨骼的形态及尺寸推测可鉴定骨骼应属一个个体，种属为猪（*Sus scrofa domestica*）；该猪股骨两端骨骺均已愈合，对照表一，推测其年龄大于 42 个月。

5. M254：6 鼎内

出土动物骨骼尺寸较小，其中可鉴定标本有左侧髂骨和坐骨各 1 件、距骨 1 件、第 5 掌骨 1 件、指/趾节骨 12 件、椎骨骨体 8 块、长骨骨干 1 块、胫骨远端 1 块、荐骨翼 1 块、椎窝碎片 6 块、肋骨碎片 13 块、长骨碎片 21 块、游离骨骺 7 块，另有不可鉴定的碎骨若干。（图六）其中可鉴定标本的重量为 6.89 克，占总重量的 44.82%。

该单位出土骨骼尺寸小且骨质酥脆。标本 M254：6-A-18，长骨，仅存骨干部分，最小骨干宽 7.03 毫米；标本 M254：6-A-04，掌骨远端未愈合，标本 M254：6-A-05～16，指/趾节骨，近端骨骺均脱落。

根据骨骼的形态鉴定其种属为猪（*Sus scrofa domestica*），综合出土骨骼的部位、形态特征及尺寸推测属于同一个体，经与现生标本相比对，判断该猪为出生不久的乳猪，年龄应小于 1 个月。

6. M244：7 鼎内

出土骨骼尺寸较小且酥脆，可鉴定标本有游离右侧 dI_1（下颌第 1 乳切齿）、右侧 dP_4（下颌第 4 乳前臼齿）各 1 件、左侧下颌骨碎片 1 块、肩胛骨左右各 1 件、肱骨左右各 1 件、桡骨 1 件、尺骨 1 件、髂骨 1 件、坐骨 1 件、股骨 1 件、胫骨左右各 1 件、跟骨 1 件、指/趾节骨 1 件、寰椎翼 1 块、颈椎碎片 9 块、胸椎 3 个及其碎片 5 块、荐椎 1 件、椎骨骨体 1 个及碎片 6 块、肋骨碎片 11 块，其余为不可鉴定的碎骨。（图七）其中可鉴定标本的重量为 16.65 克，占总重量的 96.35%。

该单位出土的骨骼尺寸较小且均未愈合。标本 M244：7-A-01、02，左右侧肩胛骨，仅存近端部分，破碎度分别为 1/4、2/4，无肩峰，远端关节面呈扁圆形。标本 M244：7-A-03、04，左右侧肱骨，破碎度均为 3/4，两端破损，残存的鹰嘴窝通透。标本 M244：7-A-09，右侧股骨，其骨干中间断成两节，断面茬口颜色灰白，显然为新痕，并且骨干骨髓腔内没有土，故推测应为提取标本的过程中造成的。标本 M244：7-A-15，右侧 dP_4，以及标本 M244：7-A-14，右侧 dI_1，均为牙胚，未经磨蚀。

根据以上标本的形态和尺寸，推测同单位内的所有标本属于同一个体，种属为猪（*Sus scrofa domestica*）。由于所有肢骨的尺寸小且均未愈合，而同出的游离齿均为牙胚，推测该个体为刚出生不久的乳猪，年龄小于 1 个月。

7. M41：8 鼎内

出土动物骨骼尺寸小，十分酥脆，可鉴定骨骼有顶骨 1 件、右侧 dI_1（下颌第 1 乳切齿）、dI_2（下颌第 2 乳切齿）和乳前臼齿碎片 1 块（牙齿方位和序号不可鉴）、左侧肩胛骨 1 件、肱骨左右各 1 件、桡骨左右各 1 件、左侧尺骨近端 1 件、右侧股骨 1 件、掌/跖骨 2 件、指/趾节骨 4 件、肋骨 1 根及其碎片 15 块、寰椎 1 个、颈椎 1 个、胸椎 5 个、椎骨椎体 6 个及椎骨碎片 7 块，另有不可鉴定的碎骨若干。（图八）其中可鉴定标本的重量为 11.49 克，占总重的 93.87%。

该单位出土的骨骼尺寸较小且均未愈合。标本 M41：8-A-01，顶骨，该动物个体颅骨残损严重，仅存顶骨部分。标本 M41：8-A-02，左侧肩胛骨，破碎度 2/4，仅残存未愈合的远端部分及内侧缘部分，无肩峰，远端呈扁圆形。标本 M41：8-A-03、04，左、右肱

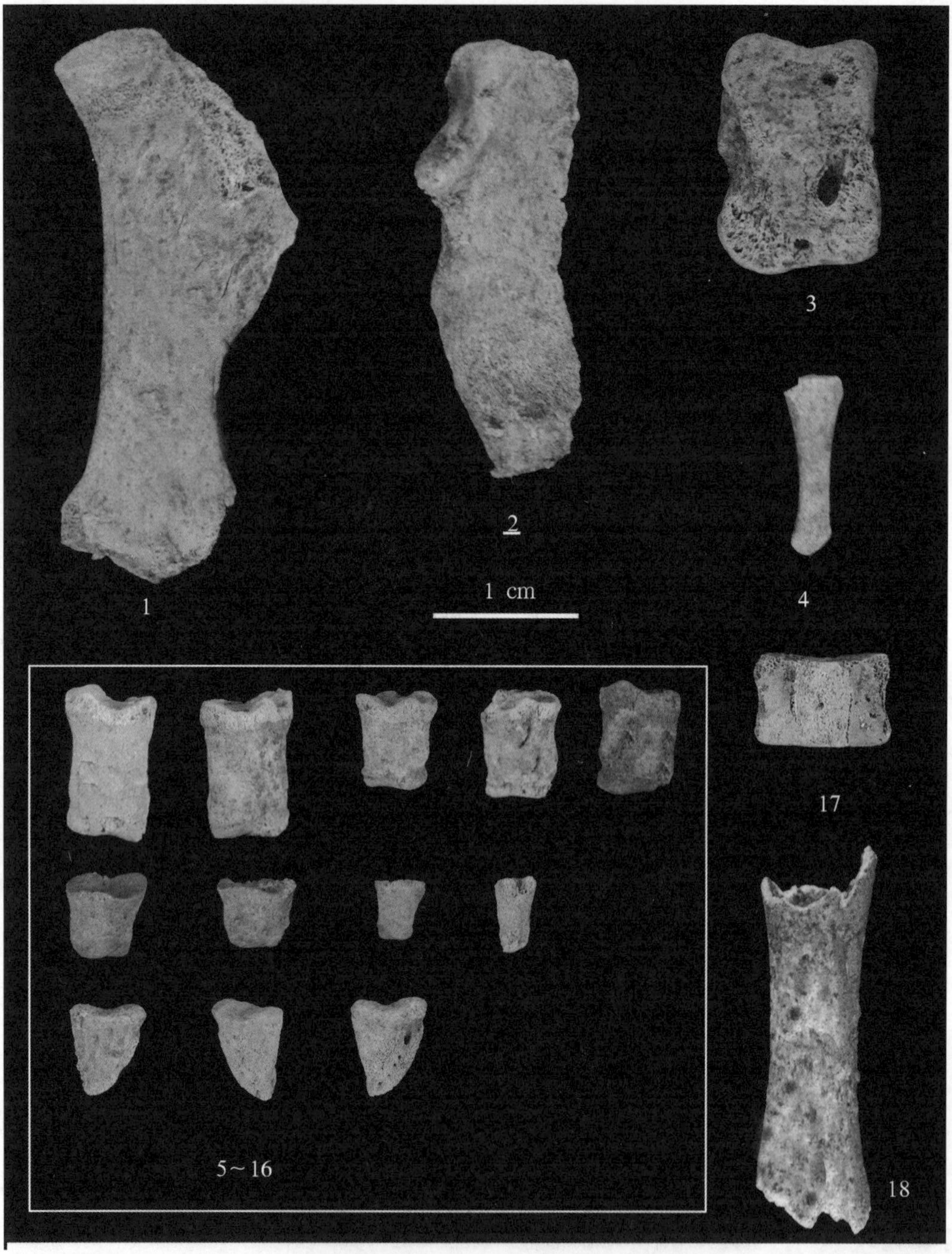

图六　双楼东周墓地 M254：6 鼎内出土动物骨骼

1. 标本 M254：6-A-01，猪，左髂骨（外侧观）　2. 标本 M254：6-A-02，猪，左坐骨（外侧观）
3. 标本 M254：6-A-03，猪，左距骨（跖侧观）　4. 标本 M254：6-A-04，猪，左侧第 5 掌骨（背侧观）
5～16. 标本 M254：6-A-05～16，猪，指/趾节骨（背侧观）　17. 标本 M254：6-A-17，猪，椎骨骨体
18. 标本 M254：6-A-18，猪，长骨骨干

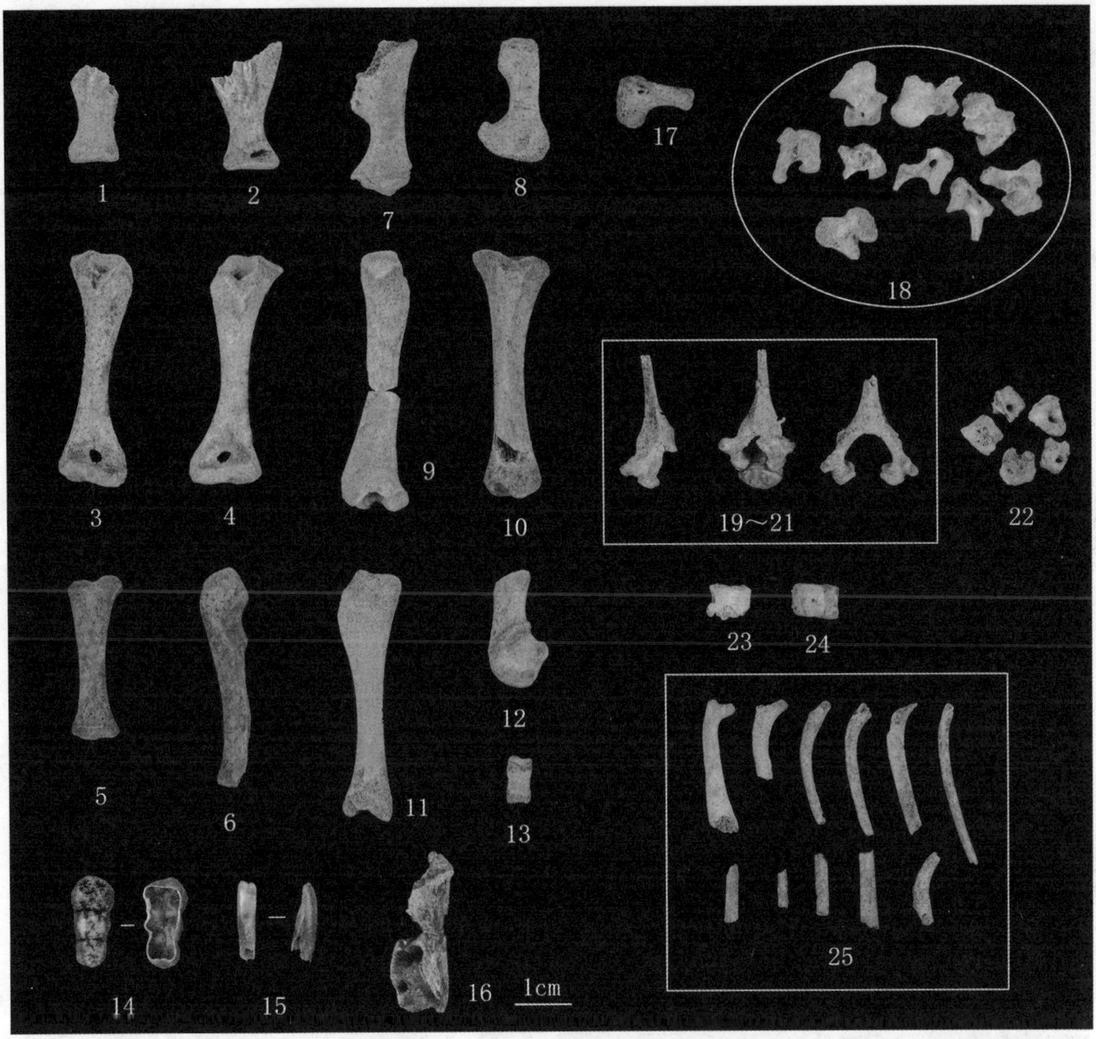

图七　双楼东周墓地 M244 :7 鼎内出土动物骨骼

1. 标本 M244 :7-A-01，猪，左肩胛骨（外侧观）　2. 标本 M244 :7-A-02，猪，右肩胛骨（外侧观）
3. 标本 M244 :7-A-03，猪，左肱骨（前面观）　4. 标本 M244 :7-A-04，猪，右肱骨（前面观）
5. 标本 M244 :7-A-05，猪，右桡骨（背侧观）　6. 标本 M244 :7-A-06，猪，右尺骨（内侧观）
7. 标本 M244 :7-A-07，猪，右髂骨（外侧观）　8. 标本 M244 :7-A-08，猪，右坐骨（内侧观）
9. 标本 M244 :7-A-09，猪，右股骨（前面观）　10. 标本 M244 :7-A-10，猪，左胫骨（背侧观）
11. 标本 M244 :7-A-11，猪，右胫骨（内侧观）　12. 标本 M244 :7-A-12，猪，左跟骨（内侧观）
13. 标本 M244 :7-A-13，猪，第 1 指/趾节骨（背侧观）　14、15. 标本 M244 :7-A-14，猪，游离齿 dP_4（右侧，咀嚼面和牙根面）标本 M244 :7-A-15，猪，游离齿 dI_1（右侧，舌面和远中面）
16. 标本 M244 :7-A-16，猪，左侧下颌骨碎片　17. 标本 M244 :7-A-17，猪，左侧寰椎翼（背侧观）
18. 标本 M244 :7-A-18，猪，颈椎碎片　19~21. 标本 M244 :7-A-19~21，猪，胸椎
22. 标本 M244 :7-A-22，猪，胸椎碎片　23. 标本 M244 :7-A-23，猪，荐椎（背侧观）
24. 标本 M244 :7-A-24，猪，椎骨骨体　25. 标本 M244 :7-A-25，猪，肋骨碎片

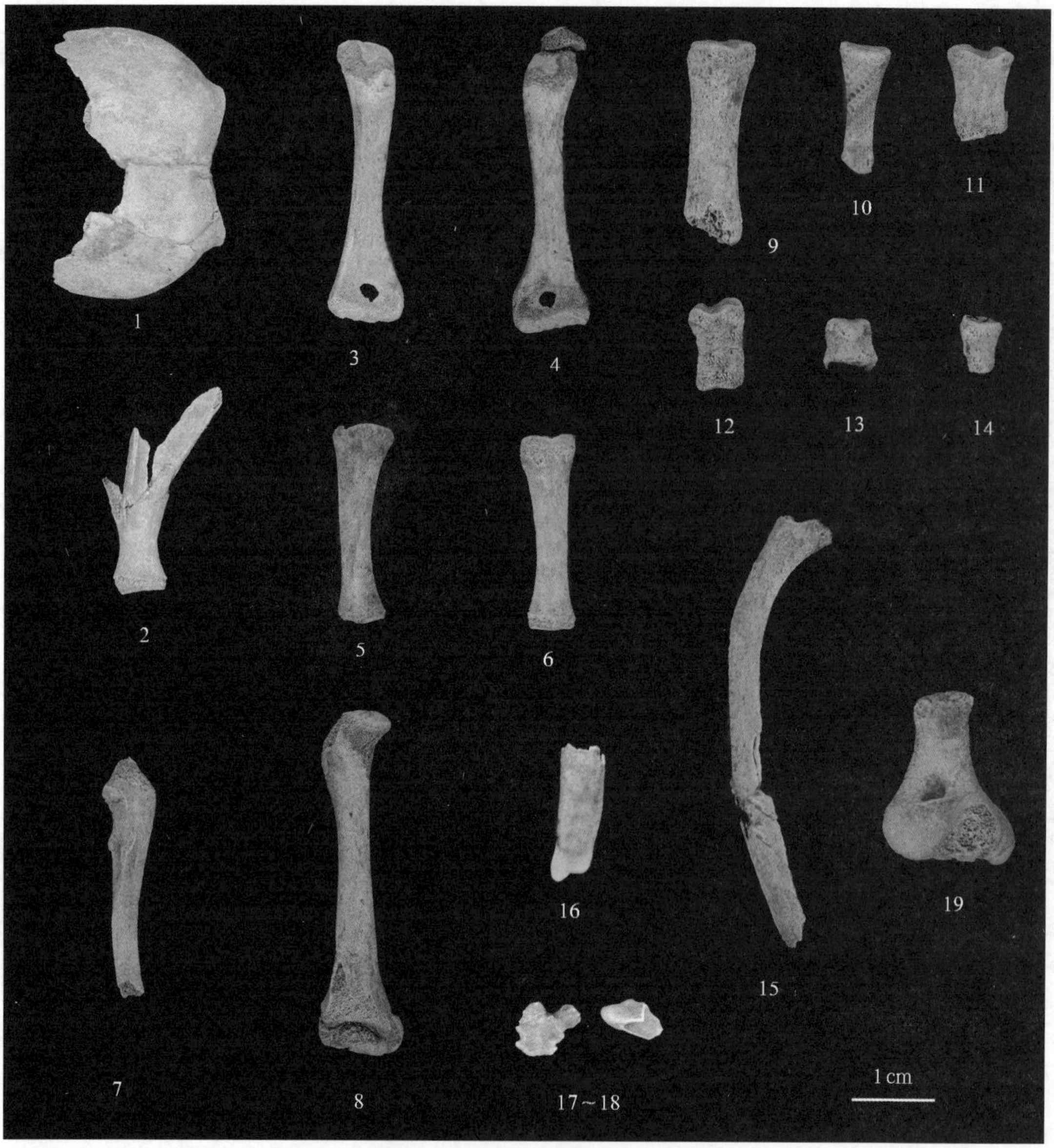

图八　双楼东周墓地 M41：8 鼎内出土动物骨骼

1. 标本 M41：8-A-01，猪，顶骨（背侧观）　2. 标本 M41：8-A-02，猪，左肩胛骨（外侧观）

3. 标本 M41：8-A-03，猪，左肱骨（前面观）　4. 标本 M41：8-A-04，猪，右肱骨（前面观）

5. 标本 M41：8-A-05，猪，左桡骨（背侧观）　6. 标本 M41：8-A-06，猪，右桡骨（背侧观）

7. 标本 M41：8-A-07，猪，左尺骨（背侧观）　8. 标本 M41：8-A-08，猪，右股骨（前面观）

9~14. 标本 M41：8-A-9~14，猪，掌/跖骨、指/趾节骨（背侧观）

15. 标本 M41：8-A-15，猪，右肋骨（后面观）　16. 标本 M41：8-A-16，猪，游离齿 dI_1

17~18. 标本 M41：8-A-17~18，猪，乳前臼齿碎片、dI_2 碎片　19. 标本 M41：8-A-20，猪，右侧寰椎翼（内侧观）

骨，两端未愈合、残损，远端的鹰嘴窝均通透，其中标本 M41∶8-A-04 近端的骨骺部分残存（已粘结）。标本 M41∶8-A-05、06，左右桡骨，破碎度均为 3/4，骨骺脱落，两端残损。标本 M41∶8-A-07，左侧尺骨，近端未愈合、远端缺失，破碎度 3/4。标本 M41∶8-A-10，第 5 掌/跖骨，远端缺失。标本 M41∶8- A-16～18，右侧 dI_1（下颌第 1 乳切齿）1 件、dI_2（下颌第 2 乳切齿）1 件，乳前臼齿碎片 1，均为牙胚。

根据以上标本的形态和尺寸，推测同单位内的所有标本属于一个个体，其种属为猪（*Sus scrofa domestica*）。由于所有肢骨的尺寸小且均未愈合，而同出的游离齿均为牙胚，推测该个体为刚出生不久的乳猪，年龄小于 1 个月。

8. M204∶2 釜内

共出土有 3 块碎骨，其中 1 块为肋骨碎片，另 2 块分别为桡骨远端内侧部和下颌骨残片，3 块碎骨都与猪骨的相应部位相似，但因残存太少，根据其形态特征判断的部位和种属存疑。（图九）

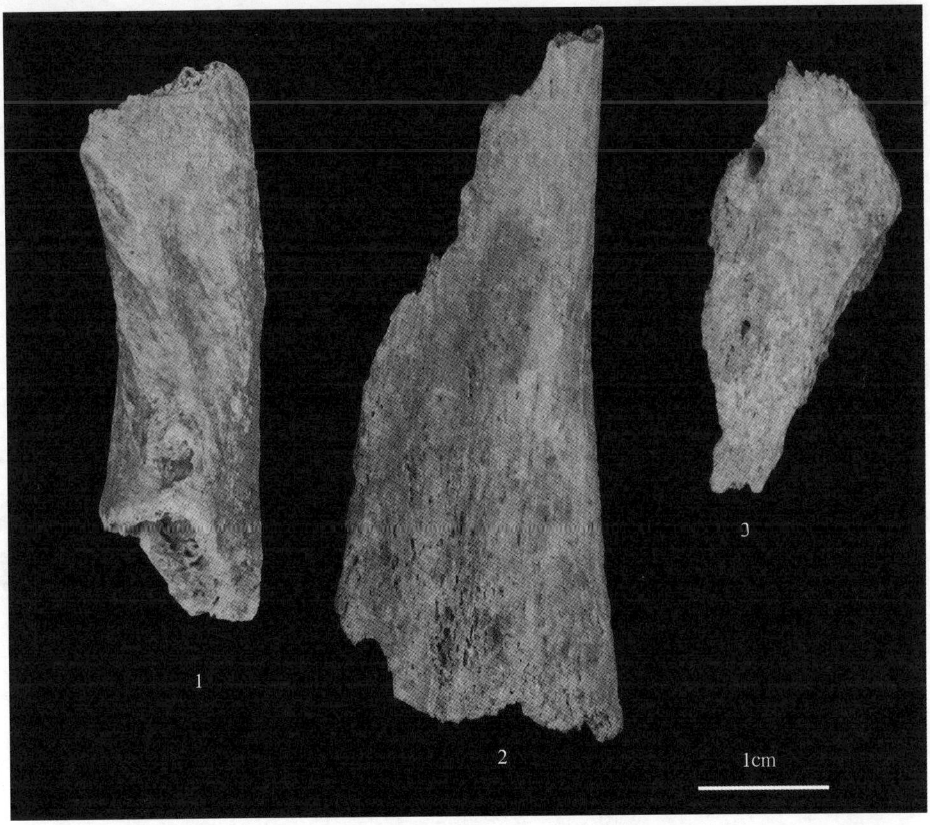

图九　双楼东周墓地 M204∶2 釜内出土动物骨骼

1. 标本 M204∶2-A-01，猪？左肋骨（胸肋?）　2. 标本 M204∶2-A-02a，猪？左桡骨远端?
3. 标本 M204∶2-A-02b，猪？左下颌骨碎片？

二、鉴定结果分析

根据鉴定结果，8 个单位内出土的均为部分骨骼，无一完整。其中 6 个单位出土的是乳猪，其骨骼细小，易破碎、腐烂，并且在标本提取的过程中不可避免地产生骨骼破损，故很难确定这部分单位原始随葬的乳猪是否完整。但可以确定的是随葬大猪的 2 个单位均用猪的局部随葬，其中 M242∶1 鼎内随葬的仅猪的右前肢局部，M129∶4 鬲内随葬的仅猪的右后肢局部及部分左侧肋部。（图一〇）结合考古发掘资料可知，M242∶1 鼎口径 172 毫米、腹径 206 毫米、内腹深 100 毫米，M129∶4 鬲口径 110 毫米、腹径 134 毫米、底径 82 毫米、内腹深 84 毫米。而 M242∶1-A-02（肱骨）最大长（GL）约 161.81 毫米，M242∶1-A-01（肩胛骨）最大长（GL）约 146.87 毫米，M129∶4-A-01（股骨）最大长（GL）约 199.44 毫米。（图一一）显然上述两件容器的口径及腹深（尤其是 M129∶4 鬲）对于放置上述肉品是比较勉强的，除非对肉品进行处理。其中 M242∶1-A-02（肱骨）上有明显的划痕，可能是用工具剔肉留下的痕迹。而 M129∶4-A-01（股骨）的骨干中段碎裂成若干块，但没有明显的砍痕，推测是用重物砸击骨干中部使其碎裂。总之，这些处理方式是为了将肉品的体积变小以放置入容器内。至于当时是否会将肉从骨骼上全部剔除，仅给墓主随葬骨头，还需要下一步通过实验考古学的研究和相关历史文献资料来进行探讨。

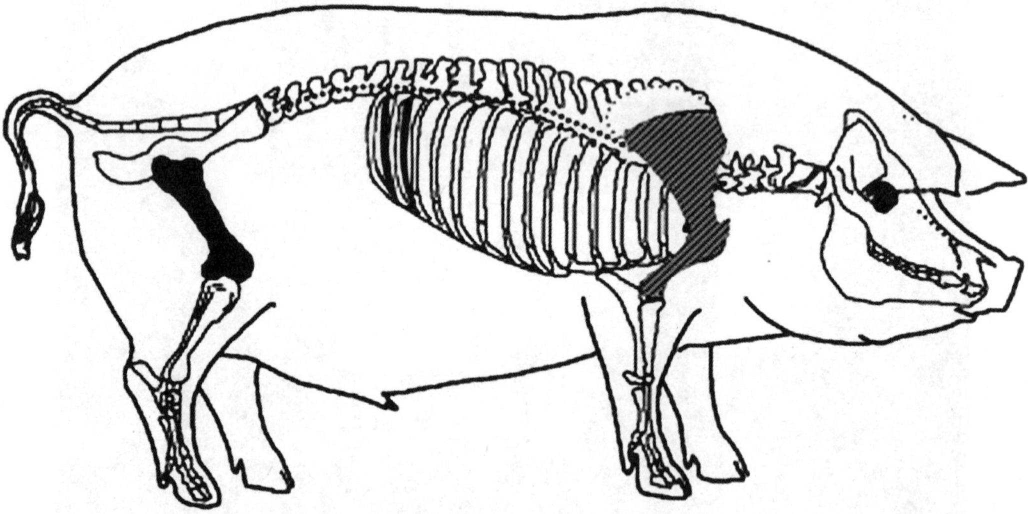

图一〇　大猪的随葬部位示意图

纯黑代表 M129∶4 鬲内出土骨骼部位，灰斜线代表 M242∶1 鼎内出土骨骼部位

（M129∶4-A-03~05 肋骨暂且示意为最后两根肋骨，该图源于《家畜解剖图谱》〔1〕）

〔1〕 安徽农学院编绘：《家畜解剖图谱》，上海人民出版社，1977 年，第 26 页，图 2-3。

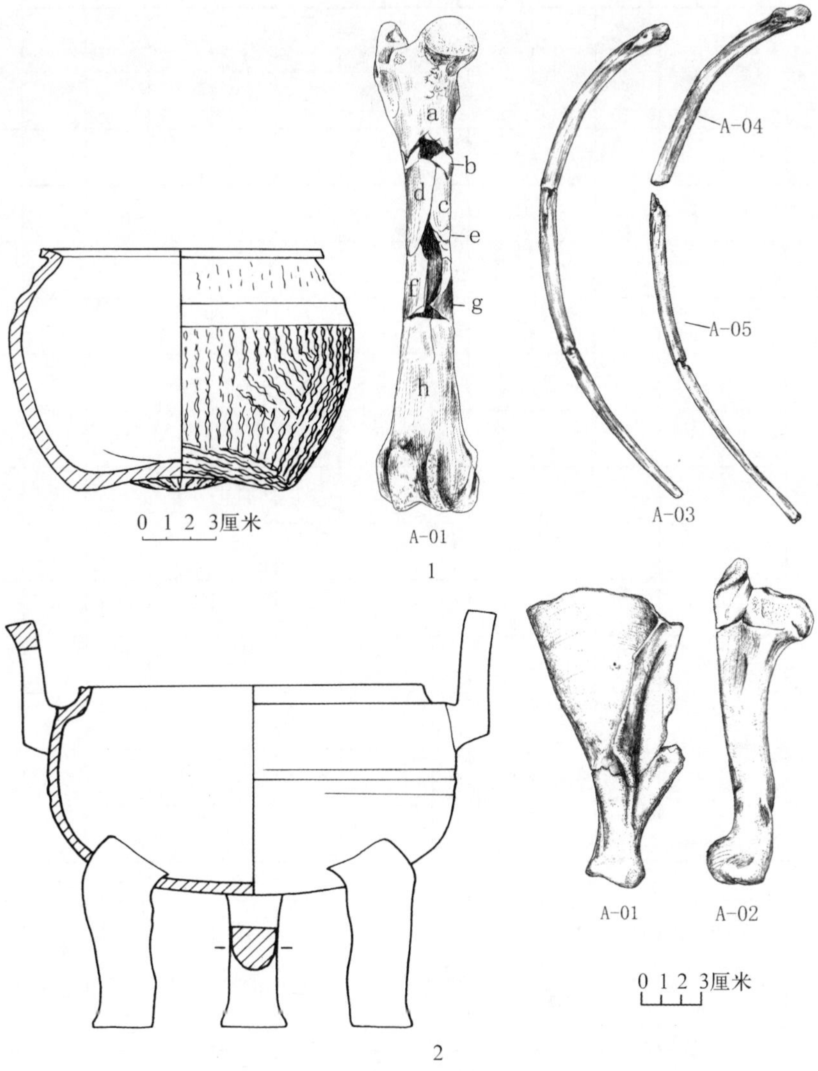

图一一　出土大猪骨骼的容器及对应的骨骼

1. M129 : 4 陶鬲及出土骨骼　2. M242 : 1 鼎及出土骨骼

至于随葬乳猪现象偏多的原因，可能是周人祭祀偏好幼犊这一习俗的体现 ，也可能是出于财力局限等客观原因，此问题还需结合相关的考古发掘材料做进一步讨论。

附表一

新郑双楼东周墓地随葬动物骨骼鉴定统计表

单位	鉴定号	标本	左/右	破碎度*	种属	愈合程度*	重量(克)	备注	数量	测量(毫米)														
										Bp*	Bd*	GL*	SD*	DPA*	GB*	GLP*	LG*	BG*	DC*	SLC*	SB*	SH*	Glpe*	GLC*
双楼东周墓地M5:1(鼎)	A-01	腓骨	左	3	猪		0.23		1															
双楼东周墓地M5:1(鼎)	A-02	第4掌骨	左	3	猪	U/U	0.20		1															
双楼东周墓地M5:1(鼎)	A-03	胫骨近端		1	猪		0.28		1															
双楼东周墓地M5:1(鼎)	A-04	椎骨碎片			猪		0.06		1															
双楼东周墓地M5:1(鼎)	A-05	碎骨					0.40	所有碎骨统一编号(下同)	若干															
双楼东周墓地M242:1(鼎)	A-01	肩胛骨	右	3	猪	U/F	43.22		1							30.30	26.01	19.67		22.45				
双楼东周墓地M242:1(鼎)	A-02	肱骨	右	3	猪	U/U	76.06	远端背内侧有划痕	1	(38.63)	30.60	(161.87)	15.33											(146.99)
双楼东周墓地M11:2(敦)	A-01	肩胛骨	左	2	猪	U/U	1.15		1											7.23				
双楼东周墓地M11:2(敦)	A-02	肱骨	左	3	猪	U/U	1.94		1				5.02											
双楼东周墓地M11:2(敦)	A-03	股骨	左	3	猪	U/U	1.70		1				4.97											
双楼东周墓地M11:2(敦)	A-04	腓骨	左	3	猪	U/U	0.22		1															
双楼东周墓地M11:2(敦)	A-05	胫骨	左	3	猪	U/U	1.52		1				5.44											
双楼东周墓地M11:2(敦)	A-06	跟骨、距骨、中央跗骨、第4跗骨	左		猪		1.21	出土时即粘连在一起	4															
双楼东周墓地M11:2(敦)	A-07	髂骨	左		猪		0.75		1												4.35			
双楼东周墓地M11:2(敦)	A-08	肋骨	右		猪		0.30		1															

续附表一：

单位	鉴定号	标本	左/右	破碎度*	种属	愈合程度*	重量(克)	备注	数量	测量(毫米)														
										Bp*	Bd*	GL*	SD*	DPA*	GB*	GLP*	LG*	BG*	DC*	SLC*	SB*	SH*	Glpe*	GLC*
双楼东周墓地M11:2(敦)	A-09	肋骨	右		猪		0.28		1															
双楼东周墓地M11:2(敦)	A-10	肋骨	右		猪		0.36		1															
双楼东周墓地M11:2(敦)	A-11	肋骨	右		猪		0.34		1															
双楼东周墓地M11:2(敦)	A-12	肋骨	右		猪		0.30		1															
双楼东周墓地M11:2(敦)	A-13	胸椎			猪		0.36		1															
双楼东周墓地M11:2(敦)	A-14	第3跗骨	左	3	猪		0.06		1															
双楼东周墓地M129:4(鬲)	A-01	股骨	右	3	猪	F/F	77.47		9	49.25	40.20	(199.44)	(18.26)						22.91					
双楼东周墓地M129:4(鬲)	A-02	髌骨	右	4	猪	F/F	4.35					31.30			16.60									
双楼东周墓地M129:4(鬲)	A-03	肋骨	左	4	猪		8.67	已粘结	1															
双楼东周墓地M129:4(鬲)	A-04	肋骨	左	2	猪		4.02		1															
双楼东周墓地M129:4(鬲)	A-05	肋骨	左	2	猪		5.49	已粘结	1															
双楼东周墓地M129:4(鬲)	A-06	腰椎横突			猪		2.12		2															
双楼东周墓地M129:4(鬲)	A-07	椎骨棘突碎片			猪		2.64		1															
双楼东周墓地M129:4(鬲)	A-08	肋骨碎片			猪		0.81		1															
双楼东周墓地M129:4(鬲)	A-09	腰椎横突碎片			猪		1.52		2															

续附表一：

单位	鉴定号	标本	左/右	破碎度*	种属	愈合程度*	重量(克)	备注	数量	测量(毫米)														
										Bp*	Bd*	GL*	SD*	DPA*	GB*	GLP*	LG*	BG*	DC*	SLC*	SB*	SH*	Glpe*	GLC*
双楼东周墓地M129:4(鬲)	A-10	不可鉴定碎骨					3.49	太碎,无法鉴定	10															
双楼东周墓地M254:6(鼎)	A-01	髂骨	左		猪		0.72		1															
双楼东周墓地M254:6(鼎)	A-02	坐骨	左		猪		0.61		1															
双楼东周墓地M254:6(鼎)	A-03	距骨	左		猪		0.41		1															
双楼东周墓地M254:6(鼎)	A-04	第5掌骨	左		猪		0.02		1															
双楼东周墓地M254:6(鼎)	A-05	第1指/趾节骨			猪		0.11		1															
双楼东周墓地M254:6(鼎)	A-06	第1指/趾节骨			猪		0.11		1															
双楼东周墓地M254:6(鼎)	A-07	第1指/趾节骨			猪		0.12		1															
双楼东周墓地M254:6(鼎)	A-08	第1指/趾节骨			猪		0.08		1															
双楼东周墓地M254:6(鼎)	A-09	第1指/趾节骨			猪		0.08		1															
双楼东周墓地M254:6(鼎)	A-10	第2指/趾节骨			猪		0.09		1															
双楼东周墓地M254:6(鼎)	A-11	第2指/趾节骨			猪		0.05		1															
双楼东周墓地M254:6(鼎)	A-12	第2指/趾节骨			猪		0.03		1															
双楼东周墓地M254:6(鼎)	A-13	第2指/趾节骨			猪			太轻,不显重	1															
双楼东周墓地M254:6(鼎)	A-14	第3指/趾节骨			猪		0.08		1															

续附表一：

单位	鉴定号	标本	左/右	破碎度*	种属	愈合程度*	重量(克)	备注	数量	测量(毫米)														
										Bp*	Bd*	GL*	SD*	DPA*	GB*	GLP*	LG*	BG*	DC*	SLC*	SB*	SH*	Glpe*	GLC*
双楼东周墓地M254:6(鼎)	A-15	第3指/趾节骨			猪		0.06		1															
双楼东周墓地M254:6(鼎)	A-16	第3指/趾节骨			猪		0.04		1															
双楼东周墓地M254:6(鼎)	A-17	椎体骨体			猪		0.70		8															
双楼东周墓地M254:6(鼎)	A-18	长骨骨干					0.56		1				7.03											
双楼东周墓地M254:6(鼎)	A-19	椎体碎片			猪		1.70		37															
双楼东周墓地M254:6(鼎)	A-20	胫骨远端	左	1	猪		0.08		1															
双楼东周墓地M254:6(鼎)	A-21	荐骨翼	左	2	猪		0.20		1															
双楼东周墓地M254:6(鼎)	A-22	椎窝碎片			猪		0.05		6															
双楼东周墓地M254:6(鼎)	A-23	长骨碎片					0.70		21															
双楼东周墓地M254:6(鼎)	A-24	骨骺					0.18		7															
双楼东周墓地M254:6(鼎)	A-25	肋骨碎片					0.11		13															
双楼东周墓地M254:6(鼎)	A-26	不可鉴定碎骨					8.58																	
双楼东周墓地M244:7(鼎)	A-01	肩胛骨	左	1	猪	U/U	0.32		1				7.20							7.37				
双楼东周墓地M244:7(鼎)	A-02	肩胛骨	右	2	猪	U/U	0.44		1				6.86							6.84				
双楼东周墓地M244:7(鼎)	A-03	肱骨	左	3	猪	U/U	1.62		1				5.37											

续附表一：

单位	鉴定号	标本	左/右	破碎度*	种属	愈合程度*	重量(克)	备注	数量	测量(毫米)														
										Bp*	Bd*	GL*	SD*	DPA*	GB*	GLP*	LG*	BG*	DC*	SLC*	SB*	SH*	Glpe*	GLC*
双楼东周墓地M244:7(鼎)	A-04	肱骨	右	3	猪	U/U	1.51		1				5.35											
双楼东周墓地M244:7(鼎)	A-05	桡骨	右	3	猪	U/U	0.62		1				5.29	10.34										
双楼东周墓地M244:7(鼎)	A-06	尺骨	右	3	猪	U/U	0.76		1															
双楼东周墓地M244:7(鼎)	A-07	髂骨	右	2	猪		0.55		1												5.10	6.84		
双楼东周墓地M244:7(鼎)	A-08	坐骨	右	2	猪		0.40		1															
双楼东周墓地M244:7(鼎)	A-09	股骨	右	3	猪	U/U	1.63	已粘结	1				6.09											
双楼东周墓地M244:7(鼎)	A-10	胫骨	左	3	猪	U/U	1.22		1				6.09											
双楼东周墓地M244:7(鼎)	A-11	胫骨	右	3	猪	U/U	1.25		1				5.10											
双楼东周墓地M244:7(鼎)	A-12	跟骨	左	3	猪		0.40		1															
双楼东周墓地M244:7(鼎)	A-13	第1指/趾节骨		4	猪		0.13		1	5.1	4.99	9.74	4.81										10	
双楼东周墓地M244:7(鼎)	A-14	dP_4	右	3	猪		1.30	仅牙胚	2															
双楼东周墓地M244:7(鼎)	A-15	dI_1(下颌)	右	3	猪		0.17	仅牙胚	1															
双楼东周墓地M244:7(鼎)	A-16	下颌骨碎片	左	1	猪		0.70		1															
双楼东周墓地M244:7(鼎)	A-17	寰椎翼	左侧	2	猪		0.22		1															
双楼东周墓地M244:7(鼎)	A-18	颈椎碎片		1	猪		1.03		9															

续附表一：

单位	鉴定号	标本	左/右	破碎度*	种属	愈合程度*	重量(克)	备注	数量	测量(毫米)														
										Bp*	Bd*	GL*	SD*	DPA*	GB*	GLP*	LG*	BG*	DC*	SLC*	SB*	SH*	Glpe*	GLC*
双楼东周墓地M244:7(鼎)	A-19	胸椎		4	猪		0.30		1															
双楼东周墓地M244:7(鼎)	A-20	胸椎			猪		0.31		1															
双楼东周墓地M244:7(鼎)	A-21	胸椎			猪		0.17		1															
双楼东周墓地M244:7(鼎)	A-22	胸椎碎片			猪		0.21		5															
双楼东周墓地M244:7(鼎)	A-23	荐椎		3	猪		0.05		1															
双楼东周墓地M244:7(鼎)	A-24	椎骨骨体			猪		0.11		1															
双楼东周墓地M244:7(鼎)	A-25	肋骨碎片			猪		0.88		11															
双楼东周墓地M244:7(鼎)	A-26	椎骨碎片			猪		0.35		6															
双楼东周墓地M244:7(鼎)	A-27	不可鉴定碎骨					0.63	太碎,无法鉴定	13															
双楼东周墓地M41:8(鼎)	A-01	顶骨		1	猪		2.57		1															
双楼东周墓地M41:8(鼎)	A-02	肩胛骨	左	2	猪	U/U	0.58		1											7.01				
双楼东周墓地M41:8(鼎)	A-03	肱骨	左	3	猪	U/U	1.39		1				5.47											
双楼东周墓地M41:8(鼎)	A-04	肱骨	右	3	猪	U/U	1.37		1				5.29											
双楼东周墓地M41:8(鼎)	A-05	桡骨	左	3	猪	U/U	0.63		1				5.43											
双楼东周墓地M41:8(鼎)	A-06	桡骨	右	3	猪	U/U	0.56		1				5.33											

续附表一：

单位	鉴定号	标本	左/右	破碎度*	种属	愈合程度*	重量(克)	备注	数量	测量(毫米)														
										Bp*	Bd*	GL*	SD*	DPA*	GB*	GLP*	LG*	BG*	DC*	SLC*	SB*	SH*	Glpe*	GLC*
双楼东周墓地M41：8(鼎)	A-07	尺骨近端	左	3	猪		0.59		1															
双楼东周墓地M41：8(鼎)	A-08	股骨	右	3	猪	U/U	1.75		1				5.88											
双楼东周墓地M41：8(鼎)	A-09	第3/4掌跖骨近端		2	猪		0.15		1															
双楼东周墓地M41：8(鼎)	A-10	第5掌跖骨		3	猪	U/U	0.04		1															
双楼东周墓地M41：8(鼎)	A-11	第1指/趾节骨		3	猪	U/U	0.07		1															
双楼东周墓地M41：8(鼎)	A-12	第1指/趾节骨		3	猪	U/U	0.06		1															
双楼东周墓地M41：8(鼎)	A-13	第1指/趾节骨		3	猪	U/U	0.02		1															
双楼东周墓地M41：8(鼎)	A-14	第2指/趾节骨		3	猪	U/U	0.03		1															
双楼东周墓地M41：8(鼎)	A-15	肋骨	右	2	猪		0.15		1															
双楼东周墓地M41：8(鼎)	A-16	游下颌dI_1牙胚	右	3	猪		0.12	仅牙胚	1															
双楼东周墓地M41：8(鼎)	A-17	游臼齿牙胚碎片		2	猪		0.03	仅牙胚	1															
双楼东周墓地M41：8(鼎)	A-18	游dI_2牙胚碎片		1	猪		0.01	仅牙胚	1															
双楼东周墓地M41：8(鼎)	A-19	胫骨骨骺	左		猪		0.06		1															
双楼东周墓地M41：8(鼎)	A-20	寰椎翼	右	1	猪		0.25		1															
双楼东周墓地M41：8(鼎)	A-21	颈椎		2	猪		0.13		1															

续附表一：

单位	鉴定号	标本	左/右	破碎度*	种属	愈合程度*	重量(克)	备注	数量	测量(毫米)														
										Bp*	Bd*	GL*	SD*	DPA*	GB*	GLP*	LG*	BG*	DC*	SLC*	SB*	SH*	Glpe*	GLC*
双楼东周墓地M41∶8(鼎)	A-22	椎骨椎体			猪		0.42		6															
双楼东周墓地M41∶8(鼎)	A-23	胸(颈)椎			猪		0.38		4															
双楼东周墓地M41∶8(鼎)	A-24	肋骨碎骨			猪		0.75		15															
双楼东周墓地M41∶8(鼎)	A-25	胸椎			猪		0.26		5															
双楼东周墓地M41∶8(鼎)	A-26	未鉴定骨骺					0.24		5															
双楼东周墓地M41∶8(鼎)	A-27	头骨碎片					0.87		8															
双楼东周墓地M41∶8(鼎)	A-28	椎骨碎片					0.48		7															
双楼东周墓地M41∶8(鼎)	A-29	不可鉴定碎骨					0.75		若干															
双楼东周墓地M204∶2(釜)	A-01	肋骨					4.69		1															
双楼东周墓地M204∶2(釜)	A-02	长骨骨干					3.15		2															

附注：A=Animal(动物)；破碎度：1代表保存长度约为原长的四分之一，2代表保存长度约为原长的四分之二，以此类推；

愈合程度：F(FUS)=愈合，L(LIN)=愈合中，U(UNF)=未愈合，U/U=近端(头侧)未愈合/远端(尾侧)未愈合，F/F=近端(头侧)愈合/远端(尾侧)愈合；

Bp-近端最大宽；Bd-远端最大宽；GL-最大长；SD-骨干最小宽；DPA-从钩突到尺骨后缘的最短距离；GB-髌骨最大宽；GLP-肩胛骨关节窝突起间的最大长；LG-肩臼(关节盂)长；BG-肩臼的宽-(关节窝)最大宽；DC-股骨头的厚；SLC-肩胛骨颈部最小长；SB-髂骨干的最小宽；SH-髂骨干的最小高；Glpe-远轴侧的最大长；GLC-从肱骨头的顶端到内侧髁的最远端。

附录三

新郑双楼东周墓地
出土玉器的无损分析研究

董俊卿[1]　王　凯[1]　赵虹霞[1]　刘　松[1]
李青会[1]　严　鑫[1]　胡永庆[2]　樊温泉[2]

（1. 中国科学院上海光学精密机械研究所科技考古中心，2. 河南省文物考古研究院）

双楼东周墓地位于河南省新郑市梨河镇双楼村东、炎黄大道西南侧。其东邻新郑市佳利奶牛养殖有限公司，南邻双楼小学，西邻双楼村蔬菜棚，北邻炎黄大道。2012 年 7 月，配合新郑市郑韩电力电器厂的厂房工程建设，由河南省文物考古研究所（今河南省文物考古研究院前身）新郑工作站开始对其进行抢救性发掘，这是一处隶属于郑韩故城宋庄韩王陵的祔葬墓区，其北距韩王陵南冢约 300 米，年代跨度大致从春秋中期晚段或春秋中晚之际到战国晚期晚段或战国末汉初。新郑双楼东周墓地共清理出东周时期墓葬 267 座，共出土各类遗物 677 件，质地包括铜、铁、陶、玉、玛瑙、骨、蚌、贝等。其中出土陶、铜器皿的墓葬共 120 座。只出有小铜器（铜璜、带钩等）、小铁器（带钩、削等）、玉器、骨器、蚌器等小器物的有 20 座，不出任何随葬品的有 127 座。出土玉器共 83 件，包括玉片饰 8 件、玉饰 2 件、玉环 1 件、玉璧 1 件、玉珠 1 件、玉柱 2 件、玉管 1 件、玉圭 39 件、玉料 28 件、玛瑙环 5 件等。这些玉器一般为素面，仅 1 件偏紫红色的玉璧（M85∶1），两面平，面背均有内外郭，均较窄；好孔两面钻；面背肉身均有一圈细线刻画的卷云纹，线条流利，图案优美。为了解出土玉器物隐藏的科技信息，进一步确定玉器的质地、工艺及可能的来源，选取 69 件典型的玉器进行多种无损分析方法的检测和分析，现将分析结果介绍如下。

一、实验方法

1. 能量色散型便携式 X 射线荧光光谱

化学成分分析采用 OURSTEX 100FA 型便携式能量色散型 X 射线荧光光谱仪，设备靶材为钯靶（Pd），X 射线管的激发电压最高可达 40 kV，最大功率为 50 W，X 射线焦斑直径约为 2. 5 mm，X 射线探测器采用外部场效应管硅漂移探测器，其能量分辨率可达 145 eV（Mn Kα），为减少空气对 X 射线的吸收，并利于对氢元素的探测，设备配有低真空样品腔，样品腔内气压为400~600 Pa。设备的参数请参见文献[1]。本次测试主要采用低真空探测单元。

2. Raman 光谱

在物相鉴定方面，便携式拉曼光谱仪和激光共焦拉曼光谱仪结合使用。其仪器信息如下：

（1）便携式拉曼光谱仪

采用的 MiniRam 微型近红外激光拉曼光谱仪[2]，型号为 BTR111-785，由美国必达泰克公司生产。采用的是基于“CLEANLAZETM”技术的高纯度 785nm 窄线宽激光光源（输出功率大于 300mW），光谱响应范围在 $175cm^{-1}$ ~ $3200cm^{-1}$，其高灵敏度响应范围在 $175cm^{-1}$ ~ $2800cm^{-1}$。采用 16 位模数转换仪，传感器为 TE 致冷控温 2048 元 CCD 传感器。每件样品根据具体情况采集 1~6 条谱图，设置的积分时间 5~10 秒，光谱分辨率为 $10cm^{-1}$。为了提高信噪比和降低积分时间，将激光输出功率在10%到100%之间进行调整。

（2）激光共焦拉曼光谱仪

采用可移动式 LabRAM XploRA 激光共焦拉曼光谱仪[3]对样品进行对比测试。本实验采用 532nm 的激光波长，50 倍长焦物镜，光栅参数 1800gr/mm。空间分辨率横向好于 1μm，纵向好于 2μm。拉曼频移范围 $70cm^{-1}$ ~ $4000cm^{-1}$；光谱分辨率 $\leq 2cm^{-1}$；光谱重复性 $\leq \pm 0.2cm^{-1}$。每次测定样品前均应采用单晶 Si 标样分别对两个波长的激光拉曼光谱进行校正。

3. 光学相干层析（OCT）分析技术

实验采用的扫频 OCT 系统[4]，主要由高速扫描激光（HSL）光源（波长范围为 900~1600nm，最大功率为 50mW）、干涉仪（日本 Santec 公司 IV-2000 型）、测量臂和电脑组成。HSL 发出激光经 1×2 的耦合器分为两束，一束光经偏振控制器、循环器、准直镜、减光镜（ND filter）、物镜照射到反射镜上，被反射作为参考光。另一束光经偏振控制器、循环器、准直镜、振镜、物镜照射到被探测物体上，物体散射回来的光作为测量光。参考光被光纤收集，经循环器、偏振控制器后与经过循环器返回的测量光在 2×2 耦合器中耦合，干涉，输出信号被平衡检波器探测，经平滑滤波后传输进模数转换（A/D）板，经计算机处理，得到 OCT 图像。设置测试条件为：样品折射率设置为 1.5（取普通硅酸盐材料的平均折射率 1.5）；信号探测的积分次数设置为 4；先选择 2D 成像模式进行

---

[1] Song. Liu, Qinghui Li, Qing Fu, Fuxi Gan, Zhaoming Xiong. Application of a portable XRF spectrometer for classification of potash glass beads unearthed from tombs of Han Dynasty in Guangxi, China. X-Ray Spectrometry. 2013, 42 (6): 470-479.

[2] Junqing Dong, Yunling Han, Jiwang Ye, etal. In situ identification of gemstone beads excavated from tombs of the Han Dynasties in Hepu County, Guangxi Province, China using a portable Raman spectrometer. Journal of Raman Spectroscopy, 2014, 45 (7): 596~602.

[3] 赵虹霞：中国科学院上海光学精密机械研究所博士论文，2014 年 5 月。

[4] 严鑫，董俊卿，李青会，郭木森，胡永庆：《基于 OCT 技术对古代瓷釉断面结构特征的初步研究》，《中国激光》2014 年第 41 卷第 9 期：0908001。

多区域扫描，在基础上选取重点区域进行 3D 成像模式扫描；图像对比度根据实测的情况微调整，大致范围为-5～60dB。

二、样品测试结果

（一）玉料种类分析结果

首先对样品进行 MiniRaman 光谱快速分析和分类，在此基础上选取具有代表性的不同类别的玉器样品进行 pXRF 化学成分分析和激光共焦 Raman 深入分析。表一为样品的化学成分定量分析结果。表二列举了双楼东周墓地出土玉器已知物相的 MiniRaman 分析结果。根据 pXRF 和 Raman 分析结果可知，本次双楼东周墓地出土的玉器样品总共 69 件，其中透闪石 5 件，方解石 42 件，石英 6 件，滑石 14 件和白云母 2 件。

由于 MiniRaman 光谱的光谱检测范围有限，无法获取矿物 OH 根的谱峰信息，故采用可移动式 LabRAM XploRA 激光共焦拉曼光谱仪对这批玉器进行了比较分析，以下讨论所涉及的拉曼图谱皆基于 LabRAM XploRA 激光共焦拉曼光谱仪的分析结果。

1. 透闪石（tremolite）

透闪石型玉器共 5 件，占 7%。主要化学成分为 MgO（19.53%～23.20%）、SiO_2（59.76%～60.39%）、CaO（12.12%～13.29%）。这与透闪石［Tremolite，化学结构式为 $Ca_2Mg_5Si_8O_{22}(OH)_2$］的理论值（MgO 24.81%、SiO_2 59.17%、CaO 13.81%）基本一致。图一为样品 HNWK-ZH-56 的 Raman 图谱，其中透闪石的特征峰为 667cm^{-1}（硅氧四面体链中 Si-O-Si 的伸缩振动峰）和 1057cm^{-1}（Si-O 的伸缩振动峰），222cm^{-1}、394cm^{-1}是晶格振动峰，在 3663cm^{-1}附近是 OH^{-1}的伸缩振动峰。

2. 方解石（clcite）

总计 42 件，系该批样品中最多的一类，占 61%。pXRF 测量了 5 件方解石玉器，该类样品的主要成分 CaO（80.46%～93.08%）、SiO_2（3.69%～13.15%）。图二为 HNWK-ZH-05 样品的 Raman 图谱，其中方解石的特征峰是 1083cm^{-1}（属于方解石的 CO_3^{2-} 阴离子团的对称伸缩振动）、708cm^{-1}（属于 CO_3^{2-} 阴离子团的弯曲振动）和 280cm^{-1}（属于 CO_3^{2-} 的晶格振动）。该类样品中皆含有一定量的 SiO_2，说明方解石的纯度欠佳，伴生有少量石英等杂质矿物。

3. 石英（quartz）

石英类玉器共计 6 件，占 9%。pXRF 测量了样品 HNWK-ZH-34 的主要成分为石英 SiO_2（88.10%～95.78%）。图三为样品 HNWK-ZH-34 的拉曼振动峰。其中 123cm^{-1}、203cm^{-1}和 464cm^{-1}是石英的特征峰。石英质矿物有多种，根据晶体的结构、结晶程度可将石英分为显晶质和隐晶质两大类，显晶质石英包括紫水晶、黄水晶、水晶、玫瑰水晶、发晶和烟水晶，而隐晶质水晶包括玛瑙、红玉髓、玉髓、绿玉髓和缟玛瑙等。结合样品的外观特征，认为这些石英质玉器可归为玉髓。

4. 滑石（talc）

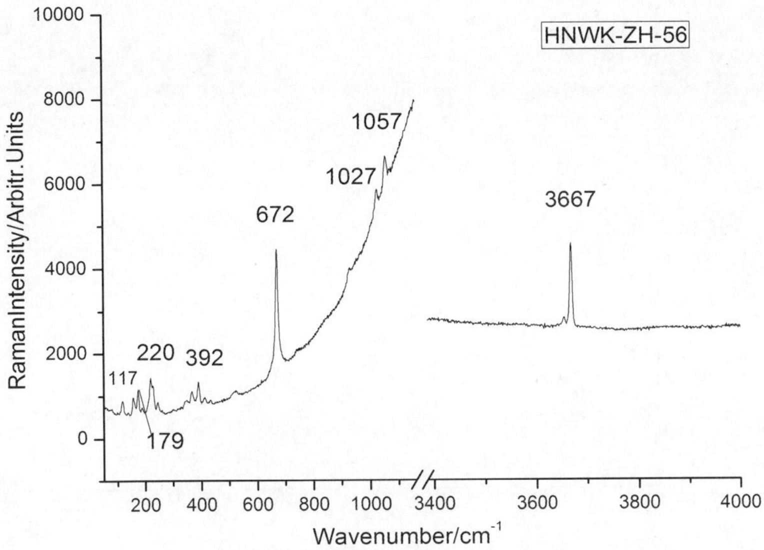

图一　透闪石样品 HNWK-ZH-56 的拉曼图谱

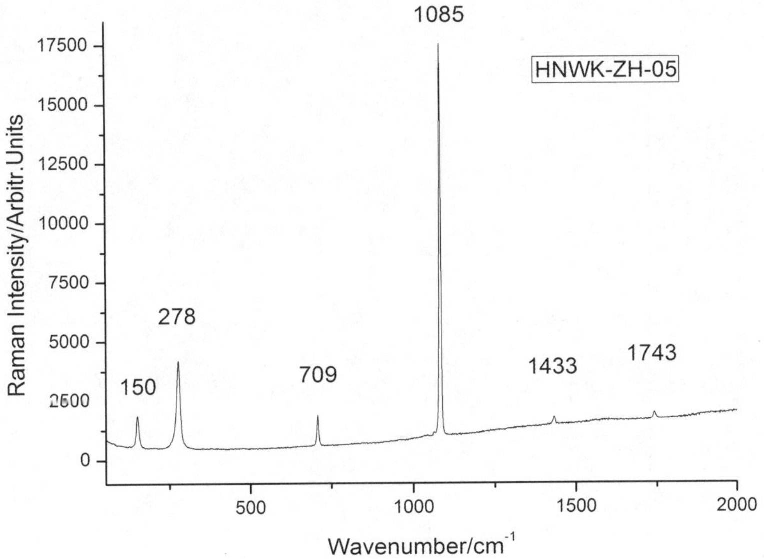

图二　方解石样品 HNWK-ZH-05 的拉曼图谱

该类玉器共 14 件，占 20%。该类玉器的主要成分为 MgO（26.4%～36.17%）、SiO_2（46.68%～64.39%）。滑石的化学结构式为 $Mg_3Si_4O_{10}(OH)_2$，主要成分的理论值为 MgO 31.88%和 SiO_2 63.37%，这与测量结果基本一致。图四为样品 HNWK-ZH-15 的 Raman 谱，主要振动峰在 3671、1046、674、360 和 $193cm^{-1}$。

5. 白云母（muscovite）

白云母质玉器数量最少，仅 2 件，占 3%，编号分别是 HNWK-ZH-23 和 HNWK-ZH-37。它们的主要成分分别为 Al_2O_3（34.61%、31.39%）、SiO_2（46.65%、48.25%）、K_2O

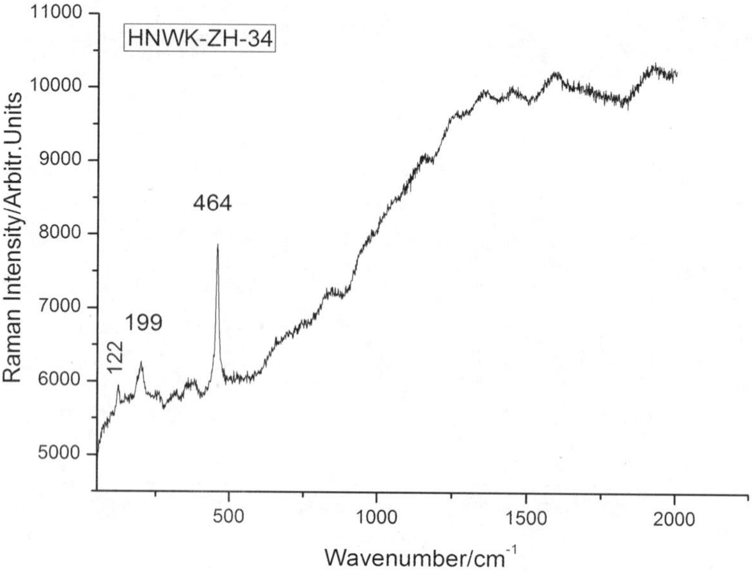

图三　石英样品 HNWK-ZH-34 的拉曼图谱

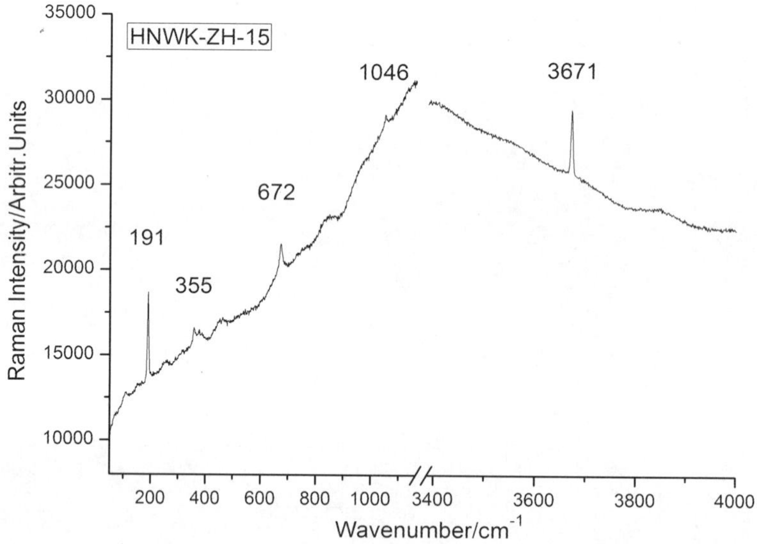

图四　滑石样品 HNWK-ZH-15 的拉曼图谱

(13.41%、13.47%)。白云母的化学式是 $KAl_2(Si_3Al)O_{10}(OH)_2$，测量的结果与白云母的化学成分理论值（$Al_2O_3$ 38.36%、SiO_2 45.21%、K_2O 11.81%）相比而言，K_2O 的含量略高。图五给出了样品 HNWK-ZH-23 的 Raman 图谱，其中 256cm^{-1}是白云母的拉曼特征峰。

（二）透闪石玉器中的包裹体分析

该批墓地中发现 3 件透闪石样品（HNWK-ZH-55、HNWK-ZH-56 和 HNWK-ZH-

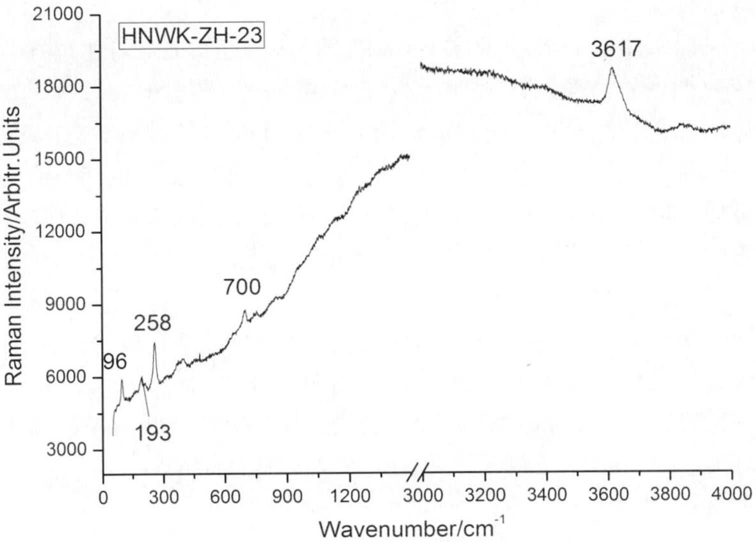

图五　白云母样品 HNWK-ZH-23 的拉曼图谱

57）中含有包裹体，检测结果见彩版八九。这些包裹体均属于一种物相，以 HNWK-ZH-55 为例，如彩版八九 a 左边为包裹体在 50 倍物镜下的图像，包裹体呈现出蜡状光泽，黑色，不透明。右边是其显微拉曼图谱，两个最强的振动峰集中在 $1579cm^{-1}$ 和 $2715cm^{-1}$ 附近，是 C-C 振动峰，应为石墨。包裹体的分布状况见下文 OCT 分析结果。

（三）玉器的玉质 OCT 分析结果

选取 5 种质地的玉器中具有代表性的 18 件（HNWK-ZH-02、15、18、19、20、21、22、26、27、35、37、38、41、48、50、52、56、57）进行了 OCT 分析，结果见彩版九〇～彩版九四。可以看出不同质地的玉器在透明程度、均匀性、纤维粗细程度以及包裹体方面存在一定差异，而即使是同一种材质的玉器以及同一件玉器不同部位（如沁蚀区域与半透明区域）也存在差异。以透闪石质玉器为例（见彩版九〇），如样品 HNWK-ZH-57 的 OCT 图像中箭头 1 所指的亮线为玉器表面与空气之间的界面，箭头 2 指向玉器中的粗矿物纤维，箭头 3 指向玉器中的石墨包裹体，三维图像中更直观地反映出石墨包裹体在玉器中的分布状况。

从 OCT 二维图像可以看出，样品成像单次背散射光越弱，材料透明性越好，对光的透过率越高。相对而言，样品 HNWK-ZH-38 玉质较差，纤维较粗，半透明区域少，不透明区域多，对光的透过率较低。而样品 HNWK-ZH-56 和 HNWK-ZH-57 的玉质相对较好，透明程度较高，对光的透过率较高。这两件样品主体颜色均呈浅绿色，较为均匀，图中出现一些丝状亮线，应该是较粗的矿物纤维造成折射率改变而引起的。

方解石质玉器因晶体的结晶程度、风化程度和透明程度不同，其 OCT 图像特征也存在明显的差异（见彩版九一），样品 HNWK-ZH-05、HNWK-ZH-41 和 HNWK-ZH-50 透射率较高，样品均匀性一般，纤维结构较粗，多呈层状分布，在白色散射区域间隙内的黑色区域应为透明度较好的结晶。而样品 HNWK-ZH-52 由于风化严重，对光的透过率差，表现为均一的散射相。

由彩版九二可以看出，石英质玉器 HNWK-ZH-02 的玉质均匀性较好，对光的透过率较高，纤维结构较细，较纯净的区域如彩版九二 a 所示，散射颗粒较少。该样品中也分布着大量大小不等的棕色包裹体，通过 OCT 二维图像可以清楚地看到这些包裹体的分布情况，小包裹体如彩版九二 c 所示细小的白色散射点。这些包裹体也能具有透光性，与透闪石中的石墨包裹体不同。而彩版九二 b 中的尺寸较大的黑色条带应是样品大颗粒阻挡所致。由于包裹体分布在样品内部较深的位置，Raman 光谱未检出其物相信息，有待进一步分析。

彩版九三展示了滑石样品的 OCT 图像信息，这些一般具有较高的透射率，纤维也多呈层状分布，多数样品中无较大的矿物颗粒（如 HNWK-ZH-15、HNWK-ZH-19、HNWK-ZH-22）。而 HNWK-ZH-26 和 HNWK-ZH-48 透射率相对较低一些，前者可能与样品中矿物颗粒较小有关，后者可能是由于风化沁蚀所致。样品 HNWK-ZH-35 中可见大的矿物颗粒引起的黑色条带。

选取 1 件白云母样品 HNWK-ZH-37 的 3 个区域进行了 OCT 分析，结果见彩版九四。可以看出，样品的矿物结构均匀、无明显大的散射颗粒和条带。该样品对光的透过率较高，由于样品较薄，激光皆贯穿了整个样品，图中下面的一条相对弱的亮线为样品表面与测试平台之间的界面。不过由于埋藏时间久远，样品局部区域也出现了风化现象，如彩版九四 a 所示密度较大的白色散射区域。

三、讨　论

1. 随葬玉器种类、数量与墓葬等级的关系

此次分析的双楼东周墓地随葬玉器的墓葬总计 49 座，大部分（39 座墓）只随葬 1 件方解石，另有 1 座墓（M246）随葬 1 件白云母，1 座墓葬（M85）随葬 1 件透闪石，5 座墓（M33、M49、M99、M184 和 M261）随葬 2 件方解石。彩版九五展示了不同材质玉器在整个墓葬中所占的比例。这些墓葬中仅 5 座墓随葬玉器超过 2 件，其中 M244 随葬玉器最多（3 件透闪石和 3 件玉髓），M171 随葬 1 件透闪石、2 件滑石和 1 件白云母，M84 随葬 4 件滑石，M81 和 M91 各随葬 3 件滑石，其中仅 3 座墓葬（M244、M171 和 M85）随葬有透闪石。彩版九六展示了不同种类的玉器与墓葬数量之间的关系。据以往对河南境内出土不同时期玉器材质变化的研究[1]，河南境内自新石器时代早中期开始至商代以前，玉料种类较多，极少使用透闪石，但到了商代透闪石使用激增。而透闪石一向被认为是最高等级的玉种，是财富和权力的象征。由此可见，在双楼东周墓群中随葬玉器较多且随葬透闪石玉器的墓主人生前地位可能较高，如 M244 和 M171 等，而其他随葬多件滑石的墓葬等级也应该高于只随葬一件玉器的墓葬。但 M244 中随葬的 3 件透闪石均为玉料，墓主人

〔1〕 董俊卿，干福熹，承焕生：《河南境内出土早期玉器的初步研究》，《华夏考古》2011 年第 3 期。

也可能与玉匠有关。

2. 两种 Raman 光谱仪在古代玉器无损分析中的特点

MiniRaman 光谱和可移动式 LabRAM XploRA 激光共焦拉曼光谱仪对大部分玉器样品的检测分析结果具较好的一致性，但对部分风化严重的玉器，LabRAM XploRA 激光共焦拉曼光谱仪具有明显的优势。LabRAM XploRA 激光共焦拉曼光谱仪拥有较宽的扫谱范围（$50\sim4000cm^{-1}$）和两种激光波长（785nm 和 532nm）。XYZ 三轴自动样品移动平台和放大物镜能更好地进行微区物相分析，能够很好地检测出 $3500cm^{-1}$以后 OH 根的振动峰以及细小的包裹体信息。同时，LabRAM XploRA 激光共焦拉曼光谱仪的分辨率高，能检测出 MiniRaman 不能检测的一些低能量和不易分辨的谱峰，LabRAM XploRA 激光共焦拉曼光谱仪能最大限度地反映出样品所携带的信息。

而由于 MiniRaman 光谱仪的单一波长及在性能上的限制，检测分析过程中往往出现非常强的荧光背景，以至于无法探测到样品的真实的拉曼谱峰信息。由于 MiniRaman 光谱仪的光谱响应范围（$175\sim3200cm^{-1}$）所限，无法探测矿物中 OH 根的振动信息，对玉器材质的深入分析和相近矿物（如透闪石和阳起石等）的区分上逊于 LabRAM XploRA 激光共焦拉曼光谱仪。在微区分析上，MiniRaman 缺少微区观察工具，无法对样品表面特定的结晶物进行分析。

但由于 LabRAM XploRA 激光共焦拉曼光谱仪受到体积大、对温度和湿度要求高、需在暗室中操作、测试前需要校样、光路不宜长途颠簸等因素的制约，而 MiniRaman 光谱仪具有轻便、快捷、快速、无需校样、不受光线的影响等优点，在玉器、宝石等硅酸盐质文物的现场原位无损分析中也就有明显的优势。因此可以根据实际研究目的的需要，选择不同的 Raman 光谱仪。

四、结　论

综合利用 pXRF、Raman 光谱和 OCT 三种无损分析方法、四种分析仪器对新郑市双楼东周墓地出土的 69 件玉器进行了综合研究，图版六三到图版七二列举了这批东周玉器的主要物相，主要为透闪石、方解石、石英（玉髓）、白云母和滑石五种质地。其中方解石最多，占 61%，且有 39 座墓葬中都只随葬 1 件方解石。其次为滑石，占 20%。再次为玉髓，占 9%。仅 3 座墓葬随葬了 7 件透闪石，占 7%。最少的是白云母，仅占 3%。（彩版九五）该批玉器基本都是素面，没有雕刻纹饰。随葬玉器数量和透闪石与墓葬等级密切相关。商代以后，总体而言，透闪石已经在中原地区大量使用，而此次分析的双楼墓地出土的玉器中透闪石所占比例非常低，而大量使用方解石、滑石等低品质玉料，说明该批墓葬主人所在社区整体经济和社会地位相对较低。

pXRF、Raman 光谱和 OCT 三种无损分析技术可以很好地满足古代玉器无损研究，在今后的硅酸盐质文物的无损分析中具有广阔的应用前景。根据不同的研究目的，可采用不同的方法组合。为初步快速获取玉器等硅酸盐质文物的物相特征和矿物种类，可采用

pXRF 和 MinRaman 光谱两种便携式的光学分析仪组合，不易受测试环境的影响；而若需要获取其材料学方面更深入的信息，则需要采用 LabRAM XploRA 共焦激光拉曼光谱仪进行微区分析和广谱测定。此外，OCT 在玉器原料的透明度、纤维结构粗细程度等质量评价方面具有独特的优势，结合 LabRAM XploRA 共焦拉曼光谱技术，则可以对样品中的包裹体等伴生矿、材料的均匀程度、风化程度、瑕疵以及质量优劣进行较好的分析。而玉器中的包裹体与矿物成矿过程中区域地质条件密切相关，包裹体信息对古代玉器的产地溯源具有重要的参考价值，值得关注和深入探索。

致谢：本工作受科技支撑计划课题（2013BAK08B08）、973 项目（2012CB720906）和国家自然科学基金项目（11374314）资助。感谢测试分析过程中河南省文物考古研究院郭亮和王聪敏，以及中国科学院上海光学精密机械研究所科技考古中心顾冬红和严鑫的帮助。

表一　双楼东周墓地出土玉器化学成分定量分析结果

样品编号	矿物	Na_2O	主要化学成分(wt%)							微量元素(ppm)							
			MgO	Al_2O_3	SiO_2	P_2O_5	K_2O	CaO	TiO_2	Fe_2O_3	Cr	Mn	Ni	Cu	Zn	Rb	Sr	Pb
HNWK-ZH-01	方解石	n. d.	1. 14	1. 13	4. 82	n. d.	1. 47	91. 25	n. d.	0. 18	N. D.	91	315	N. D.	234	4	73	29
HNWK-ZH-06	方解石	n. d.	1. 20	0. 96	4. 54	0. 26	0. 63	92. 17	n. d.	0. 24	242	1261	5	26	673	7	6	17
HNWK-ZH-11	方解石	n. d.	1. 12	1. 03	4. 56	0. 22	0. 28	92. 63	n. d.	0. 17	91	646	82	N. D.	242	N. D.	92	n. d.
HNWK-ZH-15	滑石	2. 36	32. 84	2. 17	51. 00	n. d.	0. 32	0. 46	n. d.	0. 85	N. D.	58	372	11	408	1	53	34
HNWK-ZH-16	滑石	1. 38	30. 42	6. 77	51. 35	n. d.	0. 30	7. 53	0. 14	2. 12	N. D.	99	366	N. D.	438	N. D.	44	15
HNWK-ZH-17	滑石	1. 78	34. 87	9. 87	46. 68	n. d.	0. 31	4. 08	n. d.	2. 42	N. D.	254	72	310	62	328	66	119
HNWK-ZH-18	滑石	0. 81	29. 19	4. 90	53. 21	n. d.	0. 47	0. 49	n. d.	0. 93	147	151	78	N. D.	238	1	5	14
HNWK-ZH-19	滑石	1. 01	32. 20	9. 37	52. 92	n. d.	0. 46	0. 81	n. d.	3. 22	9	119	426	N. D.	69	N. D.	48	8
HNWK-ZH-20	滑石	0. 65	29. 93	3. 42	54. 39	n. d.	0. 42	0. 41	n. d.	0. 77	N. D.	114	113	N. D.	65	2	5	20
HNWK-ZH-21	滑石	1. 59	31. 61	3. 84	51. 22	0. 01	0. 40	0. 46	n. d.	0. 87	4	n. d.	95	N. D.	98	4	4	21
HNWK-ZH-22	滑石	1. 17	34. 39	5. 08	56. 78	n. d.	0. 28	0. 63	n. d.	1. 67	2	102	67	N. D.	92	N. D.	6	19
HNWK-ZH-23	云母	n. d.	2. 06	34. 61	46. 65	n. d.	13. 41	0. 96	0. 31	2. 01	N. D.	n. d.	78	N. D.	N. D.	2	1	18
HNWK-ZH-25	滑石	1. 24	26. 40	2. 78	59. 60	0. 03	0. 13	1. 07	n. d.	8. 75	N. D.	n. d.	38	N. D.	79	3	3	N. D.
HNWK-ZH-26	滑石	1. 53	27. 97	1. 85	59. 28	0. 11	0. 10	0. 77	n. d.	8. 39	N. D.	125	77	N. D.	24	N. D.	3	N. D.
HNWK-ZH-27	滑石	0. 83	27. 33	4. 48	54. 20	0. 00	0. 15	1. 01	n. d.	12. 00	N. D.	123	81	N. D.	38	N. D.	2	34
HNWK-ZH-33	方解石	1. 12	1. 03	0. 92	3. 69	n. d.	0. 08	93. 08	n. d.	0. 09	N. D.		346	N. D.	225	N. D.	39	N. D.
HNWK-ZH-34	石英	1. 01	0. 94	3. 34	38. 10	0. 96	1. 53	0. 54	n. d.	3. 57	N. D.	240	141	309	39	0	7	19
HNWK-ZH-35	滑石	0. 94	36. 17	9. 20	46. 69	n. d.	0. 22	1. 44	n. d.	5. 35	N. D.	320	60	215	87	1	3	24
HNWK-ZH-36	滑石	1. 05	31. 99	2. 25	53. 15	0. 10	0. 26	0. 59	n. d.	0. 61	N. D.	300	49	314	50	1	3	26
HNWK-ZH-37	云母	n. d.	2. 14	31. 39	48. 25	n. d.	13. 47	1. 41	n. d.	3. 35	N. D.	113	156	N. D.	349	N. D.	2	15
HNWK-ZH-38	透闪石	0. 72	19. 53	3. 32	50. 39	0. 28	0. 35	13. 29	n. d.	2. 12	179	n. d.	52	514	47	151	18	5
HNWK-ZH-48	滑石	0. 71	31. 24	10. 69	52. 03	n. d.	0. 52	1. 20	n. d.	3. 61	N. D.	263	46	N. D.	297	N. D.	3	639
HNWK-ZH-52	方解石	1. 96	26. 77	1. 77	35. 11	n. d.	0. 06	32. 96	n. d.	1. 35	N. D.	178	131	N. D.	71	N. D.	1	326
HNWK-ZH-55	透闪石	1. 86	23. 20	1. 35	59. 76	0. 19	0. 13	12. 47	n. d.	1. 05	N. D.	145	41	143	45	264	53	70
HNWK-ZH-56	透闪石	1. 42	22. 56	1. 80	60. 13	0. 01	0. 28	12. 12	n. d.	1. 69	187	1426	N. D.	16	57	3	13	138
HNWK-ZH-57	透闪石	1. 63	22. 59	1. 66	60. 14	0. 22	0. 24	12. 42	n. d.	1. 10	216	505	N. D.	42	107	2	6	18
HNWK-ZH-61	透闪石	1. 46	22. 66	2. 07	60. 16	0. 15	0. 15	12. 31	n. d.	1. 03	121	1568	N. D.	44	488	7	5	13
HNWK-ZH-67	方解石	n. d.	1. 47	3. 66	13. 15	n. d.	0. 79	80. 46	n. d.	0. 48	208	1787	28	95	713	4	6	35

表二　　双楼东周墓地出土玉器的拉曼峰及其归属

样品编号	拉曼谱峰(cm⁻¹)								物相
HNWK-ZH-38	115vw	177vw	221vw		672m		1023vw	1060vw	透闪石
HNWK-ZH-55	121w	171w	221w	397w	672m	929vw	1023vw	1054vw	透闪石
HNWK-ZH-56	121w	177w	221w	391w	672m	928vw	1027vw	1057vw	透闪石
HNWK-ZH-57	121w	177w	221w	397w	673m	929vw		1059vw	透闪石
HNWK-ZH-61	120w	177w	221w	391w	671m	927vw	1027vw	1054vw	透闪石
振动峰归属	晶格振动		O-H-O 晶格振动	O_{nb}-Si-O_{nb} 弯曲振动峰	Si-O_{br}-Si 完全对称伸缩振动	Si-O_{br}-Si 反对称伸缩振动			透闪石
HNWK-ZH-03	153m			278m		709m		1084vs	方解石
HNWK-ZH-04	154m			281s		709w		1082vs	方解石
HNWK-ZH-05	153m			275s		708w		1082s	方解石
HNWK-ZH-06	152m			275m		709w		1085s	方解石
HNWK-ZH-07	153m			281s		712w		1085s	方解石
HNWK-ZH-08	152w			279m		711vw		1085m	方解石
HNWK-ZH-09	154m			275m		705w		1082s	方解石
HNWK-ZH-10	171m			296m		722w		1098s	方解石
HNWK-ZH-11	153m			278m		710w		1086s	方解石
HNWK-ZH-12	153w			278m		709vw		1085m	方解石
HNWK-ZH-13	154m			281m				1085s	方解石
HNWK-ZH-14	154m			281m		710vw		1088s	方解石
HNWK-ZH-24	154m			281m		709vw		1082s	方解石
HNWK-ZH-28	154w			281m		712w		1085s	方解石
HNWK-ZH-29	147w			281m		712w		1082s	方解石

续表二：

样品编号	拉曼谱峰(cm^{-1})				物相
HNWK-ZH-30	153w		709w	1085s	方解石
HNWK-ZH-31	147w	281m	709w	1085s	方解石
HNWK-ZH-33	153w	278m		1085m	方解石
HNWK-ZH-39		278w		1085w	方解石
HNWK-ZH-40	153w	278m	709w	1085s	方解石
HNWK-ZH-41	153w	281m	712w	1085s	方解石
HNWK-ZH-42	153m	281m	712w	1082vs	方解石
HNWK-ZH-43	153m	278m	709w	1085s	方解石
HNWK-ZH-44	154w	281m	712vw	1082s	方解石
HNWK-ZH-45	154w	281m	709vw	1085s	方解石
HNWK-ZH-46	154m	281m	710w	1082s	方解石
HNWK-ZH-47	154m	281m	712w	1085s	方解石
HNWK-ZH-49	154m	281m	712w	1085vs	方解石
HNWK-ZH-50	154m	281m	712w	1085s	方解石
HNWK-ZH-51	153m	278m	709w	1085s	方解石
HNWK-ZH-52	153vw	278w		1085m	方解石
HNWK-ZH-53	153w	278m	709w	1085vs	方解石
HNWK-ZH-54	153w	278w	709vw	1084m	方解石
HNWK-ZH-62	153w	278w	709vw	1085m	方解石
HNWK-ZH-63	153w	278m	709vw	1085s	方解石
HNWK-ZH-64	153m	278m	709vw	1085m	方解石
HNWK-ZH-65	153w	278m	709vw	1082s	方解石
HNWK-ZH-66	153w	278m	709vw	1085m	方解石
HNWK-ZH-67	153w	278w	709vw	1085m	方解石

续表二：

样品编号	拉曼谱峰(cm⁻¹)								物相
HNWK-ZH-68		153m		278s			709w	1085vs	方解石
HNWK-ZH-69		153m		278m			709vw	1085s	方解石
振动峰归属		晶格振动		晶格振动			CO_3^{2-} 阴离子团的弯曲振动	CO_3^{2-} 的对称振动	方解石
HNWK-ZH-15			191m			675w			滑石
HNWK-ZH-16			194w						滑石
HNWK-ZH-17			187w			678vw			滑石
HNWK-ZH-18			190w						滑石
HNWK-ZH-19			197vw						滑石
HNWK-ZH-20			190vw						滑石
HNWK-ZH-21			190w						滑石
HNWK-ZH-22			194w						滑石
HNWK-ZH-25			190 w						滑石
HNWK-ZH-26	107w		191m			671w			滑石
HNWK-ZH-27			190w						滑石
HNWK-ZH-35		140w	190vw						滑石
HNWK-ZH-36			191w						滑石
HNWK-ZH-48			197vw						滑石
振动峰归属	晶格振动		[SiO_4]摆动振动峰			Si–O_{br}–Si完全对称伸缩振动			滑石
HNWK-ZH-02	128m		203m		463s				石英
HNWK-ZH-32	127m		207m		463s				石英

续表2：

样品编号	拉曼谱峰(cm-1)					物相
HNWK-ZH-58	128w		203w		459m	石英
HNWK-ZH-59	128w		197w		462m	石英
HNWK-ZH-60					466w	石英
振动峰归属	晶格振动		[SiO_4] 摆动 振动峰		O_{nb}- Si-O_{nb} 弯曲振 动峰	石英
HNWK-ZH-23	96w	140m		259w		白云母
HNWK-ZH-37	96w		190vw	259w		白云母
振动峰归属	晶格振动		[SiO_4] 摆动 振动峰	晶格 振动		白云母

附表

新郑双楼东周墓地墓葬登记表

（单位：厘米）

墓号	墓葬结构		葬具及保存情况		墓向	人骨及保存状况				时代	随葬品	层位关系	其他
	形制	墓口尺寸与深度（长＊宽-深）	椁	棺（内椁）		数量	葬式及保存状况	性别	年龄				
M1	长方形竖穴土坑墓，直壁，平底，双椁墓。中部有一盗洞。	300＊190-180	长：262 宽：172 残高：50 板灰厚：无	长：200 宽：114 残高：20 板灰厚：10	100°		无	男	成年	春秋中期晚段	甲类 AaⅠ陶鼎 1、AⅠ陶罍 2、BaⅠ陶盖豆 2、乙类 AaⅠ陶敦 1、AaⅠ陶舟 1、AaⅠ陶盘 1、AaⅠ陶匜 1		被盗扰
M2	长方形竖穴土坑墓，斜壁，口大于底，平底，双椁墓。	300＊200-300	长：250 宽：130 残高：90 板灰厚：10	长：220 宽：110 残高：45 板灰厚：10	100°	1	仅剩下肢骨（直肢）。残。	男	40～50	春秋晚期	盗洞中出：甲类 Aa 陶鼎（残）1、Aa 陶盘（残）1、B 陶舟（残）1、B 陶鬲（残）1、器盖 1		
M3	长方形竖穴土坑墓，直壁，平底，双椁墓。	270＊160-180	长：250 宽：130 残高：80 板灰厚：10	长：220 宽：104 残高：50 板灰厚：10	350°	1	仰身直肢，双手交叉放于腹部。稍残。	男	60+	战国早期早段	甲类 AbⅢ陶鼎 1、Ⅱ陶尊 2、B 玉圭 1		被盗扰
M4	长方形竖穴土坑墓，直壁，平底，单椁墓。	260＊128-110	长：240 宽：110 残高：20 板灰厚：8		350°	1	仰身直肢。较残。	女	40～50	春秋晚期晚段	Bb 陶盖豆 1、甲类 C 陶鼎 1、陶残片		

续附表：

墓号	墓葬结构		葬具及保存情况		墓向	人骨及保存状况				时代	随葬品	层位关系	其他
	形制	墓口尺寸与深度（长＊宽-深）	椁	棺（内椁）		数量	葬式及保存状况	性别	年龄				
M5	长方形竖穴土坑墓，直壁，平底，双椁墓。	290＊180－240	长:258 宽:138 残高:70 板灰厚:10	长:230 宽:110~114 残高:40 板灰厚:10	10°	无				春秋晚期晚段	甲类C陶鼎1、CⅠ陶罍2、AbⅠ陶盘1、蚌壳3		
M6	长方形竖穴土坑墓，直壁，平底。	229＊（150－170）－70			10°	无				东周	B玛瑙环1		
M8	长方形竖穴土坑墓，直壁，平底。墓底中部有腰坑。	240＊140－40			20°	无		女	成年	东周	A陶鬲（残）1		
M9	长方形竖穴土坑墓，直壁，平底，双椁墓。	300＊200－180	长:220 宽:152 残高:100 板灰厚:10	长:190 宽:120 残高:30 板灰厚:10	85°	1	仰身直肢。较残。	？	45±	战国早期早段	AaⅢ陶舟1、AbⅢ陶盘1、陶鸟2、陶叶形饰3、A玉圭1		
M10	长方形竖穴土坑墓，直壁，平底，双椁墓。北部有一盗洞。	260＊180－200	长:240 宽:180 残高:70 板灰厚:10	长:203 宽:120 残高:20 板灰厚:10	355°	1	仅剩下肢骨（直肢）。残。	男	50±	东周	无		被盗扰
M11	长方形竖穴土坑墓，直壁，平底，单椁墓。	250＊160－160	长:220 宽:140 残高:40 板灰厚:10		5°	1	仰身直肢。较残。	女	45~50	战国早期早段	甲类BⅣ陶鼎1、AⅢ陶罍2、乙类D陶敦1、AaⅢ陶舟1、AaⅢ陶盘1、AaⅢ陶匜1		

续附表：

墓号	墓葬结构		葬具及保存情况		墓向	人骨及保存状况				时代	随葬品	层位关系	其他
	形制	墓口尺寸与深度（长*宽-深）	椁	棺（内椁）		数量	葬式及保存状况	性别	年龄				
M12	长方形竖穴土坑墓，斜壁，口大于底，平底，双椁墓。	280*180-310	长：244 宽：140 残高：70 板灰厚：10	长：200 宽：109 残高：40 板灰厚：10	20°	1	仰身直肢。较残。	男	60±	东周	陶鬲残片 1		
M13	长方形竖穴土坑墓，直壁，平底，双椁墓。	270*180-190	长：234 宽：148 残高：60 板灰厚：10	长：195 宽：120 残高：30 板灰厚：10	10°	1	仰身直肢。较残。	男	40~45	春秋晚期早段	甲类 AaⅡ陶鼎 1、BⅠ陶罍 2、BaⅢ陶盖豆 2、AaⅢ陶盘 1		
M14	长方形竖穴土坑墓，直壁，平底，单椁墓。	250*120-100	长：228 宽：100 残高：30 板灰厚：10		10°	1	仰身直肢，双手放于腹部。较残。	男	45±	春秋晚期晚段	AⅢ陶罍 2、AaⅢ陶匜 1、陶器盖 1		
M15	长方形竖穴土坑墓，斜壁，口大底小，平底。双椁。	280*220-200	长：235 宽：140 高：80 板灰厚：10	长：195 宽：100 高：50 板灰厚：10	20°	1	仰身直肢，双手置于两侧。	男	40~45	春秋中期晚段	甲类 AaⅠ陶鼎 1、AⅠ陶罍 2、乙类 Ab 陶敦 1、AaⅠ陶舟 1、AaⅠ陶盘 1、AaⅡ陶匜 1、陶叶形饰 6		
M16	长方形竖穴土坑墓，直壁，平底，单椁墓。	260*120-120	长：220 宽：100 残高：50 板灰厚：10		10°	1	仰身直肢，面向西方，双手放于腹部。稍残。	男	50±	东周	无		
M17	长方形竖穴土坑墓，斜壁，口大底小，平底。单棺。	370*280-430		长：200 宽：98 残高：30 板灰厚：6	5°		仰身直肢，双手置于腹部。			春秋中期晚段	甲类 AaⅡ陶鼎 1、AⅠ陶罍 1、A 陶罍（残）1、BaⅡ陶盖豆 1、AaⅠ陶匜 1		

续附表：

墓号	墓葬结构		葬具及保存情况		墓向	人骨及保存状况				时代	随葬品	层位关系	其他
	形制	墓口尺寸与深度(长＊宽-深)	椁	棺(内椁)		数量	葬式及保存状况	性别	年龄				
M18	长方形竖穴土坑墓，直壁，平底。单棺。	290＊150-210		长:232 宽:98~108 残高:30 板灰厚:3	355°		仰身直肢，双手置于腹部。	男	50±	春秋晚期晚段	甲类 AaⅡ陶鼎 1、AⅢ陶罍 2、甲类 AaⅡ陶敦 1、AaⅢ陶舟 2、AbⅡ陶盘 1、AaⅢ陶匜 1		
M19	长方形竖穴土坑墓，直壁，平底，单椁墓。北部有一盗洞。	250＊170-160	长:206 宽:100 残高:30 板灰厚:2		5°	1	仅剩一小部分下肢骨。			东周	盗洞中出：陶鼎(残)1、陶罍(残)2、陶敦(残)1、陶匜(残)1		被盗扰
M20	长方形竖穴土坑墓，直壁，平底，单椁墓，椁略成“Ⅱ”字形。	250＊150-180	长:228 宽:110 残高:40 板灰厚:2		10°	1	仰身直肢，面向东，双手放于腹部。	女	40±	东周	无		
M21	长方形竖穴土坑墓，斜壁，口大于底，平底，双椁墓。	350＊212-260	长:270 宽:140 残高:22 板灰厚:无	长:190 宽:100~108 残高:22 板灰厚:2	10°	1	仰身直肢，双手放于腹部，双脚交叉。稍残。			春秋晚期早段	甲类 BⅡ陶鼎 1、AⅡ陶罍 2、乙类 A 陶敦(残)1、AaⅢ陶舟 1、AaⅠ陶盘 1、AaⅡ陶匜 1、AⅠ陶鬲 1、陶鬲(残)1、C 玉圭 1		
M22	长方形竖穴土坑墓，直壁，平底，单椁墓。	260＊180-260	长:222 宽:102 残高:30 板灰厚:2		5°	1	仰身直肢。稍残。			战国中期晚段	AbⅢ陶壶 1 、Ⅳ高柄小壶 1、BⅢ陶盘 1、BaⅠ陶豆 1、陶釜(残)1		
M23	长方形竖穴土坑墓，直壁，平底。单棺。	250＊152-180		长:190 宽:92 残高:30 板灰厚:3	3°		仰身直肢，双手置于腹部。	女	60+	战国早期晚段	甲类 AbⅣ陶鼎 1、BⅣ陶罍 1、BaⅡ陶舟 1、AbⅤ陶盘 1、A 玉圭 1		

续附表：

墓号	墓葬结构		葬具及保存情况		墓向	人骨及保存状况				时代	随葬品	层位关系	其他
	形制	墓口尺寸与深度(长＊宽-深)	椁	棺(内椁)		数量	葬式及保存状况	性别	年龄				
M24	长方形竖穴土坑墓，直壁，平底，单椁墓。东北角有一圆形盗洞。	260＊200-230	长:236 宽:114 残高:40 板灰厚:4		5°	1	仅剩骨盆和下肢骨(直肢)。较残。	女	40±	东周	无		被盗扰
M25	长方形竖穴土坑墓，斜壁，口大于底，平底，单椁墓。	310＊200-320	长:228 宽:112 残高:40 板灰厚:2		355°	1	侧身曲肢，面向不明。较残。			东周	无		
M26	长方形竖穴土坑墓，直壁，平底，单椁墓。中部有一圆形盗洞。	230＊140-160	长:198 宽:104 残高:30 板灰厚:4		15°	1	仅剩一小部分下肢骨。			东周	陶鼎(残)1		被盗扰
M27	长方形竖穴土坑墓，直壁，平底。单棺。	270＊152-290		长:230 宽:98 残高:50 板灰厚:2	5°		仰身直肢，双手置于腹部。			战国早期早段	甲类AaⅢ陶鼎1、甲类AaⅡ陶敦1、Ⅱ陶尊(1残1整)2、BbⅡ陶舟1、AaⅢ陶盘1、AaⅢ陶匜1、A玉圭1		
M28	长方形竖穴土坑墓，斜壁，口大底小，平底。一椁一棺。	350＊200-256	长:240 宽:128 高:94 板灰厚:6	长:203 宽:92 高:58 板灰厚:8	10°		俯身直肢，双手置于两侧。			东周	无		

续附表：

墓号	墓葬结构		葬具及保存情况		墓向	人骨及保存状况				时代	随葬品	层位关系	其他
	形制	墓口尺寸与深度(长＊宽-深)	椁	棺(内椁)		数量	葬式及保存状况	性别	年龄				
M29	长方形竖穴土坑墓，直壁，平底，单椁墓。北部有一圆形盗洞。	280＊160-260	长:246 宽:122 残高:70 板灰厚:4		5°	1	仅存部分下肢骨(直肢)。			东周	盗洞中出:陶鼎(残)1、陶器盖1		被盗扰
M30	长方形竖穴土坑墓，直壁，平底。单棺。	230＊140-190		长:208 宽:94 残高:30 板灰厚:3.5	10°		躯干残朽，下身曲肢。			东周	无		
M31	长方形竖穴土坑墓，直壁，平底。一椁一棺。	280＊190-190	长:250 宽:134 残高:60 板灰厚:3	长:196 宽:96 残高:27 板灰厚:2	5°		仅余四根肢骨，葬式不明。			东周	无		
M32	长方形竖穴土坑墓，直壁，平底，单椁墓。	270＊160-260	长:238 宽:122 残高:70 板灰厚:3		5°	1	仰身直肢，双手放于腹前。			春秋晚期晚段	甲类AbⅡ陶鼎1、乙类Bb陶敦1、C陶舟1、A陶鬲(残)1		
M33	长方形竖穴土坑墓，直壁，平底。单棺。	250＊152-140		长:212 宽:96 残高:24 板灰厚:3	5°		仰身直肢，双手置于腹部。	男	35～40	东周	A玉圭1、B玉圭1		
M34	长方形竖穴土坑墓，直壁，平底。单棺。	260＊160-180		长:216 宽:83 残高:30 板灰厚:3	5°		仰身直肢，双手置于腹部。			东周	无		

续附表：

墓号	墓葬结构		葬具及保存情况		墓向	人骨及保存状况				时代	随葬品	层位关系	其他
	形制	墓口尺寸与深度(长＊宽-深)	椁	棺(内椁)		数量	葬式及保存状况	性别	年龄				
M35	长方形竖穴土坑墓，直壁，平底，单椁墓。	270＊160-270	长:214 宽:100 残高:30 板灰厚:2		10°	1	仰身直肢，面向西，双手交叉放于腹部，股骨残。			东周	无		
M36	长方形竖穴土坑墓，直壁，平底。单棺。	250＊120-140		长:204 宽:92 残高:40 板灰厚:4	5°		仰身直肢，双手置于腹部。			春秋晚期晚段	甲类 AaⅢ陶鼎 1、乙类 C 陶敦 1、Ⅰ陶尊 2、C 陶舟 1、AaⅡ陶盘 1、AaⅡ陶匜 1、泥饼 1		
M37	长方形竖穴土坑墓，斜壁，口大于底，平底，单椁墓。中部有一圆形盗洞，东部有一方形盗洞。	380＊340-640	长:270 宽:182 残高:90 板灰厚:4		5°		无			战国	盗洞中出：陶釜(残)1、乙类 Aa 陶鼎(残)2、Aa 陶盖豆(残)2、Aa 陶壶(残)2、B 陶盘(残)1、陶高柄小壶(残)2、BaⅠ陶豆(残)4 、蚌壳 1、铁锸 1		被盗扰
M38	长方形竖穴土坑墓，直壁，平底。空心砖墓室。	272＊120-140	空心砖室破坏严重，仅存底砖 7 块。长：252，宽：104，残高：6。		5°		无			东周	无		
M39	长方形竖穴土坑墓，斜壁，口大底小，平底。单棺。墓坑东壁有一壁龛。	270＊200-320		长:202 宽:92 残高:10 板灰厚:2	10°		仰身直肢，头朝西，双手交叉于腹部。			战国中期早段	乙类 AbⅠ陶鼎 1、AⅡ陶盖豆 1、AaⅣ陶壶 1、BⅢ陶盘 1、BaⅠ陶豆 1、BaⅠ陶匜 1、陶釜(残)1		

续附表:

墓号	墓葬结构		葬具及保存情况		墓向	人骨及保存状况				时代	随葬品	层位关系	其他
	形制	墓口尺寸与深度(长＊宽-深)	椁	棺(内椁)		数量	葬式及保存状况	性别	年龄				
M40	长方形竖穴土坑墓，斜壁，口大于底，平底，东墓壁中部有一壁龛，单椁墓。	268＊207-360	长:210 宽:100 残高:22 板灰厚:2		5°	1	仰身直肢。较残。			战国中期早段	乙类AaⅡ陶鼎1、AⅢ陶盖豆1、AbⅡ陶壶1、BⅡ陶盘1、BaⅠ陶匜1、BaⅠ陶豆1、陶釜(残)1		
M41	长方形竖穴土坑墓，斜壁，口大底小，平底。一椁一棺。东壁有壁龛。	300＊189-350	长:242 宽:124~134 残高:16	长:196 宽:64 残高:16 板灰厚:2	6°		仰身直肢，面朝西，双手置于腹部。			战国晚期早段	乙类AbⅢ陶鼎1、AⅤ陶盖豆1、AaⅥ陶壶2、BⅣ陶盘1、BaⅠ陶匜1、BaⅡ陶豆2		
M42	长方形竖穴土坑墓，斜壁，口大底小，平底。一椁一棺。	310＊200-360	长:238 宽:130 残高:40 板灰厚:3	长:192 宽:82 残高:25 板灰厚:2	5°		仰身直肢，头残，右手置于腹部，左手不明，右腿直，左腿略曲。	女	50±	战国早期早段	甲类E陶鼎1、CⅡ陶罍2、陶盏1、AbⅢ陶盘1、AaⅢ陶匜1、陶器盖1		
M43	长方形竖穴土坑墓，斜壁，口大于底，平底，单椁墓。	290＊180-270	长:224 宽:120 残高:30 板灰厚:3		5°	1	仰身直肢，双手放于腹部。稍残。			战国早期晚段	CⅢ陶罍2、甲类AbⅠ陶敦1、陶匜(残)1		
M44	长方形竖穴土坑墓，直壁，平底。	210＊120-160			5°		仰身直肢。较残。			战国	陶釜(残)1		

续附表：

墓号	墓葬结构		葬具及保存情况		墓向	人骨及保存状况				时代	随葬品	层位关系	其他
	形制	墓口尺寸与深度（长＊宽-深）	椁	棺（内椁）		数量	葬式及保存状况	性别	年龄				
M45	长方形竖穴土坑墓，直壁，平底。单棺。	260＊120-190		长:206 宽:72~79 残高:10 板灰厚:2	10°		仰身直肢，头朝东，双手置于两侧。	男	35±	战国晚期晚段	Ab 陶罐 1、Ⅱ陶钵 1、A 铁带钩 1		
M46	长方形竖穴土坑墓，斜壁，口大底小，平底。单棺。	260＊148-300		长:204 宽:84~90 残高:14 板灰厚:2	10°		仰身直肢，头朝东，双手置于腹部。			东周	陶鬲残片 1		
M47	长方形竖穴土坑墓，斜壁，口大底小，平底。单棺。棺北端有一长方形头箱。	320＊220-380		长:210 宽:96 残高:40 板灰厚:3	355°		仅余下肢骨，葬式不明			战国早期早段	BⅢ陶罍 1、乙类 AaⅢ陶敦 1、陶器盖 2		被盗扰
M48	长方形竖穴土坑墓，直壁，平底。空心砖墓室。	270＊126-160	空心砖室破坏严重，仅存底砖 7 块，西壁 1 块。长:238，宽:100，残高:14。		355°		无			东周	无		
M49	长方形竖穴土坑墓，斜壁，口大于底，平底，单椁墓。	328＊228-320	长:192 宽:106~112 残高:20 板灰厚:2		5°	1	仰身直肢，双手放于腹部。较残。	女	45±	战国早期早段	甲类 AaⅢ陶鼎 1、乙类 BaⅣ陶敦 1、Ab 陶舟 1、AaⅡ陶盘 1、AaⅣ陶匜 1、B 陶罐 1、泥饼 4、B 玉圭 1、B 玉饰 1	被 M48 打破	

续附表：

墓号	墓葬结构		葬具及保存情况		墓向	人骨及保存状况				时代	随葬品	层位关系	其他
	形制	墓口尺寸与深度（长＊宽-深）	椁	棺（内椁）		数量	葬式及保存状况	性别	年龄				
M50	长方形竖穴土坑墓，直壁，平底。单棺。	290＊200-128		长：224 宽：90 高：48 板灰厚：8	10°		仰身直肢，双手置于两侧。	男	成年	东周	无		
M51	长方形竖穴土坑墓，直壁，平底。空心砖墓室。	280＊130-60	空心砖室破坏严重，仅存底砖7块。长：256，宽：106，残高：20。		10°		无			东周	无		
M52	长方形竖穴土坑墓，直壁，平底。空心砖墓室。	300＊180-110	空心砖室破坏严重，仅存底砖5块，南端挡墙半块。长：186，宽：94，残高：52。		10°		无			东周	无		
M53	长方形竖穴土坑墓，斜壁，口大底小，平底。二椁一棺。	290＊192-480	外椁：长：234 宽：138 残高：100 板灰厚：3	内椁：长：200 宽：100 残高：57 板灰厚：3 棺：长：180 宽：76 残高：15	5°		仅余头骨和一段肢骨，葬式不明。	男	60+	东周	A陶鬲（残）1		
M54	长方形竖穴土坑墓，直壁，平底。空心砖墓室。	290＊160-170	空心砖室破坏严重，仅存底砖7块，南端挡墙两层2块，西壁2块。长：255，宽：130，残高：110。		355°		无			战国晚期	铜带钩1		

续附表：

墓号	墓葬结构		葬具及保存情况		墓向	人骨及保存状况				时代	随葬品	层位关系	其他
	形制	墓口尺寸与深度(长*宽-深)	椁	棺(内椁)		数量	葬式及保存状况	性别	年龄				
M55	长方形竖穴土坑墓，斜壁，口大于底，平底，双椁墓。	310*240-380	长:266 宽:195 残高:88 板灰厚:2	长:242 宽:116 残高:26 板灰厚:2	5°	1	仰身直肢，双手放于腹部，稍残。	男？	成年	东周	A陶鬲(残)1		
M56	长方形竖穴土坑墓，斜壁，口大于底，平底，单椁墓。	280*172-248	长:220 宽:110 残高:48 板灰厚:8		10°	1	仰身直肢。稍残。	男	60±	春秋晚期	BⅡ陶罍2、A陶鬲残片		
M57	长方形竖穴土坑墓，斜壁，口大底小，平底。单棺。	290*180-390		长:220 宽:96 残高:40 板灰厚:3	5°		无			东周	无		被盗扰
M58	长方形竖穴土坑墓，斜壁，口大底小，平底。单棺。	250*140-290		长:200 宽:80 残高:50 板灰厚:8	340°		仰身直肢，双手置于腹部。	男	40~45	战国中期早段	AⅣ陶鬲1		
M59	长方形竖穴土坑墓，直壁，平底。空心砖墓室。	290*172-200	空心砖室破坏严重，仅存底砖7块，北端挡墙1块，西壁半块。长:258，宽:124，残高:56。		350°		无			战国晚期	无		

续附表：

墓号	墓葬结构		葬具及保存情况		墓向	人骨及保存状况				时代	随葬品	层位关系	其他
	形制	墓口尺寸与深度(长＊宽-深)	椁	棺(内椁)		数量	葬式及保存状况	性别	年龄				
M60	长方形竖穴土坑墓，直壁，平底，单椁墓。	240＊150-310	长:220 宽:114 残高:40 板灰厚:3		5°	1	仰身直肢，面向西，双手放于腹部。稍残。	男?	成年	战国晚期晚段	BⅠ陶壶1、Ab陶罐1、Ⅰ陶钵1、A陶鬲(残)1		
M61	长方形竖穴土坑墓，斜壁，口大底小，平底。一椁一棺。	360＊240-280	长:252 宽:140 残高:22 板灰厚:2	长:198 宽:84 残高:10 板灰厚:2	5°		仰身直肢，双手置于腹部。			春秋晚期晚段	甲类AbⅡ陶鼎1、甲类AaⅡ陶敦1、Ⅰ陶尊2、BbⅠ陶舟1、AbⅠ陶盘1、AbⅡ陶匜1、玉柱1		
M62	长方形竖穴土坑墓，斜壁，口大底小，平底。一椁一棺。	320＊220-400	长:230 宽:134 残高:40 板灰厚:3	长:200 宽:76 残高:23 板灰厚:2	10°		仰身直肢，双手置于两侧。			东周	无		
M63	长方形竖穴土坑墓，斜壁，口大底小，平底。一椁一棺。	300＊200-480	长:220 宽:126 残高:46 板灰厚:3	长:194 宽:95 残高:27	10°		仅存下肢骨。			东周	无		被盗扰
M64	长方形竖穴土坑墓，直壁，平底。单棺。	230＊110-170		长:204 宽:80 残高:30 板灰厚:2	0°		侧身曲肢，头朝东。			东周	无		
M65	长方形竖穴土坑墓，直壁，平底。	240＊110-150			350°		无			战国	陶釜(残)1		

续附表：

墓号	墓葬结构		葬具及保存情况		墓向	人骨及保存状况				时代	随葬品	层位关系	其他
	形制	墓口尺寸与深度(长＊宽-深)	椁	棺(内椁)		数量	葬式及保存状况	性别	年龄				
M66	长方形竖穴土坑墓，斜壁，口大底小，平底。单棺。	280＊160-290		长:200 宽:90 残高:30 板灰厚:3	15°		仰身直肢，头朝东，双手置于腹部。	女	50±	东周	无	被M65打破	
M67	长方形竖穴土坑墓，直壁，平底。空心砖墓室。	250＊128-196	空心砖室保存完好。有底砖6块，南北挡墙各两层各2块，东西壁砖各两层各4块，盖顶平铺6块。长:216，宽:107，高:112。		5°	1	仰身直肢，双手放于腹部，稍残。	女？	55±	战国晚期	甲类B铜璜2、乙类铜璜1		
M68	长方形竖穴土坑墓，斜壁，口大底小，平底。单棺。	306＊200-300		长:205 宽:84 残高:10 板灰厚:2	5°		仰身直肢，双手置于腹部。			春秋晚期晚段	甲类BⅢ陶鼎1、AⅢ陶罍2、乙类AaⅡ陶敦1、AaⅢ陶舟1、AaⅠ陶盘1、AaⅡ陶匜1、陶鬲(残)1、A玉圭1	被M67打破	
M69	长方形竖穴土坑墓，斜壁，口大于底，平底，双椁墓。	290＊220-320	长:224 宽:148 残高:56 板灰厚:2	长:192 宽:100 残高:30 板灰厚:无	5°	1	仰身直肢，双手放于腹部。稍残。			战国	A玉圭1、B玉圭1、陶釜(残)1		
M70	长方形竖穴土坑墓，斜壁，口大底小，平底。单棺。	280＊160-260		长:220 宽:84 残高:30 板灰厚:3	10°		仰身直肢，头朝东，双手置于腹部。	男	45±	东周	A玉圭1、B玉圭1		

续附表：

墓号	墓葬结构		葬具及保存情况		墓向	人骨及保存状况				时代	随葬品	层位关系	其他
	形制	墓口尺寸与深度(长＊宽-深)	椁	棺(内椁)		数量	葬式及保存状况	性别	年龄				
M71	长方形竖穴土坑墓，直壁，平底。单棺。	250＊140-180		长:192 宽:78 残高:30 板灰厚:2	0°		仰身直肢，双手置于腹部。	男	60+	战国早期早段	甲类 AaⅢ陶鼎 1、BⅢ陶罍 2、乙类 BaⅡ陶敦 1、AaⅣ陶舟 1、BbⅡ陶舟 1、AaⅢ陶盘 1、AaⅣ陶匜 1、陶器盖 1、蚌壳 1		
M72	长方形竖穴土坑墓，斜壁，口大底小，平底。单棺。墓坑东壁有一壁龛。	310＊200-360		长:213 宽:78-86 残高:30 板灰厚:3	5°		仰身直肢，双手置于腹部。	女	60+	战国中期早段	乙类 AbⅡ陶鼎 1、AⅢ陶盖豆 1、AbⅡ陶壶 1、BⅢ陶盘 1、BaⅠ陶匜 1、BaⅠ陶豆 1、陶釜(残)1		
M73	长方形竖穴土坑墓，直壁，平底。单棺。	260＊132-80		长:214 宽:62~77 残高:10 板灰厚:2	10°		仰身直肢，双手置于腹部。	男	60+	东周	无		
M74	长方形竖穴土坑墓，斜壁，口大底小，平底。单棺。	260＊160-290		长:180 宽:83 残高:30 板灰厚:3	0°		仰身直肢，双手置于腹部。	女	45±	东周	无		
M75	长方形竖穴土坑墓，直壁，平底。单棺。	240＊120-140		长:182 宽:64 残高:10 板灰厚:2	5°		仰身直肢，面朝西，双手置于腹部。	女	40±	东周	无		

续附表：

墓号	墓葬结构		葬具及保存情况		墓向	人骨及保存状况				时代	随葬品	层位关系	其他
	形制	墓口尺寸与深度(长*宽-深)	椁	棺(内椁)		数量	葬式及保存状况	性别	年龄				
M76	长方形竖穴土坑墓，斜壁，口大底小，平底。单棺。	310*180-240		长:196 宽:70 残高:30 板灰厚:4	5°		仰身直肢，面朝西，双手置于腹部。	男	35±	东周	陶鬲残片1		
M77	长方形竖穴土坑墓，斜壁，口大底小，平底。单棺。	260*160-280		长:200 宽:70 残高:30 板灰厚:3	350°		仰身直肢。	女	60±	战国	陶釜(残)1		被盗扰
M78	长方形竖穴土坑墓，斜壁，口大底小，平底。单棺。	280*180-340		长:180 宽:64~76 残高:10 板灰厚:2	10°		葬式不明			春秋晚期晚段	甲类AaⅡ陶鼎残片1、BⅡ陶罍2、乙类BaⅡ陶敦1、AaⅡ陶舟1、AaⅡ陶盘1、AaⅡ陶匜(残)1、陶鬲(残)1、陶器盖1、陶鸟2、陶叶形饰1		
M79	长方形竖穴土坑墓，斜壁，口大底小，平底。一椁一棺。	304*212-440	长:224 宽:130 残高:18	长:196 宽:70 残高:18 板灰厚:2	10°		仰身直肢，面朝东。			战国中期早段	乙类AaⅠ陶鼎1、AⅡ陶盖豆1、AbⅠ陶壶1、Ⅲ陶高柄小壶1、BⅡ陶盘1、BaⅠ陶匜1、BaⅠ陶豆1、A陶鬲(残)1、废玉料3		
M80	长方形竖穴土坑墓，直壁，平底。空心砖墓室。	230*120-140	空心砖室破坏严重，仅存北端挡墙两层2块。宽:100，残高:70。		355°		无			战国晚期	无		

续附表：

墓号	墓葬结构		葬具及保存情况		墓向	人骨及保存状况				时代	随葬品	层位关系	其他
	形制	墓口尺寸与深度(长＊宽-深)	椁	棺(内椁)		数量	葬式及保存状况	性别	年龄				
M81	长方形竖穴土坑墓，斜壁，口大于底，平底，单棺墓。	292＊200-320	长:210 宽:114 残高:20 板灰厚:2		5°	1	仰身直肢，双手交叉放于腹部。稍残。	男	35±	战国早期晚段	陶叶形饰5、B玉片饰3、玉柱1、铜舟1		
M82	长方形竖穴土坑墓，斜壁，口大于底，平底，单棺墓。	270＊180-290	长:222 宽:123 残高:40 板灰厚:3		350°	1	仰身直肢，面向东，双手交叉放于腹部。	女？	60+	战国早期晚段	甲类BⅤ陶鼎1、甲类AbⅡ陶敦1、AbⅤ陶盘1、AaⅤ陶匜1、A陶鬲(残)1、A型玉圭		
M83	长方形竖穴土坑墓，直壁，平底，有生土二层台。	250＊130-176			0°	1	仰身直肢，双手放于腹部。稍残。	男	30~35	东周	无		
M84	长方形竖穴土坑墓，斜壁，口大底小，平底。一椁一棺。	290＊220-400	长:226 宽:140 高:40 板灰厚:2	长:190 宽:86 高:22 板灰厚:2	350°		仰身直肢，双手置于两侧。	女？	55±	东周	C玉片饰4		
M85	长方形竖穴土坑墓，斜壁，口大底小，平底。一椁一棺。	340＊280-450	长:248 宽:154 残高:50 板灰厚:2	长:198 宽:82 残高:24 板灰厚:2	5°		仰身直肢，双手置于腹部。	男	40±	东周	A陶鬲(残)1、玉环1、玉璧1、铜铃2、甲类Aa铜璜(17整3残)、甲类Ab铜璜1		

续附表：

墓号	墓葬结构		葬具及保存情况		墓向	人骨及保存状况				时代	随葬品	层位关系	其他
	形制	墓口尺寸与深度(长＊宽-深)	椁	棺(内椁)		数量	葬式及保存状况	性别	年龄				
M86	长方形竖穴土坑墓，直壁，平底。墓底中部有一椭圆形腰坑。	210＊92-160			355°	1	仰身直肢，面向西，双手放于腹部。稍残。	男	35±	战国中期早段	AⅣ陶鬲1		
M87	长方形竖穴土坑墓，斜壁，口大底小，平底。单棺。	290＊180-310		长:206 宽:88 残高:30 板灰厚:3	355°		仰身直肢，双手置于腹部。	男	25±	东周	陶鬲(残)1		
M88	长方形竖穴土坑墓，直壁，平底，有生土二层台。	210＊112-184			0°	1	仰身直肢。较残。	女？	45~50	东周	无		
M89	长方形竖穴土坑墓，直壁，平底。	216＊110-190			10°	1	仰身直肢，面向西，双手放于腹部。稍残。	男	45±	战国早期晚段	A玉圭1、AⅢ陶鬲1		
M90	长方形竖穴土坑墓，斜壁，口大于底，平底，单椁墓。	270＊190-360	长:204 宽:108 残高:40 板灰厚:2		10°	1	仰身直肢，双手放于腹部。稍残。			东周	无		
M91	长方形竖穴土坑墓，直壁，平底。空心砖墓室。	270＊130-180	空心砖室破坏严重，仅存底砖7块。长：238，宽：90，残高：16。		270°	1	仅剩少量人骨，残损严重。			战国晚期	废玉料6		

续附表：

墓号	墓葬结构		葬具及保存情况		墓向	人骨及保存状况				时代	随葬品	层位关系	其他
	形制	墓口尺寸与深度(长*宽-深)	椁	棺(内椁)		数量	葬式及保存状况	性别	年龄				
M92	长方形竖穴土坑墓，直壁，平底。	220*120-160			0°	1	仰身直肢，双手放于腹部。较残。	女	60+	战国中期早段	AⅣ陶鬲(残)1		
M93	长方形竖穴土坑墓，斜壁，口大底小，平底。一椁一棺。	276*192-320	长:230 宽:117 残高:14 板灰厚:2	长:192 宽:74 残高:14 板灰厚:2	10°		仰身直肢，面朝向东，双手置于腹部。			东周	A陶鬲(残)1		
M94	长方形竖穴土坑墓，斜壁，平底。单椁墓。	340*172-320	长:238 宽:104 残高:12 板灰厚:2		10°	1	仰身直肢，双手放于腹部。较残。	女?	45~50	春秋晚期晚段	甲类C陶鼎1、甲类B陶敦1、Ⅰ陶尊2、BbⅡ陶舟1、AbⅡ陶盘1、AaⅢ陶匜1、C玉圭1	被M89打破	
M95	长方形竖穴土坑墓，直壁，平底。	180*72-160			350°	1	仰身直肢，面向西，较残。	?	15±	东周	无		
M96	长方形竖穴土坑墓，斜壁，口大底小，有二层台，平底。一椁一棺。	280*240-400	长:114~222 宽:122 残高:18	长:182 宽:70 残高:16 板灰厚:2	10°		仰身直肢，双手置于腹部。	男	40~45	战国早期晚段	陶鼎(残)1、BⅤ陶罍2、甲类AaⅣ陶敦1、AbⅤ陶盘1、AaⅤ陶匜1、AⅢ陶鬲1		
M97	长方形竖穴土坑墓，斜壁，口大底小，平底。单棺。	280*140-230		长:190 宽:74-80 残高:20 板灰厚:2	350°		仰身直肢，双手置于腹部。	男	50±	战国	陶釜(残)1		

续附表：

墓号	墓葬结构		葬具及保存情况		墓向	人骨及保存状况				时代	随葬品	层位关系	其他
	形制	墓口尺寸与深度（长＊宽-深）	椁	棺（内椁）		数量	葬式及保存状况	性别	年龄				
M98	长方形竖穴土坑墓，斜壁，口大底小，平底。单棺。	258＊140-200		长:188 宽:74~80 残高:10 板灰厚:2	5°		仰身直肢，面朝西，双手置于腹部。	男	60+	战国早期晚段	AbⅣ陶盘（残）1、陶器3		
M99	长方形竖穴土坑墓，斜壁，口大底小，平底。一椁一棺。	280＊180-430	长:224 宽:116 残高:40 板灰厚:2	长:196 宽:72 残高:24 板灰厚:2	5°		仰身直肢，双手置于腹部。	男	45±	东周	A玉圭1、B玉圭1		
M100	长方形竖穴土坑墓，斜壁，口大底小，平底。单棺。	300＊180-340		长:224 宽:80~88 残高:15 板灰厚:2	5°		仰身直肢，双手置于腹部。			东周	无	被M80和M95打破	
M101	长方形竖穴土坑墓，直壁，平底。北部有一圆形盗洞。	220＊68-100			350°	1	仅存下肢骨（直肢）。			战国晚期晚段	BⅠ陶壶1、甲类B铜璜2（一残一整）		被盗扰
M102	长方形竖穴土坑墓，斜壁，口大底小，平底。单棺。	240＊160-290		长:192 宽:86 残高:34 板灰厚:3	0°		仰身直肢，双手置于腹部。	男	45~50	东周	无		

续附表:

墓号	墓葬结构		葬具及保存情况		墓向	人骨及保存状况				时代	随葬品	层位关系	其他
	形制	墓口尺寸与深度(长＊宽-深)	椁	棺(内椁)		数量	葬式及保存状况	性别	年龄				
M103	长方形竖穴土坑墓,直壁,平底。空心砖墓室。	250＊124-160	空心砖室破坏严重,较残底砖6块,北端当墙1块,南端挡墙两层2块,东壁1块。长:226,宽:112,残高:160。		5°		无			东周	无		
M104	长方形竖穴土坑墓,斜壁,口大底小,平底。单棺。	250＊140-290		长:212 宽:70 残高:30 板灰厚:2	5°		仰身直肢,双手置于腹部。			东周	无		
M105	长方形竖穴土坑墓,直壁,平底。	210＊100-120			0°	1	仰身直肢,双手放于腹部,稍残。			东周	玉珠1		
M106	长方形竖穴土坑墓,斜壁,口大于底,平底。空心砖墓室。	270＊160-250	空心砖室破坏严重,仅存底砖4块,北端当墙1块。长:140,宽:112,残高:50。		5°		无			战国晚期	无		
M107	长方形竖穴土坑墓,直壁,平底。空心砖墓室。	250＊116-150	空心砖室破坏严重,仅存底砖6块。长:216,宽:102,残高:10。		0°		无			战国晚期	无		
M108	长方形竖穴土坑墓,斜壁,口大于底,平底。空心砖墓室。	260＊140-240	空心砖室破坏严重,仅存底砖6块。长:204,宽:88,残高:8。		10°		无			战国晚期	无		

续附表：

墓号	墓葬结构		葬具及保存情况		墓向	人骨及保存状况				时代	随葬品	层位关系	其他
	形制	墓口尺寸与深度(长＊宽-深)	椁	棺(内椁)		数量	葬式及保存状况	性别	年龄				
M109	长方形竖穴土坑墓，直壁，平底。空心砖墓室。	260＊120-160	空心砖室破坏严重，仅存底砖7块。长：238，宽：94，残高：14。		5°		无			战国晚期	无		
M110	长方形竖穴土坑墓，斜壁，平底。墓底东、西、北三面有生土二层台。	270＊140-220			0°	1	仰身直肢，面向西，双膝微曲。稍残。	男？	25~30	战国晚期晚段	BⅠ陶壶1、Bb陶豆1、铜带钩1		
M111	长方形竖穴土坑墓，斜壁，口大于底，平底。空心砖墓室。	260＊150-240	空心砖室破坏严重，仅存底砖4块，南北两端挡墙各1块，东壁1块。长:218，宽:90，残高:36.		5°		无			战国晚期	无		
M112	长方形竖穴土坑墓，直壁，平底。空心砖墓室。	270＊120-190	空心砖室破坏严重，仅存底砖4块，北端挡墙两层2块。长:214，宽:100，残高:70。		0°		无			战国晚期	甲类B铜璜(残)3、C铁带钩1		
M113	长方形竖穴土坑墓，直壁，平底。空心砖墓室。	250＊140-150	空心砖室破坏严重，仅存底砖6块，北端挡墙1块，南端挡墙两层2块。长:238，宽:102，残高:84。		0°	1	仅剩少部分下肢骨(直肢)。			战国晚期	无		
M114	长方形竖穴土坑墓，直壁，平底。空心砖墓室。	250＊112-160	空心砖室破坏严重，仅存底砖6块。长：216，宽：104，残高：8。		5°		无			战国晚期	无		

续附表：

墓号	墓葬结构		葬具及保存情况		墓向	人骨及保存状况				时代	随葬品	层位关系	其他
	形制	墓口尺寸与深度(长＊宽-深)	椁	棺(内椁)		数量	葬式及保存状况	性别	年龄				
M115	长方形竖穴土坑墓，斜壁，平底，北墓壁东部有一壁龛，单椁墓。	290＊180-280	长:230 宽:106 残高:30 板灰厚:3		160°	1	仰身直肢，双手放于腹部。较残。	男？	60+	战国中期晚段	乙类AaⅣ陶鼎1、AⅣ陶盖豆1、AaⅤ陶壶2、BⅣ陶盘1、BaⅡ陶匜1、BaⅡ陶豆2、陶釜(残)1		
M116	长方形竖穴土坑墓，斜壁，口大底小，平底。单棺。	270＊220-250		长:200 宽:92 残高:30 板灰厚:2	5°		仰身直肢，头朝东，双手置于腹部。	男	55±	战国早期晚段	AⅢ陶鬲1		
M117	长方形竖穴土坑墓，直壁，平底。空心砖墓室。	270＊140-160	空心砖室破坏严重，仅存底砖6块，南北两端挡墙各半块，东壁两半块。长:242，宽:116，残高:40。		10°		无			战国晚期	无		
M118	长方形竖穴土坑墓，斜壁，口大底小，平底。一椁一棺。	310＊200-380	长:230 宽:124 残高:40 板灰厚:3	长:196 宽:66 残高:22	280°		仰身直肢，双手置于腹部。			东周	A陶鬲(残)1、甲类Aa铜璜3、A玛瑙环1、蚌珠4		
M119	长方形竖穴土坑墓，斜壁，口大于底，平底。空心砖墓室。	270＊180-240	空心砖室破坏严重，仅存底砖7块。长:238，宽:96，残高:8。		0°		无			战国晚期	无		

续附表：

墓号	墓葬结构		葬具及保存情况		墓向	人骨及保存状况				时代	随葬品	层位关系	其他
	形制	墓口尺寸与深度(长＊宽-深)	椁	棺(内椁)		数量	葬式及保存状况	性别	年龄				
M120	长方形竖穴土坑墓，直壁，平底。空心砖墓室。	270＊140-190	空心砖室保存完好。有底砖6块，南北两端挡墙各两层各2块，东西两边各两层壁砖各4块，盖顶侧立13块。长:198，宽:104，残高:116。		0°	1	仅剩下肢骨(直肢)。残。			战国晚期	无		
M121	长方形竖穴土坑墓，直壁，平底。墓底有生土二层台。	220＊120-190			20°	1	仰身直肢，面向东。稍残。	男	8±2	东周	B铁带钩1		
M122	长方形竖穴土坑墓，斜壁，口大于底，平底。空心砖墓室。	260＊140-180	空心砖室破坏严重，仅存底砖6块。长:216，宽:90，残高:8。		10°		无			战国	无		
M123	长方形竖穴土坑墓，斜壁，口大底小，平底。一椁一棺。	240＊180-210	长:236 宽:130 残高:40 板灰厚:2	长:190 宽:86 残高:24 板灰厚:2	190°		仰身曲肢，双手置于腹部，下肢略曲。	男?	55±	东周	A陶鬲(残)1、玉管1		
M124	长方形竖穴土坑墓，直壁，平底。	190＊72-120			5°	1	仰身直肢。较残。	男	30±	东周	无	被M107打破	

续附表：

墓号	墓葬结构		葬具及保存情况		墓向	人骨及保存状况				时代	随葬品	层位关系	其他
	形制	墓口尺寸与深度(长＊宽-深)	椁	棺(内椁)		数量	葬式及保存状况	性别	年龄				
M125	长方形竖穴土坑墓，斜壁，口大底小，平底。单棺。	300＊180-310		长:206 宽:84 残高:30 板灰厚:3	340°		仰身直肢，双手置于腹部。	女	20±	东周	无		
M126	长方形竖穴土坑墓，直壁，平底。空心砖墓室。	280＊160-170	空心砖室破坏严重，仅存底砖7块。长:252，宽:107，残高:14。		350°		无			战国晚期	无		
M127	长方形竖穴土坑墓，直壁，平底。单棺。墓室南端有一圆形盗洞。	250＊120-220		残长:158 宽:78 高:30 板灰厚:2	350°		仰身葬，头朝西，腹以下朽坏。			战国晚期晚段	BⅠ陶壶1、Bb陶豆1		被盗扰
M128	长方形竖穴土坑墓，直壁，平底。空心砖墓室。	290＊140-140	空心砖室破坏严重，仅存底砖6块。长:216，宽:90，残高:8。		0°		无			战国晚期	无		
M129	长方形竖穴土坑墓，斜壁，口大底小，平底。单棺。	280＊160-240		长:196 宽:92 残高:30 板灰厚:3	100°		仰身直肢，头朝东，双手置于腹部。			战国早期早段	Aa陶罐1、AaⅡ陶豆1、Ⅱ陶盂1、B陶鬲1		

续附表：

墓号	墓葬结构		葬具及保存情况		墓向	人骨及保存状况				时代	随葬品	层位关系	其他
	形制	墓口尺寸与深度（长*宽-深）	椁	棺（内椁）		数量	葬式及保存状况	性别	年龄				
M130	长方形竖穴土坑墓，直壁，平底。空心砖墓室。	250*120-190	空心砖室破坏严重，仅存底砖6块，北端挡墙两层2块，南端挡墙一层1块，东西壁各2块。长：236，宽：108，残高：84。		10°		无			战国晚期	无		
M131	长方形竖穴土坑墓，直壁，平底。空心砖墓室。	280*150-160	空心砖室破坏严重，仅存底砖7块。长：252，宽：90，残高：16。		0°		无			战国晚期	无		
M132	长方形竖穴土坑墓，直壁，平底。空心砖墓室。	260*140-140	空心砖室破坏严重，仅存底砖7块。长：240，宽：104，残高：14。		5°		无			战国晚期	无		
M133	长方形竖穴土坑墓，直壁，平底。空心砖墓室。	274*140-130	空心砖室破坏严重，仅存底砖7块。长：252，宽：106，残高：14。		10°		无			战国晚期	无		
M134	长方形竖穴土坑墓，斜壁，口大底小，平底。单棺。	270*180-260		长：210 宽：94 残高：30 板灰厚：2	280°		仰身直肢，双手置于腹部。	女	40～45	战国	陶釜（残）1、甲类B铜璜（残）4		
M135	长方形竖穴土坑墓，直壁，平底。空心砖墓室。	280*148-120	空心砖室破坏严重，仅存底砖6块。长：204，宽：90，残高：8。		5°		无			战国晚期	无		

续附表：

墓号	墓葬结构		葬具及保存情况		墓向	人骨及保存状况				时代	随葬品	层位关系	其他
	形制	墓口尺寸与深度(长＊宽-深)	椁	棺(内椁)		数量	葬式及保存状况	性别	年龄				
M136	长方形竖穴土坑墓，直壁，平底。空心砖墓室。	240＊120-120	空心砖室破坏严重，仅存底砖6块。长：216，宽：100，残高：8。		10°		无			战国晚期	无		
M137	长方形竖穴土坑墓，直壁，平底。空心砖墓室。	296＊160-190	空心砖室破坏严重，仅存底砖7块，南北两端挡墙各两层各2块，东西壁各两层各4块。长：252，宽：116，残高：94。		350°		无			战国晚期晚段	BⅠ陶壶1		
M138	长方形竖穴土坑墓，直壁，平底。空心砖墓室。中部有一圆形盗洞。	260＊120-240	空心砖室破坏严重，仅存底砖4块，南端挡墙1块，西壁1块，东壁半块。长：222，宽：98，残高：44。		10°		无			战国晚期	无		被盗扰
M139	长方形竖穴土坑墓，直壁，平底。空心砖墓室。	246＊120-180	空心砖室破坏严重，仅存底砖7块，北端挡墙1块，南端挡墙两层2块，东壁2块，西壁1块。长：232，宽：104，残高：84。		0°		无			战国晚期	铜镜1		
M140	长方形竖穴土坑墓，斜壁，口大于底，平底。空心砖墓室。	282＊160-210	空心砖室破坏严重，仅存底砖6块。长：216，宽：92，残高：8。		350°		无			战国晚期	无		
M141	长方形竖穴土坑墓，直壁，平底。空心砖墓室。	250＊124-140	空心砖室破坏严重，仅存底砖6块。长：216，宽：106，残高：8。		5°		无			战国晚期	无		

续附表：

墓号	墓葬结构		葬具及保存情况		墓向	人骨及保存状况				时代	随葬品	层位关系	其他
	形制	墓口尺寸与深度(长＊宽-深)	椁	棺(内椁)		数量	葬式及保存状况	性别	年龄				
M142	长方形竖穴土坑墓，斜壁，口大于底，平底，单椁墓。	320＊220-340	长:240 宽:104 残高:30 板灰厚:3		160°	1	仰身直肢，双手放于腹部。稍残。			春秋晚期晚段	Ab 陶豆 1		
M143	长方形竖穴土坑墓，直壁，平底。空心砖墓室。	280＊170-180	空心砖室破坏严重，仅存底砖7块。长:252，宽:96，残高:14。		5°		无			战国晚期	无		
M144	长方形竖穴土坑墓，直壁，平底。空心砖墓室。	260＊132-180	空心砖室破坏严重，仅存底砖6块，南端挡墙两层2块，东壁两层2块，西壁1块。长:224，宽:110，残高:86。		5°		无			战国晚期	无		
M145	长方形竖穴土坑墓，直壁，平底。空心砖墓室。	260＊120-190	空心砖室破坏严重，仅存底砖4块，南端挡墙两层2块。长:214，宽:96，残高:68。		10°		无			战国晚期	无		
M146	长方形竖穴土坑墓，直壁，平底。单棺。	240＊120-170		长:188 宽:70 残高:30 板灰厚:2	5°		仰身直肢，双手置于两侧。	男	35±	战国晚期晚段	BⅠ陶壶1、Ⅱ陶钵1		
M147	长方形竖穴土坑墓，斜壁，口大底小，平底。一椁一棺。墓坑北端有一壁龛。	290＊208-320	长:246 宽:158 残高:50 板灰厚:2	长:194 宽:92 残高:22 板灰厚:2	190°		仰身直肢，双手置于腹部。			战国早期早段	铜鼎1、铜敦1、铜盘1、铜舟1、铜匜1、骨贝20		

续附表：

墓号	墓葬结构		葬具及保存情况		墓向	人骨及保存状况				时代	随葬品	层位关系	其他
	形制	墓口尺寸与深度(长＊宽-深)	椁	棺(内椁)		数量	葬式及保存状况	性别	年龄				
M148	长方形竖穴土坑墓，直壁，平底。空心砖墓室。	274＊147-180	空心砖室破坏严重，仅存底砖7块，南北两端挡墙各1块。长:274，宽:120，残高:56。		5°		无			战国晚期	无		
M149	长方形竖穴土坑墓，直壁，平底。空心砖墓室。	290＊170-240	空心砖室破坏严重，仅存底砖7块，南端挡墙两层2块，东西壁各两层各4块。长:256，宽:120，残高:92。		5°		无			战国晚期	无		
M150	长方形竖穴土坑墓，直壁，平底。空心砖墓室。	270＊120-170	空心砖室破坏严重，仅存底砖4块。长:144，宽:90，残高:8。		10°		无			战国晚期	无		
M151	长方形竖穴土坑墓，斜壁，口大于底，平底。空心砖墓室。	282＊138-220	空心砖室破坏严重，仅存底砖7块，东壁2块，西壁半块。长:252，宽:116，残高:44。		350°		无			战国晚期	无		
M152	长方形竖穴土坑墓，斜壁，口大于底，平底。空心砖墓室。	300＊152-220	空心砖室破坏严重，仅存底砖6块，北端挡墙1块，西壁残存半块。长:220，宽:96，残高:44。		5°		无			战国晚期晚段	BⅡ陶壶1、Bb陶豆1		
M153	长方形竖穴土坑墓，直壁，平底。空心砖墓室。	250＊150-180	空心砖室破坏严重，仅存底砖6块。长:216，宽:104，残高:14。		5°		无			战国晚期	无		

续附表：

墓号	墓葬结构		葬具及保存情况		墓向	人骨及保存状况				时代	随葬品	层位关系	其他
	形制	墓口尺寸与深度(长＊宽-深)	椁	棺(内椁)		数量	葬式及保存状况	性别	年龄				
M154	长方形竖穴土坑墓，直壁，平底。空心砖墓室。	270＊120-160	空心砖室破坏严重，仅存底砖4块，南北两端挡墙各两层，各2块，东西侧墙各两层各4块。长:216，宽:88，残高:78。		5°		无			战国晚期晚段	Ab陶罐1、Ⅰ陶钵1		
M155	长方形竖穴土坑墓，直壁，平底。空心砖墓室。中部有一圆形盗洞。	270＊128-200	空心砖室破坏严重，仅存底砖4块，北端挡墙1块，南端挡墙两层2块，东壁残存半块。长:218，宽:94，残高:78。		20°		无			战国晚期	无		被盗扰
M156	长方形竖穴土坑墓，直壁，斜底，底部南高北低。空心砖墓室。	360＊140-(180-190)	空心砖室破坏严重，仅存底砖6块，北端挡墙两层2块，东西壁砖各两层各4块。长:234，宽:122，残高:80。		350°		仰身直肢。较残。	女？	40~45	战国晚期晚段	BⅠ陶壶1、铜镜(残)1	被M151打破	
M157	长方形竖穴土坑墓，直壁，平底。空心砖墓室。东北角有一圆形盗洞。	276＊140-180	空心砖室破坏严重，仅存底砖7块，南北两端各两层挡墙，各2块，西壁两块。长:262，宽:114，残高:102。		10°	1	仰身直肢，双手放于腹部。稍残。	男	40±	战国晚期	铁削1		被盗扰
M158	长方形竖穴土坑墓，斜壁，平底。单棺。	260＊160-260		长:212 宽:80-86 残高:16 板灰厚:2	10°		仅余头骨和两段肢骨，葬式不明。			东周	无		被盗扰

续附表：

墓号	墓葬结构		葬具及保存情况		墓向	人骨及保存状况				时代	随葬品	层位关系	其他
	形制	墓口尺寸与深度(长＊宽-深)	椁	棺(内椁)		数量	葬式及保存状况	性别	年龄				
M159	长方形竖穴土坑墓，斜壁，口大底小，平底。一椁一棺。	278＊200-280	长：224~232 宽：90-98 残高：22 板灰厚：2	长：190 宽：68~72 残高：20 板灰厚：2	10°		仰身直肢，双手置于腹部。	女	60+	东周	无		
M160	长方形竖穴土坑墓，直壁，平底。空心砖墓室。	260＊130-180	空心砖室破坏严重，仅存底砖6块，南端挡墙两层2块。长：228，宽：100 残高：76。		5°		无			战国晚期	无		
M161	长方形竖穴土坑墓，斜壁，口大底小，平底。一椁一棺。	270＊180-340	长：222 宽：128 残高：30 板灰厚：2	长：182 宽：70 残高：18	0°		仰身直肢，头骨残碎，双手置于腹部。			东周	无		
M162	长方形竖穴土坑墓，斜壁，口大于底，平底。南、北各有一个圆形盗洞。	270＊180-270			0°		无			东周	无		被盗扰
M163	长方形竖穴土坑墓，直壁，平底。空心砖墓室。中部有一圆形盗洞。	276＊130-120	空心砖室破坏严重，仅存底砖7块。长：244，宽：88，残高：14。		10°		无			战国晚期	无		被盗扰

续附表：

墓号	墓葬结构		葬具及保存情况		墓向	人骨及保存状况				时代	随葬品	层位关系	其他
	形制	墓口尺寸与深度（长＊宽-深）	椁	棺（内椁）		数量	葬式及保存状况	性别	年龄				
M164	长方形竖穴土坑墓，斜壁，口大于底，平底，单椁墓。	272＊186-280	长:214 宽:108 残高:20 板灰厚:2		10°	1	仰身直肢，面向西，双手放于腹部。稍残。	女？	30～35	战国	陶釜（残）1、B玛瑙环1		
M165	楔形竖穴土坑墓，直壁，平底。	220＊（80-100）-140			10°		仰身直肢，双手放于腹部。较残。			东周	无		
M166	长方形竖穴土坑墓，斜壁，口大底小，平底。单棺。	240＊140-240		长:198 宽:92 残高:26 板灰厚:3	355°		仅余头骨和四肢骨，仰身直肢。			东周	无		
M167	长方形竖穴土坑墓，直壁，平底。空心砖墓室。	270＊122-180	空心砖室破坏严重，仅存底砖7块，北端挡墙1块。长:254，宽:102，残高:50。		0°		无			战国晚期	无		
M168	长方形竖穴土坑墓，直壁，平底。空心砖墓室。	260＊132-180	空心砖室破坏严重，仅存底砖6块，南北两端挡墙各一块，东西壁各两块。长:238，宽:112，残高:50。		355°		无			战国晚期	无		
M169	长方形竖穴土坑墓，斜壁，口大底小，平底。一椁一棺。	312＊240-540	长:244 宽:134 残高:84	长:198 宽:64 残高:22 板灰厚:2	10°		仰身直肢，面朝东，双手置于两侧。			东周	无		

续附表：

墓号	墓葬结构		葬具及保存情况		墓向	人骨及保存状况				时代	随葬品	层位关系	其他
	形制	墓口尺寸与深度(长*宽-深)	椁	棺(内椁)		数量	葬式及保存状况	性别	年龄				
M170	长方形竖穴土坑墓，直壁，平底。空心砖墓室。	280*132-160	空心砖室破坏严重，仅存底砖7块。长：112，宽：90，残高：14。		5°		无			战国晚期	无		
M171	长方形竖穴土坑墓，直壁，平底。单棺。	230*132-230		长:210 宽:70 高:24 板灰厚:2	0°		仰身曲肢，双手置于腹部，下肢略曲。			战国中期早段	乙类AbⅠ陶鼎1、AⅡ陶盖豆1、AaⅣ陶壶1、BⅢ陶盘1、BaⅠ陶豆1、Bb陶匜1、陶釜(残)1、碎玉料15		
M172	长方形竖穴土坑墓，直壁，平底。空心砖墓室。	270*132-140	空心砖室破坏严重，仅存底砖7块，南北两端挡墙各一块，东壁残存半块，西壁残存两半块。长:256，宽:118，残高:50。		10°		无			战国晚期	无		
M173	长方形竖穴土坑墓，直壁，平底。空心砖墓室。中部有一圆形盗洞。	280*154-160	空心砖室破坏严重，仅存北端挡墙一块，南段挡墙半块。长:248，宽:98，残高:40。		5°		无			战国晚期	无		被盗扰
M174	长方形竖穴土坑墓，直壁，平底。单棺。	240*120-150		长:216 宽:94 残高:30 板灰厚:2	5°		骨头残朽，葬式不明。			战国	陶釜(残)1		
M175	长方形竖穴土坑墓，直壁，平底，单椁墓，椁呈"Ⅱ"字形。	270*160-100	长:204 宽:100 残高:20 板灰厚:2		10°	1	仰身直肢，面向东。较残。	男	55±	东周	无		

续附表：

墓号	墓葬结构		葬具及保存情况		墓向	人骨及保存状况				时代	随葬品	层位关系	其他
	形制	墓口尺寸与深度(长＊宽-深)	椁	棺(内椁)		数量	葬式及保存状况	性别	年龄				
M176	长方形竖穴土坑墓，直壁，平底。单棺。	230＊120-140		长:210 宽:80~92 残高:26 板灰厚:3	0°		侧身直肢，面朝西。	女	40~45	战国	陶釜(残)1		
M177	长方形竖穴土坑墓，直壁，平底。空心砖墓室。	260＊140-120	空心砖室破坏严重，仅存底砖6块。长：216，宽：104，残高：12。		5°		无			战国晚期	无		
M178	长方形竖穴土坑墓，斜壁，口大于底，平底，东墓壁北端有一壁龛，单椁墓。	280＊180-330	长:206 宽:100 残高:30 板灰厚:3		0°	1	仅存少量人骨。			战国中期早段	乙类AaⅠ陶鼎1、AⅡ陶盖豆1、AaⅢ陶壶1、陶釜(残)1、C玉圭1		被盗扰
M179	长方形竖穴土坑墓，直壁，平底。空心砖墓室。	270＊140-170	空心砖室破坏严重，仅存底砖7块，南端挡墙一块。长：250，宽：110，残高：48。		5°		无			战国晚期	无		
M180	长方形竖穴土坑墓，直壁，平底。空心砖墓室。	276＊120-160	空心砖室破坏严重，仅存底砖7块。长：252，宽：110，残高：14。		0°		无			战国晚期	无		
M181	长方形竖穴土坑墓，直壁，平底。空心砖墓室。	270＊120-130	空心砖室破坏严重，仅存底砖7块。长：252，宽：87，残高：14。		0°		无			战国晚期	无		

续附表：

墓号	墓葬结构		葬具及保存情况		墓向	人骨及保存状况				时代	随葬品	层位关系	其他
	形制	墓口尺寸与深度(长＊宽-深)	椁	棺(内椁)		数量	葬式及保存状况	性别	年龄				
M182	长方形竖穴土坑墓，直壁，平底。空心砖墓室。	240＊120-140	空心砖室破坏严重，仅存底砖6块。长：216，宽：103，残高：14。		10°		无			战国晚期	无		
M183	长方形竖穴土坑墓，直壁，平底。	200＊88-120			10°	1	仰身直肢，双手放于腹部。稍残。	男	20±	东周	无		
M184	长方形竖穴土坑墓，斜壁，口大底小，平底。单棺。墓坑北壁有一壁龛。	274＊216-200		长：184 宽：70～78 残高：12 板灰厚：2	10°		仰身直肢，双手置于腹部。			战国中期晚段	乙类AaⅢ陶鼎2、AⅣ陶盖豆1、BaⅣ陶盖豆3、AaⅤ陶壶4、BⅣ陶盘2、BaⅡ陶匜2、BaⅡ陶豆4、陶釜(残)1、A玉圭1、C玉圭1		
M185	长方形竖穴土坑墓，斜壁，口大底小，平底。单棺。	270＊160-360		长：208 宽：84 残高：30 板灰厚：3	185°		仰身直肢，双手置于腹部。	女	40～45	东周	无	被M167、M168打破	
M186	长方形竖穴土坑墓，直壁，平底。空心砖墓室。	260＊120-168	空心砖室破坏严重，仅存底砖6块。长：216，宽：88，残高：8。		5°		无			战国晚期	无		
M187	长方形竖穴土坑墓，直壁，平底。空心砖墓室。	280＊160-180	空心砖室破坏严重，仅存底砖6块，南端挡墙两层2块，东壁1块，西壁2块。长：234，宽：116，残高：86。		355°		无			战国晚期晚段	陶高领圜底罐1、Bb陶豆1		

续附表：

墓号	墓葬结构		葬具及保存情况		墓向	人骨及保存状况				时代	随葬品	层位关系	其他
	形制	墓口尺寸与深度（长＊宽-深）	椁	棺（内椁）		数量	葬式及保存状况	性别	年龄				
M188	长方形竖穴土坑墓，斜壁，口大底小，平底。单棺。墓坑东壁有一壁龛。	312＊240-330		长:190 宽:69~78 残高:12 板灰厚:2	10°		仰身直肢			战国早期晚段	乙类B陶鼎1、AⅡ陶盖豆1、AaⅡ陶壶1、Ⅱ高柄小壶1、BⅢ陶盘1、BaⅠ陶匜1、BaⅠ陶豆1		
M189	长方形竖穴土坑墓，直壁，平底。空心砖墓室。	280＊120-170	空心砖室破坏严重，仅存底砖5块。长:180，宽:86，残高:8。		0°		无			战国晚期	无	被M139打破	
M190	长方形竖穴土坑墓，直壁，平底。空心砖墓室。	280＊120-140	空心砖室破坏严重，仅存底砖7块。长:252，宽:88，残高:14。		10°		无			战国晚期	无		
M191	长方形竖穴土坑墓，直壁，平底。空心砖墓室。	270＊140-180	空心砖室破坏严重，仅存底砖6块，南北两端挡墙各两层各2块，西壁两层4块。长:228，宽:100，残高:86。		5°		无			战国晚期晚段	C陶壶1、Ⅰ陶钵		
M192	长方形竖穴土坑墓，斜壁，口大底小，平底。单棺。	252＊168-260		长:194 宽:92 残高:12 板灰厚:2	10°		仰身直肢，双手置于腹部。			战国	陶釜（残）1、C玉圭1		

续附表：

墓号	墓葬结构		葬具及保存情况		墓向	人骨及保存状况				时代	随葬品	层位关系	其他
	形制	墓口尺寸与深度(长＊宽-深)	椁	棺(内椁)		数量	葬式及保存状况	性别	年龄				
M193	长方形竖穴土坑墓，斜壁，口大底小，平底。单棺。	290＊200-380		长:202 宽:98 残高:30 板灰厚:3	0°		俯身直肢			东周	无		
M194	长方形竖穴土坑墓，直壁，平底。空心砖墓室。	280＊140-170	空心砖室破坏严重，仅存底砖7块，南端挡墙两层2块，东壁1块，西壁2块。长：258，宽：124，残高：100。		5°		无			战国晚期	无		
M195	长方形竖穴土坑墓，斜壁，口大底小，平底。单棺。墓坑北端有一壁龛。	290＊160-200		长:184 宽:68 残高:12 板灰厚:2	10°		仰身直肢，双手置于腹部，下肢略曲。			战国早期早段	AaⅡ陶豆2、Ⅰ陶盂1、B陶鬲1、A玉饰1		
M196	长方形竖穴土坑墓，斜壁，口大底小，平底。单棺。	300＊180-200		长:186 宽:68~74 残高:12 板灰厚:2	10°		仰身直肢，头朝西，双手置于腹部。			战国早期早段	甲类AaⅢ陶鼎1、甲类AaⅡ陶敦1、Ⅱ陶尊2、AaⅢ陶盘1、AaⅣ陶匜1		
M197	长方形竖穴土坑墓，直壁，平底。空心砖墓室。	240＊140-140	空心砖室破坏严重，仅存底砖6块。长：216，宽：104，残高：8。		0°		无			战国晚期	无		

续附表：

墓号	墓葬结构		葬具及保存情况		墓向	人骨及保存状况				时代	随葬品	层位关系	其他
	形制	墓口尺寸与深度(长＊宽-深)	椁	棺(内椁)		数量	葬式及保存状况	性别	年龄				
M198	长方形竖穴土坑墓，直壁，平底。单棺。	280＊160-180		长:220 宽:94 残高:30 板灰厚:3	10°		仰身直肢，双手置于两侧。			东周	铜带钩1		
M199	长方形竖穴土坑墓，直壁，平底。单棺。	260＊150-170		长:196 宽:74 残高:30 板灰厚:3	5°		仰身直肢，双手置于腹部。			东周	无		
M200	长方形竖穴土坑墓，直壁，平底。	230＊80-140			350°	1	仰身直肢，双手放于腹部，头骨残。			战国晚期晚段	BⅡ陶壶1、C铁带钩1		
M201	长方形竖穴土坑墓，直壁，平底。单棺。	230＊132＊180		长:192 宽:90 残高:26 板灰厚:3	0°		仰身直肢，双手置于腹部。	男	40~45	东周	无		
M202	长方形竖穴土坑墓，直壁，平底。空心砖墓室。中部有一圆形盗洞。	262＊126-100	空心砖室破坏严重，仅存底砖4块，残。长:246，宽:102，残高:6。		5°		无			战国晚期	无		被盗扰
M203	长方形竖穴土坑墓，斜壁，口大底小，平底。单棺。	260＊160-290		长:204 宽:68-72 残高:30 板灰厚:3	10°		仰身直肢，右手置于腹部，左手置于身侧。	男	50±	东周	无		

续附表：

墓号	墓葬结构		葬具及保存情况		墓向	人骨及保存状况				时代	随葬品	层位关系	其他
	形制	墓口尺寸与深度(长＊宽-深)	椁	棺(内椁)		数量	葬式及保存状况	性别	年龄				
M204	长方形竖穴土坑墓，斜壁，口大底小，平底。单棺。	270＊180-230		长:185 宽:86~90 残高:24 板灰厚:2	0°		仰身直肢，双手置于腹部。			战国	陶釜(残)1、C玉圭1		
M205	长方形竖穴土坑墓，直壁，平底，单椁墓。北部有一圆形盗洞。	260＊160-160	长:226 宽:106 残高:24 板灰厚:3		10°	1	仅存部分下肢骨(直肢)。			东周	无		被盗扰
M206	长方形竖穴土坑墓，斜壁，口大底小，平底。单棺。	260＊160-260		长:202 宽:90 残高:30 板灰厚:3.5	355°		仰身直肢，双手置于腹部。			东周	无		
M207	长方形竖穴土坑墓，斜壁，口大底小，平底。一椁一棺。	314＊212-240	长:270 宽:162 残高:16 板灰厚:10	长:190 宽:74 残高:16 板灰厚:2	0°		仰身直肢，双手置于腹部。			春秋晚期晚段	AⅡ陶鬲1、甲类AbⅡ陶鼎1、BⅡ陶罍2、乙类BaⅠ陶敦1、AaⅢ陶舟1、AaⅡ陶盘1、AbⅡ陶匜1、陶簠2、陶叶形饰3		
M208	长方形竖穴土坑墓，斜壁，口大底小，平底。一椁一棺。	272＊180-250	长:222 宽:104 残高:12 板灰厚:0.06	长:198 宽:74 残高:12 板灰厚:2	0°		仰身直肢，双手置于腹部。			战国	铜镜2		

续附表:

墓号	墓葬结构		葬具及保存情况		墓向	人骨及保存状况				时代	随葬品	层位关系	其他
	形制	墓口尺寸与深度(长＊宽-深)	椁	棺(内椁)		数量	葬式及保存状况	性别	年龄				
M209	长方形竖穴土坑墓,斜壁,口大底小,平底。单棺。	302＊172-240		长:201 宽:86 残高:18 板灰厚:2	10°		仰身直肢,双手置于腹部。			战国早期早段	甲类AaⅢ陶鼎1、BⅢ陶罍2、乙类BaⅡ陶敦1、AaⅣ陶舟1、AaⅡ陶盘1、AaⅡ陶匜1、A玉圭1、陶叶形饰3、陶鸟2		
M210	长方形竖穴土坑墓,斜壁,口大底小,平底。一椁一棺。	310＊200-300	长:250 宽:130 残高:12	长:200 宽:86 残高:10 板灰厚:2	10°		仰身直肢,面朝东,双手置于腹部。			东周	无		被盗扰
M211	长方形竖穴土坑墓,直壁,平底,单椁墓。北部有一圆形盗洞。	290＊200-210	长:226 宽:134 残高:30 板灰厚:2		0°	1	仅存部分上肢骨和下肢骨。			东周	无		被盗扰
M212	长方形竖穴土坑墓,斜壁,口大底小,平底。单棺。	282＊171-200		长:192 宽:73 残高:16 板灰厚:2	10°		侧身直肢,面朝西。			战国早期早段	甲类AaⅢ陶鼎1、BⅢ陶罍1、陶罍(残)1、乙类BaⅡ陶敦1、AbⅢ陶盘1、AbⅢ陶匜(残)1		
M213	长方形竖穴土坑墓,直壁,平底。空心砖墓室。	240＊120-150	空心砖室破坏严重,仅存底砖3块。长:98,宽:92,残高:8。		0°		无			战国晚期	无		

续附表：

墓号	墓葬结构		葬具及保存情况		墓向	人骨及保存状况				时代	随葬品	层位关系	其他
	形制	墓口尺寸与深度（长＊宽-深）	椁	棺（内椁）		数量	葬式及保存状况	性别	年龄				
M214	长方形竖穴土坑墓，斜壁，口大底小，平底。单棺。	268＊172-260		长：184 宽：85 残高：12 板灰厚：2	10°		仰身直肢，双手置于腹部。	女？	60+	战国早期晚段	甲类BⅤ陶鼎1、BⅣ陶罍2、甲类AaⅣ陶敦1、BbⅡ陶舟1、AbⅣ陶盘1、AaⅤ陶匜1、AⅢ陶鬲1、A玉圭1		
M215	长方形竖穴土坑墓，直壁，平底。单棺。	240＊140-200		长：186 宽：74 残高：26 板灰厚：3	260°		仰身直肢，面朝南，双手交叉于腹部。	女？	60+	春秋晚期晚段	Ⅰ陶盂1、Aa陶罐1	被M128打破	
M216	长方形竖穴土坑墓，直壁，平底。单棺。	260＊150-150		长：212 宽：98-104 残高：24 板灰厚：2	5°		仅余头骨，葬式不明。	女？	50±	东周	无		被盗扰
M217	长方形竖穴土坑墓，直壁，平底。	260＊100-160			0°	1	仰身直肢，双手放于腹部。较残。	男	35±	东周	无		
M218	长方形竖穴土坑墓，斜壁，口大底小，平底。一椁一棺。	300＊220-360	长：240 宽：132 残高：36 板灰厚：3	长：192 宽：84 残高：17 板灰厚：2	10°		仰身直肢，双手置于腹部。	女	45±	东周	A陶鬲（残）1、B玉圭1、A玉片饰1		
M219	长方形竖穴土坑墓，斜壁，口大于底，平底。中部有一圆形盗洞。	260＊150-220			350°		无			东周	无		被盗扰

续附表:

墓号	墓葬结构		葬具及保存情况		墓向	人骨及保存状况				时代	随葬品	层位关系	其他
	形制	墓口尺寸与深度(长＊宽-深)	椁	棺(内椁)		数量	葬式及保存状况	性别	年龄				
M220	长方形竖穴土坑墓,直壁,平底。空心砖墓室。	280＊132-130	空心砖室破坏严重,仅存底砖7块。长:252,宽:100,残高:8。		10°		无			战国晚期	无		
M221	长方形竖穴土坑墓,直壁,平底。单棺。	240＊120-70		长:218 宽:92 残高:12 板灰厚:2	5°		仰身直肢,双手置于腹部。			东周	无		
M222	长方形竖穴土坑墓,直壁,平底。单棺。	260＊120-130		长:206 宽:78 残高:30 板灰厚:2	355°		仰身直肢,双手置于腹部。			东周	无		
M223	长方形竖穴土坑墓,直壁,平底。空心砖墓室。	250＊132-160	空心砖室破坏严重,仅存底砖6块。长:118,宽:90,残高:8。		10°		无			战国晚期	无		
M224	长方形竖穴土坑墓,直壁,平底。单棺。	260＊140-180		长:208 宽:84~88 残高:26 板灰厚:2	10°		仰身直肢,头朝西,双手置于腹部。			东周	A 玉圭 1		
M225	长方形竖穴土坑墓,直壁,平底。单棺。	230＊120-170		长:202 宽:80 残高:30 板灰厚:3	5°		仰身直肢,双手置于腹部。	女	25±	东周	无		

续附表：

墓号	墓葬结构		葬具及保存情况		墓向	人骨及保存状况				时代	随葬品	层位关系	其他
	形制	墓口尺寸与深度(长＊宽-深)	椁	棺(内椁)		数量	葬式及保存状况	性别	年龄				
M226	长方形竖穴土坑墓，斜壁，口大底小，平底。一椁一棺。	290＊180-180	长:246 宽:136 残高:18	长:214 宽:76 残高:18 板灰厚:2	20°		仰身直肢，双手置于腹部。	男	60+	战国早期晚段	AⅢ陶鬲1、A玉圭1		
M227	长方形竖穴土坑墓，斜壁，口大底小，平底。单棺。	280＊180-240		长:196 宽:80 残高:30 板灰厚:3	0°		仰身直肢.双手置于腹部。	女	55±	东周	无		
M228	长方形竖穴土坑墓，斜壁，口大底小，平底。单棺。	310＊180-420		残长:186 宽:80 残高:34 板灰厚:3	350°		仰身直肢，双手置于腹部。			战国早期早段	陶甲类D陶鼎1、AbⅢ陶盘1、陶器盖1		被盗扰
M229	长方形竖穴土坑墓，斜壁，口大于底，平底。北部有一圆形盗洞，南部有一方形盗洞。	227＊180-180			5°		无			东周	无		被盗扰
M230	长方形竖穴土坑墓，斜壁，口大底小，平底。单棺。	232＊142-190		长:196 宽:76~84 残高:14 板灰厚:2	10°		骨头残朽，葬式不明。			东周	无		

续附表：

墓号	墓葬结构		葬具及保存情况		墓向	人骨及保存状况				时代	随葬品	层位关系	其他
	形制	墓口尺寸与深度(长＊宽-深)	椁	棺(内椁)		数量	葬式及保存状况	性别	年龄				
M231	长方形竖穴土坑墓，斜壁，口大底小，平底。单棺。	280＊180-280		长:206 宽:88 残高:30 板灰厚:3	10°		仰身直肢，双手交叉于腹部。	男	60+	东周	A 玉圭 1		
M232	长方形竖穴土坑墓，斜壁，口大底小，平底。一椁一棺。	300＊200-340	长:238 宽:114 残高:17 板灰厚:3	长:192 宽:66~76 残高:30 板灰厚:3	10°		仰身直肢，面朝东，双手置于腹部，下肢变形。			战国中期早段	AⅣ陶鬲 1、B 玉圭 1		
M233	长方形竖穴土坑墓，斜壁，口大底小，平底。单棺。	286＊184-230		长:214 宽:84 残高:13 板灰厚:2	10°		仰身直肢，面朝西，双手置于腹部。	男	45~50	春秋晚期早段	甲类 AaⅡ陶鼎 1、AⅡ陶罍 2、乙类 AaⅢ陶敦 1、AaⅡ陶舟 1、AaⅠ陶盘 1、AaⅡ陶匜 1、A 玉圭 1		
M234	长方形竖穴土坑墓，直壁，平底。单棺。	260＊156-100		长:220 宽:86 残高:14 板灰厚:2	0°		仰身直肢，头朝西，双手置于腹部。	男？	60+	东周	陶罍 1(残)		
M235	长方形竖穴土坑墓，斜壁，口大于底，平底，双椁墓。	300＊220-420	长:252 宽:166 残高:40 板灰厚:3	长:200 宽:100 残高:23	25°	1	仰身直肢。较残。			东周	陶鬲(残)1		

续附表：

墓号	墓葬结构		葬具及保存情况		墓向	人骨及保存状况				时代	随葬品	层位关系	其他
	形制	墓口尺寸与深度(长＊宽-深)	椁	棺(内椁)		数量	葬式及保存状况	性别	年龄				
M236	长方形竖穴土坑墓，斜壁，口大底小，平底。单棺。	256＊160-160		长:198 宽:92 残高:12 板灰厚:2	5°		仰身直肢，头朝东，双手置于腹部。	男	45±	战国早期早段	甲类AbⅢ陶鼎1、Ⅱ陶尊2、甲类AaⅢ陶敦1、BaⅠ陶舟1、AbⅡ陶盘1、AbⅢ陶匜1		
M237	长方形竖穴土坑墓，斜壁，口大底小，平底。单棺。墓坑北端有一壁龛。	262＊162-240		长:204 宽:72-78 残高:12 板灰厚:2	10°		仰身直肢，双手置于腹部。			战国早期早段	甲类AbⅣ陶鼎1、BⅢ陶罍2、甲类AaⅢ陶敦1、AbⅡ陶盘1、AbⅢ陶匜1、泥饼1、A玉圭1		
M238	长方形竖穴土坑墓，斜壁，口大底小，平底。单棺。	290＊156-240		长:201 宽:73 残高:12 板灰厚:2	10°		仰身直肢，双手置于腹部。	男	55±	战国早期早段	B陶鬲1、Ⅰ陶盂1、AaⅡ陶豆2		
M239	长方形竖穴土坑墓，直壁，平底。单棺。	240＊140-100		长:200 宽:80 残高:10 板灰厚:2	10°		仰身直肢，面朝西，双手置于腹部。			春秋晚期晚段	Ⅰ陶盂1、Aa陶罐1、B陶鬲1、AaⅠ陶豆2		
M240	长方形竖穴土坑墓，直壁，平底。一椁一棺。	240＊150-200	长:224 宽:120 残高:40 板灰厚:3	长:180 宽:70 残高:37	0°		仰身直肢，双手置于腹部。	男	45±	春秋晚期早段	甲类AbⅠ陶鼎1、Ⅰ陶尊2、甲类AaⅠ陶敦1、陶舟残1、AbⅠ陶盘1、AbⅠ陶匜1、B陶鬲1		

续附表：

墓号	墓葬结构		葬具及保存情况		墓向	人骨及保存状况				时代	随葬品	层位关系	其他
	形制	墓口尺寸与深度(长＊宽-深)	椁	棺(内椁)		数量	葬式及保存状况	性别	年龄				
M241	长方形竖穴土坑墓，直壁，平底。空心砖墓室。	270＊132-130	空心砖室破坏严重，仅存底砖7块。长：252，宽：100，残高：14。		10°		无			战国晚期	无		
M242	长方形竖穴土坑墓，直壁，平底。一椁一棺。	320＊160-120	长：278 宽：130～134 残高：30 板灰厚：1	长：186 宽：70～76 残高：25 板灰厚：1	0°		仰身直肢，双手置于腹部。	男	45±	春秋晚期晚段	甲类C陶鼎1、Ⅰ陶尊2、甲类AbⅠ陶敦1		
M243	长方形竖穴土坑墓，直壁，平底。单棺。	240＊140-220		长：186 宽：76～84 残高：20 板灰厚：2	0°		仰身直肢。			战国	陶釜残片、陶器盖1		
M244	长方形竖穴土坑墓，斜壁，口大底小，平底。单棺。	286＊180-240		长：194 宽：76～84 残高：10 板灰厚：2	10°		仰身直肢，左手置于腹部，右手残。			战国中期晚段	乙类AbⅡ陶鼎1、AⅢ陶盖豆1、AbⅢ陶壶1、陶釜(残)2、废玉料3、B玛瑙环2、甲类铜璜1、骨环4		
M245	长方形竖穴土坑墓，直壁，平底。单棺。	220＊120-170		长：186 宽：84 残高：30 板灰厚：4	10°		仅余两段肢骨，葬式不明。			东周	无		
M246	长方形竖穴土坑墓，斜壁，口大底小，平底。一椁一棺。	372＊320-380	长：278 宽：182 残高：24	长：190 宽：84～90 残高：22 板灰厚：2	5°		仰身直肢，双手置于腹部。	女	55～60	战国早期晚段	乙类AaⅠ陶鼎1、AⅠ陶盖豆1、AaⅠ陶壶1、Ⅰ陶高柄小壶1、BⅠ陶盘1、BaⅠ陶匜1、陶釜(残)1、玉料1、乙类铜璜2	被M45打破	

续附表：

墓号	墓葬结构		葬具及保存情况		墓向	人骨及保存状况				时代	随葬品	层位关系	其他
	形制	墓口尺寸与深度（长*宽-深）	椁	棺（内椁）		数量	葬式及保存状况	性别	年龄				
M247	长方形竖穴土坑墓，斜壁，口大于底，平底，双椁墓。	328*224-340	长:284 宽:160 残高:8	长:202 宽:114 残高:8 板灰厚:2	10°	1	仰身直肢，双手放于腹部，下肢稍残。			春秋晚期晚段	甲类BⅢ陶鼎1、AⅢ陶罍2、陶敦残片1、AaⅡ陶舟1、AaⅠ陶盘1、AaⅡ陶匜1、陶叶形饰1、陶鸟2、A玉圭1		
M248	长方形竖穴土坑墓，直壁，平底。单棺。	260*150-100		长:208 宽:68~80 残高:10 板灰厚:2	10°		仰身直肢，头朝西，双手置于腹部。	男	35±	战国早期早段	甲类BⅣ陶鼎1、BⅢ陶罍1、BaⅠ陶舟1、陶器盖2、A玉圭1		
M249	长方形竖穴土坑墓，直壁，平底。单棺。	240*120-140		长:190 宽:78 残高:26 板灰厚:3	5°		仰身直肢。	女	45±	东周	无		
M250	长方形竖穴土坑墓，斜壁，口大底小，平底。单棺。	300*180-360		长:242 宽:96~108 残高:30 板灰厚:3	5°		仰身直肢，双手置于腹部。			东周	A玉圭1、蚌壳1		
M251	长方形竖穴土坑墓，斜壁，口大于底，平底，单椁墓，椁呈“Ⅱ”字形。	290*200-320	长:226 宽:114 残高:30 板灰厚:3		270°	1	仰身直肢，面向南，双手放于腹部。	男	40~45	战国	陶釜（残）1		

续附表：

墓号	墓葬结构		葬具及保存情况		墓向	人骨及保存状况				时代	随葬品	层位关系	其他
	形制	墓口尺寸与深度(长＊宽-深)	椁	棺(内椁)		数量	葬式及保存状况	性别	年龄				
M252	长方形竖穴土坑墓，直壁，平底。单棺。	240＊160-160		长:212 宽:80~86 残高:20 板灰厚:2	0°		仰身直肢。			东周	无		
M253	长方形竖穴土坑墓，斜壁，口大底小，平底。单棺。	260＊180-240		长:192 宽:78 残高:10 板灰厚:2	10°		仰身直肢，双手置于腹部。	男	50±	战国早期早段	甲类 AbⅣ陶鼎 1、BⅢ陶罍 2、乙类 BaⅢ陶敦 1、AaⅣ陶舟 1、AaⅡ陶盘 1、AaⅢ陶匜 1、B 玉圭 1		
M254	长方形竖穴土坑墓，斜壁，口大底小，平底。单棺。墓坑东壁有一壁龛。	270＊200-320		长:200 宽:92 残高:26 板灰厚:3	355°		仅余两段肢骨，葬式不明。			战国中期早段	乙类 AaⅡ陶鼎 1、AⅡ陶盖豆 1、AaⅢ陶壶 1、BaⅠ陶匜 1、BaⅠ陶豆 1、陶釜(残)1、陶盘残片		
M255	长方形竖穴土坑墓，直壁，平底。单棺。	250＊120-180		长:224 宽:78 残高:30 板灰厚:4	0°		仰身直肢，双手置于腹部。	男	45±	东周	无		
M256	长方形竖穴土坑墓，直壁，平底。单棺。	240＊120-160		长:218 宽:80 残高:30 板灰厚:4	5°		仰身直肢。			战国	陶釜(残)1		
M257	长方形竖穴土坑墓，直壁，平底。单棺。	250＊140-130		长:196 宽:88~94 残高:30 板灰厚:2	5°		仰身直肢，双手置于腹部。			东周	无		

续附表：

墓号	墓葬结构		葬具及保存情况		墓向	人骨及保存状况				时代	随葬品	层位关系	其他
	形制	墓口尺寸与深度(长＊宽-深)	椁	棺(内椁)		数量	葬式及保存状况	性别	年龄				
M258	长方形竖穴土坑墓，直壁，平底。单棺。	266＊124-100		长:200 宽:76~80 残高:10 板灰厚:3	10°		仰身直肢，双手置于腹部。			东周	A陶鬲(残)1、A玉圭1、C玉圭1	被M202打破	
M259	长方形竖穴土坑墓，直壁，平底。单棺。	250＊140-210		长:176 宽:75 残高:30 板灰厚:2	355°		侧身屈肢。	男	60+	东周	无	被M72打破	
M260	长方形竖穴土坑墓，斜壁，口大底小，平底。单棺。	280＊160-300		长:196 宽:80 残高:30 板灰厚:3	5°		仰身直肢，双手置于腹部。	男	60+	东周	A陶鬲(残)1、B玉圭1		
M261	长方形竖穴土坑墓，斜壁，口大底小，平底。单棺。	290＊180-310		长:200 宽:90 残高:30 板灰厚:3	10°		仰身屈肢，双手置于腹部，下肢略屈。	女	60+	东周	A玉圭2		
M262	长方形竖穴土坑墓，直壁，平底。单棺。	250＊120-240		长:200 宽:73 残高:20 板灰厚:2	10°		仰身直肢，双手置于腹部。	男	45±	东周	无		
M263	长方形竖穴土坑墓，斜壁，口大底小，平底。单棺。	244＊144-210		长:200 宽:70~80 残高:12 板灰厚:2	10°		仰身直肢，面朝东，双手置于两侧。	男	35±	东周	无		

续附表：

墓号	墓葬结构		葬具及保存情况		墓向	人骨及保存状况				时代	随葬品	层位关系	其他
	形制	墓口尺寸与深度（长＊宽-深）	椁	棺（内椁）		数量	葬式及保存状况	性别	年龄				
M264	长方形竖穴土坑墓，直壁，平底。单棺。	240＊120-160		长：220 宽：76～90 残高：10 板灰厚：2	20°		仰身直肢，面朝东，右手置于腹部，左手残。			东周	陶器1、铜箭3		
M265	长方形竖穴土坑墓，斜壁，口大于底，平底。墓底有生土二层台。	240＊140-150			5°	1	仰身，双手放于腹部，下肢略屈。稍残。	男	45～50	东周	无		
M266	长方形竖穴土坑墓，斜壁，口大底小，平底。单棺。	280＊180-340		残长：186 宽：82 残高：30 板灰厚：3	350°		葬式不明	男	30±	东周	无	被M186和M187打破	被盗扰
M267	结构不明									春秋中期晚段	甲类BⅠ陶鼎、AaⅠ陶舟1、AaⅠ陶盘、AaⅠ陶匜	M23打破M267，整理时从M23中分离出来。	

英文摘要

The Xinzheng Shuanglou Cemetery of the Eastern Zhou Period is located to the east of Shuanglou Village at Lihe Town in Xinzheng City, Henan Province, on the southwestern side of Yan-Huang Road. It is adjacent to the Xinzheng City Jali Milk Cow Farm Company Ltd in the east, to the Shuanglou Primary School in the South, to the Shuanglou Village vegetable farming shed in the west, and to Yan-Huang Road in the north.

In July 2012, in coordination with the construction of the workshops of the Xinzheng City Electrical-power Equipment Plant and after obtaining authorization from the State Administration of Cultural Heritage, the Xinzheng Working Station of the Henan Provincial Institute of Cultural Relics and Archaeology began a salvage excavation in the cemetery. The work was finished in the last ten-day period of December of that year and resulted in the discovery of over one thousand cultural relics made of various materials. After the excavation, through consultation with the parties concerned, we named this graveyard Xinzheng Shuanglou Cemetery of the Eastern Zhou Period.

The excavation results indicate that this cemetery is a burial area auxiliary to the Hán (韩) Prince Mausoleum Precinct at Songzhuang within the Zheng-Hán City Ruins, lying about 300m to the south of the southern barrow of the Hán Prince Mausoleum. In the east of this area, a ditch stretches from the northeast to the southwest. It measures 0.8m in remaining depth, has a V-shaped cross section, and contents hard brown clods that are rather pure and without cultural remains. It must have been the inside ditch of the Hán Prince Mausoleum at Songzhuang.

Altogether 267 Eastern Zhou Tombs have been cleared in the cemetery. Of them 120 tombs yielded pottery and bronzes; 20 tombs contain only small-sized objects, such as bronzes (*huang* semi-discs, belt hooks, etc.), iron ware (belt hooks, *xiao* small knives, etc.) and jade, bone and shell artifacts; and 127 tombs are without any grave-goods. Therefore our periodization can be directly carried out only for the burials with pottery and bronzes. Based on the analysis of these tombs, the main pottery and bronze types they yielded and the combination of these vessel types, we makes a periodization for these graves and give chronological judgment to each period. For the tombs beyond the coverage of this periodization, we give an appropriate judgment about their chronological condition on the basis of a comparison of their structure, location and funeral objects with those of the above stated already dated burials. The results show that the tombs in this cemetery can be divided into five phases with nine sub-phases, which span the times roughly from the later mid Spring-and-Autumn Period (or the transitional time between the mid and late stages of this Period) to the later late Warring-States Period (or to the time from the last years of this Period through the early days of the Hàn (汉) Dynasty.

Below are the whole results of the chronological study of the Eastern Zhou Shuanglou Cemetery:

Phase I Embracing only one sub-phase

Sub-phase 1 Belonging to the late stage of the mid Spring-and-Autumn Period or to the transitional time between the mid and late stages of this Period

Phase II Belonging to the late Spring-and-Autumn Period and comprising two sub-phases

Sub-phase 2 Belonging to the earlier late Spring-and-Autumn Period

Sub-phase 3 Belonging to the later late Spring-and-Autumn Period

Phase III Belonging to the early Warring-States Period and comprising two sub-periods

Sub-phase 4 Belonging to the earlier early Warring-States Period

Sub-phase 5 Belonging to the later early Warring-States Period

Phase IV Belonging to the mid Warring-States Period and comprising two sub-phases

Sub-phase 6 Belonging to the earlier mid Warring-States Period

Sub-phase 7 Belonging to the later mid Warring-States Period

Phase V Belonging to the late Warring-States Period and Comprising two sub-phases

Sub-phase 8 Belonging to the earlier late Warring-States Period

Sub-phase 9 Belonging to the later late Warring-States Period

The tombs in the Shuanglou Cemetery are all small-sized, each measuring no more than four meters in length for the opening. In structure there are two types: the earthen pit and the hollow-brick built. The first type consists of 193 tombs, while the second comprises 72 graves. In the first type, the niche, head box, waist pit and secondary platform are not prevalent; they occurred only in 12, one, one and six tombs respectively. In tomb direction, 94.7% of burials feature the northern pointing of the tomb-owner' s head. In burial manner, the supine stretched burial is the main position. In the burial furniture of the earthen-pit tombs, the single-chambered plus the single-coffined tombs come first in number, the single-chambered single-coffined plus the coffin-less tombs next, the double-chambered graves occurred rarely, and the double-chambered single-coffined burial was encountered only in one tomb. The hollow-brick tombs all go back to the late Warring-States Period.

The funeral objects from the cemetery are largely bronze-imitated ritual pottery; daily-used pottery and bronzes were rarely unearthed. The first group shows clear distinctive features in combination. There are three assemblages of vessels. The first is centered on the *ding* tripod, *lei* pod and *dui* food container with a semi-spherical body and a same-shape cover (or on the *ding*, *lei* and *zhan* bowl in less condition) . It is added with the *zun* vase, *zhou* saucer, plate and *yi* ladle-shaped ewer. The second assemblage is centered on the *ding*, covered *dou* stemmed vessel and pot, which are added with the high-stemmed small pot, plate and *yi* ewer. The third assemblage is formed of the pot and bo *bowl*. From the mid and late stages of Spring and Autumn Period to the earlier early Warring-States Period, the first assemblage was the main combination. In the later early Warring-States Period, the second combination arose and co-existed with the former assemblage in the Shuanglou Cemetery. In the mid Warring-States Period, this new assemblage roughly replaced the former one. In the late Warring-States Period, the *ding*, covered *dou* and pot assemblage with some other vessels tended to weaken. In the later late Warring-States Period, the pot-and-*bo* assemblage arose and became the main trend.

Through the analysis of the cultural contents of all assemblages from the Shuanglou Cemetery it can be determined that the assemblage centered on the ding, lei and dui represents the Zheng culture. That with the *ding*, lei and *zhan* as the core is small in number and often incomplete, so it may be remains of the local culture influenced by the vigorous Zheng culture. The assemblage centered on the ding, covered *dou* and pot represents the Hán culture. The pot and *bo* assemblage is a variant of the combination of the traditional bronze-imitated pottery ritual vessels in the late Warring-States Period; it represents the then Hán culture. In the times from the mid and late Spring-and-Autumn Period to the earlier early Warring-States Period, elements of the Hán culture did not yet enter into the Shuanglou area, where the Zheng culture and a small share of local cultural elements co-existed with each other. From the later early Warring-States Period, elements of the Hán culture began to arise; and in the mid stage of this Period, it thoroughly replaced the Zheng culture. This change was connected with events that the Zheng and Hán states successively founded their capitals in this area. In the later late Warring-States Period, following the change of burial conception, the Hán culture began its transitional course, as shown in the fact that the traditional bronze-imitated pottery ritual ware was on the decline, and a new burial custom or ideology was gradually growing up.

The main position of the bronze-imitated pottery ritual vessels among the funeral objects in the Shuanglou Cemetery indicates that the burial conception and ritual tradition formed in the early Eastern Zhou Period remained the chief ideological contents and common standard. From the late Warring-States Period, this type of pottery was gradually declining; and in the later late stage of this Period, it had almost entirely disappeared. Meanwhile, the hollow-brick tomb arose and began to prevail, which predicted the fall of the bronze-imitated pottery ritual ware and the pregnancy of a new burial custom or ideology. The introduction of the hollow-brick tomb heralded a new custom prevalent in the follow-up Qin and Hàn society.

Funeral jades were not commonly recorded in the tombs of the Shuanglou Cemetery. Generally they were singly discovered in part of the graves, and assemblages of two or three pieces were seldom encountered. The examination and test of 69 jade finds show that the main materials are tremolite, calcite, quartz (chalcedony), white mica and steatite. The proportions of these materials among the tested jades are as follows: Calcite comes first, accounting for 61%; steatite next, for 20%; then chalcedony, for 9%. Tremolite artifacts occurred only in three tombs, totaling seven pieces and accounting for 7%. The smallest in number are the white mica objects, which account only for 3%. In decoration, this batch of unearthed jades is largely plain. The number of jade funeral articles and the entombment of tremolite objects were closely related to the tomb rank. The small number of the tremolite artifacts and the frequent occurrence of calcite, steatite and other lower-grade jade grave-goods indicate that the whole community the tomb-owners belonged to was relatively lower in economic and social position.

The physical anthropological statistics of the human skeletons show that the proportion of men to women among the tomb-owners is 2.5 : 1. The tomb-owners' average life-span is 46.05 years old, which means that the then local people had a relatively advanced average life expectancy probably thanks to their strong ability of withstanding natural calamities and their achievement of a comparatively high economic and cultural level. This may have been concerned with the fact that the Eastern Zhou Shuanglou area was located at a state capital and that the general public installations were relatively better and people's ability of struggling against natural calamities was comparatively strong. Judged by the discovered tomb structure and osteological remains, as well as the humble jades and numerous bronze-imitated pottery ritual vessels, it can be concluded that the tomb-owners' life-time social position might have been relatively low: They were possibly lower-rank aristocrats and a part of the common people with certain economic ability.

后 记

《新郑双楼东周墓地》是河南省文物考古研究院新郑工作站于2012年为配合新郑市郑韩电器厂的基本建设而进行的考古发掘的报告，也是郑韩故城考古发掘成果的一部分。长期以来，新郑工作站的工作受到了河南省文物局的高度重视和正确引导，省考古院的历任领导也都多次莅临考古工地慰问员工和指导工作，新郑市旅游和文物局一直积极配合新郑工作站的各项工作，从钻探发掘、文物安全到地方协调、日常生活等方面都给予了大力的支持。在这里，还要特别感谢新郑郑韩电器厂对发掘工作的密切配合和鼎力相助。

新郑双楼东周墓地的发掘工作是2012年7月开始的，发掘领队为樊温泉，发掘的后勤和安全工作由郭亮、郭松峰负责，同时郭亮还兼职摄影和测绘工作。参加田野发掘的工作人员先后有孙春玲、李强、游慧琴、郭宏民、唐国军等，武汉大学历史学院考古专业本科生尹以江，郑州大学历史学院考古专业研究生周剑、李文超等也参加了发掘工作。

发掘过程中，我院的孙蕾博士不仅多次到工地对出土的人骨进行现场鉴定，而且还指导站内人员正确采集人骨，并在整理阶段对所取人骨做了较为全面的研究。我院的蓝万里博士对墓葬中保存较为完好的骨架做了腹土的取样，以备今后进行进一步研究。发掘工作接近尾声时，我院的任潇同志对墓地进行了航拍。

2012年12月发掘结束后，就在新郑工作站开始了该墓地的整理工作。尹以江参加了全部资料的整理，李文超和周剑参加了部分资料的整理工作。出土青铜器的修复工作由左二香、刘恒承担，陶器由贾蒙丽、王俊卫、高玉梅、李彩玲、王刘敏等负责修复，祝贺对出土遗物进行了拍照，牛花敏、姜凤玲、陈伟芳完成了全部器物的绘图工作，沈新荣拓制了报告中所需的拓片，程媛倩、陈伟芳、沈小芳负责全部文字和图片资料的电脑录入工作。

墓地出土的玉器等由中国科学院上海光学精密机械研究所科技考古中心做了检测。参加检测的人员有干福熹、顾冬红、李青会、赵虹霞、董俊卿、刘松等。

整理阶段，河南大学历史文化学院的曹金萍博士对部分所出器物中发现的兽骨进行了鉴定研究。

本报告由樊温泉、尹以江、郭亮执笔完成。英文摘要由莫润先先生翻译。《华夏考古》编辑部方燕明、辛革承担本报告的编辑工作，在此致以谢意。

编者

2015年6月

新郑双楼东周墓地全景（由西向东）

新郑双楼东周墓地鸟瞰（由西向东）

1. 测绘墓地

新郑双楼东周墓地
工作现场

2. 采集腹土标本

3. 高空摄影

新郑双楼东周墓M3

1. M3：4

2. M9：5

3. M49：1

4. M89：1

5. M99：1

6. M192：1

新郑双楼东周墓M3、M9、M49、M89、M99、M192出土玉圭

新郑双楼东周墓M11

新郑双楼东周墓M11出土陶器组合

1. 罍（M14：3）

2. 罍（M14：4）

3. 匜（M14：1）

4. 壶（M188：6）

5. 敦（M196：1）

新郑双楼东周墓M14、M188、M196出土彩绘陶

新郑双楼东周墓M15出土陶器组合

新郑双楼东周墓M18出土陶器组合

新郑双楼东周墓M21

新郑双楼东周墓M22

新郑双楼东周墓M36出土陶器组合

新郑双楼东周墓M39

新郑双楼东周墓M40出土陶器组合

1. 全景

2. 壁龛细部

新郑双楼东周墓M41

新郑双楼东周墓M41出土陶器组合

1. 铁带钩（M45：1）

2. 铜带钩（M54：1）

3. 铜带钩（M54：1）

新郑双楼东周墓M45、M54出土带钩

新郑双楼东周墓M49

1. 玉片饰（M49：2）

2. 玉柱（M61：8）

3. 玉柱（M81：1）

4. 玉环（M85：3）

5. 玉料（M79：9）

6. 玉璧（M85：1）

新郑双楼东周墓M49、M61、M79、M81、M85出土玉器

新郑双楼东周墓M55

新郑双楼东周墓M60出土陶器组合

新郑双楼东周墓M61出土陶器组合

新郑双楼东周墓M67

1. M67：1

2. M246：4

新郑双楼东周墓M67、M246出土铜璜

新郑双楼东周墓M79

1. 舟（M81：1）

2. 舟（M81：1）

3. 铜镜（M139：1）

4. 匜局部（M147：5）

5. 匜（M147：5）

新郑双楼东周墓M81、M139、M147出土铜器

新郑双楼东周墓M85出土铜璜（M85：2）

新郑双楼东周墓M91

1. M101 : 1

2. M134 : 1

1. 玉珠（M105：1）

2. 玉管（M123：1）

3. 玉片饰（M218：3）

4. 玉饰（M195：1）

新郑双楼东周墓M105、M118、M123、M195、M218出土玉器

5. 玛瑙环（M118：1）

1. 铜带钩（M110：3）

2. 铁带钩（M112：1）

3. 铜带钩（M198：1）

新郑双楼东周墓M110、M112、M198出土带钩

新郑双楼东周墓M115出土陶器组合

新郑双楼东周墓M118、M208出土铜璜、铜镜

1. 铜璜（M118：3）

2. 铜镜（M208：1–1）

1. 铁带钩（M121：1）

2. 铁削（M157：1）

3. 铁带钩（M200：2）

4. 铜镞（M264：1）

新郑双楼东周墓M121、M157、M200、M264出土铜器、铁器

新郑双楼东周墓M129

新郑双楼东周墓M147

1. 鼎（M147：1）

2. 盘（M147：3）

3. 舟（M147：4）

4. 敦（M147：2）

新郑双楼东周墓M147出土铜器

新郑双楼东周墓M147出土骨贝（M147：6）

1. 玛瑙环（M164：1）

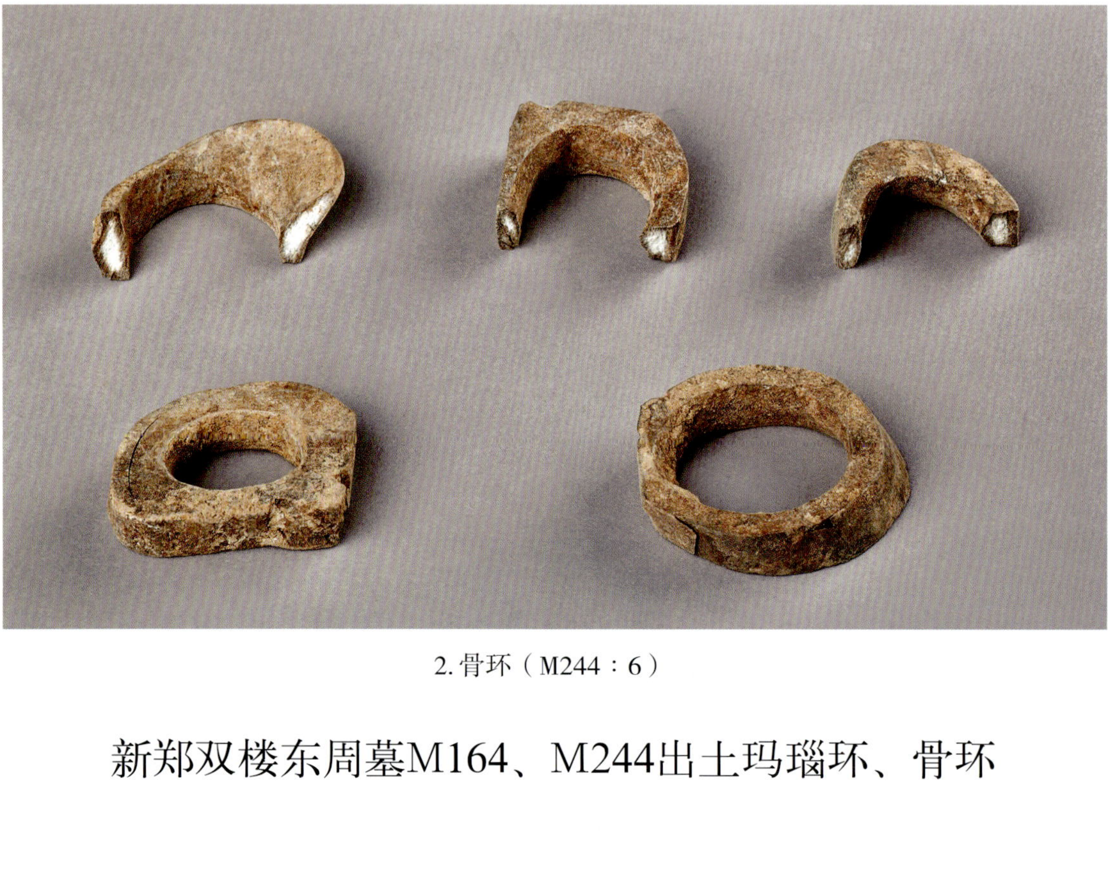

2. 骨环（M244：6）

新郑双楼东周墓M164、M244出土玛瑙环、骨环

1. M178：4

2. M258：1

3. M261：2

4. M237：1

5. M233：1

6. M260：1

新郑双楼东周墓M178、M233、M237、M258、M260、M261出土玉圭

新郑双楼东周墓M188出土陶器组合

1. 尊（M196：3）

2. 尊（M196：4）

3. 敦（M207：5）

4. 罍（M207：4）

5. 罍（M212：1）

6. 敦（M212：3）

新郑双楼东周墓M196、M207、M212出土彩绘陶

1. M204：1

2. M209：10

3. M231：1

4. M214：5

5. M232：1

新郑双楼东周墓M204、M209、M214、M231、M232出土玉圭

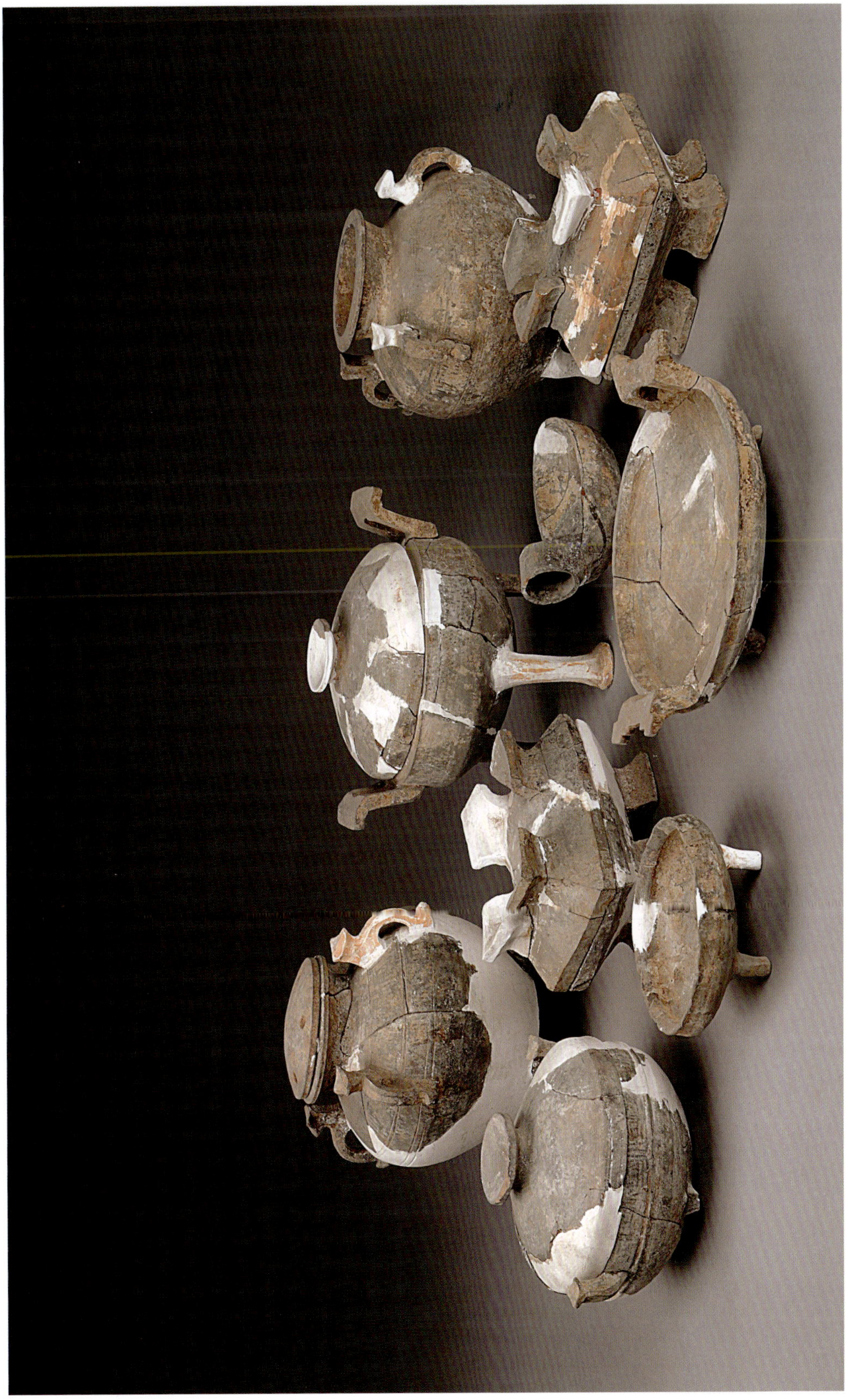

新郑双楼东周墓M207出土陶器组合

新郑双楼东周墓M209出土陶器组合

1. 叶形饰（M209：2-1）

2. 叶形饰（M209：2-2）

3. 叶形饰（M209：2-3）

4. 陶鸟（M209：7）

新郑双楼东周墓M209出土陶鸟及陶叶形饰

新郑双楼东周墓M214出土陶器组合

1. 罍（M233：4）

2. 鼎（M237：5）

3. 罍（M237：7）

4. 盖豆（M254：5）

新郑双楼东周墓M233、M237、M254出土彩绘陶

新郑双楼东周墓M240出土陶器组合

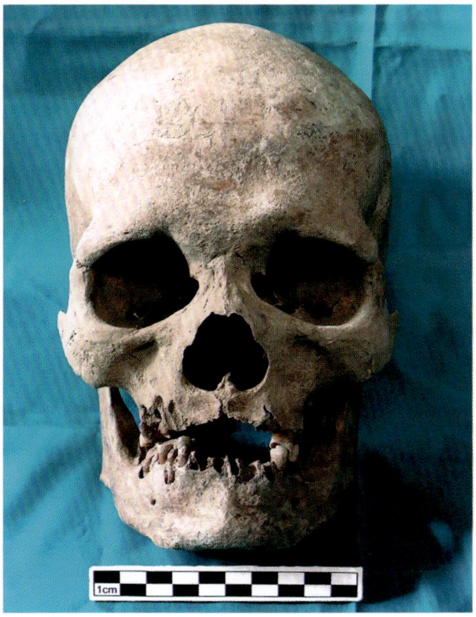

1. 正视

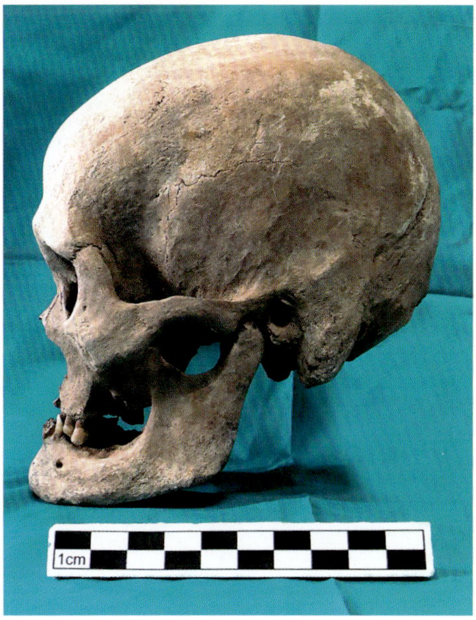

2. 侧视

3. 后视

4. 顶视

新郑双楼东周墓M3男性颅骨

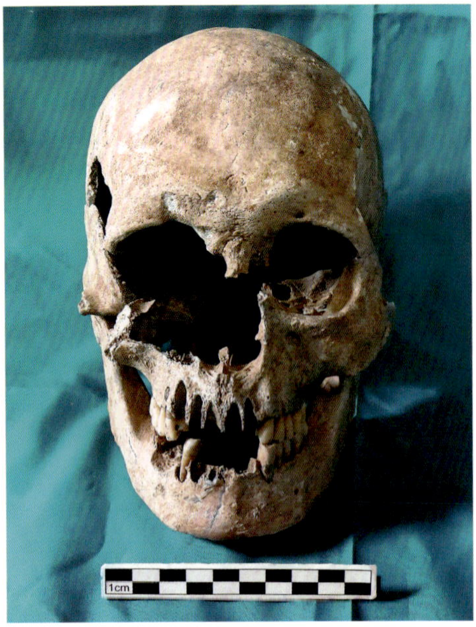

1. 正视

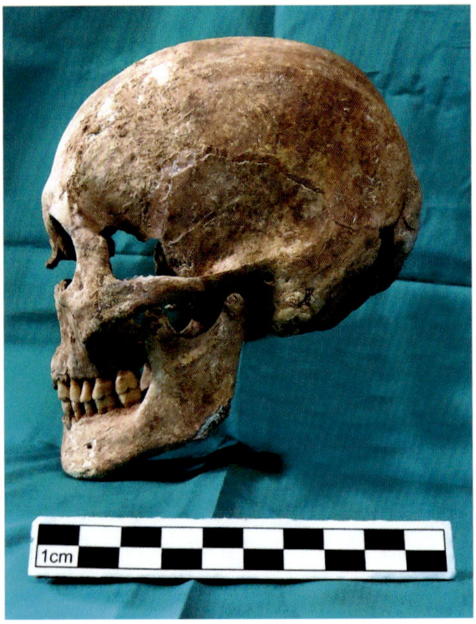

2. 侧视

3. 后视

4. 顶视

新郑双楼东周墓M13男性颅骨

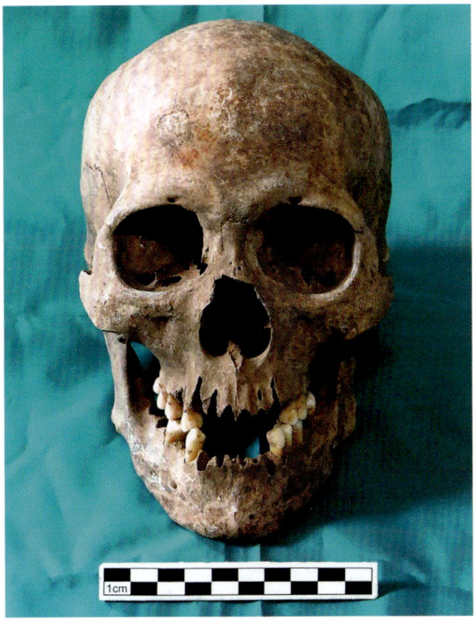

1. 正视

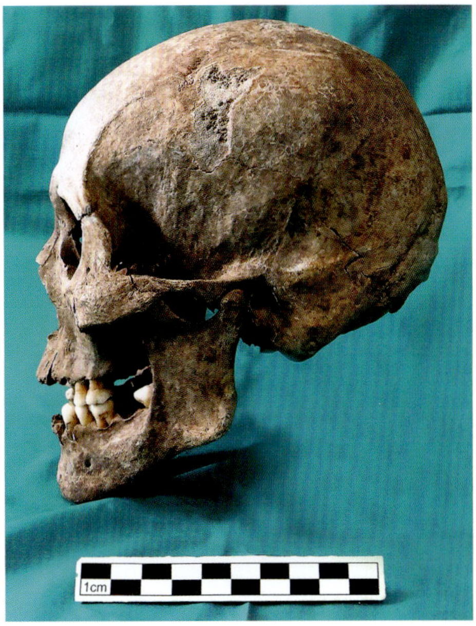

2. 侧视

3. 后视

4. 顶视

新郑双楼东周墓M45男性颅骨

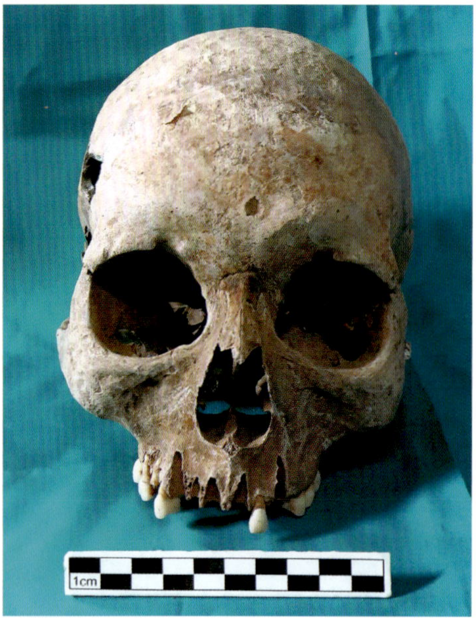

1. 正视

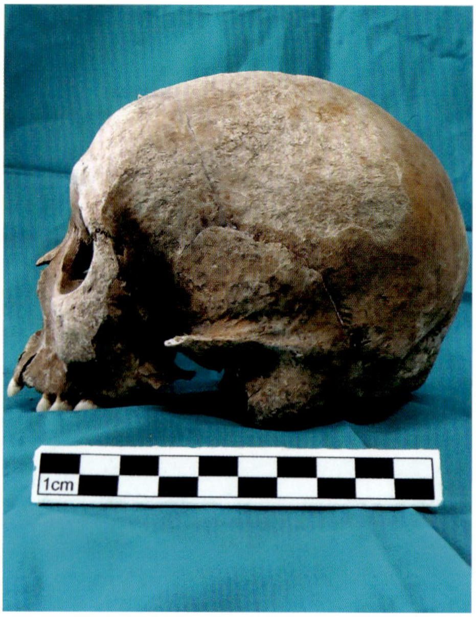

2. 侧视

3. 后视

4. 顶视

新郑双楼东周墓M58男性颅骨

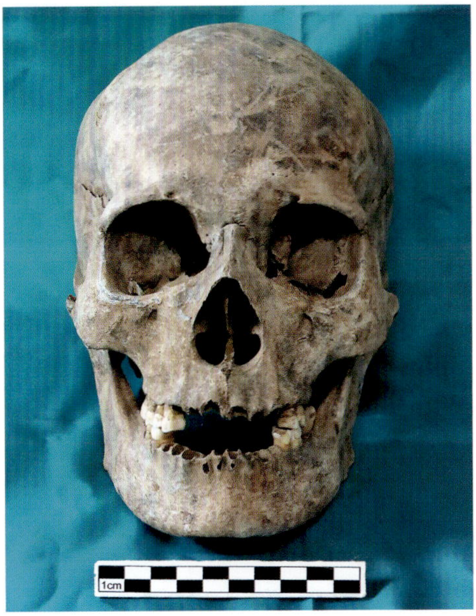

1. 正视

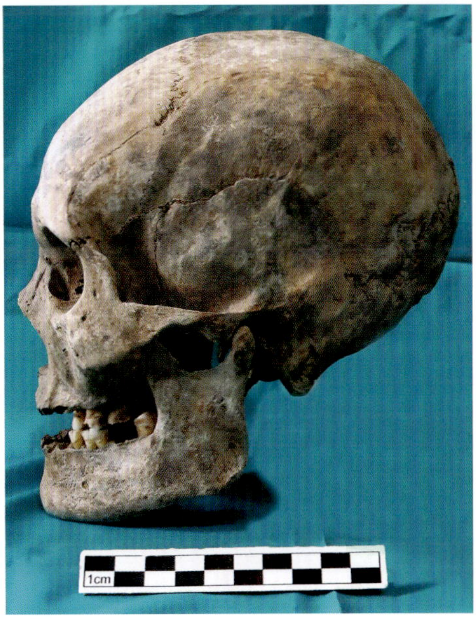

2. 侧视

3. 后视

4. 顶视

新郑双楼东周墓M70男性颅骨

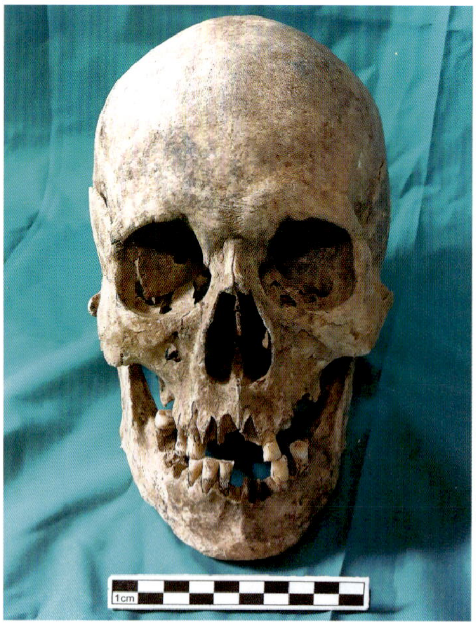

1. 正视

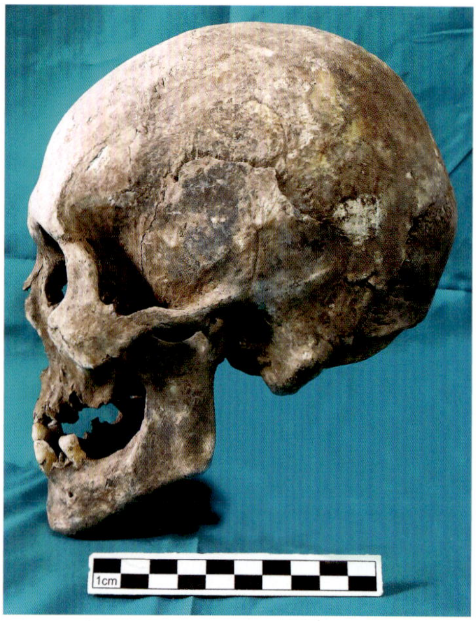

2. 侧视

3. 后视

4. 顶视

新郑双楼东周墓M89男性颅骨

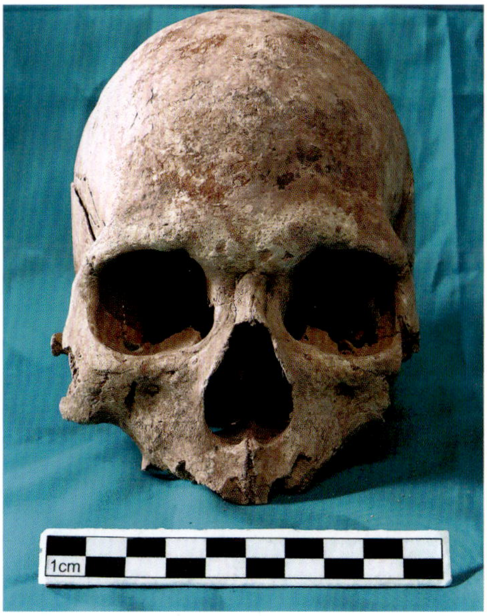

1. 正视

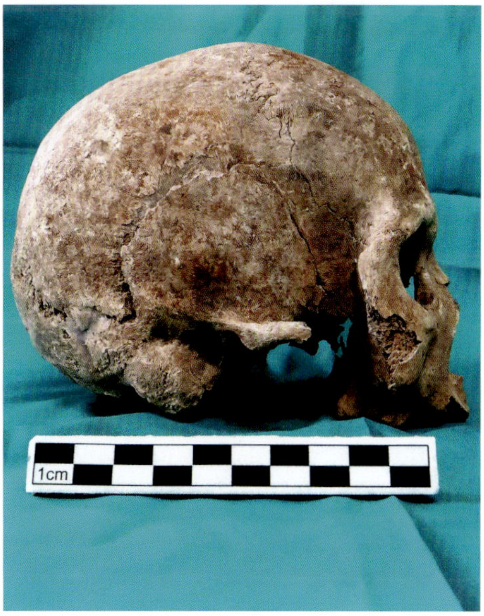

2. 侧视

3. 后视

4. 顶视

新郑双楼东周墓M98男性颅骨

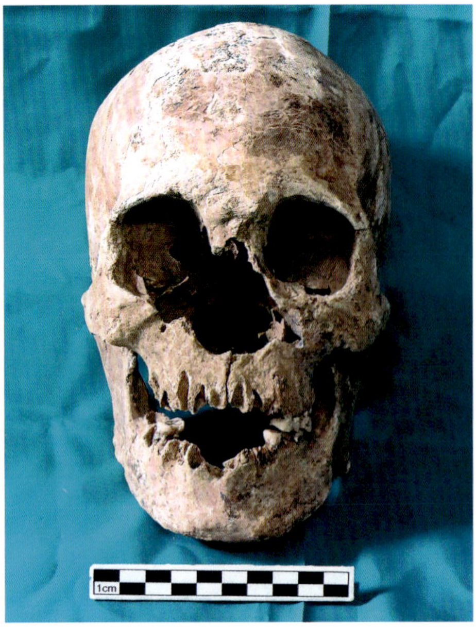

1. 正视

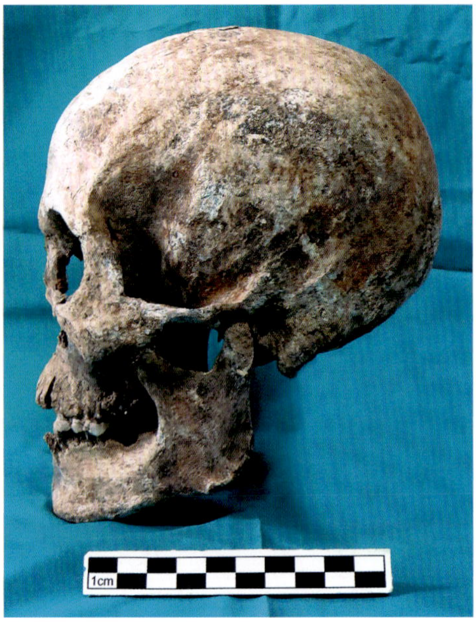

2. 侧视

3. 后视

4. 顶视

新郑双楼东周墓M102男性颅骨

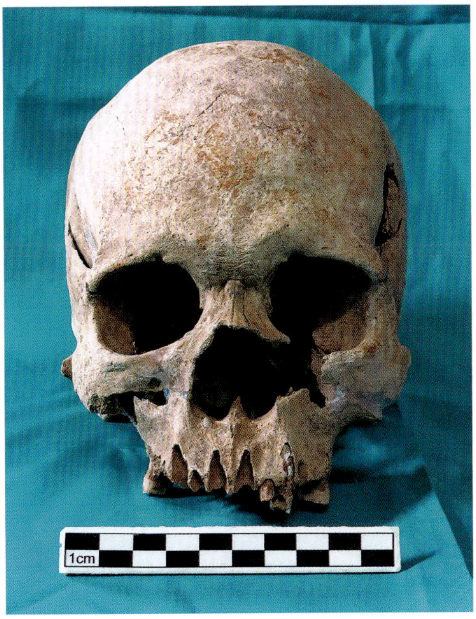

1. 正视

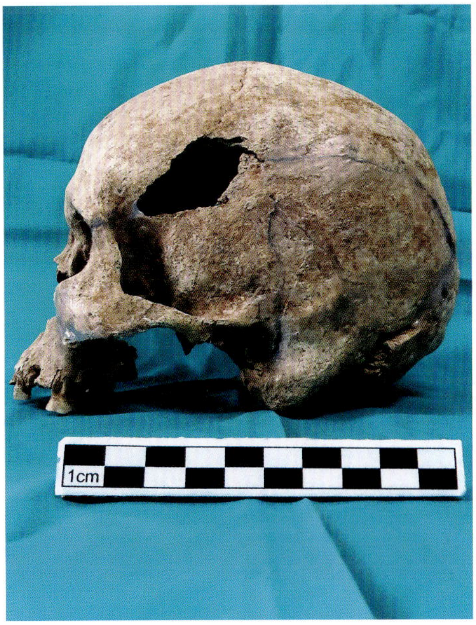

2. 侧视

3. 后视

4. 顶视

新郑双楼东周墓M116男性颅骨

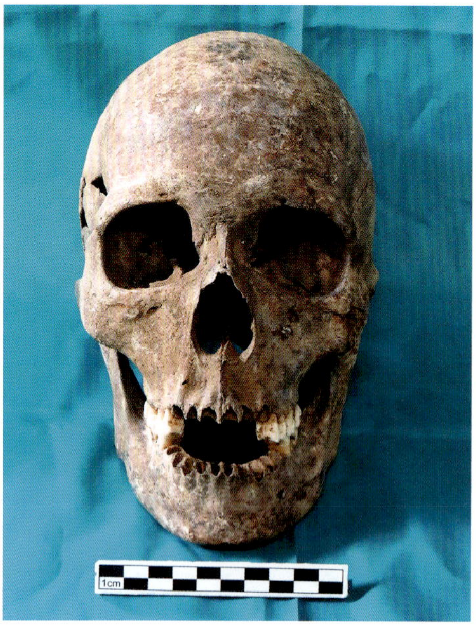

1. 正视

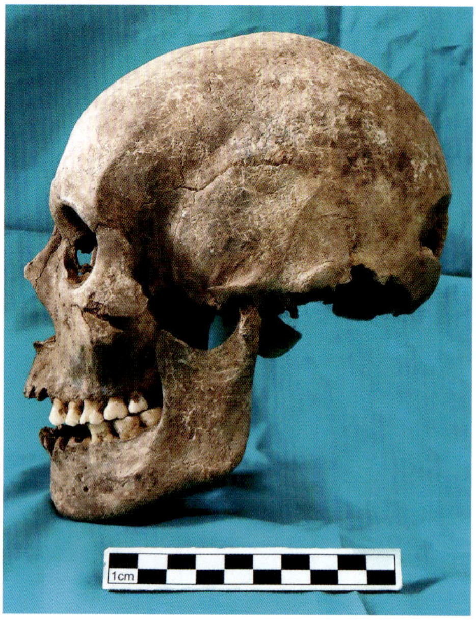

2. 侧视

3. 后视

4. 顶视

新郑双楼东周墓M146男性颅骨

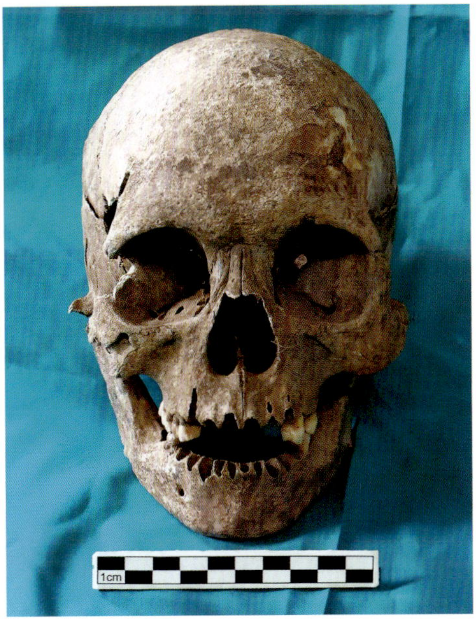

1. 正视

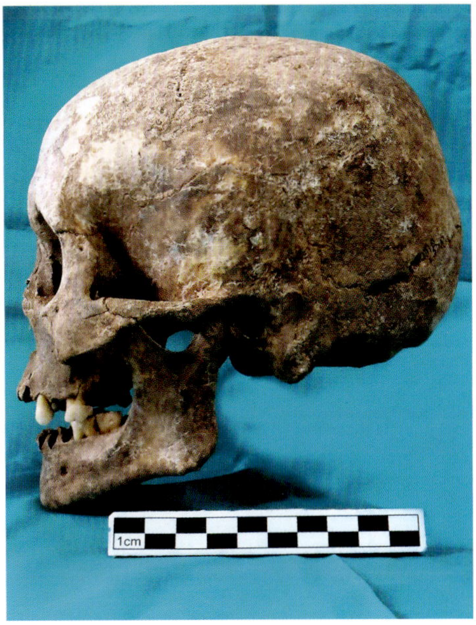

2. 侧视

3. 后视

4. 顶视

新郑双楼东周墓M201男性颅骨

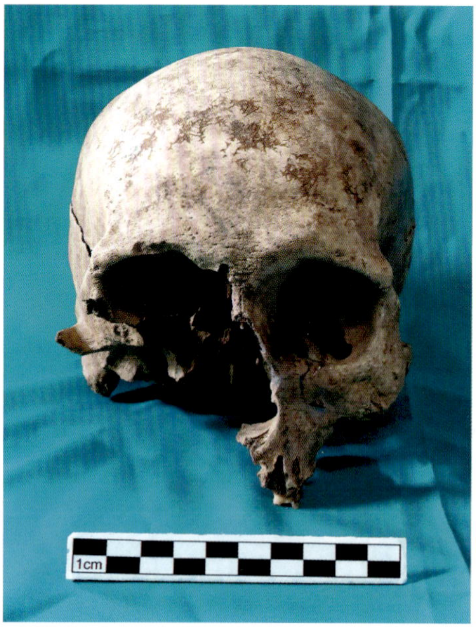

1. 正视

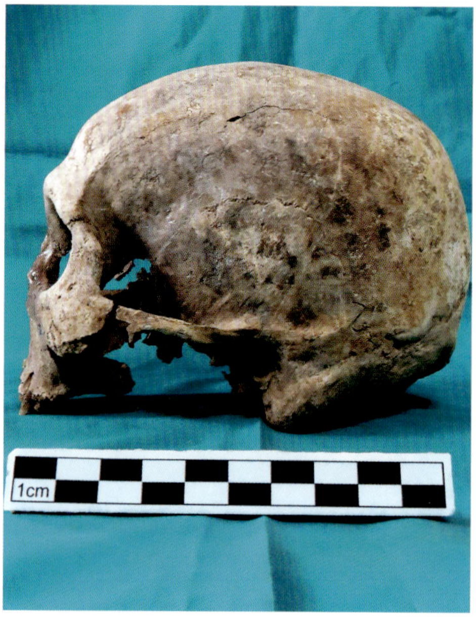

2. 侧视

3. 后视

4. 顶视

新郑双楼东周墓M203男性颅骨

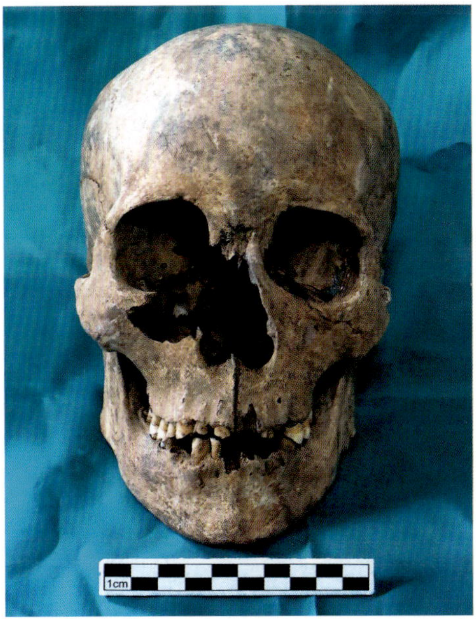

1. 正视

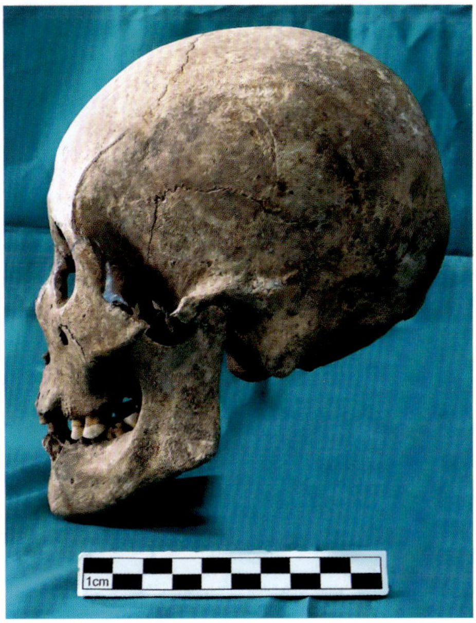

2. 侧视

3. 后视

4. 顶视

新郑双楼东周墓M226男性颅骨

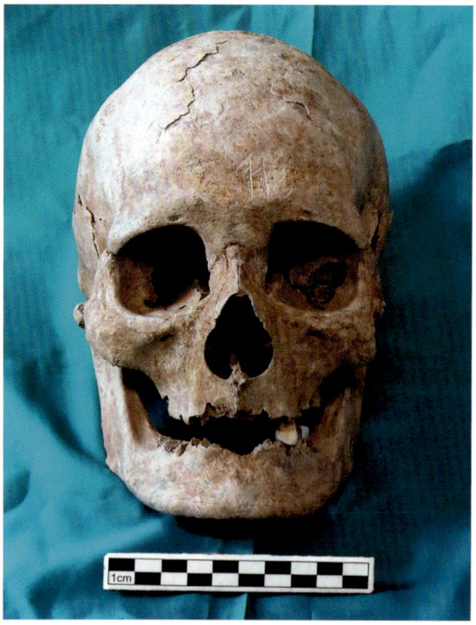

1. 正视

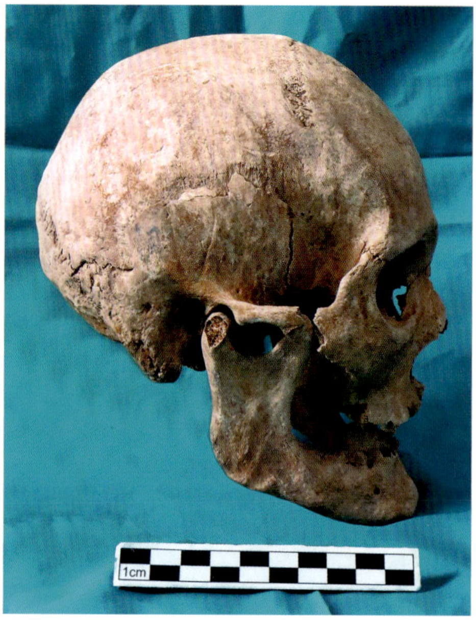

2. 侧视

3. 后视

4. 顶视

新郑双楼东周墓M231男性颅骨

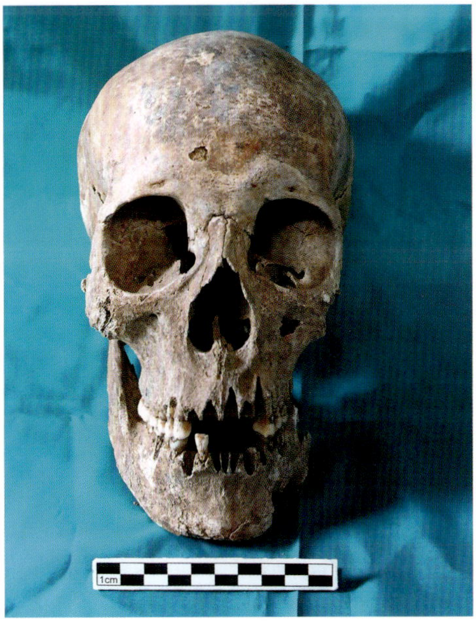

1. 正视

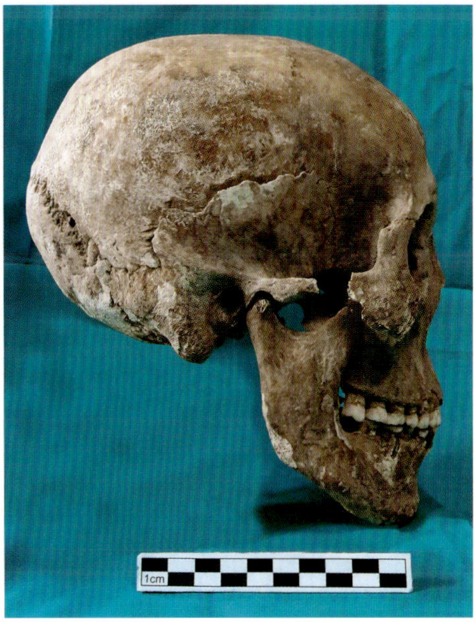

2. 侧视

3. 后视

4. 顶视

新郑双楼东周墓M233男性颅骨

1. 正视

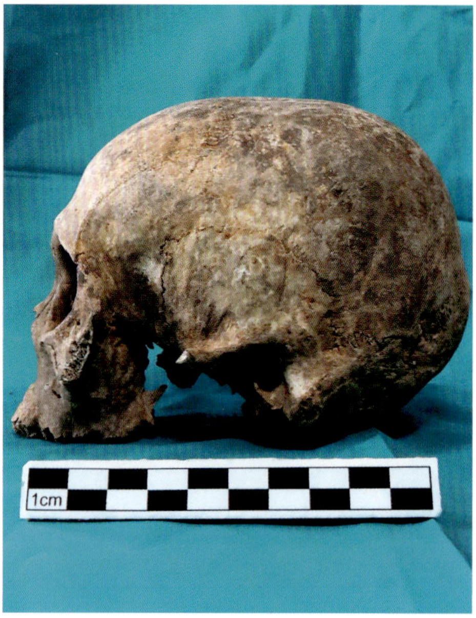

2. 侧视

3. 后视

4. 顶视

新郑双楼东周墓M242男性颅骨

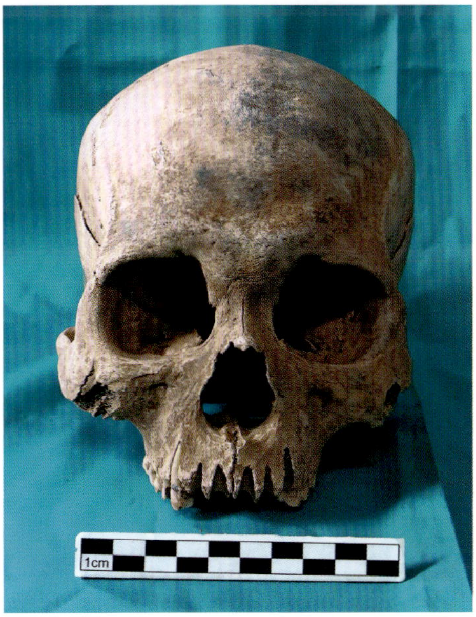

1. 正视

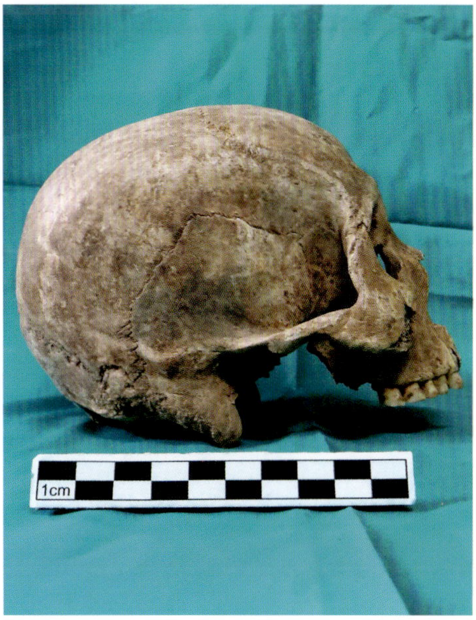

2. 侧视

3. 后视

4. 顶视

新郑双楼东周墓M253男性颅骨

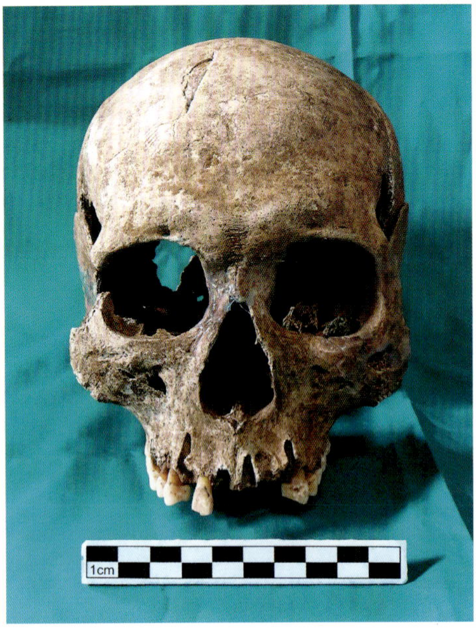

1. 正视

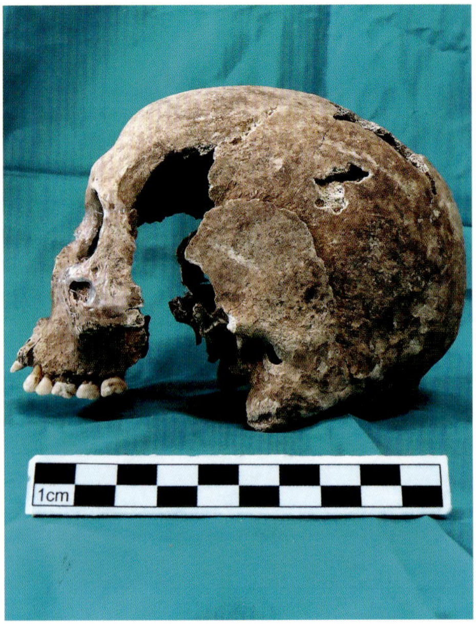

2. 侧视

3. 后视

4. 顶视

新郑双楼东周墓M255男性颅骨

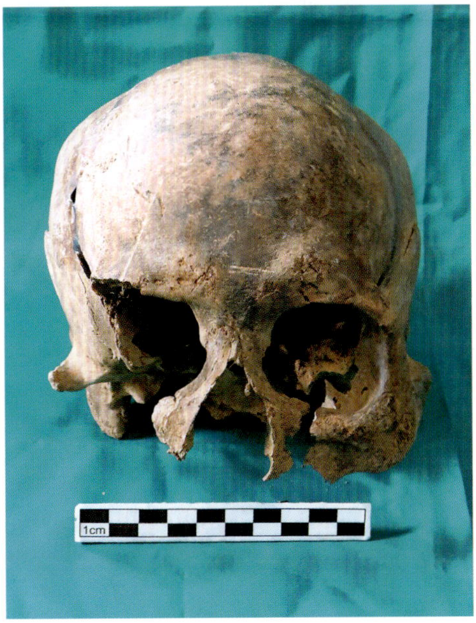

1. 正视

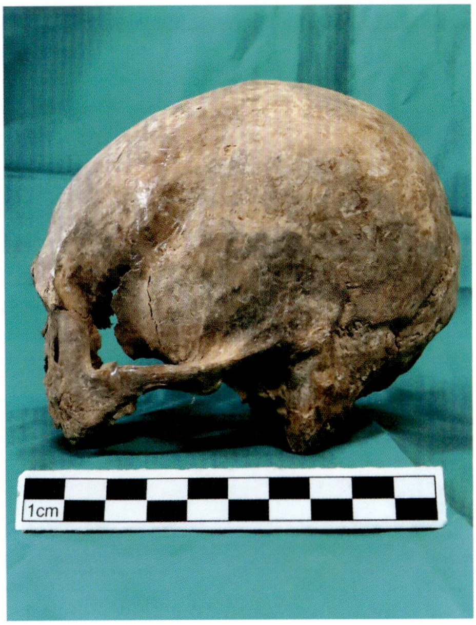

2. 侧视

3. 后视

4. 顶视

新郑双楼东周墓M259男性颅骨

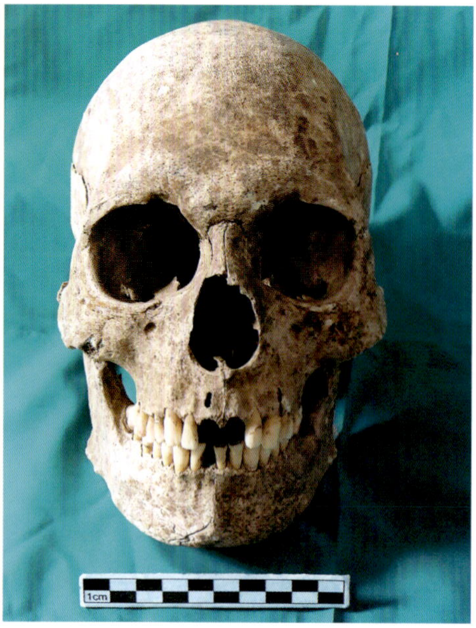

1. 正视

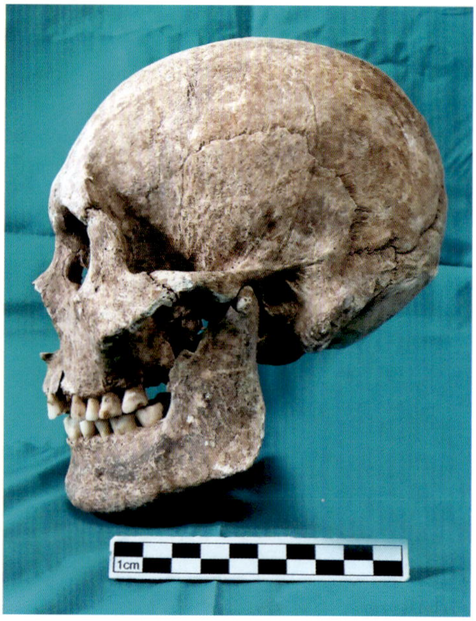

2. 侧视

3. 后视

4. 顶视

新郑双楼东周墓M262男性颅骨

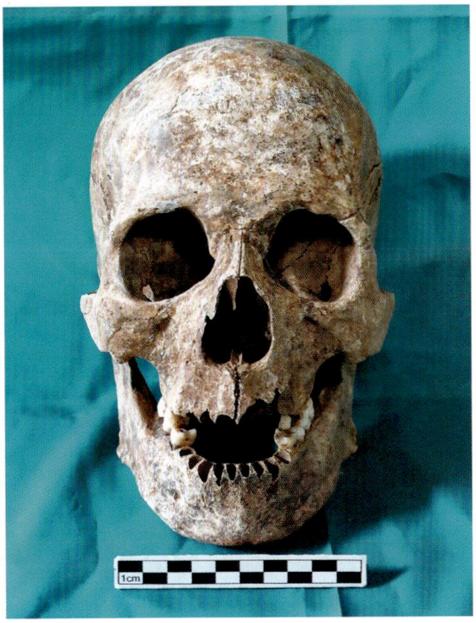

1. 正视

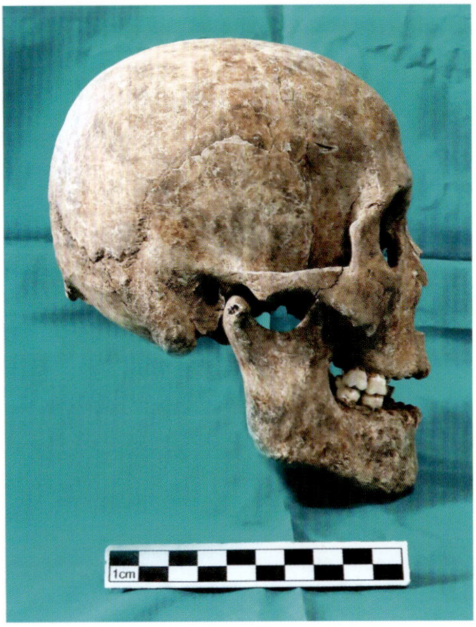

2. 侧视

3. 后视

4. 顶视

新郑双楼东周墓M263男性颅骨

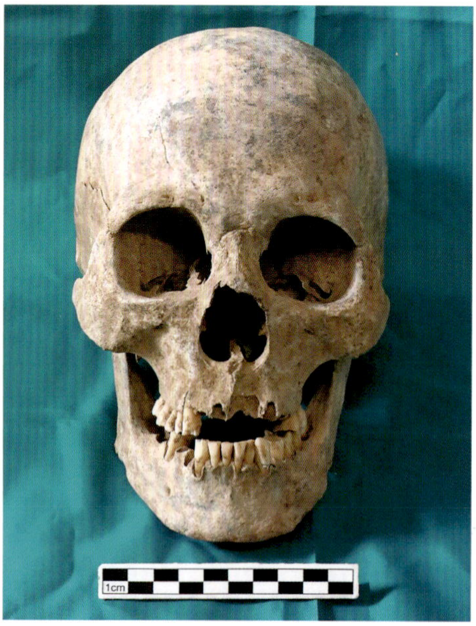

1. 正视

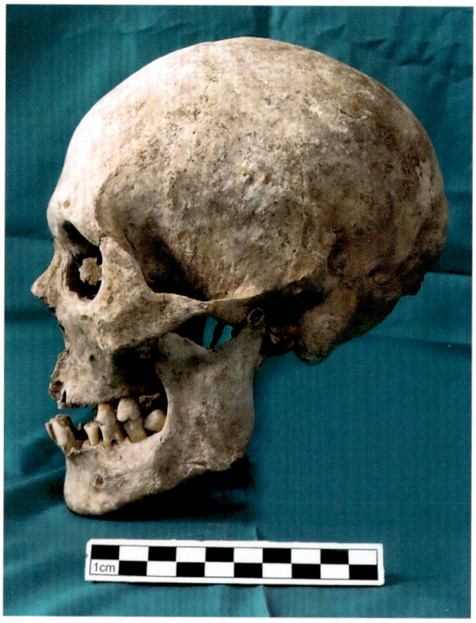

2. 侧视

3. 后视

4. 顶视

新郑双楼东周墓M265男性颅骨

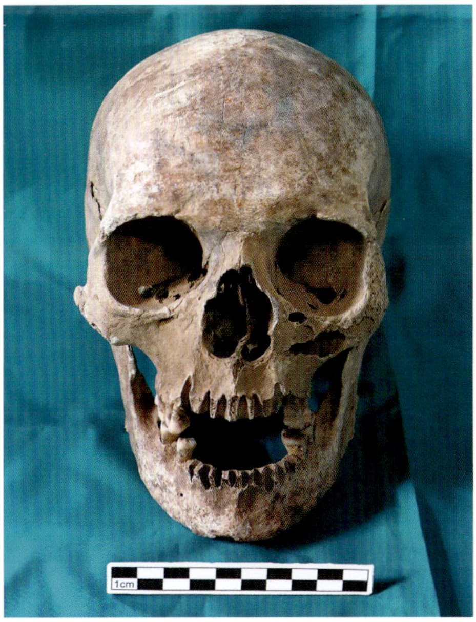

1. 正视

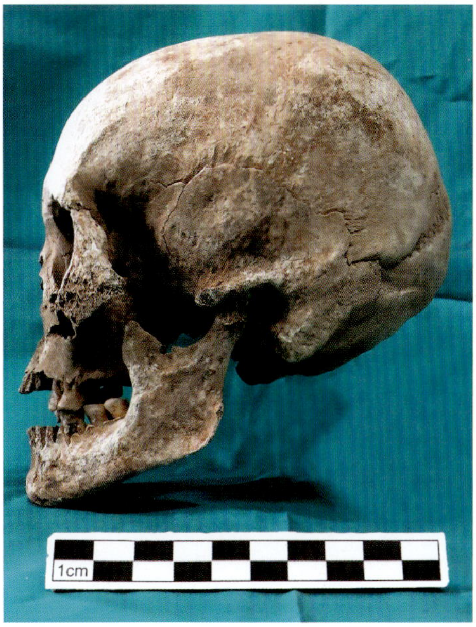

2. 侧视

3. 后视

4. 顶视

新郑双楼东周墓M11女性颅骨

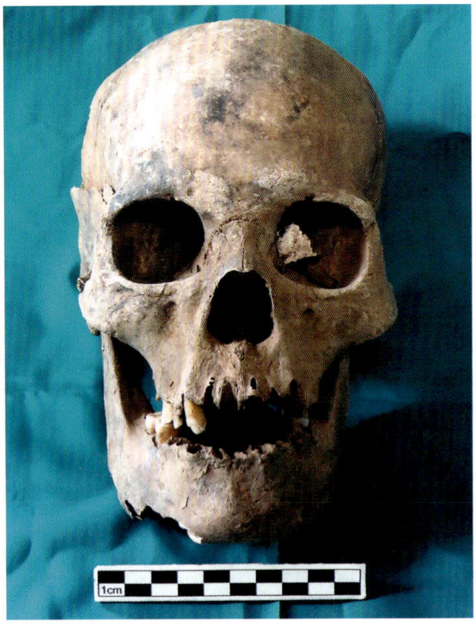

1. 正视

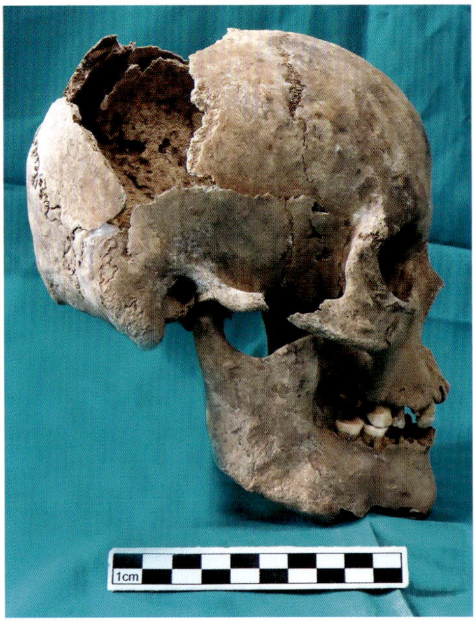

2. 侧视

3. 后视

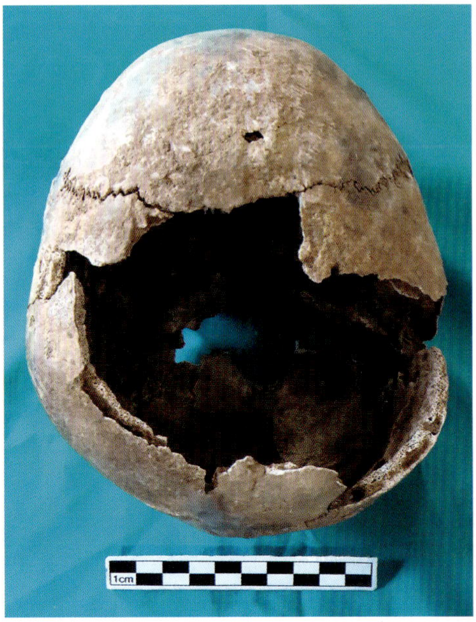

4. 顶视

新郑双楼东周墓M20女性颅骨

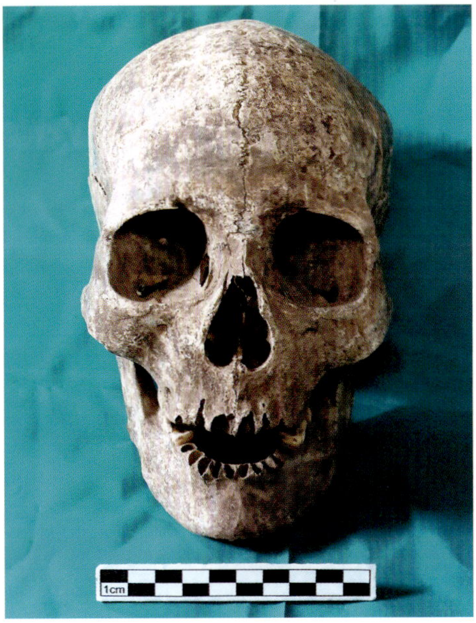

1. 正视

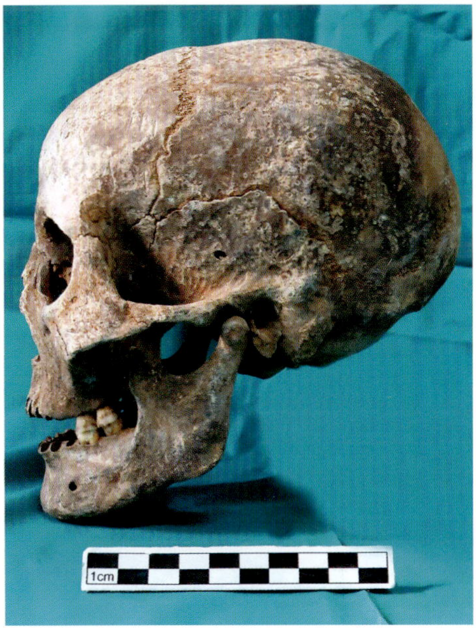

2. 侧视

3. 后视

4. 顶视

新郑双楼东周墓M75女性颅骨

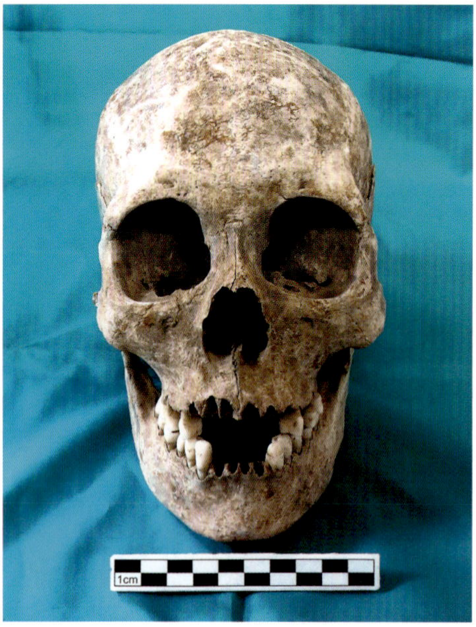

1. 正视

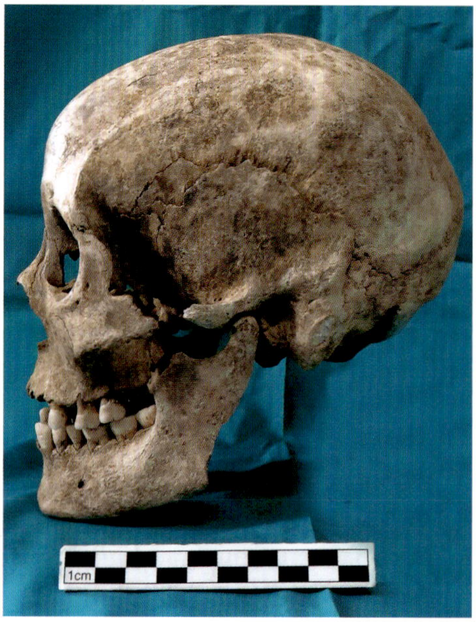

2. 侧视

3. 后视

4. 顶视

新郑双楼东周墓M134女性颅骨

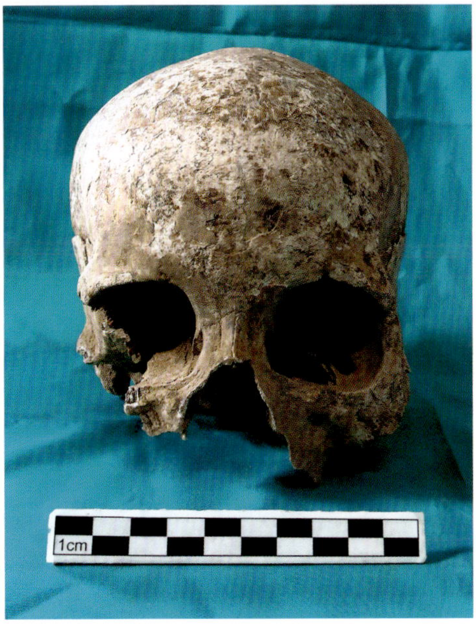

1. 正视

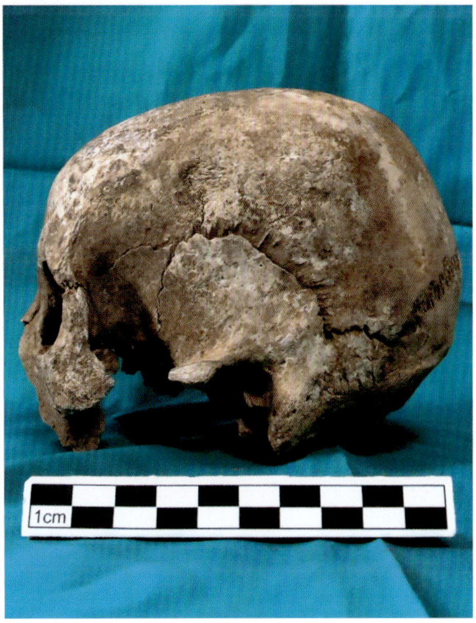

2. 侧视

3. 后视

4. 顶视

新郑双楼东周墓M156女性颅骨

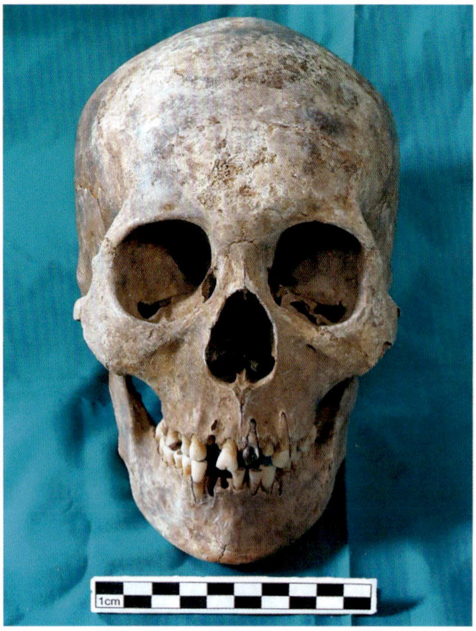

1. 正视

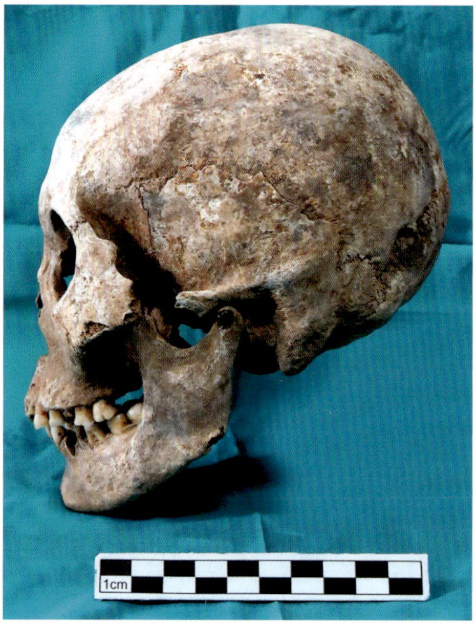

2. 侧视

3. 后视

4. 顶视

新郑双楼东周墓M185女性颅骨

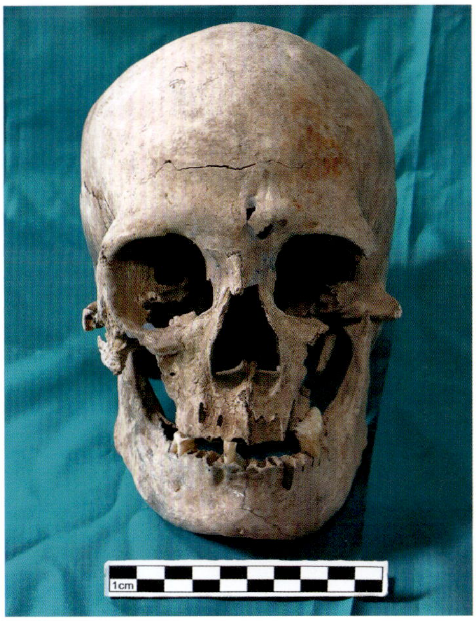

1. 正视

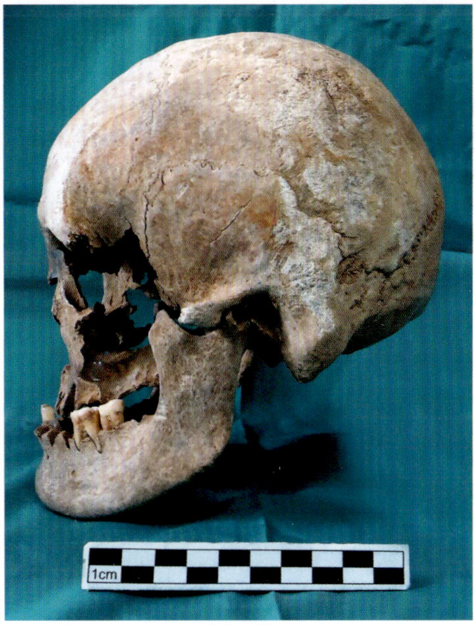

2. 侧视

3. 后视

4. 顶视

新郑双楼东周墓M215女性颅骨

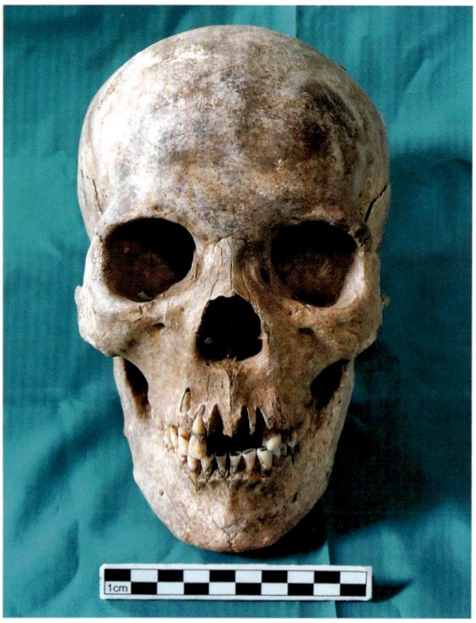

1. 正视

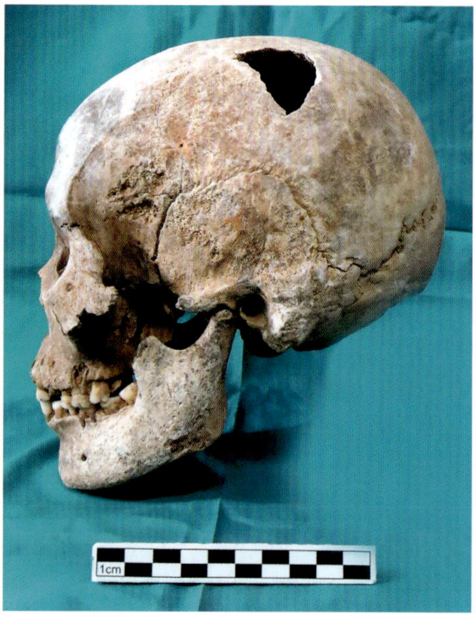

2. 侧视

3. 后视

4. 顶视

新郑双楼东周墓M227女性颅骨

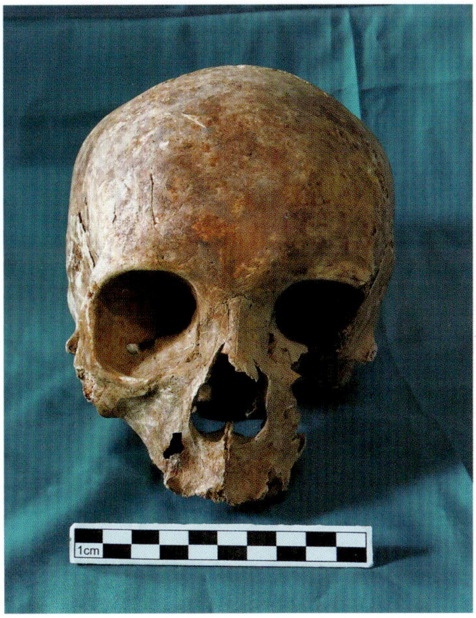

1. 正视

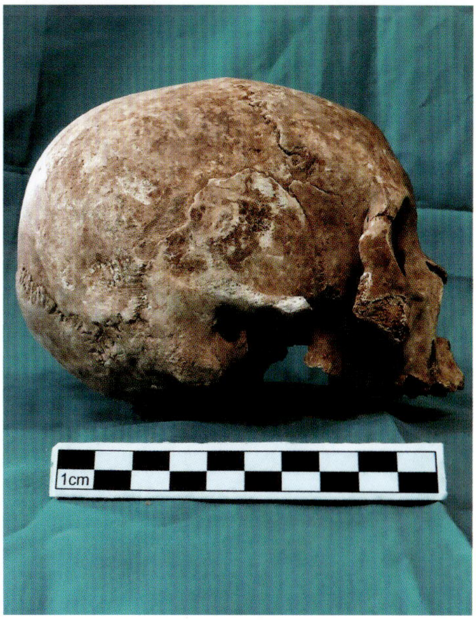

2. 侧视

3. 后视

4. 顶视

新郑双楼东周墓M246女性颅骨

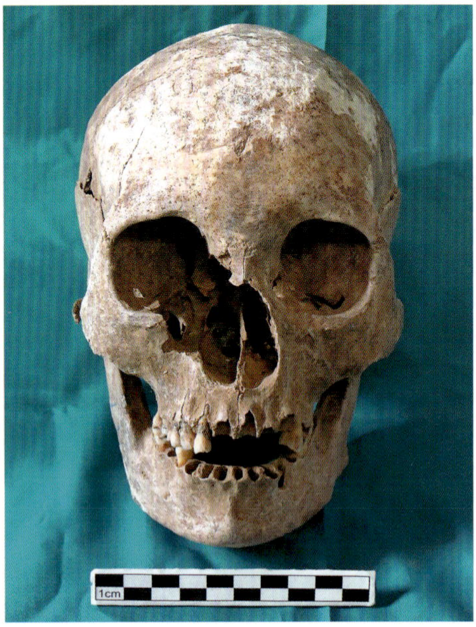

1. 正视

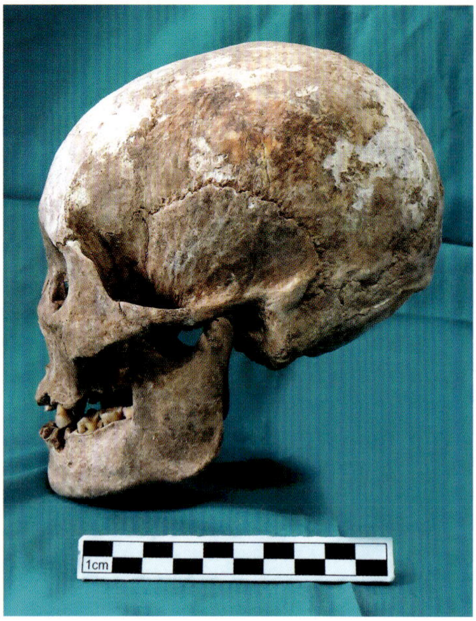

2. 侧视

3. 后视

4. 顶视

新郑双楼东周墓M261女性颅骨

1. 印加骨（M124）

2. 右侧下颌关节窝关节炎（M42）

新郑双楼东周墓出土人骨

1. 腰椎的施莫尔结节（M85）

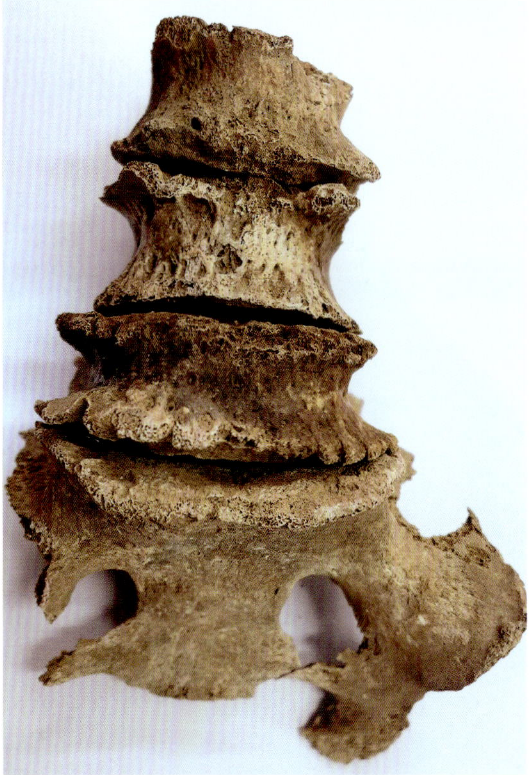

2. 腰椎的骨性关节炎（M20）

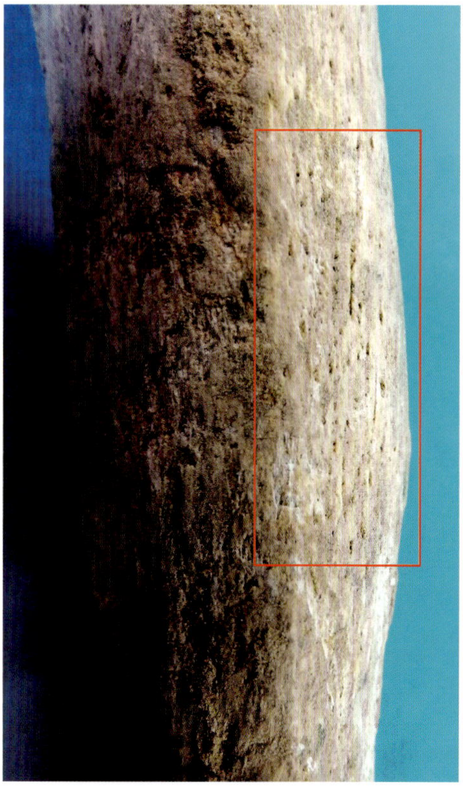

3. 右侧颈骨的骨膜炎（M82）

新郑双楼东周墓出土人骨

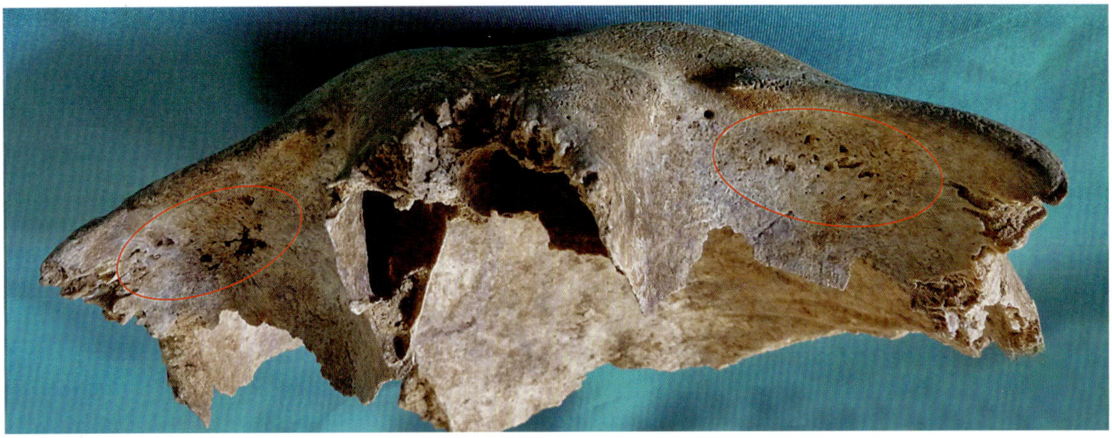

1. 筛状眶（M236）

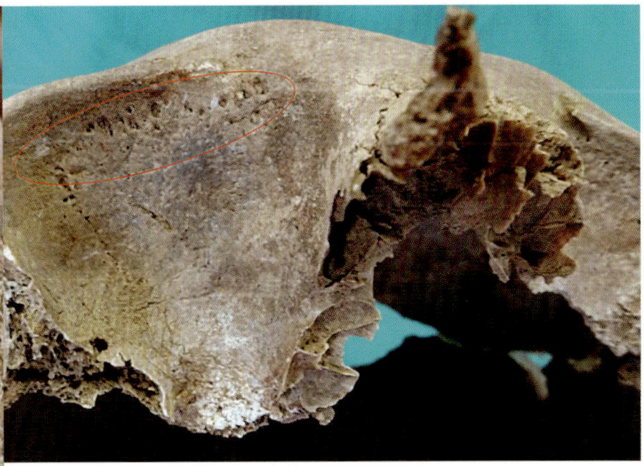

2. 筛状眶（M214）

3. 颅骨创伤（M263）

4. 多孔性骨肥厚（M262）

新郑双楼
东周墓出土人骨

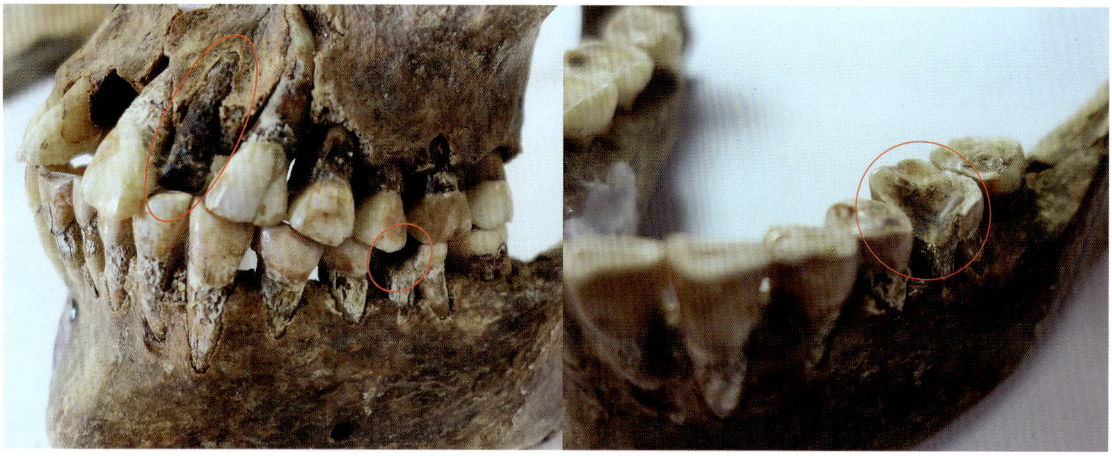

1.左侧上颌侧门齿与下颌第一臼齿的特殊磨耗（M218）

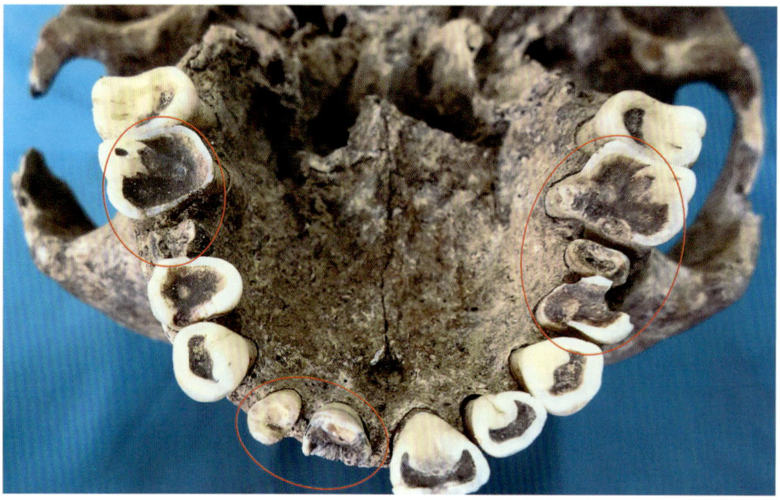

2.上颌臼齿与门齿的特殊磨耗（M185）

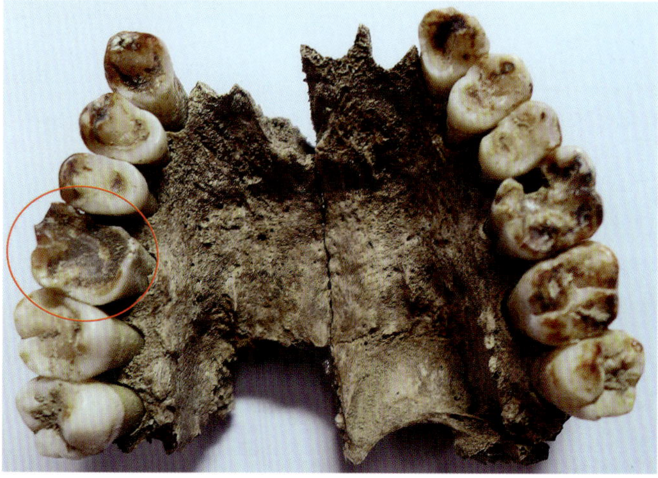

3.右侧上颌第一臼齿的特殊磨耗（M185）

新郑双楼东周墓出土人骨

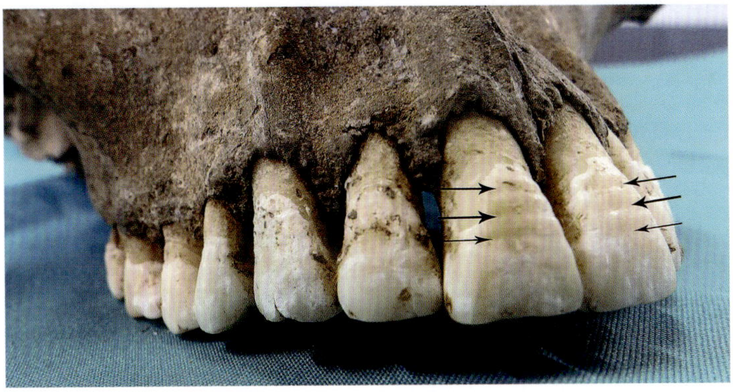

1.上颌中门齿的
牙釉质发育不良
（M146）

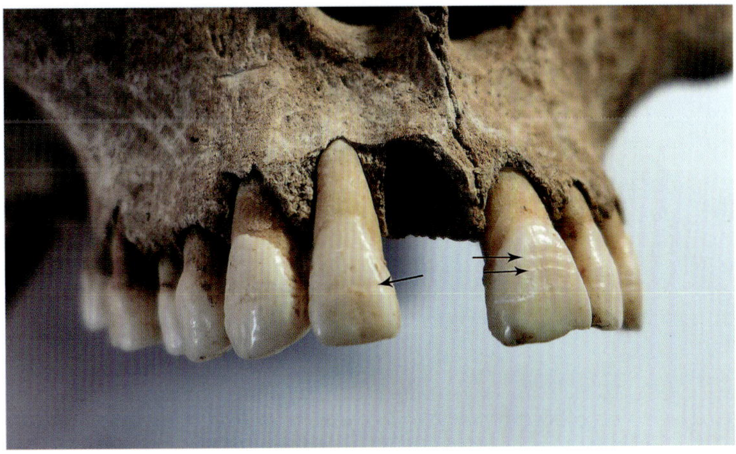

2.上颌门齿的
牙釉质发育不良
（M134）

3.左侧下颌犬齿
和 第一前臼齿牙釉质
发育不良（M96）

新郑双楼东周墓出土人骨

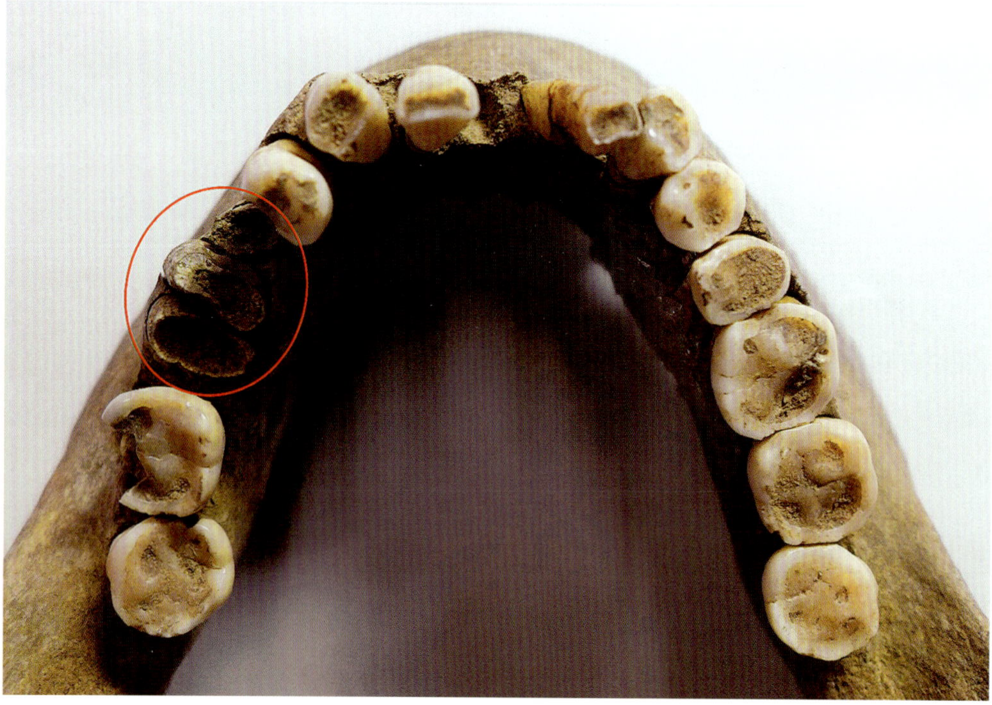

1.左侧下颌前臼齿和臼齿的龋病（M20）

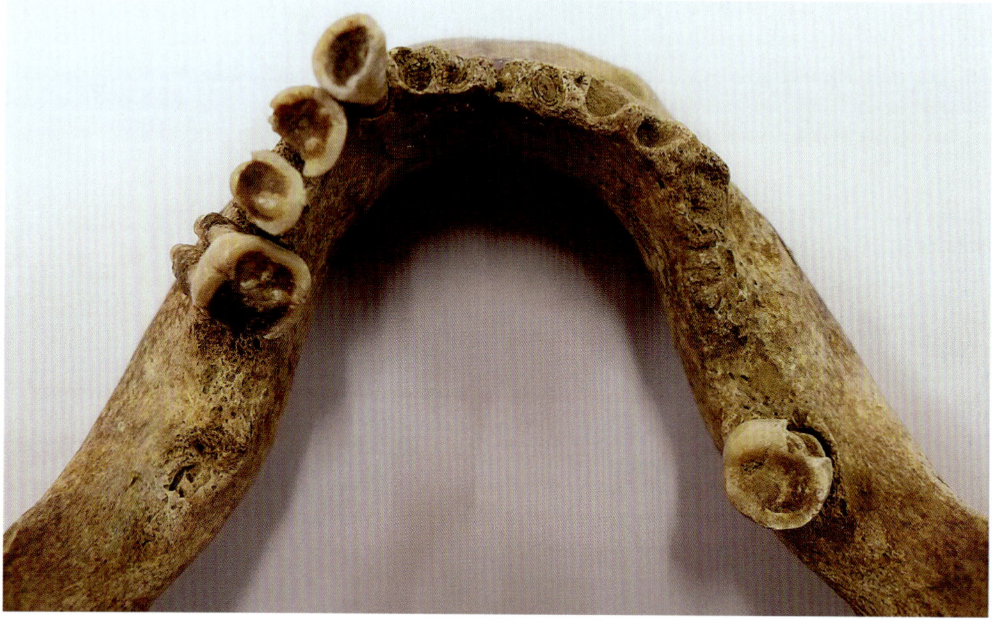

2.下颌部分牙齿生前脱落（M116）

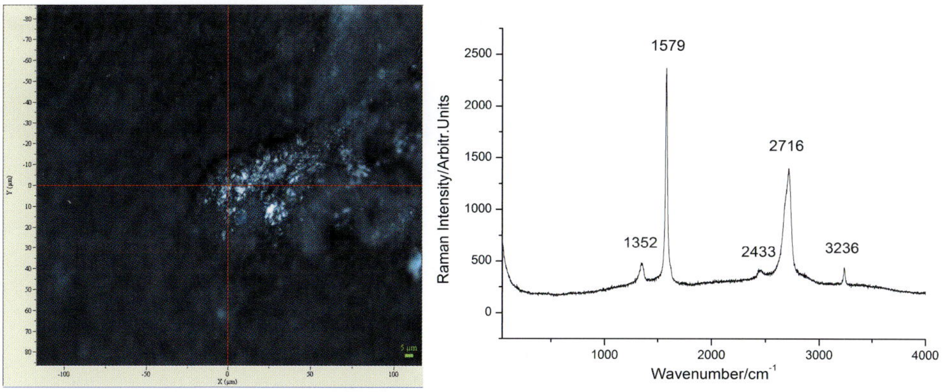

a: HNWK-ZH-55

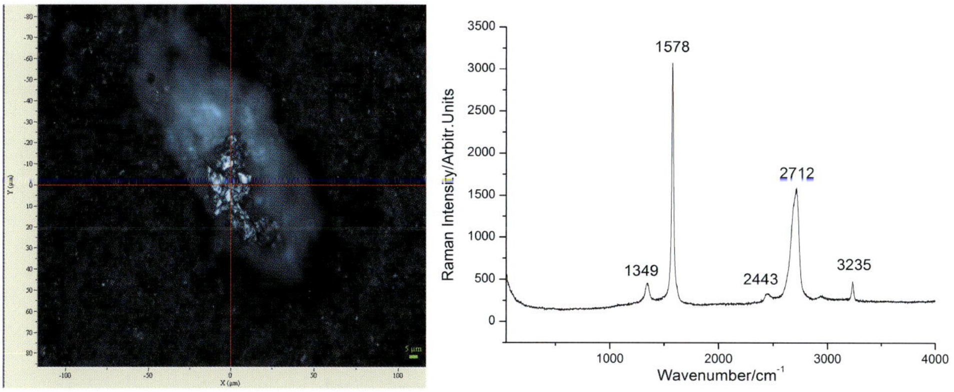

b: HNWK-ZH-56

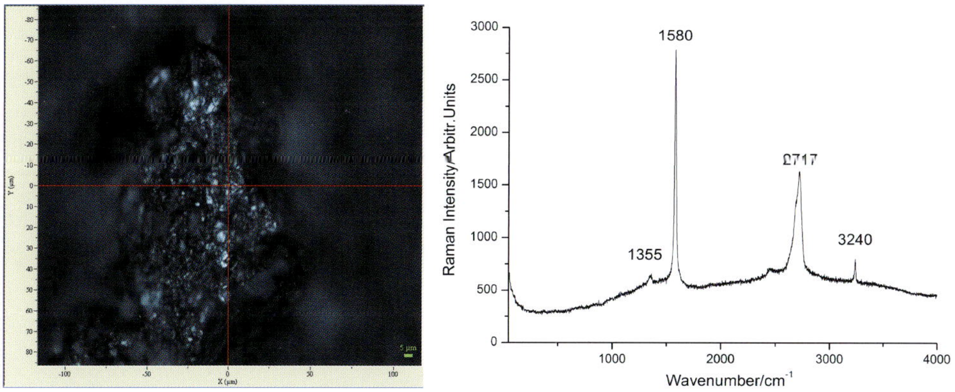

c: HNWK-ZH-57

透闪石玉器样品中包裹体的显微图片和Raman图谱

（左为显微图片，右为Raman图谱）

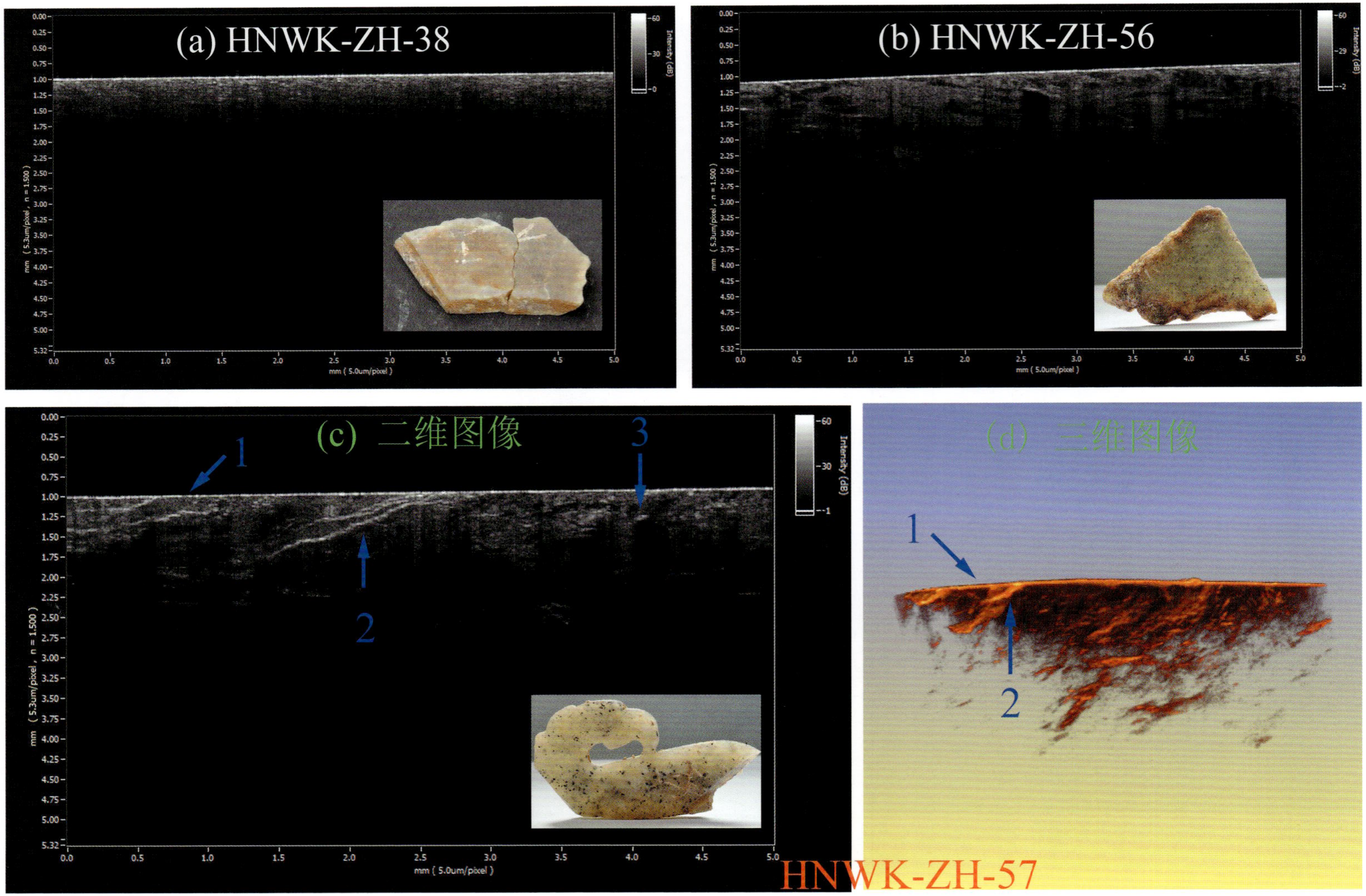

透闪石质玉器的OCT图像

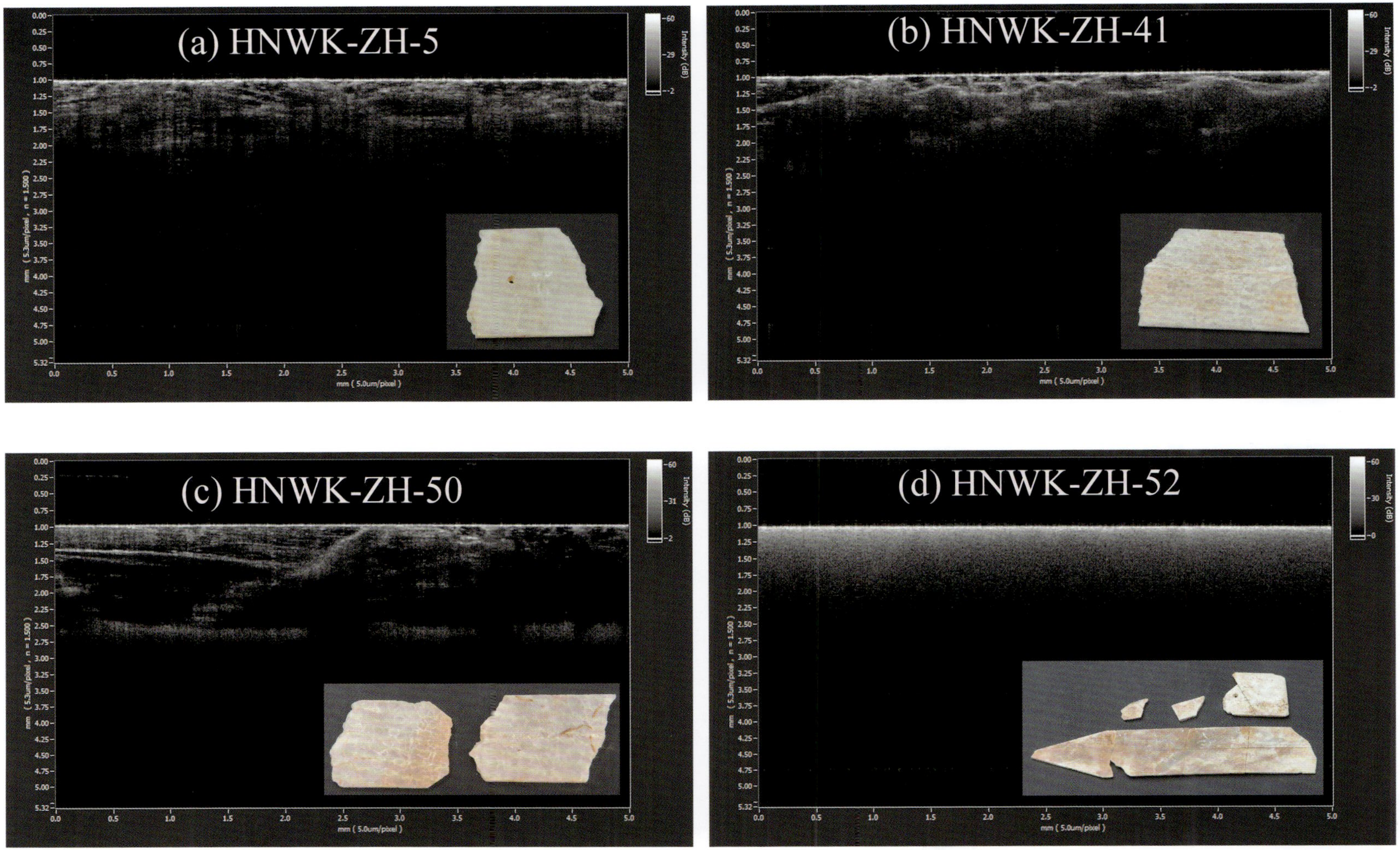

方解石质玉器的OCT图像

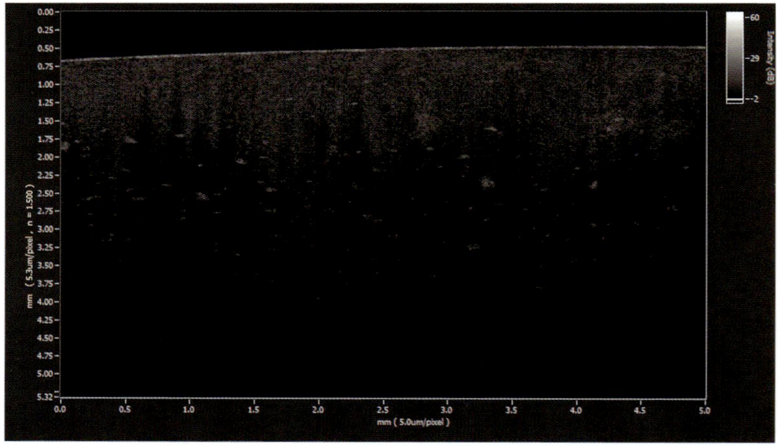

a：相对纯净区域

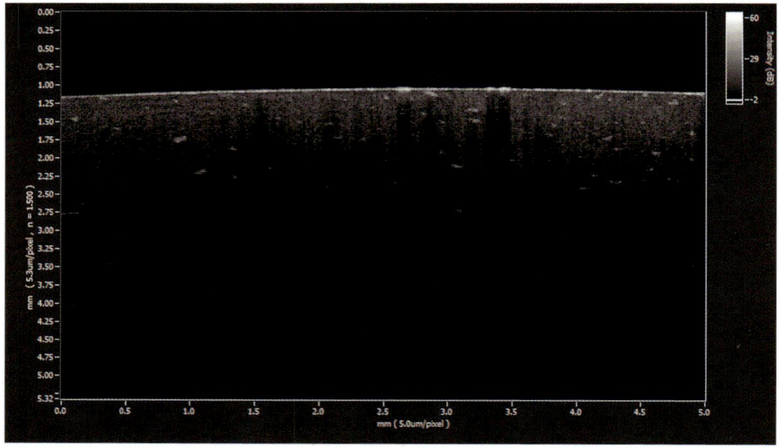

b：大颗粒分布区域

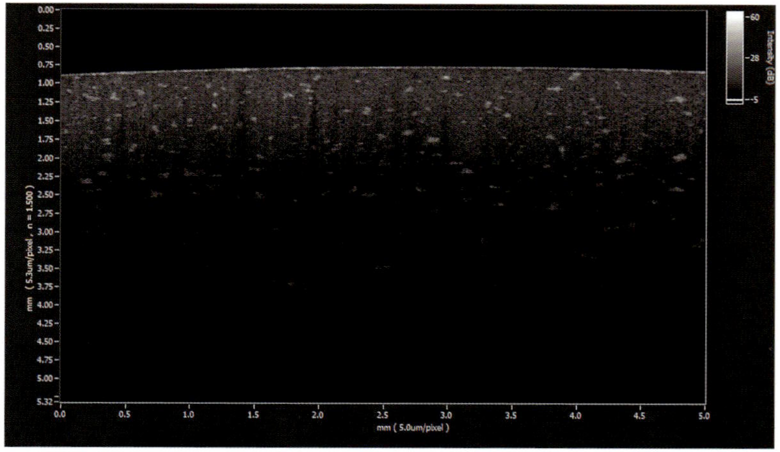

C：细小包裹体区域

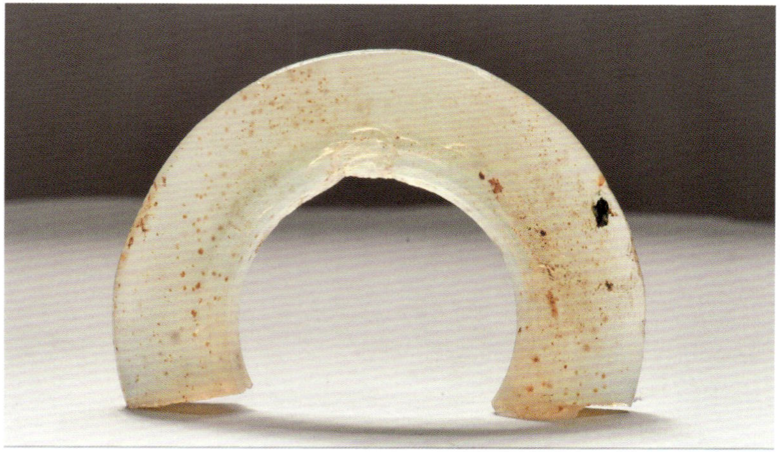

d：样品照片

石英质玉器HNWK-ZH-02的OCT图像

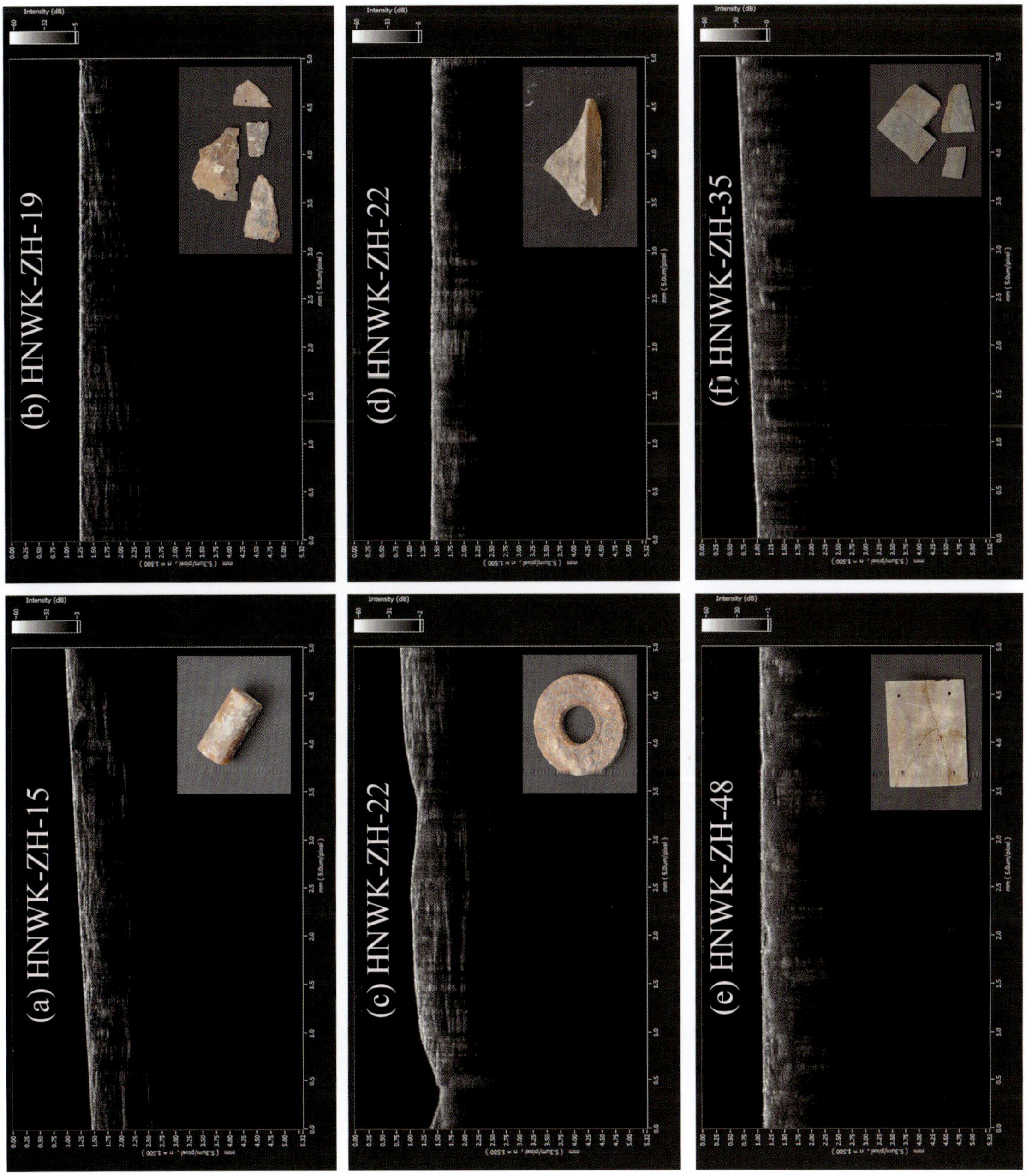

滑石质玉器的OCT图像

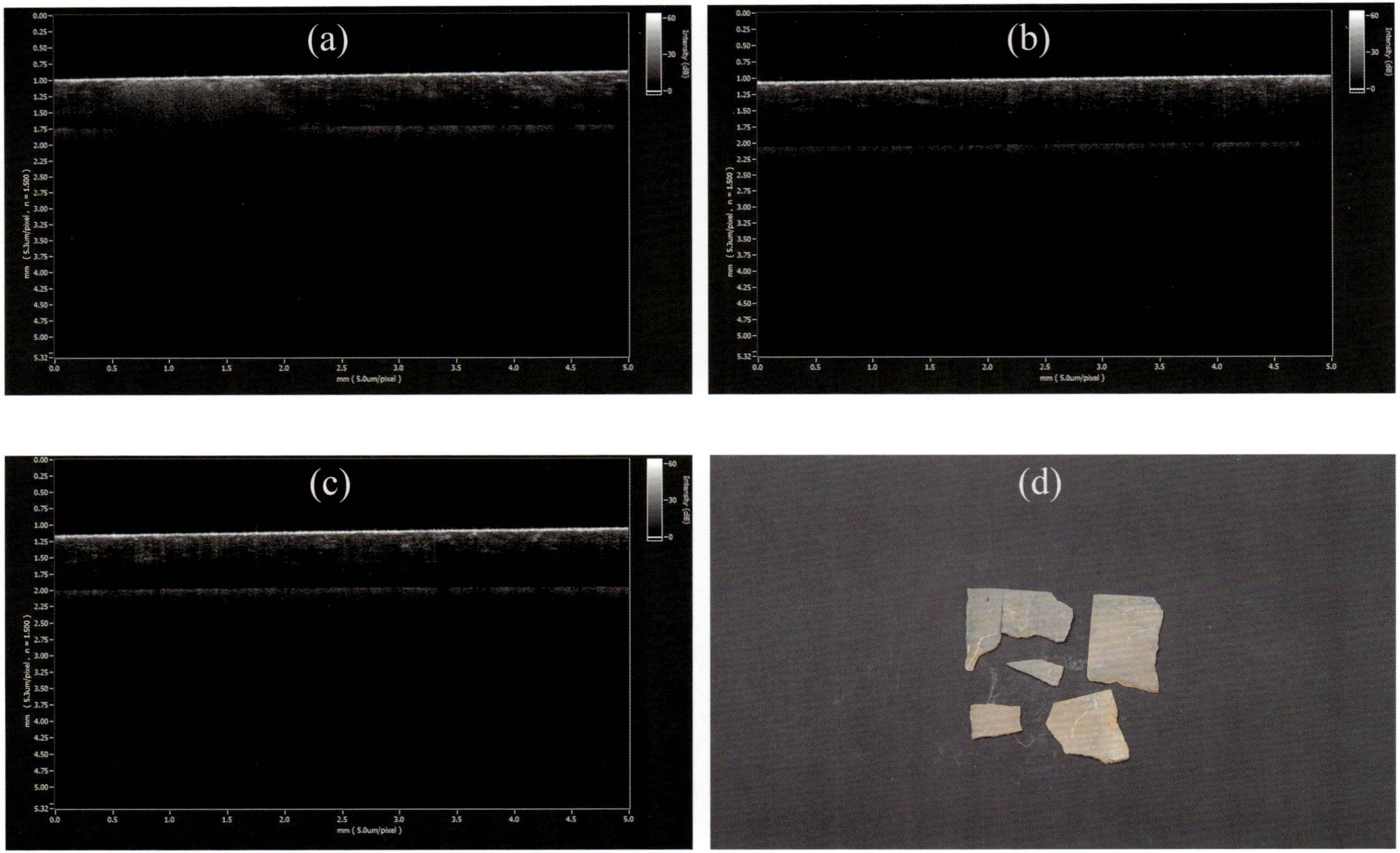

白云母质玉器样品HNWK-ZH-37的OCT图像

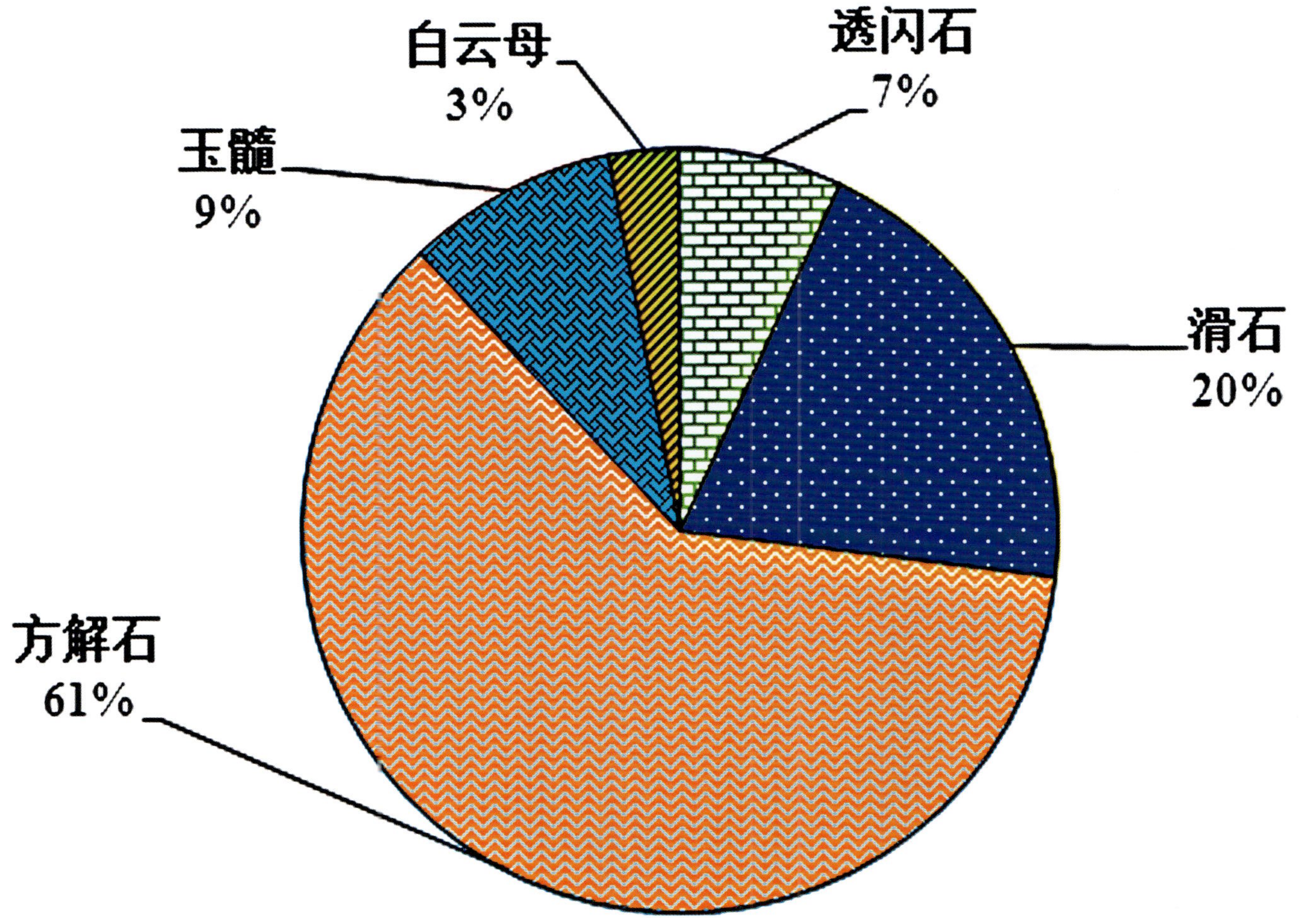

不同材质玉器的比例

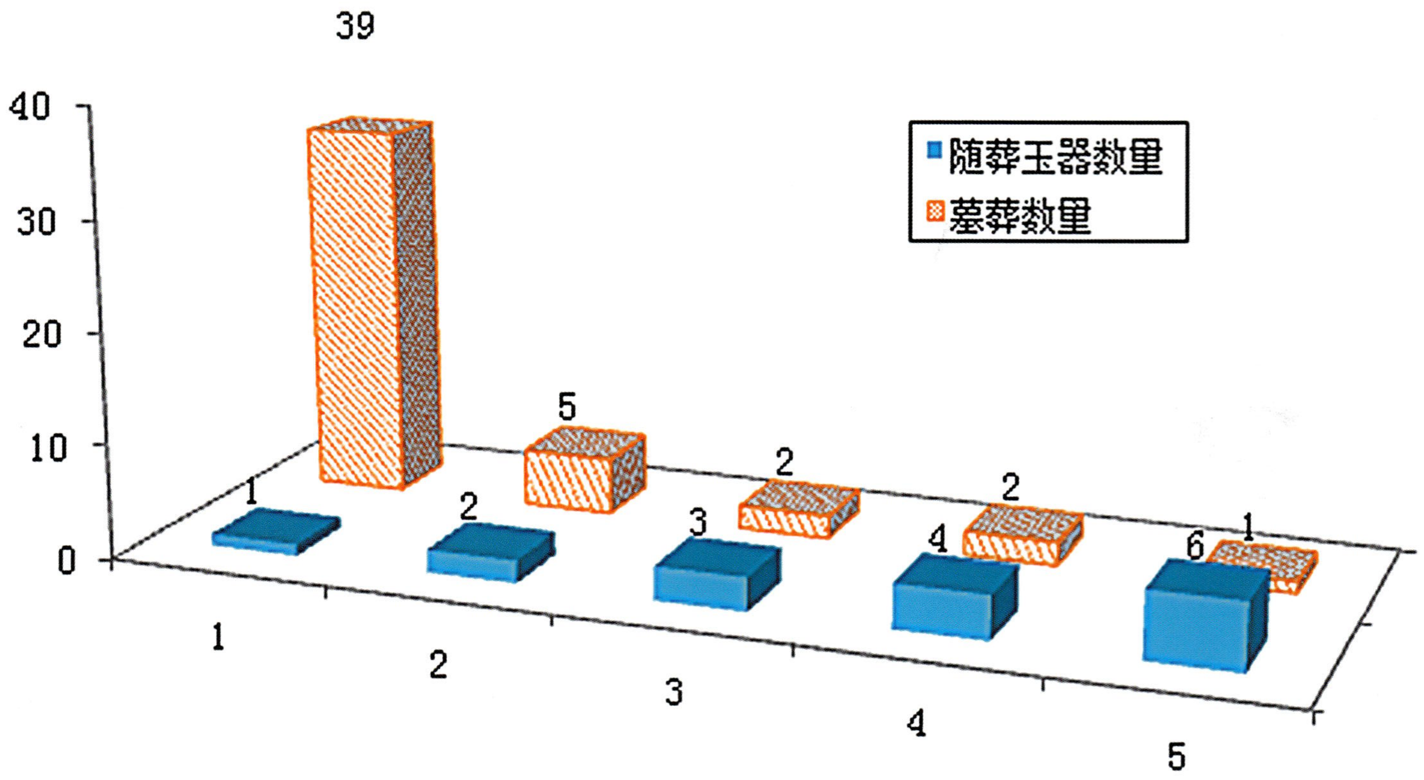

不同种类的玉器与墓葬数量之间的关系图

1.罍（M1：1）

2.鼎（M1：2）

3.敦（M1：3）

4.匜（M1：8）

5.舟（M1：9）

新郑双楼东周墓M1出土陶器

图版二

1. 盖豆（M1：4）

3. 鼎（M3：1）

4. 尊（M3：2）

2. 盖豆（M1：5）

5. 尊（M3：3）

新郑双楼东周墓M1、M3出土陶器

1. 盖豆（M4：1）

2. 鼎（M4：2）

3. 舟（M9：1）

新郑双楼东周墓M4、M9出土陶器

图版四

1.鼎（M5：1）

2.罍（M5：2）

3.罍（M5：3）

4.盘（M5：4）

新郑双楼东周墓M5出土陶器

1.鼎（M11：1）

2.盘（M11：3）

3.舟（M11：7）

4.匜（M11：6 ）

5.敦（M11：2）

6.罍（M11：4）

7.罍（M11：5）

新郑双楼东周墓M11出土陶器

图版六

1. 罍（M13：1）

2. 罍（M13：2）

3. 鼎（M13：3）

4. 盖豆（M13：4）

5. 盖豆（M13：5）

新郑双楼东周墓M13出土陶器

1.匜（M14：1）

2.器盖（M14：2）

3.罍（M14：3）

4.罍（M14：4）

新郑双楼东周墓M14出土陶器

图版八

1. 盘（M15：1）

4. 罍（M15：2）

2. 鼎（M15：3）

5. 罍（M15：4）

3. 匜（M15：8）

新郑双楼东周墓M15出土陶器

1.敦（M15：5）

4.舟（M15：6）

2.鼎（M17：1）

5.匜（M17：4）

3.罍（M17：3）

6.盖豆（M17：2）

新郑双楼东周墓M15、M17出土陶器

1.盘（M18：1）

2.舟（M18：4）

3.罍（M18：6）

4.罍（M18：2）

5.敦（M18：3）

6.匜（M18：5）

新郑双楼东周墓M18出土陶器

1. 鼎（M18：7）

4. 舟（M18：8）

5. 舟（M21：4）

2. 鬲（M21：2）

3. 匜（M21：9）

6. 罍（M21：5）

新郑双楼东周墓M18、M21出土陶器

图版一二

1. 盘（M21：6）

2. 鼎（M21：8）

3. 豆（M22：3）

4. 壶（M22：2）

5. 高柄小壶（M22：4）

新郑双楼东周墓M21、M22出土陶器

1. 釜（M22：5）

2. 鼎（M23：1）

4. 舟（M23：3）

3. 罍（M23：2）

5. 盘（M23：4）

新郑双楼东周墓M22、M23出土陶器

1. 尊（M27：2）

2. 舟（M27：3）

3. 敦（M27：6）

4. 盘（M27：4）

5. 鼎（M27：5）

6. 匜（M27：7）

新郑双楼东周墓M27出土陶器

1. 器盖（M29：2）

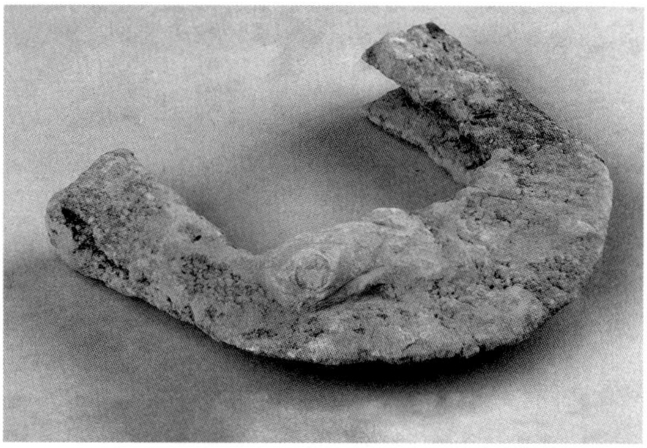

2. 铁锸（M37：16）

3. 鬲（M58：1）

4. 釜（M77：1）

5. 鬲（M86：1）

新郑双楼东周墓M29、M37、M58、M77、M86出土陶器、铁器

1. 壶（M39：1）

2. 盖豆（M39：3）

3. 鼎（M39：5）

4. 豆（M39：2）

5. 匜（M39：6）

6. 盘（M39：4）

新郑双楼东周墓M39出土陶器

1. 鼎（M49：3）

2. 匜（M49：4）

3. 舟（M49：5）

4. 盘（M49：6）

5. 敦（M49：7）

6. 罐（M49：8）

新郑双楼东周墓M49出土陶器

1. 壶（M60：2）

4. 罐（M60：3）

2. 钵（M60：4）

3. 盘（M61：2）

5. 鼎（M61：1）

新郑双楼东周墓M60、M61出土陶器

1. 舟（M61：3）

2. 匜（M61：4）

3. 敦（M61：5）

4. 尊（M61：7）

5. 尊（M61：6）

新郑双楼东周墓M61出土陶器

1.壶（M115：5）

2.豆（M115：6）

3.豆（M115：7）

4.壶（M127：1）

新郑双楼东周墓M115、M127出土陶器

1. 罐（M129：1）

4. 豆（M129：2）

2. 盂（M129：3）

5. 豆盘内刻划符号（M129：2）

3. 鬲（M129：4）

新郑双楼东周墓M129出土陶器

图版三二

1. 壶（M137：1）

2. 钵（M146：2）

3. 豆（M142：1）

4. 壶（M146：1）

5. 壶口沿符号（M146：1）

6. 壶肩文字（M146：1）

新郑双楼东周墓M137、M142、M146出土陶器及刻划符号

1. 壶（M152：1）

2. 壶肩符号（M152：1）

3. 豆（M152：2）

4. 壶肩符号（M152：1）

新郑双楼东周墓M152出土陶器及刻划符号

图版三四

1. 钵（M154：1）

2. 罐（M154：2）

3. 高领圜底罐（M187：1）

4. 壶（M156：2）

5. 豆（M187：2）

新郑双楼东周墓M154、M156、M187出土陶器

1. 壶（M171：1）

2. 盖豆（M171：2）

3. 豆（M171：3）

4. 鼎（M171：4）

新郑双楼东周墓M171出土陶器

1. 匜（M171：5）

2. 盘（M171：6）

3. 鼎（M178：3）

4. 盖豆（M178：2）

5. 壶（M178：1）

新郑双楼东周墓M171、M178出土陶器

1. 盖豆（M184：1）

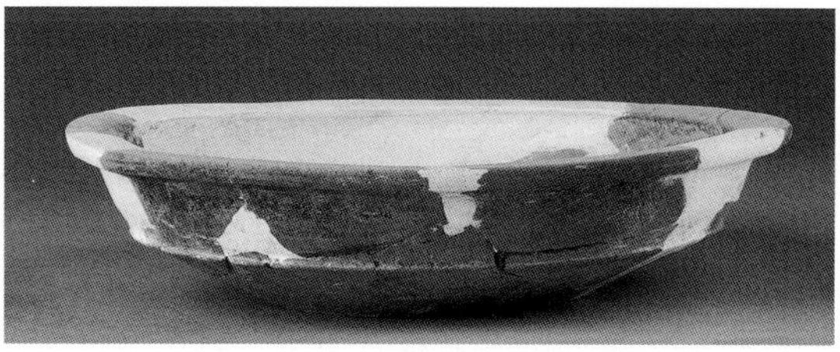

3. 盘（M184：3）

4. 鼎（M184：4）

2. 豆（M184：5）

5. 鼎（M184：6）

新郑双楼东周墓M184出土陶器

1. 壶（M184：12）

2. 盖豆（M184：13）

3. 盖豆（M184：14）

4. 盖豆（M184：15）

新郑双楼东周墓M184出土陶壶、陶豆

1.壶（M184：7）

2.壶（M184：11）

3.匜（M184：9）

4.匜（M184：10）

新郑双楼东周墓M184出土陶器

1. 豆（M184：16）

2. 豆（M184：17）

3. 壶（M191：1）

4. 钵（M191：2）

新郑双楼东周墓M184、M191出土陶器

1. 匜（M188：1）

4. 豆（M188：4）

2. 盘（M188：2）

3. 鼎（M188：5）

5. 盖豆（M188：7）

新郑双楼东周墓M188出土陶器

1. 壶（M188：6）

2. 高柄小壶（M188：3）

3. 壶（M200：1）

4. 壶肩郭陶文（M200：1）

新郑双楼东周墓M188、M200出土陶器

1. 豆（M195：2）

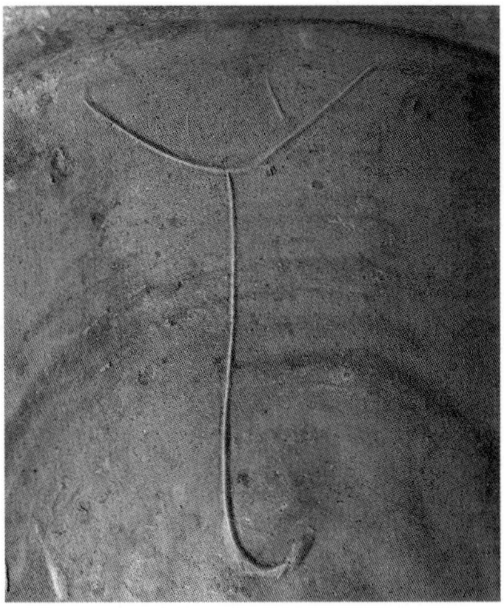

2. 豆盘符号（M195：2）

3. 鬲（M195：3）

4. 豆（M195：4）

5. 盂（M195：5）

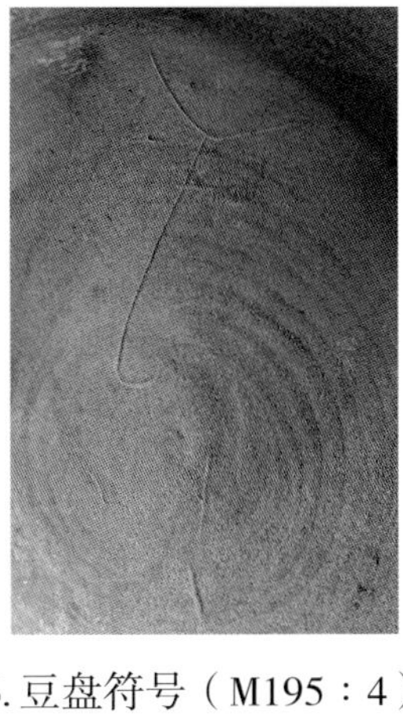

6. 豆盘符号（M195：4）

新郑双楼东周墓M195出土陶器

图版四四

1. 敦（M196：1）

2. 鼎（M196：2）

3. 尊（M196：3）

4. 尊（M196：4）

5. 匜（M196：5）

6. 盘（M196：6）

新郑双楼东周墓M196出土陶器

1. 鬲（M207：1）

4. 罍（M207：4）

2. 盘（M207：2）

3. 敦（M207：5）

5. 罍（M207：3）

新郑双楼东周墓M207出土陶器

1.匜（M207：6）

4.簠（M207：7）

2.舟（M207：8）

3.簠（M207：10）

5.鼎（M207：9）

新郑双楼东周墓M207出土陶器

1.鼎（M209：1）

2.舟（M209：3）

3.罍（M209：5）

4.罍（M209：4）

5.匜（M209：8）

6.敦（M209：6）

新郑双楼东周墓M209出土陶器

1. 盘（M209：9）

2. 敦（M212：3）

3. 盘（M212：5）

4. 舟（M214：7）

5. 罍（M212：1）

6. 鼎（M212：6）

7. 匜（M214：6）

新郑双楼东周墓M209、M212、M214出土陶器

1. 罍（M214：1）

2. 鼎（M214：3）

3. 罍（M214：2）

4. 敦（M214：4）

5. 盘（M214：8）

6. 鬲（M214：9）

新郑双楼东周墓M214出土陶器

图版五〇

1.罐（M215：1）

3.盂（M215：2）

4.盘（M228：1）

2.鼎（M228：2）

5.器盖（M228：3）

新郑双楼东周墓M215、M228出土陶器

1. 鬲（M232：2）

4. 匜（M233：2）

2. 罍（M233：4）

5. 盘（M233：3）

6. 舟（M233：5）

3. 鼎（M233：6）

7. 敦（M233：7）

新郑双楼东周墓M232、M233出土陶器

图版五二

1. 鼎（M236：1）

2. 尊（M236：3）

3. 敦（M236：5）

4. 匜（M236：2）

5. 盘（M236：4）

6. 舟（M236：6）

7. 尊（M236：7）

新郑双楼东周墓M236出土陶器

1. 敦（M237：2）

2. 匜（M237：3）

3. 盘（M237：4）

4. 鼎（M237：5）

5. 罍（M237：7）

6. 罍（M237：6）

新郑双楼东周墓M237出土陶器

1. 鬲（M238：1）

2. 盂（M238：2）

3. 豆（M238：4）

4. 豆（M238：3）

5. 盘（M240：4）

6. 匜（M240：7）

新郑双楼东周墓M238、M240出土陶器

1. 罐（M239：2）

2. 鬲（M239：3）

3. 豆（M239：4）

4. 豆（M239：5）

5. 敦（M242：2）

6. 鼎（M242：1）

新郑双楼东周墓M239、M242出土陶器

1. 鼎（M240：1）

2. 尊（M240：2）

3. 尊（M240：3）

4. 鬲（M240：5）

5. 敦（M240：6）

新郑双楼东周墓M240出土陶器

1. 尊（M242：3）

2. 尊（M242：4）

3. 鼎（M244：7）

4. 盖豆（M244：2）

5. 壶（M244：4）

新郑双楼东周墓M242、M244出土陶器

1. 壶（M246：1）

2. 鼎（M246：2）

3. 高柄小壶（M246：6）

4. 盖豆（M246：3）

5. 盘（M246：9）

6. 匜（M246：8）

新郑双楼东周墓M246出土陶器

1. 罍（M247：1）

2. 罍（M247：2）

3. 匜（M247：4）

4. 鼎（M247：5）

5. 舟（M247：6）

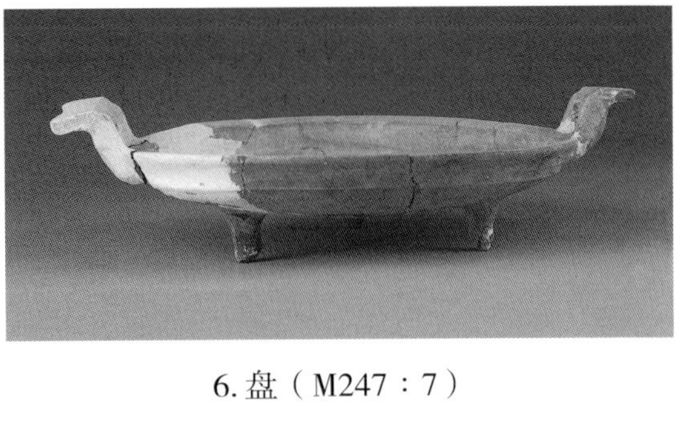

6. 盘（M247：7）

新郑双楼东周墓M247出土陶器

1. 鼎（M248：2）

3. 器盖（M248：3）

4. 舟（M248：4）

2. 罍（M248：5）

5. 器盖（M248：6）

新郑双楼东周墓M248出土陶器

1. 罍（M253：1）

3. 鼎（M253：3）

4. 匜（M253：4）

2. 罍（M253：2）

5. 舟（M253：5）

新郑双楼东周墓M253出土陶器

图版六二

1. 匜（M254：1）

2. 壶（M254：3）

3. 豆（M254：4）

4. 盖豆（M254：5）

5. 鼎（M254：6）

6. 陶器（M264：2）

新郑双楼东周墓M254、M264出土陶器

图版六三

样品编号	出土编号	器物名称	主要物相	测试方法	照片
HNWK-ZH-01	M3：4	玉圭残	方解石（calcite）	Raman；pXRF	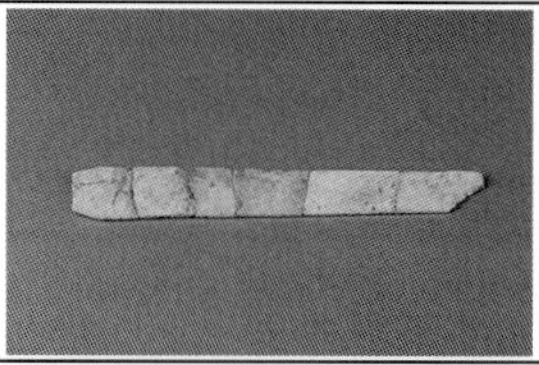
HNWK-ZH-02	M6：1	玛瑙环残	玉髓（石英quartz）	Raman；OCT	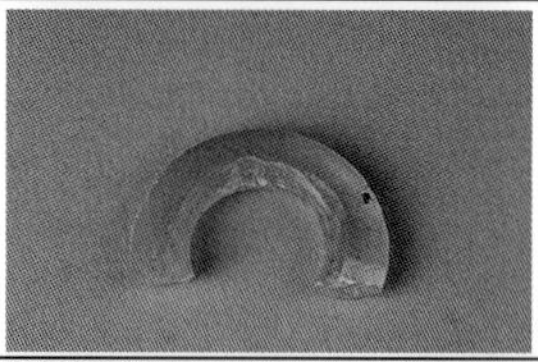
HNWK-ZH-03	M9：5	玉圭残	方解石（calcite）	Raman	
HNWK-ZH-04	M21：1	玉圭残	方解石（calcite）	Raman	
HNWK-ZH-05	M23：5	玉圭残	方解石（calcite）	Raman；OCT	
HNWK-ZH-06	M27：1	玉圭残	方解石（calcite）	Raman；pXRF	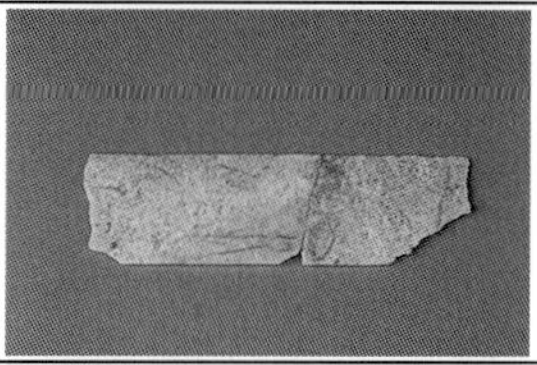
HNWK-ZH-07	M33：1	玉圭残	方解石（calcite）	Raman	

新郑双楼东周墓地出土玉器综合分析结果

图版六四

样品编号	出土编号	器物名称	主要物相	测试方法	照片
HNWK-ZH-08	M33：2	玉圭残	方解石（calcite）	Raman	
HNWK-ZH-09	M49：1	玉圭残	方解石（calcite）	Raman	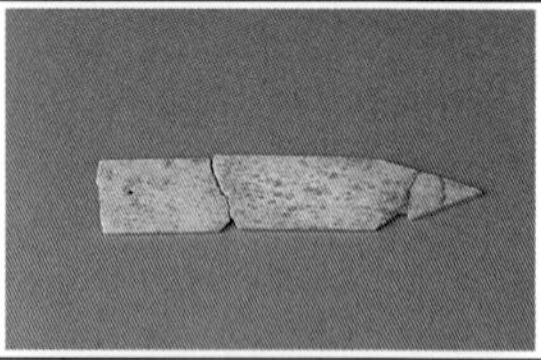
HNWK-ZH-10	M49：2	玉饰残	方解石（calcite）	Raman	
HNWK-ZH-11	M61：8	玉柱	方解石（calcite）	Raman；pXRF	
HNWK-ZH-12	M68：7	玉圭残	方解石（calcite）	Raman	
HNWK-ZH-13	M69：1	玉圭残	方解石（calcite）	Raman	
HNWK-ZH-14	M70：1	玉圭残	方解石（calcite）	Raman	

新郑双楼东周墓地出土玉器综合分析结果

样品编号	出土编号	器物名称	主要物相	测试方法	照片
HNWK-ZH-15	M81：1	玉柱	滑石（talc）	Raman; pXRF;OCT	
HNWK-ZH-16	M81：2-1	方形玉佩残	滑石（talc）	Raman; pXRF	
HNWK-ZH-17	M81：2-2	方形玉佩残	滑石（talc）	Raman; pXRF	
HNWK-ZH-18	M84：1-1	方形玉佩残	滑石（talc）	Raman; pXRF;OCT	
HNWK-ZH-19	M84：1-2	方形玉佩残	滑石（talc）	Raman; pXRF;OCT	
HNWK-ZH-20	M84：1-3	方形玉佩残	滑石（talc）	Raman; pXRF;OCT	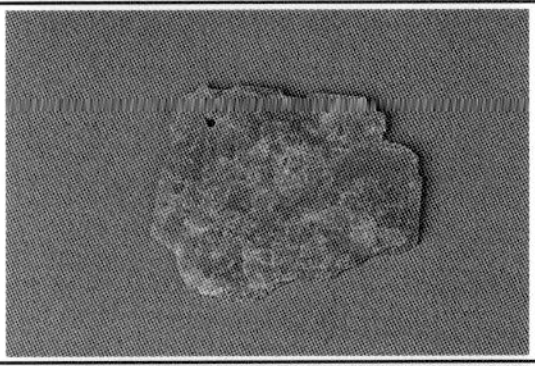
HNWK-ZH-21	M84：1-4	方形玉佩残	滑石（talc）	Raman; pXRF;OCT	

新郑双楼东周墓地出土玉器综合分析结果

图版六六

样品编号	出土编号	器物名称	主要物相	测试方法	照片
HNWK-ZH-22	M85：1	玉璧	滑石（talc）	Raman; pXRF;OCT	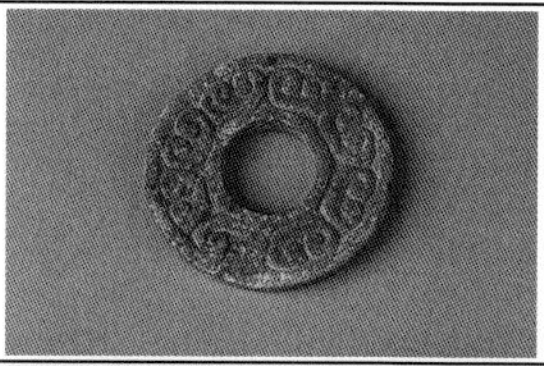
HNWK-ZH-23	M85：3	玉环	白云母 (muscovite)	Raman; pXRF	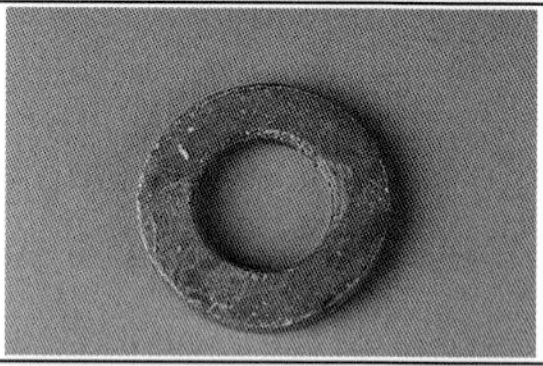
HNWK-ZH-24	M89：1	玉圭残	方解石 (calcite)	Raman	
HNWK-ZH-25	M91：1-1	碎玉料	滑石（talc）	pXRF	
HNWK-ZH-26	M91：1-2	碎玉料	滑石（talc）	Raman; pXRF;OCT	
HNWK-ZH-27	M91：1-3	碎玉料	滑石（talc）	Raman; pXRF;OCT	
HNWK-ZH-28	M94：1	玉圭残	方解石 (calcite)	Raman	

新郑双楼东周墓地出土玉器综合分析结果

样品编号	出土编号	器物名称	主要物相	测试方法	照片
HNWK-ZH-29	M99：1-1	玉圭残	方解石（calcite）	Raman	
HNWK-ZH-30	M99：1-2	玉圭残	方解石（calcite）	Raman	
HNWK-ZH-31	M105：1	玉珠	方解石（calcite）	Raman	
HNWK-ZH-32	M118：1	玛瑙环	玉髓（石英quartz）	Raman	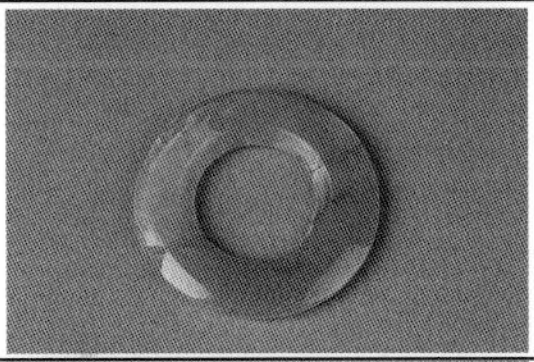
HNWK-ZH-33	M123：1	玉管	方解石（calcite）	Raman；pXRF	
HNWK-ZH-34	M164：1	玛瑙环	玉髓（石英quartz）	Raman；pXRF	
HNWK-ZH-35	M171：7-1	玉片残	滑石（talc）	Raman；pXRF；OCT	

新郑双楼东周墓地出土玉器综合分析结果

图版六八

样品编号	出土编号	器物名称	主要物相	测试方法	照片
HNWK-ZH-36	M171：7-2	玉片残	滑石（talc）	Raman；pXRF	
HNWK-ZH-37	M171：7-3	玉片残	云母（muscovite）	Raman；pXRF；OCT	
HNWK-ZH-38	M171：7-4	玉片残	透闪石（tremolite）	Raman；pXRF；OCT	
HNWK-ZH-39	M178：4	玉圭残	方解石（calcite）	Raman	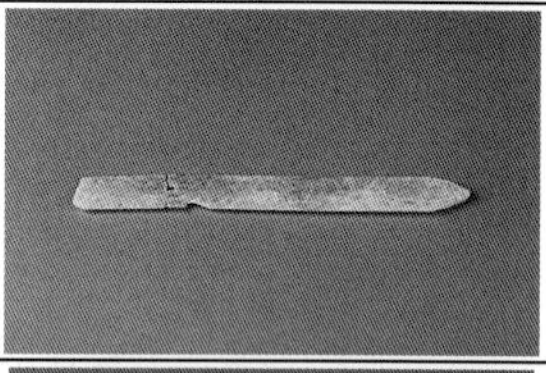
HNWK-ZH-40	M184：18	玉圭残	方解石（calcite）	Raman	
HNWK-ZH-41	M184：20	玉圭残	方解石（calcite）	Raman；OCT	
HNWK-ZH-42	M192：1	玉圭残	方解石（calcite）	Raman	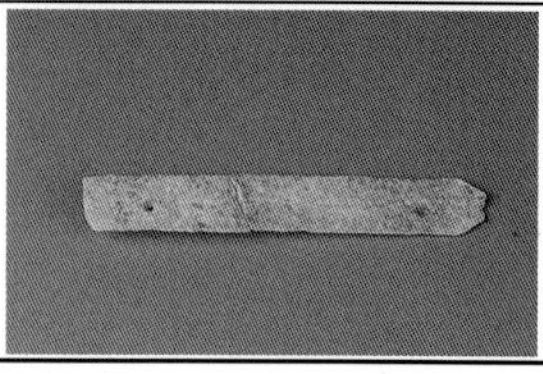

新郑双楼东周墓地出土玉器综合分析结果

样品编号	出土编号	器物名称	主要物相	测试方法	照片
HNWK-ZH-43	M195：1	玉饰	方解石（calcite）	Raman	
HNWK-ZH-44	M204：1	玉圭残	方解石（calcite）	Raman	
HNWK-ZH-45	M209：11	玉圭残	方解石（calcite）	Raman	
HNWK-ZH-46	M214：5	玉圭残	方解石（calcite）	Raman	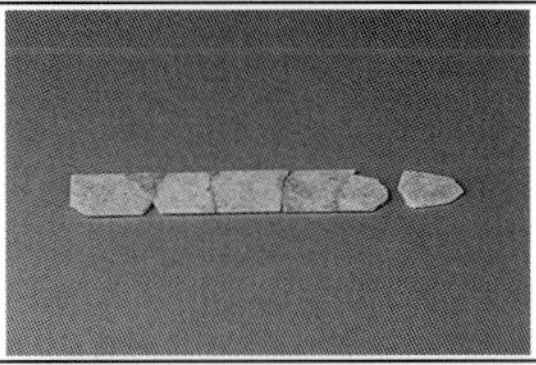
HNWK-ZH-47	M218：1	玉圭残	方解石（calcite）	Raman	
HNWK-ZH-48	M218：3	玉饰残	滑石（talc）	Raman；pXRF；OCT	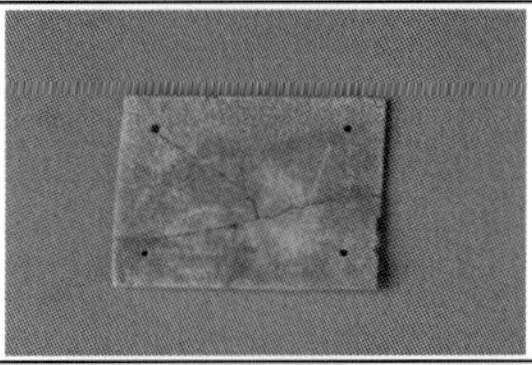
HNWK-ZH-49	M224：1	玉圭残	方解石（calcite）	Raman	

新郑双楼东周墓地出土玉器综合分析结果

样品编号	出土编号	器物名称	主要物相	测试方法	照片
HNWK-ZH-50	M226：1	玉圭残	方解石（calcite）	Raman;OCT	
HNWK-ZH-51	M231：1	玉圭残	方解石（calcite）	Raman	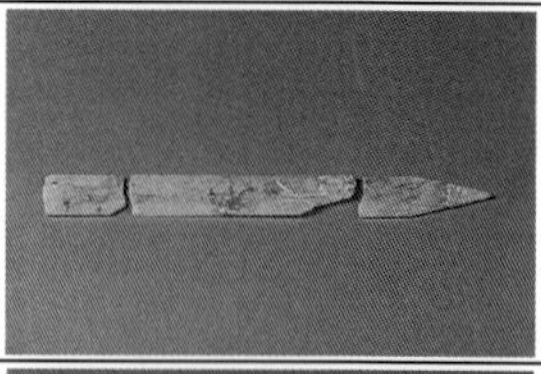
HNWK-ZH-52	M232：1	玉圭残	方解石（calcite）	Raman; pXRF;OCT	
HNWK-ZH-53	M233：1	玉圭残	方解石（calcite）	Raman	
HNWK-ZH-54	M237：1	玉圭残	方解石（calcite）	Raman	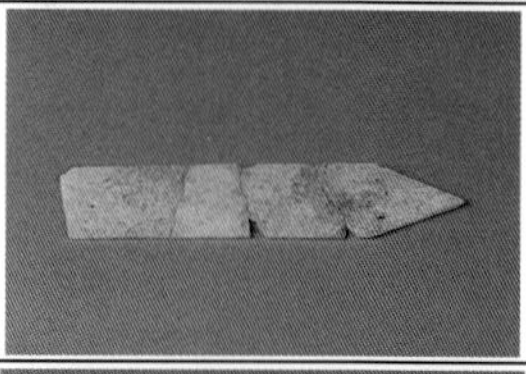
HNWK-ZH-55	M244：3-1	废玉料残	透闪石（tremolite）	Raman; pXRF	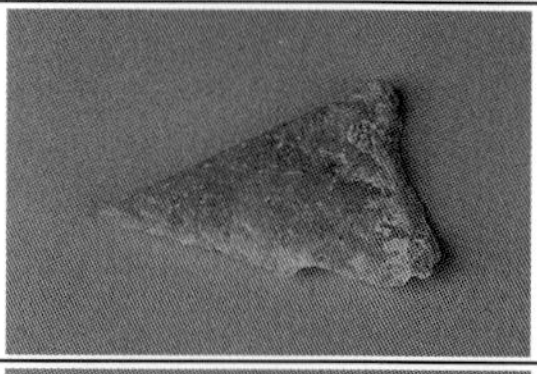
HNWK-ZH-56	M244：3-2	废玉料残	透闪石（tremolite）	Raman; pXRF;OCT	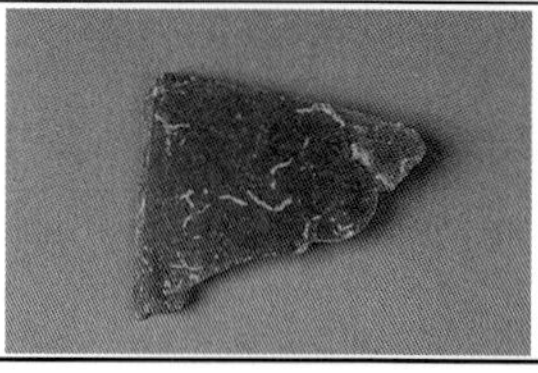

新郑双楼东周墓地出土玉器综合分析结果

样品编号	出土编号	器物名称	主要物相	测试方法	照片
HNWK-ZH-57	M244：3-3	废玉料残	透闪石（tremolite）	Raman；pXRF；OCT	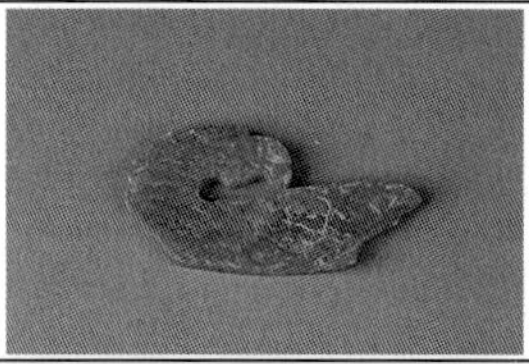
HNWK-ZH-58	M244：5-1	玛瑙环残	玉髓（石英quartz）	Raman	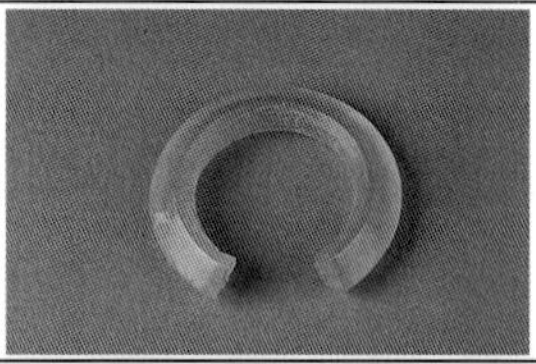
HNWK-ZH-59	M244：5-2	玛瑙环残	玉髓（石英quartz）	Raman	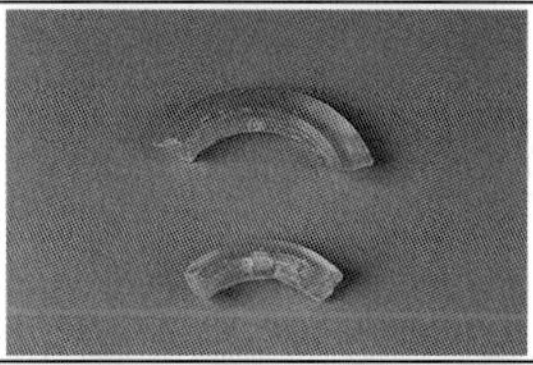
HNWK-ZH-60	M244：5-3	玛瑙环残	玉髓（石英quartz）	Raman	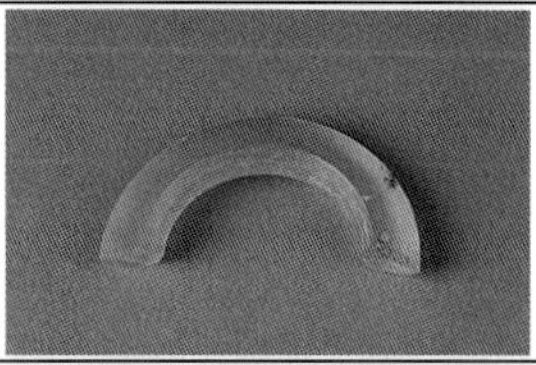
HNWK-ZH-61	M246：5	玉片残	透闪石（tremolite）	Raman；pXRF	
HNWK-ZH-62	M247：8	玉圭残	方解石（calcite）	Raman	
HNWK-ZH-63	M248：1	玉圭残	方解石（calcite）	Raman	

新郑双楼东周墓地出土玉器综合分析结果

样品编号	出土编号	器物名称	主要物相	测试方法	照片
HNWK-ZH-64	M250：1	玉圭残	方解石（calcite）	Raman	
HNWK-ZH-65	M253：8	玉圭残	方解石（calcite）	Raman	
HNWK-ZH-66	M258：1	玉圭残	方解石（calcite）	Raman	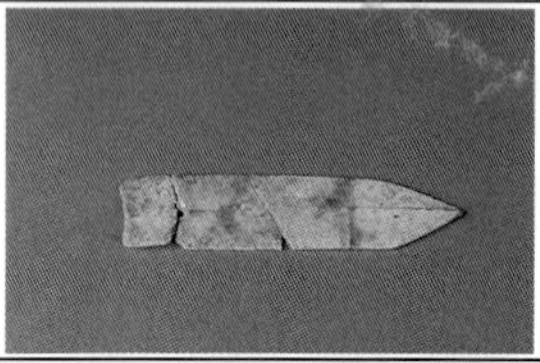
HNWK-ZH-67	M260：1	玉圭残	方解石（calcite）	Raman; pXRF	
HNWK-ZH-68	M261：1	玉圭残	方解石（calcite）	Raman	
HNWK-ZH-69	M261：2	玉圭残	方解石（calcite）	Raman	

新郑双楼东周墓地出土玉器综合分析结果